GEORG BÜCHNER

—

REVOLUTIONÄR MIT FEDER UND SKALPELL

Müdigkeit spürte er keine, nur war es ihm manchmal
unangenehm, daß er nicht auf dem Kopf gehn konnte.

Georg Büchner, *Lenz*, 1835

HERAUSGEBER
RALF BEIL, BURGHARD DEDNER

HATJE
CANTZ

MATHILDENHÖHE
DARMSTADT

BERND NEUMANN MDB
STAATSMINISTER BEI DER BUNDESKANZLERIN

—

GRUSSWORT

Mit 17 Jahren erhielt Georg Büchner sein Reifezeugnis. Das Pädagogium in Darmstadt bescheinigte ihm einen »klaren und durchdringenden Verstand«. Mit dieser Gabe und jugendlichem Ungestüm wurde er der produktive Rebell seiner Zeit, scharfzüngig und leidenschaftlich. Seit 1951 trägt der wichtigste Literaturpreis Deutschlands den Namen Georg Büchners. Die Ausgezeichneten, ob Martin Mosebach oder die diesjährige Preisträgerin Sibylle Lewitscharoff, sind herausragende Persönlichkeiten des literarischen Lebens, scharf analysierend und in ihren Überzeugungen unbestechlich – ebenso wie Büchner selbst.

Mit der Hessischen Landesausstellung zum 200. Geburtstag von Georg Büchner wird insbesondere das Zeitgemäße des Dichters und politischen Denkers ins Zentrum gestellt. Darum wurde sie von der Kulturstiftung des Bundes, die der Gegenwartskunst verpflichtet ist und die aus meinem Etat finanziert wird, mit einer namhaften Summe unterstützt. Georg Büchner wartet darauf, gerade von der jungen Generation als »Kultfigur« wiederentdeckt zu werden – die Ausstellung kann einen guten Beitrag dazu leisten, dass dies gelingt.

Der viel zu früh verstorbene Genius Georg Büchner, der nur 23 Jahre alt wurde, gehört mit seinem Œuvre zur deutschen Kulturgeschichte. Gerne habe ich daher die Schirmherrschaft für das Büchner-Jahr und diese Ausstellung übernommen. Dem Hessischen Ministerpräsidenten Volker Bouffier, allen Förderern und Verantwortlichen danke ich für die Unterstützung, die es ermöglicht, den berühmten Sohn Hessens mit einer gelungenen Werkschau gebührend zu würdigen. Allen Besucherinnen und Besuchern der Ausstellung wünsche ich spannende Entdeckungen und Einsichten.

LUDWIG WILHELM LUCK

—

ERINNERUNGEN EINES SCHULFREUNDES 1878

In seinem Denken u Thun durch das Streben nach Wesenhaftigkeit u Wahrhaftigkeit frühe durchaus selbstständig, vermochte ihm keine äußerliche Autorität noch nichtiger Schein zu imponiren. Das Bewußtsein des erworbenen geistigen Fonds drängte ihn fortwährend zu einer manchmal mit Hohn verbundenen unerbittlichen Kritik dessen, was in der menschlichen Gesellschaft, oder Philosophie u Kunst Alleinberechtigung beansprucht oder erlistet.

Man sah ihm an an Stirne Augen u Lippen, daß er auch, wenn er schwieg, diese Kritik in seinem in sich verschlossnen Denken übte. Ich weiß nicht, ob ein gutes Bild von ihm existirt. Aber ich sehe im Geist sein Angesicht, ähnlich einem alten Bilde Shakespeares, von bürgerlich gediegnem, thatkräftigen aber auch liebenswürdig übermüthigen Ausdruck. Es lag darin Zurückhaltung, Entschlossenheit, skeptische Verachtung alles Nichtigen u Niederträchtigen. Die zuckenden Lippen verriethen [*unleserliches Wort*] das Bewußtsein des innern Reichthums, dem es wohl war in sich selbst, obgleich er fortwährend mit der Welt im Widerspruch u Streit lag.

Beilage zu einem Brief von Ludwig Wilhelm Luck an den Büchner-Herausgeber Karl Emil Franzos vom 11. September 1878, Manuskript im Goethe- und Schiller-Archiv Weimar.
Ludwig Wilhelm Luck (1813–1881), Sohn des Hofapothekers aus Michelstadt, Schulfreund Georg Büchners, 1831 Studium der Theologie in Heidelberg und Gießen, ab 1844 Pfarrer in Wolfskehlen.

VOLKER BOUFFIER
HESSISCHER MINISTERPRÄSIDENT

—

GRUSSWORT

Georg Büchner, geboren im hessischen Goddelau, lebte zu Beginn des Jahrhunderts, von dem wir heute in der historischen Rückschau sagen können, dass es bis in unsere Zeit, das 21. Jahrhundert, hinein prägend wirkt. In seiner kurz bemessenen Lebensspanne hat er mit seinen dramatischen, erzählerischen und politischen Werken der Kultur und der Politik bedeutende und fortwirkende Impulse gegeben. Der Kurator der Landesausstellung *Georg Büchner – Revolutionär mit Feder und Skalpell,* Dr. Ralf Beil, hat zur Illustration der Bedeutung, die der hessische Autor hat, die Formulierung »Georg Büchner ist nicht nur Literatur- und Kulturgeschichte ersten Ranges: Georg Büchner ist Weltwissen« gefunden. Die Botschaften und Haltungen, die Büchner seiner Mitwelt und seiner Nachwelt vermittelt hat, werden bis heute wahrgenommen oder – um das Wort Beils aufzugreifen – bis heute gewusst. Büchner hat das geistige Leben seiner Zeit und im weiteren Verlauf auch unserer Zeit mitgestaltet.

Am 19. Februar 2012 jährte sich sein Todestag zum 175. Mal, am 17. Oktober 2013 ist sein 200. Geburtstag. Diese beiden Daten hat das Land Hessen zum Anlass genommen, an Georg Büchner und sein Werk zu erinnern. Wir wollen die Überlieferung Büchners pflegen, ein Stichwort ist die Forschungsstelle an der Universität Marburg. Während der Gedenkjahre gibt es zudem ein vielfältiges Programm, in dem diese Ausstellung eine zentrale Position hat. Mein herzlicher Dank gilt allen, die einen Beitrag dazu leisten, die Präsentation Wirklichkeit werden zu lassen, sei es durch inhaltliche Mitarbeit, sei es durch finanzielle Unterstützung. Ich bin zuversichtlich, dass sie gemeinsam eine Ausstellung realisiert haben, die die Besucherinnen und Besucher begeistern wird.

CARL VOGT

—

ERINNERUNGEN EINES GIESSENER KOMMILITONEN 1896

Offen gestanden, dieser Georg Büchner war uns nicht sympathisch. Er trug einen hohen Cylinderhut, der ihm immer tief unten im Nacken saß, machte beständig ein Gesicht wie eine Katze, wenn's donnert, hielt sich gänzlich abseits, verkehrte nur mit einem etwas verlotterten und verlumpten Genie, August Becker, gewöhnlich nur der »rote August« genannt. Seine Zurückgezogenheit wurde für Hochmut ausgelegt, und da er offenbar mit politischen Umtrieben zu thun hatte, ein- oder zweimal auch revolutionäre Äußerungen hatte fallen lassen, so geschah es nicht selten, daß man abends, von der Kneipe kommend, vor seiner Wohnung still hielt und ihm ein ironisches Vivat brachte: »Der Erhalter des europäischen Gleichgewichtes, der Abschaffer des Sklavenhandels, Georg Büchner, er lebe hoch!« – Er that, als höre er das Gejohle nicht, obgleich seine Lampe brannte und zeigte, daß er zu Hause sei. In Wernekincks Privatissimum war er sehr eifrig und seine Diskussionen mit dem Professor zeigten uns beiden andern bald, daß er gründliche Kenntnisse besitze, welche uns Respekt einflößten. Zu einer Annäherung kam es aber nicht; sein schroffes, in sich abgeschlossenes Wesen stieß uns immer wieder ab.

Aus: Carl Vogt, *Aus meinem Leben. Erinnerungen und Rückblicke,* Stuttgart 1896, S. 121. Carl Vogt (1817–1895), ab 1833 Studium der Medizin und Chemie in Gießen; Burschenschafter; nach Fluchthilfe für einen Kommilitonen emigrierte er 1835 selbst in die Schweiz. 1847–1850 Professor für Zoologie in Gießen, dann an Schweizer Universitäten, Abgeordneter für die Frankfurter Nationalversammlung, bedeutender Naturwissenschaftler und Propagator des philosophischen Materialismus.

JOCHEN PARTSCH
OBERBÜRGERMEISTER DER WISSENSCHAFTSSTADT DARMSTADT

—

GRUSSWORT

Freiheit, Demokratie und Rechtsstaat scheinen heute selbstverständlich zu sein. Oft wird trotz immer neuer Krisen weltweit übersehen, wie zerbrechlich diese zentralen Errungenschaften sind und dass wir zu den wenigen auf dieser Erde zählen, die sie genießen können. Wir dürfen nicht vergessen, wie viele Opfer erbracht werden mussten, um sie zu erreichen. Georg Büchner war einer jener Mutigen, die für Freiheit, Demokratie, Rechtsstaat und soziale Gerechtigkeit eintraten, als das unweigerlich unerbittliche Verfolgung, Exil und oft sogar Gefahr für Leib und Leben nach sich zog. Büchner war ein hoch gebildeter junger Mann, ein Schriftsteller, Demokrat, Gesellschaftskritiker, Agitator, Idealist und Revolutionär, aber auch ein versierter Naturwissenschaftler. Einer, der bis heute fasziniert und in seinem kurzen, kaum 24 Jahre dauernden Leben tiefe Spuren in unserer Kultur hinterlassen hat. Dessen politisch-literarisches Wirken mit die Grundlage für unsere heutige Demokratie gelegt hat.

Die Landesausstellung *Georg Büchner – Revolutionär mit Feder und Skalpell* ist der bundesweite Höhepunkt der *Georg Büchner Gedenkjahre 2012/2013*. Hier können wir Büchner (neu) entdecken, uns diesem »Revolutionär mit Feder und Skalpell« ganz persönlich nähern. Seiner Welt, in der er lebte, seiner Gedankenwelt und selbst seinem letzten Zimmer in Zürich, in dem er gestorben ist. Die Ausstellung lässt mit ihrem multimedialen Konzept Büchner selbst sprechen und gibt uns Gelegenheit, ihm beim Schreiben »über die Schulter zu schauen«.

Für die Verwirklichung dieses herausragenden Kulturereignisses danke ich der Büchner-Forschungsstelle Marburg unter Leitung von Herrn Prof. Burghard Dedner, dem Kulturfonds Frankfurt RheinMain, der Kulturstiftung des Bundes, dem Land Hessen, der Kulturstiftung der Länder, der Hessischen Kulturstiftung, der Sparkasse Darmstadt, der Sparkassen-Kulturstiftung Hessen-Thüringen und dem Team des Instituts Mathildenhöhe Darmstadt um Herrn Dr. Ralf Beil ganz herzlich.

Mit seinem aus konsequentem Humanismus geborenen Einsatz für eine bessere Welt ist Georg Büchner bis heute Vorbild. Mit seinem Leben hat er bewiesen, dass Veränderungen möglich sind, dass wir unsere Welt selbst mit gestalten können. Eine Demokratie braucht Demokraten, die Freiheit braucht Freiheitskämpfer. Georg Büchner jedenfalls wäre auch heute vorne mit dabei.

LEOPOLD EICHELBERG

—

AUS DEM VERHÖRPROTOKOLL DES MARBURGER ARZTES UND MITVERSCHWÖRERS 1835

Von den Studenten zu Gießen habe ich nur *Clemm*, *Becker* und im Vorübergehen ebenfalls *Büchner* zu beurtheilen Gelegenheit gefunden. [...]

Büchner schien mir die mit aller Vehemenz übersprudelnde jugendliche Kraft welche sich hier im Zerstören gefiel während sie sonst eben so leicht die ganze Welt liebend zu umarmen sucht.

Aus dem Verhörprotokoll Leopold Eichelberg vom 24. Juni 1835. Manuskript im Staatsarchiv Marburg, 266, Obergericht Marburg, Acc. 1871/35, Nr. 19, Vol. III, fol. 63 f.
Leopold Eichelberg (1804–1879), Arzt in Marburg, versorgte 1831 in Warschau an der Cholera Erkrankte in der aufständischen polnischen Armee. Er lernte Büchner auf dem konspirativen Treffen auf der Badenburg am 3. Juli 1834 kennen, redigierte die zweite Auflage des *Hessischen Landboten* und setzte sich für deren Druck ein.

HORTENSIA VÖLCKERS
VORSTAND / KÜNSTLERISCHE DIREKTORIN
ALEXANDER FARENHOLTZ
VORSTAND / VERWALTUNGSDIREKTOR
DER KULTURSTIFTUNG DES BUNDES

—

GRUSSWORT

»Alle Uhren und Kalender« sollen »zerschlagen« werden! Mit dieser dramatischen Forderung schickt Georg Büchner seine Helden *Leonce und Lena* auf ihre »Flucht ins Paradies«. Wer seine Kalender zerstört, gelangt zwar nicht direkt in den Garten Eden, wir kommen aber auf diesem Wege jenem Ort näher, der für das Schreiben von Georg Büchner Anker und Wunde zugleich war: die Gegenwart. Er erlebte die Anfangswirren der europäischen Moderne, den Start der Naturwissenschaften – Krisen und Umbrüche zuhauf. Von diesen Erfahrungen her schuf Georg Büchner ein Werk, das nichts klassikermäßig Verzopftes besitzt, sondern Prägnanz, Schärfe und Strahlkraft nach allen Seiten – auch und gerade in unsere Umbruchsgegenwart hinein.

Paul Celan – einer der folgenreichsten Dichter im wachsenden Gefolge der Georg-Büchner-Preisträgerinnen und Preisträger – schrieb 1958 von Paris aus: »Wirklichkeit ist nicht, Wirklichkeit will gesucht und gewonnen sein.« Dieses Buch legt eindrucksvoll Zeugnis von den zahlreichen gewinnenden Suchbewegungen ab, die von der Stadt Darmstadt, dem Land Hessen und dem Bund im Jubiläumsjahr gemeinsam auf den Weg gebracht wurden. Die Kulturstiftung des Bundes dankt allen Autorinnen und Autoren, insbesondere aber den beiden Herausgebern, Ausstellungskurator Dr. Ralf Beil und dem Wissenschaftlichen Berater der Ausstellung, Prof. Dr. Burghard Dedner, für die Verwirklichung eines Buch- und Ausstellungsprojektes über den »Revolutionär mit Feder und Skalpell«, als der Georg Büchner bis heute auf uns wirkt.

AUGUST BECKER

—

AUS DEM VERHÖRPROTOKOLL DES GIESSENER FREUNDES 1837

Dieser Büchner [...] war mein Freund, der mich lange Zeit zum einzigen Vertrauten seiner theuersten Angelegenheiten machte, von welche[n] er weder seiner Familie, noch einem seiner anderen Freunde etwas gesagt hatte. Ein solches Vertrauen mußte ihm mein Herz gewinnen; seine liebenswürdige Persönlichkeit, seine ausgezeichnete[n] Fähigkeiten, von welchen ich hier freilich keinen Begriff geben kann, mußten mich unbedingt für ihn einnehmen bis zur Verblendung. Die Grundlage seines Patriotismus war wirklich das reinste Mitleid und ein edler Sinn für alles Schöne und Große. Wenn er sprach und seine Stimme sich erhob, dann glänzte sein Auge, – ich glaubte es sonst nicht anders – wie die Wahrheit. Ich habe die von ihm verfaßte Flugschrift abgeschrieben. Was hätte ich nicht für ihn gethan, wovon hätte er mich nicht überzeugt?!

Aus: Friedrich Noellner, *Actenmäßige Darlegung des wegen Hochverraths eingeleiteten gerichtlichen Verfahrens gegen Pfarrer D. Friedrich Ludwig Weidig, mit besonderer Rücksicht auf die rechtlichen Grundsätze über Staatsverbrechen und deutsches Strafverfahren, sowie auf die öffentlichen Verhandlungen über die politischen Processe im Großherzogthume Hessen überhaupt und die späteren Untersuchungen gegen die Brüder des D. Weidig*, Darmstadt 1844, S. 249, Anm. 149.

August Becker (1814–1871), Pfarrerssohn aus Biedenkopf (Oberhessen), 1829–1833 stud. theol. in Gießen, engster Freund Büchners und Vertrauter Weidigs; 1835 verhaftet und zu neun Jahren Zuchthaus verurteilt; nach Amnestie 1839 Exil in der Schweiz und Amerika.

ISABEL PFEIFFER-POENSGEN GENERALSEKRETÄRIN DER KULTURSTIFTUNG DER LÄNDER

—

GRUSSWORT

Die bedeutendste deutsche Auszeichnung für Schriftsteller trägt seinen Namen, Straßen und Schulen sind nach ihm benannt; seine Dramen gehören zum festen Repertoire deutscher Bühnen, und in den Curricula der Schulen sind sie quasi Pflichtlektüre: Georg Büchner. 200 Jahre ist es her, seit der große Schriftsteller, Naturwissenschaftler und Revolutionär am 17. Oktober 1813 in Goddelau, unweit von Darmstadt, geboren wurde. Ein wahrer Hesse war Büchner indes nie. Nicht nur dass er seiner Universitätsstadt Gießen eine »hohle Mittelmäßigkeit in allem« attestierte; aus dem Großherzogtum fliehen musste Büchner nach seinem heute noch gern zitierten Revolutionsaufruf »Friede den Hütten! Krieg den Palästen!« im *Hessischen Landboten*. Mit seiner modernen Sprache, seinem Gedankengut und scharfem Blick auf die soziale Realität hat Georg Büchner in nur wenigen Jahren ein Werk von großer Ausstrahlung geschaffen, das nicht zuletzt der modernen Literatur den Weg bereiten sollte. Ob Sozialrevolutionär, der auch zur Feder gegriffen hat, oder Spätromantiker, der politisch aktiv war, die Geister scheiden sich hier. Doch Einigkeit herrscht darüber, dass Georg Büchner und seine Schriften noch heute, 176 Jahre nach seinem Tod von großer Aktualität sind. Vielleicht sind sie dies angesichts der vielen Protestbewegungen, die sich gegenwärtig in unserer Gesellschaft kritisch zu Wort melden, heute sogar ganz besonders.

Die Aktualität Georg Büchners biografisch wie inhaltlich zu zeigen, hat sich das Institut Mathildenhöhe in Darmstadt zusammen mit der Büchner-Forschungsstelle der Philipps-Universität Marburg und der Marburger Büchner-Gesellschaft mit einer großen, multimedial angelegten Ausstellung und dem begleitenden Katalog zur Aufgabe gemacht. Die Kulturstiftung der Länder hat gern zur Realisierung dieser Schau beigetragen, die den Höhe- und Schlusspunkt der Büchner-Gedenkjahre 2012/13 markiert und der wir großen Erfolg wünschen!

AUGUST LÜNING

—

ERINNERUNGEN AN DEN PRIVATDOZENTEN BÜCHNER 1877

Vor allem fiel er mir auf durch die breite, mächtige Dichter- u. Denkerstirn, wie ich sie imposanter nie wieder gesehen habe, u. durch eine gewisse, äußerst dezidirte Bestimmtheit in Aufstellung von Behauptungen, die zwar von hoher Selbständigkeit des Urtheils zeugte, zuweilen aber doch ein wenig über das Ziel hinausschoß. [...] Der Vortrag Büchner's war nicht geradezu glänzend, aber fließend, klar u. bündig; rhetorischen Schmuck schien er fast ängstlich, als nicht zur Sache gehörig, zu vermeiden; was aber diesen Vorlesungen vor allem ihren Werth verlieh, u. was dieselben für die Zuhörer so fesselnd machte, das waren die fortwährenden Beziehungen auf die Bedeutung der einzelnen Theile der Organe u. auf die Vergleichung derselben mit denen der höheren Thierklassen, wobei sich B. aber von den damaligen Uebertreibungen der s. g. naturphilosophischen Schule (Oken, Carus u. s. w.) weislich fern zu halten wußte; – das waren ferner die ungemein faßlichen, anschaulichen Demonstrationen an frischen Präparaten, die B., bei dem völligen Mangel daran an der noch so jungen Universität, sich größtentheils selbst beschaffen mußte. So präparirte er z. B. das gesammte Kopfnervensystem der Fische u. der Batrachier auf das Sorgfältigste an frischen Exemplaren, um diese Präparate jedesmal zu den Vorlesungen verwenden zu können. Diese beiden Momente, die beständige Hinweisung auf die Bedeutung der Theile, u. die anschaulichen Demonstrationen an den frischen Präparaten, hatten denn auch wirklich das lebendigste Interesse bei allen Zuhörern zur Folge. Ich habe während meines achtjährigen (juristischen u. medizinischen) Studiums manches Collegium gehört, aber ich wüßte keines, von dem mir eine so lebendige Erinnerung geblieben wäre als von diesem Torso von B.'s Vorlesungen über vergleichende Anatomie der Fische u. Amphibien.

Brief von August Lüning an den Büchner-Herausgeber Karl Emil Franzos vom 9. November 1877. Manuskript im Goethe- und Schiller-Archiv Weimar.
August Lüning (1813–1896), Jurastudent aus Greifswald, 1834 Flucht nach Zürich, Medizinstudium; später Kantonalstabsarzt und Oberstlieutenant in der Schweiz.

ALBRECHT GRAF VON KALNEIN *
HELMUT G. MÜLLER **
GESCHÄFTSFÜHRER
GEMEINNÜTZIGE KULTURFONDS
FRANKFURT RHEINMAIN GMBH

—

GRUSSWORT

Leben und Werk Georg Büchners sind paradox. Auf ein kurzes, zerrissenes Leben in der engen Zeit des Jungen Deutschland folgt später, langer Nachruhm; dem schmalen, skizzenhaften Werk eines Aufsässigen steht eine zeitlose Wirkungsgeschichte im Range eines Klassikers gegenüber. Die Hessische Landesausstellung *Georg Büchner – Revolutionär mit Feder und Skalpell* nähert sich diesem Paradox aus mehreren Richtungen. Hier das funkensprühende literarische Werk – scharfsinnig wie bildhaft zugleich; dort die medizinisch-biologischen Arbeiten des Arztsohns aus Darmstadt – empirisch, akkurat und hellsichtig in einem. Schließlich »der Revolutionär« – der stürmende und drängende Bewunderer Frankreichs, dessen Flugblätter zunächst grausam scheiterten und doch den Boden bereiten halfen für die große Paulskirchen-Verfassung.

Traum und Schmerz verdichten sich immer wieder in Büchners Werk, so etwa in *Leonce und Lena* (I,3): »Die Nachtigall der Poesie schlägt den ganzen Tag über unserem Haupte; aber das Feinste geht zum Teufel, bis wir ihr die Federn ausreißen und in die Tinte oder Farbe tauchen.«

Man mag diesem kurzen Leben »eine Art Vollendung« zumessen (Hermann Kurzke). Doch seine Wirkungsgeschichte bleibt dank der Genialität Büchners unvollendet, unerschöpflich. Es ist bezeichnend, dass diesem Vordenker seiner Zeit nun bereits eine zweite Hessische Landesausstellung gewidmet wird. Die erste Ausstellung 1987 gewann besondere Bedeutung dadurch, dass sie dank kluger

↓

WILHELM SCHULZ

—

ERINNERUNGEN DES STRASSBURGER UND ZÜRCHER FREUNDES 1851

Büchner, von mehr als mittlerer Größe, von schlankem und feinem, aber nicht unkräftigem Wuchse, in manchen Leibesübungen wohl erfahren, hatte doch etwas eigenthümlich Zartes und Weiches. Seiner äußeren Erscheinung nach, war er das vollständigste Gegentheil von Robert Blum; und er, der bittere Hasser jeder Art von Aristokratie, mit einer Haut, so fein und so durchsichtig, daß sie das altadeligste Fräulein auf jedem Hofballe gern noch bis über die äußersten Grenzen des Anstands hinaus zur Schau getragen hätte, hatte doch etwas Vornehmes und Aristokratisches in seinem Ansehen. Hätte nicht die mächtige, breite Stirne den außerordentlichen Geist verkündet, so hätte er für einen deutschen Prinzen passiren können, der im gerechten Ueberdrusse an seiner höchst überflüssigen prinzlichen Existenz aus Verzweiflung unter die Demokraten gegangen ist. Aeußerst mäßig in all' seinen Genüssen hatte er doch mehr Sinn für die feineren; [...]. Der eine und andere deutsche Flüchtling seiner Zeit mochte ihn darum kaum für demokratisch vollwichtig gelten lassen, da er nicht eben so viel Bier und Tabaksdampf als Andere vertrug; ja sogar des entfernten volksverrätherischen Versuchs, Glacéhandschuhe tragen zu wollen, konnte er wohl verdächtig gehalten werden.

Aus einer Rezension von Wilhelm Schulz zu *Nachgelassene Schriften von G. Büchner*, in: *Deutsche Monatsschrift für Politik, Wissenschaft, Kunst und Leben*, 2 (1851), S. 222 f., zit. nach: Walter Grab unter Mitarbeit von Thomas Michael Mayer, *Georg Büchner und die Revolution von 1848. Der Büchner-Essay von Wilhelm Schulz aus dem Jahr 1851. Text und Kommentar*, Königstein / Ts. 1985, S. 66. Friedrich Wilhelm Schulz (1797–1860), Leutnant aus Darmstadt, demokratischer Publizist und Politiker, nach seinem Abschied vom Militär Jura-Studium in Gießen; 1834 von seiner Ehefrau Caroline aus der Haft in Babenhausen bei Darmstadt befreit und Flucht nach Straßburg; Freundschaft mit Büchner; in Zürich Privatdozent und freier politischer Schriftsteller; wohnte mit Büchner im gleichen Haus.

politischer Vermittlung aus Hessen ihren Weg von Darmstadt bis nach Weimar fand, in die Stadt der Nationalen Forschungs- und Gedenkstätte der DDR. Eine Schau über den »Revolutionär« als Pionier der deutsch-deutschen Verständigung auf dem Feld von Kunst und Kultur!

Gern leistet der Kulturfonds Frankfurt RheinMain, den mittlerweile sieben Gebietskörperschaften tragen, seinen Beitrag zur Landesausstellung 2013 in Darmstadt (und danach erfreulicherweise Zürich) – ein handfestes Bekenntnis eines Kulturraums, für den Bücher und Medien seit jeher zentrale Bedeutung haben. Die Gesellschafter des Fonds sind die Städte Frankfurt am Main, Darmstadt, Wiesbaden und Hanau, der Main-Taunus-Kreis, der Hochtaunuskreis sowie das Land Hessen. Dem Aufsichtsorgan des Kulturfonds steht Landrat Ulrich Krebs vor; dem Kuratorium Staatsministerin a. D. Ruth Wagner. Es ist eine Ehre und Freude für alle Akteure des Fonds, den Verantwortlichen der Ausstellung und des Katalogs für dieses herausragende Förderprojekt und die Kooperation zu danken.

Die kunstvolle Nachtigall und ihre vergängliche Kunst – erst die ausgerissene Feder hilft, sie zu bewahren. Ausstellung und Katalog über den »Revolutionär mit Feder und Skalpell« laden ein, sich dem Paradox Georg Büchner und seinem Werk aufs Neue zu stellen.

* Geschäftsführer bis Juli 2013
** Geschäftsführer ab August 2013

LUDWIG BÜCHNER
—
EINE CHARAKTERISIERUNG DES BRUDERS
1850

Büchner war groß, schlank, von schönen und einnehmenden Gesichtszügen; das lodernde Feuer seines Geistes wurde gedämpft durch eine gewisse Milde und Sanftmuth seines Wesens, die oft selbst zum Melancholischen hinneigte. Wer ihn nach »Danton« und seinem politischen Auftreten beurtheilt und ihn für einen wilden, das Maaß überschreitenden Charakter hält, irrt sich sehr. Die innige Harmonie seiner Seelenkräfte ließ keine derselben auf Kosten der anderen sich vordrängen, und ein tiefes, weiches Gemüth spricht sich fast in jeder Zeile seiner Briefe aus. [...] – Sein inniges, fast schwärmerisches Zusammenleben mit der Natur, deren Geheimnisse zu ergründen sein Studium war, und die er mit dem doppelten Auge des Dichters und Forschers betrachtete, spricht nicht minder für die Weichheit seiner Seele. Tagelang streifte er in den schönen Gebirgen des Elsaß umher, gleich seinem »Lenz«, und schien gleich ihm mit seiner Umgebung zu verwachsen, sich in sie aufzulösen. [...]

In der Gesellschaft war Büchner munter, nie zurückstoßend, nur scharf und eine übermüthige Satyre entwickelnd, wo gemeine Gesinnung oder hohlköpfige Anmaßung an ihn herantraten. Sein treffender Witz, seine launigen Einfälle, die, wenn er in guter Stimmung war, in sprudelnder Fülle einander drängten, belebten die Unterhaltung, und machten ihn zum angenehmen Gesellschafter.

Aus: *Nachgelassene Schriften von Georg Büchner*, hrsg. von Ludwig Büchner, Frankfurt am Main 1850, S. 46 und 48.
Ludwig Büchner (1824–1899), Studium der Philosophie und Medizin in Gießen; 1850 erster Herausgeber des Nachlasses seines Bruders Georg.

August Hoffmann (Zeichnung)
Anton Limbach (Stich)
Georg Büchner, Frontispiz
In: Georg Büchner
(Karl Emil Franzos, Hrsg.)
Sämmtliche Werke und handschriftlicher Nachlass
1879

INHALT

»FRANZÖSISCHE GEWITTERLUFT IST MIR LIEBER«

—

STUDENT IN STRASSBURG

—

LEHRJAHRE DER FREIHEIT

»ICH SCHÄMTE MICH, EIN KNECHT MIT KNECHTEN ZU SEIN«

—

DER HESSISCHE LANDBOTE UND DIE POLITISCHE AGITATION IN GIESSEN

»DER EINZELNE NUR SCHAUM AUF DER WELLE«

—

DANTON'S TOD

—

VERHEISSUNG UND SCHRECKEN DER REVOLUTION

»ALS JAGE DER WAHNSINN AUF ROSSEN HINTER IHM«

—

LENZ: INNENANSICHT EINER PSYCHOSE

»WIR GREIFEN, WEIL WIR HÄNDE HABEN«

—

DER NATURWISSENSCHAFTLER UND PHILOSOPH BÜCHNER

»DER FREIE WILLE STEHT DAVORN GANZ OFFEN«

—

LEONCE UND LENA

—

LUSTSPIEL DER MELANCHOLIE

»ALLES STILL, ALS WÄR DIE WELT TODT«

—

DER FALL WOYZECK

»DIE STRASSEN LAUFEN NICHT VOLL SOLDATEN«

—

ENDSTATION ZÜRICH

»ICH WERDE NICHT ALT WERDEN«

—

19. FEBRUAR 1837

»ER MACHT MOSAIK«

—

BÜCHNERS SCHREIBSTRATEGIEN

»ACH, DIE ERBÄRMLICHE WIRKLICHKEIT!«

—

REZEPTION UND MEDIALE REALITÄTEN

ANHANG

J. Wagner (Entwurf)
Johann Lorenz Rugendas (Stich)
Völcker Schlacht bey Leipzig
(Detail)
1813

Alexis Muston
Georg Büchner aus der Erinnerung

RALF BEIL

—

DAS WORT AUSSTELLEN

—

VORWORT UND DANK

1813: Am zweiten Tag der Völkerschlacht bei Leipzig wird Georg Büchner einige hundert Kilometer entfernt in einem Dorf unweit von Darmstadt geboren. Während in Goddelau der Schrei eines Neugeborenen ertönt, herrscht in Leipzig Feuerpause in der bis dato größten Schlacht der Weltgeschichte. Büchner ist ein Sonntagskind, der 17. Oktober ein Ruhetag in Leipzig – allerdings nur, weil beide Kriegsparteien auf Verstärkung warten. Am Morgen des 18. Oktober stehen 160 000 Mann unter Napoleons Führung 295 000 Soldaten der internationalen Koalition von Russland, Schweden, Österreich und Preußen gegenüber. Am Morgen des 19. Oktober tritt Napoleon den Rückzug an.[1] Karl Marx fasst im Rückblick pointiert die weit reichenden Folgen dieser Schlacht zusammen: »Heilige Allianz und Kongresse zur Unterdrückung der Völker, Karlsbader Beschlüsse, Zensur, Polizeidespotismus, Adelsherrschaft, Finanzverschleuderung und – keine Konstitution.«[2] In diese Welt wird Georg Büchner hineingeboren, in ihr agiert, auf sie reagiert der Schüler, Student und Privatdozent Büchner.

1837: Georg Büchner stirbt am 19. Februar im Zürcher Exil an Typhus. Wenige Tage zuvor, am 12. Februar, ist der lungenkranke Frankfurter Schriftsteller Ludwig Börne, prominenter Protagonist der radikal-demokratischen Autorengruppe Junges Deutschland, im Pariser Exil verstorben. Friedrich Ludwig Weidig, Pfarrer und Mitverfasser des *Hessischen Landboten*, kommt kurz nach Büchner am 21. Februar nach jahrelanger Untersuchungshaft und schweren Misshandlungen zu Tode: vermutlich durch Selbstmord. In ganz Deutschland warten politische Gefangene im Gefängnis auf immer wieder verschleppte Urteile, konstitutioneller Fortschritt ist nicht abzusehen. Im Gegenteil. Am 1. November löst König Ernst August II. die hannoversche Verfassung von 1833 auf. Landesweite Proteste sind die Folge, insbesondere an den Universitäten. Am 12. Dezember werden gleich sieben Professoren wegen ihres Protests gegen den monarchistischen Staatsstreich ihrer Ämter enthoben. Unter den »Göttinger Sieben«: die Germanisten Wilhelm und Jacob Grimm, der Historiker Friedrich Christoph Dahlmann sowie Georg Gottfried Gervinus, Historiker und Literaturwissenschaftler aus Darmstadt, Jahrgang 1805 und ebenfalls einst Schüler im Pädagog. Es wird noch mehr als ein Jahrzehnt dauern, bis sich nach der Märzrevolution von 1848 in der Frankfurter Paulskirche die erste deutsche Nationalversammlung konstituiert.[3]

Das ist die politisch-biografische Klammer eines kurzen Lebens zwischen Darmstadt, Straßburg, Gießen und Zürich. Büchner unternimmt keine Weltreisen wie seine Zeitgenossen Adelbert von Chamisso oder Charles Darwin. Dafür ist der Wahl-Europäer, zumal in den Jahren 1834 bis 1836, produktiv und kreativ ohnegleichen. Die ebenfalls 1813 geborenen Künstler, Forscher und Philosophen – Richard Wagner, David Livingstone oder Søren Kierkegaard – wären bei einem Tod 1837 nicht in die Geschichte eingegangen. Anders Georg Büchner.

Er formuliert politisch wie ökonomisch bis heute gültige Grundeinsichten, betreibt mit gleicher Emphase den sozialrevolutionären Umsturz, anatomische Ausbildung, naturwissenschaftliche Grundlagenforschung, seine Doktorarbeit, philosophische Studien, universitäre Lehrveranstaltungen – und schreibt, gewissermaßen nebenbei, Weltliteratur: *Der Hessische Landbote*, *Danton's Tod*, *Lenz*, *Leonce und Lena*, *Woyzeck* sowie ein Konvolut von einzigartigen Briefzeugnissen.

Die Ausstellung *Georg Büchner – Revolutionär mit Feder und Skalpell* und das gleichnamige Katalogbuch widerlegen schon in ihrer aus all diesen Aktivitäten resultierenden Materialdichte die immer noch kursierende Legende vom schmalen Werk. Bereits die kursorische Übersicht vermag deutlich zu machen, wie viel Büchner in seinem kurzen Leben erreicht hat und wie vielseitig er dabei methodisch, formal, inhaltlich zu Werke ging.

↓

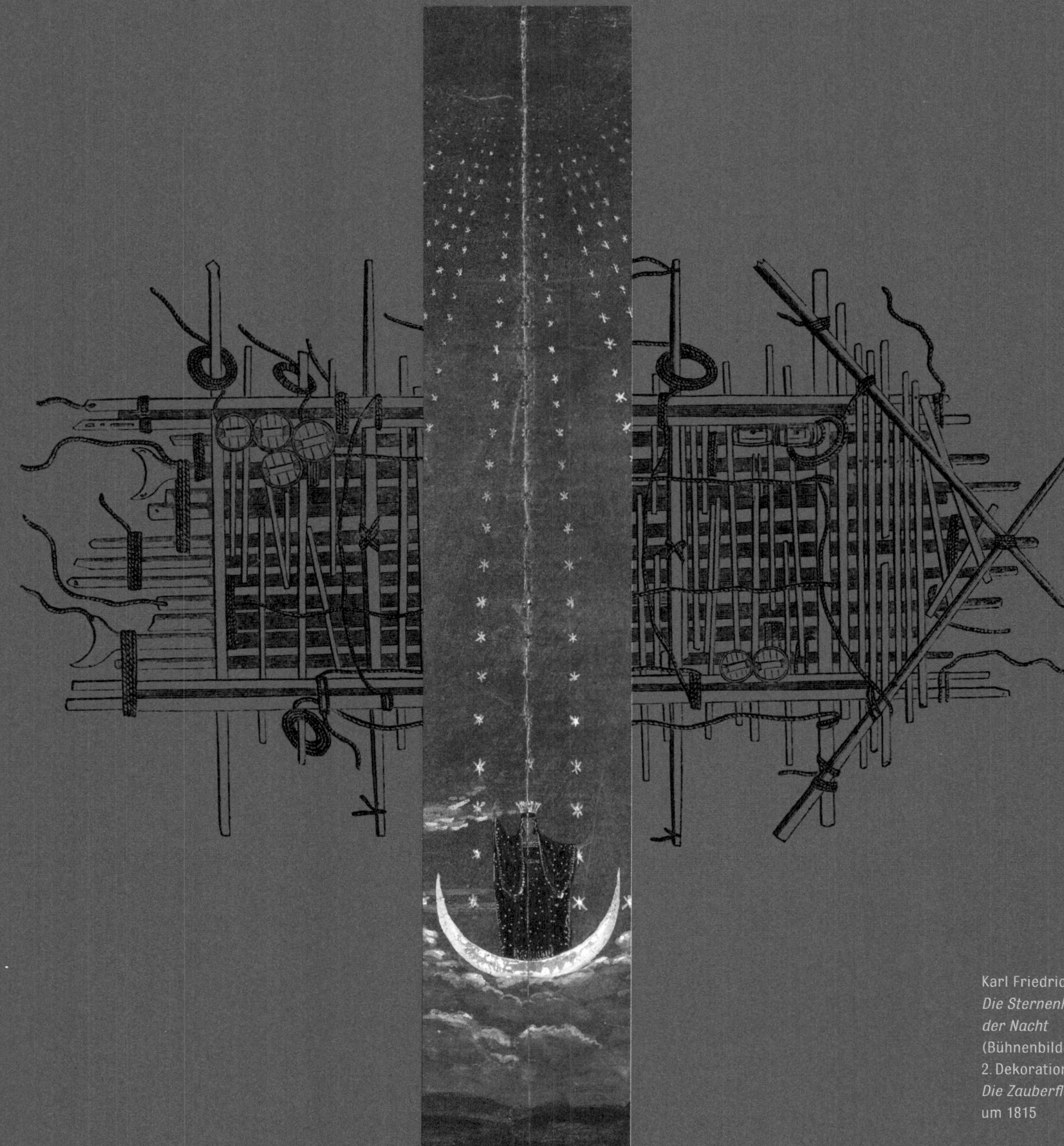

Karl Friedrich Schinkel
Die Sternenhalle der Königin der Nacht
(Bühnenbildentwurf zur 2. Dekoration der Mozart-Oper *Die Zauberflöte*)
um 1815

Der illusionslose Schreibstratege Büchner durchlöchert mit seinem Großmutter-Märchen im *Woyzeck* zugleich Karl Friedrich Schinkels himmlischen *Zauberflöten*-Prospekt von 1815. Die Sternkreuzchen sind bei Büchner nur mehr tote Insekten.

GROSSMUTTER.
[...] und wie's zu den Sternen kam, warens kleine goldene Mücken die waren angesteckt wie der Neuntödter sie auf die Schlehen steckt und wies wieder auf die Erde wollt, war die Erde ein umgestürzter Hafen und es war ganz allein und da hat sich s hingesetzt und gerrt und da sitzt es noch und ist ganz allein.

Woyzeck, H1,14, 1836

150 Franzosen waren auf dieser (Rettungs-)Maschine untergebracht: nur 15 wurden 13 Tage später gerettet.

Alexandre Corréard / Henri Savigny, *Naufrage de la fregate la Méduse faisant partie de l'éxpédition du Sénégal, en 1816*, 1818

Alexandre Corréard
Grundriss des Floßes der Medusa zur Zeit, als es verlassen wurde
1821

Anlass zu einer umfassenden Präsentation des Dichters, Naturwissenschaftlers und Revolutionärs gibt es genug – auch jenseits der Jubiläumsdaten des 200. Geburtstags von Georg Büchner und des 100. Jahrestages der Uraufführung von *Woyzeck*, die Ausstellung und Buch erst möglich gemacht haben. 26 Jahre nach der letzten großen Georg-Büchner-Ausstellung auf der Mathildenhöhe Darmstadt können wir einen neuen Blick auf Leben und Werk werfen. Wir wissen heute viel mehr über ihn, nicht zuletzt dank der gerade abgeschlossenen Marburger Ausgabe mit ihren 18 Text- und Kommentarbänden. Und wir stellen andere Fragen an sein Leben und Werk. Uns interessieren neben den Büchern, die er gelesen hat und den Menschen, die er getroffen hat, auch die Kunstwerke, die er gesehen hat, die Klänge, die er gehört hat. Was hat Büchner wie und warum wahrgenommen, getan oder geschrieben? Alle Ausstellungsobjekte drehen sich am Ende um diese Frage: Sie dienen bestenfalls nicht der Illustration, sondern der Realisation von Büchners Leben und Werk.

DIE WELT ALS IDEEN- UND BILDRESERVOIR

Die Ausstellung und das sie begleitende Katalogbuch wollen den Blick schärfen für Büchner in seiner Zeit und daraus die heutige Bedeutung Büchners und seiner Werke gewinnen. Es findet also keine Aktualisierung[4] statt, sondern eine Kontextualisierung, aus der heraus das Einzigartige und Überzeitliche von Büchners Leben und Werk deutlich werden soll.

Das Gesamtprojekt ist gleichermaßen biografisch und thematisch angelegt. Es orientiert sich an Büchners genuin dramatischem Lebensweg in fünf Akten, die topografischen Kapitel (Darmstadt, Straßburg I, Gießen, Straßburg II, Zürich) sind jedoch von thematischen Kapiteln (*Danton's Tod*, *Lenz*, Philosophie und Naturwissenschaft, *Leonce und Lena*, *Woyzeck*) durchschossen und in sich ebenfalls thematisch gegliedert. So geht es im Darmstadt-Kapitel vorrangig um die Soziogenese des Schriftstellers, Naturwissenschaftlers und Revolutionärs: Die von Büchner als »Wüste Sahara«[5] empfundene Residenzstadt wird durch die Oasen Familie (Kalkül und Gefühl, Zeitgeschichte und Poesie), Schule (das Pädagog als Revolutionärsschmiede), Museum (Kunst- und Naturgeschichte), Freunde (Muston) und Theater (Shakespeare) konterkariert. Bilden die Vielvölkerschlacht und die drei Tode Börnes, Büchners und Weidigs sowie die Stagnation von 1837 die chronologische Klammer, so wird diese transzendiert in den darauf folgenden Themenkapiteln zu Büchners Schreibstrategien und exemplarischen Beispielen der nationalen, internationalen und globalen Rezeption.

Der Ausstellungsparcours im Darmstadtium,[6] dem die Buchkapitel bis auf eine Ausnahme folgen, realisiert Leben und Werk im engen baulichen Rahmen und macht aus der Not des gegebenen Raums eine Tugend: Der Enge der Gänge im Darmstadt-Kapitel[7] steht die Geräumigkeit des großzügig durchfensterten Kommunikations- und Denkraums der Familie gegenüber. Die Übersicht auf der Empore des Straßburg-Kapitels entspricht Büchners Wahrnehmung der elsässischen Metropole. Nicht umsonst ist ihr Wahrzeichen der weithin sichtbare Münsterturm, das damals höchste Gebäude Europas, ein von Büchner hoch geschätztes Symbol geistiger Freiheit. Dem Revolutionsplatz von *Danton's Tod* folgt ein Hörtunnel für *Lenz* und dann der Aufstieg über große Raumpodeste[8] immer höher – durch die Kapitel Philosophie und Naturwissenschaft, *Leonce und Lena*, Zürich und *Woyzeck* – bis hin zur Rekonstruktion[9] des Sezier-, Schreib-, Studier-, Schlaf- und Sterbezimmers von Georg Büchner in Zürich, dieser Schatzkammer der Weltliteratur auf gerade einmal fünf mal drei Metern, als Höhe- und Endpunkt des biografischen Weges. Dem folgt der Abstieg über Treppen und Podeste zurück zum Eingang der Ausstellung, der von den vertiefenden Themen der Schreibstrategien und der weltweiten Rezeption Büchners, insbesondere des *Woyzeck* begleitet wird.

Leitmotive und Echowirkungen strukturieren als Subtext die Ausstellung und realisieren die zahlreichen Vernetzungen von Leben und Werk, Literatur und Naturwissenschaft. Das Volkslied aus Brentanos Liedersammlung *Des Knaben Wunderhorn*, das aufgeschlagen auf dem Tisch des Familienzimmers liegt, wird später durch die *Woyzeck*-Dramenfigur Andres

↓

LENA.
[. . .] Mein Gott, mein Gott, ist es denn wahr, das wir uns selbst erlösen müssen mit unserem Schmerz? Ist es denn wahr, die Welt sei ein gekreuzigter Heiland, die Sonne seine Dornenkrone und die Sterne die Nägel und Speere in seinen Füßen und Lenden?

Leonce und Lena, I,4, 1836

ROBESPIERRE.
[. . .] Was sehen wir nur immer nach dem Einen? Wahrlich des Menschensohn wird in uns allen gekreuzigt, wir ringen Alle im Gethsemanegarten im blutigen Schweiß, aber es erlöst Keiner den Anderen mit seinen Wunden.

Danton's Tod, I,6, 1835

Giovanni Bilevelt
Ecce Homo
recto und verso
1. Hälfte 17. Jahrhundert

Nedko Solakov
Die Fahne / Der Fahnenträger
Detailansicht der Totalinstallation *Emotions (without Masks)*
2009

verstörend intoniert. Die Zeit, ihre Messung und Relativierung von Leben, wird in unterschiedlichsten Uhren realisiert – von der realen Glockenuhr des Weißen Turms in Darmstadt, die seit Büchners Gegenwart der Stadt die Zeit gibt,[10] über eine Taschenuhr der französischen Revolution mit ihrem Zehnstundentakt bis hin zur Blumenuhr als Teil der Utopie einer harmonischen Naturzeit im Drama *Leonce und Lena*: »... wir lassen alle Uhren zerschlagen, alle Kalender verbieten und zählen Stunden und Monden nur nach der Blumenuhr, nur nach Blühte und Frucht.«[11] Das symbolische Ticken der Uhren versinnbildlicht zugleich die stets unerbittlich mitlaufende, im Rückblick gnadenlos ablaufende Lebenszeit Büchners.

DAS WORT SEHEN, HÖREN, SPÜREN

Das Wort ausstellen – nicht mehr und nicht weniger ist das Ziel einer jeden ambitionierten Literatur-Ausstellung. Für eine Georg-Büchner-Ausstellung hat diese Maxime jedoch eine besondere Bedeutung. Büchner hat zuhauf hoch verdichtete Sentenzen, Geistesblitze und Textfragmente zu Papier gebracht, sodass sich ohne gravierende Verluste des jeweiligen Kontextes Extrakte seines Lebens, Denkens und Schreibens gewissermaßen eins zu eins präsentieren lassen. Diese Ausstellung lässt Büchner deshalb ausdrücklich und massiv zu Wort kommen.

Erstens über das Auge – jenseits klassischer Manuskript- und Buchpräsentation durch Schrift an der Wand in direktem Bezug zu historischen Bildquellen, Kunstwerken und kulturhistorischen Objekten, die als visuelle Parallelspur zu den Sentenzen Büchners von Fall zu Fall erhellend oder kontrastiv eingesetzt werden. So kann immer wieder die Außenwelt um 1830 mit der Innensicht des Dichters in ein Spannungsverhältnis gesetzt werden.

Zweitens über das Ohr – mit einem infrarotgesteuerten Audioguide, der an markanten Stellen der Ausstellung die Besucher umweglos mit Ausschnitten aus Büchners Dramen und Briefen konfrontiert. Büchners Worte werden so zur Tonspur der Ausstellung, drehen sich bestenfalls über das Gehör ins Denken und Fühlen der Besucher ein und dokumentieren unmittelbar die Bedeutung des Ausgestellten für Büchner.

Drittens über den Körper – durch Objekte, die jene Inhalte realisieren, die in den Worten mal geborgen, mal verborgen sind: das Bild- und Ideenreservoir Büchners, das, so ins Dreidimensionale übersetzt, real vor den Besucher tritt und den Wortsinn Büchners pointiert.[12]

So gehen wir mit Büchners Worten auf Tuchfühlung und kommen ihm mit allen unseren Sinnen nah. Zumal die Ausstellung erstmals umfassend Kunstwerke und Objekte, die Büchner selbst gesehen hat, mit Klängen, die Büchner einst gehört hat, vereint. Wir sehen und hören buchstäblich, was er gesehen und gehört hat – bis hin zur eigens für die Ausstellung gefilmten Sezierung einer Barbe mit historischem Werkzeug, die die offengelegten Schädelnerven ebenso dokumentiert wie das Knacken der Schädelknochen beim Öffnen des Fischkopfes. Und wir spüren darüberhinaus dem Schreibprozess Büchners nach, indem wir mittels Computeranimation an drei markanten Textbeispielen seine virtuose Collage- und Montagetechnik vor Augen führen.[13]

Aus all dem folgt, dass es sich hier um keine Literaturausstellung im herkömmlichen Sinn handelt, sondern um eine Wort-Ausstellung der besonderen Art, die in einem kulturhistorisch-biografischen Panorama Literatur, Politik, Geschichte, Theater, Philosophie und Naturwissenschaft, kurz das Leben und Werk Georg Büchners ebenso multimedial wie anschaulich begreifbar machen will.

SCHMERZLICHE AKTUALITÄT

Exemplarisch für Büchners literarisch-weltanschauliche Radikalität ist seine drastische Zuspitzung des Volks- sowie Kunstmärchens der Romantik[14] im Großmutter-Märchen des *Woyzeck*, das in bitterer Heillosigkeit endet: »... und da sitzt

↓

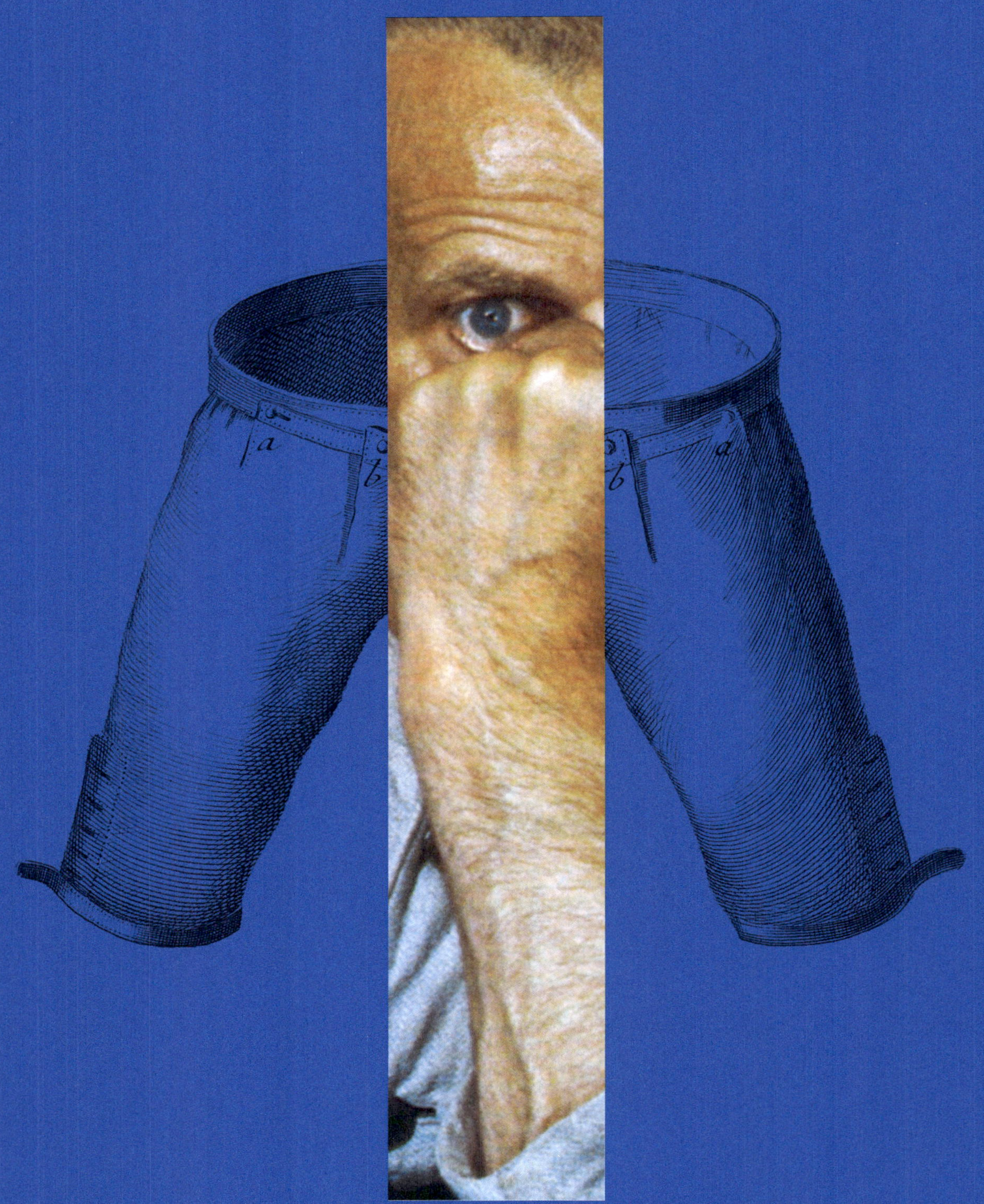

DER KUNDE.
Gott hat die Welt in sechs Tagen erschaffen, und Sie schaffen es nicht, mir in sechs Monaten eine Hose zu machen.
DER SCHNEIDER.
Aber mein Herr, sehen Sie sich doch die Welt an, und sehen Sie da Ihre Hose!

Samuel Beckett, *Die Welt und die Hose*, 1945/46, Motto

… es war ihm, als könne er eine ungeheure Faust hinauf in den Himmel ballen und Gott herbei reißen und zwischen seinen Wolken schleifen.

Lenz, 1835

Denis Diderot / Jean-Baptiste Le Ronde d'Alembert
Encyclopédie ou Dictionnaire raisonné des sciences, des arts et des métiers
Boursier, Tafel II
1763

Werner Herzog
Woyzeck
Filmstill
Klaus Kinski als Woyzeck (Detail)
1979

es noch und ist ganz allein«.[15] Pessimismus, Realismus, Atheismus? Jedenfalls demontiert Büchner gleichermaßen das Ganzheitsdenken der Romantiker und den Pantheismus der Klassiker[16] – dem Kind im Märchen bleibt nur noch die schiere Existenz, ein tristes Monadendasein. Es ist dieser fundamentale Skeptizismus, der ganze Generationen von Dichtern und Denkern der Moderne prägen wird: von Büchner über Brecht zu Beckett und weit darüber hinaus.

Bertolt Brechts Emigrant Ziffel sagt einmal: »Scharfes Denken ist schmerzhaft, der vernünftige Mensch vermeidet es, wo er kann.«[17] Auch wenn Büchner schreibt, »ich bin kein Guillotinenmesser«:[18] Die schmerzhafte Trennschärfe dieser Klinge besitzt sein Denken ohne Zweifel.

Valerios Sprachwitz aus *Leonce und Lena* hallt dagegen mehr als hundert Jahre später bei Samuel Beckett nach: »Sie interessiert der Raum? Brechen wir ihn auf. Sie beschäftigt die Zeit? Schlagen wir sie gemeinsam tot. Die Schönheit? Der Mensch insgesamt. Die Güte? Abwürgen. Die Wahrheit? Der Furz der Mehrheit.«[19]

Die Bretter, die die Welt bedeuten, das sind für Büchner – wie nach ihm für Brecht und Beckett – nicht die Bühnenbretter, auch wenn er in seinem kurzen Leben drei Dramen verfasst. Weltbedeutung haben da schon eher die Bretter des Floßes der Medusa – als exemplarischer Schauplatz menschlicher Abgründe.[20]

»Plötzlich ist die Trennung zwischen Tier und Mensch keine so absolute mehr, wie es Generationen von Theologen und Philosophen behauptet haben, und der Mensch ein zufällig entstandenes Wesen, von keiner höheren Macht gewollt, in einem fremdartig kalten Kosmos.«[21] Daniel Kehlmann schreibt hier über Charles Darwin, doch seine Sätze scheinen geradezu imprägniert von Darwins Zeitgenossen Büchner, dessen Sprache und Erkenntnissen. Kaum zufällig blickt Kehlmanns Darwin bei den Ureinwohnern Feuerlands in »einen Abgrund, der ihn schwindeln macht«.[22]

Auch wenn Büchners Versuch scheiterte, mithilfe der politisch entrechteten Bevölkerungsmehrheit einen republikanischen Volksaufstand zu entfachen und das Land Hessen mit Gewalt zu revolutionieren: Die grundsätzlichen Themen des *Hessischen Landboten* – jener sozialrevolutionärer Flugschrift mit ihrem aus den französischen Revolutionskriegen stammenden Motto »Friede den Hütten! Krieg den Palästen!«, die dazu beitragen sollte, diese Mehrheit zu mobilisieren – haben nichts an Aktualität eingebüßt. Damals wie heute ist es die Kluft zwischen Arm und Reich, sind es die Steuerfrage und die Frage der Menschenrechte, die am deutlichsten Auskunft über den Zustand einer Gesellschaft geben. Die Verfassung Hessens hat sich seit 1830 zwar verändert,[23] doch der Verfassungsschutz scheint immer noch so aggressiv wie ehedem.[24]

Büchners Schriften und Briefe sind Nachrichten aus ferner Nähe. Jenseits von Kleinstaaterei und Adelsherrschaft sprechen sie von unveränderten Grundkonstanten des Lebens, formuliert mit einer bis heute schmerzhaften Schärfe: »Was ist das, was in uns hurt, lügt, stiehlt und mordet?«[25] Immer wieder müssen wir uns dieser Frage stellen,[26] täglich neu. Sie ist unser ständiger Begleiter auf dieser Welt.[27]

Büchner hat uns nie nur die Vorderseite geboten, die Rückseite war immer ebenso sichtbar und genauso wichtig – er ist ein Meister des Recto-Verso. Er bekannte sich dazu, »Alles, was existiert, bei seinem Namen zu nennen«[28] – und er hatte einen besonderen Blick für Kausalzusammenhänge und vermeintliche Sachzwänge. Für ihn war klar, dass, wo immer eine Fahne ist, ein Fahnenträger nicht weit sein kann. »Geht einmal nach Darmstadt und seht, wie die Herren sich für euer Geld dort lustig machen …«[29] Er benannte Täter und Opfer gleichermaßen. Und hatte bei alledem noch die Fähigkeit zu Selbstironie, Witz und Humor. Mehr kann man von einem 23-Jährigen nicht verlangen.

Der junge Privatdozent hat es am Ende nicht mehr, wie eigentlich in seinem Lebensplan vorgesehen, in das große, helle Zimmer am See geschafft, er kam unversehens »außer Atem«[30] – so wie St. Just es in *Danton's Tod* prophezeite. Dafür aber hat Georg Büchner literarisch, politisch, historisch eine Unsterblichkeit erreicht, die bis heute jenseits von gravitätischer Weihe eine ganz eigene Schärfe und Naherfahrung des Existenziellen bereithält.

↓

EIN BUCH FÜR BÜCHNER

Büchner selbst hat konsequenterweise Form und Inhalte dieses Buches mitbestimmt.[31] So wie er und seine Dramenfigur Danton »Mosaik« machen, waren sie Vorbild für die Text- und Bildseiten, die vor Collage und Montage, überraschenden Kombinationen und aufrüttelnden Volten nicht zurückschrecken – nur dass wir unsere Quellen in Post-Guttenberg-Zeiten nach bestem Wissen und Gewissen angeben. Die Texte, Themen und Bilder überschneiden sich bewusst – auch im Layout. Wir kommen mitunter ganz nah heran, um ein wesentliches Detail deutlicher zu sehen – dann wieder folgen Seiten der Übersicht, alles ist dem Material gemäß organisiert. Bewusst sind Text- und Bildspur getrennt. Denn die Bildseiten illustrieren den Textfluss nicht, sondern realisieren ein Reich der Bilder unabhängig von den Texten des Buches. Nur hin und wieder berühren sich Bild und Text. Da Büchners Figuren immer wieder der Wunsch, »auf dem Kopf gehn«,[32] die Sehnsucht, »sich einmal auf dem Kopf sehen«[33] zu können, umtreibt, lag es nahe, daraus ein Strukturprinzip zu machen. Separate Lese- und Bildspuren laufen deshalb gegenläufig über Kopf durch das ganze Buch. Schauen und Lesen sind jedoch subtil miteinander verbunden – schon über die Zitate aus Büchners Werken und Briefen, die entweder direkt vom jeweils Abgebildeten sprechen oder dieses kommentieren. So erscheint das Buch am Ende als ein gewaltiges Prisma, dessen Lichtbrechung alle Farben des sonst nur weiß erscheinenden Lichts vor Augen führt. Zumindest ist hier ein großes Spektrum an schillernden Einzelaspekten mitsamt ihren Nachbildern und Schattenwürfen zu einem komplexen Gesamtbild vereint. Womöglich fordert dieses Buch mehr Interaktivität als manche Multimedia-Anwendung. Mit Sicherheit sucht dieses Buch, um Büchners stets mehrfach kodierten Werken gerecht zu werden, aktive Leser, die mit Einsatz, Initiative und Spielfreude immer aufs Neue an Bildern und Texten den vielfältig angelegten Sinn- und Querbezügen nachspüren. Dabei werden sie immer wieder der Leitfarbe des Buches, einem Blau von strahlender Transparenz begegnen. Auch dies ist naturgemäß kein Zufall. Seit Revolutionszeiten steht das Blau der französischen Trikolore für das neben Gleichheit und Brüderlichkeit höchste Gut des Menschen: die Freiheit.

DANK

Mein erster Dank geht an Ruth Wagner. Als Überzeugungstäterin in Sachen Büchner schon bei der Ausstellung 1987 zwischen Darmstadt und Weimar aktiv, war sie mit Burghard Dedner und Hartmut Holzapfel der maßgebliche Motor der *Georg Büchner Gedenkjahre 2012/13.* Als sie bei einem ersten Telefonanruf auf der Mathildenhöhe danach fragte, ob mich eine Georg-Büchner-Ausstellung interessieren könnte, zögerte ich, der über das Großmutter-Märchen im *Woyzeck* Abitur geschrieben hatte, keinen Moment mit der Zusage, mich diesem Darmstädter von Weltformat zu widmen.

Für erste konzeptionelle Überlegungen im informellen Kreis danke ich den Büchner-Experten Ariane Martin, Gerald Funk, Burghard Dedner und Matthias Gröbel. Insbesondere aus pragmatischen Gründen wurde daraus bald schon ein Dialog zwischen Burghard Dedner und mir: Dem Leiter der Forschungsstelle Georg Büchner in Marburg habe ich aufs Herzlichste zu danken für seinen umfassenden Einsatz und seine zahlreichen Impulse parallel zur Fertigstellung seiner Marburger Ausgabe, segensreich flankiert von seinem Mitarbeiter Tilman Fischer.

Nur dank eines beispiellosen Schulterschlusses der bedeutendsten Kulturstiftungen Hessens und Deutschlands wurde aus einer frühen Projektskizze, die auf einem DIN-A4-Blatt Platz hatte, eine Landesausstellung von eigenem Gewicht. Für ihr Vertrauen und die außergewöhnliche finanzielle Förderung danke ich der Kulturstiftung des Bundes und ihrem Vorstand Hortensia Völckers und Alexander Fahrenholtz, dem Kulturfonds Frankfurt RheinMain und seinen Geschäftsführern Albrecht von Kalnein (bis Juli 2013) und Helmut Müller (ab August 2013), der Kulturstiftung der Länder

↓

und ihrer Generalsekretärin Isabel Pfeiffer-Pönsgen sowie last, not least der Hessischen Kulturstiftung und ihrer Geschäftsführerin Claudia Scholtz. Komplettiert wurde der Schulterschluss von Land und Bund im Namen Büchners dankenswerterweise mit der Übernahme der Schirmherrschaft durch Bernd Neumann, Staatsminister für Kultur und Medien, sowie den Hessischen Ministerpräsidenten Volker Bouffier.

Auch die Stadt hat selbstverständlich ihren Beitrag geleistet: Sowohl die Wissenschaftsstadt Darmstadt, vertreten durch Oberbürgermeister Jochen Partsch, als auch die Sparkasse Darmstadt im Verbund mit der Sparkassen-Kulturstiftung Hessen-Thüringen haben wesentliche Unterstützung bereitgestellt. Michael Dirmeier, Geschäftsführer von HEAG mobilo, danke ich für die Werbeoffensive vor Ort und unserem Corporate Partner Caparol, namentlich Ralf Murjahn, für die Wandfarben.

Bevor die Wandfarben jedoch überhaupt zum Einsatz kommen konnten, musste einiges geschehen. Aufgrund der Sanierung des Ausstellungsgebäudes Mathildenhöhe musste die Ausstellung in einen bis dato nicht genutzten Saal des Kongresszentrums Darmstadtium eingepasst werden. Hier danke ich insbesondere Lars Wöhler, Geschäftsführer des Darmstadtiums, und seinem technischen Leiter Ullrich Kordt, sowie Paul Schröder, Anna Schug und Ralf Wittmann von fs-Architekten, mit denen wir gemeinsam innerhalb weniger Monate in einem permanenten Wettlauf gegen die Uhr den Rohbau des Saales Ferrum in eine Ausstellungshalle, ein veritables Büchner-Museum auf Zeit verwandelt haben. Sie haben Aktenordner voller Bauantragspläne, Sicherheitsnachweise und gutachterlicher Stellungnahmen umgesetzt – wir sind darüber zu Spezialisten für Trockensprinkleranlagen, Trittschalldämmung, Fluchtwegsbestimmungen und Brandschutzklassen aller Art geworden. Werner G. Heiser von Heitec Heiser hat parallel zum Saalausbau den Stafettenstab von fs-Architekten übernommen und den eigentlichen Ausstellungsausbau realisiert – ihm und seinem Team gebührt ebenfalls mein herzlicher Dank.

Höchst erfreulich ist, dass sich zahlreiche Museen, Archive und Privatsammler in Deutschland, Frankreich, Österreich und der Schweiz für die Dauer der Ausstellung von ihren Georg-Büchner-Inkunabeln, ihren wertvollen Kunstschätzen und kulturhistorischen Objekten getrennt haben. Mein aufrichtiger Dank gebührt ihnen allen.

Zahlreich sind die Herausforderungen und Sonderaufgaben in diesem Projekt gewesen. Lothar A. Beck, Professor für Evolution und Systematik der Tiere an der Universität Marburg, danke ich für die fachgerecht-historische Sezierung einer Barbe im eigens für die Ausstellung realisierten Film, Maria Courtial von FaberCourtial für ihre schreibstrategischen Computeranimationen und Multimedia-Installationen, Tim Späth für die souveräne Gestaltung der gesamten Werbemedien vom Aufkleber und Regenschirm über XXL-Poster bis zur Straßenbahn.

Ein besonderer Dank geht an unseren mittlerweile langjährigen Kulturpartner Hr2-Kultur, an Angelika Bierbaum, Hans Sarkowicz und Karin Wirschem für die großartige Möglichkeit, dank zahlreicher Synergien zwischen Audiokultur und Ausstellung Büchner umfassend über das Ohr wahrzunehmen. Verarbeitet wurden diese Beiträge sowie Filme und Musikeinspielungen durch Tonwelt für den aufwendigen, infrarotgesteuerten Audioguide. Hier danke ich stellvertretend Peter Borkopp.

Nicht nur das Darmstadtium, ganz Darmstadt steht während der Ausstellungsdauer im Zeichen Büchners: Zu den Partnerinstitutionen des extensiven Rahmenprogramms gehören das Staatstheater Darmstadt, Schauplatz der Eröffnungsfeier, das Deutsche Poleninstitut, die Centralstation und das Literaturhaus Darmstadt, die Deutsche Akademie für Sprache und Dichtung, das CinemaRex und der Studentische Filmkreis der TU Darmstadt.

Das grafische Konzept und und die Gestaltung dieses Buches verdanken wir Joerg Ewald Meißner und Gerd Sebastian Jakob, bekannt als KOMA AMOK, Kunstbüro für Gestaltung. Wie schon bei den letzten gemeinsamen Katalogprojekten *Gesamtkunstwerk Expressionismus* und *A House Full of Music* haben sie eigens eine Schrift entworfen: Sie operiert mit den

↓

scharfen Schnittlinien eines Skalpells. Annette Kulenkampff, Verlagsleiterin von Hatje Cantz, ist mit uns das Wagnis dieses Buches mit je einer Schau- und Leserichtung eingegangen. Lektoriert wurde es mit großer Sorgfalt und Geduld von Karin Osbahr, im Endspurt unterstützt von Annerose Bach.

Und dann ist da natürlich noch das Team des Instituts Mathildenhöhe: Hier danke ich allen voran Ulli Emig und Christian Häussler für die Mitbetreuung der gigantischen Ausstellungsbaustelle im Darmstadtium, für die Planung von Guillotinen-Transporten und Druckerpresse-Standorten sowie alle anderen Sondermissionen. Meine besondere Anerkennung gilt den beiden Ausstellungsassistentinnen Natalja Salnikova und Lisi Linster, die ohne vorherige Ausstellungserfahrung, jedoch mit viel Begeisterung für Büchner erfolgreich die Koordination dieses Riesenprojektes mit über 600 Buchseiten und mehr als 400 Ausstellungsobjekten gemeistert haben. In der Endphase wurden sie tatkräftig unterstützt von Anne Bruntsch und Susanne Lehmann. Daniel Grinsted hat die Pressearbeit betreut und das technische Team unter der Leitung von Jürgen Preusch das entscheidende Finish der Hängung und Ausleuchtung übernommen.

Ich danke allen Beteiligten für die vielen Tag- und Nachtstunden der administrativen und kreativen Mehrarbeit an diesem besonderen Großprojekt und insbesondere meiner Frau Sabine und meinen Kindern Zoë Antonia und Geraldine Maya für ihre kaum zu überschätzende Geduld in den langen Monaten der finalen Vorbereitungszeit, die auch mir trotz oder gerade wegen Büchner manchmal buchstäblich wie ein Gewaltmarsch durch die Wüste Sahara vorkam.

1 Vgl. Steffen Poser, *Die Völkerschlacht bei Leipzig: »in Schutt und Graus begraben«*, Leipzig, 2013, S. 113–114.

2 Karl Marx, zit. nach: Jan-Christoph Hauschild, »Georg Büchner. Eine politische Biographie«, in: *Wuppertaler Büchner Tage*, Dokumentation, Wuppertal 1987, S. 14.

3 Unter ihnen ist auch der Unternehmer Wilhelm Büchner, Georgs jüngerer Bruder.

4 Aktualisierungen haben mitunter etwas sehr Gezwungenes, wie die Berliner Ausstellung *Kleist: Krise und Experiment* 2011 mit ihrer Diktatur des Ausstellungsdesigns aufgezeigt hat: Der Kadett der Militärakademie wurde dort in der Konfrontation einer historischen Kinderuniform und eines zeitgenössischen Kriegsvideos mit Kindersoldaten in Afrika kurzgeschlossen und die Badefreuden des jungen Heinrich kamen in der hochstilisierten Schwarzweißästhetik eines Parfüm-Werbeclips daher. Vor lauter Anbiederung an die Sehgewohnheiten heutiger Besucher ging den Ausstellungsmachern Kleist selbst verloren.

5 Georg Büchner, Brief an Edouard Reuss, Darmstadt, 31. August 1833, zit. nach: Ariane Martin (Hrsg.), *Georg Büchner. Sämtliche Werke und Briefe*, Stuttgart 2012, S. 337.

6 Aufgrund der Sanierung des Ausstellungsgebäudes Mathildenhöhe zum Jubiläumsdatum des 200. Geburtstages und des Wunsches nach einer Landesausstellung in Darmstadt musste ein Kongresssaal im Rohbauzustand, der einzige geeignete und verfügbare Raum vor Ort, in ein Museum auf Zeit transformiert werden. Eine Herausforderung für alle Beteiligten, denn der Saal wies im Ursprungszustand keine einzige gerade Wand auf, keine Stromleitungen, kein Licht, keine Klimaanlage. All dies musste neben der aufwendigen Ausstellungsarchitektur innerhalb weniger Monate buchstäblich implantiert werden – unter Einbezug später notwendiger Sanitärkerne und Regieräume. In Ersterem ist das Darmstadt-Kapitel, in Letzterem das Sterbezimmer untergebracht.

7 »Hier ist Alles so eng und klein.« Georg Büchner, Brief an August Stoeber, Darmstadt, 9. Dezember 1833, zit. nach: Martin 2012 (wie Anm. 5), S. 352.

8 Die Podeste überbauen die darunter liegende Schräge des späteren Kongresssaales.

9 Die Rekonstruktion beruht auf einer historischen Raumskizze und dem eigens für diese Ausstellung erstmals erstellten Inventar des Sterbezimmers anhand von Quellentexten.

10 Der Regisseur Steven Spielberg gab mir hierfür die Inspiration. In einem Interview anlässlich seines *Lincoln*-Filmes berichtete er von seiner Faszination für Lincolns Taschenuhr, deren reales Ticken – wie damals in der Hand des Präsidenten – im Film zu hören ist. So wie Spielberg Lincolns Klangrealität rekonstruiert, so ist die Glockenuhr eines der wenigen unveränderten Geräusche aus Büchners Darmstadt.

11 *Leonce und Lena*, III,3, 1836, zit. nach: Martin 2012 (wie Anm. 5), S. 223.

12 Büchner arbeitet explizit mit dem Bildreservoir und Bildgedächtnis seiner Zeit – so auch die Ausstellung.

13 Es handelt sich um die radikale Umwertung von drei Grimm-Märchen im Großmutter-Märchen von *Woyzeck*, um die politische Instrumentalisierung von Bibelsprache im *Hessischen Landboten* sowie um die Geburt der politisch korrekten Sprache in *Danton's Tod*.

14 Tiecks negatives Kunstmärchen ist ebenfalls schon in dramatische Rede eingebettet. Vgl. Ingrid Oesterle, »Verbale Präsenz und poetische Rücknahme des literarischen Schauers. Nachweise zur ästhetischen Vermitteltheit des Fatalismusproblems in Georg Büchners Woyzeck«, in: *Georg Büchner Jahrbuch*, 3 (1983), Frankfurt am Main 1983, S. 176. In Tiecks Kunstmärchen bleibt der Himmel, ob bewölkt oder nicht, stets Himmel, so wie die Sterne Sterne bleiben – mitleidslos zwar, fern der Menschen, jedoch fester Bestandteil des Weltgefüges. Georg Büchner zerstört Karl Friedrich Schinkels Theaterhimmel und Tiecks Literaturhimmel gleichermaßen mit seinem Antimärchen.

15 Georg Büchner, *Woyzeck*, H1,14, zit. nach: Martin 2012 (wie Anm. 5), S. 236.

16 Auch das »Vollglück in der Beschränkung«, wie Jean Paul den Geist des Biedermeier beschreibt, ist Büchners Sache nicht.

17 Bertolt Brecht, *Flüchtlingsgespräche*, Frankfurt am Main 1961.

18 Georg Büchner, Brief an Wilhelmine Jaeglé, Gießen, Januar 1834, zit. nach: Martin 2012 (wie Anm. 5), S. 339.

19 Samuel Beckett, »Die Welt und die Hose«, 1945/46, in: ders., *Das Gleiche noch mal anders. Texte zur Bildenden Kunst*, hrsg. von Michael Glasmeier und Gaby Hartel, Frankfurt am Main 2000, S. 41.

20 Höchst stimmig entwirft der Bühnenbildner Franz Mertz für eine Inszenierung des *Woyzeck* 1954 in Darmstadt eine Floßkonstruktion, die, immer wieder subtil variiert, die ganze Spielhandlung trägt. Vgl. S. 558.

21 Daniel Kehlmann, »Die Finken und die Wilden«, in: Charles Darwin, *Die Fahrt der Beagle*, Hamburg 2007, S. 13.

22 Ebd.

23 Immer noch ist jedoch – auch wenn heute Bundesrecht gilt – qua Verfassung die Todesstrafe erlaubt.

24 Davon zeugen Vorkommnisse um das Dagger-Areal bei Darmstadt im Sommer 2013. Ein harmlos-humorvoller Aufruf bei Facebook genügte, um sofort den Staatsschutz auf den Plan zu rufen. Vgl. »Routinespionage«, in: *Frankfurter Allgemeine Zeitung*, 16. Juli 2013, Nr. 162, S. 25.

25 *Danton's Tod*, II,5, 1835, zit. nach: Martin 2012 (wie Anm. 5), S. 106. Zu Büchners maximal verknappter Schärfe und wirkmächtiger Konkretheit vergleiche man Ludwig Tiecks – weitaus abstraktere – »Geschwätzigkeit« zum gleichen Thema: »Wer weiß, was es ist, was uns regelt und regiert, welcher Geist, der außer uns wohnt, und nur allmächtig und unwiderstehlich in uns eingreift.« Ludwig Tieck, zit. nach: Oesterle 1983 (wie Anm. 14), S. 183. Es verwundert deshalb kaum, dass Tieck fast nur noch von Literaturwissenschaftlern gelesen wird, während Büchner global Aufmerksamkeit erfährt – unter politisch wie literarisch Interessierten unterschiedlichster Couleur.

26 Geradezu erschreckend exemplarisch war der weltweit diskutierte Fall einer Vergewaltigung in Indien 2012, in dem die Opfer erst belogen, dann vergewaltigt, dann bestohlen und am Ende ermordet wurden.

27 Weil die Sprengkraft dieser Frage immer noch allzu real ist, durfte den Eingang des Hauptbahnhofs Darmstadt auf Intervention der Deutschen Bahn im Sommer und Herbst 2013 nur der auf den ersten Blick eher harmlos wirkende Spruch »Wir haben alle etwas Mut und Seelengröße nötig« zieren. Treppenwitz dieser Geschichte: Dieser Satz stammt nicht von Büchner selbst, sondern aus einer Rede Robespierres und ist trotz der Poesiealbenanmutung ganz drastisch gemeint – als Mut zur Vernichtung politischer Abweichler.

28 Georg Büchner, Brief an die Familie, Gießen, Februar 1834, zit. nach: Martin 2012 (wie Anm. 5), S. 302.

29 Georg Büchner, *Der Hessische Landbote*, 1834, zit. nach: ebd., S. 51.

30 »Ist es denn nicht einfach, dass zu einer Zeit, wo der Gang der Geschichte rascher ist, auch mehr Menschen außer Atem kommen?« Georg Büchner, *Danton's Tod*, II,7, 1835, zit. nach: Martin 2012 (wie Anm. 5), S. 112.

31 Der Leser Büchner war Gourmand und Gourmet zugleich. Der Meister der umkodierten Paraphrase betrieb eine Lektüreverdauung von breitestem und höchstem Anspruch: Heine, Hoffmann, Tieck, Grimm, Shakespeare, Hensler, Volkslieder, die Bibel, Statistisch-topographisch-historische Beschreibungen etc. p. p. Dieses Katalogbuch wendet sich gleichermaßen an Büchner-Gourmands und Gourmets.

32 *Lenz*, zit. nach: Martin 2012 (wie Anm. 5), S. 155.

33 *Leonce und Lena*, I,1, zit. nach: ebd., S. 187.

Ich verachte Niemanden, am wenigsten wegen seines Verstandes oder seiner Bildung, weil es in Niemands Gewalt liegt, kein Dummkopf oder kein Verbrecher zu werden, – weil wir durch gleiche Umstände wohl Alle gleich würden, und weil die Umstände außer uns liegen.

Georg Büchner, Brief an die Familie, Gießen, Februar 1834

Johann Christian Woyzeck
(Detail)
Um 1822

Federmesser
(Detail)
1800

CONRAD GEORGI

—

SIGNALEMENT DES STUD. MED. GEORG BÜCHNER VON DARMSTADT GIESSEN 4. AUGUST 1834

Alter: 20 Jahre. – Größe: 6 Schuh 9 Zoll hessisches Maas. – Haare: blond. – Stirn: sehr gewölbt. – Augenbrauen: blonde. – Augen: graue. – Nase: stark. – Mund: klein. – Bart: blond, etwas am Kinne und schwacher Schnurrbart. – Kinn: rund. – Angesicht: oval. – Gesichtsfarbe: frisch. – Besondere Zeichen: düsteren, nach der Erde gesenkten Blick, dem Anscheine nach kurzsichtig, trägt zuweilen eine Brille. Geht etwas einseitig. – Wahrscheinliche Kleidung: Runder schwarzer Hut; Rock: blautüchner, eine Art Polonaise mit Schnüren auf Brust und Rücken, sog. Blattlitzen; Beinkleider: unbekannt; Stiefeln: gewöhnlich.

Behördeninterner Steckbrief im Anhang eines Briefes von Untersuchungsrichter Georgi an den hessischen Staatsminister du Thil vom 4. August 1834. Abgedruckt in: Wilhelm Diehl, »Minnigerode's Verhaftung und Georg Büchners Flucht«, in: *Hessische Chronik. Monatsschrift für Familien- und Ortsgeschichte in Hessen und Hessen-Nassau* 9 (1920), S. 5–18; hier: S. 14 f. Die Originaldokumente sind im Zweiten Weltkrieg in Darmstadt verbrannt.

August Hoffmann (Zeichnung)
Anton Limbach (Stich)
Georg Büchner, Frontispiz
In: Georg Büchner
(Karl Emil Franzos, Hrsg.)
Sämmtliche Werke und handschriftlicher Nachlass
1879

RALF BEIL

—

DAS WERK IM LEBEN, DAS LEBEN IM WERK

—

»MAN MUSS NUR AUG UND OHREN DAFÜR HABEN«

—

GEORG BÜCHNER IM SPIEGEL SEINER BRIEFE UND SCHRIFTEN

Büchner ist ein vermeintlich schwerer Fall, gemessen an den klassischen Dichterheroen um 1800. Von Johann Wolfgang von Goethe ist ein ganzes dichterisches und lebensweltliches Universum überliefert, darunter allein in Weimar zwei komplett eingerichtete Häuser: sein Domizil am Frauenplan und das Gartenhaus an der Ilm für Schäferstunden und -tage mit Christiane Vulpius. »Schiller hinterließ nicht nur Dramen, sondern auch zerrissene Strümpfe, einen ledernen Reisehut, teure Ringe, die er sich aus Venedig kommen ließ, [...] auch eine Weste [...] aus elfenbeinfarbener Seide.«[1] Von Büchner haben wir nicht einmal seinen Polenrock[2] – gerade einmal eine Locke und ein paar Porträtzeichnungen, Manuskriptseiten und Briefe liegen uns materialiter vor.

Umso interessanter scheint es, jenseits der materiellen Lebenszeugnisse die für ein nur 23-jähriges Leben am Ende doch überaus umfangreichen Überlieferungen von Georg Büchners Texten – ob durch Manuskripte aus eigener Hand, Druckfassungen oder Wiedergaben durch Dritte – gleichsam quer zu lesen.[3] Dies alles mit dem Ziel, eine Art Phantombild des Charakters von Georg Büchner zu entwerfen, aus Briefen, naturwissenschaftlich-philosophischen und politischen Schriften sowie literarischen Texten ein Profil des Menschen Büchner herauszukristallisieren und zugleich in der Konzentration auf die genuine Textüberlieferung einer klassischen Falle der Wissenschaft zumindest ein Stück weit zu entgehen: dem Spiegelkabinett der Rezeption, das eher die Akteure als Büchner selbst spiegelt.[4]

Für Büchners äußere Erscheinung können wir uns immerhin an die aufschlussreichen Details eines behördeninternen Steckbriefs des Gießener Untersuchungsrichters Georgi halten, versandt zum Zwecke strafrechtlicher Verfolgung am 4. August 1834 an den damaligen hessischen Staatsminister du Thil. Doch was für ein Mensch war dieser Büchner? Was hat ihn umgetrieben? Was macht ihn aus – zu seinen Lebzeiten und für uns heute? Bestenfalls realisiert das folgende Mosaik[5] aus Spiegelscherben ein zwar zahlreich von Rissen und Sprüngen durchzogenes, vielfach gekittetes, aber am Ende doch zur Kenntlichkeit entstelltes Bild des Dichters, Revolutionärs und Naturwissenschaftlers Büchner.

AUG ...

Ohne Zweifel war er ein Augenmensch. Visuelle Eindrücke von Naturerlebnissen werden in seinen Texten zu dramatisch aufgeladenen Wort-Gemälden. In einem frühen Brief an seine Familie notiert er das während einer Vogesen-Wanderung Gesehene:

> [...] im Süden hingen düstere Wetterwolken, die Luft war still. Plötzlich trieb der Sturm das Gewölke die Rheinebene herauf, zu unserer Linken zuckten die Blitze, und unter dem zerissenen Gewölk über dem dunklen Jura glänzten die Alpengletscher in der Abendsonne.
> Brief an die Familie, Straßburg, 8. Juli 1833

↓

Meister des Quirinus-Altars
Hl. Alban (Hl. Denis) mit abgeschlagenem Haupt in der Hand (Detail)
Um 1500

Thomas Michael Mayer
Arresthaus, Darmstadt (Detail)
1970

BEIL

Dieser Augenmensch[6] war mit einem nahezu fotografischen Gedächtnis ausgestattet, nicht nur für Naturerlebnisse, sondern ebenso für Texte und Bilder aller Art. Sonst hätte er kaum so viele virtuose Montagen in seinen Werken und Schriften realisieren können. In der Flugschrift *Der Hessische Landbote*, gerichtet an eine mit Bibelsprache geschulte Landbevölkerung, enthalten 19 Druckzeilen sage und schreibe 15 Anspielungen oder Umwertungen von Bibelstellen des Alten und Neuen Testaments mit deutlichen wörtlichen und inhaltlichen Anklängen.[7] Schon der Beginn des *Landboten* revidiert bildmächtig die Genesis:

> Im Jahre 1834 siehet es aus, als würde die Bibel Lügen gestraft. Es sieht aus, als hätte Gott die Bauern und Handwerker am 5ten Tage, und die Fürsten und Vornehmen am 6ten gemacht, und als hätte er zu diesen gesagt: Herrschet über alles Gethier, das auf Erden kriecht, und hätte die Bauern und Bürger zum Gewürm gezählt.
> *Der Hessische Landbote*, 1834

Das regierungsfeindliche Pamphlet kommt im Gewand einer subversiven Sonntagspredigt daher. In *Danton's Tod*, seinem einzigen zu Lebzeiten veröffentlichten Drama, finden sich zuhauf Textüberlagerungen und sprachliche Paraphrasen von Kunstwerken. So verwendet Büchner das Fragment eines historisch nachweisbaren Dialoges über Camille Desmoulins zur Charakterisierung von dessen Gegenspieler St. Just, die der »Blutmessias« Robespierre kurioserweise in einem von Büchner frei erfundenen Zeitschriftenartikel von Camille Desmoulins liest:

> ROBESPIERRE. (*liest*)
> »St. Just [...] trägt seinen Kopf wie eine Monstranz.«
> ST. JUST.
> Ich will ihn den seinigen wie St. Denis tragen machen.
> *Danton's Tod*, 1835, I/6

In diesen zwei Sätzen wird das Bild des im Mittelalters enthaupteten Märtyrers St. Denis, der nach dem Tod seinen Kopf auf den Händen getragen haben soll, mit Robespierres ebenso weihevoller wie steifer Körperhaltung und den Guillotinierungen in Permanenz während der Revolutionszeit kurzgeschlossen. Ein Impuls für die Auswahl dieses bildstarken Dialogfragments aus den historischen Dokumenten mag eine Heiligendarstellung gewesen sein, die Büchner unweit der Bibliotheksräume, in denen er seine Quellenstudien für *Danton's Tod* betrieb, in der Gemäldegalerie des Schlossmuseums Darmstadt sehen konnte[8] – es wird heute im Hessischen Landesmuseum Darmstadt als *St. Alban* geführt. Noch markanter ist die Doppelspur von textlicher wie bildlicher Anspielung in einer Replik Camille Desmoulins' auf Danton:

> CAMILLE.
> [...] wie lange soll die Menschheit im ewigen Hunger ihre eignen Glieder fressen? oder, wie lange sollen wir Schiffbrüchige auf einem Wrack in unlöschbarem Durst einander das Blut aus den Adern saugen?
> *Danton's Tod*, 1835, II/1

Mit diesen beiden Fragen Camilles werden in direkter Folge die bildmächtig kannibalistischen Topoi *Ugolino im Hungerturm* und *Das Floß der Medusa* aufgerufen. Die ebenso ungeheuerliche wie reale Geschichte vom Kannibalismus auf dem Floß der Schiffbrüchigen der *Medusa*, die sich 1816 ereignet hatte – ein zeitgeschichtliches Pendant zu Dantes Ugolino[9] –, ging damals um die Welt, noch befördert durch Géricaults Skandal- und Erfolgsgemälde gleichen Namens

↓

von 1819, das Büchner zumindest über Stiche bekannt gewesen sein muss. Selbst seine Dramenfigur Danton scheint von diesem Bildsehen und Bildsprechen infiziert und berichtet historisch Bezeugtes vom Revolutionskünstler Jacques Louis David:

> [...] die Künstler gehn mit der Natur um wie David, der im September die Gemordeten, wie sie aus der Force auf die Gasse geworfen wurden, kaltblütig zeichnete und sagte: ich erhasche die letzten Zuckungen des Lebens in diesen Bösewichtern!
> *Danton's Tod*, 1835, II/3

... UND OHR

Georg Büchner war zugleich ein Ohrenmensch mit einem ausgesprochenen Sensorium für Umgebungsgeräusche, insbesondere aber musikalische Klänge und Klangräume. Ihn vermag eine schlichte, von seiner Verlobten gesungene Volksweise ebenso zu faszinieren wie der polyphone Raumklang von Chorstimmen und Orgelbass im Straßburger Münster.

> Auf Weihnachten ging ich Morgens um vier Uhr in die Frühmette ins Münster. [...] Der Gesang des unsichtbaren Chores schien über dem Chor und dem Altare zu schweben und den vollen Tönen der gewaltigen Orgel zu antworten.
> Brief an die Familie, Straßburg, im Januar 1833

In den finalen Szenen von *Danton's Tod* antworten die zur Guillotinierung auf den Revolutionsplatz gekarrten Gefangenen auf die *Carmagnole* singenden und tanzenden Männer und Frauen mit dem Anstimmen der *Marseillaise* (IV/7), so wie dem heiteren, auf Hessisch intonierten Volkslied *Mädel ruck, ruck, ruck* des an der Guillotine beschäftigten Henkers das Erndtelied aus Brentanos Liedsammlung *Des Knaben Wunderhorn* folgt, gesungen von Lucile auf den Stufen der Guillotine: »Es ist ein Schnitter, der heißt Tod ...« (IV/9). Diese beiden massiv musikalisch aufgeladenen Szenen sind kontrapunktiert durch eine erst existenzielle, dann geschwätzige Stille, in der am Anfang Lucile allein und dann drei Frauen aus dem Volk sich ihre Gedanken über das Sterben machen (IV/8). Der Schrei der Lucile, der die Welt nicht anhalten und den Tod nicht aufhalten kann, ist der Gravitationspunkt dieser ganz eigenen Choreografie menschlicher Stimm- und Kehllaute.

Georg Büchner hat – wie vor ihm schon Herder und Brentano – Volkslieder aus mündlicher Überlieferung gesammelt, die erst weit später im Druck vorlagen. Volkslieder sind in seinen Dramen *Danton's Tod* und *Woyzeck* werkkonstitutiv. Je nach ihrer Platzierung kommentieren, konterkarieren oder verstören sie: so wie Andres' Gesang von den zwei Hasen zwischen Woyzecks Wahnvorstellungen in der Szene »Freies Feld. Die Stadt in der Ferne«.[10] Doch sie geben auch den Takt und Rhythmus der Gefühle und des Lebens für Büchner selbst an. Einer seiner letzten Wünsche an seine Geliebte wenige Wochen vor seinem Tod ist das Lernen und Singen von Volksliedern für ihn:

> Lernst Du bis Ostern die Volkslieder singen, wenn's Dich nicht angreift? [...] Ich bekomme halb das Heimweh, wenn ich mir eine Melodie summe.
> Brief an Wilhelmine Jaeglé, Zürch, 20. Januar 1837

»Man muß nur Aug und Ohren dafür haben«,[11] lässt Georg Büchner Lenz im Kunstgespräch sagen, und dieser Lenz hört die Natur, Stimmen, Glocken und Gesänge auf geradezu übermächtige Weise: Der Text ist ebenso Pathografie einer Psychose wie Hörraum und Tonspur.[12]

↓

BEIL

Nur manchmal, wenn der Sturm das Gewölk in die Thäler warf, und es den Wald herauf dampfte, und die Stimmen an den Felsen wach wurden, bald wie fern verhallende Donner, und dann gewaltig heranbrausten, in Tönen, als wollten sie in ihrem wilden Jubel die Erde besingen, und die Wolken wie wilde wiehernde Rosse heransprengten, und der Sonnenschein dazwischen durchging und kam und sein blitzendes Schwert an den Schneeflächen zog, so daß ein helles, blendendes Licht über die Gipfel in die Thäler schnitt; oder wenn der Sturm das Gewölk abwärts trieb und einen lichtblauen See hineinriß, und dann der Wind verhallte und tief unten aus den Schluchten, aus den Wipfeln der Tannen wie ein Wiegenlied und Glockengeläute heraufsummte, und am tiefen Blau ein leises Roth hinaufklomm, und kleine Wölkchen auf silbernen Flügeln durchzogen, und alle Berggipfel scharf und fest, weit über das Land hin glänzten und blitzten, riß es ihm in der Brust [...].
Lenz, 1835

Dass Georg Büchner solche umfassend synästhetischen Naturerfahrungen nicht fremd sind, belegen einige an Wilhelmine gerichtete Zeilen aus dem Jahr 1834:

Eben komme ich von draußen herein. Ein einziger, forthallender Ton aus tausend Lerchenkehlen schlägt durch die brütende Sommerluft, ein schweres Gewölk wandelt über der Erde, der tiefbrausende Wind klingt wie sein melodischer Schritt.
Brief an Wilhelmine Jaeglé, Gießen, 8. oder 9. März 1834

Bei der Arbeit an seinem Dramen-Erstling *Danton's Tod* lässt Georg Büchner als ausgesprochener Augen- und Ohrenmensch seine Figur Camille kulturkritisch über den offenbar damals schon überkulturalisierten, seinen eigenen Sinnen entfremdeten Menschen klagen:

Ich sage Euch, wenn sie nicht Alles in hölzernen Copien bekommen, verzettelt in Theatern, Concerten und Kunstausstellungen, so haben sie weder Augen noch Ohren dafür. [...] Sezt die Leute aus dem Theater auf die Gasse: ach, die erbärmliche Wirklichkeit!
Sie vergessen ihren Herrgott über seinen schlechten Copisten. Von der Schöpfung, die glühend, brausend und leuchtend, um und in ihnen, sich jeden Augenblick neu gebiert, hören und sehen sie nichts.
Danton's Tod, 1835, I/3

Georg Büchner sieht und hört alles, ist mit vollem Körper- und Geisteseinsatz gleichermaßen in Politik, Naturwissenschaft, Literatur und Philosophie aktiv – mit äußerst wachem Sinn für das Leben jenseits von Theatern, Konzerten und Kunstausstellungen.

JENSEITS DER SCHMERZGRENZE

Büchner war ein Sinnenmensch mit hohem Realitätssinn – ohne falsche Scham und Doppelmoral. Anstands-, Pietäts- oder Schmerzgrenzen widersprechen nicht selten der Realität und haben deshalb für ihn nur bedingt Gültigkeit. Grenzüberschreitungen sind vorprogrammiert, zumal, wenn Literatur, wie in Büchners Fall, zuallererst das Leben einfangen soll: Das belegen seine Werke ebenso wie seine Briefe, hier zu *Danton's Tod*.

Was übrigens die sogenannte Unsittlichkeit meines Buchs angeht, so habe ich Folgendes zu antworten; der dramatische Dichter ist in meinen Augen nichts, als ein Geschichtsschreiber, steht aber über Letzterem dadurch, daß er uns die Geschichte zum zweiten Mal erschafft und uns gleich

↓

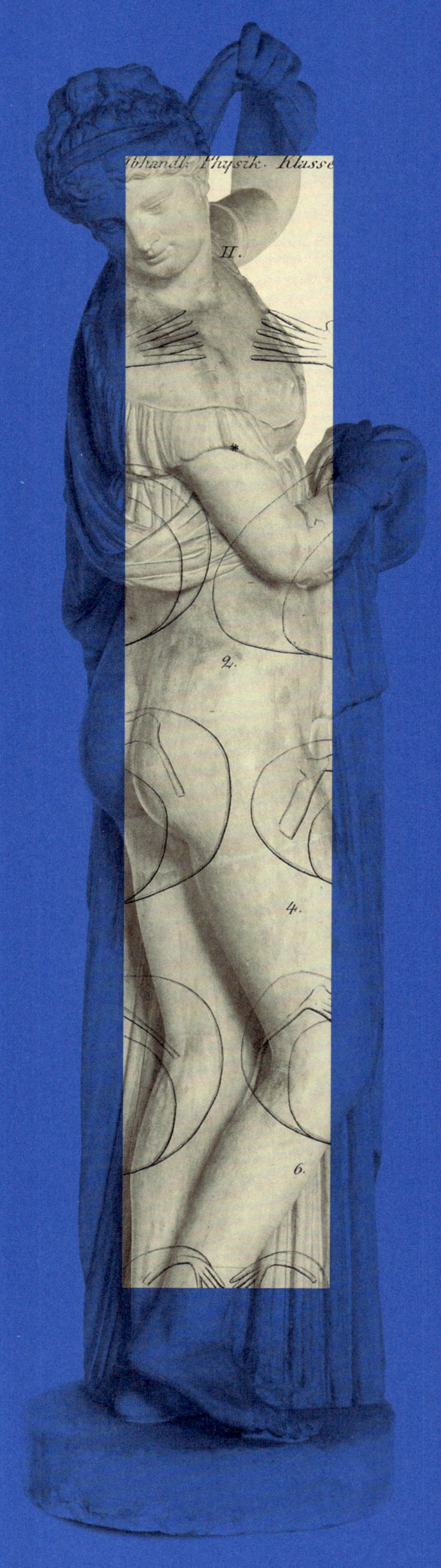

Aphrodite Kallipygos
Römische Kopie einer griechischen Skulptur aus dem späten 2. Jahrhundert v. Chr.

Zahnschemata der Infusionsthierchen (nach Ehrenberg)
Tafel IV (Detail)
1832

unmittelbar, statt eine trockne Erzählung zu geben, in das Leben jener Zeit hinein versetzt, uns statt Charakteristiken Charaktere, und statt Beschreibungen Gestalten gibt. Seine höchste Aufgabe ist, der Geschichte, wie sie sich wirklich begeben, so nahe als möglich zu kommen. Sein Buch darf weder sittlicher noch unsittlicher sein, als die Geschichte selbst; aber die Geschichte ist vom lieben Herrgott nicht zu einer Lectüre für junge Frauenzimmer geschaffen worden, und da ist es mir auch nicht übel zu nehmen, wenn mein Drama ebenso wenig dazu geeignet ist.
Brief an die Familie, Straßburg, 28. Juli 1835

So spricht Danton in Erwartung seines Todes, und es ist nicht die einzige Stelle, die vom Gestank der Menschen und der Welt handelt:

Es ist mir, als röch' ich schon. Mein lieber Leib, ich will mir die Nase zuhalten und mir einbilden du seyst ein Frauenzimmer, was vom Tanzen schwitzt und stinkt und dir Artigkeiten sagen.
Danton's Tod, 1835, IV/3

Stets ist das Reden der Figuren Büchners, und das selbst im Liebesdiskurs, grundiert von naturwissenschaftlichen, oder gar biochemischen Erkenntnissen. Nochmals Danton:

Da ist keine Hoffnung im Tod, er ist nur eine einfachere, das Leben eine verwickeltere, organisirtere Fäulniß, das ist der ganze Unterschied! [...] Und wenn ich ganz zerfiele, mich ganz auflöste – ich wäre eine Handvoll gemarterten Staubes, jedes meiner Atome könnte nur Ruhe finden bei ihr.
Danton's Tod, 1835, III/7

Der Liedermacher und Büchnerpreisträger Wolf Biermann hat Büchner einmal als Menschen »voller Hoffnung« und Widerspruch charakterisiert, der »sein Leben und Wohlleben aufs Spiel« setzte und zugleich – im Wissen darum, »dass es kein Heil auf der Welt gibt« – »absolut illusionslos, kalt und illusionslos«[13] war. Tatsächlich deutet einiges darauf hin, wenn Büchner seinen Gefangenen Payne, in der historischen wie dramatischen Realität Philosoph und Religionskritiker, den Pantheismus mit den Worten erledigen lässt:

Sie müssen mir zugestehen dass es gerade nicht viel um die himmlische Majestät ist, wenn der liebe Herrgott in jedem von uns Zahnweh kriegen, den Tripper haben, lebendig begraben werden oder wenigstens die sehr unangenehmen Vorstellungen davon haben kann.
Danton's Tod, 1835, III/1

Kurz darauf liefert derselbe Payne eine physiologische Begründung des Atheismus:

Man kann das Böse leugnen, aber nicht den Schmerz; nur der Verstand kann Gott beweisen das Gefühl empört sich dagegen. Merke Dir es, Anaxagoras, warum leide ich? Das ist der Fels des Atheismus. Das leiseste Zucken des Schmerzes und rege es sich nur in einem Atom, macht einen Riß in der Schöpfung von oben bis unten.
Danton's Tod, 1835, III/1

↓

Skelett mit gekrümmtem Rücken, ausgeprägte Kyphose der Brustwirbelsäule, Morbus Bechterew

Unbekannter Künstler
Gekreuzigter Jesus als anatomisches Wachsmodell
1760–1780

BEIL

Reine Figurenrede, mögen Literaturwissenschaftler einwenden, aber in Büchners der größeren Öffentlichkeit bislang wenig bekannten philosophischen Schriften finden sich ganz ähnlich lautende Passagen, so in der Vorlesung zu Spinoza.[14]

> Wenn man diese Definition von Gott eingeht, so muss man auch das Daseyn Gottes zugeben. Was berechtigt uns aber, dieße Definition zu machen? Der Verstand? Er kennt das Unvollkommne. Das Gefühl? Es kennt den Schmerz.
> Spinoza-Skript, 1835, H 1

Den an vollkommener Langeweile und schleichender Gefühllosigkeit leidenden Prinzen Leonce lässt Büchner in seiner aberwitzig-philosophischen Komödie *Leonce und Lena* auf Valerios gespielten Verzweiflungssatz »So wollen wir denn zum Teufel gehen« antworten:

> Ach der Teufel ist nur des Contrastes wegen da, damit wir begreifen sollen, daß am Himmel doch eigentlich etwas sei.
> *Leonce und Lena*, 1836, I/3

WELTWISSEN

Büchner spürte den »Riß in der Schöpfung«, wusste um das Unvollkommne und den Schmerz. Gleichzeitig war er beseelt von einem Veränderungswunsch, der sich im *Hessischen Landboten* ebenso ausdrückt wie in seiner naturwissenschaftlichen Arbeit. Der Negativität der Welt und des Menschen steht die Befreiung des Lebens und der Natur von jeglichem Zweck gegenüber, gleichsam als biologische Konstante jenseits der Schlechtigkeit von Mensch und Welt. Schon während seiner Schulzeit formuliert Büchner in der Rezension eines Mitschüleraufsatzes über den Selbstmord diese Erkenntnis:

> In der wahrhaft vortrefflichen Stelle, wo von dem letzten und erhabensten Motiv zum Selbstmord gesprochen wird [...] fand ich einen Ausdruck, dessen Erläuterung zwar nicht hierher zu gehören scheint, der aber doch bey näherer Beachtung einigen Bezug auf dießes Thema hat. Die Erde wird nämlich hier ein Prüfungsland genannt; dießer Gedanke war mir immer sehr anstößig, denn ihm gemäß wird das Leben nur als Mittel betrachtet, ich glaube aber, dass das Leben selbst Zweck sey, denn: Entwicklung ist der Zweck des Lebens, das Leben selbst ist Entwicklung, also ist das Leben selbst Zweck.
> Rezension eines Mitschüleraufsatzes über den Selbstmord, 1830/31

Sechs Jahre später gehört diese Erkenntnis, auf die gesamte Natur erweitert, zu den zentralen philosophischen Axiomen seiner öffentlichen Probevorlesung über Schädelnerven, mit der er an der Universität Zürich seine Zulassung als Privatdozent im Fach Vergleichende Anatomie erhält.

> Die Natur handelt nicht nach Zwecken, sie reibt sich nicht in einer unendlichen Reihe von Zwecken auf, von denen der eine den anderen bedingt; sondern sie ist in allen ihren Aeußerungen sich unmittelbar selbst genug. Alles, was ist, ist um seiner selbst willen da.
> Probevorlesung, 1836

Das Dramenfragment *Woyzeck*, das in eben jener Zeit parallel zu den naturwissenschaftlich-philosophischen Aktivitäten entsteht, wirkt im Rückblick wie die Summa, die literarisch verdichtete Zusammenfassung von Büchners Weltwissen.
↓

Mit 23 Jahren hat er intime Kenntnis von Mensch und Tier, Wissenschaft und Existenz – und einen kritischen Blick darauf. Den Barbier im *Woyzeck* lässt er sagen:

> Was ist der Mensch? Knochen! Staub, Sand, Dreck. Was ist die Natur? Staub, Sand, Dreck.
> *Woyzeck*, 1836, H 1,10

Damit formuliert er fundamental verknappt und zugespitzt eine ähnliche Erkenntnis, wie sie Charles Darwin im Februar 1832 in sein Tagebuch notiert – am Beginn seiner fünf Jahre dauernden Weltreise:

> Die häufig wiederholte Beschreibung, die stattliche Palme und andere edle Tropenpflanzen, danach die Vögel und schließlich der Mensch nähmen von den Koralleninseln im Pazifik Besitz, sobald sie entstanden sind, ist möglicherweise nicht ganz korrekt; ich fürchte es zerstört die Poesie dieser Geschichte, dass von Federn und Schmutz sich nährende Insekten und Spinnen die ersten Bewohner eines neu entstandenen Landes im Ozean sind.[15]

Vom 27. Dezember 1831 bis zum 2. Oktober 1836 ist Darwin unterwegs auf der HMS Beagle, der Entwicklung von Mensch und Tier auf der Spur – parallel zu Büchners Studienjahren in Straßburg, Gießen und seiner Promotion in Zürich.[16] Erst nach dieser Reise entwickelt Darwin seine revolutionäre Evolutionstheorie. Im März 1837, kurz nach dem Tod Büchners, beginnt er mit ersten Notizen zur Entstehung der Arten durch Aufspaltung.

Am 19. Juli 1835 – Büchner lebt seit vier Monaten als politischer Flüchtling und Doktorand der Vergleichenden Anatomie erneut in Straßburg und erlebt den Gedanken an seine Weggefährten im Darmstädter Arresthaus als fortwährenden Albdruck[17] – erreicht die HMS Beagle mit Darwin an Bord den Hafen von Lima. Aufgrund der politischen Wirren sieht er enttäuschend wenig vom Land, es bleibt ihm nur, das »Schauspiel« der Politik zu beobachten:

> Kein Staat in Südamerika hat seit der Unabhängigkeitserklärung unter der Anarchie mehr gelitten als Peru. Zur Zeit unseres Besuchs stritten vier Häuptlinge mit Waffengewalt um die Vorherrschaft in der Regierung: Gelangte einer eine Zeit lang zu großer Macht, verbündeten sich die anderen gegen ihn, doch kaum hatten sie den Sieg errungen, waren sie einander wieder Feind. Neulich wurde am Jahrestag der Unabhängigkeit das Hochamt durchgeführt, wobei der Präsident das Sakrament empfing: Während des *Te deum laudemus* wurde, statt dass ein jedes Regiment die peruanische Fahne zeigte, eine schwarze mit Totenkopf darauf enthüllt. Man stelle sich eine Regierung vor, unter der ein solches Schauspiel bei einem solchem Anlass befohlen wird, sinnbildlich für ihre Entschlossenheit, bis zum Tode zu kämpfen! Diese Sache geschah zu einer mir sehr unangenehmen Zeit, da sie mich daran hinderte, Exkursionen über die Stadtgrenzen hinaus zu unternehmen.[18]

Während Darwin am Ende vor allem an geologischen, meteorologischen und naturkundlichen Beobachtungen interessiert ist und auf seiner Weltreise Politisches äußerst nüchtern und distanziert bis sarkastisch wahrnimmt,[19] verbindet sich bei Büchner stets alles mit allem: Politik und Leben sind, nicht selten in einer ironischen, hier gynäkologisch grundierten Volte, unauflöslich verschlungen – und ein Seitenblick nach Indien ist ganz selbstverständlich.

> Ein Mensch braucht höchstens eine Stunde um auf die Welt zu kommen, (wo die Civilisation und Aufklärung noch nicht so weit gekommen wie z. B. bei den Indiern 10 Minuten) ein deutscher Landtag deren 5 760, ein Mensch lebt 60 Jahr, ein Landtag 41 272; O Messias! Über seine Physiognomie kann ich Dir grade nichts sagen, sintemal es noch nicht entschieden, ob das Kind mit Kopf oder podex zuerst auf die Welt kommt.
> Brief an Edouard Reuss, Darmstadt, 31. August 1833

↓

BEIL

ADVOCATUS DIABOLI

Georg Büchner war ein Denker mit weitem Horizont, ein hellwacher und zugleich hochsinnlicher Intellektueller, ausgestattet mit einem massiven Unrechtsbewusstsein, ein eminent politischer Kopf und Widerspruchsgeist, stets bereit zu verbaler Provokation. Einen Handwerksburschen lässt er blasphemisch und antisemitisch zugleich im *Woyzeck* predigen:

> Alles Irdische ist eitel, selbst das Geld geht in Verwesung über. – Zum Beschluß, meine geliebten Zuhörer laßt uns noch über's Kreuz pissen, damit ein Jud stirbt.
> *Woyzeck*, 1836, H 4,11

Im *Hessischen Landboten* unterwandert er mit Verve und Martin-Luther-Ton Bibelsprache und Landesregierung gleichermaßen: Fürstentum wird Teufelswerk.

> Diese Regierung ist nicht von Gott, sondern vom Vater der Lügen. [...] Aus Verrath und Meineid, und nicht aus der Wahl des Volkes ist die Gewalt der deutschen Fürsten hervorgegangen, und darum ist ihr Wesen und Thun von Gott verflucht; ihre Gerechtigkeit ist Schinderei. Sie zertreten das Land und zerschlagen die Person des Elenden. Ihr lästert Gott, wenn ihr einen dieser Fürsten einen Gesalbten des Herrn nennt, das heißt: Gott habe die Teufel gesalbt und zu Fürsten über die deutsche Erde gesetzt.
> *Der Hessische Landbote*, 1834

Die nüchterne Analyse des sturzbetrunkenen Handwerksburschen im *Woyzeck*, die sich aus anfänglichem Narrengerede herausschält, hat ebensolchen Bibelton und ist am Ende von ähnlich hellsichtig-ketzerischem Geist wie die revolutionäre Flugschrift:

> Warum ist der Mensch? Warum ist der Mensch? – Aber wahrlich ich sage Euch, von was hätte der Landmann, der Weißbinder, der Schuster, der Arzt leben sollen, wenn Gott den Menschen nicht geschaffen hätte? Von was hätte der Schneider leben sollen, wenn er dem Menschen nicht die Empfindung der Schaam eingepflanzt, von was der Soldat, wenn er ihn nicht mit dem Bedürfniß sich todtzuschlagen ausgerüstet hätte?
> *Woyzeck*, 1836, H 4,11

War Büchner ein Revolutionär auf Lebenszeit, so kurz sie auch war? Zumindest dann, wenn man wie die spanische Künstlergruppe *Democracia* postuliert: »Die Wahrheit ist immer revolutionär.«[20]

Georg Büchner hatte keine Zeit für die Entwicklung und Installierung von Künstlermythen zu seiner Person und seinem Werk, er hatte buchstäblich keine Zeit für weitschweifige »Dichtung und Wahrheit«. Seine Dichtung war bereits extrem verdichtete Wahrheit über Mensch, Zeit, Geschichte und Gesellschaft wie auch seine naturwissenschaftliche Forschung und philosophische Aktivität diese von ihm erkannten Wahrheiten beförderte.

↓

Alexis Muston
Georg Büchner auf den Steinen des »Felsenmeers«
Oktober 1833

BEIL

ERNSTE SPIELE

Georg Büchner war dabei durchaus erfüllt von Ehrgeiz im Hinblick auf seine wissenschaftliche und universitäre Karriere. Ein Mann von ausgesprochener Selbstdisziplin – während seiner Dissertation in Straßburg, aber auch als Dozent in Zürich. Diszipliniert bis zur Erschöpfung von Körper und Geist gleichermaßen:

> ... das Mühlrad dreht sich als fort ohne Rast und Ruh. [...] Heute und gestern gönne ich mir jedoch ein wenig Ruhe und lese nicht; morgen geht's wieder im alten Trab, du glaubst nicht, wie regelmäßig und ordentlich. Ich gehe fast so richtig, wie eine Schwarzwälder Uhr.
> Brief an Wilhelmine Jaeglé, Zürich, 20. Januar 1837

Er war ein lachender Philosoph[21] voller Wortwitz und zugleich ein geistreicher Spieler, der sich in für andere schon ausweglosen Lagen immer noch sicher fühlte aufgrund seiner intellektuellen Überlegenheit. Davon zeugt während der turbulenten *Landboten*-Zeit mit ihren konspirativen Treffen und gewagten Undercover-Missionen zur Verteilung der Flugschrift die Episode der Gießener Hausdurchsuchung in seiner Abwesenheit, nach der sich Büchner direkt in die Höhle des Löwen zum zuständigen Universitätsrichter Conrad Georgi begibt und ihn in einem regelrechten Katz- und Mausspiel provoziert.

> Das Verletzen meiner heiligsten Rechte und das Einbrechen in alle meine Geheimnisse, das Berühren von Papieren, die mir Heiligthümer sind, empörten mich zu tief, als daß ich nicht jedes Mittel ergreifen sollte, um mich an dem Urheber dieser Gewaltthat zu rächen. Den Universitätsrichter habe ich mittelst des höflichsten Spottes fast ums Leben gebracht. Wie ich zurückkam, mein Zimmer mir verboten und mein Pult versiegelt fand, lief ich zu ihm und sagte ihm ganz kaltblütig mit der größten Höflichkeit, in Gegenwart mehrerer Personen: wie ich vernommen, habe er in meiner Abwesenheit mein Zimmer mit seinem Besuche *beehrt*, ich komme, um ihn um den Grund seines gütigen Besuches zu fragen etc. – Es ist Schade, daß ich nicht nach dem Mittagessen gekommen, aber auch so barst er fast und mußte diese beißende Ironie mit der größten Höflichkeit beantworten. Das Gesetz sagt, nur in Fällen sehr *dringenden* Verdachts, ja nur eines Verdachtes, der statt *halben Beweises* gelten *könne*, dürfe eine Haussuchung vorgenommen werden. Ihr seht, wie man das Gesetz auslegt. Verdacht, am wenigsten ein dringender, kann nicht gegen mich vorliegen, sonst müßte ich verhaftet sein; in der Zeit, wo ich hier bin, könnte ich ja jede Untersuchung durch Verabreden gleichlautender Aussagen und dergleichen unmöglich machen. Es geht hieraus hervor, daß ich durch nichts compromittirt bin und daß die Haussuchung nur vorgenommen worden, weil ich nicht liederlich und nicht sclavisch genug aussehe, um für keinen Demagogen gehalten zu werden. Eine solche Gewaltthat stillschweigend ertragen, hieße die Regierung zur Mitschuldigen machen; hieße aussprechen, daß es keine gesetzliche Garantie mehr gäbe; hieße erklären, daß das verletzte Recht keine Genugthuung mehr erhalte. Ich will unserer Regierung diese grobe Beleidigung nicht anthun.
> Brief an die Eltern in Darmstadt, 8. August 1834

So tief empört, voller Wut, Leidenschaft und Kampfeslust für seine Sache er im – von ihm selbst geschilderten – verbalen Austausch mit dem Universitätsrichter Georgi erscheint, so beschreibt ihn auch sein Straßburger Freund Alexis Muston:[22]

> ... in allem leidenschaftlich: gegenüber dem Studium, gegenüber der Freundschaft, in seiner Bewunderung und seiner Abneigung: Vergötterer der Französischen Revolution, Verächter Napoleons, sehnt mit seinem ganzen Wesen die Einheit der deutschen Völkerfamilie herbei ...[23]

↓

BEIL

So wie Büchner seinen Gegnern mit kühlem Kopf und heißem Herzen gegenübertrat, so konnte er im Kreise seiner Freunde regelrecht sprühen vor Begeisterung – und sich zugleich mit heiligem Ernst für die von ihm als richtig erkannten Ziele einsetzen. Stets war er aufs Leidenschaftlichste der ganzen Komplexität des Menschen und der Welt auf der Spur. Er war ein visionärer Europäer, der von der europäischen Einheit ebenso wie von der deutschen schwärmte.[24] Die französische Sprache war für ihn die Sprache der Liebe,[25] der Wissenschaft,[26] des Broterwerbs[27] und des Quellenstudiums der Französischen Revolution.[28] Seine Kenntnis des Französischen bis in feinste Verästelungen half ihm, diese noch nahe Geschichte mitsamt ihren moralischen und blutigen Verwerfungen präzis Realität werden zu lassen. Seinen Eltern schrieb er, die bildstarke Ästhetik und Drastik des Dramas im Blick:

> Im Fall es euch zu Gesicht kommt, bitte ich euch, bei eurer Beurteilung zu bedenken, daß ich der Geschichte treu bleiben und die Männer der Revolution geben musste, wie sie waren, blutig, liederlich, energisch und cynisch. Ich betrachte mein Drama wie ein geschichtliches Gemälde, das seinem Original gleichen muß.
> Brief an die Familie, Straßburg, 5. Mai 1835

Immer war der Anspruch hoch, bei allen seinen Texten war er ganz nah an der Realität. Ob *Danton's Tod*, *Lenz* oder *Woyzeck*, alle basieren auf zeitgeschichtlichen Quellen: Überlieferungen von Reden, Dialogen und Ereignissen der Revolution (*Danton's Tod*), Tagebüchern (*Lenz*), historischen Kriminalfällen und medizinischen Gutachten (*Woyzeck*). Selbst *Leonce und Lena* hat seinen zeitgeschichtlichen Hintergrund,[29] und *Der Hessische Landbote* ist nicht weit, auch wenn er hier im komödiantischen Gewand des Lustspiels erscheint:

> Erkennt was man für Euch thut, man hat Euch grade so gestellt, daß der Wind von der Küche über Euch geht und Ihr auch einmal in Eurem Leben einen Braten riecht.
> *Leonce und Lena*, 1836, III/2

Alle selbst ernannten Moralapostel schlägt Büchner mit ihren eigenen Waffen, stets denkt er sich intelligent und spielend in deren Positionen hinein:

> Wenn man mir übrigens noch sagen wollte, der Dichter müsse die Welt nicht zeigen wie sie ist, sondern wie sie sein solle, so antworte ich, dass ich es nicht besser machen will, als der liebe Gott, der die Welt gewiß gemacht hat, wie sie sein soll.
> Brief an die Familie, Straßburg, 28. Juli 1835

KLEIDERORDNUNGEN

Georg Büchner hatte ein eminentes Bewusstsein für Mode, Zeit und Raum, das ihn als Kosmopolit seiner Zeit, als frühen Weltbürger auszeichnet. Seine treffsichere Analyse der Kleiderordnung eines gewissen »Rousseau« – nicht zu verwechseln mit dem Philosophen gleichen Namens – ist dafür ein schlagender Beleg:

> Wenn Ihr neulich bei hellem Wetter bis auf das Münster hättet sehen können, so hättet Ihr mich bei einem langhaarigen, bärtigen, jungen Mann sitzend gefunden. Besagter hatte ein rothes Barett um den Kopf, um den Hals einen Cashmir-Shawl, um den Cadaver einen kurzen deutschen Rock, auf

↓

BEIL

die Weste war der Name »Rousseau« gestickt, an den Beinen enge Hosen mit Stegen, in der Hand ein modisches Stöckchen. Ihr seht, die Caricatur ist aus mehreren Jahrhunderten und Welttheilen zusammengesetzt: Asien um den Hals, Deutschland um den Leib, Frankreich an den Beinen, 1400 auf dem Kopf und 1833 in der Hand. Er ist ein Kosmopolit – nein, er ist mehr, er ist St. Simonist!
Brief an die Familie, Straßburg, Mai 1833

Es ist kaum verwunderlich, dass Büchner so genau hingesehen hat. War er doch selbst keinesfalls Normalbürger und nicht immer dezent in der Wahl seiner eigenen Kleidung. Sein Bruder Wilhelm überliefert – nicht ohne Idealisierung des Dichters in der Familie – seine extravagante Erscheinung schon zu Schulzeiten.

Das blaue Aug, sein lockig Haar,
Die kühne Stirn mit den Apollo-Bogen,
Ein schlanker, grosser, junger Mann.
Geziert mit rother Jakobiner-Mütze
Im Polen-Rock, schritt stolz er durch die Strassen
Der Residenz, die Augenweide seiner Freunde![30]

Höchst zuverlässig, da aus unabhängiger Quelle, dem Ministerium des Inneren und der Justiz des Großherzogtums Hessen überliefert, wird Büchners textile Extravaganz bezeugt durch die im behördeninternen »Signalement des stud. Med. Georg Büchner von Darmstadt« vom 4. August 1834 erfassten Bekleidungsdetails des steckbrieflich wegen staatsfeindlicher Umtriebe Gesuchten: »Runder schwarzer Hut; Rock: blautüchner, eine Art Polonaise mit Schnüren auf Brust und Rücken, sog. Blattlitzen; Beinkleider: unbekannt; Stiefeln: gewöhnlich.«[31] War es Zufall, dass er einen Polenrock und das ebenfalls überlieferte Accessoire der Botanisiertrommel als Transportmittel und »Tarnung« wählte, um das Manuskript des *Hessischen Landboten* konspirativ von Butzbach nach Offenbach in die Druckerei zu bringen?

Nach sehr glaubwürdiger Versicherung kamen Büchner und Schütz schon gegen Ende Juni 1834 eines Abends zwischen 10–11 Uhr von Gießen nach Butzbach zu Carl Zeuner. Beide trugen Botanisirbüchsen und gingen in Zeuners Begleitung zu Weidig, worauf sie denn von diesem Empfehlungsschreiben und das Manuskript des Landboten erhielten und noch in derselben Nacht ihre Weiterreise antraten.[32]

Es scheint jedenfalls nachgerade ein Treppenwitz der Literaturgeschichte, dass seine Erscheinung bei dieser nicht ungefährlichen Mission derjenigen von Peter Schlemihl gleicht, so wie sie Adelbert von Chamisso, Deutscher mit französisch-adligen Wurzeln, im Sommer des Jahres 1813, wenige Monate vor Büchners Geburt, geschützt vor den napoleonischen Kriegswirren im ländlichen Refugium, in *Peter Schlemihls wundersamer Geschichte* festgehalten hat. Auf den ersten Seiten gibt dort »ein wunderlicher Mann, der [...] eine ganz abgenützte schwarze Kurtka anhatte, eine botanische Kapsel darüber umgehangen«,[33] geheimnisvolle Blätter für den als Mittelsmann fungierenden Autor ab.[34] Auch in Chamissos Geschichte wird also in der Aufmachung mit einem russisch-polnischen Waffenrock und einer Botanisiertrommel ein vorerst geheimes Manuskript übermittelt, das zum Druck und zur Verbreitung an eine größere Öffentlichkeit bestimmt ist. Noch kurioser wird die Sache dadurch, dass Adelbert von Chamisso selbst eine solche Kurtka trug[35] und oft mit der Botanisiertrommel unterwegs war.[36] Für die Erstausgabe seiner wundersamen Geschichte ließ er einen Frontispiz in Form eines Ganzfigurenporträts von Schlemihl erstellen,[37] das seiner Kunstfigur Realität gab und zugleich mit gemeinsamen Merkmalen von Figur (Schlemihl) und Autor (Chamisso) spielte.[38]

↓

Johann Anton Steinberger
Galante Spielkarten mit französischen Farben, Herzdame (Detail)
1800–1815

BEIL

HERZDAME

Wir wissen nicht, ob Büchner Biertrinker[39] oder Nichtraucher war,[40] und auch über sein Liebesleben sind wir schlechter informiert als über seine politischen Aktivitäten. Eines jedoch steht definitiv fest: Er kannte – wie seine Figuren in *Danton's Tod* – den Unterschied zwischen Liebe und Sex, Cœur und Carreau.

> DANTON.
> Sieh die hübsche Dame, wie artig sie die Karten dreht! ja wahrhaftig, sie versteht's, man sagt sie halte ihrem Manne immer das coeur und anderen das carreau hin.
> *Danton's Tod*, 1835, I/1

Ob auch Büchner seine Sexualität, wie es der hübschen Dame hier nachgesagt wird, ausgelebt hat, steht auf einem anderen Blatt. Seine Hoheit Prinz Tunichtgut Leonce, der grassierende Müßiggänger und Liebende aus Langeweile, versteht Promiskuität geradezu als Conditio sine qua non im Umgang mit dem anderen Geschlecht:

> Mein Gott, wie viel Weiber hat man nöthig, um die Scala der Liebe auf und ab zu singen? Kaum daß Eine einen Ton ausfüllt.
> *Leonce und Lena*, 1836, I/2

So polyphon quantifizierend klingt sonst nur Don Giovannis Liebesregister in Mozarts Leporello-Arie:

> In Italien sechshundertundvierzig,
> Hier in Deutschland zweihundertdreißig,
> Hundert in Frankreich und neunzig in Persien
> Aber in Spanien, ja in Spanien schon
> tausendunddrei!
> Hier ein schmuckes Kammerkätzchen,
> Dort ein nettes Bürgerschätzchen,
> Kammerzofen, Baronessen,
> Hochgeborene Prinzessen,
> Mädchen sind's von jedem Stande,
> Schön und hässlich, jung und alt.[41]

Der unersättliche Liebhaber Don Giovanni stirbt am Ende der Oper reuelos in den Flammen der Hölle. Doch der gerade noch herzlos mit Rosetta spielende Schwerenöter Leonce ist schnell bekehrt. Schon am Anfang des zweiten Aktes trifft er unvermittelt auf seine Lena, und Adelbert von Chamisso,[42] frei aus dem Gedächtnis zitiert von Büchner, gibt das sprechende Motto dazu:

> Wie ist mir eine Stimme doch erklungen,
> Im tiefsten Innern,
> Und hat mit Einemmale mir verschlungen
> All mein Erinnern!
> *Leonce und Lena*, 1836, II/1

↓

BEIL

Auch Georg Büchner lässt in seinen Briefen kaum Zweifel am Gleichklang der Seelen zwischen ihm und Wilhelmine aufkommen:

> Seit vierzehn Tagen steht dein Bild beständig vor mir, ich sehe dich in jedem Traum. Dein Schatten schwebt immer vor mir, wie das Lichtzittern, wenn man in die Sonne gesehen. Ich lechze nach einer seligen Empfindung, die wird mir bald, bald, bei Dir.
> Brief an Wilhelmine Jaeglé, Gießen, 8. oder 9. März 1834

Zugleich besteht er seinem Freund Eugène Boeckel gegenüber, der als Arzt auf Studienreise von den Wiener Cholera-Toten und Opernsängerinnen gleichermaßen schwärmt, auf der Einhaltung von moralischer Dezenz und postalischer Etikette gegenüber seiner Geliebten und Verlobten:

> à propos, sie hat mir Deine beyden Briefe, unerbrochen gegeben, dennoch hätte ich es passender gefunden Du hättest schicklichkeitshalber eine Couverte um Deinen Brief gemacht; konnte ein Frauenzimmer ihn nicht lesen, so war es unpassend ihn auch an ein Frauenzimmer zu adressiren; mit einer Couverte ist es etwas anderes. Ich hoffe Du verdenkst mir dieße kleine Zurechtweisung nicht.
> Brief an Eugène Boeckel, Straßburg, 1. Juni 1836

Dabei scheint Büchner nicht verklemmt, sondern lediglich dezent. Geistreiche, hin und wieder durchaus erotische Anspielungen bestimmen den Umgang mit der Verlobten: Im Briefverkehr mit Wilhelmine schätzt er Rollenspiele der Liebe und setzt sie gern als kommunikatives Band zu ihr ein. Allein in den wenigen erhaltenen Briefen Büchners zwischen 1834 und 1837 sind drei Fälle überliefert,[43] in denen er sich und Wilhelmine wechselweise als Lazarus, der von Jesus erweckt werden muss (Siechender hofft auf Licht- und Heilsgestalt), als Sehnsuchtsbild des jungen Goethe in den wehen Gedanken der elsässischen Pfarrerstochter Friederike Brion (die vom Stürmer und Dränger verlassene Geliebte, verführt vom Wort[44]) oder als jungen mittelalterlichen Mönch Abaelard in Sehnsucht nach der – im Mittelalter einst vom Geliebten geschwängerten – hochadeligen Heloïse (Mönch der Arbeit sehnt sich nach seiner für die Liebe offenen Dame von Herzensadel) zeichnet. Beim letzten Bild kommt es jedoch zu einem markanten Wechsel:

> Ich sehe dich immer so halb durch zwischen Fischschwänzen, Froschzehen etc. Ist das nicht rührender, als die Geschichte von Abälard, wie sich ihm Heloise immer zwischen die Lippen und das Gebet drängt? O, ich werde jeden Tag poetischer, alle meine Gedanken schwimmen in Spiritus.
> Brief an Wilhelmine Jaeglé, Zürich, 13. Januar 1837

Der Naturwissenschaftler Büchner am Sezier- und Schreibtisch in Zürich scheint hier – Zeichen der neuen Zeit und der beginnenden Moderne – das zwischen Präparaten schwebende Bild seiner Geliebten selbst dem sonst so geschätzten Mittelalter und seinen Topoi vorzuziehen,[45] auch wenn oder gerade weil die humorvoll-ironische Brechung der Liebesvision als Spiritusumnebelung sofort auf den Fuß folgt. Überaus sprechend für Georg Büchners Humor, seinen Tiefsinn, seine Sinnenfreude, seinen Esprit und nicht zuletzt seine zärtliche Zuneigung zu Wilhelmine Jaeglé ist sein letzter, wohl schönster Brief an sie aus Zürich 1837:[46]

> Mein lieb Kind, Du bist voll zärtlicher Besorgniß und willst krank werden vor Angst; ich glaube gar, Du stirbst – aber ich habe keine Lust zum Sterben und bin gesund wie je. Ich glaube, die Furcht vor der Pflege hier hat mich gesund gemacht; in Straßburg wäre es ganz angenehm gewesen, und ich hätte mich mit dem größten Behagen in's Bett gelegt, vierzehn Tage lang, rue St. Guillaume Nro. 66, links eine Treppe hoch, in einem etwas überzwergen Zimmer, mit grüner Tapete! Hätt' ich dort umsonst

↓

geklingelt? Es ist mir heut einigermaßen innerlich wohl, ich zehre noch von gestern, die Sonne war groß und warm im reinsten Himmel – und dazu hab' ich meine Laterne gelöscht und einen edlen Menschen an die Brust gedrückt, nämlich einen kleinen Wirth, der aussieht, wie ein betrunkenes Kaninchen, und mir in seinem prächtigen Hause vor der Stadt ein großes elegantes Zimmer vermiethet hat. Edler Mensch! Das Haus steht nicht weit vom See, vor meinen Fenstern die Wasserfläche und von allen Seiten die Alpen, wie sonnenglänzendes Gewölk. – Du kommst bald? mit dem Jugendmuth ist's fort, ich bekomme sonst graue Haare, ich muß mich bald wieder an Deiner inneren Glückseligkeit stärken und Deiner göttlichen Unbefangenheit und Deinem lieben Leichtsinn und all Deinen bösen Eigenschaften, böses Mädchen. Adio piccol[a] mia!
Brief an Wilhelmine Jaeglé, Zürich, 27. Januar 1837

ZAMPA

Ist es so unwahrscheinlich bei dem hier so explizit wie anspielungsreich genannten »lieben Leichtsinn« des »bösen Mädchens [...] piccol[a] mia«, dass Büchner selbst sich 1833 in ironisch-kokettem Spiel auf einer Zeichnung von August Hoffmann als Zampa inszeniert hat? Zuzutrauen wäre es ihm, nach allem, was wir von ihm wissen, nach allem, was er selbst von sich preisgegeben hat.[47] Damals war die heute weniger bekannte Oper *Zampa oder Die Marmorbraut* des elsässischen Komponisten Ferdinand Herold von 1831 europaweit ein Bühnen- und Musikerfolg.[48] Wie so oft hat Büchner ein paar Zeilen aus einem größeren Ganzen zitiert und dadurch – ohne den Kontext – zugleich umgewertet als spielerische Botschaft an die Geliebte in der Ferne, mit der er längst verlobt war:

Wenn ein Mädchen mir gefällt,
Da hilft kein Widerstreben,
Die mein Herz sich hat erwählt,
Die muss sich mir ergeben.

Wilhelmine hatte sich ihm wie auch immer – im Kuss oder mehr – ergeben, deshalb brauchte er bei ihr auch keine Uniform und »Schulterpolster«, um ihr »Frauenherz« zu erlangen,[49] sondern aus gegebenem Anlass nur eine Andeutung von Piratenbluse, Weste und Lederband um die Schultern.

So wie Georg schon als Schüler 1829 auf seinen Kritzelseiten Anzügliches aus Shakespeares *Hamlet* – »Ein junger Mann thut's wenn er kann, beym Himmel s'ist nicht fein« – und Weihevolles aus Goethes Faust – »ach neige, du Schmerzensreiche, dein Antlitz gnädig meiner Noth« – zusammen mit einer Paraphrase des »Lauterbacher Strumpfliedes«, einem damals wohl brandneuen Gassenhauer,[50] collagiert,[51] so spielt er auch in den Briefen an seine Verlobte ohne Scheu vor Registerwechseln und ironischer Selbstdemontage mit sich, seiner Erscheinung und seiner Potenz. Mitte März 1834 schreibt er an Wilhelmine Jaeglé in Anspielung auf ein geplantes Wiedersehen an Ostern: »Mein Gesicht ist wie ein Osterei, über das die Freude rothe Flecken laufen lässt.«[52] Und notiert wenige Zeilen später:

Wie gefällt Dir mein Bedlam? Will ich etwas Ernstes thun, so komme ich mir vor, wie Larifari in der Komödie; will er das Schwerdt ziehen: so ist's ein Hasenschwanz.
Brief an Wilhelmine Jaeglé, Gießen, Mitte März 1834

↓

August Hoffmann
Junger Mann mit Notenblatt (Georg Büchner)
(Detail)
1833

Alexis Muston
Georg Büchner aus der Erinnerung
(Detail)

BEIL

Hier paraphrasiert Büchner eine markante Szene aus Karl Friedrich Henslers heute weitgehend vergessenem, doch in den 1830er-Jahren oft aufgeführten Wiener Erfolgsstück *Das Donauweibchen. Ein romantisch-komisches Volksmährchen mit Gesang in drei Aufzügen nach einer Sage der Vorzeit* von 1792. Büchner war einerlei, ob etwas, das ihn inspirierte, der Populär- oder Hochkultur entstammte,[53] mehr noch: Er setzte beides je nach Anlass gezielt für seine Zwecke ein. Das Korsaren-Zitat aus der damals ungemein beliebten Oper *Zampa* erscheint vor diesem Hintergrund kaum ungewöhnlich für Büchner – zumal jenseits erotischer Freibeuterei das Bild des Piraten als Mann der Revolte gegen die herrschenden Mächte schon durch Lord Byrons lyrische Erzählung *The Corsair* aus dem Jahr 1814 befördert worden war.[54] Das *Zampa*-Porträt, diese freiere Darstellung jenes etwas steifen Georg Büchner auf der Zeichnung August Hoffmanns aus ehemaligem Familienbesitz,[55] vereint beides in sich: den Ernst kühn zu nennender Entschlossenheit im Gesicht des blutjungen Mannes und den Schalk des amourösen Spiels im Notenblatt samt Text, das dieser 20-Jährige in der Hand hält.[56]

Der hier zu sehen ist, ist kein »König«, der »den ganzen Tag spazieren« fährt und »den Leuten die Hüte« verdirbt »durch's viele Abziehen«, kein »Wissenschafter« des tumben »a priori« oder »a posteriori«, kein »Held« voller »Alexanders- und Napoleonsromantik«, dessen Heroismus »ohne Lieutenants und Rekruten nicht bestehen kann«, schon gar nicht eines »dieser nützliche[n] Mitglieder der menschlichen Gesellschaft« – »Lieber möchte ich meine Demission als Mensch geben« – und auch kein »Genie«:[57]

> Die Nachtigall der Poesie schlägt den ganzen Tag über unserm Haupt, aber das Feinste geht zum Teufel, bis wir ihr die Federn ausreißen und in die Tinte oder Farbe tauchen.
> *Leonce und Lena*, 1836, I/3

Dieser Büchner ist ein Mensch aus Fleisch und Blut, voller Wenn und Aber – jedoch ohne Anführungsstriche.

> Ich gehe meinen Weg für mich [...]; ich zeichne meine Charaktere, wie ich sie der Natur und der Geschichte angemessen halte, und lache über die Leute, welche mich für die Moralität oder Immoralität derselben verantwortlich machen wollen. Ich habe darüber meine eignen Gedanken ...
> Brief an die Familie, Straßburg, 1. Januar 1836

EINS IM WIDERSPRUCH

Georg Büchner hat vieles in sich vereint, in sich vereinen müssen: Er hatte nicht immer die Wahl, doch er hat sich stets die Freiheit genommen, am Ende selbst über sein Leben zu entscheiden – und er hatte die Kraft, die Spannungen auszuhalten, die sich aus seinem Leben, seinen weit gefächerten Interessen, seine politischen Aktivitäten und existenziellen Erkenntnissen ergaben. »Büchner hat es geschafft, diesen Widerspruch in seiner Brust auszuhalten, zwischen begründeter Verzweiflung über die Geschichte und begründeter Hoffnung, weil man sich einmischt in seine eigenen Angelegenheiten.«[58] Er hat es geschafft, den Widerspruch auszuhalten zwischen zuweilen drastischer Darstellung von Sexualität und zarten Liebesbeweisen. Bis in seine letzten Tage ist er gleichzeitig fähig zu lakonisch-nüchterner Analyse des Straßenverkehrs und Staatswesens – »man riskirt nicht von einer adligen Kutsche überfahren zu werden«[59] – sowie zu euphorischer Empathie einem »edlen Menschen« gegenüber: gerade weil er »aussieht wie ein betrunkenes Kaninchen«.[60]

Wem hier zwischen Kutsche und Kaninchen kein grundsätzlich neues Büchnerbild aufscheinen mag, der findet hoffentlich immerhin ein wesentlich komplettiertes vor. Es wäre bereits viel gewonnen, wenn Büchner als Mensch mit all

↓

seinen Facetten wahrgenommen würde – jenseits der Klischees und Verzerrungen eines Revolutionärs in Permanenz, eines längst überholten Naturwissenschaftlers oder eines allzu früh verstorbenen Dichtergenies.

Georg Büchners Schriften, ergänzt um die wenigen Bildzeugnisse Büchners, schenken uns das Porträt eines lebhaften, disziplinierten, ehrgeizigen, außerordentlich humorbegabten, ebenso emotionalen wie intelligenten jungen Mannes mit starkem Willen und großem Tatendrang.[61] In seinen Schriften erschließt sich die gesamte Sprachmacht und Bildgewalt des blutjungen Naturwissenschaftlers, Revolutionärs und Dichters,[62] der mit 23 Jahren Weltliteratur geschrieben hat, die bis heute gültig ist – und mehr noch: wahr im tiefsten Sinn des Wortes, aufwühlend und voller Veränderungskraft.

1 Hubert Spiegel, »Fontane, Beuys und Schillers Knöpfe«, in: *Frankfurter Allgemeine Zeitung*, Nr. 80, 6. April 2013, S. 37.

2 Das von der Familie authentifizierte, allerdings 1944 verbrannte und nur durch Reproduktionen überlieferte Porträt Büchners durch August Hoffmann zeigt – auch dies ein Ergebnis der Forschungen aus Anlass der Ausstellung, zu der dieses Katalogbuch erscheint – keinen Polenrock. Das Bekleidungsstück im Porträt weicht signifikant von der Beschreibung im behördeninternen Steckbrief des Untersuchungsrichters Conrad Georgi ab. Vgl. S. 31.

3 Jan-Christoph Hauschild, der 1993 eine immerhin 694 Seiten starke Biografie über Georg Büchner geschrieben hat, propagiert noch im Juli dieses Jahres: »Das Grundproblem der Quellenlage bei Büchner ist der Mangel«; zit. nach: Klaus-J. Frahm, »Das Grundproblem ist der Mangel. Büchner: Kurzke und Hauschild im Streitgespräch«, in: Wiesbadener Tagblatt, 1. Juli 2013.

4 So stehen sich in der exemplarischen Konfrontation der Büchner-Biografen Jan-Christoph Hauschild und Hermann Kurzke der Revolutionär und der romantische Schriftsteller unversöhnt gegenüber (Vgl. Frahm 2013 [wie Anm. 3]), wiewohl beide Lebensrollen Teil des einen Georg Büchner sind.

5 Auch dies ist eine methodische Annäherung an Büchner – nur das hier im Gegensatz zu seinen Texten aus Transparenzgründen die Herkunft der Mosaiksteine jederzeit kenntlich gemacht wird. Zu Büchners Schreibstrategien vgl. das Kapitel »er macht Mosaik«, S. 501 ff.

6 Noch in einem seiner letzten Briefe an seine Verlobte bekennt er: »Jeden Abend sitz' ich eine oder zwei Stunden im Casino; Du kennst meine Vorliebe für schöne Säle, Lichter und Menschen um mich.« Brief an Wilhelmine Jaeglé, Zürich, 20. Januar 1837, zit. nach: Ariane Martin (Hrsg.), *Georg Büchner. Sämtliche Werke und Briefe*, Stuttgart 2012, S. 346.

7 Google Books hat diese Quellenforschung nachhaltig befördert. Vgl. Burghard Dedner, »Witz und Waffe – Zu Büchners Umgang mit Wörtern«, S. 505 ff.

8 Das Gemälde ist das erste Mal schriftlich nachgewiesen in: Franz Hubert Müller, *Beschreibung der Gemäldesammlung in dem Grossherzoglichen Musäum zu Darmstadt*, Darmstadt 1820, Nr. 175, S. 181. Es gelangte zwischen 1807 und 1819 nach Darmstadt und fand definitiv Aufstellung im Schloss, da Müller in seiner Beschreibung nur die tatsächlich ausgestellten Gemälde erwähnt. Für diese Information danke ich Theo Jülich, Direktor des Hessischen Landesmuseums Darmstadt.

9 Dante dramatisiert den realen Hungertod von Ugolino della Gherardesca (um 1220–1289) und seinen Kindern in seiner *Göttlichen Komödie* wie folgt: »Ich biss vor Jammer mich in beide Hände, / Und jene, wähnend, dass ich es aus Gier / Nach Speise tat', erhoben sich behende / Und schrien: Iss uns, und minder leiden wir! / Wie wir von dir die arme Hüll' erhalten, / Oh, so entkleid' uns, Vater, auch von ihr.«
Dante Aligheri, *Commedia*, übersetzt von Carl Streckfuß, Lepzig 1876, Inf. XXXIII, zit. nach: http://de.wikipedia.org/wiki/Ugolino_della_Gheradesca, 21. 8. 2013. Diese Zeilen wurden zum Auslöser einer reichen Bildtradition rund um Ugolino und seine Kinder im Hungerturm.

10 *Woyzeck*, 1836, H 4,1. In Brentanos Liedsammlung *Des Knaben Wunderhorn* trägt das Lied von Andres den bezeichnenden Titel »Weltende«.

11 *Lenz*, in: Martin 2012 (wie Anm. 6), S. 164.

12 Vgl. Nora Eckert, »Büchners Klangwelt – Über Musik und Akustisches bei Büchner«, S. 307 ff.

↓

13 »... wir bewunderten an dem Büchner, dass er so beides war, absolut illusionslos, kalt und illusionslos, und voller Hoffnung, dass er das fertig brachte, so ganz und gar zu wissen, dass es kein Heil auf der Welt gibt, das wir den schrecklichen Fatalismus der Geschichte, wie er es nannte, erleiden [...], aber das er trotzdem einer war, der voller Hoffnung lebte, denn nur wenn man Hoffnung hat auf eine Veränderung der Gesellschaft, mischt man sich ja ein und setzt auch sein Leben und sein Wohlleben aufs Spiel.« Wolf Biermann, in: Wolf Biermann, Gert Heidenreich, *Lokaltermin in Goddelau*, Dezember 1995, Hr2kultur, Live-Mittschnitt der Veranstaltung. Ich danke Hans Sarkowicz für die Bereitstellung dieser Quelle.

14 Mein Dank geht an Burghard Dedner für den Hinweis auf diese philosophische Parallelstelle.

15 Charles Darwin, *Die Fahrt der Beagle*, Hamburg 2007, S. 36–37.

16 Während Darwin auf Weltreise ist, absolviert Büchner ein Weltstudium ähnlich umfänglicher Art: von direkten und indirekten Steuern (*Hessischer Landbote*) über die Schädelnerven der Barben (*Mémoire*) und Rituale großherzoglicher Hochzeitsfeierlichkeiten (*Leonce und Lena*) bis hin zur Widerlegung von Gottesbeweisen (»Spinoza-Skript«).

17 Vgl. Brief an die Familie, Straßburg, 16. Juli 1835, in: Martin 2012 (wie Anm. 6), S. 317. Das Arresthaus ist, damals brandneu, gerade erst im Mai 1835 fertiggestellt worden und insbesondere für die Inhaftierung politischer Gefangener gedacht.

18 Darwin 2007 (wie Anm. 15), S. 484. Zur unterschiedlichen Wahrnehmung politischer Ereignisse im Zeichen schwarzer Fahnen vgl. Darwins »Schauspiel« mit Büchners »Comödie« des Einzugs von Romarino in Straßburg. Brief an die Familie, Straßburg, Oktober 1831, zit. nach: Martin 2012 (wie Anm. 6), S. 293.

19 »Nachdem wir Südamerika verlassen hatten, bezahlte er [der Präsident] die Strafe in der üblichen Weise, indem er besiegt, gefangen genommen und erschossen wurde.« Darwin 2007 (wie Anm. 15), S. 485.

20 Vgl. Christoph Schütte, »Wenn alles irritierend offen bleibt«, in: *Frankfurter Allgemeine Zeitung*, Nr. 155, 8. Juli 2013, S. 36.

21 Vgl. Burghard Dedner, »›Bei diesem genialen Cynismus‹ – Büchner als lachender Philosoph«, S. 393 ff.

22 Auch wenn der Büchner-Biograf Hermann Kurzke ebenfalls ausgiebig Alexis Muston zitiert: Seine Thesen – Büchner, das Genie, der Christ, der Unglückliche, der Sozialromantiker, der sexuell Freizügige mit Hang zum Sakralen sowie erdrückendem Vater und kalter Engelsmutter, so zusammenfassend Friedmar Apel, »Ein göttlicher Funke hat in ihm gewirkt«, in: *Frankfurter Allgemeine Zeitung*, 15. Februar 2013 – erscheinen doch einigermaßen aus der Luft gegriffen und sind vielfach sogar von ihm selbst als »Imaginationen ohne Beleg« gekennzeichnet, so die sprechende Notiz in seinen Fußnoten. Vgl. Hermann Kurzke, *Georg Büchner. Geschichte eines Genies*, München 2013, S. 529, Fußnoten 24 und 45, oder S. 539, Fußnoten 5 (»Es folgen Imaginationen.«) und 23. Peter Laudenbachs Rezension in der *Süddeutschen Zeitung* weist zu Recht auf die eklatanten Mängel dieser Biografie hin: Peter Laudenbach, »Es ging um heiße Weiber. Friede den Hütten: Hermann Kurzke versucht sich in seiner Biografie an einer erbaulichen Deutung Georg Büchners«, in: *Süddeutsche Zeitung*, 14. August 2013.

23 »passionné en tout: pour l'étude, pour l'amitié, dans ses admirations et ses antipathies: idolâtre de la revolution française, contempteur de Napoléon, aspirant de tout son être à l'unité de la famille allemande ...«; zit. nach: Alexis Muston, »Journal d'étudiant«, in: Heinz Fischer, *Georg Büchner und Alexis Muston. Untersuchungen zu einem Büchner-Fund*, München 1987, S. 272.

24 »Repartis de bonne heure; causé St Simonisme, renovation sociale et religieuse, république universelle, états-unis de l'Europe, et autres utopies, don't quelques unes peut-être deviendront des réalités«; zit. nach: ebd., S. 284.

25 Es war jene Sprache, die ihn aufs Besondere mit der Straßburger Geliebten verband: »Je baise les petites mains, en goûtant les souvenirs doux de Strasbourg.« Brief an Wilhelmine Jaeglé, Gießen, Januar 1834, in: MA 10.1., S. 30.

26 Seine »Mémoire sur le système nerveux du barbeau« wurde in der Schriftenreihe der Société d'histoire naturelle de Strasbourg veröffentlicht.

↓

27 Im Mai und Juni 1835 übersetzt Büchner die Victor-Hugo-Dramen *Lucrèce Borgia* und *Marie Tudor* für den Frankfurter Verlag Sauerländer.

28 So hat Büchner Robespierre und andere Quellen weit besser übersetzt als etwa der Historiker von *Unsere Zeit*. Während dort ein Satz aus Robespierres Rede mit den Worten »Unter solchen Umständen bedarf es allerdings des Muthes und der Seelengröße.« (*Unsere Zeit*, bearbeitet von Carl Strahlheim, E. F. Wolters, Stuttgart 1828, Band XII, S. 98) kolportiert wird, zitiert Büchner Robespierre wörtlich nach der französischen Überlieferung dieser Rede: »... il nous faut à tous quelque courage et quelque grandeur d'âme.« (Adolphe Thiers, *Histoire de la révolution française*, Lecointe, Paris 1828, Band VI, S. 208) und übersetzt treffend: »Wir Alle haben etwas Mut und Seelengröße nöthig.« (*Danton's Tod*, II/7, zit. nach: Martin 2012 [wie Anm. 6], S. 110). Nicht umsonst ist Büchners *Danton's Tod* das Revolutionsstück auf französischen Bühnen geworden und geblieben – bis heute.

29 Zur höfischen Sitte des Schauessens, das Büchner ironisch in ein Schauriechen verwandelt, vgl. Heinrich Küntzel und Friedrich Metz, »Chronik der Feierlichkeiten, welche auf Veranlassung der hohen Vermählung Seiner Hoheit des Erbgroßherzogs Ludwig von Hessen mit Ihrer Königl. Hoheit der Prinzessin Mathilde von Bayern [...] Statt fanden«, 1834, S. 363 ff.

30 Wilhelm Büchner, Einblattdruck ohne Ort, ohne Jahr, Goethe- und Schiller-Archiv, Weimar. Das behördeninterne »Signalement des stud. Med. Georg Büchner von Darmstadt« bestätigt den Polenrock – für die Gießener Zeit – und die sehr gewölbte Stirn, vermerkt jedoch bei der Augenfarbe grau.

31 Vgl. ebd.

32 Friedrich Noellner zu August Becker im Verhör über den Transport des *Landboten*-Manuskripts, Sommer 1837, in: *Acta criminalia, Handschriftliche Prozessakten*, 1837, Institut für Stadtgeschichte, Frankfurt am Main.

33 Adelbert von Chamisso, *Peter Schlemihls wundersame Geschichte*, Frankfurt am Main 2003, S. 10.

34 Das Titelblatt der Erstausgabe von 1814 verzeichnet: »Peter Schlemihl's wundersame Geschichte mitgetheilt von Adelbert von Chamisso und herausgegeben von Friedrich Baron de la Motte Fouqué. Mit einem Kupfer. Nürnberg bei Johann Leonhard Schrag. 1814.« Thomas Betz und Lutz Hagestedt, »Entstehung und Textgeschichte«, in: Chamisso 2003 (wie Anm. 33), S. 134.

35 Vgl. Thomas Betz und Lutz Hagestedt, »Wort- und Sacherläuterungen«, in: Chamisso 2003 (wie Anm. 33), S. 159.

36 Chamisso, der seinen Schlemihl eine Weltreise mit Siebenmeilenstiefeln machen lässt, tritt 1815 – 16 Jahre vor Darwin – eine reale Weltreise als Naturforscher an. Vgl. Adelbert von Chamisso, *Reise um die Welt*, Berlin 2012.

37 Statt eines runden, schwarzen Hutes trägt Schlemihl-Chamisso eine Nordsternbundmütze.

38 Vgl. Betz / Hagestedt 2003 (wie Anm. 35), S. 160. »Die erst 1927 veröffentlichte Originalzeichnung trägt die Notiz: »Peter Schlemiel [!], wie er Sonnabend, den 26. September in Cunersdorf gesehen worden ist und nach dem Leben gezeichnet von Fr. Lpd.«, ebd.

39 Zwar war die Studentenverbindung Eugenia, den Sitzungsprotokollen nach zu urteilen, durchaus trinkfreudig, doch immer wenn »Freund Büchner« dazu kam, wurde es bald politisch. Vgl. August Stoeber u. a., Sitzungsprotokolle der Studentenverbindung Eugenia, 1831/32, S. 161 ff.

40 Der Braten verschlingende Valerio macht dem gelangweilt-lebensmüden Prinzen Leonce jedenfalls Lust auf diese elementaren Vergnügen jenseits jeder Etikette: »Das schmatzt. Der Kerl verursacht mir ganz idyllische Empfindungen; ich könnte wieder mit dem Einfachsten anfangen, ich könnte Käs essen, Bier trinken, Tabak rauchen.« *Leonce und Lena*, 1836, I/3, zit. nach: Martin 2012 (wie Anm. 6), S. 197.

41 Wolfgang Amadeus Mozart, *Don Giovanni* [1787], Stuttgart 1988, 1. Aufzug, 5. Auftritt, S. 27–28. Das Libretto, den italienischen Originaltext nach historischen Vorbildern, schrieb Lorenzo da Ponte, der 1749 geboren wurde, Büchner um ein Jahr überlebte und im Alter von 89 Jahren starb.

42 Der Narr Valerio treibt sein anspielungsreiches Spiel auch mit Chamissos Peter Schlemihl, wenn er seinen Schatten verdoppelt, statt ihn zu verlieren: »Ich werde mich wenigstens in den Schatten meines Schattens stellen.« *Leonce und Lena*, 1836, II/1, zit. nach: Martin 2012 (wie Anm. 6), S. 204.

↓

BEIL

43 Vgl. Tilman Fischer, »›Man nennt mich einen Spötter‹ – Selbstporträt in Briefen«, S. 153 ff.
44 »Fast ausgelöscht ist sein Gesicht, / Doch seiner Worte Kraft noch nicht«; Georg Büchner, Brief an Wilhelmine Jaeglé, Gießen, Mitte März 1834, zit. nach: Martin 2012 (wie Anm. 6), S. 344.
45 »Ich komme dem Volk und dem Mittelalter immer näher, jeden Tag wird mir's heller …« Georg Büchner, Brief an Wilhelmine Jaeglé, Zürich, 20. Januar 1837, zit. nach: Martin 2012 (wie Anm. 6), S. 346.
46 Dieser Brief kommt auch ganz ohne pietistisch grundierte Liebesformeln aus, die Literaturwissenschaftler in manchen seiner früheren Briefe an Wilhelmine Jaeglé konzedieren.
47 Vgl. Hubert Spiegel, »Der roter Korsar von Darmstadt. Sensationsfund mit Fragezeichen: Zeigt diese Zeichnung wirklich Georg Büchner?«, in: *Frankfurter Allgemeine Zeitung*, 28. Mai 2013, Nr. 121, S. 25.
48 Bis heute hat die Bundeswehr einen Marsch aus *Zampa* im Repertoire. Für diese Information danke ich Martin Apelt, Schauspieldirektor am Staatstheater Darmstadt.
49 »et puis me faudra-t-il du fer à cheval pour faire de l'impression à un coeur de femme?« Brief an Wilhelmine Jaeglé, nach Mitte März 1834, zit. nach: Martin 2012 (wie Anm. 6), S. 345. Seine Sentenz zeugt – im Gegensatz zum Tambourmajor im *Woyzeck* – von einem Männerbild jenseits von Epauletten und dem damit einhergehenden Imponiergehabe.
50 Der Schlager ist – nach ersten Internetrecherchen – bislang vor 1829 nicht nachweisbar.
51 Vgl. die Kritzelseite Büchners mitsamt ihrer Transkription, S. 110.
52 Georg Büchner, Brief an Wilhelmine Jaeglé, Gießen, Mitte März 1834, zit. nach: Martin 2012 (wie Anm. 6), S. 343.
53 Damit war er seiner Zeit weit voraus – abgesehen davon, dass sich die Definitionen von Hoch- und Populärkultur immer wieder verschieben: Märchen wurden durch die Brüder Grimm zu einem Teil der Hochkultur, manches Singspiel, das heute eher der Volks- oder Populärkultur zugerechnet wird, war zu seiner Entstehungszeit in der Wahrnehmung der Zeitgenossen »Hochkultur«.
54 Vgl. Paul Wright, »General Introduction«, in: *Selected Poems of Lord Byron*, Wordsworth Editions, Ware 2006, S. X. Für den Hinweis auf Lord Byron danke ich Florian Balke.
55 Im Gegensatz zu den wenigen Indizien, mit denen sich Archäologen oder Kunsthistoriker mitunter begnügen müssen, sind hier die Indizien für ein Porträt Georg Büchners doch weit dichter gesät: Die Provenienz des Blattes aus dem Nachlass von August Hoffmann steht außer Zweifel. Der Künstler war Georg Büchner nicht nur bekannt, sondern sogar weitläufig mit ihm verwandt. Von August Hoffmann liegt bereits ein durch die Familie authentifiziertes Porträt Büchners vor, signiert mit »A. H.«, jedoch nicht datiert. Das eigenhändig vom Künstler signierte und auf 1833 datierte *Zampa*-Porträt kann zwischen August und Oktober sowie im Dezember dieses Jahres entstanden sein, da sowohl Büchner als auch Hoffmann zu dieser Zeit in Darmstadt waren. Auf exakte Tage im Juli 1833 datierte Ansichten Darmstadts sowie weitere Zeichnungen aus dem Nachlass belegen dies. Der Theatermaler Hoffmann arbeitete zudem ab Ende 1833 an den Dekorationen zur Fürstenhochzeit 1834, die 1835 den zeitgeschichtlichen Hintergrund für Büchners Lustspiel *Leonce und Lena* abgab. Die einschlägigen Porträts von *Zampa*-Tenören jener Zeit sind von anderer Ausprägung und Allüre. Und – last not least – kommt auch der Georg Büchner durchaus ähnliche Bruder Wilhelm kaum als Porträtierter infrage: Wilhelm war 1833 erst 17 Jahre alt und hatte als Apothekerlehrling in Zwingenberg keinen – zumindest keinen bisher bekannten – Anlass zu einem solchem Porträt, während Georg – fern von der Straßburger Verlobten, kurz vor der Erfindung der Fotografie – Gründe genug dafür hatte, zumal er selbst ein Porträt von Wilhelmine besaß.
56 Die Botschaft muss also lauten: Selbst wenn am Ende bisher nicht vorliegende Belege gegen eine Darstellung Büchners sprechen sollten und die Zeichnung von August Hoffmann wider Erwarten kein Rollenporträt von Georg Büchner darstellt – entscheidend ist, dass er die Disposition dazu gehabt hätte, dass ihm dieses Spiel in dieser Form grundsätzlich zuzutrauen ist.
57 Sämtliche Zitate entstammen dem Dialog von Leonce und Valerio über mögliche Beschäftigungsfelder des Prinzen. *Leonce und Lena*, I/3, zit. nach: Martin 2012 (wie Anm. 6), S. 200–201.

↓

58 Biermann 1995 (wie Anm. 13).

59 Brief an die Familie, Zürich, 20. November 1836, zit. nach: Martin 2012 (wie Anm. 6), S. 334.

60 Brief an Wilhelmine Jaeglé, Zürich, 27. Januar 1837, zit. nach: Martin 2012 (wie Anm. 6), S. 347.

61 Gymnasialdirektor Carl Dilthey wurde vom gelangweilt-gequälten Schüler Büchner in dessen Kritzelseiten zwar mit den ungehörigen Worten »O du gelehrte Bestie lambe me in podice« bedacht, Diltheys Maturitätsausweis von 1831 jedoch war von tiefer Einsicht in die Fähigkeiten von Büchner geprägt und nachgerade prophetisch in seinem Schlusssatz: »Vielmehr berechtigt uns sein bisheriges Benehmen zu der Hoffnung, dass er nicht blos durch seinen Kopf, sondern auch durch Herz und Gesinnung das Gute zu fördern, sich angelegentlichst bestreben werde.« Vgl. Carl Dilthey, Reifezeugnis Georg Büchner, 1831, S. 103. Am Ende war nur seine Konstitution zu schwach für all dies.

62 Büchners Leben und Werk erscheinen im Rückblick gleichsam als kommunizierende Röhren. Dies gilt auch für seine extrem unterschiedlichen Tätigkeitsfelder – von der exakten Naturwissenschaft bis zur exaltierten Lustspieldichtung. All seine Aktivitäten befruchten sich gegenseitig. Die Methoden und Arbeitsweisen sind je unterschiedlich, doch die Inhalte wandern – unaufhörlich.

BURGHARD DEDNER

—

DAS ÄRGERNIS BÜCHNER

—

DIE FRÜHEN JAHRE

Jesus »hat sie mit seinem Blut erlöst und ich erlöse sie mit ihrem eignen. Er hat sie sündigen gemacht und ich nehme die Sünde auf mich. Er hatte die Wollust des Schmerzes und ich habe die Quaal des Henkers. Wer hat sich mehr verleugnet, Ich oder er?« sagt in Büchners *Danton*-Drama der »Schreckensmann« Robespierre, dem man gerade hinterbracht hat, dass sein guter Freund ihn öffentlich als »Blutmessias« bezeichnet.[1] Von ähnlichen Gespenstern des Gewissens wird auch sein Gegenspieler Danton heimgesucht. Ihn verfolgen die Pariser Massaker vom September 1792, an denen er Mitschuld trug. »Das war Nothwehr, wir mußten. Der Mann am Kreuze hat sich's bequem gemacht: es muß ja Aergerniß kommen, doch wehe dem, durch welchen Aergerniß kommt.«[2]

Ein Ärgernis sein zu müssen: Diese erschreckende Vorstellung war auch Büchner, dem Autor, vertraut. Er las im Januar 1834 in einer Standarddarstellung der Französischen Revolution über Szenen von nicht mehr steuerbarer revolutionärer Gewalt und schrieb unter diesem Eindruck an seine Braut: »Das *muß* ist eins von den Verdammungsworten, womit der Mensch getauft worden. Der Ausspruch: es muß ja Aergerniß kommen, aber wehe dem, durch den es kommt, – ist schauderhaft.«[3] Ihm war klar, dass er – einer innerlichen Verpflichtung folgend – die Bauern und Handwerker Oberhessens demnächst zu einem Massenaufstand aufrufen werde, und tatsächlich verfasste er zwei Monate später die Flugschrift *Der Hessische Landbote*. Sie konnte, wenn erfolgreich, auch in Deutschland Gewaltexzesse zur Folge haben, also zu jenem »Aergerniß« führen, auf das sich Büchner in dem Brief bezog, und dann würde er, der Verfasser der Flugschrift, derjenige sein, »durch welchen Aergerniß kommt«.

Dass der *Landbote*, »dieses im Tone des frechsten Sanscülottismus geschriebene Blatt«,[4] von Gerichten und Behörden als Ärgernis empfunden wurde, lastete nicht auf Büchners Gewissen. Jedoch wurde sein Flugschriftenprojekt früh verraten, und spätestens nach der Verhaftungswelle vom April 1835 dürften ihn als Anführer des Plans Selbstvorwürfe gequält haben. Jedenfalls wurde seine sonst »heitere Stimmung« getrübt durch den »Schmerz über die Leiden seiner politischen Freunde in Deutschland«,[5] und sein Vater war, wie er wusste, »billig aber mit Recht etwas ungehalten« über ihn.[6] Es ist bemerkenswert, mit welcher Ausdauer ihm diese Schuld im nächsten Umkreis angelastet wurde. Den Büchnerforschern erzählte man in Büchners Geburtsort Goddelau noch nach 1980 von dem »missratenen« oder auch »ungeratenen Sohn« der Büchners.[7] Wofür der »ungeratene Sohn« gekämpft hatte, wussten die Träger dieser Stimmen sicher nicht; dass er ein Dichter von Weltrang war, hätte sie vermutlich wenig beeindruckt. In ihrem Gedächtnis war er aufbewahrt als Verräter an der Familie.

»EIN TÜCHTIGER MANN UND GELEHRTER«

—

LEBENSPLANUNG, BÜRGERLICH

Dem »missratenen Sohn« schrieb sein Vater Ernst Büchner zwei Monate vor dessen Tod einen Versöhnungsbrief. Nur kurz erwähnte er darin die »vielen trüben Stunden« und »die Unannehmlichkeiten alle«, welche er der Familie durch sein »unvorsichtiges Verhalten bereitet« hatte. Inzwischen hatte der Sohn, obwohl nur 23 Jahre alt, es zum promovierten

↓

Naturwissenschaftler und Privatdozenten gebracht. Das versöhnte den Vater. Dass die literarischen Produkte seines genialen Sohnes seinem Geschmack entsprachen, ist unwahrscheinlich. In seinen Briefen an die Eltern sprach Georg gelegentlich mit Stolz von ihnen, bekräftigte aber den Vorrang der Studien vor diesen Früchten der Mußestunden. Im bürgerlichen Lebensprogramm war Politik ein Störfaktor und Dichtung Nebensache.

Von den befreundeten Zeitzeugen, deren Stimmen überliefert sind, hielten es etliche wie der Vater. Von dem Politiker und Dichter wussten sie nichts Günstiges zu sagen, also lobten sie den Naturwissenschaftler. »Ich bin überzeugt, daß mein unvergeßlicher Jugendfreund und commilito in literis mehr zum Philosophen, als zum Dichter geboren war; auch den Beruf zum bedeutenden Naturforscher scheint er mir schon damals entschieden angekündigt zu haben«, schrieb der ehemalige Schulkamerad Friedrich Zimmermann, inzwischen Gymnasialprofessor, 1877 über »Georg Büchner, diesen hochsinnigen, genialen und kraftvollen Menschen«.[8] Adressat des Briefes war Karl Emil Franzos, der an einer Werkausgabe und einer Büchner-Biografie arbeitete. Büchners politische Tätigkeit galt einem anderen Freund, Ludwig Wilhelm Luck, als »greller Mißton im Lebenslauf«.[9] Was beide Freunde außerdem beschäftigte, war ein weiteres Ärgernis, die Frage nämlich, ob Büchner Atheist war. »Zwar ein kühner Skeptiker, aber nicht Atheist«, antwortete Zimmermann auf diese Frage,[10] und in einem bemerkenswerten Beitrag zu Büchners Charakterbild sah Luck eine »Gemüths u Schicksalsverwandtschaft« zwischen dem Freund und dem Apostel Paulus. Büchner »war ja ein schwer Heimgesuchter, mit den letzten Kräften Kämpfender. Ein solch wahrheitsdurstiger Sucher u. Kämpfer war aber auch der Apostel Paulus«,[11] und Büchner habe dies selbst erkannt.

Nüchterner, ohne Ausflüge ins Spirituelle würdigte auch der Straßburger Cousin, der Theologieprofessor Edouard Reuss, ein bedeutender Alttestamentler und Calvin-Editor, den Naturwissenschaftler. Er erwähnte 1853 in seinen Lebenserinnerungen Büchners aus »jugendlichem Eifer« stammende »politische Excentricitäten«, seine Flucht und »eine schöne Abhandlung die ihm den Doctorgrad erwarb«.[12] In einem Brief an Franzos resümierte er 1877: »Hätte er länger gelebt so wäre gewiß ein Tüchtiger Mann u. Gelehrter aus ihm geworden«.[13] Und der Dichter? »Büchner war kein Göthe, wohl aber ein lieber bescheidner Junge«, schrieb Reuss an Franzos. 1853 erwähnte er die Nachlassausgabe von 1850 mit der »Tragödie Danton, und dergleichen«. Immer wieder hätten interessierte Kreise Büchner »feiern und ehren« wollen. Jedoch hätten sie seinem Andenken damit »noch mehr geschadet als die ihn verkannten oder verdammten«.[14] Das eigentliche Ärgernis an Georg Büchner waren demnach die »Hosianna«-Rufe.

HOSIANNA-RUFE
—
BÜCHNER, DER VERHEISSENE

Im Januar 1835 eröffnete Karl Gutzkow das ihm zur Gestaltung überlassene *Literatur-Blatt* zu der Zeitschrift *Phönix* mit einer riskanten Voraussage. Die nach Goethes Tod eingetretene Epoche der literarischen Kritik, so schrieb er, war an ihr Ende gekommen. »Unsre junge Generation hat die Aufgabe, positiv zu verfahren, selbst zu schaffen.«[15] Die schöpferischen Genies waren zwar bislang ausgeblieben, aber Gutzkow verstand sein Literaturblatt als Orakel von Delphi oder als »Dreifuß der Weissagung« und versicherte: »die Beweise, welche wir heute vermissen, werden uns morgen zufallen«. Weniger als acht Wochen später schickte ihm Georg Büchner sein Erstlingsdrama *Danton's Tod*, und Gutzkow, der den Wert des Dramas sogleich erkannte, schrieb dem Autor in einem seiner nächsten Briefe: »Solche versteckte Genies, wie Sie, kommen mir grade recht; denn ich möchte, daß meine Profezeiung für die Zukunft nicht ohne Belege bliebe«.[16] So feierte Büchner seinen Einzug in die Stadt der Literatur als der verheißene Dichter, und Gutzkow war sein Prophet.

↓

Er wolle Büchner, so schrieb ihm Gutzkow wenig später, den Kollegen und Konkurrenten als »Armidaschild gegenüberhalten«.[17] Der in Torquato Tassos Epos *La Gerusalemme Liberata* (14. Gesang) beschriebene Armidaschild ist ein Spiegel, der eingebildeten, aber jämmerlichen Rittern ihre wahre Gestalt vor Augen führt. Nach diesem Muster wollte Gutzkow die Zwerge der zeitgenössischen Literatur zwingen, sich an Büchners großen Schöpfungen zu messen und ihre eigene Erbärmlichkeit zu erkennen. In seiner *Danton*-Rezension, jetzt also öffentlich, schrieb er gegen die gegenwärtig führenden Dramatiker gerichtet: »Was ist Immermanns monotone Jambenclassicität, was ist Grabbe's wahnwitzige Mischung des Trivialen mit dem Regellosen gegen diesen jugendlichen Genius!«[18] Vier Jahre nach Büchners Tod war es noch einmal Georg Herwegh, der ihn in seinem seinerzeit weit verbreiteten Gedicht »Zum Andenken an Georg Büchner den Verfasser von Danton's Tod. Zürich, im Februar 1841« zu übernatürlicher Größe aufwachsen ließ. »So hat ein Purpur wieder fallen müssen!« lautet der Eingangsvers und später heißt es: »Der Jugend fehlt ein Führer in die Schlacht.«[19]

Wir haben allen Grund, den Kritiker Gutzkow zu bewundern. Das Manuskript, das er in Händen hielt, war in Hast geschrieben, inhaltlich und in der Wortwahl verstieß Büchner kontinuierlich gegen Dezenz- und Zensurnormen, formal fügte das Drama sich nicht den geltenden Regeln dramatischer Kunst. Und doch knüpfte Gutzkow seinen Ruf als Kritiker an dieses sonderbare Produkt. Die Zukunft hat ihm Recht gegeben. Die Büchner betreffenden Superlative heißen heute etwa: »Beginn der modernen europäischen Prosa«, »gleichrangig neben Sophokles und Shakespeare«, »Woyzeck – das international meistgespielte Drama deutscher Sprache«. Das ist noch »überschwänglicher« als Gutzkows Äußerungen von 1835.

War sich der Autor seines Ranges bewusst? »Ich halte übrigens mein Werk keineswegs für vollkommen«, schrieb der mit 21 Jahren blutige Anfänger den Eltern.[20] Und Gutzkow hatte er mitgeteilt, »unglücklicher Verhältnisse« halber habe er das Drama »in höchstens fünf Wochen« schreiben müssen und werde deshalb »der Geschichte« nicht wirklich gerecht. Jedoch tröste er sich »mit dem Gedanken, daß, Shakespeare ausgenommen, alle Dichter vor ihr und der Natur wie Schulknaben dastehen«.[21] Selten hat die Demut sich so selbstgewiss geäußert. Büchners Freund Wilhelm Schulz urteilte 1851 aufgrund dieser und ähnlicher Briefstellen: »Keiner wußte es besser, als Büchner selbst, daß er kein Shakespeare war. Aber wenn irgend Einer, so hatte er das Zeug dazu es zu werden.« Und außerdem: »In ihm hätte Deutschland seinen Shakespeare bekommen.«[22]

Dass auf Gutzkows »Hosianna« das »Kreuzige ihn« in Form von »ungünstigsten Kritiken« folgen werde, kalkulierte Büchner ein, »denn die Regierungen müssen doch durch ihre bezahlten Schreiber beweisen lassen, daß ihre Gegner Dummköpfe oder unsittliche Menschen sind.«[23] Tatsächlich war es eher das Establishment der bürgerlichen Literaturkritik, das die Ärgernisse ans Kreuz schlug: Karl Gutzkow als den religionsverachtenden Verfasser des Romans *Wally*, das von ihm mitbegründete literarische Junge Deutschland und nebenher auch den Hoffnungsträger Büchner. *Danton's Tod*, so die wichtigste dieser Kritiken, sei ein Kübel nicht zitierbarer »Unanständigkeiten«, wie sie »höchstens auf eine Drehorgel bei den schmuzigen Orgien irgend einer Winkelkneipe« gehören; es sei ein »Brandmal für deutsche Literatur«.[24]

»DIE GROSSARTIGEN REVOLUTIONAIREN CHARAKTERE HÖCHST KLEINLICH AUFGEFASST« — STIMMEN AUS DER OPPOSITION

Im Kreis der am *Landboten*-Projekt Beteiligten galt Büchner den Älteren als eindrucksvoll, aber nicht ungefährlich, den Jüngeren als charismatisch. »Büchner schien mir die mit aller Vehemenz übersprudelnde jugendliche Kraft welche

↓

sich hier im Zerstören gefiel während sie sonst eben so leicht die ganze Welt liebend zu umarmen sucht«, urteilte Leopold Eichelberg, einer der Mitherausgeber der Flugschrift.[25] Er war »ein Mann von überwiegendem Geiste und einer hinreißenden Beredsamkeit«, erinnerte sich ein Freund,[26] und ein anderer sagte: »wenn er sprach und seine Stimme sich erhob, dann glänzte sein Auge [...] wie die Wahrheit«.[27] Auch in Zürich sprachen die Emigranten von Büchner, als er im März 1835 nach Frankreich flüchtete, mit »überschwenglicher Begeisterung«.[28] Anscheinend setzten sie auf ihn große Hoffnungen. Jedoch waren die revolutionären Netzwerke in den großen europäischen Ländern seit 1834 zerschlagen und die Oppositionellen uneins und unter sich verfeindet. Deshalb war Büchner der Überzeugung, »daß Jeder, der *im Augenblicke* sich aufopfert, seine Haut wie ein Narr zu Markte trägt«.[29] Im Übrigen hätten auch nur die wenigsten die sozialrevolutionären Ziele unterstützt, für die Büchner kämpfte. So zog sich Büchner bewusst – wenn auch nur: »*im Augenblicke*« – aus der Politik zurück. Nichts anderes taten die meisten übrigen Geflüchteten. Jedoch brachte es Büchner den Ruf des Abtrünnigen ein. Hier war es demnach der sowohl nüchtern kalkulierende als auch in den Zielen radikalere Revolutionär, der den Revolutionsenthusiasten zum Ärgernis wurde.

Bereits im August 1835 fragte Hermann Trapp, einst Schulfreund, dann Mitglied in der Gießener Sektion der Gesellschaft der Menschenrechte, jetzt politischer Flüchtling in Zürich, bei Gutzkow an, ob dieser bereit sei, eine Gegenrezension zu seinem enthusiastischen *Danton*-Artikel abzudrucken.[30] Gleichzeitig begann Georg Fein, Mitinitiator des Hambacher Festes, seitdem berufsmäßiger Revolutionsagitator, ab Mai 1835 mit Büchner in losem, nicht konfliktfreiem Kontakt, ihn zu analysieren und zu kritisieren. Als er 1851 die von Ludwig Büchner herausgegebenen *Nachgelassenen Schriften* las und also den ganzen Büchner (mit Ausnahme des *Woyzeck*) kennenlernte, verstand er das Ärgernis Büchner noch besser. Die Freunde Zimmermann und Luck stießen sich an seinem »Atheismus«; Fein kam nicht über Büchners Mangel an Idealismus hinweg. Es ist bemerkenswert, wie er von diesem Standpunkt aus Büchner als orientierungslosen »Décadent« zeichnete.

Büchner war – wie Fein es ausdrückte – »Gütergemeinschäftler«, also Kommunist.[31] Er hielt »materielles Elend« für einen entscheidenden revolutionären »Hebel«.[32] Fein sah in ihm deshalb einen Anhänger der »unseligen Hunger-Theorie«, der Annahme nämlich, dass die Armen der Gesellschaft vor allem die Verbesserung ihrer Lage wünschen – für Fein ein »trostloser, die Menschheit entwürdigender Gedanke«.[33] Leicht erklärlich freilich, dass ein Ungläubiger dieser Art die Sache der Revolution verriet und gleich »nach dem ersten mislungenen Versuche, an allem Großen und Hohen in der Brust der Menschen und Völker verzweifelnd, mit der Miene des Ekels und Überdrusses die Reihen seiner Mitstreiter« verließ. Hatte Büchner jemals irgendetwas ernst genommen? Hatte er, der künftige Philosoph, nicht in einem Brief geschrieben: »Ich werde ganz dumm in dem Studium der Philosophie.«? »Wie ist es möglich«, so Fein, »daß ein noch junger strebender Geist, der sich so angestrengt mit Philosophie und selbst Naturwissenschaften beschäftigt, gleichwohl so wegwerfend von diesen Studien reden kann.«? Kann er »als Lehrer einer Wissenschaft auftreten«, wenn er ihr »so verächtlich begegnet«? Kann er »sich endlich mit Ernst und Begeisterung gar dichterischen Aufgaben unterziehen«, wenn er sie nicht ernst nimmt? Kein Wunder schien es ihm also, dass Büchner »die traurigen Seelenzustände eines mit sich zerfallenen und halbwahnsinnigen Dichters wie Lenz« zergliedert und »von Schillers großen und edlen Gestalten [...] ungerührt und theilnahmlos sich hinweg« wendet. Auch »die großartigen revolutionairen Charaktere« in *Danton's Tod* habe Büchner »höchst kleinlich aufgefaßt«.[34] Da Fein das »ganze abgemessene, nüchterne, kritisirende und abstrakt-philosophische Wesen« dieses jungen Mannes kannte, war es ihm schon 1835 in Straßburg »so gut als Gewißheit, daß nie ein großer Dichter aus ihm werden könne«. Denn was, so fragte er, ist »ein Dichter, dem es an Gemüth fehlt«? Büchner war ein »pathologischer Dichter«, sein Verhalten »eine Sünde gegen den eigenen heiligen Geist« und ein Sinnbild für »das ganze blasirte Wesen unserer Zeit«.[35]

↓

»WIE NERO, ALS ER ROM ANZÜNDETE«
—
FASZINOSUM BÜCHNER

Im Blick auf den Dichter Büchner waren Revolutionäre und Revolutionsgegner sich einig, und so unterschied sich die Büchner-Rezension aus der Feder von Julian Schmidt, dem Wortführer der antirevolutionären nachmärzlichen Literaturkritik, von der gleichzeitigen Kritik des Berufsrevolutionärs Georg Fein nur durch ihre größere Wirkung und darin, dass Schmidt Büchners Verfehlungen mit deutlicher Faszination darstellte. Büchner, so schrieb er bewundernd, »zersetzt mit dem Scheidewasser seines Skepticismus auch die härtesten Gestalten«, und so gerät ihm der Revolutionär Danton so handlungsscheu, als sei er der Prinz Leonce. »Selbst Robespierre sieht Gespenster, wenn er allein ist.« Das sei zwar zu subtil für ein Drama, aber »an sich, auch psychologisch, nicht unwahr«. Büchner habe bewusst sehr akribisch und sehr quellennah gearbeitet – mit dem Resultat freilich, dass in *Danton's Tod* alle Personen mit Ausnahme der Titelfigur nicht »wirkliche Gestalt[en] von Fleisch und Blut«, sondern »Mosaikarbeit« seien. Büchner sei »ein wirkliches, sehr bedeutendes Talent«, ein Talent freilich, dessen »falsche ästhetische Ansicht« man »nicht genug bekämpfen« könne.[36]

Fein zeichnete Büchner als Antiidealisten, Schmidt – sehr viel umfassender und grundsätzlicher – als Ästhetizisten, als unwillig oder unfähig, den höheren Rang des (bürgerlichen) Lebens der Kunst gegenüber anzuerkennen. Eine Geisteskrankheit zum Beispiel lag für Schmidt außerhalb des Bereichs der Kunst, weil das nur Erschreckende und Grauenvolle zur Beförderung des Lebens nichts beitragen kann. Gegen dieses Gesetz verstieß Büchner, als er in der Erzählung *Lenz*, um einen »Geistesverwandten« zu ehren, die Innenansicht einer Psychose lieferte, für Schmidt, der »Einfall einer krankhaften Natur« oder eines Ästheten. Der Ästhetizismus unterstellt das Leben dem Wertesystem von »langweilig« und »interessant« und erklärt ethische Normen für belanglos. Wo aber, so Schmidt pointiert, »das Leben zu einem bloßen Schein herabsinkt, wird es ein Reich des Bösen«.[37] Franz Mehring, der Chefintellektuelle der SPD, warnte 1910 vor einer »Verbelletristung des Revolutionärs Büchner«.[38] Schmidts Büchner-Deutung zeigt den Sinn dieser Warnung.

Für Schmidt war der gelangweilte Prinz Leonce aus *Leonce und Lena* ein Nachfolger Hamlets und zugleich die Zentralfigur von Büchners Schaffen sowie der Schlüssel zu Autor und Werk. In seiner Suche nach dem Neuen flüchtet sich der Gelangweilte in die Verantwortungslosigkeit zunächst der Kunst, dann in unverantwortbares politisches Handeln. Wie viele Kritiker später zitierte auch Schmidt die Sätze aus dem bekannten Fatalismusbrief: »Ich gewöhnte mein Auge ans Blut. Aber ich bin kein Guillotinemesser. Das *muß* ist eins von den Verdammungsworten, womit der Mensch getauft worden. Der Ausspruch: es muß ja Aergerniß kommen, aber wehe dem, durch den es kommt, – ist schauderhaft.«[39]

Büchner sorgt sich in diesen schon eingangs zitierten Sätzen um die unkalkulierbaren Folgen dessen, was doch getan werden muss. So belegen sie seinen sensibel-melancholischen Moralismus. Für Schmidt belegen sie umgekehrt seinen Immoralismus, denn ein derart von Sorgen Befallener hätte auf politisches Handeln verzichten müssen. »Und in dieser Stimmung stand er an der Spitze einer ziemlich verbreiteten geheimen Gesellschaft, welche Brandpamphlete in die Hütten des Volks schleuderte, um einen Krieg der Armen gegen die Reichen zu erregen.« Und warum? »Aus Langeweile und Blasirtheit!!« In seiner Empörung über diesen Hasardeur griff der Kritiker zu einem eindrucksvollen Bild: »Hamlet-Leonce an der Spitze eines Jacobinerclubbs kommt mir vor wie Nero, als er Rom anzündete, um einen schauerlich schönen Anblick zu haben.«[40]

↓

»DIE GESELLSCHAFT MITTELST DER IDEE, VON DER GEBILDETEN KLASSE AUS REFORMIREN?«

—

VOM NICHT MEHR BÜRGERLICHEN MORALISMUS DER KUNST

Interpreten müssen komplexe Gebilde auf einen Begriff bringen. Deshalb haben sie ihren Meister in dem sagenhaften Prokrustes, der alles, was nicht in seine Betten passte, entweder verzerrte oder verkürzte. Die eben zitierten »Kreuzige ihn«-Tiraden sind voll von solchen Verkürzungen und Verzerrungen. Feins Annahme, Büchner habe, weil er ein Spötter auch gegenüber sich selbst war, nicht zum akademischen Lehrer getaugt, wird zum Beispiel widerlegt durch späte Erinnerungen eines ehemaligen Studenten an Büchner, der »sich mit wahrem Feuereifer der vergleichenden Anatomie« widmete und dessen »Vortrag [...] immer animirt u reich an geistreichen Bemerkungen« war.[41] Auch Julian Schmidt übersah um des Argumentes willen die Briefstellen, in denen Büchner – moralisch – den politischen Kampf als Aufopferung verstand und seine Prinzipientreue betonte. Durchaus glaubwürdig ist die Aussage August Beckers, der seinen Freund Büchner als »entschiedenen und heftigen Republikaner bezeichnet[e], deßen politische Gesinnungen theils auf einem gewißen geistigen Stolz, theils auf einem unbegränzten Mitleiden mit den niederen Volksklaßen und ihrer Noth beruht hätten«.[42] In der Tat werden Menschen nicht nur aus Langeweile und Freude an der Gewalt, sondern auch aus Mitleid zu Revolutionären.

Dass dieses Handlungsmotiv bis heute gern vergessen wird, zeigt Martin Mosebachs Büchner-Preisrede von 2007. Mosebach wies zu Recht darauf hin, dass Büchner »politisch Robespierre erheblich näher stand als dem sympathischen Danton«.[43] Dabei nahm er als selbstverständlich an, dass Büchner für Robespierre, den Herrn über die Guillotine, Sympathie empfand. Dem widersprechen aber die tatsächlichen Ansichten der französischen Sozialrevolutionäre nach 1830. Als Vorbild galt hier Robespierre, der Sozialpolitiker, der »Mitleiden mit den niederen Volksklaßen und ihrer Noth« empfand und deshalb im Artikel 10 seiner Menschenrechtserklärung ein aufsehenerregendes Bürgerrecht auf Sozialfürsorge formulierte.[44] Aus ästhetischer Sicht ist diese Facette an Robespierre und Büchner freilich langweilig. Deshalb interessierte sich Mosebach hierfür nicht.

Büchner, so scheint es, schrieb sowohl den *Hessischen Landboten* als auch seine literarischen Werke vor allem als Moralist. Seine persönliche Moral – sagen wir mit August Becker: sein »geistiger Stolz« – widersprach freilich der Mehrzahl der Werte, die seine Zeitgenossen für unantastbar hielten. Zu ihnen gehört der hohe Wert der Familiensolidarität (deshalb die Rede vom »missratenen Sohn«), der Wert der beruflichen Karriere (von Büchner erfüllt), der Glaube an einen Gott (bei Büchner reduziert auf eine logisch nicht bestreitbare erste »Ursache«[45]), die Überzeugung von der überwältigenden Macht der Ideen im Einzelnen und im Ganzen der Geschichte (von Büchner infrage gestellt), die Hochschätzung der großen Männer der Geschichte (bei Büchner »kleinlich aufgefaßt«), die Tabuisierung alles Kranken außer in medizinischer Absicht (von Büchner verletzt), die Einhaltung körperlicher und sexueller Dezenznormen (von Büchner missachtet), das poetische Schmieröl des »Gemüths« (bei Büchner fehlend), der Respekt vor den Privilegien des Reichtums (von Büchner abgelehnt). Hierzu gehört auch – und für den Dichter natürlich vor allem – das eindeutig geltende, verlässliche Wort, also der Verzicht auf Ironie, auf das Spiel mit Worten, auf Doppeldeutigkeiten, auf Skepsis im weitesten Sinne, auf Durchbrechung der ästhetischen Illusion. »Man nennt mich einen *Spötter*«, schrieb Büchner und nannte damit diesen angeblichen Fehler beim Namen.[46] Vor allem die letztgenannten Normverstöße waren bei Büchner so gut wie bei seinem Zeitgenossen Heinrich Heine romantisches Erbe, und so war der Kampf gegen Büchner bei Schmidt wie bei Fein auch ein Kampf gegen die Romantik, gegen die damalige Moderne in der Literatur. Und dabei gebrauchten die Gegner – um wiederum Büchner

↓

zu zitieren – den »gewöhnlichsten Kunstgriff, den großen Haufen auf seine Seite zu bekommen«, den Kunstgriff, dass »man mit recht vollen Backen: ›unmoralisch‹ schreit«.[47]

Hätte man *Woyzeck*, Büchners derzeit wirkungsmächtigstes Werk, schon 1850 gekannt, wäre dieser Kampf vielleicht etwas anders verlaufen; denn dieses Werk scheint dem Vorwurf eines unmoralischen Ästhetizismus am wenigsten ausgesetzt. Sicher ist aber auch das nicht. Büchners Brüder hatten *Woyzeck* weitgehend entziffert und hätten es publizieren können. Jedoch war das Stück nicht nach ihrem Geschmack. Franzos hat dann in seiner *Wozzeck*-Fassung von 1879 ein paar Prisen »Gemüth« hinzugefügt und es so dem Zeitgeschmack angepasst. Dass auch der anderen Partei etwas fehlte, zeigte 1922 der verdienstvolle Büchner-Herausgeber Fritz Bergemann, der sich den von Büchner nicht mehr geschriebenen Schluss des Stückes so vorstellte: »vor Gericht sollte der von der menschlichen Gesellschaft Ausgenützte, Betrogene, bis zur Wahnsinnstat des Mordes Gebrachte [...] moralisch den Stab brechen über die Gesellschaft und ihre staatlichen Einrichtungen.«[48] Wie gut, dass sich der Künstler Büchner auch von wohlmeinenden Kritikern nicht beirren ließ.

In den letzten Jahrzehnten sind die »Kreuzige ihn«-Rufe verstummt; das »Hosianna« ist mehrheitsfähig, unter literarisch Interessierten allemal. Hauptursache hierfür ist der Normenwandel der letzten fünfzig Jahre. Er hat aus Ärgernissen Selbstverständlichkeiten gemacht und zugleich die Bedeutung von Literatur gemindert. Es war die politische Ohnmacht des Bürgertums in der Aufklärung und im frühen 19. Jahrhundert, die den Glauben an die Macht der literarischen Fantasien begünstigte. Dieser machte das literarische Werk zum Politikum und ließ die literarischen Richtungskämpfe heftig werden. Mit dem Machtgewinn des Bürgertums einher ging die Abschwächung der politischen-kulturellen Bedeutung der Literatur. Deren etwaige Normverstöße, gleichgültig ob ästhetischer oder moralischer Art, erregen günstigstenfalls kurzfristiges Hinschauen, danach Achselzucken. Was Julian Schmidt sagte, wird auch heute gelegentlich gesagt, aber natürlich ohne jede Empörung. Früher galt Büchner als der »Blasirte«, heute sind es die Kritiker.

Über die Grenzen literarischer Wirkungsmächtigkeit dachte auch Büchner nach. Er stellte in einem Brief an Gutzkow die Frage: »Die Gesellschaft mittelst der *Idee*, von der *gebildeten* Klasse aus reformiren?« Und gab selbst die Antwort: »Unmöglich!«[49] Um die Gesellschaft zielgerichtet zu verändern, schrieb Büchner einen für »Ungebildete« und Arme bestimmten Handlungsaufruf, den *Hessischen Landboten*. Das Drama *Danton's Tod* oder die Erzählung *Lenz* verfasste er als künstlerische Werke. Für sie nahm er Freiheiten in Anspruch: die Freiheit des Skeptikers, Zynikers und Spötters, die des spielerischen und des ernsthaften Experimentators und schließlich die Freiheit, mit Mitteln szenischer Vergegenwärtigung Wahrheiten zu finden und zu zeigen, die die gesellschaftlich instrumentalisierte Literatur tabuisiert hatte.

Um 1800 schrieb Friedrich Schiller allen wissbegierigen Zeitgenossen ins Stammbuch: »Und der Mensch versuche die Götter nicht / Und begehre nimmer und nimmer zu schaun / Was sie gnädig bedecken mit Nacht und Graun.« Ich selbst musste vor einigen Jahrzehnten diesen kategorischen Imperativ der freiwilligen Selbstbeschränkung noch auswendig lernen. Büchners Sache war er nicht. Seine Werke waren Entdeckungsreisen nicht in ästhetischer, sondern in moralischer Absicht, die ihn in unbekannte und gemiedene Bereiche führte, auch in die Bereiche von Nacht und Grauen. Diese Grenzüberschreitungen machten ihn auch literarisch zum Mann des Ärgernisses. Sie begründen seinen heutigen Welterfolg.

1 *Danton's Tod* I/6.
2 *Danton's Tod* I/5.
3 Brief an Wilhelmine Jaeglé, nach Mitte Januar 1834, zit. nach: MBA X.1, S. 30 f.
4 Bericht des Obergerichts in der Untersuchung gegen Sylvester Jordan, Marburg 1840, zit. nach: MBA II.2, S. 239.
5 Ludwig Büchner, »Einleitung« zu *Nachgelassene Schriften von G. Büchner*, Frankfurt am Main 1850, S. 27.

↓

6 Brief von Eugène Boeckel an Georg Büchner, 16. Januar 1836, zit. nach: MBA X.1, S. 80.

7 Erich Zimmermann, »Noch einmal Büchners Geburtshaus«, in: *Georg Büchner Jahrbuch* 4, 1986, S. 310; ebenso Hans Deuster, *Die Büchners im Ried*, Riedstadt 1997, S. 19.

8 Brief an Karl Emil Franzos, 13. Oktober 1877, Goethe- und Schiller-Archiv, Weimar.

9 Brief von Ludwig Wilhelm Luck an Franzos, 11. September 1878, Goethe- und Schiller-Archiv, Weimar.

10 Brief von Friedrich Zimmermann an Karl Emil Franzos, 16. Oktober 1877, Goethe- und Schiller-Archiv, Weimar.

11 Brief von Ludwig Wilhelm Luck an Karl Emil Franzos, 11. September 1878, Goethe- und Schiller-Archiv, Weimar.

12 Edouard Reuss, »Erinnerungen aus meinem Leben«, Kap. 24, Chapitre St. Thomas Strasbourg, 1853, zit. nach: Jan-Christoph Hauschild, *Georg Büchner. Studien und neue Quellen zu Leben, Werk und Wirkung*, 1985, S. 324–327.

13 Brief von Edouard Reuss an Karl Emil Franzos, Straßburg, 21. Oktober 1877.

14 Reuss 1853 (wie Anm. 12).

15 Karl Gutzkow, in: *Literatur-Blatt*, Nr. 1 des *Phönix* vom 7. Januar 1835, S. 21 f., zit. nach: MBA X.2, S. 234.

16 Brief von Karl Gutzkow an Büchner, 3. März 1835, zit. nach: MBA X.1, S. 50.

17 Brief von Karl Gutzkow an Büchner, 7. April 1835, zit. nach: MBA X.1, S. 56.

18 Karl Gutzkow, »Danton's Tod von Georg Büchner«, in: *Literatur-Blatt*, Nr. 27 zu *Phönix. Frühlings-Zeitung für Deutschland*, 11. Juli 1835, S. 646.

19 [Georg Herwegh,] *Gedichte eines Lebendigen*, Teil 1, Zürich und Winterthur 1841, S. 185 f.

20 Brief an die Eltern, 28. Juli 1835, zit. nach: MBA X.1, S. 67.

21 Brief an Karl Gutzkow, 21. Februar 1835, zit. nach: MBA X.1, S. 48.

22 Wilhelm Schulz, »Über: Nachgelassene Schriften von G. Büchner«, in: *Deutsche Monatsschrift für Politik, Wissenschaft, Kunst und Leben*, 2. Jg., 1851, Bd. 1, S. 222.

23 Brief an die Eltern, 28. Juli 1835, zit. nach: MBA X.1, S. 67.

24 Felix Frei (Pseudonym): »Rezension zu *Danton's Tod*«, in: *Abend-Zeitung, Literarisches Notizenblatt*, 28. Oktober 1835, S. 314.

25 STA Marburg, 266 Marburg, Nr. 29, fol. 63 f, zit. nach: MBA II.2, S. 137.

26 Aussage Adam Koch, in: *Protokolle der Deutschen Bundesversammlung vom Jahre 1842*, 23. Sitzung, 25. August 1842, Beilage 6 zu § 254, zit. nach: MBA II.2, S. 330.

27 Aussage August Becker, in: Friedrich Noellner, *Actenmäßige Darlegung des wegen Hochverraths eingeleiteten gerichtlichen Verfahrens gegen Pfarrer D. Friedrich Ludwig Weidig*, Darmstadt 1844, S. 249, vgl. MBA II.2, S. 91.

28 So Büchners ehemaliger Student August Lüning in einem Brief an Franzos, 9. September 1877, Goethe- und Schiller-Archiv, Weimar.

29 Brief an Wilhelm Büchner, vermutlich September 1835, zit. nach: MBA X.1, S. 72.

30 Brief von Karl Gutzkow an Büchner, 28. August 1835, zit. nach: MBA X.1, S. 70.

31 Georg Fein, STA Wolfenbüttel, Nachlass Fein, Nr. 86.

32 Brief an Karl Gutzkow, etwa 1. Juni 1836, zit. nach: MBA X.1, S. 93.

33 Fein (wie Anm. 31).

34 Georg Fein, STA Wolfenbüttel, Nachlass Fein, Nr. 42; vgl. Jan-Christoph Hauschild, *Georg Büchner. Biographie*, Stuttgart 1993, S. 466 f. STA Wolfenbüttel, Nachlass Fein, Nr. 86.

35 Fein (wie Anm. 31).

36 Julian Schmidt, »Rezension zu *Nachgelassene Schriften von G. Büchner*«, in: *Die Grenzboten*, 24. Januar 1851, S. 121.

37 Ebd., S. 125.

38 Franz Mehring, »Rezension von Paul Landaus Büchner-Ausgabe«, in: *Die Neue Zeit*, Bd. 28, 1910, S. 401.

39 Brief an Wilhelmine Jaeglé, nach Mitte Januar 1834, zit. nach: MBA X.1, S. 30 f.

40 Schmidt 1851 (wie Anm. 36), S. 128.

↓

41 Brief von Johann Jacob von Tschudi an Karl Emil Franzos, 2. November 1877, Goethe- und Schiller-Archiv, Weimar.

42 Martin Schäffer, »Vortrag in Untersuchungs-Sachen wider die Theilnehmer an revolutionären Umtrieben in der Provinz Oberhessen«, 6. November 1838, S. 90, zit. nach: MBA II.2, S. 313.

43 Martin Mosebach, »Ultima ratio regis. Dankrede zur Verleihung des Büchner-Preises 2007«, in: Akademie für Sprache und Dichtung, Jahrbuch 2007, S. 208.

44 »Die Gesellschaft ist verpflichtet, für das Auskommen aller ihrer Mitglieder zu sorgen, sei es nun, daß sie ihnen Arbeit verschafft oder daß sie denjenigen, die außer Stands sind zu arbeiten, Existenzmittel sichert.« Zit. nach: MBA II.2, S. 439.

45 *Danton's Tod* III/1.

46 Brief an die Eltern, nach Mitte Februar 1834, zit. nach: MBA X.1, S. 32.

47 Brief an die Eltern, 1. Januar 1836, zit. nach: MBA X.1, S. 78.

48 Fritz Bergemann, »Schlussbericht«, in: *Georg Büchners Sämtliche Werke und Briefe*, Leipzig 1922, S. 785.

49 Brief an Karl Gutzkow, etwa 1. Juni 1836, zit. nach: MBA X.1, S. 93.

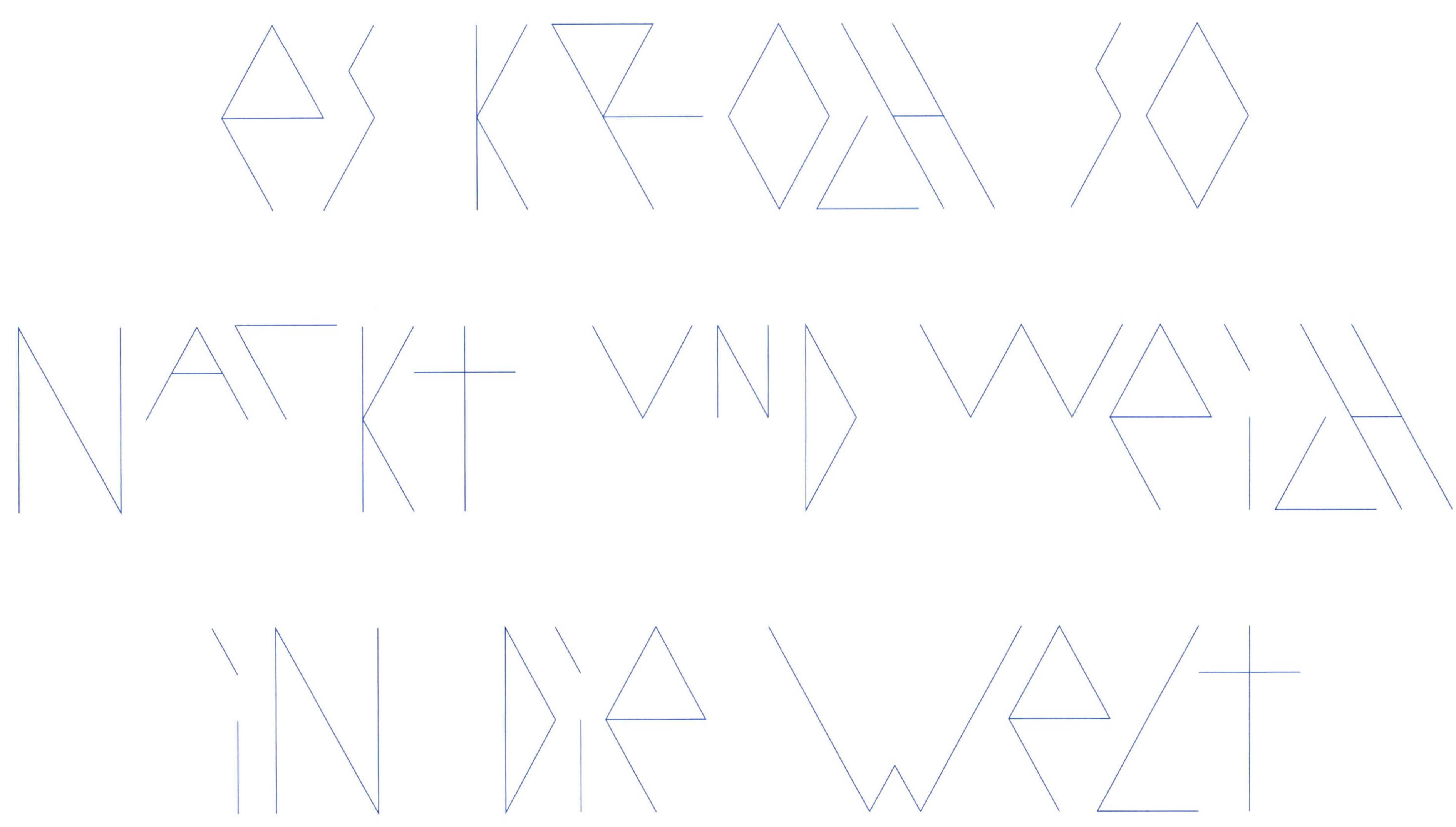
es kroch so
nackt und weich
in die welt

J. Wagner (Entwurf)
Johann Lorenz Rugendas
(Stich)
Völcker Schlacht bey Leipzig
1813

17. OKTOBER 1813

Im Namen des Großherzogs sagen sie, und der Mensch, den sie so nennen, heißt: unverletzlich, heilig, souverain, königliche Hoheit. Aber tretet zu dem Menschenkinde und blickt durch seinen Fürstenmantel. Es ißt, wenn es hungert, und schläft wenn sein Auge dunkel wird. Sehet, es kroch so nackt und weich in die Welt, wie ihr und wird so hart und steif hinausgetragen, wie ihr, und doch hat es seinen Fuß auf eurem Nacken, hat 700,000 Menschen an seinem Pflug, hat Minister die verantwortlich sind, für das, was er thut, hat Gewalt über euer Eigenthum durch die Steuern, die es ausschreibt, über euer Leben, durch die Gesetze, die es macht, es hat adliche Herrn und Damen um sich, die man Hofstaat heißt, und seine göttliche Gewalt vererbt sich auf seine Kinder mit Weibern, welche aus eben so übermenschlichen Geschlechtern sind.

Der Hessische Landbote, 1834

No. IV.

Schlacht-Ordnung der verbündeten Armeen von Leipzig am 17. Octbr 1813.

Der Kaiser von Russland
Der Kaiser von Oestreich
Der König von Preußen.

Fürst Schwarzenberg, Generalissimus.

				Kombattanten.	
				Infanterie.	Reuterei.
Grosse Armee.					
Fürst Schwarzenberg. Oestreicher.		Vorhut	Fürst Moritz von Lichtenstein	2000	1600
		1stes Armee-Corps	Graf Colloredo	9000	1200
		2tes — —	Meerfeldt	6000	1000
		3tes — —	Giulay	7000	1500
		4tes — —	Klenau	9000	2000
		Reserve —	Prinz von Hessen-Homburg	6000	3500
Barclay de Tolly	Russen	1, tes Armee-Corps,	Wittgenstein	8000	"
		2tes — —	Prinz Eugen von Würtemberg.	8000	"
	Preußen	2tes — —	Kleist	24000	5000
Reserve Fürst Constantin.	Russen	3tes, (Grenadiere)	Rajeffsky	8000	"
		5tes, (Garde zu Fuß)	Yermolow	10000	"
	östr. russ. u. preuß.	Reuterei	Fürst Gallizin	"	8000
Schlesische Armee unter dem General Blücher					
Russen unter dem Grafen Langeron.		6tes Armee-Corps,	Fürst Czerbatow	8000	"
		8tes — —	Saint-Priest	8000	"
		9tes — —	Alzuzief	8000	
		10tes — —	Kapczewicz	8000	
		Reuterei —	Korf	"	5000
Russen unter dem Baron v. Sacken.		4tes Armee-Corps,	Lieven	6000	"
		7tes — —	Neveroffsky	6000	"
		Reuterei —	Wassilczikow	"	3000
Preußen		1stes Armee-Corps,	York	25000	4000
Nord-Armee.					
Preußen		3tes Armee-Corps,	Bülow	20000	4000
		4tes — —	Tauenzien	12000	"
Schweden			Marschall Steding	18000	2000
Russen			Winzingerode	14000	3000
Rest der polnischen Armee, Russen und Oestreicher			Bennigsen	20000	4000
				250000	48000
				298800.	

Schlachtordnung der Verbündeten vom 17. Oktober 1813

GEORG BÜCHNERS
GEBURTS- UND TAUFPROTOKOLL
OKTOBER 1813

Carl Georg
des H. Ernst Carl Büchner S.[ohn]

Im Jahr Christi Achtzehnhundert und dreizehn den Siebzehnten October – d. 17. Oct. 1813 – früh um halb Sechs Uhr wurde, nach geschehener glaubhaften Anzeige, Herrn Ernst Carl Büchner, Doctor u Amtschirurgus dahier, von seiner Ehefrau Louise Caroline geborner Reuß, ein Sohn geboren, das erste Kind dieser Ehe, und den Acht und zwanzigsten desselben Monats getauft, wo er die Namen Carl Georg erhielt.

Taufpathen waren:

1) H. Johann Georg Reuß, Hofrath u Hospitalmeister zu Hofheim, des Kindes Großvater mütterlicher Seits.

2) H. Jacob Carl Büchner, Amtschirurgus zu Reinheim, des Kindes Großvater väterlicher Seits.

3) Wilhelm Georg Reuß, der Mutter lediger Bruder.

Die Stelle der beiden letztern abwesenden Taufpathen vertrat H. Johann Heinrich Schober, Grhzl. Pfarrer zu Crumstadt, welcher gegenwärtiges Protokoll nebst erstgenanntem Pathen, so wie dem Vater u mir, dem Pfarrer, der die Taufe verrichtet, unterschrieben haben.

Ernst Büchner
J. George Reuss
H. Schober

Jacob Wiener
d. Z. Pfarrer

Handschriftlicher Eintrag im Kirchenbuch,
Ev. Pfarramt/-archiv Riedstadt-Crumstadt

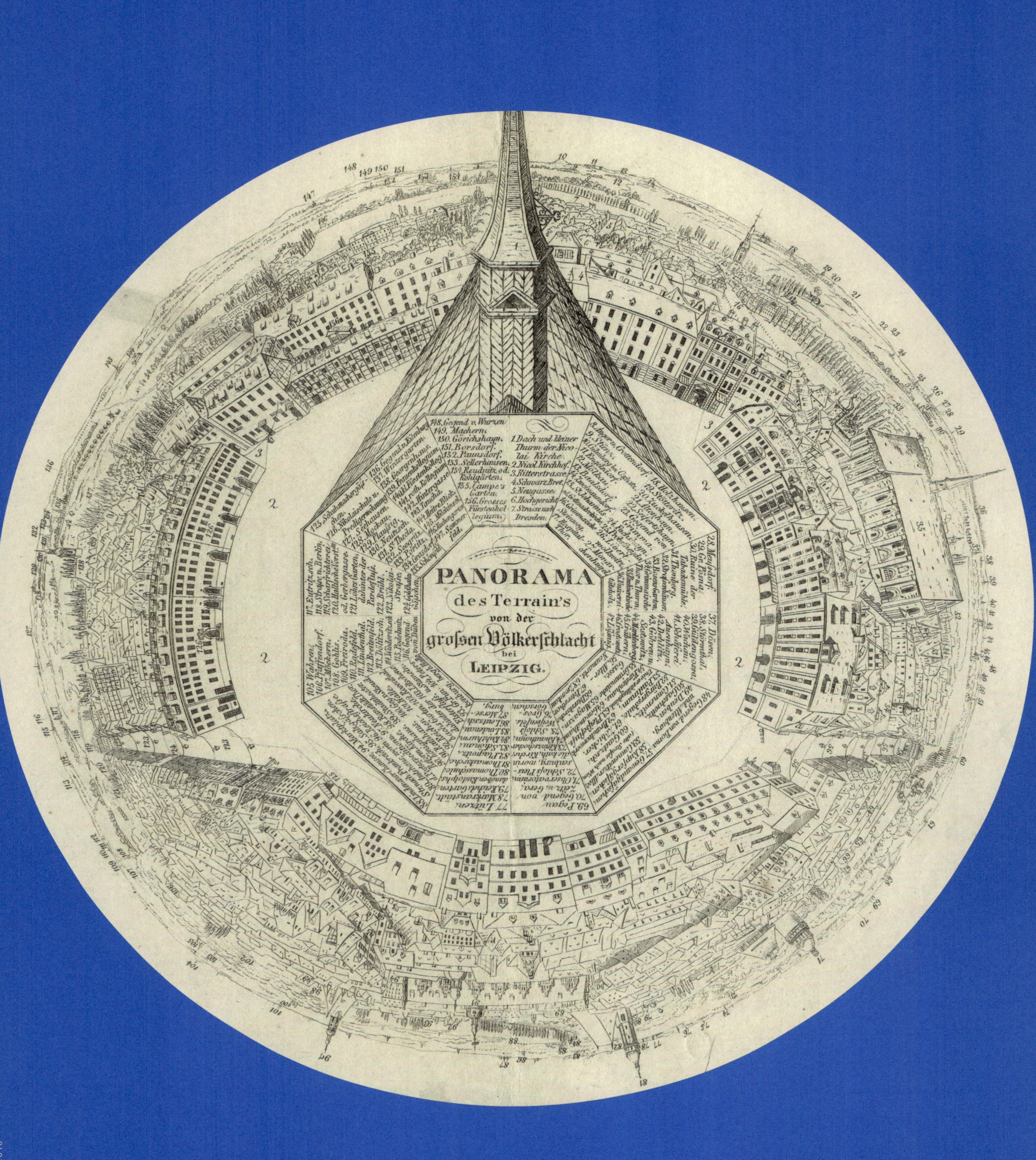

Panorama des Terrain's von der großen Völkerschlacht bei Leipzig
1830

»Die Constellation war glücklich, die Sonne stand im Zeichen der Jungfrau«:
So beginnen die Sätze, mit denen Goethe das kreatürlichste Ereignis seines Lebens, seine Geburt, mit der Welt im Ganzen in Verbindung bringt. Bei Büchner liegt diese Verbindung auch ohne Astrologie offen zutage. Der 17. Oktober 1813, an dem er zur Welt kam, war der zweite Tag einer viertägigen kriegerischen Auseinandersetzung zwischen den Truppen Napoleons und den Truppen Russlands, Österreichs und Preußens. Die Deutschen des 19. Jahrhunderts bezeichneten dieses die Befreiungskriege entscheidende Ereignis als »Völkerschlacht bei Leipzig«. Neuerdings gilt sie gar als bis dahin »größte Schlacht der Weltgeschichte«, übertroffen erst wieder von den Gräueln des Ersten und Zweiten Weltkriegs.

Napoleon war der Verlierer dieser Schlacht. Das hat Büchner sicher nicht bedauert. Er wird als »Verächter« Napoleons geschildert, und er stellte im *Hessischen Landboten* die Niederlage der napoleonischen Armee in Russland als Strafe Gottes an den Franzosen dar, die ihre republikanische Freiheit »für den Ruhm, den ihnen Napoleon darbot«, verkauften.

Jedoch sind die Konstellationen der Politik nicht weniger zweideutig als die der Gestirne. Gewinner der »Völkerschlacht« waren nicht die Völker, sondern – wie man sie in Frankreich nannte – die »Throne des Nordens«, die sich mit dem Sieg die freie Bahn nach Paris erkämpften. Das war nicht in Büchners Sinne. Aus Straßburg schrieb er 1831 den Eltern, er werde – und zwar notfalls in französischen Diensten – »den Schießprügel« nehmen, sobald »die Russen über die Oder gehen«. »Die Russen«: das war die Kurzformel für die Koalitionäre der »Völkerschlacht«, die Europa in Knechtschaft hielten. Ein Volkskrieg gegen die »Throne des Nordens«, so hoffte Büchner gemeinsam mit den französischen Republikanern, werde die Demokratisierung des Kontinents zur Folge haben.

Büchner erfuhr die Kriegspolitik der großen Mächte als Funktion gesamteuropäischer Innenpolitik, als Teil des Kampfes um Freiheit und Gleichheit, der sein politisches Leben durchweg bestimmte. In dieser Auseinandersetzung schrieb er den *Hessischen Landboten* und riskierte er den Bruch mit den Eltern und seine persönliche Freiheit, und auch danach stieß er immer wieder auf denselben Gegner. 1835 bangte er in Straßburg, man werde ihm mit Rücksicht auf die deutschen Behörden die Duldung als politischer Flüchtling entziehen, und ebenso fürchtete er 1836, die Schweiz werde ihm mit Rücksicht auf die europäischen Großmächte die Einreise nach Zürich verweigern, was, wie er schrieb, »die Vernichtung meines ganzen Lebensplanes zur Folge haben würde«. Bei alledem hatte Büchner Glück. Die übergroßen Mächte, die schon bei seinem Eintritt ins Leben gesiegt hatten, zeigten ihm nur die Instrumente. Dann ließen sie ihn laufen. Letztlich hielten sie ihn, wie er selbst meinte, denn doch »für zu unbedeutend«. BD

KARL MARX

—

DIE TATEN DES HAUSES HOHENZOLLERN
1849

Man weiß, wie Friedrich Wilhelm III. 1813 das preußische Volk durch schöne Worte und herrliche Verheißungen wirklich so weit brachte, daß es glaubte, gegen die Franzosen in einen »Befreiungskrieg« zu ziehen, obwohl es sich um weiter nichts handelte als um die Unterdrückung der französischen Revolution und die Herstellung der alten Wirtschaft von Gottes Gnaden.

Man weiß, wie die schönen Versprechungen vergessen waren, sobald die Heilige Allianz am 30. März 1814 ihren Einzug in Paris gehalten hatte. [...]

Man weiß, wie bei der Rückkehr Napoleons von Elba die Begeisterung des Volkes schon wieder so weit abgekühlt war, daß der Hohenzoller durch das Versprechen einer Konstitution (Edikt vom 22. Mai 1815 – 4 Wochen vor der Schlacht von Waterloo) den erloschenen Eifer wieder beleben mußte.

Man erinnert sich der Verheißungen der deutschen Bundesakte und der Wiener Schlußakte: Preßfreiheit, Verfassung usw.

Man weiß, wie der »gerechte« Hohenzoller sein Wort gehalten hat: Heilige Allianz und Kongresse zur Unterdrückung der Völker, Karlsbader Beschlüsse, Zensur, Polizeidespotismus, Adelsherrschaft, Bürokratenwillkür, Kabinettsjustiz, Demagogenverfolgungen, Massenverurteilungen, Finanzverschleuderung und – keine Konstitution. [...]

Man weiß, daß selten eine Regierungsepoche verflossen ist, in der solche löbliche Absichten mit brutaleren Gewaltmaßregeln durchgesetzt wurden als in der Zeit Friedrich Wilhelm III., besonders 1815–1840. Nie und nirgends ist so viel verhaftet und verurteilt worden, nie waren die Festungen so voll politischer Gefangenen wie unter diesem »gerechten« Herrscher.

Aus: *Neue Rheinische Zeitung* vom 10. Mai 1849, Nr. 294, S. 1; zit. nach: Karl Marx / Friedrich Engels, *Die Revolution von 1848. Auswahl aus der »Neuen Rheinischen Zeitung«*, Berlin 1953, S. 265 f.

ES KROCH SO
NACKT UND WEICH
IN DIE WELT

Es ist etwas großartiges in dieser Wüstenei, die Wüste Sahara in allen Köpfen und Herzen.

Georg Büchner an Edouard Reuss, Darmstadt, 31. August 1833

Georg Büchner
Brief an Edouard Reuss, 31. August 1833

DARMSTADT

—

LICHT- UND SCHATTENSEITEN DER GROSSHERZOGLICHEN RESIDENZ

Ich könnte in dießem lamentirenden Style fortfahren um Dir einen Begriff von meiner hiesigen Existenz zu geben, wenn Du nicht schon einmal selbst so eine Art vom Darmstädter Geschmack gehabt hättest. Meine Familie im engern Sinne traf ich im erwünschtesten Wohlseyn, und meine Mutter erholt sich zusehends von ihrer schweren Krankheit. Eltern und Geschwister widerzusehen, war eine große Freude; das entschädigt aber nicht für meine sonstigen furchtbar, kolossal, langweiligen Umgebungen. Es ist etwas großartiges in dieser Wüstenei, die Wüste Sahara in allen Köpfen und Herzen.

Brief aus Darmstadt an den Cousin Edouard Reuss in Straßburg, 31. August 1833

Ich könnte in dießem lamentirenden Style fortfahren um Dir einen Begriff von meiner hiesigen Existenz zu geben, wenn Du nicht schon einmal selbst so eine Art vom Darmstädter Geschmack gehabt hättest. Meine Familie im engern Sinne traf ich im erwünschtesten Wohlseyn, und meine Mutter erholt sich zusehends von ihrer schweren Krankheit. Eltern und Geschwister widerzusehen, war eine große Freude; das entschädigt aber nicht für meine sonstigen furchtbar, kolossal, langweiligen Umgebungen.

Georg Büchner an Edouard Reuss, Darmstadt, 31. August 1833

Unbekannter Künstler
Paradeplatz mit Blick auf das Opernhaus, Darmstadt
1825–1830

1 279 Häuser, »(darunter 53 öffentliche)«
und über 21 000 Einwohner »(darunter 532 Juden)« vermerkt das Brockhaus Conversations-Lexikon aus dem Jahr 1830 für Darmstadt. Die Stadt war seit 1567 Residenz der Landgrafen von Hessen-Darmstadt und wurde mit dem Beitritt Landgraf Ludwigs X. zum Rheinbund Haupt- und Residenzstadt des Großherzogtums Hessen-Darmstadt, das dieser dann zwischen 1815 und 1830 als Großherzog Ludewig I. von Hessen-Darmstadt und bei Rhein regierte. Sie war zugleich Sitz der höchsten Staatsbehörden und eines Oberappellationsgerichts.

Neben dem Residenzschloss galten als besonders sehenswert: das Museum, die Bibliothek, das Opern- und das Exerzierhaus sowie das als Pädagog bezeichnete Gymnasium und die Zeichenschule, sämtlich Einrichtungen, die den Bedürfnissen des absolutistisch geprägten Fürstenstaates entsprachen, von deren aber auch die bürgerlichen Schichten der Residenzstadt profitierten. Rund ein Drittel der Einwohner gehörte dem großherzoglichen Verwaltungsapparat an, in dessen führenden Positionen eine bürgerliche Beamtenschaft dominierte, eine Konstellation, die auch für das gesamte Großherzogtum charakteristisch war. Die nach 1815 errichteten Neubauten gaben der Stadt ein klassizistisches Gepräge, das vielen Betrachtern als reizvoll, andern in seiner Menschenleere als langweilig erschien. Über Darmstadts Pracht- und Hauptstraße überlieferte Alexander Büchner später den Spottvers: »So lang und breit die Rheinstraß' ist, / Es wimmelt drin – Ein Accessist.«

Aufgebrochen wurde diese für Residenzstädte typische Abhängigkeit vom Hof durch oppositionelle Gruppen. Schon in den 1810er-Jahren riefen die Darmstädter »Schwarzen« die Bauern des Umlands mehr oder weniger zum Steuerboykott auf und erreichten mit ihrer Agitation zumindest die Einführung einer Verfassung (1820). Prominent unter ihnen war Wilhelm Schulz, der Autor des *Frag- und Antwort-Büchleins an den deutschen Bürgers- und Bauersmann* (1819), einer Schrift, die viele Motive des *Hessischen Landboten* vorwegnahm. Schulz, der 1834 zu fünf Jahren Haft verurteilt worden war, gelang Ende des Jahres die Flucht aus dem Gefängnis. In den Jahren des Straßburger und Züricher Exils waren er und seine Frau enge Freunde Büchners. Auch einige der Handwerker, die 1834 zusätzlich zu den Studenten Büchners Darmstädter Sektion der Gesellschaft der Menschenrechte beitraten, standen in der Tradition der »Schwarzen«.

Angepasstheit einerseits, radikale Opposition andererseits waren auch Kennzeichen des Pädagogs, das Büchner in den Jahren 1825 bis 1831 besuchte. Die Funktion der Schule war es, Führungskräfte für den Staats- und Schuldienst, die Kirche und das Gesundheitswesen heranzuziehen, und dementsprechend erwarb auch Büchner auf dieser – zweifellos sehr guten – Schule ausgezeichnete rhetorische Fertigkeiten und Kenntnisse im Lateinischen, Griechischen und Französischen sowie in Geschichte und antiker Philosophie. Zugleich war die Schule, wie der Schuldirektor Julius Dilthey beklagte, eine Brutstätte revolutionärer Gesinnungen. Unter den 1833 wegen mutmaßlicher Beteiligung am Frankfurter Wachensturm Verhafteten befanden sich über zehn Absolventen des Pädagogs aus den Abiturklassen von 1827 bis 1831; eine Reihe weiterer Absolventen gewann Büchner 1834 für die »Gesellschaft der Menschenrechte«. Bereits Büchners Schulhefte spiegeln diesen hohen Grad an Politisierung. In einem für Lehreraugen bestimmten Aufsatz zitierte Büchner aus einer Rede Robespierres und nannte die Französische Revolution ein Ereignis, das »in blut gem aber gerechtem Vertilgungs-Kampfe die Greuel rächte, die Jahrhunderte hindurch schändliche Despoten an der leidenden Menschheit verübten«. Auf privaten Kritzelseiten notierte er aus dem Gedächtnis eine Reihe von Versen aus dem von Gießener und Jenaer »Schwarzen« verfassten *Großen Lied*, das in eindeutigen Worten den Fememord an Fürsten forderte.

Schließlich ging der Riss zwischen Anpassung und Opposition auch durch Büchners Familie. Der Vetter Edouard Reuss unterschied später zwischen den von Bechtolds und von Carlsens, Büchners Verwandten mütterlicherseits, die »zum Hof und zur Beamtenwelt« zählten, und Büchners engerer Familie, die »zur Opposition

↓

MATTHIAS GRÖBEL

—

»EIN HAUS DES GEBILDETEN, DEUTSCHEN MITTELSTANDES«

—

DIE FAMILIE BÜCHNER 1812–1837

Als Ernst Büchner gegen Ende des Jahres 1816 mit seiner Familie nach Darmstadt kam, war er dort ein »›homo novus‹, d. h. er gehörte keiner der alten eingesessenen Staatsdiener- oder Bürgerfamilien an«.[1] Mit diesen Familien wurden die Büchners von nun an konfrontiert. Vor allem für den am 3. August 1786 in Reinheim am Rande des Odenwalds geborenen Ernst Büchner bedeutete das: Leistung zeigen. Etwas anderes hatte er kaum zu bieten.

ERNST BÜCHNERS MEDIZINISCHE KARRIERE

Der Umzug nach Darmstadt war Teil einer beeindruckenden Aufstiegsgeschichte. Im Jahre 1806 hatte Ernst Büchner seine Heimat verlassen, um in die holländische Armee einzutreten. Dort erhielt er eine Ausbildung zum Militärchirurgen. Schon kurze Zeit später wurde die holländische Armee in die Grande Armée Frankreichs eingegliedert, und Ernst Büchner nahm als Regimentschirurg an einigen Feldzügen teil. Den Höhepunkt erlebte er, als ihn Napoleon bei einer Inspektion seines Regiments in Paris persönlich anredete: *»Tu montes bien à cheval; quel age as-tu?«*[2] Seitdem gehörte er zu den Verehrern Napoleons – über das Jahr 1815 hinaus.

↓

Johann Heinrich Schilbach
Gesamtansicht von Darmstadt
1816

Carl August Freiherr Pergler von Perglas
Ansicht des alten Theils der Grossherzoglichen Residenz Darmstadt
1818

gehörte« und »mit den übrigen keine Gemeinschaft« hatte. Besonders sinnenfällig wurde diese Kluft am 2. August 1834. Büchner und sein Vetter von Bechtold eilten gleichzeitig nach Offenbach zu Carl Preller, dem Drucker des *Hessischen Landboten*. Der eine kam aus Gießen, um ihn zu warnen, der andere an der Spitze einer Polizeitruppe aus Darmstadt, um ihn zu verhaften.

»Eltern und Geschwister widerzusehen, war eine große Freude«, schrieb 1833 der gerade aus Straßburg zurückgekehrte Büchner. Ein Grund für diese Freude war sicher die Mutter, über die Büchners Freund Eugène Boeckel nach einem Besuch in Darmstadt schrieb, sie sei »eine der angenehmsten u. unterhaltensten Personen welche ich jemalen gesehn habe«. Büchners Verhältnis zum Vater gilt als eher angespannt, und es ist unzweifelhaft, dass Ernst Büchner nur schwer über »die Unannehmlichkeiten alle« hinwegkam, die Georgs »unvorsichtiges Verhalten« beim *Landboten* der Familie bereitet hatte. Eine inhaltliche Kritik sprach er – immerhin der zweithöchste Medizinalbeamte des Großherzogtums – dabei nicht aus. Wilhelm Büchner rühmte später den »freien Geist der Familie«. Er mag einer der Gründe dafür gewesen sein, dass Büchners Geschwister bis zum Ende ihres Lebens ungewöhnlich eng zusammenhielten.

Brieflich klagte Büchner in den Sommerferien 1833 über die »furchtbar, kolossal, langweiligen Umgebungen [...] in dieser Wüstenei«; später prägte der Gedanke an das 1835 fertig gestellte Arresthaus, in dem seine Freunde in Untersuchungshaft saßen, sein Bild der Stadt. Im *Hessischen Landboten* schließlich fungiert Darmstadt als die Residenzstadt, in welche die Steuergelder der ihrer politischen Rechte beraubten Bauern und Handwerker Oberhessens fließen. Ihnen rät Büchner: »Geht einmal nach Darmstadt und seht, wie die Herren sich für euer Geld dort lustig machen«. In *Leonce und Lena* trägt das von Peter regierte Königreich Popo deutliche Züge der Stadt. AMJ/BD

Nach seiner Entlassung aus dem holländischen Militärdienst 1811 bemühte sich Ernst Büchner um eine Verbesserung seiner medizinischen Qualifikation. Er kehrte in die Heimat zurück, besuchte die Landesuniversität Gießen. Dort erhielt er eine auf Chirurgie und Geburtshilfe beschränkte Approbation als Arzt und durfte den Doktortitel führen. Am 13. Januar 1812 wurde er Amts- und Hospitalchirurg in Dornberg und Hofheim. Im Hofheimer Hospital, dem heutigen Philipps-Hospital, lernte Büchner Caroline Reuß, die am 19. August 1791 geborene dritte Tochter von Johann Georg Reuß, kennen. Die beiden heirateten am 28. Oktober 1812 und zogen anschließend in das benachbarte Goddelau. Dort kamen am 17. Oktober 1813 Georg und am 20. April 1815 Mathilde zur Welt.

Ernst Büchner gab sich mit der Stellung als Amts- und Hospitalchirurg nicht zufrieden, wohl auch deswegen nicht, weil er durch die Familie, in die er eingeheiratet hatte, sehr guten Verbindungen zu den höheren Kreisen Darmstadts hatte. Seine Approbation wurde 1815 auf die innere Medizin erweitert. Im gleichen Jahr starb sein Schwiegervater, der Hospitalverwalter Reuß. Nun konnten die Büchners das hessische Ried verlassen. Nach einer Zwischenstation in Stockstadt am Rhein – hier kam am 2. August 1816 der Sohn Wilhelm zur Welt – übersiedelte die Familie wenige Wochen später in das etwa 20 km entfernte Darmstadt.

Der weitere Aufstieg Ernst Büchners lässt sich an den Eintragungen im Darmstädter Melderegister[3] nachvollziehen. Nachdem er zunächst die Stelle des Stadt- und Amtschirurgen bekleidet hatte, wurde er schon am 3. August 1817 zum »Medicinalassessor« und zum außerordentlichen Mitglied des Medizinalkollegs ernannt. Dem folgte 1819 der Auszug aus der Dienstwohnung im Hospital. Die Büchners lebten in verschiedenen Wohnungen am Marktplatz und am heutigen Ludwigsplatz. Am 30. März 1824 wurde Ernst Büchner zum »Medicinal-Rath« ernannt. 1825 schließlich kaufte er für seine Familie ein Haus in der Grafenstraße.

In diesen Jahren des Aufstiegs veröffentlichte Ernst Büchner auch einige bemerkenswerte medizinische Gutachten. Sie zeigen ihn als einen »denkenden«,[4] aber auch experimentierenden Arzt, der die aktuelle wissenschaftliche Diskussion kennt sowie mit Untersuchungen und Experimenten an ihr teilnimmt. Dazu gehörten auch, wie beim »versuchten Selbstmord durch Verschlucken von Stecknadeln«,[5] Tier- und Menschenversuche. Es ist durchaus wahrscheinlich, dass seine naturwissenschaftlich interessierten Kinder, vor allem Georg, durch diese Gutachten in ihrem Denken und Handeln beeinflusst wurden.[6] In einem dieser Gutachten geht es um die Zurechnungsfähigkeit eines Soldaten, der im Zustand der »Schlaftrunkenheit«[7] seinen Vorgesetzten mit der Waffe angegriffen hatte. Ernst Büchner kam in seinem Gutachten[8] zu dem Schluss, dass dieser Soldat in einer besonderen Situation – Schlafmangel, schwere Nahrung,

↓

Ich glaube, es ist von den erwähnten beiden Brüdern [Zimmermann] die uns Andre mit ihrer Begeisterung für Shakespeare ansteckten, ausgegangen, daß wir uns verabredeten, in dem schönen Buchwald bei Darmstadt an Sonntagnachmittagen im Sommer, die Dramen des großen Britten zu lesen, die uns die anregendsten u theuersten waren, als den Kaufmann von Venedig, Othello, Romeo u Julia, Hamlet, Kg. Richard III u. s. w. Wir hatten Momente innigster u. wahrster Hingerissenheit u Erhebung.

Ludwig Wilhelm Luck, Erinnerungen an Georg Büchner, Beilage zum Brief an Karl Emil Franzos, 11. September 1878

August Hoffmann
Ansichten von Darmstadt und Umgebung
1832–1834

starke körperliche Beanspruchung, Alkoholkonsum – einen »Anfall von vorübergehendem Wahnsinn« erlitten und deswegen »ohne Bewußtsein und ohne freien Willen der Seele gehandelt habe«.[9] Wir erkennen hier Probleme, die Georg Büchner später in seinen literarischen Werken aufgegriffen hat.

Der Karriere Ernst Büchners waren diese Gutachten wenig förderlich. Als 1829 die Stelle der Hospitalsleitung neu besetzt werden sollte, erhielt sie Johann Adam Graff, bis dahin erster Physikus des Bezirks Nidda. 1832 rückte Ernst Büchner im neu geordneten Medizinalkolleg an die zweite Stelle hinter Graff, der diese Behörde als Direktor leitete. Als Anfang 1837 erneut Zuständigkeiten verändert wurden, blieb Ernst Büchners Position gleich, trotz der Beteiligung seines Sohnes Georg am *Hessischen Landboten*. Allerdings wurde er ab 1824 nicht mehr wirklich befördert. Die Ernennung zum Obermedizinalrat erfolgte 1853 im Rahmen einer Neustrukturierung der gesamten Behörde. Das Medizinalkolleg wurde in Obermedizinaldirektion umbenannt. In diesem Zusammenhang änderten sich auch die Dienstbezeichnungen. Aus dem Medizinaldirektor wurde der Obermedizinaldirektor, aus dem Medizinalrat der Obermedizinalrat. Dazwischen gab es jedoch noch den Geheimen Obermedizinalrat, einen Rang, den Ernst Büchner nie erreichte. Warum er nach dem Tode Graffs 1854 die Leitung des Medizinalkollegs übernahm, ohne auf einen höheren Dienstrang befördert zu werden, wissen wir nicht. Politische Gründe sind zwar nicht auszuschließen, allerdings eher unwahrscheinlich. Immerhin wurde Ernst Büchner 1858 das Ritterkreuz des Verdienstordens Philipps des Großmütigen verliehen. Am Ende seines Lebens wurde er im offiziellen Schriftverkehr Obermedizinalrat und Dirigent der Obermedizinaldirektion genannt.

FAMILIENLEBEN

Während die berufliche Karriere Ernst Büchners in den ersten Darmstädter Jahren Fortschritte machte, gab es dagegen im Familienleben nicht nur Glück. Der »im Monat April 1818«[10] geborene Sohn Karl Ernst starb schon am 17. September 1818. Auch von einer Fehlgeburt im Jahre 1819 wird berichtet. Welche Auswirkungen diese Todesfälle auf Eltern und Geschwister hatten, ist nicht überliefert. Am 12. Juni 1821 – fünf Jahre nach Wilhelm – kam in der Wohnung am Markt Luise zur Welt. Ihr folgten am 29. März 1824 Ludwig und am 25. Oktober 1827 Alexander, der schon im eigenen Haus geboren wurde.

↓

LUDWIG BÖRNE
—
AUF DER DURCHREISE IN DARMSTADT
1830

Ich mußte lachen als ich nach Darmstadt kam und mich erinnerte, daß da vor wenigen Tagen eine fürchterliche Revolution gewesen seyn soll, wie man in Frankfurt erzählte. Es ist eine Stille auf den Straßen, gleich der bei uns in der Nacht, und die wenigen Menschen, die vorübergehen, treten nicht lauter auf als die Schnecken. Erzählte man sich sogar bei uns, das Schloß brenne, und einer meiner Freunde stieg den hohen Pfarr-Thurm hinauf, den Brand zu sehen! Es war Alles gelogen. Die Bürger sind unzufrieden, aber nicht mit der Regierung, sondern mit den Liberalen in der Kammer, die dem Großherzoge seine Schulden nicht bezahlen wollen. Das ist d e u t s c h e s Volks-Murren, das laß ich mir gefallen; darin ist Rossinische Melodie. [...] Die Theaterwache in Darmstadt war gewiß fünfzig Mann stark. Ich glaube auf je zwei Zuschauer war ein Soldat gerechnet. Noch viel zu wenig in solcher tollen Zeit. Und diesen Morgen um sechs Uhr zogen einige Schwadronen Reiter an meinem Fenster vorüber und trompeteten mich, und alle Kinder, und alle Greise, und alle Kranken, und alle süßträumenden Mädchen aus dem Schlafe. Das geschieht wohl jeden Tag. Diese kleinen deutschen Fürsten in ihren Nußschal-Residenzen sind gerüstet und gestachelt wie die wilden Kastanien. Wie froh bin ich, daß ich aus dem Lande gehe.

Aus: Ludwig Börne, »Erster Brief, Karlsruhe, Sonntag, den 5. September 1830«, zit. nach: ders., *Gesammelte Schriften*, Teil 9: *Briefe aus Paris, 1830–1831*, Teil 1, Hamburg 1832, S. 2 ff.

Namen	Bemerkungen	Wohnung

Die Familie Büchner zog im Herbst 1816 nach Darmstadt und wechselte mehrfach die Wohnung, bevor Ernst Büchner 1825 »ein geräumiges Haus in der Grafenstraße« gegenüber dem Artillerieplatz erwarb.

Alexander Büchner, »Vorwort«, in: Ludwig Büchner, *Im Dienste der Wahrheit. Ausgewählte Aufsätze aus Natur und Wissenschaft.* Gießen 1900

Polizeilicher Meldebogen der Familie Büchner in Darmstadt
1817

Der Meldebogen verzeichnet neben den Wohnsitzen die Geburts- und Sterbedaten aller Familienmitglieder.

In der »Bel-Etage«[11] des Hauses in der Grafenstraße wohnte die »Rokokogroßmutter«,[12] Louise Reuß, geborene Hermani, die Mutter Caroline Büchners. Die Lebensweise dieser Frau unterschied sich stark von der der Büchners. Die Einrichtung ihrer Wohnung sei auf die »Vergangenheit«[13] ausgerichtet gewesen, habe noch den Duft des Lebens am »Pirmasenser Hof« geatmet. Pirmasens, das war bis zur Übernahme der Stadt durch das siegreiche Frankreich im Jahr 1793 eine Nebenresidenz der hessischen Landgrafen. Großvater Georg Reuß diente dort als Kammerrat.

Louise Reuß wurde regelmäßig von älteren Damen besucht, alle aus dem Umfeld des großherzoglichen Hofes. Sie spielten Poch, ein heute eher unbekanntes Kartenspiel, und der Enkel Georg konnte beobachten, wie die Worte »Kör« und »Karoh«[14] gerufen und – wie später in *Danton's Tod* – die Karten übereinander gelegt wurden. Bruder Ludwig war der Liebling dieser älteren Damen und wurde mit Geschenken verwöhnt. Manchmal saß der kleine Alexander »auf einem Schemel zu Füßen der Rokokogroßmutter«, und Schwester Luise las ihr »aus gedruckten Büchern sehr gebildete Lektüre«[15] vor. Die Mutter richtete in ihrem Brief an den nun, Ende Oktober 1836, in Zürich wohnenden Georg die Grüße dieser Großmutter aus und bat ihn, »ihr bald«[16] zu schreiben.

Auch in den anderen Stockwerken wurden Gäste empfangen. Das lag hauptsächlich an Caroline Büchner. Sie pflegte »gegen Verwandte und Freunde die ausgedehnteste rheinische Gastfreundschaft, sodaß das Haus selten ohne Besucher war, von welchen Letzteren die Kinder natürlich verwöhnt und verzogen wurden. Ludwig, das fünfte Kind, war insbesondere der Liebling der Mama und der Damen, wegen seiner Aufgewecktheit und seines schönen blonden Lockenkopfes.«[17]

DIE BILDUNG DER BÜCHNER-KINDER

Das Haus in der Grafenstraße mit seinem großen Garten war für die Kinder ein Paradies; es war »der Sammelpunkt der Jugend aus der ganzen Nachbarschaft«. Sie verbrachten dort »eine höchst glückliche Kindheit«.[18] Das galt in erster Linie für die beiden jüngsten Söhne, für Ludwig und Alexander, in geringerem Maße für Luise und Mathilde sowie für Wilhelm und Georg, die ab 1822 die Schule besuchten – zunächst eine private Vorschule, dann das sogenannte Pädagog, das Gymnasium. Auch für Ludwig und Alexander endete die unbeschwerte Zeit, als »das Elend des Gymnasialunterrichts mit seinem Sitzen und Schwitzen in engen Stuben«[19] begann. Den Anfangsunterricht ihrer Kinder hatte übrigens Caroline Büchner selbst übernommen.

Zumindest von Georg und Wilhelm wissen wir, dass sie über die gymnasiale Bildung hinaus auch naturkundliche Kurse und Veranstaltungen besuchten, etwa im großherzoglichen Naturalienkabinett. Bekannt ist weiterhin, dass Ernst Büchner Ende der 1820er-Jahre ein »anatomisches Theater«[20] im Darmstädter Hospital einrichtete, um zum Beispiel Hilfskräfte zu schulen, aber auch um den Gymnasial-

↓

WILHELM GRIMM

—

BERICHT ÜBER DIE POLITISCHEN VERHÄLTNISSE IN HESSEN 1832

Die Freiheit war allmählich bis zu einem Grade untergegangen, von der niemand der es nicht selbst mit erlebt, einen Begriff hat. Jede Unbefangenheit, ich sage nicht einmal Freiheit der Rede war unterdrückt. Die Polizei, öffentliche und heimliche, angeordnete und freiwillige, durchdrang alle Verhältnisse und vergiftete das Vertrauen des geselligen Lebens. Alle Stützen, auf welchen das Dasein eines Volkes beruht, Religiosität, Gerechtigkeit, Achtung vor der Sitte und dem Gesetz, waren umgestossen oder gewaltsam erschüttert. Nur eins wurde festgehalten: jeder Widerspruch gegen den geäusserten Willen, direkt oder indirekt ausgesprochen, sei ein Verbrechen.

Aus: Wilhelm Grimm, »Bericht über eine kirchliche Commission und die Landstände in Hessen«, in: *Hannoversche Zeitung* vom 3. Februar 1832, Nr. 29, S. 133; zit. nach: Jacob und Wilhelm Grimm, *Sämtliche Werke*, hrsg. von Ludwig Erich Schmitt, Bd. 34, Abt. 2. Wilhelm Grimm, *Kleinere Schriften 4*, nach der Ausg. von Gustav Hinrichs, Gütersloh 1887, S. 622.

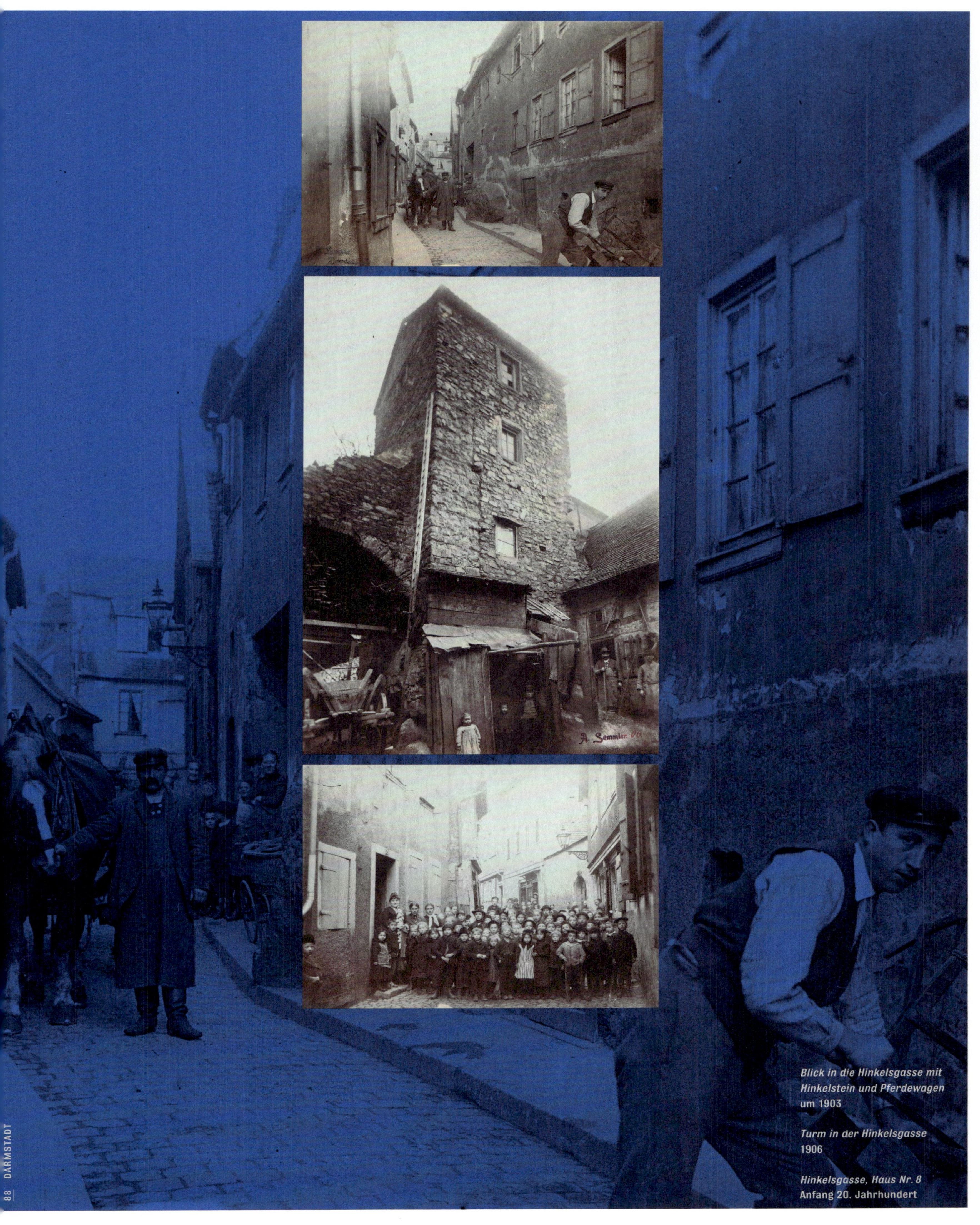

Blick in die Hinkelsgasse mit Hinkelstein und Pferdewagen
um 1903

Turm in der Hinkelsgasse
1906

Hinkelsgasse, Haus Nr. 8
Anfang 20. Jahrhundert

unterricht zu erweitern. Georg und einige seiner Mitschüler haben davon profitiert.

Während Luise ab etwa 1829 auf eine private Mädchenschule geschickt wurde, ist von einem Schulbesuch der ältesten Tochter Mathilde nichts bekannt. Sie musste im Haushalt und bei der Betreuung der jüngeren Geschwister helfen, vor allem, »wenn die Mutter bettlägrig war«.[21] Wenn wir die Familie Brandeis in Luise Büchners autobiografisch gefärbter Erzählung *Ein Dichter*[22] als Spiegelbild ihrer Familie betrachten, dann wurden die Töchter der Büchners nicht zuletzt in Hauswirtschaft geschult. Im Gegensatz zu den Jungen wurde ihnen der Besuch der Tanzstunde nicht erlaubt. Dagegen durften alle Kinder ins Theater gehen. So ist ein Opernbesuch von Mathilde und Luise belegt.

DIE CHARAKTEREIGENSCHAFTEN DER ELTERN

Das Familienleben wurde – selbstverständlich – vor den Eltern mit ihren sehr unterschiedlichen Charaktereigenschaften geprägt. Caroline Büchner galt ihren Zeitgenossen als »eine Frau von der anmuthigsten und liebenswürdigsten, die Gegensätze des Lebens mild ausgleichenden Weiblichkeit, ein Engel an Herzensgüte«[23] und als »eine ehrenwerte, charakterfeste deutsche Hausfrau«.[24] Sie sei »ohne alle Prätension auf außergewöhnliche Bildung«[25] aufgetreten und habe »ein frommes Gemüth« besessen. Trotzdem galt sie nicht als eine »fanatische Frömmlerin«.[26] Ernst Büchner dagegen bedeutete die Religion wenig. Er wird als »ein ganz auf das Wirkliche und Praktische gerichteter Verstandesmensch« und als »in politischen Dingen streng-konservativ«[27] geschildert. Allerdings setzte er sich in den 1820er-Jahren auch für den Freiheitskampf der Griechen ein und zeigte damit eine gewisse Nähe zu den liberalen Kreisen Darmstadts.[28] Bezeugt wird »ein sehr stilles, sehr schlichtes, dabei kerniges Familienleben«. Das Haus in der Grafenstraße galt als »ein Haus des gebildeten, deutschen Mittelstandes«.[29]

↓

ALEXANDER BÜCHNER

—

PENSIONOPOLIS 1900

Wir bemerken sogleich, daß unser Arkadien nichts zu thun hat mit dem des alten Griechenlandes, worüber Niemand lacht als ein ewig heiterer Himmel. Einige grundgelehrte Geschichtsprofessoren und Altertumsforscher behaupten, es sei zwischen 1815 und 1848, sowie zwischen Rhein und Donau zu finden gewesen. Auch weiß man, daß die Haupt- und Residenzstadt Pensionopolis hieß, und daß die Philosophie der Verzweiflung dort unbekannt war. Im Gegentheil erachteten es seine Bewohner für eine süße Pflicht, wohlgenährt, gutgekleidet und mit zufriedenen Gesichtern durch dieses Leben zu wallen. Um das, was in der Zeiten Hintergrunde schnarchte, bekümmerte sich Niemand. Man lebte mit kindlicher Bescheidenheit in der süßen Gegenwart. [...] Besonders in Pensionopolis, der Residenz, wo über allem, wie ein Gott in der Wolke, Serenissimus mit seinem Hofstaat und Hofadel thronte. [...] Nach den Ministern kamen die übrigen Beamten. Was hatten die in Pensionopolis für gute Tage! Kein neidischer Blick drang in die Sphäre ihres Wirkungskreises. Wenn sie nach drei Jahren Dienst- und dreißig Jahren Pensionszeit an Überfettung starben, so waren sie die Opfer ihres schwierigen Berufs geworden [...]. Was das Publikum betrifft, so war dasselbe autoritätsgläubig aus Instinkt, Temperament und innerem Bedürfnis und quälte sich mit keinem Nachdenken über Dinge, von denen es ja doch nichts verstand.

Aus: Alex Büchner, *Das »tolle« Jahr. Vor, während und nach. Von einem der nicht mehr toll ist. Erinnerungen*, Gießen 1900, S. 13 und 20 ff.
Alexander Büchner (1827–1904), jüngster Bruder von Georg; Jurastudium in Gießen und Heidelberg, ab 1867 Professor für ausländische Literatur an der Universität Caen.

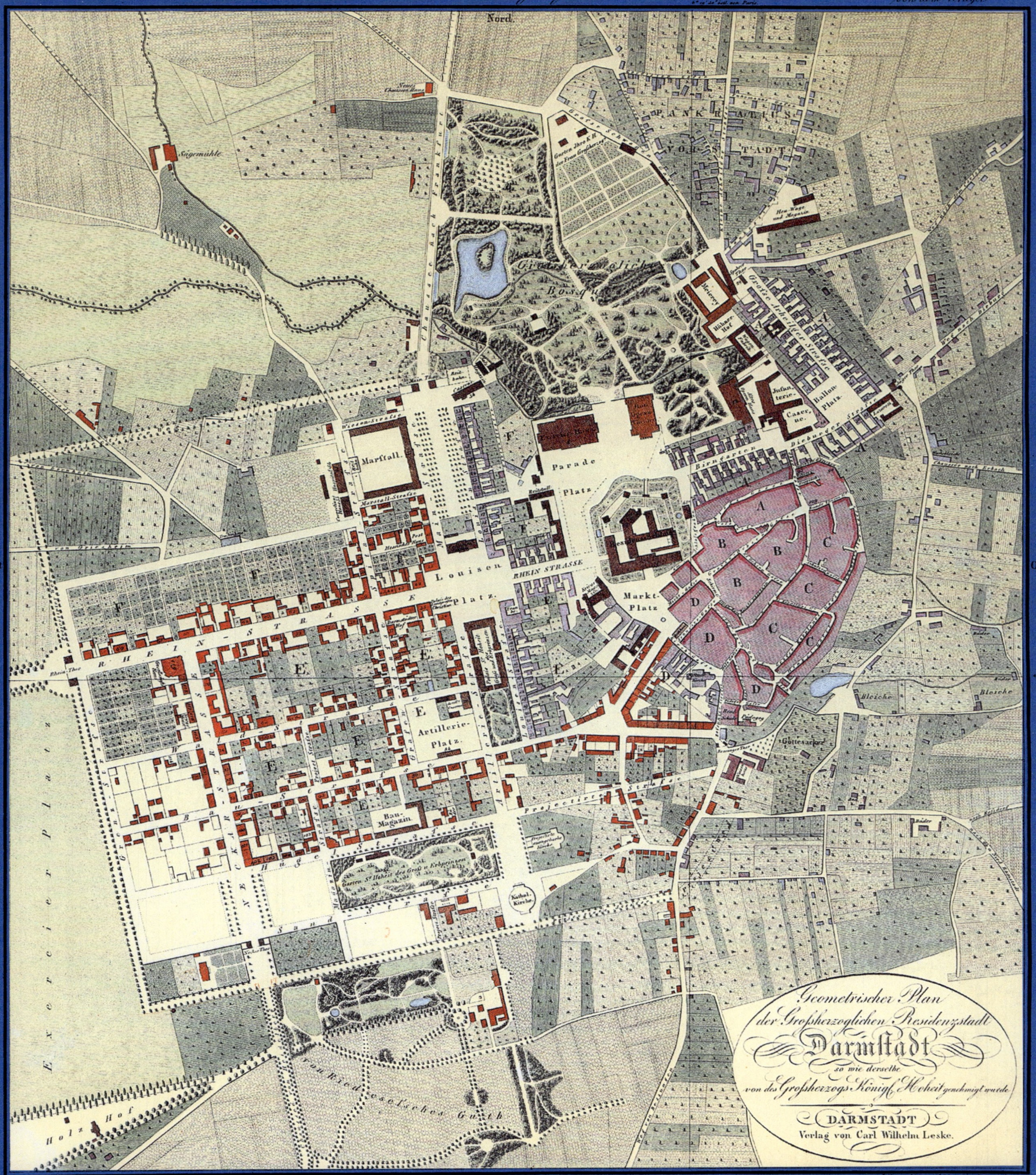

Stadtplan von Darmstadt
1822

GRÖBEL

Zum Familienleben gehörten auch Auseinandersetzungen, Streit und klare Worte. Das erkennen wir zum Beispiel in Georgs Briefen an die Familie. Im April 1833 teilte er seinen Eltern ganz unverblümt seine Einschätzung der politischen Lage mit. Während die Eltern den »gesetzlichen Zustand« verteidigten, war Georg der Ansicht, dass nur noch »Gewalt«[30] helfe. Schon während seiner Schulzeit hatte es immer wieder heftige Auseinandersetzung zwischen Vater und Sohn gegeben, bei denen die Mutter zu vermitteln versuchte. Das können wir aus Luise Büchners Erzählung *Ein Dichter* schließen. Dort sitzt »die Familie des Dr. Brandeis friedlich vereint um den großen, viereckigen nußbraunen Eßtisch, dessen vier Seiten vollständig durch die Eltern und die sechs Kinder besetzt waren.« Die Mutter versucht, wie so oft, möglichen Streit schon im Ansatz zu verhindern: »Was hatte sie nicht schon gelitten, wie viel gebeten, wie viel vermittelt, um den heftig aufstrebenden Sohn und den strengen, entschiedenen Vater gegenseitig in gutem Einvernehmen zu erhalten.«[31]

DER AUSZUG DER ÄLTESTEN SÖHNE

1831 verließen sowohl Georg als auch Wilhelm das Gymnasium, Georg mit einer Studienberechtigung, die ihn für die nächsten zwei Jahre nach Straßburg führte; Wilhelm dagegen brach seine gymnasiale Schullaufbahn ab. In den folgenden drei Jahren absolvierte er eine Apothekerlehre, zunächst in Darmstadt, dann in Zwingenberg an der Bergstraße. Als er sich im Herbst 1834 zu Hause in der Grafenstraße auf die Gehilfenprüfung vorbereitete, kam Georg zurück nach Darmstadt. Wilhelm wurde in diesen Wochen bis zu Georgs Flucht Anfang März 1835 zu dessen engstem Vertrauten. Als er ebenfalls im März 1835 Darmstadt verließ, um in verschiedenen Apotheken zu praktizieren, ging er auch nach Butzbach und knüpfte Kontakte zum Weidig-Kreis. Wilhelm schloss sich jedoch, von Georg beraten, den politischen Kreisen nicht an. Stattdessen konzentrierte er sich auf seine Ausbildung. Im Herbst 1836 begann er in Heidelberg ein Studium der Pharmazie, das ihn schon ein Jahr später in das Labor von Justus Liebig nach Gießen führte.

DIE FAMILIE NACH GEORGS FLUCHT

Durch Georgs Flucht und die damit verbundene Offenlegung seiner Verbindungen zum *Hessischen Landboten* wurde das Familienleben stark belastet. In einer autobiografischen Skizze Ludwig Büchners heißt es, dass der Bruder durch seine »Theilnahme an den politischen Umtrieben jener Zeit Kummer und Sorgen in die Familie brachte. Wie oft saß da der Vater zürnend und scheltend am Tische, während die Mutter weinend neben ihm stand oder saß, und wir Kinder, die wir von Allem nichts verstanden, stumm um die Eltern herum standen.«[32]

Dass diese Sätze durchaus dokumentarischen Charakter besitzen, macht der, wie sich später zeigte, letzte Brief Ernst Büchners an seinen Sohn Georg vom 18. Dezember 1836 deutlich. Darin hält er ihm noch einmal die in den letzten Jahren erlittenen »Unannehmlichkeiten« vor; Georg habe der Familie durch sein »unvorsichtiges Verhalten [...] viele trübe Stunden verursacht«. Trotzdem seien ihm »pünctlich die nöthigen Geldmitteln«[33] zugeflossen. Er könne in Zukunft, nachdem er durch seine wissenschaftliche Leistung und seine Stellung in Zürich »ein gewisses Ziel erreicht«[34] habe, in ihm »wieder den gütigen und besorgten Vater [...] erkennen«. Anschließend listet Ernst Büchner, ähnlich wie später in seinem Testament, bis auf den Kreuzer genau die Ausgaben auf, die er aufwenden musste, um die von Georg gewünschten Literatur anzuschaffen.

Ganz anders in Tonfall und Inhalt die Mutter in ihrem Brief an Georg vom 30. Oktober 1836. Kein böser Blick zurück, nur noch Freude darüber, dass Georg nun endlich »über die Gränze« gekommen und in Sicherheit ist. Nun sei auch diese Gefahr »Gott lob [...] glücklich vorüber«. Neben ausführlichen Mitteilungen über die verschiedenen Familienmitglieder

↓

Modellausschnitt der Grafenstraße 39, Darmstadt, Büchners Elternhaus
Um 1839

Hier sieht man das Lebensumfeld von ca. 24 Personen.

Modellausschnitt der Altstadt von Darmstadt
Um 1839

Rekonstruktion und Modell: Christian Häussler 1987

Nach den Angaben des ersten Adressbuches von Darmstadt aus dem Jahre 1839 bewohnten die Häuser des im Modell dargestellten Altstadtgebietes 49 Haushaltsvorstände, der Durchschnittshaushalt Darmstadts zählte in dieser Zeit 4,8 Personen. Hier wohnten also auf der gleichen Fläche (25 × 75 m) 235 Personen.

An das Haus stieß ein großer Garten, welcher als Weinberg angelegt war und in guten Jahren einen vorzüglichen Traubenmost lieferte. In diesem Hause und Garten verbrachten wir eine höchst glückliche Kindheit, denn dasselbe war der Sammelpunkt der Jugend aus der ganzen Nachbarschaft.

Alexander Büchner, »Vorwort«, in: Ludwig Büchner, *Im Dienste der Wahrheit. Ausgewählte Aufsätze aus Natur und Wissenschaft.* Gießen 1900 und Verwandten vergisst die Mutter nicht, Georg über das Schicksal seiner Gesinnungsgenossen zu informieren: »Wie es hier mit den Gefangenen geht weiß Gott, es ist alles still.«

Vor dem Hintergrund des weiteren Geschehens bleibt der Leser vor allem am folgenden Rat der Mutter hängen: »Wenn Du hörst daß hier das Nervenfieber grasierte, so ängstige Dich nicht, es ist nicht so arg, als es die Leute machen«. Fast könnte man glauben, dass Caroline Büchner nach all den Gefahren der letzten Jahre nun fest davon überzeugt war, es könne nichts mehr passieren. In Ludwig Büchners autobiografischer Skizze heißt es: »Und als endlich nach langem Härmen und Sorgen die guten Eltern einen Strahl des Glückes vor Augen zu haben glaubten, da trat plötzlich der Tod zwischen Furcht und Hoffnung und sprach sein schaudervolles Nein.«[34] Georg war am 19. Februar 1837 in Zürich am Nervenfieber gestorben. Es dauerte eine Weile, bis die Familie diesen Schock überwunden hatte. »Dieses Verhängnis«, so berichtet Alexander Büchner, »warf einen trüben Schatten auf das bisher so glückliche Familienleben; unsere Mutter war eine schöne, lebenslustige Frau von rheinischem Frohsinn gewesen, und ihre Heiterkeit kehrte erst allmählich wieder zurück.«[35]

1 Alexander Büchner, »Vorwort«, in: Ludwig Büchner, *Im Dienste der Wahrheit. Ausgewählte Aufsätze aus Natur und Wissenschaft*, Gießen 1900, S. V.
2 Ebd., S. VI.
3 Stadtarchiv Darmstadt, ST 12/18.
4 Ernst Büchner, *Versuchter Selbstmord durch Verschlucken von Stecknadeln* (1823), hrsg. von Heiner Boehncke und Hans Sarkowicz, Berlin 2013, S. 12.
5 Ebd., S. 5–39.
6 Siehe Heiner Boehncke / Hans Sarkowicz, »Nachwort«, in: ebd., S. 120 und S. 127 ff.
7 Ebd., S. 46.
8 »Gutachten über den Gemütszustand eines Soldaten im Augenblick seines Vergehens im Dienste, durch tätliches Vergreifen am Vorgesetzten«, in: ebd., S. 40–67.
9 Ebd., S. 65.
10 Stadtarchiv Darmstadt ST 12/18.
11 Alexander Büchner, *Das »tolle« Jahr, vor, während und nach. Von einem, der nicht mehr toll ist*, Gießen 1900, S. 13.
12 Ebd., S. 3.
13 Ebd., S. 2.
14 Ebd., S. 10.
15 Ebd., S. 3.
16 MBA X.1, S. 110.
17 A. Büchner, Vorwort, 1900 (wie Anm. 1), S. VIII.
18 Ebd.
19 Ebd.
20 Hessisches Staatsarchiv Darmstadt, R 4 Nr. 15735 UF.
21 A. Büchner 1900 (wie Anm. 11), S. 374.
22 Luise Büchner, *Ein Dichter. Novellenfragment*, hrsg. von Anton Büchner, Darmstadt 1965, S. 104–126.
23 Georg Zimmermann, »Georg Büchner«, in: *Georg Büchner Jahrbuch* 5 (1985), Frankfurt am Main 1986, S. 332.
24 Ludwig Wilhelm Luck, zit. nach: MA, S. 375.
25 Ebd.
26 Karl Emil Franzos, »Georg Büchner«, in: *Georg Büchner's Sämmtliche Werke und handschriftlicher Nachlaß*, Frankfurt 1879, S. XVI.
27 Zimmermann 1986 (wie Anm. 24), S. 332 f.
28 Siehe hierzu: HStAD R 4 Nr. 15295: Gedruckte »Einladung an deutsche Ärzte und Wundärzte« zur Subskription auf ein von Dr. Büchner entwickeltes chirurgisches Gerät zur Behandlung von Knochenbrüchen.
29 Franzos 1879 (wie Anm. 27), S. XVI.
30 MBA X.1, S. 19.
31 Luise Büchner (wie Anm. 23), S. 73 f.
32 *Der neue Hamlet. Poesie und Prosa aus den Papieren eines verstorbenen Pessimisten*, hrsg. von Ludwig Büchner, Gießen o. J. [1901], S. 190.
33 MBA X.1, S. 112, 113 und 108, 109.
34 L. Büchner 1901 (wie Anm. 33), S. 190.
35 A. Büchner, Vorwort, (wie Anm. 1), S. VIII.

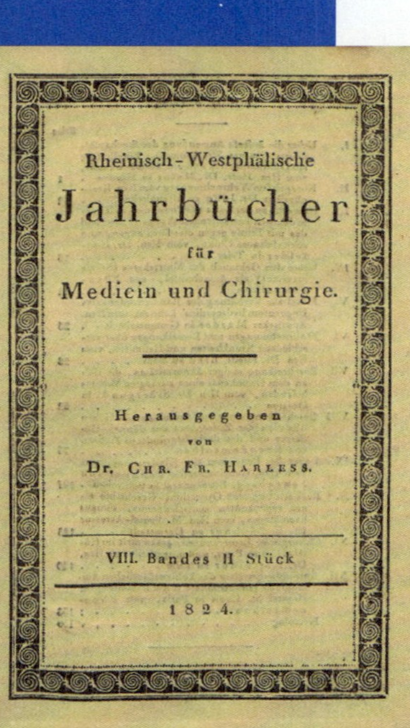

Rheinisch-Westphälische

Jahrbücher

für

Medicin und Chirurgie.

Herausgegeben von Dr. Chr. Fr. Harless.

VIII. Bandes II Stück

1824.

VIII.

Beobachtung und Operations-Geschichte eines sogenannten Blutschwamms, Fungus haematodes.

Vom

Herrn Dr. E. Büchner,
Med. Assessor und II. Bezirks-Physikus,
zu Darmstadt.

(Mit zwei kolorirten Zeichnungen.)

Der Gegenstand meiner Beobachtung wird bekanntlich von den Schriftstellern mit verschiedenen Benennungen belegt, z. B. Naevus maternus, Muttermal, der Alten; Telangiectasie, Gefäſs-Enden-Ausdehnung, s. *Graef's* Angiectasie p. 26.; Aneurysma per anastomosin, s. J. *Bell's* Principles of Surgery Vol. II. p. 456.; Varix racemosus, wenn das Uebel vorzüglich in den Vennen liegt, nach *Duboir*, und zwar nach der Angabe von *Spangenberg* in *Horn's* Archiv, 5ter Bd. p. 286.; Tumeur Variqueuse, Caverneuse, anomale, érectile etc., der Franzosen.

Maunoir (s. dessen Abhandlung über den Mark- und Blutschwamm) hat in dieser gekrönten Preisschrift einen bestimmten Unterschied zwischen dem Mark- und Blutschwamm festgesetzt, und das ano-

Alexandre Brachard / Manufacture royale de porcelaine de Sèvres
Napoleon Bonaparte
Nach 1804

Karl Ernst Büchner
Beobachtung und Operations-Geschichte eines sogenannten Blutschwamms, Fungus hæmatodes
In: *Rheinisch-Westphälische Jahrbücher für Medicin und Chirurgie*, Bd. VIII, II. Stück
1824

Ernst Büchner war Arzt in holländischen Truppen unter Napoleons Kommando: Bei einer Truppenparade redete Napoleon ihn an mit den Worten: »Tu montes bien à cheval; quel age as-tu?« und fort war er. Dieses an sich gewöhnliche und unbedeutende Ereignis wurde der Glanzpunkt in dem Leben des jungen Mannes wie der so vieler anderen, welche der Kaiser unter dem Zwang seines persönlichen Zaubers hielt.

Alexander Büchner, »Vorwort«, in: Ludwig Büchner: *Im Dienste der Wahrheit. Ausgewählte Aufsätze aus Natur und Wissenschaft.* Gießen 1900

PETER ENGELS

—

GEORG BÜCHNER IN DARMSTADT

—

ORTE SEINER KINDHEIT UND JUGEND

Georg Büchner, der Revolutionär und Verfasser des *Hessischen Landboten*, der Naturwissenschaftler, Sozialkritiker und Philosoph, wurde hineingeboren in die Zeit zwischen der Gründung des Großherzogtums Hessen 1806 und der Revolution von 1848, eine Zeit, die sich selbst, vor allem aus Sicht der Haupt- und Residenzstadt, gern als harmonisches Biedermeier sah, aber tatsächlich von sozialer Ungerechtigkeit und politischer Unterdrückung geprägt war. Die Zerrissenheit dieser Zeit sah den Fürstenstaat absolutistischer Prägung neben dem Beginn parlamentarischer Opposition, revolutionäre politische Umtriebe neben reaktionärem Konservativismus, zivilisatorische und kulturelle Errungenschaften neben bitterer Armut und Rückständigkeit, eine verbesserte Schul- und Universitätsausbildung neben weit verbreitetem Analphabetismus, ein rapider Anstieg der Einwohnerzahlen in den urbanen Zentren neben Bevölkerungsrückgang auf dem Land. Dem äußerlich glanzvollen Aufstieg Darmstadts zur Haupt- und Residenzstadt eines neu geschaffenen Großherzogtums, den Bauprogrammen Georg Mollers,[1] dem Aufschwung der Kultur und des Bildungswesens, getragen von einem aufstrebenden Bildungsbürgertum, standen auch hier Rückständigkeit, Arbeitslosigkeit, Armut und Ausweglosigkeit der unterprivilegierten Schichten gegenüber.

Lernte Georg Büchner in Darmstadt alle Schichten der Bevölkerung kennen, neben Bürgertum und Hofgesellschaft der modernen und großzügigen Mollerstadt und den Geschäftsleuten rund um Markt- und Ludwigsplatz auch die kleinen Handwerker und Gewerbetreibenden der Altstadt und die Fuhrleute, Bauern, Feldarbeiter und Tagelöhner der Vorstadt, des späteren Martinsviertels? Die letztgenannten Gruppen lebten meist am Rande der wirtschaftlichen Existenz, weil die beginnende Industrialisierung ihnen ihre Beschäftigungsmöglichkeiten

↓

LUISE BÜCHNER

—

GROSS GEZOGEN MIT DER WEISHEIT DER CLASSIKER 1878

Da werden sie bei uns in den Gymnasien groß gezogen mit der Weisheit der Classiker, ihr Kopf brennt von den Freiheitskriegen der Griechen, und der römische Republikanismus wächst ihnen in Fleisch und Bein. Keiner unter ihnen, der sich nicht selbst in Gedanken ein kleiner Cato oder Brutus dünkt, der nicht die Falten seiner Toga um sich drapirt und sich in eine wirklich gefühlte Gluth von Bürgertugend und Bürgerstolz hineindeklamirt. Mit diesem Himmel in der Brust werden sie denn hineingestoßen in die wirkliche Welt, in unsre kleinlichen, engen Verhältnisse, in denen sich schon eine Schwalbe den Kopf einrennt, geschweige denn ein Adler. Ihre Brust glüht von Freiheitsdrang, und sie müssen Sclaven werden; sie fühlen sich als Cicero und Demosthenes im Dienste der Gerechtigkeit und Vaterlandsliebe zu reden befähigt, aber wo ist die Arena für die Eloquenz, die sie einmal im Leben auf dem Redeactus des Gymnasiums frei entfalten durften? Schweigt! donnert ihnen überall die Polizei entgegen; schweigt! heißt es in den Gerichtssälen, denn was wissen wir von öffentlichen Gerichten? schweigt! heißt es selbst in den Kammern, wenn ihr nicht Vertrauen zu flöten wißt. [...] Zwischen unserer sogenannten classischen Bildung und Erziehung und unserem wirklichen Staatsleben klafft ein Abgrund, in den sich noch manche edle Jünglingsgestalt opfernd hinabstürzen wird. [...]

Aus: Luise Büchner, »Ein Dichter, Novellen-Fragment«, in: *Nachgelassene belletristische und vermischte Schriften*, 2 Bde., Bd. 1: *Dramatisches, Erzählendes und Lyrisches*, Frankfurt am Main 1878, S. 220 f.

Rhein. Westph. Jahrb. d. Med. VIII, 2tes. zu Büchner's Aufsatz.

Fig. 1.

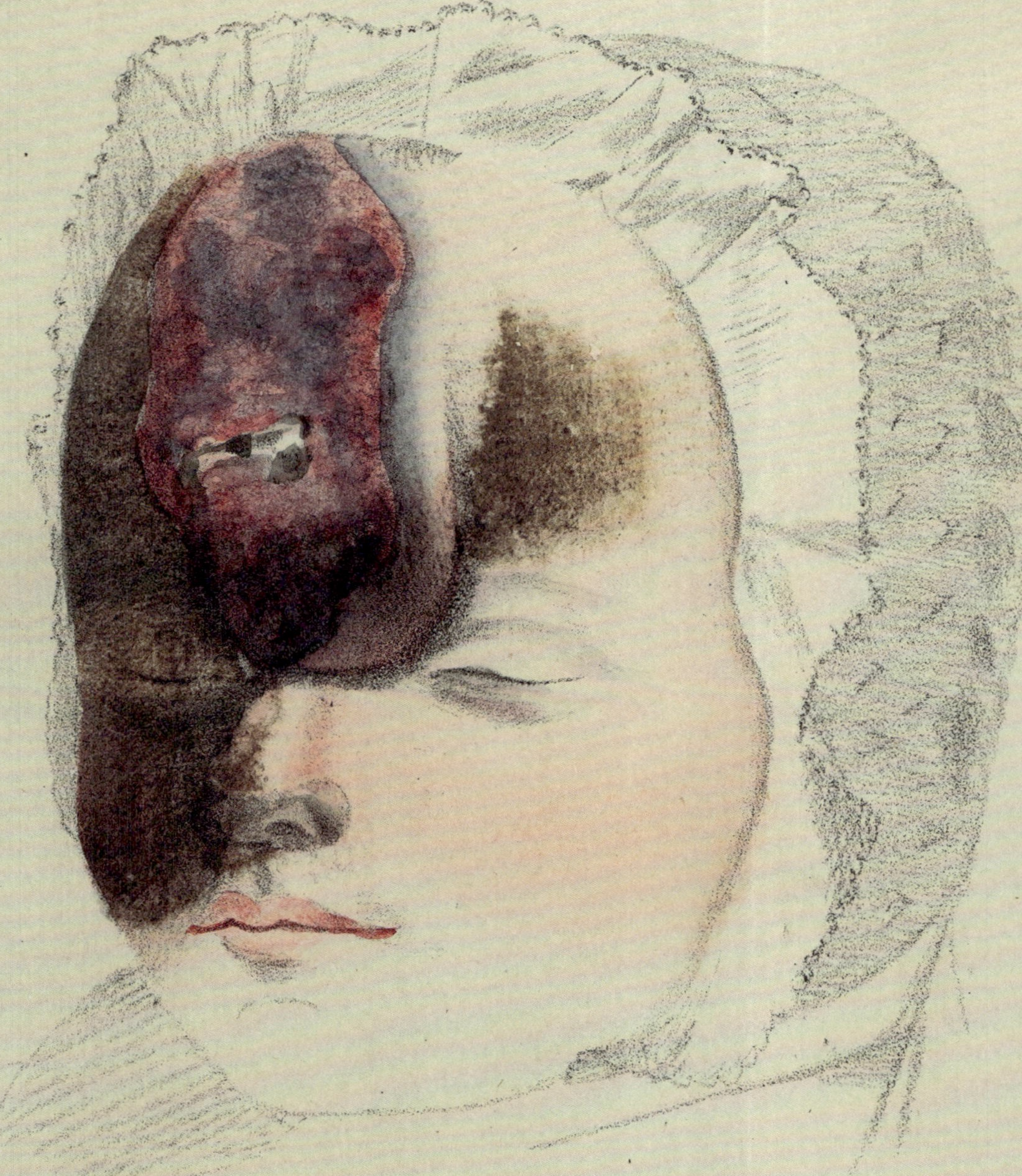

Fig. 2.

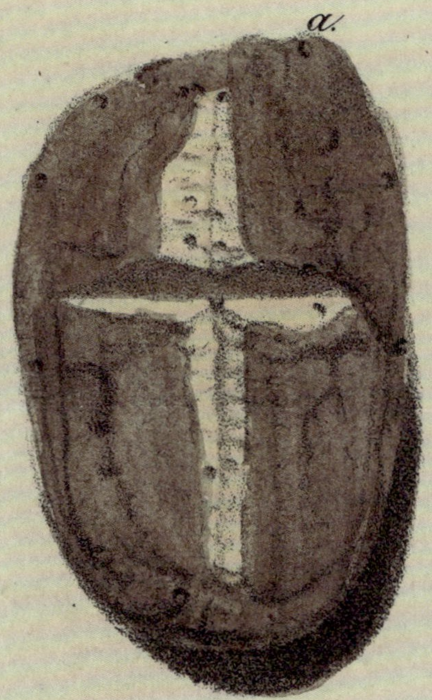

Karl Ernst Büchner
»Beobachtung und Operations-Geschichte eines sogenannten Blutschwamms«
In: *Neue Jahrbücher der teutschen Medicin und Chirurgie.* Bd. VIII, II. Stück
1824

nahm. Die Hauptstadt bot etwa einem Drittel der Bevölkerung keinen Schutz vor Verarmung. Suppenanstalten versuchten vor allem im Winter die größte Not zu lindern. Engagierte Bürger sorgten in dieser Zeit für die Gründung sozialer Einrichtungen. 1827 und 1828 wurden zwei Arbeitsanstalten für 6- bis 14-jährige Jungen und 9- bis 14-jährige Mädchen gegründet, die der Verwahrlosung der Heranwachsenden entgegenwirken wollten. Im Mai 1833 eröffnete in der Mauerstraße der erste Kindergarten des gesamten Großherzogtums Hessen, der es berufstätigen Eltern aus den unteren sozialen Schichten ermöglichte, ihre Kinder tagsüber unterzubringen. Auch Georg Büchners Vater engagierte sich auf sozialem Gebiet, setzte sich für die kostenlose medizinische Versorgung von Bedürftigen ein, behandelte arme Pfründner, Dienstboten, Prostituierte, die Arzthonorare und Medikamente nicht bezahlen konnten.

Obwohl also der Sohn Georg seinen Blick sicher nicht vor den sozialen und wirtschaftlichen Problemen der ärmeren Bevölkerung verschloss, bewegten ihn in Bezug auf seine Vaterstadt eher die von Hof, Militär und Beamtenschaft geprägte aufgeklärte, aber auch konservative Stadtgesellschaft, der seine Familie angehörte. Diese konnte er mit zunehmendem Alter immer weniger ertragen und empfand sie als beengend, und später sollte er sie den Bauern als Adressaten seines *Hessischen Landboten* als abschreckendes Beispiel vor Augen halten.[2] Als Georg von August bis Oktober 1832 die Semesterferien in Darmstadt verbrachte, spürte er, nach einem Jahr in Straßburg, die gesellschaftliche Enge und die starren bürgerlichen Konventionen der Darmstädter Gesellschaft mehr als früher.[3] Seinem Onkel in Straßburg klagte er sein Leid:

> ich armseliger Kreuzträger, sitze *erstens* im lieben heiligen teutschen Reich, *zweitens* im Großherzogtum *Hessen, drittens* in der Residenz *Darmstadt* [...]. Ach, lieber Eduard! schreibe mir nur bald, daß ich doch etwas aus Straßburg zu sehen bekomme, ich habe wohl Eltern und Geschwister hier, aber alle meine Freunde sind fort und ich bin fast ganz isoliert; ich war wohl die ersten Tage froh, aber ich kann einmal diese Luft nicht vertragen, sie ist mir noch eben so zuwider, als zur Zeit da ich fort ging. Ich lamentiere Dir da etwas vor und Du möchtest wohl etwas Vernünftiges von mir hören, aber es ist unmöglich weder von, noch in *Darmstadt* dergleichen zu schreiben, ist auch noch nie geschehen.[4]

Nach einem weiteren Jahr in Straßburg erschien ihm Darmstadt keinen Deut erträglicher:

> Ich könnte in diesem lamentierenden Style fortfahren um Dir einen Begriff von meiner hiesigen Existenz zu geben, wenn Du nicht schon einmal selbst so eine Art vom Darmstädter Geschmack gehabt hättest. [...] Eltern und Geschwister wiederzusehen, war eine große Freude; das entschädigt aber nicht für meine sonstigen furchtbar, kolossal, langweiligen Umgebungen. Es ist etwas großartiges in dieser Wüstenei, die Wüste Sahara in allen Köpfen und Herzen.[5]

Und an August Stoeber schrieb er am 9. Dezember 1833:

> Manchmal fühle ich ein wahres Heimweh nach Euren Bergen. Hier ist Alles so eng und klein. Natur und Menschen, die kleinlichsten Umgebungen, denen ich auch keinen Augenblick Interesse abgewinnen kann.[6]

Dennoch: Georg Büchner profitierte von den Errungenschaften dieser von ihm kritisierten bürgerlichen und adligen Gesellschaft; er profitierte von dem Bemühen des ersten Großherzogs Ludewig I., der sich durch seine in der Tradition des aufgeklärten Absolutismus stehende Kunst- und Kulturpolitik eine bessere Bildung »seiner« Residenzgesellschaft zum Ziel gesetzt hatte. Georg Moller errichtete in seinem Auftrag das 1819 eingeweihte neue Hoftheater, das mit einer Kapazität von fast 2.000 Plätzen für breitere Bevölkerungskreise der 21.000-Einwohner-Stadt gedacht war. Der Großherzog öffnete 1817 die Hofbibliothek und 1820 die großherzoglichen Sammlungen für die Allgemeinheit, und er verbesserte die Schulbildung

↓

Die Geschichte
Unserer Zeit,
bearbeitet
von
Carl Strahlheim,
ehemaligem Officiere der kaiserlich französischen Armee.

Fünfter Band.

Stuttgart,
gedruckt bei C. F. Wolters.
1827.

Unsere Zeit,
oder
geschichtliche Uebersicht
der
merkwürdigsten Ereignisse
von 1789—1830.
nach den
vorzüglichsten französischen, englischen und
deutschen Werken bearbeitet
von einem
ehemaligen Officiere der kaiserlich französischen Armee.

Fünfzehntes Heft.

Stuttgart,
gedruckt bei C. F. Wolters.
1827.

Unsere Zeit,
oder
geschichtliche Uebersicht
der
merkwürdigsten Ereignisse
von 1789—1830,
nach den
vorzüglichsten französischen, englischen und
deutschen Werken bearbeitet
von einem
ehemaligen Officiere der kaiserlich französischen Armee.

Dreißigstes Heft.

Stuttgart,
gedruckt bei C. F. Wolters.
1827.

Mein Vater [. . .] hatte die grösste Sympathie für die Bewegung der Geister und gehörte es zu seiner liebsten Lectüre, die erlebten Ereignisse in der später erscheinenden Zeitschrift *Unsere Zeit* zu repetiren und zu ergänzen. Vielfach wurden diese Abends vorgelesen, und nahmen wir alle den lebhaftesten Antheil daran.

Wilhelm Büchner an Karl Emil Franzos, 23. Dezember 1878

Johann Konrad Friederich
Die Geschichte Unserer Zeit
1826–1830

durch Errichtung der Realschule und das Schulgesetz von 1827. Und gerade diese Orte, das Theater, das Museum, die Bibliothek, die Schule, waren es, aus denen Georg Gewinn zog, für seine geistige Entwicklung, für seine politische Willensbildung und nicht zuletzt für seine Dichtkunst.

IM THEATER

Zum Theaterbesuch bot das Hoftheater Georg Büchner reichlich Gelegenheit.[7] Vor allem die junge Schauspielerin Therese Peche (1806–1882) hatte es ihm angetan. Sie kam Mitte 1828 aus Hamburg an das Darmstädter Theater und spielte dort bis Juli 1829 mehrere bedeutende Rollen, unter anderem in Shakespeare-Stücken (die Julia in *Romeo und Julia*, die Porzia im *Kaufmann von Venedig*). Büchner, der sich in dieser Zeit sehr für Shakespeare zu interessieren begann, hat sie vermutlich mehrfach im Theater gesehen und vielleicht persönlich kennengelernt, zumal sein Vater sie auch ärztlich behandelte.[8] In einem Brief an Eugen Boeckel vom 1. Juni 1836 bezeichnete er sie als »alte Bekanntin von mir.«[9]

Als Ludwig II. 1830 nach seinem Regierungsantritt die Mittel für das Theater radikal zusammenstreichen wollte, zeigte die Darmstädter bürgerliche Gesellschaft, dass sie nicht nur, wie gerne behauptet, zurückgezogen in der inneren Emigration weilte, sondern durchaus protestfähig war, wenn es um das eigene »Seelenheil« ging. Teile des Theaterpublikums äußerten nämlich deutlich Missfallen über den Rückgang von Zahl und Qualität der Vorstellungen. »Es bildeten sich Parteien im Publikum, die einander widerstrebten; man vernahm oft gleichzeitige Beifallsbezeigungen und Zeichen des Missfallens. Die letzteren blieben zwar stets in den Grenzen des Anstandes, doch störten sie den ruhigen Gang der Vorstellungen, verkümmerten den Genuss und reizten zu Oppositionen.« Aller Widerspruch, auch eine offizielle Eingabe der Stadt, in der Bürgermeister Johann Michael Hofmann »mit dringendsten Bitten für die Erhaltung der Anstalt sich verwendete«, nutzte jedoch nichts. Großherzog Ludwig II. verfügte die Schließung des Theaters zum 30. Juni 1831.[10]

IM MUSEUM

Als Georg Büchner im Sommer 1833 in Darmstadt über die »Wüste Sahara« in den Köpfen der Darmstädter lamentierte, brachte der Besuch seines Straßburger Freundes Alexis Muston etwas Abwechslung in seine Ödnis.[11] Muston, den Büchner 1831 in Straßburg kennengelernt hatte, war die Erlaubnis erteilt worden, im Staatsarchiv im Schloss deutsche Akten über die Waldenser auszuwerten, die er für seine Dissertation benötigte. Georg Büchner begleitete ihn, um für ihn zu übersetzen. Acht Tage verbrachten sie mit dem Studium der Akten. Zwischendurch und nach Arbeitsende betrachteten Büchner und Muston auch die Bilder in der Gemäldegalerie und die Bestände des Naturalienkabinetts des Großherzoglichen Museums; deren Mitarbeiter Johann Jakob Kaup zeigte ihnen Fossilien aus seiner Sammlung. In der Gemäldegalerie beeindruckte Büchner besonders das Ölgemälde *Christus erscheint den Jüngern in Emmaus* von Carel von Savoy (um 1621–1665), das Einfluss auf seine Darstellung im *Lenz* gewinnen sollte. Aber auch die holländische Malerei hatte es ihm angetan.

Georg Büchner hat das Großherzogliche Museum vermutlich häufiger besucht. Abgesehen von möglichen Besuchen mit den Eltern in den ab 1820 den Darmstädtern offen stehenden Sammlungen gehörten Ausflüge ins Museum zum Programm der Vorschule von Carl Weitershausen.[12] Im Pädagog hörte Büchner im Winter 1830/31 eine Vorlesung zur Geschichte der Malerei, in der als Beispiele vor allem Gemälde des Darmstädter Museums herangezogen wurden.[13] Außerdem kann man annehmen, dass Büchner den von Franz Hubert Müller, dem Direktor der Gemäldegalerie, angebotenen Zeichenunterricht wahrgenommen hat.[14] Georg hat wohl auch an Vorlesungen oder Präparierkursen teilgenommen, die Kaup,

↓

Acht Tage lang arbeiteten wir so morgens und abends im Schloß, wo sich die Museen befinden. Wenn wir müde waren, machten wir einen Spaziergang im Garten oder in der Gemäldegalerie.

Alexis Muston, Tagebuch, Oktober 1833

Philipp Bender
Die Gemäldegalerie im Neuen Schloss
1824–1830

am Naturalienkabinett ab 1828, anbot. Jedenfalls muss der Kontakt recht eng gewesen sein, denn sein Bruder Wilhelm schrieb ihm am 13. November 1831 nach Straßburg, er solle ihn von Kaup schön grüßen. Wilhelm selbst hatte bei dem Naturkundler unlängst einen Fuchs präpariert.[15]

IN DER BIBLIOTHEK

Über die Nutzung der ab 1817 für die Allgemeinheit geöffneten Hofbibliothek durch Georg Büchner sind wir kaum informiert. Die Bibliothek gehörte damals zu den größten in Deutschland und umfasste 1830 etwa 120.000 Bände, hätte für Georg also reichlich Lesestoff geboten. Nachgewiesen ist lediglich, dass er die Bibliothek zwischen Oktober 1834 und Januar 1835 frequentierte, um sich Grundlagenliteratur für seinen *Danton* zu beschaffen.[16]

IN DER SCHULE

Seinen ersten Unterricht in Rechnen, Lesen und Schreiben erhielt Georg Büchner wohl zu Hause. Danach besuchte er nicht eine der öffentlichen Stadtschulen, sondern eine private Schule zur Vorbereitung auf das Gymnasium. Über Büchners Zeit in der Privat-Erziehungs- und Unterrichtsanstalt des Theologen Carl Weitershausen (1821–1825) wissen wir nur etwas aus den Schulprogrammen; wir wissen nicht einmal, wo sich die Schule befand, kennen immerhin die recht anspruchsvollen Lehrpläne, die Unterricht unter anderem in Französisch, Latein, Griechisch, Naturlehre und -geschichte sowie Geografie vorsahen.[17] Am 25. März 1823 deklamierten Georg Büchner und ein Mitschüler gemeinsam auf Lateinisch über die »Vorsicht beim Genusse des Obstes«.[18] Private Vorschulen wie das Institut von Weitershausen bereiteten Kandidaten auf den Eintritt ins Gymnasium vor. Später begründete das Gymnasium eine eigene dreijährige Vorschule, die erst mit dem Volksschulgesetz von 1921 abgeschafft und durch die allgemeine vierjährige Grundschule ersetzt wurde.[19]

Am 26. März 1825 trat Georg Büchner in das Darmstädter Gymnasium, das Pädagog, ein und verließ es, 17 $^{1}/_{2}$ Jahre alt, Ende März 1831 mit dem Abiturzeugnis. Nach allgemeiner Auffassung war er ein guter, wenn auch kein herausragender Schüler. Aufgrund seiner offensichtlich soliden Vorbildung wurde er gleich in die Tertia eingestuft.[20] Die Lehrgegenstände des Pädagogs aus Büchners Schulzeit sind in den vollständig erhaltenen Programmschriften der Schule dezidiert aufgeführt. Naturkunde und Geografie wurde nur in geringer Stundenzahl unterrichtet, ebenso Physik, etwas besser war das Angebot in Mathematik. Das Hauptgewicht lag auf den alten Sprachen. Zwischen neun und zwölf Stunden Latein und vier bis sechs Stunden Griechisch standen auf dem Stundenplan. Von den Schülern wurde erwartet, sich in Latein fließend mündlich und schriftlich ausdrücken zu können. Dagegen fielen Französisch und Deutsch mit jeweils zwei bis drei Stunden ab. Noch weniger Stunden räumte man Geschichte, Religion, Hebräisch und Singen ein. Viel Wert legten die Lehrer auf die Erlernung rhetorischer Fähigkeiten, die vor allem im Latein- und Deutschunterricht vermittelt wurden. Dass Georg Büchner dieses Lernziel in hervorragender Weise erreichte, zeigt sich daran, dass er zweimal bei den öffentlichen Schulfeiern als Redner auftreten durfte. Inwieweit ihm der Unterricht Spaß machte oder ihn langweilte, darüber finden sich einige wenige Aussagen in Randbemerkungen in seinen letzten Schulheften. So scheint ihn das von Direktor Dilthey in der Abschlussklasse eingeführte Fach »Encyklopädie« mit der Darstellung etlicher historischer und kunsthistorischer Disziplinen (Archäologie, Numismatik, bildende Kunst, Paläografie usw.) überhaupt nicht begeistert zu haben. »Ich bin so fest von ihrem Nutzen überzeugt, daß ich es für höchst überflüßig halte, auch nur einen Grund hier aufzuschreiben, die Symptome die ich zufolge dießes Studiums an mir selbst bemerkt sind unläugbar und die Langweile und Abspannung […] genügen schon hinlänglich in den Augen jedes tiefer in den Geist der Philologie, eingedrungnen Philologen als der

↓

Auch hoffe ich daß Du Schmetterlinge einsammlen wirst. [...] Der Mutter war es sehr leid, daß Du ihr gar nicht für die Vorhängen an den Schmetterlingskästen gedankt hast, welche sich sehr schön ausnehmen.

Brief von Wilhelm an Georg Büchner in Straßburg, 13. November 1831

Schmetterlingskasten
19. Jahrhundert

Ludwig Achim von Arnim / Clemens Brentano
Des Knaben Wunderhorn. Alte deutsche Lieder, Bd. 1
1806

schlagendste Beweis für den Nutzen dießes Studiums. Ich muß daher wirklich, den Herrn Dr. ersuchen mich mit allen fernern Erläuterungen zu verschonen«, notiert Büchner unter dem Unterrichtsthema »Von dem Nutzen der Münz-Kunde« im Sommersemester 1830; und auf der letzten Seite des Heftes vom Wintersemester 1830/31 findet sich die viel zitierte, Direktor Dilthey gewidmete Bemerkung: »O du gelehrte Bestie lambe me in podice. s'ist scheußlich, horribile dictu. [...] O schaudervoll höchst schaudervoll! [...] Gott sey gelobet s'ist das letztemal.«[21]

Der genannte Friedrich Karl Dilthey, Rektor des Pädagogs 1826–1857, führte ab Beginn seiner Rektoratszeit einen erbitterten Kampf gegen die geheimen verbotenen Studentenverbindungen und damit auch gegen die politisch engagierten Schüler seines Gymnasiums. Er warnte die zur Universität abgehenden Schüler vor dem »flachen und unberufenen Treiben auf dem fremdartigen Felde der Politik« und warnte vor dem »von Gift und Pestilenz erfüllten Delirium« das in den Köpfen spuke und die Universität zur Pflanzschule für Gefängnis und Stockhaus mache. Dilthey verlangte hingegen Gehorsam gegenüber Behörden und Gesetzen sowie Anhänglichkeit an das Fürstenhaus. Georg Büchner und andere engagierte Schüler musste eine solch reaktionäre Haltung zur Opposition geradezu herausfordern.[22] Ob sich schon am Gymnasium insgeheim eine politisch engagierte Schülergruppe bildete, ist fraglich und kann aus der einzeln überlieferten Anekdote, Büchner und sein späterer Mitagitator Karl Minnigerode hätten sich in der letzten Zeit am Pädagog mit den Worten »Bon jour, citoyen« gegrüßt,[23] nicht unbedingt geschlossen werden. Für ein politisches Engagement innerhalb des Schülerkreises spricht

↓

CARL DILTHEY

—

REIFEZEUGNIS GEORG BÜCHNER

Der bisherige Gymnasiast Carl Georg Büchner aus Goddlau, Sohn des Herrn Medicinalraths Büchner hierselbst, lutherischer Confession, hat 6 ½ Jahre lang das hiesige Gymnasium besucht, welches er jetzt, 17 ½ Jahre alt, von der ersten Ordnung in Selecta verläßt, um sich dem academischen Studium der Medicin zu widmen, zu welchem Endzweck ihm gegenwärtiges Zeugniß ausgestellt wird. Im Griechischen hat er sich gute Kenntnisse erworben und vermag bei gehöriger Vorbereitung mit Geläufigkeit zu übersetzen und lobenswerthe Arbeiten zu liefern. Im Erklären und Übersetzen der lateinischen Prosaiker zeigt er viele Gewandheit, im Verstehen und Interpretiren der Dichter hinlänglichen Scharfsinn, der schriftliche Ausdruck im Lateinischen ist verständlich, ziemlich correct und fließend und zuweilen bis zur Fülle des oratorischen Numerus gesteigert. Das Studium der italienischen Sprache hat er mit glücklichem Erfolg in der letzten Zeit betrieben. Vorzügliches Interesse bezeigte er für die teutschen Lectionen, in denen er sich theils durch einen verständigen mündlichen Vortrag, theils durch einzelne, von vorzüglicher Auffassungs- und Darstellungs-Gabe zeugende schriftliche Arbeiten auszeichnete. Den Religionsstunden hat er mit Aufmerksamkeit beigewohnt und in denselben manche treffliche Beweise von selbstständigem Nachdenken gegeben. In der Archäologie hat er mehr als gewöhnliche Schulkenntnisse, besonders in der Geschichte der Bildhauerkunst. In der Geschichte sind die Kenntnisse bedeutend. In der Mathematik war es wegen mangelnder Vorkenntnisse und kurzen Gesichts nicht möglich, mit den meisten Mitschülern gleichen Schritt zu halten, doch hat es am vielfachen Bestreben nicht gefehlt, noch Manches nachzuholen. Bei guten Anlagen läßt sich auch in seinem künftigen Berufsstudium etwas Ausgezeichnetes von ihm erwarten, und von seinem klaren und durchdringenden Verstande hegen wir eine viel zu vortheilhafte Ansicht, als daß wir glauben könnten, er würde jemals durch Erschlaffung, Versäumniß oder voreilig absprechende Urtheile seinem eigenen Lebensglück im Wege stehen. Vielmehr berechtigt uns sein bisheriges Benehmen zu der Hoffnung, daß er nicht blos durch seinen Kopf, sondern auch durch Herz und Gesinnung das Gute zu fördern, sich angelegentlichst bestreben werde.

Darmstadt am 30. Maerz 1831.
C. Dilthey,
Gymnasialdirector.

Exemtionsschein handschriftlich überliefert in: *Acten der Ghzl. Hessischen Immatriculations-Commission zu Gießen, betr. die Immatriculation des stud. med. Georg Büchner aus Darmstadt WS 1833/34*, Akten des Universitätsarchivs Gießen

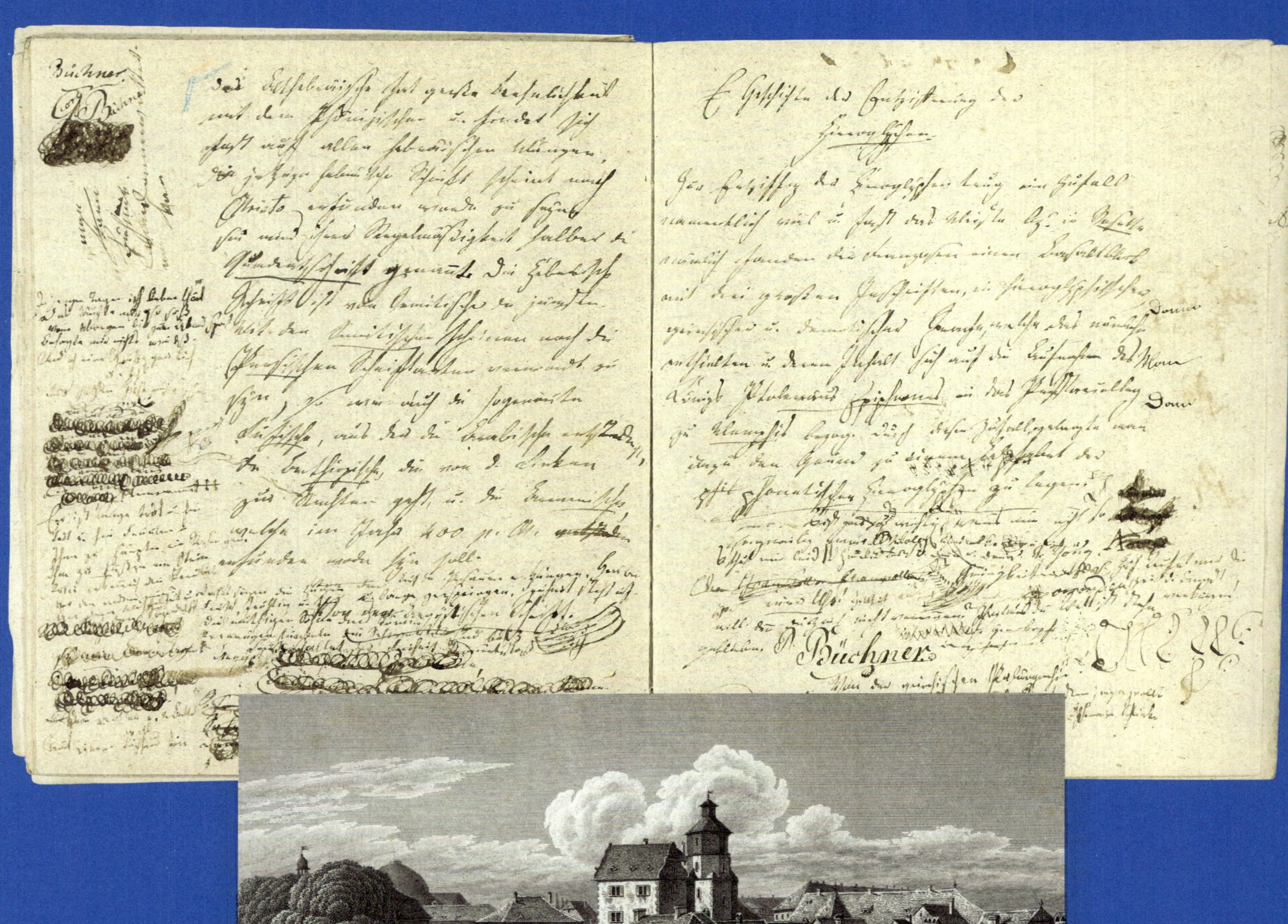

DANTON.
Eine erbauliche Aussicht! Von einem Misthaufen auf den andern! Nicht wahr, die göttliche Klassentheorie? Von prima nach secunda, von secunda nach tertia und so weiter? Ich habe die Schulbänke satt, ich habe mir Gesäßschwielen wie ein Affe darauf gesessen.

Danton's Tod III,7, 1835

O du gelehrte Bestie lambe me in podice [Leck' mich am Hintern]

Büchner auf einer der »Kritzelseiten« in seiner letzten Unterrichtsstunde bei Direktor Dilthey, März 1831

Ernst Friedrich Grünewald
Das Gymnasium zu Darmstadt, genannt Pädagog
Um 1829

»Kritzelseite« im Schulheft: Paläografie
Frühjahr 1831

allerdings, dass in den 1830er-Jahren gegen mindestens 18 ehemalige Schüler des Pädagogs, darunter acht Klassenkameraden Büchners, wegen Hochverrats ermittelt wurde.[24] Einige dieser politisch Verfolgten trafen sich 1834 an einem weiteren Büchner-Ort.

IN EINER HÜTTE AM WOOG

Im April 1834 gründete Georg Büchner in Darmstadt eine Sektion der revolutionären Gesellschaft der Menschenrechte, der etwa zehn Mitglieder angehörten, meist junge Bürgersöhne und ehemalige Pädagogschüler, darunter Hermann Wiener, Jacob Koch, Hermann Trapp und Ludwig Nievergelder. Ihre Tätigkeit nahm die Darmstädter Sektion erst im September auf.[25] Projekte der konspirativen Tätigkeit waren die Agitation durch die Verbreitung von Flugschriften, wofür man eine Druckerpresse anschaffen wollte, und Pläne zur Befreiung der damals in Friedberg inhaftierten Freunde. Man tagte an wechselnden Orten, häufiger in einer abgelegenen Hütte zwischen Dieburger Straße und Großem Woog, deren genaue Lage nicht bekannt ist. Georg Büchner, der angeblich ein Grundsatzprogramm für die Gesellschaft verfasste, beschäftigte sich in dieser Zeit, seinem letzten halben Jahr in Darmstadt, auch mit Anatomie.

IM LABOR DES VATERS

Der Vater Ernst Büchner hatte sich im Krankenhaus in der Spitalstraße (heute Grafenstraße) für anatomische und chirurgische Studien 1827 oder 1828 ein »anatomisches Theater« eingerichtet, um schulmäßige Sektionen durchzuführen, außerdem bot er Kurse zur wundärztlichen Ausbildung an. Zu diesen Kursen und Sektionen waren auch Schüler des Pädagogs zugelassen, allen voran der Sohn Georg, der dem Vater vermutlich damals schon assistierte. Mit anatomischen Studien überbrückte Georg 1831 auch die Zeit zwischen Abitur und Beginn des Medizinstudiums in Straßburg, vielleicht als Praktikant seines Vaters.[26] Als er im September 1834 nach Darmstadt heimkehrte und zum Wintersemester nicht nach Gießen zurückging, ließ ihn sein Vater unter seiner Anleitung Vorlesungen über Anatomie halten für junge Leute, die sich auf das Studium der Chirurgie vorbereiteten, vermutlich im städtischen Hospital.[27]

Die vorgestellten Büchner-Orte, auch die Wohnhäuser der Familie, sind heute meist verschwunden, dafür haben die Bomben des Zweiten Weltkriegs gesorgt. Immerhin sind das Schloss mit der ehemaligen Hofbibliothek und das Pädagog, wenn auch im wiederaufgebauten Zustand, noch vorhanden.

1 Georg Moller (1784–1852), Architekt und Stadtplaner, entwarf ab 1811 im Auftrag Großherzog Ludewigs I. eine neue Vorstadt im Westen Darmstadts, die mit ihrem regelmäßigen Grundriss, breiten Straßen und Plätzen und dem großzügigen Zuschnitt der Grundstücke für die neue bürgerliche Gesellschaft der Haupt- und Residenzstadt konzipiert war. Die bis etwa 1850 fertig gestellte »Mollerstadt« übertraf in ihrem Umfang die Ausdehnung der alten Stadt um etwa das Doppelte.

2 Das in der Familientradition überlieferte Zitat »Isch bin ein armer Schuster, mei Lämbsche brennt so duster«, das Georg als Kind am Marktplatz ausgesprochen haben soll, kann wohl nicht als bewusste Teilnahme am Schicksal der unteren sozialen Schichten gedeutet werden. *Georg Büchner 1813–1837. Revolutionär, Dichter, Wissenschaftler*, Ausst.-Kat. Mathildenhöhe Darmstadt, Basel / Frankfurt am Main 1987, S. 20.

3 Jan-Christoph Hauschild, *Georg Büchner. Biographie*, Stuttgart / Weimar 1993, S. 192–195.

4 Brief an Edouard Reuss, Darmstadt, 20. August 1832, zit. nach: MA, S. 274 f.

5 Brief an Edouard Reuss, Darmstadt, 31. August 1833, zit. nach: MA, S. 282.

↓

Die naturgeschichtliche Sammlung wird ebenfalls durchstreift. – Herr Kaup ehrt uns damit, daß er uns seinen berühmten Dinotheriumkinnbacken zeigt.

Alexis Muston, Tagebuch, Oktober 1833

Unterkiefer eines Deinotherium giganteum, Fundort: Eppelheim bei Alzey in Rheinhessen

6 Brief aus Darmstadt, zit. nach: MA, S. 284.

7 Hauschild (wie Anm. 3), S. 64 f.; Yorck Haase, »Theater in Darmstadt zur Zeit Georg Büchners«, in: Darmstadt 1987 (wie Anm. 2), S. 82–85.

8 Vgl. Hauschild 1993 (wie Anm. 3), S. 65.

9 Zit. nach: MA, S. 318.

10 Dismas Fuchs, *Chronologisches Tagebuch des Großherzoglich Hessischen Hoftheaters, von der Begründung bis zur Auflösung desselben. Ein Beitrag zur Geschichte der deutschen Schaubühnen,* Darmstadt 1832, S. 260, 264.

11 Vgl. Heinz Fischer, »Büchner und Muston. Eine Freundschaft«, in: Darmstadt 1987 (wie Anm. 2), S. 136–141; Hauschild 1993 (wie Anm. 3), S. 232–236.

12 Hauschild 1993 (wie Anm. 3), S. 71.

13 Susanne Lehmann, *Georg Büchners Schulzeit. Ausgewählte Schülerschriften und ihre Quellen,* Tübingen 2005, S. 256–259.

14 Gerhard Schaub, *Georg Büchner und die Schulrhetorik. Untersuchungen und Quellen zu seinen Schülerarbeiten,* Bern / Frankfurt 1975, S. 29; Hauschild 1993 (wie Anm. 3), S. 93.

15 Zit. nach: MA, S. 327 f.

16 Hauschild 1993 (wie Anm. 3), S. 434.

17 Darmstadt 1987 (wie Anm. 2), S. 22 f.; Hauschild 1993 (wie Anm. 3), S. 69–72.

18 *Georg Büchner und seine Zeit 1813–1837. Eine Ausstellung des Hessischen Staatsarchivs Darmstadt und des Stadtarchivs Darmstadt zum 175. Todestag und zum 200. Geburtstag,* Darmstadt 2012, S. 73. Am gleichen Tag trug Wilhelm Büchner das Gedicht »Der Reichthum« vor.

19 Peter Engels, Artikel »Schulwesen«, in: *Stadtlexikon Darmstadt,* Stuttgart 2006, S. 809.

20 Vgl. Schaub 1975 (wie Anm. 14), S. 25–27; Rudolf Becker, *Georg Büchner als Schüler im Darmstädter Pädagog,* hrsg. vom Ludwig-Georgs-Gymnasium, Darmstadt 2013, S. 6–33; Hauschild 1993 (wie Anm. 3), S. 72–93.

21 Zit. nach: MBA I.1, S. 447 und 475.

22 Schulprogramm Ostern 1834, zit. nach Schaub (wie Anm. 14), S. 12–14, 46 f., 75.

23 Aussage Ludwig Wilhelm Lucks, zit. nach: MA, S. 374.

24 Hauschild 1993 (wie Anm. 3), S. 103–110.

25 Vgl. ebd., S. 333–337, 396–405.

26 Ebd., S. 118 f.

27 Ebd., S. 396.

Georg Büchner
Die Nacht
1828

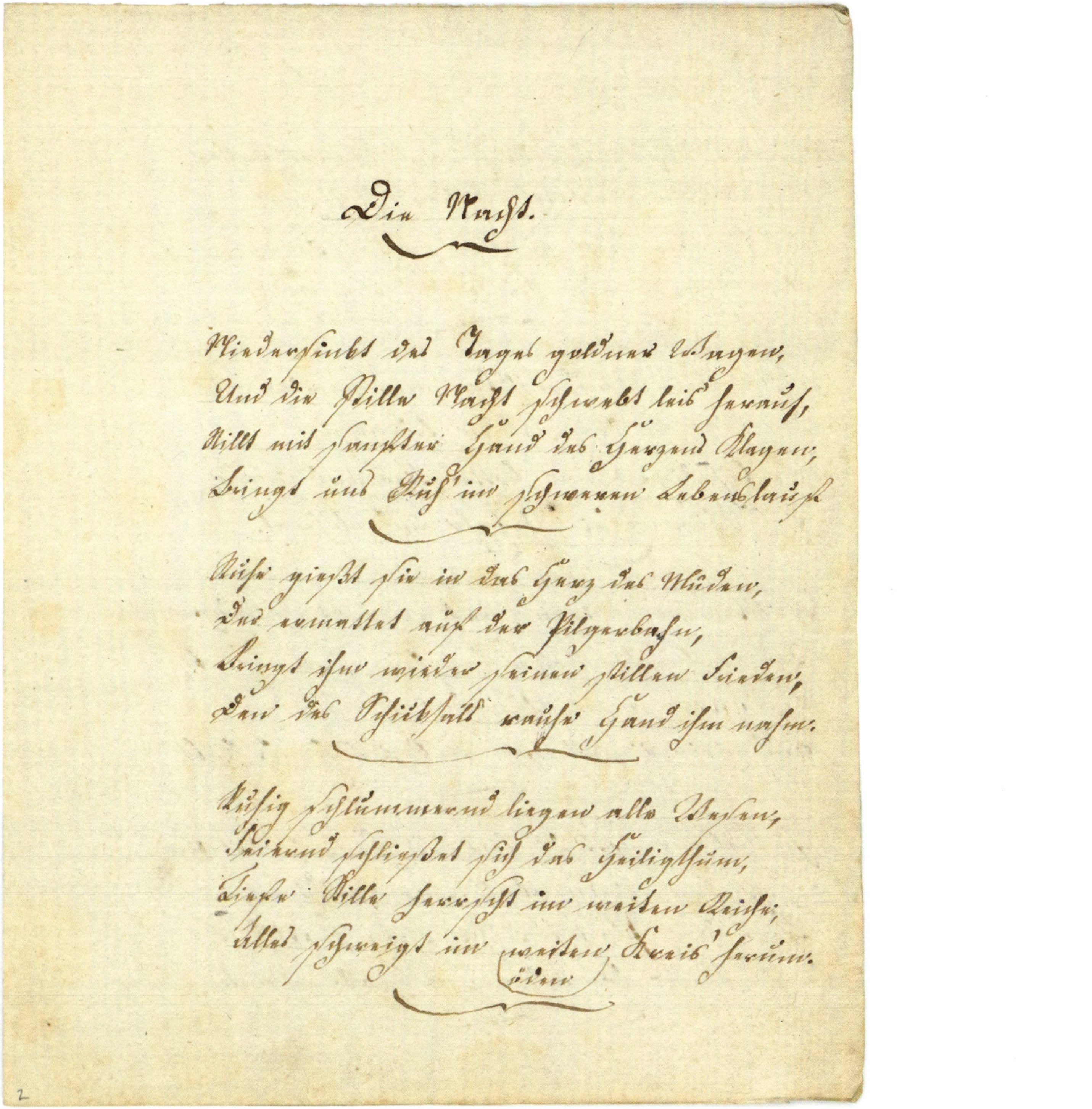

Die Nacht.

Niedersinkt des Tages goldner Wagen,
Und die stille Nacht schwebt leis herauf,
Stillt mit sanfter Hand des Herzens Klagen,
Bringt uns Ruh im schweren Lebenslauf.

Ruhe gießt sie in das Herz des Müden,
Der ermattet auf der Pilgerbahn,
Bringt ihm wieder seinen stillen Frieden,
Den des Schicksals rauhe Hand ihm nahm.

Ruhig schlummernd liegen alle Wesen,
Feiernd schließet sich das Heiligthum,
Tiefe Stille herrscht im weiten Reiche,
Alles schweigt im weiten Kreis' herum.
[öden]

2

Die Nacht.

Niedersinkt des Tages goldner Wagen,
Und die ~~S~~→stille Nacht schwebt leis' herauf,
Stillt mit sanfter Hand des Herzens Klagen,
Bringt uns Ruh' im schweren Lebenslauf.

Ruhe gießt sie in das Herz des Müden,
Der ermattet auf der Pilgerbahn,
Bringt ihm wieder seinen stillen Frieden,
Den des Schicksals rauhe Hand ihm nahm.

Ruhig schlummernd liegen alle Wesen,
Feiernd schließet sich das Heiligthum,
Tiefe Stille herrscht im weiten Reiche,
Alles schweigt im weiten Kreis' herum.
⌈öden⌉

Der 15-Jährige schrieb dieses Gedicht als »Ein kleines Weihnachtsgeschenk von G. Büchner für seine guten Eltern. 1828«

TRANSKRIPTIONSLEGENDE: ANHANG, S. 608

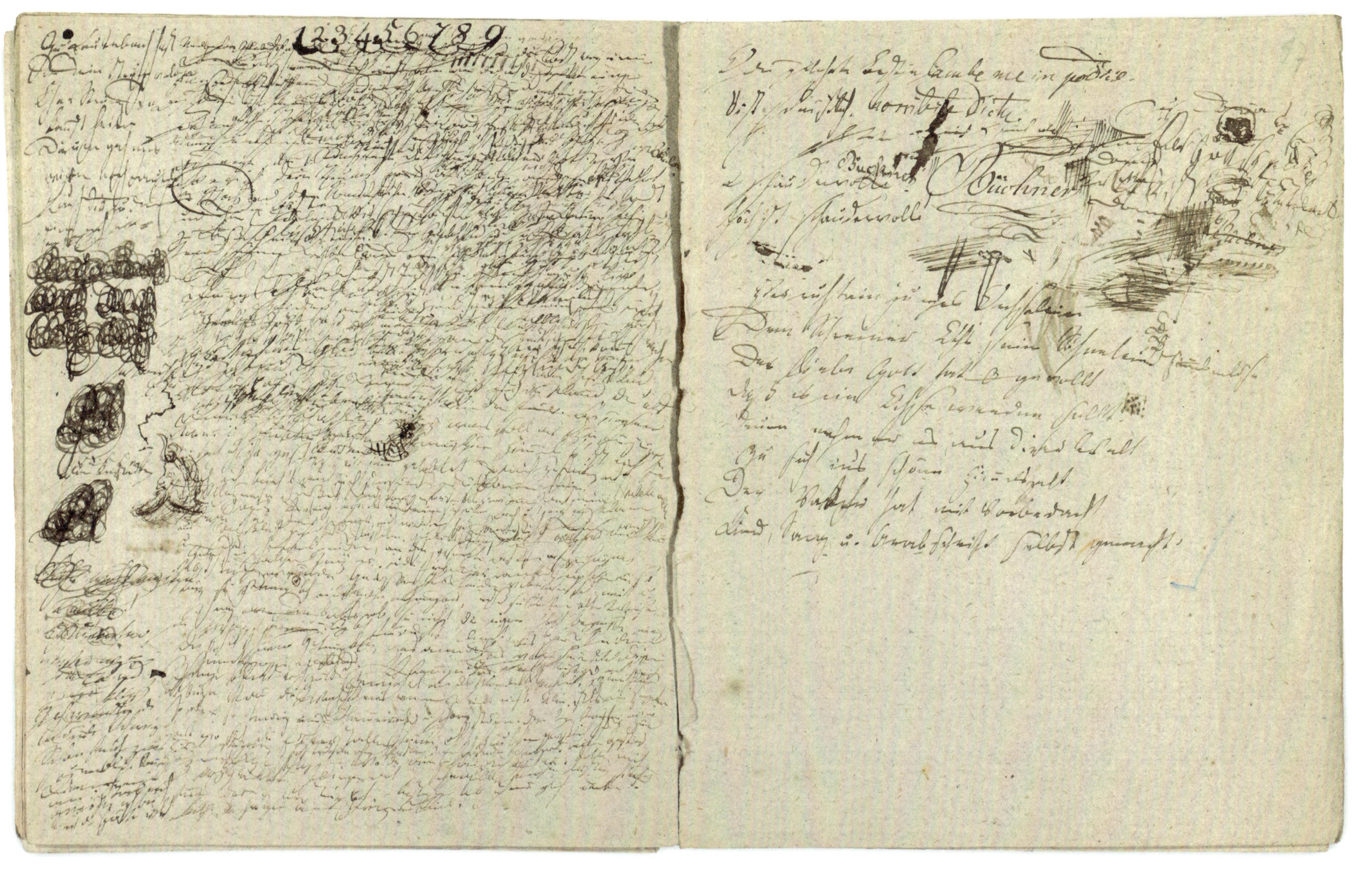

Georg Büchner
»Kritzelseite« im Schulheft: Paläografie
Frühjahr 1831

			1 2 3 4 5 6 7 8 9	a0
		1	w lle d n vor+	
			/////////	b
R1	Zu Lauterbach hast	2	N++lb++lo+ +++busch, +++++++++++ g+g Dich ++++++ du lebst weg eini-	
R2	Du Dein Strumpf verlorn	3	++++++++++ Barse werde nicht wärst, ++m wenn du mit d. Engelston eine	
		4	Ell++sonder+st++ich++ ennde ++nder auf fressen +++st++d w++++ nie die +	
			+alles nicht	c
R3	Ohne Strumpf du	5	Beh++++ie einh++g+++++lediges kriecht so++++++++++++++++++++ *nicht*	
R4	kommst heim	6	++n ungeschehen. M+++++++++++++die Aristo*craten* ++++++++++++ oder se++s	
		d	**0 mon dieu**	d
		7	+++	
			Z++chter s'hilft op+++++lo+	e
R5	Drum geh nur	8	S++++ge du+++ ++en +++++++++++++++++++++ ist di+ + +++++++++++++++++++	
			nicht stehn	f
R6	wieder nach Lauterbach	9	ach neige, du Schmerzenzreiche, d*ein Anlitz* gnädig meiner Noth. Wie	
			Rette	g
		10	erkenn ich dein Treulieb vor d. andern nun, an dem Muschelhut	
			Den Besten den endlich	h
R7	Kauf dir zu dem	11	und Stab und den Sandelschuhn. Er ist lange todt u. hin. todt	
			schließt ins E++///	i
R8	einen noch ein	12	und hin Fräulein Mir zu Häupten ein Rasen grün. Ihm	
			ich vergehe Ich ver Vater	k
R9	ein	13	zu Füßen ein Stein. Ein Grabscheit und ein Spaten wohl	
			ich vergehe	l
		14	samt einem Kittel aus Lein und oh eine Grube gar tief	
R10	++++++ ++++++	15	und hohl für solchen Gast muß seyn. Denn *traut* lieb	
			ich vergehe ++olich	m
		16	Fränzel *ist* all meine Lust. Sie trugen ihn auf der Bahre	
			seyn +ll+ Ich	n
		17	bloß, leider ach leider und manche Thräne fiel in	
			oder verge+	o
R11	++++++ ++++++	18	Grabes Schooß, fahr wohl meine Taube +++++++ auf *morgen*	
			Herr Jesu, komm	p
		19	*ist Sankt* Valentinstag wohl an der Zeit noch früh	
			sey unser Gast.	q
		20	und ich ne Maid am Fensterschlag will seyn euer	
R12	++++++ ++++++	21	*Valent*in Er war bereit, thät an sein Kleid	
			schließt *Jammerthal*	r
		22	Thät auf die Kammerthür, ließ ein die Maid, die als	
		23	ne Maid ging nimmer *mehr her*für. Bey unsrer	
R13	++++++++	24	Frau u. St Kathrin, o pfuy was soll das seyn. Ein junger	
			Büchner	s
		25	Mann thut's wenn er kann, beym Himmel s'ist nicht fein	
		26	Sie sprach eh ihr gescherzt mit mir gelobet ihr mich zu frein, er	
R14	+++ ++++st+d++ng	27	sprach ich bräch's auch nicht + wärst du *nicht* kommen herein.	
		28	*0* Mayenrose süßes Kind *Freiheit* +s+ Mayenwonne, Braut meiner *Seele meiner*	
		29	*Sonnen* Sonne. Es neigt ein Weidenbaum sich übern Bach u. zeigt im klaren	
R15	+++++++++	30	Strom sein graues Laub, mit welchen sie phantastisch Kränze wand	
		31	aus Maaßlieb, Hahnfuß, Nesseln, Guckuksblumen Dort als sie aufklomm	
		32	um ihr Laubgewinde, an den gesenkten Aesten aufzuhängen,	
		33	Zerbrach ein falscher Zweig u. nieder fielen die rankenden Trophäen u. sie	
R16	~~Fahr wohl meine~~	34	selbst ins weinende Gewässer. Ihre Kleider verbreiteten sich weit u.	
		35	trugen sie Sirenengleich ein Weilchen noch empor, indeß sie Stellen alter Weisen	
R17	~~Taube~~	36	sang ~~wie ein G ab~~ als ob sie nicht die eigne Noth begriffe, wie	
R18	~~++++ter~~	37	ein Geschöpf geboren u. begabt für dieses Element, bis ihre Kleider	
R19	+++ in	38	die sich schwer getrunken, das arme Kind von ihren Melodieen	
R20	+++ und	39	hinuntergezogen in d. sch*lamm*'gen Tod. ++s++++++ +++ ++++	
R21	++zu kl++t	40	Sch++ge be++++ gerh zu de+ Zweifel an des Mondes Klarheit zweifle	
R22	Ich wandte di	41	ob lügen kann die Wahrheit nur an *meiner* Liebe nicht. Mir stets im Herz*ensraume*	
R23	T++de Schwig	42	so öde u. so traurig nur Flammen wild u. schaurig, stören den bangen Trau,wie	
R24	Schon f++h+ zus	43	dort wo sich die Eiskrystalle thürmen, oft Gluthen gräßlich schön zum	
R25	unendlichen Soñe	44	Himmel stürmen, so stürmen ohne Meister im schaudernden Entzück*en* meine Geister	
R26	Kann nie	45	~~zweifle~~ ~~sch g~~ Er Wo die Bien – saug ich mich ein, bette mich	
R27	an den Tod mich	46	in Mayglöcklein. Fliege mit d. Schwalben Rhein lustig hinterm	
R28	gewöhn ich bi+	47	Sommer drein – lustiglich, lustiglich leb ich nun gleich unter d.	
R29	mit d. Göte vkt	48	Blüthen, die hängen am Zweig . . . Ariel.	

Die vier »Kritzelseiten« entstanden am Ende von Büchners Schulzeit während des Unterrichts bei Direktor Julius Friedrich Karl Dilthey. Statt die neuesten Erkenntnisse zur Entzifferung der ägyptischen Hieroglyphen mitzuschreiben, brachte Büchner neben Unmutsäußerungen über den vorgetragenen Stoff und Beschimpfungen gegen den Lehrer auch Zitate und Kritzeleien aufs Papier. Um nicht aufzufallen, musste er die Feder in Bewegung halten und schrieb aus dem Gedächtnis Verse aus dem *Großen Lied*, dem radikalen Gedichtzyklus der Brüder Follen, aus den Shakespeare-Dramen *Hamlet* und *Der Sturm* sowie aus Goethes *Faust* nieder.

Lauterbacher Strumpflied (Hessisches Volkslied)

Goethe, *Faust*

Shakespeare, *Hamlet* II, 2

Shakespeare, *Hamlet* IV, 5

Shakespeare, *Hamlet* IV, 7

Shakespeare, *Hamlet* V, 1

Shakespeare, *Der Sturm* V, 1

Brüder Follen, *Großes Lied*

TRANSKRIPTIONSLEGENDE
ANHANG S. 608

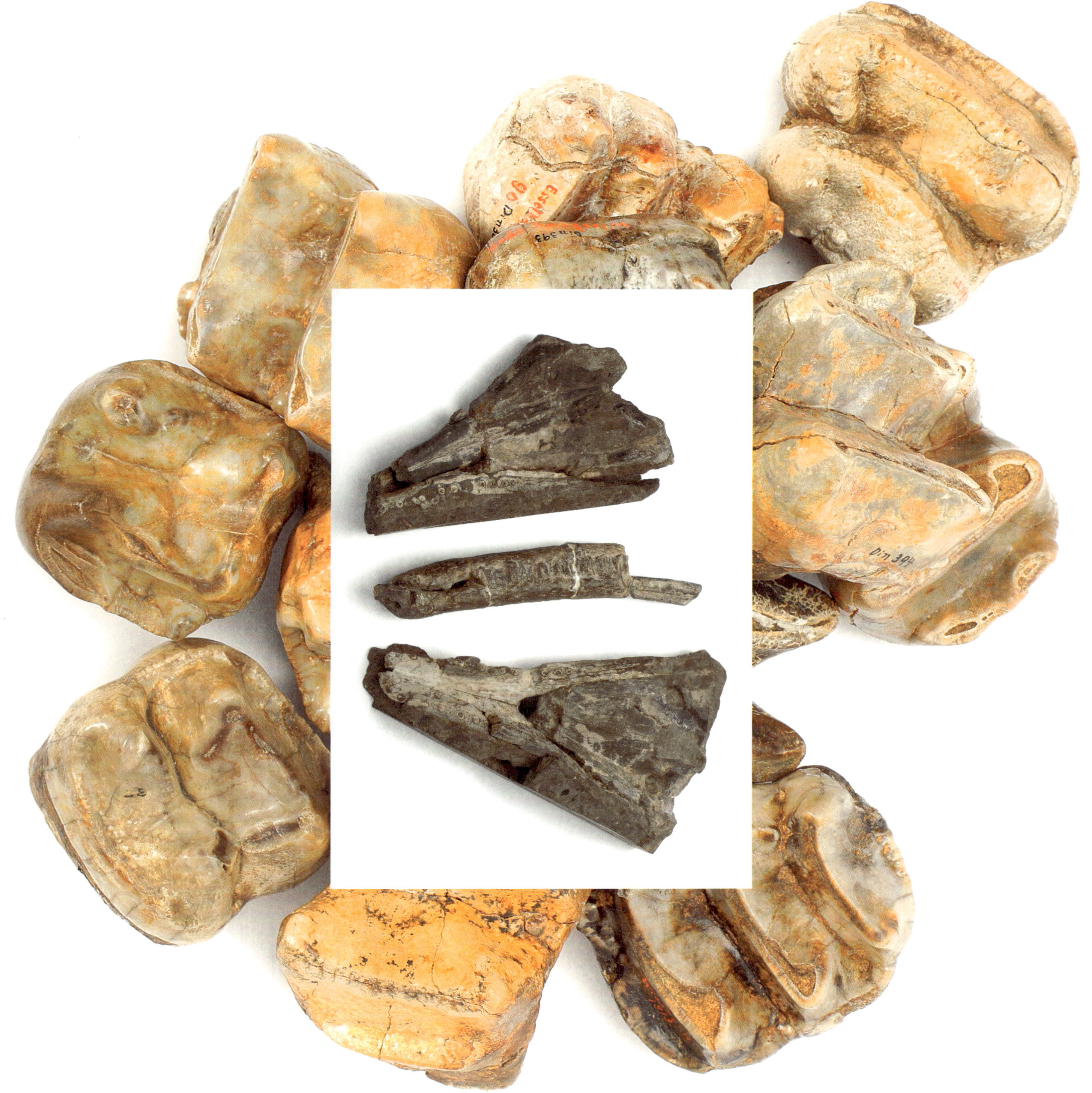

Das Schädel- und Schnauzenfragment Steneosaurus bollensis wurde von Joh. Heinrich Merck im Jahre 1783 für 20 Louisdor gekauft. Siehe Goethes Brief an Merck vom Mai 1783. Er wurde später von dem Paläontologen Georges Cuvier in Paris beschrieben und abgebildet: *Recherches sur les ossemens fossiles de quadrupèdes*, 4 Bde., Paris 1812

Schädel- und Schnauzenfragment eines Meereskrokodils der Jurazeit, Steneosaurus bollensis Lias-Fragmente, Fundort: Altdorf, Merck'scher Alligator

Zähne des Deinotherium giganteum, Obermiozän, Fundort: Dinotheriensande bei Eppelsheim

BURGHARD DEDNER

—

»ALLE DICHTER WIE SCHULKNABEN«

—

BÜCHNER UND SHAKESPEARE

Im Begleitbrief zum *Danton*-Manuskript gestand Büchner ein, dass er »alle Ursache habe, der Geschichte gegenüber roth zu werden«, tröstete sich in seiner Zerknirschung jedoch damit, dass außer Shakespeare schließlich »alle Dichter« vor der Geschichte und der Natur dastünden »wie Schulknaben«.[1] Shakespeare und alle andern: so war offenbar das Feld der Dramendichter aufgeteilt. Warum aber sollte es dereinst nicht heißen: Shakespeare, Büchner und alle andern? Wilhelm Schulz äußerte sich 1851 zu dieser Perspektive folgendermaßen: »Keiner wußte es besser, als Büchner selbst, daß er kein *Shakespeare* war. Aber wenn irgend Einer, so hatte er das Zeug dazu es zu werden.«[2] Nehmen wir also an, dass Büchner vorhatte, der deutsche Shakespeare zu werden! Vorerst freilich – so schrieb der gerade mit *Woyzeck* Beschäftigte in einem seiner letzten Briefe – war er nicht »werth«, Shakespeare »die Schuhriemen zu lösen«[3].

Als der 21 Jahre alte Büchner *Danton's Tod* niederschrieb, hatte er sich das Vokabular der shakespeareschen Dramen bereits vollständig zu eigen gemacht. Die Marburger Ausgabe ist in den Stellenerläuterungen den Shakespeare-Anregungen nachgegangen, und folgende Zahlen mögen einen Eindruck von deren Umfang geben. Verzeichnet sind für *Danton's Tod* Anregungen unter anderem durch *Hamlet* (18), *Julius Cäsar* (12), *Heinrich VI. Zweiter Teil* (11), *Macbeth* (10), *König Lear* und *Richard III.* (9), *Heinrich IV. Erster Teil* (8), *Romeo und Julia* (7), *Maß für Maß* (6); für *Leonce und Lena* (einschließlich der Entwurfsbruchstücke) unter anderem durch *Hamlet* (5), *Romeo und Julia* (3) und *Macbeth, Kaufmann von Venedig* sowie *Viel Lärmen um Nichts* (je 2); für *Woyzeck* durch *Othello* (9), *Macbeth* (5), *König Lear* (3), *Hamlet* (2). Das Gesamtverhältnis – 89 Einträge für *Danton's Tod*, 23 für *Leonce und Lena* und 21 für *Woyzeck* – zeigt eine fallende Tendenz. *Danton's Tod* steht in der szenischen Gestaltung – so etwa im Wechsel von öffentlichen und nachklappenden privaten Szenen – im oft schroffen Wechsel lyrischer, pathetischer und burlesker Tonarten, aber auch in Einzelheiten des Vokabulars und der Bilder in der Tradition Shakespeares. In *Leonce und Lena* liefern neben Shakespeares Lustspielen und Liebestragödien Dramatiker wie der deutsche Romantiker Clemens Brentano und Büchners französischer Zeitgenosse Alfred de Musset neue Orientierungsmuster. Und auch *Woyzeck* ist formal beeinflusst von der Dramatik der Stürmer und Dränger Jakob Michael Reinhold Lenz und Johann Wolfgang von Goethe sowie von der romantischen Schauertragödie, nicht mehr aber von Shakespeare.

SZENISCHE ANREGUNGEN

—

VERSCHWÖRUNGEN, ALBTRÄUME, RÜPELKOMIK

Auffällig sind die Anregungen vor allem dann, wenn sie sowohl die szenische Konstellation als auch die sprachlichen Details umfassen. Der Eindruck direkter Abhängigkeit entsteht dennoch nicht, weil Büchner sich meist an mehreren Vorbildern gleichzeitig orientiert und weil er sie zielgerichtet verändert. Hierfür ein Beispiel. St. Just – so im zweiten Teil der Szene I/6 von *Danton's Tod* – bespricht mit Robespierre in nächtlicher Zusammenkunft das Vorgehen gegen die Dantonisten. Vorbilder sind in Shakespeares *Julius Cäsar* die Szenen II/1 – eine nächtliche Zusammenkunft der Verschwörer gegen Cäsar bei Brutus – und IV/1 – die Cäsarerben Antonius, Octavius und Lepidus wählen als Beginn der Gegenoffensive die Todeskandidaten unter ihren Gegnern aus. Büchner beginnt die Szene wie Shakespeare die der Cäsarmörder:

↓

Es gibt einen Saal, in dem wertvolle ornamentale und liturgische Gegenstände der katholischen Konfession aus der Zeit vor der Reformation aufbewahrt sind. Das da sind auch Fossilien, sagte Büchner zu mir.

Alexis Muston, Tagebuch, Oktober 1833

Kleines Turmreliquiar
1200

Robespierre sinniert zunächst wie Brutus im Dunkeln, hört dann, dass Besuch kommt, und verlangt nach Licht. Es folgt – als Anleihe aus der Szene der Cäsarerben – das mit kurzen Kommentaren verbundene Auflisten der Todeskandidaten. Mit seinem Ausruf »auch du Camille« nimmt Robespierre das letzte Wort des sterbenden Cäsar auf (*Julius Cäsar* III/1).[4]

Besonders interessant ist, wie Büchner seinen St. Just im Verhältnis zu Brutus gestaltet. Dieser unterscheidet zwischen Cäsar als dem »Haupt« der Gegner und der Cäsarclique als bloßen »Gliedern«. »Opferer«, nicht »Schlächter« wolle er sein, »die Glieder« wolle er verschonen und nur »das Haupt abschlagen«. »Dadurch« – so sein Kalkül – »wird man uns Reiniger, nicht Mörder nennen« (*Julius Cäsar* II/1). Diese törichte Großherzigkeit bezahlt er mit der militärischen Niederlage gegen die »Glieder« und mit seinem Tod. Mit seiner gewohnt zynischen Klugheit erklärt auch St. Just, er wolle die Liquidierung Dantons feierlich-sakral gestalten, und zwar mit gehörig heidnischem Pomp:

> ST. JUST.
> Wir müssen die große Leiche mit Anstand begraben, wie Priester, nicht wie Mörder. Wir dürfen sie nicht zerstücken, all ihre Glieder müssen mit hinunter.
> ROBESPIERRE.
> Sprich deutlicher.
> ST. JUST.
> Wir müssen ihn in seiner vollen Waffenrüstung beisetzen und seine Pferde und Sclaven auf seinem Grabhügel schlachten.

Ebenso offensichtlich wie hier folgt Büchner Shakespeares Modellen bei der Gestaltung von Volksszenen (II/2 und III/10) oder von jenen posttraumatischen Situationen, in denen ein Täter von der Erinnerung an seine Taten gequält wird. Hieran leiden bei Shakespeare unter anderem die Königsmörder Macbeth und Lady Macbeth, Richard III. sowie Brutus in *Julius Cäsar*, bei Schiller Franz Mohr in den *Räubern*, Danton in der Albtraumszene (II/5) und schließlich Woyzeck bei seinem Versuch, die Mordwaffe zu reinigen. »Will denn die ganze Welt es ausplaudern? [...] Da ein Fleck und da noch einer«, heißt es bei Büchner.[5] »Da ist noch ein Fleck. [...] Fort, verdammter Fleck! fort, sag' ich! [...] wollen diese Hände denn nie rein werden?«, heißt es bei Shakespeare (*Macbeth* V/I). Deutlich unter Shakespeares Einfluss – und zwar bis in sprachliche Einzelheiten – stehen auch die »Rüpelszenen« I/2 (Eine Straße), II/6 (Bürgersoldaten vor Dantons Haus) oder IV/4 (Fuhrleute vor der Conciergerie). In *Hamlet* (V/1) gibt ein Totengräber folgendes Rätsel auf: »Wer baut fester als der Maurer [...]?« Die Antwort: »Der Todtengräber. Die Häuser, die er baut, währen bis zum jüngsten Tage.« In *Danton's Tod* (V/1) fragt einer der für Delinquententransporte lizensierten Fuhrleute: »Wer ist der beste Fuhrmann«? Die Antwort: Wer die Leute »am weitesten«, nämlich »aus der Welt fährt«. Auch in der nur in einem Entwurf überlieferten Polizistenszene in *Leonce und Lena*[6] folgt Büchner noch einmal einer Rüpelszene, diesmal aus *Viel Lärmen um Nichts* (III/3 und IV/2).

»EIN SÜSSER SCHLUMMER DIR IM SCHOOSS«
—
PUNKTUELLE ANREGUNGEN

Von den unzähligen punktuellen Anregungen sei hier nur kurz auf zwei thematisch verwandte Gruppen hingewiesen, auf Äußerungen zu Tod und Liebe oder zu beidem zugleich. Zu Füßen seiner Frau Julie sitzend, sinniert Danton über den Spruch »Grab und Ruhe seyen eins«. Wenn er zutreffe, dann »lieg' ich in deinem Schooß schon unter der Erde. Du süßes Grab, deine Lippen sind Todtenglocken, deine Stimme ist mein Grabgeläute, deine Brust mein Grabhügel und dein Herz mein Sarg« (*Danton's Tod* I/1). Eine Vergleichsstelle aus *Heinrich VI. Zweiter Teil* (III/2) lautet: »Ich kann nicht leben, wenn

↓

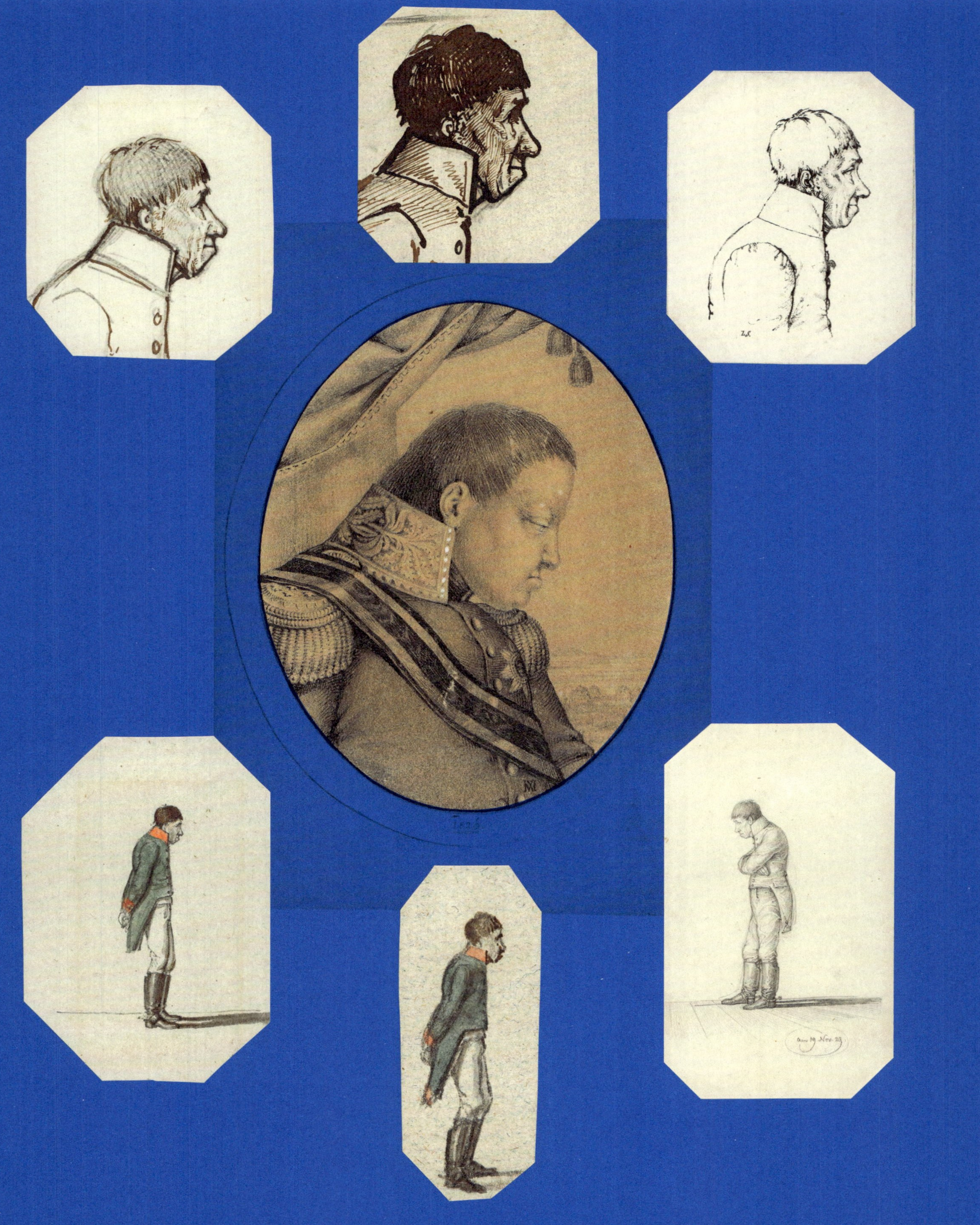

Ludwig X. Landgraf von Hessen-Darmstadt, seit dem Beitritt zum Rheinbund 1806 Ludewig I. Großherzog von Hessen, seit 1816 Großherzog von Hessen und bei Rhein, regierte das Land von 1790 bis zu seinem Tod am 6. April 1830. Der geheime Kabinetts-Sekretär Ernst Christian Schleiermacher, der die Leitung des späteren Großherzoglichen Museums übernahm, stand bereits vorher Ludewig I. bei seiner regen Sammeltätigkeit beratend zur Seite.

Wilhelm von Harnier
Großherzog Ludewig I. im Profil
Um 1826

Wilhelm von Harnier
Geheimer Kabinetts-Sekretär und Museumsdirektor Ernst Schleiermacher
1829

ich von dir scheide; / Und neben dir zu sterben, wär' es mehr / Als wie ein süßer Schlummer dir im Schooß? / Hier könnt' ich meine Seele von mir hauchen, / So mild und leise wie das Wiegenkind, / Mit seiner Mutterbrust im Munde sterbend.« Darf man sagen, dass Shakespeares sanfte Variante der Liebestodmotivik – in Prosa zurückübersetzt – auch von Büchner stammen könnte?

Prominenter freilich figurieren die Schrecken des Todes, die Enge des Grabes und der faulende Körper, beides auch einmal im Stimmungsumschwung gegen eine vorangegangene Demonstration von unerschrockenem Mannesmut. »Nein, muß ich sterben, / Grüß ich die Finsterniß als meine Braut, / Und drücke sie ans Herz!« lautet die Tirade, mit der Claudio in *Maß für Maß* (III/1) seine Todesverachtung ausdrückt. Wenige Repliken später erkennt Claudio den Ernst der Lage, und panische Todesangst befällt ihn: »Da liegen, kalt, eng eingesperrt, und faulen; [...] das ist zu entsetzlich«. Büchner verteilt beide Reaktionen auf zwei Sprecher und unterschiedliche Zeitpunkte. »Wir werden wenigstens nicht mit Schwielen an den Fingern der hübschen Dame Verwesung die Wangen streicheln«, intoniert Hérault beim Eintritt ins Gefängnis. »Da liegen allein, kalt, steif in dem feuchten Dunst der Fäulniß, mit Bewußtseyn vielleicht sich wegzufaulen!« ruft Camille nach dem ersten Prozesstag aus (*Danton's Tod* III/1 und III/7). »Kalt da zu liegen, ohne Gefühl und Gedanken, Würmern eine Wohnung, todt, vermodert«, hieß es zuvor schon in Ludwig Tiecks Erzählung *Abdallah*,[7] die Büchner vermutlich kannte. Verursacher und Produkte der Verwesung sind die bei Shakespeare wie bei Büchner ubiquitären Würmer, die aus den Leichen hervorgehen. Über die Gefangenen, die er zur Guillotine transportiert, sagt ein Fuhrmann, sie seien sein »Brod«. »Wurmfraß« seien sie, berichtigt ihn der Kollege. »Meine Kinder sind auch Würmer, und die wollen auch ihr Theil davon«, repliziert der Erste (*Danton's Tod* IV/4). Nehmen wir zum Vergleich die Stelle, an der man Hamlet fragt, wo die Leiche des von ihm ermordeten Polonius sei. »At supper. [...] Not where he eats, but where he is eaten«, antwortet dieser und lässt eine Anspielung auf die »diet of worms« folgen, was im Englischen sowohl den »Reichstag zu Worms« als auch »Würmerdiät« bezeichnet (*Hamlet* III/2).

Aus der von Shakespeare inspirierten Reihe der sexuellen Anspielungen sei nur folgende erwähnt: »Ihr seyd spitz, gnädiger Herr, ihr seyd spitz«, reagiert Ophelia auf eine Bemerkung Hamlets. »Ihr würdet zu stöhnen haben, ehe ihr meine Spitze abstumpftet«, antwortet dieser (*Hamlet* III/2). Ein Soldat und eine gewisse Rosalie kommen bei Büchner durch folgenden Dialog in Kontakt: »SOLDAT. Du bist sehr spitz. / ROSALIE. Und du sehr stumpf. / SOLDAT. So will ich mich an dir wetzen« (*Danton's Tod* II/2).

SHAKESPEARE ALS KULTFIGUR

Man erklärt sich Büchners Hang zu drastischen Anspielungen auf körperliche Vorgänge mit seinen beruflich bedingten Aufenthalten in Seziersälen. Das ist sicher ein Faktor. Die sprachlichen Mittel für diese Anspielungen erlernte Büchner jedoch bei Shakespeare. Dessen Dramen waren noch wenig berührt von jenem »Prozess der Zivilisation« (Norbert Elias), in dessen Verlauf die europäischen Oberschichten gegen das Spucken vorgingen, bei Tisch mit Gabel zu essen begannen, die verbale Tabuisierung des Leiblichen einführten und die Bühnen zu Sprechtheatern machten und Dezenznormen unterwarfen. Shakespeares Dramen sind noch weitgehend indezent. Deshalb waren sie bis 1750 auf dem Kontinent als barbarisch verschrien, und dies war einer der Gründe, warum sie danach in den Jugendbewegungen kultischen Status genossen. Hinzu kam unter anderem, dass Shakespeare noch in der Lage war, fantastische Elemente ins Drama zu integrieren und dass er noch über Erfahrungen mit politischer Öffentlichkeit verfügte, die bis zur Französischen Revolution durch die in der Zwischenzeit dominierende Kabinettspolitik verloren gehen sollten. So kam niemand, der das volle Repertoire bühnensprachlicher Möglichkeiten kennenlernen wollte, an Shakespeare vorbei. Das erklärt seinen Siegeszug in

↓

Johann Heinrich Schilbach
Hoftheater in Darmstadt
1. Hälfte 19. Jahrhundert

Glaspokal und Tassen mit dem Hoftheater Darmstadt
19. Jahrhundert

Deutschland nach 1740 bei den Jungen, nach 1770 im Sturm und Drang, um 1800 bei den Romantikern und schließlich nochmals bei Büchner. Dieser hatte außerdem den Vorteil, dass er als erster deutscher Dramatiker von Rang auf den deutschen Shakespeare-Thesaurus, also auf die von August Wilhelm Schlegel begonnene, von Dorothea Tieck und Wolf Graf Baudissin ergänzte Übersetzung sämtlicher Dramen Shakespeares zurückgreifen konnte. Als er sich nach *Danton's Tod* anderen Mustern zuwandte, blieb er noch immer in derselben Tradition. Auch Lenz und der junge Goethe, Brentano und Musset waren Shakespeare-Adepten.

In seinen Annäherungen an Shakespeare verhielt sich Büchner nie als einfacher Nachahmer. In den am wenigsten interessanten Fällen erfand er Variationen auf die shakespeareschen Vorbilder, in den anderen bereicherte er das vorgegebene Material und gab ihm eine neue Bedeutung. In *Leonce und Lena* zum Beispiel greift er en passant eine Märchenfantasie Shakespeares aus dem *Sommernachtstraum* (III/1) auf und verwandelt sie in politische Satire. Die Feenkönigin Titania gibt ihrem derzeitigen Liebhaber Zettel »zur Bedienung« folgenden Hofstaat: »guter Musje Spinnweb. [...] Guter Herr Bohnenblüthe [...] Lieber Musje Senfsamen«. Daraus macht Büchner (*Leonce und Lena* I/1) folgende Fantasie seines Narren Valerio:

> Ha, ich bin Alexander der Große! Wie mir die Sonne eine goldne Krone in die Haare scheint, wie meine Uniform blitzt! Herr Generalissimus Heupferd, lassen Sie die Truppen anrücken! Herr Finanzminister Kreuzspinne, ich brauche Geld! Liebe Hofdame Libelle, was macht meine theure Gemahlin Bohnenstange? Ach bester Herr Leibmedicus Cantharide, ich bin um einen Erbprinzen verlegen. Und zu diesen köstlichen Phantasieen bekommt man gute Suppe, gutes Fleisch, gutes Brod, ein gutes Bett und das Haar umsonst geschoren, – im Narrenhaus nämlich.

Dieser im Königreich Popo imaginierte Hofstaat besteht aus teils grotesken, teils blutsaugerischen Insekten, ein verbreitetes Gebrechen sind Probleme bei der Zeugung von Thronfolgern, die man mit den stimulierenden Aussonderungen des Kantharidenkäfers behandelt. König zu sein: das ist eine Narrenfantasie. Die durch Shakepeare vorgegebene Form gab der Satire eine Leichtigkeit, mit der sie die Zensur passieren konnte. In zensurwidriger Form sprach man im nahe gelegenen Frankfurt über die Fürsten so: »Alle aber sind von dem Wahn besessen, daß sie von Gott und Rechtswegen über das Volk zu herrschen haben – einem Wahn, von dem sie nichts anderes heilen wird als der Strang.«[8]

ZEHN JAHRE SHAKESPEARE-BEGEISTERUNG

Büchner entdeckte Shakespeare spätestens im 14. Lebensjahr, als im Sommer 1828 im Darmstädter Hoftheater zwei Shakespeare-Dramen aufgeführt wurden. Die Schauspielerin Therese Peche, die 1828/29 in Darmstadt gastierte, gab in der zweiten Junihälfte 1828 die Julia in *Romeo und Julia* und im Juli und August die Porcia in *Der Kaufmann von Venedig*.[9] Der 22-jährige Büchner bezeichnete sie später als »alte Bekanntin von mir«.[10] Vermutlich ebenfalls 1828 versammelten Büchners Klassenkameraden Friedrich und Georg Zimmermann einen Kreis von Shakespeare-Enthusiasten um sich. Sie waren es, so der Schulkamerad Ludwig Wilhelm Luck, »die uns Andre mit ihrer Begeisterung für Shakespeare ansteckten, [...] daß wir uns verabredeten, in dem schönen Buchwald bei Darmstadt an Sonntagnachmittagen im Sommer, die Dramen des großen Britten zu lesen, die uns die anregendsten u theuersten waren, als den Kaufmann von Venedig, Othello, Romeo u Julia, Hamlet, Kg. Richard III u. s. w. Wir hatten Momente innigster u. wahrster Hingerissenheit u Erhebung z. B. beim Lesen der Stelle: ›Wie süß das Mondlicht auf dem Hügel schläft‹ u. ›*der Mann, der nicht Musik hat in sich selbst, – trau keinem solchen.*‹« Luck rief sich das Bild Büchners vor Augen; es sei »ähnlich einem alten Bilde Shakespeares, von

↓

Louise Berka
Porträt Thérèse Peche
19. Jahrhundert

Im Darmstädter Hoftheater wurden im Sommer 1828 zwei Shakespeare-Dramen aufgeführt.
Die Schauspielerin Therese Peche, die 1828/29 in Darmstadt gastierte, gab in der zweiten Junihälfte 1828 die Julia aus *Romeo und Julia* und im Juli und August die Porcia aus *Der Kaufmann von Venedig*.

[...] seit ich in Teutschland bin, bin ich ein Liebhaber vom Theater, ich gehe wöchentlich 2–4mal hinein. Löwe, D. I. Roche, Costenoble, Anschütz d. anmuthige Me Rettich, Me Peche, u. Melle Müller sind ausgezeichnet.

Eugène Boeckel an Georg Büchner, 15. Mai 1836

[...] à propos, Du machst ja ganz ästhetische Studien, Dem. Peche ist eine alte Bekanntin von mir.

Georg Büchner an Eugène Boeckel, 1. Juni 1836

bürgerlich gediegnem, thatkräftigen aber auch liebenswürdig übermüthigen Ausdruck«. In ihrem »jugendlichen Übermuth« hätten er und andere »während des Gymnasialgottesdienstes statt des jedesmal z. singenden Liederverses halblaut die Worte des Todtengräbers im Hamlet [gesungen]: ›*Und o eine Grube gar tief u hohl für solchen Gast muß sein*‹«, womit er »gegen den ihm ungenügenden Vortrag des Predigers als Hohlheit demonstrirte«.[11] Diese Erinnerung wird bestätigt durch Kritzelseiten im letzten Schulheft, die der nun 17-Jährige mit Zitaten von Karl Follen, dem radikalsten unter den deutschen Revolutionären der 1810er-Jahre, aber auch von Goethe und Shakespeare füllte. Zu ihnen zählt das von Luck erwähnte Totengräberlied aus *Hamlet*. Shakespeares Bühnenanweisung: »*Erster Todtengräber* [...] / (Er gräbt und singt.)« *(Hamlet* V/1) gab Büchner möglicherweise die Anregung für seine Szenenanweisung: »1. HENKER (steht auf der Guillotine und singt)« *(Danton's Tod* IV/9). Über den teils an Gedankenjagd leidenden, teils auch von katatonischen Anfällen bedrohten Lenz schrieb Büchner 1835: »Er sprach, er sang, er recitirte Stellen aus Shakespeare«.[12] Am Ende der Schulzeit verfügte Büchner über so viele Kenntnisse zu Shakespeare, dass er im Ernstfall zu demselben als Heilmittel greifen konnte.

Programmatischen Charakter haben dann die Äußerungen gegen »Idealdichter« wie den eigens genannten Schiller und für »Realdichter« wie »Goethe und Shakspeare« im Brief an die Eltern vom 28. Juni 1835, in dem Büchner die Sprache und Personengestaltung in seinem Drama gegen mögliche Einwände verteidigt. Ebenso programmatisch ist der Satz in der Erzählung *Lenz*: »das Gefühl, daß Was geschaffen sey, Leben habe, [...] sey das einzige Kriterium in Kunstsachen. [...] in Shakespeare finden wir es und in den Volksliedern tönt es einem ganz, in Göthe manchmal entgegen. Alles Übrige kann man ins Feuer werfen.«[13] Die Überzeugung, dass Shakespeare Vorbild und Lehrmeister sei, blieb erhalten, auch wenn die Anleihen an das Vorbild in *Leonce und Lena* und *Woyzeck* sehr viel spärlicher ausfallen als in *Danton's Tod*.

Solange der Schüler lernt, muss er die gegebenen Muster ernstnehmen; sobald er selbst ein Meister ist, kann er mit ihnen spielen. Dieses Avancement zum spielerischen Umgang zeigt Büchner in *Danton's Tod* in der Figur des Souffleurs Simon, dem die Wörter der Dramatiker – vor allem die Wörter Shakespeares – die eigene Sprache geraubt haben;[14] er zeigt ihn vielleicht auch am Ende von *Danton's Tod*.

↓

ROBERT MUSIL

—

SHAKESPEAR'SCHE WORTWELT
1921

Wie würde ich Büchner spielen, wenn ich Dramaturg [...] wäre? Vor allem vom Wort aus. Dieses Wort bei Büchner ist wie ein fieberhafter Ausschlag, der farbige, schöne, unregelmäßige Flecke hervorzaubert, die sich da und dann zu seltsamen Gebilden zusammenschließen. Im Anfang war das Wort: das gilt von der ganzen Epoche. Und vor dem Wort war Shakespeare. [...]

Zur Sache gehört, daß von den burlesken Figuren, die dieser Vulkan Shakespeare gebar (mehr als von den großen) eine barocke Suada ausgeht, die von unerhörter Ansteckungsfähigkeit ist. Wuchernd wie Warzen. Wie Schwämme. Eine Parasuada, die nicht aus dem Munde wirklicher Menschen kommt, sondern gar nichts braucht, in der Luft entsteht, da ist, wächst ... und auf einmal unter sich Menschen ansetzt. Das Wort als geformte Luft: und zugleich ungeheure schöpferische Macht; dies war für mich immer die verblüffendste der Wirkungen dieses großen Dichters. Ich habe das Gefühl, wenn ich mein Ohr in dieser Weise auf Shakespeare einstelle, man darf jetzt nicht an die Sache denken, sondern muß irgendwo mit einem Wort einsetzen, dann die Worte gehn lassen, wie man einen Bleistift die Hand hinter sich herziehen läßt, dennoch in einer bestimmten Weise, und dann entsteht Shakespear'sche Wortwelt und mit dem Wort die Welt. Gerhart Hauptmann schreibt manchmal, wenn die eigene Stimme nicht da ist, wie ein Medium unter der verbalen Suggestion Shakespeares; ganze Gruppen haben es getan, auf die er von dieser Seite her am stärksten wirkte, so der Sturm und Drang. So auch Georg Büchner.

Robert Musil, »›Danton's Tod‹ von Georg Büchner«, in: *Prager Presse* vom 22. Mai 1921; zit. nach: ders., *Gesammelte Werke in neun Bänden*, hrsg. von Adolf Frisé, Bd. 9: *Kritik*, Reinbek 1978, S. 1485 f.

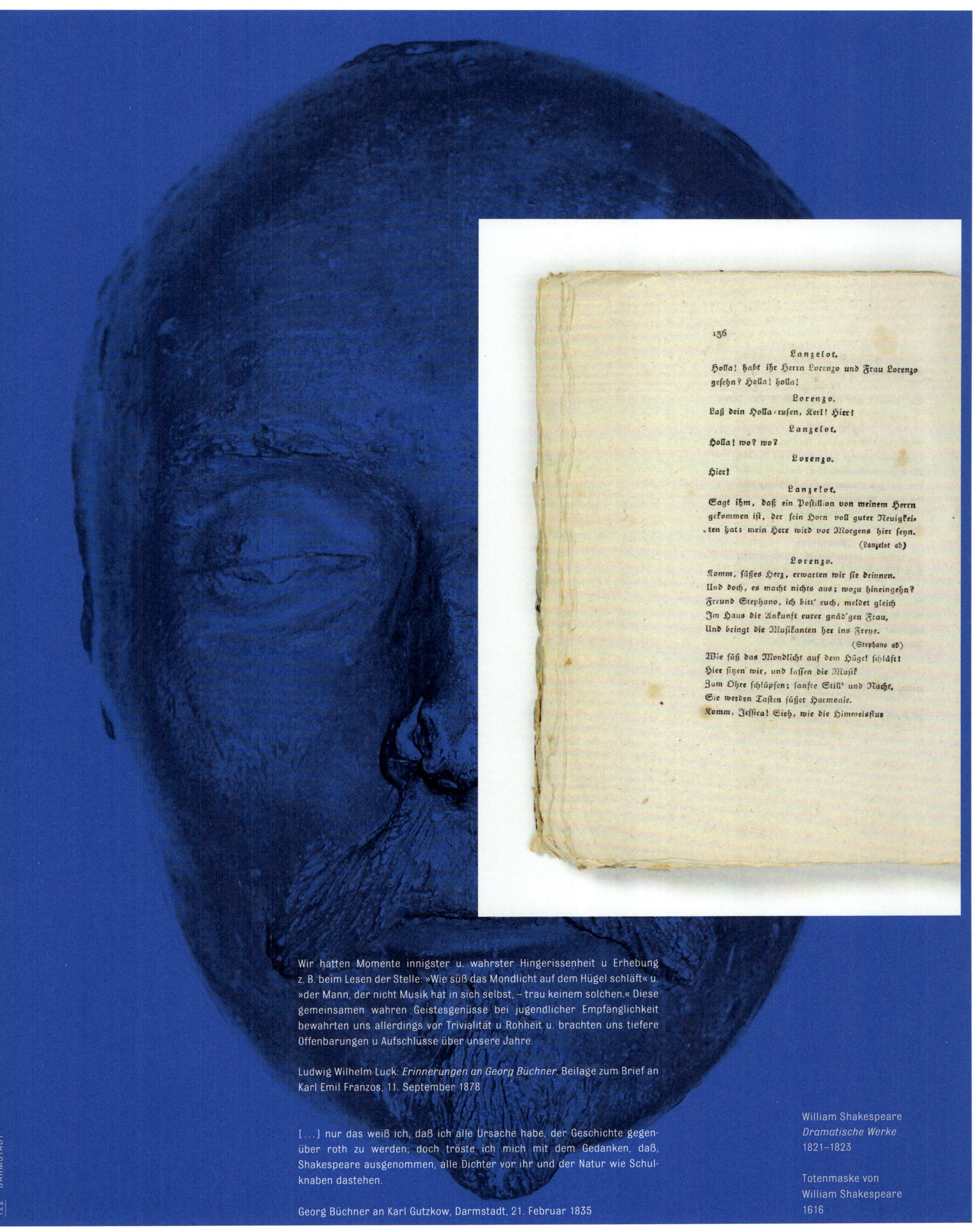

136

Lanzelot.

Holla! habt ihr Herrn Lorenzo und Frau Lorenzo gesehn? Holla! holla!

Lorenzo.

Laß dein Holla-rufen, Kerl! Hier!

Lanzelot.

Holla! wo? wo?

Lorenzo.

Hier!

Lanzelot.

Sagt ihm, daß ein Postillion von meinem Herrn gekommen ist, der sein Horn voll guter Neuigkeiten hat: mein Herr wird vor Morgens hier seyn.

(Lanzelot ab)

Lorenzo.

Komm, süßes Herz, erwarten wir sie drinnen.
Und doch, es macht nichts aus; wozu hineingehn?
Freund Stephano, ich bitt' euch, meldet gleich
Im Haus die Ankunft eurer gnäd'gen Frau,
Und bringt die Musikanten her ins Freye.

(Stephano ab)

Wie süß das Mondlicht auf dem Hügel schläft!
Hier sitzen wir, und lassen die Musik
Zum Ohre schlüpfen; sanfte Still' und Nacht,
Sie werden Tasten süßer Harmonie.
Komm, Jessica! Sieh, wie die Himmelsflur

Wir hatten Momente innigster u. wahrster Hingerissenheit u Erhebung z. B. beim Lesen der Stelle: »Wie süß das Mondlicht auf dem Hügel schläft« u. »der Mann, der nicht Musik hat in sich selbst, – trau keinem solchen.« Diese gemeinsamen wahren Geistesgenüsse bei jugendlicher Empfänglichkeit bewahrten uns allerdings vor Trivialität u Rohheit u. brachten uns tiefere Offenbarungen u Aufschlüsse über unsere Jahre.

Ludwig Wilhelm Luck: *Erinnerungen an Georg Büchner*, Beilage zum Brief an Karl Emil Franzos, 11. September 1878

[…] nur das weiß ich, daß ich alle Ursache habe, der Geschichte gegenüber roth zu werden; doch tröste ich mich mit dem Gedanken, daß, Shakespeare ausgenommen, alle Dichter vor ihr und der Natur wie Schulknaben dastehen.

Georg Büchner an Karl Gutzkow, Darmstadt, 21. Februar 1835

William Shakespeare
Dramatische Werke
1821–1823

Totenmaske von
William Shakespeare
1616

DEDNER

Die *Hamlet*-Tragödie beginnt mit den Repliken:

BERNARDO.
Wer da?
FRANCISCO.
Nein, *mir* antwortet: steht und gebt euch kund.
BERNARDO.
Lang' lebe der König!

Das Danton-Drama endet mit den Repliken:

EIN BÜRGER.
He werda?
LUCILE.
Es lebe der König!
BÜRGER.
Im Namen der Republik.
(*sie wird von der Wache umringt und weggeführt.*)

Ist das ein Zufall? Oder eine bewusst kryptisch formulierte, spielerische Form der Huldigung?

1 Brief an Karl Gutzkow, 21. Februar 1835; zit. nach: MBA X.1, S. 48. Nachweise der Dramentexte mit Titel sowie Akt / Szene im Text.
2 Wilhelm Schulz, Rezension von »Nachgelassene Schriften von G. Büchner [...]«, in: *Deutsche Monatsschrift für Politik, Wissenschaft, Kunst und Leben*, hrsg. von Adolph Kolatschek, Jg. 2, 1851, Bd. 1, S. 210–223; hier S. 222.
3 Brief an Wilhelmine Jaeglé, 20. Januar 1837; zit. nach: MBA X.1, S. 117.
4 Alle Shakespeare-Zitate werden mit dem Dramentitel sowie Akt / Szene nachgewiesen. Sie erfolgen nach der Ausgabe der Übersetzung von August Wilhelm Schlegel, und zwar in der Druckfassung der »Neuen Auflage« (Berlin 1821–1823), die Büchner vermutlich benutzte.
5 *Woyzeck* H1,20; zit. nach: MBA VII.2, S. 11.
6 MBA VI, S. 17 f.
7 Ludwig Tieck, *Schriften*, Berlin 1828–1854, Bd. VII, S. 78.
8 Artikel »Republik« in der Frankfurter Flugschriftenserie *Bauernconversationslexicon*, Frankfurt am Main 1834, S. 3.
9 Vgl. Erich Zimmermann, »Die Schauspieler Carl Seydelmann und Therese Peche in Darmstadt«, in: *Archiv für hessiche Geschichte und Altertumskunde*, N. F. 41, 1983, S. 133–149.
10 Brief an Boeckel, 1. 6. 1836; zit. nach: MBA X.1, S. 92.
11 Beilage zum Brief an Karl Emil Franzos, 11. September 1878; zit. nach: der Handschrift im Goethe- und Schiller-Archiv, Weimar, GSA 10/48; abgedruckt u. a. in: MA 1988, S. 373–375.
12 Zit. nach: MBA V, S. 34.
13 Zit. nach: MBA V, S. 37.
14 Siehe meinen Beitrag »Witz und Waffe – Zu Büchners Umgang mit Wörtern«, S. 505 ff.

Georg Büchner
Haarlocke
1837

Alexis Muston
Georg Büchner aus der Erinnerung

ALEXIS MUSTON

—

JOURNAL D'ÉTUDIANT (1833) NACH 1870

Herr du Thil [der hessische Staatsminister] hat mir endlich geantwortet. Ich werde Zutritt zum Archiv erhalten, und alles, was das Innenministerium über die Waldenser besitzt, wird dorthin gebracht und mir zur Verfügung gestellt werden. – Ich gehe noch am selben Tag hin und mache mir Abschriften von mehreren Dokumenten; weil aber eine große Anzahl davon auf deutsch ist, bitte ich einen meiner Freunde (Georg Büchner), er möchte doch mitkommen mit mir dort zu arbeiten, was er bereitwillig tut. – Acht Tage lang arbeiteten wir so morgens und abends im Schloß, wo sich die Museen befinden. Wenn wir müde waren, machten wir einen Spaziergang im Garten oder in der Gemäldegalerie. [...] Die naturgeschichtliche Sammlung wird ebenfalls durchstreift. – Herr Kaup ehrt uns damit, daß er uns seinen berühmten Dinotheriumkinnbacken zeigt. – Es gibt einen Saal, in dem wertvolle ornamentale und liturgische Gegenstände der katholischen Konfession aus der Zeit vor der Reformation aufbewahrt sind.

– Das da sind auch Fossilien, sagte Büchner zu mir. Hier ja, in Frankreich nicht. – Eines Tages überall! fügte er hinzu. – Wenn dann nur nicht die Religion als solche unter den alten Krempel verbannt wird.

– Es ist sehr wohl möglich, dass die kirchlichen Formen nicht immer der angemessenste Ausdruck des religiösen Gefühls bleiben. Der Gegenstand des religiösen Gefühls ist das Ideal, seine Ausbildung ist der Fortschritt: die Formen des Gottesdienstes sind keine solche Ausbildung, usf.

[...]

Unterwegs [durch den Odenwald] erzählt er mir seine Geschichte; in allem leidenschaftlich: gegenüber dem Studium, gegenüber der Freundschaft, in seiner Bewunderung und seiner Abneigung: Vergötterer der Französischen Revolution, Verächter Napoleons, sehnt mit seinem ganzen Wesen die Einheit der deutschen Völkerfamilie herbei; von einer Art mystischer Anbetung zu einem gefallenen Mädchen ergriffen, das er auf die Stufe der Engel zu erheben träumte; ein Herz aus Gold durch und durch; sehr gebildet; ziemlich heiter, sogar liebenswürdig, man konnte sich mit ihm nicht langweilen.

[...]

Wie schön wäre es, sagten wir uns, so eine Vergnügungsreise zu machen, mit einer jungen Freundin, einer Gefährtin, als Student gekleidet ... usf. Die Variationen, die wir über dieses Thema aussannen, waren unendlich. Beim Plaudern über solche Frivolitäten gingen wir unter einem gewaltigen Fels her, der als *Riesensäule* bezeichnet wird; dann über einen fast ebenmäßigen Berghang, den irgendein Erdrutsch zum Teil mit ziemlich viel Felsgestein bedeckt hat, dem man als Ganzes den pompösen Namen *Felsenmeer* gibt; aber für den, der die Alpen gesehen hat, lohnt es nicht hinzuschauen.

[...]

Unterhaltung über Saint-Simonismus, soziale und religiöse Erneuerung, Weltrepublik, vereinigte Staaten von Europa und andere Utopien, von denen einige vielleicht Wirklichkeit werden. – Der Mensch erschafft die Welt nach seinem Bild: das heißt, jeder erträumt sie nach seinem Geschmack und gestaltet sie nach seinen Vorstellungen um; aber diese Arbeit geschieht nur in der Vorstellung; damit sich etwas davon verwirklicht, muß sich etwas von diesen Vorstellungen unter den Menschen ausbreiten, so daß alle (oder wenigstens die meisten) zum Wunsch nach derselben Veränderung gelangen.

[...]

Wir gaben uns das Versprechen, uns in Paris wiederzusehen. Jeder von uns hatte seine Zukunftspläne und seine künstlerischen Neigungen. Ich bezweifle, dass man einen schöneren Kopf als den seinen finden konnte; Goethe hatte keine so schöne Stirn. Sein feiner, spöttisch verzogener, zärtlicher und leidenschaftlicher Mund war ebensowohl für die Kunst der Rede wie für den Witz und die Küsse geschaffen.

Aus dem handschriftlichen französischsprachigen »Journal d'étudiant« von Alexis Muston (in Privatbesitz). Der französische Text mit leicht abweichender Übersetzung in: Heinz Fischer, *Georg Büchner und Alexis Muston. Untersuchungen zu einem Büchner-Fund*, München 1987, S. 258 ff., 272 ff., 279 und 285 ff.

Georg Büchner
Rezension eines Mitschüler-Aufsatzes über den Selbstmord
Wintersemester 1830/31
(Ansicht: linkes Blatt)

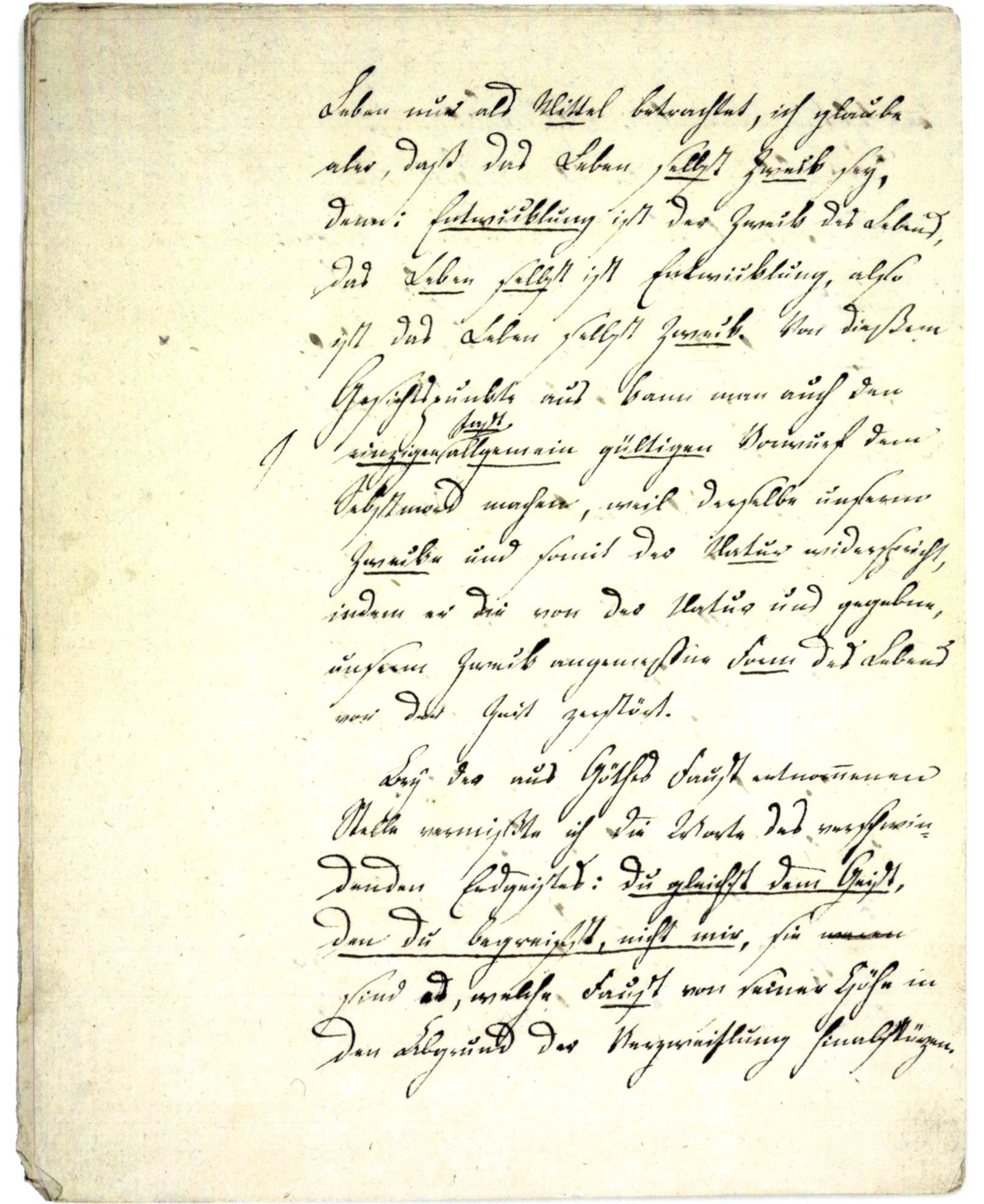

Leben nur als Mittel betrachtet, ich glaube
aber, daß das Leben selbst Zweck sey,
denn: Entwicklung ist der Zweck des Lebens,
das Leben selbst ist Entwicklung, also
ist das Leben selbst Zweck. Von dießem
Gesichtspunkte aus kann man auch den
⌈fast⌉
ƒ einzigen allgemein gültigen Vorwurf dem
Se/bstmord machen, weil derselbe unserm
Zwecke und somit der Natur widerspricht,
indem er die von der Natur uns gegebne,
unserm Zweck angemessne Form des Lebens
vor der Zeit zerstört.
Bey der aus Göthes Faust entnom̄enen
Stelle vermißte ich die Worte des verschwindenden Erdgeistes: du gleichst dem Geist,
den du begreifst, nicht mir, sie ~~waren~~
sind es, welche Faust von seiner Höhe in
den Abgrund der Verzweiflung hinabstürzen.

Ich kann nicht umhin den am Schluß ausge- ⟨p. 11⟩
sprochnen Gedanken über den Selbstmord
aus Patriotismus oder aus physischen und
psychischen Leiden einige Worte hinzuzufügen,
ob ich gleich wohl sehe, daß dieß eigentlich
in die Form einer Recension nicht paßt.
Die Behauptung, daß der welcher dem
Vortheile seines Vaterlandes das Leben
aufopfert kein eigentlicher Selbstmörder
sey ist klar und bestimmt ausgesproch*[n]*en
und deutlich bewiesen, das Uebrige jedoch
ist etwas dunkler ohne bestimmtes Resultat, ich will also das, was ich für das
eigentliche Resultat halte hier zu fügen.
Der Selbstmörder aus physischen und psy~~e~~→chi-
schen Leiden ist kein Selbstmörder, er ist
nur ein an Krankheit Gestorbner.
Ich verstehe nämlich darunter einen solchen,

DIE WÜSTE
SAHARA
IN ALLEN KÖPFEN

FRANZÖSISCHE
GEWITTERLUFT IST
MIR LIEBER

Ich habe mich ganz hier in das Land hineingelebt; die Vogesen sind ein Gebirg, das ich liebe wie eine Mutter, ich kenne jede Bergspitze und jedes Thal [...].

Georg Büchner an Karl Gutzkow, Ende November 1835

Henri Lebert
Jagd in den Vogesen
(Detail)
1828

STUDENT IN STRASSBURG
—
LEHRJAHRE DER FREIHEIT

Ich komme eben aus dem Leichendunst und von der Schädelstätte, wo ich mich täglich wieder einige Stunden selbst kreuzige, und nach den kalten Brüsten und den todten Herzen, die ich da berührte, erquickte mich wieder das lebendige, warme an das Du mich drücktest über die Paar Meilen hinaus, die unsere Cadaver trennen. Wahrhaftig der Lindwurm von dem Du sprichst ist nicht so gefährlich, man müßte ein armer Tropf seyn, wenn unsre Arme nicht einmal über die dreißig Stunden hinübergreifen könnten. Wenn das Frühjahr kommt hoffe ich Dich zu sehen. Seit acht Tagen bin ich wieder hier, die teutsche naßkalte Holländerathmosphäre ist mir zuwider, die französische Gewitterluft ist mir lieber.

Georg Büchner aus Straßburg an den befreundeten Theologiestudenten Adolph Stoeber in Metz, 3. November 1832

Wenn Ihr neulich bei hellem Wetter bis auf das Münster hättet sehen können, so hättet Ihr mich bei einem langhaarigen, bärtigen, jungen Mann sitzend gefunden. Besagter hatte ein rothes Barett auf dem Kopf, um den Hals einen Cashmir-Shawl, um den Cadaver einen kurzen deutschen Rock, auf die Weste war der Name »Rousseau« gestickt, an den Beinen enge Hosen mit Stegen, in der Hand ein modisches Stöckchen. Ihr seht, die Carricatur ist aus mehreren Jahrhunderten und Welttheilen zusammengesetzt: Asien um den Hals, Deutschland um den Leib, Frankreich an den Beinen, 1400 auf dem Kopf und 1833 in der Hand. Er ist ein Kosmopolit – nein, er ist mehr, er ist St. Simonist!

Georg Büchner an die Familie, Straßburg, 28. Mai 1833

Frédéric Piton
Blick auf die Münster-Plattform mit Wächterhäuschen
1855

L. Schnell
Panoramablick vom östlichen Turm der Thomaskirche mit Sicht auf den Münster
(Detail)
1826

Vom Oktober des Jahres 1831 bis Ende Juli 1833 war Straßburg Georg Büchners selbst gewählter Studienort, in dem er die »teutsche nasskalte Holländerathmosphäre« seiner Heimatstadt Darmstadt mit revolutionärer »französischer Gewitterluft« vertauschte. Die Studienjahre in Straßburg brachten ihm wichtige wissenschaftliche Anregungen, schufen ihm einen Freundeskreis in der Studentenverbindung Eugenia und prägten entscheidend seine politischen An- und Einsichten. Der Kontakt zur französischen Societé des droits de l'homme regte Büchners spätere Gründung einer Gesellschaft der Menschenrechte in Gießen und Darmstadt an. Brieflich bezeichnete Büchner schon im August 1832 Straßburg als seine »zweite Vaterstadt«.

Rund zwei Jahre nach der studienbedingten Rückkehr ins hessische Großherzogtum wurde die elsässische Grenzmetropole für 19 weitere Monate Büchners Wohnort. Jetzt allerdings war er ein politisch Verfolgter im Exil. Während dieses zweiten Straßburger Aufenthaltes entstand der Großteil von Büchners literarischem Werk, hier vollendete er auch seine Dissertation im Fach Vergleichende Anatomie. Schließlich war Straßburg auch Heimatstadt von Büchners Verlobter Minna Jaeglé, die er bei seinem ersten Aufenthalt kennen und lieben lernte und in deren Nähe er mit der Flucht nach Straßburg zumindest vorübergehend zurückkehrte.

Das unmittelbar am Rhein und der französisch-deutschen Grenze gelegene Straßburg war seit dem Mittelalter ein wichtiges kulturelles und wirtschaftliches Zentrum der Region. Zu Beginn der 1830er-Jahre hatte es zwischen 50 000 und 60 000 Einwohner, für damalige Verhältnisse eine Großstadt. Nur 41,2 Prozent der Straßburger waren in der Stadt geboren, 34,7 Prozent stammten aus umliegenden Départements, 5,1 Prozent aus dem weiteren Frankreich und 11,4 Prozent waren Zuwanderer aus Deutschland, insbesondere aus Baden und der Pfalz. Die exponierte Grenzlage zwischen Frankreich und Deutschland hatte Straßburg zu einer »Stadt der Gegensätze und immer wieder versuchten Brückenschläge« (Michael Werner) gemacht. Das galt für die Sprache ebenso wie für Religion und Kultur. Etwa 27 000 der Straßburger bekannten sich Anfang der 1830er-Jahre zum Katholizismus, rund 21 000 gehörten dem protestantischen Glauben an. Französisch wurde nur von einer dünnen Oberschicht gesprochen. Insbesondere der protestantische Teil der Bevölkerung blieb sprachlich und kulturell nach Deutschland orientiert, befürwortete aber dennoch die politische Zugehörigkeit zu Frankreich.

Auch die unter Napoleon neu konstituierte Straßburger Universität, an der Georg Büchner zwei Jahre studierte und an der er im Frühjahr 1836 seine Dissertation abschloss, war von diesen Gegensätzen geprägt. Vor allem unterschieden sich ihre Fakultäten in ihrer wissenschaftlichen Orientierung. Während die theologisch-protestantische Fakultät auf den deutschen Kulturraum ausgerichtet war, standen in der Faculté des lettres die französisch geprägte rhetorische und die deutsch geprägte philologische Schule einander gegenüber. Gleiches galt für die juristische Fakultät. Die naturwissenschaftliche und insbesondere die medizinische Fakultät hingegen, an denen Büchner seine Karriere begann und weiter vorantrieb, waren an der renommierten französischen Tradition orientiert und in den französischen Diskussionszusammenhang eingebunden, den Büchner hier kennenlernte und mit dem er sich weiter auseinandersetzte.

↓

COURRIER DU BAS-RHIN

—

»NIEMAND WURDE VERSCHONT«

—

VORFÄLLE ZU NEUSTADT 1833

Mehrere junge Leute aus der Hardt hatten am Pfingstsonntag einige Streitigkeiten mit den Soldaten, die in Neustadt und in der Umgegend einquartiret waren; der Befehlshaber dieser Truppen ergriff keine Maßregeln in Bezug hierauf, berichtetet aber die Sache sogleich nach Speyer und nach Landau. Man ließ auf der Stelle aus diesen beiden Städten alle verfügbaren Truppen abziehen. Als sie vor Neustadt angelangt waren, vereinigten sie sich, um in die Stadt einzurücken; die Reiterei bildete den Vortrab, sie ritt in Kolonen von acht Mann von der Fronte; sobald sie in die Straßen gerückt war, säbelte sie alles nieder was sie auf ihrem Wege antraf, sie verschonte nicht einmal die Fensterscheiben der Häuser [...]. Die Infanterie folgte bald nach, und vollendete mit dem Bajonnet, was die Reiterei nicht hatte erreichen können. Die Thüren der Häuser wurden eingeschlagen, die Bewohner aus ihren Wohnungen gerissen und schrecklich verstümmelt. Zwei Bürgermeister, die sich wegen Geschäfte in Neustadt befanden, wollten sich in's Mittel schlagen, wurden aber beide niedergeworfen und schrecklich mißhandelt; die Frauen, die Kinder, die friedlichen Greise, Niemand wurde verschont.

Aus: *Courrier du Bas-Rhin, Niederrheinischer Kurier* vom 4. Juni 1833. Büchners zweisprachige liberale Straßburger Tageszeitung brachte unter der Überschrift »Nachrichten aus Rheinbaiern – Vorfälle zu Neustadt« diesen Brief eines Augenzeugen aus Weißenburg über die Ereignisse in Neustadt an der Haardt zum Jahrestag des Hambacher Festes am 27. Mai 1833 .

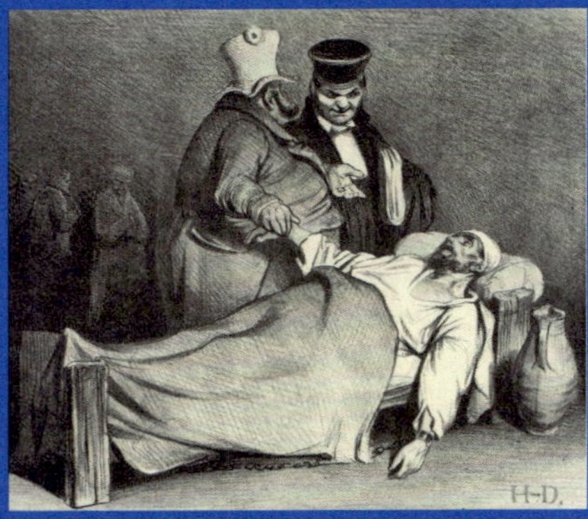

C. J. Traviès
La Caricature, Nr. 95,
30. August 1832
Das Fest war wunderschön, es herrschte allgemeine Heiterkeit (Moniteur)

Honoré Daumier
La Caricature, Nr. 201,
11. September 1834
Den da, den kann man freilassen! Er ist nicht mehr gefährlich.

Charakteristisch für die politische Atmosphäre in Straßburg war die begeisterte Zustimmung, auf welche die Französische Revolution gestoßen war. Im Jahr 1789 stürmte die Straßburger Bevölkerung das Rathaus, 1790 wurden die kirchlichen Güter konfisziert, im Mai 1794 trug der Nordturm des Münsters sogar eine riesige Jakobinermütze aus bemaltem Blech, die ihm Straßburger Bürger zum Zeichen der revolutionären Gesinnung der Stadt aufgesetzt hatten. Auch die Pariser Julirevolution wurde in Straßburg begrüßt. Doch machte sich auch hier, wie im Elsass insgesamt, in den 1830er-Jahre zunehmende Unzufriedenheit mit der Sozialpolitik der Julimonarchie bemerkbar. Die daraus resultierenden Unruhen im Elsass wurden jenseits des Rheins, in den süddeutschen Staaten, aufmerksam verfolgt. Umgekehrt wurden die politischen Flüchtlinge aus Deutschland in Straßburg durch die französischen Behörden genau beobachtet und, unter dem Eindruck zunehmender Proteste und mehrerer Attentate auf König Louis-Philippe, aber auch aufgrund des politischen Drucks, den die deutschen Bundesstaaten auf Frankreich ausübten, im Verlauf der 1830er-Jahre verschärften Kontrollen und Restriktionen unterworfen

Straßburg, das schon während der »Demagogenverfolgung« im Jahr 1819 zahlreichen und zum Teil prominenten politischen Flüchtlingen aus Deutschland Zuflucht geboten hatte und als einzige unmittelbar an der Grenze gelegene Großstadt als Exilort besondere Bedeutung besaß, konnte unter diesen Umständen für die meisten doch »nur eine Zwischenstation auf dem Weg ins Exil« (Hauschild) sein. AMJ

KARL VON ROTTECK

—

BLUTBAD IN NEUSTADT
1833

In Neustadt hatten die Soldaten von Mittag an die rohesten Mißhandlungen an den Bürgern verübt, ja, eine förmliche Prügelanstalt für sie errichtet, auf welche sie nach Laune die Vorübergehenden schleppten. »Sie hätten die Ordre – sagten sie – jeden Bürger, der einen weißen Hut, einen weißen Rock, Laubwerk, eine Blume oder dergleichen trage, zu mißhandeln!« Von 5 Uhr an hörte alle Lokalpolizei auf; kein Sicherheitswächter durfte es mehr wagen, den Soldaten zu wehren. Der Bürgermeisterei-Adjunkt, damals die höchste Magistratsperson im Orte, erhielt, da er aus dem Rathhause heraustrat, und den rohen Soldaten, die nahe daran waren, einen Bürger zu ermorden, Vorstellungen machte, fünf Hiebwunden in Kopf und Gesicht, zwei Säbelhiebe, einen Bajonetstich und unzählige Kolbenstöße. – Am Abende, als die Straßen von Neustadt wie gewöhnlich an sommerlichen Sonn- und Festtagen von Menschen wimmelten, erschienen plötzlich Patrouillen Infanterie und Kavallerie, welche die Stadt nach allen Richtungen durchzogen; die Chevauxlegers erhielten dabei den Befehl, und vollzogen ihn nur zu pünktlich: »Den Säbel heraus; in die Straßen gesprengt; Nichts verschont!« Die ganze Breite der Straßen wurde von den Truppen eingenommen; kaum war es möglich, ihnen zu entrinnen; und Alles ohne Unterschied des Geschlechts und Alters wurde niedergeritten, gestoßen, gestochen, gehauen. Viele wurden in den durch Neustadt fließenden Bach gesprengt, Viele bis in's Innere der Wohnhäuser – selbst von der Kavallerie – verfolgt. Dabei riefen die Soldaten: »D'rauf auf dieß Patriotenzeug! es ist Alles Patriotenzeug!« Von 7 Uhr bis 10 Uhr dauerten diese ungeregelten mörderischen Scenen, ohne daß es dem Militärchef eingefallen wäre, die Soldaten früher in ihr Quartier zurückzurufen. Die Zahl der mißhandelten und verwundeten Bürger überstieg mehrere Hundert.

Aus: Karl von Rotteck, *Allgemeine Geschichte vom Anfang der historischen Kenntniß bis auf unsere Zeiten*, Bd. XI: *Geschichte der neuesten Zeit, enthaltend die Jahre 1815–1840.* Nach Karl v. Rotteck's hinterlassenen Vorarbeiten und Materialien verf. u. hrsg. v. seinem Sohne Hermann v. Rotteck, Pforzheim 1843, S. 645 f.

Zwischen Thür und Angel will ich euch prohezeien: die Statue der Freiheit ist noch nicht gegossen, der Ofen glüht, wir Alle können uns noch die Finger dabey verbrennen.

Danton's Tod I,1, 1835

J. J. Grandville / E. Forest
La Caricature, Nr. 104,
1. November 1832
Jagd auf die Freiheit
(Oben: Teil 1, Unten: Teil 2)

TILMAN FISCHER

—

»WENN IN UNSERER ZEIT ETWAS HELFEN SOLL, SO IST ES GEWALT«

—

POLITISCHE UND SOZIALE KÄMPFE

1830 1831 1832 1833 1834 1835 1836

27. bis 29. Juli 1830	Königreich Frankreich	Straßen- und Barrikadenkämpfe in Paris nach dem Verfassungsbruch König Karls X. (»Trois Glorieuses« – »Julirevolution«).
6. August 1830	Königreich Polen	Spontane Volksversammlungen in Warschau. Proteste gegen die russische Fremdherrschaft.
August 1830	Vereinigtes Königreich von Großbritannien und Irland	Landarbeiteraufstände in Kent und Surrey. Zerstörung von Landmaschinen (»Swing Riots«).
	Königreich der Vereinigten Niederlande	Menschenmenge stürmt Justizpalast in Brüssel. Zerschlagung von mechanischen Webstühlen und Dampfmaschinen in ganz Belgien. Blutige Niederschlagung.
30. August 1830	Preußische Rheinprovinz	Arbeiteraufstand in Aachen wegen Lohnsenkungen und gestiegener Brotpreise. Zerstörung von Maschinen in der Textilproduktion. Blutige Niederschlagung durch eine Bürgerwehr.
	Kaisertum Österreich	Erhöhung der Verzehrungssteuer. Zusammenstöße zwischen Polizei und Bevölkerung in Wien.
1. bis 5. September 1830	Freie und Hansestadt Hamburg	Krawalle mit Ausschreitungen gegen Juden. Bürger greifen das Stadthaus mit Steinen an. Militär marschiert gegen die Menschenmenge.
2. bis 10. September 1830	Königreich Sachsen	Unruhen von Handwerkern, Arbeitern und Studenten in Leipzig und Dresden. Rathäuser und Polizeiämter belagert, Wachen und Privathäuser geplündert.
6. September 1830	Kurfürstentum Hessen	Aufstand und Plünderungen in Kassel nach der Erhöhung der Brotpreise.
6./7. September 1830	Herzogtum Braunschweig	Aufstand mit Plünderungen. Menschenmenge setzt Schloss in Brand. Herzog Karl II. flieht ins Ausland.
15. September 1830	Kurfürstentum Hessen	Menschenmenge vor dem Kasseler Schloss. Aufstellung einer Bürgerwehr. Übergriffe auf Zoll-, Rent-, Justiz- und Forstämter in ganz Kurhessen.
16. bis 20. September 1830	Königreich Preußen	Massenversammlungen und Unruhen von Handwerkern in Berlin nach Verhaftung von neun Schneidergesellen (»Schneiderrevolution«). Blutige Niederschlagung durch eine 14 000 Mann starke Garnison. 208 Verhaftungen.

↓

[. . .] das Geld, welches aus dem Säckel des Armen in die Kisten und Kasten des Reichen strömt, muß durch den bodenlosen Schlund des Fiskus gehen.

Louis Auguste Blanqui, Verteidigungsrede im Prozeß der Volksfreunde zu Paris, 1832

Honoré Daumier
Gargantua. Louis-Philippe und die Steuern
1831

Henry Monnier
La Caricature, Nr. 1,
4. November 1830
Ein Opfer des alten Systems

FISCHER

1830 1831 1832 1833 1834 1835 1836

September 1830	Königreich Sachsen	Zahlreiche Unruhen in ganz Sachsen.
23. bis 27. September 1830	Königreich der Vereinigten Niederlande	Gefechte von belgischen Bürgerwehren und ausländischen Freiwilligen mit dem einmarschierten niederländischen Militär in Brüssel.
24./25. September 1830	Kurfürstentum Hessen	Krawalle in Hanau gegen die Zoll- und Wirtschaftspolitik des Kurfürsten Wilhelms II. Menschenmenge stürmt Licentamt. Zerstörung der Zollstätte Mainkur zwischen Hanau und Frankfurt (»Hanauer Krawalle«).
30. September 1830	Großherzogtum Hessen	Blutbad in Södel. Butzbacher Kavalleriesoldaten greifen Dorfbewohner an.
um den 4. Oktober 1830	Großherzogtum Hessen	Militär schlägt Aufstände in ganz Hessen nieder. Rund 200 Verhaftungen.
9. Oktober 1830	Kaisertum Österreich	Verzehrungssteuer provoziert Unruhen in Prag.
Oktober und November 1830	Vereinigtes Königreich von Großbritannien und Irland	Unruhen von Landarbeitern und Handwerkern in Maidstone. Zerstörung von Maschinen und Brandstiftungen in ganz Südengland. Behörden zählen über 700 Vorfälle. 2 000 Personen verhaftet. 19 Hinrichtungen.
7. November 1830	Schweizerische Eidgenossenschaft	Massenversammlung mit 4 000 Teilnehmern in Wohlenschwil. Forderung nach Revision der Restaurationsverfassung für den Kanton Aargau.
Mitte November 1830	Kurfürstentum Hessen	Verteuerung des Brotes führt zur Stürmung von Bäckerläden und zu Straßenkämpfen in Hanau.
22. November 1830	Schweizerische Eidgenossenschaft	Versammlung von 10 000 Männern aus Zürich-Landschaft auf dem Zimiker-Hügel bei Uster (»Ustertag«). Forderung nach einer neuen Verfassung.
29. November 1830	Königreich Polen	Polnische Kadetten und Verschwörer greifen Belvedere-Palast in Warschau an. Attentatsversuch auf den russischen Gouverneur, den Bruder des Zaren. Volksmenge stürmt Arsenal und erobert Warschau.
5./6. Dezember 1830	Schweizerische Eidgenossenschaft	6 000 Bewaffnete aus der Region Freiamt erobern Aargau (»Freiämtersturm«).
26. bis 28. Dezember 1830	Königreich Bayern	Studenten und Handwerker liefern sich blutige Auseinandersetzungen mit Soldaten in München. 15 Verhaftungen (»Münchner Weihnachtstumulte«).
8. Januar 1331	Königreich Hannover	Übernahme Göttingens durch eine Nationalgarde aus Bürgern und Studenten. Auflösung des Magistrats (»Göttinger Revolution«)
16. Januar 1831	Königreich Württemberg	Protest von Handwerksburschen und Weingärtnern gegen Polizeiwillkür in Tübingen (»Gôgenaufstand«).
18. Januar 1831	Schweizerische Eidgenossenschaft	Aufstellung einer eigenen provisorischen Regierung in Liestal (Basel-Landschaft). Straßenkämpfe mit Truppen der Stadt Basel.

↓

Daumier präsentierte hier eine Porträtbüste des Königs, bei der in den birnenförmigen Kopf drei Gesichter eingeschrieben sind, die nach vorn und zu den Seiten blicken. Die nach links gewendeten Züge sind weich gerundet und zeigen einen Ausdruck der Zufriedenheit. Um den Mund ist ein Lächeln angedeutet; die Augen sind geschlossen. So sah der Louis-Philippe früherer Zeiten aus besagt, die Legende. Nach vorn, auf den Betrachter zu, ist das Gesicht der Gegenwart ausgerichtet. Die Linien sind in der Zwischenzeit schärfer geworden. Die abgemagerten Züge werden von der dicken, herabhängenden Nase und dem mißmutig verzogenen Mund beherrscht. Unter halb geschlossenen Lidern hervor geht ein sorgenvoller Blick zu Boden. Das nach rechts blickende Gesicht wird im Begleittext zurückhaltend »face morne et décréptie« beschrieben. Es scheint vielmehr in Schrecken erstarrt zu sein. Mit weit aufgerissenen Augen und einem zu einem kleinen Loch zusammengezogenem Mund starrt der stark gealterte Monarch auf eine ihm drohende, aber nicht abgebildete Gefahr.

Susanne Bosch-Abele, *La Caricature* (1830–1835), Weimar 1997

Honoré Daumier
La Caricature, Nr. 166,
9. Januar 1834
Die Vergangenheit.
Die Gegenwart.
Die Zukunft

3. Februar 1831	Herzogtum Modena	Ciro Monettis Aufstand niedergeschlagen.
4./5. Februar 1831	Kirchenstaat	Unruhen in Imola, Faenza, Forlì und Ferrara. Feuergefechte in Cesena, Rimini und Ravenna. Revolutionäre Erhebung gegen die päpstliche Restaurationspolitik in Bologna.
	Herzogtum Modena	Flucht des Herzogs Franz IV. aus Modena. Aufständische erobern Zitadelle. Unruhen in Reggio Emilia.
5. Februar 1831	Königreich Polen	Einmarsch der russischen Armee in Polen mit 115 000 Mann.
14. Februar 1831	Herzogtum Parma	Flucht der Herzogin Marie Louise aus Parma.
14./15. Februar 1831	Königreich Frankreich	Verwüstung des erzbischöflichen Palastes und der Kirchen Saint-Germain-l'Auxerrois und Bonne-Nouvelle in Paris.
22. Februar 1831	Kurfürstentum Hessen	Volksauflauf und Angriff auf den Revierförster in Hanau (»Wittags-Crawall«).
25. Februar 1831	Königreich Polen	Schlacht bei Grochów in der Nähe Warschaus. Kampf zwischen aufständischen polnischen Truppen und der russischen Armee bleibt unentschieden.
März 1831	Kirchenstaat	Einfall österreichischer Truppen. Flucht der Aufständischen nach Rimini und Ancona.
29. März 1831	Kirchenstaat	Besetzung Anconas durch die Österreicher. Verhaftung von über 100 Personen. Wiederherstellung der absolutistischen Regierung.
17./18. April 1831	Königreich Sachsen	Aufstände in Dresden. Blutige Niederschlagung durch Bürgerwehr und Militär.
26. Mai 1831	Königreich Polen	Niederlage der polnischen Aufständischen bei Ostrołęka.
Juli 1831	Königreich Preußen	Prorussische Politik Preußens führt zu Unruhen in Königsberg. 10 Tote, 150 Verhaftungen.
17. Juli 1831	Kaisertum Österreich	Unruhen im ungarischen Pest.
2. August 1831	Königreich Belgien	Einmarsch niederländischer Soldaten in das seit 1830 unabhängige Belgien.
21. August 1831	Vereinigte Staaten von Amerika	Sklavenaufstand in Virginia.
30./31. August 1831	Königreich Sachsen	Blutige Niederschlagung von Aufständen in Leipzig durch Militär und Bürgerwehr. 6 Tote und 30 Verwundete.
1. September 1831	Königreich beider Sizilien	Unruhen in Palermo.
Anfang September 1831	Königreich Frankreich	Arbeiterunruhen im Pariser Montmartre (»Emeute de la rue Cadran«).

↓

Honoré Daumier
La Caricature, Nr. 67,
9. Februar 1832
Sehr ergebene, sehr unterwürfige, sehr gehorsame … und vor allem sehr gefräßige Untertanen

Honoré Daumier
La Caricature, Nr. 251,
27. August 1835
Es hat sich wahrlich gelohnt, dafür zu sterben!

   1833 1834 1835 1836

8. September 1831	Königreich Polen	Kapitulation Warschaus. Armee der Aufständischen völlig aufgerieben.
17./18. September 1831	Königreich Frankreich	Republikanische Unruhen im Palais-Royal.
25. September 1831	Königreich Frankreich	Straßburger Nationalgarde zerstört Zollstationen am Rhein aus Protest gegen die hohen Einfuhrzölle für Rindfleisch.
28. September 1831	Schweizerische Eidgenossenschaft	Militärische Intervention gegen einen Aufstand von Republikanern in Neuenburg.
Oktober 1831	Vereinigtes Königreich von Großbritannien und Irland	Massenversammlungen sollen Wahlrechtsreform durchsetzen.
9. Oktober 1831	Königreich Griechenland	Ermordung des griechischen Regenten Ioannis Graf Kapodistrias nach seinem Einschreiten gegen die Unruhen auf den Inseln Hydra und Mani.
24./25. Oktober 1831	Freie Stadt Frankfurt	Krawalle am Allerheiligentor wegen der Gebühren zum Passieren des Tores nach Sonnenuntergang (»Sperrbatzen-Krawall«); 3 Tote.
Ende Oktober 1831	Freie Stadt Frankfurt	Hunderte Frankfurter unterlaufen mit Laternenumzügen das abendliche Versammlungsverbot (»Laternen-Krawalle«).
29. bis 31. Oktober 1831	Vereinigtes Königreich von Großbritannien und Irland	Blutige Unruhen wegen der Wahlrechtsreform in Bristol; Palast des Bischofs und Mansion House in Flammen; 4 Tote, 86 Verwundete (»Bristol Riots«).
20. bis 22. November 1831	Königreich Frankreich	Seidenweberaufstand in Lyon. Arbeiter stürmen Kaserne und bewaffnen sich. Besetzung des Rathauses. Schwere Kämpfe mit dem Militär mit rund 200 Toten und 400 Verletzten.
7. Dezember 1831	Kurfürstentum Hessen	Kavallerieangriff auf eine Volksversammlung vor dem Theater Kassel (»Garde-du-corps-Nacht«). 20 zum Teil schwer Verletzte.
23. Februar 1832	Kirchenstaat	Besetzung Anconas durch französische Truppen erzwingt Abzug der Österreicher.
2. bis 6. März 1832	Königreich Frankreich	Schlechte Lebensmittelversorgung führt zu Unruhen in Straßburg. Tumulte wegen des Presseprozesses gegen den republikanischen Verleger Schuler.
1./2. April 1832	Königreich Frankreich	Revolte der Pariser Lumpensammler.
21. Mai 1832	Königreich Bayern	Nächtliche Unruhen in Nürnberg. 1000 Demonstranten protestieren gegen Gemeinderat. Militärisches Eingreifen, zahlreiche Verletzte, 2 Tote.
27. Mai bis 1. Juni 1832	Königreich Bayern, Rheinkreis	Hambacher Fest von circa 30000 Oppositionellen auf der Schlossruine bei Neustadt an der Haardt.
28. Mai 1832 ↓	Großherzogtum Hessen	Hohe Getreidepreise provozieren Tumulte in Worms.

Unbekannter Künstler
La Caricature, Nr. 70,
1. März 1832
Der Kerker wird von nun an eine Wahrheit sein!

1830 1831 1832 1833 1834 1835 1836

29. Mai 1832	Herzogtum Sachsen-Coburg und Gotha	Unruhen in Lichtenberg bei der Beseitigung eines Freiheitsbaums. Niederschlagung durch preußische Truppen.
5./6. Juni 1832	Königreich Frankreich	Republikanischer Aufstand gegen die Regierung Louis-Philippes in Paris. Barrikadenkämpfe mit 800 Toten.
11. bis 24. Juni 1832	Königreich Frankreich	Getreideteuerung und Landarmut führen zu Unruhen im Département Haut-Rhin. Antisemitische Übergriffe.
22. Juni 1832	Kurfürstentum Hessen	Politisches Fest in Wilhelmsbad bei Hanau mit rund 10 000 Teilnehmern.
28. Juni 1832	Königreich Bayern, Rheinkreis	Verhängung des Ausnahmezustands in der Rheinpfalz. Erhöhung der Truppenstärke auf 8 500 Soldaten.
15. November 1832	Königreich Belgien	Einmarsch französischer Truppen zur Befreiung der von den Holländern besetzten Zitadelle von Antwerpen.
19. November 1832	Königreich Frankreich	Gescheitertes Attentat auf König Louis-Philippe.
22. November 1832	Schweizerische Eidgenossenschaft	Mechanische Spinnerei und Weberei am Jahrestag der Usterversammlung in Oberuster zerstört.
3. April 1833	Freie Stadt Frankfurt	50 Aufständische stürmen die Konstabler- und die Hauptwache in Frankfurt. Militärische Niederschlagung des Putschversuchs. 9 Tote, 24 Verletzte. (»Frankfurter Wachensturm«).
16. bis 27. Mai 1833	Königreich Frankreich	Streik der Grabenarbeiter von Anzin (»grève des 4 sous«). Niederschlagung durch 3 000 Soldaten.
27. Mai 1833	Königreich Bayern, Rheinkreis	Schwere blutige Zusammenstöße zwischen Soldaten und Bürgern in Neustadt und Hambach bei der Feier des Jahrestages des Hambacher Festes. 3 Tote und 150 Verstümmelte und Verletzte.
6./7. Juli 1833	Königreich Frankreich	Auflauf vor dem Haus des Deputierten Saglio in Straßburg. Eingreifen des Militärs.
31. Juli bis 2. August 1833	Schweizerische Eidgenossenschaft	Angriff der Regierungstruppen von Schwyz auf Küssnacht und der Stadt Basel auf Basel-Landschaft zur Rückeroberung abgefallener Kantonsteile.
29. August 1833	Großherzogtum Baden	Studententumulte in Freiburg. Zusammenstöße mit Ordnungskräften. Ab 6. September Schließung der Universität für 14 Tage.
4. September 1833	Königreich Frankreich	Bauarbeiter streiken in Paris und fordern Tagesmindestlohn.
29. September 1833	Königreich Frankreich:	Streik von 5 000 Kistenmachern und Packern in Paris.
5. Oktober 1833	Königreich Spanien	Aufstand in den baskischen Provinzen. Beginn des spanischen Carlistenkrieges zwischen Liberalen und Absolutisten.

↓

Unbekannter Künstler
La Caricature, Nr. 70,
1. März 1832
Der Kerker wird von nun an eine Wahrheit sein!

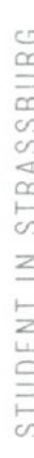

26. bis 29. Oktober 1833	Königreich Frankreich	Proteste der Weinbauern in Colmar wegen zu hoher Besteuerung. Barrikadenbau zusammen mit Arbeitern.
29. Oktober 1833	Königreich Frankreich	Streik von 8 000 Schneidern in Paris.
6. November 1833	Königreich Frankreich	Besetzung des »Atelier national« der streikenden Pariser Schneider durch die Polizei. Verhaftung von über 200 Streikenden.
Januar/Februar 1834	Großherzogtum Hessen	Zahlreiche republikanisch-patriotische Versammlungen und Bauernagitationen in Ginheim, Bonames, Heiligenstock und Seckbach (»Militärpromenaden«).
1. Februar 1834	Königreich Sardinien	Bewaffnete Flüchtlinge fallen aus der Schweiz auf sardinisches Gebiet ein (»Savoyerzug«).
4. Februar 1834	Republik Genua	Geplanter Aufstand im Piemont. Anschlag auf das Waffenarsenal von Genua durch Mazzini und Garibaldi gescheitert.
14. bis 22. Februar 1834	Königreich Frankreich	Generalstreik von mehr als 20 000 Lyoner Arbeitern.
8. bis 10. April 1834	Königreich Frankreich	Unruhen unter dem Straßburger Pontonier-Regiment. Republikanische Agitation unter den Soldaten.
9. bis 15. April 1834	Königreich Frankreich	Erneuter Aufstand der Seidenweber in Lyon. Militärische Niederschlagung mit über 600 Toten
13./14. April 1834	Königreich Frankreich	Republikanischer Aufstand in Paris nach dem Verbot aller politischen Gesellschaften. Errichtung von Barrikaden. Blutige Niederschlagung. Über 2 000 Verhaftungen.
28. Juli 1835	Königreich Frankreich	Attentat auf den französischen König Louis-Philippe mit einer »Höllenmaschine«. 18 Tote; Regent nur leicht verletzt.
3. bis 5. August 1835	Königreich Preußen	Straßenschlachten in Berlin nach Verbot, Feuerwerk zum Geburtstag des Königs einzusetzen (»Feuerwerksrevolution«); blutige Niederschlagung durchs Militär.
2. Oktober 1835	Republik von Mexiko	Beginn des Unabhängigkeitskampfes der Texaner gegen Mexiko. Schlacht von Gonzales
21. April 1836	Republik von Mexiko	Schlacht von San Jacinto. Sieg der Texaner. Gründung der unabhängigen Republik Texas.
9. September 1836	Königreich Portugal	Putsch der Nationalgarde in Lissabon. Entmachtung der rechts-konservativen cartistischen Regierung durch die linksliberalen Setembristen (»Septemberrevolution«).

Die Deutsche freie Presse.

Eine Druckerpresse ist als monumentalisiertes Einzelmotiv detailgetreu abgebildet. Eine Vielzahl von Gewichten, die auf dem Drucktisch zu einer unförmigen Pyramide aufgetürmt sind, machen die Maschine funktionsuntüchtig. Zwischen die einzelnen Steine geklemmte Zettel benennen die Behinderungen der Presse, die durch diese Gewichte symbolisiert werden. Es wird auf die Stempelsteuer (timbre) und Kautionszahlungen, Geldstrafen, Vorladungen, Protokolle, Beschlagnahmungen auf der Post und vor der Veröffentlichung hingewiesen.

Susanne Bosch-Abele, *La Caricature* (1830–1835), Weimar 1997

Unbekannter Künstler
Die deutsche freie Presse
1832–1834

Die Darstellung ist eine Nachbildung einer Karikatur von Charles Philipon (1806–1862), die 1831 in *La Caricature* in Paris erschienen ist.

Honoré Daumier
La Caricature, Nr. 152,
3. Dezember 1833
So! Du willst dich also mit der Presse anlegen!!

COURRIER DU BAS-RHIN

—

BAJONETT- UND KOLBENSTÖSSE IN STRASSBURG 1833

6. JULI 1833

Seit mehreren Tagen sind wieder alle Polizei-Agenten auf den Beinen, Posten sind verdoppelt, zahlreiche Pikete stehen auf dem Paradenplatze, und die beim Anblick dieser Demonstrationen staunenden Bürger fragen sich, welche große Gefahr die öffentliche Ordnung bedroht. Die Behörden fürchten die Meuterei, einige Unruhen, ein Scharivari, sagt man: und doch hat sich bis jetzt noch kein Anschein von Unruhen gezeigt. Wie man auch diese Demonstrationen betrachten mag, so erscheinen sie gleich lächerlich und unklug.

Zuerst lassen sie vermuten, daß der Deputirte, für den man alle diese bewaffneten Vorsichtsmaßregeln trifft, unter seinen Mitbürgern sehr wenig beliebt ist; und in dieser Hinsicht hat zwar Hr. Saglio gewöhnlich auf der Seite des Ministeriums gestimmt, [...] und wenn die Mehrzahl unserer Mitbürger weit entfernt ist, die politischen Meinungen zu theilen, die Hr. Saglio vertheidigt hat, so ist dieser Deputirte doch nicht so unpopulär in Straßburg, als unsere Behörden glaubten und glauben machen wollen. Hr. Saglio ist ihnen in der That nicht viel Dank schuldig für alle Mühe, die sie sich gegeben haben, um ihn vor einem Scharivari zu schützen, mit dem er nicht bedroht war.

7. JULI 1833

Nach viertägigen außerordentlichen militärischen Demonstrationen, wären die lärmenden Scenen, deren die Behörden zuvorkommen wollten, heute beinahe ausgebrochen. Vor vier Tagen wußte so zu sagen Niemand etwas von der Rückkunft des Hrn. Saglio, Niemand dachte vielleicht daran, diesem Deputirten ein Scharivari zu bringen; das Aufstellen von Truppen hat nur dazu gedient, zu dem Anlaß zu geben, was man hindern wollte. Beim Anblick dieser auf verschiedenen Seiten stationirten Soldaten, dieser Polizei-Agenten, die überall in Bewegung waren, wurde die Bevölkerung bestürzt und gereizt; vielleicht um der Polizei zu spotten und das Lächerliche und die Unklugheit einer Entfaltung von Streitkräften, die noch durch nichts gerechtfertigt wurde, zu zeigen, wurde am hellen Mittag mit einem Scharivari gedroht; die Polizei-Agenten und die Soldaten, die von allen Seiten herbeikamen, hinderten die Ausführung desselben.

Diesen Abend äußerte sich die Aufregung, welche durch diese Besorgniß, die die Behörden seit vier Tagen amtlich an den Tag gelegt hatten, unter der Bevölkerung veranlaßt worden war, durch Aufläufe gegen das Haus des Hrn. Saglio, durch Pfeifen, durch unordentliches Geschrei; Polizei-Agenten und Truppen befanden sich in Menge an dem Orte; es wurde ein Schuß losgelassen, man weiß nicht woher, noch durch wen [...]; die Truppen ließen die an die Judengasse, wo Hr. Saglio wohnt, stoßenden Straßen nach einander räumen; der Zugang zu denselben wurde durch Pikete von Soldaten untersagt; mit einem Worte, es waren alle Vorzeichen von Unruhen da, die meistens ohne bestimmten Grund, so wie ohne Zweck entstehen.

↓

August Bouquet
La Caricature, Nr. 81,
17. Mai 1832
Wahrlich, wahrlich ich sage Euch, es ist einer unter Euch, der mich verraten wird … Letztes Abendmahl der Liberté und ihrer Apostel am 29. Juli 1830

COURRIER DU BAS-RHIN

9. JULI 1833

Sonntag Abends haben neue Unruhen statt gefunden. Es bildeten sich bei der Judengasse einige Aufläufe; sie bestanden größtentheils nur aus Kindern von 12 bis 15 Jahren. Der Präfekt, der General-Lieutenant und die Polizeikommissärs mit ihren Scherpen, wurden mit Geschrei und Pfeifen verfolgt. Es kamen zahlreiche Abtheilungen Soldaten herbei; Patrouillen durchstreiften die Stadt in allen Richtungen; es waren Maßregeln getroffen, als wenn der öffentlichen Ruhe die größte Gefahr drohte. Die Ruhestörer, die Aufwiegler, wie man sich im Proklamationsstyle ausdrückt, waren indessen nirgends in Menge zu sehen: Geschrei und Pfeifen, beim Anblick dieser militärischen Rüstungen, dies machte den ganzen Aufruhr aus, den die Behörden erwarteten.

Es haben indessen Gewaltthätigkeiten statt gefunden; sie wurden aber von denjenigen selbst verübt, deren Geschäft es seyn sollte ihnen Einhalt zu thun. Wir sahen im Kleinen die Handlungen der Willkühr und Rohheit, vermittelst deren man in Paris die Ordnung wieder herzustellen pflegt, wenn sie gestört wird.

Eine große Anzahl harmlose Bürger wurden in den Straßen mißhandelt, und erhielten Bajonett- oder Kolbenstöße; andere wurden ohne Grund festgehalten, oder mußten zuerst Beschimpfungen oder üble Behandlungen erdulden, bevor sie in ihre Häuser kommen konnten; mehrere Polizei-Agenten wußten weder ihre Reden noch ihr Betragen zu mäßigen: besonders war es auf die die fremden Ruhestörer abgesehen, von denen in der Proklamation des Hrn. Maires gesprochen wird; und Bürger, die sonst nichts Unrechtes gethan, als daß sie französisch gesprochen, und zu Gunsten der Personen, die ohne Ursache ergriffen wurden, Einsprüche erhoben hatten, wurden von ihnen mit Scheltworten angefallen.

Aus: *Courrier du Bas-Rhin, Niederrheinischer Kurier* vom 6., 7. und 9. Juli 1833.

AUGUST BECKER

—

GELDARISTOKRATIE 1837

Er [Büchner] glaubte nicht, daß durch die constitutionelle landständische Opposition ein wahrhaft freier Zustand in Deutschland herbeigeführt werden könne. Sollte es diesen Leuten gelingen, sagte er oft, die deutschen Regierungen zu stürzen und eine allgemeine Monarchie oder auch Republik einzuführen, so bekommen wir hier einen Geldaristokratismus wie in Frankreich, und lieber soll es bleiben, wie es jetzt ist.

Aus dem Verhörprotokoll August Beckers vom 1. November 1837; in: Friedrich Noellner, *Actenmäßige Darlegung des wegen Hochverraths eingeleiteten gerichtlichen Verfahrens gegen Pfarrer D. Friedrich Ludwig Weidig, mit besonderer Rücksicht auf die rechtlichen Grundsätze über Staatsverbrechen und deutsches Strafverfahren, sowie auf die öffentlichen Verhandlungen über die politischen Processe im Großherzogthume Hessen überhaupt und die späteren Untersuchungen gegen die Brüder des D. Weidig*, Darmstadt 1844, S. 425.

Ich bin allein, wie im Grabe; wann erweckt mich deine Hand?

Georg Büchner an Wilhelmine Jaeglé, Februar 1834

Ich sehe dich immer so halb durch zwischen Fischschwänzen, Froschzehen etc. Ist das nicht rührender, als die Geschichte von Abälard, wie sich ihm Heloise immer zwischen die Lippen und das Gebet drängt? O, ich werde jeden Tag poetischer, alle meine Gedanken schwimmen in Spiritus.

Georg Büchner an Wilhelmine Jaeglé, Zürich, 13. Januar 1837

Rembrandt Harmenszoon van Rijn
Die Erweckung des Lazarus
Um 1632

Bildnis einer Frau, Héloïse und Abélard
1. Hälfte 19. Jahrhundert

ERNST ALEXANDER LAUTH

—

ALLGEMEINE REGELN, DIE BEI'M ZERGLIEDERN ZU BEOBACHTEN SIND 1835

Eine zweckmäßige Sorge für die Erhaltung der Gesundheit erlaubt ebenfalls keinen allzulange fortgesetzten Aufenthalt in den Zergliederungs-Räumen, denn es läßt sich nicht läugnen, daß die anatomischen Arbeiten der Gesundheit schädlich sind. Auch bemerkt man, daß diejenigen, die den Tag in den Zergliederungs-Sälen zubringen, ohne zugleich die Vorsichts-Maaßregeln anzuwenden, von denen wir sogleich sprechen werden, nach einer kürzern oder längern Zeit gastrische Beschwerden empfinden, wogegen Brech- oder Purgier-Mittel, je nach den Anzeigen, angewendet werden müssen. Uebrigens ist der Aufenthalt in der Anatomie doch nicht in dem Grade schädlich, als man es zuweilen glaubt, und meistens reichen eine gesunde Nahrung, tägliche Bewegung in freier Luft und Reinlichkeit hin, um diese schädlichen Einflüsse zu vernichten, oder doch zu vermindern. Man neutralisirt die faulen Ausdünstungen, welche die Luft in den Zergliederungs-Räumen verderben, mittelst des Chlorkalkes, den man in gläsernen Gefäßen mit weiter Oeffnung bewahrt; ein beweglicher Deckel erlaubt, mehr oder weniger davon verdunsten zu lassen.

[...]

Ein besonderes Zergliederungs-Kleid sich zu halten ist eine Reinlichkeits-Maaßregel, deren man sich niemals entziehen sollte, wäre es auch nur aus schuldiger Achtung für die Personen, bei denen man die übrige Zeit zuzubringen hat. Die Aermel des Kleides werden am zweckmäßigsten mit dünnem und weichem Leder besetzt, denn der Wachstafft oder die Wachsleinwand, welche man gewöhnlich dazu verwendet, reißt oder bricht allzu leicht.

Man gewöhne sich, die Leichname niemals ohne Notwendigkeit mit den Händen zu berühren, und reinige diese letzteren jedesmal, sobald solches geschehen ist, oder überhaupt sobald sie beschmutzt worden sind. Den üblen Geruch, den die Hände nach dem Waschen beibehalten, nimmt etwas Essig oder Chlorkalk-Auflösung weg.

Die Wunden, die man sich während des Zergliederns beibringt, können mehr oder weniger wichtige Folgen nach sich ziehen. Einen oberflächlichen Schnitt mache man stark bluten,

↓

TILMAN FISCHER

—

»MAN NENNT MICH EINEN SPÖTTER«

—

SELBSTPORTRÄT IN BRIEFEN

»Lies meine Briefe nicht, – kalte, träge Worte!«[1] Büchners Warnung an seine Verlobte blieb vermutlich unbeachtet. Schon weil er sie bisweilen warten ließ. »Mein Schweigen quält dich wie mich, doch vermochte ich nichts über mich«,[2] entschuldigt sich der säumige Briefschreiber an gleicher Stelle. Während er den Straßburger Freunden Nachrichten aus Gießen schickt, will ihm gleichzeitig der Brief an die geliebte Minna nicht gelingen: »Schon seit einigen Tagen nehme ich jeden Augenblick die Feder in die Hand, aber es war mir unmöglich, nur ein Wort zu schreiben.«[3] Offenbar fiel es Büchner schwer, seinen hohen Ansprüchen an das Genre des Liebesbriefes zu genügen: »Könnte ich nur über dich einen vollen Ton ausgießen; – so schleppe ich dich in meine wüsten Irrgänge«,[4] klagt er. Was den angemessenen Liebesbriefton verhindert, sind – folgt man den Briefen an die Braut – wiederkehrende depressive Verstimmungen, Zustände völliger Gefühllosigkeit, Fiebererkrankungen oder erschütternde Lektüreerlebnisse Dies alles vermag Büchner sehr genau an sich zu beobachten und mit der ihm eigenen Sprachmächtigkeit anspielungsreich und bildhaft zu beschreiben, hält es aber für einen ungeeigneten Gegenstand in Liebesbriefen.

↓

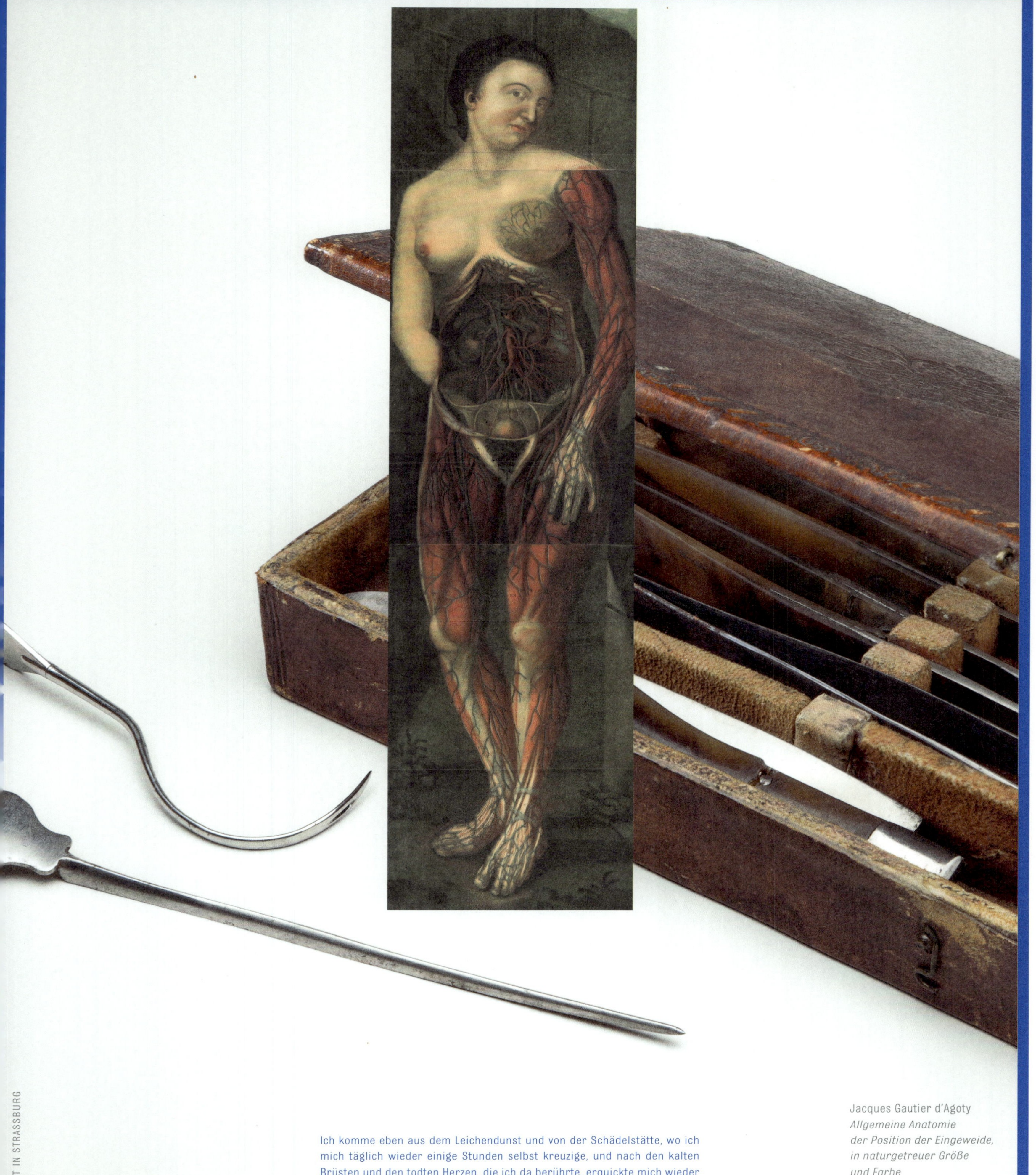

Ich komme eben aus dem Leichendunst und von der Schädelstätte, wo ich mich täglich wieder einige Stunden selbst kreuzige, und nach den kalten Brüsten und den todten Herzen, die ich da berührte, erquickte mich wieder das lebendige, warme an das Du mich drücktest über die Paar Meilen hinaus, die unsere Cadaver trennen.

Georg Büchner an Adolphe Stoeber, Straßburg, 3. November 1832

Jacques Gautier d'Agoty
Allgemeine Anatomie der Position der Eingeweide, in naturgetreuer Größe und Farbe
1752

Sektionsbesteck
1810

LAUTH

nachdem die Wunde in Seifenwasser gereinigt worden ist, dann bedecke man dieselbe mit etwas Heftpflaster, um sie vor neuer Verunreinigung zu verwahren. Vernachläßigte Stichwunden geben öfters zu Anschwellungen des ganzen Gliedes und zu Eitersammlungen Anlaß. Am besten verhütet man diese Zufälle durch das Aussaugen der Wunde, damit sie einige Zeit nachblute; auch räth man zuweilen, die Wunde durch den Schnitt zu erweitern und sie mit Höllenstein zu brennen; jedoch reicht das Aussaugen in den meisten Fällen hin.

[...]

Es wäre schwer, für jeden vorkommenden Fall, die Art, diese verschiedenen Instrumente zu gebrauchen, durch Regeln feststellen zu wollen. Es genüge folglich, rücksichtlich der Scalpelle und der Pincette, zu bemerken, daß man sie so ziemlich wie eine Schreibfeder, erstere in der rechten, letztere in der linken Hand hält. Man hüte sich, ruckweise mit kleinen Schnitten zu arbeiten; jeder Schnitt muß im Gegentheil langsam und mit Bestimmtheit geführt werden. Im Allgemeinen faßt man die hinwegzunehmenden Theile mit der Pincette; Muskeln aber und kleine Arterien oder Nervenfäden, mit der Pincette gefaßt, würden leicht beschädigt werden. Das Knorpelmesser dient zum Zerschneiden der Haut, der Knorpel, und überhaupt zu großen Schnitten. Die Scheere ist besonders bei'm Präpariren in der Tiefe, oder zum schnellen Arbeiten bequem, ihr Gebrauch erfordert aber große Uebung. Das Aufblasen von Höhlen, Kanälen u.s.w. geschieht vermittelst des Tubulus. Die Doppelhaken dienen zur Befestigung der Theile in besonderen Lagen. Die Ringhaken sind zur Anfertigung feiner angiologischer und besonders neurologischer Präparate unumgänglich nothwendig: man steckt einen Finger der linken Hand durch den Ring und spannt

↓

FISCHER

ROLLENSPIEL

Die Inszenierung von Krise und Krankheit mag Büchner der Sorge der fernen Geliebten anempfohlen haben, als attraktiv ließ ihn gewiss anderes erscheinen. So vielleicht an erster Stelle sein geistreiches Spiel mit literarischen Vorlagen und Rollen. Mal figuriert er als Narr »in der Komödie«,[5] mal als Vorlage für eine Geistergeschichte E.T.A. Hoffmanns; mal vergleicht er sich mit Shakespeare, der nur in den Nachtstunden Zeit zum Dichten fand, mal mit Diogenes, der am hellen Tag mit einer Laterne Menschen sucht; oder er sieht sich – als politisch Verfolgter realistisch genug – als Absolventen mit einer »gewisse[n] Aussicht auf ein stürmisches Leben«.[6] Andere Rollen lehnt er dezidiert ab. »[D]ie Leute auf halbem Sold« etwa kann er »nicht ausstehen« und will trotz allen Gejammers nicht als »Invalide« gelten.[7] Keinesfalls will er als offiziell Verlobter auftreten und »bei den verschiedenen Tanten das Familienvatersgesicht ziehen«;[8] und ein »Frauenherz« glaubt er auch ohne Uniform und Schulterpolster für sich gewinnen zu können.[9]

Dort, wo ihm das Liebesverhältnis zu Minna in den Blick gerät, imaginiert er sich in Anlehnung ans Neue Testament als Toter »im Grabe«, der von Jesu, also Minnas, Hand wiedererweckt werden muss.[10] Oder er schlüpft in die Rolle des Herzensbrechers, indem er Strophen eines Gedichts von Jakob Lenz zitiert, die von der sehnsuchtsvollen Liebe einer verlassenen Pfarrerstochter handeln[11] – der Bezug zu Friederike Brion und den jungen Goethe ist hier unverkennbar. Und schließlich vergleicht er sein Verhältnis zu Wilhelmine mit der berühmten Liebesbeziehung zwischen dem gelehrten jungen Mönch Abaelard und der von ihm geschwängerten, aus dem Hochadel stammenden Heloïse. Wie Heloïse bei der Andacht statt des Gekreuzigten stets Abaelards Bild vor Augen hat, so sieht auch Büchner – viel »poetischer« noch – an seinem Präparationstisch in Zürich das Bild der Geliebten »immer so halb durch zwischen Fischschwänzen, Froschzehen etc.«[12]

LAMENTO

Aus Büchners Liebesbriefen sind nur acht Fragmente überliefert und es mag der Auswahl des Bruders Ludwig geschuldet sein, dass sie den poetischen Reichtum dieser Liebe höchstens erahnen, nicht aber ausmessen lassen. Aus dem gleichen Grund erscheinen diese

↓

Unbekannter Künstler
Gekreuzigter Jesus als anatomisches Wachsmodell
1760–1780

LAUTH

mit den Haken die Fäden in der zum Präpariren bequemen Lage an; die Pincette wird zu gleicher Zeit gebraucht. Es ist wohl unnöthig, den Nutzen der anderen Instrumente zu erklären.

Vor Allem ist aber den Anfängern anzuempfehlen, reinlich zu arbeiten; auf Schnelligkeit im Präpariren kommt es im Anfang nicht an, denn diese Fertigkeit erlangt man bald durch Uebung. Schon ist ein unsauber gearbeitetes Präparat wenig geeignet, Lust zum Studium der Anatomie zu erwecken, und überdieß ist es oft schwer, sich nach einer solchen Arbeit einen klaren Begriff von den verschiedenen Theilen zu verschaffen.

Aus: Ernst Alexander Lauth, *Neues Handbuch der praktischen Anatomie, oder Beschreibung aller Theile des menschlichen Körpers, mit besonderer Rücksicht auf ihre gegenseitige Lage, nebst der Angabe über die Art, dieselben zu zergliedern und anatomische Präparate zu verfertigen*, Bd. 1, Stuttgart, Leipzig, Wien 1835, S. 8–11.
Ernst Alexander Lauth (1803–1837), ab 1829 »professeur agrégé« an der Universität Straßburg, Vorsteher der anatomischen Arbeiten an der medizinischen Fakultät; ab 1836 Professor für Physiologie. Er war einer von Büchners akademischen Lehrern; bei ihm erlernte er das Sezieren. Lauth setzte sich für die Publikation von Büchners Dissertation in der Reihe der *Société d'histoire naturelle de Strasbourg* ein.

FISCHER

Briefe auf den ersten Blick vor allem als »Krankenbriefe und Schwermutsschriften«.[13] Denn selbst dort, wo Büchner ein leichterer Ton gelingt, ist er mit dem Ergebnis unzufrieden: »Dieser Brief ist ein Charivari: ich tröste dich mit einem andern«,[14] schließt er einmal. An anderer Stelle variiert er dieses Bild von der Kakophonie einer Katzenmusik mit dem Hinweis auf das Durcheinander im englischen Irrenhaus und fragt: »Wie gefällt dir mein Bedlam?«[15] Zu viel Gejammer oder zu wenig Ordnung scheinen hier die Alternativen.

Was Wilhelmine Jaeglé gegenüber besonders ausgeprägt in Erscheinung tritt, mag deren privilegierter Vertrauensstellung und der damit einhergehenden Verpflichtung des Briefschreibers zur Aufrichtigkeit geschuldet sein. Es zeigt sich jedoch auch in den Briefen an die Freunde. Der Cousin Édouard Reuss, der über seine Korrespondenzen akribisch Buch führte, notiert zum Brief vom 31. August 1833: »Georg Büchner klagt und politisirt.«[16] Die Anlässe für Büchners Lamento sind dabei stets ähnlich: »deutsche Zustände«,[17] die Abwesenheit der Freunde, die Sehnsucht nach Straßburg, die als unerträglich erlebte Ödheit und Mittelmäßigkeit Gießens und Darmstadts sowie körperliche und seelische Krankheit. »Ich lamentire Dir da etwas vor und Du möchtest wohl etwas Vernünftiges von mir hören«,[18] entschuldigt er sich gegenüber Reuss. Bei dem Freund August Stoeber rechtfertigt er sich mit den Worten: »Du erhälst am spätesten einen Brief, weil ich Dich am letzten mit einem finstren Gesicht quälen wollte [...]. Ich schrieb mehrmals, vielleicht sahst Du meine Briefe; ich klagte über mich und spottete über andre; beydes kann Dir zeigen, wie übel ich mich befand. Ich wollte Dich nicht auch in's Lazareth führen und so schwieg ich.«[19]

Zu Büchners Ideal eines gelungenen Briefes gehört das Jammern nicht, soviel ist gewiss. Seine Problematisierung macht jedoch das Spannungsverhältnis deutlich, in dem die Gattung des privaten Briefes im 19. Jahrhundert situiert ist. »Der Brief bezieht sich auf unser Verhältniß zu andern Personen und vertritt die Stelle des Gesprächs«, erläutert der *Brockhaus* von 1833 seine »Theorie« des Genres. Damit »nähert er sich auch an Leichtigkeit und Natürlichkeit [...] mehr als eine andere schriftliche Darstellung« der Konversation an und zwar im besten Fall soweit, dass »man den Schreibenden vor sich zu sehen und zu hören glaubt«. Der Brief ist demnach also primär ein Medium der Selbstrepräsentation, »da er aber schriftliche Mittheilung ist, so ist er doch an sich überlegter und weniger nachlässig«[20] als die Rede, ist also ebenso Medium der Selbstinszenierung. Während das erste, die vermeintlich authentische Confessio, dem Leser den intimen Schlüssellochblick und eine unmittelbare Nähe zur Person verheißt, trägt das zweite, der kalkulierte Selbstentwurf, die Bürde der Verstellung und des Uneigentlichen. Beides ist jedoch kaum voneinander zu trennen

↓

Wenn ein Mädchen mir gefällt
dann hilft kein Widerstreben
hat mein Herz einmal gewählt
so muss sie sich ergeben
dann hilft kein Widerstreben

Ferdinand Herold, *Zampa oder die Marmorbraut*, 1831

August Hoffmann
Junger Mann mit Notenblatt
(Georg Büchner)
1833

und gleichermaßen konstitutiv für das Bild des Briefschreibers. »Wir verlangen daher von dem musterhaften Briefe, dass er aus der Eigenthümlichkeit des Schreibenden hervorgegangen, dieselbe auch bezeichne«.[21] Demnach ist jeder Brief ein Selbstporträt, auch dort, wo Offenbartes mit dem Gestus des »Eigentlich bin ich ganz anders« wieder zurückgenommen wird. Wo fast nur Bruchstücke und Brieffragmente überliefert sind, wie im Falle Büchners,[22] lässt sich zwar nur ein sehr unvollständiges Puzzle zusammensetzen, es treten aber dennoch einige markante Züge hervor.

SPOTT

Nach den »Eigentümlichkeiten« Büchners muss man nicht lange suchen. In seinem Brief an die Eltern vom Februar 1834 bringt er sie selbst zu Sprache. Er verteidigt sich darin offenbar gegen Vorwürfe, er sei in Gießen anderen Studenten aus Darmstadt hochmütig und dünkelhaft begegnet. Mangelnde »Bildung« oder »Gelehrsamkeit«, ja selbst »Dummheit«, zu verachten, läge ihm fern, beteuert er, und er habe »leidenden, gedrückten Gestalten mehr mitleidige Blicke zugeworfen, als kalten, vornehmen Herzen bittere Worte gesagt«. Zu einem anderen Vorwurf aber bekennt er sich explizit: »Man nennt mich einen *Spötter*. Es ist wahr, ich lache oft, aber ich lache nicht darüber, wie Jemand ein Mensch, sondern nur darüber, *daß* er ein Mensch ist, wofür er ohnehin nichts kann, und lache dabei über mich selbst, der ich sein Schicksal theile.«[23]

Die Probe, ob das stimmt, lässt sich leicht machen. Vor seiner Flucht nach Frankreich im März 1835 gibt es kaum ein Briefzeugnis von Büchner, das nicht spöttische Passagen enthielte, und auch danach, als sein Ton ernster wird, finden sich gelegentlich noch solche Stellen. Auf den ersten Blick scheint nichts ausgenommen von Büchners spitzer Feder. Er spottet über die politischen Verhältnisse im Großherzogtum Hessen, die umständliche Bildung eines Landtags, die Verfolgungswut der Polizei, die erfolglosen Hausdurchsuchungen oder die wertlosen Verfassungszugeständnisse; er spottet ebenso über die französischen Verhältnisse, das Komödienhafte des politischen Betriebs, korrupte Abgeordnete und allzu dienstbeflissene Bürgermeister. Doch auch die Oppositionellen werden zur Zielscheibe seines Witzes, sie figurieren als Kinder oder als trunkene Maulhelden, ein Saint-Simonist gerät ihm zur Karikatur, eine Großdemonstration, an der er selbst teilnimmt, zur »Comödie«.[24] Er macht sich über die Poesie und den Operngesang ebenso lustig wie über die Unsittlichkeit der Könige und Herzöge, über die narrenhaften Pfaffen ebenso wie über die Rhetorik der Denunziatoren Gutzkows, über Deutschland genauso wie über das Phlegma und den dicken Bauch seines Freundes.

SELBSTIRONIE

Und auch das Zweite stimmt. Mindestens ebensoviel Raum wie diese Angriffe auf andere nimmt das Lachen über sich selbst ein. Keine seiner Tätigkeiten nimmt Büchner davon aus. Die Pathologie, wo er als eifriger Student viel Zeit verbringt, wird ihm zur Hinrichtungsstätte, auf der er sich »selbst kreuzige«.[25] Seine umfangreichen philosophischen Studien, von denen er »ganz dumm«[26] werde, stellt er als Eselsritt dar und kommentiert sie mit den Worten: »ich lache über meine Narrheit«.[27] Die Dissertation, die er mit großem Engagement ausarbeitet, erscheint als »ekelhafte Geschichte«, das Ergebnis als »eine Abhandlung […] in die Länge, Breite und Tiefe«.[28] Und die philosophiehistorischen Vorlesungsskripte, mit denen er eine Karriere als Hochschuldozent anstrebt, nennt er »etwas ebenfalls höchst Ueberflüssiges«.[29] Für seine literarischen Produkte schließlich bittet er »den lieben Gott um einen einfältigen Buchhändler und ein groß Publikum mit so wenig Geschmack, als möglich.«[30] Und seine Briefe bezeichnet er abfällig als »Wisch Papier«[31] und »Käspapier«[32].

Diese Fähigkeit, sich selbst nicht zu wichtig zu nehmen und das, woran er bis zur völligen Erschöpfung seine Lebenszeit gibt, ironisch zu relativieren, zeigt sich auch bei anderen Gelegenheiten. Etwa wenn er auf seine bisweilen äußerst

↓

Denn immer, immer, immer doch
Schwebt ihr das Bild an Wänden noch
Von einem Menschen, welcher kam
Und ihr als Kind das Herze nahm.
Fast ausgelöscht ist sein Gesicht,
Doch seiner Worte Kraft noch nicht

Georg Büchner an Wilhelmine Jaeglé, Gießen, Mitte März 1834

Der »Wiegengesang« ist Teil des Gedichts *Die Liebe auf dem Lande* von Jakob Michael Reinhold Lenz, erstmals gedruckt in Friedrich Schillers *Musen-Almanach für das Jahr 1798*, der auch ein Gedicht von Wilhelmines Vater Johann Jakob Jaeglé enthält. Lenz' Gedicht bezieht sich auf die Sesenheimer Pfarrerstochter Friederike Brion und ihre kurze Liebschaft mit Goethe.

Frederik Sautter
Johann Wolfgang von Goethe und Friederike Brion
20. Jahrhundert

prekären Lebensumstände zu sprechen kommt: »Wenn man sich nur einbilden könnte, die Löcher in unsern Hosen seien Pallastfenster, so könnte man schon wie ein König leben, so aber friert man erbärmlich.«[33] Bei Gutzkow führt er sich in seinem ersten Brief selbstironisch als verhinderter Selbstmörder ein, den das »Elend« zwinge, dem Kollegen das Manuskript von *Danton's Tod* wie eine Pistole auf die Brust zu setzen und »la bourse ou la vie! zu sagen«.[34] Ohnehin stellt Büchner seine literarische Arbeit gerne als bloße Geldbeschaffungsmaßnahme dar, etwa wenn er nach Abschluss der Dissertation schreibt: »Ich muß eine Zeitlang vom lieben Kredit leben und sehen, wie ich mir in den nächsten 6–8 Wochen Rock und Hosen aus meinen großen weißen Papierbogen, die ich vollschmiren soll, schneiden werde.«[35] Auch als Liebender nimmt er sich nicht immer allzu ernst, schreibt Briefe mit einem »Gesicht [...] wie ein Osterei, über das die Freude rothe Flecken laufen läßt«,[36] und kündigt an, er wolle ein bisschen auf Romantik machen, um auf der Höhe der Zeit zu bleiben.[37] Der Kummer über Minnas Abwesenheit wird ihm ebenso wie ein Fiebertraum zum Anlass für erotische Tableaux.[38] Und sogar gegenüber der an sich selbst diagnostizierten »Schwermuth«[39] vermag Büchner gelegentlich eine humoristische Haltung einzunehmen. »Ich bin ganz vergnügt in mir selbst, ausgenommen, wenn wir Landregen oder Nordwestwind haben, wo ich freilich einer von denjenigen werde, die Abends vor dem Bettgehn, wenn sie den einen Strumf vom Fuß haben, im Stande sind, sich an ihre Stubenthür zu hängen, weil es ihnen der Mühe zuviel ist, den andern ebenfalls auszuziehen«,[40] witzelt er gegenüber dem Bruder Wilhelm. Und nach einem überaus kunstvollen Lamento über das ihn beherrschende »Gefühl des Gestorbenseins« und die »Folter« des irdischen Daseins gelingt ihm auch bei der Verlobten überraschend der Sprung ins Komische, wenn er sich als Figur einer Gespenstergeschichte imaginiert: »ich fürchte mich vor meiner Stimme und – vor meinem Spiegel. Ich hätte Herrn Callot-Hoffmann sitzen können, nicht wahr, meine Liebe? Für das Modelliren hätte ich Reisegeld bekommen. Ich spüre, ich fange an, interessant zu werden.«[41] Zum Spott gehört für Büchner die Haltung, »daß man sich als Narr producirt«, zwingend hinzu und keinesfalls darf man »die Narrheit nur außer sich suchen.«[42] In seinen Selbstfiktionalisierungen kommt er sich einmal explizit wie der Kasper »Larifari in der Komödie« vor: »will er das Schwerdt ziehen: so ist's ein Hasenschwanz.«[43]

AUFRICHTIGKEIT

Nun ist Humor bekanntlich eine Reaktionsweise, um dem Leid zu trotzen, und sein Wesen besteht nach Sigmund Freud »darin, daß man sich die Affekte erspart, zu denen die Situation Anlaß gäbe, und sich mit einem Scherz über die Möglichkeit solcher Gefühlsäußerungen hinaussetzt.« Der Humorist »will sagen: Sieh' her, das ist nun die Welt, die so gefährlich aussieht. Ein Kinderspiel, gerade gut, einen Scherz darüber zu machen!«[44] Diese Haltung ist bei Büchner ausgeprägt, aber keineswegs universell. Es gibt Bereiche, da kann oder will er sich die unangenehmen »Affekte« nicht ersparen, und sie sind nicht minder aufschlussreich für das Porträt des Briefschreibers. Der Spötter verstummt etwa dort, wo die politischen Aktionen der Oppositionellen scheitern, wie etwa der Frankfurter Wachensturm, und macht einer bedauernden Haltung gegenüber »Irrthum«[45] und Schwäche Platz. Als politische

↓

AUGUST STOEBER ET AL.
—
SITZUNGSPROTOKOLLE DER STUDENTENVERBINDUNG EUGENIA 1831/32

Nr. 135

Sitzung vom 17. November 1831

1/2 Ohm.

Hospites: Büchner u. Held, ersterer aus Darmstadt, letzter aus Weißenburg, beide Studios. Medicinae; Lambossy ebenf Med., aus d franz. Schweiz, wird erwartet, erscheint aber nicht. Das Gespräch betrifft medizinische Angelegenheiten, Collegien, Privatstudien; besonders unser abtrünniger Bruder Boeckel spricht viel von dem faulen u. halbfaulen Menschenfleische, welches er in der Anatomie zerschnitten, was für die Uneingeweihten von keiner großen Ergötzlichkeit ist.

↓

Bei uns ist Frühling, ich kann deinen Veilchenstrauß immer ersetzen, er ist unsterblich wie der Lama. Lieb Kind, was macht denn die gute Stadt Straßburg, es geht dort allerlei vor, und du sagst kein Wort davon. Je baise les petites mains, en goûtant les souvenirs doux de Strasbourg.

Georg Büchner an Wilhelmine Jaeglé, Gießen, Mitte Januar 1834

Ich glaube, die Furcht vor der Pflege hier hat mich gesund gemacht; in Straßburg wäre es ganz angenehm gewesen, und ich hätte mich mit dem größten Behagen in's Bett gelegt, vierzehn Tage lang, rue St. Guillaume Nro. 66, links eine Treppe hoch, in einem etwas überzwergen Zimmer, mit grüner Tapete! Hätt' ich dort umsonst geklingelt?

Georg Büchner an Wilhelmine Jaeglé, Zürich, 27. Januar 1837

Unbekannter Künstler
Wilhelmine Jaeglé
Um 1832

Elisabeth Schultz
Viola odorata
Um 1900

FISCHER

Emigranten wegen ihrer fortgesetzten Aktivitäten aus Frankreich ausgewiesen werden, zeigt sich dieser Umschlag vom Spott zur Sorge noch einmal: »Es ist doch ein Jammer was die lächerlichsten Dinge für Folge haben können. Anfangs amüsirte es einem die alten Esel wie kleine Buben spielen zu sehen, – und jezt ist Alles verzweifelt ernsthaft.«[46] Daneben gibt es bei Büchner auch Tabuzonen des Spotts. Der Anblick von »Haufen zerlumpter, frierender Kinder« etwa, »die mit aufgerissenen Augen und traurigen Gesichtern vor den Herrlichkeiten aus Wasser und Mehl, Dreck und Goldpapier« auf dem »Christkindelsmarkt« stehen, lassen den Beobachter »sehr bitter« werden.[47]

Überblickt man die Gesamtheit der überlieferten Briefe Büchners, muss der ernsthafte und analytische Ton ohnehin als dominant gelten. Dies mag damit zusammenhängen, dass das Gros dabei aus Briefen an die Eltern besteht. Wenn er ihnen seine politischen Ansichten oder seine Studienpläne darlegt, wenn er aktuelle Nachrichten mit ihnen austauscht und von seinem Status als Flüchtling berichtet oder wenn er seine beruflichen und literarischen Erfolge schildert, dann tut er dies ebenso sachlich wie unmissverständlich, ganz der Maxime gemäß, »[a]lles, was existirt, bei seinem Namen zu nennen«.[48] Anderen Adressaten zeigt er den Rollenwechsel vom Spott zum Klartext bisweilen explizit an: »Doch, Spaß bey Seite!«[49] heißt es dann, oder er leitet seine fundamentale Kritik am literarisch-politischen Programm Gutzkows mit dem Hinweis ein, er wolle nun »aufrichtig [...] sein«.[50]

Auch Büchners Selbstironie findet ihre Grenze. Sie ist überall dort spürbar, wo er die ihm wichtigen sozialen Kontakte zu Freunden und Gleichgesinnten verliert: »ich bin fast ganz isolirt; ich war wohl die ersten Tage froh, aber

↓

STOEBER

Nr. 147

Sitzung vom 16. Februar 1832

9 M a a ß

Freund Büchner, Stud. Med. welchen die Brüder immer gern in ihrer Mitte sehn, hospitirt heute in Eugenia, auch werden Held u. Lambossy erwartet, erscheinen aber nicht. Das Gespräch betrifft größtentheils den Kampf der Freiheit in Deutschland, mit Freuden wird bemerkt, wie der bedachtsame, phlegmatische Teutone, den alten Herrmann in den Adern spürt, u. im Stillen seine Fesseln sprengt, u. zur Wiedergeburt seines Volkes emporreift. – Es wird nicht gesungen, aber nicht untüchtig getrunken.

Nr 148

Sitzung vom 21. Februar 1832

[...] Von neuen Mitgliedern wurde auch gesprochen, aber ihre Aufnahme, wegen Abwesenheit dreier Brüder, in Zweifel gezogen. Alle sähen besonders gerne Freund Büchner in Eugenia u. bedauern sehr, daß ihr Herz nicht alleine hier sprechen darf.

Nr 158

Sitzung vom 24. Mai 1832

Auch Büchner, Höpfner, Fritz Jäger u. Reichard, finden sich in dem Drescher ein. Man war recht fidel; aus voller Kehle wurde gesungen, u. vor lauter Freude u. Liebe wurde tüchtig mit der Hand auf die Schenkel des Nachbars gehauen. [...] gegen 9 Uhr bleiben nur noch Ad. Stöber, Büchner Höpfner u. der Secretarius. Büchner spricht in etwas zu grellen Farben von der Verderbtheit der deutschen Regierungen, u. der Rohheit der Studenten auf vielen Universitäten, nahmentlich in Gießen, u. auch in Heidelberg, wobey von den Anwesenden Einiges erwidert wird, um zur Steuer der Wahrheit die Farben zu mildern. –

Nr 163

Sitzung vom 28. Juni 1832

Der hospes perpetuus Büchner erscheint, aber ohne seinen medicinischen Commilitonen, den Bruder Böckel, welcher den ganzen Abend ausbleibt. Es wird mit außerordentlicher Lebhaftigkeit über verschiedene Gegenstände, nahmentlich das sittliche Bewußtseyn, über Huß, Ravaillac, u. Sand, welche die Dialectik von Freund Büchner in eine Reihe stellt, [über die Strafgesetze,] u. über das Unnatürliche unsers gesellschaftlichen Zustandes, [besonders in Beziehung auf Reich u. Arm,] debattirt; dabey aber von den Kämpfern nicht vergessen, mit dem großen, eine Maas haltenden, Pokale mehrmahls einen flotten laut schallenden Rundgesang zu halten, u. trotz mancher Verschiedenheit der Meinungen strömt auch heute in vollen Wogen das tiefe Gefühl der Freundschaft. –

↓

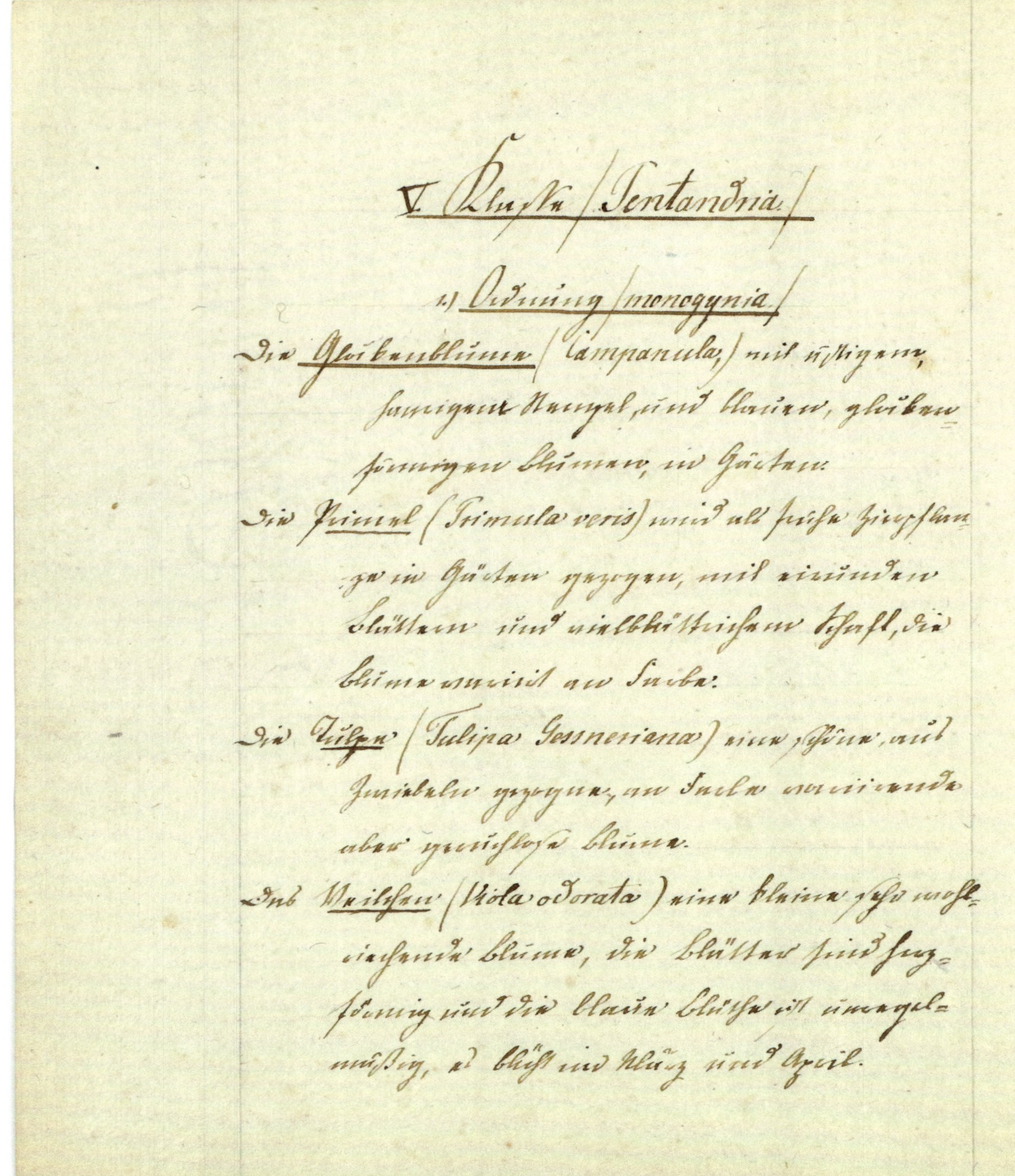

V. Klasse (Pentandria)

1) Ordnung (monogynia)

Die Glockenblume (Campanula) mit ästigem, haarigem Stengel, und blauen, glocken förmigen Blumen, in Gärten.

Die Primel (Primula veris) wird als schöne Zierpflanze in Gärten gezogen, mit eirunden Blättern und vielblüthigem Schaft, die Blume variirt an Farbe.

Die Tulpe (Tulipa Gessneriana) eine schöne, aus Zwiebeln gezogene, an Farbe variirende aber geruchlose Blume.

Das Veilchen (Viola odorata) eine kleine sehr wohlriechende Blume, die Blätter sind herzförmig und die blaue Blüthe ist unregelmäßig, es blüht im März und April.

Das Veilchen (Viola odorata) eine kleine sehr wohlriechende Blume, die Blätter sind herzförmig und die blaue Blüthe ist unregelmäßig, es blüht im März und April.

Georg Büchner, Schulheft über einheimische Gartenpflanzen, 1824

Georg Büchner
Schulheft über einheimische Gartenpflanzen
1824

FISCHER

ich kann einmal dieße Luft nicht vertragen, sie ist mir noch eben so zuwider«,[51] schreibt er aus Darmstadt. Auch am neuen Studienort wird es zunächst nicht besser: »Von Gießen verspreche ich mir wenig, meine Freunde sind flüchtig oder im Gefängniß.«[52] Später, als er wegen einer Hirnhautentzündung zurück ins Elternhaus nach Darmstadt muss, die gleiche Klage: »3 treffliche Freunde habe ich in Gießen gelassen und bin jetzt ganz allein.«[53] Und der Verlobten schreibt er aus Gießen: »Ich bin allein, wie im Grabe; [...] Meine Freunde verlassen mich, wir schreien uns wie Taube einander in die Ohren«.[54] Vor diesem Hintergrund überrascht es nicht, dass auch ein anderer, lediglich imaginierter Zustand völliger Isolation Büchner soviel Schrecken einjagt, dass er zu einem selbstironischen Kommentar nicht fähig ist. Es ist der einer Kerkerhaft. »[V]on dem Resultat einer Untersuchung hatte ich nichts zu befürchten, aber Alles von der Untersuchung selbst«, schreibt er den Eltern nach der Flucht. »Diese Zeit hätte ich im Falle des Bleibens in einem Kerker zu Friedberg versessen; körperlich und geistig zerrüttet wäre ich dann entlassen worden. Dies stand mir so deutlich vor Augen, dessen war ich so gewiß, daß ich das große Uebel einer freiwilligen Verbannung wählte.«[55] Der Horror vor einer Haft von ungewisser Dauer begleitet das Exil und begründet das Mitgefühl mit anderen, denen die Flucht nicht gelang. »Es liegt schwer auf mir, wenn ich mir Darmstadt vorstelle; ich sehe unser Haus und den Garten und dann unwillkührlich das abscheuliche Arresthaus. Die Unglücklichen! [...] Ein Todesurtheil, ein Schaffot, was ist das? Man stirbt für seine Sache. Aber so im Gefängniß auf eine langsame Weise aufgerieben zu werden! Das ist entsetzlich!«[56] Zum Galgenhumor wäre er wohl fähig gewesen, zum Kerkerhumor

↓

STOEBER

Nr. 164

Sitzung vom 5. Juli 1832

(6. Maas.)

Eugenia die heute allein seyn wollte, [...] wird jedoch unverhoffter Weise mit der Gegenwart ihres hospitis perpetui, Bügner [sic], beehrt [...]. Das Gespräch lenkte sich gleich anfangs wieder auf die Politik [...]. Freund Bügner dieser so feurige u so streng republicanisch gesinnte deutsche Patriot, schleudert einmal wieder, alle mögliche Blitze u Donnerkeule, gegen alles was sich Fürst u König nennt; u selbst die constitutionelle Verfassung unseres Vaterlands bleibt v ihm n i c h t unangetastet, weil sie seiner Meinung nach, nie das Wohl u das Glück Frankreichs befördern wird, so lange noch eine aristocratische Macht, wie die Pairs Cammer, eine 3.te mächtige Hand an das Staatsruder zu legen berechtigt ist, Bruder Adolph u noch einige andere Brüder vertheidigen ihrer Seits die sehr weise u heilsame Bestehung der obersten Cammer; man balgte sich noch einige Zeit herum, u sieht sich endlich genöthigt dem politischen Wortwechsel ein Ende zu machen, weil Freund Daniel anfängt zu – schlafen.

Aus dem Protokollbuch der Studentenverbindung Eugenia; handschriftliches Manuskript im Fonds Littéraire Stoeber (Privatbesitz); zit. nach: *Georg Büchner Jahrbuch*, 6 (1986/87), Frankfurt am Main 1990, S. 360–368.
Die Eugenia war ein »Freundesbund« von vor allem protestantischen Theologiestudenten elsässisch-deutscher Herkunft in Straßburg. Zu den Gründungsmitgliedern gehörten die mit Büchner befreundeten Brüder August (1808–1884) und Adolph Stoeber (1810–1892). Die Verbindung existierte vereinsmäßig organisiert von Februar 1828 bis Juli 1832 und bestand, nachdem die meisten Mitglieder Straßburg aus beruflichen Gründen verlassen hatten, noch bis 1833 als weniger formeller Freundeskreis weiter. Büchner gehörte ihr als »immerwährender Gast« an und nahm erstmals im November 1831 an einer Sitzung teil.

Auf, auf Kinder des Vaterlands!
Der Tag des Ruhmes, der ist da.
Gegen uns wurde der Tyrannei
Blutiges Banner erhoben

Refrain der Marseillaise

Marseillaise
Partitur des Kriegsliedes
der Rheinarmee
1792

Pianonoten aus dem Besitz
der Familie Braubach

ist er es nicht. »*A. Becker* wird wohl von Gott und der Welt verlassen sein; seine Mutter starb, während er in Gießen im Gefängniß saß«.[57] »Hat denn *Gladbach* noch kein Urtheil? Das heiße ich einen doch lebendig begraben. Mich schaudert, wenn ich denke, was vielleicht mein Schicksal gewesen wäre!«[58] »Ich danke dem Himmel, daß ich voraussah, was kommen würde, ich wäre in so einem Loch verrückt geworden«.[59]

HASS

Das komplementäre Muster von Spott und Selbstironie auf der einen und Ernst, Schrecken und Mitleid auf der anderen Seite wäre nicht vollständig ohne einen dritten Affekt, den Büchner im Brief an die Eltern ausdrücklich als wichtige Facette seiner Persönlichkeit nennt: »Ich habe freilich noch eine Art von Spott, es ist aber nicht der der Verachtung, sondern der des Hasses. Der Haß ist so gut erlaubt als die Liebe«. Hassenswert findet der Student Büchner, der mit enormem Fleiß eine wissenschaftliche Karriere anstrebt, zunächst die »große Zahl [derer], die im Besitze einer lächerlichen Aeußerlichkeit, die man Bildung, oder eines todten Krams, den man Gelehrsamkeit heißt«, sind und dann »die große Masse ihrer Brüder ihrem verachtenden Egoismus opfern«. Bildungsdünkel ist für ihn eine Form des »Aristocratismus«,[60] und dem gilt auch in anderer Form immer wieder seine heftige Abneigung, sei es als »kriechende[r] Staatsdiener-Aristokratismus«,[61] wie er ihn in Gießen erlebt, oder in Gestalt der »allerdurchlauchtigsten und gesalbten Schafsköpfe«, denen er im Falle eines Krieges wünscht, sie mögen »auf der Erde [...] hoffentlich keine Gnade mehr finden«.[62] Begreift man mit dem *Brockhaus* von 1834 »unter Haß die leidenschaftliche Abneigung gegen andere Personen, sodaß man sich nicht blos ihrer Gemeinschaft zu entziehen, sondern, wo möglich, ihnen auch zu schaden sucht«,[63] und mustert daraufhin die überlieferten Brieffragmente Büchners, so lassen sich etliche Stellen ausmachen, wo er seinen politischen Gegnern Schlechtes wünscht – nämlich den Tod. Über den französischen Ministerpräsidenten berichtet er den Eltern, »daß Herr Périer die Cholera hatte, die Cholera aber leider nicht ihn«.[64] Aus Straßburg nach Darmstadt zurückgekehrt, schreibt er an August Stoeber, die »politischen Verhältnisse« und die Auseinandersetzung zwischen »Fürsten und Liberalen« auf Kosten des Volkes würden ihn »rasend machen.« Und in Anspielung auf die Pariser Straßenlaternen, die bekanntlich während der Französischen Revolution von der aufgebrachten Bevölkerung als Galgen genutzt wurden, fährt er fort: »Ich bete jeden Abend zum Hanf und zu d. Latern.«[65] Büchners hier geäußerter Wunsch nach einer revolutionären Erhebung ist kein Einzelfall. Die Voraussetzung für den massenhaften Einsatz der Hanfseile sei der »Hunger [...] der ganzen Nation«, schreibt er an Gutzkow im März 1835, und weiter: »Wenn es einmal ein Misjahr gibt, worin nur der Hanf geräth! Das sollte lustig gehen, wir wollten schon eine Boa Constriktor zusammen flechten.« Die Würgeschlange war im 19. Jahrhundert auch als Königsschlinger bekannt. Sein Revolutionsdrama wollte Büchner nach einer chinesischen Praxis als eine Aufforderung an Vornehme, Selbstmord zu verüben, verstanden wissen und die Inspiration dazu von Samson, dem Henker der Französischen Revolution, bezogen haben: »Mein Danton ist vorläufig ein seidnes Schnürchen und meine Muse ein verkleideter Samson.«[66]

Auch dies sind Witzeleien, gewiss, doch sie sind von anderer Qualität als der oben geschilderte spöttische Ton Büchners. Nach der auf zweifelhafter Gesetzesgrundlage bei ihm erfolgten Zimmerdurchsuchung, die der Polizei allerdings kein belastendes Material erbracht hat, stellt Büchner den ermittelnden Universitätsrichter öffentlich bloß und freut sich, dass er ihn »mittelst des höflichsten Spottes fast ums Leben gebracht«[67] habe. Das »Kapital«, das die Untersuchungsbehörden mit den Inhaftierungen aufnähmen, werden sie »einmal mit schweren Zinsen« abtragen müssen, »mit sehr schweren«,[68] setzt er drohend hinzu. Gegen die Gesetzesbrüche und die Gewalt der Herrschenden helfe »keine Appellation, als Sturmglocken und Pflastersteine«,[69] also wieder ein revolutionäres Szenario. Die politischen Machthaber verachtet er, sie sind durch ihre ungesetzlichen Handlungen delegitimiert. Er hält sie für eine »verdorbene Minderzahl«,[70]

↓

Bei der Rückkehr

der Feldherren

Ramorino und Langermann.

Wo treibt's dich hin, du riesenhafte Menge,
Stets wachsend wie der Wogen Flutgedränge?
So ernst und festlich doch, welch' Trauertöne?
Wohin? wohin Alsatiens Söhne?
„Du hörst sie nicht nahen? du siehst sie nicht kommen?
„Du bist nicht von Schmerz und von Freude beklommen?
„Wir sollen Dir melden
„Sarmatische Helden,
„Die Franken zugleich, die wir jubelnd lohnen
„Mit Blüten des Lorbeers, mit Bürgerkronen!
„Sie kämpften so muthig gen furchtbar Geschick:
„Sie bringen den Sieg nicht, den Ruhm doch zurück.“
Ramorino! Ramorino!
Langermann! Du Lamarque's Freund,
O wie sind wir stolz und froh
Daß der schöne Tag uns scheint,
Wo vereinet wir Euch schauen.
Ruhet aus in unsern Gauen,
Hier in Klebers Vaterland!
Schmeichlerweihrauch wir nicht brennen,
Frankreichs Vorhuth darf sich nennen
Unsrer Alsa schöner Strand;
Hier ist längst das Land der Freien,

Überall erschallt der Ruf: Vive la liberté! vive Romarino! à bas les ministres! à bas le juste milieu! Die Stadt selbst illuminirt, an den Fenstern schwenken die Damen ihre Tücher, und Romarino wird im Triumph bis zum Gasthof gezogen, wo ihm unser Fahnenträger die Fahne mit dem Wunsch überreicht, daß diese Trauerfahne sich bald in Polens Freiheitsfahne verwandeln möge. Darauf erscheint Romarino auf dem Balkon, dankt, man ruft Vivat! – und die Comödie ist fertig …

Georg Büchner an die Familie, Straßburg, 4./5. Dezember 1831

Ehrenfried Stöber
Bei der Rückkehr der Feldherren Ramorino und Langermann
Um 1831

den Darmstädter Hof für ein »vermoderte[s] Fürstengeschlecht«,[71] die gegen ihn ermittelnden Behörden für »schmutzige Menschen«,[72] die sich von einer »Heerde Banditen«[73] in nichts unterscheiden. Der Oberschicht, der »abgelebte[n] moderne[n] Gesellschaft«, wünscht er, sie möge »aussterben, das ist das einzig Neue, was sie noch erleben kann«.[74]

Büchners Grundüberzeugung: »Wenn in unserer Zeit etwas helfen soll, so ist es *Gewalt.* Wir wissen, was wir von unseren Fürsten zu erwarten haben.«[75] Sein Modell sozialer Veränderung ist das des Kampfes. Daher sein stetiges Abwägen der Kräfteverhältnisse, das Bemühen um eine realistische Einschätzung, welches Risiko sich lohne, und die Ablehnung der »revolutionären Kinderstreiche«.[76] Prinzipiell gilt für ihn: »man vergilt Gleiches mit Gleichem, Gewalt mit Gewalt. Es wird sich finden, wer der Stärkere ist.«[77] Dass es dabei auf den Hass des Einzelnen nicht ankommt, ist eine bekannte büchnersche Erkenntnis: »nur das nothwendige Bedürfniß der großen Masse [kann] Umänderungen herbeiführen«.[78] Er schadet aber wohl auch nicht. Der Verlobten versichert er, er sei »kein Guillotinenmesser«, auch wenn er beim Studium der Revolutionsgeschichte sein »Auge ans Blut«[79] gewöhnt habe. Wie weit er im Ernstfall gegangen wäre? Darüber schweigen die Briefe. Um einander wirklich zu kennen, heißt es in *Danton's Tod*, müssten wir uns schon »die Schädeldecken aufbrechen und die Gedanken einander aus den Hirnfasern zerren«.[80]

1 Brief an Wilhelmine Jaeglé, etwa 8. März 1834, zit. nach: MBA, Bd. X.1: *Briefwechsel*, hrsg. von Burghard Dedner, Tilman Fischer und Gerald Funk, Darmstadt 2012, S. 34.
2 Ebd., S. 33.
3 Brief an Wilhelmine Jaeglé, nach Mitte Januar 1834, zit. nach: MBA X.1, S. 30.
4 Brief an Wilhelmine Jaeglé, etwa 8. März 1834, zit. nach: MBA X.1, S. 34.
5 Brief an Wilhelmine Jaeglé, Mitte März 1834, zit. nach: MBA X.1, S. 35.
6 Ebd. Für den, der auf dem unlängst gefundenen Bild eines jungen Mannes mit Notenblatt des Büchner-Porträtisten August Hoffmann ebenfalls Georg Büchner zu erkennen vermag und es als Auftragsarbeit Büchners für die Geliebte in Erwägung zieht, käme die Rolle des herzensbrechenden Korsaren Zampa aus der gleichnamigen Oper (1831) von Louis Hérold hinzu.
7 Brief an Wilhelmine Jaeglé, Nach Mitte März 1834, zit. nach: MBA X.1, S. 36.
8 Brief an Wilhelmine Jaeglé, Mitte März 1834, zit. nach: MBA X.1, S. 35.
9 »et puis me faudra-t-il du fer à cheval pour faire de l'impression à un cœur de femme?« Brief an Wilhelmine Jaeglé, nach Mitte März 1834, zit. nach: MBA X.1, S. 36.
10 Brief an Wilhelmine Jaeglé, etwa 16. Februar 1834, zit. nach: MBA X.1, S. 32. Büchner verbindet hier die Erzählung von der Erweckung des Lazarus (Johannes 11,41–44) mit der von der Erweckung eines verstorbenen Kindes (Matthäus 9,18 und 25).
11 Aus dem Gedicht *Die Liebe auf dem Lande*; Brief an Wilhelmine Jaeglé, Mitte März 1834, zit. nach: MBA X.1, S. 35 f.
12 Brief an Wilhelmine Jaeglé, 13. Januar 1837, zit. nach: MBA X.1, S. 116.
13 Patrick Fortmann, »Büchners Briefe an seine Braut«, in: *Deutsche Vierteljahrsschrift für Literaturwissenschaft und Geistesgeschichte*, 81 (2007), S. 418.
14 Brief an Wilhelmine Jaeglé, nach Mitte Januar 1834, zit. nach: MBA X.1, S. 31.
15 Brief an Wilhelmine Jaeglé, Mitte März 1834, zit. nach: MBA X.1, S. 35.
16 Edouard Reuss, *Auszüge aus meinem Briefwechsel (Handschrift)*, Archives de la Ville, Straßburg.
17 Ebd.
18 Brief an Edouard Reuss, 20. August 1832, zit. nach: MBA X.1, S. 12.
19 Brief an August Stoeber, 9. Dezember 1833, zit. nach: MBA X.1, S. 28.
20 *Allgemeine deutsche Real-Encyklopädie für die gebildeten Stände (Conversations-Lexikon)*, 12 Bde., 8. Originalaufl., Leipzig 1833, Bd. 2, Stichwort »Brief«, S. 217 f.
21 Ebd., S. 218.
22 Von Büchner sind lediglich 13 Briefe handschriftlich überliefert. Hinzu kommen 62 Briefausschnitte in Drucküberlieferung. Das ist nur ein Bruchteil der Gesamtkorrespondenz, die sich auf rund 300 Briefe schätzen lässt.
23 Brief an die Eltern, nach Mitte Februar 1834, zit. nach: MBA X.1, S. 32 f.
24 Brief an die Eltern, nach 4. Dezember 1831, zit. nach: MBA X.1, S. 10.
25 Brief an Adolph Stoeber, 3. November 1832, zit. nach: MBA X.1, S. 17.
26 Brief an Karl Gutzkow, Ende November 1835, zit. nach: MBA X.1, S. 77.

↓

Als sich das Gerücht verbreitete, daß Romarino durch Straßburg reisen würde, eröffneten die Studenten sogleich eine Subscription und beschlossen, ihm mit einer schwarzen Fahne entgegenzuziehen. Endlich traf die Nachricht hier ein, daß Romarino den Nachmittag mit den Generälen Schneider und Langermann ankommen würde. Wir versammelten uns sogleich in der Academie; als wir aber durch das Thor ziehen wollten, ließ der Offizier, der von der Regierung Befehl erhalten hatte, uns mit der Fahne nicht passiren zu lassen, die Wache unter das Gewehr treten, um uns den Durchgang zu wehren. Doch wir brachen mit Gewalt durch und stellten uns drei- bis vierhundert Mann stark an der großen Rheinbrücke auf.

Georg Büchner an die Familie, Straßburg, 4./5. Dezember 1831

Unbekannter Künstler
Einmarsch der Generäle, Erinnerungsblatt
1831

27 Brief an August Stoeber, 9. Dezember 1833, zit. nach: MBA X.1, S. 29.
28 Brief an Karl Gutzkow, etwa 1. Juni 1836, zit. nach: MBA X.1, S. 92.
29 Brief an Wilhelm Büchner, 2. September 1836, zit. nach: MBA X.1, S. 102.
30 Ebd.
31 Brief an Edouard Reuss, 20. August 1832, zit. nach: MBA X.1, S. 11.
32 Brief an August Stoeber, 24. August 1832, zit. nach: MBA X.1, S. 13.
33 Brief an Karl Gutzkow, Ende November 1835, zit. nach: MBA X.1, S. 77.
34 Brief an Karl Gutzkow, 21. Februar 1835, zit. nach: MBA X.1, S. 48.
35 Brief an Eugène Boeckel, 1. Juni 1836, zit. nach: MBA X.1, S. 91.
36 Brief an Wilhelmine Jaeglé, Mitte März 1834, zit. nach: MBA X.1, S. 35.
37 »Nous ferons un peu de romantique, pour nous tenir à la hauteur du siècle«; Brief an Wilhelmine Jaeglé, nach Mitte März 1834, zit. nach: MBA X.1, S. 36.
38 »Der Gram macht mich dir streitig, ich lieg' ihm den ganzen Tag im Schooß« (MBA X.1, S. 32), schreibt er etwa am 16. Februar 1834 an die Geliebte und einen Monat zuvor: »Ich glühte, das Fieber bedeckte mich mit Küssen und umschlang mich wie der Arm der Geliebten. Die Finsterniß wogte über mir, mein Herz schwoll in unendlicher Sehnsucht, es drangen Sterne durch das Dunkel, und Hände und Lippen bückten sich nieder.« (MBA X.1, S. 31.)
39 Brief an die Eltern, Anfang 1834 und nach dem 27. März 1834, zit. nach: MBA X.1, S. 31 u. 38.
40 Brief an Wilhelm Büchner, 2. September 1836, zit. nach: MBA X.1, S. 102.
41 Brief an Wilhelmine Jaeglé, etwa 8. März 1834, zit. nach: MBA X.1, S. 33 f.
42 Brief an die Eltern, nach Mitte Februar 1834, zit. nach: MBA X.1, S. 33.
43 Brief an Wilhelmine Jaeglé, Mitte März 1834, zit. nach: MBA X.1, S. 35.
44 Sigmund Freud, »Der Humor«, zit. nach: ders., *Gesammelte Werke. Chronologisch geordnet.* Bd. 14: *Werke aus den Jahren 1925–1931*, Reprint, London 1955, S. 381–389, hier: S. 384 und 389.
45 Brief an die Eltern, 5. April 1833, zit. nach: MBA X.1, S. 19.
46 Brief an Georg Geilfus, etwa 25. Juli 1836, zit. nach: MBA X.1, S. 99.
47 Brief an die Eltern, 1. Januar 1836, zit. nach: MBA X.1, S. 79.
48 Brief an die Eltern, nach Mitte Februar 1834, zit. nach: MBA X.1, S. 32.
49 Brief an August (und Adolph) Stoeber, 24. August 1832, zit. nach: MBA X.1, S. 13.
50 Brief an Karl Gutzkow, etwa 1. Juni 1836, zit. nach: MBA X.1, S. 93.
51 Brief an Edouard Reuss, 20. August 1832, zit. nach: MBA X.1, S. 12.
52 Brief an Edouard Reuss, 31. August 1833, zit. nach: MBA X.1, S. 24.
53 Brief an August Stoeber, 9. Dezember 1833, zit. nach: MBA X.1, S. 29.
54 Brief an Wilhelmine Jaeglé, etwa 16. Februar 1834, zit. nach: MBA X.1, S. 32.
55 Brief an die Eltern, 9. März 1835, zit. nach: MBA X.1, S. 53.
56 Brief an die Eltern, 16. Juli 1835, zit. nach: MBA X.1, S. 64.
57 Brief an die Eltern, Ende Juni, Anfang Juli 1835, zit. nach: MBA X.1, S. 63.
58 Brief an die Eltern, 20. September 1835, zit. nach: MBA X.1, S. 73.
59 Brief an die Eltern, nach 5. August 1835, zit. nach: MBA X.1, S. 68.
60 Brief an die Eltern, nach Mitte Februar 1834, zit. nach: MBA X.1, S. 33.
61 Brief an die Eltern, nach 27. März 1834, zit. nach: MBA X.1, S. 38.
62 Brief an die Eltern, Dezember 1831, zit. nach: MBA X.1, S. 10.
63 *Real-Encyklopädie* (wie Anm. 20), Bd. 5, 1834, Stichwort »Haß«, S. 111.
64 Brief an die Eltern, Mitte April 1832, zit. nach: MBA X.1, S. 10.
65 Brief an August Stoeber, 9. Dezember 1833, zit. nach: MBA X.1, S. 29.
66 Brief an Karl Gutzkow, Mitte März 1835, zit. nach: MBA X.1, S. 54.
67 Brief an die Eltern, 8. August 1834, zit. nach: MBA X.1, S. 44.
68 Brief an die Eltern, 20. November 1836, zit. nach: MBA X.1, S. 111.
69 Brief an die Eltern, etwa 23. August 1834, zit. nach: MBA X.1, S. 46.
70 Brief an die Eltern, 5. April 1833, zit. nach: MBA X.1, S. 19.
71 Brief an die Eltern, nach 27. März 1834, zit. nach: MBA X.1, S. 38.
72 Brief an die Eltern, 5. August 1834, zit. nach: MBA X.1, S. 43.
73 Brief an die Eltern, 8. August 1834, zit. nach: MBA X.1, S. 44.
74 Brief an Karl Gutzkow, etwa 1. Juni 1836, zit. nach: MBA X.1, S. 93.
75 Brief an die Eltern, 5. April 1833, zit. nach: MBA X.1, S. 19.
76 Brief an die Eltern, Juni 1833, zit. nach: MBA X.1, S. 21.
77 Brief an die Eltern, frühestens 28. Mai 1833, zit. nach: MBA X.1, S. 20.
78 Brief an Wilhelmine Jaeglé, Nach Mitte Januar 1834, zit. nach: MBA X.1, S. 31.
79 Ebd., S. 30.
80 *Danton's Tod* I/1, zit. nach: MBA III.2, S. 4.

Entrée des Génx Ramorino, Langermann et Sznayde.

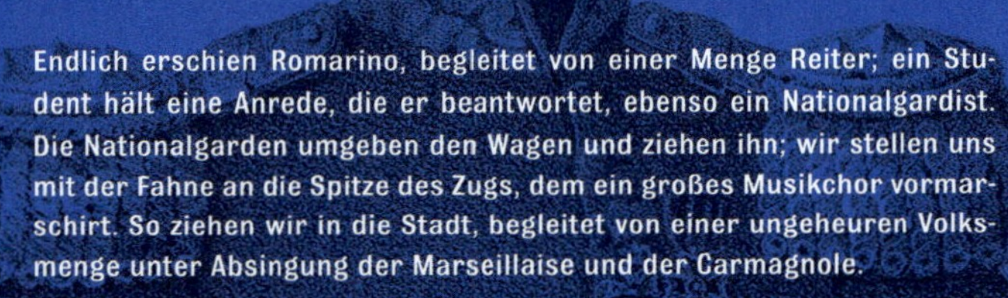

Endlich erschien Romarino, begleitet von einer Menge Reiter; ein Student hält eine Anrede, die er beantwortet, ebenso ein Nationalgardist. Die Nationalgarden umgeben den Wagen und ziehen ihn; wir stellen uns mit der Fahne an die Spitze des Zugs, dem ein großes Musikchor vormarschirt. So ziehen wir in die Stadt, begleitet von einer ungeheuren Volksmenge unter Absingung der Marseillaise und der Carmagnole.

Georg Büchner an die Familie, Straßburg, 4./5. Dezember 1831

Unbekannter Künstler
Einmarsch der Generäle Ramorino, Langermann und Sznayde, Erinnerungsblatt
1831

JOHANN WOLFGANG VON GOETHE

—

DICHTUNG UND WAHRHEIT
1811–1813

ÜBER DAS STRASSBURGER MÜNSTER

Indem ich nun aber darauf sinne, was wohl zunächst weiter mitzutheilen wäre, so kommt mir durch ein seltsames Spiel der Erinnerung das ehrwürdige Münstergebäude wieder in die Gedanken, dem ich gerade in jenen Tagen eine besondere Aufmerksamkeit widmete und welches überhaupt in der Stadt sowohl als auf dem Lande sich den Augen beständig darbietet.

Je mehr ich die Façade desselben betrachtete, desto mehr bestärkte und entwickelte sich jener erste Eindruck, daß hier das Erhabene mit dem Gefälligen in Bund getreten sey. Soll das Ungeheure, wenn es uns als Masse entgegentritt, nicht erschrecken, soll es nicht verwirren, wenn wir sein Einzelnes zu erforschen suchen, so muß es eine unnatürliche, scheinbar unmögliche Verbindung eingehen, es muß sich das Angenehme zugesellen. Da uns nun aber allein möglich wird den Eindruck des Münsters auszusprechen, wenn wir uns jene beiden unverträglichen Eigenschaften vereinigt denken: so sehen wir schon hieraus, in welchem hohen Werth wir dieses alte Denkmal zu halten haben, und beginnen mit Ernst eine Darstellung, wie so widersprechende Elemente sich friedlich durchdringen und verbinden konnten.

Vor allem widmen wir unsere Betrachtungen, ohne noch an die Thürme zu denken, allein der Façade, die als ein aufrecht gestelltes längliches Viereck unsern Augen mächtig entgegnet. Nähern wir uns derselben in der Dämmerung, bei Mondschein, bei sternheller Nacht, wo die Theile mehr oder weniger undeutlich werden und zuletzt verschwinden, so sehen wir nur eine kolossale Wand, deren Höhe zur Breite ein wohlthätiges Verhältniß hat. Betrachten wir sie bei Tage und abstrahiren durch Kraft unseres Geistes vom einzelnen, so erkennen wir die Vorderseite eines Gebäudes, welche dessen innere Räume nicht allein zuschließt, sondern auch manches danebenliegende verdeckt. Die Oeffnungen dieser ungeheueren Fläche deuten auf innere Bedürfnisse, und nach diesen können wir sie sogleich in neun Felder abtheilen. Die große Mittelthüre, die auf das Schiff der Kirche gerichtet ist, fällt uns zuerst in die Augen. Zu beiden Seiten derselben liegen zwei kleinere, den Kreuzgängen angehörig. Ueber der Hauptthüre trifft unser Blick auf das radförmige Fenster, das in die Kirche und deren Gewölbe ein ahnungsvolles Licht verbreiten soll. An den Seiten zeigen sich zwei große senkrechte, länglich viereckte Oeffnungen, welche mit der mittelsten bedeutend contrastiren und darauf hindeuten, daß sie zu der Base emporstrebender Thürme gehören. In dem dritten Stockwerke reihen sich drei Oeffnungen an einander, welche zu Glockenstühlen und sonstigen kirchlichen Bedürfnissen bestimmt sind. Zu oberst sieht man das Ganze durch die Balustrade der Galerie, anstatt eines Gesimses, horizontal abgeschlossen. Jene beschriebenen neun Räume werden durch vier vom Boden aufstrebende Pfeiler gestützt, eingefaßt und in drei große perpendiculare Abtheilungen getrennt.

Wie man nun der ganzen Masse ein schönes Verhältniß der Höhe zur Breite nicht absprechen kann, so erhält sie auch durch diese Pfeiler, durch die schlanken Eintheilungen dazwischen, im Einzelnen etwas gleichmäßig Leichtes.

Verharren wir aber bei unserer Abstraction und denken uns diese ungeheure Wand ohne Zierrathen mit festen Strebepfeilern, in derselben die nöthigen Oeffnungen, aber auch nur in sofern sie das Bedürfniß fordert; gestehen wir auch diesen Hauptabtheilungen gute Verhältnisse zu: so wird das Ganze zwar ernst und würdig, aber doch immer noch lästig unerfreulich und als zierdelos unkünstlich erscheinen. Denn ein Kunstwerk, dessen Ganzes in großen, einfachen, harmonischen Theilen begriffen wird, macht wohl einen edeln und würdigen Eindruck, aber der eigentliche Genuß, den das Gefallen erzeugt, kann nur bei Uebereinstimmung aller entwickelten Einzelheiten statt finden.

↓

Auf Weihnachten ging ich Morgens um vier Uhr in die Frühmette ins Münster. Das düstere Gewölbe mit seinen Säulen, die Rose und die farbigen Scheiben und die knieende Menge waren nur halb vom Lampenschein erleuchtet. Der Gesang des unsichtbaren Chores schien über dem Chor und dem Altare zu schweben und den vollen Tönen der gewaltigen Orgel zu antworten.

Georg Büchner an die Familie, Straßburg, Anfang Januar 1833

Unbekannter Künstler
Innenansicht des Straßburger Münsters
19. Jahrhundert

GOETHE

Hierin aber gerade befriedigt uns das Gebäude, das wir betrachten, im höchsten Grade: denn wir sehen alle und jede Zierrathen jedem Theil, den sie schmücken, völlig angemessen, sie sind ihm untergeordnet, sie scheinen aus ihm entsprungen. Eine solche Mannichfaltigkeit gibt immer ein großes Behagen, indem sie sich aus dem Gehörigen herleitet und deßhalb zugleich das Gefühl der Einheit erregt; und nur in solchem Falle wird die Ausführung als Gipfel der Kunst gepriesen.

Durch solche Mittel sollte nun eine feste Mauer, eine undurchdringliche Wand, die sich noch dazu als Base zweyer himmelhoher Thürme anzukündigen hatte, dem Auge zwar als auf sich selbst ruhend, in sich selbst bestehend, aber auch dabei leicht und zierlich erscheinen, und, obgleich tausendfach durchbrochen, den Begriff von unerschütterlicher Festigkeit geben.

Dieses Räthsel ist auf das glücklichste gelös't. Die Oeffnungen der Mauer, die soliden Stellen derselben, die Pfeiler, jedes hat seinen besondern Charakter, der aus der eignen Bestimmung hervortritt; dieser communicirt sich stufenweis den Unterabtheilungen, daher alles im gemäßen Sinne verziert ist, das Große wie das Kleine sich an der rechten Stelle befindet, leicht gefaßt werden kann, und so das Angenehme im Ungeheueren sich darstellt. Ich erinnere nur an die perspectivisch in die Mauerdicke sich einsenkenden, bis ins Unendliche an ihren Pfeilern und Spitzbogen verzierten Thüren, an das Fenster und dessen aus der runden Form entspringende Kunstrose, an das Profil ihrer Stäbe, so wie an die schlanken Rohrsäulen der perpendicularen Abtheilungen. Man vergegenwärtige sich die stufenweis zurücktretenden Pfeiler, von schlanken, gleichfalls in die Höhe strebenden, zum Schutz der Heiligenbilder baldachinartig bestimmten, leichtsäuligen Spitzgebäudchen begleitet, und wie zuletzt jede Rippe, jeder Knopf als Blumenknauf und Blattreihe, oder als irgend ein anderes im Steinsinn umgeformtes Naturgebilde erscheint. Man vergleiche das Gebäude, wo nicht selbst, doch Abbildungen des Ganzen und des Einzelnen, zu Beurtheilung und Belebung meiner Aussage. Sie könnte manchem übertrieben scheinen: denn ich selbst, zwar im ersten Anblicke zur Neigung gegen dieses Werk hingerissen, brauchte doch lange Zeit, mich mit seinem Werth innig bekannt zu machen.

Aus: *Goethe's Werke. Vollständige Ausgabe letzter Hand*, Stuttgart / Tübingen 1829, Bd. 24: *Aus meinem Leben – Dichtung und Wahrheit*, Teil 1, S. 264–268.

ÜBER FRIEDERIKE BRION

Die älteste Tochter kam wieder hastig in die Stube, unruhig, ihre Schwester nicht gefunden zu haben. Man war besorgt um sie und schalt auf diese oder jene böse Gewohnheit; nur der Vater sagte ganz ruhig: laßt sie immer gehn, sie kommt schon wieder! In diesem Augenblick trat sie wirklich in die Thür; und da ging fürwahr an diesem ländlichen Himmel ein allerliebster Stern auf. Beide Töchter trugen sich noch Deutsch, wie man es zu nennen pflegte, und diese fast verdrängte Nationaltracht kleidete Friederiken besonders gut. Ein kurzes weißes rundes Röckchen mit einer Falbel, nicht länger

↓

RUDI DUTSCHKE

—

DER POLITISCHE AKTIVISMUS DES VERLIEBTEN UND VERDAMMTEN 1979

Was war für Georg Büchner in Straßburg *keine* »Komödie«? Sicherlich wird er sein Medizin-Studium, seine freundschaftliche Beziehung zu den deutschen Theologen und Theologie-Studenten nicht als »Komödie« angesehen haben. Am allerwenigsten wird ihm sein Liebesverhältnis mit Minna Jaeglé als eine solche erschienen sein. Viel eher wird eine *»Tragödie«* ihn *innerlich* bewegt haben, eine, die von der Ausstrahlungskraft und inneren wie äußeren Harmonie der Pfarrerstochter Minna Jaeglé gebändigt wurde. [...] Wie stark sie in seinem Denken und Leben ein *geliebtes Objekt*, oder *gleichberechtigtes Subjekt im Leben und in der Liebe* war, ist damit nicht beantwortet. Verliebt zu sein, heißt nicht unbedingt, sich auf der Höhe der Zeit zu befinden. *Eine* Frau zu lieben, heißt noch lange nicht, das Problem der Frauenemanzipation im allgemeinen Befreiungskampf der Menschheit begriffen zu haben. Ähnliches scheint mir bei Büchner vorzuliegen.

↓

Charles Wild
Liebfrauenmünster zu Straßburg
1830

Inschrift von Lenz und Goethe am Münsterturm
(Detail)
1776

[...] so trug er sich doch mit einem Lustspiele, wo Lenz im Hintergrund stehen sollte. Er wollte viel Neues und Wunderliches über diesen Jugendfreund Göthes erfahren haben, viel Neues über Friederiken und ihre spätere Bekanntschaft mit Lenz.

Karl Gutzkow, »Ein Kind der neuen Zeit«, Nachruf auf Georg Büchner, Juni 1837

GOETHE

als daß die nettsten Füßchen bis an die Knöchel sichtbar blieben; ein knappes weißes Mieder und eine schwarze Taffetschürze – so stand sie auf der Gränze zwischen Bäuerin und Städterin. Schlank und leicht, als wenn sie nichts an sich zu tragen hätte, schritt sie, und beinahe schien für die gewaltigen blonden Zöpfe des niedlichen Köpfchens der Hals zu zart. Aus heiteren blauen Augen blickte sie sehr deutlich umher, und das artige Stumpfnäschen forschte so frei in die Luft, als wenn es in der Welt keine Sorge geben könnte; der Strohhut hing ihr am Arm, und so hatte ich das Vergnügen, sie bei'm ersten Blick auf einmal in ihrer ganzen Anmuth und Lieblichkeit zu sehn und zu erkennen.

[...]

Es gibt Frauenspersonen die uns im Zimmer besonders wohl gefallen, andere die sich besser im Freien ausnehmen; Friederike gehörte zu den letztern. Ihr Wesen, ihre Gestalt trat niemals reizender hervor, als wenn sie sich auf einem erhöhten Fußpfad hinbewegte; die Anmuth ihres Betragens schien mit der beblümten Erde, und die unverwüstliche Heiterkeit ihres Antlitzes mit dem blauen Himmel zu wetteifern. Diesen erquicklichen Aether, der sie umgab, brachte sie auch mit nach Hause, und es ließ sich bald bemerken, daß sie Verwirrungen auszugleichen und die Eindrücke kleiner unangenehmer Zufälligkeiten leicht wegzulöschen verstand.

Die reinste Freude, die man an einer geliebten Person finden kann, ist die, zu sehen, daß sie andere erfreut. Friederikens Betragen in der Gesellschaft war allgemein wohlthätig. Auf Spaziergängen schwebte sie, ein belebender Geist, hin und wieder, und wußte die Lücken auszufüllen, welche hier und da entstehen mochten. Die Leichtigkeit ihrer Bewegungen haben wir schon gerühmt, und am allerzierlichsten war

↓

DUTSCHKE

[...]

Der »Kummer«, die Geliebte nicht bei sich zu sehen und zu fühlen, sein »Widerwille« gegen »die da oben« erzeugten jene »tiefe Schwermut« der Krankheitsmonate, aber schließlich die Negation der »tiefen Schwermut«, – das Heranwachsen von neuem Mut und Widerstand. Um noch zu existieren, mußte er den Widerstand über die existentialistische Ebene hinausführen, er mußte beginnen zu organisieren. Persönliche Existenz und politische Organisation sind *innerlich* bei ihm nicht zu trennen von dem Verliebt-Sein, – ohne *äußerlich* im geringsten direkt miteinander vermittelt, verbunden zu sein. Unter solchen Umständen und unter solchen Voraussetzungen begann sich Büchner in die Lokal-Politik einzumischen. Was er von Straßburg aus ganz anders gesehen hatte, schärfer damals im Allgemeinblick über die deutsche Lage sich äußerte, die Schranken des organisierten Widerstands benannte.

Wie sehr sein innerliches Gleichgewicht von dem Kontakt mit der Geliebten abhing, zeigen die Februar-März-Briefe und sein Oster-Besuch bei Minna Jaeglé in Straßburg. Da ging es niemals um die französischen Verschwörergruppen, weiterhin nicht um die deutschen politischen Flüchtlinge usw., es ging in all diesen Briefen und beim Straßburger Aufenthalt um eine Wärme, Geborgenheit, Ruhe etc., die er woanders nicht finden konnte. Er mußte, so heißt es, »einem unerträglichen Zustande ein Ende ... machen.« Unerträglich war für ihn, *ohne* die Geliebte und *mit* dem Großherzogtum zu leben.

[...]

Zwar hat er im März 1834 mit der Organisierung der »Gesellschaft der Menschenrechte« begonnen, sieht aber seinen Oster-Besuch bei der Geliebten als seinen »einzigen Trost«. Die persönliche *Liebe* zieht ihn nach Straßburg, sein *Haß* gegen die hessischen Zustände zur illegalen Organisierung des Widerstands. Und mitten in der Etappe des politischen Aktivismus wird seine innerliche Abhängigkeit von der Geliebten immer vollständiger, sogar die Heiratsdiskussion und Entscheidung darüber findet zur gleichen Zeit statt. Über seinen inneren Zustand in dieser Zeit schreibt er ihr: »Will ich etwas Ernstes thun, so komme ich mir vor, wie Larifari in der Komödie; will er das Schwerdt ziehen: so ist's ein Hasenschwanz.« Wieder hören wir von einer »Komödie«, [das] war uns bereits in Straßburg mehrmals begegnet. Und es kommen in diesem März-Brief die bezeichnenden Worte [vor]: »Ich wollte, ich hätte geschwiegen. Es überfällt mich eine unsägliche Angst. Du schreibst gleich...«. Zum Schweigen war keine Möglichkeit mehr, die ihm »Angst« bereitende politische *»Komödie«* im *»grässlichen*

↓

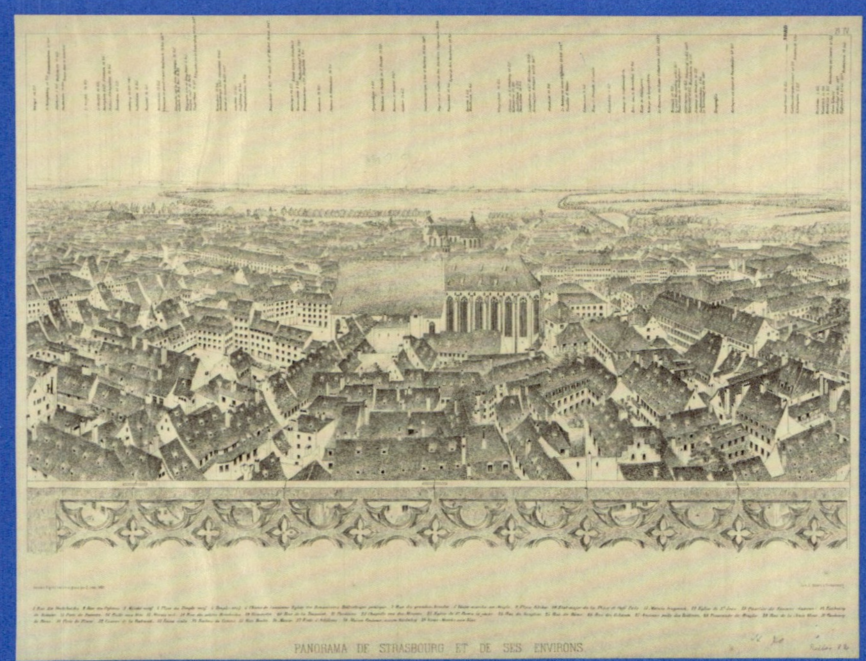

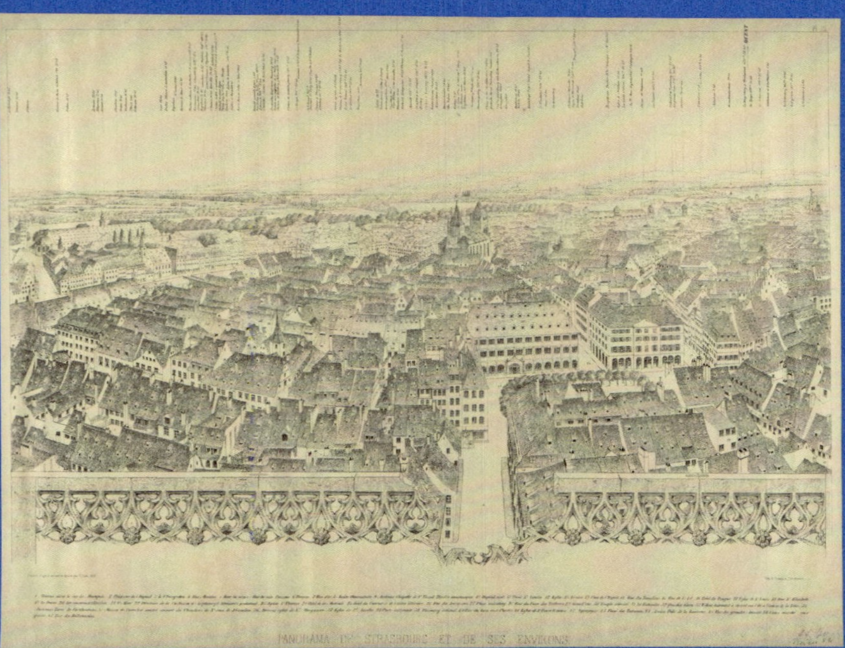

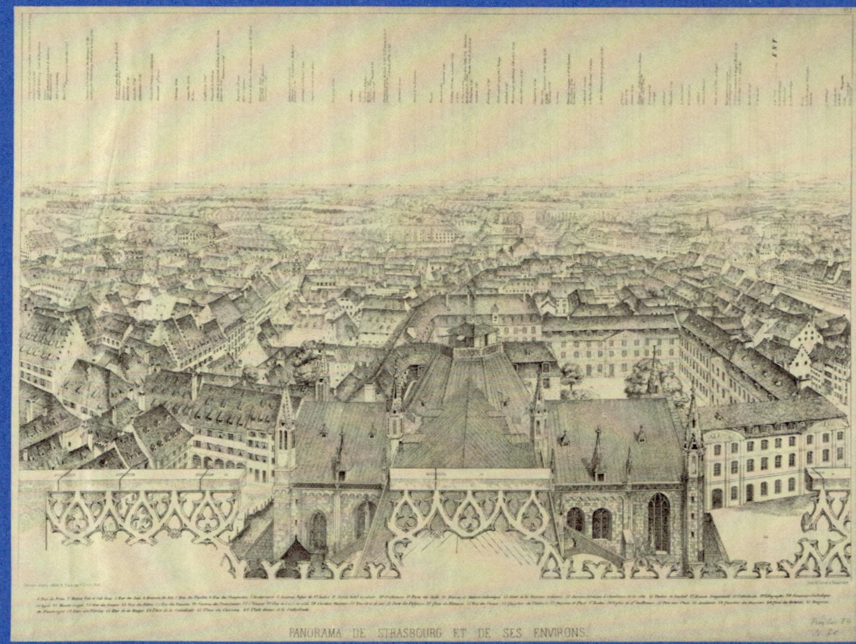

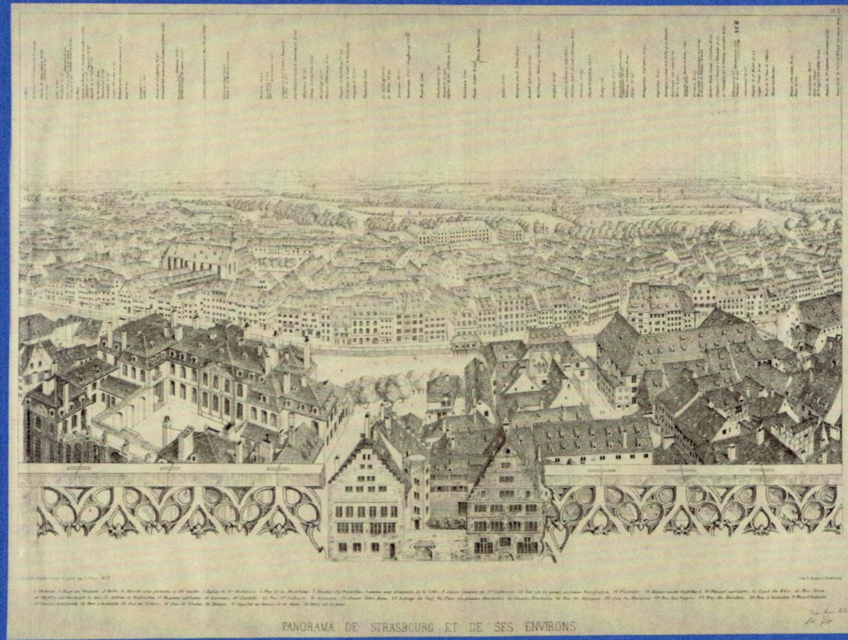

Frédéric Piton
Ansichten von Straßburg
1842

GOETHE

sie, wenn sie lief. So wie das Reh seine Bestimmung ganz zu erfüllen scheint, wenn es leicht über die keimenden Saaten wegfliegt, so schien auch sie ihre Art und Weise am deutlichsten auszudrücken, wenn sie etwas Vergessenes zu holen, etwas Verlorenes zu suchen, ein entferntes Paar herbeizurufen, etwas Nothwendiges zu bestellen, über Rain und Matten leichten Laufes hineilte. Dabei kam sie niemals außer Athem, und blieb völlig im Gleichgewicht: daher mußte die allzu große Sorge der Eltern für ihre Brust manchem übertrieben scheinen.

Aus: *Goethe's Werke. Vollständige Ausgabe letzter Hand,* Stuttgart / Tübingen 1829, Bd. 25: *Aus meinem Leben – Dichtung und Wahrheit,* Teil 2, S. 343 f., und Teil 3, S. 15 f.

DUTSCHKE

Fatalismus« der deutschen Geschichte hatte begonnen, – dort, wo *»Komödie«* und *»Tragödie«* identisch wurden. Jedenfalls würde ich seinen variierenden Komödien-Begriff von [der] Straßburger Zeit an so verstehen. Nicht davon zu trennen ist die alternative Struktur der Einheit von *Liebe, Haß* und *Solidarität.*

Liebe zu seiner Straßburger Geliebten, Haß [auf die] Reichen und Herrschenden, Solidarität mit den Armen und denen, die dagegen [gegen die Reichen, gegen die Armen] ankämpfen.

Aus dem letzten Manuskript Rudi Dutschkes: »Georg Büchner und Peter-Paul Zahl, oder: Widerstand im Übergang«. Der Essay war weitgehend abgeschlossen, als Dutschke (1940–1979) an den Folgen des Attentats von 1968 starb. Erschienen ist der Beitrag (hrsg. von Ernst-Ullrich Pinkert) erstmals im *Georg Büchner Jahrbuch* 4 (1984), Frankfurt am Main 1986, S. 10–75; hier: S. 21–28.

ÜBER SHAKESPEARE

So waren wir denn an der Gränze von Frankreich alles Französischen Wesens auf einmal baar und ledig. Ihre Lebensweise fanden wir zu bestimmt und zu vornehm, ihre Dichtung kalt, ihre Kritik vernichtend, ihre Philosophie abstrus und doch unzulänglich, so daß wir auf dem Punkte standen, uns der rohen Natur wenigstens versuchsweise hinzugeben, wenn uns nicht ein anderer Einfluß schon seit langer Zeit zu höheren, freieren und eben so wahren als dichterischen Weltansichten und Geistesgenüssen vorbereitet und uns erst heimlich und mäßig, dann aber immer offenbarer und gewaltiger beherrscht hätte.

Ich brauche kaum zu sagen, daß hier Shakspeare gemeint sey, und nachdem ich dieses ausgesprochen, bedarf es keiner weitern Ausführung. Shakspeare ist von den Deutschen mehr als von anderen Nationen, ja vielleicht mehr als von seiner eigenen erkannt. Wir haben ihm alle Gerechtigkeit, Billigkeit und Schonung, die wir uns unter einander selbst versagen, reichlich zugewendet; vorzügliche Männer beschäftigten sich, seine Geistesgaben im günstigsten Lichte zu zeigen, und ich habe jederzeit, was man zu seiner Ehre, zu seinen Gunsten, ja ihn zu entschuldigen gesagt, gern unterschrieben. Die Einwirkung dieses außerordentlichen Geistes auf mich ist früher dargestellt, und über seine Arbeiten einiges versucht worden, welches Zustimmung gefunden hat; und so mag es hier an dieser allgemeinen Erklärung genug seyn, bis ich eine Nachlese von Betrachtungen über so große Verdienste, die ich an dieser Stelle einzuschalten in Versuchung gerieth, Freunden die mich hören mögen, mitzutheilen im Falle bin.

[...]

Nun erschien Wielands Uebersetzung. Sie ward verschlungen, Freunden und Bekannten mitgetheilt und empfohlen. Wir Deutsche hatten den Vortheil, daß mehrere bedeutende Werke fremder Nationen auf eine leichte und heitere Weise zuerst herüber gebracht wurden. Shakspeare, prosaisch übersetzt, erst durch Wieland, dann durch Eschenburg, konnte als eine

↓

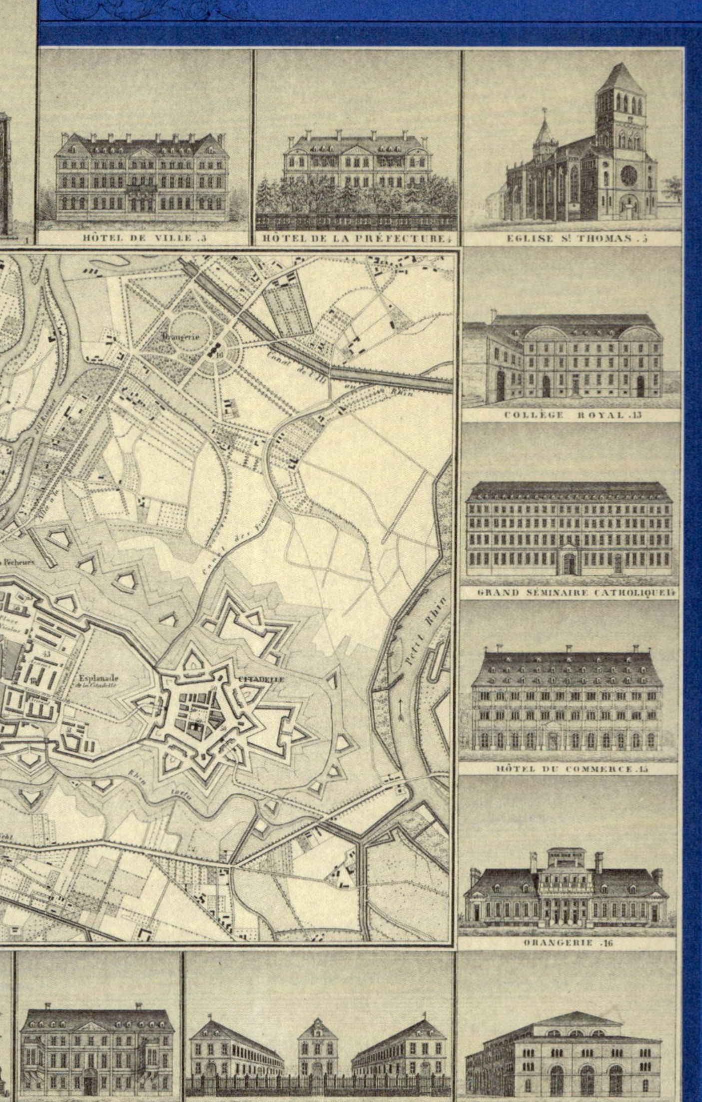

Plan der Stadt Straßburg
1840

L. Schnell
Panoramablick vom östlichen Turm der Thomaskirche mit Sicht auf den Münster
1826

allgemein verständliche und jedem Leser gemäße Lectüre sich schnell verbreiten, und große Wirkung hervorbringen. Ich ehre den Rhythmus wie den Reim, wodurch Poesie erst zur Poesie wird, aber das eigentlich tief und gründlich Wirksame, das wahrhaft Ausbildende und Fördernde ist dasjenige was vom Dichter übrig bleibt, wenn er in Prosa übersetzt wird. Dann bleibt der reine vollkommene Gehalt, den uns ein blendendes Aeußeres oft, wenn er fehlt, vorzuspiegeln weiß, und wenn er gegenwärtig ist, verdeckt. Ich halte daher, zum Anfang jugendlicher Bildung, prosaische Übersetzungen für vortheilhafter als die poetischen: denn es läßt sich bemerken, daß Knaben, denen ja doch alles zum Scherze dienen muß, sich am Schall der Worte, am Fall der Sylben ergötzen, und durch eine Art von parodistischem Muthwillen den tiefen Gehalt des edelsten Werks zerstören. Deßhalb gebe ich zu bedenken, ob nicht zunächst eine prosaische Uebersetzung des Homer zu unternehmen wäre; aber freilich müßte sie der Stufe würdig seyn, auf der sich die deutsche Literatur gegenwärtig befindet. Ich überlasse dieß und das Vorgesagte unsern würdigen Pädagogen zur Betrachtung, denen ausgebreitete Erfahrung hierüber am besten zu Gebote steht. Nur will ich noch, zu Gunsten meines Vorschlags, an Luthers Bibelübersetzung erinnern: denn daß dieser treffliche Mann ein in dem verschiedensten Style verfaßtes Werk und dessen dichterischen, geschichtlichen, gebietenden, lehrenden Ton uns in der Muttersprache, wie aus Einem Gusse überlieferte, hat die Religion mehr gefördert, als wenn er die Eigenthümlichkeiten des Originals im Einzelnen hätte nachbilden wollen. Vergebens hat man nachher sich mit dem Buche Hiob, den Psalmen und andern Gesängen bemüht, sie uns in ihrer poetischen Form genießbar zu machen. Für die Menge, auf die gewirkt werden soll, bleibt eine schlichte Uebertragung immer die beste. Jene kritischen Uebersetzungen, die mit dem Original wetteifern, dienen eigentlich nur zur Unterhaltung der Gelehrten unter einander.

Aus: *Goethe's Werke. Vollständige Ausgabe letzter Hand*, Stuttgart / Tübingen 1829, Bd. 26: *Aus meinem Leben – Dichtung und Wahrheit*, Teil 3, S. 71–74.

ÜBER LENZ

Und so wirkte in unserer Straßburger Societät Shakspeare, übersetzt und im Original, stückweise und im Ganzen, stellen- und auszugsweise, dergestalt, daß wie man bibelfeste Männer hat, wir uns nach und nach in Shakspeare befestigten, die Tugenden und Mängel seiner Zeit, mit denen er uns bekannt macht, in unseren Gesprächen nachbildeten, an seinen *Quibbles* die größte Freude hatten, und durch Uebersetzung derselben, ja durch originalen Muthwillen mit ihm wetteiferten. Hiezu trug nicht wenig bei, daß ich ihn vor allen mit großem Enthusiasmus ergriffen hatte. Ein freudiges Bekennen, daß etwas Höheres über mir schwebe, war ansteckend für meine Freunde, die sich alle dieser Sinnesart hingaben. Wir läugneten die Möglichkeit nicht, solche Verdienste näher zu erkennen, sie zu begreifen, mit Einsicht zu beurtheilen; aber dieß behielten wir uns für spätere Epochen vor: gegenwärtig wollten wir nur freudig theilnehmen, lebendig nachbilden, und, bei so großem Genuß, an dem Manne, der ihn uns gab, nicht forschen und mäkeln, vielmehr that es uns wohl, ihn unbedingt zu verehren.

Will jemand unmittelbar erfahren, was damals in dieser lebendigen Gesellschaft gedacht, gesprochen und verhandelt worden, der lese den Aufsatz Herders über Shakspeare, in dem Hefte von deutscher Art und Kunst, ferner Lenzens Anmerkungen über's Theater, denen eine Uebersetzung von *Love's labours lost* hinzugefügt war. Herder dringt in das Tiefere von Shakspeare's Wesen und stellt es herrlich dar; Lenz beträgt sich mehr bilderstürmerisch gegen die Herkömmlichkeit des Theaters, und will denn eben all und überall nach Shakspeare'scher Weise gehandelt haben. Da ich diesen so talentvollen als seltsamen Menschen hier zu erwähnen veranlaßt werde, so ist wohl der Ort, versuchsweise einiges über ihn zu sagen. Ich lernte ihn erst gegen das Ende meines Straßburger Aufenthalts kennen. Wir sahen uns selten; seine Gesellschaft war

↓

George Jones
Blick auf den Gutenberg-Platz
1827

nicht die meine, aber wir suchten doch Gelegenheit uns zu treffen, und theilten uns einander gern mit, weil wir, als gleichzeitige Jünglinge, ähnliche Gesinnungen hegten. Klein, aber nett von Gestalt, ein allerliebstes Köpfchen, dessen zierlicher Form niedliche etwas abgestumpfte Züge vollkommen entsprechen; blaue Augen, blonde Haare, kurz ein Persönchen, wie mir unter nordischen Jünglingen von Zeit zu Zeit eins begegnet ist; einen sanften, gleichsam vorsichtigen Schritt, eine angenehme nicht ganz fließende Sprache, und ein Betragen, das, zwischen Zurückhaltung und Schüchternheit sich bewegend, einem jungen Manne gar wohl anstand. Kleinere Gedichte, besonders seine eignen, las er sehr gut vor, und schrieb eine fließende Hand. Für seine Sinnesart wüßte ich nur das englische Wort *whimsical*, welches, wie das Wörterbuch ausweis't, gar manche Seltsamkeiten in Einem Begriff zusammenfaßt. Niemand war vielleicht eben deßwegen fähiger als er, die Ausschweifungen und Auswüchse des Shakspeare'schen Genie's zu empfinden und nachzubilden. Die obengedachte Uebersetzung gibt ein Zeugniß hievon. Er behandelt seinen Autor mit großer Freiheit, ist nichts weniger als knapp und treu, aber er weiß sich die Rüstung oder vielmehr die Possenjacke seines Vorgängers so gut anzupassen, sich seinen Gebärden so humoristisch gleichzustellen, daß er demjenigen, den solche Dinge anmutheten, gewiß Beifall abgewann.

Die Absurditäten des *Clowns* machten besonders unsere ganze Glückseligkeit, und wir priesen Lenzen als einen begünstigten Menschen, da ihm jenes Epitaphium des von der Prinzessin geschossenen Wildes folgendermaßen gelungen war:

Die schöne Prinzessin schoß und traf
Eines jungen Hirschleins Leben;
Es fiel dahin in schweren Schlaf,
Und wird ein Brätlein geben.
Der Jagdhund boll! – Ein L zu Hirsch
So wird es denn ein Hirschel;
Doch setzt ein römisch L zu Hirsch,
So macht es funfzig Hirschel.
Ich mache hundert Hirsche draus,
Schreib Hirschell mit zwey LLen.

Die Neigung zum Absurden, die sich frei und unbewunden bei der Jugend zu Tage zeigt, nachher aber immer mehr in die Tiefe zurücktritt, ohne sich deßhalb gänzlich zu verlieren, war bei uns in voller Blüthe, und wir suchten auch durch Originalspäße unsern großen Meister zu feiern. Wir waren sehr glorios, wenn wir der Gesellschaft etwas der Art vorlegen konnten, welches einigermaßen gebilligt wurde, wie z. B. folgendes auf einen Rittmeister, der auf einem wilden Pferde zu Schaden gekommen war:

Ein Ritter wohnt in diesem Haus;
Ein Meister auch daneben;
Macht man davon einen Blumenstraus,
So wird's einen Rittmeister geben.
Ist er nun Meister von dem Ritt,
Führt er mit Recht den Namen;
Doch nimmt der Ritt den Meister mit,
Weh' ihm und seinem Samen!

Ueber solche Dinge ward sehr ernsthaft gestritten, ob sie des *Clowns* würdig oder nicht, und ob sie aus der wahrhaften reinen Narrenquelle geflossen, oder ob etwa Sinn und Verstand sich auf eine ungehörige und unzulässige Weise mit eingemischt hätten. Ueberhaupt aber konnten sich die seltsamen Gesinnungen um so heftiger verbreiten und so mehrere waren im Falle daran Theil zu nehmen, als Lessing, der das große Vertrauen besaß, in seiner Dramaturgie eigentlich das erste Signal dazu gegeben hatte.

Aus: *Goethe's Werke. Vollständige Ausgabe letzter Hand*, Stuttgart / Tübingen 1829, Bd. 26: *Aus meinem Leben – Dichtung und Wahrheit*, Teil 3, S. 74–78.

Phrygische Mütze
Außenschmuck des Straß-
burger Jakobinerklubs
1793

Um die von der Distriktsregierung geforderte Abschlagung des Kreuzes auf der Turmspitze des Straßburger Münsters als eines Zeichens des Despotismus und der Feudalherrschaft zu verhindern, veranlaßte die Stadtverwaltung 1794 den Bau einer vier Meter hohen blechernen Jakobinermütze als Symbol der Revolution, die der Turmspitze aufgesetzt wurde. Die Arbeiten daran dauerten vom 12. Mai bis zum 13. Juni 1794. Die Mütze wurde 1803 wieder entfernt und bis zu ihrer Zerstörung durch preußische Truppen 1870 im Straßburger Stadtmuseum aufbewahrt; möglicherweise hat Büchner sie dort besichtigt.

Vielleicht bin ich auch dabei, wenn noch einmal das Münster eine Jacobiner-Mütze aufsetzen sollte.

Georg Büchner an Gutzkow, Straßburg, etwa 14. März 1835

LOUIS AUGUSTE BLANQUI

—

DER KRIEG ZWISCHEN ARM' UND REICH'
1832

Geschworne! man klagt mich an, vor dreißig Millionen Franzosen (*Proletaires* gleich mir) gesagt zu haben, sie hätten das Recht *zu leben*. Wenn dieß nun ein Verbrechen ist, so wäre es auf jeden Fall billig, mich nicht vor Männer zu laden, die Parthei und Richter in derselben Sache sind.

[...] Ich stehe also nicht vor Richtern, sondern vor Feinden; unnütz wäre es demnach, mich vertheidigen zu wollen. Auch ich bin entschlossen und gefaßt auf jedes Urtheil das mich treffen könnte, indem ich jedoch mich feierlich und kräftig gegen diese Stellvertretung des Rechts durch Gewalt auflehne, und mit voller Zuversicht von der Zukunft hoffe, sie werde die *Macht* dem *Rechte* verleihen. [...]

Ja, meine Herren! Dieß ist der Krieg zwischen Arm' und Reich'; so wollten es die Reichen, denn sie haben den ersten Angriff gethan. – Sie finden nur übel, daß die Armen Widerstand leisten [...]. Unaufhörlich klagt man die *Proletairs* als Raubgesindel an, das bereit sey, sich über die Besitzthümer herzumachen. – Und warum? weil sie sich beklagen unter der Last von Auflagen und Abgaben, zu Nutz und Gunst der Privilegirten, erdrückt zu werden.

Die Privilegirten hingegen, die sich vom Schweiße der Armuth mästen, diese sind legitime Besitzer, denen ein gieriger Pöbel mit Raub und Plünderungen droht. –

Es ist nicht das erste Mal, daß sich Henker in die Maske der Schlachtopfer verstecken. – Wer sind denn diese Räuber die solchen Fluches, solcher Qualen würdig wären? Dreyßig Millionen Franzosen, die dem Fiskus anderthalb Milliarden und beinahe ebensoviel den Privilegirten zahlen. – Die Eigenthümer aber, welche die ganze Gesellschaft mit ihrer Macht schützen soll, dieß sind 2 oder 300.000 Müßige, welche ganz behaglich die Milliarden verzehren, die jene Räuber ihnen entrichten. Mir däucht, dieß ist, nur unter einer andern Form, und zwischen andern Gegnern, der Krieg der Feudalbarone gegen die Kaufleute, die sie auf offenen Heerwegen anfielen und plünderten. – [...]

Schreckliche Maschine, welche von 25 Millionen Bauern und 5 Millionen Handwerkern einen um den anderen zermalmt, um ihr reinstes Blut abzuzapfen und in die Adern der Privilegirten umzugießen.

Das mit bewunderungswürdiger Kunst kombinirte Räderwerk dieser Maschine ergreift den Armen jeden Augenblick, verfolgt ihn in den geringsten Bedürfnissen seiner anspruchslos bescheidenen Lebensweise, rafft die Hälfte seines geringfügigen Gewinns, seines armseligsten Genusses, hinweg. – Und doch ist dieß noch nicht genug: das Geld, welches aus dem Säckel des Armen in die Kisten und Kasten des Reichen strömt, muß durch den bodenlosen Schlund des *Fiskus* gehen; noch ungeheuer größere Summen werden *unmittelbar* von der Masse durch die Privilegirten bezogen, kraft gewisser *Gesetze*, welche auf den industriellen Handels-Verträgen lasten, Gesetze deren Fabrikation ganz ausschließlich den *Privilegirten* zusteht. [...] Ich übergehe die Salzauflagen, die Loterie, das Tabakmonopol – mit einem Wort, jenes unentwirrbare Netz von Auflagen, Monopolien, Verboten, Mauth- und Oktroisperren, das den *Proletair* umschlingt, alle seine Glieder fesselt und auszehrt? Die Bemerkung mag hinreichen, daß diese Masse von Lasten immer so ausgetheilt ist, daß der Reiche dabei verschont bleibt, und der Arme ausschließlich gedrückt werde, oder vielmehr *daß die Müßigen auf eine schändliche Weise die arbeitenden Massen berauben.*

Doch Raub ist unumgänglich nothwendig! denn, wird nicht eine mächtige Civilliste erfordert, um das Königthum zu beköstigen? um es über die edelmüthige Aufopferung seiner Ruhe zum Heil und Wohlergehen des Landes zu trösten? Und weil einer der Hauptansprüche der jüngeren Bourbonenlinie an die Erblichkeit auf ihrer zahlreichen Nachkommenschaft

↓

REFRAINS PATRIOTIQUES

Si vous aimez la danse,
Venez accourez tous,
Boire du Vin de France, (bis)
Et danser avec nous.

Dansons la carmagnole
Vive le son vive le son,
Dansons la carmagnole
Vive le son du canon.

Ah! ça ira ça ira ça ira,
Le Peuple en ce jour sans cesse repete:
Ah! ça ira ça ira ça ira,
Rejouissons nous le bon temps viendra.

A Paris Rue du Théâtre Francais, N°. 4.

Tanzen wir die Carmagnole
Es lebe der Schall es lebe der Schall,
Tanzen wir die Carmagnole
Es lebe der Schall der Kanone.

Refrain der Carmagnole

Unbekannter Künstler
Patriotische Gesänge
Carmagnole
1792–1794

begründet ist, wird doch der Staat nicht schmutzig kratzen und den Prinzen die Kronerbschaften und Krongüter, oder den Prinzessinnen eine Mitgift verweigern wollen? Auch muß man diese ungeheure Armee von Schmarotzern, Diplomaten und all jener Beamten nicht ungeachtet lassen, die Frankreich, *zu seinem eignen Glück*, reichlich besolden muß, damit sie durch ihren Luxus die privilegierte Bürgerklasse bereichern, denn alles Geld, welches durch das Budget verschwendet wird, wird ja in den Städten verzehrt; dem Bauer soll übrigens ohnedem kein Heller von den anderthalb Milliarden, deren Fünfsechstheile durch ihn bezahlt wird, zurückkehren.

Nothwendig muß man ja das große Räderwerk der Repräsentiv-Maschine im Fett erhalten, und Söhne, Neffen, Basen und Nichten reichlich ausstatten. Und die Höflinge, Hofdamen, Intriganten, Schranzen und Papierstutzer, die auf der Börse zum Voraus schon die Ehre und die Zukunft des Landes verhandeln, die Kupplerinnen, Maitressen, Lieferanten, Polizeifiguren, Scribler etc., welche auf den Untergang Polens speculiren; All dieses Gewürme der Palläste und der Salons, will es nicht alles mit Gold gestopft und gepfropft seyn? [...]

Ich frage Sie, meine Herren! wie sollten Männer von Geist und Gemüth, durch eine platte Geldaristokratie in die Kaste der Parias verwiesen, solch grausame Unbill nicht tief empfinden? – Wie könnten sie gleichgültig bei der Schmach und Schande ihres Landes, bei den Leiden des Armen, ihres Bruders im Unglück, bleiben? Ihre heilige Pflicht ist es, die Massen aufzurufen, das Joch des Elends und der Schande zu zermalmen; und diese Pflicht haben wir erfüllt trotz eurem Gefängnisse, und bis ans Ende werden wir sie erfüllen trotz unsern Feinden.

Aus der Verteidigungsrede des Sozialrevolutionärs Louis Auguste Blanqui (1805–1881) im »Procès des Quinze« am 12. Januar 1832 gegen 15 Mitglieder der Pariser Société des Amis du Peuple wegen Hochverrats. Die in Straßburg 1832 unter dem Titel *Prozeß der Volksfreunde zu Paris. Ein Vorbild des Ernstes und der Kraft* erschienene und verbreitete deutsche Übersetzung der Rede dürfte Büchner gekannt haben (hier zit. nach: S. 1–5).

FRANZÖSISCHE
GEWITTERLUFT IST
MIR LIEBER

ich schämte
mich, ein Knecht
mit Knechten
zu sein

Johann-Ernst Bieler
Gießen (Detail)
Mitte 19. Jahrhundert

DER HESSISCHE LANDBOTE

—

POLITISCHE AGITATION IN GIESSEN

Ich war im Aeußeren ruhig, doch war ich in tiefe Schwermuth verfallen; dabei engten mich die politischen Verhältnisse ein, ich schämte mich, ein Knecht mit Knechten zu sein, einem vermoderten Fürstengeschlecht und einem kriechenden Staatsdiener-Aristokratismus zu Gefallen. Ich komme nach Gießen in die niedrigsten Verhältnisse, Kummer und Widerwillen machen mich krank.

Georg Büchner aus Gießen an die Eltern in Darmstadt, nach dem 27. März 1834

Hier ist kein Berg, wo die Aussicht frei sei. Hügel hinter Hügel und breite Thäler, eine hohle Mittelmäßigkeit in Allem; ich kann mich nicht an diese Natur gewöhnen, und die Stadt ist abscheulich.

Georg Büchner an Wilhelmine Jaeglé, nach Mitte Januar 1834

Johann-Ernst Bieler
Gießen
Mitte 19. Jahrhundert

Friedrich Christian Reinermann
Gießen, vom Lutherberg aus gesehen
1820–1830

Reisefuhrer schilderten die Reize von Gießen; für die Studenten von 1830 glich die Stadt dem Ort Tomi am Schwarzen Meer, wohin Kaiser Augustus einstmals den römischen Dichter Ovid verbannt hatte. Und wie ein Verbannter beschrieb auch Büchner die Stadt: »eine hohle Mittelmäßigkeit in Allem; ich kann mich nicht an diese Natur gewöhnen, und die Stadt ist abscheulich.« Nach Gießen kam er, weil nur diejenigen »Landeskinder« einen akademischen Beruf im Großherzogtum ausüben konnten, die an der Landesuniversität studiert hatten.

Um 1830 lebten in Gießen in rund 800 Häusern circa 7 000 Einwohner. Glanzstück der Stadt war die Ludoviciana, die 1607 gegründete Universität. An ihr wurden etwa 500 Studenten von 18 Privatdozenten und 32 Professoren unterrichtet. Der berühmteste unter ihnen war der 1824 nach Gießen berufene Justus Liebig (1803–1873), ein bedeutender Biochemiker moderner Art. Liebig war ein vehementer Gegner der romantischen Naturphilosophie, der Büchner anhing. Dies mag erklären, weshalb dieser anscheinend keinen Kontakt zu Liebig suchte. Büchner nahm nachweislich an einer anatomischen Übung bei Friedrich Wernekinck und an zwei Vorlesungen bei dem Philosophieprofessor Joseph Hillebrand teil. Über weitere Lehrveranstaltungen ist nichts bekannt.

Die Mehrheit der Studentenschaft war darauf bedacht, sich zu vergnügen und »sich ein Aemtchen zu erkriechen«. Eine Minderheit, so zum Beispiel die Gießener »Schwarzen«, engagierte sich politisch und war bereits in den 1810er-Jahren wegen ihrer revolutionären Ansichten verfolgt worden. Im April 1833 machten sich erneut Studenten verdächtig, diesmal der Beteiligung am Putschversuch des Frankfurter Wachensturms. »Gestern wurden wieder zwei Studenten verhaftet, der kleine Stamm, und Groß«, schrieb Büchner in seinem ersten Brief aus Gießen. Diese Verhaftungen bildeten so etwas wie die Spitze eines Eisberges von Repressionen, die Büchner »in tiefe Schwermuth verfallen« und über sein erstes Gießener Semester schreiben ließen: »ich schämte mich, ein Knecht mit Knechten zu sein, einem vermoderten Fürstengeschlecht und einem kriechenden Staatsdiener-Aristokratismus zu Gefallen«. Kurz vor Abfassung dieses Briefes schrieb er nach Absprache mit dem radikalen Butzbacher Schulrektor Friedrich Ludwig Weidig die Flugschrift *Der Hessische Landbote* und etwa gleichzeitig gründete er mit politisch Verdächtigen, die vorläufig aus der Haft entlassen worden waren, und weiteren Freunden eine Sektion der Gesellschaft der Menschenrechte, die im Sommer und Herbst Druck und Verteilung der Flugschrift organisieren half.

Im *Landboten* wollte Büchner den Bauern »vorrechnen«, dass sie über ihre Steuern die »Lasten« des Staates »größtentheils tragen müssen, während andere den Vortheil davon beziehen«, und dass »die Gesetze, welche über ihr Leben und Eigenthum verfügen, in den Händen des Adels, der Reichen und der Staatsdiener sich befinden«. Zu ändern sei dieser skandalöse Zustand nur durch die Umwandlung des Landes in eine demokratische Republik. Weidig veränderte und erweiterte den Text an mehreren Stellen, wobei er zum Beispiel Hinweise darauf, dass der gegenwärtige Gesellschaftszustand ein »Krieg zwischen Reichen und Armen« sei, abmilderte. Er organisierte indes in Zusammenarbeit mit Oppositionellen in Marburg und im Rhein-Main-Gebiet den Druck von etwa 1 200 Exemplaren der Flugschrift in Offenbach (Juli-Auflage) und dann gemeinsam mit dem Arzt Leopold Eichelberg einen zweiten

↓

BURGHARD DEDNER

—

»DIE MATERIELLEN INTERESSEN DES VOLKS MIT DENEN DER REVOLUTION VEREINIGEN«

—

BÜCHNERS POLITISCHES PROGRAMM

Der ungebrochene Zorn der plebejischen Schichten, ein passendes Kalkül des Großbürgertums, eine unwiderstehlich große Idee – die bedeutendsten bürgerlichen Revolutionen schöpften aus diesen Elementen ihre Energie. Ihre Mutter, die amerikanische, begann um 1765 mit einem Kampf gegen die Stempelsteuer, ein dort noch neuartiges Instrument fiskalischer Bereicherung. Die Angehörigen der unteren Schichten demolierten im Protest die Häuser von Kolonialbeamten, die der wohlhabenden Schichten formulierten kaufmännisch: »Keine Besteuerung ohne politische Mitbestimmung«, und als Thomas Jefferson für eine große Idee die unvergesslichen Worte fand, es sei »self-evident that all men are created equal«, wurde aus dem regionalen Aufstand eine menschheitsgeschichtliche Revolution. Etwa fünfzehn Jahre später folgten die Akteure der Französischen Revolution dem Muster der amerikanischen: Die Armen stürmten die Bastille oder die Landschlösser adliger Herrschaften, die Reichen beanspruchten als Steuerzahler das Recht politischer Mitbestimmung und konstituierten sich als französische Nation, und die besten politischen Köpfe formulierten »Erklärungen der Menschenrechte«.

Mit dem *Hessischen Landboten* reagierte Büchner 1834 auf die Einsicht, dass dieses Revolutionsmuster nicht mehr anwendbar war. Unverändert erhalten hatte sich nur der Unmut der plebejischen Schichten über ihre finanzielle Belastung. Geändert hatten sich dagegen zunächst die Schlüsse, die aus dem Satz von der Gleichheit aller Menschen gezogen wurden. Der Satz konnte antimonarchistisch die Gleichheit vor dem Gesetz verheißen oder als Satz der demokratischen Republik allen Bürgern gleiches Recht

↓

Richard Hügle
Gießen nebst seinen Umgebungen
1841

Marburger Druck mit etwa 400 Exemplaren (November-Auflage). Eichelberg äußerte sich sehr zufrieden über die »gute Wirkung, die der Landbote unter den Curheßischen Bauern der Umgegend schon erzeugt habe«.

Aufgrund eines Verrats wurde ein Freund Büchners am 1. August 1834 verhaftet, als er 139 Exemplare der Schrift nach Gießen brachte. Büchner war den Behörden als deren Verfasser bekannt, blieb aber mangels gerichtsverwertbarer Beweise auf freiem Fuß und flüchtete Anfang März 1835 nach Straßburg. Ein zweiter Verrat im April führte zu einer großen Anzahl von Verhaftungen vor allem in Butzbach, Gießen und Marburg und darüber hinaus zu einem Mammutprozess, in den auf dem Gebiet des Deutschen Bundes 1800 Personen verwickelt waren. Im Zentrum der Ermittlungen im Großherzogtum stand Friedrich Ludwig Weidig, der jede sachdienliche Aussage verweigerte und der auch von den Mithäftlingen weitgehend geschützt wurde. Erst nach Weidigs Tod am 23. Februar 1837 in einer Zelle im Darmstädter Arresthaus begannen die Untersuchungshäftlinge umfassend auszusagen. Die Urteile über 35 Angeklagte aus dem Großherzogtum wurden im November 1838 gesprochen. Die meisten von ihnen wurden Anfang 1839 amnestiert. Bedeutende Nachwirkungen hatte der in seinen Umständen bis heute ungeklärte Tod Friedrich Ludwig Weidigs. Liberale und demokratische Publizisten wie Carl Welcker und Wilhelm Schulz nutzten ihn zur Anklage gegen die Gerichtsbarkeit im Großherzogtum und zu einer schließlich erfolgreichen politischen Kampagne gegen das System der politischen Geheimjustiz im Allgemeinen.

Ludwig Büchner veranstaltete 1850 den ersten legalen Druck der Flugschrift in allerdings stark gekürzter Form. BD

auf politische Mitbestimmung zusichern, oder man verstand ihn – so vor allem nach 1830 – auch als Satz einer sozialen Republik, die den Bürgern gleiche Teilhabe an den Gütern der Gesellschaft garantierte. Angehörige der in Frankreich verbreiteten sozialrevolutionären »Gesellschaft der Menschenrechte«, der Büchner zumindest nahestand und nach deren Vorbild er in Gießen und Darmstadt Sektionen gründete, verfassten 1833/34 eine auch in Deutschland verbreitete Menschenrechtserklärung, in der es unter anderem hieß, die Gesellschaft garantiere jedem Bürger »die Entwicklung seiner Anlagen« und »die Mittel, sich auf eine leichte Weise ein Auskommen zu verschaffen, welches ihm nicht nur die Bedürfnisse des Lebens, sondern auch eine des Menschen würdige Stellung in der Gesellschaft sichert.«[1]

Geändert hatte sich zugleich die Position des Großbürgertums, das zwar weiterhin aus sozialen Kämpfen Gewinn zog, die unteren Schichten daran aber nicht mehr beteiligte. So hatten zum Beispiel um 1820 Aufrufe zur Steuerverweigerung unter hessischen Bauern im Odenwald zu lokalen Unruhen geführt. Um sie zu dämpfen, erließ der Großherzog eine Verfassung, in der er den 2000 reichsten seiner Untertanen – etwa einem Prozent des (wahlmündigen männlichen) Teils der Bevölkerung – das passive Wahlrecht für den Landtag schenkte. Ihnen standen 2000 wahlmündige Einwohner gegenüber, die für eine Landtagskandidatur zu arm waren.[2] Büchner urteilte über diese 2000 Revolutionsgewinnler: »Sollte es diesen Leuten gelingen, […] die deutschen Regierungen zu stürzen und eine allgemeine Monarchie oder auch Republik einzuführen, so bekommen wir hier einen Geldaristokratismus wie in Frankreich, und lieber soll es bleiben, wie es jetzt ist.«[3] Im Zweifelsfall also »lieber« die Herrschaft der Throne als die der Banken. Büchners Attacke gegen den »Geldaristokratismus« war eine Reaktion auf den Ausgang der französischen Julirevolution, die die ärmeren Schichten auf den Barrikaden gewonnen hatte. Am Ende der Kämpfe aber hatte Frankreich einen neuen König und die Reichen mehr Stimmen und Rechte im Parlament. »Welche Fatalität hat dazu geführt«, so fragte der Sozialrevolutionär Louis Auguste Blanqui, »dass diese einzig vom Volk gemachte Revolution […] nur dazu geführt hat, den Despotismus der Mittelklasse zu etablieren [und] das Elend der Arbeiter und Bauern zu verschlimmern?«[4] Die Antwort gab Büchner in einem Brief an Karl Gutzkow vom 1. Juni 1836: »die gebildete und wohlhabende Minorität, so viel Concessionen sie auch von der Gewalt für sich begehrt, wird nie ihr spitzes Verhältniß zur großen Klasse aufgeben wollen.«[5]

Doppelt sinnlos deshalb die Hoffnung, die von Wohlhabenden gewählten wohlhabenden Parlamentarier würden durch ihre Reden die Fürsten zu sozialen Reformen bewegen. Über die Fürsten sagte Büchner: »Alles, was sie bewilligten, wurde ihnen durch die Nothwendigkeit abgezwungen.« Und über die Landstände: Sie seien eine »Satyre auf die gesunde Vernunft«

↓

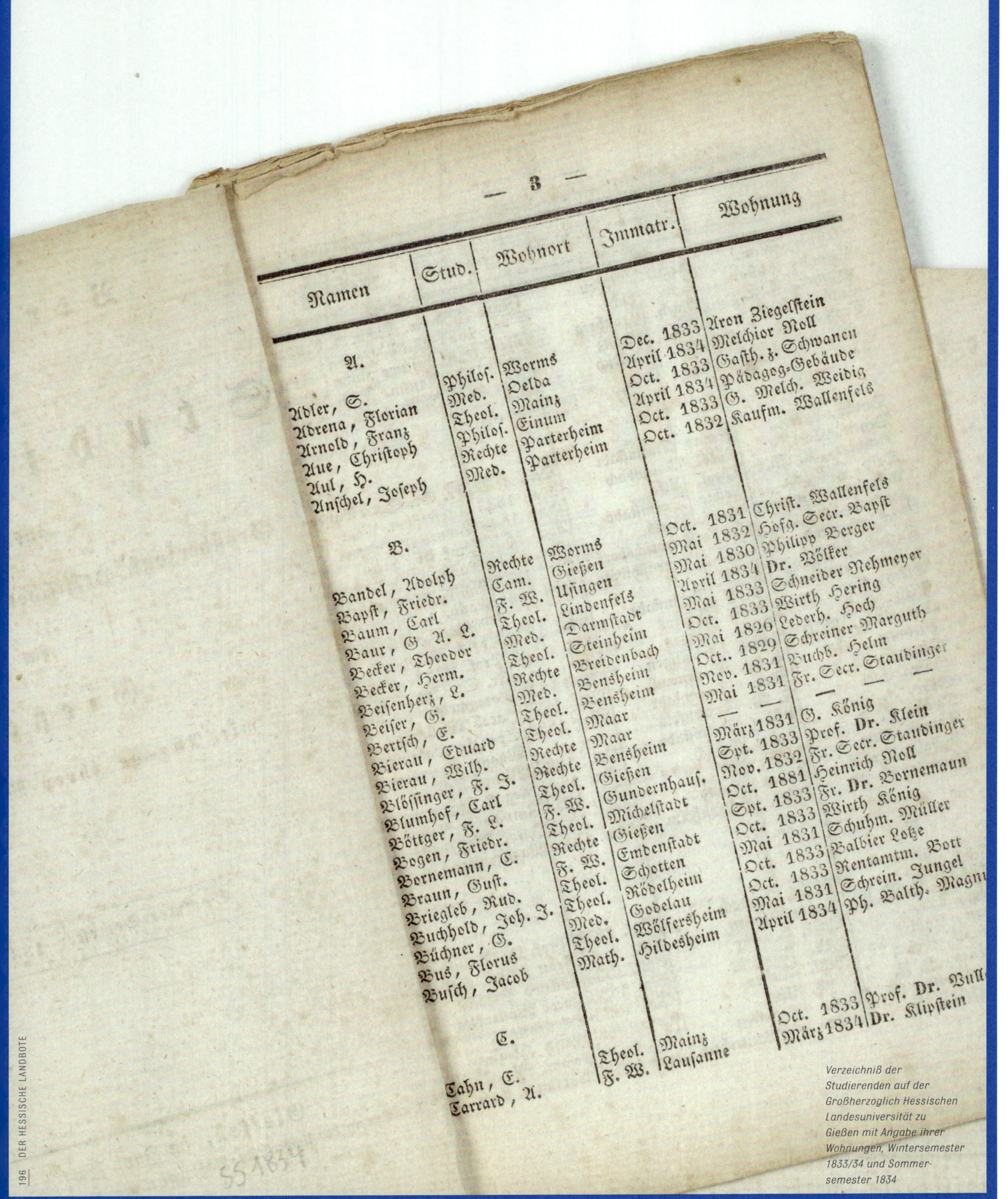

— 3 —

Namen	Stud.	Wohnort	Immatr.	Wohnung
A.				
Adler, S.	Philos.	Worms	Dec. 1833	Aron Ziegelstein
Adrena, Florian	Med.	Oelda	April 1834	Melchior Noll
Arnold, Franz	Theol.	Mainz	Oct. 1833	Gasth. z. Schwanen
Aue, Christoph	Philos.	Einum	April 1834	Pädagog-Gebäude
Aul, H.	Rechte	Parterheim	Oct. 1833	G. Melch. Weidig
Anschel, Joseph	Med.	Parterheim	Oct. 1832	Kaufm. Wallenfels
B.				
Bandel, Adolph	Rechte	Worms	Oct. 1831	Christ. Wallenfels
Bapst, Friedr.	Cam.	Gießen	Mai 1832	Hofg. Secr. Bapst
Baum, Carl	F. W.	Usingen	Mai 1830	Philipp Berger
Baur, G. A. L.	Theol.	Lindenfels	April 1834	Dr. Völker
Becker, Theodor	Med.	Darmstadt	Mai 1833	Schneider Nehmeyer
Becker, Herm.	Theol.	Steinheim	Oct. 1833	Wirth Hering
Beisenherz, L.	Rechte	Breidenbach	Mai 1826	Lederh. Hoch
Beiser, G.	Med.	Bensheim	Oct.. 1829	Schreiner Marguth
Bertsch, E.	Theol.	Bensheim	Nov. 1831	Buchb. Helm
Bierau, Eduard	Theol.	Maar	Mai 1831	Fr. Secr. Staudinger
Bierau, Wilh.	Rechte	Maar	— —	— — —
Blössinger, F. J.	Rechte	Bensheim	März 1831	G. König
Blumhof, Carl	Theol.	Gießen	Spt. 1833	Prof. Dr. Klein
Böttger, F. L.	F. W.	Gundernhaus.	Nov. 1832	Fr. Secr. Staudinger
Bogen, Friedr.	Theol.	Michelstadt	Oct. 1881	Heinrich Noll
Bornemann, C.	Rechte	Gießen	Spt. 1833	Fr. Dr. Bornemaun
Braun, Gust.	F. W.	Emdenstadt	Oct. 1833	Wirth König
Briegleb, Rud.	Theol.	Schotten	Mai 1831	Schuhm. Müller
Buchhold, Joh. J.	Theol.	Rödelheim	Oct. 1833	Balbier Lotze
Büchner, G.	Med.	Godelau	Oct. 1833	Rentamtm. Bott
Bus, Florus	Theol.	Wölfersheim	Mai 1831	Schrein. Jungel
Busch, Jacob	Math.	Hildesheim	April 1834	Ph. Balth. Magn…
C.				
Cahn, E.	Theol.	Mainz	Oct. 1833	Prof. Dr. Bull…
Carrard, A.	F. W.	Lausanne	März 1834	Dr. Klipstein

SS 1834

Verzeichniß der Studierenden auf der Großherzoglich Hessischen Landesuniversität zu Gießen mit Angabe ihrer Wohnungen, Wintersemester 1833/34 und Sommersemester 1834 und die Reden ihrer Mitglieder so wirkungsmächtig wie Verse von »Hofpoeten«, nur erheblich teurer. Daraus folgte: »Wenn in unserer Zeit etwas helfen soll, so ist es Gewalt«.[6] Gewalt, ausgeübt nicht durch eine Handvoll ohnmächtiger Putschisten, sondern durch »die große Masse des Volkes [...], durch deren Ueberzahl und Gewicht die Soldaten gleichsam erdrückt werden müssen.« Der Revolutionär, so das praktische Resümee, müsse versuchen, »diese große Masse zu gewinnen, was vor der Hand nur durch Flugschriften geschehen kann.«[7] Dies war auch das Kalkül der damaligen französischen Sozialrevolutionäre. Büchner führte es in Deutschland ein, und der *Hessische Landbote* sollte die Probe aufs Exempel machen.

Dass revolutionäre Gewalt schrecklich sein kann, musste jeder wissen, der sich wie Büchner seit den Jugendjahren mit Revolutionsgeschichte beschäftigte. Büchner hatte – so sein Freund Wilhelm Schulz – »etwas eigenthümlich Zartes und Weiches«,[8] und vergossenes Blut verstörte ihn, auch wenn er nur davon las, zum Beispiel in einer Darstellung der Französischen Revolution. »Ich gewöhnte mein Auge ans Blut«, schrieb er der Verlobten. »Aber ich bin kein Guillotinenmesser.«[9] Andererseits war Gewaltanwendung kein Alleinstellungsmerkmal für Revolutionäre. Schließlich war es die bayerische Regierung, die im Mai 1833, am Jahrestag des Hambacher Festes, ein Ansammlung unbewaffneter Oppositioneller durch ihre Kavallerie so brutal überfallen ließ, dass man am Ende des Tages drei Tote und 150 Verwundete und Verstümmelte beklagte.[10] Büchner meinte, dieses Massaker sei die Quittung für den versuchten Sturm auf die Frankfurter Hauptwache vom 3. April: »man vergilt Gleiches mit Gleichem, Gewalt mit Gewalt. Es wird sich finden, wer der Stärkere ist.«[11] So urteilt, wer den Dialog mit der anderen Seite aufgegeben hat, sich im Kriegszustand weiß und hofft, er werde demnächst der Stärkere sein. Die Eltern, die den Putschversuch offenbar als ungesetzlich abgelehnt hatten, fragte er höhnisch: »Was nennt Ihr denn gesetzlichen Zustand?« Doch nicht etwa ein System, das, »unterstützt durch eine rohe Militärgewalt«, an sich schon »eine ewige, rohe Gewalt« ist? In einer Büchner bekannten Schrift hatte der französische Sozialrevolutionär Auguste Blanqui gesagt, der gegenwärtige gesellschaftliche Zustand sei »der Krieg zwischen den Reichen und den Armen: die Reichen wollten es so, denn sie sind die Angreifer«.[12]

↓

HANS MAGNUS ENZENSBERGER

—

DER HESSISCHE LANDBOTE

—

POLITISCHER KONTEXT 1834

1965

Das Großherzogtum Hessen, ein Kleinstaat mit einer Fläche von etwa 8000 Quadratkilometern, der im heutigen Bundesland gleichen Namens beinah viermal Platz hätte, war in den Dreißigern des vergangenen Jahrhunderts ein reines Agrarland. Nur zwei Städte dieses Landes hatten mehr als zwanzigtausend Einwohner, nämlich Darmstadt und Mainz, und kaum jeder Siebente unter den 700000 Bürgern lebte in der Stadt. Dennoch war das Großherzogtum dicht besiedelt; die Bevölkerung, die sich zwischen 1790 und 1850 verdoppelte, erreichte um das Jahr 1835 herum eine Dichte von hundert Personen pro Quadratkilometer. Die demographische Explosion, eine Folge der sinkenden Sterblichkeit und der zunehmenden Lebenserwartung, hatte in Mitteleuropa begonnen. Der Zuwachs entfiel fast ganz und gar auf das flache Land; die Städte boten keine Arbeitsplätze für Neuankömmlinge; ihre Bevölkerung stagnierte.

Die ökonomischen Verhältnisse blieben hinter dieser Bevölkerungsbewegung zurück. Die landwirtschaftliche Produktion hielt an den hergebrachten, uralten Methoden fest. Die Masse der Kleinbauern war direkt oder indirekt von den Feudalherren abhängig. Erst 1820 war in Hessen die Leibeigenschaft aufgehoben worden; gleichzeitig wurde formell der Frondienst abgeschafft und durch ein direktes Steuersystem abgelöst – ein Vorgang, der erst gegen Ende der dreißiger Jahre abgeschlossen war. Das Handwerk, in mittelalterlichen Zunftvorstellungen befangen, kam als Motor der wirtschaftlichen Entwicklung kaum in Betracht, solange seine traditionelle, ständische Ordnung unangefochten blieb. Erst um die Mitte des Jahrhunderts setzte sich das Prinzip der Gewerbefreiheit in den deutschen Ländern durch.

↓

Peter Schlemihl's
wundersame Geschichte
mitgetheilt
von
Adelbert von Chamisso

und
herausgegeben
von
Friedrich Baron de la Motte Fouqué.

Mit einem Kupfer.

Nürnberg,
bei Johann Leonhard Schrag.
1814.

Nach sehr glaubwürdiger Versicherung kamen Büchner und Schütz schon gegen Ende Juni 1834. eines Abends zwischen 10–11 Uhr von Gießen nach Butzbach zu Carl Zeuner. Beide trugen Botanisirbüchsen und gingen in Zeuners Begleitung zu Weidig, worauf sie denn von diesem Empfehlungsschreiben und das Manuscript des Landboten erhielten und noch in derselben Nacht ihre Weiterreise antraten. Vielleicht dient dieß', Ihre Rückerinnerung an die fraglichen Thatsachen zu schärfen!

Kriminalrichter Friedrich Noellner zu August Becker im Verhör über den Transport des *Landboten*-Manuskripts, Sommer 1837

Adelbert von Chamisso / Friedrich Heinrich Karl Baron de la Motte Fouqué
Peter Schlemihl's wundersame Geschichte
1814

Botanisiertrommel
1830

DEDNER

Sowohl diese Kennzeichnung des Rechtszustands als Gewaltzustand als auch die Rückführung der gesellschaftlichen Konflikte auf den Antagonismus zwischen Arm und Reich waren Konstanten in Büchners politischen Äußerungen. Im *Hessischen Landboten* tilgte der Mitverfasser Weidig aus pragmatischen Gründen Büchners Anleihen an Blanquis furchteinflößende Formel. Den Verschworenen, die Büchner bei einem Vorbereitungstreffen über die Flugschrift reden hörten, prägte sich die Formel dennoch ein.

Oppositionelle Studenten kämpften seit den Kriegen gegen Napoleon »für die Ehre des Vaterlandes«; »aus sehr nahe liegenden Ursachen« hatten die Bauern dafür »durchaus keinen Sinn«. Journalisten kämpften für Pressefreiheit; das interessierte die Bauern, solange sie »mit ihrer materiellen Noth beschäftigt« waren, ebenso wenig.[13] Hauptquelle ihrer Ungemach war nach wie vor die fiskalische Last, die sie hinnahmen, weil sie sie für gottgegeben hielten und nichts anderes kannten. Deshalb musste man ihnen »zeigen und vorrechnen, daß sie einem Staate angehören, dessen Lasten sie größtentheils tragen müssen, während andere den Vortheil davon beziehen; – daß man von ihrem Grundeigenthum, das ihnen ohnedem so sauer wird, noch den größten Theil der Steuern erhebt, – während die Capitalisten leer ausgehen; daß die Gesetze, welche über ihr Leben und Eigenthum verfügen, in den Händen des Adels, der Reichen und der Staatsdiener sich befinden u. s. w.«[14] Büchners Vorgehen in der ersten Hälfte des *Hessischen Landboten* wird durch dieses Resümee seiner Gedanken – so wiedergegeben durch einen seiner Freunde – präzise beschrieben. Der Staat, so zeigte Büchner, war eine Repressions- und Umverteilungsmaschine. Sie pumpte das Geld,

↓

ENZENSBERGER

Der Prozeß der Industrialisierung hatte zu Büchners Zeiten kaum begonnen. [...] Die ersten, einfachen und wenig leistungsfähigen Dampfmaschinen tauchten in Hessen gegen Ende der 1820er Jahre auf.

Was im modernen Jargon Infrastruktur heißt, war in einem entmutigenden Zustand. [...]

Insgesamt war die ganze Wirtschaft des Landes also von der Landwirtschaft abhängig, die zwischen 1815 und 1830 kaum einen Zuwachs der Produktion zu verzeichnen hatte; sie litt in diesen Jahren unter einer lang anhaltenden Agrarkrise, verschuldet durch Mißernten, sinkende Getreidepreise auf dem europäischen Markt und verschärft durch die Nachwirkungen der napoleonischen Kriege. Die überwiegende Mehrzahl der hessischen Bevölkerung bestand aus verarmten Handwerkern und Bauern.

Die politischen Zustände in Deutschland entsprachen dieser ökonomischen Lage, und sie waren ganz dazu angetan, sie zu verewigen. Die alten gesellschaftlichen Mächte beherrschten den Staatsapparat; zu einer bürgerlichen Revolution war es nicht gekommen. Die Bourgeoisie hat in Deutschland spät gesiegt; sie hat sich, und damit die kapitalistische Wirtschaftsform, niemals revolutionär durchgesetzt; sie hat sich vielmehr nach und nach mit der alten herrschenden Klasse arrangiert. Dieser Prozeß stand zu Büchners Zeiten in seinen Anfängen; sein Verlauf ist an den Verfassungskämpfen abzulesen, welche die Innenpolitik der deutschen Kleinstaaten in der ersten Hälfte des neunzehnten Jahrhunderts beherrscht haben.

Der Wiener Kongreß von 1815 hatte das alte, absolutistische Regime in Deutschland noch einmal stabilisiert. Die Regierungen sahen ihre hauptsächliche Aufgabe nicht darin, für die politische und ökonomische Entwicklung ihrer Länder, sondern darin, für die Erhaltung des status quo zu sorgen. [...]

Die große Stabilisierung dieses Zustandes, der sich die deutschen Fürsten 1815 verschrieben hatten, konnte nur um den Preis dauernder ökonomischer Krisen und unablässiger politischer Repression gelingen. Keine Experimente: die Durchsetzung dieser Parole wurde zur vornehmsten Aufgabe der Polizei.

Die erste und einzige politische Tat, auf die sich die achtunddreißig souveränen Landesherren des Deutschen Bundes einigen konnten, war der Erlaß eines Ermächtigungsgesetzes, das unter der Bezeichnung *Karlsbader Beschlüsse* in die Geschichte

↓

Wahrscheinliche Kleidung: Runder schwarzer Hut; Rock: blautüchner, eine Art Polonaise mit Schnüren auf Brust und Rücken, sog. Blattlitzen; Beinkleider: unbekannt; Stiefeln: gewöhnlich.

Behördeninterner Steckbrief von Georg Büchner im Anhang eines Briefes von Untersuchungsrichter Georgi an den hessischen Staatsminister du Thil vom 4. August 1834

Polenrock
19. Jahrhundert

DEDNER

das die Armen erwirtschafteten, in die Taschen der Reichen, der Vornehmen und der Staatsdiener, unter anderem in die der »Finanzräthe, Obereinnehmer, Steuerboten, Untererheber«. Schon der bloße Erhalt dieser Umverteilungsmaschine, so zeigte diese beliebige Aufzählung, war teuer. Überkonkret stellte Büchner die Umverteilung in Redefiguren von Körperverwertung dar: In Darmstadt stehen »stattliche Häuser, die aus den Knochen des Volks gebaut sind«; darin brennen »Lampen [...], aus denen man mit dem Fett der Bauern illuminirt«. Deren »Schweiß ist das Salz auf dem Tische des Vornehmen«.[15] Das ließ sich auch nationalökonomisch präzise ausdrücken. 2478264 von 6363363 Gulden – also fast 40% des Staatseinkommens – wurden durch indirekte Steuern aufgebracht. Jeder Bürger kannte die Einzelheiten aus dem Alltagsleben: »Tranksteuer« (449960 Gulden), »Salzsteuer« (480762 Gulden), »Schlacht-Accise« (190000 Gulden), »Zollgefälle« (500000 Gulden), »Stempelsteuer« (460500 Gulden).[16] Etwa 1% dieser Steuern zahlten die Inhaber des passiven Wahlrechts; die 99% der Nicht-Wohlhabenden zahlten die übrigen 99%. Ihnen hatte man die Last zur Finanzierung des Staates aufgebürdet und zugleich das Bürgerrecht auf Mitbestimmung »geraubt«.

Aller lebensnotwendige Geldbesitz, so die französischen Sozialrevolutionäre, müsse steuerfrei sein. Alle indirekten Steuern seien deshalb abzuschaffen und durch eine progressiv berechnete Steuer auf »überflüssigem« Vermögen, eine Reichensteuer also, zu ersetzen. Büchner glaubte dieses Modell im Kanton Zürich verwirklicht. Dort habe man »um wenig Geld eine einfache, gute, rein republikanische Regierung, die sich durch eine Vermögenssteuer erhält, eine Art Steuer, die man bei uns

↓

ENZENSBERGER

eingegangen ist. Der Frankfurter Bundestag hat diesem Gesetz mit Stimmenmehrheit zugestimmt; für das öffentliche Protokoll fand man sich sogar zu dem Vermerk bereit: einmütig angenommen. Die Beschlüsse sahen vor: eine allgemeine fünfjährige Vorzensur für alle Druckschriften unter zwanzig Bogen; das Recht der Bundesversammlung, jedes Druckwerk von sich aus zu unterdrücken; das Verbot aller nicht autorisierten politischen Verbindungen; die ständige Überwachung der Universitäten, ihrer Lehre, der Professoren und Studenten; sowie die Einsetzung einer Zentraluntersuchungskommission in Mainz.

Diese erste und einzige Zentralbehörde des Deutschen Bundes, die wirklich funktioniert hat, war eine Geheime Staatspolizei. Sie nahm ihre Arbeit im Herbst 1819 auf; sie war dem Bundestag gegenüber selbständig und hatte gewisse Weisungsbefugnisse den Behörden der Bundesländer gegenüber. Ihre Aufgabe war eine gründliche Untersuchung »der gegen die bestehende Verfassung und innere Ruhe sowohl des Bundes als einzelner Bundesstaaten gerichteten Umtriebe und demagogischen Verbindungen.«

Damit hatte Deutschland, wenn auch keine Verfassung, so doch ein Verfassungsschutzamt. [...]

Die erste hessische Verfassung, 1820 erlassen, sah ein Parlament mit zwei Kammern vor; im Oberhaus saßen die Standesherren neben Mitgliedern, die der Großherzog auf Lebenszeit ernannte. Die Abgeordneten-Kammer hingegen war, theoretisch, die Vertretung des Volkes. Die Delegierten wurden aber nicht direkt, sondern mittelbar gewählt. Dabei wurden die Wählerstimmen dreimal gefiltert. Die Bürger durften für jeden Wahlbezirk Bevollmächtigte wählen; diese wiederum hatten die Wahlmänner zu bestimmen. Als Wahlmann war nur zugelassen, wer wenigstens dreißig Jahre alt war, und wer zu den sechzig Höchstbesteuerten seines Bezirkes gehörte. Diese Wahlmänner hatten ihrerseits die Abgeordneten zu wählen, deren Kreis noch weit enger gezogen war: zur Kammer hatte nur Zutritt, wer mindestens hundert Gulden jährlich an direkten Steuern bezahlte, oder aber mehr als tausend Gulden jährlich als Beamtengehalt bezog. (Zwei Drittel aller Abgeordneten der ersten hessischen Landstände waren infolgedessen hohe Regierungsbeamte.) Übrigens waren die Kompetenzen dieses Parlaments äußerst beschränkt; es hatte zwar das Recht, Steuern zu bewilligen, nicht aber, sie zu verweigern. Im übrigen gewährte die hessische Verfassung den Untertanen kaum eindeutig gesicherte Rechte; in jedem

↓

IV.

Pflicht aller Obrigkeiten

Die Bibel,
oder
die ganze
Heilige Schrif
des
alten und neuen
Testaments
nach
der deutschen Übersetzung
D. Martin Luthers.
Mit Anmerkungen und Zugaben
für
Schullehrer
von
D. Gustav Friedrich Dinte
Neustadt an der Orla,
Druck und Verlag von Johann Karl Gottfried Wagne
1826.

Schullehrer=Bibel.
Des
lten Testaments
Erster Theil,
enthaltend
die fünf Bücher Mosis.
Neustadt an der Orla,
k und Verlag von Johann Karl Gottfried Wagner.
1826.

Esai. 49. v. 23. Es sol sich ein fromer Fürst reiner Gotteslehr annehmen
Psal. 24. v. 7. und der Kirchen Sorg und pflag sich in keinen weg beschämen.
1. Tim. 2. v. 2. Frome, wolgelehrte Leüt Er zur Lehr berüffen sol,
Math. 10. v. 10. und mit Lebens=underhalt ihre dienst besolden wol.
Deut. 17. v. 19. Ferner sol er seinem Volk schutz und grechtigkeit verschaffen,
Exod. 23. v. 6. für der Undertahnen heil wachbar seyn wan dise schlaffen.
Deu. 16. v. 18. Mit der Waag der billigkeit wigt er auß das Liebe Recht;
2. Par. 19. v. 6. schaut drum keinen Menschen an; ob er groß sey oder schlecht.
Sap. 6. v. 8. 9. Huld und Lieb Ihn ziehrt für auß; gnädig seyn dem übertrâter:
(Götter man die Fürsten nent, und des Vatterlandes Väter.)
Prov. 19. v. 2. Jedoch mit bescheidenheit, und mit klugem sin er fahrt,
C. 15. v. 22. ect. Dapferkeit ist mit Verstand und Fürsichtigkeit gepart:
Diser er sich sehr befleißt, wie in Kriegs; so Bündnus dingen;
Krieg und Bünd nicht recht bedacht öfter grossen schaden bringen.
1. Reg. 22. v. 1. Kriege die nicht Gottes Krieg; oder eine nothwehr sind,
2. Reg. 14. v. 8. Da die Christlich Lieb gemach, und die waffen sind geschwind,
2. Cor. 6. v. 14. taugen in dem grunde nicht. Bündnusen mit solchen Leüten,
Exod. 23. v. 32. die den wahren Gottesdienst durstig suchen außzureüten
Esai. 30. v. 1. und dem Baal hangen an; taugen in dem grunde nicht.
Ezech. 16. v. 26. Spruch und Beyspiel sind darum. Ferner ist des Fürsten pflicht,
Esth. 6. v. 1. wie die Tugend in gemein, so für auß die Treü belohnen
NB. die der From Ihm leistet dan, wan trewlose nicht verschonen.
Prov. 8. v. 15. Wan ein Fürst gesätze stelt, so sol einig Gottes wort
Deut. 17. v. 17. deren form und richtschnur seyn: und er selbs an seinem ort
Psal. 101. v. 1. 2. 3. 4. ect. sol seyn der gesätzen bild; ja dafür getruktes sigel:
Dan des Fürsten heiligkeit ist der übertrâtung rigel.
Zu erstattung diser Sum, worin alles anders stekt,
Matt. 25. v. 31. wird ein Fürst dem Gott und seel angelegen, auferwekt;
Durch des grossen Fürsten tag, und gerechtes urtheilsprechen:
Apoc. 22. v. 20. JESU kom, gerechter Gott; laß bald deinen tag anbrechen!

Conrad Meyer
Pflicht aller Obrigkeiten
In: *Christen-Spiegel*
Um 1657

Die Bibel, nach der deutschen Übersetzung Martin Luthers
1826

Das alles duldet ihr, weil euch Schurken sagen: »diese Regierung sey von Gott.« Diese Regierung ist nicht von Gott, sondern vom Vater der Lügen.

Georg Büchner, *Der Hessische Landbote*, 1834

überall als den Gipfel der Anarchie ausschreien würde«.[17] In Kontroversen zur Steuergerechtigkeit geht es um Geld; deshalb erweisen sie sich bis heute als besonders langlebig.

Büchner wusste, dass die Bauern auch von den »Rechten des Menschen«, für die er kämpfte, »keinen Begriff« hatten. Im *Hessischen Landboten* führte er dieses Konzept – immerhin die ideelle Richtschnur der meisten neueren Revolutionen – dennoch mehrfach ein. Ein weiteres ideelles Reservoir bot ihm die biblische Tradition. Das Alte Testament ist voll von den Klagen der Propheten über die Untaten der »Hirten Israels«, enthält aber auch eine Klage Jehovahs über das Verlangen seines Volkes nach Monarchie und nach einem König. Jehovah deutet dieses Verlangen als Abfall von ihm, dem Gott, und als Hinwendung zu einem Götzen. Nach diesem Muster erzählte Büchner den Übergang Frankreichs von der Republik zu Napoleon als Geschichte eines Abfalls, den »der Allmächtige« nicht ungestraft gelassen habe.

> Aber die Franzosen verkauften selbst ihre junge Freiheit für den Ruhm, den ihnen Napoleon darbot, und erhoben ihn auf den Kaiserthron. – Da ließ der Allmächtige das Heer des Kaisers in Rußland erfrieren und züchtigte Frankreich durch die Knute der Kosacken und gab den Franzosen die dickwanstigen Bourbonen wieder zu Königen, damit Frankreich sich bekehre vom Götzendienst der erblichen Königsherrschaft und dem Gotte diene, der die Menschen frei und gleich geschaffen.[18]

Büchner hatte – und zwar offenbar in republikanischer Absicht – die Bibel gründlich gelesen, und er konnte Zeitgeschichte eindrucksvoll drastisch zusammenfassen.

↓

Fall konnten die bürgerlichen Rechte, die sie gewährte, jederzeit durch gewöhnliche Gesetze, teilweise sogar durch einfache administrative Maßnahmen, eingeschränkt werden. Kurzum, die Konstitution war eine Farce. Selbst den Interessen der hohen Beamten und des Großbürgertums kam sie kaum entgegen; Kleinbürger, Arbeiter und Bauern hatten von ihr ohnehin nichts zu erhoffen.

Somit befand sich, wer im hessischen Land überhaupt politisch dachte, von vornherein in der Opposition – mit alleiniger Ausnahme des Großherzogs, seiner Standesgenossen und Kreaturen. Wie verschieden diese Opposition, je nach der Herkunft und den Interessen derer, die sie trugen, auch denken und handeln mochte: der gemeinsame Gegner, in Gestalt einer engstirnigen Bürokratie und einer brutalen Polizei, zwang ihr immer wieder eine paradoxe Einigkeit auf: eine Koalition, die sich unter dem Druck des Systems stets von neuem kristallisierte, und die, sobald es ans Handeln ging, stets von neuem in ihre Elemente zerfiel.

Die einzelnen Fraktionen dieser Resistance waren selbstverständlich keine Parteien im eigentlichen Sinn des Wortes; sie verfügten über keine feste Organisation; zu losen Gruppenbildungen kam es immer nur ad hoc; den meisten unter ihnen fehlte ein klar artikuliertes Programm; ihre Parolen waren verworren, oft voller Widersprüche. Deshalb läßt sich die Haltung der Akteure auch nur summarisch und ungefähr bestimmen.

Wo die Not am größten war, unter den Bauern, da war an ein Bewußtsein von der eigenen Lage am allerwenigsten zu denken. Auf den Dörfern herrschte »Lokalborniertheit, dumpfe fanatische Bigotterie, Treu und Redlichkeit« (Engels); der Anteil der Analphabeten an der Landbevölkerung war beträchtlich. »Die Bauern«, zu diesem Schluß kam Engels, »bilden eine ähnlich hilflose Klasse wie die Kleinbürger, von denen sie sich übrigens vorteilhaft durch größeren Mut unterscheiden. Dafür sind sie aber auch aller historischen Initiative durchaus unfähig.« Wo es zu gewaltsamen Aktionen der Bauern kam, da war ihr Aufruhr blind und ziellos. [...]

»Die Gebildeten hatten keinerlei Anteil an diesen Dingen genommen«: will sagen, das Bürgertum ließ sich zu gewaltsamen Handlungen nicht hinreißen. Johann Georg Wirth hat diese bürgerliche Haltung drastischer ausgedrückt: in seiner *Deutschen Tribüne* überschüttete er die Liberalen mit Hohn – jene »Herren, die für die Freiheit begeistert sind, so lange sie ein Zeitungsblatt in der Hand haben, und die sich zur Devise den Spruch erkoren haben:

↓

Carl Gustav von Amling
Kurfürst Maximilian II. von Bayern
1682

Nicht weniger drastisch war seine Auseinandersetzung mit der lutherischen Staatslehre, die auf dem Satz des Paulus basiert: »Denn es ist keine Obrigkeit ohne von Gott« (Römerbrief 13,1 f.). Der Satz lasse sich – so Büchner – auf die derzeitigen Fürsten nicht anwenden, denn die hätten ihre Macht durch Verrat und Meineid errungen. Er spitzte dieses Argument zu in dem Satz: »Die heilige Schrift sagt: Gebet dem Kaiser, was des Kaisers ist. Was ist aber dieser Fürsten, der Verräther? – Das Theil von Judas!«[19] Das »Theil von Judas« war theologisch gesehen die Hölle, biografisch gesehen der Strick.

Vieles spricht dafür, dass Büchner sich von der christlichen Tradition weitgehend gelöst hatte, und so ist zu fragen, ob diese konstanten Rückgriffe auf die Bibel nur der Trick eines gut belesenen Demagogen waren. Büchners Freund Alexis Muston hielt später in seinem »Journal d'étudiant« eine Anekdote fest, die vielleicht eine Antwort gibt. Er besuchte mit Büchner das Darmstädter Museum; sie sahen zunächst Fossilien und besichtigten dann »ornamentale und liturgische Gegenstände der katholischen Konfession«.

> – »Das da sind auch Fossilien«, sagte mir Büchner. »Hier ja, in Frankreich nicht.« – »Eines Tages überall!« fügte er hinzu. – »Wenn dann nur nicht die Religion als solche unter den alten Krempel verbannt würde.« – »Es ist sehr wohl möglich, daß die kirchlichen Förmlichkeiten nicht immer der angemessenste Ausdruck des religiösen Gefühls bleiben. Der Gegenstand des religiösen Gefühls ist das Ideal, seine Ausformung in der Wirklichkeit ist der Fortschritt: die Förmlichkeiten des Gottesdienstes sind keine solchen Ausformungen«, usf.[20]

↓

›Wasche mir den Pelz, aber mache mir ihn nicht naß!‹, die gerne einen Tyrannen durch Mäßigung stürzen und die Freiheit auf Devotion gründen möchten.«

Die tiefe Zweideutigkeit aller bürgerlichen Politik zwischen 1815 und 1848 lag darin, dass ihre Exponenten die Unzufriedenheit des Volkes gegen die herrschende Aristokratie auszunutzen trachteten, gleichzeitig aber beim Establishment Deckung gegen die radikalen Forderungen des »Pöbels« suchten. Einerseits unterstützten die Liberalen die oppositionelle Agitation, andererseits distanzierten sie sich unverzüglich von jeder Aktion, die »zu weit ging«.

Diesem Hin und Her zwischen revolutionären Anwandlungen und vorsichtigem Paktieren mit der Staatsmacht, dieser ständigen Neigung zum Verrat lag weniger eine bewußte Strategie als eine prekäre Interessenlage zugrunde. Die Bourgeoisie hatte viel zu gewinnen, nämlich die beherrschende Stellung im Staat; sie hatte aber auch allerlei zu verlieren, nämlich ihre Positionen in der Bürokratie, ihre gesellschaftlichen Privilegien und ihren materiellen Besitz.

[...] Die linke Intelligenz, deren glänzendste Vertreter, Heine und Börne, in Paris lebten, war die einzige Gruppe, die ihre revolutionären Forderungen mit den Lehren der französischen Revolution begründete, die einzige, die ihre politischen Vorstellungen präzise zu artikulieren verstand. Diese winzige Minorität erregte zwar ein ungeheures öffentliches Aufsehen; ihr faktischer Einfluß blieb jedoch sehr beschränkt; ihre einzige Waffe war die Zylinder-Schnelldruckpresse – eine Vorbotin der industriellen Revolution in Deutschland.

Ihre radikal demokratischen Parolen fanden nur vereinzelte, entschlossene Anhänger: eine Massenbewegung, die für eine egalitäre Republik eingetreten wäre, gab es im damaligen Deutschland nicht. Was sich am linken Flügel der Opposition zu gewaltsamen Aktionen bereitfand, das waren eine Handvoll Studenten, radikale Kleinbürger und Handwerksburschen: mit solchen Außenseitern hat Büchner in Gießen und Darmstadt seine *Gesellschaft der Menschenrechte* begründet.

[...]

Dies ist, abgekürzt und vereinfacht, der politische Kontext des *Hessischen Landboten*. Seine beiden Autoren, Georg Büchner und Ludwig Weidig, lassen sich keiner der erwähnten »Fraktionen« der Opposition ohne Vorbehalt zurechnen. Sie waren beide durchaus

↓

G. A. Eger (Entwurf) /
Martin Elias Ridinger (Stich)
Ludovicus VIII., Landgraf von Hessen, auf einem Schimmel reitend
Um 1740

DEDNER

Offenbar rechnete der Verfasser des *Hessischen Landboten* mit einer anthropologischen Konstante, die wesentlich zum Menschen gehörte, nämlich mit der Fähigkeit, Ideen und Ideale zu entwickeln und nach ihnen zu handeln. Dieses – in materiellen Notlagen natürlicherweise beeinträchtigte – Vermögen war in der Vergangenheit die Quelle der Religion; sein zeitgemäßer Ausdruck und zugleich Leitidee der Revolution war die Erklärung der Menschenrechte und dabei vor allem die Idee der Gleichheit aller Menschen. Zum Scheitern verurteilt schienen ihm alle revolutionären Bewegungen, die nicht primär »den materiellen Interessen des Volks« dienten, aber wohl auch alle, die die Menschen nicht für eine Idee zu begeistern wussten.

1 Bund der Geächteten, *Erklärung der Menschen- und Bürgerrechte*, Februar/März 1834, Art. 1; zit. nach: MBA II.2, S. 444.
2 Statistische Angabe in *Der Freisinnige*, hrsg. von Carl von Rotteck und Carl Welcker, Nr. 124, 4. 7. 1832, S. 500.
3 Verhöraussage August Beckers vom 1. November 1837; zit. nach: MBA II.2, S. 90.
4 Übersetzt aus Louis Auguste Blanqui, *Œuvres*, hrsg. von Dominique le Nuz, Bd. 1: *Des origines à la Révolution de 1848*, Nancy 1993, S. 211.
5 Zit. nach: MBA X.1, S. 93.
6 Brief an die Eltern, 5. April 1833; zit. nach MBA X.1, S. 19.
7 Aussage August Becker, 1. 9. 1837; zit. nach: MBA II.2, S. 86.
8 Wilhelm Schulz, Rezension von *Nachgelassene Schriften von G. Büchner*, in: *Deutsche Monatsschrift für Politik, Wissenschaft, Kunst und Leben*, hrsg. von Adolph Kolatschek, Jg. 2, 1851, Bd. 1, S. 222.
9 Brief an Wilhelmine Jaeglé, nach Mitte Januar 1834; zit. nach: MBA X.1, S. 30.

↓

ENZENSBERGER

atypisch für die hessischen Verhältnisse, stark geprägte Einzelgänger, politische Selbstdenker, die, jeder für sich, ihre eigene politische Strategie und Taktik entwickelten.

[...]

Der Widerspruch zwischen Weidig und Büchner ist mit der Verschiedenheit ihrer Herkunft, ihres Alters und ihrer Charaktere nicht hinreichend zu erklären. Er wurzelt tiefer. Büchners Denken ist ganz von der französischen Theorie geprägt. Er hatte die großen Aufklärer gelesen und die Geschichte der französischen Revolution studiert; er war Materialist und Republikaner. Mit den avanciertesten Positionen des Saint-Simonismus hatte er sich in Straßburg bekannt gemacht. Auch die politische Praxis sah er mit französischen Augen; er war einer der wenigen deutschen Beobachter, welche die Lehren der Revolution von 1830 auf Anhieb begriffen. Er begriff vor allem, daß das siegreiche Bürgertum die Interessen des Volkes unverzüglich zu verraten bereit war, sobald es seine eigenen Forderungen befriedigt sah. Diese Erfahrung hat Büchner nie vergessen. Sein Mißtrauen gegen die liberale Rhetorik, seine scharfe Reaktion auf Weidigs Versuche, zwischen Besitzenden und Besitzlosen zu »vermitteln«, beruft sich auf die blutigen Straßenkämpfe, in denen das bürgerliche Frankreich die Arbeiter von Paris und Lyon niedergeworfen hatte. Büchner hatte keine Lust, sich für die Interessen einer Bourgeoisie zu schlagen, deren Brutalität er richtig einzuschätzen wußte; an den konstitutionellen Reformen der Bankiers und der Rechtsanwälte war er nicht interessiert. Er hatte ein für allemal erkannt, daß hinter jeder politischen eine soziale Frage stand, und auf diese Frage sah er nur eine Antwort: die gewaltsame Veränderung der Besitzverhältnisse. Dieses Urteil schloß jede Einigung mit den bürgerlichen Liberalen wie auch mit den »Patrioten« aus. Am nächsten standen ihm noch die Einsichtigen unter den linken Intellektuellen; mit Heine und Gutzkow, Börne und Wirth hätte Büchner sich noch am ehesten verständigen können. Er hat sich nicht auf ihre Seite geschlagen; er hat sich sogar ausdrücklich von ihnen distanziert. Er hielt dafür, daß die Zukunft der Revolution nicht von einer Handvoll Schriftstellern abhing, sondern von der Masse der besitzlosen Klassen; die literarische Opposition war in seinen Augen eine Chimäre: »Sie werden«, schrieb er an Gutzkow, »nie über den Riß zwischen der gebildeten und ungebildeten Gesellschaft hinauskommen.«

[...]

↓

Stanhope-Presse
Um 1820

10 So Jakob Venedey in: *Der Geächtete*, 1835, Bd. II, 1. Heft, S. 30.

11 Brief an die Eltern, 5. April 1833; zit. nach: MBA X.1, S. 19.

12 Louis Auguste Blanqui, »Défense du citoyen Blanqui«, in: *Procès des Quinze Publié par la société des amis du peuple*, Paris 1832, S. 78; deutsche Übersetzung zit. nach: MBA II.2, S. 390.

13 Aussage August Becker, 1. September 1837; zit. nach MBA I.2, S. 86.

14 Ebd.

15 *Der Hessische Landbote*, S. 4 und 1; zit. nach: MBA II.1, S. 9 u. 5.

16 Zahlen nach Georg Wilhelm Justin Wagner, *Statistisch-topographisch-historische Beschreibung des Großherzogthums Hessen*, Bd. 3, Darmstadt 1831, S. 295–313; vgl. MBA II.2, S. 454–465.

17 Brief an die Eltern, 20. November 1836; zit. nach: MBA X.1, S. 110 f.

18 *Der Hessische Landbote*, S. 5; zit. nach: MBA II.1, S. 10.

19 Ebd., S. 4 f.; zit. nach: MBA II.1, S. 9.

20 Zit. nach Heinz Fischer, *Georg Büchner und Alexis Muston. Untersuchungen zu einem Büchner-Fund*, München 1987, S. 259/261.

Die Frage, wer von beiden, Büchner oder Weidig, Recht gehabt und Recht behalten hat, ist falsch gestellt; sie läßt keine klipp und klare Antwort zu. Büchners Konzeption war der seines Mitarbeiters theoretisch weit überlegen. Sie war genau durchdacht, in sich schlüssig und konsequent. Der politische Horizont des jungen Mediziners reichte über Deutschland weit hinaus; er war sich über die Beschränktheit der deutschen, als einer »Winkelpolitik«, stets im klaren. Sein Irrtum, ein rasch erkannter Irrtum, war es, daß er auf die Bauern gezählt und sie für eine Klasse gehalten hat, die fähig gewesen wäre, die gesellschaftlichen Verhältnisse umzustürzen. An diesem Irrtum ist der *Hessische Landbote* gescheitert.

Weidig wußte es nicht besser. Seine Ideologie war altertümlich. Zur Analyse fehlte ihm das Besteck. So wenig wie Büchner hat er die ungeheuere Entfaltung der Produktivkräfte ahnen können, durch die das Bürgertum das Gesicht der ganzen Welt verändern sollte, so wenig wie Büchner war er imstande, den Jahreszahlen ihre wahre Bedeutung abzulesen: sie lag nicht im »Blutbad von Södel«, nicht im Hambacher Fest und nicht im Frankfurter Putsch, sie verbarg sich in nüchterneren Daten. Zwischen 1820 und 1835: Gründung der Technischen Hochschulen Karlsruhe und Dresden; Entdeckung des Elektromagnetismus und der Elektrolyse; Isolierung des Benzols, des Anilins, des Aluminiums; Erfindung des Elektromotors, des Schraubenschiffs, der Lokomotive, des Telegraphen. Nicht Flugschriften haben die Lage der Landwirtschaft verändert, sondern die Forschungen eines Mannes, der im stickigen Gießen, ein paar Hörsäle weiter, die künstliche Düngung entwickelt hat: Nichts deutet darauf hin, daß Büchner je eine Vorlesung Liebigs besucht hat.

Aus: Georg Büchner / Ludwig Weidig, *Der Hessische Landbote. Texte, Briefe, Prozeßakten*, kommentiert von Hans Magnus Enzensberger, Frankfurt am Main 1965, S. 36–53.

Der Hessische Landbote.

Erste Botschaft.

Darmstadt, im Juli 1834.

Vorbericht.

Dieses Blatt soll dem hessischen Lande die Wahrheit melden, aber wer die Wahrheit sagt, wird gehenkt, ja sogar der, welcher die Wahrheit liest, wird durch meineidige Richter vielleicht gestraft. Darum haben die, welchen dies Blatt zukommt, folgendes zu beobachten:

1) Sie müssen das Blatt sorgfältig außerhalb ihres Hauses vor der Polizei verwahren;
2) sie dürfen es nur an treue Freunde mittheilen;
3) denen, welchen sie nicht trauen, wie sich selbst, dürfen sie es nur heimlich hinlegen;
4) würde das Blatt dennoch bei Einem gefunden, der es gelesen hat, so muß er gestehen, daß er es eben dem Kreisrath habe bringen wollen;
5) wer das Blatt nicht gelesen hat, wenn man es bei ihm findet, der ist natürlich ohne Schuld.

Friede den Hütten! Krieg den Pallästen!

Im Jahr 1834 siehet es aus, als würde die Bibel Lügen gestraft. Es sieht aus, als hätte Gott die Bauern und Handwerker am 5ten Tage, und die Fürsten und Vornehmen am 6ten gemacht, und als hätte der Herr zu diesen gesagt: Herrschet über alles Gethier, das auf Erden kriecht, und hätte die Bauern und Bürger zum Gewürm gezählt. Das Leben der Vornehmen ist ein langer Sonntag, sie wohnen in schönen Häusern, sie tragen zierliche Kleider, sie haben feiste Gesichter und reden eine eigne Sprache; das Volk aber liegt vor ihnen wie Dünger auf dem Acker. Der Bauer geht hinter dem Pflug, der Vornehme aber geht hinter ihm und dem Pflug und treibt ihn mit den Ochsen am Pflug, er nimmt das Korn und läßt ihm die Stoppeln. Das Leben des Bauern ist ein langer Werktag; Fremde verzehren seine Aecker vor seinen Augen, sein Leib ist eine Schwiele, sein Schweiß ist das Salz auf dem Tische des Vornehmen.

Im Großherzogthum Hessen sind 718,373 Einwohner, die geben an den Staat jährlich an 6,363,364 Gulden, als

1) Direkte Steuern	2,128,131	fl.
2) Indirecte Steuern	2,478,264	„
3) Domänen	1,547,394	„
4) Regalien	46,938	„
5) Geldstrafen	98,511	„
6) Verschiedene Quellen	64,198	„
	6,363,363	fl.

Dies Geld ist der Blutzehnte, der von dem Leib des Volkes genommen wird. An 700,000 Menschen schwitzen, stöhnen und hungern dafür. Im Namen des Staates wird es erpreßt, die Presser berufen sich auf die Regierung und die Regierung sagt, das sey nöthig die Ordnung im Staat zu erhalten. Was ist denn nun das für gewaltiges Ding: der Staat? Wohnt eine Anzahl Menschen in einem Land und es sind Verordnungen oder Gesetze vorhanden, nach denen jeder sich richten muß, so sagt man, sie bilden einen Staat. Der Staat also sind Alle; die Ordner im Staate sind die Gesetze, durch welche das Wohl Aller gesichert wird, und die aus dem Wohl Aller hervorgehen sollen. — Seht nun, was man in dem Großherzogthum aus dem Staat gemacht hat; seht was es heißt: die Ordnung im Staate erhalten!

[…] Das Leben der Vornehmen ist ein langer Sonntag, sie wohnen in schönen Häusern, sie tragen zierliche Kleider, sie haben feiste Gesichter und reden eine eigne Sprache; das Volk aber liegt vor ihnen wie Dünger auf dem Acker. […] Das Leben des Bauern ist ein langer Werktag; Fremde verzehren seine Aecker vor seinen Augen, sein Leib ist eine Schwiele, sein Schweiß ist das Salz auf dem Tische des Vornehmen.

Georg Büchner, *Der Hessische Landbote*, 1834

Georg Büchner
Der Hessische Landbote
Juli 1834

CONRAD GEORGI

—

BERICHT AN DAS MINISTERIUM DES INNERN UND DER JUSTIZ ÜBER DIE HAUSDURCHSUCHUNG BEI GEORG BÜCHNER IN GIESSEN 5. AUGUST 1834

Was Büchner betrifft, so habe ich es sehr bedenklich gehalten, ob auf die Anzeigen, wie sie mir höchsten Orts geworden, Gr. Hofgericht die mir aufgetragnen Masnahmen r i c h t e r l i c h billigen und die eventuelle Captur als gerechtfertigt erklären werde. Demohngeachtet habe ich die Vornahme des Auftrags meiner Seits keinen Augenblick beanstandet, nur schien mir der Vollzug in mitten der Nacht bedenklich, indem der Zugang in die allseits verschloßne Wohnung nicht ohne Geräusch hätte vollzogen werden können, das den Gesuchten hätte bestimmen können, sich zu entziehen oder Wesentliches bey Seite zu schaffen. Ich ließ darum im Laufe der Nacht das Haus (dem Rentamtmann Bott gehörig) vorsichtig unter Aufsicht stellen und sobald es heute früh um 5 Uhr darin lebendig wurde, begab ich mich cum Actuario dahin, hörte aber zu meinem Verdrusse gleich beym Eingange von dem Hausknechte, den ich aufforderte, mich zu Büchner zu führen, die ganz unbefangne Nachricht, dieser sey am 2ten d. M., Abends gegen 7 Uhr, also 24 Stunden nach Minnigerodes Verhaftung in Begleitung eines Unbekannten weggegangen und seitdem nicht zurückgekommen. In der Stube selbst stand noch ein unberührtes Frühstück und es wurde der ganze Gelaß genau durchsucht, und mehrfache Literalien, die Bescheinigungen für die Charakteristik der inneren und äußeren Richtung des Gesuchten liefern, zu den Acten genommen, etwas in Rubro angedeuteten Aehnliches aber nicht gefunden. Büchner hat längere Zeit in Straßburg studirt und ist seit Herbst 33 hier. Während dem hat er nach Versicherung des Rentamtmanns Bott sehr häufig Reisen unternommen, und eine starke Correspondenz geführt, er hat wenig Umgang und auch nur mit solchen Studierenden geführt, die bekannter Maßen republicanischen Gesinnungen huldigen, wie da sind: C l e m , B e k k e r von hier, B e k k e r von Biedenkopf, S c h ü t z , M i n n i g r o d e . Bei den in Beschlag genommenen Briefen finden sich mehrere von einem E u g e n B ü c k e l aus Straßburg, der nach dem 16. Juni von da ab nach Heidelberg gereist ist, am 28. July, brieflich, zu schließen, dort noch war und den Büchner einlud, bis zum 30. July Morgens nach Frankfurt zu kommen, wo er ihn im Schwanen in Gesellschaft anderer treffen werde. Dies giebt eine Vermuthung, daß Büchner nach Frankfurt gegangen sey, und ich habe darum soeben dem Polizeyamt daselbst Signalement und thatsächlichen Verhalt mit dem Ersuchen mitgetheilt, nach zu spüren, zu durchsuchen und Alles zu verhaften, was verdächtig sey.

Georgis Bericht ist abgedruckt in: Wilhelm Diehl, »Minnigerode's Verhaftung und Georg Büchners Flucht«, in: *Hessische Chronik. Monatsschrift für Familien- und Ortsgeschichte in Hessen und Hessen-Nassau 9* (1920), S. 5–18; hier: S. 14. Die Originaldokumente sind im Zweiten Weltkrieg in Darmstadt verbrannt.

Conrad Georgi (1799–1857), Universitätsrichter in Gießen von 1831 bis 1835, ab 6. Januar 1835 Landrichter in Großkarben, ab dem 5. Mai 1835 offiziell als Hofgerichtsrat mit der gerichtlichen Untersuchung der Oppositionellen betraut.

[...] A. Becker wird wohl von Gott und der Welt verlassen sein; seine Mutter starb, während er in Gießen im Gefängniß saß, vierzehn Tage darnach eröffnete man es ihm!!!
[...]
Kl[emm] ist ein Verräther, das ist gewiß, aber es ist mir doch immer, als ob ich träumte, wenn ich daran denke. Wißt Ihr denn, daß seine Schwester und seine Schwägerin ebenfalls verhaftet und nach Darmstadt gebracht worden sind, und zwar höchst wahrscheinlich auf seine eigne Aussage hin?

Georg Büchner an die Familie, Straßburg, um den 23. Juni 1835

Unbekannter Künstler
August Becker
1835

Unbekannter Künstler
Gustav Clemm
Um 1845

CONRAD GEORGI

—

VERHÖR DES STUDENTEN GUSTAV CLEMM ZUM KONSPIRATIVEN TREFFEN AUF DER BADENBURG 1835

Q[uaestio = Frage]. 96.

Der Marburger Bürger, den Sie gleichfalls als in Badenburg anwesend erwähnt haben, soll nach anderen Angaben allerdings ein Hutmacher Namens Kolbe gewesen sein. Wie verhielt sich dieser in der Badenburger Versammlung?

R[esponsio = Antwort].

O! der war sehr lebhaft! nicht vom Weine, sondern aus Begeisterung und völliger Beistimmung der Vorträge, die Student Büchner hielt. Er fiel diesem mehrmals um den Hals und herzte ihn, er nahm ihn schwebend in die Höhe und trug den Büchner herum mit der Aeußerung: Anders könne es nicht gehn! er habe das Rechte gesagt! Dieser Kolbe schien in das Marburger Treiben ganz eingeweiht zu sein und er erklärte seine Beistimmung zu dem, was in Badenburg verhandelt wurde.

Aus dem Verhörprotokoll des Studenten Gustav Clemm, Friedberg 2. Juni 1835. Manuskript im Institut für Stadtgeschichte Frankfurt am Main, Acta criminalia 1834, Nr. 119, S. 267 f.

Qu. 182.

Es will Ihnen Dr Eichelberg damals Einiges von seinen Ansichten über den Heßischen Landboten erklärt haben. Wie ist es damit?

R.

Das ist wahrscheinlich, daß wir darüber gesprochen haben und daß Eichelberg sich auch über den Heßischen Landboten und seine Ansichten ausgelaßen hat.

v[orgelesen]. u[nd]. g[enehmigt].

Qu. 183.

In welcher Richtung geschah dieß von Eichelberg?

R.

Ich weiß nicht anders, als daß der Eichelberg stets sein Einverständniß mit dem Landboten und seiner Wirkung [...] ausgesprochen hat.

v. u. g.

↓

AUGUST BECKER

—

PROTOKOLLE DER VERHÖRE DURCH KRIMINALRICHTER FRIEDRICH NOELLNER 1837

Die Versuche, welche man bis jetzt gemacht hat, um die Verhältnisse Deutschlands umzustoßen, sagte er [Büchner], beruhen auf einer durchaus knabenhaften Berechnung, indem man, wenn es wirklich zu einem Kampf, auf den man sich doch gefaßt machen mußte, gekommen wäre, den deutschen Regierungen und ihren zahlreichen Armeen nichts hätte entgegen stellen können, als eine handvoll undisciplinirte Liberale. Soll jemals die Revolution auf eine durchgreifende Art ausgeführt werden, so kann und darf das bloß durch die große Masse des Volkes geschehen, durch deren Ueberzahl und Gewicht die Soldaten gleichsam erdrückt werden müssen. Es handelt sich also darum, diese große Masse zu gewinnen, was vor der Hand nur durch F l u g s c h r i f t e n geschehen kann.

↓

— 8 —

[illegible] zerschmeißen und in Deutschland wird dann Leben und Kraft, [illegible]gen der Freiheit wieder erblühen. Zu einem großen Leichenfelde haben die Fürsten die deutsche Erde gemacht, wie Ezechiel im 37 Capitel beschreibt: „Der Herr führte mich auf ein weites Feld, das voller Gebeine lag, und siehe, sie waren sehr verdorrt.“ Aber wie lautet des Herrn Wort zu den verdorrten Gebeinen: „Siehe, „ich will euch Adern geben und Fleisch lassen über euch wachsen, und „euch mit Haut überziehen, und will euch Odem geben, daß ihr wieder „lebendig werdet, und sollt erfahren, daß Ich der Herr bin.“ Und des Herrn Wort wird auch an Deutschland sich wahrhaftig beweisen, wie der Prophet spricht: „Siehe, es rauschte und regte sich und die Ge„beine kamen wieder zusammen, ein jegliches zu seinem Gebein. — Da „kam Odem in sie und sie wurden wieder lebendig und richteten sich „auf ihre Füße, und ihrer war ein sehr groß Heer.“

Wie der Prophet schreibet, also stand es bisher in Deutschland: eure Gebeine sind verdorrt, denn die Ordnung, in der ihr lebt, ist eitel Schinderei. 6 Millionen bezahlt ihr im Großherzogthum einer Handvoll Leute, deren Willkühr euer Leben und Eigenthum überlassen ist, und die anderen in dem zerrissenen Deutschland gleich also. Ihr seyd nichts, ihr habt nichts! Ihr seyd rechtlos. Ihr müsset geben, was eure unersättlichen Presser fordern, und tragen, was sie euch aufbürden. So weit ein Tyrann blicket — und Deutschland hat deren wohl dreißig — verdorret Land und Volk. Aber wie der Prophet schreibet, so wird es bald stehen in Deutschland: der Tag der Auferstehung wird nicht säumen. In dem Leichenfelde wird sichs regen und wird rauschen und der Neubelebten wird ein großes Heer seyn.

Hebt die Augen auf und zählt das Häuflein eurer Presser, die nur stark sind durch das Blut, das sie euch aussaugen und durch eure Arme, die ihr ihnen willenlos leihet. Ihrer sind vielleicht 10,000 im Großherzogthum und Eurer sind es 700,000 und also verhält sich die Zahl des Volkes zu seinen Pressern auch im übrigen Deutschland. Wohl drohen sie mit dem Rüstzeug und den Reisigen der Könige, aber ich sage euch: Wer das Schwert erhebt gegen das Volk, der wird durch das Schwert des Volkes umkommen. Deutschland ist jetzt ein Leichenfeld, bald wird es ein Paradies seyn. Das deutsche Volk ist Ein Leib ihr seyd ein Glied dieses Leibes. Es ist einerlei, wo die Scheinleiche zu zucken anfängt. Wann der Herr euch seine Zeichen gibt durch die Männer, durch welche er die Völker aus der Dienstbarkeit zur Freiheit führt, dann erhebet euch und der ganze Leib wird mit euch aufstehen.

Ihr bücktet euch lange Jahre in den Dornäckern der Knechtschaft, dann schwitzt ihr einen Sommer im Weinberge der Freiheit, und werdet frei seyn bis ins tausendste Glied.

Ihr wühltet ein langes Leben die Erde auf, dann wühlt ihr euren Tyrannen ein Grab. Ihr bautet die Zwingburgen, dann stürzt ihr sie, und bauet der Freiheit Haus. Dann könnt ihr eure Kinder frei taufen mit dem Wasser des Lebens. Und bis der Herr euch ruft durch seine Boten und Zeichen, wachet und rüstet euch im Geiste und betet ihr selbst und lehrt eure Kinder beten: „Herr, zerbrich den Stecken unserer Treiber und laß dein Reich zu uns kommen, das Reich der Gerechtigkeit. Amen.“

Im Jahr 1834 siehet es aus, als würde die Bibel Lügen gestraft. Es sieht aus, als hätte Gott die Bauern und Handwerker am 5ten Tage, und die Fürsten und Vornehmen am 6ten gemacht, und als hätte der Herr zu diesen gesagt: Herrschet über alles Gethier, das auf Erden kriecht, und hätte die Bauern und Bürger zum Gewürm gezählt.

Georg Büchner, *Der Hessische Landbote*, 1834

Georg Büchner
Der Hessische Landbote
Juli 1834

GEORGI

Qu. 184.

Im Gegentheil, der Dr Eichelberg stellt andere Behauptungen auf, und will das Erscheinen des Landboten Ihnen entgegen damals in scharfen Zügen mißbilligt haben. Erklären Sie sich.

R.

Das ist durchaus unwahr, der Landbote war ja auch ganz so verfaßt, wie die Principien besagten, die man in der Badenburger Versammlung als Norm annahm, und dann frage ich, wie er sein Produkt, jenes Manuscript nemlich, betitelt:

Heßischer Landbote,

zweyte Botschaft

und dann seine Thätigkeit für den 2.^{n} Abdruk des Heßischen Landboten 1.^{e} Botschaft, der denn doch hauptsächlich aus seiner Thätigkeit hervorgieng mit jener angeblichen Mißbilligung in Einklang zu bringen gedenkt.

v. u. g.

Qu. 185.

Er will Ihnen gesagt haben der Inhalt des Landboten sey in keiner Weise zu rechtfertigen und dem ursprünglich gefaßten Zwecke schnurstraks entgegen. Derselbe predige vollständige Anarchie, fordere zu allgemeiner Zügel und Gesetzlosigkeit auf, während doch grade Ihre Vereinigung bezwecke, der Willkührherrschaft Einzelner entgegen zu treten.

R.

Dieß Alles ist offenbare Erdichtung, der Landbote kam dem Eichelberg sowenig als den andern Marburgern unerwartet, und konnte ihnen nicht unerwartet kommen, denn der Abdruk dieser Schrift wurde ja schon in der Badenburger Versammlung besprochen. Er drükte vielmehr ausdrüklich seine Hoffnungen von dem günstigen Erfolge dieses Blattes bei mir aus.

v. u. g.

↓

BECKER

Die früheren Flugschriften, welche zu diesem Zweck etwa erschienen sind, entsprachen demselben nicht; es war darin die Rede vom Wiener Congreß, Preßfreiheit, Bundestagsordonnanzen u. dgl., lauter Dinge, um welche sich die Bauern (denn an diese, meinte Büchner, müsse man sich vorzüglich wenden) nicht kümmern, so lange sie noch mit ihrer materiellen Noth beschäftigt sind; denn diese Leute haben aus sehr nahe liegenden Ursachen durchaus keinen Sinn für die Ehre und Freiheit ihrer Nation, keinen Begriff von den Rechten des Menschen u. s. w., sie sind gegen all' das gleichgültig und in dieser Gleichgültigkeit allein beruht ihre angebliche Treue gegen die Fürsten und ihre Theilnahmlosigkeit an dem liberalen Treiben der Zeit; gleichwohl scheinen sie unzufrieden zu sein und sie haben Ursache dazu, weil man den dürftigen Gewinn, welchen sie aus ihrer saueren Arbeit ziehen, und der ihnen zur Verbesserung ihrer Lage so nothwendig wäre, als Steuer von ihnen in Anspruch nimmt. So ist es gekommen, daß man bei aller parteiischen Vorliebe für sie doch sagen muß, daß sie eine ziemlich niederträchtige Gesinnung angenommen haben; und daß sie, es ist traurig genug, fast an keiner Seite mehr zugänglich sind, als gerade am Geldsack. Dieß muß man benutzen, wenn man sie aus ihrer Erniedrigung hervorziehen will; man muß ihnen zeigen und vorrechnen, daß sie einem Staate angehören, dessen Lasten sie größtentheils tragen müssen, während andere den Vortheil davon beziehen; – daß man von ihrem Grundeigenthum, das ihnen ohnedem so sauer wird, noch den größten Theil der Steuern erhebt, – während die Capitalisten leer ausgehen; daß die Gesetze, welche über ihr Leben und Eigenthum verfügen, in den Händen des Adels, der Reichen und der Staatsdiener sich befinden u. s. w., dieses Mittel, die Masse des Volkes zu gewinnen, muß man, fuhr Büchner fort, benutzen, so lange es noch Zeit ist. Sollte es den Fürsten einfallen, den materiellen Zustand des Volkes zu verbessern, sollten sie ihren Hofstaat, der ihnen fast ohnedem unbequem sein muß, sollten sie die kostspieligen stehenden Heere, die ihnen unter Umständen entbehrlich sein können, vermindern, sollten sie den künstlichen Organismus der Staatsmaschine, deren Unterhaltung so große Summen kostet, auf einfachere Principien zurückführen, dann ist die Sache der Revolution, wenn sich der Himmel nicht erbarmt, in Deutschland auf immer verloren. [...] Die Tendenz der Flugschrift läßt sich hiernach

↓

Dr. Fr. L. Weidig.

Quaestio: 118.
Ist Ihnen ein gewisser Georg Büchner, Student der Medizin aus Darmstadt bekannt?
Responsio.
Wenn ich mich in dem Namen nicht täusche, so ist derselbe allerdings einmal mit Clemm in Butzbach bei mir gewesen und zwar, wenn ich nicht irre, zur Zeit der Freilassung der Friedberger Gefangenen [...].

Verhörprotokoll Friedrich Ludwig Weidig, Darmstadt, 24. Juni 1835

[...] es ist doch jämmerlich sich mit einer hölzernen Pistole zu erschießen und mit einem blechernen Dolch zu erstechen – und wenn man noch gar bedenkt wie pathetisch und wichtig die Leute dabey zu Werk gehn.

Georg Büchner an Georg Geilfus in Zürich, Straßburg, um den 25. Juli 1836

Carl Schild
Dr. Friedrich Ludwig Weidig
Um 1840

Holzgewehr mit einem hölzernen Ladestock zum Schülerexerzieren von Friedrich Ludwig Weidig,
Um 1814

Holzsäbel zum Schülerexerzieren von Friedrich Ludwig Weidig,
Um 1814

GEORGI

Qu. 186.

Er will Ihnen weiter vorgestellt haben, eine solche Wirksamkeit, wie sie durch den Landboten geäußert werde, müße grade die Claße des Volkes, um die es am ersten zu thun, nemlich die Eigenthumsbesitzer und Gewerbtreibenden entfremden, und sie der Parthie, die sie zu bekämpfen gesonnen, in die Arme führen. Blätter, wie der Landbote könnten nur für die Proletärier sein, und deren bedürfe es nicht, wenn man durch Leztere eine künstliche Revolution erregen wolle. Was sagen Sie hierzu?

R.

Dem ist Allem nicht so. Wir haben allerdings mit Verwunderung davon gesprochen, daß sich bei Leuten aus der gebildeten Klaße, und die überdieß zu der liberalen Parthie gehörten hie und da Mißbilligungen über den Landboten äußern könnten. Eichelberg hielt dieß für gleichgültig, grade weil der Landbote für Gebildete nicht, sondern für die Bauern bestimmt sey, und er sprach selbst von der guten Wirkung, die der Landbote unter den Curheßischen Bauern der Umgegend schon erzeugt habe. Er meinte, die habe man schon am Schnürchen.

v. u. g.

Qu. 187.

Der Dr Eichelberg will Ihnen vorgestellt haben, daß solche Blätter nur auf einen Kampf der Armuth gegen den Reichthum hinarbeiteten, und wenn man geneigt sey, auf der betretenen Weise fort zu fahren, so müße er aller weiteren Thätigkeit entsagen. Wie verhält es sich hiermit?

R.

Davon ist allerdings die Rede gewesen, aber in folgender Weise: In dem ersten Concepte zum Landboten war von dem Kampfe der Armen

↓

BECKER

vielleicht dahin aussprechen: sie hatte d e n Z w e c k , d i e m a t e r i e l l e n I n t e r e s s e n des V o l k s mit denen der R e v o l u t i o n zu vereinigen, als dem einzigen möglichen Weg, die letztere zu bewerkstelligen.

B ü c h n e r, der bei seinem mehrjährigen Aufenthalte in Frankreich das deutsche Volk wenig kannte, wollte, wie er mir oft gesagt hat, sich durch diese Flugschrift überzeugen, in wie weit das d e u t s c h e V o l k geneigt sei, an einer R e v o l u t i o n Antheil zu nehmen. Er sah indessen ein, daß das gemeine Volk eine Auseinandersetzung seiner Verhältnisse zum deutschen Bund nicht verstehen und einem Aufruf, seine angeborenen Rechte zu erkämpfen, kein Gehör geben werde; im Gegentheil glaubte er, daß es nur dann bewogen werden könne, seine gegenwärtige Lage zu verändern, wenn man ihm seine nahe liegenden Interessen vor Augen lege. Dieß hat B ü c h n e r in der Flugschrift gethan. Er hatte dabei durchaus keinen ausschließlichen Haß gegen die G r o ß h e r z o g l i c h H e s s i s c h e Regierung; er meinte im Gegentheil, daß sie e i n e d e r b e s t e n sei. Er haßte weder die Fürsten, noch die Staatsdiener, sondern nur das m o n a r c h i s c h e P r i n c i p, welches er für die Ursache alles Elends hielt. – Mit der von ihm geschriebenen Flugschrift wollte er vor der Hand nur die Stimmung des Volks und der deutschen Revolutionärs erforschen. Als er später hörte, daß die Bauern die meisten gefundenen Flugschriften auf die Polizei abgeliefert hätten, als er vernahm, daß sich auch die Patrioten gegen seine Flugschrift ausgesprochen, gab er alle seine politischen Hoffnungen in Bezug auf ein Anderswerden auf.

August Beckers Verhörprotokolle vom 1. September und vom 1. November 1837 sind abgedruckt in: Friedrich Noellner, *Actenmäßige Darlegung des wegen Hochverraths eingeleiteten gerichtlichen Verfahrens gegen Pfarrer D. Friedrich Ludwig Weidig, mit besonderer Rücksicht auf die rechtlichen Grundsätze über Staatsverbrechen und deutsches Strafverfahren, sowie auf die öffentlichen Verhandlungen über die politischen Processe im Großherzogthume Hessen überhaupt und die späteren Untersuchungen gegen die Brüder des D. Weidig*, Darmstadt 1844, S. 420–425.

Wenn ich an dem, was geschehen, keinen Theil genommen und an dem, was vielleicht geschieht, keinen Theil nehmen werde, so geschieht es weder aus Mißbilligung, noch aus Furcht, sondern nur weil ich im gegenwärtigen Zeitpunkt jede revolutionäre Bewegung als eine vergebliche Unternehmung betrachte und nicht die Verblendung Derer theile, welche in den Deutschen ein zum Kampf für sein Recht bereites Volk sehen. Diese tolle Meinung führte die Frankfurter Vorfälle herbei, und der Irrthum büßte sich schwer. Irren ist übrigens keine Sünde, und die deutsche Indifferenz ist wirklich von der Art, daß sie alle Berechnung zu Schanden macht. Ich bedaure die Unglücklichen von Herzen. Sollte keiner von meinen Freunden in die Sache verwickelt sein?

Georg Büchner an die Eltern, 5. April 1833

Unbekannter Künstler
Wachensturm
Um 1833

gegen die Reichen die Rede. Dieß fanden viele anstößig, namentlich auch Eichelberg und Dr Weidig, denn man meinte, dieser Ausdruk werde die Wirkung stören, weil selbst in jedem Dörfchen der Unterschied zwischen arm und reich bestehe, man müße darum statt »Reichen« sagen: »die Vornehmen« und dieser Ausdruk ist, so viel ich mich erinnere auch bei dem spätern Abdruk vorgezogen worden. In diesem und in keinem andern Sinne hat sich Dr Eichelberg geäußert.

v. u. g.

Qu. 188.

Dr Eichelberg giebt weiter an, daß während er in der angegebenen Art mißbilligend sich gegen Sie ausgesprochen, Dr Weidig hinzugekommen sey, und dieser habe ihm, wie es geschienen, beigestimmt und Ihnen Vorwürfe gemacht. Wie verhält es sich damit?

R.

Das ist rein lächerlich, denn der Landbote ist ja, wie ich schon früher angegeben habe, in der von Dr Weidig erfolgten Bearbeitung zum Druke gekommen und erschienen. Ich stelle das Gesagte also in Abrede.

v. u. g.

Qu. 189.

Es will Dr Eichelberg weiter behaupten, in der damals bei ihm stattgehabten Besprechung sey der Landbote lediglich als ein Product der Gießener Studenten ausgegeben worden, und Sie hätten Ihre Theilnahme an der Abfaßung deßelben nicht unzweideutig erklärt. Aeußern Sie sich hierüber.

R.

Das ist ebenfalls erlogen, ich habe schon früher angegeben, daß der erste Entwurf zu dem Landboten und zwar zu einer Zeit von dem Studenten Büchner verfaßt worden sey, in der ich mich noch in der Haft zu Friedberg befand.

Ich habe oben weiter erwähnt, daß von dem Vorhaben, den Landboten druken und verbreiten zu wollen, in der Badenburger Versammlung bestimmt die Rede gewesen sey und daß er so dem Druk übergeben werden solle, wie ihn Weidig bearbeitet habe. Ich bin bei der Abfaßung durchaus unthätig und nur Mitwißer gewesen, und es ist durchaus unwahr, daß bei jener Besprechung zwischen Eichelberg, Weidig u. mir in Marburg der Landbote lediglich als ein Product der Gießner Studenten ausgegeben, und von meiner Miturheberschaft die Rede gewesen sey.

v. u. g.

Aus dem Verhörprotokoll des Studenten Gustav Clemm, Darmstadt 9. Oktober 1835. Manuskript im Staatsarchiv Marburg, 266, Obergericht Marburg, Acc. 1871/35, Nr. 20, Bd. V, fol. 11–14.
Christian Gustav Clemm (1814–1866), ab 1831 Student der Theologie, ab 1834 der Chemie und Cameralwissenschaften in Gießen; als Teilnehmer am Frankfurter Wachensturm in Friedberg inhaftiert; nach der Freilassung Mitglied der Gießener Sektion der Gesellschaft der Menschenrechte; fungierte als Agent Provocateur und verriet in Geständnissen im Frühjahr 1835 alle Beteiligten der Flugschriftenaktionen. Verhört wurde er von Conrad Georgi (1799–1857), von 1831 bis 1835 Universitätsrichter in Gießen, ab 5. Mai 1835 als Hofgerichtsrat mit der gerichtlichen Untersuchung der Oppositionellen beauftragt.

Im Sommer 1834 kam jedoch eine, durch äussere Form anscheinend nicht verbundene, innerlich aber fest zusammengehaltene, dasselbe Ziel, mit denselben Mitteln, erstrebende Vereinigung zu Stande, die, ihrem ganzen Wesen nach, als ein eigentlicher P r e ß v e r e i n bezeichnet werden muß, und auch von Angeschuldigten bezeichnet wird. Sie wurde geschlossen in einer am 3. Juli 1834 auf der Badenburg abgehaltenen Versammlung. An diesem, zwischen Gießen und Marburg liegenden Vergnügungsorte kamen zusammen: W e i d i g ; ferner aus Gießen: Advocat B r i e l [...], Advocat R o s e n b e r g , Buchhändler R i c k e r , die Studenten C l e m m und B ü c h n e r , endlich aus Marburg: Dr. med. E i c h e l b e r g , Dr. med. H e ß , Stud. v. B r e i d e n b a c h und Hutmacher Georg K o l b e .

Aus: *Protokolle der Deutschen Bundesversammlung vom Jahre 1839*, 21. Sitzung, 16. September 1839, Beilage 3 zu § 282, Frankfurt am Main 1839, S. 742 f.

Der

Großherzogl. Geh. Regierungsrath **Zimmermann**

als Rekrutirungs-Commissär der Provinz Starkenburg

an

die Großherzoglichen Kreis- und Landräthe der Provinz.

Musterung des Jahres 1833 betreffend.

Nach höchster Ministerial-Verfügung vom **6.** Februar d. J. soll die Recrutirung des laufenden Jahres im Monat May beginnen.

Die Vorarbeiten zu diesem Geschäft sind bereits beendigt und die Revision der Musterungs-Acten bewerkstelligt. Diesemnach werden die Musterungen und Ziehungen in den resp. Kreisen und Bezirken an nachbemerkten Tagen vorgenommen werden, nämlich:

in Darmstadt,	May	am	**13. 14. 15.**
» Dieburg,	»	»	**17. 18. 20. 21. 23.**
» Breuberg,	»	»	**24. 25. 28.**
» Erbach,	»	»	**29. 30. 31.**
» Heppenheim,	Juny	»	**3. 4. 5. 7. 8.**
» Bensheim,	»	»	**10. 11. 12 13. 15.**
» Grosgerau,	»	»	**17. 18 19. 20.**
» Offenbach,	»	»	**22. 25. 26. 27. 28.**

Die Musterung in Wimpfen wird nach Höchstem Ministerial-Befehl besonders eingerichtet.

Wenn ich schon die vollkommenste Ueberzeugung habe, daß das Geschäft mit gewohnter Pünktlichkeit und Ordnung werde vollbracht werden, so muß ich mir doch erlauben, in Anbetracht, daß die neugeschaffenen Kreise im Verhältniß zu den früheren Landraths-Bezirken um die Hälfte an Flächenraum erweitert sind und die Bevölkerung derselben um eben so viel gestiegen ist, die Herrn Kreisräthe ergebenst zu ersuchen, dießmal den nothwendigen Anordnungen eine doppelte Aufmerksamkeit, namentlich in Bezug auf ihre Verfügungen für ihre Unterbehörden, zu schenken.

Schon seit mehreren Jahren ist es mein unausgesetztes Bestreben gewesen, diejenigen Militärpflichtigen, welche, durch die Sinne nicht wahrnehmbare, Gebrechen, z. B. Kurzsichtigkeit, Schwerhörigkeit, Epilepsie ꝛc. an sich haben, dahin zu bewegen, daß sie in Zeiten und vor der Musterung sich die, im §. **127** der Verordnung vom **30.** April **1831** vorgeschriebenen, Zeugnisse in gehöriger Form verschaffen, worauf die Aerzte bei der Untersuchung hauptsächlich ihr Urtheil gründen müssen. Meine Bemühungen in diesem Bezug sind bis hierher nur durch einen sehr unvollständigen Erfolg belohnt worden. Der Gegenstand ist indeß für das Geschäft und die betreffenden Militärpflichtigen selbst zu wichtig, als daß ich nicht hoffen dürfte, die Herrn Kreis- und Landräthe und Bürgermeister werden gewiß meinem Ersuchen entsprechen, wenn ich es dahin ausdrücke, Alles von Ihrer Seite zu thun, damit endlich diese Sache in vorschriftsmäßige Ordnung kommen möge.

ad 22

Für das Militär wird bezahlt 914,820 Gulden.
[...] Für jene 900,000 Gulden müssen eure Söhne den Tyrannen schwören und Wache halten an ihre[n] Pallästen. Mit ihren Trommeln übertäuben sie eure Seufzer, mit ihren Kolben zerschmettern sie euch den Schädel, wenn ihr zu denken wagt, daß ihr freie Menschen seyd. Sie sind die gesetzlichen Mörder, welche die gesetzlichen Räuber schützen.

Georg Büchner, *Der Hessische Landbote*, 1834

Aufruf zur Musterung des Jahres 1833
Zimmermann, Rekrutierungs-Commissar
6. Februar 1833

FRIEDRICH NOELLNER

—

ACTENMÄSSIGE DARLEGUNG DES WEGEN HOCHVERRATHS EINGELEITETEN GERICHTLICHEN VERFAHRENS GEGEN PFARRER D. FRIEDRICH LUDWIG WEIDIG 1844

ZUR PRÜGELSTRAFE

Gr. Hofgericht hat sich in der rubricirten, in der Sache Dr. W e i d i g s ergangenen Verfügung bewogen gesehen, ganz a l l g e m e i n zu verordnen, daß wenn ich für nothwendig erachte, S c h l ä g e zur Anwendung zu bringen, ich vorher berichten und Genehmigung abwarten solle.

Diese Ordination scheint mir, mit gnädiger Erlaubniß sei es gesagt, meine Befugnisse als Criminal-Richter auf eine unveranlaßte Weise zu beengen, und eine Ausnahms-Justiz, ein Privilegium zu begründen, welches, wie ich glaube, ohnmöglich in den Absichten Gr. Hofgerichts liegen kann.

Wenn die Gesetze über die practische Anwendung von körperlichen Züchtigungen gegen einen Criminal-Inquisiten auch nicht bestimmt genug seyn sollten, so hat sie doch eine mehr als hundertjährige Praxis geheiligt und den Criminal-Richtern unbestritten die Befugniß eingeräumt, in Fällen eines entschiedenen Ungehorsams, einer frechen Verhöhnung der Wahrheit, körperliche Züchtigung gegen einen Angeschuldigten zu verhängen.

Gr. Hofgericht hat wohl täglich Gelegenheit aus Untersuchungs-Acten sich von dieser praktischen Wahrheit zu überzeugen, und es ist wohl nicht der Fall da, daß den Untersuchungs-Behörden vermöge einer allgemeinen und gesetzlichen Bestimmung der selbstständige Gebrauch jenes Züchtigungsmittels untersagt sei.

Ich muß und darf mir deßhalb die gehorsamste Anfrage erlauben, aus welchen Gründen mir diese Befugniß soll verwehrt und warum ich an eine Genehmigung Gr. Hofgerichts soll gebunden sein, die keinem Untersuchungs-Richter des Landes vorgeschrieben ist?

Bericht des Untersuchungsrichters Georgi vom 26. November 1835 an das Großherzogliche Hofgericht der Provinz Oberhessen in Gießen.

Wenn wir auch im Allgemeinen die Ansichten billigen, welche Ihr Bericht vom 26. v. M. über die Anwendung von Zwangsmaßregeln im Untersuchungs-Processe entwickelt, so können wir uns dadurch dennoch nicht bestimmt fühlen, von unserm Beschlusse, wornach Ihnen aufgegeben wird, bevor Sie gegen die in diese Untersuchung verwickelten Individuen S c h l ä g e als Züchtigungsmittel anwenden, zu berichten haben, – abzugehen. – [...]
Denn so gewiß es ist, daß vor dem Richter jeder Rechtssuchende und jeder Angeklagte gleich steht, und Standesverhältnisse also im Allgemeinen hiervon keine Ausnahme machen, so gewiß ist es auch, daß für den G e b i l d e t e n , und insbesondere für einen Mann, der Staats- oder Kirchenämter bekleidet, die Anwendung von körperlichen Züchtigungen durch S c h l ä g e , eine sehr harte, seine ganze bürgerliche Existenz vernichtende Strafe ist, während der ungebildete und rohe Verbrecher das Schimpfliche einer solchen Strafe nicht in diesem Grade fühlt, und ihm hieraus diejenigen Nachtheile für seine bürgerlichen Verhältnisse nicht erwachsen, als dies bei einem Menschen der Fall ist, der zu dem gebildeten Stande

↓

Ordnungs-Nummer

172.

Geschlechts- und Vornamen des Dienstpflichtigen

Büchner | Karl Georg

Vornamen des Vaters

Ernst Karl Gr. Medicinal Rath

Geschlechts- und Vornamen der Mutter

Luise Caroline g. Reuß

Geburts-Tag und Monat

17. Octbr.

Religion

do.

Handwerk oder Gewerbe

Studiosus

Vermögen über oder unter 300 f

über

Ob er mit Pferden umzugehen versteht?

—

Bemerkung

lt. Geburtsverzeichnisliste in Goddelau geboren. untauglich B

Ordnungs-Nummer	Geschlechts- und Vornamen der Dienstpflichtigen		Geschlechts- und Vornamen der Eltern		Geburts-Tag und Monat	Religion	Handwerk oder Gewerbe	Vermögen über oder unter 300 fl.	Ob er mit Pferden umzugehen versteht?	Bemerkungen
	Geschlechtsnamen.	Vornamen.	Vornamen des Vaters.	Geschlechts- und Vornamen der Mutter.						
169.	[illegible]	[illegible]	[illegible]	[illegible]					—	[illegible]
170.	[illegible]	Karl Ludwig	[illegible]	[illegible]					—	[illegible]
171.	[illegible]	[illegible]	[illegible]	[illegible]					—	[illegible]
172.	Büchner	Karl Georg	Ernst Karl Gr. Medicinal Rath	Luise Caroline g. Reuß	17. Octbr.	do.	Studiosus	über	—	lt. Geburtsverzeichnisliste in Goddelau geboren. untauglich B
173.	[illegible]	Jacob	[illegible]	[illegible]					—	[illegible]
174.	[illegible]	Jacob	[illegible]	[illegible]	29. Dec.				—	[illegible]
175.	[illegible]	[illegible]	[illegible]	[illegible]	17. Jan.				—	[illegible]
176.	Müller	[illegible]	[illegible]	[illegible]					—	[illegible]
177.	[illegible]	[illegible]	[illegible]	[illegible]					—	[illegible]
178.	[illegible]	[illegible]	[illegible]	[illegible]					—	[illegible]
179.	[illegible]	Wilhelm	[illegible]	[illegible]					—	[illegible]
180.	[illegible]	[illegible]	[illegible]	[illegible]					—	[illegible]

Musterungsliste 1833 mit namentlicher Erwähnung Georg Büchners
13.–15. Mai 1833

NOELLNER

gerechnet werden muß. – Es würde daher in diesem Falle aus der Anwendung der Rechtsgleichheit vor dem Richter eine sehr fühlbare und folgenreiche Ungleichheit entstehen, wenn wir im Allgemeinen körperliche Züchtigungen in der vorliegenden Untersuchung zulassen wollten, obgleich hiermit nicht gesagt ist, daß dieses Mittel gar nicht zur Anwendung gebracht werden soll.

Antwort des Hofgerichts vom 1. Dezember 1835.

Das körperliche Befinden ist ohne allen Zweifel gesund und kräftig genug, um körperliche Züchtigungen ohne Beeinträchtigung des Lebens zu ertragen; ob aber nicht Farrenschwanzhiebe, einem Manne aus dem gebildeten und in specie dem geistlichen Stande beigebracht – eine Wirkung auf das Gemüth hervorbringen könnte, welche gerade bei dem schon vorhandenen Glauben, mißhandelt zu werden, Wahnsinn zur Folge haben würde, das wagen wir nicht im Voraus zu entscheiden und verwahren uns deßfalls auch gegen jede Verantwortlichkeit in dieser Beziehung.

Aus einem Gutachten des Medizinaldirektors und ersten Physikatsarztes Dr. Graff und des Medizinalrates Dr. von Plönnies vom 7. Februar 1836.

ZUR KETTENSTRAFE

Inzwischen hatte der Arzt (am 7. Okt. [1835]) angezeigt, Weidig sei gesund, die ihm dictirte Kettenstrafe könne ohne Nachtheil vollstreckt werden, und es wurde ihm darauf nach dem Protocolle »eine Kette, von der linken Hand an den rechten Fuß gehend, angelegt, wobei er sich ruhig verhielt.« Vier Tage später (den 10. Okt.) ließ Weidig dem Inquirenten anzeigen, er sei krank, der Arzt wurde sogleich gerufen, derselbe erklärte, nachdem er den Angeschuldigten untersucht hatte: »er müsse wünschen, daß die Kette demselben abgenommen werde, indem sich an demselben Fiebererregungen kund gäben.« Die Kette wurde sogleich abgenommen. Tags darauf (11. Okt.) schrieb Weidig einen bei den Acten liegenden Brief an seine Gattin, es wurde ihm bemerkt, daß er »seines unzulässigen Inhaltes wegen nicht abgegeben werden könne.« Das Protocoll geht nun, wie folgt, fort:

»Hierauf erwiederte Inculpat, daß er dann den Untersuchungsrichter bei seinem Eide auffordere, diesen Brief zu den Acten zu legen. Obgleich man dem Pfarrer Weidig bemerkte, daß ihm, wenn er sich wiederum eine Aufforderung bei dem Eide erlaube, zur Strafe ein Sprenger auf 24 Stunden angelegt werden würde, so wiederholte er dennoch diese Provocation drei- bis viermal. Es wurde dieserhalb demselben zur Strafe das Tragen eines Sprengers auf 24 Stunden zuerkannt.«

[...]

Am 17. Oktober ließ Weidig melden, er sei krank, der Arzt wurde gerufen; als er erschienen war, erklärte ihm Weidig, nach einem von dem Gr. Hofgerichtssecretariatsaccessisten Gravelius aufgenommenen Protocolle:

»Die völlige Geisteszerrüttung ist, wie ich auch schon früher meine Befürchtung deßhalb ausgesprochen habe, bei mir auf dem Wege. Diesen Morgen war ich ganz von mir, da sah ich auf einmal eine Menge Acten dem Fenster herein und auf mich fallen, da wollte ich das Fenster zustoßen und stieß mit dem Buche, das ich in der Hand hatte, nach dem Fenster und stieß eine Scheibe entzwei. Durch das Klingeln des Glases um mich her kam ich darnach erst wieder zu mir und habe mich besonnen. Machen Sie es doch kurz mit mir, Herr Doktor, daß ich schnell davon komme; so bin ich entweder im Fieber oder in Ketten, oder in Ketten und im Fieber, und so werde ich nach und nach hingeschafft.«

↓

40.

Zu Nr. D. 11529. Darmstadt am 2. August 1834.

Betreffend:

Die Verbreitung revolutionärer Schriften, insbesondere des so betitelten „Hessischen Landboten" erste Botschaft.

Das Großherzoglich Hessische

Ministerium des Innern und der Justiz

an

die Großherzogl. Provinzial-Commissariate dahier und zu Giessen, die Großherzogl. Provinzial-Direction zu Mainz und sämmtliche Großherzogl. Kreisräthe in den Provinzen Starkenburg und Oberhessen.

Der unten signalisirte Studiosus Schütz, gebürtig aus Mainz, hat sich, nach glaubwürdigen Anzeigen, von Gießen wegbegeben, um sich der Verbreitung der rubricirten neu erschienenen höchst revolutionären Zeitschrift zu unterziehen. Sein dermaliger Aufenthalt ist unbekannt. Wir beauftragen Sie, auf denselben ein wachsames Auge zu haben, ihn im Betretungsfalle zu verhaften, sein Gepäcke zu untersuchen und ihn vorerst an den Großherzogl. Provinzial-Commissär dahier wenn er in der Provinz Starkenburg oder Rheinhessen, oder an den Großherzogl. Provinzial-Commissär zu Gießen, wenn er in der Provinz Oberhessen verhaftet werden sollte, abzuliefern, gleichzeitig aber auch schleunigst davon die berichtliche Anzeige an uns zu machen.

Zugleich weisen wir Sie an, der Verbreitung jener Zeitschrift entgegen zu arbeiten, die etwa aufgefun[illegible] werdenden Exemplare in Beschlag zu nehmen und die Verbreiter derselben zu verhaften.

du Thil.

Signalement.

Größe: 6 1/4 Fuß.
Alter: 24 — 26 Jahre.
Schwarzer Schnurbart.
Nase etwas gebogen.
Kleidung: grüner Oberrock, graugefleckte Sommerhosen, dunkle Tuchkappe.

v. Rabenau.

Carl Du Bos Freiherr du Thil
Behördeninternes Fahndungsschreiben zu Jakob Friedrich Schütz
2. August 1834

NOELLNER

Das Protocoll enthält nun noch die weiteren Bemerkungen: »Die Ketten seien dem Inquisiten auf Verlangen des Arztes alsbald wieder abgenommen worden und es habe dieser, nachdem er das Zimmer Weidig's verlassen gehabt, geäußert: Ich möchte nur wissen, wie der Mensch sich das Fieber herbeibringt, denn so oft er sich darauf beruft, hat er auch wirklich jedesmal Fieberregungen.«

ZUM ANGRIFF AUF DEN UNTERSUCHUNGSRICHTER GEORGI

Nachdem der Angeschuldigte den größeren Theil einer Bogenseite schon beschrieben hatte, bemerkte ihm der Unterzeichnete, daß er auf den Schluß bedacht nehmen möge, da auch noch andere Arrestaten zu schreiben wünschten. – Inquisit erklärte aber: »O, ich bin eben erst in der Einleitung!« Wenn das ist, erwiederte ich, so muß ich sehen, was Sie bis jetzt geschrieben haben, damit nahm ich vom Stuhle aufstehend, das Blatt und durchsah es flüchtig. Da der Inhalt durchaus nicht geeignet war, um abgelassen zu werden, so erklärte ich dieß mit dem Bemerken: Sie schreiben jetzt nicht weiter, das Geschriebene kann nicht abgehen! zugleich zog ich die Schelle um den Gefangenwärter zur Abführung zu rufen. Dieser trat in das Zimmer, als der Angeklagte mit den Worten: Sie wollen mich nicht schreiben lassen, das ihm zum Gebrauch gegebene offene Federmesser in die rechte Hand nahm, und um die Ecke des Tisches gehend, mit dem Messer auf mich eindrang. Ich trat einen oder zwei Schritte zurück, stellte einen Stuhl vor mich und befahl dem Gerichtsdiener, den Arrestaten sofort, und wenn nöthig mit Gewalt, in seine Zelle zu führen. – Der Gerichtsdiener, sehr wahrscheinlich geschreckt durch das bedrohliche Eindringen des Angeschuldigten gegen mich, sprang herzu, umklammerte den Ersteren über beiden Armen und von hinten her und bemühte sich den Inquisiten wegzuziehen, der sich sträubte aber doch der Umarmung so weit nachgab, daß er das offene Federmesser auf den Tisch fallen ließ. In stetem Widerstreben mußte der Gefangenwärter den Angeschuldigten um ihn wegzubringen vor sich herschieben und der Inquirent ging mit bis in die Zelle des Arrestaten, woselbst dieser an die Kette angelegt wurde. Hier nun versuchte der letztere die Absicht zu leugnen, mit dem Messer auf den Inquirenten einzudringen, dieser aber verhehlte seinen Unwillen und die Indignation nicht, von welcher er durch solche Begangenheiten erfüllt sein mußte, er erklärte zugleich, daß er von nun Sorge tragen werde, daß ähnliche Versuche unausführbar seien, daß in Wiederholungen die strengste Remedur und zwar durch Mittel, welche die Verwerflichkeit solcher Vorsätze, wie Inquisit sie offenbare, billigten, erfolgen werde etc.

Aus dem Protokoll des Untersuchungsrichters Georgi über einen Angriff durch den Häftling Weidig am 3. April 1836.

Aus: Friedrich Noellner, *Actenmäßige Darlegung des wegen Hochverraths eingeleiteten gerichtlichen Verfahrens gegen Pfarrer D. Friedrich Ludwig Weidig, mit besonderer Rücksicht auf die rechtlichen Grundsätze über Staatsverbrechen und deutsches Strafverfahren, sowie auf die öffentlichen Verhandlungen über die politischen Processe im Großherzogthume Hessen überhaupt und die späteren Untersuchungen gegen die Brüder des D. Weidig*, Darmstadt 1844, S. 505 und Anlage 2, S. 6 und 8; S. 492 f. sowie S. 521 f.

872

Bekanntmachungen.

1628) [Darmstadt.] Steckbrief. Der hierunter signalisirte Georg Büchner, Student der Medicin aus Darmstadt, hat sich der gerichtlichen Untersuchung seiner indicirten Theilnahme an staatsverrätherischen Handlungen durch die Entfernung aus dem Vaterlande entzogen. Man ersucht deßhalb die öffentlichen Behörden des In- und Auslandes, denselben im Betretungsfalle festnehmen und wohlverwahrt an die unterzeichnete Stelle abliefern zu lassen.

Darmstadt, den 13. Juni 1835.

Der von Großherzogl. Hess. Hofgericht der Provinz Oberhessen bestellte Untersuchungsrichter,
Hofgerichtsrath Georgi.

Personal-Beschreibung.

Alter: 21 Jahre,
Größe: 6 Schuh, 9 Zoll neuen Hessischen Maaßes,
Haare: blonde,
Stirne: sehr gewölbt,
Augenbraunen: blonde,
Augen: graue,
Nase: stark,
Mund: klein,
Bart: blond,
Kinn: rund,
Angesicht: oval,
Gesichtsfarbe: frisch,
Statur: kräftig, schlank,
Besondere Kennzeichen: Kurzsichtigkeit.

1323) [Hungen.] Edictalladung. Forderung oder sonstige Rechtsansprüche an die nach Bergen, Kurhess. Kreisamts Hanau, auswandern wollende Hanna Lichtenstein, Tochter des verstorbenen Schutzjuden Isaac Lichtenstein zu Münzenberg, sind innerhalb 3monatlicher a dato zu berechnender Zeitfrist bei Großh. Landgericht dahier anzuzeigen und zu verfolgen, widrigenfalls die Entlassungsurkunde ertheilt werden wird.

Hungen, am 7. Mai 1835.

Großherzogl. Hess. Landrath
Knorr.

1324) [Nidda.] Edictalladung. Anna Elisabetha Hahn von Ortenberg, will nach Wiesbaden im Herzogthum Nassau überziehen, daher Forderungen an dieselbe binnen drei Monaten dahier anzuzeigen und bei Gericht geltend zu machen sind, widrigenfalls die Entlassungsurkunde ertheilt werden wird.

Nidda, dew 8. Mai 1835.

Großherzogl. Kreisrath des Kreises Nidda.
Seitz.

1366) [Biedenkopf.] Edictalladung. Elisabetha Dönges von Frohnhausen, bei Battenberg, will nach Wollmar im Kurhessischen überziehen, daher Forderungen an dieselbe binnen 3 Monaten dahier anzuzeigen und bei Großherzogl. Landgericht geltend zu machen sind, widrigenfalls die Entlassungsurkunde ertheilt werden wird.

Biedenkopf am 11. Mai 1835.

Der Großherzogl. Hess. Kreisrath.
Bötticher.

1409) [Langen.] Edictalladung. Ueber das Vermögen des Jakob Reviol von Walldorf ist von Gr. Hofgericht Concurs erkannt worden. Es werden daher sämmtliche Gläubiger desselben auf

Dienstag den 23. Juni l. J., Vormittags 9 Uhr,

zur Anzeige und Richtigstellung ihrer Forderungen, sowie zum Versuche eines Arrangements, bei Vermeidung des stillschweigend eintretenden Ausschlusses von der Masse, vorgeladen.

Langen, den 13. Mai 1835.

Großherzogl. Hess. Landgericht daselbst.
Schulz.

1527) [Langen.] Edictalladung. Forderungen oder sonstige Ansprüche an den Nachlaß de[…]benen Johannes Gauß zu Arheilgen sind im Termin

Dienstag den 23. Juni l. J., […]

um so gewisser hier anzuzeigen und zu […]

Vertheilung des Nachlasses keine Rücksicht auf dieselben genommen werden wird.

Langen, den 27. Mai 1835.

Großherzogl. Hess. Landgericht daselbst.
Schulz.

1414) [Gießen.] Edictalladung. Rechtsansprüche an die nach Homburg v. d. H. überziehen wollende Maria Katharina Gerhardt aus Naunheim, hiesigen Kreises, sind innerhalb 3 Monaten bei Großh. Stadtgericht dahier zu begründen, widrigenfalls die erbetenen Dimissoralien ohne Weiteres werden ertheilt werden.

Gießen, den 11. Mai 1835.

Großherzogl. Hess. Kreisrath des Kreises Gießen.
Knorr.

1553) [Darmstadt.] Ackerversteigerung. Montag den 22. Juni, Nachmittags 2 Uhr, wird in dem Stadtgerichtslocal der von Jacob Petri dahier aus der Hauptmann Kutt'schen Verlassenschaft erkaufte Acker, Flur 29, Nr. 280 und 281, im Löcherfeld, 49. Gewenn, 1769 Klafter enthaltend, versteigert und im Falle eines annehmbaren Gebotes, der Zuschlag sogleich ertheilt werden.

Darmstadt, den 4. Juni 1835.

Großherzogl. Hess. Stadtgericht.
Strecker.

1629) [Rentamt Alsfeld.] Fruchtversteigerung. Freitag den 26. Juni d. J., des Vormittags um 10 Uhr, werden in dem hiesigen Stadtrathhaus eine Quantität Korn, Gerste und Hafer von den herrschaftlichen Speichern zu Alsfeld und Romrod, und zwar Korn und Gerste in Partien zu 1 bis 5 Malter, der Hafer aber zu 5 Malter an die Meistbietenden versteigt. Geschehen annehmbare Gebote, so geschieht der Zuschlag sogleich.

Alsfeld, den 14. Juni 1835.

Der Gr. Rentamtmann
Mylius.

1607) [Darmstadt.] Versteigerung von Mobilien rc. Donnerstag den 18. dieses, Morgens 9 Uhr, wird die Versteigerung der zum Nachlaß des verstorbenen Obristlieutenants Stürz gehörenden Mobilien, Weißzeug, allerhand Hausrath fortgesetzt; Nachmittags 2 Uhr wird mit Versteigerung der Handwerkszeuge, optischen Instrumente, einem sehr schönen Mykroskop, englischen Fernrohr, Copiermaschinen, sehr schönen Mörser, kleinen Kanönchen, einigen Modellen zu einer Festung, mehreren ganz neu vergoldeten und unvergoldeten Bilder- und Spiegelrahmen, einem Dutzend großen Koffer, 3 großen Weißzeug-Schränken, einem großen Himmel- und Erd-Globus, 2 Badbütten, 100 Bout. Wein, letztere zu 12 und 12 Stück, wobei 28 Bout. Liebfrauenmilch und Markebrunner sich befinden, fortgefahren.

1630) [Mainz.] Empfehlung zu Kupferarbeiten. Bei Jacob Hochenauer, Kupferschmied in Mainz, Lit. D. Nr. 174 an dem Thiermarkte wohnhaft, stehen alle Arten kupferne Kochgeschirre und Küchengeräthe, Waschkessel und Brandweinkessel rc. zum Verkaufe stets vorräthig; auch werden Reparaturen an allen dergleichen Gegenständen auf das Beste besorgt. Eine schnelle Bedienung und billige Preise werden diese Werkstätte auch fernerhin, wie früher, empfehlen.

1631) [Darmstadt.] Dilettanten-Concert. Freitag den 19. Juni wird der Musikverein für Dilettanten im Saale des Gasthofes zur Traube ein Conzert geben. Der Anfang ist Abends um Sieben Uhr.

Der Ausschuß des Vereins.

(Hierzu die literarische Beilage […])

Verehrtester!
Vielleicht haben Sie durch einen Steckbrief im Frankfurter Journal meine Abreise von Darmstadt erfahren. Seit einigen Tagen bin ich hier; ob ich bleiben werde, weiß ich nicht [...]. Meine Zukunft ist so problematisch, daß sie mich selbst zu interessiren anfängt, [...].

Georg Büchner aus Straßburg an Karl Gutzkow, Mitte März 1835

Steckbrief von Georg Büchner in der Großherzoglich-Hessischen Zeitung
Nr. 167, 18. Juni 1835

ROBERT WALSER

—

BÜCHNERS FLUCHT
1912

In der und der geheimnisvollen Nacht, durchzuckt von der häßlichen und entsetzlichen Furcht, durch die Häscher der Polizei arretiert zu werden, entwischte Georg Büchner, der hellblitzende jugendliche Stern am Himmel der deutschen Dichtkunst, den Roheiten, Dummheiten und Gewalttätigkeiten des politischen Gaukelspiels. In der nervösen Eile, die ihn beseelte, um schleunigst fortzukommen, steckte er das Manuskript von »Dantons Tod« in die Tasche seines weitschweifigen, kühn geschnittenen Studentenrockes, aus welcher es weißlich hervorblitzte. Sturm und Drang fluteten, einem breiten königlichen Strom ähnlich, durch seine Seele; und eine vorher nie gekannte und geahnte Freude bemächtigte sich seines Wesens, als er, indem er mit raschen und großen Schritten auf der mondbeglänzten Landstraße dahinschritt, das weite Land offen vor sich daliegen sah, das die Mitternacht mit ihren großherzigen, wohllüstigen Armen umarmte. Deutschland lag sinnlich und natürlich vor ihm, und es fielen dem edlen Jüngling unwillkürlich einige alte schöne Volkslieder ein, deren Wortlaut und Melodie er laut vor sich hersang, als sei er ein unbefangener, munterer Schneider- oder Schustergeselle, befindlich auf nächtlicher Handwerkswanderung. Von Zeit zu Zeit griff er mit der schlanken feinen Hand nach dem dramatischen, nachmals berühmt gewordenen Kunstwerk in der Tasche, um sich zu überzeugen, daß es noch da sei. Und es war noch da, und ein fröhliches, lustsprudelndes Gewaltiges überkam und überrieselte ihn, daß er sich in der Freiheit befand, eben da er in das Kerkerloch des Tyrannen hatte wandern sollen. Schwarze, große, wildzerrissene Wolken verdeckten oft den Mond, als wollten sie ihn einkerkern, oder als wollten sie ihn erdrosseln, aber stets wieder trat er, gleich einem schönen Kind mit neugierigen Augen, aus der Umfinsterung an die Hoheit und an die Freiheit hervor, Strahlen auf die stille Welt niederwerfend. Büchner hätte sich vor lauter wilder, süßer Flüchtlingslust auf die Knie an die Erde werfen und zu Gott beten mögen, doch er tat das in seinen Gedanken ab, und so schnell er laufen konnte lief er vorwärts, hinter sich das erlebte Gewaltige und vor sich das unbekannte, noch unerlebte Gewaltige, das ihm zu erleben bevorstand. So lief er, und Wind wehte ihm in das schöne Gesicht.

Aus: *Die Schaubühne. Wochenschrift für Politik, Kunst und Wirtschaft*, 8, 1912, Nr. 34/35, S. 174.
Robert Walser (1878–1956), Schweizer Schriftsteller, von 1905 bis 1913 in Berlin, Bankangestellter, Mitarbeit an zahlreichen Zeitschriften, ab 1929 in einer psychiatrischen Heilanstalt bei Bern.

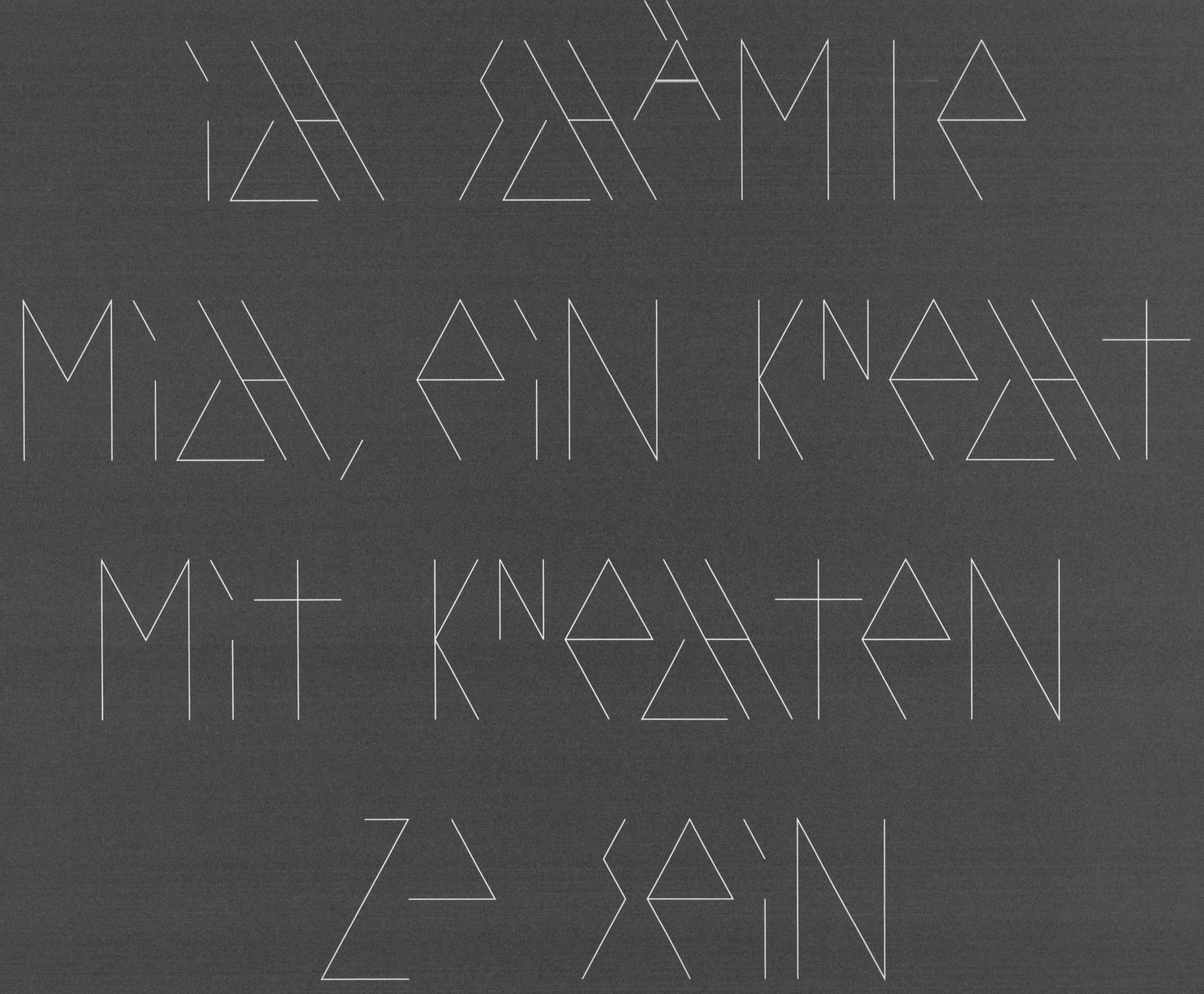
ich schäme
mich, ein Knecht
mit Knechten
zu sein

DER EINZELNE
NUR SCHAUM
AUF DER WELLE

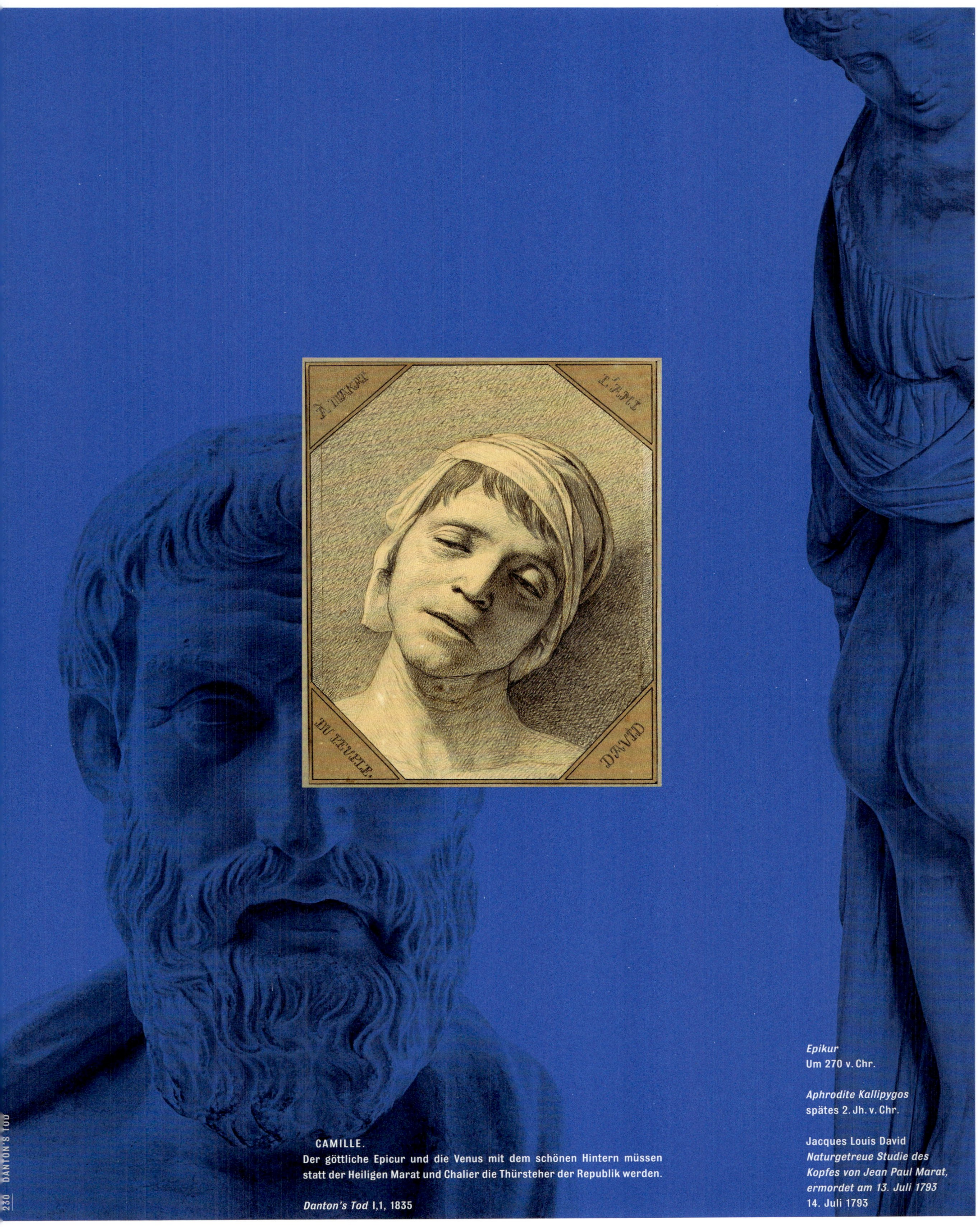

CAMILLE.
Der göttliche Epicur und die Venus mit dem schönen Hintern müssen statt der Heiligen Marat und Chalier die Thürsteher der Republik werden.

Danton's Tod I,1, 1835

Epikur
Um 270 v. Chr.

Aphrodite Kallipygos
spätes 2. Jh. v. Chr.

Jacques Louis David
Naturgetreue Studie des Kopfes von Jean Paul Marat, ermordet am 13. Juli 1793
14. Juli 1793

DANTON'S TOD

—

VERHEISSUNG UND SCHRECKEN DER REVOLUTION

Ich studirte die Geschichte der Revolution. Ich fühlte mich wie zernichtet unter dem gräßlichen Fatalismus der Geschichte. Ich finde in der Menschennatur eine entsetzliche Gleichheit, in den menschlichen Verhältnissen eine unabwendbare Gewalt, Allen und Keinem verliehen. Der Einzelne nur Schaum auf der Welle, die Größe ein bloßer Zufall, die Herrschaft des Genies ein Puppenspiel, ein lächerliches Ringen gegen ein ehernes Gesetz, es zu erkennen das Höchste, es zu beherrschen unmöglich. Es fällt mir nicht mehr ein, vor den Paradegäulen und Eckstehern der Geschichte mich zu bücken. Ich gewöhnte mein Auge ans Blut. Aber ich bin kein Guillotinenmesser.

Georg Büchner aus Gießen an die
Verlobte Wilhelmine Jaeglé in Straßburg,
nach Mitte Januar 1834

3. BÜRGER.
Unser Leben ist ein Mord durch Arbeit, wir hängen 60 Jahre lang am Strick und zappeln, aber wir werden uns losschneiden. An die Laterne.

Danton's Tod I,2, 1835

Johann Zoffany (Entwurf) /
Richard Earlom (Gravur)
The Tenth of August 1792
1795

Georg Büchner sei ein »Vergötterer der Französischen Revolution« (»idolâtre de la révolution française«) gewesen, schrieb Alexis Muston über seinen Freund. Schon als Schüler lernte Büchner die Ereignisse der Französischen Revolution kennen. Im Elternhaus wurde regelmäßig aus dem populären Sammelwerk *Unsere Zeit* – Fortsetzungsheftchen mit historischen Dokumenten und plastischen Schilderungen der Revolutionsereignisse – vorgelesen. Im Januar 1834 »studirte« Büchner dann »die Geschichte der Revolution« – wahrscheinlich anhand von Louis Adolphe Thiers' Standarddarstellung *Histoire de la révolution française* – und fühlte sich »zernichtet« in Anbetracht der Eigendynamik und Brutalität des Geschichtsverlaufs. Angesichts dieser Voraussetzungen und vor dem Hintergrund der jüngsten politischen Auseinandersetzungen nach der Julirevolution 1830 überrascht es nicht, dass Büchner in seiner ersten eigenständigen literarischen Arbeit – der einzigen, die zu seinen Lebzeiten erschienen ist – mit der Verhaftung, Verurteilung und Hinrichtung Georges Dantons eine wichtige Etappe der Revolution auf die Bühne bringen wollte. Büchner arbeitete nachweislich ab Herbst 1834 an seinem Geschichtsdrama und sandte das fertige Manuskript am 21. Februar 1835 an den Frankfurter Verleger Johann David Sauerländer und dessen Redakteur Karl Gutzkow, die das Stück sofort zur Publikation annahmen.

Danton's Tod spielt in den neun Tagen vom 28. März bis zum 5. April 1794. Es ist die Zeit der »Terreur«, zentrales Regierungsorgan ist der Wohlfahrtsausschuss unter Führung von Maximilien Robespierre. Die wichtigste Konfliktlinie des Dramas verläuft zwischen der Gruppe der Jakobiner um Robespierre auf der einen und der um Danton und seinen Anhängern auf der anderen Seite. Die Dantonisten beschuldigen ihre Gegner, einen Überwachungsstaat errichten zu wollen, sie bezweifeln, dass der Terror »der Republik nützlich« sei, und sie fordern die sofortige Überführung der Revolutionsdiktatur in eine bürgerlich liberale Republik. Robespierre dagegen zählt die Dantonisten – historisch gesehen nicht zu Unrecht – zu den zeittypischen Revolutionsgewinnlern, die aus egoistischen Motiven die Fortführung der »socialen Revolution« verhindern wollen.

Eine klare Deutungsperspektive gibt Büchners Drama dabei nicht vor, keine der beiden Seiten ist so gestaltet, dass sie die Sympathie des Zuschauers uneingeschränkt erzwingt. Allerdings war schon den Zeitgenossen klar, dass der Dantonisten-Prozess, bei dem die Angeklagten nach drei Tagen Prozessdauer summarisch zum Tode verurteilt wurden, einen politisch manipulierten Justizmord darstellte. Auch Büchner zeigt die Gesetzesverstöße auf dem Weg zu dieser Verurteilung in mehreren Szenen.

Neben die Pro- und Antagonisten auf der politischen Führungsebene stellt er als dritte Interessengruppe das hungernde Pariser Volk, dem keines der konkurrierenden Programme zu dem nötigen Brot verhilft und dessen materielles Elend sich jederzeit in einer nicht mehr steuerbaren Hungerrevolte entladen kann. Am Ende schließt sich das Volk dem Politiker Robespierre an.

Bei seiner Arbeit an *Danton's Tod* stützte sich Büchner auf zahlreiche Quellentexte und arbeitete historische Dokumente in die Repliken ein, die er je nach Bedarf kompilierte und verdichtete. Dies verbürgte ihm die angestrebte Authentizität vor allem der öffentlichen Auftritte der Revolutionspolitiker und ermöglichte ihm zugleich, die revolutionäre Phraseologie zu kritisieren.

Danton's Tod erschien in einer von Gutzkow für die Zensur bearbeiteten Fassung zunächst in Auszügen ab dem 26. März 1835 in der Zeitung *Phönix*, dessen *Literatur-Blatt* Gutzkow betreute, dann kurz darauf, Anfang Juli, als Buch in einer Auflage von rund 400 Exemplaren. Uraufgeführt wurde Büchners Stück erst 1902 in Berlin am Belle-Alliance-Theater durch die Neue Freie Volksbühne. Es ist seither das einzige Drama über die Französische Revolution, das sich auf den Bühnen behaupten konnte – und zwar in Deutschland und Frankreich gleichermaßen. TF

ALEXANDER KLUGE

—

DER RISS 2003

Man kann Büchners Werk weder durch Begriffe, noch durch ihren thematischen Inhalt charakterisieren. Man kann nichts bei ihm von der BESONDEREN FORM trennen. Das, was ihn interessiert, kreist um gravitative Felder: die mißlingende Revolutionierung der Menschen (in *Dantons Tod*), die Durchdringungskraft der naturerkennenden Interessen (in seinen wissenschaftlichen Texten) und die Erschütterung über Lebensschicksale, die, wie es Edgar Allan Poe nennt, der VERDREHTHEIT, oder wie Marx es nennt, der ENTFREMDUNG unterliegen.

In einer Szene von *Dantons Tod* sehen wir Danton und seine revolutionären Gefährten in einem Gespräch über den Schmerz und den Tod. Die Welt, heißt es, zeigt Risse, die auch bei positivem Verlauf der Revolution nicht gekittet werden könnten:

»Schafft das Unvollkommene weg, dann allein könnt ihr Gott demonstrieren; Spinoza hat es versucht. [...] Warum leide ich? Das ist der Fels des Atheismus. Das leiseste Zucken des Schmerzes, und rege es sich nur in einem Atome, macht einen Riß in der Schöpfung von oben bis unten.«

Das ist extrem und seismographisch. Dantons Ausbruch bezeichnet den »Anti-Realismus des Gefühls«. In uns Menschen wendet sich ein Eigensinn gegen Wahrnehmungen, wenn diese Zeichen einer unmütterlichen Realität sind. Diese anti-realistische Partei im Menschen muß auf der Seite der Emanzipation, der Aufklärung stehen, andernfalls mißlingt diese. Diese starke Leugnungskraft im Menschen bewirkt auch das, was man einen Realitätsriß nennt. Wenn Menschen in Sand- und Stahlmassen in Hochhäusern zermalmt werden und aus den Trümmern noch mehrere Stunden lang Handys zu hören sind, dann ist dies ein solcher Riß im Sinne Büchners und der Riß ist produziert aus dem Menschengefühl, daß Schmerz nicht sein soll.

Aus: Alexander Kluge, »›Die Öffentlichkeit der Bücher‹, Dankrede zur Verleihung des Georg-Büchner-Preises 2003«, in: *Deutsche Akademie für Sprache und Dichtung, Jahrbuch 2003*, Göttingen 2004, S. 177–185, hier S. 183 f.

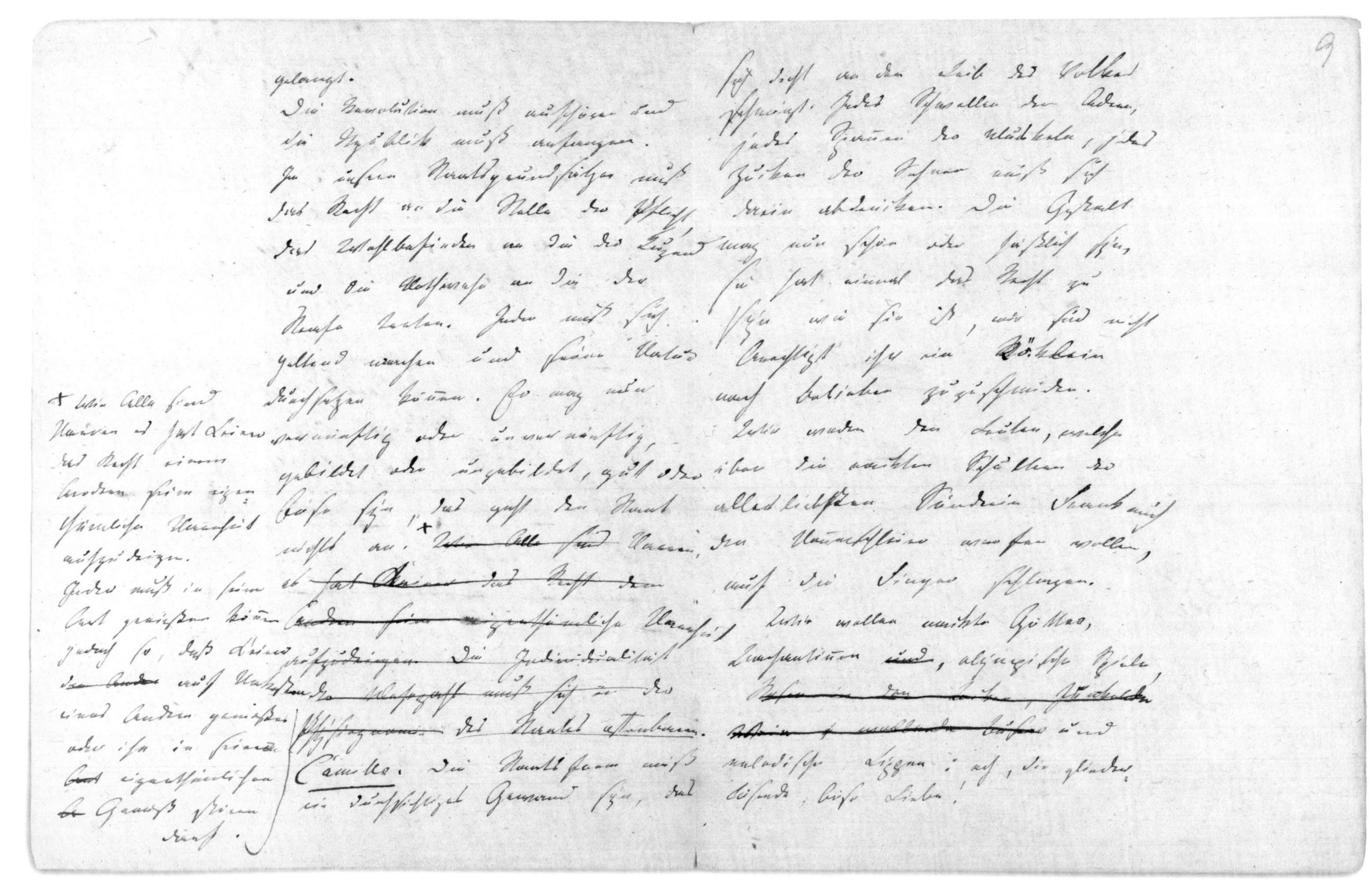

Georg Büchner
Danton's Tod
p. 8/9
1835

⌈× Wir Alle sind
Narren es hat Keiner
das Recht einem
And|er|re|n seine eigen-
thümliche Narrheit
aufzudringen.
Jeder muß in seiner
Art genießen können
jedoch so, daß Keiner
~~den Andern~~ auf Unkosten
eines And|er|re|n genießen
oder ihn in seine~~r~~→m
~~Art~~ eigenthümlichen
~~A~~ Genuß stören
darf.⌉

gelangt.
Die Revolution muß aufhören und
die Republik muß anfangen.
In unsern Staatsgrundsätzen muß
das Recht an die Stelle der Pflicht,
das Wohlbefinden an die der Tugend
und die Nothwehr an die der
Strafe treten. Jeder muß sich
geltend machen und seine Natur
durchsetzen können. Er mag nun
vernünftig oder unvernünftig,
gebildet oder ungebildet, gut oder
böse seyn, das geht den Staat
⌈×⌉
nichts an. ~~Wir Alle sind Narren,~~
~~es hat k~~ →~~Keiner das Recht dem~~
~~Andern seine eigenthümliche Narrheit~~
~~aufzudringen. Die Individualität~~
~~der Mehrzahl muß sich in der~~
~~Physiognomie des Staates offenbaren.~~
Camille. Die Staatsform muß
ein durchsichtiges Gewand seyn, das

sich dicht an den Leib des Volkes ⟨p. 9⟩
schmiegt. Jedes Schwellen der Adern,
jedes Spannen der Muskeln, jedes
Zucken der Sehnen muß sich
darin abdrücken. Die Gestalt
mag nun schön oder häßlich seyn,
sie hat einmal das Recht zu
seyn wie sie ist, wir sind nicht
berechtigt ihr ein Röck~~e~~→lein
nach Belieben zuzuschneiden.
Wir werden den Leuten, welche
über die nackten Schultern der
allerlieb~~te~~→sten Sünderin Frankreich
den Nonnenschleier werfen wollen,
auf die Finger schlagen.
Wir wollen nackte Götter,
Bachantinnen ~~und~~⌈,⌉ olympische Spiele,
~~Rosen in den Locken, funkelden~~
~~Wein u~~ →~~, wallende Busen~~ und
melodische Lippen: ach, die glieder-
lösende, böse Liebe!

DANTON.
[...] die Revolution ist wie Saturn, sie frißt ihre eignen Kinder.

Danton's Tod I,5, 1835

CAMILLE.
... wie lange soll die Menschheit im ewigen Hunger ihre eigenen Glieder fressen?

Danton's Tod II,1, 1835

Francisco de Goya
Saturn, einen seiner Söhne verschlingend
1820–1823

ALEXANDER LANG

—

ARBEITSTHESEN ZU GEORG BÜCHNERS DANTONS TOD 1981

1. THESE

Das Stück von Georg Büchner heißt *Dantons Tod*. Es heißt nicht *Robespierre;* es heißt nicht *DIE Französische Revolution!* Obwohl Büchner das *gesamte Material* über die Französische Revolution von 1789 bekannt war, wählte er einen bestimmten Zeitpunkt innerhalb des Revolutionsgeschehens für sein Stück aus. Dafür muß es einen Grund geben. Und dieser Grund kann nur in Büchner selbst liegen. Stückinhalt und Dichter stehen in unmittelbarem Zusammenhang.

2. THESE

Dantons Tod ist kein Historiendrama, sondern ein büchnerisches Gegenwartsstück. Die Historie liefert das Modell für Büchners zeitbezogene Einsichten und Fragen. Nicht nur die ehemals historischen Figuren des Stücks gilt es nach heutigen historischen Einsichten aufzuschlüsseln, sondern vor allem den Grund, warum Büchner seine Personenkonstellation »so und nicht anders« im Stück gewählt hat.

3. THESE

Das zentrale Thema in *Dantons Tod* ist das Verhältnis zwischen Einzelpersonen und Geschichte einerseits und ideellem Anspruch und Realität andererseits. Die Geschichte selbst ist der eigentliche Motor des Stücks. Die handelnden Figuren hingegen werden in ihrer geschichtlichen Wirksamkeit relativiert. Der Anspruch der Epoche selbst wird nicht in Frage gestellt, wohl aber werden es die persönlichen Denkmodelle der Kontrahenten im Stück. Die Methode Büchners dabei ist nicht idealer Anspruch, sondern dialektische Analyse.

4. THESE

Dantons Tod ist nicht nur ein Stück über unterschiedliche politische Auffassungen, sondern es werden alle Bereiche des Lebens antithetisch einbezogen. Das betrifft Vergangenheit, Gegenwart und Zukunft, das betrifft Raum und Zeit, Leben und Tod, erdachtes Weltmodell

↓

JOHANN KONRAD FRIEDERICH

—

ROBESPIERRE UND DANTON 1827

ROBESPIERRE

Indessen war er keineswegs ein sehr verführerischer Redner und, dem Anschein nach, gab es sogar keinen, der weniger zu fürchten gewesen wäre. Sein Gesicht drückte den Neid aus, eine convulsivische Bewegung seiner Lippen und Hände verrieth den Aufruhr, in dem sich seine Seele befand, seine Stimme war abwechselnd schneidend oder eintönig, und brachte bei mehreren Zuhörern oft ein anhaltendes, unwillkührliches Schaudern hervor. Er hatte eine gewisse Art, die Worte: A r m e s V o l k und t u g e n d h a f t e s V o l k auszusprechen, welche ihre Wirkung auf seine Zuhörer nie verfehlte. Sein Talent wuchs mit seinem Einfluß und seiner Gewalt, sein Vortrag wurde nun glänzender, mannichfaltiger, und er stieß fast nie mehr gegen den guten Geschmack an, selbst dann nicht, wenn er alles menschliche Gefühl beleidigte. Wen er durch die Furcht hinreißen konnte, den suchte er nicht mehr durch die Vernunft zu überzeugen. Die Wirkung der Ironie in seinen Reden war furchtbar, sie schien den angedrohten Tod wirklich schon zu geben. Ihm jetzt einen verächtlichen Blick zuwerfen, war so gut, als sein eigenes Todesurtheil sprechen.

↓

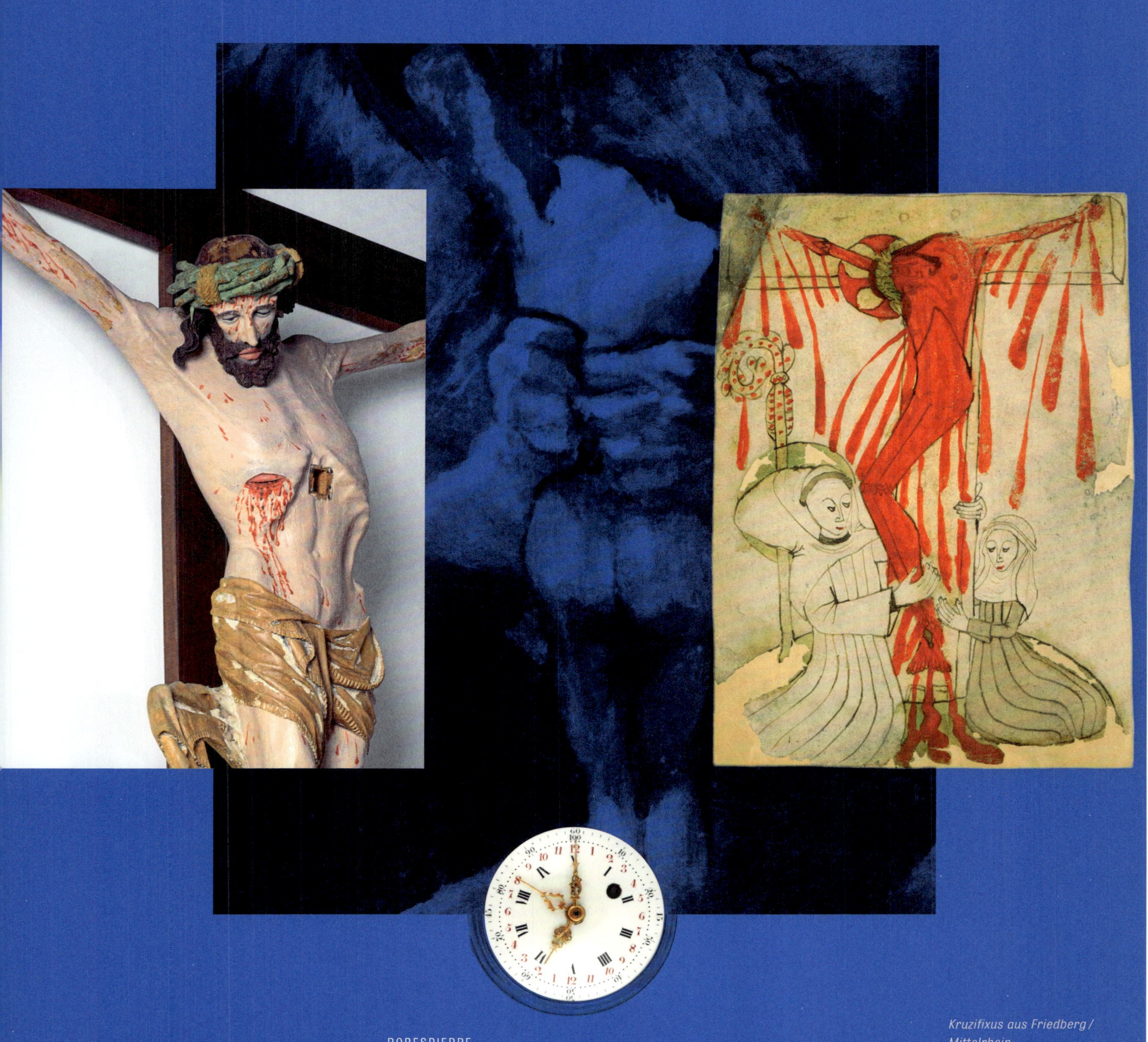

ROBESPIERRE.
Ja wohl, Blutmessias, der opfert und nicht geopfert wird.

Danton's Tod I,6, 1835

DANTON.
Ich werde, du wirst, er wird. Wenn wir bis dahin noch leben, sagen die alten Weiber. Nach einer Stunde werden 60 Minuten verflossen seyn.

Danton's Tod I,1, 1835

Kruzifixus aus Friedberg / Mittelrhein
1460–1470

Taschenuhr für Normal- und Dezimalzeit
Um 1793

Unbekannter Künstler
Umarmung des Kreuzes
Rheinland
15. Jahrhundert

LANG

und kreatürliches Verhalten, ideale Liebe und Sexualität, Passivität und Aktivität, Epikuräismus und Askese, Selbstsucht und Verantwortung für das Allgemeinwohl. Der »Kosmos« geschichtlicher und zeitlicher Abläufe wird mit dem »Mikrokosmos« leiblicher Bedürfnisse konfrontiert. Ideeller Anspruch wird an der Wirklichkeit getestet.

5. THESE

Der Realismus Büchners verweist nicht auf die Vergeblichkeit individueller Anstrengung, sondern auf die Einordnung eben dieser Anstrengungen in geschichtliche Zusammenhänge. Oder anders gesagt, die »Mühen der Ebene« (Brecht) stellen nicht ihre geschichtliche Notwendigkeit in Frage. Büchner benennt das Problem, nicht aber eine direkte Lösung. Die Erkenntnis seiner eigenen revolutionären Tätigkeit besagt, daß eine Lösung des Grundkonflikts zwischen »Armen« und »Reichen« (Büchner) in seiner Zeit *nicht* zu erwarten war.

Andererseits steht die Notwendigkeit der Revolution, d.h. die Veränderung überlebter Gesellschaftsverhältnisse für ihn außer Frage. Aber an einer formalen Änderung von Unterdrückung hatte er kein Interesse. Büchner war sich im klaren, daß das gesellschaftliche Ergebnis der Französischen Revolution der Sieg der Bourgeoisie war, d.h. seine »Armen« gingen zweimal leer aus, wenn man die Juli-Revolution von 1830 mit einbezieht.

Hier liegt das Interesse Büchners an dem Zeitpunkt von Dantons Tod innerhalb der Geschichte der Französischen Revolution von 1789. Nach Siegen über die innere und äußere Reaktion stand die Frage des Selbstverständnisses und des »Wie weiter?« der Revolutionäre auf der Tagesordnung. Die Auseinandersetzung lag dabei nicht in den kontroversen Ansichten zwischen Danton und Robespierre, sondern in der welthistorischen Frage, ob man die Revolution in geistig-politischen Bereichen fortsetzt, oder in ökonomischen. ↓

FRIEDERICH

DANTON

Danton, weit freimüthiger und unverschämter als Robespierre, und deßhalb weniger zu fürchten, hatte ein ehernes Herz, und übte die philosophischen Grundsätze der Atheisten aus. Sein Gesicht glich einem Medusenhaupt auf einem athletischen Körper. Wenn der Donner seiner Stimme rollte, so erzeugte der scharfe, schneidende, gigantische und convulsivische Ausdruck seiner Beredtsamkeit mit lebhaften, aber fürchterlichen Bildern überladen, Grausen in allen Gemüthern. Er mochte gern bei lasterhaften Vergnügen von seinen Arbeiten ausruhen, und diese Vergnügungen machten ihn menschlicher. Bei seinen nächtlichen Orgien lachte er über den Schrecken, den er am Morgen verursacht hatte. Ein besänftigendes Vorwort fand bei ihm Gehör, und Thränen vermochten seine Grausamkeit zu erweichen; doch ein weit sichereres Mittel war das Gold. Menschen, auf die er Einfluß hatte, oder die er beherrschte, bewies er eine fast romanhafte Freundschaft und Treue; er ließ ihnen seinen Unterricht zukommen, und dictirte ihnen seine Orakelsprüche im Clubb der Franziskaner. Indessen erreichten seine verschrieensten Schüler nie eine so unersättliche Grausamkeit, als jene, welche aus Robespierre's Schule hervorgegangen waren. Danton vermochte nicht zu fassen, wie dieser zu einer Revolutionszeit den Heuchler spielen konnte.

Aus: *Unsere Zeit, oder geschichtliche Uebersicht der merkwürdigsten Ereignisse von 1789–1830. Nach den vorzüglichsten französischen, englischen und deutschen Werken bearbeitet von einem ehemaligen Officier der kaiserlich französischen Armee* [= Johann Konrad Friederich], Bd. III, Heft 11, Stuttgart 1827, S. 291 f. und 297 f.
Das 13-bändige populäre Sammelwerk *Unsere Zeit* von Johann Konrad Friederich erschien in Fortsetzungsheftchen und enthielt historische Dokumente und plastische Schilderungen der Revolutionsereignisse. Es war eine der Hauptquellen für Büchners *Danton's Tod*, die er schon aus seinem Elternhaus von abendlichen Lesungen her kannte.

ROBESPIERRE. (*liest*)
»St. Just [. . .] trägt seinen Kopf wie eine Monstranz.«
ST. JUST.
Ich will ihn den seinigen wie St. Denis tragen machen.

Danton's Tod I,6, 1835

Unbekannter Künstler
Maximilien de Robespierre
1793

Meister des Quirinus-Altars
Hl. Alban (Hl. Denis) mit abgeschlagenem Haupt in der Hand
Um 1500

Constance-Marie Charpentier
Georges Danton
1792

Sowohl Danton als auch Robespierre klammerten eine grundsätzliche Veränderung der Besitzverhältnisse aus. Der eigentliche Gegenspieler von Danton und Robespierre sind die »Armen«, die auf Verbesserung ihrer sozialen Mißtände warten. Für sie erweisen sich die »Heroenkämpfe« (Marx) Dantons und Robespierres als ökonomisch uninteressant. So ist die Entwicklung der beiden zu »Eckenstehern der Geschichte« (Büchner) folgerichtig. Und nochmals, weder Danton noch Robespierre bieten ein soziales Programm zur Befreiung der Massen. Weder in der Historie noch im Stück. Darüber hinaus waren beide an der Vernichtung der Hébertisten beteiligt, die eine Veränderung der Besitzverhältnisse durchsetzen wollten. Dantons und Robespierres Kampf »Wie der neue Mensch beschaffen sein soll« erweist sich als irreal. Der »epikuräische Mensch« und der »asketische Tugendmensch« sind beides Denkmodelle, die ohne Änderung der sozialen Situation geplant werden.

Und das ist der neuralgische Punkt der Revolution von 1798. Darum hat Büchner diesen Zeitpunkt für sein Stück gewählt. Anstatt die Revolution in ökonomischen Bereichen weiterzuführen, verwickeln sich die Kontrahenten in Selbstfindungsprozesse um die Erhaltung der eigenen fraktionellen Macht. Die politischen Aussage Büchners ist demnach nicht in der Auseinandersetzung zwischen Danton und Robespierre zu suchen, sondern in deren Unvermögen, die eigentliche geschichtliche Notwendigkeit zu erkennen. Diese Erkenntnis war Büchners eigenes politisches Programm. Sein Programm war die ökonomische Revolution (*Hessischer Landbote*) und nicht eine rousseauistische. Büchner selbst stand im Brennpunkt dieser grundsätzlichen Auseinandersetzung, wie die Zeugnisse seiner illegalen Tätigkeit belegen (Auseinandersetzung mit dem liberal-demokratischen Flügel der Weidig-Gruppe in Gießen). Warum Büchner diese Auseinandersetzung auf das Theater verlegt, hat seine Ursache in seiner Biographie (bevorstehende Verhaftung). »Theater« als Sinnbild für »die Welt« taucht schon im Barock als emblematisches Modell auf. Bei Büchner ist nicht nur der theatralische Handlungsablauf ein politisches Erkenntnismodell, sondern der Begriff des »Theaters« selbst: »wir stehen alle auf dem Theater, und werden am Ende im Ernst erstochen« (Büchner-Danton).

6. THESE

Dantons Tod ist ein theatralisches Modell und kein naturalistisches Abbild von Wirklichkeit. Das geht aus dem Stück selbst hervor. Nicht nur die zahlreichen »Stückzitate« von

↓

ADOLPHE THIERS

—

DANTONS ZAUDERN 1828

Indem Robespierre seine Zustimmung zu diesem Opfer [Dantons] gab, zerstörte er zu gleicher Zeit einen Nebenbuhler, gab der Regierung ihren Ruf von Kraft zurück, und erhöhte namentlich seinen Ruhm der Tugendhaftigkeit, da er einen Mann verfolgte, der beschuldigt ward, nach Geld und Vergnügen gejagt zu haben. [...] Man sah bald, daß alles vorbei sei, daß dieser heuchlerische Nebenbuhler keine Verbindlichkeiten gegen Danton übernehmen wollte, und daß er sich die Freiheit vorbehalte, denselben seinen Genossen zu überlassen. Das Gerücht hinsichtlich der nahe bevorstehenden Verhaftungen erhielt immer mehr Gewicht. Danton's Freunde umgaben ihn, redeten ihm zu aufzuwachen, die Trägheit abzuschütteln, und endlich jene Stirne zu zeigen, die nie vergeblich in den Stürmen gesehen worden war. – Ich weiß es, antwortete er, sie wollen mich verhaften! – – aber nein, sie wagen es nicht. – Ueberdieß, was konnte er machen? Flucht war unmöglich für ihn; welches Land hätte diesen furchtbaren Mann aufgenommen? Sollte er durch seine Flucht alle Verläumdungen seiner Feinde bestätigen? Er liebte auch sein Vaterland. Nimmt man, rief er, ein Vaterland an den Schuhsohlen mit sich? [...] In diesem Gefühle der Ohnmacht wartete er zu, und wiederholte sich: sie wagen es nicht. Er durfte glauben, daß vor seinem Namen und seinen Verdiensten die Gegner zaudern würden. Dann fiel er in seine Trägheit und in die Unbekümmertheit starker Geister zurück, welche die Gefahr erwarten, ohne sich viele Mühe zu geben, ihr zu entgehen.

Aus: Adolphe Thiers, *Geschichte der französischen Staatsumwälzung*, übersetzt von R. Mohl, Bd. 6, Tübingen 1828, S. 128 ff.
Die Revolutionsgeschichte von Louis Adolphe Thiers (1797–1877) war mit ihrem Fokus auf der Eigendynamik gesellschaftlicher Umwälzungen eine der Hauptquellen Büchners bei der Arbeit an *Danton's Tod*.

Jakobinermütze
1892–1898

Unbekannter Künstler
Öffentliche Hinrichtung in Straßburg
1791

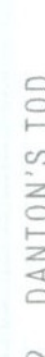

Shakespeare, Grabbe, Brentano, Heine, Goethe weisen aus, sondern Büchner weist im Stück selbst darauf hin: »Gehen Sie ins Theater, ich rat es Ihnen!« In seinem »Kunstdialog« zwischen Camille Desmoulins und Danton wendet er sich gegen eine verklärte Idealvorstellung vom Leben, die er für verlogen hält. Er setzt dagegen die Realität der »Gasse«. Das Stück als solches ist in sich selbst antithetisch: historische Vorgänge umfunktioniert zum theatralischen Denkmodell – Theater und Wirklichkeit. Bei der Realisierung des Stückes auf dem Theater müssen demzufolge theatralische Mittel verwendet werden. Diese Mittel leiten sich aus dem Bänkelsänger, aus den kommentierenden Liedeinlagen, aus der Theatralik der Szenen her. Nicht umsonst tritt der »Souffleur Simon« auf.

Um das Anliegen Büchners theatralisch sinnfällig zu machen, liegt es nahe, die Mittel des Theaters sichtbar zu machen. Das kann dadurch erreicht werden, wenn die Schauspieler nicht so tun, als wären sie selbst historische Persönlichkeiten, sondern indem sie die Möglichkeit nutzen, mehrere Figuren antithetisch vorzustellen. Dieser theatralische »Trick« ermöglicht es, Situationen und Rollenverhalten der Figuren als Modelle zu erleben. Paradoxerweise hat diese Darstellungsweise mit Büchners eigenem Leben Parallelen.

7. THESE

Büchners Stück *Dantons Tod* ist kein Stück der direkten Aussage, sondern der indirekten. Büchner war Realist genug, daß er die Erfahrung seiner illegalen revolutionären Tätigkeit, die ihn fortwährend zur Tarnung und zu einem blitzschnellen »Rollenspiel« zwang, auch bei seinen literarischen Produktionen anwandte. Sein scheinbarer objektiver Dokumentarismus von sogenannten *Schreckensbildern aus der Französischen Revolution* (Erstveröffentlichung) diente dazu, überhaupt gedruckt zu werden. Wie recht er damit tat, erhellt sich daraus, daß in dem Kreis von Leuten, in dem sein Stück zum ersten Mal von Gutzkow vorgelesen wurde, bereits ein Spion Metternichs eingeschleust war. Der »Trick« Büchners besteht nun darin, daß er durch den theatralischen Realismus seiner Figur Betroffenheit auslöst, die eine Auseinandersetzung mit seinem Anliegen provoziert, über den historischen Stoff hinaus.

Zu dieser indirekten Aussage gehören auch Büchners realistische, zeitbezogene »Bürgerszenen« im Stück. Seine »Besitzlosen« waren in der Lage, ihre »Magenfrage« zu formulieren, nicht aber ein ideologisches Gegenprogramm. Was er zeigen konnte, war ihre Verletzlichkeit, ihre Irrtümer, ihre Verzweiflung, die in Hilflosigkeit und Aggression umschlug. Karl Marx gab seine Dissertation *Differenz der demokratischen und epikureischen Naturphilosophie* am 6. April 1841 bei der Philosophischen Fakultät der Universität Jena ab. Büchner starb vier Jahre vorher dreiundzwanzigjährig.

Aus: *Georg Büchner Jahrbuch*, 1, Frankfurt am Main 1981, S. 178–181.
Alexander Lang (geb. 1941), von 1969 bis 1986 als Schauspieler und Regisseur am Deutschen Theater Berlin; ab 1984 Gastinszenierungen auch in der Bundesrepublik Deutschland; 1993 Rückkehr ans Deutsche Theater. Seine Inszenierung von *Danton's Tod* am Deutschen Theater, zu der die *Arbeitsthesen* entstanden sind, hatte am 24. April 1981 Premiere.

HEINRICH AUGUST OTTOKAR REICHARD

—

CAMILLE DESMOULINS' ABSCHIEDSBRIEF VOM 1. APRIL 1794 AN SEINE FRAU LUCILE

Camille Desmoulins [...] saß im Gefängniß Luxemburg. Aus diesem Gefängniß schrieb er an seine junge und schöne Frau, und dieser Brief ist als eine Zugabe zu der siebenten Nummer seines alten Cordeliers im Druck erschienen. Bekanntlich zog dieses Journal dem Camille Desmoulins unter Robespierres Regierung, Gefängniß und endlich den Guillotinentod zu, und es waren nur sechs Nummern davon erschienen. Der Brief ist mit jener Nachlässigkeit und Unordnung geschrieben, welche beweisen, daß er nicht bestimmt war, gedruckt zu werden; zugleich athmet er eine schwermüthige, liebevolle Zärtlichkeit, deren Ausdrücke gewiß kein Herz von Gefühl ohne Rührung lesen wird. Wir können daher dem Vergnügen nicht widerstehen, hier einige Stellen auszuziehen. »Ich öffne meine Fenster, und der Gedanke an meine Einsamkeit, die schrecklichen Gitter, die Riegel, die mich von dir trennen, haben alle Standhaftigkeit meiner Seele besiegt. Ich schmolz in Thränen, oder vielmehr ich

↓

Weib.

Du Judas, hättest du mir ein Paar Hosen hinaufzuziehen, wenn die jungen Herren nicht gegen sie — artig wären? Du Weinfaß, willst du verdursten, wenn das Brünnlein zu laufen aufhört? He! — Wir arbeiten mit allen Gliedern, warum denn nicht auch damit; ihre Mutter hat geschafft, wie sie zur Welt kam, und es hat … cht auch … dabei, … Messer, … e Kind! … t. Ein … er Weiber und Töchter kaufen! Weh über die, so mit den Töchtern des Volkes buhlen! Ihr habt Kollern im Leib und sie haben Magendrücken, ihr habt Löcher in den Jacken und sie haben warme Röcke, ihr habt Schwielen in den Fäusten und sie haben Sammthände. Ergo ihr arbeitet und sie thun nichts, ergo

— 36 —

Lacroix.

Die Gasse fällt mir ein.

Danton.

Und?

Lacroix.

Auf der Gasse waren Hunde, eine Dogge und ein Bologneser Schooßhündlein, die quälten sich.

Danton.

Was soll das?

Lacroix.

Das fiel mir nun grade so ein, und da mußt' ich lachen. Es sah erbaulich aus! Die Mädel guckten aus den Fenstern; man sollte vorsichtig sein und sie nicht einmal in der Sonne sitzen lassen. Die unmoralischen Mücken erwecken ihnen sonst allerhand erbauliche Gedanken. Legendre und ich sind fast durch alle Zellen gelaufen, mehr als eine apokalyptische Dame hing uns an den Rockschößen und wollte den Segen. Legendre gibt einer die Disciplin, aber er wird einen Monat dafür zu fasten bekommen. Da bringe ich zwei von ihnen.

Marion.

Guten Tag, Demoiselle Adelaide, guten Tag Demoiselle Rosalie.

— 37 —

Rosalie.

Wir hatten schon lange nicht das Vergnügen.

Marion.

Es war mir recht leid.

Adelaide.

Ach Gott, wir sind Tag und Nacht beschäftigt.

Danton (zu Rosalie).

Ei, Kleine, du hast geschmeidige Hüften bekommen.

Rosalie.

Ach ja, man vervollkommnet sich täglich.

Lacroix.

Was ist der Unterschied zwischen dem antiken und einem modernen Adonis?

Danton.

Und Adelaide ist sittsam-interessant geworden; eine pikante Abwechslung. Ihr Gesicht sieht aus wie ein Feigenblatt, das sie sich vor den ganzen Leib hält. So ein Feigenbaum an einer so gangbaren Straße gibt einen erquicklichen Schatten.

Lacroix.

So höre doch; ein moderner Adonis wird nicht von einem Eber, sondern von Säuen zerrissen; er bekommt seine Wunde nicht am Schenkel, sondern

Georg Büchner
Danton's Tod, Widmungsexemplar für Wilhelm Baum mit handschriftlichen Kommentaren Georg Büchners
1835

TILMAN FISCHER

—

»MIT DER SCHEERE DER VORCENSUR«

—

GUTZKOWS EINGRIFFE IN DANTON'S TOD

Am 21. Februar 1835 schickte Büchner das Manuskript von *Danton's Tod* an den Frankfurter Verleger Johann David Sauerländer (1789–1869) und den Literaturredakteur von dessen Zeitung *Phönix*, den Schriftsteller und Literaturkritiker Karl Gutzkow (1811–1878). Beide stimmten der Publikation umgehend zu, allerdings nicht ohne Vorbehalte. Gutzkow schrieb:

> 10 Friedrichsd'or will Ihnen Sauerländer geben unter der Bedingung, daß er mehres aus dem Drama für den Phönix benutzen darf, u daß Sie sich bereitwillig finden lassen, die Quecksilberblumen Ihrer Phantasie, u alles, was zu offenbar in die Frankfurter Brunnengasse u die Berlinische Königsmauer ablenkt, halb u halb zu kassiren. Mir freilig ist das so ganz recht, wie Sie es gegeben haben; aber Saurl. ist ein Familienvater, der 7 rechtmäßige Kinder im Ehebett gezeugt hat, u dem ich schon mit meinen Zweydeutigkeiten ein Alp bin: wieviel mehr Sie mit Ihren ganz grellen und nur auf Eines bezüglichen Eindeutigkeiten! Also dies ist sehr nothwendig. [...] Wollen Sie Folgendes: Ich komme zu Ihnen hinüber nach Darmstadt, bring' Ihnen das Geld u fange mit Ihnen gemeinschaftlich an, aus Ihrem Danton die Veneria herauszutreiben nicht durch Metall, sondern linde, durch Vegetabilien u etwas sentimentale Tisane. Es ist verflucht, aber es geht nicht anders, u ich vergebe Ihnen nicht, daß Sie mich bei dieser Dollmetscherei u Vermittlerschaft zwingen, die Parthie der Prüderie zu führen.[1]

↓

schluchzte, als ich überlaut in meiner Gruft rief: Lucilie, Lucilie, o meine liebe Lucilie, wo bist du? (Hier ist auf dem Papiere die Spur einer Thräne) Gestern Abend hatt' ich wieder so einen Augenblick, und mein Herz wollte mir zerbersten, als ich im Garten deine Mutter gewahr wurde. Eine maschinenmäßige Bewegung warf mich gegen die Gitter auf die Kniee, ich faltete die Hände, als ob ich ihr Mitleiden anflehen wollte, sie, die, das bin ich zu gewiß, in deinem Schooße jammert! Gestern erkannte ich ihren Schmerz (hier wieder ein Thränenfleck) an ihrem Schnupftuche und an ihrem Schleier, den sie herabließ, weil sie den Anblick nicht auszuhalten vermogte. Wenn ihr wieder kommt, so soll sie sich mit dir ein wenig näher setzen, damit ich euch besser sehe.«

Er beschwört sie, ihm ihr Bildniß zu schicken. »In den Schrecknissen meines Gefängnisses wird der Tag, wo ich dieses Bildniß erhalte, für mich ein Fest, ein Tag des Taumels und des Entzückens seyn. Bis dahin schicke mir von deinen Haaren, damit ich sie an mein Herz legen kann. Liebe Lucilie, da bin ich wieder in die Zeiten meiner ersten Liebe zurückgekehrt, wo mir jemand schon interessant wurde, weil er von dir kam. Gestern, als der Bürger wieder kam, der dir meinen Brief gebracht, sagte ich zu ihm: Nu? du hast sie gesehen! so wie ich dieß einstmahl zu dem Abbe Baudreville sagte, und ich ertappte mich, daß ich meine Blicke fest auf ihn geheftet hatte, als ob an seinen Kleidern, an seiner ganzen Person etwas von deiner Gegenwart, etwas von dir hängen geblieben wäre. Der Mann ist eine gute liebreiche Seele, weil er dir meinen Brief ohne Verzug zugestellt hat. Dieser Bote unseres Weh's wird mir jetzt so lieb, als mir Vorzeiten der Bote unserer Freude gewesen seyn würde. [...] Liebe Freundinn, du kannst dir nicht vorstellen, was das ist, so ganz allein eingeschlossen zu seyn, ohne jemand sprechen zu dürfen, ohne zu wissen, warum? ohne verhört worden zu seyn, ohne ein einziges Journal zu erhalten. Das heißt, zu gleicher Zeit leben und todt seyn, und nur existiren, um zu fühlen, daß man im Sarge ist. Man sagt, Unschuld sey ruhig, muthig, ach! liebe Lucilie, meine Vielgeliebte! sehr oft ist meine Unschuld schwach, wie die eines Gatten, eines Vaters, eines Sohnes!«

»Ich werde gerufen ... In diesem Augenblick bin ich von den Commissarien des Revolutionstribunals verhört worden. Man hat die einzige Frage an mich gethan: ob ich gegen die Republik conspirirt hätte? Welch eine Verspottung! Und kann man so den reinsten Republikanismus höhnen? Ich sehe das Schicksal, das mich erwartet.

↓

Guillotine aus Dillenburg / Nassau, vom französischen Justiztribunal des Herzogtums Berg bei seinem Abzug 1813 zurückgelassen
Vor 1813

Eugène Delacroix
Die Freiheit führt das Volk
1830

FISCHER

Zu einer gemeinsamen Bearbeitung des Textes und namentlich der sexuell anstößigen Stellen, auf die Gutzkow mit den Arzneien gegen die Syphilis und mit der Nennung der Bordellstraßen in Frankfurt und Berlin hier anspielt, kam es nicht. Büchner sah Gutzkows Eingriffe erstmals im gedruckten Text und war empört. An rund 200 Textstellen hatte Gutzkow den Dramentext umformuliert oder Streichungen vorgenommen. Neben einigen blasphemischen Äußerungen milderte er auch sprachliche Vulgarismen ab, vor allem aber galt sein Augenmerk den sexuellen Anspielungen und Witzen. Zahlreiche Streichungen und Textveränderungen machte Büchner in Widmungsexemplaren seines Buches für die Freunde August Stoeber und Wilhelm Baum handschriftlich rückgängig. An einigen Stellen setzte er am Rand noch Kommentare hinzu.

↓

REICHARD

Lebe wohl, meine Lucilie, sage meinem Vater, Lebewohl! Du siehst in mir ein Beyspiel von der Barbarey und dem Undanke der Menschen. Meine letzten Augenblicke sollen dich nicht entehren. Du siehst, daß meine Furcht gegründet war, und daß unsere Ahndungen immer wahr waren. Ich habe ein Weib genommen, ein himmlisches Weib, ich bin ein guter Gatte, ein guter Sohn gewesen, ich würde auch ein guter Vater gewesen seyn. Ich nehme die Achtung und das Mitleiden aller wahren Republikaner mit mir, aller Menschen, Tugend und Freyheit; ich sterbe im 34sten Jahre.« »Lebe für meinen Horatius [sein kleiner Sohn]; sprich mit ihm von mir, sage ihm, was er noch nicht verstehen kann, daß ich ihn herzlich geliebt haben würde. Trotz meiner Hinrichtung glaube ich, daß ein Gott ist; mein Blut wird meine Fehler auslöschen … Ich werde dich einst wieder sehen, o Lucilie! Ist, bey meinem empfindlichen Herzen, ist der Tod, der mich vom Anblick so vieler Greuelthaten befreyt, denn ein so großes Unglück?«

»Ich hinterlasse dir gute Freunde, alle tugendhafte und gefühlvolle Menschen. Adje Lucilie, liebe Lucilie! Adje Horaz, Annette; Adje Vater! Vor mir entflieht das Ufer des Lebens; ich sehe noch Lucilien, ich sehe sie! meine geschränkten Arme drücken dich! meine gebundenen Hände umfassen dich! und mein abgehauener Kopf ruht auf dir! Ich muß sterben.«

Camille's Gattinn überlebte ihn nicht lange; Robespierre ließ sie auch einsperren, und kurz darauf durch dieselbe Guillotine hinrichten. Riouffe, in seinen *Mémoires d'un détenu*, erzählt. »Ein zerreißendes Schauspiel bot sich uns dar, das ich nicht übergehn kann: die beiden Wittwen, Hebert und Camille Desmoulins, deren Männer sich einander aufs Schavot geschleppt hatten, und die nun weinend zusammen auf einem Steine, im Hofe der Conciergerie saßen; sie wurden ihren Männern bald nachgeschickt.«

Aus: *Revolutions-Almanach 1796*, hrsg. von Heinrich August Ottokar Reichard, Göttingen o. J. [1796], S. 67–72.

Unbekannter Künstler
Phallus als Hahn (verso)
Um 1770

Johann Anton Steinberger
Galante Spielkarten
mit französischen Farben
1800–1815

FISCHER

BÜCHNERS MANUSKRIPT	GUTZKOWS EINGRIFFE	BÜCHNERS KOMMENTARE
Ich zettelte eine Liebschaft mit einer Kartenkönigin an, meine Finger waren in Spinnen verwandelte Prinzen, Sie Madame waren die Fee; aber es gieng schlecht, die Dame lag immer in den Wochen, jeden Augenblick bekam sie einen Buben. Ich würde meine Tochter dergleichen nicht spielen lassen, die Herren und Damen fallen so unanständig übereinander und die Buben kommen gleich hinten nach.	Ich zettelte eine Liebschaft mit einer Kartenkönigin an, meine Finger waren in Spinnen verwandelte Prinzen, Sie Madame waren die Fee; aber es gieng schlecht, die Dame lag immer in den Wochen, jeden Augenblick **erwischte** sie einen Buben. Ich würde meine Tochter dergleichen nicht spielen lassen, die Herren und Damen fallen so **seltsam durcheinander** und die Buben kommen gleich hinten nach.	
Der göttliche Epicur und die Venus mit dem schönen Hintern müssen statt der Heiligen Marat und Chalier die Thürsteher der Republik werden.	Der göttliche Epicur und die Venus ~~mit dem schönen Hintern~~ müssen statt der Heiligen Marat und Chalier die Thürsteher der Republik werden.	
Du Hurenbett, in jeder Runzel deines Leibes nistet Unzucht.	~~Du Hurenbett,~~ In jeder Runzel deines Leibes nistet Unzucht.	
Das ist gut sonst würde der Name nach Schnaps riechen.	Das ist gut sonst würde der Name nach **Wein** riechen.	!! anständig!
er kann nur nicht viel vertragen, der Schnaps stellt ihm gleich ein Bein.	er kann nur nicht viel vertragen, der **Wein** stellt ihm gleich ein Bein.	! honett
Du Judas, hättest du nur ein Paar Hosen hinaufzuziehen, wenn die jungen Herren die Hosen nicht bey ihr herunterließen?	Du Judas, hättest du nur ein Paar Hosen hinaufzuziehen, wenn die jungen Herren **nicht gegen sie – artig wären**?	!! gemein oder !!
Wir arbeiten mit allen Gliedern warum denn nicht auch damit; ihre Mutter hat damit geschafft wie sie zur Welt kam und es hat ihr weh gethan, kann sie für ihre Mutter nicht auch damit schaffen, he?	Wir arbeiten mit allen Gliedern warum denn nicht auch damit; ihre Mutter hat ~~damit~~ geschafft wie sie zur Welt kam und es hat ihr weh gethan, kann sie für ihre Mutter nicht auch ~~damit~~ schaffen, he?	ei!ei!
Ja ein Messer, aber nicht für die arme Hure, was that sie? Nichts! Ihr Hunger hurt und bettelt. Ein Messer für die Leute, die das Fleisch unserer Weiber und Töchter kaufen! Weh über die, so mit den Töchtern des Volkes huren! […] ergo, wenn ihr von eurem gestohlnen Eigenthum ein paar Heller wieder haben wollt, müßt ihr huren und bettlen; ergo sie sind Spitzbuben und man muß sie todtschlagen.	Ja ein Messer, aber nicht für **das** arme **Kind!** Was that **es? Nichts!** Ihr Hunger ~~hurt und~~ bettelt. Ein Messer für die Leute, die das Fleisch unserer Weiber und Töchter kaufen! Weh über die, so mit den Töchtern des Volkes **buhlen**! […] ergo, wenn ihr von eurem gestohlnen Eigenthum ein paar Heller wieder haben wollt, müßt ihr **buhlen** und bettlen; ergo sie sind Spitzbuben und man muß sie todtschlagen.	
Habt Ihr vergessen, daß dieße Hure der Könige ihren Aussatz nur in dem Wasser der Rhone abwaschen kann?	Habt Ihr vergessen, daß dieße **Metze** der Könige ihren Aussatz nur in dem Wasser der Rhone abwaschen kann?	
Endlich sahen wir nicht ein, warum wir nicht eben so gut zwischen zwei Bettüchern bei einander liegen, als auf zwei Stühlen nebeneinander sitzen durften. Ich fand dabey mehr Vergnügen, als bey seiner Unterhaltung und sah nicht ab, warum man mir das geringere gewähren und das größere entziehen wollte. Wir thaten's heimlich. Das gieng so fort. ↓	Endlich sahen wir nicht ein, warum wir nicht eben so gut **auf – sonst eine Art uns miteinander unterhalten, als bloß** auf zwei Stühlen nebeneinander sitzen durften. Ich ~~fand dabey mehr Vergnügen, als bey seiner Unterhaltung und~~ sah nicht ab, warum man mir das ge-ringere gewähren und das größere entziehen wollte. ~~Wir thaten's heimlich. Das gieng so fort.~~ ↓	gemein!

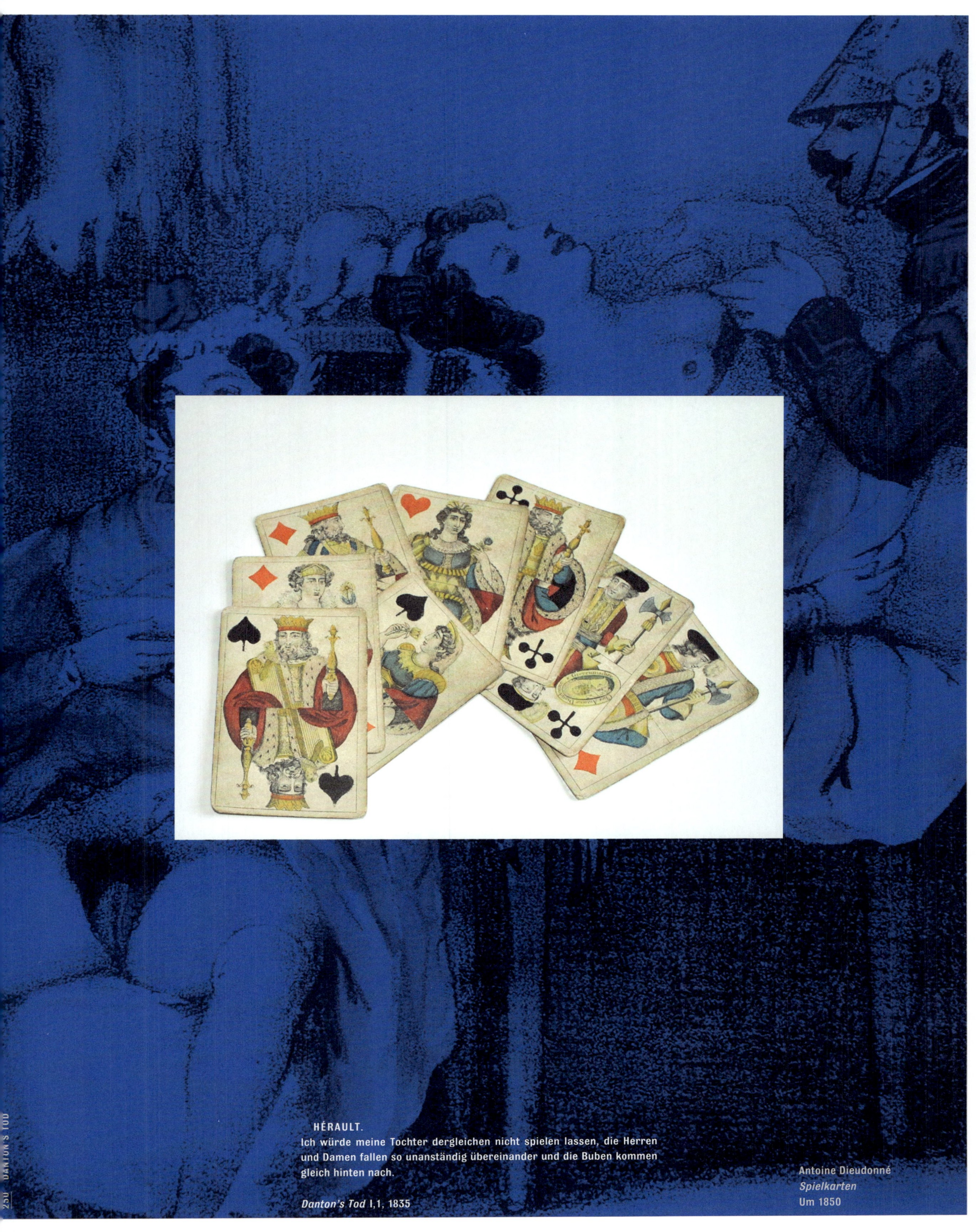

HÉRAULT.
Ich würde meine Tochter dergleichen nicht spielen lassen, die Herren und Damen fallen so unanständig übereinander und die Buben kommen gleich hinten nach.

Danton's Tod I,1, 1835

Antoine Dieudonné
Spielkarten
Um 1850

FISCHER

Es läuft auf eins hinaus, an was man seine Freude hat, an Leibern, Christusbildern, Blumen oder Kinderspielsachen

Die Mädel guckten aus den Fenstern, man sollte vorsichtig seyn und sie nicht einmal in die Sonne sitzen lassen, die Mücken treiben's ihnen sonst auf den Händen, das macht Gedanken.
Legendre und ich sind fast durch alle Zellen gelaufen, die Nönnlein von der Offenbarung durch das Fleisch hingen uns an den Rockschößen und wollten den Segen. Legendre giebt einer die Disciplin, aber er wird einen Monat dafür zu fasten bekommen. Da bringe ich zwei von den Priesterinnen mit dem Leib.

ADELAIDE.
Ich wäre ein Heerdweg, wenn Monsieur

LACROIX.
So höre doch, ein moderner Adonis wird nicht von einem Eber, sondern von Säuen zerrissen, er bekommt seine Wunde nicht am Schenkel sondern in den Leisten und aus seinem Blut sprießen nicht Rosen hervor sondern schießen Quecksilberblüthen an.

DANTON.
Fräulein Rosalie ist ein restaurirter Torso, woran nur die Hüften und Füße antik sind. Sie ist eine Magnetnadel, was der Pol Kopf abstößt, zieht der Pol Fuß an, die Mitte ist ein Aequator, wo jeder eine Sublimattaufe nöthig hat, der zum Erstenmal die Linie passirt.

Gute Nacht, ihr Quecksilbergruben!

das Volk ist tugendhaft d. h. es genießt nicht, weil ihm die Arbeit die Genußorgane stumpf macht, es besäuft sich nicht, weil es kein Geld hat und es geht nicht in's Bordel, weil es nach Käs und Häring aus dem Hals stinkt

Gute Nacht Danton, die Schenkel der demoiselle guillotiniren dich, der mons Veneris wird dein tarpeischer Fels.

Mit deiner Tugend Robespierre! du hast kein Geld genommen, du hast keine Schulden gemacht, du hast bey keinem Weibe geschlafen, du hast immer einen anständigen Rock getragen

Er will die Rosse der Revolution am Bordel halten machen,

DANTON *(er kleidet sich an).*
↓

Es läuft auf eins hinaus, an was man seine Freude hat, an **Reliquien oder an Lebendigen, an** Blumen oder Kinderspielsachen

Die Mädel guckten aus den Fenstern, man sollte vorsichtig seyn und sie nicht einmal in **der** Sonne sitzen lassen. Die **unmoralischen** Mücken **erwecken** ihnen sonst **allerhand erbauliche** Gedanken.
Legendre und ich sind fast durch alle Zellen gelaufen, **mehr als eine apokalyptische Dame** hing uns an den Rockschößen und wollte den Segen. Legendre giebt einer die Disciplin, aber er wird einen Monat dafür zu fasten bekommen. Da bringe ich zwei von **ihnen**.

~~ADELAIDE.~~
~~Ich wäre ein Heerdweg, wenn Monsieur~~

LACROIX.
So höre doch, ein moderner Adonis wird nicht von einem Eber, sondern von Säuen zerrissen, er bekommt seine Wunde nicht am Schenkel sondern in den Leisten und aus seinem Blut **sprossen** nicht Rosen hervor ~~sondern schießen Quecksilberblüthen an~~.

DANTON.
O laß das; Fräulein Rosalie ist ein restaurirter Torso, woran nur die Hüften und Füße antik sind. Sie ist eine Magnetnadel, was der Pol Kopf abstößt, zieht der Pol Fuß an~~, die Mitte ist ein Aequator, wo jeder eine Sublimattaufe nöthig hat, der zum Erstenmal die Linie passirt~~.

Gute Nacht, ihr ~~Queck~~Silbergruben!

das Volk ist tugendhaft d. h. es genießt nicht, weil ihm die Arbeit die Genußorgane stumpf macht, es besäuft sich nicht, weil es kein Geld hat und es **schweift nicht aus**, weil es nach Käs und Häring aus dem Hals **riecht**

Gute Nacht Danton, ~~die Schenkel der demoiselle guillotiniren dich,~~ der mons Veneris wird dein tarpeischer Fels

Mit deiner Tugend Robespierre! du hast kein Geld genommen, du hast keine Schulden gemacht, ~~du hast bey keinem Weibe geschlafen,~~ du hast immer einen anständigen Rock getragen

Er will die Rosse der Revolution am **Zügel** halten ~~machen~~.

DANTON *(er kleidet sich **um**)*
↓

!
einfältig!

defect.

anständig!

Les Amants célèbres

CHARLES VII & AGNÈS-SOREL,

s'enivrant à la coupe des voluptés

LACROIX.
Gute Nacht Danton, die Schenkel der demoiselle guillotiniren dich, der mons Veneris wird dein tarpeiischer Fels.

Danton's Tod I,5, 1835

Unbekannter Künstler
Die berühmten Liebenden
1845

FISCHER

Unsere Huren könnten es noch mit den Guillotinenbetschwestern aufnehmen, sonst weiß ich nichts.

ROSALIE *(zu Adelaiden)*.
Mach fort, da kommen Soldaten, wir haben seit gestern nichts Warmes in den Leib gekriegt.

Möchte man nicht drunter springen, sich die Hosen vom Leibe reißen und sich über den Hintern begatten wie die Hunde auf der Gasse?

Was ist das, was in uns hurt, lügt, stiehlt
und mordet?

Sieh' auf dein Zifferblatt, es ist die Zeit, wo die Perpendikel unter den Bettdecken ausschlagen.

1. BÜRGER.
Eine Eichelkron? Es sollen ihr ohnehin jeden Tag Eicheln genug in den Schooß fallen.

Sie müssen mir zugestehen daß es gerade nicht viel um die himmlische Majestät ist, wenn der liebe Herrgott in jedem von uns Zahnweh kriegen, den Tripper haben, lebendig begraben werden oder wenigstens die sehr unangenehmen Vorstellungen davon haben kann.

Freue dich, du kömmst glücklich durch, du kannst ganz ruhig in Madame Momoro das Meisterstück der Natur anbeten, wenigstens hat sie dir die Rosenkränze dazu in den Leisten gelassen.

Sie werden noch aus der Guillotine ein specificum gegen die Lustseuche machen.

COLLOT.
Nicht wahr, über dem Ort steht ein Haarstern, unter dessen versengenden Strahlen dein Rückenmark ganz ausgedörrt wird.
BILLAUD.
Nächstens werden die niedlichen Finger der reizenden Demahy es ihm aus dem Futterale ziehen und es als Zöpfchen über den Rücken hinunter hängen machen.
BARRÈRE. *(zuckt die Achseln)*.
Pst! Davon darf der Tugendhafte nichts wissen.
BILLAUD.
Er ist ein impotenter Mahomet.

Wenn er einem noch nothzüchtigte und
seinen Raub unter Ringen und Kampf aus
den heißen Gliedern riß!
↓

Unsere **Metzen** könnten es noch mit den Guillotinenbetschwestern aufnehmen, sonst weiß ich nichts.

ROSALIE *(zu Adelaiden)*.
Mach fort, da kommen Soldaten~~, wir haben seit gestern nichts Warmes in den Leib gekriegt~~.

~~Möchte man nicht drunter springen, sich die Hosen vom Leibe reißen und sich über den Hintern begatten wie die Hunde auf der Gasse?~~

Was ist das, was in uns ~~hurt,~~ lügt, stiehlt
und mordet?

Sieh' auf dein Zifferblatt~~, es ist die Zeit, wo die Perpendikel unter den Bettdecken ausschlagen~~.

~~1. BÜRGER.~~
~~Eine Eichelkron? Es sollen ihr ohnehin jeden Tag Eicheln genug in den Schooß fallen.~~

Sie müssen mir zugestehen daß es gerade nicht viel um die himmlische Majestät ist, wenn der liebe Herrgott in jedem von uns Zahnweh kriegen, ~~den Tripper haben,~~ lebendig begraben werden oder wenigstens die sehr unangenehmen Vorstellungen davon haben kann.

Freue dich, du kömmst glücklich durch, du kannst ganz ruhig in Madame Momoro das Meisterstück der Natur anbeten~~, wenigstens hat sie dir die Rosenkränze dazu in den Leisten gelassen~~.

Sie werden noch aus der Guillotine ein specificum ~~gegen die Lustseuche~~ machen.

~~COLLOT.~~
~~Nicht wahr, über dem Ort steht ein Haarstern, unter dessen versengenden Strahlen dein Rückenmark ganz ausgedörrt wird.~~
~~BILLAUD.~~
~~Nächstens werden die niedlichen Finger der reizenden Demahy es ihm aus dem Futterale ziehen und es als Zöpfchen über den Rücken hinunter hängen machen.~~
~~COLLOT. (zuckt die Achseln).~~
~~Pst! Davon darf der Tugendhafte nichts wissen.~~
~~BILLAUD.~~
~~Er ist ein impotenter Mahomet.~~

Wenn er ~~einem~~ noch ~~nothzüchtigte und~~
seinen Raub unter Ringen und Kampf aus
den heißen Gliedern riß!
↓

defect.

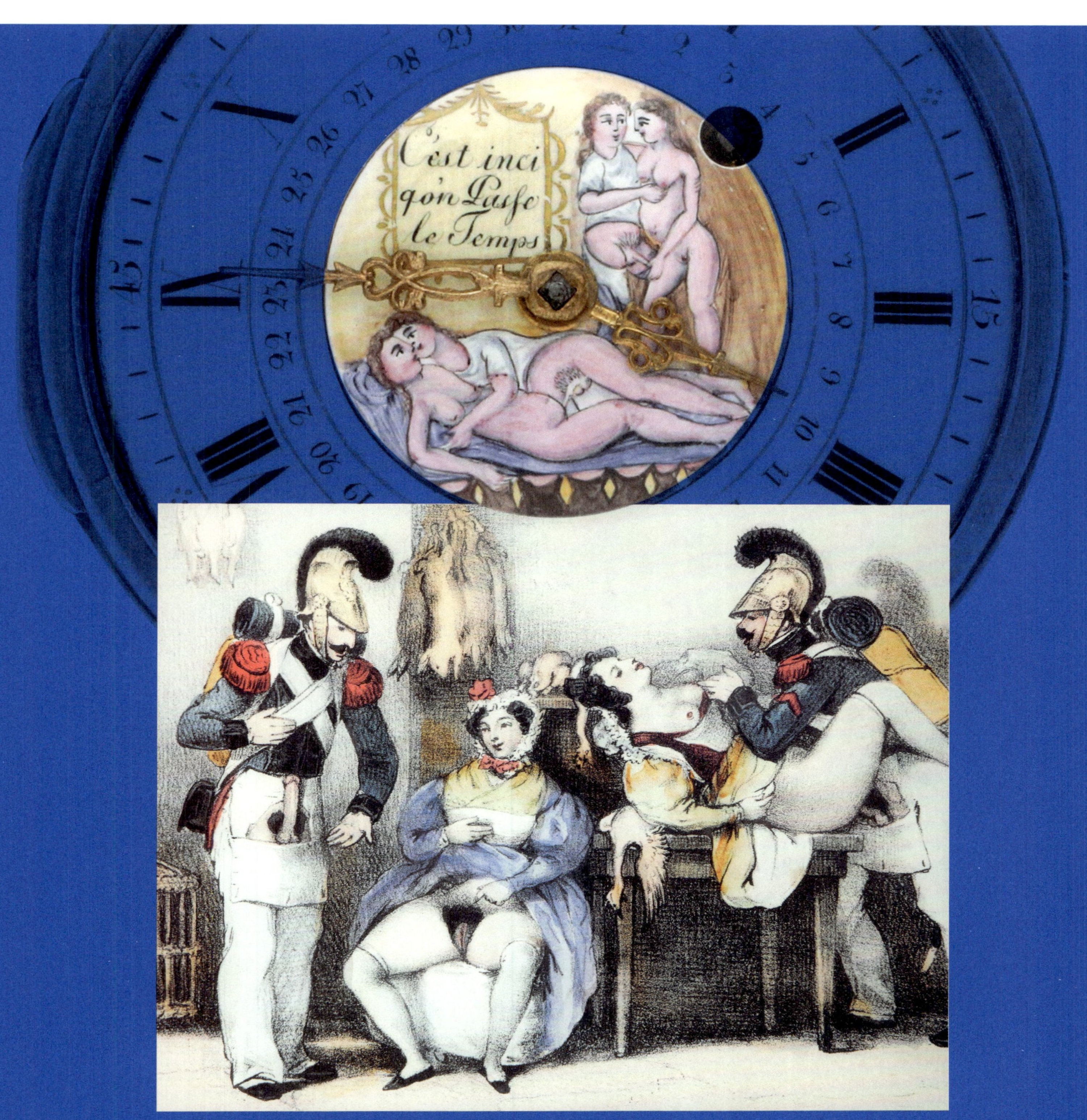

SIMON.
Wie weit ist die Nacht? [...]
1. BÜRGER.
Sieh' auf dein Ziffernblatt, es ist die Zeit, wo die Perpendikel unter den Bettlaken ausschlagen.

Danton's Tod II,6, 1835

ROSALIE (zu ADELAIDEN).
Mach fort, da kommen Soldaten, wir haben seit gestern nichts Warmes in den Leib gekriegt.

Danton's Tod II,2, 1835

Taschenuhr
mit erotischer Szene
Um 1800

Unbekannter Künstler
Soldatenbild
Anfang 19. Jahrhundert

FISCHER

Danton hat eine schöne Frau, er badet sich in Burgunder, ißt das Wildpret von silbernen Tellern und schläft bey euern Weibern und Töchtern, wenn er betrunken ist.	Danton hat eine schöne Frau, er badet sich in Burgunder, ißt das Wildpret von silbernen Tellern ~~und schläft bey euern Weibern und Töchtern, wenn er betrunken ist~~.	
Ich will mich aus dem Leben nicht wie aus dem Betstuhl, sondern wie aus dem Bett einer barmherzigen Schwester wegschleichen. Es ist eine Hure, es treibt mit der ganzen Welt Unzucht.	Ich will mich aus dem Leben nicht wie aus dem Betstuhl, sondern wie aus **der Kammer eines Mädchens** wegschleichen. ~~Es ist eine Hure, es treibt mit der ganzen Welt Unzucht.~~	
1. FUHRMANN. Halt euren Platz vor, um ein Mädel fährt man nit herum, immer in die Mitt 'nein. 2. FUHRMANN. Ja das glaub' ich, du kannst mit Karren und Gäulen hinein, du findst gute Gleise, aber du mußt Quarantän halten, wenn du heraus kommst.	~~1. FUHRMANN.~~ ~~Halt euren Platz vor, um ein Mädel fährt man nit herum, immer in die Mitt 'nein.~~ ~~2. FUHRMANN.~~ ~~Ja das glaub' ich, du kannst mit Karren und Gäulen hinein, du findst gute Gleise, aber du mußt Quarantän halten, wenn du heraus kommst.~~	
EIN WEIB. Wir warten auf alte Kunden. 2. FUHRMANN. Meint Ihr mein Karren wär' ein Bordell?	EIN WEIB. Wir warten auf alte **Kameraden**. 2. FUHRMANN. Meint Ihr mein Karren wär **eure Winkelhäuser**?	defect!
DANTON. Ich lasse Alles in einer schrecklichen Verwirrung. Keiner versteht das Regieren. Es könnte vielleicht noch gehn, wenn ich Robespierre meine Huren und Couthon meine Waden hinterließe. LACROIX. Wir hätten die Freiheit zur Hure gemacht! DANTON. Was wäre es auch! Die Freiheit und eine Hure sind die kosmopolitischsten Dinge unter der Sonne. Sie wird sich jezt anständig im Ehebett des Advokaten von Arras prostituiren. Aber ich denke sie wird die Clytemnaestra gegen ihn spielen, ich lasse ihm keine 6 Monate Frist, ich ziehe ihn mit mir.	DANTON. Ich lasse Alles in einer schrecklichen Verwirrung. Keiner versteht das Regieren. Es könnte vielleicht noch gehn, wenn ich Robespierre ~~meine Huren und Couthon~~ meine Waden hinterließe. LACROIX. Wir hätten die Freiheit **prostituirt**! DANTON. ~~Was wäre es auch! Die Freiheit und eine Hure sind die kosmopolitischsten Dinge unter der Sonne. Sie wird sich jezt anständig im Ehebett des Advokaten von Arras prostituiren. Aber ich denke sie wird die Clytemnaestra gegen ihn spielen,~~ Ich lasse ihm keine 6 Monate Frist, ich ziehe ihn mit mir.	defect
Schlafen, Verdaun, Kinder machen das treiben Alle	Schlafen, Verdaun, ~~Kinder machen~~ das treiben Alle	
Ob wir uns nun Lorbeerblätter, Rosenkränze oder Weinlaub vor die Schaam binden, oder das häßliche Ding offen tragen und es uns von den Hunden lecken lassen?	Ob wir uns nun Lorbeerblätter, Rosenkränze oder Weinlaub vor**binden oder uns nackt tragen**?	
EIN WEIB. He Danton, du kannst jezt mit den Würmern Unzucht treiben. EINE ANDERE. Hérault, aus deinen hübschen Haaren laß' ich mir eine Perücke machen. HÉRAULT. Ich habe nicht Waldung genug für einen so abgeholzten Venusberg.	EIN WEIB. He Danton, du kannst jezt **die Würmer heirathen**. EINE ANDERE. Hérault, aus deinen hübschen Haaren laß' ich mir eine Perücke machen. HÉRAULT. Ich habe nicht Waldung genug für einen so abgeholzten ~~Venus~~Berg.	
Kerl wo bleibst so lang bey de Menscher? ↓	Kerl wo bleibst so lang ~~bey de Menscher~~? ↓	

Es tobte eine wilde Sanscülottenlust in der Dichtung; die Erklärung der Menschenrechte wandelte darin auf und ab, nackt und nur mit Rosen bekränzt.

Karl Gutzkow über *Danton's Tod*, in: *Ein Kind der neuen Zeit*, 1837

DANTON.
Sieh die hübsche Dame, wie artig sie die Karten dreht! ja wahrhaftig sie versteht's, man sagt sie halte ihrem Manne immer das coeur und anderen das carreau hin.

Danton's Tod I,1, 1835

Allgemeiner Wunsch aller Völker 1848
1850

Johann Anton Steinberger
Galantes Spiel mit französischen Farben
1800–1815

Vom 26. März bis zum 7. April 1835 erschien eine Vorabpublikation von *Danton's Tod* in zehn Auszügen in der Zeitschrift *Phönix*. Anfang Juli folgte das Buch in einer Auflage von rund 400 Exemplaren. Über seine Tätigkeit als Vorzensor schrieb Gutzkow 1837 rückblickend:

> Ich hatte indessen große Mühe mit seinem Danton. Ich hatte vergessen, daß solche Dinge, wie sie Büchner dort hingeworfen, solche Ausdrücke sogar, die er sich erlaubte, heute nicht gedruckt werden dürfen. Es tobte eine wilde Sanscülottenlust in der Dichtung; die Erklärung der Menschenrechte wandelte darin auf und ab, nackt und nur mit Rosen bekränzt. Die Idee, die das Ganze zusammenhielt, war die rothe Mütze. Büchner studirte Medizin. Seine Phantasie spielte mit dem Elend der Menschen, in welches sie durch Krankheiten gerathen; ja die Krankheiten des Leichtsinns mußten ihm zur Folie seines Witzes dienen. Die dichterische Flora des Buches bestand aus ächten Feld- und Quecksilberblumen. Jene streute seine Phantasie, diese seine übermüthige Satyre. Als ich nun, um dem Censor nicht die Lust des Streichens zu gönnen, selbst den Rothstift ergriff, und die wuchernde Demokratie der Dichtung mit der Scheere der Vorcensur beschnitt, fühlt' ich wohl, wie grade der Abfall des Buches, der unsern Sitten und unsern Verhältnissen geopfert werden mußte, der beste, nämlich der individuellste, der eigenthümlichste Theil des Ganzen war. Lange zweideutige Dialoge in den Volksscenen, die von Witz und Gedankenfülle sprudelten, mußten zurückbleiben. Die Spitzen der Wortspiele mußten abgestumpft werden oder durch aushelfende dumme Redensarten, die ich hinzusetzte, krumm gebogen. Der ächte Danton von Büchner ist nicht erschienen. Was davon herauskam ist ein nothdürftiger Rest, die Ruine einer Verwüstung, die mich Ueberwindung genug gekostet hat.[2]

1 Karl Gutzkow an Georg Büchner am 3. März 1835, zit. nach: MBA X.1, S. 50.

2 Karl Gutzkow, »Ein Kind der neuen Zeit«, in: *Frankfurter Telegraph*, N. F., 1837, Nr. 42/43, S. 337 f.

Moritz Daniel Oppenheim
Heinrich Heine
1831

BURGHARD DEDNER

—

GÖTTERDEMOKRATIE UND FELS DES ATHEISMUS

—

BÜCHNERS ANTWORTEN AUF HEINRICH HEINE

Mitte Januar 1835 begann Büchner mit der Niederschrift der Druckvorlage zu *Danton's Tod*. Er stützte sich bei der Arbeit auf vorherige Entwürfe, wurde »in höchstens fünf Wochen« damit fertig[1] und schickte das Manuskript am 21. Februar an den Verlag. Nur an einer Stelle musste er erheblich nachbessern. Das politische Programm, das er den Freunden Dantons zunächst in den Mund legte, war zwar historisch korrekt, aber dramatisch unergiebig. Auf einem eingelegten Papierbogen notierte er nachträglich eine neue Lösung, die den Gegensatz zwischen Dantonisten und Robespierristen in eine umfassende universalhistorische Perspektive rückte. Stichwortgeber hierfür war Heinrich Heine. Dieser erzählte in den Jahren 1834/35 die Geschichte Europas und der Weltreligionen neu, und zwar als Auseinandersetzung zwischen »zwey socialen Systemen, die sich in allen Manifestazionen des Lebens geltend machen«.[2] Das erste dieser Systeme, der »Spiritualismus«, suche in »frevelhafter Anmaßung des Geistes [...] die Materie zu zertreten«. Das zweite, der Sensualismus, wolle die Materie rehabilitieren und »den Sinnen ihre Rechte« zurückgeben. Heine prophezeite in diesem Zusammenhang die religiöse Erneuerung Europas und plädierte für eine Neubestimmung sozialrevolutionärer Ziele. Büchner beschäftigte sich mit Heines Vorstellungen an verschiedenen Stellen seiner Dramen und vermutlich sogar noch in seinen philosophischen Schriften.

PANTHEISMUS UND GÖTTERDEMOKRATIE

Im *Buch der Lieder* von 1827 besang Heine die unglücklich schmachtende Liebe und hatte beim Publikum Erfolg. Mit seiner nächsten Buchveröffentlichung *Salon. Erster Band*, 1834, provozierte er dasselbe Publikum, indem er glückliche sinnliche Liebe besang. Da in diesen Gedichten von mehreren Frauen die Rede zu sein schien, sah sich jeder sittenstrenge Familienvater genötigt, das Buch zu Hause unter Verschluss zu halten. Eingestreut in die Sammlung als Nr. VII zu dem Zyklus »Seraphine«[3] war das programmatische Gedicht:

Auf diesen Felsen bauen wir
Die Kirche von dem dritten,
Dem dritten neuen Testament;
Das Leid ist ausgelitten.

Vernichtet ist das Zweyerley,
Das uns so lang bethöret;
Die dumme Leiberquälerey
Hat endlich aufgehöret.

Hörst du den Gott im finstern Meer?
Mit tausend Stimmen spricht er.
Und siehst du über unserm Haupt
Die tausend Gotteslichter?

Der heilge Gott der ist im Licht
Wie in den Finsternissen;
Und Gott ist alles was da ist;
Er ist in unsern Küssen.

↓

PAYNE.
Das ist der Fels des Atheismus.

Danton's Tod III,1, 1835

Unbekannter Künstler
Temple de la Raison
Monument im Münster
während der
Französischen Revolution
18. Jahrhundert

DEDNER

Was Heine hier verkündete, war nichts Geringeres als das Ende der christlichen Ära, die auf dem Felsen des Neuen Testaments gebaut war. Die Vergöttlichung des Leidens, der Dualismus von Leib und Seele, die »dumme Leiberquälerey« – diese Charakteristika des Christentums hätten sich überlebt. Die künftige Religion werde die Welt vergöttlichen und uns lehren, Gott in Allem, vor allem »in unsern Küssen«, wahrzunehmen.

Nicht mehr nur provozierend, sondern vielmehr räsonnierend kam Heine auf das Thema im folgenden Jahr in seiner Abhandlung »Zur Geschichte der Religion und Philosophie in Deutschland« in *Salon II* zurück.[4] Heine stellte fest, »der Pantheismus« sei »das öffentliche Geheimniß in Deutschland«, und sagte voraus, »im Bewußtseyn seiner Göttlichkeit« werde der künftige Mensch »die wahren Großthaten des wahren Heroentums« leisten.[5] Fünfzig Jahre später verkündete Friedrich Nietzsche bekanntlich eine ähnliche Vision. Heine gab seinem Programm außerdem eine unmittelbar politische Wendung mit der Feststellung, dass der im pantheistischen Geist handelnde Revolutionär sich von den Sozialrevolutionären älterer und neuerer Prägung wesentlich unterscheide. Er kämpfe nämlich nicht bloß »für die Menschenrechte des Volkes«, sondern »für die Gottesrechte des Menschen«, nicht für eine Volks-, sondern für eine Götterdemokratie. Gegen die »Männer der Revoluzion« gewendet schrieb Heine:

> Wir wollen keine Sanskülotten seyn, keine frugale Bürger, keine wohlfeile Präsidenten: wir stiften eine Demokrazie gleichherrlicher, gleichheiliger, gleichbeseligter Götter. Ihr verlangt einfache Trachten, enthaltsame Sitten und ungewürzte Genüsse; wir hingegen verlangen Nektar und Ambrosia, Purpurmäntel, kostbare Wohlgerüche, Wollust und Pracht, lachenden Nymphentanz, Musik und Komödien. – Seyd deßhalb nicht ungehalten, Ihr tugendhaften Republikaner! Auf Eure censorische Vorwürfe entgegnen wir Euch, was schon ein Narr des Shakespear sagte: meinst du, weil du tugendhaft bist, solle es auf dieser Erde keine angenehmen Torten und keinen süßen Sekt mehr geben?[5]

DIE IKONEN DER REPUBLIK

In der ersten Fassung von Büchners *Danton*-Manuskript fordern Dantons Freunde die sofortige Überführung der Revolutionsdiktatur in eine Republik. Diese müsse das »Recht« und das »Wohlbefinden« garantieren und die staatliche Regelungsgewalt auf ein Minimum, auf die »Nothwehr«, beschränken. Insgesamt solle gelten: »Jeder muß sich geltend machen und seine Natur durchsetzen können.« (*Danton's Tod* I/1)[7] Vorbild dieses Programms war offenbar eine Republik nach amerikanischem Muster mit den 1776 in der »Declaration of Independence« festgelegten Staatsgrundsätzen »life, liberty and the pursuit of happiness«. Was Büchner so im Manuskript formulierte, entsprach dem Programm der historischen Dantonisten, und die Nähe zum amerikanischen

↓

PAUL CELAN

—

DER SCHREI DER LUCILE
1960

Die Kunst, meine Damen und Herren, ist, mit allem zu ihr Gehörenden und noch Hinzukommenden, auch ein Problem, und zwar, wie man sieht, ein verwandlungsfähiges, zäh- und langlebiges, will sagen ewiges.

Ein Problem, das einem Sterblichen, Camille, und einem nur von seinem Tod her zu Verstehenden, Danton, Worte und Worte aneinanderzureihen erlaubt. Von der Kunst ist gut reden.

Aber es gibt, wenn von der Kunst die Rede ist, auch immer wieder jemand, der zugegen ist und ... nicht richtig hinhört.

Genauer: jemand, der hört und lauscht und schaut ... und dann nicht weiß, wovon die Rede war. Der aber den Sprechenden hört, der ihn »sprechen sieht«, der Sprache wahrgenommen hat und Gestalt, und zugleich auch – wer vermöchte hier, im Bereich dieser Dichtung, daran zu zweifeln? –, und zugleich auch Atem, das heißt Richtung und Schicksal.

Das ist, Sie wissen es längst, sie kommt ja, die so oft und kaum von ungefähr so oft Zitierte, mit jedem neuen Jahr zu Ihnen – das ist Lucile.

↓

DANTON.
Du hast dunkle Augen und lockiges Haar und einen feinen Teint und sagst immer zu mir: lieb Georg. Aber (er deutet ihr auf Stirn und Augen) da da, was liegt hinter dem? Geh, wir haben grobe Sinne. Einander kennen? Wir müssten uns die Schädeldecken aufbrechen und die Gedanken einander aus den Hirnfasern zerren.

Danton's Tod I,1, 1835

Christian Heinrich Bünger
Augen mit Nervensträngen
1810–1830

DEDNER

Modell hatte sich der Nachwelt auch so eingeprägt. In den Grabenkämpfen der französischen Sozialrevolutionäre nach 1830 wurde deren rechter Flügel als »queue de Danton« oder »école américaine« (»Gefolgschaft von Danton«, »amerikanische Schule«) bezeichnet.[8] Büchner hat diese Programmteile auch in den endgültigen Text übernommen.

Dennoch war dies alles sowohl dramentechnisch als auch inhaltlich unbefriedigend. Die Jakobiner um Robespierre erhalten in dem Drama des öfteren Gelegenheit, ihr Programm und ihre Aufgaben zu formulieren: Sie müssen Frankreich gegen die ausländischen Truppen verteidigen und den in Paris herrschenden Hunger stillen sowie verhindern, dass die Begüterten älteren und die Revolutionsgewinnler neueren Datums die politische Macht im Lande an sich reißen. Deshalb stellen sie fest: »Die sociale Revolution ist noch nicht fertig« (*Danton's Tod* I/6), plädieren für die vorläufige Beibehaltung der Diktatur und verlangen einen Staat mit starker Regulierungsgewalt. »Die Tugend«, die hier »durch den Schrecken herrschen« soll (*Danton's Tod* I/5), favorisiert jenen sinnenfeindlichen Asketismus, den der als »der Unbestechliche« bekannte Robespierre – in der Geschichte wie im Drama – perfekt verkörperte. Robespierre hat – wie Danton vorwurfsvoll sagt – »kein Geld genommen«, »keine Schulden gemacht«, »bey keinem Weibe geschlafen«, »immer einen anständigen Rock getragen«, »[s]ich nie betrunken«. Robespierre ist »empörend rechtschaffen« (*Danton's Tod* I/6).

Es gibt gute Gründe, vor diesem Programm zu erschrecken. Das Gegenprogramm klang attraktiver, jedoch blieb es in der zunächst formulierten Fassung ohne feste Kontur. Und wer es inhaltlich vorzieht, muss bedenken,

↓

CELAN

Das während der Unterhaltung Dazwischengekommene greift rücksichtslos durch, es gelangt mit uns auf den Revolutionsplatz, »die Wagen kommen angefahren und halten«.

Die Mitgefahrenen sind da, vollzählig, Danton, Camille, die anderen. Sie alle haben, auch hier, Worte, kunstreiche Worte, sie bringen sie an den Mann, es ist, Büchner braucht hier mitunter nur zu zitieren, vom gemeinsamen In-den-Tod-gehen die Rede, Fabre will sogar »doppelt« sterben können, jeder ist auf der Höhe, – nur ein paar Stimmen, »einige« – namenlose – »Stimmen«, finden, daß das alles »schon einmal dagewesen und langweilig« sei.

Und hier, wo alles zu Ende geht, in den langen Augenblicken, da Camille – nein, nicht er, nicht er selbst, sondern ein Mitgefahrener –, da dieser Camille theatralisch – fast möchte man sagen: jambisch – einen Tod stirbt, den wir erst zwei Szenen später, von einem ihm fremden – einem ihm so nahen – Wort her, als den seinen empfinden können, als rings um Camille Pathos und Sentenz den Triumph von »Puppe« und »Draht« bestätigen, da ist Lucile, die Kunstblinde, dieselbe Lucile, für die Sprache etwas Personhaftes und Wahrnehmbares hat, noch einmal da, mit ihrem plötzlichen »Es lebe der König!«

Nach allen auf der Tribüne (es ist das Blutgerüst) gesprochenen Worten – welch ein Wort!

Es ist das Gegenwort, es ist das Wort, das den »Draht« zerreißt, das Wort, das sich nicht mehr vor den »Eckstehern und Paradegäulen der Geschichte« bückt, es ist ein Akt der Freiheit. Es ist ein Schritt.

Gewiß, es hört sich – und das mag im Hinblick auf das, was ich jetzt, also heute davon zu sagen wage, kein Zufall sein –, es hört sich zunächst wie ein Bekenntnis zum »ancien régime« an.

Aber hier wird – erlauben Sie einem auch mit den Schriften Peter Kropotkins und Gustav Landauers Aufgewachsenen, dies ausdrücklich hervorzuheben –, hier wird keiner Monarchie und keinem zu konservierenden Gestern gehuldigt.

Gehuldigt wird hier der für die Gegenwart des Menschlichen zeugenden Majestät des Absurden.

Das, meine Damen und Herren, hat keinen ein für allemal feststehenden Namen, aber ich glaube, es ist ... die Dichtung.

Aus: Paul Celan, »Rede zur Verleihung des Georg-Büchner-Preises 1960«, in: *Deutsche Akademie für Sprache und Dichtung, Jahrbuch 1960*, Darmstadt/Heidelberg 1961, S. 74–88, hier S. 75 f.

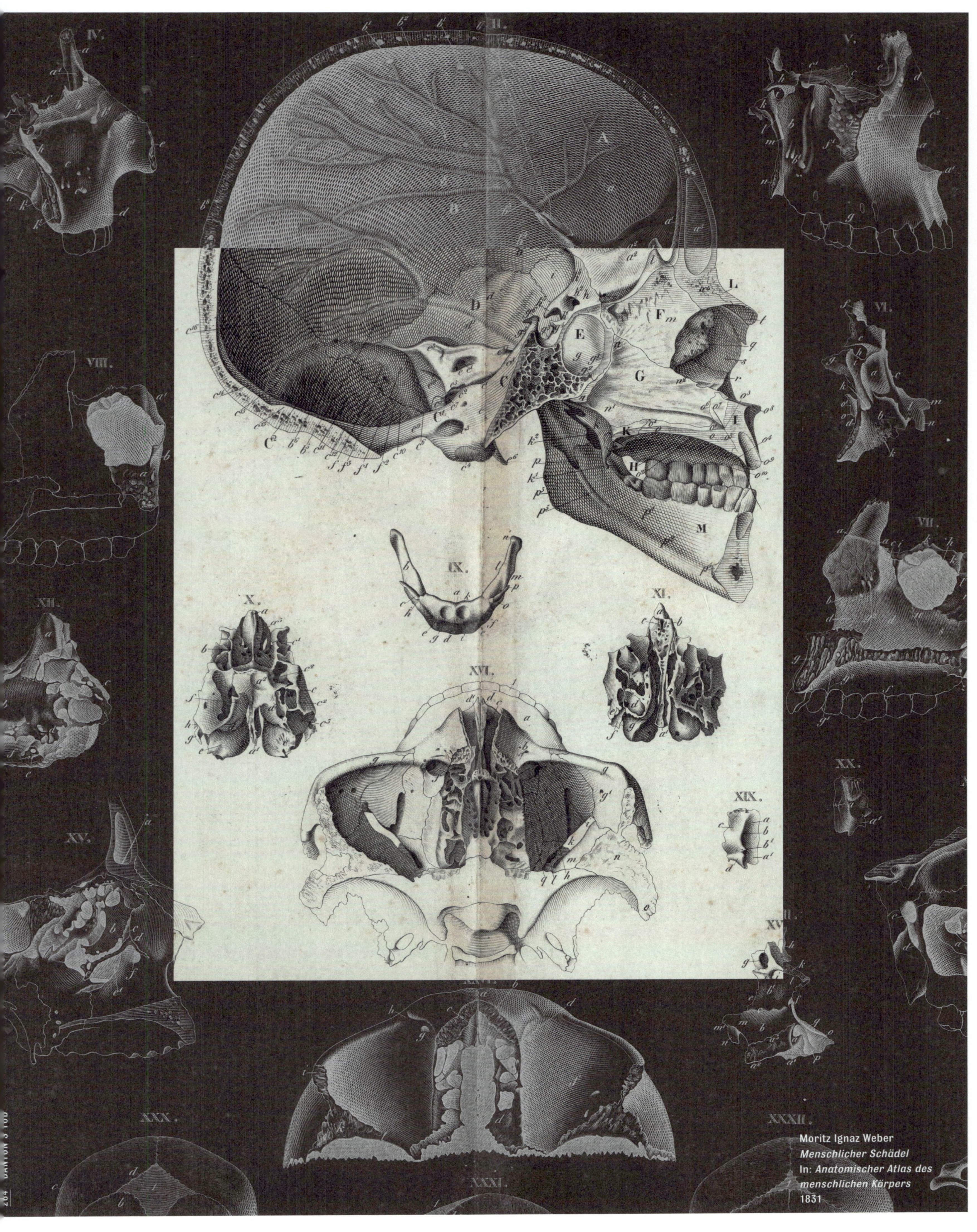

Moritz Ignaz Weber
Menschlicher Schädel
In: *Anatomischer Atlas des menschlichen Körpers*
1831

dass in seiner Folge die ungleiche Verteilung des privaten Reichtums uneingeschränkt fortbesteht, also einfach jener »Geldaristokratismus« herrschen wird, den Büchner mehr verabscheute als das halbabsolutistische System in Deutschland.[9]

Heines »Götterdemokratie« bot einen Ausweg aus diesem inhaltlichen und dramaturgischen Dilemma. Sie gab Büchner Gelegenheit, das dantonistische Programm enthusiastisch zu erweitern und in eine universalgeschichtliche Perspektive zu rücken. Gegen die »Männer der Revoluzion« gewendet, verkündet Camille Desmoulins in der überarbeiteten Fassung der ersten Szene:

> Wir wollen nackte Götter, Bachantinnen, olympische Spiele und melodische Lippen: ach, die gliederlösende, böse Liebe!
> Wir wollen den Römern nicht verwehren sich in die Ecke zu setzen und Rüben zu kochen aber sie sollen uns keine Gladiatorspiele mehr geben wollen.
> Der göttliche Epicur und die Venus mit dem schönen Hintern müssen statt der Heiligen Marat und Chalier die Thürsteher der Republik werden.
> (*Danton's Tod* I/1)

»Die Männer der Revoluzion« waren sinnenfeindlich, und in bester christlicher Tradition machten sie aus Ermordeten Märtyrer, zum Beispiel aus dem in der Wanne verblutenden Marat. Dagegen orientiert sich Büchners Camille wie vor ihm auch schon Heine an den griechisch-hellenistischen Traditionen, an Epikureismus und Venusverehrung.

EINEN HERRGOTT ERFINDEN

Das jakobinische Programm war auch entmündigend. Heine stellte es in die Tradition der monotheistischen Religionen, in denen der Gläubige – sei es gegenüber einem »donnernden Tyrannen«, sei es gegenüber einer »väterlichen Vorsorge« – immer ein Ohnmächtiger und Unfreier bleibt. Auch die deistische Vorstellung mancher Aufklärer von Gott als dem großen Maschinenmacher versprach keine Besserung. Jedenfalls kann der als Maschine vorgestellte Mensch keine Götterrechte beanspruchen. Heine schreibt:

> Man sagt es nicht, aber jeder weiß es; der Pantheismus ist das öffentliche Geheimniß in Deutschland. In der That, wir sind dem Deismus entwachsen. Wir sind frey und wollen keines donnernden Tyrannen. Wir sind mündig und bedürfen keiner väterlichen Vorsorge. Auch sind wir keine Machwerke eines großen Mechanikus. Der Deismus ist eine Religion für Knechte, für Kinder, für Genfer, für Uhrmacher.[10]

Mit dem letzten Satz attackierte Heine Jean-Jacques Rousseau, einen Genfer Uhrmacherssohn, den führenden Philosophen des Jakobinismus. In der überarbeiteten Fassung von *Danton's Tod* erweiterte der Dantonist Hérault diese Attacke auf Rousseau durch eine weitere auf den aus Arras stammenden Robespierre, der am 8. Juni 1794 in Paris das »Fest des höchstens Wesens« zelebrierte, also den Franzosen in deistischer Manier »einen Herrgott erfand«:

> Sie möchten uns zu Antediluvianern machen. St. Just säh' es nicht ungern, wenn wir wieder auf allen Vieren kröchen, damit uns der Advokat von Arras nach der Mechanik des Genfer Uhrmachers Fallhütchen, Schulbänke und einen Herrgott erfände.
> (*Danton's Tod* I/1)

↓

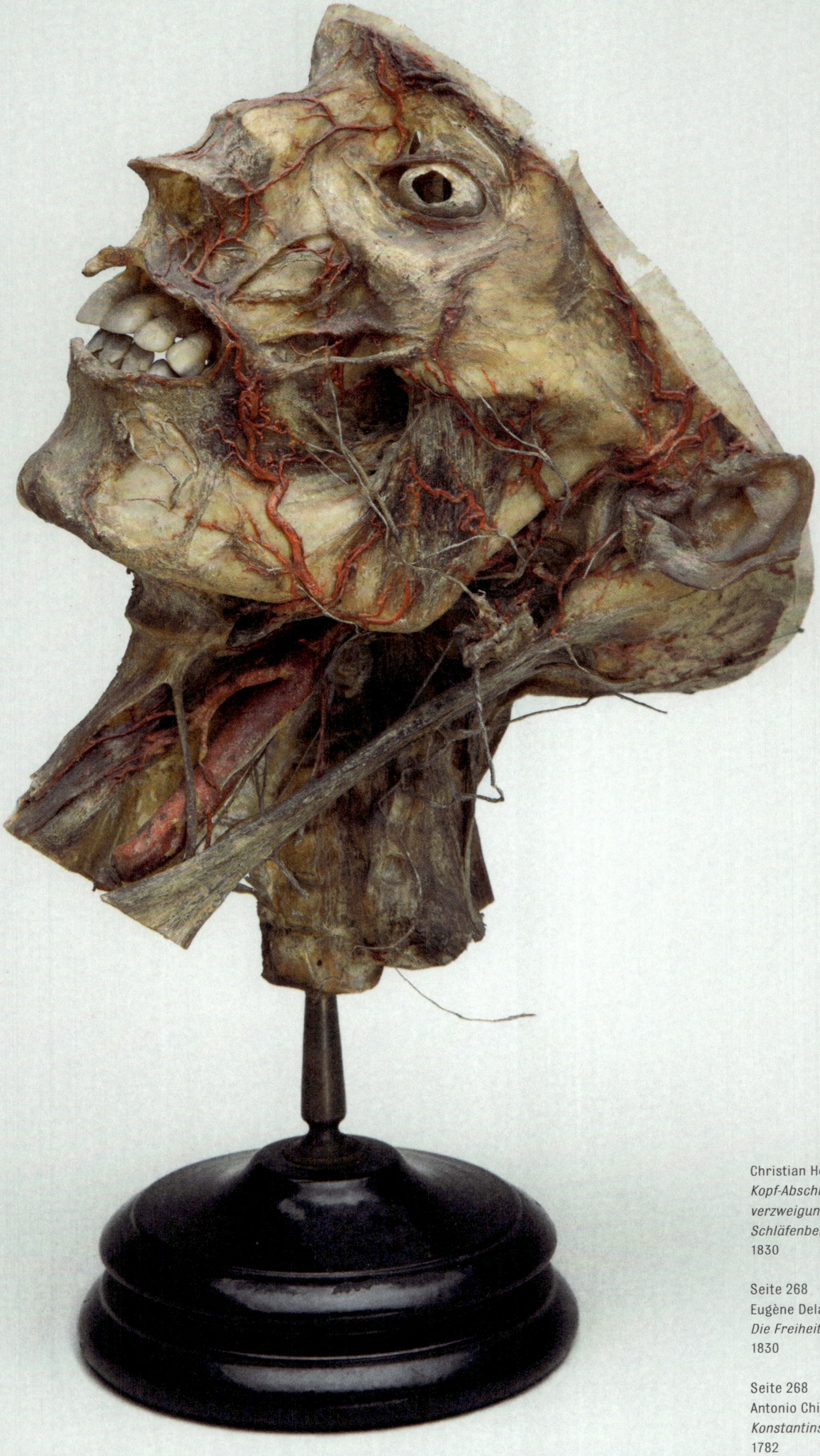

Christian Heinrich Bünger
Kopf-Abschnitt mit Nervenverzweigungen im Bereich des Schläfenbeins (Os temporale)
1830

Seite 268
Eugène Delacroix
Die Freiheit führt das Volk
1830

Seite 268
Antonio Chichi
Konstantinsbogen
1782

DEDNER

Wie Büchner zu den von Heine entlehnten Passagen Zugang fand, ist nicht ganz klar. Die Passagen erschienen am 15. November 1834 in der *Revue des deux mondes* zuerst auf Französisch, dann am 14. Januar 1835 deutsch in einem partiellen Vorabdruck in den *Blättern der Börsenhalle*,[11] den der führende jungdeutsche Literat Ludolf Wienbarg mit einer ausführlichen Rezension begleitete, und schließlich in *Salon II*. Von dieser Buchfassung erhielt der Verleger Campe das erste Exemplar am 6. Februar 1835, also zwei Wochen bevor Büchner das Dramenmanuskript nach Frankfurt schickte.[12] Dass ein anderes Exemplar so schnell nach Darmstadt kam, lässt sich damit erklären, dass die Heyrische Buchhandlung in Darmstadt, zu der Büchner gute Kontakte hatte, eine Filiale des Campe-Verlages war. Vielleicht wurde Heines Buch also direkt dorthin ausgeliefert und geriet so noch rechtzeitig in Büchners Hände.[13] Möglich ist auch, dass Büchner den Text nur über den Vorabdruck in den *Blättern der Börsenhalle* kennenlernte.

AUF DIESEN FELSEN BAUEN WIR ...

»Du bist Petrus und auf diesen Felsen werde ich meine Kirche bauen«, hatte Jesus gesagt. »Auf diesen Felsen bauen wir / Die Kirche von dem dritten, / Dem dritten neuen Testament; / Das Leid ist ausgelitten«, hatte Heine 1834 enthusiastisch gedichtet. »Warum leide ich? Das ist der Fels des Atheismus. Das leiseste Zucken des Schmerzes und rege es sich nur in einem Atom, macht einen Riß in der Schöpfung von oben bis unten«, sagt der Philosoph Payne in *Danton's Tod* (III/1). Solange es Leiden und Schmerzen in der Welt gibt, lässt sich auf den besagten Felsen keine Gotteskirche bauen, soll das wohl heißen.

In seinen 1835/36 verfassten *Philosophischen Schriften* ist Büchner den Gottesbeweisen weiter nachgegangen, und zwar in Anlehnung an den von Heine gewiesenen Weg. In der den Vorabdruck von *Salon II* begleitenden Rezension hatte Wienbarg geschrieben, Heine stelle in seiner Schrift »die sociale Bedeutung der großen Systeme seit Cartesius dar«,[14] und er hatte dann Heines Ausführungen über Spinoza abgedruckt. Büchner plante 1836 eine Vorlesungsreihe »über die philosophischen Systeme der Deutschen seit Cartesius und Spinoza«.[15] An einer Dissertation über Spinoza hatte er bereits 1835 gearbeitet.[16] Die Stellensituation an der Züricher Universität bereitete dann diesem philosophiegeschichtlichen Projekt vorerst ein Ende.

Nun sei nicht behauptet, dass Heines Abriss das einzige oder auch nur das wesentliche Motiv für Büchners philosophiegeschichtliche Interessen gewesen sei. Hier geht es nur um einen Vergleich der beiden Positionen. Heine – so wurde schon gesagt – verkündet ein Ende der christlichen Ära und der sehr viel umfangreicheren spiritualistisch-leibfeindlichen Tradition, beruft sich dabei auf Spinozas Vorstellung einer Emanation oder Verkörperlichung des Göttlichen in der materiellen Welt und versucht von dieser Position aus eine Neudefinition der revolutionären Ziele. Nicht die bescheidene Befriedigung der Lebensbedürfnisse müsse das Ziel sein, sondern eine Gesellschaft, in der

↓

ELIAS CANETTI

—

FEUER UND EIS 1972

Dantons Tod ist ein Stück aus der Schule der Rhetorik, allerdings der unermeßlichsten dieser Schulen, der Shakespeares.

Von den Stücken anderer Schüler unterscheidet es sich durch Dringlichkeit und Rapidität, und durch eine besondere Substanz, wie es sie in der deutschen Literatur kein zweites Mal gibt, die aus Feuer und Eis zu gleichen Teilen gemischt ist. Es ist ein Feuer, das einen zum Laufen zwingt, und ein Eis, in dem alles durchsichtig scheint, und man läuft, um Schritt mit dem Feuer zu halten, und verharrt, um ins Eis zu schauen.

Aus: Elias Canetti, »Rede zur Verleihung des Georg-Büchner-Preises 1972«, in: *Deutsche Akademie für Sprache und Dichtung, Jahrbuch 1972*, Heidelberg 1973, S. 54–65, hier S. 64.

1. WEIB.

Ein hübscher Mann, der Hérault.

2. WEIB.

Wie er beym Constitutionsfest so am Triumphbogen stand da dacht' ich so, der muß sich gut auf der Guillotine ausnehmen, dacht' ich. Das war so ne Ahnung.

Danton's Tod IV,8, 1835

alle nicht nur über alles Realisierbare, sondern über alles Wünschbare verfügen. Camille verkündet dieses Programm angelehnt an Heine zu Beginn von *Danton's Tod*, der Narr Valerio verkündet es in den letzten Sätzen von *Leonce und Lena*: »und dann legen wir uns in den Schatten und bitten Gott um Makkaroni, Melonen und Feigen, um musikalische Kehlen, klassische Leiber und eine kommode Religion.« Valerios Schlaraffen sind wahrscheinlich Pantheisten. So entgehen sie am bequemsten den Unannehmlichkeiten, die jede monotheistische Religion mit sich bringt. Dass Valerio ein Narr ist, tut den Inhalten seiner Vision keinen Abbruch. Auch Heine hatte sich in seiner Wendung gegen die »censorischen Vorwürfe« der »tugendhaften Republikaner« auf einen shakespeareschen Narren berufen.

Wie wir diese utopischen Passagen bewerten sollen, ist umstritten. Die »tugendhaften Republikaner« sehen in ihnen bis heute Satiren auf die unnatürlichen Fantasien der Reichen. Denkbar ist aber auch, dass Büchner Heines sensualistische Neuformulierung der Revolutionsziele guthieß. Ich lasse dies unentschieden.

Eindeutig ist jedoch das Plädoyer des Philosophen Büchner, man solle die Überbleibsel des Göttlichen in den pantheistischen Vorstellungen streichen. Richtig sei zwar, so meinte Büchner in Auseinandersetzung mit Spinoza, dass niemand das Dasein einer »Weltursache« leugnen könne, die »ewig und unendlich« ist; »aber sie ist nicht Gott, […] sie ist nichts andres, als was jeder Atheist selbst, wenn er einigermaßen consequent verfahren will anerkennen muß.« Nichts »berechtigt uns« jedenfalls, aus dieser Weltursache »das Absolutvollkommene, Gott zu machen«. Nicht der Verstand. »Er kennt das Unvollkommne.« Nicht das Gefühl. »Es kennt den Schmerz.«[17]

Hier sprechen der Philosoph Büchner und seine Dramenfigur Payne mit einer Stimme. »Aber eine Ursache muß doch da seyn«, sagt Büchners Mercier. »Wer leugnet dieß; aber wer sagt Ihnen denn, daß dieße Ursache das sey, was wir uns als Gott d.h. als das Vollkommne denken. Halten sie die Welt für vollkommen?« repliziert Payne. »Und Gott ist alles was da ist; / Er ist in unsern Küssen«, singt Heine. Er ist auch in unseren Schmerzen, sagt Büchner. »Aber Sie müssen mir zugestehen daß es gerade nicht viel um die himmlische Majestät ist, wenn der liebe Herrgott in jedem von uns Zahnweh kriegen, den Tripper haben, lebendig begraben werden oder wenigstens die sehr unangenehmen Vorstellungen davon haben kann«, sagt Payne im selben Sinne (*Danton's Tod* III/1). Er sagt es nur etwas drastischer – eben in Dramensprache.

1 Brief an Karl Gutzkow, 21. Februar 1835; zit. nach: MBA X.1, S. 48. Nachweise für die Dramentexte nur mit Titel sowie Akt/Szene.
2 Heinrich Heine, *Salon. Zweiter Band*, Hamburg 1835 (*Salon II*), S. 100.
3 Heinrich Heine, *Salon. Erster Band*, Hamburg 1834 (*Salon I*), S. 160.
4 *Salon II*, S. 3–284; das Folgende basiert auf Thomas Michael Mayer, *Büchner und Weidig – Frühkommunismus und revolutionäre Demokratie. Zur Textverteilung des »Hessischen Landboten«*, in: Heinz Ludwig Arnold (Hrsg.), *Georg Büchner I/II*, 2. Aufl., München 1979, 1982, S. 16–298.
5 Ebd., S. 134 u. 132.
6 Ebd., S. 133 f.
7 Zur frühen Fassung vgl. MBA III.1, S. 26.
8 Vgl. MBA III.2, S. 180.
9 Aussage August Becker; vgl. MBA II.2, S. 90.
10 *Salon II*, S. 134 f.
11 *Literarische und Kritische Blätter der Börsen-Halle*, Hamburg, Nr. 991, 14. Januar 1835, S. 41–44, hier S. 43.
12 Vgl. *Düsseldorfer Heine-Ausgabe* VIII.2, S. 520.
13 Vgl. MBA III.2, S. 223; zuvor *Düsseldorfer Heine-Ausgabe* sowie Jan-Christoph Hauschild, »›Danton's Tod‹. Zur Werkgenese von Büchners Revolutionsdrama«, in: *Grabbe-Jahrbuch*, 11, 1992, S. 90–135, hier S. 111 f.
14 Zit. nach: *Düsseldorfer Heine-Ausgabe* VIII.2, S. 562.
15 Brief an Wilhelm Büchner, 2. September 1836, zit. nach: MBA X.1, S. 102.
16 Vgl. MBA IX.2, S. 188 und 212–216.
17 MBA IX.2, S. 15 und 12

DER EINZELNE
NUR SCHAUM
AUF DER WELLE

ALS JAGE
DER WAHNSINN
AUF ROSSEN
HINTER IHM

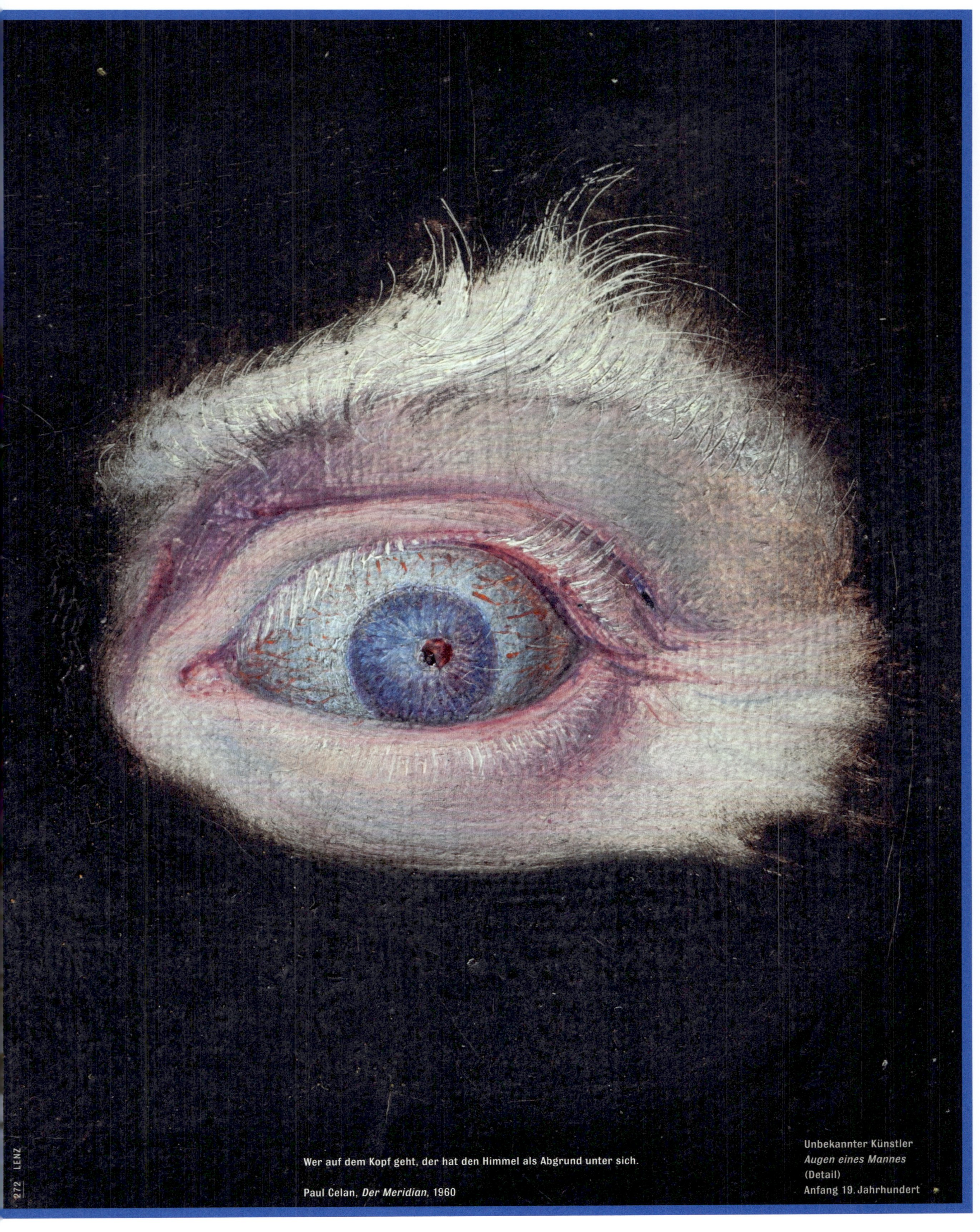

Wer auf dem Kopf geht, der hat den Himmel als Abgrund unter sich.

Paul Celan, *Der Meridian*, 1960

Unbekannnter Künstler
Augen eines Mannes
(Detail)
Anfang 19. Jahrhundert

LENZ

—

INNENANSICHT EINER PSYCHOSE

[E]s wurde ihm entsetzlich einsam, er war allein, ganz allein, er wollte mit sich sprechen, aber er konnte, er wagte kaum zu athmen, das Biegen seines Fußes tönte wie Donner unter ihm, er mußte sich niedersetzen; es faßte ihn eine namenlose Angst in diesem Nichts, er war im Leeren, er riß sich auf und flog den Abhang hinunter. Es war finster geworden, Himmel und Erde verschmolzen in Eins. Es war als ginge ihm was nach, und als müsse ihn was Entsetzliches erreichen, etwas das Menschen nicht ertragen können, als jage der Wahnsinn auf Rossen hinter ihm.

Lenz, 1835

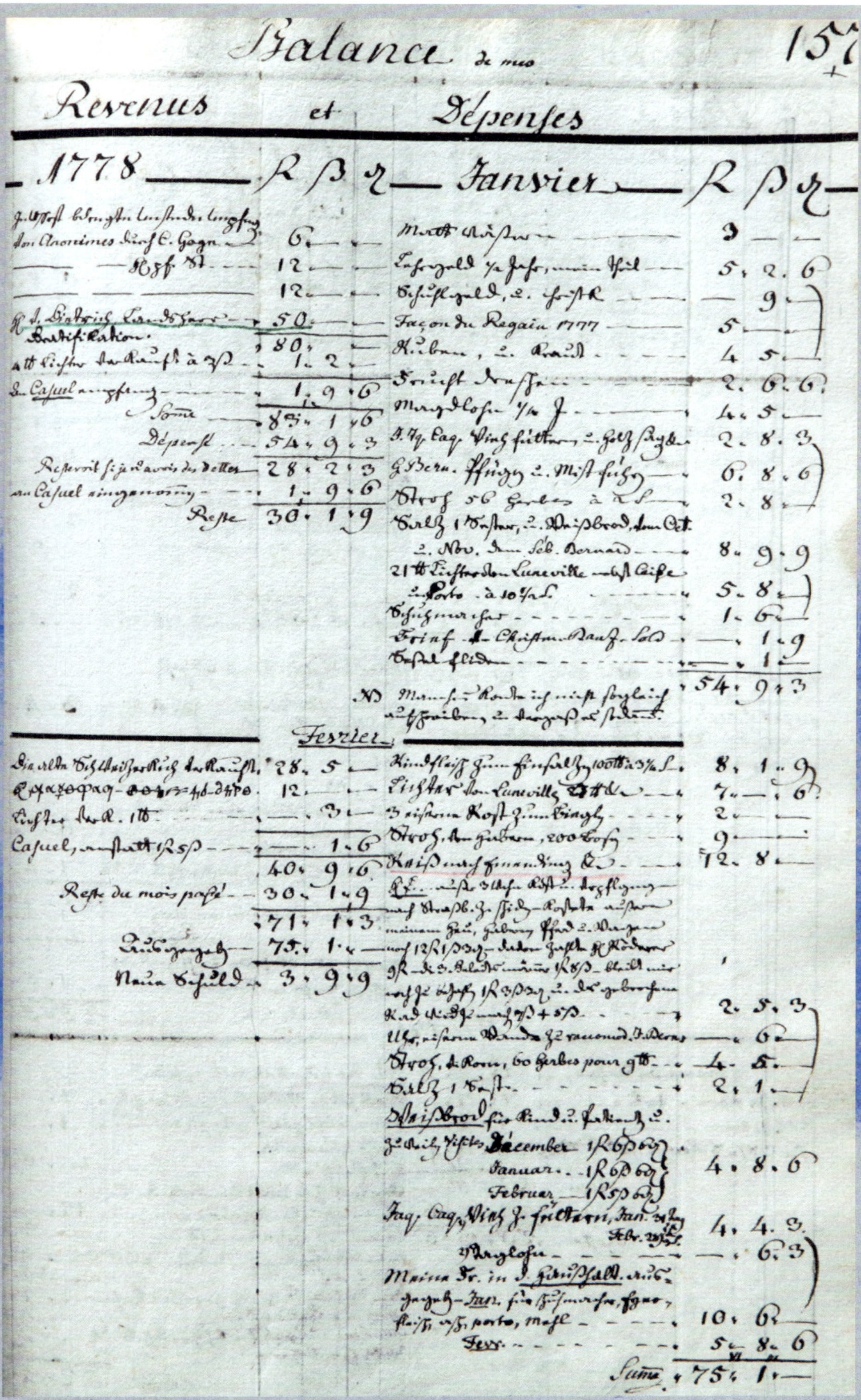

Balance de mes Revenus et Dépenses

1778 — Janvier

Fevrier

Johann Friedrich Oberlin
Bilanz meiner Einnahmen und Ausgaben (Aufstellung bezüglich Lenz)
1778

In seinem eigenhändig geschriebenen Wirtschaftsbuch nennt Oberlin verschiedene Ausgaben, die Lenz während der »3 Wochen« seines Aufenthalts verursachte.

In den wenigen Jahren seines beruflichen Erfolges, also bis etwa 1775, stand der als Dramatiker bis heute unterschätzte Jakob Michael Reinhold Lenz fast gleichberechtigt neben Goethe, mit dem er auch eng befreundet war. In seinen Theaterstücken *Der Hofmeister* und *Die Soldaten* entwickelte er die Technik der dramatischen Kurzszene und erwies sich als Meister in der Kunst der pointierten sprachlichen Charakterisierung. Büchner konnte beides bei ihm lernen und es sich für *Woyzeck* zunutze machen.

Als Lenz am 20. Januar 1778 »durch's Gebirg« zu Oberlin nach Waldersbach wanderte, war er beruflich bereits gescheitert, heimat- und fast schon obdachlos und psychisch schwer krank. Lenz' Züricher Freunde schickten ihn in das Vogesendorf in der Hoffnung, der als Philanthrop und Mystiker gleichermaßen bekannte Pfarrer werde ihn aufrichten und heilen können. Das schien kurzzeitig zu gelingen, dann brach die Krankheit wieder aus. Am 8. Februar überführte Oberlin den akut selbstmordgefährdeten Lenz nach Straßburg. Um sein eigenes Verhalten zu rechtfertigen, verfasste Oberlin über die Krankheit des Dichters einen ausführlichen Bericht. Diesen fanden Bekannte Büchners in Oberlins Nachlass. Im April 1835 gelangte er in Büchners Hand, und dieser nutzte ihn als Vorlage für seine Erzählung.

Worin bestand diese Krankheit, was waren ihre Ursachen? Oberlin hatte in Erfahrung gebracht, dass Lenz in irgendeiner Beziehung zu Friederike Brion, Goethes Sesenheimer Freundin, stand, dass er sich gegen den Willen seines Vaters im Elsaß aufhielt und keiner geregelten Arbeit nachging. So schien ihm Lenz' Krankheit eine Strafe Gottes oder genauer: »die Folge seines Ungehorsams gegen seinen Vater, seiner herumschweifenden Lebensart, seiner unzweckmäßigen Beschäftigungen, seines häufigen Umgangs mit Frauenzimmern.« In seiner Autobiografie *Dichtung und Wahrheit* urteilte Goethe 1813 über seinen ehemaligen Freund, er habe sich wie ein typischer Stürmer und Dränger, wie ein realer Werther verhalten, sich in »Selbstquälerey« aufgerieben und es versäumt, die im Werther ausgesprochene Lektion zu lernen. Büchners Straßburger Bekannte schließlich sahen in Lenz einen an seiner Liebe Erkrankten, einen zweiten Torquato Tasso.

In Büchners Erzählung kommt all dies zur Sprache. Der Leser hört vom Zerwürfnis mit dem Vater und vom Vorwurf der unzweckmäßigen Beschäftigung, von Liebessehnsucht, Selbstvorwürfen und Sündenangst, und doch wird ihm deutlich, dass all dies die Qualen des Kranken weder erklärt noch lindert, sondern dass es umgekehrt gerade die Erklärungen und Ermahnungen sind, welche die Fantasien und Ängste des Kranken zusätzlich belasten. Büchner lässt im Ungewissen, ob es ein verlässlicher Erzähler oder aber der Kranke selbst ist, der das Geschehen berichtet. So erscheint die Krankheit in ihrer Innenansicht ausweglos, rätselhaft, beängstigend. Zu Recht urteilten frühe Leser, die Erzählung wirke desorientierend und geradezu ansteckend. Sie überzeuge durch die scheinbare Selbstverständlichkeit, mit der Büchner »einen seelischen Sachverhalt offen« lege, meinte dagegen 1923 Arnold Zweig und erklärte, mit *Lenz* »beginnt die moderne europäische Prosa«. Beide Urteile widersprechen sich nur scheinbar, und beide treffen zu. Einen von solchen Zweifeln freien Ruhepunkt bildet in der Mitte der Erzählung ein Gespräch, in dem Lenz seine poetischen Prinzipien darlegt. Sie stehen denen Büchners nahe.

Büchner arbeitete an *Lenz* im Sommer und Herbst 1835 und wollte damit zu der von Karl Gutzkow geplanten und groß angelegten jungdeutschen Literaturzeitschrift *Deutsche Revue* einen Beitrag leisten. Die publizistische, politische und juristische Verfolgung der Jungdeutschen im Herbst 1835 ließ dieses Projekt scheitern. So blieb auch die Erzählung unvollendet liegen. Im letzten Drittel des Textes finden sich außer offensichtlichen Textlücken noch längere Passagen aus Oberlins Bericht, zu deren Überarbeitung Büchner noch keine Gelegenheit gefunden hatte. Karl Gutzkow fügte aus den Bruchstücken, die ihm Wilhelmine Jaeglé in Abschrift zusandte, die uns vorliegende, mehr oder minder fortlaufende Erzählung. Er veröffentlichte sie im Januar 1839 in der Zeitschrift *Telegraph für Deutschland* unter dem Titel *Lenz. Eine Reliquie von Georg Büchner.*

BD

JAKOB MICHAEL REINHOLD LENZ

—

ABER HEISST DAS GELEBT? 1773–1775

Wir werden geboren – unsere Eltern geben uns Brot und Kleid – unsere Lehrer drücken in unser Hirn Worte, Sprachen, Wissenschaften, – irgend ein artiges Mädchen drückt in unser Herz den Wunsch es eigen zu besitzen, es in unsere Arme als unser Eigentum zu schließen, wenn sich nicht gar ein tierisch Bedürfnis mit hineinmischt – es entsteht eine Lücke in der Republik wo wir hineinpassen – unsere Freunde, Verwandte, Gönner setzen an und stoßen uns glücklich hinein – wir drehen uns eine Zeitlang in diesem Platz herum wie die andern Räder und stoßen und treiben – bis wir wenn s noch so ordentlich geht abgestumpft sind und zuletzt wieder einem neuen Rade Platz machen müssen – das ist, meine Herren! ohne Ruhm zu melden unsere Biographie – und was bleibt nun der Mensch noch anders als eine vorzüglichkünstliche kleine Maschine, die in die große Maschine, die wir Welt, Weltbegebenheiten, Weltläufte nennen besser oder schlimmer hineinpaßt.

Kein Wunder, das die Philosophen so philosophieren, wenn die Menschen *so leben*. Aber heißt das gelebt?

Aus Jakob Michael Reinhold Lenz' Rede »Über Götz von Berlichingen« (entstanden zwischen Ende 1773 und Anfang 1775; Erstdruck 1901), in: Jakob Michael Reinhold Lenz, *Werke und Briefe in drei Bänden*, hrsg. von Sigrid Damm, Bd. 2, Leipzig 1987, S. 637.

1778.
V.

Herr L. . . .

So oft wir reden wird von uns geurtheilet, will geschweigen, wenn wir handeln. Hier schon fällte man verschiedene Urtheile von uns; die Einen sagten: wir hätten ihn gar nicht aufnehmen sollen, – die Andern: wir hätten ihn nicht so lange behalten, – und die Dritten: wir hätten ihn noch nicht fortschicken sollen. So wird es, denke ich, zu Straßburg auch seyn.

Johann Friedrich Oberlin, *»Herr L......«*, 1778

Johann Friedrich Oberlin
»Herr L......«
1778

BURGHARD DEDNER

—

»ALLEIN MIT SEINEN FOLTERNDEN VORSTELLUNGEN«

—

UNRUHE, ENGE UND ANGST BEI BÜCHNER

»Das leiseste Zucken des Schmerzes und rege es sich nur in einem Atom« widerlegt die Existenz Gottes, ist also »der Fels des Atheismus«, sagt zunächst Payne in *Danton's Tod*,[1] dann ähnlich Büchner selbst als angehender Dozent für Philosophie.[2] Schmerz ist eine Empfindung des Körpers. Dagegen sagt Büchners Lenz »mit einem Ausdruck unendlichen Leidens«: »wär' ich allmächtig, sehen Sie, wenn ich so wäre, und ich könnte das Leiden nicht ertragen, ich würde retten, retten«.[3] Hier ist es eine Empfindung der Seele, die Gottes Güte infrage stellt. Vom seelischen Leiden aber ist bei Büchner vor allem die Rede.

»ICH MUSS HINAUS«

—

LEBEN IN UNRUHE

Der Narr Valerio ist ein ruhiger Mensch und beim Wein ist ihm »ganz behaglich zu Muth«.[4] Ein anderer Ruhepunkt ist Pfarrer Oberlin. In seinem »ruhigen Auge« findet Lenz »die mächtige Ruhe, die uns über der ruhenden Natur [...] überfällt«.[5] Auch Frauen und Kinder strahlen Ruhe aus. Als Lenz nach einer Panikattacke in die ersten Fenster blickt, sieht er »Kinder am Tische, alte Weiber, Mädchen, Alles ruhige, stille Gesichter«.[6] Von Männern ist nicht die Rede. Später sagt Lenz über seine frühere Freundin: »Ganz Kind; es war, als war ihr die Welt zu weit, sie zog sich so in sich zurück, sie suchte das engste Plätzchen im ganzen Haus, und da saß sie, als wäre ihre ganze Seeligkeit nur in einem kleinen Punkt, und dann war mir's auch so; wie ein Kind hätte ich dann spielen können.« Im Kontrast zu dieser erinnerten Ruhe steht die Gegenwart: »Jetzt ist es mir so eng, so eng, sehn Sie, es ist mir manchmal, als stieß' ich mit den Händen an den Himmel; o ich ersticke!«[7]

Woyzeck leidet unter Arbeitshetze, einer Erbsendiät, psychotischen Fantasien und seiner

↓

JOHANN FRIEDRICH OBERLIN

—

HERR L . . . . . .
1778

Ich war nun auf meinem Zimmer und wollte ihm jemand nachschicken, als ich ihn die Stieg herauf in sein Zimmer gehen hörte. Einen Augenblick drauf platzte etwas im Hof mit so starkem Schall, daß es mir unmöglich von dem Fall eines Menschen herkommen zu können schien. Die Kindsmagd kam todtblaß und am ganzen Leib zitternd zu meiner Frau: Hr. L. hätte sich zum Fenster hinaus gestürzt. Meine Frau rief mir mit verwirrter Stimme – ich sprang heraus, und da war Hr. L. schon wieder in seinem Schlafzimmer. Ich hatte nur einen Augenblick Gelegenheit einer Magd zu sagen: »Vite, chez l'homme juré, qu'il me donne deux hommes,« und drauf zu Hrn. Lenz.

Ich führte ihn mit freundlichen Worten auf mein Zimmer; er zitterte vor Frost am ganzen Leibe. Am Oberleib hatte er nichts an als das Hemd welches zerrissen und sammt der Unterkleidung über und über kothig war. Wir wärmten ihm ein Hemd und Schlafrock und trockneten die seinigen. Wir fanden, daß er in der kurzen Zeit die er ausgegangen war, wieder mußte versucht haben sich zu ertränken, aber Gott hatte auch da wieder gesorgt. Seine ganze Kleidung war durch und durch naß.

[...] Um halb neun giengen wir zum Essen; es wurde, wie natürlich, wenig geredet; meine Frau zitterte vom Schrecken und Hrn. L... vor Frost und Verwirrung.

Nach kaum viertelstündigem Beisammensitzen fragte er mich ob er nicht hinauf in mein Zimmer dürfte? – Was wollen sie machen, mein Lieber? – etwas lesen – gehen Sie in Gottes Namen; – er gieng, und ich, mich stellend als ob ich genug gegessen, folgte ihm.

↓

Auch bei Tage bekam er diese Zufälle, sie waren dann noch schrecklicher; denn sonst hatte ihn die Helle davor bewahrt. Es war ihm dann, als existire er allein, als bestünde die Welt nur in seiner Einbildung, als sey nichts, als er, er sey das ewig Verdammte, der Satan; allein mit seinen folternden Vorstellungen. Er jagte mit rasender Schnelligkeit sein Leben durch und dann sagte er: consequent, consequent; wenn Jemand was sprach: inconsequent, inconsequent; es war die Kluft unrettbaren Wahnsinns, eines Wahnsinns durch die Ewigkeit.

Lenz, 1835

Johann Friedrich Oberlin
Bild des Innenlebens eines Menschen
18. März 1818

DEDNER

Eifersucht und sieht deshalb »immer so verhetzt aus«.[8] Auf dem Höhepunkt einer Eifersuchtsattacke hält es auch ihn nicht mehr in der Stube: »Ich muß fort. [...] Ich muß hinaus, s'ist so heiß da hie«.[9] »Ich halt' es da oben nicht aus«, sagt Lucile.[10] »Ich kann nicht im Zimmer bleiben. Die Wände fallen auf mich«,[11] sagt Lena. »[I]ch halt's nicht aus. Es schauert mich«,[12] sagt Marie. Über den permanent unruhigen Lenz heißt es: »Er mußte dann hinaus«; »Morgens ging er hinaus«, »Er ging des Morgens hinaus«, »Er war heftig bewegt und ging hinaus«, »dann jagte es ihn auf, hinaus in's Gebirg.«[13]

Der Gang »hinaus« kann ein zielgerichteter Akt der Befreiung sein. So begibt sich Prinzessin Lena ins Freie auf der Suche nach dem jungen Mann, der »unter seinen blonden Locken« so traurig aussah. Überhaupt scheint Sexualität ein Auslöser von Unruhe dieser Art. »Ich gerieth in eine eigne Atmosphäre, sie erstickte mich fast«,[14] ist eine Pubertätserfahrung, an die sich die Prostituierte Marion erinnert. Bei anderen verursachen quälende oder beunruhigende Gedanken diesen Drang. Lenz erstickt fast bei der Erinnerung an die entfernte Geliebte. Woyzeck wird von Eifersuchtsvorstellungen hinausgetrieben. Marie »schauert es« nach dem psychotischen Anfall, den Woyzeck gerade vor ihren Augen erlitten hat.[15] Als Lucile erfährt, dass der geliebte Camille ernsthaft bedroht ist, kreisen ihre Gedanken zwanghaft um diesen Punkt. Sie singt das Lied vom »Schnitter Tod« und fragt sich: »Wie kommt mir gerad das in Kopf?« Sie geht – genauer gesagt: sie flieht – hinaus mit dem Satz: »Wie das Zimmer so leer ist, die Fenster stehn offen, als hätte ein Todter drin gelegen. Ich halt' es da oben nicht aus.«[16]

Die Flucht hinaus führt ins Freie und Weite, möglichst auf einen Berg. »Du weißt, ich kann es nirgends aushalten, als da herum, in der Gegend, wenn ich nicht manchmal auf einen Berg könnte und die Gegend sehen könnte«,[17] sagt Lenz. »Hier ist kein Berg, wo die Aussicht frei sei. Hügel hinter Hügel und breite

↓

OBERLIN

Wir saßen; ich schrieb, er durchblätterte meine französische Bibel mit furchtbarer Schnelle, und ward endlich stille. Ich gieng einen Augenblick in die Stubkammer ohne im allergeringsten mich aufzuhalten, nur etwas zu nehmen das in dem Pult lag. Meine Frau stund inwendig in der Kammer an der Thür und beobachtete Hrn. L.; ich faßte den Schritt wieder heraus zu gehen, da schrie meine Frau mit gräßlicher, hohler, gebrochener Stimme: »Herr Jesus, er will sich erstechen!« In meinem Leben hab ich keinen solchen Ausdruck eines tödtlichen, verzweifelten Schreckens gesehen als in dem Augenblick, in den verwilderten, gräßlich verzogenen Gesichtszügen meiner Frau. [...]

Man wundere sich nicht, daß ich so sa[ch]te, und mit ihm umgieng; er zeigte immer großen Verstand und ein ausnehmend theilnehmendes Herz; wenn die Anfälle der Schwermuth überstanden waren, schien alles so sicher und er selbst war so liebenswürdig, daß man sich fast ein Gewissen daraus machte ihn zu argwohnen oder zu geniren. Man setze noch das zärtlichste Mitleiden hinzu, das seine unermeßliche Qual, deren Zeuge wir nun so oft gewesen, uns einflößen mußte. Denn fürchterlich und höllisch war es was er ausstund, und es durchbohrte und zerschnitte mir das Herz, wenn ich an seiner Seite die Folgen der Prinzipien die so manche heutige Modebücher einflößen, die Folgen seines Ungehorsams gegen seinen Vater, seiner herumschweifenden Lebensart, seiner unzweckmäßigen Beschäftigungen, seines häufigen Umgangs mit Frauenzimmern, durchempfinden mußte. [...] – Er war mir um so viel bedaurens würdiger, je schwerer ihm zu seiner Beruhigung beizukommen war, da unsere gegenseitigen Prinzipien einander gewaltig zuwider, wenigstens von einander verschieden schienen.

Aus: Pfarrer Oberlins Bericht »Herr L......« vom Februar/März 1778. Handschrift in Archives municipales de Strasbourg. Fonds Oberlin.

In der Zeit vom 20. Januar bis 8. Februar 1778 hielt sich der Sturm- und Drang-Dichter Jakob Michael Reinhold Lenz (1751–1792) bei dem als Pädagoge und Reformer bekannten Pfarrer Johann Friedrich Oberlin (1740–1826) im Vogesendorf Waldersbach auf, um dort eine beginnende und unübersehbare psychische Erkrankung zu kurieren. Oberlin diktierte seinen Bericht unmittelbar nach der Abreise von Lenz. Er diente ihm vor allem zur Rechtfertigung seiner gescheiterten Bemühungen um Lenz in seinem Freundes- und Bekanntenkreis. Der Bericht war eine der zentralen Quellen Büchners für das *Lenz*-Fragment.

[…] er mußte Oberlin oft in die Augen sehen, und die mächtige Ruhe, die uns über der ruhenden Natur, im tiefen Wald, in mondhellen schmelzenden Sommernächten überfällt, schien ihm noch näher, in diesem ruhigen Auge, diesem ehrwürdigen ernsten Gesicht.

Lenz, 1835

J. Gottfried Gerhardt
Johann Friedrich Oberlin
Um 1830

Thäler«,[18] klagt Büchner über Gießen, wo er auch aus anderen Gründen dieses Gefühl von Enge hat. »Dabei engten mich die politischen Verhältnisse ein, ich schämte mich, ein Knecht mit Knechten zu sein«, schreibt er über die Stadt.[19] Dagegen steht Straßburg. »Ich habe von Glück zu sagen und fühle mich manchmal recht frei und leicht, wenn ich den weiten, freien Raum um mich überblicke«, schreibt Büchner und fährt fort: »[...] und mich dann in das Darmstädter Arresthaus zurückversetze. Die Unglücklichen!«[20]

»ICH WÄRE IN SO EINEM LOCH VERRÜCKT GEWORDEN« — KERKERANGST

Der spontane spätabendliche Ritt hinaus zu der Geliebten: das ist das Eingangsmotiv in Goethes berühmtem Sesenheimer Gedicht *Willkommen und Abschied*. Wenn Werther über sich schreibt: »Gestern Abend mußte ich hinaus«,[21] und: »so muß ich fort, muß hinaus, schweife dann weit im Felde umher; einen jähen Berg zu klettern ist dann meine Freude«,[22] so schreibt er dagegen von Fluchtbewegungen. Literar- und vielleicht auch psychohistorisch verweist der Drang »hinaus« also in die Tradition des Sturm und Drang. Eine eigentümliche Färbung erhält er bei Büchner freilich durch eine Erfahrung, die ihn ab Sommer 1834 zu prägen begann, durch die Angst vor dem Kerker. In ihm ist der Einzelne nicht nur gefangen, sondern noch dazu allein – »allein mit seinen folternden Vorstellungen«.[23]

Die Isolationshaft, von der hier die Rede ist, war nicht für Strafgefangene im Allgemeinen, wohl aber für politische Untersuchungsgefangene die Regel. Sie ließ das Gefängnis zur Hölle werden. Den Rechtsprinzipien zufolge sollten Verurteilungen nach lückenloser Aufklärung – und zwar aufgrund von Geständnissen – erfolgen. Richtete sich das Verfahren gegen eine Gruppe, so musste man warten, bis möglichst alle gestanden hatten. Mangelte es – wie zum Beispiel beim Verfahren gegen die am *Hessischen Landboten* Beteiligten – an Geständnisbereitschaft, musste man sie erzwingen. »Daß Minnigerode in Friedberg eine Zeit lang Ketten an den Händen hatte«, schrieb Büchner, »weiß ich gewiß; ich weiß es von Einem, der mit ihm saß. Er soll tödtlich krank sein; wolle der Himmel, daß seine Leiden ein Ende hätten! Daß die Gefangenen die Gefangenkost bekommen und weder Licht noch Bücher erhalten, ist ausgemacht.«[24] Bis zum Ende des Verfahrens wurde jede Möglichkeit zur »Kollusion« unterbunden.

↓

HERMANN MARGGRAFF — SO ETWAS HALBWAHNSINNIGES 1843

Der dritte Band ist von erheblicherm Interesse [...] durch zwei Reliquien von Georg Büchner [...]. Die erste derselben trägt den Titel »Lenz«, eine Art Novelle, welche den strasburger Aufenthalt des unglücklichen Dichters und sein Verhältniß zu dem bekannten pietistischen Pfarrer Oberlin in Steinthal zum Gegenstande hat. Hier ist wahrhaft poetische Anschauung, die Sprache und Malerei dichterischer Empfindung, Durchgeistigung des Stoffs und Beseelung des blos Körperlichen; dabei hat die Erzählung selbst so etwas wüst Träumerisches, so etwas Halbwahnsinniges, sie wälzt und wühlt und kugelt sich so unheimlich durch seltsame bald knapp abgebrochene, bald traumhaft verlängerte Wortwindungen und Satzverschlingungen, das Thun und Treiben und Wesen schleudert sich und drängt, treibt und stößt sich so willenlos dämonisch, so unruhig absichtslos von rechts nach links, durch Licht und Dunkel, kopfüber, kopfunter, im Gange, im Hüpfen, im Sprunge, im wilden athemlosen Laufe, daß es dem Leser fast erscheint, als lese er hier nicht die Novelle eines Zweiten über einen Wahnsinnigen, sondern habe es mit diesem selbst zu thun, sei wol gar von ihm angesteckt, als sei Büchner Lenz und Lenz Büchner und er, der Leser selbst, Beide zugleich.

Rezension von Karl Gutzkow, *Vermischte Schriften*, 3 Bde., Leipzig 1842, in: *Blätter für literarische Unterhaltung*, Nr. 293, 20. Oktober 1843, S. 1173.

Um Mitternacht wurde Oberlin durch ein Geräusch geweckt. Lenz rannte durch den Hof, rief mit hohler, harter Stimme den Namen Friederike mit äußerster Schnelle, Verwirrung und Verzweiflung ausgesprochen, er stürzte sich dann in den Brunnentrog, patschte darin, wieder heraus und herauf in sein Zimmer, wieder herunter in den Trog, und so einigemal, endlich wurde er still.

Lenz, 1835

Unbekannter Künstler
Friederike Brion
19. Jahrhundert

Das hieß: keinerlei Kontakt zu Mitgefangenen und ein absolutes Minimum an Brief- oder Sichtkontakten zu Angehörigen. In dieser strikten Isolationshaft verfiel Büchners Freund Karl Minnigerode in eine lebensbedrohende Psychose, ebenso auch der Mitverfasser des *Hessischen Landboten*, Friedrich Ludwig Weidig, der sich am 23. Februar 1837 unter ungeklärten Umständen das Leben nahm. Ein Mitangeklagter, Georg Gladbach, war im Frühjahr 1833 verhaftet worden. Er wurde im Spätherbst 1838 verurteilt, im Januar 1839 dann nach 5 ½ Jahren Isolationshaft im Zuge der Amnestie entlassen. Die Erholung von dieser Tortur konnte, wenn sie gelang, Jahre dauern.

Durch ein Gemisch von Glück und kluger Vorsicht entging Büchner diesem Schicksal. So wurde ihm die Kerkerhaft zwar nicht zur realen Erfahrung, aber doch zu einer »folternden Vorstellung«. Die Zeit bis zur Urteilsverkündung, so schrieb er den Eltern, »hätte ich im Falle des Bleibens in einem Kerker zu Friedberg versessen; körperlich und geistig zerrüttet wäre ich dann entlassen worden.«[25] »Hat denn Gladbach noch kein Urtheil?« fragte er. »Das heiße ich einen doch lebendig begraben. Mich schaudert, wenn ich denke, was vielleicht mein Schicksal gewesen wäre!«[26] Und: »Ich danke dem Himmel, daß ich voraussah, was kommen würde, ich wäre in so einem Loch verrückt geworden.«[27] Das ist in der Tat sehr wahrscheinlich.

»EIN SCHAFFOT, WAS IST DAS?«
—
ÜBER KERKER UND TOD

Dass die Gefängnis- die Todesstrafe abgelöst hat, ist Teil eines Fortschritts, den wir wahrhaftig nicht missen wollen. Dem auf dem Sterbebett liegenden Büchner schien es jedoch fraglich, ob die Isolationshaft humaner sei als die Hinrichtung. Sein Freund Wilhelm Schulz schrieb darüber im »Nachruf«:

> Der Gegenstand seiner Phantasieen waren [...] das Schicksal seiner politischen Jugendgenossen, die seit Jahren in den Kerkern seiner Heimath schmachten. Wie vor seiner Krankheit, so sprach er auch jetzt in bitteren aber wahren Worten, die im Munde eines Sterbenden ein doppeltes Gewicht haben, über jene Schmach unserer Tage sich aus, über die verwerfliche Behandlung der politischen Schlachtopfer, die nach gesetzlichen Formen und mit dem Anschein der Milde in Jahre langer Untersuchungshaft gehalten werden, bis ihr Geist zum Wahnsinne getrieben und ihr Körper zu Tode gequält ist. »In jener französischen Revoluzion,« so rief er aus, »die wegen ihrer Grausamkeit so verrufen ist, war man milder als jetzt. Man schlug seinen Gegnern die Köpfe ab. Gut! Aber man ließ sie nicht Jahre lang hinschmachten und hinsterben.«[28]

Schulz kämpfte publizistisch für die Abschaffung der Geheimprozesse, und seine Mitteilung im »Nachruf« war Teil dieses Kampfes. Büchner hatte noch einen anderen Grund für seine Empörung. Er betrachtete die Justiz als »Hure der deutschen Fürsten«,[29] diese wiederum als Feinde im anhaltenden Krieg zwischen den Armen und den Reichen. In einem ähnlichen Krieg hatten die herrschenden Jakobiner ihre Feinde geköpft und dann begraben; im Großherzogtum begrub man sie aus seiner Sicht bei lebendigem Leibe in den Kerkern der Geheimjustiz. »Ein Todesurtheil, ein Schaffot, was ist das? Man stirbt für seine Sache. Aber so im Gefängniß auf eine langsame Weise aufgerieben zu werden! Das ist entsetzlich!«[30]

»NEIN, ICH KANN NICHT STERBEN.«
—
TODESANGST UND LEBENSANGST

Danton und seine Freunde werden nicht »auf eine langsame Weise aufgerieben«, sondern sie enden nach wenigen Tagen Gefängnis auf dem Schafott. Während der Zeit im Gefängnis werden sie heimgesucht von einem Gemisch aus Grabes- und Kerkerängsten. Desmoulins berichtet:

↓

Endlich hörte er Stimmen, er sah Lichter, es wurde ihm leichter, man sagte ihm, er hätte noch eine halbe Stunde nach Waldbach. Er ging durch das Dorf, die Lichter schienen durch die Fenster, er sah hinein im Vorbeigehen, Kinder am Tische, alte Weiber, Mädchen, Alles ruhige, stille Gesichter, es war ihm als müsse das Licht von ihnen ausstrahlen, es ward ihm leicht, er war bald in Waldbach im Pfarrhause.

Lenz, 1835

Unbekannter Künstler
Waldersbach
1798

DEDNER

> Ich lag so zwischen Traum und Wachen. Da schwand die Decke und der Mond sank herein, ganz nahe, ganz dicht, mein Arm erfaßt' ihn. Die Himmelsdecke mit ihren Lichtern hatte sich gesenkt, ich stieß daran, ich betastete die Sterne, ich taumelte wie ein Ertrinkender unter der Eisdecke. Das war entsetzlich Danton. [...] Der Wahnsinn faßte mich bey den Haaren. [...] ich mag nicht mehr schlafen, ich mag nicht verrückt werden.[31]

Wie sich für Desmoulins die Himmelsdecke senkt, so verengen sich bei Danton die Wände. »Will denn die Uhr nicht ruhen? Mit jedem Picken schiebt sie die Wände enger um mich, bis sie so eng sind wie ein Sarg.«[32] Edgar Allan Poe wird später in der Erzählung *The Pit and the Pendulum* (1843) dieses Angstmotiv nutzen; auch bei Tieck war es schon aufgetaucht: »Ist mir doch, als wenn die Wände zusammenrücken wollten, um mich zu erdrücken.«[33]

Bei Danton kommt zur Todesangst und zur klaustrophobischen Angst noch eine weitere hinzu: die Angst, weiterleben zu müssen, sei es vor, sei es nach dem Tode. Diese Angst vor seinen »folternden Vorstellungen« lässt ihn an allen religiösen oder philosophischen Verheißungen von der befreienden Wirkung des Todes zweifeln.

Nur für die Dauer unserer irdischen Existenz, so lehrt Platon im *Phaidros*-Dialog, seien wir »mit diesem unserm Leibe« belastet und müssten ihn »eingekerkert wie ein Schaalthier mit uns herumtragen«.[34] Jean Paul hat Platons Schaltier zur russischen Puppe erweitert: Es sei »kein Ich von einem so viel gehäusigen Karzer ummauert als das menschliche: [...] Denn mein und dein Ich sitzt nicht sowol in der Welt gefangen als auf der Erde – in dieser Kings Bench hocken wieder die Stadtmauern – in diesen umfangen uns die vier Pfähle – in den Pfählen der Armsessel oder das Bette – in diesen das Hemde oder der Rock oder beides«.[35] Danton greift das so auf: »Wir sind Alle lebendig begraben und wie Könige in drei oder vierfachen Särgen beygesezt, unter dem Himmel, in unsern Häusern, in unsern Röcken und Hemden. Wir kratzen 50 Jahre lang am Sargdeckel.«[36] Die logische Folge kann nur lauten: Dieses derzeit lebendig begrabene Ich wird der Tod befreien.

Das klingt tröstlich. Jedoch fragt sich Danton, ob er diese Befreiung überhaupt will. Sein »Gedächtniß« ist belastet von der Erinnerung an die Septembermorde, die er in nächtlichen Albträumen von Neuem durchlebt. Deshalb hat er schon im zweiten Akt darauf verzichtet, sich durch die Flucht zu Freunden in Sicherheit zu bringen. Sicherheit für wen? fragte er sich. Die Antwort: »für mein Gedächtniß, aber nicht für mich, mir giebt das Grab mehr Sicherheit, es schafft mir wenigstens *Vergessen*! Es tödtet mein Gedächtniß. Dort aber lebt mein Gedächtniß und tödtet mich.« So bestimmt ihn das Verlangen nach Befreiung von seinen »folternden Vorstellungen« zur Rückkehr, die für ihn Verhaftung und Tod bedeutet. Gleichzeitig weiß er, dass er sich etwas vormacht: »Ich kokettire mit dem Tod, es ist ganz angenehm so aus der Entfernung mit dem Lorgnon mit ihm zu liebäugeln.« Soll er also doch fliehen? Nein! Die Gefahr ist nicht real. »Das ist leerer Lärm, man will mich schrecken, sie werden's nicht wagen.«[37] So verfällt er von einer Selbsttäuschung in die nächste.

↓

PETER SCHNEIDER

—

LENZ
1973

Der Gedanke, daß er sich nicht würde mitteilen können, trieb ihn aus dem Haus. Es hatte geregnet, mitten in eine Schwüle hinein, die Nässe machte die Häuser kleiner, die Bürgersteige rückten näher zusammen. Einmal sah er das Gesicht eines Vorübergehenden mit so großer Deutlichkeit, daß es ihm die Tränen in die Augen trieb. Erzähl mir deine Geschichte, ich häng dich nicht auf. In der Dämmerung setzte Lenz sich an das Ufer eines Kanals. Die Büsche warfen lange Schatten in das Wasser, und Lenz sah zu, wie in dem dunklen unbewegten Spiegel, eins nach dem anderen, die Lichter der Laternen und Häuser aufleuchteten. Ein Lastkahn lag an der Mauer, Lenz war, als müsse der frieren. Er warf öfter Steine in das Wasser und wartete dann, bis die Häuser aufhörten zu wanken. Als er aufschaute, konnte er die Grenze zwischen Dächern und Himmel nicht mehr erkennen. Soweit er schauen konnte nichts als gewaltige Klötze, über ihm diese fahle Lichtglocke im Himmel, und alles so

↓

Johann Friedrich Oberlin
Silhouette von
Jakob Michael Reinhold Lenz
18. Jahrhundert

DEDNER

Als sie es dann doch »wagen« und »der Tod [...] so aus dem Hals stinkt und immer zudringlicher wird«,[38] kehrt er zur ersten Selbsttäuschung, der Vorstellung vom befreienden Tod, zurück. »Wir kratzen 50 Jahre lang am Sargdeckel.« Dann wird der Tod uns befreien. Aber – und damit sind wir wieder am Anfang – bringt uns die Befreiung auch Ruhe? Ja; aber nur wenn es möglich wäre, dass der Tod uns gänzlich vernichtet. Es gilt also: »wer an Vernichtung glauben könnte! dem wäre geholfen.«[39] Danton fehlt dieser Glaube. Das Nichts als Zustand der »höchsten Ruhe« wäre das absolute Jenseits der realen Welt. Danton aber ist Atheist, also glaubt er an kein Jenseits, sondern nur an den »verfluchte[n] Satz« von der Ewigkeit dessen was ist: »etwas kann nicht zu nichts werden! und ich bin etwas, das ist der Jammer!« Freiheit und Ruhe sind nicht zu erlangen, auch nicht im Tod.

»Oh nicht sterben können, nicht sterben können«, so klagt bei dem Aufklärungslyriker Friedrich Daniel Schubart der Jude Ahasverus, den Jesus einer Legende zufolge zu ewigem Weiterleben verdammt hat.[40] Desmoulins zitiert sie und Danton sekundiert: »Ich kann nicht sterben, nein, ich kann nicht sterben.« Tatsächlich kann dieser Satz zweierlei heißen: »Es ist unmöglich, dass ich ins Nichts übergehe« oder aber: »Ich will nicht sterben.« Merkwürdig zweideutig fährt Danton fort: »Wir müssen schreien, sie müssen mir jeden Lebenstropfen aus den Gliedern reißen.«[41] Wehrt er sich nun gegen das Leben, gegen den Tod, gegen das ewige Weiterexistieren oder gegen alles zusammen? Wie auch immer: Er hat Angst.

SCHNEIDER

kalt, so steinern. Es wurde ihm entsetzlich einsam, er war allein, er wollte mit sich sprechen, er konnte nicht, er wagte kaum zu atmen.

Er riß sich hoch und ging in eine Kneipe in der Nähe. Einige Gäste saßen im Freien auf feuchten Gartenstühlen, Lenz war es noch im Mantel zu kalt, er ging hinein. Drinnen gelbes verrauchtes Licht, ein Musikautomat, die alten Lieder, die alten Plakate, die alten Gespräche. Lenz sah nur Fratzen. Am Tresen bestellte er einen doppelten Korn. Jemand neben ihm behauptete, ihn schon einmal gesehen zu haben. »Und wenn schon«, sagte Lenz, »was folgt denn daraus?«

[...]

Er ging weiter, es wurde ihm unbehaglich, er fühlte sich ausgeschlossen. Wie die Straßen nach und nach schattiger wurden, kam ihm alles so unwirklich, so zuwider vor. Die Häuser türmten sich vor ihm auf wie Gebirge. Eine sonderbare Angst befiel ihn, er hätte der Sonne nachlaufen mögen. Er warf die Arme um den Rücken, um sich warm zu machen. Er klammerte sich an alle Gegenstände, Gestalten zogen rasch vorbei, er drängte sich an sie. Immer wieder glaubte er den Gang oder die Haare von L. zu erkennen. Er täuschte sich jedesmal. Er fing an zu laufen. Es war ihm plötzlich, als stecke er nur noch mit den Füßen bis höchstens zum Knie in der Stadt, als liefe er auf ungeheuren Stelzen durch die Straßen und wäre mit seinem übrigen Körper über die Häuser hinausgewachsen, er schrie, er sang, er wollte sich kleiner machen.

Aus: Peter Schneider, *Lenz. Eine Erzählung*, Berlin 1973, S. 17 f. und 32 f.
Peter Schneider (geb. 1940), Schriftsteller und Mitorganisator der Berliner Studentenbewegung; wegen seiner politischen Aktivitäten 1973 nicht zum Referendariat als Lehrer zugelassen; seine Erzählung *Lenz* »erzählt Büchners gleichnamige Novelle neu: [...] handelt von den psychischen und politischen Unsicherheiten der linken Intelligenz« (Klappentext).

LENZ UND DIE ANGST

Die *Lenz*-Erzählung, die Büchner im ersten Jahr seines Exils schrieb, ist die vielleicht erschütterndste Darstellung von Angst in der Weltliteratur. Der Erzähler berichtet von den Angstzuständen, als sei er selbst der Geängstigte, und so wenig wie dieser kennt er deren Ursache. »Es faßte ihn eine namenlose Angst in diesem Nichts«, heißt es bei der ersten

↓

Dann rasch in's praktische Leben, Wege angelegt, Kanäle gegraben.

Lenz, 1835

Johann Friedrich Oberlin
Karte von Ban de le Roche
18. Jahrhundert

Unbekannter Künstler
Der Pfarrer von Waldbach Nr. 2
18. Jahrhundert

Angstattacke, die Lenz im Gebirge überfällt. Und später: »Eine unnennbare Angst erfaßte ihn«; »gegen Abend befiel ihn eine sonderbare Angst«; »mächtige Gefühle wurde er nur mit der größten Angst los.« Als man am Ende den schwer Erkrankten nach Straßburg schafft, lässt die Angst ihn endlich los: »er that alles wie es die Andern thaten, es war aber eine entsetzliche Leere in ihm, er fühlte keine Angst mehr, kein Verlangen; sein Dasein war ihm eine nothwendige Last.«[42] Offenbar hat die Angst ihr Zerstörungswerk vollendet und ihr Opfer zu einem Automaten gemacht, der sich nicht einmal mehr ängstigt.

Dass die Angst den Menschen verfolgt, sagt die Umgangssprache. Sie scheint räumlich wahrnehmbar; so auch in *Lenz*: »Es war als ginge ihm was nach, [...] als jage der Wahnsinn auf Rossen hinter ihm.« Auf einem Bild von Johann Heinrich Füssli ist der Alb bereits auf den Leib gesprungen; bei Lenz ist er – bei einem nächtlichen Anfall von Angst – kurz davor: »jetzt wuchs sie, der Alp des Wahnsinns setzte sich zu seinen Füssen«.[43] Solchen Annäherungen entkommt man nur durch die Flucht ins Freie. Häufig ist es die sehr verständliche Angst, wahnsinnig zu werden, die Lenz in Panik versetzt. Auch quälen ihn Gedanken an Vergangenes, an die Trennung von einer Geliebten. Die offensichtlich unbegründete Vorstellung, dass er deren Tod verursacht habe, wird ihm zur fixen Idee. Der Verschuldungswahn kann sich auch auf religiöse Inhalte fixieren. »Dann steigerte sich seine Angst, die Sünde in den heiligen Geist stand vor ihm.«[44] Die Sünde wider den heiligen Geist, so heißt es in mehreren Evangelien (z. B. Matthäus 12,31) kurz und bündig, »wird den Menschen nicht vergeben«. Diese heute aus dem Bewusstsein verschwundene schreckliche Sünde hat Kranke, die an religiöser Melancholie litten, seinerzeit oft beunruhigt.[45] Dass niemand wusste, worin sie besteht, machte die Sache für den Angstpsychotiker nicht besser. Im Gegenteil.

Auf die Frage, wie Angstattacken entstehen, gibt es bis heute unterschiedliche Antworten. Einige beruhen vielleicht auf Stoffwechselstörungen oder werden – wie Friedrich Bird, ein zeitgenössischer Psychiater von Rang, annahm[46] – somatisch durch Störungen im »Bauch« verursacht. Sie nehmen dann folgenden Verlauf: Die (primär) somatische Erkrankung äußert sich (sekundär) in heftigen Angstzuständen, die die Patienten (tertiär) auf moralische oder religiöse Verfehlungen zurückführen. Die Angst schafft sich nach dieser Erklärung ihre eigene Ursprungserzählung. Das scheint bei Lenz, wenn er sich des Mordes an seiner Geliebten beschuldigt, der Fall. Büchner tat demnach gut daran, die Verursachung der Angst im Dunkeln zu lassen. Ursprungserzählungen von Seelsorgern oder Psychoanalytikern erhellen oft nichts, sondern leiten nur Wasser auf die Mühlen der Angst. Der Pfarrer Johann Friedrich Oberlin zum Beispiel, bei dem Lenz Zuflucht gefunden hatte und der über dessen Erkrankung als Augenzeuge berichtete, sprach mitfühlend und erklärend zugleich von der »Marter«, die er empfand, wenn Lenz, »auf den Knien liegend, [...] nicht beichtete, aber die Ausflüsse seines gemarterten Gewissens [...] nicht zurück halten konnte«.[47] Zutreffend wäre wohl der Satz: Die Angst martert Lenz. Stattdessen sagt der Seelsorger: Lenz' Gewissen ist gemartert. Der Verursacher ist dann Lenz selbst. Man müsse – so schrieb Bird, als wolle er diesem ihm natürlich unbekannten Text widersprechen – man müsse vor allem »Gewissen von Angst zu trennen wissen. Der [...] Melancholiker [...] klagt, weint, jammert und die Zahl der Sünden ist gross, die er oft lügt und mindestens vergrössert, [...] das macht die Bauchangst die er fühlt.«[48]

Das *Woyzeck*-Drama beginnt mit einer Angstattacke apokalyptischen Inhalts: »Ein Feuer fährt um den Himmel und ein Getös herunter wie Posaunen«. Gleich danach wird Woyzeck Opfer einer Verfolgungsfantasie: »Es ist hinter mir gegangen bis vor die Stadt.«[49] Er ist Gegenstand eines Ernährungsexperiments, dass ihm eine dreimonatige Diät von nichts als Erbsen aufzwingt. Dass Psychosen somatisch über den »Bauch« verursacht werden, hat Büchner demnach nicht ausgeschlossen. *Lenz* aber ist nicht eine Erzählung vom Ursprung der Angst, sondern von der Angst selbst. In ihr teilt sich dem Leser »die unermeßliche Qual« mit, die Lenz erleidet und die sagen ließ: »denn fürchterlich und höllisch war es was er ausstund und es durchbohrte und zerschnitte mir das Herz«.[50]

↓

Marcantonio Raimondi
Apoll von Belvedere
Um 1500

Die antike Marmorstatue des Apoll von Belvedere war nach Winckelmann die Ikone der klassisch-antiken Kunst.

Carel van Savoy
Christus erscheint den Jüngern in Emmaus
(Detail)
1650–1660

[…] das unbedeutendste Gesicht macht einen tiefern Eindruck als die bloße Empfindung des Schönen, und man kann die Gestalten aus sich heraustreten lassen, ohne etwas vom Äußern hinein zu kopiren, wo einem kein Leben, keine Muskeln, kein Puls entgegen schwillt und pocht. Kaufmann warf ihm vor, daß er in der Wirklichkeit doch keine Typen für einen Apoll von Belvedere oder eine Raphaelische Madonna finden würde. Was liegt daran, versetzte er, ich muß gestehen, ich fühle mich dabei sehr todt.

Lenz, 1835

DEDNER

1 *Danton's Tod* III/1, zit. nach: MBA III.2, S. 126.
2 Spinoza-Skript, zit. nach: MBA IX.2, S. 12.
3 *Lenz*, zit. nach: MBA V, S. 72.
4 *Leonce und Lena* II/2, zit. nach: MBA VI, S. 114.
5 *Lenz*, zit. nach: MBA V, S. 56.
6 *Lenz*, zit. nach: MBA V, S. 54.
7 *Lenz*, zit. nach: MBA V, S. 65.
8 *Woyzeck* H4,5, zit. nach: MBA VII.2, S. 25.
9 *Woyzeck* H4,10, zit. nach: MBA VII.2, S. 50.
10 *Danton's Tod* II/3, zit. nach: MBA III.2, S. 116.
11 *Leonce und Lena* II/3, zit. nach: MBA VI, S. 115.
12 *Woyzeck* H4,2, zit. nach: MBA VII.2, S. 23.
13 *Lenz*, zit. nach: MBA V, 56, 57, 65, 66.
14 *Danton's Tod* I/5, zit. nach: MBA III.2, S. 99.
15 *Woyzeck* H4,2, zit. nach: MBA VII.2, S. 23.
16 *Danton's Tod* II/3, zit. nach: MBA III.2, S. 39.
17 *Lenz*, zit. nach: MBA V, S. 62.
18 Brief an Wilhelmine Jaeglé, nach Mitte Januar 1834, zit. nach: MBA X.1, S. 30.
19 Brief an die Eltern, nach 27. März 1834, zit. nach: MBA X.1, S. 38.
20 Brief an die Eltern, Ende Juni / Anfang Juli 1835, zit. nach: MBA X.1, S. 63.
21 *Die Leiden des jungen Werthers*, Brief vom 12. Dezember; zit. nach: Goethe, *Werke. Vollständige Ausgabe letzter Hand*, Bd. XVI, Stuttgart u. Tübingen 1830, S. 151.
22 Brief vom 30. August, ebd., S. 80.
23 Wendung in *Lenz*, zit. nach: MBA V, S. 71.
24 Brief an die Eltern, nach 5. August 1835, zit. nach: MBA X.1, S. 68.
25 Brief an die Eltern, 9. März 1835, zit. nach: MBA X.1, S. 53.
26 Brief an die Eltern, 20. September 1835; zit. nach: MBA X.1, S. 73.
27 Brief an die Eltern, nach 5. August 1835, zit. nach: MBA X.1, S. 68.
28 Wilhelm Schulz, Nachruf 1837.
29 *Der Hessische Landbote*, S. 2; zit. nach: MBA II.1, S. 6.
30 Brief an die Eltern, 16. Juli 1835; zit. nach: MBA X.1, S. 64.
31 *Danton's Tod* IV/3, zit. nach: MBA III.2, S. 145 f.
32 *Danton's Tod* IV/3, zit. nach: MBA III.2, S. 144.
33 Karl von Berneck (1793–1795) II/4; zit. nach: Ludwig Tieck, *Schriften*, Bd. XI, Berlin 1829, S. 44.
34 *Platons Werke*, übers. von Friedrich Schleiermacher. Teil I, Bd. 1, 2. Aufl. Berlin 1817, S. 121.
35 *Kampaner Thal 502. Stazion*, zit. nach: Jean Paul (Friedrich Richter): *Sämmtliche Werke*, Berlin 1826–1828, Bd. XL, S. 25.
36 *Danton's Tod* III/7, zit. nach: MBA III.2, S. 139.
37 *Danton's Tod* II/4, zit. nach: MBA III.2, S. 117.
38 *Danton's Tod* III/7, zit. nach: MBA III.2, S. 139.
39 Ebd.
40 Christian Friedrich Daniel Schubart, *Der ewige Jude. Eine lyrische Rhapsodie* (1783), zit. nach: MBA III.2, S. 139 (= *Danton's Tod* III/7).
41 *Danton's Tod* III/7, zit. nach: MBA III.2, S. 140.
42 *Lenz*, zit. nach: MBA V, S. 54, 55, 56, 63, 67, 73
43 Ebd., S. 56.
44 Ebd., S. 67.
45 Vgl. die Beispiele in MBA V, S. 457–459.
46 Friedrich Bird, *Pathologie und Therapie der psychischen Krankheiten, zum Gebrauche für practische Aerzte entworfen*, Berlin 1836, S. 175; vgl. MBA V, S. 135.
47 Zit. nach: MBA V, S. 239.
48 Ebd.
49 *Woyzeck* H4,1 und H4,2, zit. nach: MBA VII.2, S. 22 und 23.
50 *Lenz*, zit. nach: MBA V, S. 239.

[...] ich kenne nur zwei Bilder, und zwar von Niederländern, die mir einen Eindruck gemacht hätten, wie das neue Testament; das Eine ist, ich weiß nicht von wem, Christus und die Jünger von Emaus. [...] Es ist ein trüber, dämmernder Abend, ein einförmiger rother Streifen am Horizont, halbfinster auf der Straße, da kommt ein Unbekannter zu ihnen, sie sprechen, er bricht das Brod, da erkennen sie ihn, in einfach-menschlicher Art, und die göttlich-leidenden Züge reden ihnen deutlich, und sie erschrecken, denn es ist finster geworden, und es tritt sie etwas Unbegreifliches an, aber es ist kein gespenstisches Grauen; es ist wie wenn einem ein geliebter Todter in der Dämmerung in der alten Art entgegenträte, so ist das Bild, mit dem einförmigen, bräunlichen Ton darüber, dem trüben stillen Abend.

Lenz, 1835

Carel van Savoy
Christus erscheint den Jüngern in Emmaus
1650–1660

BURGHARD DEDNER

»IN SHAKESPEARE FINDEN WIR ES ... IN GÖTHE MANCHMAL«

BÜCHNER UND GOETHE

»Das Gefühl, daß Was geschaffen sey, Leben habe, [...] sey das einzige Kriterium in Kunstsachen«, sagt die Hauptfigur von Büchners *Lenz*-Erzählung. »Übrigens begegne es uns nur selten, in Shakespeare finden wir es und in den Volksliedern tönt es einem ganz, in Göthe manchmal entgegen.«[1] Über Goethes – trotz der Einschränkung – herausragenden Rang sagt Lenz wohl, was Büchner auch selbst gesagt hätte. Büchner schätzte den Morphologen Goethe, las in *Dichtung und Wahrheit* und nutzte die Werke des jungen Goethe – *Urgötz* in den Sprachexperimenten des *Woyzeck*, *Egmont* in *Danton's Tod*, die Gretchentragödie des *Faust* in *Woyzeck*, die Gelehrtentragödie des *Faust* und *Werther* in *Lenz* – als Anlass zu produktiver Weiterverarbeitung. Es sind dies Werke, die Goethe in der bis etwa 1776 reichenden Sturm-und-Drang-Periode entweder publiziert oder konzipiert hat. Deren Kenntnis geht bei Büchner bis in die Schulzeit zurück. Büchner mag auch einige der späteren Werke Goethes gekannt haben; Spuren haben sie kaum hinterlassen. Wahrscheinlich »tönte es« ihm aus ihnen nicht »entgegen«.

FAUST, WERTHER UND LENZ BESCHWÖREN DEN ERDGEIST

»Die Worte des verschwindenden Erdgeistes: du gleichst dem Geist, den du begreifst, nicht mir, sie sind es, welche Faust von seiner Höhe in den Abgrund der Verzweiflung hinabstürzen«, schrieb der eben achtzehnjährige Georg Büchner in seinem letzten Schuljahr.[2] Die Bemerkung entstammt einer Diskussion, nicht über faustisches Streben, sondern über Selbstmord, wozu neben dem Cäsar-Gegner Cato von Utica natürlich auch die goetheschen Helden Faust und Werther Anlass gaben. Bei seinen Studien zu dem suizidgefährdeten Dichter Lenz, den Goethe in *Dichtung und Wahrheit* als verspäteten Werther beschrieb,[3] begegnete Büchner dem Thema aufs Neue. Er nutzte Einzelheiten aus Goethes Roman, um weiße Flecken in seinem Lenz-Porträt auszufüllen, und fügte Züge aus *Faust* hinzu. Und wieder ging es nicht um »das Faustische«, sondern um seelische Vorgänge.

↓

HANS ERICH NOSSACK

»SO LEBTE ER HIN« 1961

[D]er *Lenz* ist nach dem Scheitern des Aufstandsversuches geschrieben und außerdem ist er kein Fragment. Der Satz »So lebte er hin« ist der endgültigste Abschluß, der sich denken läßt. [...] Die nämlich, die nicht ihr eigenes Leben leben, sondern das eines soziologischen Modells, werden sofort einwenden: Wieso? Er scheint ganz vernünftig, er spricht mit den Leuten. Er tut alles, wie es die anderen tun. Er fühlt keine Angst mehr, kein Verlangen. Was will er denn mehr? Das ist doch das Höchste, was sich erreichen läßt. Was soll das Gerede von der entsetzlichen Leere? Und was diesen euren Büchner betrifft: Er hat doch seinen Doktor gemacht. Damit ist alles vergeben und vergessen. Der Typhus ist natürlich Pech. Heute haben wir gottlob Mittel dagegen. Büchner hätte seine Mina heiraten können. Und wenn sie nicht gestorben sind, dann leben sie noch heute. So *hin*.

Man pflegt uns Intellektuelle, wenn wir nicht »so hin« leben wollen, Nihilisten zu nennen. Auch Büchner gebührt dieser Ehrentitel. Der letzte Absatz des *Lenz* ist die erschütterndste Anklage des Menschen gegen den Nihilismus als Endzustand, gegen ein versicherbares So-hin-Leben, ohne Angst, ohne Verlangen. Ich möchte Sie warnen, meine Damen und Herren, die Büchnerschen Sätze vor dem Schlafengehen zu denken. Dann ist es aus mit dem Schlaf.

Aus: Hans Erich Nossack, »Rede zur Verleihung des Georg-Büchner-Preises 1961«, in: *Deutsche Akademie für Sprache und Dichtung Darmstadt, Jahrbuch 1961*, Heidelberg / Darmstadt 1962, S. 89–98; hier S. 91 f.

Den 20. ging Lenz durch's Gebirg. Die Gipfel und hohen Bergflächen im Schnee, die Thäler hinunter graues Gestein, grüne Flächen, Felsen und Tannen. Es war naßkalt, das Wasser rieselte die Felsen hinunter und sprang über den Weg. Die Äste der Tannen hingen schwer herab in die feuchte Luft. Am Himmel zogen graue Wolken, aber Alles so dicht, und dann dampfte der Nebel herauf und strich schwer und feucht durch das Gesträuch, so träg, so plump. Er ging gleichgültig weiter, es lag ihm nichts am Weg, bald auf- bald abwärts. Müdigkeit spürte er keine, nur war es ihm manchmal unangenehm, daß er nicht auf dem Kopf gehn konnte.

Lenz, 1835

Caspar David Friedrich
Morgennebel in den Bergen
1807/08

Als Goethes Faust den Erdgeist beschwört, ruft er aus: »Ha! wie's in meinem Herzen reißt! / Zu neuen Gefühlen / All' meine Sinnen sich erwühlen!«[4] Ist es allzu klinisch-nüchtern, wenn man bei dieser Selbstbeschreibung an Techniken der Autosuggestion denkt? Und bestätigt nicht Mephisto diese Deutung, wenn er nun über Faust spottet: »In Nacht und Thau auf den Gebirgen liegen, / Und Erd und Himmel wonniglich umfassen, / Zu einer Gottheit sich aufschwellen lassen, / Der Erde Mark mit Ahnungsdrang durchwühlen«.[5] Anscheinend beschwört auch der verjüngte Faust den Erdgeist, jetzt freilich ohne Magie.

Der Faust »auf den Gebirgen« gleicht einem Stürmer und Dränger, und Büchners Lenz ist ihm verwandt. Auf seinem anfänglichen Gang »durch's Gebirg« »riß es ihm in der Brust« – wie zuvor Faust »in [s]einem Herzen« – und wie dieser »dehnte« er »sich aus und lag über der Erde, er wühlte sich in das All hinein«.[6] Zuvor schon hatte Lenz wahrgenommen, wie »die Stimmen an den Felsen wach wurden, bald wie fern verhallende Donner, und dann gewaltig heran brausten, in Tönen, als wollten sie in ihrem wilden Jubel die Erde besingen«. Ähnliche Geräusche hört auch Mephisto bei einer nächtlichen Bergtour: »Hörst du Stimmen in der Höhe? / In der Ferne, in der Nähe? / Ja, den ganzen Berg entlang / Strömt ein wüthender Zaubergesang!«[7] Mephisto beschreibt Töne vom Hexensabbat auf dem Blocksberg, während Büchners Lenz nur hört, was man mit etwas Fantasie an einem stürmischen Tag im Gebirge wohl hören kann. So teilt er Fausts Empfindungs- und Verhaltensweisen, ist allerdings aufs Reale reduziert.

Auch dem Werther ist Lenz verwandt. Büchner nutzte den hohen Bekanntheitsgrad des Romans und gewann für die Äußerungen seines Lenz gelegentlich ein Mehr an Bedeutung dadurch, dass er ihn Sätze Werthers sagen ließ. »Doch mit mir ist's aus«, sagt Lenz zu Oberlin, als der ihn zur Heimkehr zum Vater bewegen will.[8] »Mit mir ist's aus«, sagt Werther wiederholt mit leichten Variationen in den Wochen vor dem Selbstmord. »Das fiel auf ihn«, sagt der Erzähler über Lenz,[9] als der ein Klagelied darüber hört, dass der Geliebte weit fort ist. »Das fiel auf sie wie ein Donnerschlag«, heißt es über Werthers Lotte. Gerade nämlich hat Albert sie angewiesen, dem geliebten Freund Pistolen, also die Instrumente für den Selbstmord, auszuhändigen, und die ominösen Worte hinzugefügt: »Ich lasse ihm glückliche Reise wünschen.«[10]
Wie in einem Hohlspiegel versammelte Büchner diese verstreuten Partikel aus Faust und *Werther* zu Beginn der Erzählung in einem Satz, der zu den längsten der deutschen Literatur gehört und der seine Vorbilder in den Briefen des *Werther* vom 10. Mai und vom 12. Dezember hat. Im Brief vom 10. Mai findet sich das unvergessliche, in einen Satz gepackte Manifest eines ekstatischen Pantheismus. In einer aufschwellenden Reihe von Wenn-Sätzen gibt Werther Naturwahrnehmungen wieder und beschreibt dann in kürzeren abschwellenden Dann-Sätzen seine psychischen Reaktionen

> Wenn das liebe Thal um mich dampft, und die hohe Sonne an der Oberfläche der undurchdringlichen Finsterniß meines Waldes ruht, und nur einzelne Strahlen sich in das innere Heiligthum stehlen, ich dann im hohen Grase [...] liege [...]; wenn ich das Wimmeln der kleinen Welt zwischen Halmen [...] näher an meinem Herzen fühle, und fühle [...] das Wehen des Allliebenden [...], wenn's dann um meine Augen dämmert [...]; dann sehne ich mich oft, und denke [...].

Der Brief vom 12. Dezember bietet den Absturz und redet von selbstmörderisch-ekstatischem Todesverlangen:

> Und wenn dann der Mond wieder hervortrat, und über der schwarzen Wolke ruhte, und vor mir hinaus die Fluth in fürchterlich-herrlichem Wiederschein rollte und klang: da überfiel mich ein Schauer, und wieder ein Sehnen! Ach mit offnen Armen stand ich gegen den Abgrund und athmete hinab! hinab! und verlor mich in der Wonne, meine Qualen, meine Leiden da hinab zu stürzen! dahin zu brausen wie die Wellen! [...] O Wilhelm! wie gern hätte ich mein Menschseyn drum gegeben, mit jenem Sturmwinde die Wolken zu zerreißen, die Fluthen zu fassen!

↓

Am Himmel zogen graue Wolken.

Lenz, 1835

Johann Heinrich Schilbach
Wolkenstudie
Um 1830

Büchner übernimmt in seinem Langsatz die Syntax der pantheistischen Exaltation, erweitert die Wenn-wenn-Schwellungen erheblich, findet dabei aber keinen Ruhepunkt im »Wehen des Alliebenden«, sondern deutet vielmehr neben den faustischen Anspielungen auch die Todessehnsucht aus Werthers Brief vom 12. Dezember an:

> Nur manchmal, wenn der Sturm das Gewölk in die Thäler warf, und es den Wald herauf dampfte, und die Stimmen an den Felsen wach wurden, bald wie fern verhallende Donner, und dann gewaltig heran brausten, in Tönen, als wollten sie in ihrem wilden Jubel die Erde besingen, [...] oder wenn der Sturm das Gewölk abwärts trieb [...], riß es ihm in der Brust, er stand, keuchend, den Leib vorwärts gebogen, Augen und Mund weit offen, er meinte, er müsse den Sturm in sich ziehen, Alles in sich fassen, er dehnte sich aus und lag über der Erde, er wühlte sich in das All hinein, es war eine Lust, die ihm wehe that [...].

Dass es bei alledem um den Auf- und Abschwung autosuggestiv herbeigeführter Exaltationen geht, wird später in der Erzählung, in den Tagen vor der versuchten Kindeserweckung und der folgenden Atheismuskrise, noch deutlicher. Es heißt jetzt: »Je höher er sich aufriß, desto tiefer stürzte er hinunter«, und zwar wohl »nach einem Abgrund, zu dem ihn eine unerbittliche Gewalt hinriß«.[11] Dies erinnert zum einen an die Worte des Gymnasiasten Büchner über Faust, der »von seiner Höhe in den Abgrund der Verzweiflung hinabstürz[t]«, zum andern an Fausts Selbstcharakterisierung als »der Unmensch ohne Zweck und Ruh? / Der wie ein Wassersturz von Fels zu Felsen braus'te / Begierig wüthend nach dem Abgrund zu.«[12] Lenz aber hat in dieser Phase die Suche nach dem Erdgeist längst aufgegeben und die Rituale des Sturm und Drang verabschiedet. Er sucht jetzt den christlichen Gott und übt sich in Praktiken der Ekstase, die der Erzähler nüchtern unter dem Stichwort »religiöse Quälereien«[13] zusammenfasst: »Er verzweifelte an sich selbst, dann warf er sich nieder, er rang die Hände, er rührte Alles in sich auf; aber todt! todt! Dann flehete er, Gott möge ein Zeichen an ihm thun, dann wühlte er in sich, fastete, lag träumend am Boden. Am dritten Hornung hörte er, ein Kind in Fouday sei gestorben [...].« Die Verfahrensweisen der Stürmer und Dränger und der christlichen Gottessucher sind geradezu austauschbar. Das scheint bei aller Empathie eine sehr nüchterne Deutung dieser großen literarischen Gestalten.

»EIN STÜCKCHEN SPIEGEL« — VOM KLEINBÜRGERLICHEN GRETCHEN ZUR ARMEN MARIE

Faust ist nicht nur die Gelehrtentragödie, sondern auch das bürgerliche Trauerspiel von Gretchens Verführung und dem anschließenden Kindsmord. Auch bei den *Soldaten*, Lenz' wichtigstes Theaterstück, geht es um eine Verführung, die dann den Ruin einer bürgerlichen Familie herbeiführt. Und Büchners *Woyzeck*, von Ludwig Büchner als »Fragment eines bürgerlichen Trauerspiels ohne Titel« bezeichnet,[14] behandelt dieses Thema von Neuem. In der Technik der pointierten Kurzszene ist es deutlich von Lenz beeinflusst, und in einer Szene übernimmt Büchner auch Szenenkopf und -anweisungen von Lenz:

> Marie sitzt, ihr Kind auf dem Schooß, / ein Stückchen Spiegel in der Hand. / (bespiegelt sich).[5]

In Lenz' *Soldaten* hieß es:

> Mariens Zimmer. Sie sitzt auf ihrem Bette, hat die Zitternadel in der Hand, und spiegelt sich damit, in den tiefsten Träumereien.[16]

↓

[...] das Gewölk lag fest und unbeweglich am Himmel.

Lenz, 1835

Johann Heinrich Schilbach
Wolkenstudie (Detail)
Um 1838

Ein junger Adliger hat Marie mit ins Theater genommen. Zum Abschied hat er ihr eine »Zitternadel« geschenkt, die er zuvor von Maries Vater erworben hat – auf Rechnung, die er nie bezahlen wird. Eigentlich ist Marie ja mit einem braven Tuchwarenhändler verlobt, aber was ist ein Tuchwarenhändler gegen einen Baron und eine Zitternadel? Lenz setzt die bisher pantomimische Szene so fort: »Der Vater tritt herein, sie fährt auf und sucht die Zitternadel zu verbergen.« Bei Büchner heißt es später: »Woyzeck tritt herein, hinter sie. Sie fährt auf u verste[ckt] den Schmuck«.[17] Dann ändert Büchner die Formulierung so: »Sie fährt auf ~~u verste den Schmuck~~ mit den Händen nach den Ohren«. Büchner übernimmt von Lenz die Szenenanweisung zunächst nahezu wörtlich und passt sie dann den Umständen in *Woyzeck* an. Aus der »Zitternadel« sind Ohrringe geworden; deshalb der Griff nach den Ohren.

Ohrringe waren es bereits in der Schmuckkastenszene in *Faust*. Sie sind Teil eines üppigen Werbungsgeschenks, das Mephisto beschafft hat. Gretchen zieht sich aus, singt dabei das Liebeslied vom »König in Thule« und findet dann das Kästchen mit den Ohrringen. Büchners Marie bespiegelt sich mit den Ohrringen, sucht sich an die mit dem Geschenk verbundene Erklärung des Gebers zu erinnern, beruhigt ihr Kind, singt ein Liebeslied vom »Zigeunerbu« und sinniert dann laut über den Schmuck.

GOETHE, FAUST

MARGARETE *mit einer Lampe*
[...]
Sie [Gretchen] *putzt sich damit* [eine Kette] *auf und tritt vor den Spiegel.*
Was ist das? Gott im Himmel! Schau,
So was hab ich mein Tage nicht gesehn!
Ein Schmuck! Mit dem könnt eine Edelfrau
Am höchsten Feiertage gehn.
Wie sollte mir die Kette stehn?
[...]
Wenn nur die Ohrring meine wären!
Man sieht doch gleich ganz anders drein.
Was hilft euch Schönheit, junges Blut?
Das ist wohl alles schön und gut,
Allein man läßt's auch alles sein;
Man lobt euch halb mit Erbarmen.
Nach Golde drängt,
Am Golde hängt
Doch alles. Ach wir Armen!

(V. 2790-2804)

BÜCHNER, WOYZECK

MARIE *sitzt, ihr Kind auf dem Schooß. ein Stückchen Spiegel in der Hand.*
(bespiegelt sich)
Was die Steine glänze! Was sind's für? Was hat er gesagt? [...] (spiegelt sich wieder) S'ist gewiß Gold! ~~Wie wird mir's beim Tanze stehn?~~ Unsereins hat nur ein Eckchen in der Welt und ein Stückchen Spiegel und doch hab' ich einen so rothe[n] Mund als die großen Madamen mit ihren Spiegeln von oben bis unten und ihren schönen Herrn, die ihnen die Händ' küssen; ich bin nur ein arm Weibsbild.

(MBA VII.2, S. 23 f.)

Das ist inhaltlich nahezu gleich. In puncto natürliche Schönheit, so wissen Gretchen und Marie, können sie es mit Herzoginnen oder »großen Madamen« aufnehmen. Aber Schönheit kommt nicht an gegen Schmuck, den Ausweis von Reichtum und gesellschaftlichem Rang. Sprachlich besonders nahe sind die Sätze »Wie sollte mir die Kette stehn?« bei Goethe und »Wie wird mir's beim Tanze stehn?« bei Büchner. Dieser tilgte dann den Satz mit einer Vielzahl von Kringeln. Vielleicht schien er ihm zu nahe am *Faust*. Die Unterschiede sind schnell genannt. Gretchen spricht in Versen, Marie in umgangssprachlicher Prosa, die eine hat Ohrringe von echtem, die andere von eingebildetem Wert, bei der einen hängt an der Wand ein Spiegel, die andere hält in der Hand eine Scherbe, die eine hat einmal kurzfristig ein Kleinkind gepflegt, ihren Bruder, die andere zieht ihr »Hurenkind« in ihrer Kammer auf, und wenn es draußen dunkelt, kann sie sich drin kein Licht leisten.

↓

[…] und die Wolken wie wilde wiehernde Rosse heransprengten […]

Lenz, 1835

Johann Heinrich Schilbach
Wolkenstudie
Um 1830

»*Woyzeck* ist die erste wirkliche Tragödie des gewöhnlichen Lebens. [...] Büchner wendete als erster die Feierlichkeit und das Mitleid der Tragödie auf die niedrigste Menschenschicht an«, schrieb der englische Gelehrte George Steiner in seiner Abhandlung *Der Tod der Tragödie.*[18] Hier verwirklichte Büchner, was er seinen Lenz fordern lässt: »Man [...] senke sich in das Leben des Geringsten und gebe es wieder, in den Zuckungen, den Andeutungen, dem ganzen feinen, kaum bemerkten Mienenspiel«. Er habe »dergleichen versucht«, nimmt Lenz für sich in Anspruch.[19] Dass dies auch Goethe »manchmal« gelungen sei, hatte er zuvor schon gesagt.

»GUT AUF DER GUILLOTINE«

—

DANTON'S TOD ALS »GEGENENTWURF« ZU EGMONT

Lenz: ein Faust ohne Magie und Mephisto. Marie: ein Gretchen im desolaten Armutsmilieu. Auch in *Danton's Tod,* dem dritten Werk mit markanten Goethe-Spuren, verändert Büchner vorgegebene Motive ins Realistische und Härtere. Geradezu gegenläufig dazu verleiht er ihnen aber gelegentlich auch ein Mehr an Bedeutung. Er macht aus dem, was Goethe eher realistisch nüchtern darstellt, Sinnbilder der menschlichen Existenz. Die Rede ist von *Egmont,* dem 1788 veröffentlichten und also zwischen Sturm und Drang und Klassik angesiedelten Werk Goethes, das auf *Danton's Tod* vor allem gewirkt hat. Wie Danton ist Egmont ein Sympathieträger. Er geht lieber »zum Liebchen« als zu seinen politischen Geschäften, vertraut seinem guten Stern und tappt prompt in die Falle, die ihn direkt zum Schafott führt. Büchner hat Danton einige dieser Züge verliehen, weitgehend übrigens in Übereinstimmung mit dem historischen Material. »Ils n'oseront pas«, sagte der historische Danton den Quellen zufolge über die feindlichen Pläne seiner Gegner.[20] »Nein, sie wagen nicht das Panier der Tyranney so hoch aufzustecken«, sagt Egmont; »Sie werden's nicht wagen«, sagt Büchners Danton.[21] Auch etliche andere Äußerungen schaffen eine Nähe zwischen den beiden Helden: »Ich bin des Hängens müde«, sagt Egmont; »Ich will lieber guillotinirt werden, als guillotiniren lassen. Ich hab es satt«, sagt Danton.[22] Er fährt dann fort: »wozu sollen wir Menschen miteinander kämpfen? Wir sollten uns nebeneinander setzen und Ruhe haben. Es wurde ein Fehler gemacht, wie wir geschaffen worden.« Wo Egmont eine vereinzelte administrative Entscheidung traf, stellt Danton die Frage nach der Natur des Menschen. Diese Ausweitung der Diskurse ins Universelle lässt sich öfter beobachten. Egmont hasst enge Räume, weil er nun mal so ist. Danton macht aus Kerker und Grab Sinnbilder menschlicher Existenz:

> Wir sind Alle lebendig begraben und wie Könige in drei oder vierfachen Särgen beygesezt, unter dem Himmel, in unsern Häusern, in unsern Röcken und Hemden. / Wir kratzen 50 Jahre lang am Sargdeckel.[23]

Es passt zu dieser Ausweitung des Horizonts, dass der angebliche Realist Büchner die einschränkenden Gesetze realistischer Dramatik, die Goethe in *Egmont* respektiert hatte, auch einmal missachtet. Zwei ebenso ähnliche wie unterschiedliche Sterbeszenen – sie betreffen Egmonts Geliebte Clärchen und Dantons Frau Julie – sind dafür ein gutes Beispiel. Clärchen greift heimlich zum Giftbecher, während sie sich im Haus ihrer Mutter mit Brackenburg, ihrem unglücklich liebenden Freund, unterredet:

> Halt! Halt! Nun ist die Zeit! mich scheucht des Morgens Ahnung in das Grab. (Sie tritt an's Fenster, als sähe sie sich um, und trinkt heimlich.) [...] ich geh' zur Ruhe. Schleiche dich sachte weg, ziehe die Thür nach dir zu. Still! Wecke meine Mutter nicht![24]

↓

Unter den deutschen Schriftstellern behauptete eine Zeitlang Tieck den ersten Platz; es hatte zu jener Zeit die sogenannte romantische Schule, deren Haupt Tieck war, großen Anhang unter der deutschen Jugend, und so auch bei Büchner und seinen nächsten Freunden gefunden. Während der Anwesenheit seiner Braut in Darmstadt las er mit derselben Tieck's »Aufstand in den Cevennen«.

Ludwig Büchner, Vorwort zu *Nachgelassene Schriften von G. Büchner*, 1850

Carl Vogel von Vogelstein
Der Bildhauer
David d'Angers
modelliert die Büste
Ludwig Tiecks
1836

So schließt Brackenburg die Haustür in aller Stille, damit Clärchens Mutter nicht aufwacht. Es ist beeindruckend, was Büchner dieser doch eher banalen Szene abgewinnt. Auch Julie schließt eine Tür, aber die zwischen Leben und Tod. Und sie schließt sie ebenfalls in aller Stille, damit »kein Hauch, kein Seufzer« die Erde »aus dem Schlummer wecke.«

> (*sie tritt an's Fenster.*)
> Es ist so hübsch Abschied zu nehmen, ich habe die Thüre nur noch hinter mir zuzuziehen. (*sie trinkt.*)
> Man möchte immer so stehn.
> Die Sonne ist hinunter. Der Erde Züge waren so scharf in ihrem Licht, doch jezt ist ihr Gesicht so still und ernst wie einer Sterbenden. [...] Ich gehe leise. Ich küsse sie nicht, daß kein Hauch, kein Seufzer sie aus dem Schlummer wecke. Schlafe, schlafe.«[25]

Reinhold Grimm hat *Danton's Tod* als Gegenentwurf zu *Egmont* bezeichnet und festgestellt, dass Goethe in seinem 1788 publizierten Drama trotz aller tragischen Züge noch die heitere Gewissheit des vorrevolutionären Schriftstellers bewahre.[26] Büchners Stück sei dagegen geprägt von nachrevolutionärer Verdüsterung. Ein gutes Beispiel hierfür ist Egmonts oft zitierte Allegorie der »Sonnenpferde« seines Schicksals, die er in diesen unruhigen Zeiten nur schwer auf der Bahn halten kann.

> Wie von unsichtbaren Geistern gepeitscht, gehen die Sonnenpferde der Zeit mit unsers Schicksals leichtem Wagen durch; und uns bleibt nichts, als muthig gefaßt die Zügel festzuhalten, und bald rechts, bald links, vom Steine hier, vom Sturze da, die Räder wegzulenken.[27]

Danton hat weder »Sonnenpferde« noch »Zügel«; er wird geschleift.

> Unter mir keuchte die Erdkugel in ihrem Schwung, ich hatte sie wie ein wildes Roß gepackt, mit riesigen Gliedern wühlt' ich in ihrer Mähne und preßt' ich ihre Rippen, das Haupt abwärts gebückt, die Haare flatternd über dem Abgrund. So ward ich geschleift.
> [...]
> Puppen sind wir, von unsichtbaren Gewalten am Draht gezogen.[28]

Diese nachrevolutionäre Verdüsterung ließ Büchner härter werden. Bei Goethe unterhalten sich zwei Handwerker so:

> ZIMMERMEISTER.
> Ein schöner Herr!
> JETTER.
> Sein Hals wär' ein rechtes Fressen für einen Scharfrichter. [...] Es ist mir nun so. Wenn ich einen schönen langen Hals sehe, muß ich gleich wider Willen denken: der ist gut köpfen.«[29]

Die Parallele in Danton's Tod lautet:

> 1. WEIB.
> Ein hübscher Mann, der Hérault.
> 2. WEIB.
> Wie er beym Constitutionsfest so am Triumphbogen stand da dacht' ich so, der muß sich gut auf der Guillotine ausnehmen, dacht' ich. Das war so ne Ahnung.«[30]

↓

Bald ruhend, bald wandelnd kam ich mit der Dämmerung der Frühe in die Gegend von Sauve hinüber, im innern Gebirge. Sie kennen, mein Vater, die hohe Lage der dortigen traurigen Landschaft, kein Baum, kein Strauch weit umher, kaum einzelne Grashalme auf dem dürren weißen Kalkboden, und so weit das Auge reicht, Blöcke, Gruppen, Massen von Kalksteinen in allen Formen, wie Menschen, Thiere, Häuser, blendend und ermüdend, umher gestreut, und dazwischen Kiesgerülle, und e … nstre, einsame Städtchen. Hier … eder nieder und schaute in die wüst … aus, und über mir in den dunkel … ein. Sonderbar, wie sich hier … erwirrte. Ich kann es in keinen menschlichen Worten wiedergeben, wie mir plötzlich hier jedes glaubende Gefühl, jeder edle Gedanke untersank, wie mir die Schöpfung, die Natur, und das seltsamste Räthsel, der Mensch, mit seinen wunderbaren Kräften und seiner gemeinen Abhängigkeit vom Element, wie toll, widersinnig und lächerlich mir alles dies erschien. Ich konute mich nicht zähmen, ich mußte unaufhaltsam dem Triebe folgen, und mich durch

lautes La
kein Geist
witz und
und fliegt,
sinnt und
O lassen
finden, w
meisterten.
schienen m
war ganz
weg zum
Hülfe des
Der
Sieh, mei
wunderlich
nen Geist
wiß wiede
ren könne
sen Ersch
und dann
deinen sch
Nie!
plötzlicher
in der W

Ludwig Tieck
Aufruhr in den Cevennen
1826

Carl Vogel von Vogelstein
Der Bildhauer David d'Angers modelliert die Büste Ludwig Tiecks
(Detail)
1836

Eine Szene aus Tiecks *Aufruhr in den Cevennen* gab Büchner Anregungen für den Atheismusanfall in *Lenz*.

Die ständigen Gewaltszenen haben Jetters Fantasie verrohen lassen, aber sein moralischer Sinn ist intakt. So fügt er erschrocken hinzu: »Die verfluchten Executionen! Man kriegt sie nicht aus dem Sinne.« Wenn bei Büchner das »2. Weib« davon schwärmt, wie die Schönheit des Delinquenten Hérault bei der Guillotinierung so richtig zur Geltung kam, so erschrickt sie keineswegs, sondern präsentiert sich mit der geschwätzigen Selbstgefälligkeit einer Vorstadtprophetin, die wieder mal recht hatte. Die Schreckbilder des Terrors haben hier wahrhaft schreckliche Folgen.

1 MBA V, S. 60.
2 MBA I.1, S. 127.
3 Johann Wolfgang von Goethe, *Aus meinem Leben. Dichtung und Wahrheit*, 14. Buch; in: ders., *Werke. Vollständige Ausgabe letzter Hand*, Stuttgart / Tübingen 1829, Bd. 25, S. 248.
4 *Faust* I, V. 477–479.
5 *Faust* I, V. 3274–3286.
6 MBA V, S. 53.
7 *Faust* I, V. 3952–3955.
8 MBA V, S. 67.
9 MBA V, S. 65.
10 Goethe, *Die Leiden des jungen Werthers*, in: Goethe 1829 (wie Anm. 3), Bd. 16, 1829, S. 185.
11 MBA V, S. 64 f.
12 *Faust* I, V. 3349–3351.
13 MBA V, S. 66.
14 Ludwig Büchner in: *Nachgelassene Schriften von G. Büchner*, Frankfurt am Main 1850, S. 39.
15 MBA VII.2, S. 23.
16 Jakob Michael Reinhold Lenz, *Die Soldaten*; in ders.: *Gesammelte Schriften von J. M. R. Lenz*, hrsg. von Ludwig Tieck, Berlin 1828, Bd. 1, S. 270.
17 Ebd.
18 George Steiner, *Der Tod der Tragödie*, Frankfurt am Main 1981, S. 216 und 217 (zuerst unter dem Titel: *Death of Tragedy*, New York 1961).
19 MBA V, S. 60.
20 Louis Adolphe Thiers, *Histoire de la Révolution française*, Bd. 6, Paris 1825, S. 148.
21 *Egmont* II/2; *Danton's Tod* I/5.
22 *Egmont* II/2; *Danton's Tod* II/1 (MBA III.2, S. 110).
23 III/7; MBA III.2, S. 139.
24 *Egmont* V/3.
25 IV/6; MBA III.3, S. 151,12–23.
26 Reinhold Grimm, »*Danton's Tod* – ein Gegenentwurf zu Goethes *Egmont*?«, in: *Germanisch-romanische Monatschrift*, N. F. 33, 1983, S. 424–457.
27 *Egmont* II/2.
28 *Danton's Tod* II/5.
29 *Egmont* II/1.
30 IV/8; MBA III.2, S. 153.

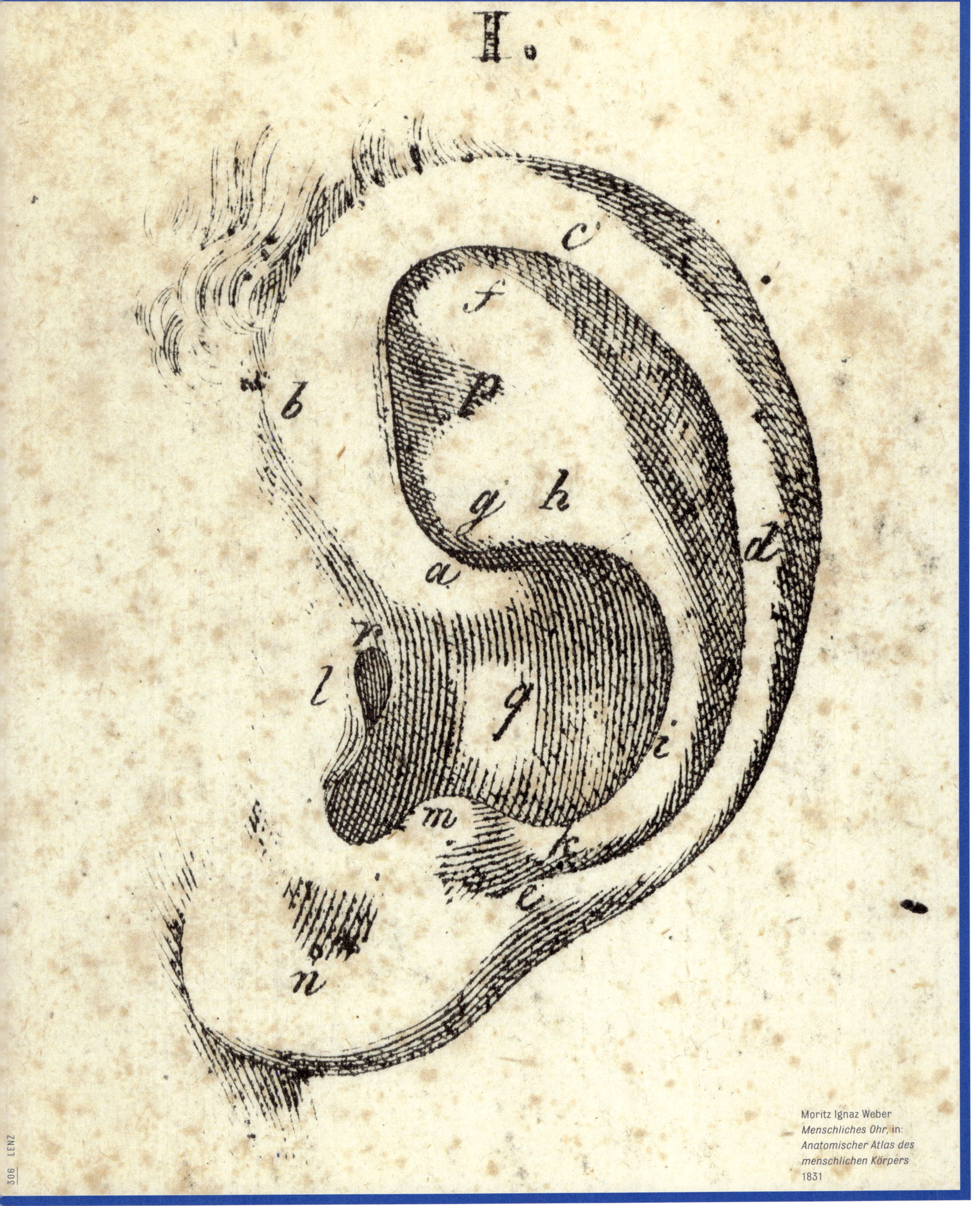

Moritz Ignaz Weber
Menschliches Ohr, in:
Anatomischer Atlas des menschlichen Körpers
1831

NORA ECKERT

—

BÜCHNERS KLANGWELT

—

ÜBER MUSIK UND AKUSTISCHES BEI GEORG BÜCHNER

Er sei »verkältet« und bettlägerig gewesen, schrieb er Anfang 1837 aus Zürich an die Verlobte Wilhelmine Jaeglé, aber jetzt gehe es besser, und er »gehe fast so richtig wie eine Schwarzwälder Uhr«.[1] Da sich die beiden für Ostern verabredet hatten, fragt Büchner, ob Wilhelmine denn bis dahin die Volkslieder singen lerne, »wenn's Dich nicht angreift? Man hört hier keine Stimme; das Volk singt nicht.«[2] Er würde sie zu gerne singen hören, jedenfalls lieber als den Kunstgesang bei Soireen und in Konzerten. Worauf das nicht weiter ausgeführte Bekenntnis folgt: »Ich komme dem Volk und dem Mittelalter immer näher, jeden Tag wird mir's heller – und gelt, du singst die Lieder? Ich bekomme halb das Heimweh, wenn ich mir eine Melodie summe.«[3]

Welche Lieder er hören wollte, wissen wir nicht, wohl aber von seiner ausgeprägten Vorliebe für Volkslieder. Ihm waren die Liedsammlungen der Romantiker seit seiner Jugend bekannt, und Lieder begegnen uns auffällig häufig in seinen Stücken, die meisten im *Woyzeck*-Fragment.[4] Die Ablehnung des Kunstgesangs war keine bloße Augenblickslaune, sie saß tief, und er artikulierte sie vehement. Gelegenheiten zu Opernbesuchen boten sich ihm in Darmstadt wie in Straßburg, aber ein Melomane, wie so viele seiner Zeitgenossen, wurde er nicht. In Mode gekommen war damals auch der Liedgesang und nicht minder populär als die Oper. Aber all dies Kunstfertige blieb ihm fremd. Zu aufgesetzt, zu übertrieben klang die Gefühlsemphase in seinen Ohren. Büchner sprach auf einer anderen Klangfrequenz an, wo alles einfacher war, die Melodien ebenso wie die Bauweise, ganz zu schweigen von dem oft schwermütigen Ton der Volkslieder. Den Melancholiker Büchner zog diese Wehmut magisch an. Er war offenkundig das, was wir einen Ohrenmenschen nennen. Er reagierte sensibel auf alles Akustische seiner Umwelt. Aber verlangen nicht schon ein Sprachbewusstsein und ein Sinn für Poetik auch ein Klangbewusstsein? Ist nicht alles Dichterische immer auch in gewissen Graden eine Musik mit anderen Mitteln?

IN DIE WELT HINEINHÖREN

In einem früheren Brief an Wilhelmine lieferte uns Büchner eine Probe seiner akustischen Sensibilität, die er nachgerade lustvoll verbalisierte: »Eben komme ich von draußen herein. Ein einziger, forthallender Ton aus tausend Lerchenkehlen schlägt durch die brütende Sommerluft, ein schweres Gewölk wandelt über die Erde, der tiefbrausende Wind klingt wie sein melodischer Schritt. Die Frühlingsluft löste mich aus meinem Starrkrampf.«[5] Die Menschen um ihn erschienen ihm allerdings seltsam leblos, »die Augen verglast, die

↓

HEINAR KIPPHARDT

—

MÄRZ 1976

März, Aufsätze. Lebensgedächtnisse. Unbestreitbar ist, daß ich ein Leben hatte. Ich hatte eine sogar detailfreudige Lebensgeschichte. Die habe ich jedoch aus mir unbekannter Ursache verlassen. Oder sie mich. Ich erlebte einen Lebensuntergang. Im Gewitter versank Elugelab. Wenn ich an mein Leben denke, ist es, wie wenn man etwas denken würde und wieder einschläft. Es ist mir nicht gelungen, darin Fuß zu fassen.

M. äußert wahnhafte Körperempfindungen. »Der Kopf schwillt an, die Hände fallen ab im Herz zwei Mühlsteine.« (Datum)

»Juckpulver im Gehirn, nicht kratzen.« (Datum)

↓

Die Mägde die in der Kinderstube unter ihm schliefen, sagten, sie hätten oft, insonderheit aber in selbiger Nacht, ein Brummen gehört, das sie mit nichts als mit dem Tone einer Haberpfeife zu vergleichen wußten.

Vielleicht war es sein Winseln, mit hohler, fürchterlicher, verzweifelnder Stimme.

Wenn er allein war, war es ihm so entsetzlich einsam, daß er beständig laut mit sich redete, rief, und dann erschrak er wieder und es war ihm, als hätte eine fremde Stimme mit ihm gesprochen. Im Gespräch stockte er oft, eine unbeschreibliche Angst befiel ihn, er hatte das Ende seines Satzes verloren, dann meinte er, er müße das zuletzt gesprochene Wort behalten und immer sprechen

...isse er immer »Vater unser« sagen.

Lenz mußte laut lachen, und mit dem Lachen griff der Atheismus in ihn und faßte ihn ganz sicher und ruhig und fest.

er wollte mit sich sprechen, aber er konnte, er wagte kaum zu athmen, das Biegen seines Fußes tönte wie Donner unter ihm

In seiner Brust war ein Triumph-Gesang der Hölle. Der Wind klang wie ein Titanenlied, es war ihm, als könne er eine ungeheure Faust hinauf in den Himmel ballen und Gott herbei reißen und zwischen seinen Wolken schleifen; als könnte er die Welt mit den Zähnen zermalmen und sie dem Schöpfer in's Gesicht speien; er schwur, er lästerte. er sang, er recitirte Stellen aus Shakespeare, er griff nach Allem, was sein Blut sonst hätte rascher fliegen machen, er versuchte Alles, aber kalt, kalt.

und dann hörte er im Schlaf, wie die Uhr pickte. Durch das leise Singen des Mädchens und die Stimme der Alten zugleich tönte das Sausen des Windes bald näher, bald ferner,

es war als sey er doppelt und der eine Theil suchte den andern zu retten, und rief sich selbst zu; er erzählte, er sagte in der heftigsten Angst Gedichte her

dann sagte er: consequent, consequent; wenn Jemand was sprach: inconsequent, inconsequent;

Einmal wurden die Töne lauter, das Mädchen redete deutlich und bestimmt, sie sagte, wie auf der Klippe gegenüber eine Kirche stehe. Lenz sah auf und sie saß mit weitgeöffneten Augen aufrecht hinter dem Tisch, und der Mond warf sein stilles Licht auf ihre Züge, von denen ein unheimlicher Glanz zu strahlen schien, zugleich schnarrte die Alte

es war ihm jetzt unheimlich mit dem gewaltigen Menschen, von dem es ihm manchmal war, als rede er in entsetzlichen Tönen

Hören Sie denn nichts, hören Sie denn nicht die entsetzliche Stimme, die um den ganzen Horizont schreit, und die man gewöhnlich die Stille heißt, seit ich in dem stillen Thal bin,

Die Thüre halb offen, da hörte er die Magd singen, erst unverständlich, dann kamen die Worte: Auf dieser Welt hab' ich kein' Freud, / Ich hab' mein Schatz und der ist weit. / Das fiel auf ihn, er verging fast unter den Tönen

Dann erhob er sich und faßte die Hände des Kindes und sprach laut und fest: Stehe auf und wandle! Aber

die Wände hallten ihm nüchtern den Ton nach, daß es zu spotten schien

hör' ich's immer

ECKERT

Wangen wie von Wachs«,[6] als entstammten sie eher einem Panoptikum als jener akustischen Frühlingsidylle. Und mit ihren »herausknarrenden Stimmen«, wie er sich ausdrückt, kam ihm das herumtrillernde Orgellied in den Sinn, also der Leierkasten mit seiner Mechanik aus »Wälzchen und Stiftchen«. So würden ihm auch die Menschen erscheinen, nämlich wie arme schreiende Musikanten – »das Stöhnen auf unsrer Folter, wäre es nur da, damit es durch die Wolkenritzen dringend und weiter, weiter klingend, wie ein melodischer Hauch in himmlischen Ohren stirbt?«[7] Beklagt er hier noch die Verdammnis seines »Stummsein[s]«, so will er der Verlobten ein paar Tage später wenigstens einen »alten Wiegengesang« singen.

In Büchners Wahrnehmung gab es einen hohen Anteil an bedeutungsgeladenen Klängen und Geräuschen, und noch das menschliche Leid solle sich, so seine Vorstellung, in einen melodischen Hauch für himmlische Ohren verflüchtigen. Diesen himmlischen Klang vernahm er tatsächlich, wie er Anfang Januar 1833 seinen Eltern von einem weihnachtlichen Besuch im Straßburger Münster berichtete: »Der Gesang des unsichtbaren Chores schien über dem Chor und dem Altare zu schweben und den vollen Tönen der gewaltigen Orgel zu antworten.«[8] Büchner war zweifellos tief beeindruckt. Anders jedoch als in den Geräuschen der Natur, denen er Sinn und Sinnlichkeit ablauscht, ist freilich der Kirchengesang auf einen Effekt hin kalkuliert, dem auch Büchner sofort erlag. Doch finden wir im Kirchengesang, anders als im Kunstlied des bürgerlichen Salons und der ebenfalls einem bürgerlichen Publikum dargebotenen Opernarien, die von Büchner stets favorisierte Volksbindung. Auch wenn die Überwältigungsstrategien des Kirchengesangs mit denselben Kunstmitteln arbeiten wie etwa die

↓

KIPPHARDT

»Wenn ich die Hand aufstütze liegen die Knochen bloß, von Nervenenden umflochten wie Baumflechten. – Wenn ich meine Hände übereinanderlege, sind es die Hände meiner streitsüchtigen Schwester. (Können deshalb nicht an der Stationsarbeit teilnehmen.) Bisweilen sehe er an anderen große Greifhände, von denen man sich fernhalten müsse.«

Auf Versuche, ihn zu regelmäßiger Arbeit zu bewegen, habe er über bizarre Körperstörungen geklagt: – Im Bett liege er auf einem Nervengeflecht, werde kleiner und kleiner, so daß er schon bald als Larve in einer Nußschale liege. – Er habe das Gefühl, ganz ohne Knochen zu sein, sein Skelett sinke zusammen, er wage nicht aufzustehen oder sich zu bewegen, weil dann alles in einem Pudding zusammenlaufe. Ein Klumpatsch. – Es sei in einer Vereisung in Zeitlupe, alles an ihm sei glasiert, er müsse darauf achten, daß er nicht anstoße, sich nichts abbreche. – Die Luft in seinen Lungen versteinere, er werde bis zu 3 t schwer und sei in Gefahr einzusinken. – Oft habe März still unter seinem Bett gelegen, eine Zeitlang sein Bett mit Pappdeckeln umstellt, um sich vor fremden Blicken zu schützen.

»Zum Beispiel die Luft, die meinen Brustkorb tonnenweise zusammendrückt. Dann quellen die Augen hervor, das ist die Angst der Schuldigkeit. Wer unten liegt wird erdrückt und hört Ratschläge.«

März spricht von einem Marionettentheater, das ihm vorgeführt werde, aber aus ihm stamme. Es werde von Marionetten vorgeführt, die er bestimmt kenne, an deren Namen er sich aber momentan nicht erinnere.

Die schizophrene Psychose tritt in einer katastrophenhaften Weise ein, wie Wasser katastrophenhaft zu Eis wird, Erwärmung zu Feuer, Zuneigung zu Liebe, Abneigung zu Haß. Es entsteht eine neue Qualität, die sich nicht einfach aus den Faktoren summiert, die an ihrer Entstehung mitgewirkt haben.

Ich gehöre nicht zu euch, ich habe niemals zu euch gehört, und ich will niemals zu euch gehören, denn ich habe euch kennengelernt. Abgerichtete Objekte und Tubenwurstesser.

Aus: Heinar Kipphardt, *März. Roman und Materialien*, Reinbek 1976, S. 15, 86, 92, 128, 154, 164, 190.
Für seinen Film (1975), den Roman (1976) und das Theaterstück (1980) um den schizophrenen Dichter Alexander März verarbeitete Heinar Kipphardt (1922–1982) eine Vielzahl von Dokumenten und Literatur aus dem Umkreis der Antipsychiatrie-Debatte.

Die Mägde, die in der Kinderstube unter ihm schliefen, sagten, sie hätten oft, insonderheit aber in selbiger Nacht, ein Brummen gehört, das sie mit nichts als mit dem Tone einer Haberpfeife zu vergleichen wußten.

Vielleicht war es sein Winseln, mit hohler, fürchterlicher, verzweifelnder Stimme.

Wenn er allein war, war es ihm so entsetzlich einsam, daß er beständig laut mit sich redete, rief, und dann erschrak er wieder und es war ihm, als hätte eine fremde Stimme mit ihm gesprochen. Im Gespräch stockte er oft, eine unbeschreibliche Angst befiel ihn, er hatte das Ende seines Satzes verloren; dann meinte er, er müße das zuletzt gesprochene Wort behalten und immer sprechen

…sse er immer »Vater unser« sagen;

er wollte mit sich sprechen, aber er konnte, er wagte kaum zu athmen, das Biegen seines Fußes tönte wie Donner unter ihm

Lenz mußte laut lachen, und mit dem Lachen griff der Atheismus in ihn und faßte ihn ganz sicher und ruhig und fest.

In seiner Brust war ein Triumph-Gesang der Hölle. Der Wind klang wie ein Titanenlied, es war ihm, als könne er eine ungeheure Faust hinauf in den Himmel ballen und Gott herbei reißen und zwischen seinen Wolken schleifen; als könnte er die Welt mit den Zähnen zermalmen und sie dem Schöpfer in's Gesicht speien; er schwur, er lästerte. er sang, er recitirte Stellen aus Shakespeare, er griff nach Allem, was sein Blut sonst hatte rascher fließen machen, er versuchte Alles, aber kalt, kalt.

und dann hörte er im Schlaf, wie die Uhr pickte. Durch das leise Singen des Mädchens und die Stimme der Alten zugleich tönte das Sausen des Windes bald näher, bald ferner

es war als sey er doppelt und der eine Theil suchte den andern zu retten, und rief sich selbst zu; er erzählte, er sagte in der heftigsten Angst Gedichte her

Einmal wurden die Töne lauter, das Mädchen redete deutlich und bestimmt, sie sagte, wie auf der Klippe gegenüber eine Kirche stehe. Lenz sah auf und sie saß mit weitgeöffneten Augen aufrecht hinter dem Tisch, und der Mond warf sein stilles Licht auf ihre Züge, von denen ein unheimlicher Glanz zu strahlen schien; zugleich schnarrte die Alte

dann sagte er: consequent, consequent; wenn Jemand was sprach: inconsequent, inconsequent;

es war ihm jetzt unheimlich mit dem gewaltigen Menschen, von dem es ihm manchmal war, als rede er in entsetzlichen Tönen.

Die Thüre halb offen, da hörte er die Magd singen, erst unverständlich, dann kamen die Worte: Auf dieser Welt hab' ich kein' Freud, / Ich hab' mein Schatz und der ist weit. / Das fiel auf ihn, er verging fast unter den Tönen.

Dann erhob er sich und faßte die Hände des Kindes und sprach laut und fest: Stehe auf und wandle! Aber die Wände hallten ihm nüchtern den Ton nach, daß es zu spotten schien

Oper als einem veritablen Kraftwerk der Gefühle, so gibt es in der Kirche jedoch keine soziale Exklusivität wie im Salon oder im Opernhaus. Büchner weiß sich im Münster inmitten des Volkes, und die Musik dort ist schließlich im wahrsten Sinne Kunst für das Volk. Büchners Freund Wilhelm Schulz beurteilte das rückblickend nicht anders: »Sein poetischer Sinn, sein genialer Tiefblick ließen ihn unter der Hülle der religiösen Vorstellungen, die ja auch eine Art Volkspoesie sind, die ewigen Wahrheiten erkennen, welche die Menschheit bewegen.«[9]

Weit entfernt von biederer Volkstümlichkeit, ging es ihm ebenso wenig um eine volksliedhafte Naivität, auch wenn ihn das Archaische offenkundig elektrisierte und er sich an dem traurigen Ton wie an der spezifischen Lakonik der einfachen Wahrheiten nicht satt hören konnte. Nicht dass ihm dafür die eigene Sprache gefehlt hätte, die ja nicht minder expressiv und lakonisch daher kam, ebenso metaphernsatt wie unverblümt, so brutal und unerbittlich wie lyrisch verspielt. Büchner fehlen nie die Worte, aber das Zitat gehört zu seinem Stilprinzip, dieser genialen Transformation des Fremden in etwas Eigenes, weshalb die Volkslieder in den Stücken eher wie ein Echo wirken oder wie Ausrufungszeichen im theatralen Stimmungsbefund. Sie klingen wie die Vergewisserung einer paradoxen Welt, und sie potenzieren montageartig Büchners literarischen Realismus, verleihen ihm Authentizität. Das ist keine Romantisierung, sondern eine Fokussierung auf existenzielle Kategorien. Oder mit den Worten Büchners: »ich meine für menschliche Dinge müsse man auch menschliche Ausdrücke finden.«[10]

VON TÖNENDEN LANDSCHAFTEN UND TRAURIGEN LIEDERN

Heinrich von Kleist äußerte einmal, er wolle die Dichtung sein lassen, um sich ganz der Musik zuzuwenden. Das schrieb er zum Ende seines ebenfalls kurzen Lebens in einem Brief vom Mai 1811, denn er betrachte diese Kunst »als die algebraische Formel aller übrigen«[11] Er habe von Anfang an alle Gedanken über die Dichtkunst auf Töne bezogen. Auch glaube er, im Generalbass seien »die wichtigsten Aufschlüsse über die Dichtkunst enthalten«.[12] Mir scheint, Büchners dichterisches Hörvermögen ist davon nicht allzu weit entfernt. Der Begriff der algebraischen Formel liegt meines Erachtens nahe bei der Zergliederungskunst des Naturwissenschaftlers Büchner. Auch besitzt seine Dichtung unverkennbar dieser Generalbass, verstärkt und fortgesetzt in den Volksliedern.

Zwar hatte die Romantik das Volkslied als ihr ureigenes Terrain beansprucht und es überhaupt erst als Kunst entdeckt. doch Büchner horcht anders in die Volkslieder hinein, nicht sentimental und idealisierend, sondern stets dem ihm innewohnenden unverschleierten, taghellen Bewusstsein auf der Spur, das die Kompliziertheit des Lebens auf die Grundformeln von Liebe und Tod als Sehnsucht und Abschied, als Lust und Leid und als Sorge verdichtet. Ihm liegt an dem Wahrheitsgehalt der Lieder in einem nachgerade existenzialistischen Sinne, an den Grundstimmungen des menschlichen Daseins. Auch die darin evozierte Gegenwart wird ihn gereizt haben, denn stets verweist das Volkslied auf ein Hier und Jetzt.

In Büchners Leidenschaft für das Volkslied, wie auch in seiner Naturverbundenheit, vermeinen wir einen romantischen Zug zu erkennen, doch sollte nicht übersehen werden, dass schon lange vor der Romantik im Schauspiel gesungen wurde. Bei Büchner wohl häufiger als bei Shakespeare, aber das große Vorbild hatte dem jungen Dramatiker am nachhaltigsten etwas vom Sinn und von der Sinnlichkeit der Lieder auf dem Theater vermittelt. Also nicht erst seine Epoche hatte den Beziehungszauber und die Tiefenwirkung im Zusammentreffen von gesprochenem Wort und seinem musikalisierten Echo im Lied für die Bühne nutzbar gemacht.

Auch tönende Landschaften waren keine büchnersche Erfindung, die ja als ein romantischer Topos par excellence gelten. Mit wenigen Stichworten ließ sich in der Vorstellung des Lesers ein poetisches Bild aufrufen. Richard Alewyn ist

↓

Die Thüre halb offen, da hörte er die Magd singen, erst unverständlich, dann kamen die Worte: Auf dieser Welt hab' ich kein' Freud, / Ich hab' mein Schatz und der ist weit. / Das fiel auf ihn, er verging fast unter den Tönen.

es war ihm jetzt unheimlich mit dem gewaltigen Menschen, von dem es ihm manchmal war, als rede er in entsetzlichen Tönen.

Einmal wurden die Töne lauter, das Mädchen redete deutlich und bestimmt, sie sagte, wie auf der Klippe gegenüber eine Kirche stehe. Lenz sah auf und sie saß mit weitgeöffneten Augen aufrecht hinter dem Tisch, und der Mond warf sein stilles Licht auf ihre Züge, von denen ein unheimlicher Glanz zu strahlen schien, zugleich schnarrte die Alte

und dann hörte er im Schlaf, wie die Uhr pickte. Durch das leise Singen des Mädchens und die Stimme der Alten zugleich tönte das Sausen des Windes bald näher, bald ferner.

Dann erhob er sich und faßte die Hände des Kindes und sprach laut und fest: Stehe auf und wandle! Aber die Wände hallten ihm nüchtern den Ton nach, daß es zu spotten schien

In seiner Brust war ein Triumph-Gesang der Hölle. Der Wind klang wie ein Titanenlied, es war ihm, als könne er eine ungeheure Faust hinauf in den Himmel ballen und Gott herbei reißen und zwischen seinen Wolken schleifen; als könnte er die Welt mit den Zähnen zermalmen und sie dem Schöpfer in's Gesicht speien; er schwur, er lästerte, er sang, er recitirte Stellen aus Shakespeare, er griff nach Allem, was sein Blut sonst hatte rascher fließen machen, er versuchte Alles, aber kalt, kalt.

Lenz mußte laut lachen, und mit dem Lachen griff der Atheismus in ihn und faßte ihn ganz sicher und ruhig und fest.

er wollte mit sich sprechen, aber er konnte, er wagte kaum zu athmen, das Biegen seines Fußes tönte wie Donner unter ihm

es war ihm als müsse er immer »Vater unser« sagen;

dem bei Joseph von Eichendorff nachgegangen und verwies auf den faszinierenden Umstand, wie aus Vogelsang und Glockenläuten, aus Wipfelrauschen und in der Ferne bellenden Hunden imaginativ Landschaften entstehen, für die wir zwar keinen konkreten Blick, wohl aber ein Gefühl besitzen und die im wahrsten Sinne des Wortes Stimmungslandschaften in uns wachrufen. Deren Elemente variieren und schließen Alltags- und Arbeitsgeräusche ebenso wie Nachtigallengesang und das Waldrauschen ein. Doch bei Eichendorff entsteht daraus keine subjektive Landschaft, die die Gefühle von Personen widerspiegelt, sondern ein Erzählhintergrund, der »ständig gegenwärtig ist wie eine leise Musik«.[13]

Suchen wir Büchners unvollendet gebliebene Erzählung *Lenz*, die nicht zuletzt in ihrer forcierten Psychologisierung gern als Beginn der literarischen Moderne gehandelt wird, auf die darin enthaltenen akustischen Signale ab, so finden wir unentwegt tönende Landschaften, die den Text ähnlich wie bei Eichendorff als eine leise Musik begleiten. Aber verbinden Büchner und Eichendorff tatsächlich dieselben Absichten? Man wird das mit einem entschiedenen Nein beantworten müssen, denn Büchner versteht die tönende Landschaft unmissverständlich als einen Spiegel der Gefühle. Auch lässt sich die Erzählung passagenweise wie ein akustisches Naturtheater lesen, als sei die Narration mit einer gewissermaßen phänomenologischen Tonspur synchronisiert.

VOM HÖREN UND FÜHLEN IN DER ERZÄHLUNG LENZ

Büchner entschied sich für einen Ortstermin als Vorbereitung für die projektierte Erzählung, indem er, wie zuvor Lenz, die Vogesenlandschaft erwanderte. Lenz hatte seine Wanderung durch das Gebirge zu Pfarrer Oberlin im Januar 1778 unternommen. Büchner wählte denselben Weg im Oktober 1835. Nicht nur flossen dabei die wechselnden Bilder der Landschaft und Natur samt ihrer Wirkung auf die Psyche in die Erzählung ein, sondern auch all das Gehörte. Büchner hatte sich in Lenz hineinversetzt, als sähe und hörte er mit dessen Augen und Ohren.

Beeindruckend ist die Fülle der Beobachtungen wie auch die sensible Synchronisation zwischen der Umgebung und dem Denken und Fühlen von Lenz sowie schließlich die sprachliche Übersetzung der akustischen Phänomene. Das setzt virtuos mit den ersten Zeilen ein, wo Lenz beim Gang über die in nasskaltes, nebliges Wetter eingehüllten Berge als ein nach verlorenen Träumen Suchender geschildert wird. Die Träume sucht er vergeblich, dafür hört er den Sturm als Stimmen an den Felswänden, die »bald wie fern verhallende Donner, und dann gewaltig heraus brausten, als wollten sie in ihrem wilden Jubel die Erde besiegen«. Und als der Wind verhallt ist, summt »aus den Schluchten, aus den Wipfeln der Tannen wie ein Wiegenlied und Glockengeläute« herauf.[14] Es überkommt ihn Einsamkeit, »namenlose Angst« erfasst ihn, und er wagt kaum zu atmen – »und alles so still, grau, dämmernd«,[15] jeder Schritt »tönte wie Donner unter ihm«.[16] Die Angst treibt ihn den Hang hinunter zu den Menschen; im Tal angekommen, hört er endlich menschliche Stimmen, sieht in den erleuchteten Häusern Kinder und Greise, und die Angst ist verflogen. Bei Oberlin fühlte er sich »gleich zu Haus«, und mit den Erinnerungen an Gestalten und Gesichter erwachen in ihm alte Lieder. Offenkundig besitzen hier Klang- und Lebenswelt ein gemeinsames Scharnier in der wahrnehmenden und interpretierenden Psyche. Eine zentrale Bedeutung erlangt dabei die Stille, was bei der sonst kaum versiegenden Geräuschkulisse in der Erzählung nachgerade paradox anmutet. Aber die Stille als akustischer Ausnahmezustand verdeutlicht wohl prägnant die Ambivalenz in Lenz' Wahrnehmungen. Sie kann so bedrohlich wirken wie in der eben zitierten Stelle, aber auch so: »Kein Lärm, keine Bewegung, kein Vogel, nichts als das bald nahe, bald ferne Wehen des Windes [...]. Die Leute schweigend und ernst, als wagten sie die Ruhe ihres Thales nicht zu stören!«[17] Die Ruhe ist jetzt auch in Lenz eingekehrt; Gemessenheit und Andacht vermitteln ihm ein angenehmes Gefühl, gleichwohl bleibt die Angst stets sprungbereit und die Stille der Indikator einer von Extremen geprägten psychischen

↓

er wollte mit sich sprechen, aber er konnte, er wagte kaum zu athmen, das Biegen seines Fußes tönte wie Donner unter ihm

es war ihm als müsse er immer »Vater unser« sagen;

Er sprach, er sang, er recitirte Stellen aus Shakespeare, er griff nach Allem, was sein Blut sonst hatte rascher fließen machen, er versuchte Alles, aber kalt, kalt.

und dann hörte er im Schlaf, wie die Uhr pickte. Durch das leise Singen des Mädchens und die Stimme der Alten

zugleich tönte das Sausen des Windes bald näher, bald ferner.

Verfassung. Gerade die antagonistischen Empfindungen bezeugen die Bedeutsamkeit des subjektiven Faktors in Büchners Landschaftswahrnehmung.

Der äußeren Landschaft entspricht bei Büchner eine innere, und beide verschmelzen zu einer Stimmungslandschaft, gekennzeichnet von der Symmetrie des Innen und Außen. So korrespondiert beispielsweise der sonntägliche Kirchgang mit den herantretenden Kirchgängern und dem Glockengeläut in Verbindung mit der milden Temperatur des Tauwetters geradezu physisch spürbar mit einem tiefen Seelenfrieden. Büchner spricht hier von einer Landschaft, die förmlich im Duft schwimme – »es war als löste sich alles in eine harmonische Welle auf«.[18] Damit nicht genug: »die Menschenstimmen begegneten sich im reinen hellen Klang; ein Eindruck, als schaue man in reines durchsichtiges Bergwasser«.[19] Wenn schließlich von dem bei Lenz sich allmählich lösenden Starrkrampf die Rede ist, bei gleichzeitigem Erwachen des Schmerzes in seinem Herzen, dann erinnert uns das exakt an jene bereits zitierte Briefstelle, in der Büchner von der betörenden Frühlingsluft sprach, um im nächsten Moment den Lerchengesang mit der Traurigkeit in seinem Herzen zu kontrastieren. Wir kennen diese Gleichzeitigkeit antagonistischer Gefühle auch aus der Musik: Inmitten mozartscher Heiterkeit weht uns oft ein wehmutsvoller Ton an, Lust und Leid tönend ineinander verschlungen.

Horchen wir noch ein wenig in die Erzählung hinein, so verändert sich die Klangkulisse. Es dominiert nun die menschliche Stimme. Lenz hört die Menschen sprechen, beten, singen. Mal ist es eine schnarrende Stimme, mal ein Winseln und ein andermal Schreie. Dort hört er ein Summen, und hier fallen ihm die langsam ziehenden und zerschneidenden Töne eines Gesangs auf. Aber stets konfrontiert uns der Erzähler mit Klängen, und mit diesen erhält zugleich die Semantik der Worte eine nicht unerhebliche Bedeutung als Spiegel der Psyche. Auch werden Situationen in ihrer sprachlichen Reflektiertheit vielschichtiger und unübersichtlicher. Die Wendung wird sowohl durch das Gespräch mit Kaufmann markiert, wo es um Kunstdinge und künstlerisches Selbstverständnis geht, wie auch durch die Begegnung mit dem toten Kind, das Lenz vergeblich zum Leben zu erwecken versucht. Fiel schon im Disput mit Kaufmann eine betont emphatische Haltung auf, so gewärtigen wir in der Szene der Lebenserweckung einen Umschlag ins Wahnhafte. Er floh ins Gebirge und »rannte auf und ab. In seiner Brust war ein Triumphgesang der Hölle. Der Wind klang wie ein Titanenlied«.[20] Die Trostlosigkeit indes ergreift von ihm Besitz; und er erkennt den bei Büchner so oft zitierten Riss in der Welt und das Nichts, das ihn aufzufressen drohe, was uns wie Kierkegaards Krankheit zum Tode anmutet. Weder Hass noch Liebe vermag er zu spüren, nur »eine schreckliche Leere«,[21] die bei Kierkegaard Verzweiflung heißt. Er flieht förmlich in den Wahnsinn, als schütze dieser vor der bedrohlichen Wirklichkeit. Damit verliert die akustische Struktur ihre Ordnung, die Klangpartitur geht ins Kakophonische und wird zu einer ebenso fragilen wie hypertrophen Geräuschcollage. Deren Verortung in der Realität ist kaum noch möglich. »Hören Sie denn nichts«, fragt Lenz den Pfarrer Oberlin, »hören Sie denn nicht die entsetzliche Stimme, die um den ganzen Horizont schreit, und die man gewöhnlich die Stille heißt, seit ich in dem stillen Thal bin, hör' ich's immer, es läßt mich nicht schlafen«.[22]

Die tönende Landschaft ist zur Wahnwelt geworden, die sowenig Halt wie die Leere des Daseins selbst bietet. Das Gehörte hat keinen bestimmbaren Ort mehr. Die dröhnende Stille hat seine Empfindungen okkupiert und isoliert ihn zugleich. Die erzählerische Tonspur wanderte so vom Konkreten und Realen schließlich zum psychotisch erlebten Nichts, dem die Raumlosigkeit und Leere der Stille entspricht.

LITERARISCHE LUFTWURZELN

Zu Büchners bevorzugter Lektüre gehörten auch die Werke Jean Pauls. Wenn in der Marburger Ausgabe des *Lenz* weit mehr als ein Dutzend Verweise auf Jean Paul zu finden sind, dann belegt das nicht zuletzt, wie üppig Büchners Lektüre

↓

Unbekannter Künstler
Augen eines Mannes
Anfang 19. Jahrhundert

literarische Luftwurzeln ausbildete (freilich auch in andere Richtungen). Und wenn in Jean Pauls Roman *Flegeljahre* dem verliebten Notar Gottwalt förmlich das Herz überfließt, als er dem Gesang der angebeteten Generalstochter lauscht, dann können wir uns mühelos Büchner vorstellen, wie er Wilhelmine beim Singen zuhört – ihn »umfing der larg geträumte Seelenklang mit der Herrlichkeit der Gegenwart so, daß ihn das heranrollende Meer [...] nun mit hohen Fluten nahm und deckte«.[23] Nüchtern betrachtet, klingt das allerdings, als ginge da jemand buchstäblich baden, aber die Empfindung bei Jean Paul scheint von Büchners Sehnsucht und Heimweh nach Gesang nicht weit entfernt zu sein. Die Hingabe ans Gefühl ist hier wie dort gleichermaßen absolut. Beide waren ganz offensichtlich von der Evokationsfähigkeit der Musik überzeugt, von einer Musik als Medium der Selbstbegegnung. Jean Paul sprach dem Hören eine tiefere Wirkung zu als dem Sehen, denn Töne und Geräusche stellen Räumlichkeit her, durch die das Weltverständnis des Menschen Plastizität gewinnt. Durch das Hören werde die »Ätherwelt des Dichters« zu einer Wolkenwelt verdichtet, meinte Jean Paul,[24] der die Engführung von Stimme und Natur oder die Parallelisierung von Befindlichkeit und Wetterbericht, um es salopp auszudrücken, virtuos beherrschte. Büchners Erzählung *Lenz* bezeugt zumindest wahlverwandtschaftliche Nähe zu Jean Pauls poetisch-akustischem Hörprogramm. Am Ende hatte Büchner in seiner an Multimedialität erinnernden stilistischen Engführung von Gesehenem, Gehörtem und Erlebtem etwas unerhört Modernes zur Kenntnis gegeben.

1 MBA X.1, S. 117.
2 Ebd.
3 Ebd.
4 Siehe hierzu G.-L. Fink, »Volkslied und Verseinlage in Dramen Büchners«, in: *Deutsche Vierteljahresschrift für Literaturwissenschaft und Geistesgeschichte*, Jg. 35, 1961, H. 4, S. 558–593.
5 MBA X.1, S. 33.
6 Ebd.
7 Ebd. Wir finden übrigens dieselbe Vorstellung, ein wenig variiert, in *Danton's Tod*: »Aber wir sind die armen Musicanten und unsere Körper die Instrumente. Sind die häßlichen Töne, welche auf ihnen herausgepfuscht werden nur da, um höher und höher dringend und endlich leise verhallend wie ein wollüstiger Hauch in himmelschen Ohren zu sterben?« MBA 3.2, S. 76.
8 Ebd., S. 18.
9 Zit. nach: Walter Grab, unter Mitarbeit von Thomas Michael Meyer, *Georg Büchner und die Revolution von 1848. Der Büchner-Essay von Wilhelm Schulz aus dem Jahre 1851. Text und Kommentar*, Königstein 1985, S. 69.
10 MBA X.1, S. 29.
11 Heinrich von Kleist, *Sämtliche Werke und Briefe. Münchner Ausgabe. Auf der Grundlage der Brandenburger Ausgabe*, hrsg. von Roland Reuß und Peter Staengle, Bd. II, München / Frankfurt am Main 2010, S. 969.
12 Ebd., S. 970.
13 Richard Alewyn, »Eine Landschaft Eichendorffs«, in: ders., *Probleme und Gestalten. Essays*, Frankfurt am Main 1974, S. 206.
14 MBA V, S. 31.
15 Ebd., S. 32.
16 Ebd.
17 Ebd., S. 33.
18 Ebd., S. 35.
19 Ebd.
20 Ebd., S. 43.
21 Ebd., S. 46.
22 Ebd., S. 48.
23 Jean Paul, *Werke in drei Bänden*, hrsg. von Norbert Miller, Nachwort von Walter Höllerer, Bd. III, 4. Aufl., München 1986, S. 197.
24 Zit. nach: Julia Cloot, *Geheime Texte. Jean Paul und die Musik*, Berlin, New York 2001, S. 135.

ALS JAGE
DER WAHNSINN
AUF ROSSEN
HINTER IHM

WIR GREIFEN,
WEIL WIR
HÄNDE HABEN

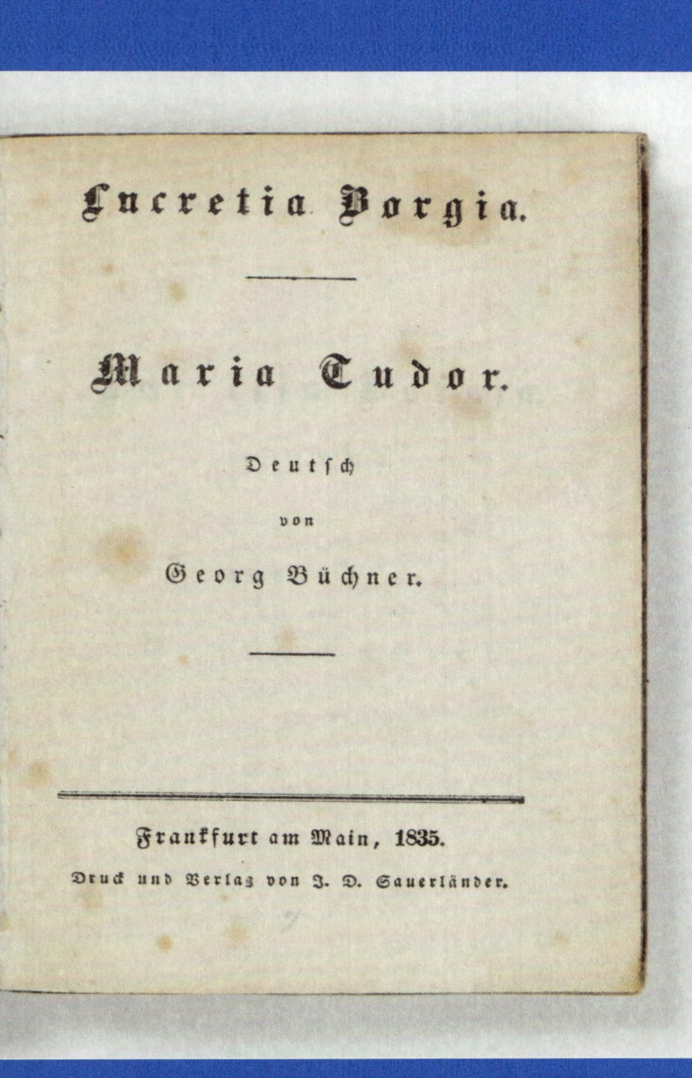

Lucretia Borgia.

Maria Tudor.

Deutsch

von

Georg Büchner.

Frankfurt am Main, 1835.

Druck und Verlag von J. D. Sauerländer.

Verehrtester!
Vielleicht haben Sie durch einen Steckbrief im Frankfurter Journal meine Abreise von Darmstadt erfahren. Seit einigen Tagen bin ich hier; ob ich bleiben werde, weiß ich nicht [...]. Meine Zukunft ist so problematisch, daß sie mich selbst zu interessiren anfängt.

Georg Büchner aus Straßburg an Karl Gutzkow, Mitte März 1835

Alfred de Musset zog ihn an, während er nicht wußte, »wie er sich durch V. Hugo durchnagen« solle, Hugo gäbe nur »aufspannende Situationen«, A. de Musset aber doch »Charaktere, wenn auch ausgeschnitzte«.

Karl Gutzkow, »Ein Kind der neuen Zeit«, 1837

Victor Hugo
Lucretia Borgia. Maria Tudor. Deutsche Übersetzung von Georg Büchner
1835

Valentin Schertle
(Lithografie)
Karl Gutzkow
Um 1840

DER NATURWISSENSCHAFTLER UND PHILOSOPH BÜCHNER

Sie [die teleologische Naturbetrachtung] macht den Schädel zu einem künstlichen Gewölbe mit Strebepfeilern, bestimmt, seinen Bewohner, das Gehirn, zu schützen, – Wangen und Lippen zu einem Kau- und Respirationsapparat, – das Auge zu einem complicirten Glase, – die Augenlider und Wimpern zu dessen Vorhängen; – ja die Thräne ist nur der Wassertropfen, welcher es feucht erhält. [...]

Die teleologische Methode bewegt sich in einem ewigen Zirkel, indem sie die Wirkungen der Organe als Zwecke voraussetzt. Sie sagt zum Beispiel: soll das Auge seine Funktion versehen, so muß die Hornhaut feucht erhalten werden, und somit ist eine Thränendrüse nöthig. Diese ist also vorhanden, damit das Auge feucht erhalten werde, und somit ist das Auftreten dieses Organs erklärt; es gibt nichts weiter zu fragen, die entgegengesetzte Ansicht sagt dagegen: die Thränendrüse ist nicht da, damit das Auge feucht werde, sondern das Auge wird feucht, weil eine Thränendrüse da ist, oder, um ein anderes Beispiel zu geben, wir haben nicht Hände, damit wir greifen können, sondern wir greifen, weil wir Hände haben. Die *größtmöglichste Zweckmäßigkeit* ist das einzige Gesetz der teleologischen Methode; nun fragt man aber natürlich nach dem Zwecke dieses Zweckes, und so macht sie auch ebenso natürlich bei jeder Frage einen progressus in infinitum.

Die Natur handelt nicht nach Zwecken, sie reibt sich nicht in einer unendlichen Reihe von Zwecken auf, von denen der eine den anderen bedingt; sondern sie ist in allen ihren Aeußerungen sich unmittelbar *selbst genug*. Alles, was ist, ist um seiner selbst willen da.

Georg Büchner, Probevorlesung an der Universität Zürich
für die Zulassung als Privatdozent, 1836

Es liegt jetzt Alles in meiner Hand. Ich werde das Studium der medicinisch-philosophischen Wissenschaften mit der größten Anstrengung betreiben, und auf dem Felde ist noch Raum genug, um etwas Tüchtiges zu leisten und unsere Zeit ist grade dazu gemacht, dergleichen anzuerkennen. Seit ich über der Grenze bin, habe ich frischen Lebensmuth, ich stehe jetzt ganz allein, aber gerade das steigert meine Kräfte. Der beständigen geheimen Angst vor Verhaftung und sonstigen Verfolgungen, die mich in Darmstadt beständig peinigte, enthoben zu sein, ist eine große Wohlthat.

Georg Büchner an die Familie, Weißenburg, 9. März 1835

Daß er zum Gegenstand seiner Dissertation gerade eine Fischart wählte, hatte einerseits sicher örtliche Gründe im Fischreichtum von Rhein, Ill und Breusch. Zum andern entsprach dies Büchners Überzeugung, wonach ›die einfachsten Formen [...] immer am Sichersten [leiten].

Jan-Christoph Hauschild, »Gewisse Aussicht auf ein stürmisches Leben«. *Georg Büchner 1813–1837*, in: Katalog Darmstadt 1987, S. 33

Nicolas-Marie-Joseph Chapuy (Entwurf) /
Jean-Jacques Champin (Lithografie)
Ansicht von Straßburg
Blick von der Kirche St. Wilhelm
Um 1840

Der protestantische Theologe Johann Jakob Jaeglé, Vater von Wilhelmine Jaeglé, wirkte seit 1828 an St. Wilhelm in Straßburg.

Unbekannter Künstler
Flussfischer bei den »Gedeckten Brücken« in Straßburg
Um 1830

In Straßburg und in Gießen schrieb sich der Student Georg Büchner an der medizinischen Fakultät ein. Tatsächlich studierte er Naturwissenschaften, vor allem Vergleichende Anatomie, und besuchte in Gießen außerdem zwei philosophische Vorlesungen. Diese Fächerkombination sollte er später als Emigrant beibehalten. Seine Straßburger Mentoren waren der weithin geschätzte Ernst-Alexander Lauth, bei dem Büchner die Kunst des Sezierens erlernte, und der Professor für Naturgeschichte, Georges-Louis Duvernoy, ein Systematiker in der Tradition des Kreationismus, der 1837 nach dem Tod des europaweit führenden Georges Cuvier dessen Pariser Lehrstuhl übernahm. Lauth und Duvernoy sorgten dafür, dass Büchner seine Dissertation *Sur le système nerveux du barbeau* in der Reihe der *Mémoires de la Société du Muséum d'histoire naturelle de Strasbourg* veröffentlichen konnte. Büchners Mentor in Zürich war Lorenz Oken, der ebenfalls europaweit bekannte Doyen der romantischen Naturphilosophie. Oken, der wie Büchner »genetische«, also evolutionistische, Fragestellungen verfolgte, war der Hauptgutachter in Büchners Züricher Promotionsverfahren. Er plante, die akademische Lehre in dem zukunftsweisenden Gebiet der Vergleichenden Anatomie Büchner zu überlassen, und bemühte sich anscheinend um die Einrichtung einer entsprechenden Professur für den jungen Privatdozenten.

Eine weitere, vor allem in Frankreich und England dominierende Forschungsrichtung spezialisierte sich auf funktionalistische Untersuchungen, analysierte also die Organe des Körpers wie die einer Maschine. Büchner erklärte diese Vorgehensweise für unergiebig. Tatsächlich aber verdankte er ihr die wissenschaftsgeschichtlich neue und für seine Dissertation entscheidende Einsicht, dass Nerven aus getrennt verlaufenden sensitiven und motorischen Strängen bestehen, die ihrerseits aus unterschiedlichen Strängen des Rückenmarks hervorgehen (Bell-Magendie-Gesetz).

Büchners Dissertation lässt die Herkunft aus verschiedenen Denkschulen deutlich erkennen. Ihr erster »beschreibender« Teil stellt den Verlauf der motorischen und sensitiven Teile der Hirnnerven in ihren Verästelungen und Verbindungen dar. Als Fachmann im Sezieren konnte Büchner Zuordnungsfehler früherer Wissenschaftler korrigieren. Auch entdeckte er eine nur bei wenigen Fischarten auftretende, bis dahin unbekannte Querverbindung zwischen zwei Hauptnerven. Im zweiten »philosophischen« Teil entwickelte er die Gesetzmäßigkeiten, nach denen die »Primitivnerven« der Wirbeltiere je nach funktionaler Beanspruchung sich entweder zurückbilden oder aber umgekehrt zusätzliche, »abgeleitete Nerven« ausformen. »Mit dieser Idee«, so urteilte anerkennend Johannes Müller, der in Deutschland führende Naturwissenschaftler der jüngeren Generation, »war Meckel vorangegangen, aber er hatte sie nicht gut durchgeführt«. Grundlage für Büchners Hypothesen war die Schädelwirbeltheorie, das heißt die Annahme, dass der Schädel aus Rückenwirbeln gebildet, also eine Verlängerung des Rückgrats sei. Diese weit verbreitete, auch von Goethe, Geoffroy Saint-Hilaire und Johannes Müller vertretene Theorie hatte Oken als erster öffentlich propagiert. Büchner übertrug sie erstmals aus dem Bereich der Knochenlehre in den Bereich der Neuroanatomie.

Als Büchner, 22 Jahre alt, seine Dissertation publizierte, war er bereits umfassend belesen, handwerklich geschickt und als Naturwissenschaftler zweifellos auf der Höhe des europäischen Standards. Als Philosoph war er dagegen geradezu Autodidakt. Der einzige Philosophieprofessor, mit dem er jemals nachweislich in Berührung gekommen war, war der Gießener Joseph Hillebrand, der 1821 in der Nachfolge Hegels den philosophischen Lehrstuhl in Heidelberg übernommen hatte und 1822 an die Universität Gießen berufen worden war. In der Vorrede zu seinem Hauptwerk *Philosophie des Geistes* bezeichnete er sich selbst als Eklektiker, als teils »atomistisch-leibnitzisch«, teils »spinozistisch«, teils »hegel'sch«. Büchner scheint davon nicht unbeeinflusst. In einem Spinozas Hauptwerk, der *Ethica*, gewidmeten Skript, einer Vorstufe der noch im Herbst 1835 erwogenen philosophischen Dissertation, versuchte Büchner anscheinend, zentrale Lehrsätze Spinozas kritisch in Richtung einer Monadenlehre weiterzuentwickeln. Er gab für die Dissertation schließlich dem naturwissenschaftlichen Thema den Vorzug, wollte aber dennoch seine akademische Karriere in Zürich mit einer Vorlesung »über die philosophischen Systeme der Deutschen seit Cartesius und Spinoza« beginnen.

↓

WOLFGANG HILDESHEIMER

—

BÜCHNERS BERUF
1966

Mehr als alle anderen deutschen Dichter entzieht sich Büchner als Erscheinung einer ausschließlich literaturwissenschaftlichen Analyse. Dichtung war nicht Büchners Hauptbeschäftigung, seinem literarischen Schaffen hat er nicht mehr als ein Dreivierteljahr seines Lebens gewidmet; so war es denn auch kein Dichterleben. Eine Entwicklung, die in Perioden zu gliedern ist, hat er nicht durchgemacht. Auch hat er kein Doppelleben geführt, das uns ermöglichen würde, die Hälfte des Dichters separat zu beleuchten. Sein dichterisches Werk ergänzt sein Leben, aber er lebte nicht für dieses Werk. Er war alles in einer Person, politischer Agitator, Wissenschaftler, Schriftsteller, potentieller Menschenfreund, Menschenverächter aus bitterer Erfahrung. Wesentlich erscheint es mir, daß er sich nicht als Dichter sah. Er wollte von seinem Schreiben – wie er selbst gesagt hat – »Ruhm haben, nicht Brot«. Immerhin, den Ruhm wollte er. Die Berufung spürte er unter anderen Berufungen, aber als Beruf wählte er sich einen anderen.

Aus: Wolfgang Hildesheimer, »Rede zur Verleihung des Georg-Büchner-Preises 1966«, in: *Deutsche Akademie für Sprache und Dichtung Darmstadt, Jahrbuch 1966*, Heidelberg / Darmstadt 1967, S. 145–157; hier S. 146.

Oken hat [nämlich] nachgewiesen, das Ohr mit Ausnahme des Labyrinths, sey nur eine metamorphosirte Kiemenhöhle und so sieht man leicht, daß die Fäden, welche der facialis bey Vögeln und Saügethieren dem äußeren und inneren Ohr giebt, das Verhältniß des Deckelastes zur Kiemenhöhle wiederholen.

Georg Büchner, Probevorlesung über Schädelnerven, 1836

Franz Krüger
(Entwurf)
Friedrich Oldermann
(Lithografie)
Lorenz Oken
Um 1825

LORENZ OKEN

—

VERRICHTUNGEN DER ZUNGENTHIERE 1831

3688. Der Fischkopf ist der unterste, daher wird sein Geist auch nur die erste Verrichtung, die über dem Geiste der Kopflosen steht, äußern, das G e d ä c h t n i ß .

Mit diesem Gedächtniß sind aber auch alle Geistesverrichtungen gegeben, die in den vorigen Thieren sich äußerten, hauptsächlich aber der Mesmerismus.

3689. Die Fische sind wieder ahndende, ernste Thiere, welche, durch geheime Bande angezogen, die größten Reisen machen, in Flüsse und aus ihnen steigen, ihren Raub meilenweit aufzufinden wissen.

Alle Kunsttriebe sind dagegen in ihnen, den fingerlosen Flossenthieren, verwischt.

3690. Freßgierde gehört zum Hauptcharacter der Zungenthiere, insofern der Geschmack auf der untersten Stufe steht. Tasten und Schmecken sind nur Bewegung und Schlucken.

Der Geruch wird bedeutend stärker.

Das Ohr steht noch auf der untersten Stufe, aber doch hören sie genau. Uebrigens sind sie stumm, und zeigen alle Folgen der Stimmlosigkeit.

3691. Die Fische sind Phlegmatiker.

Aus: Lorenz Oken, *Lehrbuch der Naturphilosophie*, 2. umgearb. Aufl., Jena 1831, S. 496.
Lorenz Oken (1779–1851), romantischer Naturphilosoph, Professor in Jena, München und ab 1833 in Zürich; Mentor Büchners in Zürich und sein Hauptgutachter für das Promotionsverfahren; Vertreter der Schädelwirbeltheorie, der auch Büchner anhing.

Spinozas Philosophie bot eine Alternative zu den bis dahin vorherrschenden theistischen oder deistischen, also jedenfalls theologisch-kreationistischen Denksystemen, und in dieser Hinsicht waren nahezu alle bedeutenden deutschen Intellektuellen vom jungen Goethe bis hin zu Heinrich Heine von Spinoza beeinflusst. So auch Büchner. Von zentraler Bedeutung für ihn war Spinozas Feststellung, »dass die Natur keinen bestimmten Zweck habe und daß alle Endzwecke menschliche Erdichtungen sind«. Der in vielen Varianten bei Goethe, Karl Philipp Moritz, Friedrich Schlegel, Johannes Müller und eben auch bei Büchner kursierende Satz »Alles, was ist, ist um seiner selbst willen da«, gehört zu den Folgerungen aus dieser Absage an teleologisches Denken. Spinoza fügte in dem von Büchner übersetzten Teil der *Ethica* hinzu, »daß dieße Lehre von dem Zweck die ganze Natur umkehre. Denn das was die Ursache ist, betrachtet sie als die Wirkung und umgekehrt«. Büchner folgte ihm in der Züricher Probevorlesung, indem er zwischen der funktionalistischen und der »philosophischen« Schule der Naturwissenschaften so unterschied: »Alles, was für jene Zweck ist, wird für diese Wirkung«. Er illustrierte dies mit dem Satz: »Wir haben nicht Hände, damit wir greifen können, sondern wir greifen, weil wir Hände haben«. Die Tragweite dieses Satzes scheint bis heute nicht ausgeschöpft. BD

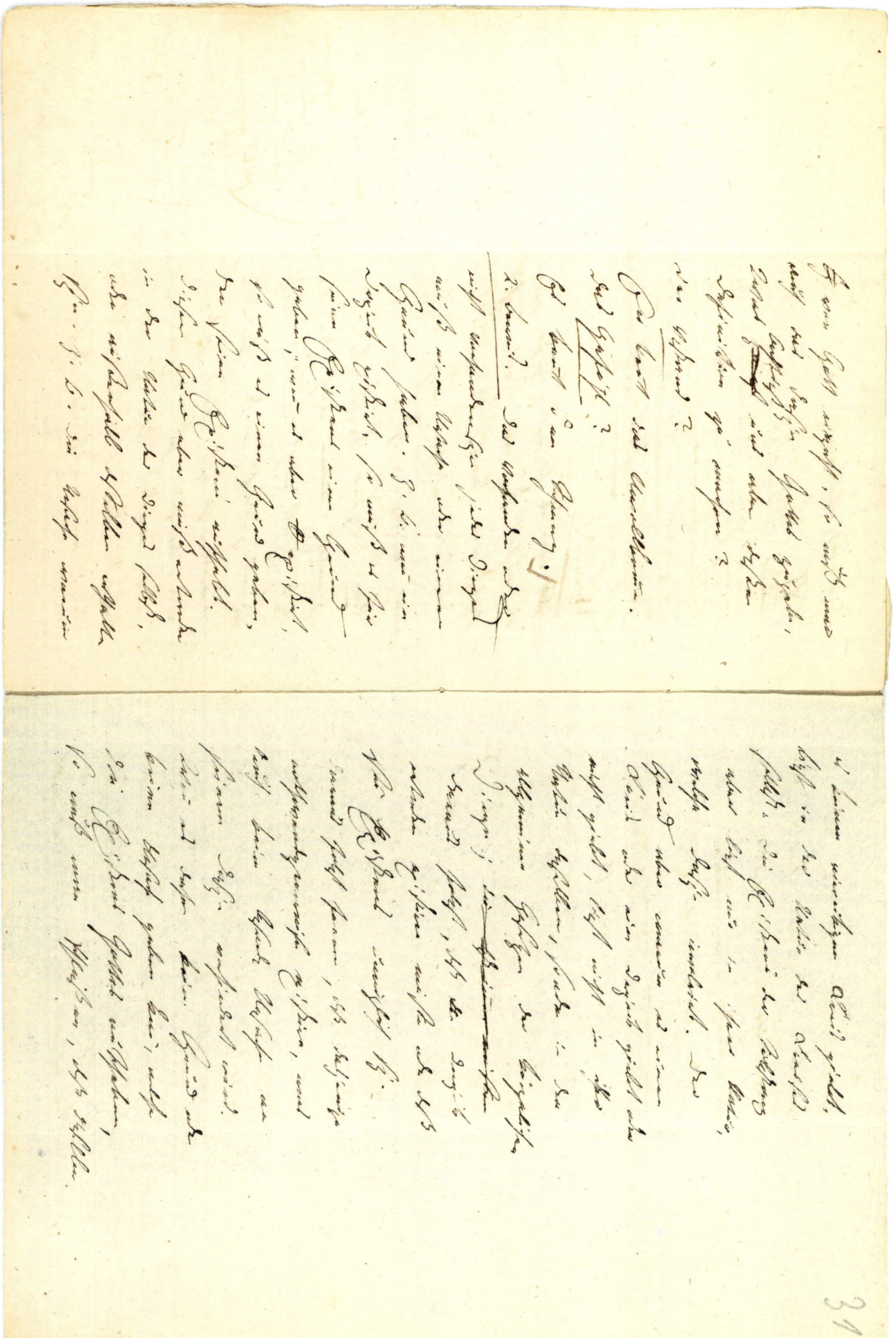

Georg Büchner
Vorlesungsskript
zu »Spinoza«
1835

31

ist von Gott ausgesagt, so muß man
auch das Daseyn Gottes zugeben,
Dieses ~~[illegible]~~ Aufstellen und alle diese
Definitionen zu machen?
der Verstand?
Er kennt das Unvollkommene.
das Gefühl?
Es kennt den Schmerz.

2. Beweis. Das Vorhanden oder
nicht Vorhandenseyn jedes Dinges
muß eine Ursache oder einen
Grund haben. Z. B. wenn ein
Dreieck existirt, so muß es für
seine Existenz einen Grund
geben; wenn es aber nicht existirt,
so muß es einen Grund geben,
der seine Existenz aufhebt.
Dieser Grund aber muß entweder
in der Natur des Dinges selbst,
oder außerhalb desselben enthalten
seyn. Z. B. die Ursache warum

es keinen viereckigen Kreis giebt,
liegt in der Natur des Kreises
selbst. Die Existenz der Substanz
aber liegt auch in ihrer Natur,
welche Daseyn involvirt. Der
Grund aber warum es einen
Kreis oder ein Dreieck giebt oder
nicht giebt, liegt nicht in ihrer
Natur derselben, sondern in den
allgemeinen Gesetzen der körperlichen
Dinge; ~~[illegible]~~
daraus folgt, daß das Dreieck
entweder existiren müsse oder daß
seine Existenz unmöglich sey.
Daraus folgt ferner, daß dasjenige
nothwendigerweise existire, was
durch keine äußere Ursache an
seinem Daseyn verhindert wird.
Wenn es daher keinen Grund oder
keine Ursache geben kann, welche
die Existenz Gottes aufheben,
so muß man schließen, daß derselbe

[G] von Gott eingeht, so muß man
auch das Daseyn Gottes zugeben.
[berechtigt]
Was ~~zwingt~~ uns aber, dieße[+]
Definition zu machen?
Der Verstand?
Er keñt das Unvollkom̄|ne|ene|.
Das Gefühl?
Es keñt den Schmerz.
2. Beweis. Das Vorhanden oder
nicht Vorhandenseyn jedes Dinges
muß eine[+] Ursache oder ei[+]nen
Grund haben. Z. B. weñ ein
Dreyeck existirt, so muß es für
seine Existens einen Grund
geben; weñ es aber ~~⊖~~ existirt,
so muß es einen Grund geben,
der seine Existens aufhebt.
Dieser Grund aber muß entweder
in der Natur des Dinges selbst,
oder außerhalb desselben enthalten
seyn. Z. B. die Ursache warum

es keinen viereckigen Kreis giebt, ⟨p. 31⟩
liegt in der Natur des Kreises
selbst. Die Existens der Substanz
aber liegt nur in ihrer Natur,
welche Daseyn involvirt. Der
Grund aber warum es einen
Kreis oder ein Dreyeck giebt oder
nicht giebt, liegt nicht in ~~ih~~ → der
Natur derselben, sondern in den
allgemeinen Gesetzen der körperlichen
Dinge; ~~die bestim̄en müssen~~
daraus folgt, daß ~~d+~~ → ein Dreyeck
entweder existiren müsse oder daß
Seine~~+~~ → Existens unmöglich sey.
Daraus folgt ferner, daß dasjenige
nothwendigerweise existire, was
durch keine besond|re|ere| Ursache an
seinem Daseyn verhindert wird.
Weñ es daher keinen Grund oder
keine Ursache geben kañ, welche
die Existens Gottes aufheben,
so muß man schließen, daß derselbe

TRANSKRIPTIONSLEGENDE:
ANHANG, S. 608

10

Anmerkung. Wollte man von dieser Ordnung irgend ein figürliches Abbild entwerfen, wie man dann Netze und Ketten und Eiformen für diesen Zweck wirklich entworfen hat: so könnte man, nach meiner Ueberzeugung, diese Absicht bloss durch in einander gelegte Kreise auf eine naturgemässe Weise erreichen, nämlich so:

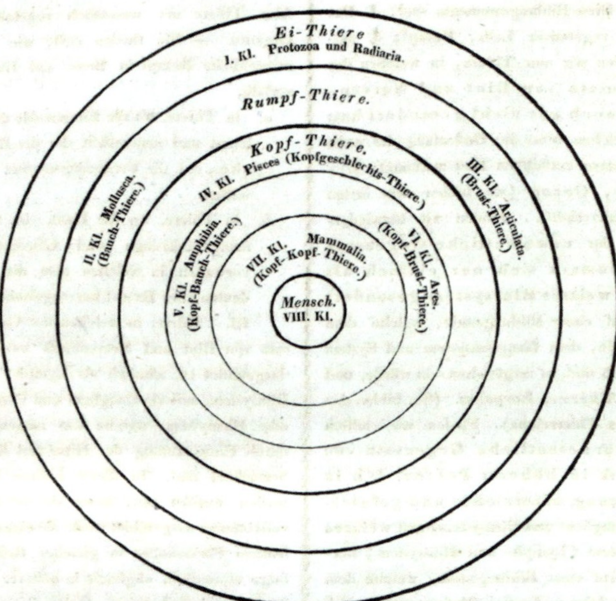

Es wären hierdurch zugleich die grössere Menge und Mannichfaltigkeit der Gattungen niederer Klassen, so wie die geringere Menge und Mannichfaltigkeit höherer bequem anzuzeigen, zugleich aber auch die verschiedenen Reihen, welche durch die Familien verschiedener Klassen hindurch bis gegen die höchste Klasse sich verfolgen lassen, auf's beste auszudrücken, welches im Einzelnen auszuführen allerdings sehr mannichfaltige Prüfungen und Vergleichungen erfordern würde.

21. Was die weitern Unterabtheilungen dieser Klassen betrifft, so muss hier dasselbe Gesetz, was die Abtheilung der Klasse selbst bestimmt, fortwirken. Die höchste Klasse, in welcher die Idee der Einheit sich verkörpert, kann auch keine wesentliche Abtheilung der Ordnungen mehr zulassen; die niedrigste und eben desshalb weiteste Klasse hingegen, welche durch möglichst vereinzelte Darstellung, sich auszeichnet, wird der systematischen Anordnung und Eintheilung die meisten Schwierigkeiten darbieten. Bei allem dem ist die Zahl, welche als einfache oder doppelte Gegensätze (2 und 4) die Entwickelung der Thierheit überhaupt bestimmt, nothwendig auch der Bestimmungsgrund für die einzelnen Ordnungen; und von diesem Standpunkte sei denn noch eine Uebersicht der Ordnungen beigefügt, wobei für jetzt, da die wichtige Bedeutung der Vierzahl für die Sonderung des Thierreichs schon von mehrern Zoologen anerkannt ist, schon bekannte Ordnungsnamen, wie sie insbesondere von Goldfuss gebraucht worden sind, beibehalten werden sollen. Dabei verkenne man jedoch nicht, wie das Specielle der Anordnung des Thierreichs allerdings noch lange nicht reif sei, und wie es noch lange Zeit und viele Arbeit kosten werde, eine streng philosophische Sonderung der Ordnungen, Familien und Gattungen im zoologischen System eben so durchzuführen, wie hier durch Beachtung des Wesens der Animalität die Hauptabtheilungen des Thierreichs dargestellt sind. — Auch übersehe man nicht, dass die Systematik der Zoologie, wie die der Botanik, immer nur die Mittelpunkte organischer Formenreihen ins Auge fassen könne, um nach diesen, in welchen sich der Charakter jeder Reihe am entschiedensten ausspricht, den Ort, welchen sie einnehmen sollen, zu bestimmen. Anfangs- und Endpunkte jeder Reihe sind nämlich allemal Uebergänge zu andern Reihen *). — Können ja doch sogar bei Bestimmung der Species immer nur vollständige, den Gesammtcharakter rein an sich tragende Individuen ins Auge gefasst werden, da andere Individuen stets in andere Species übergehen werden. — Ausführlichere Darstellung dieses zoologischen, auf Entwickelungsgeschichte gegründeten Systems, s. m. übrigens in der tabellarischen Uebersicht des gesammten Thierreichs von Ficinus und Carus, Dresden bei Arnold 1826.

I. Klasse, Ei-Thiere, *Oozoa*.

Sie zerfallen in einfachste Eithiere, *Protozoa*, und Eithiere mit Neigung zur innern Leibesgliederung, Ausstrahlung und Gliederbildung **), *Radiaria*. Jede enthält vier Ordnungen:

*) So bilden sich in den höchsten Eithieren schon elementare Formen des Nerven- und Blutsystems, wenn dagegen die niedrigsten Mollusken und Würmer durch Mangel dieser Systeme den Eithieren anzugehören scheinen u. s. w.

**) Dass die Gliedmassenbildung dieser, wie aller übrigen Ordnungen überhaupt, für die Eintheilung der Ordnungen so wichtig ist, beruht darauf, dass in ihrem Mangeln oder Vorhandensein, die höhere oder geringere Ausbildung der einen von den beiden wesentlichen Seiten des Thierkörpers, d. i. seines Innerlichen und Aeusserlichen bemerkbar wird. Eben desshalb dürfen wir im Wesentlichen das bei Einordnung einer Thiergattung ins System zu beobachtende Princip so ausdrücken: Das Innere bestimmt den Kreis und die Klasse des Thieres, das Aeussere die Ordnung und Gattung.

Carl Gustav Carus
Von den Ur-Theilen des Knochen- und Schalengerüstes
1828

MICHAEL HAGNER

—

GEORG BÜCHNER

—

ANATOM DES TIERISCHEN GEHIRNS UND DES MENSCHLICHEN GEISTES

Wer sich mit Georg Büchners Hirnlektionen beschäftigen und diese in ihrem historischen Kontext verstehen möchte, kann das auf zwei Wegen tun: Entweder durch die Lektüre der beiden hirnanatomischen Schriften, seines *Mémoire sur le système nerveux du barbeau* und seiner in Zürich gehaltenen *Probevorlesung* über die Hirnnerven oder durch einen Blick auf seine wenigen verstreuten Aussagen über das Gehirn in den Dichtungen. Hier finden sich Sätze, die Büchner sich in seinen anatomischen Texten nie erlaubt hätte.

Und doch scheinen zwischen Dichtung und Hirnanatomie spannungsgeladene Verbindungen zu bestehen, die Büchners Hirnlektionen als vielfach aufeinander bezogenes Netz entfalten. Genauer gesagt: In der Hirnanatomie geht Büchner den Weg von unten nach oben. Er fängt mit den einfachen Gehirnen der Fische an und hofft, auf diesem Wege irgendwann zum Verständnis des menschlichen Gehirns vorzudringen. Genau das war die Strategie, die Vergleichende Anatomie und Entwicklungsgeschichte seit dem frühen 19. Jahrhundert verfolgt hatten. In der Dichtung geht er den umgekehrten Weg von oben nach unten. Damit ist nicht gemeint, dass sich das tierische Gehirn vom menschlichen Gehirn aus erschließen soll, doch sobald Büchner von diesem redet, geht es fast reflexartig auch um Brutalität und Bestialität des menschlichen Geistes, also Eigenschaften, die in der Logik des 19. Jahrhunderts – auch vor Darwin – mit einer tierischen Natur assoziiert wurden. Büchner hing dieser Logik nicht unbedingt an, aber gemeinsam mit dem naturphilosophischen Entwicklungsgedanken bildete sie den diskursiven Rahmen für Büchners Beschäftigung mit dem Gehirn. Deswegen möchte ich dem Zusammenhang von tierischem und menschlichem Gehirn im Folgenden etwas genauer nachgehen.

↓

CARL GUSTAV CARUS

—

DER MENSCH IN SEINER ENTWICKELUNG 1831

So z. B. giebt es eine Zeit, wo der Menschenkörper noch ganz die Einfachheit einer in den Aufgüssen von Pflanzen oder Thierstoff sich erzeugenden und als ein kugelförmiges kleines Bläschen umherschwimmenden Monade hat, es giebt eine andere, wo er seiner Form und seinen Lebensäußerungen nach mit manchen Mollusken oder Fischen auffallende Aehnlichkeiten darbietet, und was dergleichen Aehnlichkeiten mehr sind. Bei allem diesem ist freilich nie zu verkennen, daß die Idee menschlicher Bildung auch in so unvollkommenen Entwickelungsstufen stets unverkennbar bleibt, und es kann nur als eine komische Extravaganz Einzelner betrachtet werden, wenn sie so weit gingen, zu behaupten, daß der Mensch in seiner Entwickelung die einzelnen Stufen des Thierreichs alle wirklich durchlaufen müsse, und daß ein Jeder erst Monade, Molluske, dann Wurm, Insect, Fisch und Vogel gewesen sei. Vermeidet man jedoch diese Extravaganz und behält nur die wirkliche, nicht zu verkennende große Aehnlichkeit der Zustände im Auge, so geben diese Vergleichungen höchst interessante Resultate, und namentlich haben viele krankhafte Bildungen des Körpers nur durch Beachtung dieser Analogieen genauere Erklärung erhalten.

Aus: Carl Gustav Carus, *Vorlesungen über Psychologie, gehalten im Winter 1829/30 zu Dresden*, Leipzig 1831, S. 87.
Carl Gustav Carus (1789–1868), Naturphilosoph und Landschaftsmaler, Vergleichender Anatom, ab 1814 Professor für Gynäkologie in Dresden.

Wie können die Massen des Gehirns auf die einfache Form des Rückenmarks zurückgeführt werden? Wie kann man die in ihrem Ursprung und Verlauf so verwickelten Nerven des Gehirns mit den so gleichmäßig mit ihrer doppelten Wurzelreihe längs des Rückenmarkes entspringenden und im Ganzen so einfach und regelmäßig verlaufenden Spinalnerven vergleichen, und w[ie] endlich ihr Verhältniß zu den Schädelwirbeln darthun? Mancherlei Antworten wurden auf dieße Fragen versucht. Eine besondere Mühe verwendete Carus darauf [..]
Hier die Art wie er die Hirnnerven in seinem Werke von den Urtheilen des Knochen und [Schalen]gerüstes ordnet. Das Gehirn hat nach ihm drei Hauptanschwellungen: die Hemisphären, die Vierhügel und das kleine Gehirn. Dießen entsprechen drei Paar Schädelnerven. Jeder Schädelnerv entspringt gleich den Spinalnerven mit zwei Wurzeln, einer hinteren und einer vorderen, die sich aber nicht zu einem gemeinschaftlichen Stamm vereinigen, sondern jede für sich einen eigenthümlichen Nerven bilden. [...]

Georg Büchner, Probevorlesung über Schädelnerven, 1836

Rudolf Julius Benno Hübner
Carl Gustav Carus (Detail)
1844

Den Maximalanspruch der Hirnforschung hatte Georg Büchner bereits thematisiert, bevor er sich in der kurzen Zeit, die ihm bemessen war, dafür entschied, mit seiner Dissertation einen Beitrag zur Kenntnis des Gehirns zu leisten. In einer so bekannten wie rabiaten Formulierung schlägt er vor, Gedanken direkt am Ort ihrer Entstehung zu fassen: »Wir müßten uns die Schädeldecken aufbrechen und die Gedanken einander aus den Hirnfasern zerren«.[1] Danton, dem Büchner diesen Satz in den Mund legt, reagiert mit dieser Forderung auf die Vergeblichkeit, einen anderen Menschen wirklich zu kennen. Das Authentische findet sich nicht in den Worten und Blicken, Gesten und Taten, sondern nur im Gehirn selbst; als ob sich die Gedanken in der Hardware befänden und, wenn sie tatsächlich da wären, auch noch verstehen ließen; als ob die Hirnfasern, die jenseits von Gut und Böse, Lüge und Wahrheit sind, Auskunft über Gedankeninhalte geben könnten.

Büchners martialische Hirnanatomie lässt sich auf drei Ebenen betrachten, nämlich einer vivisektorischen, einer topografischen und einer utopischen. Gehen wir sie der Reihe nach durch. Die gewalttätige Schädelöffnung passt zur Schreckensherrschaft der Guillotine während der Französischen Revolution, aber die Forderung danach war älter. Schon Mitte des 18. Jahrhunderts hatte Pierre Louis Moreau de Maupertuis, Aufklärer, Philosoph und Mathematiker, gefordert, vivisektorische Experimente am Gehirn von zum Tode verurteilten Kriminellen vorzunehmen.[2] Dem kamen die Praktiken unter der Guillotine nach 1793 ziemlich nahe, denn ausgehend von der Frage, ob es sich hierbei um eine humane Beförderung vom Leben in den Tod handle, führten Ärzte galvanische Experimente an frisch guillotinierten Köpfen durch, um zu untersuchen, ob in diesen Köpfen noch Bewusstsein und Schmerzempfinden vorhanden seien.[3] Damit war die Guillotine vielleicht nicht der »beste Arzt«, wie es in *Danton's Tod* heißt, aber doch Teil eines Experimentalaufbaus, der sich den Zusammenhang von Gehirn und Geistesleben in vivo vornahm.

Büchner kommt auf ein vergleichbares Szenario im *Woyzeck* noch einmal zurück, wenn er den Doktor zum Hauptmann sagen lässt, dass dieser in Kürze einen Schlaganfall erleiden werde. Für den gnadenlosen Experimentator, der Woyzeck monatelang mit Erbsen fütterte, eröffnet das die schönsten Aussichten: »wenn Gott will, daß Ihre Zunge zum Teil gelähmt ist, so machen wir die unsterblichsten Experimente.«[4] An Zynismus ist das kaum zu überbieten, denn so, wie ein guillotinierter Kopf nicht mehr sagen kann, wie es ist, nur noch Kopf zu sein, kann auch ein durch Schlaganfall an motorischer Aphasie oder Sprachlähmung leidender Hauptmann nicht mehr berichten, welche »unsterblichsten Experimente« mit ihm angestellt wurden. Wo im 19. Jahrhundert ist der furchterregende Zusammenhang von Gehirn, Geist und Vivisektion klarer und präziser formuliert worden als in diesen wenigen Sätzen aus *Woyzeck* und *Danton's Tod*?

↓

DURS GRÜNBEIN

—

DEN KÖRPER ZERBRECHEN
1995

Was haben die Schädelnerven der Wirbeltiere mit Dichtung zu tun? Was sucht die Vergleichende Anatomie im Monolog des dramatischen Helden? Welcher Weg führt von der Kiemenhöhle der Fische zur menschlichen Komödie, von rhythmisierter Prosa zur Ausstülpung des Gehirns in den Gesichtsnerv? Seltsame Fragen, sie allein zeigen an, wohin es führen mußte, wenn Literatur sich auf das Reale einließ, wenn den Stil das Naturstudium prägte, der zoologische Fakt und das ärztliche Gutachten Einzug hielten in Novelle und Drama – bis das Genre gesprengt lag, Fragmente die Folge, fieberhafte Notate, somatische Poesie. Einer der wenigen, die diese Fragen hätten beantworten können, ist tot, jung gestorben an Typhus, infiziert, wie man annimmt, beim Aufschneiden von Fischpräparaten, ein Dichter, einzigartig, sein Name Georg Büchner. [...]

Die Szene ist ein Studierzimmer in Straßburg, und darin sitzt ein junger Mann mit sehr hoher Stirn, über Bücher, Lupen und tote Fische gebeugt. Ein Vierteljahr lang kommt er nicht aus den engen vier Wänden. Sezierend und zeichnend, verbringt er den vorletzten Winter, das vorletzte Frühjahr seines Lebens an seiner Dissertation,

↓

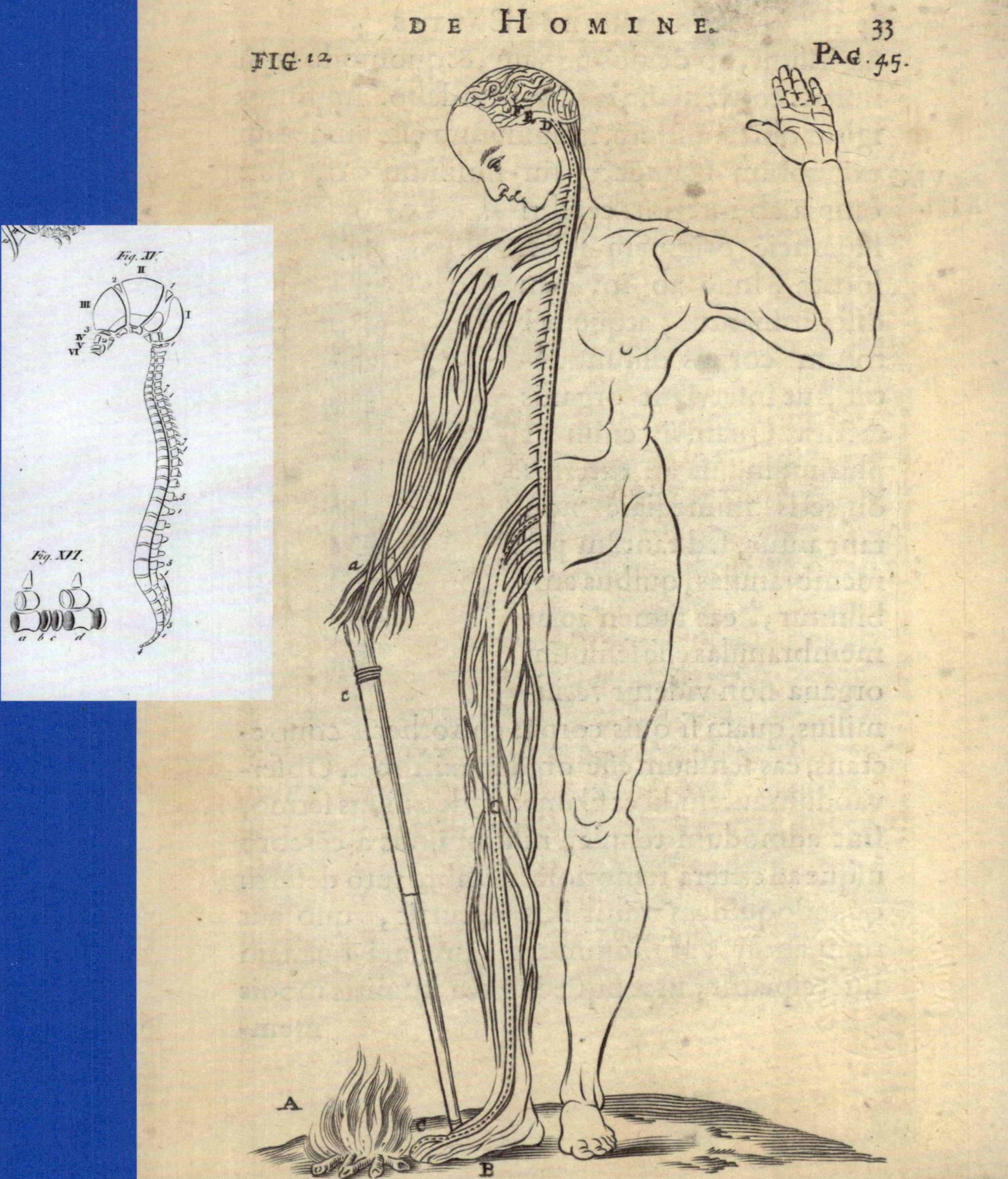

Interessant ist es, wie in den neuesten Zeiten dieße Ansicht von der wichtigen Bedeutung der Zirbel von Carus in dem Werke über die Urtheile des Knochen- und Schaalengerüstes wenn auch aus himmelweit verschiedenen Gründen vertheidigt wird. Carus findet sogar in dem Hirnsand eine Hinweisung auf die das Hirn im Allg.[emeinen] umschließende Knochenschaale; ihre Lage zwischen den sechs Hauptmassen des Gehirns, 3, Zirbel, 3, ist ihm das Bedeutendste; er stüzt sich auf Zahlenverhältnisse.

Georg Büchner, Cartesius-Vorlesungsskript, 1836

Carl Gustav Carus
Von den Ur-Theilen des Knochen- und Schalengerüstes
1828

René Descartes
De homine
1662

Die zweite Betrachtungsebene gilt der topografischen Annäherung an den Ort der Gedankenentstehung. Für die Hirnforschung der 1830er-Jahre und damit auch für Büchner war es selbstverständlich, Denken, Erleben und Empfinden an spezifische Vorgänge im Gehirn zu koppeln. Das verdankte sich in erster Linie der ebenso umstrittenen wie einflussreichen Lokalisationstheorie, die Franz Joseph Gall um 1800 entworfen hatte. Nach Gall haben die verschiedenen geistigen Qualitäten Sitz und Ursache in voneinander abgrenzbaren Regionen des Gehirns, hauptsächlich in der Hirnrinde. Besondere musikalische oder Sprachfähigkeiten, aber eben auch ein ausgeprägter Geschlechtstrieb oder destruktive Energien beruhen demnach auf einem besonders gut entwickelten Hirnorgan. Diese Vorstellung von »big is beautiful« ist im Prinzip auch heute noch Bestandteil der Neurowissenschaften, doch was damals als besonders skandalös aufgefasst wurde, war Galls psychologisch motiviertes Anliegen, den Menschen nicht mehr als göttliches Wesen anzusehen, sondern in seinen alltäglichen Verhaltensweisen zu verstehen. Phänomenografie statt Metaphysik steht am Beginn der modernen Humanwissenschaften. Für die Annahme einer unteilbaren und freien Seele des Menschen blieb in diesem System kein Platz mehr; vielmehr ging es darum, die moralische und intellektuelle Natur des Menschen vollständig und auf der Basis der Gehirnfunktionen zu erklären.

Büchner hat sich, soweit ich sehe, nur einmal, in einem von ihm selbst getilgten Satz in der ersten Szene von *Danton's Tod* direkt auf Gall bezogen. Dort heißt es über einen Mann, dessen Frau zum »Hinfallen« neigt: Er »trägt die Beulen dafür auf der Stirn, er hält sie für

↓

halbtot von Arbeit, getrieben von der Aussicht auf eine Privatdozentur, die dem politischen Flüchtling das sichere Schweizer Exil verhieß. Aus der kleinen Schrift, die in diesen Wochen entsteht, einer Studie zum Kopfnervensystem der Barben, wird später die Züricher Probevorlesung mit dem schlichten Titel *Über Schädelnerven*. Ich habe sie immer als Bruchstück einer Konfession gelesen, als eine Art literarisches Manifest. Läßt man einmal alle zeitbedingten Hypothesen beiseite, von denen einige bald überholt waren, so fällt daran sofort die Akribie auf, mit der er den einzelnen Nerv isoliert und in Augenschein nimmt. Liegt nicht darin, bei einem Dichter von seinem Format, mehr als nur zufälliges Zusammentreffen, eine wichtige Spur vielleicht, der Ansatz zu einer Verästelung ins ganze Werk? Ohne den Riß zwischen Dichtung und Naturkunde bei Büchner verdecken zu wollen, ohne sein Menschenbild zu reduzieren auf zwei, drei zoologische Annahmen – der Gegenstand selbst spricht dafür, daß er hier Aufschluß suchte, gerade hier, über etwas, das der ganzen kreatürlichen Existenz ihre Richtung gab. Kaum anders ist sein Beharren auf dem sensorischen Apparat zu begreifen. Büchner geht biologisch dem nach, was literarisch längst untergründig sensible Wurzeln getrieben hatte in ihm.

Was ist ein Nerv, fragt er sich. Wohin verläuft er und wo läuft er zusammen? Wozu hat er sich stammesgeschichtlich entwickelt? Gibt es nervliche Grundformen, die immer wiederkehren, von Tierklasse zu Tierklasse, in verschiedener Anordnung, aber gleichen Ursprungs? Was bedeutet dieser Bau für das animalische Empfinden, den Schmerz und die Todesangst ... von der es einmal bei ihm heißt: »Man sagt zwar es sei nur ein Augenblick, aber der Schmerz hat ein feineres Zeitmaß, er zerlegt eine Tertie«. Und schließlich: was ist der Körper, denkt man ihn vom Nerv her? Was ist Geschichte, denkt man sie vom solcherart objektivierten Körper her? Dies sind die Fragen, zu denen Obduktion ihn geführt haben mag. Und dies sind auch die Fragen, unter denen bis heute sich Einspruch erheben läßt gegen noch jede Art von Gesellschaftsvertrag, von sozialer Reform, Revolution oder Utopie. Von hier aus erhält Büchners vielleicht verzweifeltste Frage erst ihren radikalen Sinn. »Sind wir denn aber nicht in einem ewigen Gewaltzustand?«

Wohlgemerkt, nicht, daß er sich forschend einläßt auf die Naturphilosophie seiner Zeit, macht den Vorgang bedeutsam, sondern daß er dem Nerv das Primat zuspricht, den Körper zur letzten Instanz erklärt.

↓

Franc Hals Pinx^t E. Ficquet Sculp^t

Frans Hals (Entwurf)
E. Ficquet (Stich)
René Descartes
2. Hälfte 18. Jahrhundert

HAGNER

Witzhöcker und lacht dazu«.[5] Das lässt allenfalls auf oberflächliche Kenntnis schließen. Dennoch ist es unübersehbar, wie gut sich die illusionslosen Psychografien des Dichters und Galls materialistische Hirnpsychologie, die das beobachtbare Verhalten des Menschen auf seine zerebralen Determinanten zurückführt, ergänzen. Wenn Danton die Frage stellt: »Was ist das, was in uns lügt, hurt, stiehlt und mordet?«,[6] dann konnte er sie 1794, also zu dem Zeitpunkt, da das Drama spielt, *so* nicht beantworten. Wenige Jahre später gab Gall folgende Antwort: »Es ist die spezifische Konstellation deiner Hirnorgane.« Natürlich gab es damals auch andere Antwortmöglichkeiten, aber in den ersten Jahrzehnten des 19. Jahrhunderts war Galls Antwort die naheliegendste und populärste, wenn die Frage von »etwas in uns« ausging. Dass Büchner die Frage zuerst in dem sogenannten Fatalismusbrief an seine Verlobte richtete – und einer möglichen Antwort sogleich auswich –, verführt zumindest zu der Annahme, dass er dabei die phrenologische Lehre und ihre Konsequenzen im Hinterkopf hatte. Man könnte auch umgekehrt sagen: Ohne Galls Phrenologie hätte Büchners Frage auf diese Weise gar nicht formuliert werden können.

Kommen wir schließlich zur utopischen Dimension der Forderung, die Verknotung von Gedanke und Hirnfaser aufzulösen. In dieser Hinsicht übersteigt Büchner den anthropologischen Anspruch der Phrenologie, denn nicht einmal Gall ging so weit, durch einen Blick ins lebende Gehirn für jeden Gedanken und jedes Gefühl das exakte zerebrale Korrelat erfassen zu wollen. Eine Faser, ein Gedanke. Was sich einerseits wie ein halsbrecherischer Ausblick auf die Neurowissenschaften des frühen 21. Jahrhunderts verstehen lässt, wo mit den

↓

GRÜNBEIN

Hier ist ein Dichter, der seine Prinzipien der Physiologie abgewinnt wie andere vor ihm der Religion oder der Ethik. Aus der reinen Zootomie befreit er die Einsicht, daß Leben sich selbst genug ist und keinen äußeren oder höheren Zwecken gehorcht.

»Alles, was ist, ist um seiner selbst willen da.«

Aus dem geöffneten Körper, dem (gewaltsam) erbrochenen Schädel liest er, absurd genug, die Grundsätze für ein mögliches freies Zusammenleben ... sowie ihre immer drohende Negation: das Scheitern von Grund auf und aus den Eingeweiden. Denn Autopsie ist der sicherste Weg zum Verlust des Glaubens oder, wem das nicht ausreicht, zur Befestigung des Unglaubens. Das Zerlegen der Körper ist der Königsweg zum Absurden genauso wie zur äußersten pragmatischen Demut. Wo sonst als im Innern der sterblichen Körper wäre die Gleichheit unmittelbarer mit Händen zu greifen, der gemeinsame Grundriß? Und folgt nicht aus solcher Eingeweideschau zuletzt auch etwas so unerhörtes und schlüssiges wie die Erfindung, die Proklamation universeller Menschenrechte?

[...]

Der Riesenarbeit der Idealisierung, die Schiller noch glaubte leisten zu müssen, setzt Büchner seinen anthropologischen Realismus entgegen. Von jetzt an zählt nur noch, was in der Körperwelt abläuft, in jener Welt, die für St. Just brachial, das heißt mit den Armen regiert wird, mit Terror und Massenmord. In ihr sieht Büchner die neuen Leiden gehäuft, hinter ihren Gewalten die künftigen Naturgesetze verborgen. Seine Landschaften sind von Anfang an jene Schädelstätten des Geistes, von denen Hegel sprach, aus der Vogelperspektive des Philosophen. Noch dort, wo er gut hegelianisch, das Wort vom Weltgeist aufnimmt, der sich seinen Weg durch die Gesellschaften bahnt, verharrt er zuerst vor den Leichenbergen, die am Wegrand zurückblieben. Keine Demokratie ohne ihre barbarischen Episoden, aus keiner Verfassung mehr wegzudenken sind die zerstückelten Leiber. »Geht einmal Euren Phrasen nach«, sagt Mercier, »bis zu dem Punkt wo sie verkörpert werden.« Und Danton pflichtet ihm bei: »Man arbeitet heut zu Tag Alles in Menschenfleisch. Das ist der Fluch unserer Zeit. Mein Leib wird jetzt auch verbraucht.«

Daß sie tief einschneiden ins Fleisch, daß sie die Leiber zermalmt am Wegrand zurücklassen, das ist es, was Geschichte und Revolution soweit von jeder Erlösung entfernt. Und deshalb ist jeder Gesellschaftsentwurf wertlos, wenn er nicht auch das Bewußtsein von der Zerbrechlichkeit dieser traurigen Körper einschließt. Mag sein, daß die Utopien mit der Seele gesucht werden, ausgetragen werden sie auf den Knochen zerschundener Körper, bezahlt mit den Biographien derer, die mitgeschleift werden ins jeweils nächste häßliche Paradies.

↓

Sehen Sie hier [. . .] einen Herr und eine Dame. Nichts als Kunst und Mechanismus, nichts als Pappendeckel und Uhrfedern. Jede hat eine feine, feine Feder von Rubin unterm Nagel der kleinen Zehe am rechten Fuß, man drückt ein klein wenig und die Mechanik läuft volle fünfzig Jahre.

Leonce und Lena III,3, 1836/37

Alle Menschen machten mir das hypokratische Gesicht, die Augen verglast, die Wangen wie von Wachs, und wenn dann die ganze Maschinerie zu leiern anfing, die Gelenke zuckten, die Stimme herausknarrte und ich das ewige Orgellied herumtrillern hörte und die Wälzchen und Stiftchen im Orgelkasten hüpfen und drehen sah, – ich verfluchte das Concert, den Kasten, die Melodie und – ach, wir armen schreienden Musikanten.

Georg Büchner an Wilhelmine Jaeglé, Gießen, 8. März 1834

Pierre Kintzig
Die Tympanum-Spielerin
1784

Johann Friedrich Kaufmann
Der mechanische Trompeter
1810

HAGNER

Mitteln digitaler Bildgebung versucht wird, die Gedanken durch die Messung zerebraler Aktivitäten zu decodieren, hat andererseits historische Bezüge, die bis ins späte 18. Jahrhundert zurückreichen. Zu jener Zeit nämlich ging der Sensualismus davon aus, dass es für jeden einzelnen Sinneseindruck eine spezifische Hirnfaser gebe. Nach diesem Verständnis war das Gehirn ein Konglomerat aus zahllosen Fasern, die nach und nach mit Sinneseindrücken aufgefüllt wurden.[7] Diese Theorie wurde von der zunehmend empirisch orientierten Hirnforschung erst einmal nicht weiter verfolgt, doch genau zu der Zeit, als Büchner sich literarisch und anatomisch mit dem Gehirn beschäftigte, hielt die Nervenfaser Einzug in die Hirnforschung.

GRÜNBEIN

Brecht hat, im Untergang des Egoisten Fatzer, das vorläufige Ende der Entwicklung, pünktlich bevor die serienmäßige Tötung zur Fabrikreife gelangte, festgehalten: die Reduktion des Körpers aufs bloße Verschleißmaterial. Im Ersten Weltkrieg, als die Woyzecks millionenfach in den Schützengräben krepierten, schreibt ein Deserteur in Mülheim an die Wand seine neue Rechnung. Was ist ein Toter? »… 170 Pfund kaltes Fleisch, 4 Eimer Wasser, 1 Beutel voll Salz.«

Aus: Durs Grünbein, »›Den Körper zerbrechen‹ – Dankrede zur Verleihung des Georg-Büchner-Preises 1995«, in: *Deutsche Akademie für Sprache und Dichtung, Jahrbuch 1995*, Göttingen 1996, S. 177–183, hier S. 177, 179 f., 182

1836, ein Jahr nach der Veröffentlichung von *Danton's Tod*, publizierte der Breslauer Anatom Gustav Gabriel Valentin eine bahnbrechende Abhandlung, in der er die Struktur des Nervensystems auf Zellen und auf Fasern zurückführte. Mit diesen beiden anatomischen Strukturen glaubte er den Urtypus gefunden zu haben, der das Nervensystem aller Lebewesen ausmachte.[8] Es spricht nichts dafür, dass Büchner Valentins umfangreiche Arbeit noch zur Kenntnis nehmen konnte, aber zweifellos hätte er sie in ihrem naturphilosophischen Anspruch begrüßt, den Aufbau des Gehirns »als Manifestation eines Urgesetzes, eines Gesetzes der Schönheit, das nach den einfachsten Rissen und Linien die höchsten und reinsten Formen hervorbringt«, zu verstehen. Diese Worte könnten von Valentin stammen, sind aber von Büchner, der fortfährt: »Alles, Form und Stoff ist für sie [die philosophische Methode] an dieses Gesetz gebunden.«[9]

Offensichtlich gewährt Büchner sich in der *Probevorlesung* einen ästhetischen Blick auf den Organismus, und so auch auf das Gehirn, wenn er von den »schönsten und reinsten Formen im Menschen« schreibt und von der »Vollkommenheit der edelsten Organe, in denen die Psyche fast zu durchbrechen und sich hinter den leichtesten Schleiern zu bewegen scheint«.[10] Natürlich, das ist auch Rhetorik, werbend um ein Publikum, das man für sich gewinnen möchte, insbesondere den damals berühmten Naturforscher Lorenz Oken, um dessentwillen Büchner auch nach Zürich gegangen war, wo er sich eine Fortsetzung seiner gerade begonnenen wissenschaftlichen Laufbahn erhoffte. Aber Büchners Worte sind völlig kompatibel mit seinem Forschungsprogramm, das gerade nicht beim menschlichen Gehirn einsetzt, sondern den langen Weg von den einfachsten hin zu den komplexesten Nervensystemen beschreitet. Büchner schließt die Top-down-Option ausdrücklich aus: »Es dürfte wohl immer vergeblich bleiben gerade bey der verwickeltsten Form, nämlich bey dem Menschen anzufangen.«[11]

Ein solcher Satz ist verständlich, wenn man bedenkt, dass 1836 die zahlreichen Furchen und Windungen der Hirnoberfläche den meisten immer noch als wilder Makkaronihaufen erschienen und es weitere zwei Jahrzehnte dauern sollte, bis mehrere Anatomen in das Gewimmel der Hirnwindungen eine einigermaßen beständige Ordnung brachten. Aber damit hatte man die Funktion noch nicht verstanden, und das betraf in noch höherem Maße die viel kleineren, unzähligen Fasern und Zellen, die Valentin als Ursubstanz ausgemacht hatte. Wenn Büchner also über die Vollkommenheit des menschlichen Gehirns redete, dann bezog er sich auf einen weitgehend rätselhaften Gegenstand, der nur deswegen nicht

↓

DOCTOR.
So meine Herrn, das sind so Uebergänge zum Esel, häufig auch in Folge weiblicher Erziehung.

Georg Büchner, *Woyzeck* H3,1, 1836/37

Der weinende Android Jean
Um 1900

zur völligen Resignation führte, weil die Naturforscher von einem einheitlichen Bauplan aller Lebewesen ausgingen. Durch das vergleichende Studium einfacherer Formen und Funktionen sollte sich am Ende auch das »edelste Organ« erschließen. Wie ein solcher Ansatz realisiert werden konnte, hatten Oken und Carl Gustav Carus, auf die Büchner sich in seinem *Mémoire* häufig bezog, exemplarisch verdeutlicht.

In seiner genialischen Programmschrift *Über die Bedeutung der Schädelknochen* von 1807 erklärte Oken den ganzen Menschen zum Wirbelbein. Seine Skizzierung der Wirbeltheorie des Schädels hob mit einer Analogie an: Das Gehirn sei »das zu kräftigern Organen voluminoser entwickelte Rückenmark, die Hirnschale die voluminosere Rückensäule«.[12] Diese bildungsgeschichtliche These einer Entwicklung von unten nach oben ließ sich noch verfeinern mit der Annahme, dass der Schädel aus drei Wirbeln und das Gehirn aus drei voneinander abgrenzbaren Regionen bestehe und diesen Regionen entsprechende Hirnnerven zugehörten, die es in mühsamer empirischer Kleinarbeit bis zu ihren Ursprüngen zurückzuverfolgen galt – ein Unterfangen, dem Büchner sich in seiner Dissertation am Beispiel der Barbe mit Hingabe widmete.

Es war vor allem Carus, der Okens Analogiedenken weiterentwickelte und das Gehirn in drei große Regionen von vorne nach hinten – Großhirnhemisphären, die Vierhügelregion sowie das verlängerte Mark (*Medulla oblongata*) und Kleinhirn[13] – einteilte und schließlich so weit ging, das gesamte psychische Leben mit einzubeziehen. Seine umfassende Identitätstheorie lief darauf hinaus, »dass ursprünglich jeder der drei grosse[n] Schädelwirbel einer Hirnmasse entspreche, dass jede Hirnmasse ursprünglich wieder einer Seite der Sinnesvorstellungen (Gehör, Gesicht, Geruch), als den Elementen für unsre geistige Entwicklung, parallel sei, und dass sodann, je nach der verschiedenen menschlichen Individualität eine oder die andere Seite mehr hervorstechen, und ihr Ueberwiegen in höherer Ausbildung des ihr angehörigen Schädelwirbels sich äusserlich darstellen werde«.[14]

Büchner kannte diese Passagen bei Oken und Carus genau. Sie bildeten den epistemischen und experimentellen Rahmen für seine eigenen Untersuchungen, wie sich aus der Zusammenfassung seines *Mémoire* unschwer ergibt: »Ich glaube bewiesen zu haben, daß es sechs Paare primitiver Hirnnerven gibt, daß ihnen sechs Schädelwirbel entsprechen, und daß die Entwicklung der Hirnmassen nach Maßgabe ihres Ursprungs erfolgt, woraus hervorgeht, daß der Kopf lediglich das Ergebnis einer Metamorphose des Marks und der Wirbel ist.«[15] Vielleicht noch interessanter als das, was Büchner übernahm, voranbrachte und modifizierte, scheint mir jedoch das zu sein, was er wegließ – eben Carus' Analogie zwischen Hirnmassen, Sinnesvorstellungen und Geistesleben des Menschen. Kein Wort davon findet sich in Büchners anatomischen Schriften, und das spricht zum einen dafür, dass er trotz seiner Verwurzelung im Analogiedenken der romantischen Naturphilosophie nicht bereit ist, dieses Denken in der Weise zu totalisieren, wie es beispielsweise Carus in seiner berüchtigten Symbolik der menschlichen Gestalt tun sollte. Büchner hielt sich an das, was er anhand seiner Erkenntnisgegenstände, der Fischgehirne, beobachten und nachvollziehen konnte. Daraus folgt – zum anderen –, dass das menschliche Gehirn für ihn ein Fernziel darstellte, dessen Erreichen er nicht vorwegnehmen wollte. An diesem Punkt ging er den Weg der Naturphilosophie nicht mehr mit. Wohl aber war er bereit, auf der Annahme eines allgemeinen Bauplans und der genetischen Blickperspektive von unten nach oben, also vom Fischhirn zum Menschenhirn, auch dem Letzteren eine Nobilität und Feinheit zuzusprechen, für die der hirnanatomische Erweis noch ausstand.

Der Kontrast könnte kaum größer sein. Wenn in den anatomischen Schriften, im naturphilosophischen Tonfall, das Gehirn als Insel der Harmonie beschrieben wird, so erscheint es in den Dichtungen als Schlachtfeld, auf dem sich Brutalität und Bestialität austoben. Es wäre zu billig, das mit der spekulativen Freiheit begründen zu wollen, die sich der Dichter gegenüber dem Naturforscher erlauben darf. Erstens war auch Büchners Hirnanatomie nicht frei von Spekulationen, und zweitens bezog sich auch seine Hirndichtung auf manifeste historische Ereignisse und Ansichten, in denen das Gehirn seit dem späten 18. Jahrhundert zu einem wissenschaftlichen, politischen und kulturellen Gegenstand geworden war.

↓

Jeanne qui rit

Jeanne qui rit, a bien étudié et est comblée de joujoux. Elle balance la tête vers le pantin. Elle est charmée car il saute en remuant les jambes, puis elle regarde le bébé qui saute sur son genou et de satisfaction fait aller sa jambe.
Pièce mécanique à musique 2 airs. Habillage soigné. Hauteur 55 cm. N° 468.
modèle déposé G. V.

Jean qui pleure

Jean qui pleure ne veut pas apprendre sa leçon. Il a des saccades de tête qui manifestent son mauvais vouloir, il pleure sur son bras droit, donne des coups de pied sur son banc. Il sera privé de sa tartine car ses oreilles d'âne remuent.
Pièce mécanique à musique 2 airs. Habillage soigné. Hauteur 55 cm. N° 467
modèle déposé G. V.

Anzeige für die Androiden
Jeanne und Jean
Um 1900

Insofern ist es angemessener, von zwei Perspektiven auszugehen, die die Oszillation des Gegenstands Gehirn zwischen Erkenntnis und ästhetischer Betrachtung, Neugier und Obsession sichtbar werden lassen. Büchner hat als einer der Ersten bemerkt, dass die Beschäftigung mit dem Gehirn nicht unschuldig sein kann. Von dieser Irritation, die auch heute noch den Blick auf das Gehirn bestimmt, handeln Büchners Hirnlektionen.

1 Georg Büchner, *Danton's Tod* I/1. Weiterführend zum Gedankenlesen siehe Michael Hagner, »Gedankenlesen, Gehirnspiegel, Neuroimaging. Einblick ins Gehirn oder in den Geist?«, in: ders., *Der Geist bei der Arbeit. Historische Untersuchungen zur Hirnforschung*, Göttingen 2006, S. 223–245.

2 P. L. Moreau de Maupertuis, »Lettre sur le progrès des sciences«, in: ders., *Œuvres*, Bd. 2, Lyon 1768, S. 410.

3 Siehe Ludmilla Jordanova, »Medical Mediations. Mind, Body and the Guillotine«, in: *History Workshop Journal*, 28, 1989, S. 39–52; Michael Hagner, *Homo cerebralis. Der Wandel vom Seelenorgan zum Gehirn*, Berlin 1997, S. 185–193; Roland Borgards, »›Kopf ab‹. Die Zeichen und die Zeit des Schmerzes in einer medizinischen Debatte um 1800 und Brentanos Kasperl und Annerl«, in: *Romantische Wissenspoetik. Die Künste und die Wissenschaften um 1800*, hrsg. von Gabriele Brandstetter und Gerhard Neumann, Würzburg 2004, S. 123–150.

4 Szene Hauptmann, Doktor, in: Poschmann I, S. 159.

5 Siehe MBA III.1, S. 10. Den Hinweis verdanke ich Burghard Dedner.

6 *Danton's Tod* II/5.

7 Charles Bonnet, *La palingénésie philosophique, ou idées sur l'état passé et sur l'état futur des êtres vivans*, Bd. 1, Genf 1769, S. 18–27.

8 Gustav Gabriel Valentin, »Über den Verlauf und die letzten Enden der Nerven«, in: *Nova Acta Physico-medica Academiae Caesareae Leopoldino-Carolinae Naturae Curiosorum* 18, 1836, Teil 1, S. 51–240.

9 Georg Büchner, »Probevorlesung«, in: MBA VIII, S. 3–117, 153–169, 155.

10 Ebd., S. 153.

11 Ebd., S. 159.

12 Lorenz Oken, *Über die Bedeutung der Schädelknochen*, Jena 1807, S. 5 f.

13 Carl Gustav Carus, *Versuch einer Darstellung des Nervensystems und insbesondere des Gehirns nach ihrer Bedeutung, Entwickelung und Vollendung im thierischen Organismus*, Leipzig 1814, S. 117–121, 266, 287. Zu Details der entwicklungsgeschichtlichen Craniologie bei Carus siehe Michael Hagner, *Geniale Gehirne. Zur Geschichte der Elitegehirnforschung*, Göttingen 2004, S. 76–93.

14 Carl Gustav Carus, *Von den Ur-Theilen des Knochen- und Schalengerüstes*, Leipzig 1828, S. 176 f.

15 Georg Büchner, *Mémoire sur le système nerveux du barbeau*, in: MBA VIII, S. 3–117, 10[illegible].

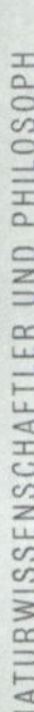

Ich werfe mich mit aller Gewalt in die Philosophie, die Kunstsprache ist abscheulich, ich meine für menschliche Dinge müsse man auch menschliche Ausdrücke finden; doch das stört mich nicht, ich lache über meine Narrheit und meine es gäbe im Grund genommen doch nichts als taube Nüsse zu knacken. Man muß aber unter der Sonne doch auf irgend einem Esel reiten und so sattle ich in Gottes Namen den meinigen.

Georg Büchner an August Stoeber, Darmstadt, 9. Dezember 1833

Der weinende Android Jean
Um 1900

GIDEON STIENING

—

LEBEN ALS SELBSTZWECK

—

BÜCHNERS PHILOSOPHISCHE ÜBERZEUGUNGEN

Büchners Beschäftigung mit der Philosophie hat sich während seines kurzen Lebens in zwei grundlegend verschiedenen Formen ausgeprägt. Zum einen zeigt er offenbar schon als Schüler Interesse an der systematischen Lektüre und debattierenden Auseinandersetzung mit zeitgenössischer Philosophie. Dazu gehört offenbar frühzeitig die Philosophie des deutschen Idealismus, namentlich diejenige Fichtes und Hegels. Dieses sachliche Interesse, das sich auch durch kritische Reflexionen in seiner Dichtung dokumentiert – so in dem berühmten Philosophengespräch in *Danton's Tod* –, erstreckt sich auf metaphysische, religions- und rechtsphilosophische, erkenntnistheoretische und ethische Themen. Zum anderen war Büchner aus beruflichen Gründen gehalten, sich mit der zeitgenössischen Naturphilosophie (zum Beispiel der von Schelling, Oken oder Carus) zu beschäftigen, was erheblichen Einfluss auf seine naturwissenschaftlichen Forschungen hatte.[1] Darüber hinaus fertigte er für seine Lehrtätigkeit an der Universität Zürich Vorlesungsskripte über die Philosophie der Neuzeit an, die sich mit Descartes und Spinoza beginnend vermutlich bis auf Leibniz, Wolff und Kant erstrecken sollten. Büchners Auseinandersetzung mit der Philosophie trägt somit privat-weltanschauliche wie beruflich-wissenschaftliche Züge.

DAS »WESEN« DER DINGE

—

ZUR ENTWICKLUNG VON BÜCHNERS PHILOSOPHISCHEN AUFFASSUNGEN

Dass Büchners früh erworbene Kenntnisse nicht auf der Ebene einfachen Schulwissens verblieben, ist gut dokumentiert: Noch Jahrzehnte später erinnerten sich zwei seiner Freunde übereinstimmend an eine deutliche, wenngleich nicht unkritische Affinität ihres Mitschülers zur Philosophie. So schreibt Friedrich Zimmermann im Jahre 1877 in einem Brief an Karl Emil Franzos, dass Büchner sich »frühzeitig« – Zimmermann berichtet über die Jahre 1829 bis 1831 – »auf religiöse Fragen, auf metaphysische und ethische Probleme« geworfen habe.[2] Auch Ludwig Wilhelm Luck erinnert sich lebhaft daran, dass Büchner »allezeit gradaus auf das los[ging], was er als das Wesen und den Kern der Dinge erkannte, auch in der Wissenschaft, besonders in der Philosophie«.[3] Zimmermann stellt zudem mehrfach einen »inneren Zusammenhang« zwischen Büchners philosophischer Beschäftigung und seiner naturwissenschaftlichen Ausbildung her: »Ich bin davon überzeugt, daß mein unvergeßlicher Jugendfreund und commilito in literis mehr zum Philosophen als zum Dichter geboren war; auch den Beruf zum bedeutenden Naturforscher scheint er mir schon damals entschieden angekündigt zu haben«.[4]

Auch wenn die hier zitierten Dokumente mit großer Vorsicht zu behandeln sind, weil sie aus einem Abstand von 50 Jahren über Ereignisse aus der Schulzeit berichten, wird doch ersichtlich, dass Büchner ein deutliches Interesse an philosophischen Fragen hatte und deren Beantwortung auch außerhalb der Schule zu leisten suchte. Unbestreitbar ist auch, dass die im letzten Zitat aufgerufenen Naturwissenschaften schon früh das gewichtigere Interesse Büchners ausmachten – ein Tatbestand, der in den 1820er- und noch in den 1830er-Jahren keineswegs eine Abkehr von der Philosophie bedeutete; deren kompetente Kenntnis galt vielmehr als eine bis dahin weitgehend unbestrittene Bedingung der Naturforschung.[5]

↓

Séance du 13 avril 1836

Présens MM. Duvernoy, Voltz, de Billy, Fée, Schimper, Engelhard, Hervé, Kirschleger, Münch, Büchner, Grenier (de Besançon), Gressly, Steinheil, Lereboullet.

Le procès-verbal de la dernière séance est lu et adopté.

MM. Nees d'Esenbeck et Treviranus adressent à la Société des lettres de remerciements au sujet de leur nomination de membres correspondans.

Mr le Président communique une lettre de M. Royer-Collard dans laquelle ce dernier déclare que le Ministre a décidé qu'il ne prendrait plus, cette année, de souscription à aucun ouvrage, les fonds étant épuisés.

Mr A. Lauth adresse un projet de règlement relatif à l'impression des mémoires; la lecture et la discussion de ce projet sont renvoyés à une autre séance.

La Société reçoit les ouvrages suivans:

1.) Bryologie d'Europe, ~~[illegible]~~, par MM. Bruch et Schimper; 1ère livraison.
2.) Prodrôme de la flore d'Alsace, par M. Kirschleger.
3.) Supplément à la flore de la Moselle, par M. Hollandre.
4.) Quelques observations relatives à la théorie de la phyllotaxis et des verticilles, par M. Steinheil, 2d article.
5.) Synopsis florae germanicae par M. Koch.

M. Duvernoy met sous les yeux de la Société le Tome Ier et le Tome 4e (en deux parties) de la nouvelle édition des Leçons d'Anatomie comparée.

M. Büchner lit une 1ère partie d'un travail étendu sur les nerfs des poissons.

M. Voltz expose plusieurs beaux échantillons de plantes fossiles du genre Annulaire d'Anzin, et plusieurs Zamia (du terrain [illegible] de Lyon.

Il fait voir aussi une orbicule fossile + [illegible]

+ ~~la patella [illegible]~~ de M. Rehmer qui paraît être une orbicula nouvelle espèce qui n'est pas encore connue.

M. Fée annonce qu'il a terminé le Catalogue des plantes du jardin botanique de la faculté de Médecine, et donne lecture de l'Introduction historique qu'il a jugé à propos de mettre en tête de ce catalogue.

Protokolle der Sitzungen der naturhistorischen Gesellschaft Straßburgs
1836

Am deutlichsten zeigt sich Büchners nachhaltiges Interesse an zeitgenössischer Philosophie und sein Wille sowie seine Befähigung, deren Erkenntnisse als systematisch anzuerkennen und anzuwenden, in einer seiner überlieferten Schriften, der Rezension eines Mitschülertextes, die in den bisherigen Ausgaben mit dem Titel *Über den Selbstmord* versehen wird.[6] In diesem Text, der als Stellungnahme zur zeitgenössischen »ethisch-literarischen Suiziddebatte«[7] zu werten ist, bemüht sich Büchner um die Widerlegung sowohl religiöser als auch moralischer Argumente, die den Selbstmord verurteilen oder negativ bewerten. Büchner ruft hierbei zum einen pragmatisch-anthropologische Argumente auf: »Es liegt ganz in der Natur des Menschen, daß er einen, ihm *unerträglich* gewordnen Zustand mit einem andern, wenn auch noch so unsichern zu vertauschen sucht, es ereignet sich dieß täglich, und niemand nimmt einen Anstoß daran. [...] Ich behaupte also, daß man in *dießer Hinsicht* keineswegs den Selbstmörder *unklug* nennen könne«.[8] Zum anderen bedient er sich moralphilosophischer Begründungen, um die Selbstmord-kritische Haltung des rezensierten Textes zu widerlegen. Im Zentrum der Argumentation Büchners, die keineswegs den Selbstmord für uneingeschränkt legitimierbar erklärt, sondern eine gemäßigt kritische Position einnimmt,[9] steht jedoch nicht ein moral-, sondern ein naturphilosophisches Argument: »Die Erde wird nämlich hier ein *Prüfungsland* genannt; dießer Gedanke war mir immer sehr anstößig, denn ihm gemäß wird das Leben nur als *Mittel* betrachtet, ich glaube aber, daß das Leben *selbst Zweck* sey, denn: *Entwicklung* ist der Zweck des Lebens, das *Leben selbst* ist Entwicklung, also ist das Leben selbst *Zweck*. Von dießem Gesichtspunkte aus kann man auch den *einzigen fast allgemein gültigen* Vorwurf dem Selbstmord machen, weil derselbe unserm *Zwecke* und somit der *Natur* widerspricht, indem er die von der Natur uns gegebne, unserm Zweck angemeßne *Form* des Lebens vor der Zeit zerstört«.[10] Diese These, nach der das Leben (des Menschen) nicht als Mittel zu einem außer ihm liegenden Zweck bestimmt und so missbraucht werden darf, weil der Zweck des Lebens nur in ihm selbst zu finden, das Leben mithin *Selbstzweck* sei, und zwar weil es wesentlich als Entwicklung bestimmt werden müsse, gehört zu den wichtigsten Erkenntnissen und Beweiszielen des deutschen Idealismus.[11] Büchners »syllogistische Argumentation«[12] ist insofern nicht als »antiteleologisch« zu qualifizieren, weil sie konstitutiv mit einem Zweckbegriff arbeitet, der in der zuerst von Kant entwickelten Form der »inneren Zweckmäßigkeit« mit dem Begriff eines »Zweckes seiner selbst« operiert.[13] Das Leben ist – so Büchner – als Entwicklung Selbstzweck und daher nicht auf ein Mittel für einen außer ihm liegenden Zweck – sei er nun transzendent in Gott oder immanent im Vaterland – zu reduzieren.

↓

HEINRICH HEINE

—

EINE RELIGION FÜR UHRMACHER
1835

Der Gott des Pantheisten unterscheidet sich also von dem Gotte des Deisten dadurch, daß er in der Welt selbst ist, während letzterer ganz außer, oder was dasselbe ist, über der Welt ist. Der Gott des Deisten regiert die Welt von oben herab, als ein von ihm abgesondertes Etablissement. Nur in Betreff der Art dieses Regierens differenziren unter einander die Deisten. Die Hebräer denken sich Gott als einen donnernden Tyrannen; die Christen als einen liebenden Vater; die Schüler Rousseaus, die ganze Genfer Schule, denken sich ihn als einen weisen Künstler, der die Welt verfertigt hat, ungefähr wie ihr Papa seine Uhren verfertigt, und als Kunstverständige bewundern sie das Werk und preisen den Meister dort oben. [...]

Man sagt es nicht, aber jeder weiß es; der Pantheismus ist das öffentliche Geheimniß in Deutschland. In der That, wir sind dem Deismus entwachsen. Wir sind frey und wollen keines donnernden Tyrannen. Wir sind mündig und bedürfen keiner väterlichen Vorsorge. Auch sind wir keine Machwerke eines großen Mechanikus. Der Deismus ist eine Religion für Knechte, für Kinder, für Genfer, für Uhrmacher.

Aus: Heinrich Heine, »Zur Geschichte der Religion und Philosophie in Deutschland«, in: ders., *Der Salon*, Bd. 2, Hamburg 1835, S. 123 und 134.

Erdkröte, Bufo bufo
19. Jahrhundert

Die naturphilosophisch gewonnene Überzeugung von einer inneren Zweckmäßigkeit des menschlichen Lebens – eine Überzeugung, die er nicht nur mit Kant, sondern auch mit Hegel, Heine oder Feuerbach teilte – wird Büchner zeitlebens beibehalten, ja in ihrem Geltungsstatus ausweiten. Noch in seiner *Probevorlesung* – gehalten wenige Wochen vor seinem Tode – wird er den »Selbstzweck« als Fundamentalkategorie seines naturwissenschaftlichen Arbeitens entfalten, weil nunmehr nicht nur der Mensch, sondern alles, was in der Natur ist, »um seiner selbst willen«, das heißt als innerer Zweck, existiert.[14] Die Auffassung von jeder natürlichen Existenz als Selbstzweck ist somit erkennbar eine der philosophischen Theoreme, an denen sich Büchners berufliche Einsichten mit seinen privaten Überzeugungen überschneiden.

Das gilt sicherlich weniger für die philosophischen Lehren, die er im Sommersemester 1833 als Hörer der Vorlesungen Joseph Hillebrands vernahm, obwohl diese Veranstaltungen die einzigen waren, in denen Büchner mit der professionellen Philosophie seiner Zeit in direkten Kontakt kam. Kann man für seine erste Straßburger Studienzeit (1831–1833) davon ausgehen, dass sich der Student der Medizin vor allem mit den naturwissenschaftlichen Grundlagen seines Faches befasste, und dies auch, weil an der Straßburger Akademie ausschließlich der katholische Religions- und Moralphilosoph Louis Eugène Marie Bautain lehrte,[15] der ihn wenig interessiert haben dürfte, so bricht sich das philosophische Bedürfnis in Gießen erneut Bahn; im Dezember 1833 heißt es in einem Brief an August Stoeber: »Ich werfe mich mit aller Gewalt in die Philosophie«.[16] Womit genau sich Büchner zu diesem Zeitpunkt beschäftigt, ist unklar: »Büchner kann sich zu dieser Zeit genauso gut mit Leibniz, Jacobi, Schelling oder Hegel beschäftigt habe. Wir wissen es nicht.«[17]

Im Sommersemester 1834 hört er als Pflichtveranstaltung eine Vorlesung über Logik und eine über Naturrecht und allgemeine Politik, die beide von Joseph Hillebrand gehalten und deren erfolgreicher Besuch Büchner attestiert wurden. Dabei dürfte den Zuhörer sowohl die Ausführungen zur Logik, die neben einer allgemeinen Einführung in die Philosophie Grundzüge der Ontologie und Wissenschaftstheorie entwarfen,[18] als auch die Vorträge zur politischen Theorie interessiert haben. Die erworbenen Kenntnisse zur Logik tauchen in dem eigenen Vorlesungsskript zu Descartes

↓

RENÉ DESCARTES

—

DE HOMINE
1632

Ich stelle mir einmal vor, daß der Körper nichts anderes sei als eine Statue oder Maschine aus Erde, die Gott gänzlich in der Absicht formt, sie uns so ähnlich wie möglich zu machen, und zwar derart, daß er ihr nicht nur äußerlich die Farbe und die Gestalt aller unserer Glieder gibt, sondern auch in ihr Inneres alle jene Teile legt, die notwendig sind, um sie laufen, essen, atmen, kurz all unsere Funktionen nachahmen zu lassen, von denen man sich vorstellen könnte, daß sie aus der Materie ihren Ursprung nehmen und lediglich von der Disposition der Organe abhängen.

Wir sehen Uhren, kunstvolle Wasserspiele, Mühlen und andere ähnliche Maschinen, die, obwohl sie nur von Menschenhand hergestellt wurden, nicht der Kraft entbehren, sich aus sich selbst auf ganz verschiedene Weisen zu bewegen. Und wie mir scheint, könnte ich mir von einer Maschine, die – wie ich einmal annehme – aus der Hand Gottes angefertigt sein soll, nicht so viele Bewegungsarten vorstellen noch ihr so viel kunstvolle Bildung zuschreiben, daß man sich nicht vorstellen könnte, daß sie nicht noch mehr davon besitzen kann.

Ich werde mich also nicht dabei aufhalten, die Knochen, Nerven, Muskeln, Venen, Arterien, den Magen, die Leber, Milz, das Herz, das Gehirn zu beschreiben noch all die anderen verschiedenen Teile, aus denen sie (die Maschine) zusammengesetzt sein muß. Denn ich unterstelle, daß sie ganz und gar den Teilen unseres Körpers gleichen, die dieselben Namen tragen und die man sich durch einen gelehrten Anatomen zeigen lassen kann, wenigstens diejenigen, die genügend groß sind, daß man sie sehen kann, sofern man sie nicht schon hinreichend kennt.

Aus: René Descartes, *Über den Menschen* (1632) sowie *Beschreibung des menschlichen Körpers* (1648), nach der ersten französischen Ausgabe von 1664 übersetzt und mit einer historischen Einleitung und Anmerkungen versehen von Karl E. Rothschuh, Heidelberg 1969, S. 44.

Ich erinnere mich noch lebhaft seiner Freude, als ich ihm ein Exemplar der geburtshelfer Kröte (Alytes obstetricans) die ich zuerst in der Ostschweiz entdekt hatte, brachte; da sie ein so seltenes Material zum Praeparieren darbot.

Brief von Johann Jakob von Tschudi an Karl Emil Franzos, Wien, 14. November 1877

Gemeine Geburtshelferkröte, Alytes obstetricans
1921

Chirurgisches Sezierbesteck
1850

wieder auf. Dagegen dürfte die Vorlesung zur Politik den zu jener Zeit in den theoretischen und praktischen Problemfeldern seines *Hessischen Landboten* verstrickten Büchner zur Kritik herausgefordert haben; immerhin legitimiert Hillebrand jede bestehende Staatsordnung als historisch je notwendig.[19] Dennoch kann Büchner hier vor allem im Hinblick auf die im *Landboten* verwendeten Begriffe des Rechts und Gesetzes sowie die des Staates und des Strafrechts bedeutende Erkenntnisse gewonnen haben.[20] Büchners späte Berufung auf einen »absoluten *Rechts*grundsatz«[21] kann in Hillebrands Vorlesungen zur Politik ihren Ursprung haben.[22]

Ausführlich und ersichtlich professionell befasst sich Büchner ab Herbst 1835 mit philosophischen Fragen, weil er lange Zeit unschlüssig ist, ob er über ein naturgeschichtliches oder ein philosophisches Thema promovieren soll. Vermutlich beschäftigt er sich zu diesem Zeitpunkt mit Spinoza und der Philosophie der griechischen Antike.[23] Erst nach der Entscheidung zur naturwissenschaftlichen Dissertation, die er im Mai 1836 abschließt, realisiert sich die philosophische Arbeit in der Vorbereitung auf Vorlesungen über die »philosophischen Systeme der Deutschen seit Cartesius und Spinoza«.[24]

DIE »ENTWICKELUNG« DES GEISTES — DIE SKRIPTEN ZU DESCARTES UND SPINOZA

Vermutlich auf Anfrage der philosophischen Fakultät in Zürich arbeitet Büchner ab Juli 1836 die philosophiegeschichtliche Vorlesung aus. Dabei war der Straßburger Exilant auf die Nutzung von Privat- und Leihbibliotheken

↓

VOLKER BRAUN — MIT DEM SKALPELL ERWORBEN 2000

Es ist die Schärfe seiner Fragen, die Georg Büchner von uns allen trennt: und das entschlossene Zögern mit Antworten. Er läßt kein entwaffnendes Argument aus: *Es wurde ein Fehler gemacht, wie wir geschaffen wurden, es fehlt uns etwas, ich habe keinen Namen dafür, wir werden es uns einander nicht aus den Eingeweiden herauswühlen, was sollen wir uns drum die Leiber aufbrechen?* Und bringt bestürzende Anträge ein: *Wir müssen schreien … nichts dümmer als die Lippen zusammenzupressen, wenn einem was weh tut.* Es war der Moment der Krise des bürgerlichen Vorwärtsdenkens angesichts der Gewalt und Schmerzen des Epochengangs. Niemand hat die Desillusionierung härter angesprochen; sie ist das radikale Salz, nachdem ein Welt und Mensch umfassender Sinn verdampft ist. Wir schmecken es, mit Wollust, als Kinder wieder eines Zeitenbruchs.

Vergessen wir nicht, daß es ein Zweiundzwanzigjähriger war, der eben anfing, sich *interessant zu werden.* Seine gefährliche Diktion ist nicht enttäuschte Theorie, sondern eigenste Weltanschauung, mit dem Skalpell und der Analyse erworben, die nicht weniger hart schneidet; es spricht ein Anatom zugleich und Hochverräter. Nicht aus dem Nervensystem der Barben war der Fatalismus gezogen und nicht eben der Determinismus konnte ihn rasend machen. Die Fehler nämlich, der *gemacht wurde,* ist verwickelterer Natur, als daß ihn ein Philosoph in Königsberg oder ein Zoologe in Zürich bloßgelegt hätte, keine Fakultät hat eine solche Obduktion gewagt. Es musste einer *wie zernichtet* sein, in einem *socialen* Experiment, das ihn mitten in die hessischen Umtriebe stellte. Die unfeine Frage: *Was ist das, was in uns lügt, mordet, stiehlt?* war auf der Folter gesprochen, eines peinigenderen Interesses, und verlangte Untersuchung der Reflexe und Affekte der Kreatur *und* der Regungen und Zuckungen des großen Leibs der Gattung. Es bedurfte des Komplotts der Erfahrungen, um an den neuralgischen Punkt zu kommen, wo das materialistische Denken wie die liberale Reform haltmachte. Die Messerschneide war an ein gewaltigeres Präparat gelegt: die Verhältnisse; das schmerzliche Rätsel, in dem Büchner spricht, sucht nach einer doppelten Lösung: der Mensch und die Gesellschaft.

Aus: Volker Braun, »›Die Verhältnisse zerbrechen‹ – Dankrede zur Verleihung des Georg-Büchner-Preises 2000«, in: *Deutsche Akademie für Sprache und Dichtung, Jahrbuch 2000,* Göttingen 2001, S. 134–140, hier S. 134 f.

Barbe, Barbus barbus
1895

Molch, Triturus cristatus
1906

angewiesen, was den Rückgriff auf Quellen- und aktuelle Forschungsliteratur sicherlich erschwerte. Diese Bedingungen dürften der wesentliche Grund dafür gewesen sein, dass der angehende Dozent für die »Entwickelung der deutschen Philosophie seit Cartesius«[25] die seit Anfang der 1830er-Jahre zu verzeichnende substanzielle Neuorientierung des sich an den Universitäten etablierenden Faches Philosophiegeschichte offenbar nur am Rande miterlebte. Zwar kennt er Heinrich Heines essayistischen Abriss *Geschichte der Religion und Philosophie in Deutschland,* auch kann er auf Gottlieb Wilhelm Tennemanns Grundlagenwerk zur *Geschichte der Philosophie* zurückgreifen, doch die seit den frühen 1830er-Jahren erscheinenden, ambitionierten Kompendien Victor Cousins, Ludwig Andreas Feuerbachs, Georg Wilhelm Friedrich Hegels, Johann Eduard Erdmanns oder Friedrich Wilhelm Joseph Schellings scheinen ihm unbekannt gewesen zu sein.

Diese Stellung Büchners zum ideen- und fachgeschichtlichen Kontext der Philosophiegeschichtsschreibung in den 1830er-Jahren ist insofern bemerkenswert, als er in methodischer und systematischer Hinsicht zu Darstellungsformen neigt und zu analytischen Ergebnissen kommt, die den Einsichten der berühmten »Kollegen« teilweise durchaus nahe kommen. Zwar sind seine Vorlesungen weder mit dem energischen Zugriff Feuerbachs noch mit der enormen Systematisierungsleistung Erdmanns vergleichbar,[26] dennoch eröffnet eine Einbettung in den fachlichen Kontext der 1830er-Jahre, dass die Vorlesungen wissenschaftsgeschichtlich anders zu bewerten sind denn als »gescheiterter Versuch einer begrifflichen Zergliederung«.[27] So ist seine Korrelation der cartesischen Anthropologie mit neuesten Erkenntnissen der zeitgenössischen Naturwissenschaften feuerbachschen Überlegungen verwandt, und seine Ausführungen zum berühmt-berüchtigten »cogito«-Argument Descartes' – dem »Ich denke, also bin ich« – stehen den analytischen Leistungen der öffentlich ausgetragenen Kontroverse zwischen Feuerbach und Erdmann über den logischen Status dieses Satzes in nichts nach.

Vor allem geht es Büchner um die Rekonstruktion einer »Entwickelung« der neuzeitlichen Philosophie und damit nicht um eine nur additive Auflistung berühmter philosophischer Werke und Autoren. Mit diesem genuin philosophiegeschichtlichen Interesse ist er zum einen den Vorgaben seines Gewährsmannes Tennemann verpflichtet: »Die Geschichte der Philosophie kann [...] weder Geschichte der Philosophen, noch der Philosopheme seyn. Jene begreift diese beiden in sich, aber sie ordnet sie einem höhern Zweck und Gesichtspuncte unter. Dieser ist nehmlich die Darstellung der Bildung und Entwickelung der Philosophie als Wissenschaft«.[28] Zum anderen steht Büchner erneut Feuerbach, Hegel und Erdmann nahe, denen es ebenfalls um eine systematische Rekonstruktion der Verlaufsformen der neuzeitlichen Philosophie zu tun war; ausdrücklich spricht auch Feuerbach von »Entwickelung«.[29] In dieser Absicht stellt Büchner zunächst die Philosophie René Descartes' ausführlich vor, wobei er den systematischen Vorgaben Tennemanns entsprechend mit der Erkenntnistheorie und Metaphysik beginnt und sodann die allgemeine Naturphilosophie und letztlich die Anthropologie und Psychologie des Rationalisten entfaltet. Besonderes Interesse zeigt Büchner am Status des »cogito«-Arguments, das er zunächst als Schluss, im Laufe der Vorlesung aber – sich selbst revidierend – als unmittelbare Wahrheit, das heißt als Axiom, interpretiert. Darüber hinaus interessiert den jungen Philosophiehistoriker das von Descartes entwickelte Verhältnis zwischen »cogito«-Argument und Gottesbeweis, das er als zirkulär bestimmt; Büchner ist also der Auffassung, dass sich der Beweis der Existenz Gottes und das fundamentale »Ich denke, also bin ich« gegenseitig bedingen, was die Theorie Descartes' haltlos machte.

Letztlich richtet sich Büchners Interesse auch auf die mechanistische Anthropologie Descartes', die er scharf kritisiert: »der *homme machine* wird vollständig zusammengeschraubt«.[30] Der Naturphilosoph Büchner steht also Descartes' mathematisch-physikalischen Anthropologie, die alle Körper zu Maschinen erklärte, ablehnend gegenüber. Überhaupt neigt Büchner in dieser Vorlesung zu polemischen Verwerfungen, insbesondere in seiner Darstellung der »objectiones«, das heißt der kritischen Einsprüche, die Descartes von Philosophen und Theologen gegen seine neue Philosophie provoziert hatte. Mit der ausführlichen Darlegung dieser Debatten weicht Büchner von Tennemann zwar deutlich ab und zeigt

↓

Ich habe als Gegenstand meiner Untersuchungen insbesondere die Cyprinen gewählt, weil sie, CARUS zufolge, den reinsten Typus der Knochenfische darbieten.

Georg Büchner, *Mémoire sur le système nerveux du barbeau*, 1836

Christoph Schuchardt
Filmstill aus Georg Büchner: Abhandlung über das Nervensystem der Barbe, 1836
2013

eine erhebliche Eigenständigkeit; er attestiert Descartes allerdings auch mehrmals eine »erbärmliche Antwort«, was den Professionalisierungsstandards seines Faches zuwiderlief. Dennoch nutzt der Dozent der Philosophie seine historiografischen Darstellungen auch zu systematischen Überlegungen, das heißt zu der Frage, ob denn die Argumentationen Descartes' auch zutreffend sind: So veranlasst ihn dessen Begründung für ein Primat des Denkens vor der Ausdehnung zu dem Urteil: »Eine gute Widerlegung des Materialismus.«[31] Der philosophiegeschichtliche Auftrag schließt also systematische Fragestellungen durchaus ein.

Die Spinoza-Vorlesung blieb – wohl aus Zeitgründen – unvollendet; dennoch zeigt sich auch hier, dass Büchner seine historiografische Darstellungspflicht mit systematischen Interessen zu verknüpfen wusste. Insbesondere die Gottesbeweise Spinozas hatten es Büchner angetan; ihnen widmet er seine ganze Widerlegungslust. Auch die Konzeption von der Einzigkeit und Unendlichkeit einer einzigen Substanz wird von Büchner einer scharfen Kritik unterzogen; Spinozas rationale Theologie und Metaphysik unterliegen bei Büchner mithin einer kritischen Sichtung. Diese fällt auch deshalb so penibel aus, weil Büchner – entgegen der romantischen Spinoza-Aneignung – erkennt, dass das dem mathematischen Paradigma verpflichtete Rationalitätskonzept einer durchgängig begrifflichen Bestimmung allen Seins in der Philosophie Spinozas unhintergehbar sei: »[D]er Spinozismus ist der Enthusiasmus der Mathematik. Nur mathematisch gewisse Erkenntnis konnte ihn befriedigen [...]. Zeigt ihm einen falschen Schluß und er lässt sein ganzes System fallen«.[32] Der »mos geometricus« ist nach dieser Argumentation dem spinozanischen System keineswegs äußerlich, sondern für dieses konstitutiv. Hierin sah Büchner die Besonderheit und die »Höhe des Spinozismus«[33] erreicht.

Dieses hohe Niveau der Interpretation halten nicht alle Ausführungen zu Spinozas Philosophie; gleichwohl zeigt sich Büchner in diesem Manuskript gereifter und durchaus selbstständig in seiner analytischen Darstellung des zugleich in seinem systematischen Zentrum nachhaltig kritisierten spinozanischen Rationalismus. Erst in einer Korrelation mit dem Descartes-Skript wird ersichtlich, dass ein Spezifikum der büchnerschen Spinoza-Interpretation in dem Versuch besteht, dessen Metaphysik an die zuvor ermittelten konzeptionellen Brüche und Inkohärenzen des Cartesianismus anzunähern. Büchner vermeint daher vor allem im ersten Teil des Skripts, den oben angedeuteten Zirkel zwischen dem »Ich denke« und dem Beweis der Existenz Gottes auch auf Spinozas *Ethica* übertragen zu können, was allerdings scheitert. In immer neuen Anläufen bemüht er sich, den Ausgangspunkt der Philosophie Spinozas zu ermitteln; ist dieser nun Gott oder Descartes' »Ich denke« oder doch die mathematische Methode? Abschließend geklärt hat Büchner die gewichtige Frage für sich offenbar nicht.

Als Naturwissenschaftler und Philosophiehistoriker legte Büchner seiner wissenschaftlichen Arbeit gleichwohl eine Prämisse zugrunde, die auch die Philosophie Spinozas auszeichnete und konstituierte: die durchgehende Rationalität der Welt und des Denkens. Deshalb waltet im Spinoza-Skript des angehenden Dozenten der Philosophie das eherne Gesetz des »Satz[es] des ausschließenden Dritten«,[34] das schon seit Aristoteles als wichtigstes Gesetz der Philosophie gilt. Auf dessen Grundlage (also mit Spinoza) wird der Gottesbeweis der *Ethica* in allen seinen Teilen (und somit gegen Spinoza) widerlegt. Erst die partielle Gemeinsamkeit der Prämissen bewirkt die große Anstrengung, der sich Büchner in seinen Widerlegungen aussetzte.

Büchners wissenschaftliche Rezeption der Philosophie Descartes' und Spinozas ist erklärtermaßen zu einem Teil seinem Interesse an einer universitären Laufbahn an der philosophischen Fakultät in Zürich geschuldet. Die energische Intensität der kritischen Bearbeitung lässt sich durch dieses äußere Movens jedoch nicht ausreichend erklären. Die Geschichte der Philosophie bot ihm offenbar nicht nur die Möglichkeit, eigene systematische Fragen zu reflektieren, so im Zusammenhang der ihn stets herausfordernden Gottesbeweise oder besonderer Überlegungen zur Natur des Menschen, sondern auch für die begründete Formulierung einer naturphilosophischen und -wissenschaftlichen Methodologie, Systematik und szientifischen Praxis.

↓

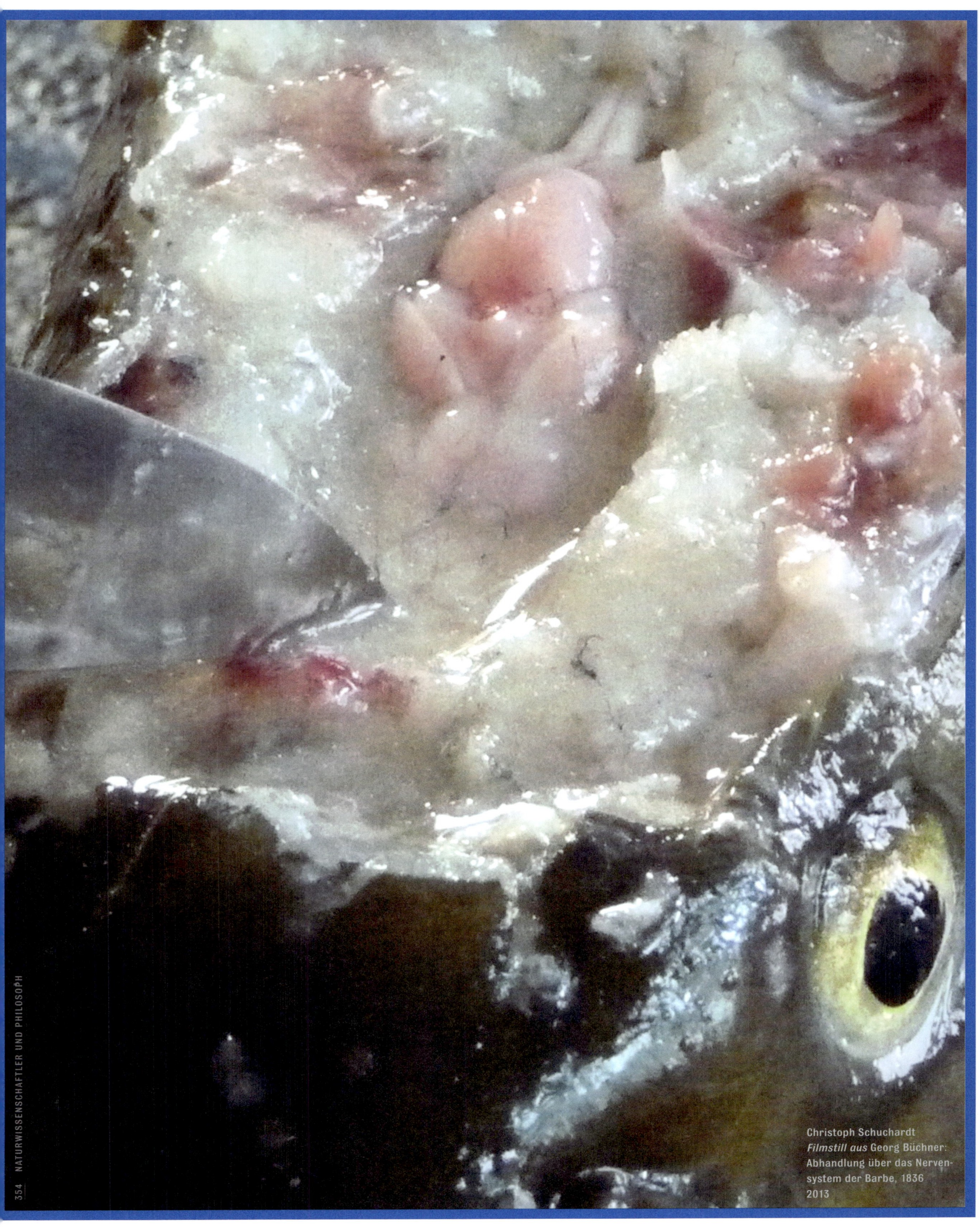

Christoph Schuchardt
Filmstill aus Georg Büchner: Abhandlung über das Nervensystem der Barbe, 1836
2013

1 Vgl. hierzu Udo Roth, *Die naturwissenschaftlichen Schriften Georg Büchners. Ein Beitrag zur Geschichte der Wissenschaft vom Lebendigen in der ersten Hälfte des 19. Jahrhunderts*, Tübingen 2004.

2 MA, S. 371.

3 Zit. nach: ebd., S. 374.

4 Ebd., S. 372.

5 Vgl. hierzu u. a. Olaf Breidbach, *Goethes Metamorphosenlehre*, München 2006, S. 175 ff. und 211–222.

6 U. a. Georg Büchner, *Sämtliche Werke und Briefe. Historisch-kritische Ausgabe mit Kommentar*, hrsg. von Werner R. Lehmann, Hamburg, dann München 1967 ff., Bd. II (im Folgenden: HA II), S. 16–23; Poschmann II, S. 38–43.

7 Gerhard P. Knapp, *Georg Büchner*, Stuttgart, 3. Aufl. 2000, S. 9; zu einer Stimme in dieser Debatte vgl. Karl Marx, *Vom Selbstmord*, hrsg. von Eric A. Plaut, Kevin Anderson, Michael Löwy und Jacques Peuchet, Hamburg 2001.

8 HA II, S. 19,25–20.

9 Vgl. HA II, S. 20.

10 HA II, S. 21.

11 Vgl. hierzu u. a. Klaus Düsing, *Das Problem der Subjektivität in Hegels Logik. Systematische und entwicklungsgeschichtliche Untersuchungen zum Prinzip des Idealismus und zur Dialektik*, München 1995.

12 Natürlich liegt bei Büchners Schlussformel ein unreiner Syllogismus deshalb vor, weil im Objektbegriff des Obersatzes die Form der *Conclusio* schon enthalten ist; dennoch bedient sich Büchner eindeutig der Form des Syllogismus, die ihm also schon zu diesem Zeitpunkt bekannt ist.

13 Immanuel Kant, *Kritik der Urteilskraft* (§ 63 ff.), in: ders., *Werke in zehn Bänden*, hrsg. von Wilhelm Weischedel, Darmstadt 1983, Bd. VIII, S. 477 ff.

14 MBA VIII, S. 153,40–43.

15 Vgl. Georges Livet, *L'Université' de Strasbourg de la Révolution Française à la Guerre de 1870*, Straßburg 1996, S. 212 ff., sowie Thomas Kselmann, »The Bautian Circle and Catholic-Jewish Relations in Modern France«, in: *The Catholic Historical Review*, 92.3, 2006, S. 177–196.

16 MBA X.1, S. 29.

17 Thomas Michael Mayer, »Zur Datierung von Georg Büchners philosophischen Skripten und *Woyzeck H3,1*«, in: *Georg Büchner Jahrbuch*, 9 (1995–1999), Tübingen 2000, S. 281–329, hier S. 296, vgl. auch S. 307 ff. u. S. 317 f.

18 Vgl. hierzu u. a. Joseph Hillebrand, *Grundriß der Logik und philosophischen Vorkenntnisse zum Gebrauche bei Vorlesungen*, Heidelberg 1820.

19 Vgl. hierzu u. a. Joseph Hillebrand, *Anthropologie als Wissenschaft*, 3 Teile, Mainz 1822/23, Bd. III, S. 109 f.

20 Weder die Philosophie Joseph Hillebrands noch Büchners mögliche Rezeption sind angemessen erforscht, vgl. hierzu wertvolle Hinweise bei Hans-Peter Nowitzki, »Halt, ist der Schluß logisch? Zu Büchners anamorphotischer Poesiekonzeption«, in: *Euphorion*, 92, 1998, S. 309–330, sowie MBA IX.2, S. 176–180; ausführlich dazu Gideon Stiening, *Literatur und Wissen in Büchners Werk*, Berlin 2013.

21 MBA X.1, S. 93.

22 Vgl. MBA IX.2, S. 186 ff. – Vgl. hierzu Gideon Stiening, »›Man muß in socialen Dingen von einem absoluten Rechtsgrundsatz ausgehen.‹ Recht und Gesetz nach Büchner«, in: Patrick Fortmann und Martha B. Helfer (Hrsg.), *Commitment and Compassion: Essays on Georg Büchner*, Amsterdam 2012, S. 21–45.

23 Zu Büchners Auseinandersetzung mit der griechischen Philosophie vgl. Gideon Stiening, »Büchners Schelling. Die Exzerpte zur Geschichte der Griechischen Philosophie im Kontext der Philosophiegeschichtsschreibung der 1830er Jahre«, in: Ariane Martin und Isabelle Stauffer (Hrsg.), *Georg Büchner und das 19. Jahrhundert*, Bielefeld 2012, S. 165–181.

24 MBA X.1, S. 102.

↓

Taschenuhr in Form eines Totenkopfes, London
Um 1800

25 MBA X.1, S. 93.

26 Weshalb die These, das Spinoza-Manuskript weise »über den Horizont der Philosophiegeschichtsschreibung seiner Zeit hinaus«, methodisch und systematisch unzutreffend ist; so aber Jan-Christoph Hauschild, *Georg Büchner. Verschwörung für die Gleichheit* Hamburg 2013, S. 227.

27 So aber jüngst Hermann Kurzke, *Georg Büchner. Geschichte eines Genies*, München 2013, S. 366.

28 Wilhelm Gottlieb Tennemann, *Geschichte der Philosophie*, 11 Bde., Leipzig 1798–1819; Bd. I, S. V.

29 Ludwig Feuerbach, *Geschichte der neuern Philosophie von Bacon von Verulam bis Benedikt Spinoza*, hrsg. von Joachim Höppner, Leipzig 1990, S. 20.

30 MBA IX.2, S. 85.

31 MBA IX.2, S. 48.

32 MBA IX.2, S. 141. Vgl. hierzu auch Gideon Stiening, »›Der Spinozismus ist der Enthusiasmus der Mathematik‹. Anmerkungen zu Georg Büchners Spinoza-Rezeption«, in: *Georg Büchner Jahrbuch*, 10 (2000–2004), Tübingen 2005, S. 302–339.

33 MBA IX.2, S. 137.

34 MBA IX.2, S. 152.

WIR GREIFEN,
WEIL WIR
HÄNDE HABEN

DER FREIE WILLE
STEHT DAVORN
GANZ OFFEN

VALERIO.
Nun Sie sollen König werden, das ist eine lustige Sache. Man kann den ganzen Tag spazieren fahren und den Leuten die Hüte verderben durch's viele Abziehen [...].

Leonce und Lena I,3, 1836/37

Unbekannter Künstler
Ludewig I. Großherzog von Hessen und bei Rhein auf Spazierfahrt zur Ludwigshöhe
Um 1830

LEONCE UND LENA

—

LUSTSPIEL DER MELANCHOLIE

KÖNIG PETER
(*während er angekleidet wird*).
Der Mensch muß denken und ich muß für meine Unterthanen denken, denn sie denken nicht, sie denken nicht. – Die Substanz ist das an sich, das bin ich. (*Er läuft fast nackt im Zimmer herum.*) Begriffen? An sich ist an sich, versteht Ihr? Jetzt kommen meine Attribute, Modificationen, Affectionen und Accidenzien, wo ist mein Hemd, meine Hose? – Halt, pfui! der freie Wille steht davorn ganz offen. Wo ist die Moral, wo sind die Manschetten? Die Kategorien sind in der schändlichsten Verwirrung, es sind zwei Knöpfe zuviel zugeknöpft, die Dose steckt in der rechten Tasche. Mein ganzes System ist ruinirt. – Ha, was bedeutet der Knopf im Schnupftuch? Kerl, was bedeutet der Knopf, an was wollte ich mich erinnern?

Leonce und Lena I/2, 1836/37

Geht einmal nach Darmstadt und seht, wie die Herren sich für euer Geld dort lustig machen, und erzählt dann euern hungernden Weibern und Kindern, daß ihr Brod an fremden Bäuchen herrlich angeschlagen sey, erzählt ihnen von den schönen Kleidern, die in ihrem Schweiß gefärbt, und von den zierlichen Bändern, die aus den Schwielen ihrer Hände geschnitten sind, erzählt von den stattlichen Häusern, die aus den Knochen des Volks gebaut sind; und dann kriecht in eure rauchigen Hütten und bückt euch auf euren steinichten Aeckern, damit eure Kinder auch einmal hingehen können, wenn ein Erbprinz mit einer Erbprinzessin für einen andern Erbprinzen Rath schaffen will, und durch die geöffneten Glasthüren das Tischtuch sehen, wovon die Herren speisen und die Lampen riechen, aus denen man mit dem Fett der Bauern illuminirt.

Der Hessische Landbote, 1834

Unbekannter Künstler
Ludwig III., Erbgroßherzog von Hessen und bei Rhein mit Gemahlin Mathilde
Um 1833

Im Januar 1836 schrieb die Cotta'sche Buchhandlung einen Wettbewerb für »ein- oder zweiaktige Lustspiele« aus. Das Preisgeld für den Sieger war dreimal so hoch wie das Honorar, das Büchner für *Danton's Tod* erhalten hatte – attraktive Aussichten also. Der Einsendeschluss wurde auf den 1. Juli festgesetzt. Anfang Juni 1836, unmittelbar nach Abschluss seiner Dissertation, begann Büchner mit der Arbeit an seinem Beitrag zu dem Wettbewerb, dem Lustspiel *Leonce und Lena*. Das eingesandte Manuskript erreichte den Verlag jedoch zwei Tage zu spät, sodass Büchner es ungeöffnet zurückerhielt. In der Folgezeit erweiterte er den Text von zwei auf drei Akte und überarbeitete das Drama, befreit von den Rücksichten auf Dezenz- und andere Zensurnormen, die er bei der Wettbewerbsfassung wahrscheinlich stärker beachtet hatte. Als er am 2. Februar 1837 tödlich erkrankte, galt ihm das Stück als weitgehend abgeschlossen.

Büchners einziges Lustspiel verbindet Hof- und Fürstensatire mit Elementen der romantischen Komödie. Die Vorlage für einzelne satirische Szenen fand Büchner in den Feierlichkeiten, die mit der Hochzeit des hessischen Thronfolgers Ludwig mit der bayerischen Prinzessin Mathilde am 26. Dezember 1833 in München einhergingen. Am 10. Januar 1834 kam das Offenbacher Publikum in den Genuss, dem Brautpaar bei einem Gabelfrühstück zusehen zu dürfen, danach durften die Darmstädter Bürger seinem öffentlichen Einzug in die Stadt erwartungsvoll entgegensehen. Die Verhältnisse in der Residenzstadt, das dortige Uniformwesen, die offiziellen Verlautbarungen, die Symmetrie des Hofzeremoniells und die Ödnis und Langeweile in einem deutschen Kleinstaat lieferten Büchner weiteren Stoff für die satirischen Szenen seines Lustspiels. Spuren hinterließ auch die gleichzeitige Arbeit an Themen, mit denen sich Büchner als angehender Philosophiedozent auseinandersetzte. Während er etwa Baruch Spinozas philosophisches System in Skripten für eine geplante Vorlesung resümierte, karikierte er es zugleich im Ankleidezeremoniell von König Peter.

Für das Handlungsgerüst und die Personengestaltung des Dramas griff Büchner auf die romantische Komödientradition zurück. Anregungen gaben ihm vor allem Clemens Brentanos Lustspiel *Ponce de Leon* (1803 bzw. 1827) sowie Alfred de Mussets Komödie *Fantasio* (1834), die ebenfalls das Motiv der Zwangsverheiratung kennt. Der geplanten Eheschließung wollen sich in Büchners Lustspiel Prinz und Prinzessin gleichermaßen entziehen. Sie fliehen – Prinz Leonce mit seinem Freund Valerio, Prinzessin Lena mit ihrer Gouvernante. Auf der Flucht lernen sie sich kennen und lieben und lassen sich, an den Hof zurückgekehrt und als Automaten verkleidet, verheiraten. Damit erfüllt sich, was von Anfang an für sie vorgesehen war.

Zugleich zeigt das Drama die Heilung des melancholischen, an der Sinnlosigkeit und am Müßiggang leidenden Prinzen durch die Liebe und partizipiert so auf ironische Weise an der romantischen Weltschmerzliteratur. Das Lustspiel mündet in eine sensualistisch-märchenhafte Schlussutopie von einem Land ewigen Sommers, in dem Arbeitswut »kriminalistisch strafbar« ist. Das erinnert an Schlaraffenlandfantasien ebenso wie an Heinrich Heines gleichzeitiges sensualistisches Programm, lässt sich aber auch als Teil der Aristokratismuskritik des Stücks lesen, wie dies Büchners Freund Wilhelm Schulz getan hat.

In dem handlungsarmen Lustspiel *Leonce und Lena* rangiert die Sprachkomik deutlich vor der Situationskomik. Neben dem ironischen Spiel mit literarischen Anspielungen und Zitaten knüpft Büchner dabei vielfach an die Kunst des Wortspiels an, in der der Komödiendichter Shakespeare ein früher Meister war. Inhaltlich gehen diese Wortspiele und Witze zum Teil von den Namen der zwei Königreiche aus, in denen das Stück spielt, also von »Pipi« und »Popo«.

Leonce und Lena wurde erst im Mai 1838, also ein gutes Jahr nach Büchners Tod, in der Zeitschrift *Telegraph für Deutschland* veröffentlicht. Karl Gutzkow, der Herausgeber, urteilte in seiner Nachbemerkung, das Stück sei leider nicht bühnentauglich. Tatsächlich erlebte das Lustspiel seine Uraufführung am 31. Mai 1895 im Verein Intimes Theater in München, wobei unter anderem die Schriftsteller Max Halbe, Oskar Panizza, Ernst von Wolzogen sowie der Kulturhistoriker Eduard Fuchs Rollen übernahmen. Im Laufe des 20. Jahrhunderts avancierte es schließlich zu einem der am häufigsten aufgeführten Stücke der mit Komödien nicht eben gesegneten deutschen Theatertradition. TF

HEINRICH KÜNTZEL UND FRIEDERICH METZ

—

CHRONIK DER FEIERLICHKEITEN, WELCHE AUF VERANLASSUNG DER HOHEN VERMÄHLUNG SEINER HOHEIT DES ERBGROSSHERZOGS LUDWIG VON HESSEN MIT IHRER KÖNIGL. HOHEIT DER PRINZESSIN MATHILDE VON BAYERN [...] STATT FANDEN 1834

An der Grenze des Kreises wurden I. I. K. H. H. [Ihre Königlichen Hoheiten] von dem Großherzogl. Kreisrath und Kreissekretär zuerst bewillkommt und am Weichbild der Stadt waren 2 Obelisken mit Hessischen und Bayerischen Wappen und den verschlungenen Namenszügen der Hohen Neuvermählten errichtet, wo eine Deputation der Stadt und die mit den beiden Landesfarben in Schärpen und Cocarden geschmückte Ehrencavallerie in zwei Divisionen I. I. K. H. H. empfingen, und unter dem Geläute aller Glocken durch die Stadt, welche mit blau- und roth-weißfarbigen Fahnen decorirt war, bis zu dem Absteighotel, dem von Aussen und Innen elegant geschmückten Hessischen Hof, unter dem beständigen Vivatruf der versammelten ganzen Bürgerschaft begleiteten. Die Regimentsmusik spielte das schöne Lied: »Heil unserm Fürsten Heil!« welches

↓

LEONCE.
Es steckt nun aber doch einmal ein gewisser Genuß in einer gewissen Gemeinheit. – Hm! Heirathen! Das heißt einen Ziehbrunnen leer trinken. O Shandy, alter Shandy, wer mir deine Uhr schenkte!

Leonce und Lena I,3, 1836/37

Büchner spielt hier auf die in *Tristram Shandy* (I. Buch, 4. Kap.) von Laurence Sterne beschriebene Uhr an, die man nur einmal im Monat aufziehen muss: Der schon ältere Vater des Erzählers hatte sich »auch ein gewisses anderes kleines Familiengeschäft allmählich auf den gleichen Termin eingerichtet, um so [...] alles auf einmal abzumachen und den Rest des Monats nicht mehr damit behelligt und geplagt zu werden.«

William Jourdain
(Hersteller)
Bodenstanduhr
Um 1770

KÜNTZEL

in den Herzen aller treuen Hessen wiederhallte. Sechszig, in beiden Landesfarben gekleidete, zu beider Seiten der Stiege aufgestellte Jungfrauen streuten Blumen von der Straße an bis in den Empfangsaal, in welchem die Civil-, Militär- und geistlichen Behörden, ihre Huldigung darzubringen, sich versammelt hatten. [...] I. I. K. H. H. geruhten, ein Gabelfrühstück daselbst einzunehmen und zu demselben Glieder aus allen Authoritäten einladen zu lassen, unter dem besonderen Befehl, daß Höchstdieselben offene Tafel halten und allen Bürgern freien Zutritt gestatteten, welches mit innig geehrtem Dankgefühl benutzt wurde. Ebenso wurde der von der Stadt zur Erinnerung an dieses hohe Fest bestimmte Wagen, an welchem sich beide Landeswappen, mit silbernen Kronen, an dem Sitz befinden, huldreichst angenommen. Das fürstliche Paar verweilte zur Freude Aller bis Mittag, obgleich es der Wunsch der guten Offenbacher war, länger dieses Glück genießen zu können. Unter Vorausfahrung des Großherzogl. Kreisraths und Kreissekretärs, dem Geläute aller Glocken und abermaligen Begleitung der Ehrenescorte, deren schöne Haltung und gefälliges Aeußere sich der höchsten Anerkennung zu erfreuen hatten, verließ das geliebte Fürstenpaar die Stadt, begleitet von den Segenswünschen der ganzen Einwohnerschaft.

Aus: *Chronik der Feierlichkeiten, welche auf Veranlassung der hohen Vermählung Seiner Hoheit des Erbgroßherzogs Ludwig von Hessen mit Ihrer Königl. Hoheit der Prinzessin Mathilde von Bayern in Bayern und Hessen Statt fanden. Nebst kurzen Lebensumrissen des Durchlauchtigsten Hohen Paares*, hrsg. von Heinrich Küntzel und Friederich Metz, Darmstadt 1834, S. 50 f.
Die in der *Chronik* geschilderten Ereignisse dienten Büchner als Vorlage für die satirischen Schilderungen des Festzeremoniells in *Leonce und Lena*. Mit den Verfassern Johann Heinrich Küntzel (1810–1873) und Friederich Metz (1804–1835) war Büchner persönlich bekannt.

LUISE BÜCHNER
—
IN EHRERBIETIGER ENTFERNUNG VON DEM SECHSSPÄNNER
1871

Wer das Glück hat, in einer Residenz geboren und alt geworden zu sein, erlebte wohl mehr als einmal einen solch »hohen Festtag«, an welchem Höchste oder Allerhöchste Herrschaften, war es nun aus Anlaß einer Thronbesteigung, einer Hochzeit, einer glücklich vollbrachten Reise u. s. w., ihren feierlichen Einzug inmitten ihrer hochbeglückten und froherregten Unterthanen, wie es dann in den officiellen Zeitungen hieß, abhielten. – Bis zu dem Revolutionsjahre 1848 hatten diese Einzüge ihr ganz bestimmtes Gepräge – unerläßlich war eine Ehrenpforte, um die sich die weißgekleidete weibliche Schuljugend, mochte es nun Winter oder Sommer sein, aufstellte, um, im Verein mit den Knaben, Spalier zu bilden und aus voller Kehle: Heil unserm Fürsten, Heil! zu singen. Weiterhin bildeten die Zünfte und Soldaten Spalier, denn »Spalier« war die Hauptsache, um das gaffende Volk in ehrerbietiger Entfernung von dem Sechsspänner zu halten, in welchem endlich das Einzugsobject erschien. Wir sagen »endlich«, denn das wäre ja kein rechter Einzug gewesen, bei dem das Publikum, die Ehrenreiter, der begrüßende Bürgermeister und die hungernde Schuljugend nicht mindestens einige Stunden lang hätten harren müssen, bis endlich Glockengeläute und etwa auch einige Kanonenschüsse verkündeten, daß nun der große Moment gekommen. [...] Was diesen Festen vor allen Dingen fehlte, war die wirklich warme Theilnahme der Zuschauer, deren Neugierde programmmäßig befriedigt wurde, ohne daß sie persönlich den geringsten Antheil an den Vorbereitungen genommen hätten.

Aus: Luise Büchner, »Einst und Heute. Einzugs-Erinnerungen« (1871), in: Luise Büchner, *Nachgelassene belletristische und vermischte Schriften in zwei Bänden*, Bd. 2, Frankfurt am Main 1878, S. 197 f.

VALERIO.
Nun, so wollen wir von etwas anderm reden. *Er legt sich ins Gras.* Ich werde mich indessen in das Gras legen und meine Nase oben zwischen den Halmen herausblühen lassen und romantische Empfindungen beziehen, wenn die Bienen und Schmetterlinge sich darauf wiegen wie auf einer Rose.

Leonce und Lena I,1, 1836/37

Friedrich Haug
Zweihundert Hyperbeln auf Herrn Wahl's ungeheure Nase
1841

ARND BEISE

—

»EIN REVOLUTIONÄR UND EIN ROMANTIKER ZUGLEICH«[1]

Mitte der 1830er-Jahre hatte die Romantik keinen guten Ruf. Die jungdeutschen Autoren waren programmatisch antiromantisch eingestellt und verlangten kategorisch Gegenwarts- und Wirklichkeitsbezug. Heinrich Heine publizierte seine Abrechnung mit der Romantischen Schule und lobte darin Ludwig Tiecks Wendung zum realistischen Erzählen. Sogar einer der Protagonisten der Frühromantik, August Wilhelm Schlegel, verspottete 1835 das Erfolgsrezept der seinerzeitigen Modeschriftsteller: »Deutschheit, Romantik und Melancholei / Rühre zu Brei; / Thu' das Kinderpäppchen / In ein fein saubres Läppchen; / Schnürchen herum! / Dann lass zutschen das Publikum«.[2] Auch Büchner benutzte den Ausdruck Romantik nur in abschätzigen Zusammensetzungen wie »Guillotinenromantik« (S. 33),[3] »Alexanders- und Napoleonsromantik« (S. 117) sowie »Lieutenantsromantik« (S. 126), also im Sinne von falscher Schwärmerei und Ideologie.

Trotzdem war Georg Büchner den romantischen Literaturtraditionen in Deutschland und Frankreich in vielerlei Hinsicht verpflichtet, nicht zuletzt wegen der gemeinsamen Frontstellung gegen klassizistische Konzepte. In diesem Punkt konvergierte sein Interesse an Romantik sowie an Sturm und Drang, deren gemeinsames Vorbild Shakespeare war. Ihn bewunderte Büchner mehr als alle anderen Schriftsteller (vgl. S. 94, 187, 193, 211).

Wie die Stürmer und Dränger oder die Romantiker liebte Büchner außerdem auch die sogenannten »Volkslieder« (S. 211), weil sie für ihn – ähnlich wie die Natur, der er »mit Schwärmerei«[4] zugetan war – zu den wenigen unproblematischen Dingen gehörten. Erstaunlich unkritisch teilte er die Annahme Herders oder Arnims, dass die angeblich aus dem Mittelalter mündlich tradierte Volkspoesie authentischer Ausdruck eines von der »moderne[n] Gesellschaft« unverdorbenen »geistigen Lebens im Volk« (S. 205) sei, das – so formulierte es Arnim – die Gegensätze »unsrer Tage« »versöhnen« und »den großen Riß der Welt, aus dem die Hölle uns angähnt«, »heilen« könne.[5]

Büchner hegte die romantische Hoffnung, das »Heimweh« nach Utopia im »Volkslied« gestillt zu finden. »Ich komme dem Volk und dem Mittelalter immer näher, jeden Tag wird mir's heller« (S. 211), heißt es in einem seiner letzten Briefe. Dieser Satz ist Ausdruck der Sehnsucht nach einer Harmonie, die Büchner im Studium der Natur, in der Liebe und in der sogenannten Volkspoesie fand.

Sowohl Zeugnisse seiner Mitschüler als auch die quellenkritische Forschung der letzten hundert Jahre beweisen, dass Büchners Werk romantisch imprägniert ist. Einer seiner engsten Schulfreunde berichtete, dass in ihrem Kreis »Jean Paul und die Hauptromantiker […] fleißig gelesen« wurden, daneben noch Goethe, die antiken Klassiker, Shakespeare und Calderón sowie Volkspoesie.[6] Georgs Bruder Ludwig Büchner berichtete 1850, dass unter »den deutschen Schriftstellern […] eine Zeitlang Tieck den ersten Platz« bei seinem Bruder einnahm; »es hatte zu jener Zeit die sogenannte romantische Schule, deren Haupt Tieck war, großen Anhang unter der deutschen Jugend, und so auch bei Büchner und seinen nächsten Freunden gefunden«.[7] Zimmermann ergänzte: »Während er Herders *Stimmen der Völker* und *Des Knaben Wunderhorn* verschlang, schätzte er auch Werke der französischen Literatur«,[8] darunter vor allem die zeitgenössischen Häupter der romantischen Schule in Frankreich, etwa den zwar von ihm übersetzten, aber nicht besonders hoch geschätzten Victor Hugo sowie den für das Lustspiel intensiver ausgebeuteten Alfred de Musset.

Was Büchner bei den deutschen Romantikern lernen konnte, ist die besondere Sensibilität für die »Nachtseiten« der menschlichen Existenz (zum Beispiel den Wahnsinn), eine »simulierte Naivität«[9] als heuristisches Mittel oder die spielerische Verbindung von Tragik und Komik sowie bei Jean Paul speziell eine Parteilichkeit für die kleinen Leute. Bei den französischen Romantikern fand er eine neuartige Aufmerksamkeit für »Grenzphänomene des Ästhetischen«,[10] wie etwa

↓

VALERIO.
So wäre man doch etwas. Ein Narr! Ein Narr! Wer will mir seine Narrheit gegen meine Vernunft verhandeln? Ha, ich bin Alexander der Große! Wie mir die Sonne eine goldne Krone in die Haare scheint, wie meine Uniform blitzt! Herr Generalissimus Heupferd, lassen Sie die Truppen anrücken! Herr Finanzminister Kreuzspinne, ich brauche Geld! Liebe Hofdame Libelle, was macht meine theure Gemahlin Bohnenstange? Ach bester Herr Leibmedicus Cantharide, ich bin um einen Erbprinzen verlegen.

Leonce und Lena I,1, 1836/37

Johann Christian Gerning
(Präparat)
Libelle, Calopteryx dimidiata
Um 1800

Heupferd, Tettigonia viridissima
19. Jahrhundert

das Hässliche und das Groteske. Dabei bewegte er sich in bewusstem Gegensatz zu den von ihm so genannten »Idealdichter[n]« (S. 193), für deren die Realität verklärende Tendenz stellvertretend der Dramatiker Franz Grillparzer angeführt sei: Ihm ging es in der Dichtung um »die Erhebung zum Ideal, über die Wirklichkeit hinaus«, wobei denn selbst »manches anerkannt Wahre als Nicht-Schön« ausgelassen werden müsse, wenn es mit dem »Ideale« nicht »zusammenstimmt«.[11]

Büchner aber ging es vor allem darum, den Menschen in seiner Abgründigkeit auszuloten. In seinen Reflexionen über die »menschlichen Dinge« wollte er alles »bei seinem Namen« nennen (S. 179). Er gab dabei in seinen literarischen Werken den distanzierten Blick des Naturforschers auf und versenkte sich in seine Gestalten, drang »in das eigenthümliche Wesen« einer jeden ein, wie es sein Lenz fordert; wenn man aber in das »Wesen jedes einzudringen« (S. 95) versucht, dann gibt es keine privilegierte Perspektive mehr, aus der gesehen, keinen privilegierten Standort mehr, von dem aus gesprochen würde.

Die Aufgabe einer privilegierten Redeposition war ein zentrales Anliegen der literarischen Frühromantik; in Friedrich Schlegels Worten: »Die Poesie ist eine republikanische Rede; eine Rede, die ihr eignes Gesetz und ihr eigner Zweck ist, wo alle Theile freye Bürger sind, und mitstimmen dürfen«.[12] Das klingt zunächst einmal nach der Begründung einer autonomieästhetischen Position und nicht nach Büchner. Doch hat diese Haltung mit Büchner insofern zu tun, als es ihm nicht darum ging, Welt darzustellen und Vorgänge zu schildern – auf die Handlungsarmut in Büchners Texten ist oft hingewiesen worden –, und auch nicht darum, eigene Vorstellungen zu propagieren. Die Idee eines literarischen »Ideenschmuggel[s]«, die den engagierten jungdeutschen Schriftstellern und allen voran seinem Entdecker Gutzkow zu eigen war,[13] blieb Büchner fremd.

Stattdessen wollte Büchner die Welt *verstehen*. Schon als Schüler habe er sich, so der Klassenkamerad Ludwig Wilhelm Luck, vor allem für das interessiert, »was er als Wesen und den Kern der Dinge erkannte, auch in der Wissenschaft, besonders der Philosophie, sowie hinsichtlich der politischen Volksbedürfnisse«.[14] Büchner lehnte jede Art von Utilitarismus ab. Zweck des Lebens sei ausschließlich es selbst, war schon die Überzeugung des Schülers Büchner.[15] Damit sind wir aber schon wieder relativ nah an Schlegels Rede vom eigenen »Gesetz« und »Zweck« der Dichtung, denn für Büchner war klar, dass »das einzige Kriterium in Kunstsachen« sei, ob die Texte, also das, »Was geschaffen sey, Leben habe« (S. 94).

Noch näher kommen sich Büchner und Schlegel, wenn wir den Republikanismus der Stimmen ins Auge fassen. Gattungsgemäß lässt sich republikanische Stimmenvielfalt besonders leicht im Drama gestalten, wo seit jeher der als ein »Meister« seines Faches gilt, bei dem »Zuhörer […] immer auf der Seite dessen« stehen, »der zuletzt gesprochen hat«,[16] weil jeder Sprecher gleichermaßen ernst genommen wird.

In der Erzählung ist diese republikanische Stimmenvielfalt weniger leicht zu realisieren, aber Büchner gelingt auch das in seinem Fragment *Lenz*, nämlich durch Verzicht auf eine auktoriale Erzählerposition. Das Faszinierende an diesem Novellenfragment ist, dass Büchners Text aus den Figuren heraus zu sprechen scheint, was beklemmend ist, da die Hauptfigur wahnsinnig wird oder ist.

Aber Büchner fühlte sich, nicht zuletzt wegen der gattungsgemäßen Polyphonie, mehr zum Drama als zur Erzählung hingezogen (S. 200). Durch das Studium Spinozas hatte er gelernt, dass der Mensch sich vielleicht seiner Handlungen, nicht aber deren Ursachen bewusst ist. Die Frage danach ist bereits in *Danton's Tod* ein wichtiges Thema. Robespierre und Danton haben gleichermaßen das Gefühl, nicht Herr ihrer Handlungen zu sein. Dantons Frage: »Was ist das, was in uns hurt, lügt, stiehlt und mordet« (S. 57), taucht bekanntlich ebenfalls in einem Brief Büchners vom Januar 1834 an Wilhelmine Jaeglé auf (S. 178); und auch Robespierre kennt diesen Zweifel: »Ich weiß nicht, was in mir das Andere belügt« (S. 47). Man könnte mit Danton etwas anachronistisch fragen, was es sei, das uns so handeln macht, wie wir handeln: »Ich oder es?« (S. 55)

↓

Volkstümliche Bezeichnungen für das aus der Spanischen Fliege (»Leibmedicus Cantharide«) gewonnene Pulver: »Lust- und Liebespulver, Mut- und Reitpulver, Geil- und Hahnenpulver, ›Steh auf‹, Steifpulver, Beutelsstückpulver, Pimperpulver, Fotzenpulver, Wut- und Satanspulver« und andere mehr.

Handwörterbuch des deutschen Aberglaubens, Berlin / Leipzig 1927–1942

Johann Christian Gerning
(Präparat)
Spanische Fliege,
Cantharis vesicatoria
Um 1800

Die hier in Zweifel stehende Handlungsautonomie des Menschen wird auch in den anderen Stücken thematisiert: komisch zum Beispiel durch Valerio bei der Vorstellung seiner angeblichen Automaten am Hof König Peters in *Leonce und Lena* (S. 130 f.), tragisch in *Woyzeck*. »Die Menschen sind nicht mehr Handelnde, sondern werden zu ›Gehandelten‹ – ein Gedanke, der im Werk Büchners von zentraler Bedeutung ist«, kommentiert Christian Neuhuber.[17] In all diesen Fällen mangelnder Handlungsautonomie befinden wir uns in unmittelbarer Nähe zu Problemstellungen der romantischen Literatur, bei der sich Büchner denn auch fleißig bediente.

In *Danton's Tod* lehnte sich Büchner bis in Einzelheiten hinein an frühe Texte von Tieck an; so wird in *William Lovell* ebenfalls die Frage gestellt: »Wer sind die fremden Gestalten, die mich umgeben und so bekannt in mir tun? [...] und wer bin ich selbst? Wer ist das Wesen, das aus mir heraus spricht? Wer ist das Unbegreifliche, das die Glieder meines Körpers regiert?«[18] Auf diesen und einen anderen Roman Tiecks, *Abdallah*, beziehen sich auch die verschiedenen Alpdrücke, die die Protagonisten des Dramas heimsuchen.[19] Allerdings übernimmt Büchner in solchen schauerdramatischen Szenen nicht den Verweis auf eine andere Welt, der sich in Texten der frühen Romantik häufig findet.

Büchners Romantizismen dienen nicht dazu, die Handlung zu poetisieren oder in eine märchenhafte Sphäre zu entrücken, sondern sie bleiben als Ausdruck einer spezifischen Wirklichkeitserfahrung konkret, so auch in Büchners Novellenfragment *Lenz*. Hier konnte er die romantische Spiegelung von Landschaft und Seelenzustand und die interne Fokalisierung bei der Darstellung von Wahnsinnszuständen gewinnbringend anwenden; man denke an die Nachtstücke E. T. A. Hoffmanns oder abermals an Tieck, etwa dessen Erzählung *Der Runenberg*, in der »eine geheimnißvolle Innigkeit, ein sonderbares Einverständniß mit der Natur, besonders mit dem Pflanzen- und Steinreich« herrscht.[20] Zwar sind zwischen Tiecks und Büchners Erzählung kaum wörtliche Parallelen zu finden, doch ähnelt sich Christians und Lenz' Verhalten in mancherlei Hinsicht. Sie sitzen in der Natur, denken nach, werden mit zunehmender Dunkelheit missmutig, fürchten sich in der Einsamkeit, springen erschrocken auf. In beiden Erzählungen steht: »er wagte kaum zu athmen« (S. 90);[21] beide Protagonisten hören »Stimmen« zwischen den Felsen (S. 90).[22] Ausdrücklich aber ist das für Büchners Protagonisten »Unbegreifliche« niemals ein »gespenstisches Grauen«, sondern es bleibt ein Element der »Wirklichkeit« (S. 95).

Auch *Woyzeck* ist ein Beispiel für die Konkretisierung romantischer Motive. Der schauerliterarischen Tradition entstammen etwa die Einbildungen der Titelfigur, aber sie haben keine übersinnliche Qualität mehr, sondern sind Symptome einer geistig-seelischen Zerrüttung. Da sich das Geschehen über weite Strecken in einer unterschichtlichen Sphäre abspielt, verwandte Büchner hier in besonders hohem Maß Elemente der sogenannten Volkspoesie, wie Dialekteinschläge oder Lieder. Sie werden aber ganz anders eingesetzt als in der romantischen Literatur, etwa in Clemens Brentanos bekannter *Geschichte vom braven Kasperl und dem schönen Annerl*. Hier spricht der Ich-Erzähler eine 88-Jährige, schon wieder etwas infantil gewordene Bäuerin bei einer Wiederbegegnung an: »Ei Mütterchen, ihr seyd ja ganz munter geworden, und sie erwiderte:

> Munter, munter
> immer bunter
> Immer runder
> Oben stund er,
> Nur bergunter
> 'S ist kein Wunder![23]

Es spricht sozusagen die Poesie selbst, in ihrer ursprünglichsten, nicht durch ein Autorsubjekt deformierten Form aus dem Mund der Greisin, und in diesen Versen realisiert sich eine poetische Gegenwelt, die neben die reale Welt tritt und damit gegen die »Infamie des Bestehenden«[24] protestiert. Bei Büchner aber werden solche Elemente nicht gegenweltlich

↓

Carl von Linné
Blumenuhr
1745

Der schwedische Naturforscher Carl von Linné legte 1745 erstmals die von ihm entwickelte Blumenuhr im Botanischen Garten von Uppsala an. In Form eines Ziffernblattes ordnete er Blumen an, die zu den jeweiligen Tageszeiten ihre Blüten öffnen.

LEONCE.
Wir lassen alle Uhren zerschlagen, alle Kalender verbieten und zählen Stunden und Monden nur nach der Blumenuhr, nur nach Blüthe und Frucht.

Leonce und Lena III,3, 1836/37

eingesetzt, sondern eng bezogen auf die elende Realität der Sprechenden. Anders als bei Brentano resultieren bei Büchner volkspoetische Verse stets aus dem szenischen Kontext. Auch das Großmutter-Märchen im ersten Entwurf zum *Woyzeck* (S. 141) steht nicht unmotiviert da, sondern ergibt sich aus der Kinderbetreuung und wird – verglichen mit den romantisch überformten Märchen der Brüder Grimm etwa – den dargestellten Lebensumständen der gemeinen Leute entsprechend modifiziert; es beschwört nichts weniger als eine Märchenwelt und fasst das existenzielle Elend einer pauperisierten Schicht ins poetische Bild.

Woyzeck ist nichtsdestoweniger einer der romantischsten Texte Büchners, indem er sich am weitesten von der Ästhetik der »Idealdichter« entfernt. Sprachlich und inhaltlich ist das Dramenfragment das besonders weit getriebene Experiment eines Schreibens, bei dem alle herrschenden Konventionen zur Disposition standen, aber auch alle Kunstmittel adaptiert werden konnten. So gehört es zur Rezeption romantischer Stilkunst, wenn dem tragischen Geschehen ein komischer Ton unterlegt wird, vorzugsweise als »grotesker Effect«, wie es in dem Text selbst heißt (S. 148).

Generell gilt, dass Büchners Kunstauffassung von der untrennbaren Einheit des Tragischen und Komischen im wirklichen »Leben« ausging. Und »Leben« ist das, was Büchner, wie sein Lenz, »in allem« verlangte: »wir haben dann nicht zu fragen, ob es schön, ob es häßlich ist« (S. 94) – oder ob es traurig oder komisch ist, können wir ergänzen.

So grauenhaft die lakonisch vorgeführte Welt des Elends im *Woyzeck* ist, so heiter das jedes Realitätspostulat negierende Lustspiel *Leonce und Lena*. Für Gutzkow als Protagonist der jungdeutschen Literaturbewegung war der Romantizismus in *Leonce und Lena* kaum

↓

ALFRED DE MUSSET

—

FANTASIO

1834

FANTASIO:

Gebt mir ein Glas von dem da. *Er trinkt.*

HARTMANN:

Du hast den Mai auf den Backen.

FANTASIO:

Stimmt; und den Januar im Herzen. Mein Kopf ist wie ein ausgebrannter Kamin; nur Wind und Asche drin. Uff! *Er setzt sich.* Wie es mich langweilt, daß sich alle Welt amüsiert! Ich wollte, dieser große und schwere Himmel würde eine unendliche Baumwollnachtmütze und verhüllte diese dumme Stadt und ihre dummen Menschen bis über die Ohren. Also bitte los, einen recht alten Witz oder irgend etwas gut Aufgewärmtes.

HARTMANN:

Weshalb?

FANTASIO:

Damit ich lache. Über Neues lache ich nicht mehr; vielleicht lache ich über bereits Bekanntes.

HARTMANN:

Du scheinst mir zuweilen ein wenig Misanthrop und Melancholiker.

FANTASIO:

Alles; ich komme nämlich von meiner Geliebten.

FACIO:

Gehörst du zu uns, ja oder nein?

FANTASIO:

Ich gehöre zu euch, wenn Ihr zu mir gehört. Bleiben wir doch ein wenig hier sitzen und plaudern wir von diesem und jenem und begucken wir unsere neuen Anzüge.

FACIO:

Nein, weiß Gott nicht. Wenn du es über hast zu stehen, so bin ich satt zu sitzen. Ich muß mich ein wenig ergehen.

FANTASIO:

Ich nicht. Ich will hier unter den Kastanienbäumen rauchen und der brave Spark wird mir Gesellschaft leisten. Nicht wahr, Spark.

SPARK:

Wenn du willst.

HARTMANN:

Also dann adieu. Wir wollen uns das Fest ansehen.

Hartmann und Facio gehen. – Fantasio bleibt mit Spark sitzen.

↓

Freier Platz vor dem Schlosse des Königs Peter. Der Landrath. Der Schulmeister. Bauern im Sonntagsputz, Tannenzweige haltend.

SCHULMEISTER.

Seyd standhaft! Krazt Euch nicht hinter den Ohren und schneuzt Euch die Nasen nicht mit den Fingern, so lang das hohe Paar vorbeifährt und zeigt die gehörige Rührung, oder es werden rührende Mittel gebraucht werden. Erkennt was man für Euch thut, man hat Euch grade so gestellt, daß der Wind von der Küche über Euch geht und Ihr auch einmal in Eurem Leben einen Braten riecht.

Leonce und Lena III,2, 1836/37

Wilhelm von Harnier
Großherzog Ludewig I.
1826

BEISE

erträglich. In der einleitenden Notiz zu seiner Erstveröffentlichung der Komödie tadelte er den »zarte[n] Elfenmärchenton« und das »lyrische Übergewicht der Worte über die Handlung«.[25] Doch stellte sich Büchner bewusst in die Tradition der aristophanischen Humoreske,[26] weil er das sentimentale Lustspiel der konservativen Erfolgsautoren seiner Zeit ebenso ablehnte wie die Romantiker und sich weigerte, »den Feenwagen des Humors zugleich als Paketpost für Moral und gute Sitte« zu benutzen.[27]

Zugleich hatte Büchner die Absicht, in der Komödie die Liebe als – vielleicht einzige – »utopische Insel«[28] in einer entfremdeten Welt darzustellen. Seine Lena teilt die Sensibilität der romantischen Künstler und der Verrückten für die Natur, weil sie eine Liebende ist. Sie liebt romantisch, das heißt sie lebt die von August Wilhelm Schlegel 1802 bedichtete *Sprache der Liebe*: »Angeblickt vom Abendstern / Liegt sie, und vernimmt wohl gern / In den leisen Harmonieen / Träume, Bilder, Phantasieen«.[29] Büchners Lena hört bekanntlich auch die »Harmonieen des Abends« (S. 124) und muss in dieser von Tieck inspirierten Situation hinaus aus dem beklemmend engen Zimmer, das für die bürgerlichen Verhältnisse insgesamt steht, »ins Offene«, dorthin also, wo das »Herz« aufgehe, wie es bei Hölderlin heißt.[30] Die klaustrophobischen Gefühle kennen Danton, Desmoulins, Lenz, Lena und der Autor gleichermaßen, denn sie sind ein Ausdruck des romantischen Bedürfnisses, »Alles in sich« zu »fassen« (S. 89).

Wendet man diesen Gedanken ins Poetologische, so heißt dies, die Regeln des Klassizismus hinter sich zu lassen, im »Augenblick« die ganze »Schöpfung« erfassen (S. 53), in der »Menschheit« den Einzelnen zu »lieben« und umgekehrt (S. 95). So wie Lena die »Stimme« der romantisierten Natur in ihrem »Innern« hört (S. 120), so darf auch der Künstler im Leben und in der Natur nicht nur die »schönsten Bilder« sehen, sondern er muss auch »die schwellendsten Töne hören« (S. 95).

Das Hören ist der springende Punkt. Dadurch unterscheidet sich der romantische von dem klassizistischen Künstler. Allerdings nur, wenn der Hörsinn mit dem Sehsinn synthetisiert wird. Als Gegenbeispiel wird in *Danton's Tod* der

↓

MUSSET

FANTASIO:

Wie verfehlt ist dieser Sonnenuntergang! Die Natur ist heute abend zum Erbarmen. Sieh doch nur diese Senkung dort unten, diese vier oder fünf jämmerlichen Wolken, die auf das Gebirge klettern. Ich machte solche Landschaften mit zwölf Jahren auf die Deckel meiner Klassenhefte.

SPARK:

Ein guter Tabak und ein gutes Bier!

FANTASIO:

Ich muß dich schon recht langweilen, Spark.

SPARK:

Nein; warum?

FANTASIO:

Du langweilst mich nämlich schrecklich. Macht es dir denn gar nichts aus, alle Tage dasselbe Gesicht zu sehen? Was zum Teufel wollen denn Hartmann und Facio bei diesem Fest anfangen?

SPARK:

Das sind zwei lebhafte Schlingel, die nie auf ihrem Platz bleiben können.

FANTASIO:

Wie wundervoll ist Tausend und eine Nacht! O Spark, mein lieber Spark, könntest du mich nach China bringen! Könnte ich nur für eine oder zwei Stunden aus meiner Haut heraus! Könnte ich der Herr dort sein, der vorüber geht!

Aus: Alfred de Musset, *Fantasio. Komödie in zwei Akten*, übertragen von Alfred Neumann; in: Alfred de Musset, *Gesammelte Werke*, Bd. 3, München 1925, 1. Aufzug, 2. Szene, S. 226 f. An Mussets 1834 erschienener Komödie orientierte sich Büchner beim Schreiben von *Leonce und Lena* sowohl hinsichtlich der Handlung bei der Fürstenhochzeit als auch in der Figurenzeichnung und -konstellation. Dem Paar Fantasio und Spark korrespondieren bei Büchner Leonce und Valerio.

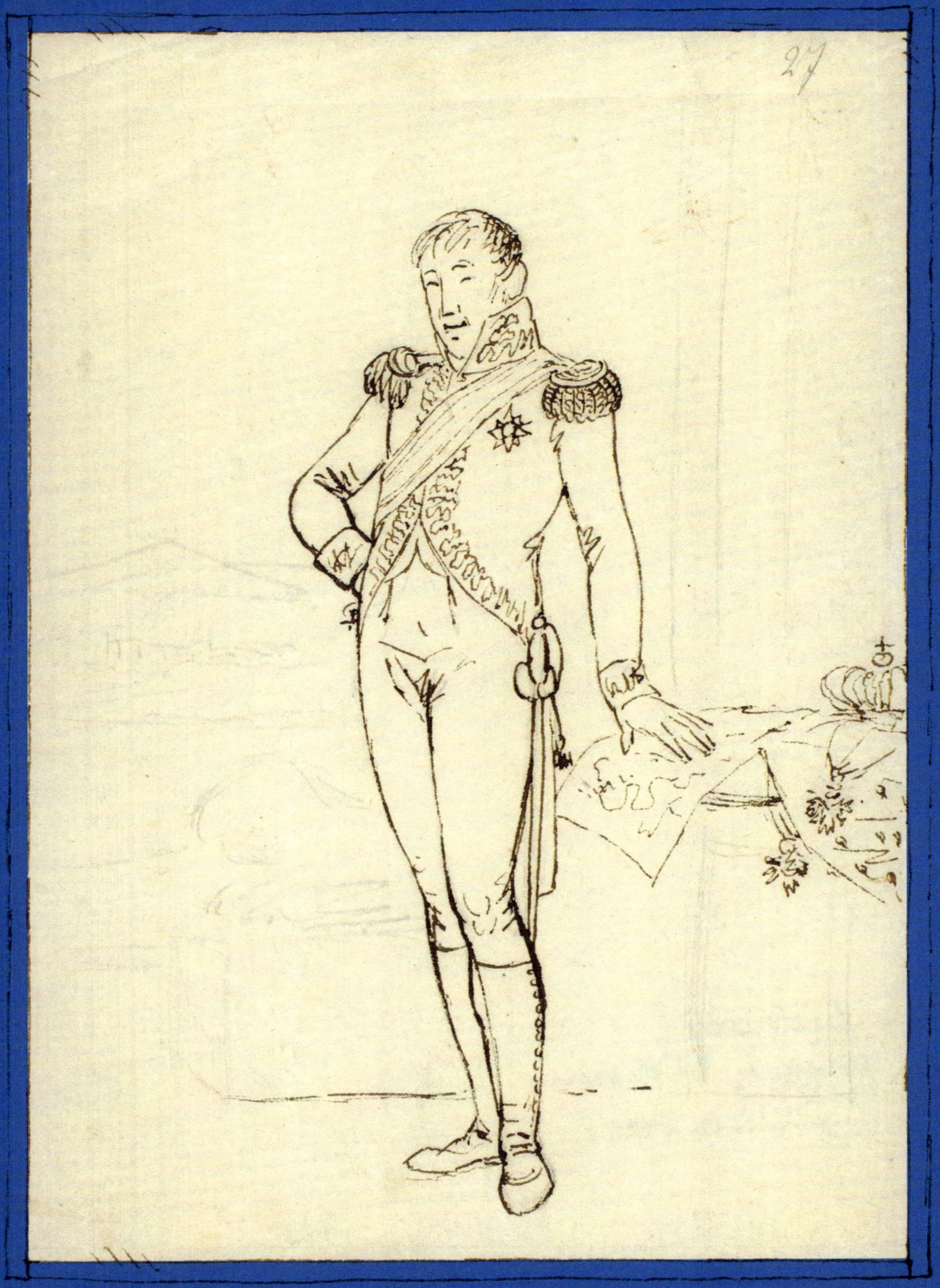

LEONCE.
Mein Kopf ist ein leerer Tanzsaal, einige verwelkte Rosen und zerknitterte Bänder auf dem Boden, geborstene Violinen in der Ecke, die letzten Tänzer haben die Masken abgenommen und sehen mit todmüden Augen einander an. Ich stülpe mich jeden Tag vier und zwanzigmal herum, wie einen Handschuh.

Leonce und Lena I,3, 1836/37

Unbekannter Künstler
Ludewig I. Großherzog von Hessen und bei Rhein
1. Hälfte 19. Jahrhundert

jakobinische Maler Jacques-Louis David angeführt. Er ist ganz vom Sehsinn bestimmt und daher auch nicht in der Lage, mit seiner Kunst Empathie hervorzurufen. Dagegen strebte Büchner eine Kunst an, die offen ist für die »viele[n] Stimmen« (S. 123) und von Empathie getragen. Zu Büchners Zeit wurde damit in der Malerei der Wechsel vom Klassizismus der David-Schule zur romantischen Malerei verbunden. Der romantische Zugriff ist synästhetisch: Während David nur schaut, müsse der wirkliche Künstler »hören und sehen« (S. 53). In *Danton's Tod* heißt es daher wie im *Lenz*, es käme auf das »Leben« in der Kunst an, nur müsse der Künstler »Aug und Ohren dafür haben« (S. 94).

Lange hat die Literaturwissenschaft keine Augen und Ohren für die romantischen Farben und Töne in Büchners Werk gehabt, weil die Abqualifizierung der »romantischen Schule« durch Heinrich Heine, die im 20. Jahrhundert zum Beispiel durch Georg Lukács noch einmal wirkungsvoll erneuert wurde, verhinderte, dass Büchners Hybridisierung romantischer und realistischer Schreibweisen angemessen wahrgenommen wurde.

1 Stefan Großmann, »Die Wiener Erstaufführung von *Leonce und Lena*«, in: *Arbeiter-Zeitung*, 9. Januar 1911, S. 1.
2 August Wilhelm Schlegel, *Sämmtliche Werke*, hrsg. von Eduard Böcking, Bd. 2, Leipzig 1846, S. 193.
3 Die Seitenzahlen beziehen sich auf: Georg Büchner, *Werke und Briefe*, hrsg. von Arnd Beise, Tilman Fischer und Gerald Funk, Darmstadt 2013.
4 Friedrich Zimmermann in einem Brief vom 13. Oktober 1877 an Karl Emil Franzos, zit. nach: Arnd Beise, *Einführung in das Werk Georg Büchners*, Darmstadt 2010, S. 22.
5 *Des Knaben Wunderhorn. Alte deutsche Lieder*, hrsg. von Ludwig Achim von Arnim und Clemens Brentano, Bd. 1, 2. Aufl., Heidelberg 1819, S. 462.
6 Zimmermann 1877 (wie Anm. 4), S. 21.
7 *Der widerständige Klassiker. Einleitungen zu Büchner vom Nachmärz bis zur Weimarer Republik*, hrsg. von Burghard Dedner, Frankfurt am Main 1990, S. 116.
8 Zimmermann 1877 (wie Anm. 4), S. 21.
9 Günter Oesterle, »Klassizismus, Romantik und Vormärz«, in: *Büchner-Handbuch. Leben – Werk – Wirkung*, hrsg. von Roland Borgards und Harald Neumeyer, Stuttgart / Weimar 2009, S. 299–305, hier S. 299.
10 Ebd., S. 302.
11 Franz Grillparzer, *Sämtliche Werke*, hrsg. von Peter Frank und Karl Pörnbacher, Bd. 3, München 1964, S. 300 und 239 (Tagebuchnotizen aus den Jahren 1817 und 1820).
12 *Lyceum der schönen Künste*, Bd. 1, Teil 2, Berlin 1797, S. 150.
13 Karl Gutzkow, *Briefe eines Narren an eine Närrin*, Hamburg 1832, S. 190.
14 Ludwig Wilhelm Luck an Karl Emil Franzos; Brief im Goethe-Schiller-Archiv, Weimar, Sign. 10/48.
15 Georg Büchner, *Recension*; Handschrift im Goethe-Schiller-Archiv, Weimar, Sign. 10/16.
16 Johann Peter Eckermann, *Gespräche mit Goethe in den letzten Jahren seines Lebens*, Teil 3, Magdeburg 1848, S. 128.
17 Christian Neuhuber, *Georg Büchner. Das literarische Werk*, Berlin 2009, S. 129.
18 Ludwig Tieck, *Schriften*, Bd. 6, Berlin 1828, S. 346.
19 Vgl. Burghard Dedner, »Verführungsdialog und Tyrannentragödie. Tieckspuren in *Dantons Tod*«, in: *Romantik im Vormärz*, hrsg. von dems. und Ulla Hofstaetter, Marburg 1992, S. 31–90.
20 Heinrich Heine, *Die romantische Schule*, Hamburg 1836, S. 158.
21 Tieck 1828 (wie Anm. 18), Bd. 4, S. 223.
22 Ebd., S. 222.
23 *Gaben der Milde*, hrsg. von F[riedrich] W[ilhelm] Gubitz, Bd. 2, Berlin 1817, S. 17.
24 Karl Marx / Friedrich Engels, *Werke*, hrsg. vom Institut für Marxismus-Leninismus beim ZK der SED, Berlin 1956–1968, Bd. 16, S. 26.
25 *Telegraph für Deutschland*, Nr. 76, Mai 1838, S. 601.
26 Vgl. Arnd Beise, »Georg Büchners *Leonce und Lena* und die ›Lustspielfrage‹ seiner Zeit«, in: *Georg Büchner Jahrbuch*, 11 (2005–2008), Tübingen 2008, S. 81–100.
27 Robert Prutz, »Alte und neue komische Romane«, in: *Hallische Jahrbücher für deutsche Wissenschaft und Kunst*, hrsg. von Theodor Echtermeyer und Arnold Ruge, Jg. 2, Nr. 298–301 (12.–17. Dezember 1839), Sp. 2386 f.
28 Arnd Beise, *Georg Büchner: Dantons Tod*, Braunschweig 2011, S. 86.
29 Schlegel 1846 (wie Anm. 2), Bd. 1, S. 143.
30 Friedrich Hölderlin, *Sämtliche Werke*, hrsg. von Dietrich E. Sattler, Bd. 6, Frankfurt am Main 1976, S. 286.

Ein Zimmer.
König Peter wird von zwei Kammerdienern angekleidet.
PETER. (*Während er angekleidet wird*)
Der Mensch muß denken und ich muß für meine Unterthanen denken, denn sie denken nicht, sie denken nicht. – Die Substanz ist das an sich, das bin ich. (*Er läuft fast nackt im Zimmer herum.*) Begriffen? An sich ist an sich, versteht Ihr? Jetzt kommen meine Attribute, Modificationen, Affectionen und Accidenzien, wo ist mein Hemd, meine Hose? – Halt, pfui! der freie Wille steht davorn ganz offen. Wo ist die Moral, wo sind die Manschetten? Die Kategorien sind in der schändlichsten Verwirrung, es sind zwei Knöpfe zuviel zugeknöpft, die Dose steckt in der rechten Tasche. Mein ganzes System ist ruinirt. – Ha, was bedeutet der Knopf im Schnupftuch? Kerl, was bedeutet der Knopf, an was wollte ich mich erinnern?

Leonce und Lena I,2, 1836/37

Wilhelm von Harnier
Großherzog Ludewig I. in Unterkleidern
1826

DOERTE BISCHOFF

—

SCHNEIDERKUNST

—

BÜCHNERS KLEIDER

Kleider spielen in allen literarischen Texten Büchners eine prominente Rolle. Das ist durchaus wörtlich zu verstehen, denn immer wieder nehmen Kleidungsstücke regelrecht die Position handelnder Figuren ein, indem sie sich den sie tragenden Menschen gegenüber verselbstständigen, gar an ihre Stelle treten. In *Leonce und Lena* etwa vergleicht sich Leonce mit einem Handschuh, indem er sich »jeden Tag vier und zwanzigmal herum[stülpe]«,[1] und am Ende von *Danton's Tod* spricht Danton sich selbst als »durchgerutschte Hose« an, die in die Garderobe geworfen wird, wo die Motten sie fressen. Seinem Mitgefangenen gegenüber stellt er fest: »Ja Camille, morgen sind wir durchgelaufne Schuhe, die man der Bettlerin Erde in den Schoß wirft.«[2] Die Angst oder Erkenntnis, nicht mehr als ein stoffliches Ding zu sein, das keine Innerlichkeit oder geistig-immaterielle Substanz birgt, sondern ganz auf sich selbst verwiesen bleibt, stellt die idealistische Vorstellung einer im Innern oder im Kern existenten menschlichen Natur grundsätzlich infrage. Leonces Rede vom hin- und hergestülpten Handschuh steht unmittelbar im Zusammenhang mit seinem Spiel mit Masken, hinter denen kein individuelles Gesicht erkennbar ist. Dadurch macht er die kategoriale Unterscheidung von äußerlicher Hülle und innerem Wesen obsolet: Das Kleidungsstück ist dem Selbst nicht hinzugefügt, nicht nur sein materielles Supplement, sondern an sich wesenhaft und unwesenhaft (leer) zugleich. Das Aufklärung und Revolution im 18. Jahrhundert prägende Konzept einer Innerlichkeit, die vor allen zeichenhaften Be- und Verkleidungen des Menschen angenommen und als Fluchtpunkt einer idealen Gesellschaft gesetzt wird, führen auch Äußerungen Valerios ad absurdum. So etwa, wenn er, im Begriff, ein Wirtshaus zu betreten, verkündet, »auch den inneren Menschen bekleiden und Rock und Hosen inwendig anziehen« zu wollen.[3] Die Vorstellung einer Natur, die durch angemessene Kleidung zum Ausdruck gebracht, durch unangemessene, allzu prunkvolle, aber auch verhüllt werden könne, wird in solchen Sprachspielen grundsätzlich irritiert: Auch das Innere, Eigentliche ist Effekt einer zeichenhaften Konstruktion, bedarf und verdankt sich also der Be-Kleidung. Zugleich bringt das Lustspiel das Innere des Menschen mit körperlichen Bedürfnissen wie Essen und Trinken in Verbindung – womit einmal mehr das abstrakte Ideal der Empfindsamkeit mit der konkreten Leiblichkeit und Bedürftigkeit des Menschen verschaltet wird.

↓

WOLFGANG HILDESHEIMER

—

EIN MELANCHOLISCHES MEISTERWERK 1966

Es gibt, meines Wissens, kein anderes Stück, dessen Handlung vom Dialog so wenig vorwärtsgetrieben wird wie dieses, in dem jeder gesprochene Satz ein retardierendes Moment ist. Denn dieses Stück spielt in den entrückten Regionen einer Opernrealität – in Popo und Pipi –, wo man anders redet, wo Zweck und Ziel, im positiven wie im negativen Sinne, unbekannt sind, wo zudem seltsame Gesetze herrschen. Wo eine Prinzessin mit ihrer Gouvernante einfach ins Unbekannte aufbrechen kann, wie Donna Elvira im »Don Giovanni«, die nachts allein an einer Straßenecke den Verlust ihres Verlobten beklagt. Ein Land, in dem alle die gleiche bilderreiche Sprache sprechen, in dem selbst den Dienern der Wortschatz für ironisch souveränen Kommentar zur Verfügung steht. Und der einzige, der den Faden stets verliert, ist der König, der somit der einzige Glaubhafte wird. Passagenweise scheint der Wortwitz, wenn nicht gar der Kalauer, den Text zu beherrschen, ein Homonym jagt das andere. Dies – unter anderem – hat Büchner Shakespeare abgeguckt:

↓

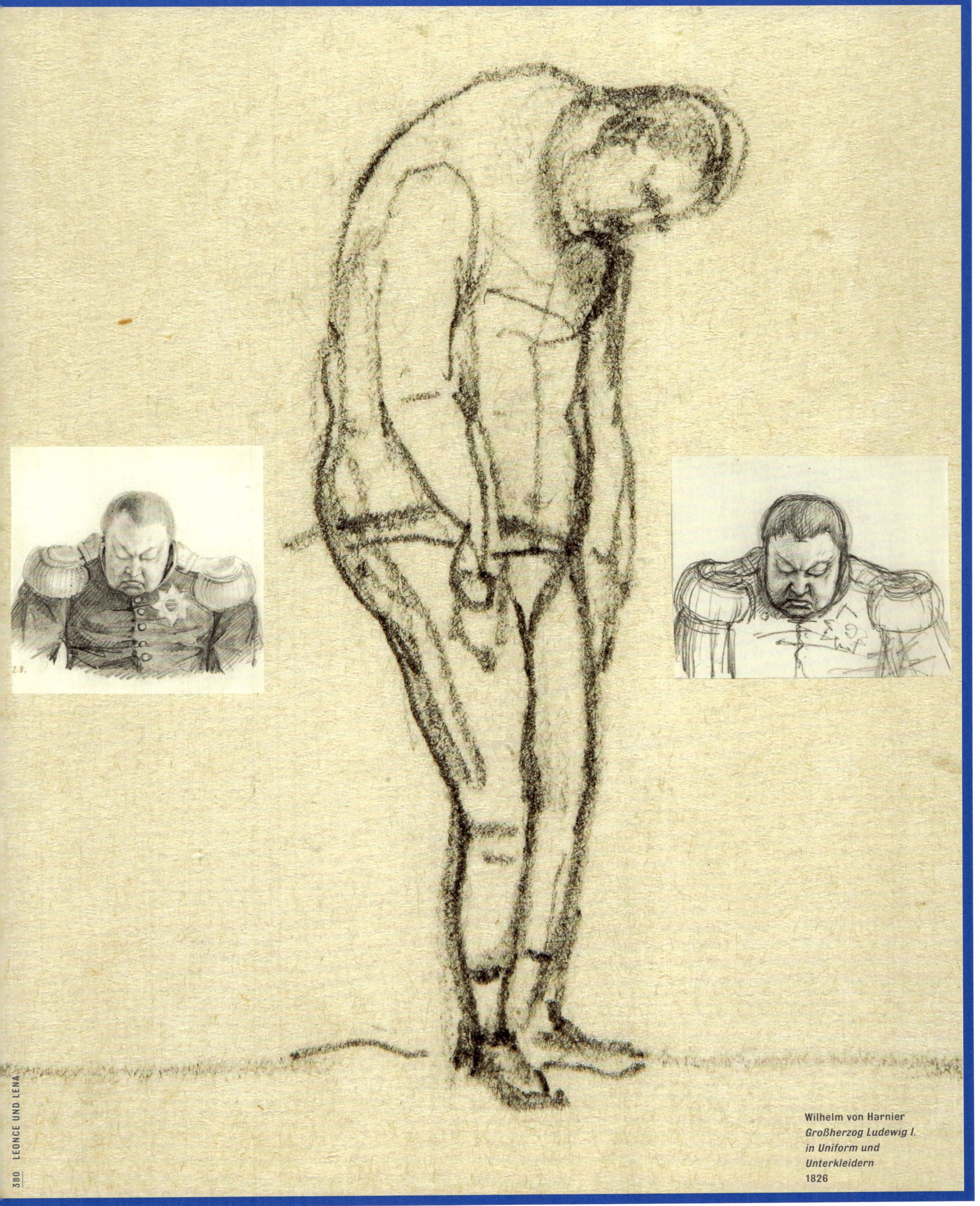

Wilhelm von Harnier
Großherzog Ludewig I.
in Uniform und
Unterkleidern
1826

BISCHOFF

Obgleich materielle Bedürfnisse bei Büchner immer wieder an zentraler Stelle hervortreten, soziale und politische Konflikte sich an ihnen kristallisieren, lassen sich die Texte nicht einfach im Horizont einer materialistischen Philosophie oder Weltanschauung verorten. Zwar wird vor allem im *Woyzeck* die ideologiekritische Einsicht formuliert, dass man sich Tugend leisten können muss und dass eine gesittete äußere Erscheinung nicht Ausdruck einer inneren Disposition ist, sondern umgekehrt das Sein im marxschen Sinne das Bewusstsein bestimmt: »Sehn Sie, wir gemeinen Leut, das hat keine Tugend, es kommt einem nur so die Natur, aber wenn ich ein Herr wär und hätt ein Hut und eine Uhr und eine anglaise, und könnt vornehm reden ich wollt schon tugendhaft sein.«[4] Bemerkenswert an diesem Zitat ist aber auch, dass Tugendhaftigkeit und Natürlichkeit nicht konvergieren, womit sie nicht mit Bezug aufeinander bestimmt oder legitimiert werden können. Wo Tugendhaftigkeit als natürliches Ideal proklamiert wird, ist vielfach, wie Büchners Texte demonstrieren, eine Rhetorik ideologischer Selbstsetzung im Spiel, die bestimmte Positionen privilegiert, während sie andere ausgrenzt und darüber hinaus die Gewalt dieser Ausgrenzung verleugnet. Das einfache Volk hat von der Revolution nicht profitiert. Während es darbt und mit schönen Versprechungen und idealen Visionen vertröstet wird, haben es sich ihre Nutznießer am Ort der ehemals Reichen und Mächtigen bequem gemacht. So wie Valerio, der seinen »Pack mit wunden Füßen durch Frost und Sonnenbrand« schleppt, weil er »Abends ein reines Hemd anziehen will«, ahnt das Volk, dass sich das Versprechen moralischer Tadellosigkeit erst im Tod einlösen wird. In den Worten Valerios: »wenn endlich der Abend kommt, so ist meine Stirne gefurcht, meine Wange hohl, mein Auge dunkel und ich habe grade noch Zeit, mein Hemd anzuziehen als Totenhemd.«[5] Reinheit kommt dem Selbst nicht natürlicherweise zu, sondern wird hier ausdrücklich als anzuziehendes Hemd und damit als zeichenhafte Bekleidung thematisch, die mit dem Körper erst im Moment seines Todes zusammenfällt. Besonders drastisch wird diese tödliche Konsequenz eines Reinheits- und Tugendideals, das als legitimierender Fluchtpunkt revolutionärer Aktion proklamiert wird, in Dantons Rede gegen Robespierre ins Bild gesetzt: »Hast du das Recht aus der Guillotine einen Waschzuber für die unreine Wäsche anderer Leute und aus ihren abgeschlagn[en] Köpfen Fleckkugeln für ihre schmutzigen Kleider zu machen, weil du immer einen sauber gebürsteten

↓

HILDESHEIMER

eine wirksame Komik, erzeugt durch falsches Hören und falsche Wiedergabe des Gehörten. All dies retardiert, läßt zeitweise die Handlung schleppen, das Sprechen wird zum Selbstzweck, aber das vergißt man über dem Reichtum an Einfällen, über dem Wechsel zwischen knapper rhythmischer Präzision und euphonischer Breite. Dennoch: beinahe überall offenbart sich zugleich die Hast, das Atemlose, Überhitzte, das gleichsam Fiebrige eines Autors, der manches zu überspielen hat und in Eile ist: er muß disponieren, drängen, muß aus seinen seismographischen Feststellungen ein Stenogramm machen, muß in Stichworten Unaussprechliches, Hintergründiges beschwören. Wie später im Woyzeck, so ersetzen schon hier Satzfetzen ganze Sätze und werden gerade durch ihre Kürze zu genialischen Würfen, jederzeit verfügbar und jederzeit verwerfbar: sogar die Paralipomena sind voller Schätze. Und alles, Sätze, Fetzen, Bilder, ist in tiefe Melancholie gehüllt. Nun schafft die Darstellung der Melancholie stets eine Verzauberung, denn sie bedeutet Abgewandtheit von den realen Dingen des Lebens, die ja für den Melancholiker nicht real, weil allzu vergänglich sind. Melancholische Lethargie auf der Bühne ist ein vollwertiger Ersatz für Aktion. Sie wird vom Publikum gern nachvollzogen, mitunter bis zur Ansteckung genossen. Der Melancholiker auf der Bühne greift nicht ins Geschehen ein, er bleibt passiv und läßt sich treiben. Er wandelt wie im Schlaf und schafft sich und dem Publikum Ersatz durch Tagträume. Aber das Publikum darf den Traum vollziehen und das Suggerierte auskosten, während der Bühnenfigur der Vollzug mißlingt. Und das Mißlingen schafft neue Melancholie.

Aus: Wolfgang Hildesheimer, »Rede zur Verleihung des Georg-Büchner-Preises 1966«, in: *Deutsche Akademie für Sprache und Dichtung Darmstadt, Jahrbuch 1966*, Heidelberg / Darmstadt 1967, S. 145–157; hier S. 149 f.

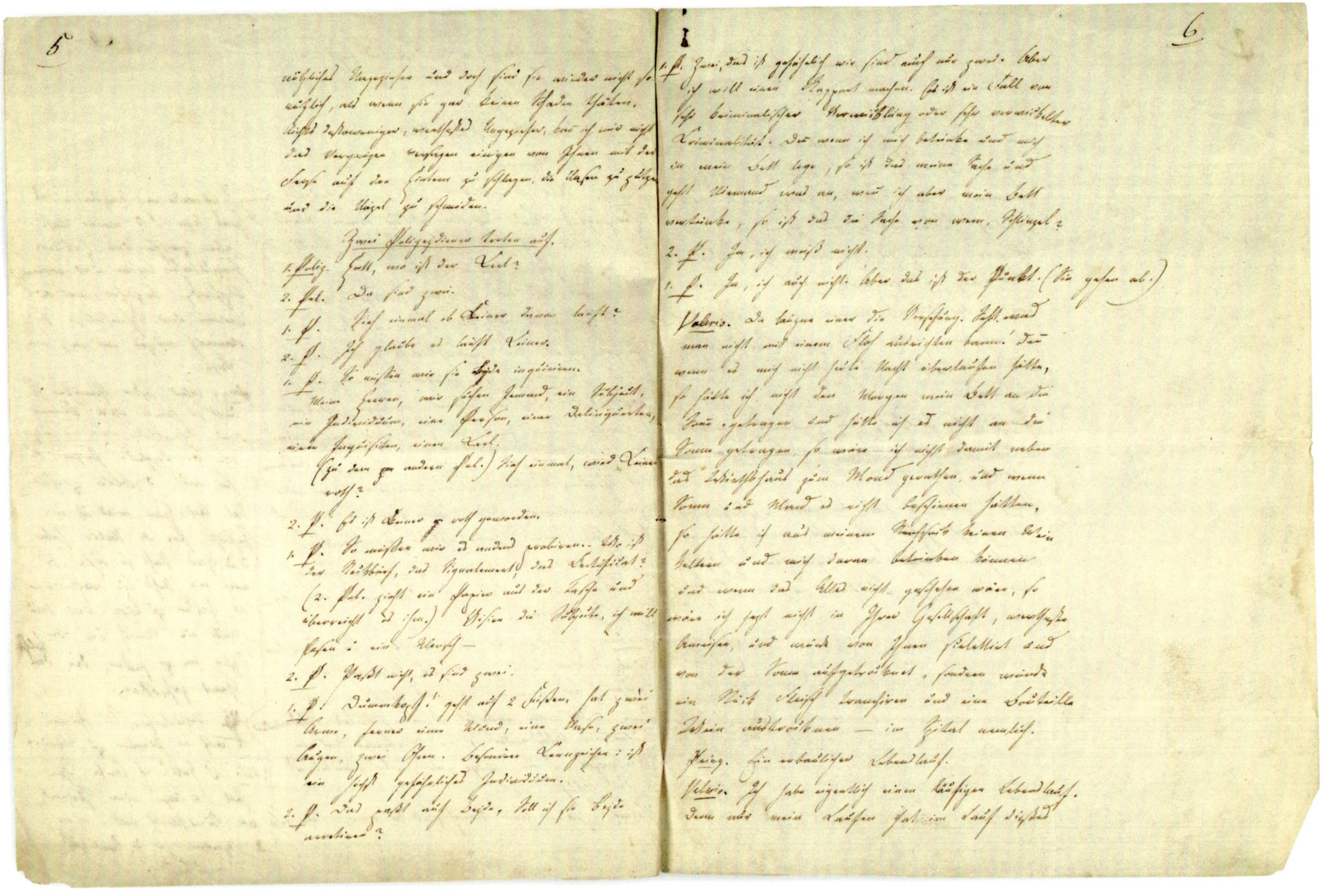

Georg Büchner
Leonce und Lena
H1, p. 5/6
1836

⌈5.⌉

nützliches Un[+]geziefer und doch sind sie wieder nicht so
nützlich, als wenn sie gar keinen Schaden thäten.
Nichts destoweniger, werthestes Ungeziefer, kann ich mir nicht
das Vergnügen versagen einigen von Ihnen mit der
Ferse auf den Hintern zu schlagen, die Nasen zu putzen
und die Nägel zu schneiden.

Zwei Polizeydiener treten auf.

1. Poliz. Halt, wo ist der Kerl?
2. Pol. Da sind zwei.
1. P. Sieh einmal ob ~~k~~→Keiner davon laüft?
2. P. Ich glaube es laüft Keiner.
1. P. So müssen wir sie~~+~~→Beyde inquiriren.
Meine Herren, wir suchen Jemand, ein Subject,
ein Individuum, eine Person, einen Delinquenten,
einen Inquisiten, einen Kerl.
(zu dem ~~zw~~ andern Pol.) Sieh einmal, wird Keiner
roth?
2. P. Es ist ~~k~~→Keiner ~~g~~ roth geworden.
1. P. So müssen wir es anders probiren. – Wo ist
der Steckbrief, das Signalement, das Certificat?
(2. Pol. zieht ein Papier aus der Tasche und
überreicht es ihm.) Visire die Subjecte, ich will
~~P~~→lesen: ein Mensch –
2. P. Paßt nicht, es sind zwei.
1. P. Dummkopf! geht auf 2 Füßen, hat zwei
Arme, ferner einen Mund, eine Nase, zwei
Augen, zwei Ohren. Besondere Kennzeichen: ist
ein höchst gefährliches Individuum.
2. P. Das paßt auf Beyde~~,~~→. Soll ich sie Beyde
arretiren?

⌈6.⌉

1. P. Zwei, das ist gefährlich wir sind auch nur zwei. Aber
ich will einen Rapport machen. Es ist ein Fall von
sehr kriminalischer Verwicklung oder sehr verwickelter
Kriminalität. Denn wenn ich mich betrinke und mich
in mein Bett lege, so ist das meine Sache und
geht Niemand was an, wenn ich aber mein Bett
vertrinke, so ist das die Sache von wem, Schlingel?
2. P. Ja, ich weiß nicht.
1. P. Ja, ich auch nicht. Aber das ist der Punkt. ⌈(Sie gehen ab.)⌉
Valerio. Da laügne einer die Vorsehung. Seht was
man nicht mit einem Floh ausrichten kann! Denn
wenn es mich nicht heute Nacht überlaufen hätte,
so hätte ich nicht den Morgen mein Bett an die
Sonne getragen und hätte ich es nicht an die
Sonne getragen, so wäre ich nicht damit neben
das Wirthshaus zum Mond gerathen, und wenn
Sonne und Mond es nicht beschienen hätten,
so hätte ich aus meinem Strohsack keinen Wein
keltern und mich daran betrinken können
und wenn das Alles nicht geschehen wäre, so
wäre ich jezt nicht in Ihrer Gesellschaft, wertheste
Ameisen, und würde von Ihnen scelettirt und
von der Sonne aufgetrocknet, sondern würde
ein Stück Fleisch tranchiren und eine Bouteille
Wein austrocknen – im Spital nemlich.
Prinz. Ein erbaulicher Lebenslauf.
Valerio. Ich habe eigentlich einen ~~laü~~→äufigen Lebenslauf.
Denn nur mein Laufen hat im Lauf dießes

TRANSKRIPTIONSLEGENDE
ANHANG, S. 608

Zwei Polizeydiener treten auf.

1. POLIZEYDIENER.

Meine Herren, wir suchen Jemand, ein Subject, ein Individuum, eine Person, einen Delinquenten, einen Inquisiten, einen Kerl. [...] Zwei, das ist gefährlich wir sind auch nur zwei. Aber ich will einen Rapport machen. Es ist ein Fall von sehr kriminalischer Verwicklung oder sehr verwickelter Kriminalität.

Leonce und Lena, Handschrift, 1836

Franz Hubert Müller (Entwurf)
Josef Völlinger (Lithografie)
Grenzkontrolle
1825–1828

Rock trägst?«[6] Die Tötungsapparatur als Kleiderwaschmaschine: Hier wird offensichtlich, dass das »reine Kleid« eben nicht auf einen ihm zugrundeliegenden Körper verweist, sondern die Idee von Reinheit erst in und mit einer Operation gesetzt wird, in der die Körper zerteilt und getötet werden. Noch expliziter wird diese Engführung und Austauschbarkeit von Körper und Kleid im *Hessischen Landboten,* wo es heißt, die Herrschenden hätten die »Häute der Bauern an«,[7] oder in *Danton's Tod,* wo in Umkehrung dieses Bildes einer gewaltsamen Ausplünderung des Volkes dieses selbst danach trachtet, sich »aus Aristokratenleder Schuhe [zu] machen«.[8]

Mit seiner Rede gegen Robespierre will Danton, nach eigenem Bekunden, dem Gegenspieler »die Absätze [...] von den Schuhen [...] treten«,[9] womit er einerseits auf dessen quasi-aristokratische Erscheinung anspielt – tatsächlich ging Robespierre bis zuletzt nie ohne die als Symbol höfischer Künstlichkeit verschriene gepuderte Perücke und nie ohne Schnallenschuhe aus dem Haus.[10] Andererseits lässt Dantons Rede die von Robespierre zur Schau gestellte Tugend, die dieser zum Gradmesser der Revolution erklärt, als Absatz seiner Schuhe erscheinen, wie Robespierre ebenso hellsichtig wie empört bemerkt: »Die Tugend ein Absatz meiner Schuhe! Bei meinen Begriffen!«[11] Damit wird das abstrakte moralische Ideal als materielles Accessoire, als Teil der Kleidung, figuriert, das in besonderem Maße geeignet ist, den Bekleideten herauszustellen und über andere zu erheben. Hier wird der von den Revolutionären verabscheute Absatzschuh zum Zeichen dafür, dass die propagierten Ideale nicht, wie behauptet wird, als Universalien der revolutionären Rede vorausgehen, sondern sie vielmehr an Verkörperungen und Inszenierungen geknüpft sind, die immer partikular und situativ bleiben. Dass die Wertsetzungen der Revolution ein beachtliches Maß an rhetorischem und inszenatorischem Aufwand erfordern, lässt sich insgesamt an der großen Bedeutung von Rede und Rhetorik während der Revolution ermessen, die Büchners Drama hervorhebt. Als Indiz kann aber auch etwa der Umstand gelten, dass die historischen Revolutionäre nicht nur eine ideale Kleidung der Revolution entwarfen, die sich an der Kleidung des arbeitenden Volkes orientierte, sondern dass dieses normative Gewand auch von Schauspielern öffentlich vorgeführt wurde. Bekannt ist etwa ein Bild des Malers Louis Léopold Boilly von 1792, auf dem der Sänger Chenard als Sansculotte mit der Trikolore posiert.[12]

Dass die Darstellung und Durchsetzung aufklärerischer Ideen der Inszenierung bedarf, womit eine uneingestandene Kontinuität zur verworfenen höfischen Welt zutage tritt, wird auch in Szenen deutlich, in denen höfisches Ritual und revolutionäres Ideengut unmittelbar miteinander verschränkt werden. Besonders eindrücklich wird dies in der berühmten Ankleideszene in *Leonce und Lena* vorgeführt, in der zunächst ein entkleideter König Peter auf der Bühne steht, dessen herrscherliche Macht ihm in Gestalt von Kleidungsstücken und Accessoires nach und nach von zwei Kammerdienern »angezogen« wird: »Jetzt kommen meine Attribute, Modifikationen, Affektionen und Akzidenzien, wo [ist mein Hemd,] meine Hose? – Halt, [pfui!] der freie Wille steht [davorn] ganz offen. Wo ist die Moral, wo sind die Manschetten? Die Kategorien sind in der schändlichsten Verwirrung«.[13] Zum einen wird hier der Repräsentant einer überlebten Aristokratie der Lächerlichkeit preisgegeben, indem er auf seine Kreatürlichkeit verwiesen und seine Konstitution als Macht-Instanz als eine mit allerhand vestimentärem Aufwand betriebene Prozedur vorgeführt wird. Zum anderen aber werden hier Leitideen der bürgerlichen Revolution, freier Wille, Moral und Substantialität, ihrerseits auf Kleiderstoffe, Mode und Inszenierung bezogen. Während also zum einen auf die »nackte« Wahrheit hinter den Ritualen höfischer Prachtentfaltung und Herrschaftsdemonstration angespielt wird, entzieht der Text hier doch gleichzeitig dem Versuch, ausgehend von dieser Nacktheit objektive Kategorien wie eben Moral oder Freiheit zu begründen, den Boden. Denn die parodistische Szene lässt Letztere gerade nicht als von Worten und äußeren Zeichen lediglich einzukleidende oder darzustellende erscheinen, sondern führt ihre philosophische Setzung wie ihre politische Verwirklichung als an Inszenierungen und materielle Zeichen geknüpfte vor, die nicht als bloße Medien der Repräsentation unsichtbar bleiben, sondern die sich in ihrer schwer kontrollierbaren Dinglichkeit hervordrängen.[14]

↓

Hôtel de Belle Vue à Bruxelles

Nro. 761

Oesterreichisch-kaiserlich-königlicher Reisepaß

für

Charakter

gebürtig
anfässig
wohnhaft
Geschäfte

Besondere Zeichen:

Dieser Paß ist gültig

Dessen eigenhändige Unterschrift:

Im Nahmen Seiner Oesterreichisch-kaiserlichen, zu Hungarn und Böheim königlichen und apostolischen Majestät rc. rc.

Sr. Oesterreichisch k. k. apostol. Majestät wirkl. geheimer Rath, und Nieder-Oesterreichischer Regierungs-Präsident rc. rc.

VALERIO.
[...] Wir sind schon durch ein Dutzend Fürstenthümer, durch ein halbes Dutzend Großherzogthümer und durch ein Paar Königreiche gelaufen und das in der größten Uebereilung in einem halben Tage und warum? Weil man König werden und eine schöne Prinzessin heirathen soll. Und sie leben noch in einer solchen Lage?

Leonce und Lena II,1, 1836/37

Österreichischer Reisepass für Karl Ferdinand Dräxler-Manfred
1837

Charakteristisch für Büchners Texte ist, dass sie materielle Kultur und philosophische Begriffe einander annähern. Wenn König Peter im selben Atemzug Moral und Manschetten sucht, wird in dieser Alliteration die Verschränkung von stofflichem Kleidungsstück und immaterieller Leitvorstellung besonders augenfällig verdichtet. »Modern ist meine Weste, aber auch meine Anschauung«,[15] heißt es auch in einem 1837 publizierten Essay, in dem Karl Gutzkow, Büchners Freund und Mentor, Korrespondenzen zwischen »der Mode und dem Modernen« erkundet. Mode und Kleiderästhetik, die kaum von Philosophen, sondern von Modehändlerinnen in Paris ergründet worden seien,[16] werden dort als wichtigste Symptome der Moderne beschrieben, die es mit allen Mitteln der Kunst zu lesen und zu deuten gelte. Durch und durch modern ist es, Gutzkows Argumentation zufolge, Gewordensein und Wechsel anzuerkennen und das Kapital der Wahrheit, mit dem sich die Philosophen ehedem abgemüht hätten, auf sich beruhen zu lassen. Indem sie die Ideen der Schönheit oder der Freiheit mit der Mode an den Wechsel und damit auch an Absterben und Vergänglichkeit knüpfen, nehmen Büchner und Gutzkow Positionen, wie sie sich später bei Charles Baudelaire und bei Walter Benjamin finden, die sich ihrerseits mit dem Verhältnis von Mode und Moderne auseinandersetzen, vorweg. Dem Objektiven und Idealischen kommt nun kein Ort mehr jenseits seiner konkreten und wechselnden Materialisationen und Verkörperungen zu, womit das Moment des Absterbens und der Differenz ihm unwiderruflich anzuhaften scheint.

Vor diesem Hintergrund stellt sich die Frage, wie Camilles politische Vision einer idealen Staatsform, die sich einer in der Ästhetik des 18. Jahrhunderts gängigen Kleidermetapher bedient, zu verstehen ist: Wie ein durchsichtiges Gewand solle sie sein, das sich »dicht an den Leib des Volkes schmiegt. Jedes Schwellen der Adern, jedes Spannen der Muskeln, jedes Zucken der Sehnen muß sich darin abdrücken«. Und in der Fortsetzung dieser berühmten Passage heißt es: »Die Gestalt mag nun schön oder häßlich sein, sie hat einmal das Recht zu sein wie sie ist, wir sind nicht berechtigt ihr ein Röcklein nach Belieben zuzuschneiden. Wir werden den Leuten, welche über die nackten Schultern der allerliebsten Sünderin Frankreich den Nonnenschleier werfen wollen, auf die Finger schlagen.«[17]

Die in der Zeit der Revolution wie der Nationalstaaten gängige Allegorisierung Frankreichs als Frau, die es gilt, angemessen mit einer Staatsform zu bekleiden, wird hier ausdrücklich mit Sündhaftigkeit konnotiert, womit eine Verbindung zu denjenigen weiblichen Figuren des Stücks hergestellt wird, die wie Marion »Grisetten« oder Prostituierte sind und die damit den Vorstellungen bürgerlicher Wohlanständigkeit und Vorbildlichkeit gerade nicht entsprechen. Auch der Kategorie des arbeitenden Volkes, die etwa in der politischen Ökonomie bei Marx den Ausgangspunkt von Herrschafts- und Kapitalismuskritik bildet, können sie nicht umstandslos zugerechnet werden. Während bei Marx und Engels das sogenannte Lumpenproletariat nicht als Subjekt und Träger der Revolution in Betracht kommt, bevölkern Lumpen – in der doppelten Bedeutung von »zerfetzten, armseligen Kleidern« wie auch in Bezug auf jene Menschen am Rande der Gesellschaft von Produzenten – die büchnerschen Texte.[18] Mit ihnen aber ist das Problem, wo genau der Körper des Volkes, dem das Gewand angepasst (und abgeschaut) werden solle – man denke an die Nationaltracht, die sich an der Kleidung der Arbeiter orientiert –, anzutreffen sei, wo er sein Modell, aber auch seine Grenze finde, deutlich angesprochen. Jene Szene etwa, in der ein Bettler einem anonymen Herrn vorwirft, für Genuss gearbeitet zu haben, nämlich um einen Rock kaufen und besitzen zu können, der aber gar nicht unbedingt nötig sei (»ein Lumpen tut's auch«[19]), lässt mit der Frage, was als natürlich menschliches Bedürfnis gelten kann, auch diejenige nach dem dann angemessenen Kleid in der Schwebe. In jedem Fall ist ja das Kleid des Bettlers keine in sich geschlossene, auf den zugrunde liegenden Körper hin durchsichtige Oberfläche, sondern eine zerrissene, die damit auch auf die Brüche und Risse in der Gesellschaft hindeutet. Diese kann sich nicht ohne Weiteres mit Bezug auf eine natürliche Leib-Vorstellung neu konstituieren. Bezugspunkt der Argumentation ist nicht der heile, den politischen Verhandlungen und Differenzierungen vorgängige Körper, sondern das löchrige, zerfetzte Kleid, der Lumpen, der als verleugnete Kehrseite der Natürlichkeits- und Ganzheitsrhetorik der Revolution und ihrer gewaltsamen Auswirkungen ins Bild gesetzt wird.

↓

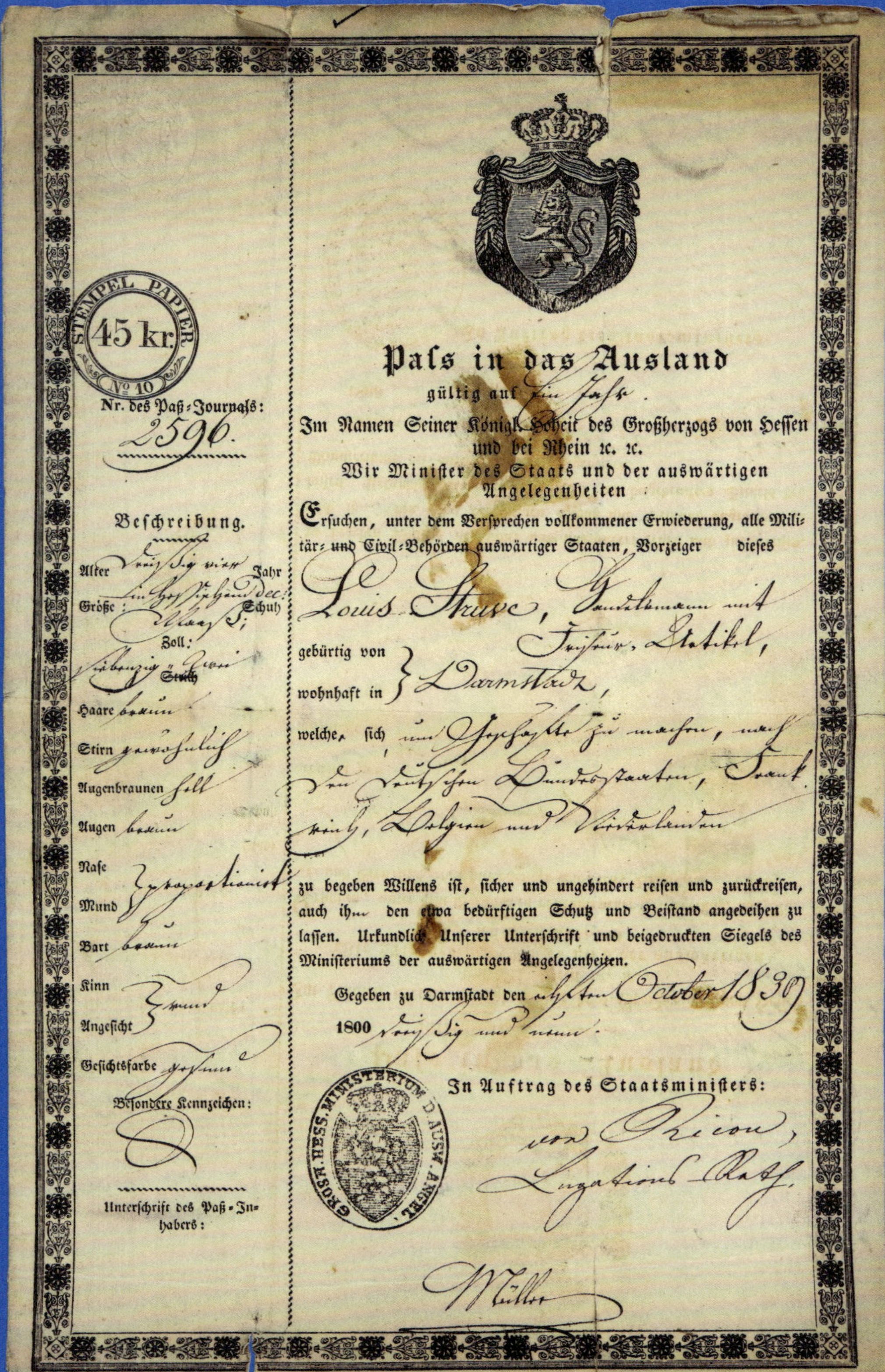
STEMPEL PAPIER 45 kr. No 10

Nr. des Paß-Journals: 2596.

Beschreibung.

Alter … Jahr
Größe … Schuh
Zoll:
Strich
Haare braun
Stirn
Augenbraunen hell
Augen braun
Nase
Mund
Bart braun
Kinn
Angesicht
Gesichtsfarbe
Besondere Kennzeichen:

Unterschrift des Paß-Inhabers:

Pass in das Ausland

gültig auf ein Jahr.

Im Namen Seiner Königlichen Hoheit des Großherzogs von Hessen und bei Rhein rc. rc.

Wir Minister des Staats und der auswärtigen Angelegenheiten

Ersuchen, unter dem Versprechen vollkommener Erwiederung, alle Militär- und Civil-Behörden auswärtiger Staaten, Vorzeiger dieses

Louis Struve, …

gebürtig von } Darmstadt,
wohnhaft in

welche, sich …

zu begeben Willens ist, sicher und ungehindert reisen und zurückreisen, auch ihm den etwa bedürftigen Schutz und Beistand angedeihen zu lassen. Urkundlich Unserer Unterschrift und beigedruckten Siegels des Ministeriums der auswärtigen Angelegenheiten.

Gegeben zu Darmstadt den … October 1839
1800 …

GROSH. HESS. MINISTERIUM D. AUSW. ANGEL.

Im Auftrag des Staatsministers:

Legations Rath

Müller

(König Peter und der Staatsrath treten ein.)
CEREMONIENMEISTER.
Ja, Majestät. Die Aussicht von diesem Saal gestattet uns die strengste Aufsicht. *(Zu dem ersten Bedienten.)* Was hast Du gesehen?
ERSTER BEDIENTE.
Ein Hund, der seinen Herrn sucht, ist durch das Reich gelaufen.
CEREMONIENMEISTER.
(Zu einem andern.) Und Du?
ZWEITER BEDIENTE.
Es geht jemand auf der Nordgränze spazieren, aber es ist nicht der Prinz, ich könnte ihn erkennen.
CEREMONIENMEISTER.
Und Du?
DRITTER DIENER.
Sie verzeihen, Nichts.

Leonce und Lena III,3, 1836/37

Großherzoglich-hessischer Reisepass für Louis Struve
1839

BISCHOFF

Gegen Phantasmen idealer Ganzheit präsentieren Büchners Texte Geschichte als einen Text, der aus unterschiedlichen Fäden und Stoffen gewoben, geknüpft und genäht wird, ohne dass er sich zu einem kohärenten Sinnganzen fügte, hinter dem die Materialität und Heterogenität seiner Teile zurückträte. Aus der spielerischen Wiederholung und Verkehrung diskursiver (Macht-)Inszenierungen gewinnen sie ihr poetisches wie poetologisches Potenzial. Die Kunst hat bei Büchner buchstäblich »Rock und Hosen«:[20] Indem sie die materiellen Bedingtheiten der menschlichen Existenz betont und zugleich das Gemachtsein von Bedeutungen und Machtpositionen hervorkehrt, bleibt sie stets auf die Kleider bezogen. Diese sind ihr nicht in erster Linie Zeichen für anderes, vielmehr lenken sie den Blick immer auch auf das eigene Gemachtsein, auf ihre Texturen mit ihren Mehrdeutigkeiten, Rissen, Vernetzungen, Verkehrungen und Verschiebungen. Die dichterische Hervorbringung ist, wie Büchner in einem Brief einmal formuliert, eine Schneiderkunst. Sie impliziert eine Engführung von Schreiben und Bekleiden nicht, indem sie fertigen Ideen oder Gefühlen aus der souveränen Position eines Autor-Spielleiters heraus »Rock und Hosen an[zieht]«,[21] sondern indem der Schreibende sich selbst in seiner materiellen Bedingtheit in den kreativen Prozess einschreibt. So notiert Büchner während der Entstehung von *Leonce und Lena*: »Ich muß eine Zeitlang vom lieben Kredit leben und sehen, wie ich mir in den nächsten 6–8 Wochen Rock und Hosen aus meinen großen weißen Papierbogen, die ich vollschmieren soll, schneiden werde.«[22]

1 Georg Büchner, *Leonce und Lena* I/3, zit. nach: Poschmann I, S. 103.

2 *Leonce und Lena* IV/3, zit. nach: Poschmann I, S. 79, 78.

3 *Leonce und Lena* II/1, zit. nach: Poschmann I, S. 112. Zur zeitgenössischen Verwendung der Formulierung vom »inneren Menschen« sowie zur ihrer komischen Konkretisierung und Transposition bei Jean Paul (bes. in *Hesperus*, *Siebenkäs* und *Titan*) sowie bei Büchners Freund Wilhelm Schulz vgl. die Kommentare in MBA VI, S. 190 f.

4 *Woyzeck*, zit. nach: Poschmann I, S. 156. Bei einer »anglaise« handelt es sich um ein festliches Kleid für Männer nach englischem Zuschnitt. Vgl. den Kommentar in Poschmann I, S. 760.

5 *Leonce und Lena* II/1, zit. nach: ebd., S. 112.

6 *Danton's Tod* I/6, zit. nach: ebd., S. 33.

7 Zit. nach: Poschmann II, S. 55.

8 Zit. nach: Poschmann I, S. 26.

9 *Danton's Tod* I/6, zit. nach: ebd., S. 33.

10 Vgl. Wiebke Koch-Mertens, *Der Mensch und seine Kleider*, Teil 1: *Die Kulturgeschichte der Mode bis 1900*, St. Gallen 2003, S. 351.

11 *Danton's Tod* I/6, zit. nach: Poschmann I, S. 35.

12 Vgl. Koch-Mertens (wie Anm. 10), S. 349–351.

13 *Leonce und Lena* I/2, zit. nach: Poschmann I, S. 99. Zu den hier impliziten Anspielungen auf die idealistische Philosophie und ihre Vorläufer (i. e. Descartes, Kant, Fichte), die intrikate Vermischung mit (eher materialistischen) spinozistischen Begriffen sowie literarischen Intertexten vgl. die Kommentare in Poschmann I, S. 621 sowie MBA VI, S. 445 f.

14 Vgl. hierzu Aleida Assmann, »Die Sprache der Dinge. Der lange Blick und die wilde Semiose«, in: *Materialität der Kommunikation*, hrsg. von Hans Ulrich Gumbrecht und K. Ludwig Pfeiffer, Frankfurt am Main 1988, S. 237–251.

15 Karl Gutzkow, »Die Mode und das Moderne«, in: ders., *Säkularbilder*, Teil 1, Frankfurt am Main 1846, S. 141–158.

16 Ebd., S. 104.

17 *Danton's Tod* I/1, zit. nach: Poschmann I, S. 15.

18 In *Danton's Tod* etwa finden einmal die »Fischweiber und die Lumpensammler« (III/6; Poschmann I, S. 67) als Vertreter des Volkes Erwähnung, das die Revolution hinter sich bringen müsse. An Gutzkow schreibt Büchner zudem einmal: »[...] bedenken Sie, daß es mir leichter fällt, in Lumpen zu betteln, als im Frack eine Supplik zu überreichen« (21. Februar 1835; Poschmann II, S. 393).

19 *Danton's Tod* II/2; Poschmann I, S. 42.

20 Vgl. den Jahrmarkt-Ausrufer im *Woyzeck*: »Sehen Sie jetzt die Kunst, geht aufrecht, hat Rock und Hosen, hat ein Säbel!« (Poschmann I, S. 150.)

21 Vgl. Camilles Kritik am zeitgenössischen Theater in *Danton's Tod*: »Nimmt Einer ein Gefühlchen, eine Sentenz, einen Begriff und zieht ihm Rock und Hosen an, macht ihm Hände und Füße, färbt ihm das Gesicht und läßt das Ding sich 3 Akte hindurch herumquälen, bis es sich zuletzt verheiratet oder sich totschießt – ein Ideal!« (*Danton's Tod* II/3, zit. nach: Poschmann I, S. 44.)

22 Brief an Eugène Boeckel, 1. Juni 1836, zit. nach: Poschmann II, S. 437.

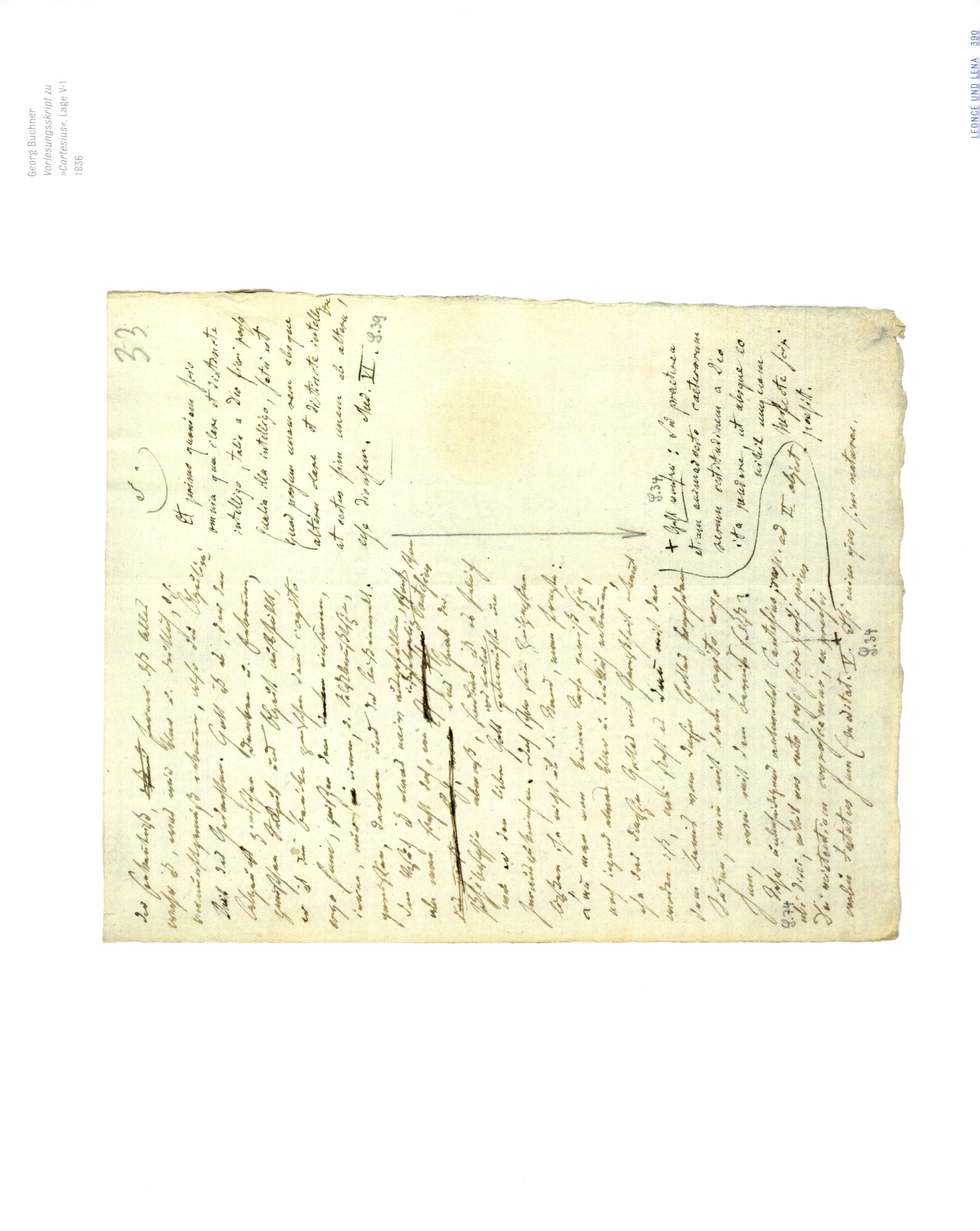

Georg Büchner
Vorlesungsskript zu »Cartesius«, Lage V-1
1836

der Erkeñtniß, ~~daß À~~ ferner *da*ß Alles
wahr ist, was wir klar u. deu**t**lich, d. h.
vernunftgemäß erkeñen, also die Objectivi-
tät des Gedachten. Gott ist es, der den
Abgrund zwischen Denken u. Erkeñen,
zwischen Subject und Object au*f*→sfüllt,
er ist die Brücke zwischen dem **cogito**
ergo sum, zwischen dem ~~Denken~~ einsamen,
irren, nur ~~in~~ einem, d. Selbstbewußts*e*yn,
gewissen, Denken und der Außenwelt.
Der Versuch ist etwas naiv ausgefallen,
⌈instink*t*artig scharf⌉ ⌈schon⌉
aber man sieht doch, wie ~~scharf schon~~ **Cartesius**
~~das große Loch, worin~~ das Grab der
Philosophie abmaß, sond*e*rbar ist es freilich
⌈als Leiter⌉
wie er den lieben Gott gebrauchte um
herauszukriechen. Doch schon seine Zeitgenossen
ließen ihn nicht üb*e*r d. Rand, man fragte:
Kañ man von keiner Sache gewiß s*e*yn,
noch irgend etwas klar u. deutlich erkeñen,
ehe das Das*e*yn Gottes mit Gewißheit erkañt
worden ist, wie steht es dañ mit den
dem Beweis vom Das*e*yn Gottes ~~h~~→Vorgehenden
Sätzen, wie mit dem **cogito ergo**
sum, wie mit dem Beweis selbst?
Sehr unbefriedigend antwortet **Cartesius**~~:~~→, ⌈**resp. ad II. object.**⌉
ubi dixi, nihil nos certo posse scire, nisi prius
Dei existentiam cognoscamus, expressis
×
verbis testatus sum ⌈**(meditat. V. Etsi enim ejus sim naturae,**

5. ⟨p. 33⟩

⌈**Et primo quoniam scio**
omnia quae clare et distincte
intelligo, talia a Deo fieri posse
qualia illa intelligo, satis est
quod possum unam rem absque
altera clare et distincte intelligere,
ut certus sim unam ab altera
esse diversam. Med. VI.⌉

⌈× Geht vorher: **Sed praeterea**
etiam animadverto caeterarum
rerum certitudinem a Deo
ita pendere, ut absque eo
nihil unquam
perfecte sciri
possit.⌉

TRANSKRIPTIONSLEGENDE:
ANHANG, S. 608

Charles Le Brun
Das Entzücken
In: *Méthode pour apprendre à dessiner les passions: proposée dans une conférence sur l'expression générale et particulière*
1702

BURGHARD DEDNER

—

»BEI DIESEM GENIALEN CYNISMUS«

—

BÜCHNER ALS LACHENDER PHILOSOPH

Einen Aufruf zur allgemeinen Toleranz kleidet Büchners Danton in die Worte: »Ob wir uns nun Lorbeerblätter, Rosenkränze oder Weinlaub vor die Schaam binden oder«, so Danton weiter, »das häßliche Ding offen tragen und es uns von den Hunden lecken lassen?«[1] Diese Provokation auszuhalten wäre in der Tat die ultimative Toleranzprobe, die ich jedenfalls nicht bestehen würde. Der Überlieferung nach – und hierauf spielt Danton natürlich an – bestand man sie im antiken Athen. Hier lebte der Philosoph Diogenes von Sinope, Gründer der Schule der Kyniker und Großmeister der Provokationskunst, in aller Öffentlichkeit in einer Tonne, pflegte intimen Umgang mit Hunden, bezeichnete sich selbst als »Hund (Kyon)«[2] und veranlasste seine Schüler, die den Hund als Wappentier führten, sein Grabmal »mit dem Marmorbilde eines Hundes« zu schmücken.[3]

Als Person war der auf saubere Kleidung bedachte Büchner von alledem weit entfernt; als Autor aber stellte er sich gelegentlich in die kynische Tradition, und nicht umsonst klagten einige Zeitgenossen bei der Lektüre des doch schon zensurbereinigten *Danton*-Dramas über die Toleranzprobe, die Büchner ihnen abverlange. Karl Buchner zum Beispiel tadelte »die *cynische* Partie«, das Umschlagen von Erotika in »Gestank«,[4] und Hermann Marggraff, der Büchners »Polemik« gegen Moral und Religion »wüst und cynisch« fand, resümierte: »Bei diesem genialen Cynismus wird dem Leser zuletzt ganz krankhaft pestartig zu Muthe«.[5] Das klingt noch fasziniert. Nur noch empört reagierte dann am Ende des Jahrhunderts Heinrich von Treitschke, der Standardhistoriker des preußischen Obrigkeitsstaates: Büchner, dieser Vertreter eines »trostlosen Materialismus«, schreibe »mit cynischer Frechheit«, und sein Werk zeige, »wie heillos alle sittlichen Begriffe« zur Zeit des Vormärz »sich verwirrt hatten«.[6] Offenbar wirkten Büchners Provokationen nachhaltig.

Der kynische Provokateur nimmt vorgegebenes Material ungeniert, ohne Rücksicht auf Dezenznormen und Autoritäten, beim Wort und setzt es ins Bild: So lässt sich seine Kunst vielleicht definieren. Nach diesem Muster handelte Diogenes, als er hörte, Platon habe den Menschen als »federloses zweibeiniges Tier« definiert. Er rupfte ein Huhn und sandte es an Platons Schule mit den Worten: »das ist Platons Mensch«. Im Vergleich zu einigen Provokationen Büchners ist das freilich ein sehr harmloses Beispiel.

»AN DIE WAND GEPISST WIE EIN HUND«

—

PROKLAMATIONEN DER FREIHEIT

»L'homme est né libre, et partout il est dans les fers«, ruft Jean-Jacques Rousseau.[7] »Der Mensch ist frei geschaffen, ist frei / Und wär' er in Ketten geboren«,[8] dichtet Friedrich Schiller. »Woyzeck, der Mensch ist frei«,[9] ruft der Doktor in Büchners Drama mit gleicher Begeisterung, aber in einem teils belustigenden, teils beängstigenden Unterton. Das sei hier kurz erläutert.

Der Doktor, so beginnt die Szene, hat Woyzeck bisher für einen »Mann von Wort« gehalten. Jetzt schaut er aus dem Fenster und sieht: »er hat [...] an die Wand gepißt wie ein Hund. Und doch 2 Groschen täglich.« Woyzeck rechtfertigt sich: »Aber Herr Doctor, wenn einem die Natur kommt«. Er erhält zur Antwort:

> Die Natur kommt, die Natur kommt! Die Natur! Hab' ich nicht nachgewiesen, daß der musculus constrictor vesicae dem Willen unterworfen ist? Die Natur! Woyzeck, der Mensch ist frei, in dem Menschen verklärt sich die Individualität zur Freiheit. Den Harn nicht halten können!

↓

VALERIO.

Geben Sie Acht, meine Herren und Damen, sie sind jetzt in einem interessanten Stadium, der Mechanismus der Liebe fängt an sich zu äußern, der Herr hat der Dame schon einigemal den Schawl getragen, die Dame hat schon einigemal die Augen verdreht und gen Himmel geblickt. Beide haben schon mehrmals geflüstert: Glaube, Liebe, Hoffnung! beide sehen bereits ganz accordirt aus, es fehlt nur noch das einzige Wörtchen: Amen.

Leonce und Lena III,3, 1836/37

Theodor Hosemann
Die Dampfautomaten
In: Karl Immermann,
Tulifäntchen. Ein Heldengedicht in drei Gesängen
1861

Später in der Szene wird die Empörung des Arztes dann verständlich. Woyzeck lässt sich dafür bezahlen, zwecks chemischer Analyse allmorgendlich bei dem Arzt zu urinieren. Dass er »an die Wand pißt«, ist ein Vertragsbruch. Seinen Hinweis auf die »Natur« als höhere Gewalt, weist der Arzt entschieden zurück. Hat er doch – offenbar in einer Publikation – »nachgewiesen«, dass der Blasenschließmuskel »dem Willen unterworfen ist«.

Das lernt freilich jedes Kind mit drei Jahren, und so riskierte Johann Bernhard Wilbrand, seinerzeit berühmter Professor in Gießen, das Gelächter seiner Studenten,[9] als er das allseits Bekannte wissenschaftlich-umständlich erzählte und philosophisch erläuterte: »Wir nehmen unsere Nahrung willkührlich in den Mund, [...] und nach geendigter Verdauung werden die Reste willkührlich wieder ausgeleert.« Er fügte hinzu: »Die willkührliche Bewegung gehört der Vernunft an und kommt deshalb dem Menschen zu, in so weit er vernünftig ist«. Und er resümierte, dass die »Functionen« der Verdauung »unter der Willkühr, mithin unter der Herrschaft des geistigen Lebens« stehen.[10] Selten war der Abstand zwischen Lächerlichem und Erhabenem so gering, und dies gilt auch noch für die von Büchners Doktor beschworene »Verklärung zur Freiheit«, die naturphilosophische Weiterentwicklung des Themas vom freien Menschen. *»Durch den Menschen verklärt sich also die Natur aufwärts zum Uebersinnlichen«,*[11] schwärmt Wilbrand und schreibt an anderer Stelle, »daß der Mensch, als das gemeinsame Haupt, an der Spitze des gesammten Thierreiches steht, [...] weil sich in ihm das geistige Leben *zur Vernunft und zur geistigen Freiheit* aufgeschlossen hat.«[12]

Eine Realsatire wie diese musste der Provokationskünstler Büchner nicht erfinden, sondern nur finden. Sein weiteres Verdienst war ihre Einbettung in eine Situation, die unversehens die beängstigende Kehrseite der Freiheitsproklamation offenbart und uns fragen lässt, ob sie bei Rousseau und Schiller auch

↓

CHRISTA WOLF

—

»TANZE, ROSETTA, TANZE«
1980

An den Bruchstellen zwischen den Zeiten wird gebrochen: der Mut, das Rückgrat, die Hoffnung, die Unmittelbarkeit: Vieles, was zum Sprechenkönnen nötig ist. In die Hohlräume springt die Angst. Vorläufer in der Dichtung sind immer auch Vorempfinder einer Angst, die später über viele kommt.

Tanze, Rosetta, tanze, daß die Zeit mit dem Takt deiner niedlichen Füße geht.

Meine Füße gingen lieber aus der Zeit.

Ein Rhythmus, der in den Schlaf, in die Träume hinein klopft. Der einen festnageln kann, besessen macht. Meine Füße gingen lieber aus der Zeit.

Tanze, Rosetta.

Rosetta tanzt. Singt: Ach lieber Gram. Geh davon, da Leonce nun einmal nicht sie, nur die Leiche ihrer Liebe lieben kann. – Tränen, Rosetta? – Wohl Diamanten, sie schneiden mir in die Augen. – Leonce, allein: *Ein sonderbares Ding um die Liebe. – Ich,* verkündet derweil sein Bruder Danton auf der Nebenbühne, *ich werde mich in die Zitadelle der Vernunft zurückziehen. Ich werde mit der Kanone der Wahrheit hervorbrechen und meine Feinde zermalmen.*

Wo bleiben Rosetta, Marie, Marion, Lena, Julie, Lucile? Außerhalb der Zitadelle, selbstverständlich. Ungeschützt im Vorfeld. Kein Denk-Gebäude nimmt sie auf. Man macht sie glauben: anders als auf diese Art – verschanzt! – könne kein Mensch vernünftig denken; dazu geht die Ausbildung, aber auch die rechte Lust ihnen ab. Von unten, von außen blicken sie auf die angestrengte Geistestätigkeit des Mannes, die, je länger, je mehr darauf gerichtet ist, seine Festung durch Messungen, Berechnungen, ausgeklügelte Zahlen- und Plansysteme abzusichern. Die sich in der eisigsten Abstraktion wohlfühlt und deren letzte Wahrheit die Formel wird. Wie könnte Rosetta argwöhnen, daß es Berührungsangst ist, wenn er sich der Fülle der Wirklichkeit entzieht; daß seine Gebrechlichkeit und die Furcht, ihrer gewahr zu werden, ihn in seine wahnwitzigen System hineintreibt. Daß er, seiner Ganzheit durch erbarmungslose

↓

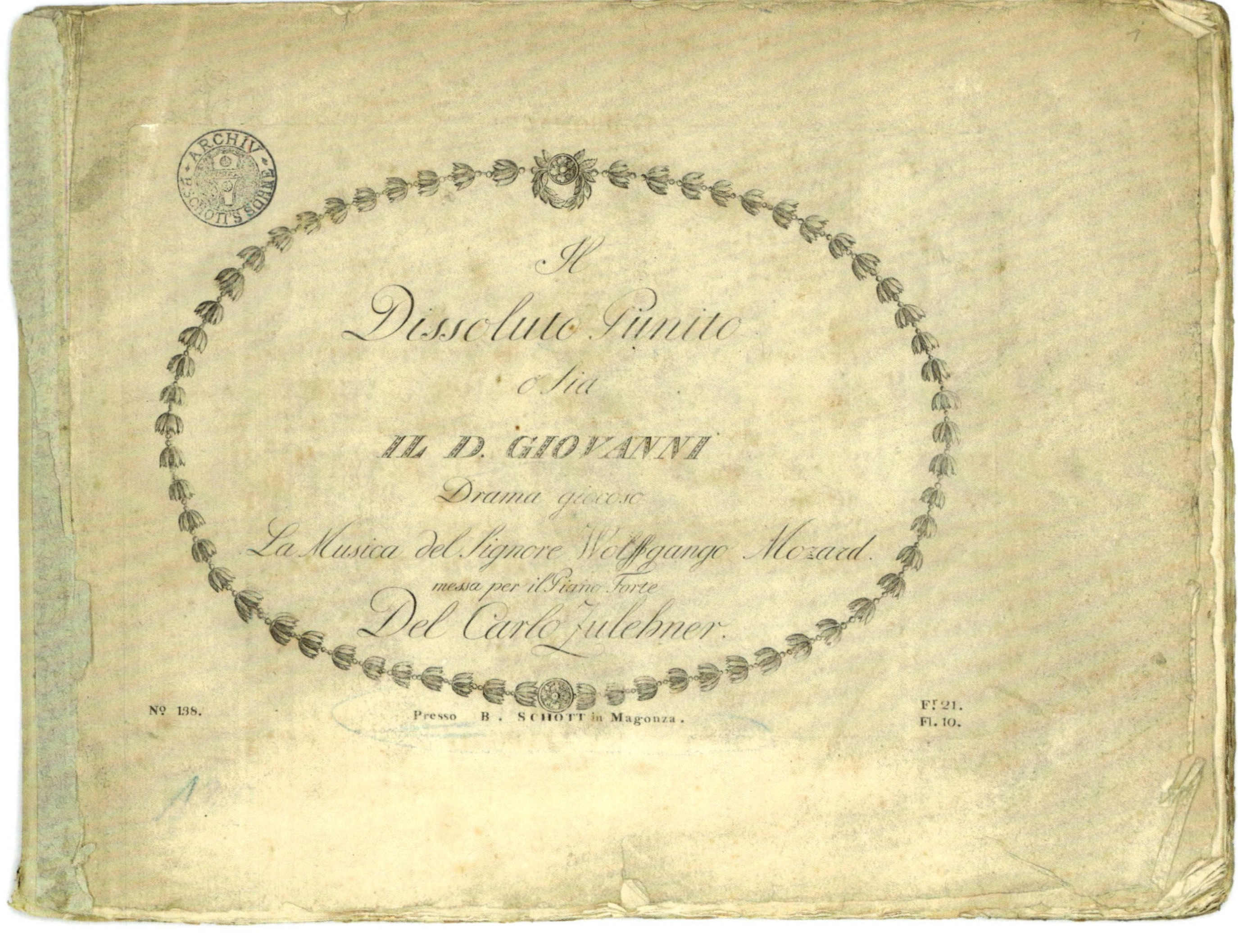

LEPORELLO.
In Italien sechshundertundvierzig
Hier in Deutschland zweihundertunddreissig
Hundert in Frankreich und neunzig in Persien
Aber in Spanien schon tausend und drei
Hier ein schlichtes Bauernmädchen
Dort die Schönste aus dem Städtchen
Kammerzofen, Baronessen
Hochgeborene Prinzessen
Mädchen sind's von jedem Stande
Jeder Gattung und Gestalt
Schön und hässlich, jung und alt

Don Giovanni, Arie Nr. 4

Wolfgang Amadeus Mozart
Don Giovanni, Partitur
Um 1800

DEDNER

schon so bedrohlich klang. Solange Woyzeck uriniert, wenn ihm »die Natur kommt«, ist er unfrei, »wie ein Hund«. Wenn er als freier Mensch und Krone der Evolution uriniert, wenn er muss, und nicht nur, wenn er darf, wird ihm der Lohn entzogen. Diese Dialektik bestimmte auf andere Art auch den Woyzeck-Prozess. Der Täter wurde erst hingerichtet, als ein Arzt seine Willensfreiheit nachgewiesen und ihm seinen Platz an der »Spitze des gesammten Thierreiches« wiedergegeben hatte. Aber das sprengt die Grenzen eines Artikels über den »*lachenden* Philosophen«.

Auch die vom Arzt gewählte Formulierung »an die Wand gepißt« führt uns übrigens an diese Grenze. Nicht weil der Satz zu vulgär wäre. In den Lutherbibeln der Büchnerzeit wurde die Formel »Einer, der an die Wand pisset« noch ganz unbefangen gebraucht, und zwar im Zusammenhang mit der alttestamentlichen Praxis, nach einem militärischen Sieg jeden, der »an die Wand pisset«, umzubringen. Gegen Ende des 19. Jahrhunderts wurde sie dann dezenterweise durch »Einer, der männlich ist« ersetzt.[13]

TRIPPER, SCHWEINSTÄLLE, BROTMÄNNCHEN UND LEITERN — GOTTESBILDER IN BUNTER REIHE

»Die Hebräer denken sich Gott als einen donnernden Tyrannen; die Christen als einen liebenden Vater; die Schüler Rousseaus als einen weisen Künstler, der die Welt verfertigt hat, ungefähr wie ihr Vater seine Uhren verfertigt«, schrieb Heinrich Heine 1835 über Gottesbilder im historischen Überblick.[14] Er selbst propagierte zu dieser Zeit den Gott der Pantheisten und Spinozas. Büchner ließ im selben Jahr im

↓

WOLF

Arbeitsteilung beraubt, ein Verwundeter, Zerrissener, sich in die halsbrecherischsten Geschwindigkeiten hineinhetzt, um nur jene »Höllenfahrt der Selbsterkenntnis« nicht antreten zu müssen, ohne die es doch, nach Kant, keine Vernunft gibt. Und daß, wer sich selbst nicht kennt, kein Weib erkennen kann.

So trennen sich ihre Wege. Rosetta schweigt. Liebt. Leidet. Wird, als Marie, umgebracht. Folgt, als Julie, dem Manne in den Tod. Treibt in den Wahnsinn als Lucile. Opfert sich. Klagt, da heißt sie Lena: Bin ich denn wie die arme, hilflose Quelle die jedes Bild, das sich über sie bückt, in ihrem stillen Grund abspiegeln muß? – Die eine, Marion das Freudenmädchen, hat der eigenen Natur gehorcht: So weit treibt Büchner seinen Realismus.

Man hat ihn nicht lesen können. Hat nicht wissen wollen, daß der Fortschritt, den man gerade in größerem Stil anwarf, das Zeug zum neuen Mythos in sich hatte. Daß er einem Lust, nicht aber Liebe machen konnte. Und daß seine stärkste Schubkraft die Angst vor der eigenen inneren Leere würde.

Büchner hat früh, und ich glaube, mit Grauen gesehen, daß die Lust, die das neue Zeitalter an sich selber fand, an ihrer Wurzel mit Zerstörungslust verquickt war. Doch die voll ausgebildete Fratze jenes Paradoxons, das Schöpfung an Vernichtung koppelt, hat er nicht erblickt, ein Wort wie »Megatote« nicht gekannt. Die Liebe zum Tod hat er seinen Figuren eingegeben; daß man aber eine perfekte, wenn auch mörderische technische Lösung »süß« nennen; daß man auf Raketenrümpfe Frauennamen schreiben würde – das wäre auch ihm nicht in den Sinn gekommen. Was sein Leonce, dem sein Spiegelkabinett zu enge wird, alles anstellen würde, bloß um nicht ohne Spiegel zu sein, hat Büchner nicht ahnen können. Denn eine Todesangst befällt sie – Leonce und seine mächtigeren, betriebsameren Nachfahren –, sobald keine Spiegel – die Augen, der Körper einer Frau, ein Theater, ein Konzern, eine machtvolle Organisation, ein Staatswesen, der Erdball, der Kosmos! – ihnen ihr übergroßes Abbild zurückwirft.

O wer sich einmal auf den Kopf sehn könnte! Wenn einer, muß Büchner das Verlangen gekannt haben, das Unmögliche zu leisten: den blinden Fleck dieser Kultur sichtbar werden zu lassen. Er umkreist ihn mit seinen Figuren, die er bis an die Grenzen des Sagbaren treibt. Einmal versucht er es mit dem Schrei: als Lucile über dem Tod Camilles den Verstand verliert. Aber »das hilft nichts, es ist noch alles wie sonst«. Eine Dramaturgie des Schreis ist ein Unding für das Theater der mehr oder weniger lösbaren Widersprüche. Was dem Dasein entsprechen würde, ist nicht auf die Bühne zu bringen: auch darauf mußte Büchner stoßen. So schafft er in seiner Dramaturgie des Als-Ob – die er locker mit der alten

↓

LEONCE.
Warum ist der Dunst über unsrer Erde ein Prisma, das den weißen Gluthstrahl der Liebe in einen Regenbogen bricht?

Leonce und Lena I,3, 1836/37

Transparentes, grünes und blaues Prisma
Ende 18. Jahrhundert

Pyramidales Prisma
Anfang 19. Jahrhundert

DEDNER

dritten Akt von *Danton's Tod* ebenfalls Gottesbilder Revue passieren,[15] wählte dabei jedoch eine sehr viel härtere Tonlage. Im einfachen Sinne komisch ist der Beginn der Inszenierung. Ein Häftling namens Chaumette hat »heute Kopfweh«, bekommt die Beweisgründe für die Nichtexistenz Gottes nicht mehr auf die Reihe und bittet einen Mithäftling, den Philosophen Thomas Payne, ihm behilflich zu sein. Das ist als komische Situation gut ausgedacht, denn das historische Vorbild dieses Chaumette wurde wegen fortgesetzter atheistischer Agitation verhaftet und schließlich hingerichtet. Payne geht zunächst auf den Schöpfergott, dann auf den pantheistischen Gott ein. Der Schöpfergott ist logisch unhaltbar. Gott ist vollkommen, kann sich also nicht zu einem bestimmten Zeitpunkt verändern, also auch nicht tätig werden, also auch nicht die Welt schaffen. Quod erat demonstrandum. Auch ist das Bild vom Schöpfergott eine Projektion. »Weil wir uns immer regen und schütteln müssen um uns nur immer sagen zu können: wir sind«, schreiben »wir Gott auch dieß elende Bedürfniß« zu und meinen, er müsse »die Finger ausstrecken und über Tisch Brodmännchen kneten«. Nicht besser ist die Rede vom liebenden Vatergott. Sie macht die Menschen zu Gotteskindern, aber er, Payne, wolle niemanden zum Vater, der ihn, den Sohn, »unter seinem Stande in Schweinställen oder auf den Galeeren habe erziehen lassen«. Und das pantheistische Bild einer ewigen Schöpfung und eines Gottes, der mit der Welt eins ist? Diese »himmlische Majestät«, so Payne höhnisch, würde »in jedem von uns Zahnweh kriegen, den Tripper haben, lebendig begraben werden«. Ecce Deus. Was für ein Gott!

Bleibt jenes »praktische« Argument, das Voltaire[16] zu der Bemerkung veranlasste, wenn es Gott nicht gäbe, müsste man ihn erfinden: ↓

WOLF

Dramenstruktur verknüpft, daß die Leute sich gerade noch einbilden können, sie verstünden, was sie sehn – den Raum für jene Sätze, die tonlos, einen Atemzug vor dem Schrei zu sprechen sind: Meine Füße gingen lieber aus der Zeit.

Rosetta, das ist nun mal ihr Los, haust, sich selbst und Leonce unsichtbar, sprachlos, entwirklicht, gerade in jenem verleugneten, schalltoten, wegmanipulierten Raum, den die Welt, der doch auch sie angehört, beim besten Willen nicht wahrnehmen kann. Sie wird definierbar durch das, was sie nicht ist.

Sie läßt sich um ihre Geschichte bringen. Läßt sich die Seele absprechen. Den Verstand. Das Menschsein. Die Verantwortung für sich selbst. Läßt sich verheiraten. Dient dem Mann. Schenkt ihm Erben. Muß ihm glauben, daß die Lust, die er genießt, ihr leider einfür allemal versagt ist. Sie verbirgt ihr Unglück. Tanzt. Hört seinen Vorwurf: Ich möchte schlafen, aber du mußt tanzen.

Rosetta läßt sich ihr Recht nehmen. Den Mund verbieten. Die Trauer. Die Freude. Die Liebe. Die Arbeit. Die Kunst. Sie läßt sich vergewaltigen. Prostituieren. Einsperren. Verrückt machen. Läßt sich, als Rose, schinden, ausbeuten: »doppelt«, heißt es. Läßt sich zwingen, Kinder zu gebären. Läßt sich zwingen, Kinder abzutreiben. Läßt sich ihr Geschlecht weganalysieren. Verfängt sich in den Netzen der Ohnmacht. Wird die Nervensäge. Das Luder. Der Vamp. Das Heimchen. Geht, als Nora, aus dem Puppenheim.

Endlich, da heißt sie Rosa, beginnt sie zu kämpfen. Da wird sie totgeschlagen, in den Kanal geschmissen. Verfolgt, ist sie gleichberechtigt mit dem unterdrückten und verfolgten Mann.

Tanze, Rosetta. Sie tanzt: Jetzt heißt sie Marlene. – Lachen soll ich? Schön, dann lach ich. / Tanzen soll ich? Gut, das mach ich. / Soll ich euch den Kopf verdrehn? Bitteschön! Gern geschehn.

Ein sonderbares Ding um die Liebe. Rosetta unter ihren vielen Namen läßt sich eher zugrunde richten, als daß sie sich zugeben könnte, was ihr geschieht: Daß, wenn der denkende Leonce »Subjekt« sagt, niemals sie, die wirkliche Frau, gemeint ist. Daß sie ihm unter die Objekte geraten ist. Daß er also …

Hier hält sie ein. Reißt sich nicht um die letzte Einsicht. Verleugnet sich lieber. Unterdrückt ihr Talent. Unterstützt, unter vielen Namen, deren einige Ihnen geläufig sein werden, das Genie des denkenden, dichtenden, malenden Mannes. – Du liebst mich, Leonce? – Ei, warum nicht? – Da kann sie sonderbar werden, auch hart, eifersüchtig, bitter. Schreit auf, schreit ihn an. Wird hysterisch. Fängt zu trinken an. Dreht den Gashahn auf.

Aus: Christa Wolf, »Rede zur Verleihung des Georg-Büchner-Preises 1980«, in: *Deutsche Akademie für Sprache und Dichtung, Jahrbuch 1980*, Heidelberg 1981, S. 67–77; hier S. 67, 70–72

Johann Heinrich Hurter
Baroskop / Dasymeter
Um 1790

Apparatur zum Nachweis von Luftauftrieb

Ohne Gott keine Moral und ohne Moral keine Ordnung im Staat und so weiter. Ohne Moral kein Gott, hatte Büchner gerade in der theologischen Dissertation eines Freundes gelesen.[17] Entsprechend empört lässt er Payne reagieren: »Erst beweist Ihr Gott aus der Moral und dann die Moral aus Gott. Ein schöner Cirkelschluß der sich selbst im Hintern leckt.« Den zweiten Satz strich Büchner noch im Manuskript in vorauseilender Selbstzensur.

Die Reihe blasphemischer Bilder, die Payne hier konzentriert versammelt, ist beachtlich: Gott ist eine logisch unhaltbare Hypothese, ein Rabenvater, ein Zappelphilipp, ein Geschlechtskranker, Teil eines Zirkelschlusses. Anderswo erscheint er als Gelangweilter[18] oder dient zum Notausgang aus einer Grube. Dies sei noch kurz erläutert.

Wie man weiß, wollte René Descartes eine neue Philosophie auf einer Reihe unbezweifelbarer Sätze begründen. Da er aber nach dem berühmten Satz »Ich denke, also bin ich« keinen zweiten, ähnlich gewissen fand, also in einem metaphysischen Solipsismus gefangen blieb, griff er zum Gottesbeweis. Von dessen Gültigkeit ließen sich schon seine zeitgenössischen Philosophenkollegen nicht überzeugen. In seinen philosophischen Skripten präsentierte Büchner Descartes' Gedankengänge in aller Ausführlichkeit und resümierte dann:

> Gott ist [...] die Brücke zwischen dem cogito ergo sum, zwischen dem einsamen, irren, nur einem, d. Selbstbewußtseyn, gewissen, Denken und der Außenwelt. Der Versuch ist etwas naiv ausgefallen, aber man sieht doch, wie instinktartig scharf Cartesius schon das Grab der Philosophie abmaß, sonderbar ist es freilich wie er den lieben Gott als Leiter gebrauchte um herauszukriechen. Doch schon seine Zeitgenossen ließen ihn nicht über d. Rand.[19]

Gott als Leiter, auf der der Philosoph aus dem »Grab der Philosophie« herauskriecht: Büchners Reichtum an provozierenden Denkbildern scheint unerschöpflich.

»DER FREIE WILLE STEHT DAVORN GANZ OFFEN«
—
DEUS SIVE NATURA UND KÖNIG PETER

Verfolgte der Provokationskünstler Büchner immer eine Agenda? Oder konnte er auch ganz einfach heiter sein? Das anfangs behandelte Denkbild in *Woyzeck* begann auf der Ebene harmloser Professorenkomik und endete bei der tödlichen Dialektik des Freiheitsbegriffs. Dass mit Payne ein eher blasierter Philosoph einen Atheisten in seinem Atheismus festigt, ist eine zweifellos komische Situation, und auch die folgende Diskussion hat zunächst die Qualität einer Salondebatte. Irgendwann aber wird sie ernsthaft und heftig. Ob die folgende Szene nur heiter ist, möge jeder für sich entscheiden.

Bekanntlich stellte der niederländische Philosoph Spinoza eine Gott-Natur (deus sive natura) an den Anfang seiner Metaphysik und begriff sie als »Substanz« mit unendlich vielen Attributen, so dem Attribut der Ausdehnung und dem des Denkens. Aus den Attributen ergibt sich die empirische Welt der »Modificationen, Affectionen und Accidenzien«. Der künftige Philosophiedozent Büchner stellte all dies ausführlich und mit großem Ernst in seinem Vorlesungsmanuskript dar und inspirierte gleichzeitig sein Alter Ego, den Dichter Büchner, der gerade an dem Lustspiel *Leonce und Lena* arbeitete, zu folgender Szene.

Der König in dem Lustspiel heißt Peter; er ist als König ein »Erdengott« und zugleich ein manischer Philosoph. Beim ersten Auftritt lässt er sich von den Dienern die Kleider anziehen und macht sich selbst diesen Vorgang mit folgenden Worten klar:

> Die Substanz ist das an sich, das bin ich. (*Er läuft fast nackt im Zimmer herum.*) Begriffen? An sich ist an sich, versteht Ihr? Jetzt kommen meine Attribute, Modificationen, Affectionen und Accidenzien, wo ist mein Hemd, meine Hose? – Halt, pfui! der freie Wille steht davorn ganz offen. Wo ist die Moral, wo sind die Manschetten? Die Kategorien sind in der schändlichsten Verwirrung, es sind zwei Knöpfe zuviel zugeknöpft.[20]

↓

LEONCE.
Ich sitze wie unter einer Luftpumpe. Die Luft so scharf und dünn, daß mich friert, als sollte ich in Nankinhosen Schlittschuh laufen.

Leonce und Lena I,3, 1836/37

Luftpumpe
Johann Gottlieb Stegmann
(Hersteller)
Um 1773

Peter übersetzt die komplizierte Metaphysik Spinozas – für jedermann anschaulich und zugänglich – in die drastische Bildlichkeit des Comic. Erst der nackte Körper als Substanz, dann Hemd und Hose als Attribute, dann die Knöpfe als Kategorien des Denkens. Unter ihnen gibt es schon hier und auch im Folgenden eine bedauerliche Unordnung. Dass die Hose »davorn ganz offen« ist, führt uns zur Moral, und was es mit dem »freien Willen« in der Hose auf sich hat, wissen wir aus *Woyzeck*. Doch halt! Der Sinn eben dieser Worte ist bis heute umstritten. Sicher, so sagen alle, ist das Urinalorgar gemeint. Aber vielleicht ja auch das Sexualorgan. Diese Assoziation stellt sich ein, wenn der Schauspieler, der den tatterigen König spielt, Sprechpausen einlegt und nach den Worten: »der freie Wille steht davorn« den Satz nicht vollendet, sondern erst den Speichel im Mund verteilt. Auch Quellenforscher können hier mitreden, indem sie auf den schon genannten Professor Wilbrand verweisen, der schrieb: »Die Zeugung geschieht unter der Vorherrschaft der Vernunft, sie ist dem Willen unterworfen«.[21] Büchner macht in der kleinen Szene einen König und das ohnehin veraltete Zeremoniell des »Lever« lächerlich. Auch geht es um Philosophie, aber eine Spinoza-Satire würde man die Szene wohl nicht nennen. Wenn Peter etwas später sagt: »Ich wollte mich an mein Volk erinnern«,[22] sind wir wieder bei der politischen Agenda. Zuvor nicht. Auch Karl Gutzkow hielt die Szene 1838 für harmlos und druckte sie trotz Vorzensur in einer Zeitschrift.

Anders Ludwig Büchner. Er agierte 1850 in seiner Ausgabe der *Nachgelassenen Schriften von G. Büchner* als Zensor. Er strich ersatzlos das »fast nackt«, änderte die Frage »wo ist mein Hemd« zu »wo sind meine Schuhe« und verhalf der Moral zu einem Teilsieg, indem er eben jenes »davorn« tilgte, das noch immer die Wissenschaft beschäftigt. In dieser Textfassung steht eindeutig kein Sexualorgan, sondern nur noch eine Hose offen.

»SEIT GESTERN NICHTS WARMES IN DEN LEIB GEKRIEGT«
—
SANSCÜLOTTENLUST?

»Es ist nicht gut, daß die Guillotine zu lachen anfängt«,[23] sagt in *Danton's Tod* einer der Schreckensmänner und meint damit: Wenn die Todesmaschine statt Schrecken Lachen erzeugt, ist die Revolutionsregierung am Ende. Tatsächlich ist die Regulierung des Lachens seit je eine Bedingung des Machterhalts, und zwar zumal in Systemen, die ohne Konsens nicht oder nicht ganz auskommen. Ein Priester, über dessen Gott man lacht, muss sich eine neue Stelle suchen; ein lächerlich gewordener

↓

RENÉ DESCARTES
—
DIE BEWEGUNG DES BLUTES UND DER LEBENSGEISTER BEI DER LIEBE 1649

Diese und andere Beobachtungen, die zu beschreiben hier zu weitläufig sein würde, lassen mich annehmen, dass, wenn der Verstand sich einen Gegenstand der Liebe vorstellt, der Eindruck dieses Gedankens im Gehirn die Lebensgeister durch die Nerven des sechsten Paares nach den Muskeln der Eingeweide und des Magens führt, und zwar in der Art, dass der Speisesaft, der sich in frisches Blut verwandelt, schnell, und ohne sich in der Leber aufzuhalten, zum Herzen drängt. Hier wird er stärker als der in anderen Theilen des Körpers befindliche fortgestossen und tritt deshalb in grösserer Menge ein und erregt eine stärkere Wärme, weil er gröber ist als der, welcher schon mehrmals das Herz im Kreislauf durchströmt hat. Er sendet deshalb auch Lebensgeister nach dem Gehirn, die in ihren Bestandtheilen ebenfalls gröber und bewegter als gewöhnlich sind. Dort verstärken sie den Eindruck, welchen der erste Gedanke an den geliebten Gegenstand hier gemacht hat, und nöthigen die Seele, bei diesem Gedanken zu verweilen, und hierin besteht die Leidenschaft der Liebe.

Aus: René Descartes, *Philosophische Werke*, übersetzt, erläutert und mit einer Lebensbeschreibung des Descartes versehen von J. H. von Kirchmann, Berlin 1870, 4. Abteilung: »Ueber die Leidenschaften der Seele«, Artikel 102, S. 77 f.

VALERIO.
Nimm diese Glocke, diese Taucherglocke und senke dich in das Meer des Weines, daß es Perlen über dich schlägt. Sieh wie die Elfen über dem Kelch der Weinblumen schweben, goldbeschuht, die Cymbeln schlagend.

Leonce und Lena II,2, 1836/37

Georg Lauteschläger
Taucherglocke
In: *Figurentafeln zur Physik*
1837

Lehrer muss prügeln, bis es nicht mehr geht, und ein Monarch braucht gegen Erniedrigung durch Gelächter Polizeischutz. Wilhelm Schulz, der enge Freund Georg Büchners, bemerkte einmal, »daß ein alles Anstands baarer deutscher Bauer, dem etwa bei dem Namen seines allergnädigsten Landesherrn ein unartikulirter Ton entwischt, damit beim Volke immer noch eine wirksamere Propaganda macht, als ein deutscher Professor, der eine glänzende Rede gegen die Tyrannen hält.«[24] Warum, so könnte man fragen, tun sich beide nicht zusammen? Jeder tut sein Teil, und gemeinsam sind sie stark. Aber zum einen will der Professor den Tyrannen nicht nur einfach stürzen, sondern aus den richtigen Gründer stürzen, und zum andern fürchtet er, dass sich der »unartikulierte Ton« demnächst gegen ihn richtet. In der Angst vor erniedrigendem Gelächter bilden alle, die gewöhnt sind, »mit den wichtigsten Gesichtern«[25] herumzulaufen, eine untrennbare Einheit. Sie reicht vom Monarchen über den Professor bis zum letzen Familienvater.

Karl Gutzkow wurde im Herbst 1835 in einer Kampagne »gegen unmoralische Literatur« von bürgerlichen Schriftstellerkollegen angegriffen und im Januar 1836 wegen Verächtlichmachung des christlichen Glaubens verurteilt. Mit dem Sprechen über Sexualität und dem respektlosen Sprechen über Religion hatte er zwei Tabus verletzt und die bürgerlichen Autoritäten vermutlich sogar stärker erbost als die aristokratischen. Aufschlussreich sind in dieser Hinsicht Gutzkows präventive Eingriffe in *Danton's Tod*. Politisches und Theologisches ließ er unverändert; bei Sexuellem kürzte und milderte er heftig, und zwar keineswegs aus eigenem Antrieb. Ludwig Büchner, Georgs Bruder, war ein dogmatischer Atheist, aber die Sexual- oder Fäkalwitze seines Bruders widerten ihn an. Deshalb die schon bemerkten Streichungen in *Leonce und Lena*. Georg Büchner wusste dagegen, dass Sexuelles den besten Zündstoff für Gelächter und für wenigstens symbolische Akte der Befreiung bietet.

Dass einige dieser Befreiungsakte heute noch immer oder von Neuem irritieren, sei nicht übergangen. In der zweiten Szene von *Danton's Tod* will ein Vater seine Tocher umbringen, weil sie auf dem Strich geht. Die Mutter hindert ihn mit dem Argument:

> hättest du nur ein Paar Hosen hinaufzuziehen, wenn die jungen Herren die Hosen nicht bey ihr herunterließen? [...] Wir arbeiten mit allen Gliedern warum denn nicht auch damit; ihre Mutter hat damit geschafft wie sie zur Welt kam und es hat ihr weh gethan, kann sie für ihre Mutter nicht auch damit schaffen, he? und thut's ihr auch weh dabey, he? Du Dummkopf![26]

Prostitution, so lässt uns diese aufgeklärte Mutter wissen, ist Broterwerb und tut nicht weh. Sie muss es wissen, und so lachen wir mit ihr und ihrer witzigen Pointe. Warum den Moralapostel spielen, wenn man nicht muss? Gleich in der nächsten Replik ruft ein solcher Moralapostel: »Ein Messer für die Leute, die das Fleisch unserer Weiber und Töchter kaufen! Weh über die, so mit den Töchtern des Volkes huren!« Er gewinnt unsere Sympathie, denn er will nicht die Hure, sondern die Freier umbringen. Aber natürlich müssen wir bedenken, dass die Tochter nicht mehr wird »arbeiten« können, wenn die Freier ein Messer im Leib haben. Wer mit der Mutter gelacht hat, kann sich mit dem Agitator schlecht empören. Andererseits verwendet er dieselben Sätze wie Büchner im *Hessischen Landboten*, der dort über »die Herren und Damen vom Adel und Hofe«, die sich »in ihrer Geilheit übereinander wälzen«, sagt: »Die Töchter des Volks sind ihre Mägde und Huren«.[27]

An einer anderen Stelle dieses Dramas wird ein einziger Satz zum zweideutigen Denkbild. »Mach fort«, sagt Rosalie »zu Adelaiden«, »da kommen Soldaten, wir haben seit gestern nichts Warmes in den Leib gekriegt.«[28] Rosalie will endlich eine warme Mahlzeit, so viel scheint sicher. Ein Interpret schrieb, sie sei »lebenslustig«. Kann man bei ihrer Art sich auszudrücken diese Deutung ganz ausschließen? So gehört wohl auch diese nachhaltige Provokation noch zu der von Gutzkow an *Danton's Tod* gepriesenen »Sanscülottenlust«.[29]

↓

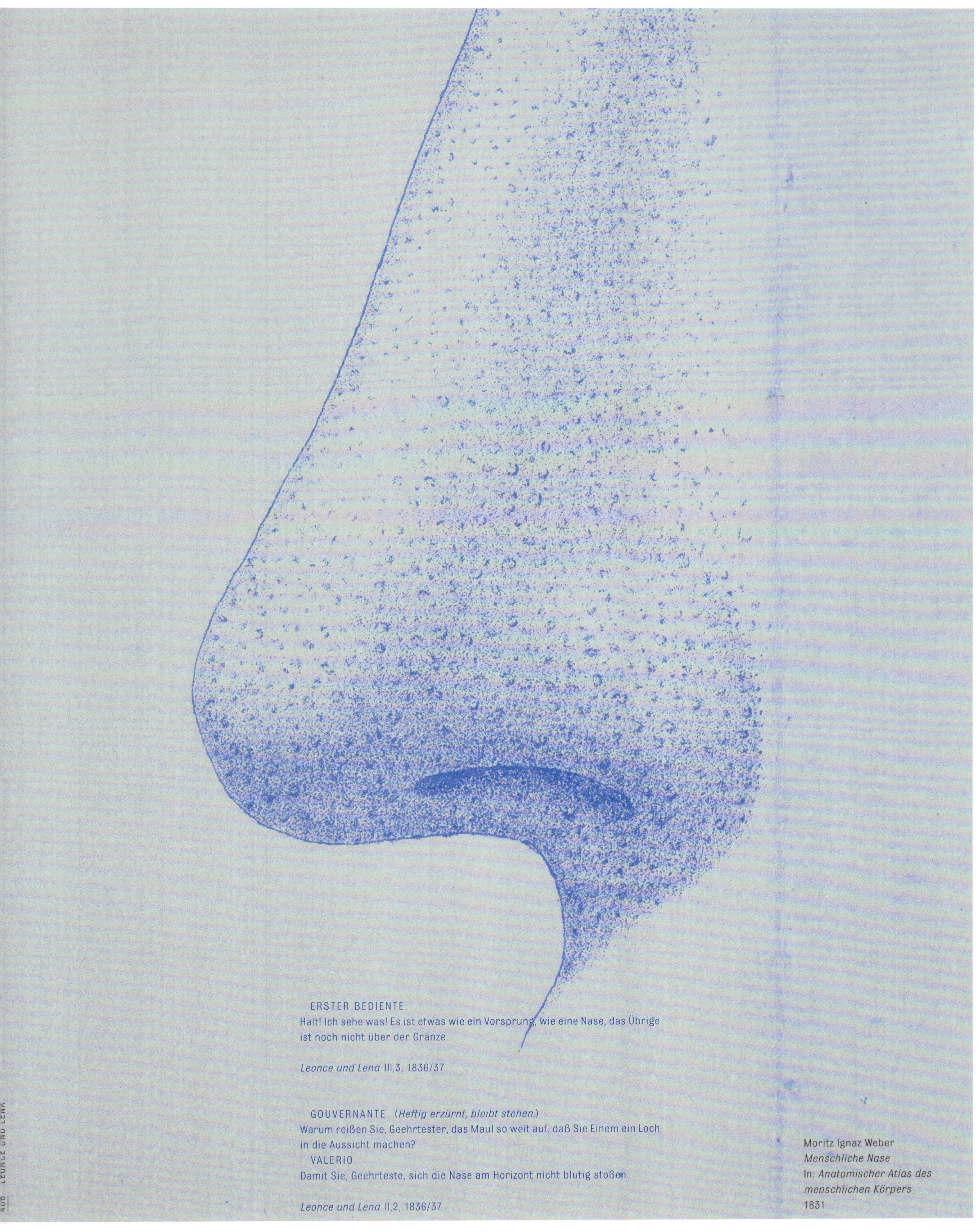

ERSTER BEDIENTE.
Halt! Ich sehe was! Es ist etwas wie ein Vorsprung, wie eine Nase, das Übrige ist noch nicht über der Gränze.

Leonce und Lena III,3, 1836/37

GOUVERNANTE. (*Heftig erzürnt, bleibt stehen.*)
Warum reißen Sie, Geehrtester, das Maul so weit auf, daß Sie Einem ein Loch in die Aussicht machen?
VALERIO.
Damit Sie, Geehrteste, sich die Nase am Horizont nicht blutig stoßen.

Leonce und Lena II,2, 1836/37

Moritz Ignaz Weber
Menschliche Nase
In: *Anatomischer Atlas des menschlichen Körpers*
1831

DEDNER

1 *Danton's Tod* IV/5, zit. nach: MBA III.2, S. 76. – Teile dieses Beitrags finden sich bereits in meinem Aufsatz: »Kynische Provokation und materialistische Anthropologie bei Georg Büchner«, in: *Societas rationis. Festschrift für Burkhart Tuschling zum* 65. *Geburtstag*, hrsg. von Dieter Hüning, Gideon Stiening und Ulrich Vogel, Berlin 2002, S. 289–309.

2 *Allgemeine deutsche Real-Encyklopädie für die gebildeten Stände*, 8. Aufl., Leipzig 1833–1837, Bd. 3, S. 301.

3 *Der kleine Pauly. Lexikon der Antike*, Bd. 2, München 1979, S. 50.

4 Karl Buchner, »Georg Büchner, gestorben den 19. Februar 1837«, in: *Literarische und Kritische Blätter der Börsen-Halle*, Nr. 1359–1360, 22. und 24. Mai 1837, S. 488.

5 Hermann Marggraff, »Rezension von Danton's Tod«, in: *Jahrbücher für Drama, Dramaturgie und Theater*, Bd. 1, 1837, S. 161.

6 Heinrich von Treitschke, *Deutsche Geschichte im Neunzehnten Jahrhundert*, Teil 4, Berlin 1889, S. 434.

7 Jean Jacques Rousseau, *Du Contrat social*, Buch 1, Kap. 1; in: *Œuvres complètes*, Bd. 1, Paris 1835, S. 639.

8 Friedrich Schiller, »Worte des Glaubens«, in: ders., *Sämtliche Werke in fünf Bänden*, München 2004, Bd. 1, S. 214.

9 *Woyzeck* H4,8, zit. nach: MBA VII.2, S. 27.

10 Johann Bernhard Wilbrand, *Physiologie des Menschen*, Gießen 1815, S. 324 f.

11 Johann Bernhard Wilbrand, *Allgemeine Physiologie insbesondere vergleichende Physiologie der Pflanzen und der Thiere*, Heidelberg 1833, S. 2.

12 Johann Bernhard Wilbrand, *Handbuch der Naturgeschichte des Thierreichs. Nach der verbesserten Linne'schen Methode*, Gießen 1829, S. 21.

13 Z. B. 1. Samuel 25,34; weitere Belege in MBA VII.2, S. 510.

14 Heinrich Heine, »Zur Geschichte der Religion und Philosophie in Deutschland«, in: ders., *Der Salon*, Teil 2, Hamburg 1835, S. 123.

15 *Danton's Tod* III/1; MBA III.2, S. 47 ff.

16 Voltaire, *Œuvres complètes*, Neuauflage, 52 Bde., Paris 1877–1885, hier Bd. 29, S. 10: »Si Dieu n'existait pas, il faudrait l'inventer.«

17 Louis-Adolphe Stoeber, *Idées sur les rapports de Dieu à la nature et spécialement sur la révélation de Dieu dans la nature*, Straßburg 1834, S. 42.

18 *Leonce und Lena* III/3; MBA VI, S. 122: »Es war vor Erschaffung der Welt [...] Daß [...] Gott lange Weile hatte«.

19 MBA IX.2, S. 59.

20 *Leonce und Lena* I/2, zit. nach: MBA VI, S. 102.

21 Wilbrand 1815 (wie Anm. 10), S. 385; vgl. MBA VI, S. 446.

22 *Leonce und Lena* I/2, zit. nach: MBA VI, S. 103.

23 *Danton's Tod* III/6, zit. nach: MBA III.2, S. 60.

24 Wilhelm Schulz, »Rezension von Nachgelassene Schriften von G. Büchner«, in: *Deutsche Monatsschrift für Politik, Wissenschaft, Kunst und Leben*, Jg. 2, Bd. 1, S. 222.

25 *Leonce und Lena* I/1, zit. nach: MBA VI, S. 100.

26 *Danton's Tod* I/2, zit. nach: MBA III.2, S. 9 f.

27 MBA II.1, S. 8.

28 *Danton's Tod* II/2; MBA III.2, S. 34.

29 Karl Gutzkow, »Ein Kind der neuen Zeit«, in: *Frankfurter Telegraph*, N. F., Nr. 42. Juni 1837, S. 337.

DER FREIE WILLE
STEHT DAVORN
GANZ OFFEN

ALLES STILL,
ALS WÄR
DIE WELT TODT

WOYZECK.
Red was! (*starrt in die Gegend.*) Andres! Wie hell! Ein Feuer fährt um den Himmel und ein Getös herunter wie Posaunen. Wie's heraufzieht! Fort. Sieh nicht hinter dich (*reißt ihn in's Gebüsch*)

Woyzeck H4,1, 1836

WOYZECK.
Ja die Natur, Herr Doctor wenn die Natur aus ist. [...]
Wenn die Welt so finster wird, daß man mit den Händen an ihr herumtappen muß, daß man meint sie verrinnt wie Spinnweb'[.] Das ist, so wenn etwas ist und doch nicht ist [.] Wenn alles dunkel ist, und nur noch ein rother Schein im Westen, wie von einer Esse.

Woyzeck H2,6, 1836

Caspar David Friedrich
Weidengebüsch bei tiefstehender Sonne
1832–1835

DER FALL WOYZECK

FREIES FELD. DIE STADT IN DER FERNE.

Woyzeck und Andres schneiden Stöcke im Gebüsch.

WOYZECK.
Ja Andres; den Streif da über das Gras hin, da rollt Abends der Kopf, es hob ihn einmal einer auf, er meint es wär' ein Igel. Drei Tag und drei Nächt und er lag auf den Hobelspänen (*leise*) Andres, das waren die Freimaurer, ich hab's, die Freimaurer, still!

ANDRES (*singt*).
Saßen dort zwei Hasen
Fraßen ab das grüne, grüne Gras …

WOYZECK.
Still! Es geht was!

ANDRES.
Fraßen ab das grüne, grüne Gras
Bis auf den Rasen.

WOYZECK.
Es geht hinter mir, unter mir (*stampft auf den Boden*) hohl, hörst du? Alles hohl da unten. Die Freimaurer!

ANDRES.
Ich fürcht mich.

WOYZECK.
S'ist so kurios still. Man möcht' den Athem halten. Andres!

ANDRES.
Was?

WOYZECK.
Red was! (*starrt in die Gegend.*) Andres! Wie hell! Ein Feuer fährt um den Himmel und ein Getös herunter wie Posaunen. Wie's heraufzieht! Fort. Sieh nicht hinter dich (*reißt ihn in's Gebüsch.*)

ANDRES (*nach einer Pause*).
Woyzeck! hörst du's noch?

WOYZECK.
Still, Alles still, als wär die Welt todt.

ANDRES.
Hörst du? Sie trommeln drin. Wir müssen fort.

Woyzeck, letzter Handschriftenentwurf, 1. Szene, 1836/37

MARGARETE.
Ein Schmuck! Mit dem könnt' eine Edelfrau / Am höchsten Feyertage gehn. / [...] / (Sie [...] tritt vor den Spiegel). / [...] / Nach Golde drängt, / Am Golde hängt / Doch alles. Ach wir Armen!

Johann Wolfgang von Goethe, *Faust*, 1808

Heinrich Christoph Kolbe
Johann Wolfgang von Goethe
1826

Büchners *Woyzeck* ist gegenwärtig das weltweit erfolgreichste deutschsprachige Bühnenstück. Das ist erstaunlich für ein Fragment. Denn überliefert ist lediglich ein titelloses Konvolut aus verschiedenen Entwurfshandschriften, die kaum zu entziffern sind und deren Zusammenhang an verschiedenen Stellen unklar ist. Büchner begann frühestens Anfang Juli 1836 mit der Arbeit an dem Stück, konnte es jedoch vor seinem Tod nicht mehr abschließen. Die Manuskripte geben Einblicke in Büchners Arbeitsweise und lassen die sukzessive Entstehung und Überarbeitung des Stücks erkennbar werden. Mit teilweise stark verändertem Text und anderer Reihenfolge der Szenen als heute üblich wurde es erstmals 1875 und 1879 von Karl Emil Franzos unter dem Titel *Wozzeck. Ein Trauerspiel-Fragment* veröffentlicht. Die Uraufführung des *Wozzeck* fand am 8. November 1913 im Münchner Residenztheater statt. Diese Fassung bildet auch die Grundlage für Alban Bergs gleichnamige Oper von 1921 (Uraufführung 1925). Eine zuverlässige Ausgabe des Textes erfolgte erst in den 1920er-Jahren.

Büchners unabgeschlossenes Drama zeigt einen Mordfall und seine Vorgeschichte. Vor allem zwei historische Vorlagen haben Spuren im Stück hinterlassen: die Ermordung des Druckereigesellen Bernhard Lebrecht durch den verschuldeten Schustergesellen und Soldaten Johann Philipp Schneider bei Darmstadt am 15. April 1813 und der Eifersuchtsmord des arbeitslosen Perückenmachers und ehemaligen Soldaten Johann Christian Woyzeck an der Witwe Johanna Christiane Woost in Leipzig am 2. Juni 1821. Während der erste Fall für Büchner bei der Gestaltung der Mordszenen relevant wurde, gewann der zweite Fall, der zunächst eine geringere Rolle spielte, während der Arbeit an dem Drama so zentrale Bedeutung, dass Büchner seiner Hauptfigur den Nachnamen Woyzeck gab. Damit bezog er sich explizit auf einen Fall, der einer breiteren Öffentlichkeit durch die Debatte über die Zurechnungsfähigkeit des Täters bekannt war.

Der historische Johann Christian Woyzeck war nach seiner Tat durch den Leipziger Psychiater Johann Christian August Clarus zweimal begutachtet und für schuldfähig erklärt worden. Er wurde am 27. August 1824 auf dem Leipziger Marktplatz hingerichtet. Das 1825 in der *Zeitschrift für Staatsarzneikunde* publizierte zweite Gutachten von Clarus rief in der Fachwelt eine heftige Debatte hervor, denn es beurteilte den Mord moralisierend als Folge von »Arbeitsscheu, Spiel, Trunkenheit, ungesetzmäßige[r] Befriedigung der Geschlechtslust«, erklärte die Halluzinationen des Täters mit Bluthochdruck »am rechten Ohre« und gewann damit den Beifall der konservativen Kollegen. Etliche liberale Psychopathologen sahen dagegen in der von Clarus gelieferten Anamnese und Symptombeschreibung einen Beweis für Woyzecks eingeschränkte Willensfreiheit zum Tatzeitpunkt und also für seine Schuldunfähigkeit. Dies kulminierte 1835 in der Feststellung des bekannten Psychiaters Johann Baptist Friedreich, veröffentlicht in einem Psychologiehandbuch für Juristen, bei Woyzecks Hinrichtung habe es sich um einen »schauderhaften Justizmord« gehandelt.

Büchners Drama partizipiert an dieser Debatte, indem es die destruktiven Folgen der Lebensumstände Woyzecks zeigt. Der Protagonist ist einer Vielzahl von Angriffen auf seine Psyche und Physis ausgesetzt: Armut, Arbeitshetze, das entwürdigende Militärsystem, ideologische und religiöse Normen und Verhaltensanforderungen, soziale und sexuelle Demütigungen sowie ein ausgedehntes Ernährungsexperiment. Letzteres degradiert Woyzeck nicht nur zum Versuchstier, sondern ist auch eine der Ursachen für seine psychische Erkrankung und die damit einhergehenden Halluzinationen, die ihn schließlich zur Mordtat treiben.

↓

PETER VON MATT

—

BÜCHNERS KRITIK DER ROMANTISCHEN VISION

»Alles Sichtbare haftet am Unsichtbaren«,[1] sagt Novalis in den *Neuen Fragmenten*. Das ist die metaphysische Parole der Romantik. Das Sichtbare, besagt sie, ist immer Übergang. Jede Betrachtung des Gegenständlichen soll mir die Augen öffnen für das, was dahinter ist. Diesem begegne ich zuerst in einer Ahnung, dann in einem Vorschein, schließlich in einer Vision. Unentwegt versucht die Romantik über Ahnung und Vorschein zur Vision zu gelangen. Caspar David Friedrich malt immer und immer wieder das Licht am Horizont, und er erreicht tatsächlich, dass sowohl die Betrachter im Bild wie auch die Betrachter des Bildes dieses Licht als das Aufstrahlen einer höheren Welt erfahren.

Die Anthropologie der Romantik hat für die Begegnung mit dem Unsichtbaren die Vorstellung von einem zweiten Augenpaar geschaffen. In der ersten *Hymne an die Nacht* spricht Novalis von den »unendlichen Augen, die die Nacht in uns geöffnet«.[2] Wir besitzen diese andern Organe, wissen aber vielleicht gar nichts davon. Und wenn sie plötzlich tätig werden, kann uns das sogar aus aller Ordnung werfen. So geschieht es nicht selten den Helden E.T.A. Hoffmanns. Anderswo tritt der romantische Held durch diese Fähigkeit wie in einen geheimen Orden ein, in die Gemeinschaft jener, die vom Unsichtbaren wissen. Alle andern sind dann die Spießer, die Philister. Justinus Kerner, der Dichter und Arzt, hat in seinem dokumentarischen Buch *Die Seherin von Prevorst* (1829) die Visionen einer Frau, Friederike Hauffe, mit medizinischer Genauigkeit beschrieben. Der Bericht wurde für die einen zur Sensation, für die andern zum Ärgernis. Er schilderte die Person in einer Weise, die an Texte von E.A. Poe und Franz Kafka erinnert.[3] Friederike Hauffe

↓

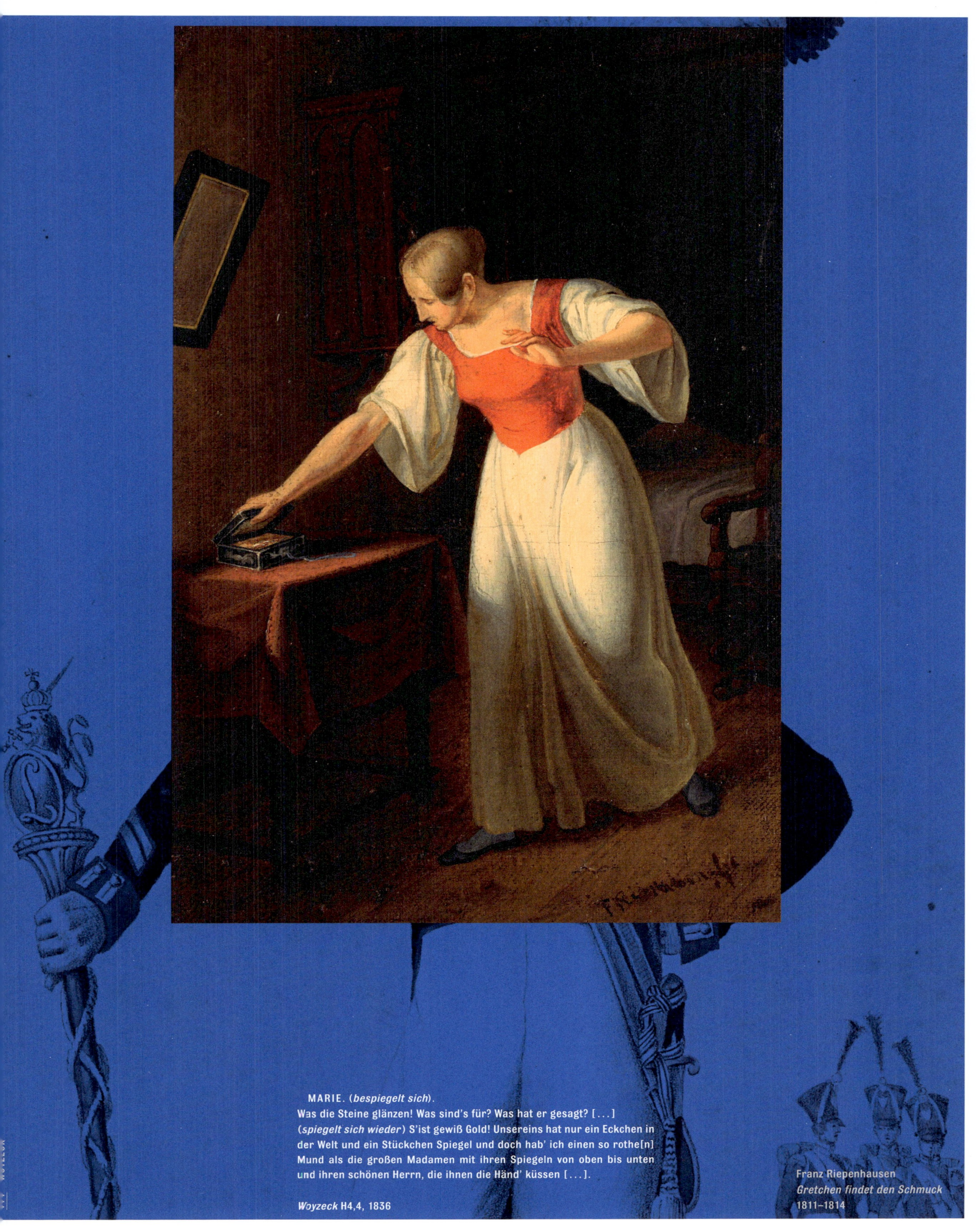

MARIE. (*bespiegelt sich*).
Was die Steine glänzen! Was sind's für? Was hat er gesagt? [...]
(*spiegelt sich wieder*) S'ist gewiß Gold! Unsereins hat nur ein Eckchen in der Welt und ein Stückchen Spiegel und doch hab' ich einen so rothe[n] Mund als die großen Madamen mit ihren Spiegeln von oben bis unten und ihren schönen Herrn, die ihnen die Händ' küssen [...].

Woyzeck H4,4, 1836

Franz Riepenhausen
Gretchen findet den Schmuck
1811–1814

Neben den Gutachten bezog Büchner bei seiner Arbeit an *Woyzeck* eine Fülle von Anregungen aus literarischen Werken, insbesondere aus Dramen von Goethe, Lenz und Shakespeare sowie Texten von Tieck und Jean Paul. Die Dramenpersonen sprechen in vielen Szenen Kinderreime oder singen Volkslieder. Im Großmuttermärchen variierte Büchner Vorlagen aus den Kinder- und Hausmärchen der Brüder Grimm, wobei er die Glücksverheißungen der Märchen ins Trostlose umwandelte. Auffällig sind auch Anleihen an die Sprache der Lutherbibel oder Zitate daraus.

Im *Woyzeck* werden erstmals in der internationalen Theatergeschichte Personen der Unterschicht im ernsthaften Drama dargestellt. Zu Büchners Leistungen gehört es, dass er für dieses Personal eine adäquate Bühnensprache entwickelte, die sich von der üblichen Annäherung des Plebejischen ans Komische gänzlich fern hielt. Auch die nicht unübliche Annäherung an Dialektsprache hat Büchner weitgehend vermieden. Der *Woyzeck* wird so zu einer glaubwürdigen kriminalistischen wie psychiatrischen Fallbeschreibung gleichermaßen, die exemplarisch das Leben eines Paupers als tragisch-ausweglosen sozialen Determinationszusammenhang vorführt. Wäre das Drama 1837 fertiggestellt und publiziert worden, hätte es als aktueller literarischer Beitrag zur Debatte um die Schuldfähigkeit und die Lebenswirklichkeit von Angehörigen der Armutsschichten gelten müssen. TF

war, meinte Kerner, »ein im Augenblick des Sterbens, durch irgend eine Fixierung, zwischen Sterben und Leben zurückgehaltener Mensch, der schon mehr in die Welt, die nun vor ihm, als in die, die hinter ihm liegt, zu sehen fähig ist.«[4] Und er betont in einer Anmerkung dazu: »Dies ist nicht nur ein poetischer Ausdruck, sondern wirklich wahr.« Er wisse nämlich als Arzt, fährt er fort, dass dieser Zustand bei Sterbenden nicht selten vorkomme, aber immer nur ganz kurz, »oft nur wie Blitze«; bei Friederike Hauffe hingegen habe er jahrelang gedauert. Im Vorwort zur vierten Auflage von 1846 wünscht sich Kerner, »es möchten diese Phänomene […] mehr auf naturforscherischen als religiösen Boden gezogen und auf solchem verfolgt und weiter erforscht werden«.[5]

In den 1830er-Jahren, zu Georg Büchners aktivster Zeit, war Kerners Buch aktuell und heftig umstritten. Aufregend für die Epoche war gerade der Anspruch, die Begegnung mit dem Jenseitigen mit naturwissenschaftlichen Mitteln zu erforschen. Das was Kerner im Untertitel seines Buches »das Hereinragen einer Geisterwelt in die unsere« nennt, sollte nicht nur geahnt oder visionär geschaut, sondern nüchtern registriert und bewiesen werden. Diese Absicht charakterisiert die neue Seh- und Denkweise, die nach der 1830er-Revolution in ganz Europa um sich greift. Aber während Kerners Buch eine parawissenschaftliche Kuriosität bleibt, die wie ein Kompendium auch noch der heutigen Esoterik anmutet, ist Georg Büchners Umgang mit der Vision literarisch wie wissenschaftsgeschichtlich bahnbrechend. Man kann dies parallel setzen zu seinem Umgang mit der juristischen Kategorie der Zurechnungsfähigkeit. In der damaligen Debatte um die Zurechnungsfähigkeit eines Verbrechers sind die *Woyzeck*-Fragmente von historischer Bedeutung. Und dies sind sie auch in ihrer kritischen Analyse der romantischen Vision.

Auf merkwürdige und literarisch aufregende Weise kehrt Büchner Kerners Verfahren um. Dieser geht davon aus, dass seine Seherin eine höhere Wirklichkeit erkennt, und beschreibt den Vorgang so sachlich wie möglich. Büchner begreift die Visionen von Woyzeck und Lenz als pathologische Symptome, aber er inszeniert sie literarisch mit höchster poetischer Kraft. Exemplarisch ist die Auftaktszene zum *Woyzeck* in der sogenannten *Vorläufigen Reinschrift*.[6] Woyzeck und sein Kamerad Andres müssen vor der Stadt Stecken schneiden, die Instrumente, mit denen die Soldaten gespießt? – gedrillt werden.

Diese Vorbereitung seiner eigenen Erniedrigung löst in Woyzeck eine Kette von Einbildungen aus. Zuerst glaubt er, im Gras einen merkwürdigen Streifen zu sehen, und ist überzeugt, dass hier des Nachts ein Totenkopf daherrolle. Das ist ein Motiv aus zirkulierenden Volkssagen. Woyzeck weiß auch, dass einer stirbt, wenn er den Schädel berührt. Mit Woyzecks nächster Äußerung aber sorgt Büchner dafür, dass wir die gespenstische Vision als wahnhaft erkennen. »Andres«, sagt Woyzeck, »das waren die Freimaurer, ich hab's, die Freimaurer, still!« Die absurde Verknüpfung der Geistergeschichte mit einem viel diskutierten Geheimbund zeigt Woyzeck als verwirrte Person.

Damit wäre der Mann eigentlich hinreichend exponiert, aber durch das, was nun folgt, erhalten die pathologischen Zwangsvorstellungen eine Bannkraft, die auch den unbekümmerten Kameraden erfasst. Die plötzliche Überzeugung, dass

↓

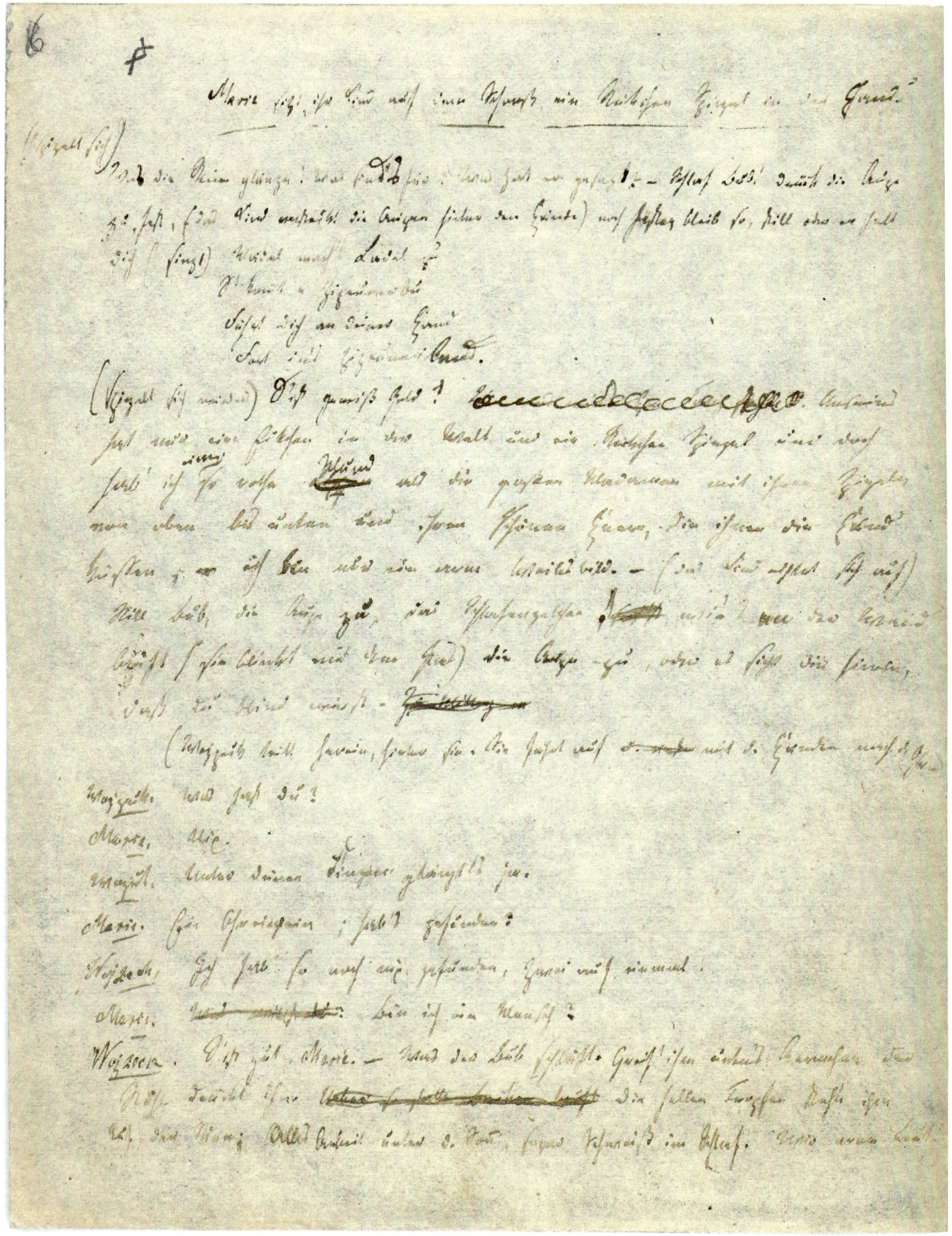

Georg Büchner
Woyzeck
Handschrift,
Quart I, H 4, 4
1836/37

1 **Marie** sitzt, ihr Kind auf dem Schooß, ein Stükchen Spiegel in der Hand.
2a ⌈(bspigelt sich)⌉
2 Was die Steine glänze! Was sind's für? Was hat er gesagt? – Schlaf Bub! Drück die Auge
3 zu, fest, ~~n~~→(das Kind versteckt die Augen hinter den Händen) noch fester, bleib so, still oder er holt
4 dich (singt) Mädel mach's Ladel zu
5 S' kom̄t e Zigeunerbu
6 Führt dich an deiner Hand
7 Fort in's Zigeunerland.
8 (spiegelt sich wieder) S'ist gewiß Gold~~?~~→! ~~Wie wird mir's bym Tanz stehn?~~ Unsereins
9 hat nur ein Eckchen in der Welt und ein Stückchen Spiegel und doch
10a ⌈einen⌉ ⌈Mund⌉
10 hab' ich so rothe ~~Lippen~~ als die großen Madamen mit ihren Spiegeln
11 von oben bis unten und ihren ~~H~~→schönen Herrn, die ihnen die Händ'
12 küssen; ~~+~~ ich bin nur ein arm Weibsbild. – (das Kind richtet sich auf)
13 Still Bub, die Auge zu, das Schlafengelchen~~,~~→! ~~sich'st,~~ wie's an der Wand
14 läuft (sie blinkt mit dem Glas) die Auge zu, oder es sieht dir hinein,
15 daß du blind wirst. ~~Zu Mittag |m|w|~~
16 (Woyzeck tritt herein, hinter sie. Sie fährt auf ~~u. verste~~ mit d. Händen nach d. Ohren)
17 Woyzeck. Was hast du?
18 **Marie**. Nix.
19 Wozeck. Unter deinen Fingern glänzt's ja.
20 **Marie**. Ein Ohrringlein; hab's gefunden~~?~~→.
21 **Woyzeck**, Ich hab' so noch nix gefunden, Zwei auf einmal.
22 **Marie**. ~~Was willst du?~~ Bin ich ein Mensch?
23 **Woyzeck**. S'ist gut, **Marie**. – Was der Bub schläft. Greif' ihm unter's Aermchen der
24 Stuhl drückt ihn. ~~Ueber seine glatt|e|en| Backen läuft~~ Die hellen Tropfen steh'n ihm
25 auf der Stirn; Alles Arbeit unter d. Soñ, sogar Schweiß im Schlaf. Wir arme Leut!

TRANSKRIPTIONSLEGENDE:
ANHANG, S. 608

Garde Infanterie,
Regiments-Tambour.

TAMBOUR-MAJOR.
Wenn ich am Sonntag erst den großen Federbusch hab' u. die weißen Handschuh, Donnerwetter, Marie, der Prinz sagt immer: Mensch, er ist ein Kerl.

MARIE. (*ihn ansehend, mit Ausdruck.*)
Geh' einmal vor dich hin. – Ueber die Brust wie ein Stier u. ein Bart wie ein Löw .. So ist keiner .. Ich bin stolz vor allen Weibern.

Woyzeck H4,6, 1836

Franz Hubert Müller (Entwurf) / Josef Völlinger (Lithografie)
Tambourmajor, Garde Infanterie, Regimentstambour XXI
1825–1828

die Freimaurer hinter dem rollenden Schädel stehen, erweckt in Woyzeck das zwingende Gefühl, unter ihm sei alles hohl. Er hört das sogar, wenn er stampft. Fremde Mächte sind im Boden. Nun ruft Andres aus: »Ich fürcht mich«. Die Vision steckt an. Und diese Bestätigung treibt Woyzecks bedrängte Seele in eine prophetische Ekstase. Er »starrt in die Gegend«, ins Abendlicht, und ruft aus: »Andres! Wie hell! Ein Feuer fährt um den Himmel und ein Getös herunter wie Posaunen. Wie's heraufzieht! Fort. Sieh nicht hinter dich.« Und er reißt den Freund ins Gebüsch. Seit den Freimaurern im Boden wissen wir, dass Woyzeck gestört ist, nicht richtig im Kopf. Deshalb kann Büchner es wagen, ihm Worte von visionärer Gewalt in den Mund zu legen. In Woyzecks Rede überlagern sich zwei Überlieferungen. Einerseits die Berichte vom Weltuntergang mit den Posaunen der Apokalypse, andererseits die Schilderung der Vernichtung von Sodom und Gomorrha in der *Genesis*, auf welche die Wendung »Sieh nicht hinter dich« anspielt. Lot und die Seinen durften sich bekanntlich bei der Flucht aus der von Gott vernichteten Stadt Sodom nicht umblicken.[7]

Woyzeck hat also Visionen, aber es sind psychopathologische Symptome. Seine gequälte, ausgebeutete Existenz rettet sich in fantastische Vorstellungen, bei denen die wahren Übeltäter, seine diversen Vorgesetzten, durch abenteuerliche Feinde unter dem Boden ersetzt werden. Er ist der einzige, der sie erkennt. Das macht ihm die Unmenschlichkeit, die er täglich erleiden muss, erträglich. Er kann sich als Wissender fühlen, vor dessen Einsicht die andern erschrecken. Die natürlichsten Reaktionen auf das Geschundenwerden aber, Wut und Rache, kann er nicht unmittelbar ausleben. Dazu ist die Macht der Schinder zu groß. So verwandelt sich die Empörung in das Bild der brennenden, von Gottes Zorn zerstörten Stadt, mit der zusammen auch alle seine Peiniger umkommen. Woyzeck übt Vergeltung mit seiner Vision, ohne es zu wissen und hilflos, lächerlich hilflos sogar – wäre da nicht die poetische Kraft Georg Büchners. Sie macht das Symptom zu einem weltliterarischen Ereignis. Der Woyzeck auf der Bühne weiß auch davon nichts. Was wir als poetische Sensation erleben, ist auf der Realitätsebene des Stücks ein Gemisch aus in der Bibel Gelesenem und von der Kanzel Gehörtem. Auf der Ebene der impliziten Kommunikation zwischen dem Autor und dem Publikum aber, die sich in jedem Augenblick eines literarischen Werks abspielt, wird die dichterische Gewalt,

↓

PHILIPP BOPP

—

MEUCHELMORD
1834

An dieser Stelle schlug Schneider heimlich seinem Gefährten den Stein an den Kopf, fehlte aber seiner Absicht, denselben zu betäuben, obschon nicht gänzlich, doch in der Art und der gehofften völligen Wirkung seines Steinschlags, dessen Spuren nach dem ärztlichen Fundschein sich nicht am Schlafe selbst, sondern auf der Mitte der Stirne befanden, und der nach Schneiders Meinung den Unglücklichen nur wenig betäubte und entkräftete. Schneider faßte nun sogleich den Lebrecht um den Leib, der vergebens seinen Mörder an der Halsbinde ergriff, und von sich abzuhalten versuchte, warf ihn unter sich zu Boden, zog sein Schustermesser und würgte, trotz der lange fortdauernden kräftigen Gegenwehr, an Lebrecht, bis zu der durch etliche und zwanzig Haupt- und viele weniger bedeutende Wunden endlich herbeigeführten Ohnmöglichkeit irgend einer kräftigen Gegenwehr, in welchem tragischen, schauervollen Zustande er das unglückliche Schlachtopfer seiner Wuth, noch röchelnd, und den Martern durch den Tod nicht völlig ledig, in der Ueberzeugung an die Unausbleiblichkeit dieses Todes, zurückließ.

Den bis zum letzten, hörbar schweren Odemzug erwürgten Gefährten ließ der Mörder hilflos liegen und entfernte sich. Zum Chausseehause bei Bessungen, eine gute Viertelstunde von dem Mordplatz abwärts, will der Mörder im blut- und sandbeklebten Kleide gegangen seyn; dort sey Tanz und Streit gewesen, und habe er im Zusammenlauf auf der Treppe, ehe er in den Saal habe kommen können, einen Schlag auf die Nase erhalten, der ihn wieder herabzugehen bewogen. In dem Hofe habe er sich einsam hingesetzt auf's Holz und seinem Morde nachgedacht. Hier habe er beschlossen, zurückzugehen zum Ermordeten, zu sehen ob er noch lebe; er habe vollführt, was er beschlossen, den Gefährten aber todt gefunden, ihn, um ihn unkenntlich und die Entdeckung schwieriger zu machen, entkleidet.

[...]

↓

Tambourstab (Detail)
1821

MATT

die Büchner dem armen Woyzeck hier verleiht, zu einem Akt der Wiederherstellung seiner Menschenwürde. Hört nur hin, bedeutet der Autor damit seinem Publikum, was der da sagt, ist die Wahrheit über die Niedertracht dieser Zeit und über die Strafe, welche die Mächtigen verdienten, nämlich ausgetilgt zu werden von dem Antlitz der Erde.

Indem Büchner die prophetische Vision zum pathologischen Symptom macht, liquidiert er den romantischen Glauben an die hereinbrechende Transzendenz und ersetzt ihn durch den naturwissenschaftlichen Blick auf die Psyche eines Menschen aus der untersten sozialen Schicht. Gleichzeitig aber zeigt er in seinem Stück, dass dieser Mensch nicht zuletzt dadurch zerstört wird, dass man ihn zum naturwissenschaftlichen Objekt erniedrigt, und er kompensiert die Entwürdigung, die Woyzeck vor den Augen seiner Mitmenschen erleidet, dadurch, dass er ihm vor den Augen des Publikums Worte in den Mund legt, die den Donnerklang einer Wahrheit über alle Wissenschaft hinaus haben. Dieses Vermögen hat der Dichter dem Soziologen und Physiologen voraus, welcher seinerseits dem Dichter die Augen geöffnet hat für die Tatsächlichkeit der gesellschaftlichen Zustände und die Auswirkungen der politischen Macht auf Leib und Seele der Menschen.

BOPP

Nach Versteckung der Kleider des Ermordeten ging S c h n e i d e r nach D a r m s t a d t in ein Kaffeehaus, wo er eine Tasse Thee trank, von da, gegen Anbruch des Tages, auf die Wache ans Bessunger Thor, wo er, stets unter dem Vorgeben, man habe ihn in einem Streite im Wirthshaus blutig geschlagen, Hände und Gesicht vom Blut reinigte, und von da an einen in der Nähe gelegenen Teich, den sogenannten großen Wog, wo er seinen blutgetränkten Rock auswusch. In diesem Aufzug, mit halb durchnäßten, halb blutgefärbten Kleidern, den stets noch sicheren Bürgen seiner That, ging S c h n e i d e r nach Bessungen in ein Wirthshaus, legte sich dort, nach eingenommenem Frühstück, für das er, so wie für die ganze künftige Zeche, im Voraus die ruchlos erbeutete Uhr versetzte, um auszuruhen und den durchnäßten Rock am Leib zu trocknen, auf ein Bett und schlief.

Aus: Philipp Bopp, »Meuchelmord«, in: *Bibliothek gewählter Strafrechtsfälle*, hrsg. von Philipp Bopp, Bd. 1, Heft 1, Leipzig / Stuttgart 1834, S. 59–63.
Büchner orientierte sich für die Mordszenen seines Woyzeck wahrscheinlich an der 1816 erstmals erschienenen Fallbeschreibung eines Raubmordes durch Friedrich Schenck, die 1834 vom Hofgerichtsadvokat Bopp erneut publiziert worden war. Der 30-jährige Schustergeselle und Soldat Johann Philipp Schneider (1786–1816) hatte am 15. April 1816 in der Nähe von Darmstadt seinen Gefährten, den Buchdruckergesellen Bernhard Lebrecht, ermordet und wurde anhand der gefundenen Tatwaffe, eines großen Messers, überführt.

Dennoch bleibt diese erste Szene des Stücks die Exposition eines Mörders. Gejagt von Zwangsvorstellungen, gehetzt von Stimmen, die er zu hören vermeint, wird Woyzeck die Frau töten, die er liebt und die auch ihm zugetan ist, obschon sie vorübergehend der Körperpracht eines Tambourmajors verfällt. Dramaturgisch gesprochen haben also Woyzecks Halluzinationen in diesem Auftakt die Funktion, die spätere Handlung zu motivieren. Die werkimmanente Reflexion über diese Handlung aber setzt ebenfalls bereits hier ein – nicht mit einem Monolog des Helden, wie so oft im klassischen Drama, sondern durch das beschriebene, spezifisch poetische Verfahren. Damit wäre die Grundlage geschaffen für die zwingend anschließende Aufgabe, eine Untersuchung nämlich der gewaltigen Visionen, die Büchner seinem Lenz vor die aufgerissenen Augen rückt. Dazu fehlt hier der Raum, aber der eine oder andere Leser findet vielleicht die nötige Zeit.

1 Novalis, *Schriften*, hrsg. von Paul Kluckhohn und Richard Samuel, Bd. 2, S. 650.
2 Ebd., Bd. 1, S. 133.
3 Vgl. E. A. Poe, *The Facts in the Case of M. Valdemar*, und Franz Kafka, *Der Jäger Gracchus*. In beiden Erzählungen wird der Moment des Todes zu einem Dauerzustand.
4 Justinus Kerner, *Die Seherin von Prevorst. Eröffnungen über das innere Leben des Menschen und über das Hereinragen einer Geisterwelt in die unsere*, Leipzig o. J., S. 76.
5 Ebd., S. 22.
6 Zit. aus: Georg Büchner, *Sämtliche Werke und Briefe. Historische Ausgabe mit Kommentar*, hrsg. von Werner R. Lehmann, Hamburg, Bd. 1, S. 338.
7 *Genesis* 19,17.

Tschako eines Tambourmajors
Um 1815

HARALD NEUMEYER

»IMMER ZU, STICH TODT«

DAS WIRTSHAUS IM WOYZECK

In dem Konvolut von Handschriften, das Georg Büchner bei seinem Tod am 19. Februar 1837 hinterlassen hat und das bis heute unter dem Titel *Woyzeck* überliefert wird, sind mehrere Szenen mit der Regiebemerkung »Wirthshaus« versehen.[1] In der ersten Fassung sind es vier Szenen. Zunächst »lauscht« Woyzeck, der hier noch Louis heißt, durch ein offenes Fenster auf die Schritte und Rufe tanzender Paare (H1,5). Sodann hält ein Barbier, nachdem ihm zuvor ein Unteroffizier Prügel angedroht hat, eine Rede über seine gequälte Existenz als Forschungsgegenstand der Wissenschaft (H1,10). Gleich darauf sitzt Woyzeck »vor dem Wirtshaus« und verliert sich in Gedanken über den Tod (H1,11), während er nach der Ermordung seiner Geliebten Marie, die im ersten Entwurf den Namen Margreth trägt, in einem Gasthaus verweilt, bis man Blutspuren an ihm entdeckt (H1,17). In der letzten Fassung sind es zwei Szenen. In der einen geraten zwei Handwerksburschen in ein Wortgefecht, worauf einer von ihnen auf den Tisch steigt und über die Frage »Warum ist der Mensch?« »predigt«. Zur gleichen Zeit steht Woyzeck am Fenster und schnappt von der vorbeitanzenden Marie den Ausruf »Immer zu« auf, mit dem diese ihren Verehrer, einen Tambourmajor, zum Weitertanzen auffordert (H4,11). In der anderen Szene schlägt der angetrunkene Tambourmajor Woyzeck zusammen (H4,14). Wahrscheinlich hat Büchner in diesen Szenen verschiedene Vorlagen verarbeitet:[2] das 1823 erstellte Gutachten des Gerichtsmediziners Johann Christian August Clarus zum Fall des Johann Christian Woyzeck, der zwei Jahre zuvor seine Geliebte ermordet hat, darin wird berichtet, dass Woyzeck auf einem Tanzboden seine Geliebte mit einem Nebenbuhler angetroffen hat und in einem Gasthaus von seinem Vermieter verprügelt worden ist; die 1833 uraufgeführte Oper *Hans Heiling* von Heinrich Marschner, in der die Titelfigur vor einem Wirtshaus sitzt und seine mit einem anderen Mann tanzende Verlobte beobachtet; und den in der *Bibliothek gewählter Strafrechtsfälle* von 1834 überlieferten Fall des »Meuchelmörders« Johann Philipp Schneider, der nach seiner Tat in ein Wirtshaus flieht.

↓

JOHANN CHRISTIAN AUGUST CLARUS

DIE ZURECHNUNGSFÄHIGKEIT DES MÖRDERS WOYZECK, NACH GRUNDSÄTZEN DER STAATSARZNEIKUNDE AKTENMÄSSIG ERWIESEN 1825

Blick, Miene, Haltung, Gang und Sprache völlig unverändert, die Gesichtsfarbe, wegen Entbehrung der freien Luft und Bewegung, etwas blässer, Athemholen, Hautwärme und Zunge völlig natürlich. Uebrigens versicherte der Inquisit, daß sein Schlaf ruhig und ohne beunruhigende Träume, sein Appetit gut, und seine natürlichen Ausleerungen in vollkommner Ordnung seyen. Beide zuletzt erwähnten Umstände bestätigte auch auf Befragen der Stockmeister R i c h t e r , und fügte hinzu, daß Woyzeck während der ganzen Zeit seiner Gefangenschaft, noch nie über das geringste Uebelbefinden geklagt habe.

Dagegen bemerkte ich, daß das schon früher während der ersten Minuten der Unterredung an ihm wahrgenommene Zittern des ganzen Körpers, besonders wenn mein Besuch ihm sehr unerwartet kam, etwas länger anhielt, und daß der Puls- und Herzschlag zwar regelmäßig und gleichförmig, aber nicht nur voller und beschleunigter war, sondern daß auch der Puls, so oft ich ihn im Laufe der Unterredung untersuchte, immer etwas unruhig, der Herzschlag aber stärker und fühlbarer blieb und einen größern Umfang einnahm, als im natürlichen Zustande. Wenn er dagegen, wie es einigemal geschah, eine halbe Stunde vorher von meiner Ankunft unterrichtet war, bemerkte ich alles dieses in weit geringerem Grade.

[...]

↓

TAMB.[OUR]-MAJOR.
Ich bin ein Mann! (sch[l]ägt sich auf die Brust) ein Mann sag' ich. Wer will was? Wer kein besoffner Herrgott ist der laß sich von mir. Ich will ihm die Nas ins Arschloch prügeln. Ich will – (zu Woyzeck) da Kerl, sauf, ich wollt die Welt wär Sch[n]aps, Schnaps der Mann muß saufen,
WOYZECK. pfeift.
TAMBOUR MAJOR.
Kerl, soll ich dir die Zung aus dem Hals ziehn u. sie um den Leib herumwickeln? (sie ringen, Woyzeck verliert) soll ich dir noch soviel Athem lassen als ein Altweiberfurz, soll ich?
WOYZECK. (sezt sich erschöpft zitternd auf die Bank).
TAMBOURMAJOR.
Der Kerl soll dunkelblau pfeifen.
Ha. Brandewein das ist mein Leben
Brandwein giebt courage!

Woyzeck H4,14, 1836/37

Jan Jozef Horemans d. Ä.
Streit und Schlägerei in einer Schenke
Um 1715

NEUMEYER

DIE POLIZEIWISSENSCHAFTEN

Doch über diese einzelnen motivischen Anregungen hinaus stehen Büchners Gasthaus-Szenarien auch in einer gesamtkulturellen Diskussion um Nutzen und Gefahr der Wirtshäuser. Federführend in dieser Debatte, die in der Mitte des 18. Jahrhunderts beginnt und bis in die Zeit Büchners anhält, sind die Polizeiwissenschaften. In deren Publikationen – von Johann Heinrich Gottlob von Justis *Grundsätzen der Policey-Wissenschaft* (1756) über Johann Heinrich Ludwig Bergius' *Policey- und Cameral-Magazin* (1767–1774) und Ludwig Heinrich Jakobs *Grundsätze der Policeygesetzgebung* (1809) bis hin zu Gustav Zimmermanns *Die deutsche Polizei im 19. Jahrhundert* (1845–1848) – werden immer wieder drei funktionale wie strukturelle Aspekte des Gasthauses hervorgehoben. Erstens dient es der Unterbringung und Verpflegung von Reisenden. Damit ist es für den Staat nützlich, da es auswärtiges Kapital im Land hält, aber auch gefährlich, da der befristete Aufenthalt und die Unbekanntheit der Reisenden deren Rechtsempfinden erheblich aufweichen können. Zweitens steht das Gasthaus den Einheimischen offen, die mit dem Eintritt in die Wirtsstube aus ihrer Arbeitswelt heraustreten: Sie befinden sich in einer Auszeit, die weniger von einer instrumentellen Vernunft als von dem sinnlichen Begehren des Körpers bestimmt wird. Auch dies macht das Gasthaus zu einem höchst zwiespältigen Ort, da die Befriedigung der Bedürfnisse in Norm und Gesetz übertretende »Exzesse« umschlagen kann – in sexuelle Freizügigkeit, übermäßigen Alkoholgenuss und blinde Gewalttätigkeit.[3] Drittens bildet das Gasthaus einen Raum nahezu uneingeschränkter Zugänglichkeit, was ihm gleichfalls einen ambivalenten Status verleiht. Auf der

↓

CLARUS

Dagegen ist es desto mehr anzunehmen, daß, bei seinem schon einmal bis zur Ausführung gekommenen Vorsatz zum Selbstmord, die auf dem Wege nach dem Bade angeblich gehörte Stimme: S p r i n g i n s W a s s e r, sein eigner Gedanke gewesen ist. – Von gleicher Beschaffenheit ist der Vorfall, wo er, als er im Bette an der Kirmse und an seine dort anwesende Geliebte voller Eifersucht dachte, Violinen und Bässe durcheinander zu hören glaubte, und, nach dem Rhythmus der gewöhnlichen Tanzmusik, ihr die Worte unterlegte: i m m e r d r a u f, immer drauf. Am deutlichsten erscheint diese Verwechslung des Objectiven mit dem Subjectiven in den, bei Untersuchung des Degens, der nachher zum Mordinstrumente gedient hat, angeblich gehörten Worten: S t i c h d i e F r a u W o o s t i n t o d t, die nach allem vorhergegangenen nichts anderes gewesen seyn können, als der lebhaft erwachende Vorsatz zu der nachher vollführten That, dem er, bei seiner Gewohnheit, mit sich selbst zu sprechen, Worte gegeben, und den die Stimme des Gewissens mit den Worten: d u t h u s t e s n i c h t, beantwortet, der damit kämpfende Vorsatz aber mit den Worten: d u t h u s t e s d o c h, bestätiget hat. Sehr klar wird diese Ansicht durch den von ihm angeführten Umstand, daß es ihm öfters gewesen sey, als ob zwei Stimmen, eine warnende und eine andere, die ihn zum Bösen verleiten wollen, miteinander sprächen, von denen er selbst die erstere für die Stimme des Gewissens gehalten hat. Endlich ist auch der Umstand, daß es ihm immer nur vor dem r e c h t e n Ohre gesaust und gebraust hat, und daß er mit d e m s e l b e n O h r e auch die fremden Stimmen gehört haben will, ein, meines Erachtens, ganz unumstößlicher Beweis für den unmittelbaren Zusammenhang seiner Blutwallungen mit dem Lärm vor seinen Ohren, und dieses Lärms mit den eingebildeten Stimmen, und zugleich einer der stärksten Beweise für die von mir aufgestellte Ansicht. – Daß übrigens die Einbildung, fremde Stimmen zu hören, bei Personen, die an Wallungen des Blutes, oder an Unterleibskrankheiten leiden, eine nicht ungewöhnliche Erscheinung und keineswegs nothwendig und in allen Fällen mit einer Hemmung, oder mit einem Verlust des freien Verstandesgebrauches verbunden sey, werde ich weiter unten durch mehrere Fälle aus meiner eignen Beobachtung beweisen.

[...]

Aus den im Vorhergehenden dargestellten Thatsachen und erörterten Gründen schließe ich: daß W o y z e c k s angebliche Erscheinungen und übrigen ungewöhnlichen Begegnisse als S i n n e s t ä u s c h u n g e n, welche durch Unordnungen des Blutumlaufes erregt, und durch seinen Aberglauben und Vorurtheile zu Vorstellungen

↓

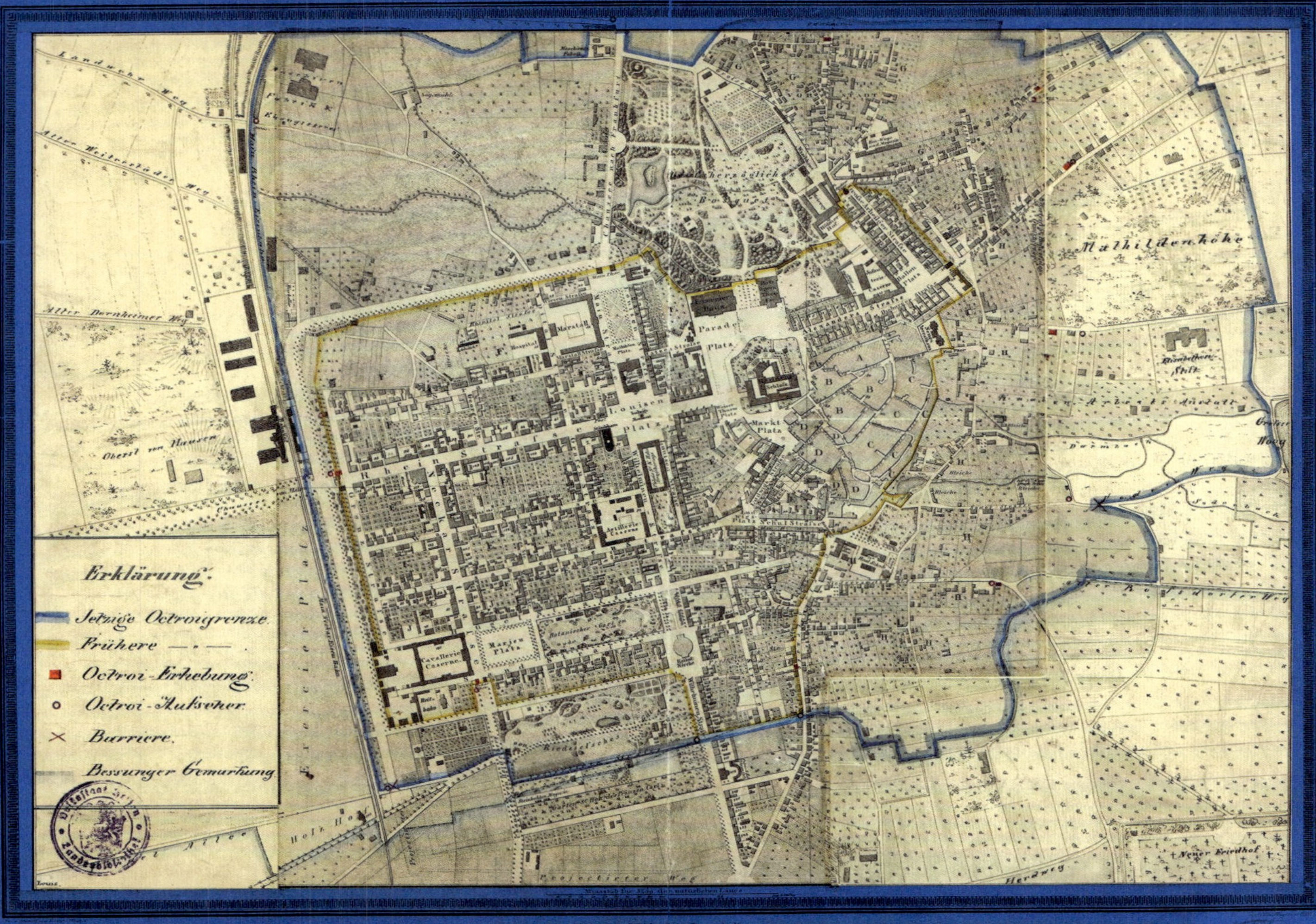

Unterwegs warf Lebrecht seinem Gefährten mehrmalen die Schuld, und wie er ihn abermals ihrer wegen getäuscht habe, vor. Ueber diesen Vorwurf geriethen beide, nach Schneiders Aussage, einen guten Büchsenschuß vor dem Ausgang des Waldes bei Darmstadt, als sie gerade den Nebenweg einschlugen, welcher in schräger Richtung von dem Hauptweg nach Grosgerau durch den Wald (die Tanne) auf den sogenannten alten Griesheimer Weg führt, mit einander in Wortwechsel, der in wirklichen Zank ausartete.

Dieser Zank erstickte auch noch den Rest des Gefühls, das nach Schneiders Versicherung gegen die Ausführung des Verbrechens sich zu regen noch nicht ganz aufgehört hatte. Diese Ausführung ward nunmehr, in dem, der Nähe der Stadt und der Hilfe der Menschen wegen, als den letzten anzunehmenden Augenblick ihrer Möglichkeit, in dem Geiste des Mörders unabänderlich beschlossen und auf die grausamste Weise erreicht.

Philipp Bopp, *Meuchelmord*, 1834

Plan der Residenzstadt Darmstadt
1858

NEUMEYER

einen Seite ermöglicht sie eine Vielzahl zufälliger Begegnungen, bei denen die Grenzen der Geschlechter, der sozialen Schichten und politischen Gesinnungen, ja der Nationen und Kulturen überschritten werden. Auf der anderen Seite jedoch bildet sie eine Gefahr für die öffentliche Ordnung. Denn da das Wirtshaus jeden aufnimmt, versammeln sich in ihm auch diejenigen, die außerhalb von Moral und Recht stehen – die »Straßenräuber« und »Diebe«, »Huren« und »Spieler«, »Bettler« und »Vollsäufer«.[4] Und da das Wirtshaus Personen zusammenführt, die durch Differenzen gekennzeichnet sind, enthält es ein Konfliktpotenzial, das jederzeit aufbrechen kann. Ob als vorübergehender Aufenthaltsort für Fremde, als befristete Auszeit für Einheimische oder als Grenzen auflösender Begegnungsraum – stets prägt das Gasthaus eine Form von Geselligkeit aus, die, von der Warte der Polizeiwissenschaften betrachtet, höchst riskant ist. Konsequent entwickeln die Polizeiwissenschaftler Maßnahmen, die die Riskanz dieser Geselligkeit minimieren sollen: Man verpflichtet den Wirt darauf, die Gäste der Obrigkeit zu melden und »verdächtige[s] Gesindel« auszuschließen,[5] und man lässt »unvermutete Visitationen« durchführen, um noch die Kontrollen des Wirtes zu kontrollieren.[6]

CLARUS

von einer objektiven und übersinnlichen Veranlassung gesteigert worden sind, betrachtet werden müssen, und daß ein Grund, um anzunehmen, daß derselbe zu irgend einer Zeit in seinem Leben, und namentlich unmittelbar vor, b e i und n a c h der von ihm verübten Mordthat sich im Zustande einer Seelenstörung befunden, oder dabei nach einem nothwendigen, blinden und instinktartigen Antriebe, und überhaupt anders, als nach gewöhnlichen leidenschaftlichen Anreizungen gehandelt habe, n i c h t vorhanden sey.

Aus: *Zeitschrift für die Staatsarzneikunde*, hrsg. von Adolph Henke, 4. Ergänzungsheft. Erlangen 1825, S. 33 f., 66 f. und 90.
Der arbeitslose Perückenmacher und ehemalige Soldat Johann Christian Woyzeck (1780–1824) war, nachdem er die 46-jährige Witwe Johanna Christiane Woost erstochen hatte, durch den Leipziger Psychiater Johann Christian August Clarus (1774–1854) begutachtet und für schuldfähig erklärt worden. Er wurde daraufhin am 22. Februar 1822 zum Tode verurteilt. Die für den 13. November 1822 anberaumte Hinrichtung musste jedoch wegen Zeugenaussagen, die die Zurechnungsfähigkeit Woyzecks erneut infrage stellten, ausgesetzt werden. Nach einer weiteren Begutachtung durch Clarus, die das Erstgutachten bestätigte, wurde Woyzeck schließlich am 27. August 1824 auf dem Leipziger Marktplatz der Kopf abgeschlagen. Das Gutachten diente Büchner als Quelle für sein Drama.

DAS DRAMA

Das Wirtshaus im *Woyzeck* gibt auffälligerweise all jenen Überschreitungen der Norm und des Gesetzes Raum, die die Ordnungshüter zu unterbinden suchen: sexuelle Erregung zirkuliert zwischen den Geschlechtern und lebt sich nicht nur beim Partner aus (H1,5; H4,11); Gäste frönen dem Schnaps im Übermaß (H1,10; H4,11; H4,14); Konflikte brechen auf und wecken die Gewaltbereitschaft (H1,10; H4,11); eine Prügelei bis aufs »[B]lut« hebt an, die sich über die gesetzliche Untersagung individueller Gewaltausübung hinwegsetzt (H4,14); und ein Mörder schlüpft nach seiner Tat in der Wirtsstube unter (H1,17). Ein stabiler ordnungspolitischer Zugriff auf das Gasthaus, wie ihn sich die Polizeiwissenschaftler erwünschen, ist im *Woyzeck* nicht gegeben, wofür das Drama zugleich eine Begründung liefert. Im Wirtshaus ist der Tambourmajor nicht dem Drill des Militärs und der Barbier keinen wissenschaftlichen Untersuchungen unterworfen, ist Marie nicht auf ihre mütterlichen Pflichten und der Handwerker nicht auf seine berufliche Tätigkeit festgelegt. Sie alle sind aus

↓

Nach Versteckung der Kleider des Ermordeten ging Schneider nach Darmstadt in ein Kaffeehaus, wo er eine Tasse Thee trank, von da, gegen Anbruch des Tages, auf die Wache ans Bessunger Thor, wo er, stets unter dem Vorgeben, man habe ihn in einem Streite im Wirthshaus blutig geschlagen, Hände und Gesicht vom Blut reinigte, und von da an einen in der Nähe gelegenen Teich, den sogenan[n]ten großen Wog, wo er seinen blutgetränkten Rock auswusch.

Philipp Bopp, *Meuchelmord*, 1834

Johann Conrad Susemihl
Bessunger Tor in Darmstadt
1802

ihrem Alltag herausgenommen und erlauben sich, was ihnen sonst nicht erlaubt ist: Sie gehen exzessiv der Befriedigung ihrer sinnlichen Bedürfnisse nach. Auch wenn dieser Befund an den der Polizeiwissenschaften erinnert, übernimmt das Drama keineswegs deren Standpunkt. Denn während jene die Eigenschaften des Gasthauses letztlich danach beurteilen, ob sie der Einhaltung von Norm und Gesetz zuarbeiten oder nicht, entfaltet das Drama eine raumpsychologische Sichtweise, die vor allem der Wirkung dieser Eigenschaften auf die Gäste nachgeht. Dabei hebt es die Ventilfunktion des Wirtshauses hervor: Hier werden die im Alltag zu unterdrückenden Begehren freigesetzt und können zeitlich befristet und lokal begrenzt ausgelebt werden – der Wunsch nach ungehemmter Sexualität, das Verlangen nach Entgrenzung im Rausch und die Lust auf körperliche Gewalt.

Büchners raumpsychologische Perspektivierung deckt auch eine Dimension des Wirtshauses auf, die nicht im Fokus der Ordnungshüter steht – dessen theatrale Dimension. Einzelne Gäste stimmen ein Lied an, der Barbier und ein Handwerker halten lange Reden, Marie und der Tambourmajor zeigen sich als Paar und Letzterer stellt seine sexuelle Potenz aus: »Ich bin ein Mann! (*schlägt sich auf die Brust*)« (H4,14). In allen Fällen wird das Gasthaus zur körperlichen und sprachlichen Inszenierung der eigenen Person funktionalisiert – eine Funktionalisierung, die im Raum selbst begründet ist. Denn als öffentlicher Ort bildet das Gasthaus eine Bühne: Es weckt den Drang zur Selbstdarstellung, den es gleichzeitig zu befriedigen verspricht.

Auch Woyzeck scheint sich in Szene zu setzen, als er nach dem Mord ins Wirtshaus einkehrt und all das tut, was die anderen tun – »singt«, »tanzt« und seine Wahrnehmung der Welt zur Sprache bringt (H1,17). Doch im Ensemble der Figuren ist Woyzeck ein Sonderfall. Zum einen betreibt er keine Selbstdarstellung, sondern reagiert die Erregung ab, in die ihn der Mord versetzt hat. Zum anderen und vor allem befindet er sich immer auch vor dem Wirtshaus: Woyzeck ist der Beobachter der Geselligkeit und bezieht so strukturell die Position der Polizei. Allerdings nimmt er keine polizeiwissenschaftliche Perspektive ein, die auf die Kontrolle des öffentlichen Raumes zielt. Seine Perspektive ist eine religiös-moralische, da er die Begegnung der Geschlechter im Tanz als »Unzucht« und das Gasthaus als Sündenpfuhl bewertet (H4,11). Und seine Kontrolle ist eine private, da er dem Verdacht nachgeht, den er gegen seine Geliebte hegt. Mit innerer Stringenz läuft demnach die Szenenfolge in H4 auf das Gasthaus zu. Marie und der Tambourmajor, die sich in einem kurzen Blickkontakt (H4,2) und dann in einer abrupten Umarmung

↓

ELIAS CANETTI

—

BÜCHNER IN DER WÜSTE
1985

Damals, in einer Verfassung, die trostloser nicht hätte sein können, fand ich eines Nachts meine Rettung in etwas Unbekanntem, das ich schon lange bei mir stehen hatte, ohne es berührt zu haben. Es war ein hoher, großgedruckter Band Büchner, in gelbem Leinen, so aufgestellt, daß man ihn nicht übersehen konnte, neben einem vierbändigen Kleist derselben Ausgabe, in der mir jeder Buchstabe vertraut war. Es wird unglaubwürdig klingen, wenn ich sage, daß ich Büchner nie gelesen hatte, aber es war so. Ich wußte sicher, wie bedeutend er war und ich glaube, ich wußte auch, daß er mir noch viel bedeuten würde. Es mochten zwei Jahre vergangen sein, seit ich den Band Büchner in der »Vienna«-Buchhandlung in der Bognergasse erblickt, gekauft, nach Hause gebracht und neben den Kleist gestellt hatte.

[...]

Eines Nachts, in einem Augenblick schlimmster Verzweiflung – ich war sicher, daß ich nie mehr etwas schreiben, ich war sicher, daß ich nie mehr etwas *lesen* würde –, griff ich nach dem gelben Band und schlug ihn irgendwo auf: es war eine Szene des Wozzeck (so druckte man damals noch den Namen), die nämlich, in der der Doktor zu Wozzeck spricht. Es war, als hätte der Blitz in mich eingeschlagen, ich las diese Szene, alle übrigen des Fragments, ich las das ganze Fragment immer wieder, wie oft, vermag ich nicht zu sagen, mir scheint, es waren unzählige Male, denn ich las diese

↓

Freies Feld.
LOUIS.
[...] Immer zu! immer zu! Was spricht da? da unten aus dem Boden hervor, ganz leise was, was? (*Er bückt sich nieder.*) Stich, Stich, Stich die Woyzecke todt, Stich, stich die Woyzecke todt. [...] Was! das zischt und wimmert und donnert.

Woyzeck H1,6, 1836

Francisco de Goya
Ein Messer schwingender Mann
1824–1828

NEUMEYER

auf der Straße begegnen (H4,6), finden dort den Ort, um ihr Begehren nach erotischer Nähe auszuleben. Und Woyzeck, dessen Misstrauen durch zwei entdeckte Ohrringe geweckt (H4,4) und durch das wohl beobachtete Treffen zwischen Marie und dem Tambourmajor verstärkt wird (H4,7), gerät in Unruhe, als Andres ihm berichtet, dass »[i]m Rössel und im Sternen« zum Tanz aufgespielt wird: »Ich muß hinaus« (H4,10). Im öffentlichen Raum des Gasthauses wird sodann offenbar, was Woyzeck insgeheim vermutet: Marie ist untreu. Zum Zeichen dieser Untreue werden ihre im Tanz ausgerufenen Worte, die den Kontrolleur die Kontrolle verlieren lassen: »(erstickt) Immer zu. – immer zu. (fährt heftig auf und sinkt zurück auf die Bank) immer zu immer zu, (schlägt die Hände in einander). [...] Das Weib ist heiß, heiß! – Immer zu, immer zu« (H4,11). Aus der Stimme, die die Untreue bezeugt, erwächst daraufhin die Stimme, die die Ermordung der Untreuen fordert. Beide Stimmen gehen allmählich ineinander über und ergreifen schließlich Besitz von Woyzeck: »Hör ich's immer, immer zu, stich todt, todt« (H4,12).

Das Wirtshaus im Woyzeck ist folglich nicht nur ein Ventil für die im Alltag zu beherrschenden Begehren des Körpers. Es bildet zugleich eine Art »Psychen-Transformator«, indem es aus einer Eifersucht einen Mordimpuls entstehen lässt,[7] der überall auf Realisierung drängt. Mit Blick auf die ordnungspolitischen Implikationen des Gasthauses heißt dies, dass es Gefahren schafft, die nicht – wie im Fall der in ihm freigesetzten und ausagierten Begehren – lokal zu begrenzen sind. Und mit Blick auf Woyzeck bedeutet dies, dass zum einen die Tötung Maries den gewalttätigen Reflex darstellt, die ihm im Wirtshaus aus den Fugen geratene Welt wieder einzurichten, und dass zum anderen

↓

CANETTI

ganze Nacht, ich las nichts anderes im gelben Band, den Wozzeck immer wieder von vorn und war in solcher Erregung, daß ich vor sechs Uhr morgens das Haus verließ und zur Stadtbahn hinunterlief. Da nahm ich den ersten Zug, der in die Stadt fuhr, stürzte in die Ferdinandstraße und weckte Veza aus dem Schlaf.

[...]

Sie erschrak sehr, als ich sie an diesem Büchner-Morgen aus dem Schlaf weckte. »Wunderst du dich, daß ich so früh komme? Das ist noch nie passiert!« »Nein«, sagte sie, »ich hab dich erwartet«, und dachte schon verzweifelt darüber nach, wie sie mich von einer Fortsetzung des Romans abbringen könne.

Ich begann aber gleich mit Büchner. Ob sie den *Wozzeck* kenne? Natürlich kenne sie ihn. Wer kenne das nicht? Sie sagte es ungeduldig, das Schlimmere und Eigentliche erwartend, daß sie für mein Anliegen hielt. Ihre Antwort hatte etwas Wegwerfendes im Ton – ich fühlte mich für Büchner beleidigt.

»Und davon hältst du nichts?« Ich sagte es drohend und böse, sie merkte plötzlich, worum es ging.

»Wer? Ich? Ich halte davon nichts? Ich halte es für das größte Drama der deutschen Literatur.«

Ich traute meinen Ohren nicht und sagte irgendetwas: »Es ist doch ein Fragment!«

»Fragment! Fragment! Nennst du das ein Fragment? Was darin fehlt, ist noch besser, als was in den besten anderen Dramen da ist. Man möchte sich mehr solche Fragmente wünschen.«

»Du hast mir nie ein Wort darüber gesagt. Kennst du Büchner schon lange?«

»Länger als dich. Ich habe ihn schon früh gelesen. Zur gleichen Zeit als ich auf Hebbels Tagebücher und auf Lichtenberg stieß.«

»Aber du hast über ihn geschwiegen! So oft hast du mir Stellen aus Hebbel und aus Lichtenberg gezeigt. Über den *Wozzeck* hast du geschwiegen. Warum nur? Warum?«

»Ich habe ihn sogar versteckt. Den Band Büchner hättest du bei mir nicht finden können.«

»Ich habe ihn die ganze Nacht gelesen. Den *Wozzeck* immer wieder von vorn. Ich habe nicht glauben wollen, daß es so etwas gibt. Ich glaube es jetzt noch nicht. Ich bin hergefahren, um dich zu beschimpfen. Erst dachte ich, du kennst es vielleicht nicht. Aber das kam mir dann gleich unmöglich vor. Was wäre deine ganze Liebe zur Literatur wert, wenn du das nicht kennst. Natürlich kennst du's.

↓

Verbrechen des Mordes.

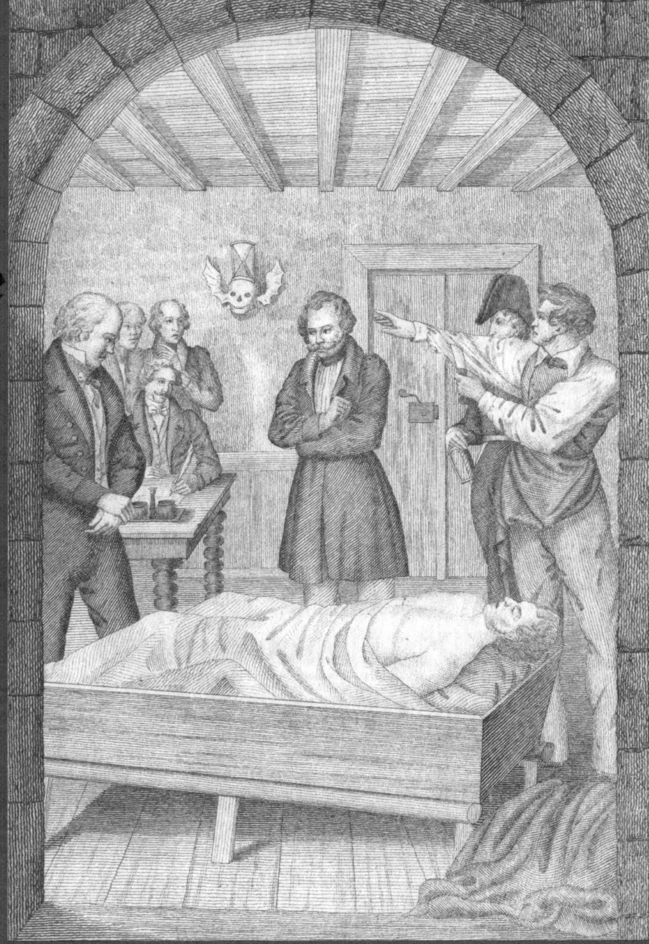

solche[…]r Zeit.

Mit einer Abbildung.

Dieser war immittelst – freilich noch unentdeckt – im vorgedachten Wirthshause zu Bessungen. Dorthin kamen des Nachmittags, mit mehrern anderen Leuten seines Standes, auch seine Nebengesellen, die ihm von dem verübten, seinem eigenen, Mord erzählten. Man schlug vor, in's Hospital zu gehen, den Ermordeten zu sehen, und so trat Schneider nochmals, und als erheuchelt gleichgültiger, bloß neugieriger Zeuge, vor den von ihm zum Abscheu gegen die Menschheit entstellten Leichnam. Von diesem ging er mit seinen Kameraden in das Betzische Wirthshaus zu Darmstadt, wurde der thätig forschenden Polizei verrathen und arretirt.

Philipp Bopp, *Meuchelmord*, 1834

R. Th. Mühlberger
Frontispiz in: *Das Verbrechen des Mordes. Eine Gallerie solcher Verirrungen in neuer Zeit*
1834

seine Einkehr ins Gasthaus die Rückkehr an jenen Ort ist, an dem seine kriminellen Energien produziert worden sind.

1 Die Zitate erfolgen unter Angabe von Handschrift und Szene nach dem emendierten Text in: MBA VII.2.
2 Vgl. Burghard Dedner, *Georg Büchner: Woyzeck. Erläuterungen und Dokumente,* Stuttgart 2005, S. 50, 57 f.; Büchner 2005 (wie Anm. 1), S. 460, 518.
3 Ludwig Heinrich Jakob, *Grundsätze der Policeygesetzgebung und der Policeyanstalten,* 2 Bde., Halle, Leipzig 1809, Bd. 2, S. 216 f.
4 So die Auflistung bei Johann Heinrich Ludwig Bergius, »Straßenräuber und Diebesgesindel«, in: ders., *Policey- und Cameral-Magazin* [...], 8 Bde., Frankfurt am Main 1767–1774, Bd. 8, S. 284–295, Zitat S. 285; und Jakob 1809 (wie Anm. 3), Bd. 2, S. 213–224.
5 »Gasthöfe«, in: Bergius 1767–1774 (wie Anm. 4), Bd. 4, S. 23–31, Zitat S. 29; Johann Heinrich Gottlob von Justi, *Grundsätze der Policey-Wissenschaft,* 3. Aufl., Göttingen 1782, S. 320.
6 Ebd., S. 320 f.; Gustav Zimmermann, *Die deutsche Polizei im 19. Jahrhundert,* 3 Bde., Hannover 1845–1848, Bd. 2, S. 516.
7 Dies gilt auch für das Gasthaus in der Szenenfolge in H1, die die Tötung der Geliebten schildert: Dort schnappt Woyzeck gleichfalls durch das Fenster Maries »immer zu« auf und wiederholt dann ihre Worte, bis diese sich mit der Stimme überlagern, die zum Mord auffordert.

Aber du hast es vor mir versteckt. Sechs Jahre reden wir über alle wunderbaren Dinge. Den Namen Büchner hast du nicht *einmal* vor mir genannt. Und jetzt sagst du, du hast den Band vor mir versteckt. Das ist nicht möglich. Ich kenne jeden Winkel deines Zimmers. Beweis es mir! Zeig mir den Band! Wo hast du ihn versteckt? Es ist ein großer gelber Band. Wie könnte man den verstecken?«

»Er ist weder groß noch gelb. Es ist eine Dünndruck-Ausgabe. Jetzt sollst du ihn selbst sehen.«

[...]

Das zeigt sie mir, es ärgerte mich und ich reichte ihr den Band zurück.

»Aber warum nur? Warum hast du ihn vor mir versteckt?«

»Sei froh, daß du ihn nicht gekannt hast. Glaubst du, du hättest sonst selber etwas schreiben können? Er ist auch der *modernste* aller Dichter. Er könnte von heute sein, nur daß niemand so ist wie er. Man kann ihn sich nicht zum Vorbild nehmen. Man kann sich nur schämen und sagen: ›Wozu schreibe ich überhaupt?‹ Man kann dann nur noch den Mund halten. Ich wollte nicht, daß du den Mund hältst. Ich glaube an dich.«

»Trotz Büchner?«

»Darüber will ich jetzt nicht reden. Es muß Dinge geben, die unerreichbar sind. Aber das Unerreichbare darf einen nicht zermalmen. Jetzt bist du fertig mit dem Roman. Jetzt sollst du noch etwas anderes lesen. Es gibt noch ein Fragment von ihm, eine Erzählung: *Lenz.* Lies es gleich!«

Ich setzte mich hin und las ohne ein weiteres Wort das wunderbarste Stück Prosa. Nach der Nacht des *Wozzeck* der frühe Morgen des *Lenz,* ohne einen Augenblick Schlaf dazwischen. Da zerfiel mir mein Roman, auf den ich so stolz gewesen war, er zerfiel mir zu Staub und Asche.

Aus: Elias Canetti, *Das Augenspiel. Lebensgeschichte 1931–1937,* München / Wien 1985, S. 13–19.

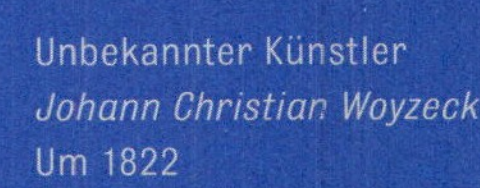

Unbekannter Künstler
Johann Christian Woyzeck
Um 1822

Der arbeitslose Perückenmacher und ehemalige Soldat Johann Christian Woyzeck (1780–1824) war, nachdem er die 46-jährige Witwe Johanna Christiane Woost erstochen hatte, durch den Leipziger Psychiater Johann Christian August Clarus (1774–1854) begutachtet und für schuldfähig erklärt worden. Er wurde daraufhin am 22. Februar 1822 zum Tode verurteilt.

ROLAND BORGARDS

—

»SEHEN SIE DIE KREATUR!«

—

SCHMERZ BEI BÜCHNER

Die erste Szene des *Woyzeck* beginnt mit einer Aufforderung, die sich als Leseanweisung für Büchners Gesamtwerk verstehen lässt: »Meine Herren! Meine Herren! Sehn sie die Kreatur!«[1] Wer sich auf diese Weise den Blick richten lässt, der trifft auf ein Lebewesen im Schmerz. Dies gilt in besonders eindringlicher Weise für die leidenden Protagonisten Woyzeck und Lenz. Aber auch die Empörung des *Hessischen Landboten* speist sich aus dem Blick auf das Leid; *Danton's Tod* und *Leonce und Lena* sprechen ebenfalls vom Schmerz. Entscheidend ist dabei nicht allein die Häufigkeit, in der von Schmerz und Leid die Rede ist, sondern die Verdichtung und Verschränkung von vier Schmerzbahnen, die Büchner mit der Kreatur in Szene setzt: einer theologischen, einer physiologischen, einer politischen und einer poetologischen.

GOTT

Der Schmerz erscheint bei Büchner zunächst als eine Herausforderung der Theologie.[2] Geht man davon aus, dass »die Kreatur« von »Gott gemacht«[3] ist, dann hat dieser Gott mit der Schöpfung zugleich allen Schmerz und alles Leid zu verantworten. Die skeptische Konsequenz daraus wird in *Danton's Tod* formuliert: »Man kann das Böse leugnen, aber nicht den Schmerz [...]. Das leiseste Zucken des Schmerzes und rege es sich nur in einem Atom, macht einen Riß in der Schöpfung von oben bis unten«.[4] Nun ist die christliche Theologie weit davon entfernt, den Schmerz zu leugnen. Vielmehr stellt sie mit der Kreuzigung Christi eine Szene der Schmerzen und eine Figur des Schmerzes in ihr narratives und konzeptionelles Zentrum. Und auch die Bibel verbindet dies mit einer Blickaufforderung: »idoù ho ánthropos« (Johannes 19,5), »ecce homo« (Vulgata), »Sehet, welch ein Mensch« (Luther). Der Kreuzigungsschmerz ist einerseits ein stellvertretender Schmerz: Christus nimmt das Leiden der Menschen auf sich, er nimmt es ihnen ab. Andererseits handelt es sich um einen

↓

HEINER MÜLLER

—

DIE WUNDE WOYZECK
1985

1

Immer noch rasiert Woyzeck seinen Hauptmann, ißt die verordneten Erbsen, quält mit der Dumpfheit seiner Liebe seine Marie, staatgeworden seine Bevölkerung, umstellt von Gespenstern. Der Jäger Runge ist sein blutiger Bruder, proletarisches Werkzeug der Mörder von Rosa Luxemburg; sein Gefängnis heißt Stalingrad, wo die Ermordete ihm in der Maske der Kriemhild entgegen tritt; ihr Denkmal steht auf dem Mamaiahügel, ihr deutsches Monument, die Mauer, in Berlin, der Panzerzug der Revolution, zu Politik geronnen. DEN MUND AN DIE SCHULTER DES SCHUTZMANNES GEDRÜCKT, DER LEICHTFÜSSIG IHN DAVONFÜHRT, hat Kafka ihn von der Bühne verschwinden sehn, nach dem Brudermord MIT MÜHE DIE LETZTE ÜBELKEIT VERBEISSEND: Oder als den Patienten, dem der Arzt ins Bett gelegt wird, mit der Wunde offen wie ein Bergwerk, aus der die Würmer züngeln. Goyas Riese war seine erste Erscheinung, der auf den Bergen sitzend die Stunden der Herrschaft zählt, Vater der Guerilla. Auf einem Wandbild in einer Klosterzelle in Parma habe ich seine abgebrochenen Füße gesehn, riesig in einer arkadischen Landschaft. Irgendwo schwingt vielleicht auf den Händen sein Körper sich weiter, von Lachen geschüttelt vielleicht, in eine unbekannte Zukunft, die vielleicht seine Kreuzung mit der Maschine ist, gegen die Schwerkraft getrieben im Rausch der Raketen. Noch geht er in Afrika seinen Kreuzweg in die Geschichte, die Zeit arbeitet nicht mehr für ihn, auch sein Hunger

↓

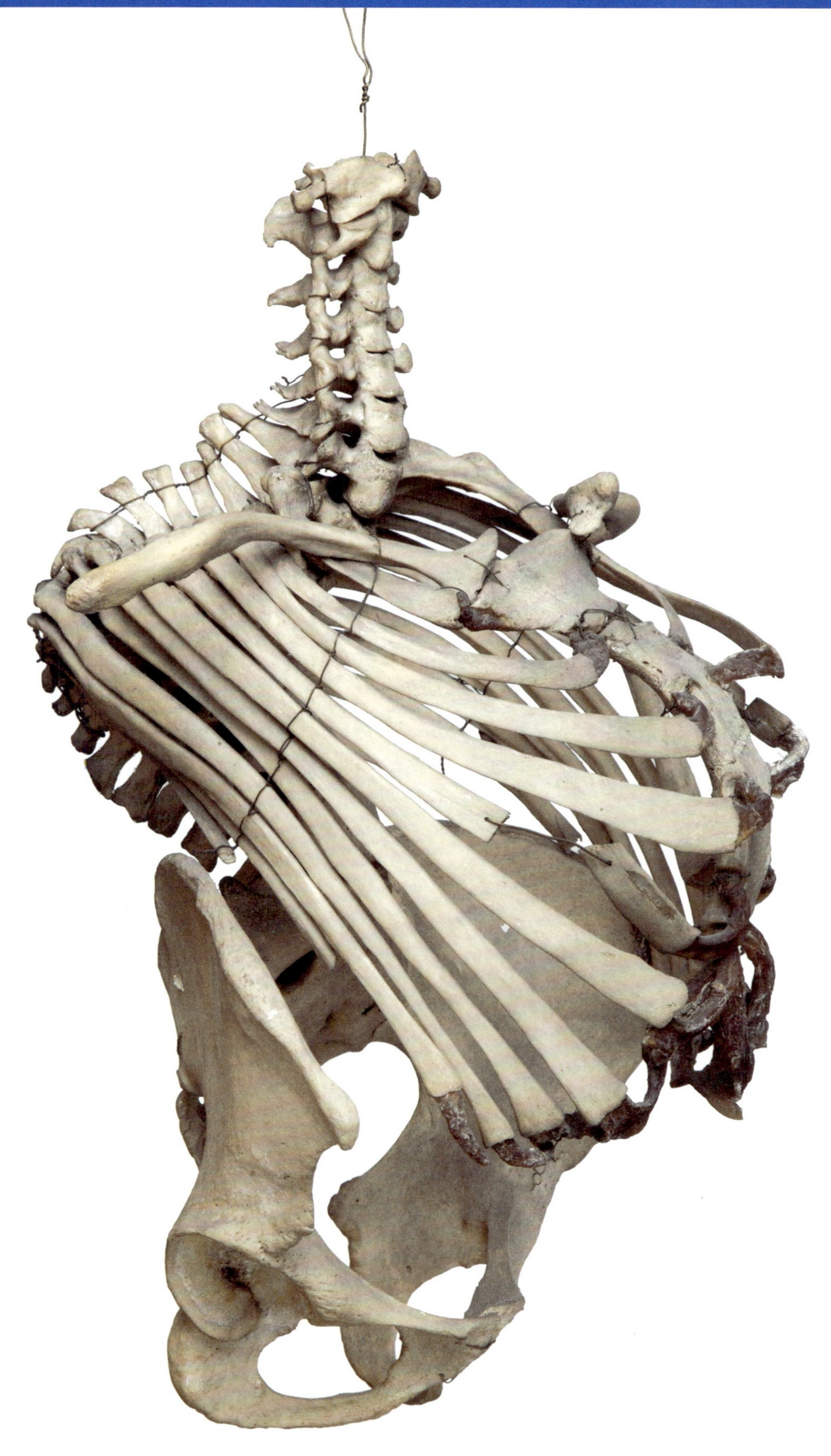

BARBIER.
Herr Er thut sich Unrecht, hab ich ihn denn gemeint, hab ich gesagt er hätt Courage? Herr laß er mich in Ruh! Ich bin die Wissenschaft. Ich bekomme für meine Wissenschaftlichkeit alle Woche einen halben Gulden, schlag Er mich nicht grad oder ich muß verhungern. Ich bin eine spinosa pericyclyda; ich hab einen lateinischen Rücken. Ich bin ein lebendiges Skelett, die ganze Menschheit studirt an mir –.

Woyzeck H1,10, 1836

Skelett mit gekrümmtem Rücken, ausgeprägte Kyphose der Brustwirbelsäule, Morbus Bechterew

Schmerz, der zur Nachahmung auffordert, zu einer »imitatio christi«: Der gläubige Mensch soll die leidensvolle Nachfolge Christi antreten.

Dieses theologische Konzept christlicher Schmerzen wird bei Büchner immer wieder zitiert und zugleich einer Umwertung unterzogen. So beschreibt sich zum Beispiel Lena angesichts der Vorstellung, eine Konvenienzehe eingehen zu müssen, selbst als »Opferlamm« in der Nachfolge Christi: »Mein Gott, mein Gott, ist es denn wahr, daß wir uns selbst erlösen müssen mit unserem Schmerz? Ist es denn wahr, die Welt sei ein gekreuzigter Heiland, die Sonne seine Dornenkrone und die Sterne die Nägel und Speere in seinen Füßen und Lenden?«[5] Aus der Szene der Kreuzigung zitiert Lena den Augenblick der Einsamkeit: »Mein Gott, mein Gott, warum hast Du mich verlassen?«[6] Im biblischen Kontext ist die Verlassenheit die Voraussetzung dafür, dass Jesus das Leid der Menschen stellvertretend auf sich nehmen kann. Doch genau dies ist für Lena offenbar nicht der Fall: Anstatt durch den Schmerz Christi vom Leid erlöst zu sein, muss sie sich selbst erlösen, durch eigene Schmerzen. Nichts ist für die Menschen dadurch leichter geworden, dass Christus am Kreuz gestorben ist. Dies führt paradoxerweise zugleich zu einer Intensivierung der »imitatio«, insofern der eigene Schmerz nicht als konsolidierende Nachahmung, sondern als dramatisierende Wiederholung einer Schmerzensszene erfahren wird. Dieser intensivierenden Dynamik entspricht es, dass die eigentliche »imitatio« nun nicht mehr von einem einzelnen Individuum geleistet werden kann, sondern als Zustand der Welt und des ganzen Universums erscheint. So ist in zwei Sätzen aus dem christlich-theologischen Kreuzigungsschmerz ein säkular-psychologischer Weltschmerz geworden.

↓

ist vielleicht kein revolutionäres Element mehr, seit er mit Bomben gestillt werden kann, während die Tambourmajore der Welt den Planeten verwüsten, Schlachtfeld des Tourismus, Piste für den Ernstfall, kein Blick für das Feuer, das der Armierungssoldat Franz Johann Christoph Woyzeck beim Steckenschneiden für den Spießrutenlauf um den Himmel bei Darmstadt fahren sah. Ulrike Meinhof, Tochter Preußens und spätgeborene Braut eines andern Findlings der deutschen Literatur, der sich am Wannsee begraben hat, Protagonistin im letzten Drama der bürgerlichen Welt, der bewaffneten WIEDERKEHR DES JUNGEN GENOSSEN AUS DER KALKGRUBE, ist seine Schwester mit dem blutigen Halsband der Marie.

2

Ein vielmal vom Theater geschundener Text, der einem Dreiundzwanzigjährigen passiert ist, dem die Parzen bei der Geburt die Augenlider weggeschnitten haben, vom Fieber zersprengt bis in die Orthografie, eine Struktur wie sie beim Bleigießen entstehen mag, wenn die Hand mit dem Löffel vor dem Blick in die Zukunft zittert, blockiert als schlafloser Engel den Eingang zum Paradies, in dem die Unschuld des Stückeschreibens zu Hause war. Wie harmlos der Pillenknick der neueren Dramatik, Becketts WARTEN AUF GODOT, vor diesem schnellen Gewitter, das mit der Geschwindigkeit einer anderen Zeit kommt, Lenz im Gepäck, den erloschenen Blick aus Livland, Zeit Georg Heyms im utopielosen Raum unter dem Eis der Havel, Konrad Bayers im ausgeweideten Schädel des Vitus Bering, Rolf Dieter Brinckmanns im Rechtsverkehr vor SHAKESPEARES PUB, wie schamlos die Lüge vom POSTHISTOIRE vor der barbarischen Wirklichkeit unserer Vorgeschichte.

3

DIE WUNDE HEINE beginnt zu vernarben, schief; WOYZECK ist die offene Wunde. Woyzeck lebt, wo der Hund begraben liegt, der Hund heißt Woyzeck. Auf seine Auferstehung warten wir mit Furcht und/oder Hoffnung, daß der Hund als Wolf wiederkehrt. Der Wolf kommt aus dem Süden. Wenn die Sonne im Zenith steht, ist eins mit unserm Schatten, beginnt, in der Stunde der Weißglut, Geschichte. Nicht eh Geschichte passiert ist, lohnt der gemeinsame Untergang im Frost der Entropie, oder, politisch verkürzt, im Atomblitz, der das Ende der Utopien und der Beginn einer Wirklichkeit jenseits des Menschen sein wird.

Aus: Heiner Müller, »›Die Wunde Woyzeck‹ – Rede zur Verleihung des Georg-Büchner-Preises 1985«, in: *Deutsche Akademie für Sprache und Dichtung, Jahrbuch 1985*, Heidelberg 1986, S. 192 f.

Seefeder, Pennatula rubra
1896

KÖRPER

Die klassische Naturkunde war bis in die Aufklärung hinein vor allem am Aufbau taxonomischer Ordnungen interessiert. Der Körper wurde in humoralpathologischen und ab der frühen Neuzeit zudem in mechanistischen Kategorien beschrieben. Dies ändert sich im späten 18. Jahrhundert.[7] Nun wird das Leben selbst zum zentralen und disziplinbegründenden Gegenstand. Damit beginnt das Zeitalter der Biologie. Die Lebewesen werden nun nicht mehr in taxonomische Raumordnungen gestellt, sondern in ihrer Zeitlichkeit und Geschichtlichkeit analysierbar; gesucht wird nicht mehr nach sichtbaren Merkmalen, sondern nach inneren Funktionszusammenhängen; der Körper gilt als dynamisches, organologisches System. Im Zuge dieser Umstellung erfährt auch der Schmerz eine Neubewertung. Galt er in der vormodernen Medizin vor allem als Zeichen, das die Gefährdung der Köpermaschine anzeigt, wird er nun zu einem Phänomen, das alle Lebensäußerungen grundiert und begleitet. Die Schmerztheorien, wie sie etwa Marc-Antoine Petit, Hyppolite Bilon, Benedetto Mojon oder Jacques-Alexandre Salgues im ersten Viertel des 19. Jahrhunderts formulieren, lassen an dieser neuen Einschätzung keinen Zweifel: Der Schmerz ist nicht akzidentiell, er ist konstitutiv für den Organismus; ohne Schmerzen gibt es kein Leben.

Diese Engführung von Leben und Schmerz begegnet auch in Büchners Texten. In *Danton's Tod* etwa mediziert der intrigante Laflotte über den Schmerz der Enthauptung[8] und zitiert damit eine um 1800 intensiv geführte medizinische Debatte um die Verbindung von Schmerz und Leben sowie deren experimentellen Nachweis im Augenblick der Enthauptung. Im *Lenz* avanciert der körperliche Schmerz zum Therapeutikum: »er konnte sich nicht mehr finden, ein dunkler Instinkt trieb ihn, sich zu retten, er stieß an die Steine, riß sich mit den Nägeln, der Schmerz fing an, ihm das Bewußtsein wiederzugeben«.[9] Lenz braucht den Schmerz; ohne Schmerzen droht ihm der Selbstverlust; mit Schmerzen behält er den konturierten Umriss einer Person: »Oft schlug er sich den Kopf an die Wand, oder versetzte sich sonst einen heftigen physischen Schmerz«.[10] Zunächst einmal passt diese Selbsttherapie durch Schmerzen in die organologisch-biologische Physiologie des frühen 19. Jahrhunderts. Büchner fügt diesem einfachen Passen aber noch zwei Aspekte hinzu. Erstens entwickelt er aus dem neuen Konzept der konstitutiven Schmerzen eine Kritik am idealistischen Entwurf des Subjekts. Immanuel Kants transzendentale Bestimmung lautet: »Das: *Ich denke,* muß alle meine Vorstellungen begleiten *können*«.[11] Büchners biologisch-organologische Erwiderung setzt diesem transzendentalen Idealismus einen physiologischen Realismus entgegen: »Das: *Ich habe Schmerzen,* muss alle meine Lebensvorgänge begleiten *können.*« Um über das moderne Subjekt nachzudenken, reicht – so gibt Büchner mit seinem Hinweis auf die Schmerzen zu bedenken – die reine

↓

WALTER JENS

—

BÜCHNER-LEKTION
1989

Wenn, noch einmal, von Georg Büchner etwas zu lernen ist, dann die Lektion: Über die Humanität eines Schriftstellers befindet die Emphase, mit der er sich für die Außenseiter der Gesellschaft engagiert; aber die Emphase allein tut es nicht. Poetische Parteinahme für Menschen, die im Dunkel sind und nicht im Licht, bedarf, um auch ästhetisch überzeugend zu sein, der Fähigkeit zu jenem blitzartig erhellenden Benennen von Tatbeständen, das Poesie über wissenschaftliches Erläutern hinaushebt, ohne ihm an Stringenz nachzustehen: Der Doktor aus dem »Woyzeck«, dank seiner Verweisungskraft ein präfigurierter KZ-Arzt, der mit Menschen experimentiert, ist zu gleicher Zeit, höchst real, ein Stellvertreter jenes Justus von Liebig, dem zu Büchners Gießener Zeit Soldaten als Forschungsmaterial zugeführt wurden … und was die an Woyzeck vorgenommenen Erbsen-Versuche angeht, so sind sie ebenfalls nicht ohne zeitgenössische Experimente mit der Harnzusammensetzung von Fleisch- und Gras-Fressern zu denken, weisen aber zugleich, als Elemente einer poetischen Parabel, auf die Versuche voraus, die man in unserem Jahrhundert mit Rekruten unternahm, denen, um Reaktionsweisen zu testen, mitgeteilt wurde, sie würden dank der irreversiblen Folgen einer ihnen versehentlich verabreichten Injektion in einer halben Stunde nicht mehr leben.

↓

Süßwasserbryozoe,
Plumatella fungosa
1830

Vernunft nicht aus; das Subjekt ist ohne den Schmutz des Materiellen nicht zu haben. Oder noch einmal anders formuliert: Büchner geht es nicht um das ideale Subjekt, sondern die reale Kreatur.

Eine solche Kreatur aber – dies als zweite Ergänzung Büchners zur zeitgenössischen Physiologie – hat es nicht leicht. Schmerzen tun weh; den Kopf an die Wand zu schlagen ist nicht gesund. Büchner betont damit eine unhintergehbare Ambivalenz, die den modernen Schmerzkonzepten eingeschrieben ist:[12] Es geht nicht ohne Schmerzen, aber mit Schmerzen geht es nicht gut. Wo das Subjekt nicht transzendental, sondern somatisch fundiert wird, droht dessen Überforderung. Büchners *Lenz* bietet hierfür einen paradigmatischen Fall. Am Ende entzieht sich die überforderte Kreatur; ihr Ausweg ist nicht der Tod und nicht der Schmerz, sondern die Apathie: »so lebte er hin«.[13]

TAT

Die erste Szene des *Woyzeck* zeigt zunächst eine »Kreatur, wie sie Gott gemacht«[14] hat. Dann wird dieser Kreatur – es handelt sich um einen Affen – etwas hinzugefügt: »Sehn Sie jezt die Kunst, geht aufrecht hat Rock und Hosen, hat ein Säbel! Ho! Mach Kompliment!«[15] Die Kreatur ist also nicht nur ein Wesen, dessen Schmerzen in theologischer Hinsicht Gott zu verantworten hat und dessen Schmerzen in physiologischer Hinsicht konstitutiv für dieses Lebewesen sind. Die Kreatur ist darüber hinaus ein Wesen, dem sich etwas zufügen lässt. Die Zufügungen erscheinen zunächst harmlos: Kunst und Kleidung. Aber spätestens mit dem Säbel ist klar, dass es sich um Soldatenkleidung handelt. Ein doppelter Zwangszusammenhang ist damit aufgerufen: zum einen das Dressurverhältnis zwischen Mensch und Tier, zum anderen das Disziplinarverhältnis zwischen Befehlshaber und Soldat. Dieser Zwang wird dann in einem reinen Befehl kondensiert: »Ho!« Dieser Befehl hat keinen Inhalt, er markiert nur das Befehlen selbst. Sein Effekt ist eine kultivierte Handlung: »Mach Kompliment!« In Kurzform zeigt Büchner hier die Geburt der Kultur aus der Praxis der Gewalt: Kultur ist das, was entsteht, wenn Mächtige weniger Mächtigen etwas antun.

Mit dieser Eröffnung ist vorgespurt, was Woyzeck in den folgenden Szenen widerfahren wird: Er ist umstellt von Befehlen; er wird physisch und psychisch gequält. Büchners *Woyzeck*-Fragmente zeigen eine Kreatur, der Schmerzen zugefügt werden; sie zeigen einen Menschen im Leid. Diese ›Quälfertigkeit‹[16] kann als ein Gattungsmerkmal des sozialen Dramas gelten: Soziale Dramen sind Schmerzdramen. Wichtiger für Büchner aber ist die politische Dimension, die sich in

↓

Kurzum, wo die Wissenschaft beim Punktuellen verharrt, verdeutlicht Büchner, Mediziner *und* Poet, die *Signifikanz* der Vorgänge, indem er ihre gesellschaftlichen Voraussetzungen, Absichten und Ziele verdeutlicht und derart sichtbar macht, was es bedeutet, wenn die Mehrheit der Bevölkerung für die herrschende, mit ihr nach Lust und Laune experimentierende Minorität nur die Bedeutung von Nutztieren, von physisch und psychisch beliebig manipulierbarem Material und, schließlich, von Präparaten hat, an denen Medizinstudenten Schnitt-Techniken erlernen. (Woyzeck, so steht zu vermuten, wäre im 20. Jahrhundert, Seit an Seit mit den Hingerichteten aus Konzentrationslagern, im Anatomischen Institut einer deutschen Hochschule als Objekt von Demonstrationen unsterblich geworden: als Präparat wohlgemerkt, nicht als Mensch.)

Aus: Walter Jens, »Georg Büchner, Poet und Rebell, im Licht unserer Erfahrung«, in: *Der Alternative Büchnerpreis 1989,* Darmstadt 1989, S. 25 f.
Der von Walter Steinmetz gestiftete Alternative Büchnerpreis wurde erstmals am 19. Februar 1989 in Darmstadt verliehen. Preisträger war Walter Jens (1923–2013). Der Preis war dem politischen und demokratischen Büchner verpflichtet und wurde bis 1994 fünf Mal vergeben. Außer Jens waren die Preisträger Dieter Hildebrandt, Gerhard Zwerenz, Robert Jungk und Karlheinz Deschner.

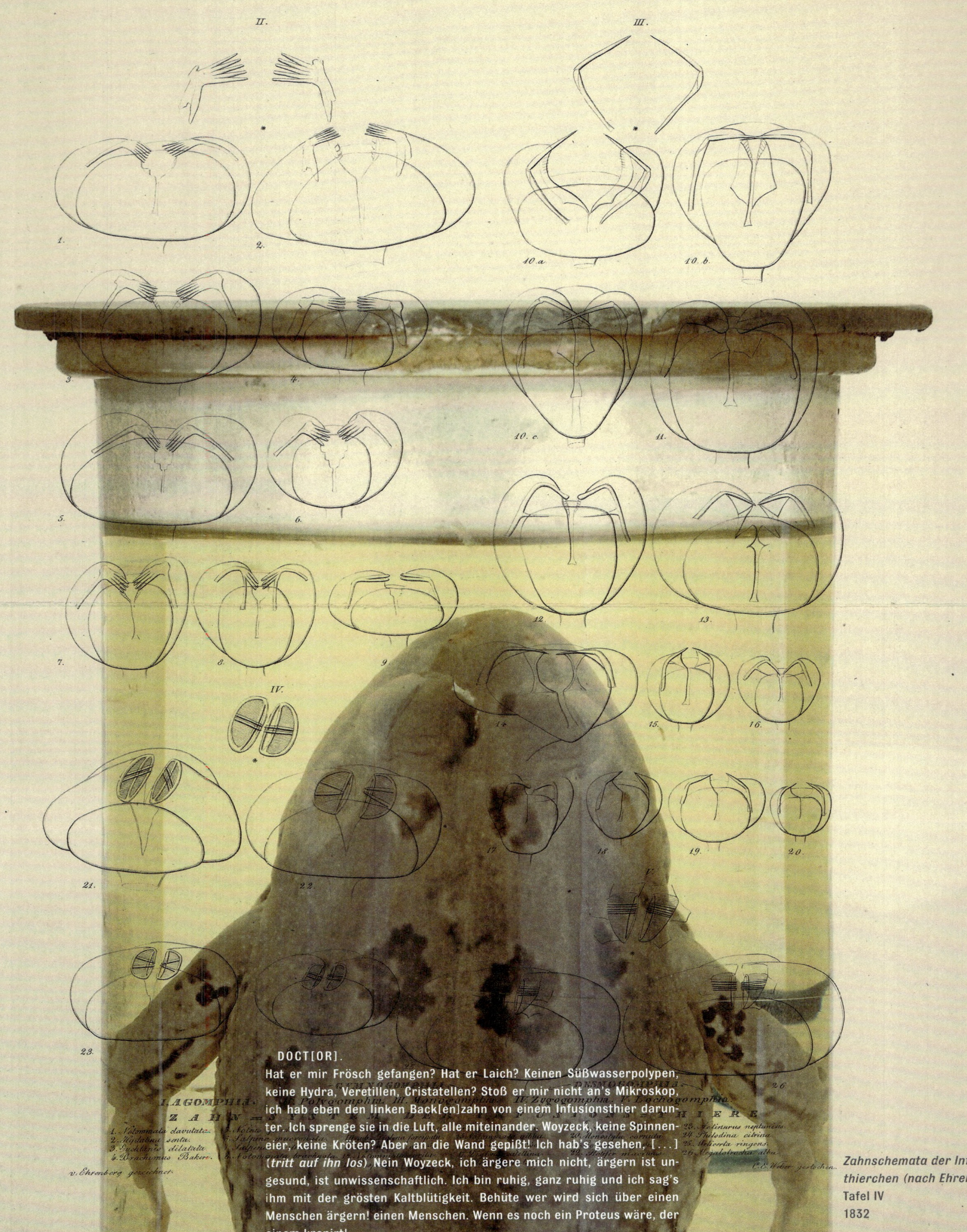

DOCT[OR].
Hat er mir Frösch gefangen? Hat er Laich? Keinen Süßwasserpolypen, keine Hydra, Veretillen, Cristatellen? Stoß er mir nicht an's Mikroskop, ich hab eben den linken Back[en]zahn von einem Infusionsthier darunter. Ich sprenge sie in die Luft, alle miteinander. Woyzeck, keine Spinneneier, keine Kröten? Aber an die Wand gepißt! Ich hab's gesehen, [...] (*tritt auf ihn los*) Nein Woyzeck, ich ärgere mich nicht, ärgern ist ungesund, ist unwissenschaftlich. Ich bin ruhig, ganz ruhig und ich sag's ihm mit der grösten Kaltblütigkeit. Behüte wer wird sich über einen Menschen ärgern! einen Menschen. Wenn es noch ein Proteus wäre, der einem krepirt!

Woyzeck H2,6, 1836

Zahnschemata der Infusionsthierchen (nach Ehrenberg)
Tafel IV
1832

Teichfrosch, Rana esculenta
1902

der Verknüpfung von Schmerz und Kultur zeigt. Diese Verknüpfung ist von ähnlicher Ambivalenz wie die physiologische Verbindung von Schmerz und Leben. Denn einerseits erkennt auch Büchner – wie vor ihm etwa schon Herder, Schiller oder Kant und auch die Mediziner Petit, Bilon, Mojon und Salgues – die kulturkonstituierende Kraft der Schmerzen an. Andererseits jedoch – und dies gegen die Schmerztheorien von Herder bis Salgues – stellt er in größter Nachdrücklichkeit heraus, dass dieser Prozess immer auf asymmetrischen Kräfteverhältnissen beruht, dass er soziale Hierarchien braucht und produziert, dass es immer jemanden gibt, der Schmerzen zufügt, und jemanden, dem Schmerzen zugefügt werden. »Ho!«, sagt der Marktschreier zum Affen. »Mach er«, so befiehlt der Doktor Woyzeck das Urinieren.[17] »Geh' jetzt und renn nicht so«, so ordnet der Hauptmann an.[18] Das Band zwischen Befehl und Gehorsam ist der Schmerz; explizit wird dies dort, wo der Tambourmajor seine Anweisung »da Kerl, sauf«[19] durchsetzt, indem er Woyzeck verprügelt.

Als ausgleichende Kraft gegen den Bedingungszusammenhang von Schmerz, Kultur und Gewalt setzt Büchner auf die Empathie mit dem »Leben des Geringsten«.[20] Diese Verallgemeinerung der bürgerlichen Mitleidsethik zu einer alle Kreaturen umfassenden Empathie[21] korreliert sehr genau mit der Verallgemeinerung individuellen Leids zu einem umfassenden Weltschmerz. In enger Zeitgenossenschaft zu Büchner formuliert etwa Arthur Schopenhauer den moralischen Imperativ: »mögen alle lebenden Wesen von Schmerzen frei bleiben«.[22] Schopenhauers Imperativ hat eine maximale Reichweite; er nimmt auch die Tiere mit in den Raum ethisch-politischen Handelns hinein.[23] Denn Handlungen erweisen ihren ethischen Wert

↓

ERICH KÄSTNER

—

ÜBER DIE TRAGEDIA DELL'ARTE WOYZECK 1957

Doch die stilistische Bedeutung Büchners liegt, entgegen der herrschenden Ansicht, nicht im Bezirke des Realismus. Soweit er und so weit er auch in dieses Gebiet vordrang, hielt hier der junge Mediziner und Naturwissenschaftler, der er war, den Dramatiker an der Hand. Der Fuß des Schriftstellers folgte dem Auge des Diagnostikers. Büchners »Realismus« ist eine nebenberufliche Begleiterscheinung und soll weder bestritten noch unterschätzt werden. Aber sein künstlerischer Wille strebte – das beweisen die Szenen mit dem Hauptmann und dem Doktor, wie auch die Großmutter mit ihrem makabren Märchen – in die völlig entgegengesetzte Richtung, in das seinerzeit von Dramatikern nicht nur unbesiedelte, sondern überhaupt noch nicht entdeckte Gebiet der tragischen Groteske.

Die Situationen sind Grenzsituationen, und zwar jenseits der Grenze. Die Bilder auf der Bühne sind Zerrbilder. Die Wirklichkeit und die Kritik an ihr verzehnfachen sich durch die Genauigkeit der Übertreibung. Dieser Doktor und dieser Hauptmann, doch auch der Tambourmajor und der Marktschreier sind Karikaturen. Sie haben eine Maske vorm Gesicht, doch nicht nur das – sie haben auch noch ein Gesicht vor der Maske! Sooft man diese Szenen liest oder im Theater wiedersieht, verschlägt es einem den Atem. Mit wie wenigen und mit welch wortkargen und scheinbar simplen Dialogen wird hier die Wirklichkeit heraufbeschworen, ohne daß sie geschildert würde! Und wie gewaltig ertönt die Anklage, obwohl und gerade weil sie gar nicht erhoben wird! Nie vorher – und seitdem nicht wieder – wurde in unserer Literatur mit ähnlichen Stilmitteln Ähnliches erreicht.

Aus: Erich Kästner, »Rede zur Verleihung des Georg-Büchner-Preises 1957«, in *Deutsche Akademie für Sprache und Dichtung, Jahrbuch 1957*, Heidelberg / Darmstadt 1958, S. 82–94, hier S. 2 f.

PROFESSOR.
Meine Herrn, wenn ich dieße Katze zum Fenster hinauswerfe, wie wird dieße Wesenheit sich zum centrum gravitationis u. d. eignen Instinct verhalten. He Woyzeck, (*brüllt*) Woyzeck!
WOYZECK.
H. Professor sie beißt.
PROFESSOR.
Kerl, er greift die Bestie so zärtlich an, als wär's seine Großmutter.

Woyzeck H3,1, 1836

Étienne-Jules Marey
Detail aus der Chronofotografie »Flug einer Katze und Verhalten eines Hundes«
1900

darin, dass sie die Leidensfähigkeit des Behandelten in Rechnung stellen; in der gleichfalls die Tiere mit einbeziehenden Fassung von Jeremy Bentham: »the question is not, Can they *reason?* nor, Can they *talk?* but, Can they *suffer?*«[24] Bei Büchner ist vom Schmerz der Tiere an keiner Stelle die Rede. Aber wie Schopenhauer und Bentham sieht er die Leidensfähigkeit vor der Folie einer grundsätzlichen Glücksfähigkeit der Kreatur. Kreaturen sind, mit Bentham formuliert, »susceptible of happiness«.[25] Woyzeck ist eine Kreatur, die prinzipiell glücksfähig ist. Und genau deshalb ist der Schmerz, in dem er lebt, ein politischer Skandal.

KUNST

Die Kreatur und ihre Schmerzen gibt es bei Büchner immer nur in vermittelter, inszenierter, vorgeführter Form. Auch in dieser Hinsicht sind die ersten Szenen des *Woyzeck* als eine Leseanweisung zu verstehen: Das Theater stellt ein Theater vor. Alles ist nur inszeniert. Jede Position, jedes Konzept, jeder Entwurf bleibt an eine Perspektive gebunden. In den Dramen sind uns nur Figurenreden gegeben: Es ist Laflotte, der den Zusammenhang von Leben und Schmerz thematisiert; es ist der Doktor, der das Urinieren befiehlt; es ist Lena, die sich und die ganze Welt in eine Kreuzigungsszene versetzt; und beim *Lenz* haben wir es mit einem zumindest zum Teil intern fokalisierten Prosatext zu tun, bei dem objektives physiologisches Wissen und subjektives bedrängtes Handeln niemals klar voneinander zu unterscheiden sind. Wie bei vielen anderen Themen, so umgeht es Büchner auch beim Schmerz, Klartext zu reden.

Dieses eigentümliche Reden in und mit fremden Stimmen hat einen doppelten Effekt. Zum einen bewahrt es die Texte davor, zu ideologischen Manifesten zu werden. Politisch ist die literarische Produktion Büchners nicht wegen der vorgetragenen Positionen und Wertungen, sondern deshalb, weil sie die Rezipienten zu einem aktiven Lesen und Zuschauen zwingen, in dem Positionen auf dem Spiel stehen und Wertungen auf die Mechanismen ihrer Durchsetzung hin transparent gemacht werden. Deshalb führt der Schmerz bei Büchner zwar in das Spannungsfeld von Atheismus und Theologie; er führt aber nicht zu einer Entscheidung für oder gegen den Glauben. Deshalb wird der Schmerz zwar als somatische Fundierung des Subjekts und als kritisches Element gegen den Idealismus ins Spiel gebracht; zugleich aber bleibt diese Fundierung im Schmerz und diese Kritik durch den Schmerz perspektivisch gebunden. Und deshalb stellt Büchner gegen den Konnex von Gewalt, Schmerz und Kultur zwar eine radikale Empathie für die Kreatur, markiert dies aber selbst als eine Position innerhalb eines politischen Kräftefeldes, die nicht von alleine wirksam ist, sondern erst wirksam gemacht werden muss.

Gegen einen Klassizismus, dem Danton (also wieder: eine Figur) vorwirft, gegenüber allen Schmerzen distanziert und »kaltblütig«[26] zu sein,[27] entwirft Büchner eine engagierte Literatur, die das Politische als artistische Performanz ausstellt. Büchner bietet performative Setzungen, die sich als Setzungen zu erkennen geben und deshalb zur Auseinandersetzung auffordern. Dass der Schmerz einen Riss durch den Glauben macht, dass er das somatische Fundament einer jeden Kreatur bildet und dass er angesichts der grundsätzlichen Glücksfähigkeit des Menschen noch im unscheinbarsten Befehl – »Ho!« – einen politischen Skandal darstellt: All dies muss man Büchner nicht ohne Weiteres abnehmen; aber all dies als Fragen wägend in das eigene Denken und Handeln aufzunehmen, dazu fordert Büchners Werk eindringlich auf.

1 MBA VII.2, 3.

2 Vgl. hierzu auch Heinrich Anz, »›Leiden sey all mein Gewinnst‹. Zur Aufnahme und Kritik christlicher Leidenstheologie bei Georg Büchner«, in: *Georg Büchner Jahrbuch*, 1 (1981), Frankfurt am Main 1981, S. 160–168.

3 MBA VII.2, 3.

4 MBA III.2, 49.

5 MBA VI, 110.

↓

DOCTOR.
Meine Herren, sie können dafür was anderes sehen, sehen sie der Mensch, seit einem Vierteljahr ißt er nichts als Erbsen, bemerkten sie die Wirkung, fühlen sie einmal was ein ungleicher Puls, da u. die Augen.

Woyzeck H3,1, 1836

Essgeschirr eines Soldaten
Um 1840

6 Markus 15,34.

7 Vgl. zur Biologiegeschichte im Allgemeinen z. B. Georg Toepfer, *Historisches Wörterbuch der Biologie. Geschichte und Theorie der biologischen Grundbegriffe,* 3 Bde., Stuttgart 2011, Bd. 1, S. 254–295; zum Ort des Schmerzes in diesen Debatten vgl. Roland Borgards, *Poetik des Schmerzes. Physiologie und Literatur von Brockes bis Büchner,* München 2007.

8 MBA III.2, 58.

9 MBA V, 33.

10 MBA V, 48.

11 Immanuel Kant, *Kritik der reinen Vernunft. Werkausgabe in zwölf Bänden,* Bd. 3, Frankfurt am Main 1968, S. 136 (= B 132).

12 Vgl. hierzu auch Walter Hinderer, »Pathos und Passion. Die Leiddarstellung in Büchners ›Lenz‹«, in: *Wissen aus Erfahrung. Werkbegriff und Interpretation heute. Festschrift Hermann Meyer,* hrsg. von Alexander von Bormann, Tübingen 1976, S. 474–494.

13 MBA V, 49.

14 MBA VII.2, 3.

15 Ebd.

16 Hugo Aust, Peter Haida, Jürgen Hein, *Volksstück. Vom Hanswurstspiel zum sozialen Drama der Gegenwart,* München 1989, S. 286.

17 MBA VII.2, 16.

18 MBA VII.2, 25.

19 MBA VII.2, 31.

20 MBA V, 37.

21 Vgl. hierzu auch Hans-Jürgen Schings, *Der mitleidigste Mensch ist der beste Mensch. Poetik des Mitleids von Lessing bis Büchner,* München 1980, S. 64–68.

22 Arthur Schopenhauer, *Die beiden Grundprobleme der Ethik behandelt in zwei akademischen Preisschriften,* Frankfurt am Main 1841, S. 241.

23 Vgl. ebd., S. 243–249.

24 Jeremy Bentham, *An Introduction to the Principles of Morals and Legislation* (1789), Bd. 2., London 1823, S. 236.

25 Ebd. S. 235.

26 MBA III.2, 37.

27 Vgl. hierzu Ingrid Oesterle, »›Zuckungen des Lebens‹. Zum Antiklassizismus von Georg Büchners Schmerz-, Schrei und Todesästhetik«, in: *Wege zu Georg Büchner. Internationales Kolloquium der Akademie der Wissenschaften (Berlin-Ost),* hrsg. von Henri Poschmann, Bern u. a. 1992, S. 61–84.

ALLES STILLE,
ALS WÄR
DIE WELT TODT

DIE STRASSEN
LAUFEN HIER NICHT
VOLL SOLDATEN

Ihr werdet überrascht sein, wenn ihr mich besucht; schon unterwegs überall freundliche Dörfer mit schönen Häusern, und dann je mehr Ihr Euch Zürich nähert und gar am See hin, ein durchgreifender Wohlstand; Dörfer und Städtchen haben ein Aussehen, wovon man bei uns keinen Begriff hat. Die Straßen laufen hier nicht voll Soldaten, Accessisten und faulen Staatsdienern, man riskirt nicht von einer adligen Kutsche überfahren zu werden, dafür überall ein gesundes, kräftiges Volk, und um wenig Geld eine einfache, gute, rein *republikanische* Regierung, die sich durch eine *Vermögenssteuer* erhält, eine Art Steuer, die man bei uns überall als den Gipfel der Anarchie ausschreien würde.

Georg Büchner an die Familie, Zürich, 20. November 1836

Franz Schmid (Entwurf) /
Johann Hürlimann (Stich)
Ansicht der Stadt Zürich vom l'Hôtel de l'Epée aus gesehen
Vor 1835

ENDSTATION ZÜRICH

Die Schweiz ist eine Republik, und weil die Leute sich gewöhnlich nicht anders zu helfen wissen, als daß sie sagen, jede Republik sei unmöglich, so erzählen sie den guten Deutschen jeden Tag von Anarchie, Mord und Todtschlag. Ihr werdet überrascht sein, wenn ihr mich besucht; schon unterwegs überall freundliche Dörfer mit schönen Häusern, und dann, je mehr Ihr Euch Zürich nähert und gar am See hin, ein durchgreifender Wohlstand; Dörfer und Städtchen haben ein Aussehen, wovon man bei uns keinen Begriff hat. Die Straßen laufen hier nicht voll Soldaten, Accessisten und faulen Staatsdienern, man riskirt nicht von einer adligen Kutsche überfahren zu werden; dafür überall ein gesundes, kräftiges Volk, und um wenig Geld eine einfache, gute, r e i n r e p u b l i k a n i s c h e Regierung, die sich durch eine V e r m ö g e n s s t e u e r erhält, eine Art Steuer, die man bei uns überall als den Gipfel der Anarchie ausschreien würde ...

Georg Büchner aus Zürich an die Eltern
in Darmstadt, 20. November 1836

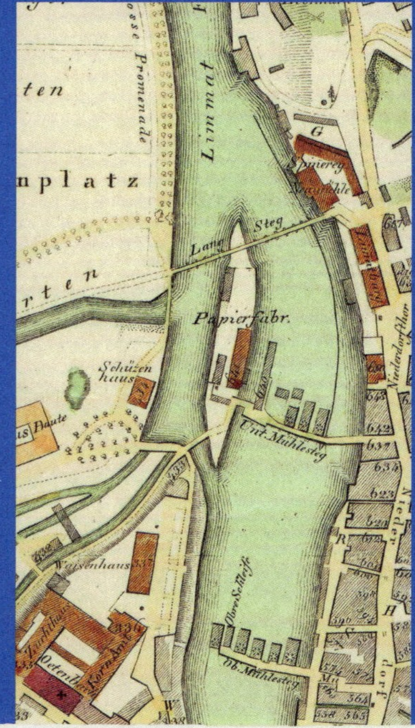

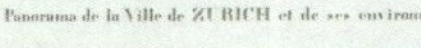

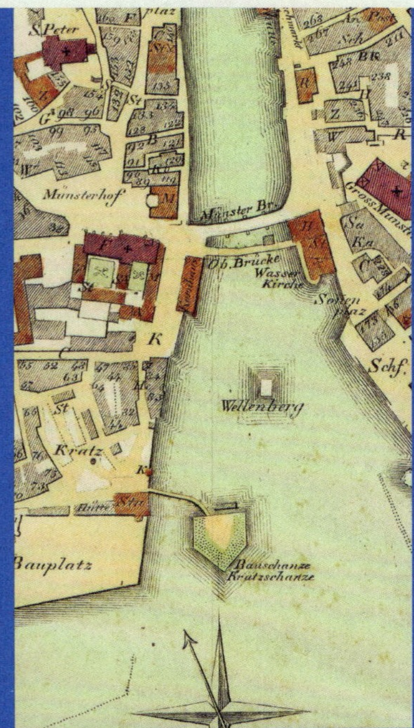

Franz Schmid
Panorama der Stadt Zürich
Um 1840

Grundriss der Stadt Zürich
(Detail)
1838

»Ihr werdet überrascht sein, wenn ihr mich besucht; schon unterwegs überall freundliche Dörfer mit schönen Häusern, und dann, je mehr Ihr Euch Zürich nähert und gar am See hin, ein durchgreifender Wohlstand«, schrieb Büchner am 20. November 1836, rund einen Monat nach seiner Ankunft in Zürich, an die Eltern. »Die Schweiz ist eine Republik«, heißt es weiter, und in ihr, insbesondere in ihrem Steuersystem, sah Büchner einen Teil des sozialpolitischen Programms verwirklicht, das er im *Hessischen Landboten* ausformuliert hatte.

Büchner traf am 19. Oktober 1836 in Zürich ein. Er kam als junger Wissenschaftler, dem die Züricher Universität gute Karrierebedingungen bot, und zugleich als politischer Flüchtling, der im liberalen Kanton Zürich mit seiner trotz zunehmenden äußeren Drucks immer noch vergleichsweise großzügigen Asylgesetzgebung auf einen sicheren Aufenthalt für die kommenden Monate und Jahre hoffte. Schon am 3. September 1836 hatte die Züricher Universität ihm für sein *Mémoire* die Doktorwürde verliehen. Am 5. November hielt Büchner seine Probevorlesung »Über Schädelnerven« und erhielt noch am gleichen Tag die Bewilligung, als Privatdozent zu unterrichten. Am 26. November gewährte der Kanton Zürich ihm für sechs Monate Asyl – Sicherheit für die nur drei noch verbleibenden Monate seines kurzen Lebens.

Zürich und die Züricher Universität waren für Büchner auch unter den erschwerenden Bedingungen des Exils ein durchaus erstrebenswertes Umfeld. Als einer der größten Schweizer Kantone hatte Zürich insgesamt rund 227 000 Einwohner, circa 12 000 davon lebten in der Stadt. Im Gefolge der Pariser Julirevolution war es zu heftigen politischen Auseinandersetzungen gekommen. Im September 1830 protestierten rund 10 000 Einwohner gegen die anhaltende Benachteiligung der kleinindustriell geprägten Züricher Landschaft gegenüber der prosperierenden Stadt. Die daraufhin ausgearbeitete neue Verfassung konnte zwar die politische Dominanz der Geldaristokratie nicht beseitigen, garantierte aber neben der Gleichberechtigung von Stadt und Land Gewaltentrennung, Volkssouveränität und Presse- und Gewerbefreiheit und ließ den Freistaat Zürich zu einem Vorbild demokratischer Bestrebungen in ganz Europa werden.

Die erst im Jahr 1833 gegründete Züricher Universität entsprach dem liberalen Geist von Stadt und Kanton. Am 29. April 1833 von der neuen Züricher Regierung feierlich eröffnet, war die Universitas Turacensis die erste Universität Europas, die nicht von der Kirche oder einem Landesfürsten, sondern durch ein demokratisches Staatswesen ins Leben gerufen worden war. Im ersten Semester waren 161 Studenten immatrikuliert, 16 davon im Fach Theologie, 26 in Jurisprudenz, 98 im Fach Medizin und 21 in der Philosophie. 26 Professoren und 29 Privatdozenten waren 1833 an der Züricher Universität tätig, überdurchschnittlich viele der Neuberufenen stammten aus Deutschland. Die meisten von ihnen waren aus politischen Gründen nach Zürich emigriert. Auch aus Büchners Bekanntenkreis hatten viele hier Zuflucht gefunden, so unter anderen das Ehepaar Caroline und Wilhelm Schulz, der Butzbacher Wilhelm Braubach, der Marburger Franz Carl Weller und die Darmstädter Hermann Trapp und Christian Möser.

Aus politischen Gründen emigriert war auch der erste Rektor der Universität, der renommierte Naturforscher, Philosoph und Vergleichende Anatom Lorenz Oken. Er war formal gesehen Büchners Doktorvater und soll, wie Ludwig Büchner später berichtete, von dessen

↓

ANNE MAXIMILIANE JÄGER-GOGOLL

—

GEORG BÜCHNER, DER EXILANT

Das Exil ist eine Krankheit
(Hilde Spiel)

Dass ihm in nicht allzu ferner Zukunft ein Leben als politischer Emigrant bevorstehen würde, scheint Büchner schon recht früh deutlich gewesen zu sein. Bereits Mitte März 1834 – er studiert in Gießen, hat das Manuskript des *Hessischen Landboten* abgeschlossen und ist mit der Organisation der Gießener Sektion der Gesellschaft der Menschenrechte beschäftigt – schreibt er seiner Verlobten Minna Jaeglé in Straßburg von der ihm »gewisse[n] Aussicht auf ein stürmisches Leben, vielleicht bald auf fremdem Boden«.[1] Ein Jahr später, am 6. März 1835, flieht er aus Darmstadt über die französische Grenze bei Weißenburg/Wissembourg nach Straßburg. Bis zu seinem frühen Tod im Februar 1837 wird er nicht mehr nach Deutschland zurückkehren. Beinahe das gesamte literarische und wissenschaftliche Werk Georg Büchners entsteht im Exil: Die Dramen *Woyzeck* und *Leonce und Lena*, die Erzählung *Lenz*, die Dissertationsschrift *Sur le système nerveux du barbeau*, die Übersetzungen von Victor Hugos *Marie Tudor* und *Lucrèce Borgia*, die Ausarbeitung einer Geschichte der älteren griechischen Philosophie und eines Kollegs über »die philosophischen Systeme der Deutschen seit Cartesius und Spinoza« – all das, so der Freund Wilhelm Schulz, »drängte er in die anderthalb Jahre seines Exils in Straßburg, besonders in das letzte Halbjahr seines dortigen Aufenthalts zusammen.«[2] Lediglich *Danton's Tod*, das einzige schon zu Lebzeiten veröffentlichte literarische Werk, schreibt Büchner noch in Darmstadt, doch ist die Niederschrift bereits vom Druck zunehmender Überwachung und Angst vor Verhaftung als Vorzeichen der immer dringender notwendig werdenden Flucht geprägt. Die Fertigstellung des Dramas drängt unter diesen Umständen besonders, weil das dafür zu erwartende

↓

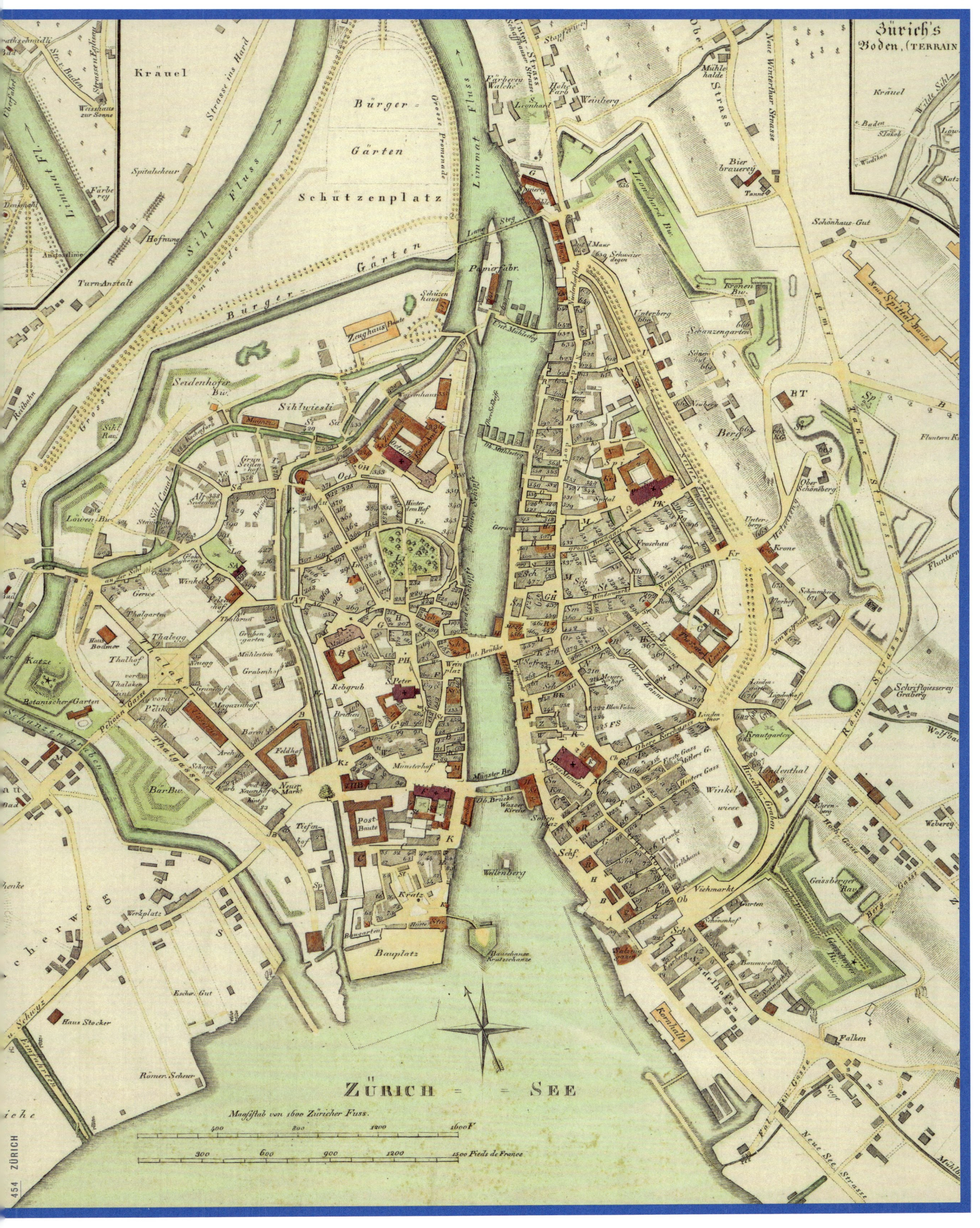
Zürich's
Boden, (TERRAIN
Kräuel
Bürger
Gärten
Schützenplatz
Grosse Promenade
Sihl Fluss
Strasse ins Hard
Limmat Fluss
Bürger Gärten
Promenade
Turn Anstalt
Zeughaus
Papier Fabr.
Leonhard
Weinberg
Stampfenbach
Mühlehalde
Ober Strass
Neue Winterthur Strasse
Bier brauerey
Tanne
Leonhard Bw.
Schönhaus Gut
Neue Spital Baute
Kronen Bw.
Schanzengarten
Unterberg
Berg
Seidenhofer Bw.
Sihlwiesli
Löwen Bw.
Sihl Canal
Rämi Strasse
Tanne Strasse
Spital
Froschau
Krone
Unt. Brücke
Peter
Rebgrub
Münsterhof
Münster Br.
Post Baute
Feldhof
Neue Markt
Thalacker
Thalgasse
Katz
Botanischer Garten
Schanzengraben
Bär Bw.
Kratz
Bauplatz
Wellenberg
Bauschanze
Kornhalle
Krautgarten
Lindenthal
Hirschengraben
Winkel wiese
Geissberger Rav.
Vizhmarkt
Falken
Haus Stocker
Römer. Scheur
Eschw. Gut
Werkplatz
ZÜRICH = SEE
Maassstab von 1600 Züricher Fuss.
400 800 1200 1600 F.
300 600 900 1200 1500 Pieds de France

Probevorlesung derart »entzückt« gewesen sein, dass er den Studenten seine Lehrveranstaltungen »vom Katheder herab« empfahl und auch »seinen eigenen Sohn in dieselben« schickte. Auch sonst wurde Büchner, so der Bericht des Bruders, in den Kreisen der Universität »auf das Zuvorkommendste aufgenommen«. Der Züricher Erziehungsrat plante, »sehr bald für ihn eine Professur der vergleichenden Anatomie zu creiren«. Büchners früher Tod am 19. Februar in Zehnders Haus in der Steingasse hat das vereitelt.

Das öffentliche Andenken an Büchner blieb in Zürich zunächst lebendiger als anderswo in Europa. Am 19. Februar 1841 trug hier der Vormärzdichter Georg Herwegh sein dann vielfach verbreitetes Gedicht *Zum Andenken an Georg Büchner, den Verfasser von Danton's Tod* öffentlich vor. 1875 wurde Büchner anlässlich der Umbettung seines Leichnams ein noch heute erhaltener Grabstein gesetzt, und 1888 gab Gerhart Hauptmann mit seinem Büchner-Vortrag in Zürich entscheidende Impulse für die Büchner-Rezeption im 20. Jahrhundert. AMJ

Honorar eine wesentliche finanzielle Grundlage für die Emigration bereitstellen soll – nicht nur zur Bezahlung der Fluchthelfer, sondern auch für den ersten Lebensunterhalt in Straßburg, da Büchner gezwungen ist, ohne auffälliges Gepäck zu reisen. Ein oftmals prägendes Charakteristikum von Exilliteratur: Dass das literarische Schaffen unmittelbar von den prekären Lebensumständen des Schreibenden geprägt ist und die Literatur die (nicht selten einzige) Einnahmequelle darstellt, welche das Leben angesichts des exilbedingten Verlustes der gewohnten Lebensgrundlagen garantieren muss.

DAS »GROSSE UEBEL EINER FREIWILLIGEN VERBANNUNG«

Das Honorar von 10 Friedrichd'or, das der renommierte Literaturkritiker Karl Gutzkow nach einem dringenden Brief Büchners beim Frankfurter Verleger Sauerländer für *Danton's Tod* ausgehandelt hat, trifft allerdings erst am 7. März 1835, einen Tag nach Büchners Flucht aus Darmstadt also, dort ein und wird von seinem noch ahnungslosen Vater entgegengenommen. Unterdessen gelangt Büchner auf einem der bewährten Fluchtwege nach Frankreich. Vermutlich reist er, wie er den Eltern mitgeteilt hat, zunächst nach Friedberg, dann über die Stationen Bensheim, Worms, Neustadt, Landau und Bergzabern bis Weißenburg und, da die Einreise ohne Pass illegal ist, des Nachts über die hier verlaufende Grenze.[3] Von der französischen Seite aus schreibt er wieder an die Eltern. »Wohlbehalten« sei er angekommen, heißt es in dem vom 9. März datierten Brief, die Reise sei »schnell und bequem vor sich« gegangen. Erste Erklärungen folgen: Nur »die dringendsten Gründe«, so schreibt er, hätten ihn bewegen können, »Vaterland und Vaterhaus in der Art zu verlassen«; nicht die gewiss bevorstehende gerichtliche Untersuchung allein, sondern vor allem die damit verbundene zwei- oder dreijährige Kerkerhaft, aus der er sicher »körperlich und geistig zerrüttet [...] entlassen« worden wäre. Das »große Uebel einer freiwilligen Verbannung« garantiere hingegen nicht nur Unversehrtheit, sondern auch die ungehinderte Fortsetzung der geplanten akademischen Laufbahn. »Ich werde das Studium der medicinisch-philosophischen Wissenschaften mit der größten Anstrengung betreiben«. Und: »Seit ich über der Grenze bin, habe ich frischen Lebensmuth [...]. Der beständigen geheimen Angst vor Verhaftung und sonstigen Verfolgungen, die mich in Darmstadt beständig peinigte, enthoben zu sein, ist eine große Wohlthat.«[4]

»DENK ICH AN DEUTSCHLAND«

Sein Exil in Straßburg erscheint Büchner zunächst vor allem als Befreiung. Straßburg ist für ihn ein von den hier verbrachten Studienjahren her vertrautes und lieb gewordenes Umfeld, das ihn auch wieder in die Nähe seiner – wie die Briefe aus Gießen zeigen, schmerzlich vermissten – Verlobten Minna Jaeglé bringt. In den rund eineinhalb Jahren seines Straßburger Exils entfaltet Georg Büchner eine außerordentliche literarische und wissenschaftliche Produktivität, »und eine heitere Stimmung spricht aus seinen Briefen«, die, wie der Bruder Ludwig Büchner sich später erinnert, »nur durch

↓

Stadt Grosse **Strasse** Stein Gasse **Hausnummer** 206 B **Lit.** b

Hauseigenthümer Zehnder Ulrich

Vorstände von Haushaltungen oder einzelne Personen.	Bestand der Haushaltungen. Geschlecht.	Name.	Beruf.	Geburtsjahr.	Heimat.	Religion.	Verhältniß zur Haushaltung.	Buch.	Eingezogen.	Ausgezogen.	Bemerkungen.
Zehnder Ulr.	Zehnder	Ulrich	Reg: Rath	1798	Engstringen	r					
	geb. Nabholz	Magdal		1803	„	r	Ehefrau				
	„	Luise		1825	„	r	Tochter			29. Okt. 1840	
	„	Carl		1826	„	r	Sohn			Novb. 48	
	„	Adele		1831	„	r	Tochter			30. Septb. 46	
	„	Bertha		1834	„	r	„				
	Imhof	Barba		1810	Ermatingen Kant. Thurg.	r	Dienstboth			29. Juli 1836.	
	Rukstuhl	Elisaba		1817	Oberwinterthur	r	„			13. Juni 1836.	
	Meyer	Christ	Ärztlicher Gehülfe	1811	Steinheim im Württbg.	r	Ärztlicher Gehülfe			17. März 1837	
	Trapp	Ho Herm	Stud. Med.	1813	Giessen in Hessen	r	Kostgänger			3. Nov. 1836	
	Krasmus	F.	Commis	1810	Leipzig	r	„			28. Nov. 1836	
	Teufel	A. Maria		1809	[illegible] Württ.	„	Dienstboth		9. Aug. 1836	1 febr. 37.	
	Ehrensperger	Felix	gew. Hauptm.	1790	Oberwinterthur	„	Kostg.		27. July 1836	5. Octob. 1836	
	Ochsenbein	Heinr.	Partikular	1790	Genf	r	„		22. Aug. „	do. 36	
	Schlatter	Charlotte		1818	Lindau Bay.	r	Dienstboth		22. „ „	29. Septb. 1836	
	Mäker	Christn	Geometer	1813	Darmstadt	r	Kostg.		22. „ „	25. Okt. 1836.	
	Schmid	Carl	Cand. Med.	1810	Gedern Hess.	r	„		22. „ „	do. 1836	
	Kwestel	Elisaba		1815	Mellikon Arg.	k	Dienstboth		15. Septb. „	12. Jan. 1837.	
	Overbeck	Fr. Wilh.	Musikus	1811	Leuten Brsbg.	r	Kostg.		12. do. „	17. März 1837	
	Büchner	Georg	Dr. Philos.	1813	Darmstadt	r	„		24. do. „	21. febr. 1837	
	Schultz	Wilhelm	Professor	1797	do	r	„		7. Novb. „	7. April 37	
	geb. Sartorius	Carolina		1801	do	r	„		7. „ „	7. do 37	
	Haag	Fz. fried.	Stud. Med.	1814	Bern	r	„		14. „ „	17. März 1837.	
	Camenzind	Caspar	do do	1814	Gersau Schwyz	k	„		23. „ „	17. März 1837.	
	Hess	Susaña		1817	Märstetten Thurg.	r	Dienstb.		2 feb. 37	29. Apr. 37	
	Spörri	Maria		1814	Bäretsweil	r	„		7 „ 37	9. Juli 1838	
	Schmid	Carl		1811	Gedern Hess.	r	Gehülfe		25. Merz 37	21. Juni 1837.	
	Scheuerman	J. Adam	Stud. Med.	1814	Wiefern Bad.	r	Kostg.		30. do 37	2 do 37	
	Haag	Fz. fried.	do	1814	Bern	r	Kostgäng.		15. April 37	22. Septb. 37	
	Faller	Ignatz	Stud. Philos.	1817	Rorschach	k	„		25. do 37	26. febr. 38	
	Fritzsche	Otto fried.	Prof. Theol.	1813	Dobriluk Preuss.	r	„		29. do 37	21. Dec. 1838	
	Knippel	Elisaba		1797	Hettlingen	r	Dienstb.		22. May 37	14. July 37	
	Gallati	Caspar		1817	Näfels Glar.	k	Gehülfe		23. Juny 37	18. Sept. 1839	
	[illegible]	Friedrich	Ingenieur	1816	[illegible]	ref.	Kostg.		3. Juli 1837.	22. Septb. 37	
	Kitschi	Dorotha		1817	Schlieren	r	Dienstb.		17 July „	17. Aug. 37	
	Kaiser	Magda		1793	Reutlingen Wtg.	r	„		17. Aug. 37	22. Septb. 37	
	Meral	Heinr.	Kfmt.	1812	Mühlhausen	r	Kostg.		23. Septb. 37	28. Novb. 37	
	Zollikofer	Alfred	Kunstm.	1811	St. Gallen	r	„		2 do 37	1. Juni 1838	
	Gross geschied. Weber	Kungold		1793	Hanfheim	r	Dienstb.		30. „ „	17. Jan. 1838	
	Uhde	Carl	Stud. Med.	1813	Hohegeiss Braunschwg.	r	Kostg.		2. Novb. „	1. Juni 1838	
	[illegible]	Julius	Commis	1817	Berlin	„	„		20. Jan. 1838	23. April 1838	
	Müller	Luise		1812	Balingen Wtg.	r	Dienstb.		6. febr. 38	2. Juli	
	Fritsche	Ludwig	Commis	1812	Liebenwerda Preuss.	r	Kostg.		27. Jan. 38	28. [illegible]	

Meldebogen für das Haus Spiegelgasse 12 (vor 1840: Steingasse), Zürich
1835–1837

die Sorge um seine Zukunft und den Schmerz über die Leiden seiner politischen Freunde getrübt wird.«[5] Das sind zwei Aspekte, die das Leben im Exil nicht nur in Büchners Fall beträchtlich beschweren können. Wie sehr das Schicksal von Mitverschworenen aus dem Umkreis der Gesellschaft der Menschenrechte, denen es nicht geglückt war, sich der Verhaftung durch Flucht zu entziehen, sowohl die Erleichterung über das eigene Entkommen als auch ein etwaiges positives Zurückdenken an die verlassene Heimat verdunkelt, zeigt sich in einem Brief Büchners an die Eltern vom 16. Juli 1835. Der beruhigenden Versicherung, er lebe »hier«, also in Straßburg, »ganz unangefochten«, folgt der erinnernde Blick zurück – »Es liegt schwer auf mir, wenn ich mir Darmstadt vorstelle; ich sehe unser Haus und den Garten und dann das abscheuliche Arresthaus« –, um sich dann den in Gefangenschaft leidenden Mitstreitern zuzuwenden: »Die Unglücklichen! Wie wird das enden? Wohl wie in Frankfurt, wo Einer nach dem Andern in der Stille stirbt und in der Stille begraben wird. Ein Todesurtheil, ein Schaffot, was ist das? Man stirbt für seine Sache. Aber so im Gefängniß auf eine langsame Weise aufgerieben zu werden! Das ist entsetzlich!«[6] Auch dies eine oftmals prägende Konstellation des Lebens und des Schreibens im Exil, die der deutsche Emigrant Heinrich Heine rund ein Jahrzehnt später in Versen zum Ausdruck bringen wird, die noch ein Jahrhundert danach während des deutschen Faschismus zu den zentralen Integrationstexten des deutschsprachigen Exils gehören werden: »Denk ich an Deutschland in der Nacht, / Dann bin ich um den Schlaf gebracht«, und weiter: »Seit ich das Land verlassen hab, / So viele sanken dort ins Grab, / die ich geliebt – wenn ich sie zähle, / so will verbluten meine Seele«.[7]

DER »SOCIALE GRUND SEINES FRÜHZEITIGEN TODES«

Zur psychischen Zerrissenheit, jenem »gespaltenen Bewusstsein« des Emigranten im Verhältnis zum Herkunftsland, aus dem er fliehen musste,[8] kommt die Unsicherheit hinsichtlich kurz- wie längerfristiger Lebensplanungen hinzu, die oftmals mit akuten Geldsorgen verbunden ist. »Meine Zukunft ist so problematisch, daß sie mich selbst zu interessiren anfängt«, schreibt Büchner Mitte März 1835 aus Straßburg an Karl Gutzkow in Frankfurt.[9] Der leicht witzelnde Ton täuscht kaum über den ernsten Hintergrund hinweg: Die Promotion in der Vergleichenden Anatomie muss umso schneller vorangetrieben, die Möglichkeiten einer Universitätsdozentur umso früher sondiert werden, je problematischer die finanzielle Situation des Exilanten sich entwickelt. Auch das literarische Arbeiten gerät unter diesen Druck, zumal mühselige und unliebsame Geldarbeiten wie die beiden innerhalb weniger Wochen erstellten Victor-Hugo-Übersetzungen hinzukommen.[10]

↓

EIDGENÖSSISCHE TAGSATZUNG

—

KONKLUSUM, BETREFFEND DIE UNVERZÜGLICHE FORTWEISUNG DER UNRUHIGEN FLÜCHTLINGE UND FREMDEN AUS DER SCHWEIZ 1836

Die eidsgenössische Tagsatzung, in Berücksichtigung der von Flüchtlingen und andern Fremden verübten strafbaren Umtriebe, welche durch den Vorort und einige Kantonsregierungen entdeckt und in dem vorörtlichen Kreisschreiben vom 22. Brachmonat dieses Jahres den Ständen zur Kenntniß gebracht worden sind; in Erwägung, daß diese Umtriebe die innere Sicherheit und Ruhe, die Neutralität der Schweiz und ihre völkerrechtlichen Verhältnisse zu andern Staaten gefährden und die jenen Fremden eingeräumte Zuflucht verletzen, beschließt:

1. Diejenigen Flüchtlinge oder andere Fremde, welche die ihnen von den Ständen zugestandene Zuflucht gemißbraucht, und die innere Sicherheit und Ruhe oder die Neutralität der Schweiz und ihre völkerrechtlichen Verhältnisse durch Handlungen, die gehörig erhoben worden sind, gefährdet haben, sollen aus dem schweizerischen Gebiete, unter Mitwirkung des Vorortes, weggewiesen werden. Diese Wegweisung soll unverzüglich erfolgen, es wäre denn, daß vorerst noch strafgerichtliche Verfolgung einzutreten hätte.

2. Die Untersuchung der einzelnen Fälle, welche mit möglichster Beförderung geschehen soll, steht bei den Ständen und sie veranstalten die Vollziehung des Art. 1 auf ihrem Gebiete. Sie haben sich zu diesem Ende mit dem Vororte in's Einverständnis zu setzen.

↓

Heute und gestern gönne ich mir jedoch ein wenig Ruhe und lese nicht; morgen geht's wieder im alten Trab, du glaubst nicht, wie regelmäßig und ordentlich. Ich gehe fast so richtig, wie eine Schwarzwälder Uhr. Doch ist's gut: auf all das aufgeregte, geistige Leben Ruhe, und dabei die Freude am Schaffen meiner poetischen Produkte. Der arme Shakspeare war Schreiber den Tag über und mußte Nachts dichten, und ich, der ich nicht werth bin, ihm die Schuhriemen zu lösen, hab's weit besser.

Georg Büchner an Wilhelmine Jaeglé, Zürich, 20. Januar 1837

Schwarzwälder Lackschilduhr
Mathäus Schmieder (Hersteller)
Um 1840

»Ich muß eine Weile vom lieben Kredit leben und sehen, wie ich mir in den nächsten 6–8 Wochen Rock und Hosen aus meinen großen weißen Papierbogen, die ich vollschmiren soll, schneiden werde«, fasst auch noch Büchners Brief an Eugène Boeckel im Frühsommer darauf die finanziell problematische Situation und ihre erhoffte Bewältigung durch das Schreiben in mehr als nur spielerischer Metaphorik zusammen.[11] Zu jener Zeit arbeitet Büchner abwechselnd an dem Lustspiel *Leonce und Lena*, einem weiteren – nicht überlieferten und nicht näher bekannten – Drama, den ersten Szenen des *Woyzeck* und den philosophischen Vorlesungen, die er bald an der Universität Zürich zu halten hofft. Die Stellung eines Privatdozenten in Zürich, die er anstrebt, soll ihm nicht nur das legale Entree im Kanton Zürich, sondern auch einen durch die damit verbundenen Kollegiengelder zumindest partiell gesicherten Lebensunterhalt verschaffen. Die ununterbrochene angestrengte Arbeit belastet Büchners Gesundheit. Als Mutter Caroline und Schwester Mathilde ihn im Spätsommer 1836 in Straßburg besuchen, finden sie ihn »zwar gesund, aber doch in einer großen nervösen Aufgeregtheit und ermattet von den anhaltenden geistigen Anstrengungen. Er äußerte damals oft: ›Ich werde nicht alt werden.‹«[12] Später wird man Büchners durch Arbeit bedingte Erschöpfung sogar als einen verstärkenden Faktor seines frühen Todes deuten. Die ununterbrochene »Thätigkeit seines übermächtigen Geistes mußte endlich diesen Körper aufreiben«, heißt es 1851 bei Wilhelm Schulz, der von hier ausgehend einen Bogen auch zu Büchners durch die Emigration verschärfter sozialer Lage als eigentlichem Auslöser der tödlichen Erkrankung schlägt: »Mit einer flüchtigen Bemerkung auf seinem Todesbette: ›Hätte ich in der Unabhängigkeit leben können, die der Reichthum gibt, so konnte etwas Rechtes aus mir werden‹ – wies er selbst auf den socialen Grund seines frühzeitigen Todes. […] Büchner, der Proletarier der geistigen Arbeit und das Opfer derselben, hatte sich lächelnd zu Tode gearbeitet.«[13]

3. Der Vorort hat über die genaue, schnelle und gleichförmige Vollziehung der Art. 1 und 2 zu wachen und zu diesem Behufe die geeigneten Mittheilungen und Weisungen an die Stände zu erlassen. Bei Konflikten zwischen dem vorörtlichen Staatsrathe und einem Stande, betreffend einen einzelnen Fall, entscheidet der vorörtliche Staatsrath mit Zuzug des eidsgenössischen Repräsentantenraths.

4. Wenn ein Kanton die Wegweisung eines Fremden, zu welcher er in Folge vorstehender Bestimmung verpflichtet ist, verweigert oder versäumt, so wird der Vorort den Fall an die Tagsatzung bringen, welche die unverzügliche Vollziehung des Entscheides der Bundesbehörde auf Kosten des fehlbaren Standes veranstalten wird.

5. Binnen Monatsfrist, nachdem der gegenwärtige Beschluß durch eine Mehrheit von Ständen angenommen und den Kantonsregierungen mitgetheilt sein wird, hat der Vorort einen umständlichen Bericht über die Vollziehung desselben zu erstatten, welcher der Tagsatzung oder aber, falls die Tagsatzung nicht versammelt, noch auch dieser Angelegenheit wegen einberufen wäre, den Ständen vorzulegen ist.

6. Der gegenwärtige Beschluß tritt außer Kraft, sobald der Vorort über die vollständig geschehene Vollziehung desselben einen Schlußbericht an die Stände oder an die etwa dannzumal versammelte Tagsatzung erstattet haben wird.

Aus: Ludwig Snell, *Handbuch des Schweizerischen Staatsrechts*, Bd. 1: *Staatsrecht*, Zürich 1837, S. 205 f.

»UNTER KEINEM GESETZLICHEN SCHUTZ«

Doch auch in anderer Hinsicht ist Büchners Situation als politischer Flüchtling sowohl in Straßburg als auch in Zürich, wohin er am 18. Oktober 1836 übersiedelt, wenig beruhigend. Hier wie dort tragen innen- und außenpolitische Aspekte

↓

Jeden Abend sitz' ich eine oder zwei Stunden im Casino; Du kennst meine Vorliebe für schöne Säle, Lichter und Menschen um mich.

Georg Büchner an Wilhelmine Jaeglé, Zürich, 20. Januar 1837

Unbekannter Künstler
Casino Zürich
1835

dazu bei, dass Flüchtlinge im Verlauf der 1830er-Jahre stetig schärfer werdenden Kontrollen und politischen und sozialen Restriktionen durch die Behörden ausgesetzt sind. Schon ab Anfang des 19. Jahrhunderts hatte Straßburg als direkt an der deutschen Grenze im unmittelbaren Einzugsbereich deutscher Sprache und Kultur und in direkter Nachbarschaft zu den liberaleren süddeutschen Staaten gelegene Großstadt für politische Flüchtlinge eine herausragende Bedeutung erlangt. Aus diesem Grund wurde es von den französischen Behörden besonders aufmerksam beobachtet, ankommende Immigranten und ihre Aktivitäten wurden strikt kontrolliert. Einem 1832 verabschiedeten Gesetz zufolge mussten politische Flüchtlinge nach der Ankunft in Frankreich unmittelbar ins Landesinnere weiterreisen und wurden dementsprechend auch in Straßburg nur ausnahmsweise geduldet. Das bringt Büchner in eine prekäre Lage, über die er im Juni 1835 an die Eltern schreibt: »Wir stehen hier unter keinem gesetzlichen Schutz, halten uns eigentlich gegen das Gesetz hier auf, sind nur *geduldet* und somit ganz der Willkür des Präfecten überlassen.«[14] Besonders bedenklich wird die Situation, als im gleichen Monat in Darmstadt Gerüchte über eine in Straßburg bestehende »politische Vereinigung« deutscher Oppositioneller laut werden, aufgrund derer die Großherzogliche Regierung von den französischen Behörden die »Ausweisung der Schuldigen« zu verlangen beabsichtigt. Das löst dringende Befürchtungen aus. Denn, so Büchner im zitierten Brief: »Sollte ein derartiges Verlangen von unserer Regierung gestellt werden, so würde man nicht fragen existirt eine solche Verbindung oder nicht? sondern man würde ausweisen, was da ist.« Die Ausstellung einer französischen »carte de sûreté« (Sicherheitskarte) im Oktober 1835, bei der die akademischen Lehrer Ernst-Alexander Lauth und Georges-Louis Duvernoy sowie Dr. Théodore Boeckel, ein Bruder seines Freundes Eugène Boeckel, vermutlich eine wichtige Rolle gespielt haben, legalisiert zwar Büchners Aufenthalt in Straßburg. Doch ist ihm, ebenso wie der Mehrheit der Flüchtlinge hier, deutlich, dass »Straßburg aufgrund der rigiden Gesetzgebung nur eine Zwischenstation auf dem Weg ins Exil sein« kann.[15] Schon Anfang November berichtet Büchner den Eltern, dass er »aus der Schweiz [...] die besten Nachrichten« über eine eventuell noch vor dem Jahreswechsel mögliche Promotion an der Universität Zürich und eine dortige Dozentur bereits »nächste Ostern« habe.[16] Doch nicht nur der mit seinen anatomischen Arbeiten verbundene Aufwand, auch politische Turbulenzen verzögern und gefährden diese Pläne. Verstärkte Aktivitäten von Anhängern des Jungen Deutschland in der Schweiz und namentlich die – von deutschen Regierungsspitzeln kräftig mit betriebenen – Pläne deutscher Flüchtlings- und Handwerkervereinigungen zu einem bewaffneten Überfall auf deutsches Territorium veranlassen die Schweizer Behörden

↓

CAROLINE BÜCHNER

—

»ICH JUBELTE LAUT«

—

BRIEF AUS DARMSTADT AN DEN SOHN IN ZÜRICH 1836

Darmstadt den 30ten Oktober

Lieber Georg!

Welche Freude als Dein Brief vom 25ten Oktober das Postzeichen Zürich darauf ankam. Ich jubelte laut; denn obgleich wir uns gegenseitig nichts sagten; so hatten wir alle große Angst, und wir glaubten kaum daß Du glücklich über die Gränze kommen würdest. Die Sache hat mir vielen heimlichen Kummer gemacht, nun Gott lob auch dies ging glücklich vorüber. –

Wir waren die Zeit sehr beschäftiget, Mittwochs legte ich große Wasche ein, und Montags zuvor kammen Beckers aus Frankfurt und blieben bis Donnerstag, sie erkundigten sich sehr nach Dir, und freuten sich recht über Deine guten Aussichten, wir hatten einige sehr vergnügte Tage. Auf Deinen Geburtstag tranken wir alle zusammen Deine Gesundheit. –

Wie Dein Brief ankam den 27ten biegelte ich gerade das letzte Stück. Vater war im Theather, ich kann Dir gar nicht sagen wie sehr er sich freute als er nach Hauße kam. Er stimmt ganz mit Beiter überein und ermahnt Dich dringend ja über vergleichende Anatomie Vorlesungen zu halten, er glaubt sicher, daß Du darin am ersten einen festen Fuß fassen und Dich am ehrenvollsten emphor helfen könntest. –

↓

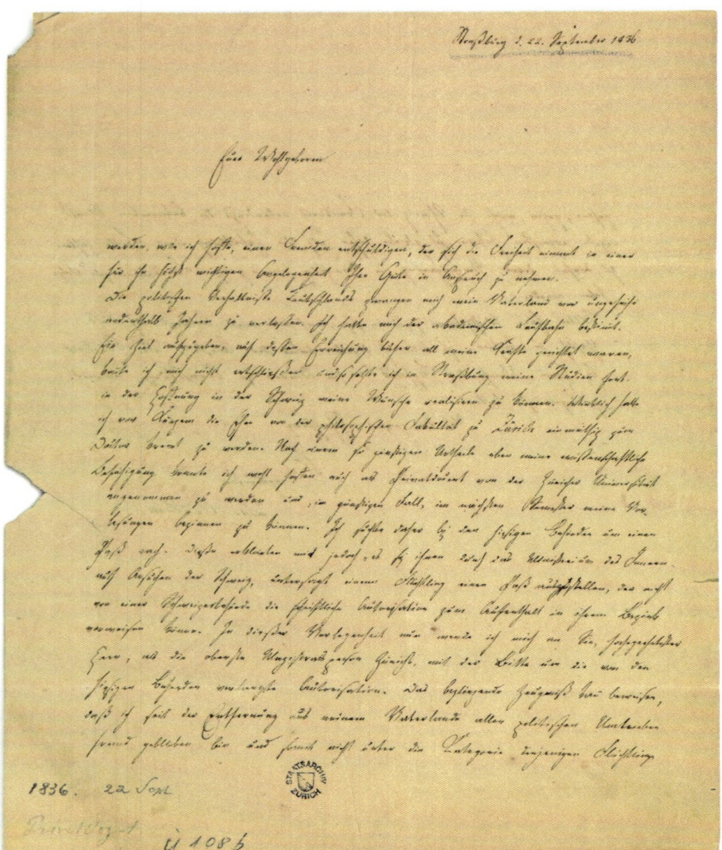

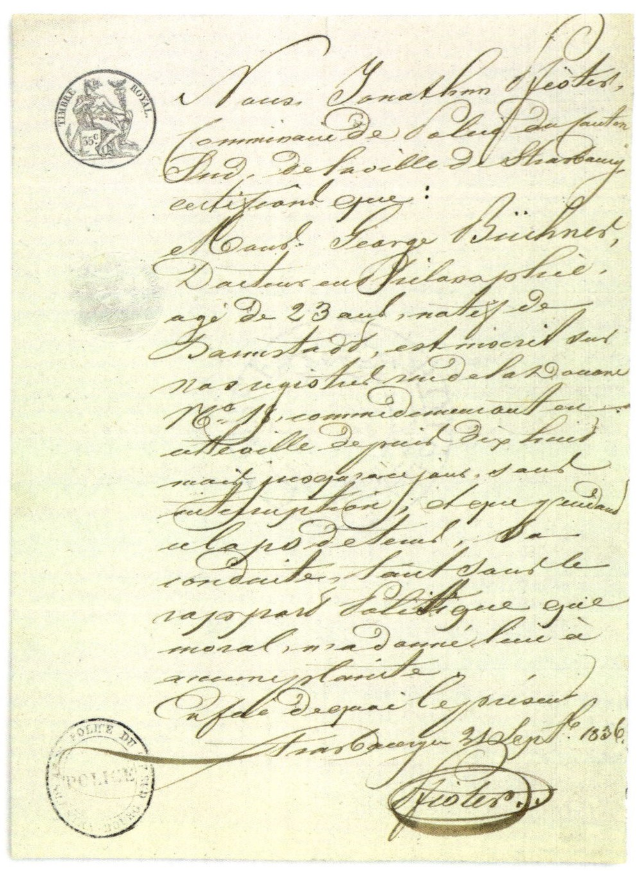

Die politischen Verhältnisse Deutschlands zwangen mich mein Vaterland vor ungefähr anderthalb Jahren zu verlassen. Ich hatte mich der akademischen Laufbahn bestimmt. Ein Ziel aufzugeben, auf dessen Erreichung bisher all meine Kräfte gerichtet waren, konnte ich mich nicht entschließen und so setzte ich in Straßburg meine Studien fort, in der Hoffnung in der Schweiz meine Wünsche realisiren zu können. Wirklich hatte ich vor Kurzem die Ehre von der philosophischen Fakultät zu Zürich einmütig zum Doctor kreirt zu werden. Nach einem so günstigen Urtheile über meine wissenschaftliche Befähigung konnte ich wohl hoffen auch als Privatdocent von der Züricher Universität angenommen zu werden und, im günstigen Fall, im nächsten Semester meine Vorlesungen beginnen zu können. Ich suchte daher bey den hiesigen Behörden um einen Paß nach. Dieße erklärten mir jedoch es sey ihnen durch das Ministerium des Innern auf Ansuchen der Schweiz, untersagt einem Flüchtling einen Paß auszustellen, der nicht von einer Schweizerbehörde die schriftliche Autorisation zum Aufenthalt in ihrem Bezirk vorweisen könne. In dießer Verlegenheit nun wende ich mich an Sie, hochgeehrtester Herr, als die oberste Magistratsperson Zürichs, mit der Bitte um die von den hiesigen Behörden verlangte Autorisation. Das beyliegende Zeugniß kann beweisen, daß ich seit der Entfernung aus meinem Vaterlande allen politischen Umtrieben fremd geblieben bin und somit nicht unter die Kategorie derjenigen Flüchtlinge gehöre, gegen welche die Schweiz und Frankreich neuerdings die bekannten Maaßregeln ergriffen haben. Ich glaube daher auf die Erfüllung einer Bitte zählen zu dürfen, deren Verweigerung die Vernichtung meines ganzen Lebensplanes zur Folge haben würde.

Georg Büchner an Bürgermeister Johann Jakob Hess in Zürich, 22. September 1836

Georg Büchner
Brief an Bürgermeister Johann Jakob Hess in Zürich
22. September 1836

Führungszeugnis der Straßburger Polizei für George Büchner
21. September 1836

ab Mai 1836 wiederholt zu Verhaftungen und Ausweisungen. Am 28. Juli berichtet der *Courrier du Bas-Rhin* über eine gemeinsame »Note von Frankreich, England, Oestreich, Rußland und Preußen«, die von der eidgenössischen Regierung ein entschiedenes Vorgehen gegen die Flüchtlinge fordere. Büchner, der sich zu den umstürzerischen Aktivitäten des Jungen Deutschland distanziert verhält, weil er sie als illusorisch und politisch kontraproduktiv einschätzt, erkundigt sich unmittelbar nach Bekanntwerden des Vorgangs bei dem nach Zürich emigrierten ehemaligen Gießener Kommilitonen Georg Geilfus, welche Konsequenzen die genannte »Note« für die Flüchtlinge in der Schweiz und insbesondere in Zürich haben könne und ob die eidgenössische Regierung tatsächlich alle Flüchtlinge oder »nur die bey den letzten Vorfällen Betheiligten« auszuweisen beabsichtige. Aus Frankreich würden nämlich »alle *ehemaligen und jetzigen* Mitglieder des jungen Teutschland verwiesen. Es ist doch ein Jammer was die lächerlichsten Dinge für Folgen haben können. Anfangs amüsierte es einem [sic] die alten Esel wie kleine Buben spielen zu sehen, – und jezt ist Alles verzweifelt ernsthaft.«[17]

»VERNICHTUNG MEINES GANZEN LEBENSPLANES«

Trotz aller Unsicherheiten bleibt Georg Büchner seinen akademischen Plänen treu. Im April und Mai des Jahres hat er sein *Mémoire sur le système nerveux du barbeau (Cyprinus barbus L.)* in drei Sitzungen der renommierten Société du Museum d'histoire naturelle de Strasbourg verlesen. Überarbeitet und mit einer lithografischen Falttafel versehen, wird es kurz darauf als Separatum gedruckt.[18] Im August schickt er

↓

Willhelm war ohngefähr 14 Tage hier, und nun ist er seit Mittwoch nach Heidelberg mit Schenk abgereist. Mit Giesen war es für diesen Winter nichts. Ich kann Dir gar nicht sagen wie ich mich über diesen Jungen beunruhige, es ist noch ein gar zu großer Kindskopf, hat gar keinen Begrief vom Schaden hat einen falschen Ehrgeitz, und ist hinter seinem Receptiertisch gar zu schro gewesen. Wie wir Briefe von ihm erhalten, werde ich ihm schreiben, ihm Deine Addresse schicken, damit er auch an Dich schreiben kann. Antworte ihm nur gleich und ermahne ihn recht. Mathilde wird selbsten an Dich schreiben, sonsten ist alles bei uns beim alten. Den 25ten Ok: war Alexanders Geburtstag er wurde 9 Jahre alt, heute wird er solenn gefeiert, er hat sich 10 Jungens gebeten, der Chokolade ist bereits gekocht, könnte ich Dir doch auch eine Tasse einschenken. Onkel Georg ist bei seinem Leutnant, auch noch so ein Stück Stallmeister geworden. Der bekannte StallSchenk, zeither Stallmeister bei Prinz Louis ist am Nervenfieber gestorben, und nun reitet Onkel die Pferde vom Prinzen, er hofft auch die vom Prinzen Karl zu bekommen, und dann trägt es ihm immer 200 ƒ ein. Das Reiten ist seine Liebhaberei, er ist sehr vergnügt darüber. –

Wenn Du hörst daß hier das Nervenfieber grasierte, so ängstige Dich nicht, es ist nicht so arg, als es die Leute machen, es sind zwar schon viele Menschen daran gestorben. Kürzlich starben aus einer Familie drei jungen Leute. Zwei Söhne und eine Tochter, sie wurden an einem Tage begraben, und gestern soll auch die Mutter gestorben sein. –

Der Vater ist Hoboist. Leider wurde kürzlich ein Mörder hingerichtet, die Kinder sahen ihm auf dem Markt den Stab brechen, und Louis ging mit Vater auf die Richtstätte; er hatte vor 2 Jahren einen Förster erschlagen. –

Wie es hier mit den Gefangenen geht weiß Gott es ist alles still. –

Der Junge Baron von Bechtold ist Leutnant geworden, und wurde nach Butzbach versetzt, und heute hörten wir daß Herr Regierungs: von Bechtold Ministerialrath geworden sei. Dies unsere Neuigkeiten. – Ich kann nun gar nicht erwarten bis Dein nächster Brief kommt, lasse uns nur nicht lange warten, gehe nur recht unter Menschen und suche Dich zu zerstreuen. Doch hoffe ich, daß ich Dich nicht mehr zu ermahnen brauche, Dich von allem politischen Treiben entfernt zu halten, Du bist nun mitten darin. Du wirst Dich denke ich nicht anstecken lassen, es wird mir doch manchmal

↓

Georg Büchner
Brief an Wilhelm Braubach (Kater)
26. Januar 1836

Gregor Bodenschatz
Die Brüder
Karl Braubach (links)
Wilhelm Braubach (rechts)
1845

Die Brüder Jakob Wilhelm und Georg Karl Braubach entstammen einer angesehenen Butzbacher Strumpfwirkerfamilie und gehörten zu den engsten Schülern und Vertrauten Weidigs. Die Freundschaft zwischen Büchner und Wilhelm festigte sich im Zürcher Exil.

das *Mémoire* an die philosophische Fakultät der Universität Zürich und beantragt die Eröffnung des Promotionsverfahrens. Am 3. September verleiht die Züricher Universität Büchner die philosophische Doktorwürde und lädt ihn zu einer Probevorlesung ein. Bevor er diese am 5. November halten und noch am gleichen Tag die Bewilligung, »als Privatdozent an der Züricher Hochschule aufzutreten«,[19] verliehen bekommen kann, sind weitere bürokratische Hindernisse zu bewältigen. Vom Straßburger Polizeikommissar benötigt Büchner ein Führungszeugnis mit der Bescheinigung, dass während der gesamten 18 Monate seines Aufenthaltes in Straßburg »sa conduite, tant sous le rapport Politique que moral, n'a donné lieu à aucune plainte«, also »sein Benehmen sowohl in politischer wie in moralischer Hinsicht keinen Anlaß zu irgendwelcher Klage gegeben« habe.[20] Dieses erhält er am 21. September. Tags darauf wendet er sich brieflich an den Züricher Oberbürgermeister Johann Jakob Hess mit der dringenden Bitte um eine schriftliche »Autorisation«, die es wiederum den Straßburger Behörden ermöglicht, ihm einen Pass auszustellen. Gegenüber Hess macht Büchner die Dringlichkeit der Bitte unverhohlen deutlich, da, wie er schreibt, ihre »Verweigerung die Vernichtung meines ganzen Lebensplanes zur Folge haben würde«.[21] Am 28. September erhält Büchner vom Züricher Polizeirat eine Einreisegenehmigung. Am 26. November, nach seiner Aufnahme als Privatdozent an der Züricher Universität, wird ihm für vorläufig sechs Monate Asyl im Kanton Zürich gewährt.

himmel Angst. – Morgen schreibe ich und Mathilde an Mina, sie dauert mich gar zu sehr, ich kann das Früjahr kaum erwarten, dann hoffe ich fest, sie bei uns zu sehen. Mathilde läßt Dich tausendmal grüßen; wie sie e n d l i c h anfing zu schreiben bekam sie Besuch, sie will es also aufsparen bis ich wieder schreibe. –

Vater schickt Dir hier ein Recept für Deine Nase, er bittet Dich sehr es einmal recht ernstlich und anhaltend zu gebrauchen, und ihm über den Erfolg zu berichten. Wie hast Du die Straßburger nach einander verlassen? hast Du die Tante Reuß noch gesprochen, warst Du bei Himmlies? Wenn Du wieder schreibst so gieb mir Nachricht. Deine Kost und Logie finden wir sehr billig, freilich eine Kost wie bei Fräulein Jäkele wirst Du nicht leicht wieder finden, nun man muß sich an alles gewöhnen. Schreibe uns nur immer recht ausführlich, ich meine seit Du von Straßburg weg bist nun seist Du erst in der Fremde, in Straßburg glaubte ich Dich immer in meiner Nähe. Wirst Du denn mein Geschmier lesen können? Ich schreibe aber in einem solchen Tumult daß ich gar nicht weiß wo mir der Kopf steht. Großmutter grüßt Dich vielmals, schreibe ihr bald, weil es ihr Freude macht, sie ist immer sehr niedergeschlagen, denn sie sieht fast gar nichts mehr. Es ist sehr betrübt, und für uns alle traurige Aussichten. Alles grüßt Dich jung und alt, auch Ema die eben da ist, auch die träge Mathilde. Nun lebe wohl und schreibe bald wieder Deiner treuen

Mutter C: Büchner

Von den Briefen, die Caroline Büchner (1791–1858) an ihren Sohn Georg schrieb, ist nur dieser eine überliefert. Er liegt im Goethe- und Schiller-Archiv, Weimar.

ERFOLGE UND QUERELEN

Insgesamt stellt sich Büchners Situation als Emigrant auch in Zürich recht positiv dar. Wenngleich die Zahl der für sein Kolleg eingeschriebenen Studenten klein und die zu erwartenden Einkünfte bescheiden sind, wird ihm als Wissenschaftler viel Anerkennung zuteil. Lorenz Oken, Professor für Naturgeschichte und erster Rektor der 1832 gegründeten Züricher Universität, zeigt sich »entzückt« von Büchners Probevorlesung, Friedrich Arnold, seit 1835 Ordinarius für Anatomie und Physiologie, bietet ihm an, seine private Bibliothek zu nutzen, und Johann Lukas Schönlein, Ordinarius für

↓

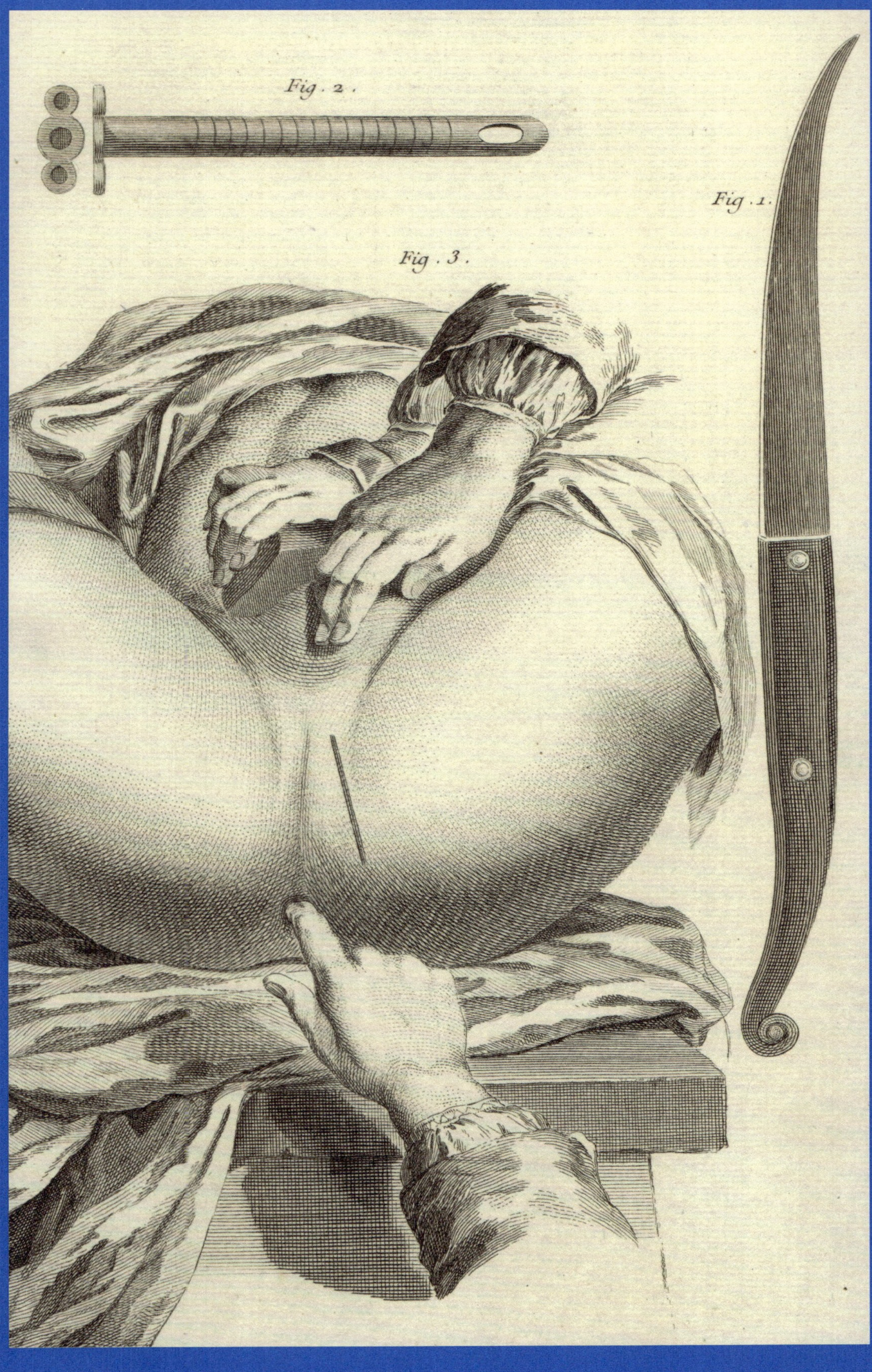

Neben den Bauchschmerzen klagte Patientin noch besonders über starkes Stechen im Mastdarme, welcher Umstand uns auf der Stelle zu einer inneren Untersuchung dieses Theils bestimmen mußte. Herr A.[mmann] untersuchte zuerst und erklärte, daß er in der Tiefe eines Zolls 2 Nadeln fühle, deren eine ganz quer und die andere schief liege, und beide mit ihren zwei Enden fest eingestochen wären.

Ernst Büchner, *Versuchter Selbstmord durch Verschlucken von Stecknadeln*, 1823

Denis Diderot / Jean-Baptiste Le Rond d'Alembert
Encyclopédie ou Dictionnaire raisonné des sciences, des arts et des métiers
Chirurgie, Tafel XIII
1763

Therapie und spezielle Pathologie sowie Direktor der Universitätsklinik, stellt Büchner »seine werthvollen anatomischen Präparate« zur Verfügung. »Ueberhaupt«, berichtet Ludwig Büchner, »wurde der junge Gelehrte von allen Seiten auf das Zuvorkommendste aufgenommen«,[22] man ist überzeugt, dass er »mit der Zeit auch als Naturforscher Bedeutendes leisten« werde.[23] Nach den ersten Tagen, die er im komfortablen Gasthof Zum Schwert am linken Limmatufer verbracht hat, wird Büchners Unterkunft in einem kleinen Zimmer im Haus des Regierungsrats und Medizinprofessors Hans Ulrich Zehnder in der Steingasse 12 (der heutigen Spiegelgasse) zwar bescheidener. Doch trifft er hier wieder mit dem ihm schon aus Straßburg bekannten Darmstädter Emigrantenehepaar Caroline und Wilhelm Schulz zusammen, seinen dann wohl engsten Freunden im Schweizer Exil. Drei weitere in Zehnders Haus wohnende deutsche Bekannte, der Darmstädter Christian Mäker, der Gießener Carl Schmidt und der ehemalige Klassenkamerad, Kommilitone und Mitverschwörer Hermann Trapp, ziehen hingegen wenig später aus.[24] Zumindest in Trapps Fall dürfte das dadurch motiviert sein, dass er, der schon im Herbst 1834 über Straßburg nach Zürich geflohen war, anlässlich des Erscheinens von Büchners *Danton's Tod* bei Gutzkow anonym und doch unschwer identifizierbar gegen dessen positive Rezension des Dramas protestiert und den Abdruck einer von ihm selbst verfassten »Antikritik« verlangt hatte. Dieses Ansinnen war gerade in seiner Mischung aus politischer Motivation und (wie Gutzkow diagnostiziert) simplem »Neid eines Schulkameraden«[25] besonders ärgerlich und bedeutete jedenfalls das Ende der Freundschaft zwischen Büchner und Trapp. Solcherlei aus politischen wie privaten Beweggründen herrührende Zerwürfnisse, »Querelen«, die unter

↓

LUDWIG FREIHERR VON LÖW

—

ZÜRICH, GESCHILDERT FÜR EINHEIMISCHE UND FREMDE 1837

Die Bauart anlangend, bietet, wie schon bemerkt ward, die innere eigentliche Stadt wenig Erfreuliches dar. Die Straßen sind größtenteils schmal, krumm, uneben, die Häuserreihen ununterbrochen, es existieren Gäßchen, welche von Wohlbeleibten kaum zu passieren sind. Nur in dem westlichen Teile findet man gradere Straßen; auch sind hier und auch auf den östlichen Anhöhen die Wohnungen von Gärten umschlossen. Für die Reinigung der Gassen geschieht nichts Hinreichendes, und das Pflaster läßt noch gar vieles zu wünschen übrig. [...]

Finden Verehrer der Baukunst vorerst wenig Genuß bei Durchwanderung Zürichs, so bietet das rege Wogen und Treiben der Menschen auf Straßen und Marktplätzen, Fluß und See, eine Folge der kommerziellen Betriebsamkeit, schon Interessanteres dar. Noch mehr aber dürfen Freunde landschaftlicher Schönheiten erwarten. Wenige Städte gleichen Umfangs mögen in ihrem Innern selbst so manches pittoreske Bild darbieten. Die spiegelklare, pfeilschnell strömende Limmat, drei Kanäle mit fließendem Wasser, die Stadt durchschneidend oder begrenzend, die sanften Anhöhen, meist mit einer Kirche oder einer stattlichen Gruppe von Linden gekrönt, die lieblichen Obst- und Weingärten im westlichen Teil und auf der östlichen Hügelreihe, bilden überall die zierlichsten kleinen Gemälde, See, Gebirge und Alpen bald den großartigsten Hintergrund, bald die anmutigste Fernlandschaft. [...]

Die neugegründete Hochschule endlich berechtigt jedenfalls zu den schönsten Hoffnungen. Zunächst von den Lehrern zu reden, so findet man zwar nur wenige Namen von, wie man sagt, europäischer Zelebrität, da es eben meistens noch jüngere Männer sind. Allein, was in dieser Beziehung abgeht, wird reichlich ersetzt durch die reine Liebe für Wissenschaft und die gewissenhafte Strenge im Lehrberuf, welche sich bei allen fast ohne Ausnahme findet. Die Besorgnis, daß die Beschäftigung mit Politik vorherrschen werde, war durchaus ungegründet. Einige Lehrer, deren Tendenz mehr dahin ging, haben die Anstalt bald verlassen oder sind in kurzem davon zurückgekommen, so daß in diesem Augenblick außer einigen Zürchern keiner auch nur irgendwelchen tätlichen Anteil an der Politik nimmt.

Aus: Ludwig Freiherr von Löw, *Zürich im Jahre 1837. Nach den natürlichen und geselligen Verhältnissen geschildert für Einheimische und Fremde, Neuausgabe von Conrad Ulrich*, Zürich o. J., S. 12, 14 und 66

Das Beste ist, meine Phantasie ist thätig, und die mechanische Beschäftigung des Präparirens läßt ihr Raum. Ich sehe dich immer so halb durch zwischen Fischschwänzen, Froschzehen etc. Ist das nicht rührender, als die Geschichte von Abälard, wie sich ihm Heloise immer zwischen die Lippen und das Gebet drängt? O, ich werde jeden Tag poetischer, alle meine Gedanken schwimmen in Spiritus.

Georg Büchner an Wilhelmine Jaeglé, Zürich, 13. Januar 1837

Bildnis einer Frau,
Héloise und Abélard
1. Hä fte 19. Jahrhundert

den zugespitzten Lebens- und Arbeitsbedingungen des Exils oft übermäßig große Bedeutung erlangten und von denen die Emigration regelrecht »zerrissen wurde«, wird Hilde Spiel später als ihr insgesamt »traurigste[s] Kapitel« bezeichnen.[26] Zur Phänomenologie des politischen Exils gehört es jedenfalls auch schon zu Büchners Zeit dazu.[27]

»DER GIFTIGE STACHEL EINES IMMER SICH ERNEUERNDEN SCHMERZES«

Perspektivisch ist Büchner in Zürich allerdings noch mit einem existenziellen Problem konfrontiert, das zumindest angesichts seiner aktuellen Lebensumstände kaum lösbar erscheint. Als Flüchtling der »Sonder-Classe« besitzt er zwar eine provisorische Niederlassungsurkunde, die seinen Aufenthalt in Zürich für die Dauer des befristeten Asyls (bis zum 26. Mai 1837 also) sicherstellt.[28] Doch ist dies mit der Auflage verbunden, innerhalb eines bestimmten Zeitraumes »ordentliche Ausweisschriften« der Heimatbehörde beizubringen. Sollte dies nicht möglich sein – was im Falle Büchners sicher zutrifft –, ist er gezwungen, für eine Aufenthaltsverlängerung eine »Real- oder Personal-Caution« in Höhe von 800 Franken zu leisten. Angesichts der Tatsache, dass Büchners Einkünfte aus den Universitätskollegien jährlich kaum mehr als 100 Franken betragen würden, eine Summe, die weit unter dem Bedarf für den reinen Lebensunterhalt lag,[29] erscheint völlig unklar, wie er die Kosten für eine solche Kaution überhaupt hätte bestreiten wollen. Doch diese Frage stellte sich dann nicht mehr. Am 2. Februar 1837 zeigen sich bei Büchner die ersten Symptome seiner tödlichen Erkrankung. Rund zwei Wochen später stirbt er in seinem Zimmer in der Züricher Spiegelgasse an Typhus. Ob er sich die Infektion bei der Arbeit mit den anatomischen Präparaten zugezogen hat oder ob er auf anderem Wege Opfer des zu jener Zeit in Zürich grassierenden »typhose[n] Nervenfieber[s]« geworden ist, von dem auch die *Neue Züricher Zeitung* vom 17. Februar 1837 berichtet, ist nicht zu sagen.[30]

Der Nekrolog, den Wilhelm Schulz am 28. Februar 1837 veröffentlicht, reiht Georg Büchner unter die herausragenden politischen Emigranten aus Deutschland, namentlich neben dem wenige Tage zuvor, am 12. Februar 1837, in Paris verstorbenen Ludwig Börne, ein.[31] In seiner 1843 erscheinenden Untersuchung über den Tod Friedrich Ludwig Weidigs, der am 22. April 1835, kurze Zeit nach Büchners Flucht nach Straßburg, im hessischen Obergleen verhaftet worden war und sich am 23. Februar 1837 im Darmstädter Arresthaus Pulsadern und Kehlkopf mit Glasscherben aufgeschnitten hatte, bringt Schulz Büchners Exil, Delirium und Tod nochmals unmittelbar mit den politischen Zuständen in Deutschland, namentlich der geheimen Justiz, in Verbindung, deren Qualen Weidig nur wenige Tage nach Büchners Tod im Exil zum Opfer fiel:

> Die unbestimmten Schrecken der geheimen Inquisition quälten selbst Diejenigen in ihren Träumen und Gedanken, die der politischen Verfolgung glücklich entgangen waren. Der geniale *Georg Büchner,* der Schöpfer von ›Danton's Tod‹, [...] hatte sich durch die Flucht in's Ausland gerettet. Aber der bittere Gedanke an die Leiden seiner gefangenen Freunde in der Heimath mischte sich in das geistreiche Spiel seiner Scherze, und der giftige Stachel eines immer sich erneuernden Schmerzes warf ihn auf sein frühzeitiges Todesbette. Noch in den letzten Stunden traten ihm die Schauder der Inquisition in den Gebilden des Fiebers sichtlich vor Augen, und wie vor seiner Krankheit, so sprach auch der Sterbende noch in bitter wahren Worten über die verwerfliche Behandlung der politischen Schlachtopfer, die nach gesetzlichen Formen und mit dem Anschein der Milde in Jahre langer Untersuchungshaft gehalten werden, bis ihr Geist zum Wahnsinne getrieben und ihr Körper zu Tode gequält ist. ›In jener französischen Revolution‹, so rief er aus, ›die wegen ihrer Grausamkeit so verrufen ist, war man milder als jetzt. Man schlug seinen Gegnern die Köpfe ab. Gut! Aber man ließ sie nicht Jahre lang hinschmachten und hinsterben.‹ Dies sind die verdammenden Worte eines sterbenden deutschen Dichters über die Schande der geheimen deutschen Justiz.[32]

↓

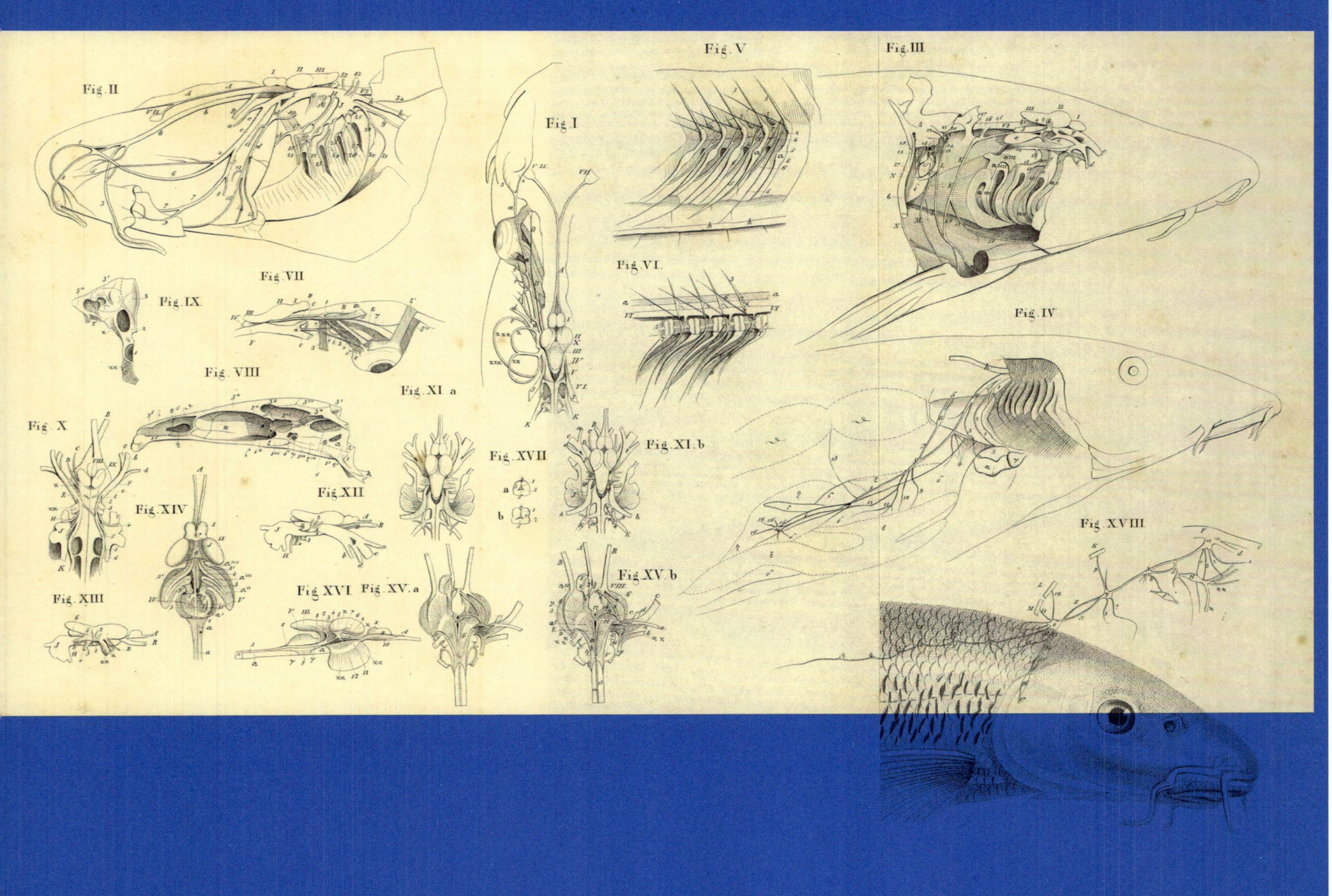

Ich habe als Gegenstand meiner Untersuchungen insbesondere die Cyprinen gewählt, weil sie, CARUS zufolge, den reinsten Typus der Knochenfische darbieten.

Georg Büchner, *Mémoire sur le système nerveux du barbeau*, 1836

Georg Büchner
Mémoire sur le système nerveux du barbeau
1836

Barbe (Barbus barbus)
1900

1 MBA X.1, S. 35.

2 Wilhelm Schulz, Rezension von *Nachgelassene Schriften von G. Büchner*, in: *Deutsche Monatsschrift für Politik, Wissenschaft, Kunst und Leben*, hrsg. von Adolph Kolatschek, Jg. 2, 1851, Bd. 1, S. 210–233, S. 223.

3 Vgl. Jan-Christoph Hauschild, *Georg Büchner. Biographie*, Stuttgart / Weimar 1993, S. 472 f.

4 MBA X.1, S. 53.

5 Ludwig Büchner, »Biographische Darstellung«, in: *Nachgelassene Schriften von G. Büchner*, Frankfurt am Main 1850, S. 1–50, S. 27.

6 MBA X.1, S. 64.

7 Heinrich Heine, »Nachtgedanken« (»Zeitgedichte« XXIV.), in: Heinrich Heine, *Historisch-kritische Gesamtausgabe der Werke*, in Verbindung mit dem Heinrich-Heine-Institut herausgegeben von Manfred Windfuhr, Bd. II: *Neue Gedichte*, bearbeitet von Elisabeth Genton, Hamburg 1983, S. 129 f.

8 So die Formulierung von Hilde Spiel in ihrem Aufsatz »Psychologie des Exils« (in: *Neue Rundschau*, 86/3, 1975, S. 424–493, S. 435), der sich freilich auf die ins Extrem zugespitzte Situation der Emigrant/innen während der Zeit des deutschen Faschismus bezieht.

9 MBA X.1, S. 53.

10 Die beiden von Büchner übersetzten Dramen von Victor Hugo erscheinen 1835 unter dem Titel *Lucretia Borgia. – Maria Tudor*, Bd. 6 der Ausgabe *Victor Hugo's sämmtliche Werke*, Frankfurt am Main 1835.

11 MBA X.1, S. 91.

12 Ludwig Büchner 1850 (wie Anm. 5), S. 1–50, S. 33.

13 Schulz 1850 (wie Anm. 2), S. 223.

14 MBA X.1, S. 62.

15 Hauschild 1993 (wie Anm. 3), S. 484.

16 MBA X.1, S. 76.

17 MBA X.1, S. 99.

18 Offiziell wird Büchners Abhandlung im März 1837 in der zweiten Lieferung des zweiten Bandes der *Mémoires de la Société du Muséum d'histoire naturelle de Strasbourg*, Paris 1837, publiziert; vgl. MBA VIII, S. 227.

19 Zit. nach: *Georg Büchner. Leben, Werk, Zeit. Ausstellung zum 150. Jahrestag des »Hessischen Landboten«*, Marburg 1985, S. 258.

20 Zit. nach: ebd., S. 210.

21 MBA X.1, S. 105.

22 Ludwig Büchner 1850 (wie Anm. 5), S. 38.

23 So Lorenz Oken gegenüber Johann Jakob von Tschudi, zit. nach: Hauschild 1993 (wie Anm. 3), S. 579.

24 Vgl. die Meldedaten ebd., S. 583.

25 Karl Gutzkow, »Ein Kind der neuen Zeit«, in: *Frankfurter Telegraph. Blätter für Leben, Kunst und Wissenschaft*, N. F. (1837), Nr. 42–44, Nr. 43, S. 339.

26 Spiel 1975 (wie Anm. 8), S. 432 f.

27 Vgl. zu diesem Thema im Kontext Büchners ausführlich Thomas Michael Mayer, »Über den Alltag und die Parteiungen des Exils. Anläßlich von Büchners Briefen an Braubach und Geilfus«, in: Erika Gillmann u. a. (Hrsg.), *Georg Büchner an »Hund« und »Kater«. Unbekannte Briefe des Exils*, Marburg 1993, S. 41–132.

28 Hauschild 1993 (wie Anm. 3), S. 586.

29 Vgl. ebd.

30 Vgl. ebd., S. 598.

31 Vgl. Wilhelm Schulz, »Nekrolog«, in: *Schweizerischer Republikaner*, Nr. 17, 28. Februar 1837, S. 71 f.

32 Wilhelm Schulz, *Der Tod des Pfarrers Dr. Friedrich Ludwig Weidig. Ein aktenmäßiger und urkundlich belegter Beitrag zur Beurteilung des geheimen Strafprozesses und der politischen Zustände Deutschlands*, Zürich / Winterthur 1843, S. 43.

Prost Neujahr Herzblättchen!

Ich höre, daß du ein braver Junge bist, die Eltern haben ihre Freude an dir. Mache, daß es immer so ist. Es ist mir ein schönes Weihnachtsgeschenk, das von dir zu hören. Du zeichnest recht, fahre so fort, Louis Daeglé hatte große Freude daran und am Christabend und da läßt er dir durch mich ein Buch mit Zeichnungen schicken. Da hast du etwas um dich zu üben. Hat Lottchen Ellarius mit dir geschrieben und ist es mit dem [illegible] am Weihnachtsabend gut gegangen? Wenn du in die Klavierstunde gehst, so sage der Fräulein Lottchen einen schönen Gruß von mir, aber sage von den [illegible] Niemand ein Wort davon.

Nächstes Frühjahr gehe ich in die Schweiz. Wenn du brav bist und etwas gelernt, wie jetzt, so mußt du Vater und Mutter nehmen und mich besuchen. Erst gehst du nach dem Straßburger Münster und dann gehen wir an den Rheinfall nach Schaffhausen und an den Vierwaldstätter-See nach der Tellsplatte und der Tellskapelle. [illegible], ich denke du bist jetzt ein Mann und was der Weihnachtsmann, braucht dir es nicht mehr bringen; ich hoffe, daß du für den grünen [illegible] jetzt zu groß bist.

Lebewohl Dein Bruder Georg.

Georg Büchner
Brief an Ludwig Büchner
1. Januar 1836

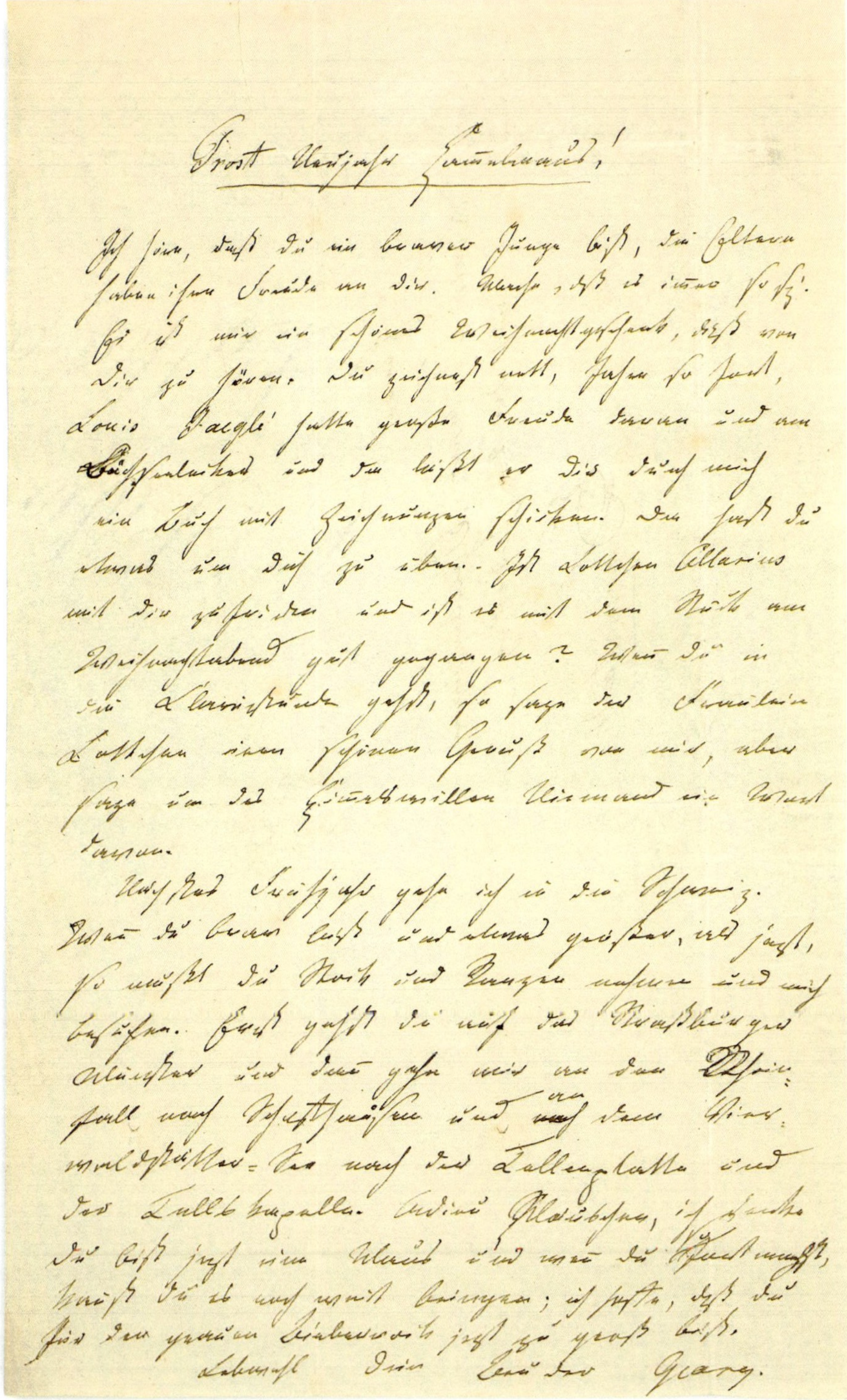

Prost Neujahr Ham̃elmaus!

Ich höre, daß Du ein braver Junge bist, die Eltern
haben ihre Freude an Dir. Mache *daß* es im̃er so *sey*.
Es ist mir ein schones Weihnachtgeschenk, dieß von
Dir zu hören. Du zeichnest nett, fahre so fort,
Louis Jaeglé hatte große Freude daran und am
→Büchsenlecker und da läßt er Dir durch mich
ein Buch mit Zeichnungen schicken. Da hast Du
etwas um Dich zu üben. – Ist Lottchen **Cellarius**
mit Dir zufrieden und ist es mit dem Stück am
Weihnachtabend gut gegangen? Weñ Du in
die |K|C|lavirstunde gehst, so sage der Fräulein
Lottchen einen schönen G*[+]*ruß von mir, aber
sage um des Him̃elswillen Niemand ein Wort
davon.
Nächstes Frühjahr gehe ich in die Schweiz.
Weñ Du brav bist und etwas größer, als jezt,
so mußt Du Stock und Ranzen nehmen und mich
besuchen. Er*[+]*st gehst Du auf das Straßburger
Münster und dañ gehn wir an den →Rhein-
⌈an⌉
fall nach Schaffhausen und ~~nach~~ de*[m]*⟨n⟩ Vierwaldstätter-See nach der Tellenplatte und
der Tellskapelle. Adieu →Mäuschen, ich denke
⌈so⌉
Du bist jezt eine Maus und weñ Du ⌈ fort ma→chst,
kan̄st Du es noch weit bringen; ich hoffe, daß Du
für den grauen Bieberrock jezt zu groß bist.
Lebwohl Dein Bruder **Georg.**

TRANSKRIPTIONSLEGENDE:
ANHANG, S. 608

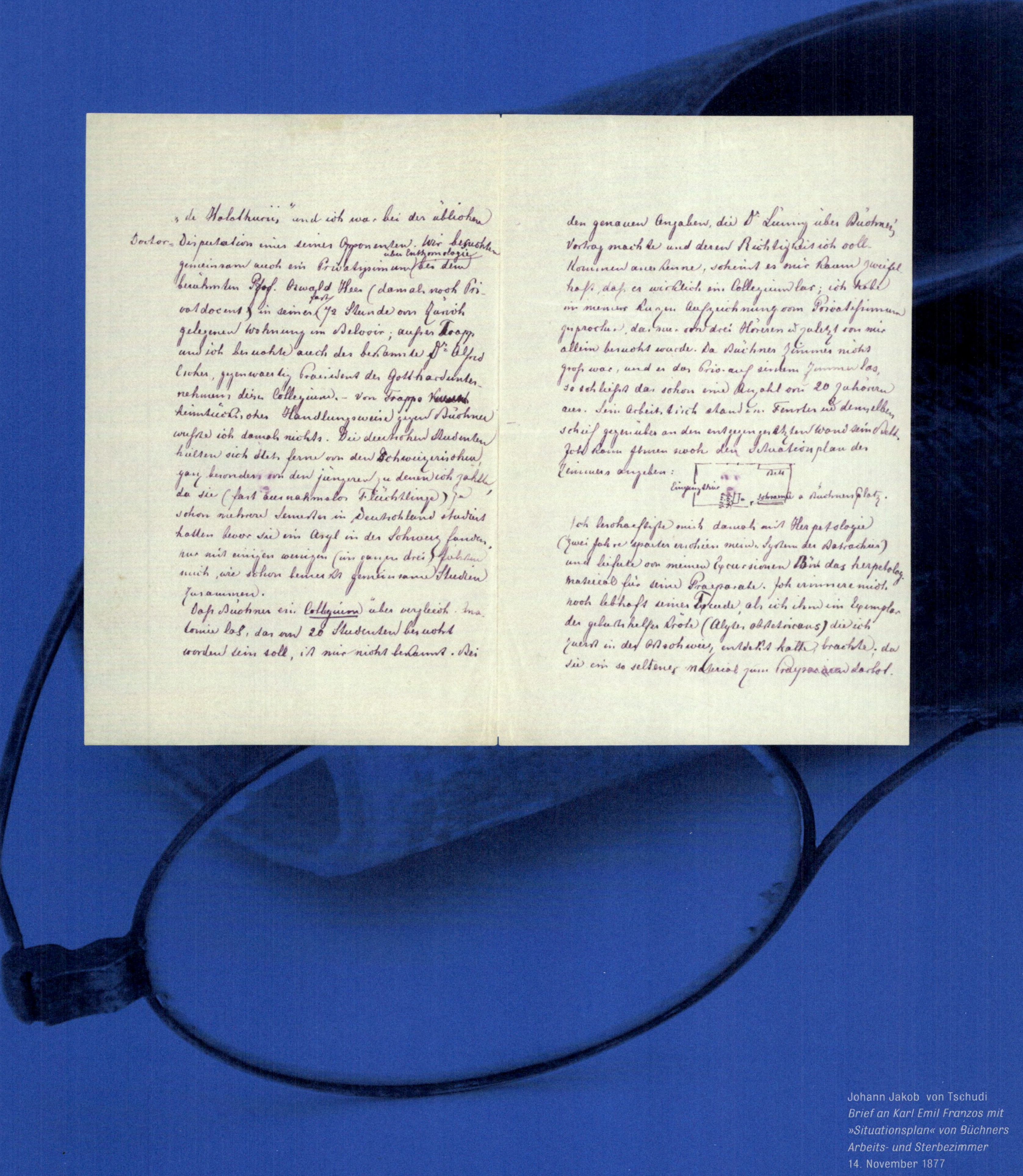
„de Holothuriis" und ich war bei der üblichen
Doctor-Disputation einer seiner Opponenten. Wir besuchten
gemeinsam auch ein Privatissimum über Entomologie bei dem
berühmten Prof. Oswald Heer (damals noch Privatdocent) in seiner (fast ½ Stunde von Zürich
gelegenen Wohnung im Belvoir; außer Trapp
und ich besuchte auch der bekannte Dr. Alfred
Escher, gegenwärtig Präsident der Gotthardunter-
nehmung dieses Collegium. – Von Trapps
heimtückischer Handlungsweise gegen Büchner
wußte ich damals nichts. Die deutschen Studenten
hielten sich stets ferne von den Schweizerischen,
ganz besonders von den jüngeren, zu denen ich zählte,
da sie (fast ausnahmslos Flüchtlinge) ja
schon mehrere Semester in Deutschland studiert
hatten bevor sie ein Asyl in der Schweiz fanden.
Nur mit einigen wenigen (im ganzen drei) führten
mich, wie schon bemerkt gemeinsame Studien
zusammen.
Daß Büchner ein Collegium über vergleich. Anatomie las, das von 20 Studenten besucht
worden sein soll, ist mir nicht bekannt. Bei

den genauen Angaben, die Dr. Lüning über Büchners
Vortrag machte und deren Richtigkeit ich vollkommen anerkenne, scheint es mir kaum zweifel-
haft, daß er wirklich ein Collegium las; ich habe
in meinen kurzen Aufzeichnung vom Privatissimum
gesprochen, das nur von drei Hörern u. zuletzt von mir
allein besucht wurde. Da Büchners Zimmer nicht
groß war, und er das Priv. auf seinem Zimmer las,
so schließt das schon eine Anzahl von 20 Zuhörern
aus. Sein Arbeitstisch stand am Fenster und demselben
schief gegenüber an der entgegengesetzten Wand sein Bett.
Ich kann Ihnen noch den Situationsplan des
Zimmers angeben:

Ich beschäftigte mich damals mit Herpetologie
(zwei Jahre später erschien mein System der Batrachier)
und lieferte von meinen Excursionen Büchner das herpetolog.
Material für seine Praeparate. Ich erinnere mich
noch lebhaft seiner Freude, als ich ihm ein Exemplar
der Geburtshelfer Kröte (Alytes obstetricans) die ich
zuerst in der Ostschweiz entdeckt hatte, brachte, da
sie ein so seltenes Material zum Praeparieren darbot.

Johann Jakob von Tschudi
Brief an Karl Emil Franzos mit »Situationsplan« von Büchners Arbeits- und Sterbezimmer
14. November 1877

Brille mit Etui
Um 1830

JOHANN JAKOB VON TSCHUDI

—

»SEIN VORTRAG WAR IMMER ANIMIRT«

—

BRIEFE AN KARL EMIL FRANZOS IN WIEN 1877

Nachdem sich Büchner in Zürich als Privatdocent habilitirt hatte, kündigte er ein Privatissimum über vergleichende Anatomie an. Es meldeten sich nur drei Zuhörer; zwei deutsche Flüchtlinge und ich. Der eine der ersteren Dr Trapp bereitete sich zu einer naturwissenschaftlichen Reise an die Westküste Africas vor, die er auf Kosten des Prof. Schoenlein einige Monate spaeter antreten sollte; ein heftiger Typhus raffte ihn aber weg bevor er Zürich verlassen konnte.

Büchner las sein Collegium dreimal woechentlich von 2–3 Uhr auf seinem Zimmer. Meine beiden Commilitonen waren aber im Besuche desselben sehr laessig so dass ich meistens einziger Zuhörer war. Büchner wurde aber dadurch nicht im mindesten entmuthigt, denn er hatte sich mit wahrem Feuereifer der vergleichenden Anatomie gewidmet und fand an mir einen fleissigen und aufmerksamen Schüler. Er sagte mir oft: künftiges Semester werde ich schon mehr Zuhörer haben; ich bin der erste der an der Universitaet Zürich vergleichende Anatomie liest; der Gegenstand ist für die Studenten noch neu, aber sie werden bald erkennen wie wichtig er ist.

Büchner hatte seine Vorlesungen mit der Osteologie und mit derselben Hand in Hand gehend, dem Nervensysteme der Fische begonnen. Er hielt sich dabei ganz an seine kurz vorher in den Verhandlungen der naturforschenden Gesellschaft zu Strassburg gedruckte Arbeit »Mémoire sur le système nerveux du barbeau (Cyprinus barbus)«. Sein Vortrag war immer animirt u. reich an geistreichen Bemerkungen, besonders wenn er die laengst aufgegebene Theorie von der Wiederholung der Wirbelbildung im knoechernen Schaedel entwickelte. Er gab mir gewöhnlich seine Hefte um Auszüge daraus zu machen. Der Barbenschaedel, der ihm für seine Abhandlung und seine Demonstrationen gedient hatte, befindet sich noch heute in meinem Besitze.

Büchner huldigte der von Oken inaugurirten philosophischen Anschauung der Naturforschung ohne jedoch die Excentricitaeten jenes genialen Naturphilosophen zu billigen. Beide Maenner waren befreundet und Oken aeusserte sich mir gegenüber, er sei überzeugt Büchner werde mit der Zeit auch als Naturforscher Bedeutendes leisten.

Da Büchners Zimmer nicht gross war, und er das Priv. auf seinem Zimmer las, so schliesst das schon eine Anzahl von 20 Zuhörern aus. Sein Arbeitstisch stand am Fenster und demselben schief gegenüber an der entgegengesetzten Wand sein Bett. Ich kann Ihnen noch den Situationplan des Zimmers angeben.

Die Briefe Tschudis vom 2. und 14. November 1877 an den Büchner-Herausgeber Karl Emil Franzos liegen in der Stadt- und Landesbibliothek Wien, I. N. 64237 und 64238.
Der Naturforscher und spätere Forschungsreisende Johann Jakob von Tschudi (1818–1889) war einer der wenigen Hörer von Büchners erstem und einzigem Kolleg, das er unter dem Titel »Zootomische Demonstrationen« in Zürich in seinem Wohn- und Arbeitszimmer in der Spiegelgasse 12 hielt.

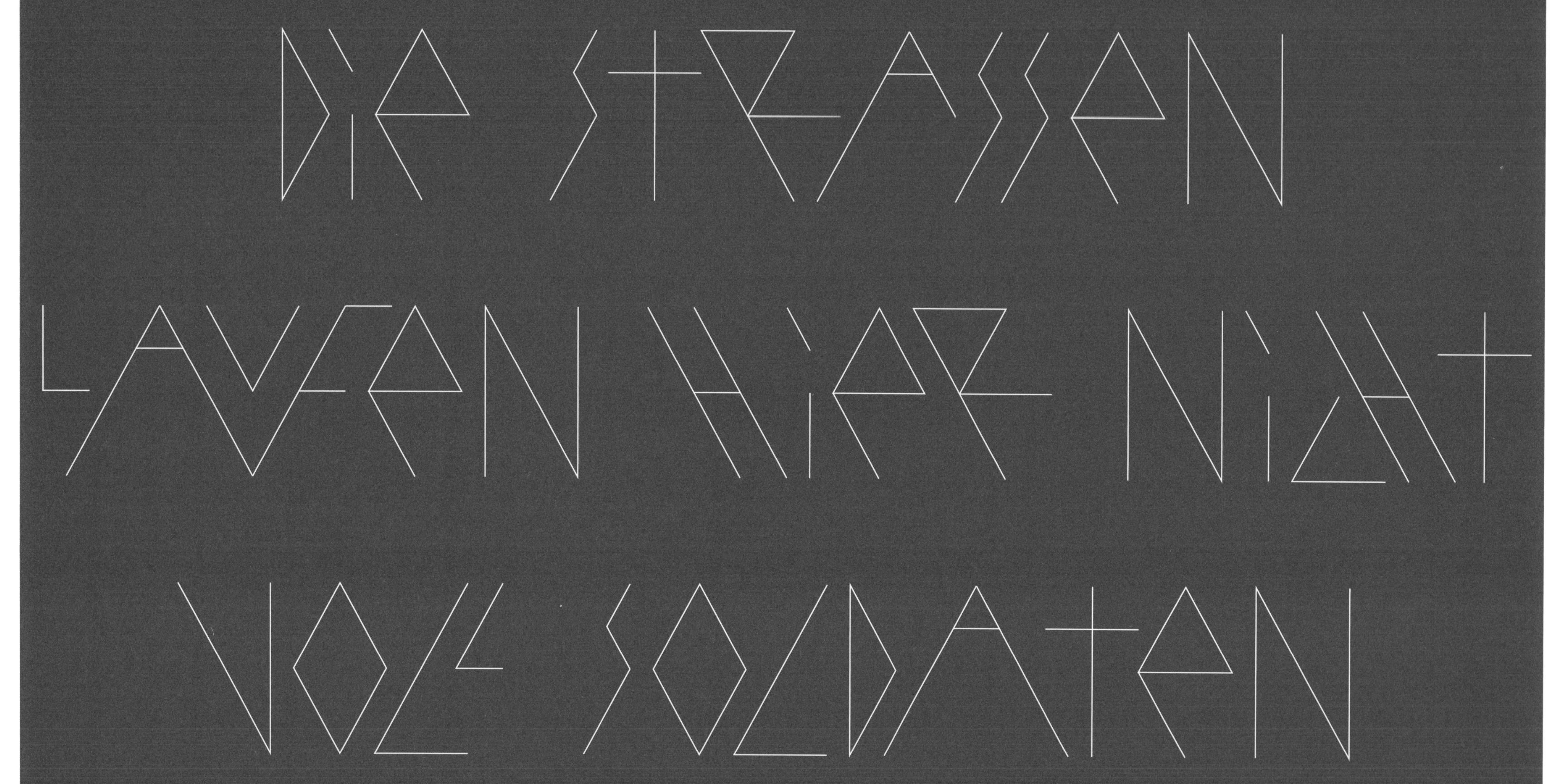
DIE STRASSEN
LAUFEN HIER NICHT
VOLL SOLDATEN

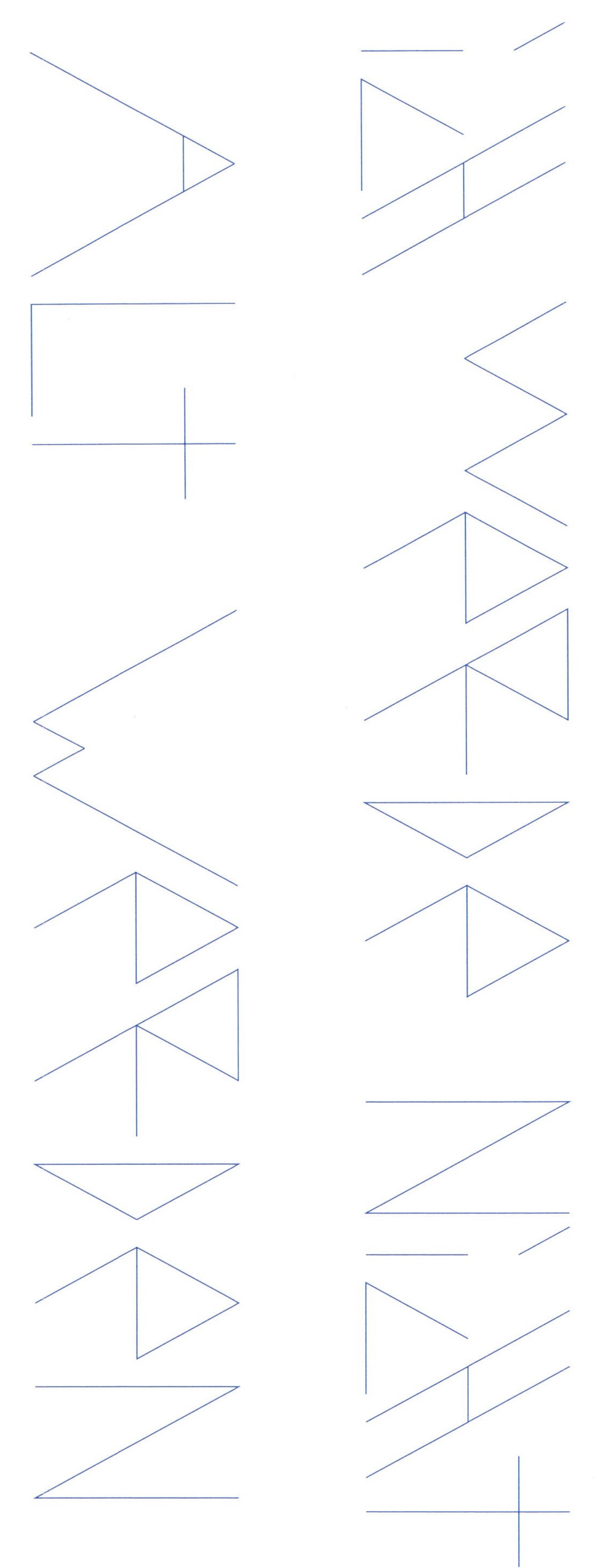

ZUM GEDÄCHTNI
AN
den Dichter v. Danton's Tod
GEORG BUECHNER
geb. Darmstadt 17 Oct 1816
gest. als Docent der Univer
Zürich 19 Feb 1837
Ein unvollendet Lied sinkt er
Herweg

19. FEBRUAR 1837

Seine Mutter und Schwester, die ihn diesen Sommer [1836] in seinem Exil besuchten, fanden ihn zwar gesund, aber doch in einer großen nervösen Aufgeregtheit und ermattet von den anhaltenden geistigen Anstrengungen. Er äußerte damals oft: »Ich werde nicht alt werden.«

Ludwig Büchner, »Biographische Darstellung«, in: *Nachgelassene Schriften von G. Büchner*, 1850

Wilhelm Joseph Heine
Gottesdienst in der Zuchthauskirche
1838

Seite 478
Anton Limbach (Zeichnung)
Büchner's Grab- und Gedenktafel am Zürichberg
In: Georg Büchner
(Karl Emil Franzos, Hrsg.)
Sämmtliche Werke und handschriftlicher Nachlass
1879

In ganz Deutschland warten 1837 politische Gefangene auf immer wieder verschleppte Urteile. Konstitutioneller Fortschritt ist nicht abzusehen.

Als Georg Büchner am 19. Februar 1837 im Alter von 23 Jahren in Zürich starb, war es nicht die Rede vom »früh vollendeten Genie«, welche die Nachrufe der Freunde bestimmte. Sie hätte durchaus nahe gelegen – hinterließ Büchner doch, abgesehen vom *Hessischen Landboten*, seiner neuroanatomischen Dissertation und den philosophischen Skripten, ein literarisches Werk, dessen Potenzial bis heute nicht ausgeschöpft ist.

Statt des romantisierend-klagenden dominierte in den Reaktionen auf seinen Tod ein politisch-kritischer Ton. Die Infektion mit Typhus abdominalis, der in jenen Februarwochen in Zürich epidemisch grassierte und den der behandelnde Arzt Prof. Lukas Schönlein am 15. Februar, genau zwei Wochen nach Auftreten der ersten Krankheitssymptome, in zeitgenössischer Diktion zutreffend als »Faulfieber« diagnostizierte, wurde zwar als Todesursache nicht infrage gestellt. Doch hinter der Typhusinfektion wurden andere Faktoren hervorgehoben, die Büchners frühes Sterben letztlich mit verursacht zu haben schienen.

Büchner selbst hatte schon im März 1835 kurz nach seiner Flucht nach Straßburg in einem Brief an Karl Gutzkow auf den »subtilen Selbstmord durch Arbeit« hingewiesen, zu dem er sich »nicht leicht entschließen« könne. Als Mutter Caroline und Schwester Mathilde ihn im Sommer 1836 besuchten, fanden sie ihn »zwar gesund, aber doch in einer großen nervösen Aufgeregtheit und ermattet von den anhaltenden geistigen Anstrengungen. Er äußerte damals oft: ›Ich werde nicht alt werden.‹« Büchners unermüdliches Arbeiten insbesondere in der Straßburger Zeit, das oftmals »von Morgens früh bis um Mitternacht« dauerte, war, wie der Freund Wilhelm Schulz schrieb, einerseits Ausdruck seines »unabhängigen« und »rastlosen Geistes«, andererseits aber auch eine Folge der prekären Lebenssituation des politischen Emigranten, der von außen- und innenpolitischen Kräfteverschiebungen abhängig war, der beständig um Zeit und geeignete Umstände für die Verwirklichung seiner Projekte bangen musste und dem selbst als Privatdozent in Zürich lediglich Asyl für sechs Monate gewährt wurde. »Hätte ich in der Unabhängigkeit leben können, die der Reichthum gibt, so konnte etwas Rechtes aus mir werden«, zitiert Wilhelm Schulz einen Satz Büchners auf dem Sterbebett und zieht daraus den Schluss, dass hier der »tiefere«, nämlich der »sociale Grund« für Büchners frühen Tod durch übermäßiges Arbeiten zu suchen sei.

Dieser »sociale« Grund war dabei zugleich ein politischer. Denn Büchners schwierige Lebensumstände waren nicht zuletzt der Tatsache seines Exils und dieses wiederum den reaktionären Verhältnissen und der politischen Verfolgung in seiner Heimat geschuldet. Die Inhalte von Büchners Delirien unter dem Einfluss der innerhalb von zwei Wochen rapide fortschreitenden Krankheit scheinen das zu bestätigen: Neben Gedanken an die Familie und die Verlobte Minna Jaeglé waren sie von Ängsten, dass man ihn ausliefern werde, geprägt und von Sorgen um das »Schicksal seiner politischen Jugendgenossen, die seit Jahren in den Kerkern seiner Heimat schmachten«.

Diese Sorgen waren nicht unbegründet. Nur vier Tage nach Büchners Tod im Züricher Exil starb im Darmstädter Arresthaus, wo er seit Juni 1835 eingekerkert war, der Theologe Friedrich Ludwig Weidig, mit dem gemeinsam Büchner das Projekt des *Hessischen Landboten* in die Tat umgesetzt hatte. Nach zwei Jahren der Demütigung und Misshandlung durch den Untersuchungsrichter hatte er sich Pulsadern und Kehlkopf mit Glasscherben aufgeschnitten. Weidig war eines jener, wie Schulz schreibt, »politischen Schlachtopfer«, die Büchner in seinen Fieberdelirien bis zuletzt vor Augen hatte. Ihm selbst blieb im Exil ein »natürlicher« Tod. Dennoch heißt es in Schulz' späterer Rezension zur ersten Ausgabe von Büchners *Nachgelassenen Schriften* aus dem Jahr 1851 bitter: »Deutschland [...] hat seinen Dichter nicht blos nicht erkannt; dieses Deutschland – oder nenne man es lieber die unselige Verdrehtheit und Zerrissenheit der socialen Zustände – hat ihn auch um's Leben gebracht.« AMJ

ALFRED DÖBLIN

—

DER VORFALL BÜCHNER
1921

Dieser Büchner war ein toller Hund. Nach kaum dreiundzwanzig oder vierundzwanzig Jahren verzichtete er auf weitere Existenz und starb. Es scheint, die Sache war ihm zu dumm. Das war damals eine Epoche finsterster und dumpfester Reaktion, in die er hineingeboren wurde. So finster, daß sie sogar in Deutschland auffällig war. Druck erzeugt Gegendruck. Man kann die Stärke des Drucks an der Stärke des Gegendrucks ermessen. Büchner, das war ein Revolutionär vom reinsten Wasser. Er mußte aus Hessen, wo er hetzende Flugblätter, fanatische Aufrufe verfaßt hatte, fliehen. Er soll seine dramatischen Werke zum Teil auf der Flucht und unter der drohenden Gefahr der Verhaftung geschrieben haben. Eine bessere Sternkonstellation für seine Werke kann ein Revolutionär nicht finden. Dann verfaßte er eine Arbeit über die Gehirnnerven der Fische und kam damit als Dozent nach Zürich. Womit der Vorfall beendet ist.

Aus: Alfred Döblin, »Deutsches und jüdisches Theater«, in: *Prager Tagblatt*, 28. Dezember 1921.

304

Großherzogliches Hoftheater.
Sonntag den 26. Februar: Das Mädchen aus der Feenwelt, oder: Der Bauer als Millionär. Romantisches Original-Zaubermährchen mit Gesang in 3 Aufz., von F. Raimund. Musik von A. Drechsler.

Bekanntmachungen.

Todesanzeigen.

544) Unser innigst geliebter Sohn Georg, Dr. philos. und Privatdocent an der Universität Zürich, ist uns durch den Tod entrissen worden. Er starb am 19. d. Mts. an dem Orte seiner Bestimmung, nach kaum zurückgelegtem 23. Jahre seines Alters, an einem bosartigen Fieber.

Ihren lieben Verwandten und Bekannten, sowie den Freunden des Verewigten widmen diese Anzeige, mit der Bitte um stille Theilnahme, die tiefgebeugten Eltern.

Darmstadt, den 22. Februar 1837.

Dr. Büchner, Gr. Med. Rath.
Caroline Büchner, geb. Reuß.

11.	O 19	S 21.	d. 19. starb in Zürich und wurde d. 21. beerdigt Herr Georg Büchner v. Darmstadt D. Philosoph. Privatdoc. an d. Hochschule – Herrn Medicinalraths D. Büchner ehl. g. [illegible] Sohn aet. 23 J. 4 M. 23 T. [illegible] 5.	1 [illegible]

Darmstadt, den 22. Februar 1837.
Die Geschwister des Verstorbenen.

523) [Ortenberg.] Steckbrief.

In Untersuchungssachen gegen Johannes Kaufmann aus Niederseemen, wegen mehrererer gegen Caspar Erbes sen. daselbst begangener qualificirter Diebstähle und des gegen die Ehefrau desselben verübten Raubmordes ersuchen wir alle Justiz- und Polizeibehörden des In- und Auslandes dienstergebenst, den genannten Johannes Kaufmann aus Niederseemen, welcher sich in verwichener Nacht der gegen ihn eingeleiteten Untersuchung mittelst gewaltsamer Durchbrechung seines Gefängnisses durch die Flucht entzogen hat, im Betretungsfalle arretiren und wohlverwahrt uns vorführen zu lassen. Ein Verzeichniß der sämmtlich entwendeten resp. geraubten Sachen fügen wir der nachstehenden Personalbeschreibung bei.

Ortenberg, den 20. Februar 1837.

Gr. Hess. Gräflich Stolbergisches Landgericht daselbst.
Mosler. Schaum.

I. Signalement.

1) Alter: 27 Jahre;
2) Größe: mittlere, ungefähr 6 Fuß 8 Zoll Gr. M.;
3) Statur: schlank, etwas vorwärts gebeugte Haltung;
4) Gesichtsfarbe: bleich, etwas geröthete Nase;
5) Gesichtsform: oval, Stirn und Kinn hervorragend;
6) Haare: blond und lang, über die Stirn herabhängend; blonde starke Augenbraunen;
7) Bart: schwach;

Todesanzeige von Georg Büchner in der Großherzoglich-Hessischen Zeitung
25. Februar 1837

Totenbuch der Großmünster-Gemeinde
Februar 1837

WILHELM SCHULZ

—

NEKROLOG IM SCHWEIZERISCHEN REPUBLIKANER 1837

Im Verlaufe weniger Tage hat der Tod zwei ausgezeichnete deutsche Männer den Reihen ihrer trauernden Landsleute und der Genossen ihres Schicksals entrissen. Am 15. Februar wurde Ludwig Börne zu Paris, am 21. Februar G e o r g B ü c h n e r zu Zürich beerdigt. Beide ruhen in fremdem Lande, denn Beiden hatte sich das Vaterland verschlossen. Wenn Börne im heiligen Kampfe für Licht und Recht ein lang erprobter Streiter war, der mit steter Ausdauer die scharfen Geisteswaffen gegen Unterdrückung und Knechtschaft, gegen Heuchelei und Lüge gerichtet hatte; so begrüßten Alle, welche G. B ü c h n e r näher kannten, in diesem die frische Jugendkraft, der eine weite Bahn des Ruhms und der Ehre offen lag. Große Hoffnungen ruhten auf ihm, und so reich war er mit Gaben ausgestattet, daß er selbst die kühnsten Erwartungen übertroffen haben würde.

[...]

Der so reich begabte junge Mann war mit zu viel Thatkraft ausgerüstet, als daß er bei der jüngsten Bewegung im Völkerleben, die eine bessere Zukunft zu verheißen schien, in selbstsüchtiger Ruhe hätte verharren sollen. Durch seinen frühe gereiften Geist auf eine heitere Höhe gestellt, blieb er indessen in seinen politischen Ansichten von manchen Täuschungen frei, welchen sich die Jugend willig hinzugeben pflegt. Ein Feind jeder thöricht unbesonnenen Handlung, die zu keinem günstigen Erfolge führen konnte, haßte er doch jenen thatenlosen Liberalismus, der sich mit seinem Gewissen und seinem Volke durch leere Phrasen abzufinden sucht, und war zu jedem Schritte bereit, den ihm die Rücksicht auf das Wohl seines Volkes zu gebieten schien. So haben denn in gleicher Weise die Wissenschaft, die Kunst und das Vaterland seinen frühzeitigen Verlust zu beklagen. Dieses Vaterland hatte er verlassen müssen, aber der Genius ist überall zu Hause. In Zürich hätte er eine zweite Heimath gefunden; dafür bürgt die Anerkennung, die ihm seine Talente erwarben, dafür die Theilnahme, die von so vielen der ausgezeichnetsten Bewohner dieser Stadt seinem Andenken am Tage der Beerdigung bezeigt wurde.

↓

THOMAS MANN

—

MIT DEM TYPHUS IST ES FOLGENDERMASSEN BESTELLT 1901

Mit dem Typhus ist es folgendermaßen bestellt.

Der Mensch fühlt eine seelische Mißstimmung in sich entstehen, die sich rasch vertieft und zu einer hinfälligen Verzweiflung wird. Zu gleicher Zeit bemächtigt sich seiner eine physische Mattigkeit, die sich nicht allein auf Muskeln und Sehnen, sondern auch auf die Funktionen aller inneren Organe erstreckt, und nicht zuletzt auf die des Magens, der die Aufnahme von Speise mit Widerwillen verweigert. Es besteht ein starkes Schlafbedürfnis, allein trotz äußerster Müdigkeit ist der Schlaf unruhig, oberflächlich, beängstigt und unerquicklich. Das Gehirn schmerzt; es ist dumpf, befangen, wie von Nebeln umhüllt, und von Schwindel durchzogen. Ein unbestimmter Schmerz sitzt in allen Gliedern. Hie und da fließt ohne jedwede besondere Veranlassung Blut aus der Nase. – Dies ist die Introduktion.

Dann giebt ein heftiger Frostanfall, der den ganzen Körper durchrüttelt und die Zähne gegen einander wirbelt, das Zeichen zum Einsatze des Fiebers, das sofort die höchste Grade erreicht. Auf der Haut der Brust und des Bauches werden nun einzelne linsengroße, rote Flecken sichtbar, die durch den Druck eines Fingers entfernt werden können, aber sofort zurückkehren. Der Puls rast; er hat bis zu hundert Schläge in einer Minute. So vergeht, bei einer Körpertemperatur von vierzig Grad, die erste Woche.

In der zweiten Woche ist der Mensch von Kopf- und Gliederschmerzen befreit; dafür aber der Schwindel bedeutend heftiger geworden, und in den Ohren ist ein solches Sausen und Brausen, daß es geradezu Schwerhörigkeit hervorruft. Der Ausdruck des Gesichtes wird dumm. Der Mund fängt an, offen zu stehen, die Augen sind verschleiert und ohne Teilnahme. Das Bewußtsein ist

↓

Notizen

aus dem

Gebiete der Natur- und Heilkunde,

gesammelt und mitgetheilt

von

Ludwig Friedrich v. Froriep,

des K. W. Civil-Verdienst-Ordens-Ritter,

der Philosophie, Medicin und Chirurgie Doctor und G. H. S. Ober-Medicinalrathe zu Weimar,

der Königl. Preuß. Academie nützlicher Wissenschaften zu Erfurt Vice-Director, der Kaiserl. Leopoldinischen Carolinischen Academie der Naturforscher, der Russ. Kaiserl. Akademie der Naturforscher zu Moskwa, der Gesellschaft naturforschender Freunde zu Berlin, der Wetterauer Gesellschaft für die gesammte Naturkunde, der physicalisch-medicinischen Societät zu Erlangen, der mineralogischen Gesellschaft zu Jena, der Niederrheinischen Gesellschaft der physischen und medicinischen Wissenschaften, des landwirthschaftlichen Vereins im Königreiche Würtemberg, der Société d'Agriculture, Sciences et Arts du Département du Bas-Rhin, der naturforschenden Gesellschaft zu Leipzig, der Senkenbergischen naturforschenden Gesellschaft zu Frankfurt am Main, der Societas physico-medica zu Braunschweig, der Medical Society zu Philadelphia, des Apotheker-Vereins für das nördliche Teutschland, des Vereins zur Beförderung des gesammten Natur

dico-chirurgica

Ludwig Friedrich von Froriep
Notizen aus dem Gebiete der Natur- und Heilkunde. Verlauf des gelben Fiebers
1821–1836

Keiner seiner Freunde hatte diesen Tag noch vor wenigen Wochen nahe geglaubt. Außer einigen leichten Unpäßlichkeiten war B ü c h n e r während seines Aufenthalts in Zürich stets gesund geblieben. Sein Aeußeres schien mit seinem Innern in Harmonie zu stehen, und die breit gewölbte Stirne schien noch lange seinem umfassenden Geiste eine sichere Stätte zu sein. Doch mochte er selbst ein Vorgefühl seines frühen Endes haben. Wenigstens vergleicht er in einem hinterlassenen Tagebuche den Zustand seiner Seele mit einem Herbstabende, und schließt seine Bemerkung mit den Worten: »Ich fühle keinen Ekel, keinen Ueberdruß; aber ich bin müde, sehr müde. Der Herr schenke mir Ruhe!«

Am 2. Februar mußte er sich zu Bette legen, das er von jetzt an nur für wenige Augenblicke verließ. Trotz der Sorgfalt der Aerzte und der Pflege seiner Freunde machte die Krankheit unaufhaltbare Fortschritte, und bildete sich bald zum heftigen Nervenfieber aus. Am 12. Tage fingen die Delirien an. Der Gegenstand seiner Phantasieen waren seine Braut, seine Eltern und Geschwister, deren er mit der rührendsten Anhänglichkeit gedachte, und das Schicksal seiner politischen Jugendgenossen, die seit Jahren in den Kerkern seiner Heimath schmachten. Wie vor seiner Krankheit, so sprach er auch jetzt in bitteren aber wahren Worten, die im Munde eines Sterbenden ein doppeltes Gewicht haben, über jene Schmach unserer Tage sich aus, über die verwerfliche Behandlung der politischen Schlachtopfer, die nach gesetzlichen Formen und mit dem Anschein der Milde in Jahre langer Untersuchungshaft gehalten werden, bis ihr Geist zum Wahnsinne getrieben und ihr Körper zu Tode gequält ist. »In jener französischen Revoluzion,« so rief er aus, »die wegen ihrer Grausamkeit so verrufen

↓

verdunkelt; Schlafsucht beherrscht den Kranken, und oft versinkt er, ohne wirklich zu schlafen, in eine bleierne Betäubung. Dazwischen erfüllen seine Irrreden, seine lauten, erregten Phantasieen das Zimmer. Seine schlaffe Hülflosigkeit hat sich bis zum Unreinlichen und Widerwärtigen gesteigert. Auch sind Zahnfleisch, seine Zähne und seine Zunge mit einer schwärzlichen Masse bedeckt, die den Atem verpesten. Mit aufgetriebenem Unterleibe liegt er regungslos auf dem Rücken. Er ist im Bette hinabgesunken und seine Kniee sind gespreizt. Alles an Ihm arbeitet hastig, jagend und oberflächlich, seine Atmung sowohl, wie der Puls, der an hundertundzwanzig flüchtig zuckende Schläge in einer Minute vollführt. Die Augenlider sind halb geschlossen, und die Wangen glühen nicht mehr wie zu Anfang rot vor Fieberhitze, sondern haben eine bläuliche Färbung angenommen. Die linsengroßen, roten Flecke auf der Brust und dem Bauche haben sich vermehrt. Die Temperaturen des Körpers erreicht einundvierzig Grad …

In der dritten Woche ist die Schwäche auf ihrem Gipfel. Die lauten Delirien sind verstummt, und niemand kann sagen, ob der Geist des Kranken in leere Nacht versunken ist, oder ob er, fremd und abgewandt dem Zustande des Leibes, in fernen, tiefen, stillen Träumen weilt, von denen kein Laut und kein Zeichen Kunde giebt. Der Körper liegt in grenzenloser Unempfindlichkeit. – Dies ist der Zeitpunkt der Entscheidung …

[…]

Mit dem Typhus ist es folgendermaßen bestellt:

In die fernen Fieberträume, in die glühende Verlorenheit des Kranken wird das Leben hineinrufen mit unverkennbarer, ermunternder Stimme. Hart und frisch wird diese Stimme den Geist auf dem fremden, heißen Wege erreichen, auf dem er vorwärts wandelt, und der in den Schatten, die Kühle, den Frieden führt. Aufhorchend wird der Mensch diese helle, muntere, ein wenig höhnische Mahnung zur Umkehr und Rückkehr vernehmen, die aus jener Gegend zu ihm dringt, die er so weit zurückgelassen und schon vergessen hatte. Wallt es dann auf in ihm, wie ein Gefühl der feigen Pflichtversäumnis, der Scham, der erneuten Energie, des Mutes und der Freude, der Liebe und Zugehörigkeit zu dem spöttischen, bunten und brutalen Getriebe, das er im Rücken gelassen: wie weit er auch auf dem fremden, heißen Pfade fortgeirrt sein mag, er wird umkehren und leben. Aber zuckt er zusammen vor Furcht und Abneigung bei der Stimme des Lebens, die er vernimmt, bewirkt diese Erinnerung, dieser lustige, herausfordernde Laut, daß er den Kopf schüttelt und in Abwehr die Hand hinter sich streckt und sich vorwärts flüchtet auf dem Wege, der sich ihm zum Entrinnen eröffnet hat … nein, es ist klar, dann wird er sterben. –

Aus: Thomas Mann, *Buddenbrooks. Verfall einer Familie. Roman*, in: *Große kommentierte Frankfurter Ausgabe. Werke – Briefe – Tagebücher*, Bd. 1.1, 2. Aufl., Frankfurt am Main 2002, S. 828–832.

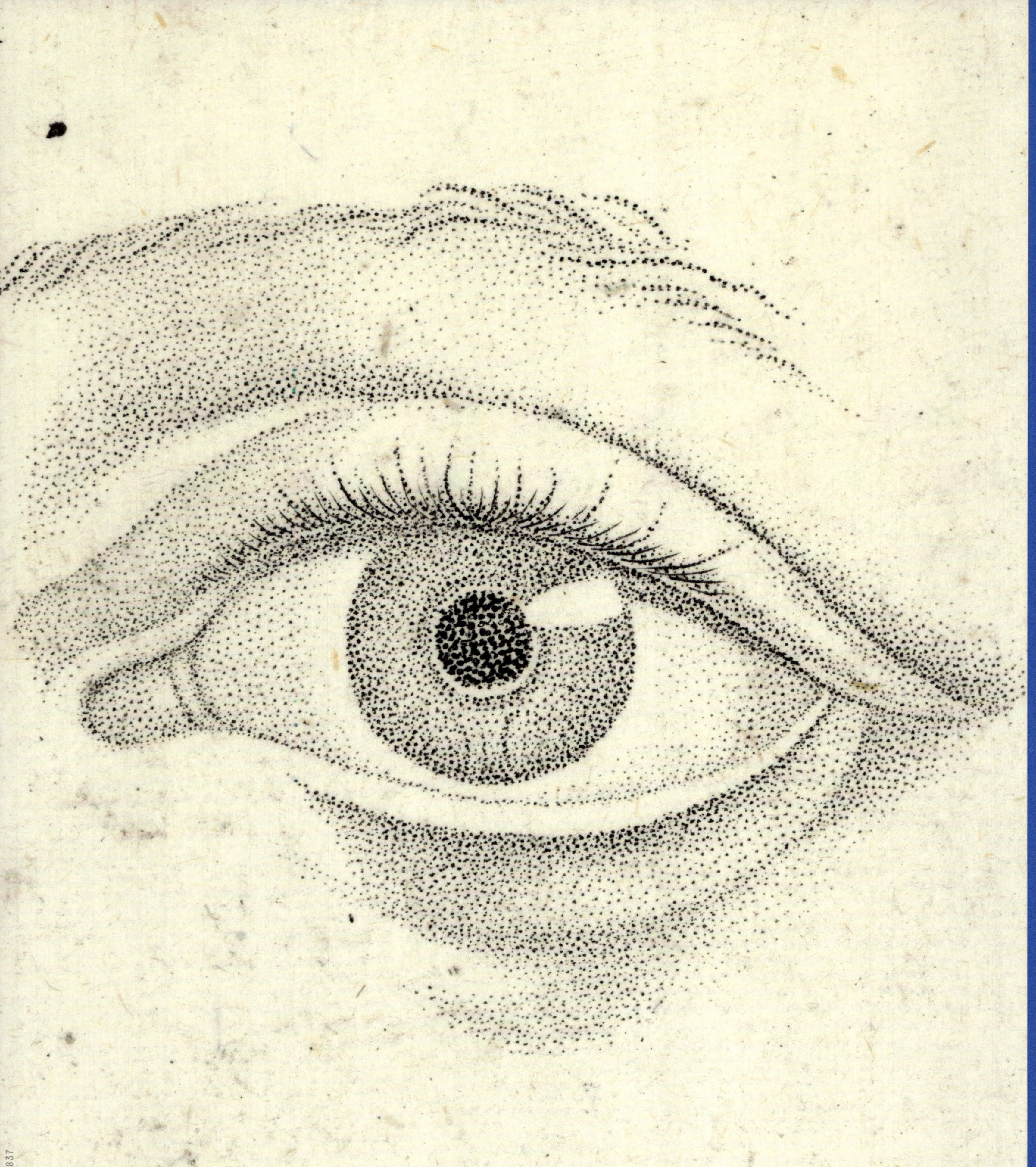

Moritz Ignaz Weber
Menschliches Auge, in:
Anatomischer Atlas des menschlichen Körpers
1831

ist, war man milder als jetzt. Man schlug seinen Gegnern die Köpfe ab. Gut! Aber man ließ sie nicht Jahre lang hinschmachten und hinsterben.« Später jedoch, als ihm der Tod näher gerückt war, schien er sich bereits von allen irdischen Banden losgerissen zu haben, und mit gehobener Sprache, deren Worte die erhabensten Stellen der Bibel ins Gedächtniß riefen, ergoß sich seine Seele in religiöse Phantasieen. Auf die erste Nachricht von seiner Krankheit eilte seine Verlobte an das Krankenbett ihres Bräutigams. Die Nähe der Geliebten leuchtete freundlich in seine Träume hinein, und seine sichtbar freudige Bewegung weckte einen letzten Schimmer der Hoffnung bei denen, die ihm nahe standen. Aber es war nur ein kurzes Aufflackern des verglimmenden Lebens! Von Landsleuten und Freunden umgeben, starb er am 19. Februar, Nachmittags gegen 4 Uhr, und seine treue Braut schloß ihm das gebrochene Auge. Sein Verscheiden war schmerzlos und sanft, denn der Segen der Liebe ruhte auf ihm!

Aus: [Wilhelm Schulz,] »Nekrolog«, in: *Schweizerischer Republikaner*, Nr. 17, 28. Februar 1837, S. 71 f.

WILHELMINE JAEGLÉ

—

»ICH HABE IHM DIE AUGEN ZUGEKÜSST«

—

AN EUGÈNE BOECKEL IN PARIS

1837

Werther Freund!

Sie versagen mir wohl den Trost nicht, mich Ihnen, dem treuen Freunde meines geliebten George, schriftlich zu nähern? Es ist mir Erleichterung, auch glaube ich ganz im Sinne meines theuern Heimgegangenen zu handeln, wenn ich Ihnen von seiner letzten Lebenszeit spreche, da Sie ja gewiß unbekannt sind mit den genauern Umständen seines Todes. Sontag den 12 erhielt ich einen Brief von fremder Hand, man meldet mir daß George ein gastrisches Fieber habe. Blos fünf Worte von i h m selbst geschrieben, sagen mir daß er lebt, sonst hätte ich gleich das Schrecklichste geahnet. Übrigens ließ er mich beruhigen; da er wieder auf dem Wege der Beßerung sey. Ich war auf der Folter, ich wollte fort, hin zu ihm eilen, seine Pflege übernehmen; man ließ mich nicht gehen. Montag, Dienstag ohne Nachricht. Dienstag packte ich zusammen mit dem Bedeuten daß ich mich jetzt nicht mehr halten ließe. Ich war dem Wahnsinne nahe. Da mußte man sich nach einer Begleiterin umsehen, weil man meinen Bruder, der sich losgemacht hätte, nicht für hinreichend fand mich zu beschützen! O armselige Rücksichten. Endlich trat ich Mitwoch Abend mit dem Kehler Eilwagen meine Reise an, und kam erst Freitag morgens gegen 11 Uhr in Zürich an. Ich mußte den Ausspruch von Dr Schönlein, der zwischen 12–1 Uhr kam, abwarten. Es hieß für den Kranken könne mein Anblick nicht schädlich wirken, denn er würde mich ja doch nicht erkennen – aber mir dürfe man nicht gestatten das entstellte Antlitz zu schauen. Sie können denken daß sobald nur mein Ich in Betracht kam, man mir den Eingang ins Krankenzimmer nicht mehr wehren durfte. Dr Zehnder führte mich hinein, noch vor der Thüre sagte er mir: fassen Sie sich, er wird Sie nicht kennen. Nein, er wird mich kennen, war meine Antwort. Und er hat mich erkannt, er fühlte meine Nähe und ich habe Ruhe über ihn gebracht. Er ist sanft eingeschlummert, ich habe ihm die Augen zugeküßt, Sontag den 19 Feb. um halb 4. Der Jammer der Eltern ist gränzenlos. Über meine übrigen Lebenstage ist ein schwarzer Schleier geworfen. Der Himmel möge sich meiner erbarmen und mich nur noch so lange leben lassen, als meinen alten Vater. Leben Sie wohl, S e i n Freund ist auch der Meinige. W Jägle.

Brief von Wilhelmine Jaeglé an Eugène Boeckel, 5. März 1837, im Nachlass Boeckel in der Zentralbibliothek Zürich.
Eugène Boeckel (1811–1896), Medizinstudent in Straßburg, ab Februar 1830 Mitglied der Eugenia, enger Freund Büchners, der früh schon in das geheim gehaltene Verhältnis zu Wilhelmine Jaeglé eingeweiht war; ab 1839 Arzt in Straßburg.

In einem neuen Zeitungs-Artikel heißt es unter andern Merkwürdigkeiten: ich wäre erboßt gegen alle Leute von Rang und Stand, weil ich selbst kein Hofrath wäre; erboßt gegen die Reichen, weil ich arm sey; erboßt gegen die Fürsten, weil ich *keine Hoffnung hätte, je selbst ein Fürst zu werden*. Ist das nicht himmlisch? Reden Sie. Ich arm? Ist mein Herz allein nicht eine Million werth? Ich lege die ganze Million zu Ihren Füßen. Verschmähen Sie sie nicht; ich kann doch noch einmal Fürst werden. In Versteigerungen kauft man oft die kostbarsten Sachen um weniges Geld.

Ludwig Börne, *Briefe aus Paris*, 23. Dezember 1831

Moritz Daniel Oppenheim
Ludwig Börne
1833

CAROLINE SCHULZ

—

BÜCHNERS TOD
1837

15[ten Februar 1837] Fand ich ihn Morgens früh sehr verändert; doch kannte er mich; verlangte zu seinem Thee weil die Tasse groß war auch einen großen Löffel u. spülte sich den Mund aus. Er sprach wenn er bei sich war etwas schwer, sobald er aber delirirte sprach er ganz geläufig. Er erzählte mir eine lange zusammenhängende Geschichte wie man ihn gestern schon vor die Stadt gebracht habe, wie er zuvor eine Rede auf dem Markte gehalten u.sw. Ich sagte ihm, er sey ja hier in seinem Bette u. habe das alles geträumt; da erwiederte er, ich wisse ja daß Professor Escher (einer seiner Schüler) sich für ihn verbürgt habe u. deßhalb sey er wieder zurückgebracht worden. Es hatte sich nämlich die Idee bei ihm gebildet er habe Schulden, was aber in der Wirklichkeit nicht der Fall war. Solche Phantasien ließ er sich leicht ausreden, verfiel aber alsdann in andere. Um 12 Uhr kam Schönlein den B. nicht erkannte und da ich um jeden Preis wissen wollte, wie es um den Kranken stehe, blieb ich im Zimmer, ob es schicklich war, oder nicht. Schon als Schönlein eintrat sagte er: »welch ein Geruch!« ließ sich den Stuhlgang zeigen, der ganz schwarz u. war aus dickem Blut bestand, betrachtete den Kranken u. sagte zu mir: »alles paßt zusammen; es ist das Faulfieber und die Gefahr ist sehr groß.« Ich erschrack heftig u. da meine Nerven sehr angegriffen waren, empfahl mir der Arzt dringend das Krankenzimmer zu meiden. Auch war männliche Pflege jetzt dringender. Ich konnte jetzt nichts mehr für ihn thun als beten. – Es wurde ein braver Wärter angenommen; doch war bei diesem immer noch einer von Bs. Freunden, besonders Wilhelm u. Schmid. Ich war sehr traurig u. schrieb sogleich nach Straßburg.

16ten die Nacht war unruhig; der Kranke wollte mehreremale fort, weil er wähnte in Gefangenschaft zu gerathen, oder schon darin zu seyn glaubte u. sich ihr entziehen wollte. Den Nachmittag vibrirte der Puls nur u. das Herz schlug 160 mal in der Minute. Die Ärzte gaben die Hoffnung auf. Mein sonst frommes Gemüthe fragte bitter die Vorsehung: »warum?« da trat Wilhelm ins Zimmer u. da ich ihm meine verzweiflungsvollen Gedanken mittheilte, sagte er: »unser Freund giebt Dir selbst Antwort, er hat soeben, nachdem ein heftiger Sturm von Phantasien vorüber war, mit ruhiger, erhobener, feierlicher Stimme die Worte gesprochen:

↓

KARL GUTZKOW

—

BÖRNES TOD
1840

Mit dem Beginne des Jahres 1837 verschlimmerte sich Börne's Körperzustand so sehr, daß er seinen medizinischen Experimenten entsagen mußte. Dr. Sichel aus Frankfurt und mit ihm, ganz zuletzt, Dr. Hörle behandelten ihn, als es schon zu spät war. Die Grippe, die damals in Paris herrschte, gab den ersten Anstoß zu einem Leiden, das sich in ihm jetzt als unheilbare Brustkrankheit tödtlich ausbildete. Börne hatte die vollkommenste Gewißheit seines nahen Todes und erwartete ihn mit einer Ruhe, die eines Philosophen würdig war. Herzen, die ihm so nahe standen, nun betrüben zu müssen und nicht mehr trösten zu können, that ihm am meisten weh. Doch behielt er die Heiterkeit seines Geistes bis zur letzten Stunde. Als ihn der Arzt fragte: Was haben Sie für einen Geschmack? scherzte er und sagte: Gar keinen, wie die deutsche Literatur. Wo bleiben denn die Jungen? hatte er noch einige Tage vor seinem Tode gefragt. Er verstand darunter seine jüngern Freunde, die ihn sonst zu besuchen pflegten. Als der letzte Augenblick am 12. Februar immer näher kam, umstanden ihn seine nächsten Umgebungen mit thränendem Auge. Ein Lichtschirm fiel um. Zu seiner Freundin, Mad. St. [= Jeanette Strauß-Wohl] sagte er mit einem langen liebevollen Schmerzensblicke: Sie haben mir viel Freude gemacht! Abends um neun Uhr fühlte er sich erleichtert, aber die Aerzte erklärten dies für den Beginn der Todesstunde. Der Friedensengel nahte sich leise, hauchte noch einmal eine sanfte Erleichterung über den Ringenden und nahm ihn still in die Gefilde der Seligen hinüber. Um zehn Uhr war Börne todt.

Aus: Karl Gutzkow, Börne's Leben. Hamburg 1840, S. 284 f.

Dieser trat in das Zimmer, als der Angeklagte mit den Worten: Sie wollen mich nicht schreiben lassen, das ihm zum Gebrauch gegebene offene Federmesser in die rechte Hand nahm, und um die Ecke des Tisches gehend, mit dem Messer auf mich eindrang.

Protokoll des Untersuchungsrichters Georgi über eine Angriff durch den Häftling Weidig am 3. April 1836, in: Friedrich Noellner, *Actenmäßige Darlegung des wegen Hochverraths eingeleiteten gerichtlichen Verfahrens gegen Pfarrer D. Friedrich Ludwig Weidig*, 1844

Federmesser
1800

C. SCHULZ

›Wir haben der Schmerzen nicht zu viel, wir haben ihrer zu wenig, denn durch den Schmerz gehen wir zu Gott ein‹! ›Wir sind Tod, Staub, Asche, wie dürften wir klagen!‹« Mein Jammer lößte sich in Wehmuth auf; aber ich war sehr traurig u. werde es noch lange seyn.

17ten In der Nacht phantasirte der Kranke von seinen Eltern und Geschwistern in den rührendsten Ausdrücken. Er sprach fast immerwährend. Schönlein wunderte sich, ihn am Morgen noch lebend zu finden; er kam täglich zweimal u. nahm den größten Antheil, so wie Alle die B. auch nur entfernt kannten. Jeden Morgen ließ man sich von verschiedenen Seiten nach seinem Befinden erkundigen. Gegen 10 Uhr kam Frau Pfarrer Schmid von Straßburg u. benachrichtigte uns, daß Minna angekommen sey; ich erschrack sehr, denn ich fürchtete für sie, wenn sie den Kranken in so veränderten Zustande sehen würde. Ich eilte zu ihr ins Wirthshaus u. bereitete sie nach u. nach auf die große Gefahr vor, in der ihr Theuerstes schwebte. Ich machte mich recht stark bei ihr. Ich holte sie nach Tisch mit ihrer Begleiterin zu uns. Die Ärzte hatten ihr erlaubt den Kranken zu sehen. Er erkannte sie was eine schmerzliche Freude für sie war; unsere Thränen flossen vereint an diesem Tage u. mein Herz litt viel denn es verstand das ihrige. Sie u. Frau Schmid blieben von nun an bei uns. Die Nacht war für uns alle traurig. Der Kranke delirirte fortwährend.

18ten besuchte Minna frühe den Kranken, der sie deutlicher wie am vorigen Tage erkannte; er sprach zu ihr, auch von ihrem Vater, doch konnte man nicht alles verstehen, denn seine Stimme war jetzt schwächer. Er ließ sich den Mund reinigen, nahm aus Ms. Händen ein wenig Wein u Confitür, aß Mittags etwas Suppe, nannte mehrere seiner Freunde mit Namen, auch der Puls hob sich ein wenig; alles dieses war e i n Hoffnungsstrahl für uns, trotz den Ärzten, die nichts darauf gaben, aber nur ein Hoffnungsstrahl, denn am Abend traten von neuem üble Symptome ein. Die Nacht war ruhig, da die Schwäche zunahm; doch sprach der Kranke immer fort.

↓

GEORG HERWEGH

—

ZUM ANDENKEN AN GEORG BÜCHNER, DEN VERFASSER VON DANTON'S TOD 1841

I.
[...]
Mein Büchner tot! Ihr habt mein Herz begraben!
Mein Büchner tot, als seine Hand schon offen,
Und als ein Volk schon harrete der Gaben,
Da wird der Fürst von jähem Schlag getroffen;
Der Jugend fehlt ein Führer in die Schlacht,
Um einen Frühling ist die Welt gebracht;
Die Glocke, die im Sturm so rein geklungen,
Ist, da sie Frieden läuten wollt', zersprungen.
[...]
Ich will Euch an ein Dichterlager bringen.
Seht mit dem Tod ihn um die Zukunft ringen,
Seht seines Auges letzten Fieberstrahl,
Wie es so trunken in die Leere schaut
Und drein noch sterbend Paradiese baut!
Die Hand zuckt nach der Stirne noch einmal,
Das Herz pocht wilder an die schwachen Rippen,
Das Zauberwort schwebt auf den blassen Lippen –
Noch Ein Geheimniß möcht' er uns entdecken,
Den letzten, größten Traum ins Dasein wecken –
O Herr des Himmels, sei ihm jetzt nicht taub!
Noch eine Stunde gönn' ihm, o Geschick!
Verlösche uns nicht des Profeten Blick!
Umsonst – es bricht die müde Brust in Staub,
Und mit ihr wieder eine Freiheitsstütze
Auf's stille Herz fällt die gelähmte Hand,
Daß sie im Tod noch vor der Welt es schütze;
Und die so reich vor seinem Geiste stand,
Er darf die Zukunft nicht zur Blüte treiben,
Und seine Träume müssen Träume bleiben;
Ein unvollendet Lied sinkt er in's Grab,
Der Verse schönsten nimmt er mit hinab.

III.
[...]
Auch nicht allein ist er dahingegangen,
Zwei Pfeiler unsrer Kirche stürzten ein;
Erst als den freisten Mann die Gruft empfangen,
Senkt man auch Büchner in den Totenschrein.
Büchner und Börne! – Deutsche Dioskuren,
Weh', daß der Lorbeer nicht auf deutschen Fluren
Für solch geweihte Häubter wachsen darf!
Der Wind im Norden weht noch rauh und scharf,
Der Lorbeer will im Treibhaus nur gedeihen,
Ein freier Mann holt sich ihn aus dem Freien!

Aus dem anonym erschienenen Band *Gedichte eines Lebendigen. Mit einer Dedikation an den Verstorbenen*, Zürich / Winterthur 1841 S. 185–195, von Georg Herwegh (1817–1875).

Thomas Michael Mayer
Arresthaus, Darmstadt
1970

19ten Sonntag. Der Athem wurde schwerer, die Schwäche größer, der Tod mußte nahe seyn. Das starke Mädchen bat meinen Mann sie zu rufen, wenn der verhängnißvolle Augenblick käme, denn lange konnte u. durfte sie nicht im Krankenzimmer verweilen. Es war Sonntag; der Himmel war blau u. die Sonne schien. Die Kinder hatte man weggeschickt, es war stille im Hause u. stille auf der Straße. Die Glocken läuteten. Minna u. ich sassen allein in meinem traulichen Stübchen. Wir wußten, daß wenige Schritte von uns ein Sterbender lag und Welcher! Wir hatten uns aber in den Willen der Vorsehung ergeben, denn was ja in der Menschen Macht lag den Theuren zu retten war geschehen. Ich erinnere mich in meinem Leben wenig so feierlicher Stunden wie diese; eine heilige Ruhe goß sich über uns. Wir lasen einige Gedichte, wir sprachen von Ihm, bis Wilhelm eintrat Minna zu rufen, damit sie dem Geliebten den letzten Liebesdienst erzeige. Sie that es mit starker Ruhe, aber dann brach ihr Schmerz laut aus. Ich nahm sie in meine Arme u. weinte mit ihr. Sie wurde ruhiger u. endigte einen angefangenen Brief. Der Abend verging uns in Gesprächen über den Hingeschiedenen; oft gedachten wir mit Schmerz der armen Eltern u. Geschwister des Verewigten. Minna brachte die Nacht bei mir zu u. da wir lange nicht geschlafen hatten, behauptete die Natur ihr Recht u. ein sanfter Schlummer stärkte uns.

Aus dem Bericht über Büchners Krankheit und Tod, Handschrift im Goethe- und Schiller-Archiv, Weimar, abgedruckt in: Walter Grab unter Mitarbeit von Thomas Michael Mayer, *Georg Büchner und die Revolution von 1848. Der Büchner-Essay von Wilhelm Schulz aus dem Jahr 1851. Text und Kommentar*, Königstein / Ts. 1985, S. 132–138. Caroline Schulz, geb. Sartorius (1801–1846); ab 27. März 1828 mit Wilhelm Schulz verheiratet; maßgebliche Helferin bei Schulz' Befreiung Silvester 1834 aus dem Gefängnis in Babenhausen; Flucht nach Straßburg, wo Büchner das Ehepaar Schulz kennenlernte. Schulz war ab Herbst 1836 in Zürich und wie Büchner Privatdozent an der Universität; das Ehepaar Schulz wohnte im selben Haus wie Büchner.

FRIEDRICH NOELLNER

—

WEIDIGS TOD
1844

Als am Morgen des 23. Februar 1837 etwa um halb 8 Uhr der Gefangenwärter Preuninger wahrgenommen hatte, daß Pfr. Weidig Hand an sich selbst gelegt habe, eilte derselbe sogleich zu dem Untersuchungscommissarius Georgi, um demselben diesen sehr eiligen Fall zu melden. Letzterer war zwar nicht augenblicklich in seiner Wohnung anwesend, als Preuninger dort erschien, traf aber doch, wie er selbst im ersten Protocoll d. d. 23. Februar 1837 sagte, mit dem Schlag 8 Uhr im Arresthause ein. Hier begab er sich alsbald in die Zelle des Dr. Weidig, und fand denselben in seinem Bette auf dem Rücken liegend, angethan mit einem Schlafwämmschen und dem Hemde. Die Augen desselben waren geschlossen, seine gefalteten Hände lagen auf seinem Bauche. Den Fußboden der Zelle fand pp. Georgi von einer bedeutenden Blutung bedeckt, dessen Hand ebenfalls voller Blut, und am Halse Weidig's nahm er Blutspuren wahr. »Er überzeugte sich indessen, daß Weidig noch athme, denn sein Bauch hob und senkte sich bei den Athemzügen.«

Georgi verließ hierauf mit seinen sämmtlichen Begleitern die Zelle Weidig's wieder, indem er darin Alles in dem Zustande ließ, wie er es eben gefunden hatte. Er ordnete nicht das Geringste an, um den Pfarrer Weidig bis zur Ankunft der Aerzte, nach denen er nun ausschickte, sorgfältig bewachen zu lassen, sondern überließ denselben 2 Stunden lang ganz und gar sich selbst, ja er ließ nicht einmal die Werkzeuge der grausenhaften Metzelei vor ihm in Sicherheit bringen und ließ ebenso wenig irgend etwas dafür thun, die Blutung einstweilen bis zur Ankunft der Aerzte nothdürftig zu stillen.

Dagegen committirte er, nachdem er zuvor zu dem Arresthausarzt und zu dem ersten Physicus, auch, nach der Zurückkunft der zu diesen Aerzten geschickten Boten, zu einem Chirurgus gesendet und das erste Protocoll aufgenommen hatte – den Gr. Hofgerichtsassessor Weber mit der weiteren gerichtlichen Behandlung dieses tragischen Falles, und die Acten ergeben, daß pp. Weber diesen Auftrag um $^1/_2$ 10 Uhr erhielt.

↓

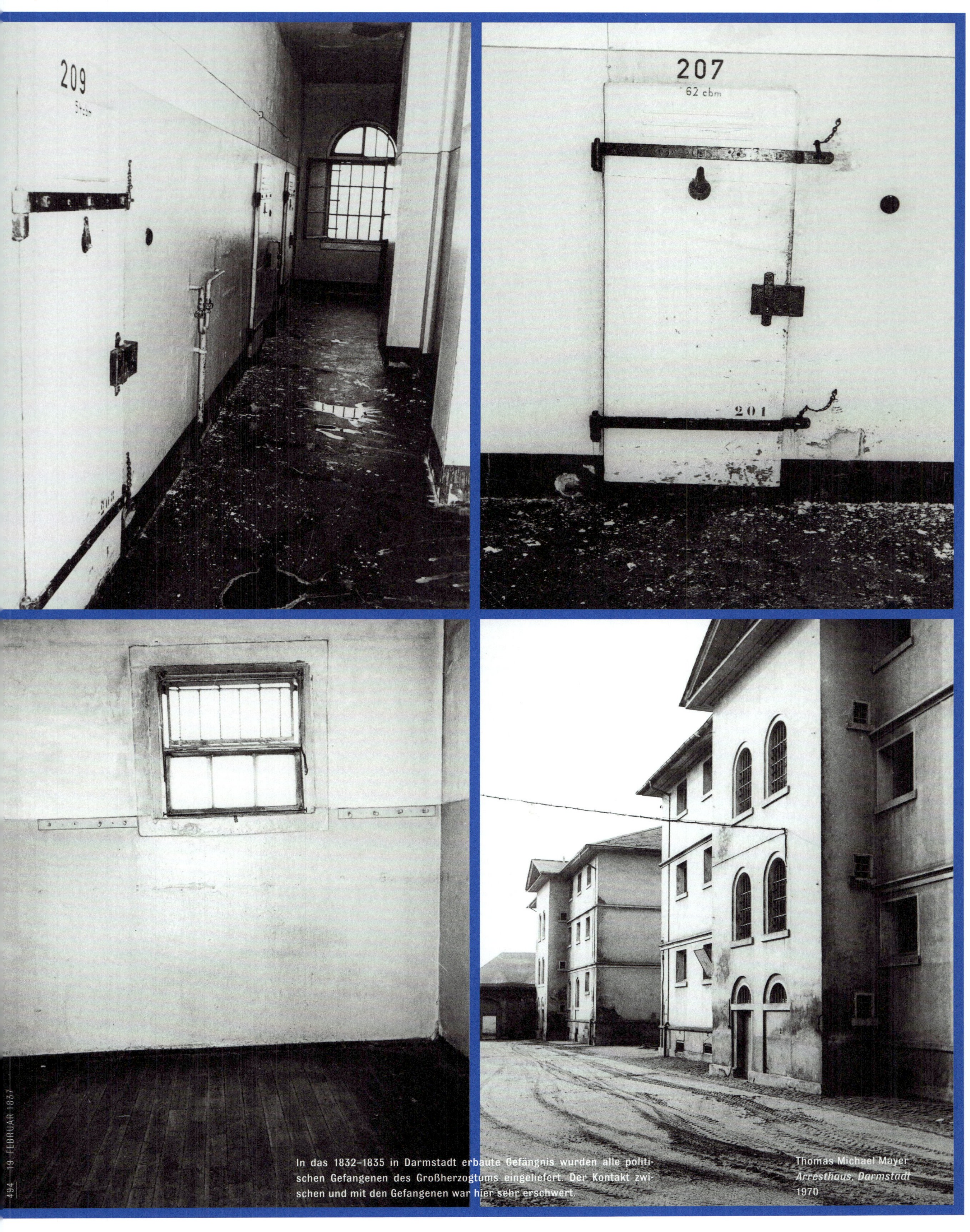

In das 1832–1835 in Darmstadt erbaute Gefängnis wurden alle politischen Gefangenen des Großherzogtums eingeliefert. Der Kontakt zwischen und mit den Gefangenen war hier sehr erschwert.

Thomas Michael Mayer
Arresthaus, Darmstadt
1970

ALEXANDER BÜCHNER

—

EINE CRIMINALGESCHICHTE VON FRÜHER 1848

In einem Zimmer des Arresthauses zu D. gingen an einem schönen Morgen zwei Männer in eifrigem Gespräche auf und nieder, der zur Untersuchung politischer Umtriebe bestellte Richter und sein Actuar.

»Der Streich wäre also mißglückt!« sagte der Richter ingrimmig, »ich hoffe immer noch, daß die Gensdarmen ihn in der Umgegend auftreiben!« »Die Gensd'armen sind ohne ihn zurückgekehrt.« »Und von Papieren haben Sie nichts gefunden?« »Gar nichts,« versetzte der Actuar, »er muß Alles mitgenommen haben, denn daß er deren keine hatte, ist unmöglich.« »Einerlei, wir müssen es nehmen, wie's kommt. Der Hauptzweck könnte auch so erreicht werden: man macht den Gefangenen glauben, seine Mitschuldigen seyen verhaftet und geständig, und die, die revolutionären Plane enthaltenen Papiere gefunden, dann würde er wohl gestehen, zumal da wir seinen jetzigen Fluchtversuch entdeckt und vereitelt haben«. »Der bloßen Versicherung wird er nicht trauen, und eine Confrontation ist unmöglich!« »So wird man die energischsten Maaßregeln ergreifen,« rief der Richter, »damit endlich einmal diese verdammten Untersuchungen ein Ende nehmen!« Er schellte und rief dem eintretenden Gefängnißwärter zu: »Der Inculpat No. 17 wird zum Verhör zugelassen!« »Sie wissen, Herr Actuar, wie es mit dem Protokoll zu halten ist.« Beifällig nickte dieser und Beide nahmen ihre Plätze. Während einer langen Pause hörte man in der Entfernung Schlüssel knarren und Thüren gehen, bis endlich nahende Tritte die Ankunft des Gefangenen verkündigten.

Die Thüre öffnete sich und mit dem Wärter trat der Gefangene herein. Seine Gesichtszüge waren bleich und eingefallen, aber unter der hohen zu früh gefurchten Stirne leuchtete ein Auge von unzerstörbarem Glanze, dessen kühner Ausdruck sonderbar mit der Niedergeschlagenheit des ganzen Gesichts contrastirte. Mit festem Blick, den Beide nicht zu ertragen vermochten, schaute er eine Weile den Richter, dann den Actuar an und setzte sich nieder.

↓

NOELLNER

Als nun einige Zeit nach der Ankunft der Aerzte das Gericht mit diesem etwa um 10 Uhr wieder in die Zelle Weidig's eintrat, fand man den Verwundeten in den letzten Zügen, so zwar, daß er sehr bald darauf verschied, ohne daß nur noch irgend ein Rettungsmittel anzuwenden möglich war.

Daß nun Hofgerichtsrath Georgi den Pfarrer Weidig, nachdem er ihn um 8 Uhr Vormittags von vielen Blutspuren umgeben, jedoch noch lebend, aber unter Umständen, welche wie er versichert, ihm selbst keinen Zweifel ließen, daß derselbe »Hand an sich gelegt habe,« in seiner Zelle angetroffen hatte – ohne alle Aufsicht 2 Stunden ganz sich selbst überließ, die schändlichen Werkzeuge fortwährend in seiner Gewalt ließ, mit denen er die Selbstentleibung damals so sichtbarlich begonnen hatte, und auch gar Nichts anordnete, um dem Blutverluste des Verwundeten einstweilen bis zur Ankunft der Aerzte auf bestmöglichste Weise ein Ziel zu setzen, rechtfertigt den vom Defendenden gefaßten und ausgesprochenen Verdacht, Hofgerichtsrath Georgi habe durch seine Fahrlässigkeit den Tod des Pfarrers Weidig herbeigeführt, gewiß auf das vollständigste [...].

Aus: Friedrich Noellner, *Actenmäßige Darlegung des wegen Hochverraths eingeleiteten gerichtlichen Verfahrens gegen Pfarrer D. Friedrich Ludwig Weidig, mit besonderer Rücksicht auf die rechtlichen Grundsätze über Staatsverbrechen und deutsches Strafverfahren, sowie auf die öffentlichen Verhandlungen über die politischen Processe im Großherzogthume Hessen überhaupt und die späteren Untersuchungen gegen die Brüder des D. Weidig*, Darmstadt 1844, S. 655–657.

[S]o bin ich entweder im Fieber oder in Ketten, oder in Ketten und im Fieber, und so werde ich nach und nach hingeschafft.

Verhörprotokoll Friedrich Ludwig Weidig, in: Friedrich Noellner: *Acten-mäßige Darlegung des wegen Hochverraths eingeleiteten gerichtlichen Verfahrens gegen Pfarrer D. Friedrich Ludwig Weidig*, 1844

Thomas Michael Mayer
Arresthaus, Darmstadt
Weidigs Zelle Nr. 207
1970

Fußschellen
19. Jahrhundert

»Sind sie nun endlich gesonnen,« begann jener, »nähere Auskunft über die von Ihnen angesponnenen, politischen Umtriebe zu geben?« »Ich erkläre hiermit abermals,« versetzte der Gefragte, »daß ich mich niemals weiter in die Politik eingelassen habe, als mir meine Pflichten als Mensch und Bürger erlaubten; außerdem muß ich Ihnen alle ferneren Antworten verweigern, da ich Ihre Richtergewalt über mich perhorrescirt habe!« »Ferneres Läugnen wird vergeblich sein, und Ihre Strafbarkeit dadurch nur erhöht werden, indem nun auch bei der gestern Nacht erfolgten Verhaftung Ihres Hauptmitschuldigen, diejenigen Papiere vorgefunden worden sind, die den ganzen Plan der Verschwörung enthalten.« Todtenblässe verdrängte auf einen Augenblick das wenige Roth, das die Kerkerluft noch auf des Gefangenen Wangen gelassen hatte; dann erwiderte derselbe ruhig: »Ich weiß weder von einer Verschwörung noch von Papieren, die den Plan derselben enthalten sollen, noch von der Theilnahme irgend Jemands an einem derartigen Unternehmen.« »Und doch erklärt Jemand, der gestern gefänglich eingezogen worden ist, er habe diesen Plan der Verschwörung selbst mit Ihnen ausgearbeitet.« »Ich verlange eine Confrontation mit demselben.« »Ich werde mich wohl hüten, dieselbe zu gestatten, indem dadurch Gelegenheit zu Collusionen gegeben wäre.« »Alsdann muß ich Ihnen erklären, daß ich an eine derartige Verhaftung nicht glaube!« »Sie Schurke, warum zweifeln Sie?« rief der Richter in Wuth ausbrechend, als er seinen Plan vereitelt sah. Die Hände des Beleidigten ballten sich krampfhaft und einen furchtbaren Blick auf seinen Gegner schleudernd, sprang er auf; dann aber plötzlich gefaßt, sprach er zu dem Schreiber gewendet: »Herr Actuar! haben Sie doch die Güte in das Protokoll zu bemerken, daß mich der Untersuchungsrichter einen Schurken genannt hat.« Der Actuar blickte fragend den Richter an, und dieser sagte: »Es ist in das Protokoll zu bemerken, daß ich dem Inculpaten sein schurkisches Benehmen vorgehalten habe.« Der Gefangene sank auf seinen Stuhl zurück. Mit triumphirendem Tone fuhr der Richter fort: »Was Ihre Perhorrescenzgesuche gegen mich betrifft, so sind sie sämmtlich von der höchsten Staatsbehörde als ungegründet zurückgewiesen worden. Endlich habe ich Ihnen noch in Bezug auf Ihre letzten Disciplinarvergehen, besonders den Fluchtversuch mit eingerechnet, zu erklären, daß die Strafe diesmal in einer körperlichen Züchtigung bestehen wird, da die bisherigen leichteren Strafen, als Ketten- und Sprengertragen ihren Zweck bei Ihnen verfehlt zu haben scheinen; demzufolge werden Sie bei Ihrer Rückkehr in Ihr Detentionslokal von dem Gefangenwärter 25 Stockschläge zu erhalten haben! Das Protokoll ist geschlossen, Rubricat kann abtreten.« Der Richter erhob sich und schaute den Actuar mit selbstzufriedener Miene an.

Der Gefangene saß regungslos; er sah seine Perhorrescenzgesuche zurückgewiesen, die Hoffnung auf Flucht war vereitelt, die körperliche Züchtigung drohte ihm sein letztes Gut, die Ehre, zu entreißen; da war sein Stolz gebrochen, und Gnade flehend, stürzte er seinem Todfeinde zu Füßen: »Meine Ehre! meine Ehre!« rief der Unglückliche, »nur meine Ehre entreißen Sie mir nicht!« »An Ihrer Ehre ist nichts mehr zu verlieren!« versetzte jener mit freudigem Hohne, »die Strafe ist verdient: fiat justitia, ruat coelum!«

Da erwachte in dem Mißhandelten der Mann, und aufspringend packte er jenen mit kräftiger Hand an der Kehle, doch die Kräfte des herzueilenden Actuars und Gefangenwärters überstiegen die seinigen, und der Richter war gerettet. »Man führe den Gefangenen ab!« sagte derselbe athemschöpfend.

Die Züchtigung war vollzogen; der sogenannte Verbrecher lag bewußtlos auf sein Lager hingestreckt. Einen traurigen Anblick bot das Gefängniß dar, das kaum durch einige Strahlen des Tageslichts erhellt wurde, da denselben Morgen noch der Untersuchungsrichter vor das kleine Loch in der Wand, denn Fenster konnte es nicht genannt werden, zur Verhinderung von Collusionen, unbewegliche Läden hatte machen lassen. Eine Bettstelle mit einem Strohsacke bildete das ganze Meublement, wenn man nicht als solches noch die in der Wand befestigten Ketten ansehen will, an die der Gefangene wegen der geringsten Disciplinarvergehen geschmiedet wurde; Tisch und Stuhl waren ihm unter ähnlichen Vorwänden entzogen worden, seine geistige Unterhaltung war einzig auf die Lectüre der Bibel beschränkt, weil er früher auf weiße Blätter, die er aus andern ihm gegebenen Büchern riß, Perhorrescenzgesuche gegen seinen Richter mit eigenem Blute niedergeschrieben hatte. Ein solcher mehrjähriger Aufenthalt, eine solche Behandlung, hätte den Muth des ärgsten Fanatikers

↓

Carl Rohde
Die Göttinger Sieben
1837/38

Am 1. November löste König Ernst August I. von Hannover die hannoverische Verfassung von 1833 auf. Landesweite Proteste sind die Folge, insbesondere an den Universitäten. Am 12. Dezember wurden sieben Professoren wegen ihres Protests gegen den monarchistischen Staatsstreich von Ernst August ihrer Ämter enthoben. Unter den »Göttinger Sieben«: die Germanisten Wilhelm und Jacob Grimm, der Historiker Friedrich Christoph Dahlmann sowie Georg Gottfried Gervinus, Historiker und Literaturwissenschaftler, ein Darmstädter wie Büchner, Jahrgang 1805 und ebenfalls einst Schüler im Pädagog.

brechen können; dieser war standhaft geblieben und hatte seine Manneswürde dem Manne gegenüber behauptet, der seit den Zeiten ihrer Universitätsjahre sein Todfeind war und in dessen richterliche Gewalt er sich nun gegeben sah. Allein die letzte Schmach hatte ihn zernichtet, und als seine Besinnung wiederkehrte, weinte er wie ein Kind. »O mein Gott! wie hast du mich verlassen!« Die Religion konnte ihm noch Trost geben; er griff nach der Bibel und schlug sie auf's Geradewohl auf. Da fiel sein Blick auf die Stelle: »Aergert dich dein Auge, so reiß es aus!« Lange starrte er unbeweglich darauf hin, dann rief er plötzlich, sich aufrichtend: »Nein, mein Gott hat mich nicht verlassen; er giebt mir einen Wink, er zeigt mir, was ich thun soll!« Nachdenkend hielt er inne. – »Und meine Familie? – Sie wird Trost, ich Rache finden!« Er ergriff die Wasserflasche, zerschlug sie und wählte die größte und schärfste der Scherben. Dann seine Füße entblößend, öffnete er die Adern an den Gelenken derselben, tauchte einen Finger in das hervorströmende Blut und schrieb an die Wand:

Da mir der Feind
jede Vertheidigung
versagt,
so wähle ich einen schimpflichen Tod
von
freien Stücken.

Dann öffnete er die Pulsadern an den Händen und legte sich ruhig zurück den Tod erwartend.

Eine Ohnmacht war die baldige Folge des starken Blutverlustes, der jedoch nicht bedeutend genug war, um den Tod herbeizuführen. Einige Stunden lag der Verletzte bewußtlos; die Thüre wurde aufgeschlossen und der Wärter trat herein. Doch das blutige Schauspiel erblickend, bebte er scheu zurück, schloß die Thüre, eilte in die Wohnung des Untersuchungsrichters, und meldete ihm, der Gefangene habe sich selbst um das Leben gebracht. Mit schlecht verhehlter Freude über diese Nachricht, eilte der Richter in das Arresthaus, wo er den Actuar vorfand, und begab sich mit demselben in den Kerker, Blut hatte das Bett und den Fußboden überströmt; sie traten hin vor den Verwundeten, doch entsetzt fuhren sie zurück, als derselbe plötzlich die Augen aufschlug und sie anstarrte. Beide erkennend, richtete er sich langsam auf und rief, seine blutigen Arme gegen sie ausstreckend: »Ihr seid meine Mörder, meine Henker, ihr werdet mir folgen vor Gottes Gericht!« Erschöpft sank er zurück.

Der Wuth wich die Bestürzung des Richters. »Er lebt?« schrie er. »Er lebt?« »Daß hienge nur von uns ab!« sprach lauernd der Actuar. »Reden sie aus!« »Nun ich meine – davon kann er ja doch nicht kommen – man könnte ihm einen langwierigen Todeskampf sparen – und –« »Ja, und – ich glaube wir verstehen uns.« »Am Ende sind wir hier allein – er hätte sich doch nur selbst umgebracht! Sehen Sie nur!« und der Actuar deutete an die Wand, dann fuhr er fort: »man hilft ihm so ohne Verdacht davon. Wer wird denken, er habe sich nicht selbst die Kehle abgeschnitten?« Er zog ein Messer aus der Tasche, öffnete es und reichte es dem Richter. Dieser erfaßte es schnell und schnitt die Kehle des Wehrlosen mit fester Hand durch; dann putzte er kaltblütig die rauchende Klinge an den blutigen Kleidern seines Opfers ab und gab das Messer dem Actuar zurück. »Bravo!« sagte dieser, und sie verließen den Kerker, der den letzten Athemzug eines politischen Verbrechers empfangen hatte.

[Alexander Büchner:] »Eine Criminalgeschichte von früher«, in: *Wilde Rosen. Ein belletristisches Beiblatt zum jüngsten Tag*, Nr. 1, Samstag, 1. Juli 1848, S. 2 f.
Der anonym erschienene Text stammt von Georg Büchners Bruder und erzählt eine Version vom Tod Friedrich Ludwig Weidigs, die auch ohne Nennung von Namen beim Erscheinen leicht dem historischen Fall zugeordnet werden konnte und für entsprechendes Aufsehen sorgte.

ICH WERDE NICHT
ALT WERDEN

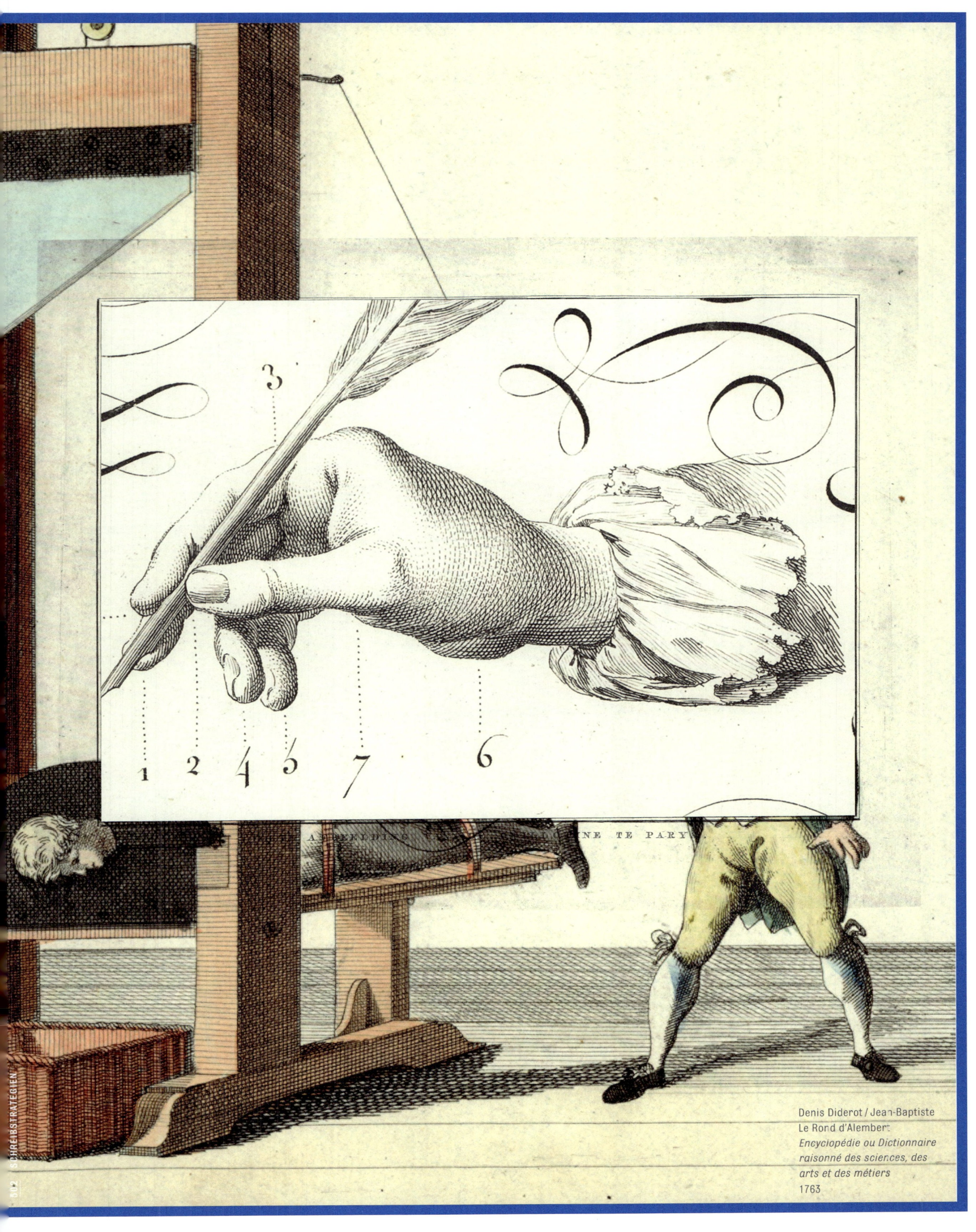

Denis Diderot / Jean-Baptiste Le Rond d'Alembert:
Encyclopédie ou Dictionnaire raisonné des sciences, des arts et des métiers
1763

LEGENDRE.
Wo ist Danton?
LACROIX.
Was weiß ich? Er sucht eben die mediceische Venus stückweise bey allen Grisetten des palais royal zusammen, er macht Mosaik, wie er sagt; der Himmel weiß bey welchem Glied er gerade ist. Es ist ein Jammer, daß die Natur die Schönheit, wie Medea ihren Bruder, zerstückelt und sie so in Fragmenten in die Körper gesenkt hat. Gehn wir in's palais royal.

Danton's Tod I/4, 1835

EIN BÜRGER.
Meine gute Jaqueline, ich wollte sagen Corn, wollt' ich Cor
SIMON.
Cornelia, Bürger, Cornelia.
BÜRGER.
Meine gute Cornelia hat mich mit einem Knäblein erfreut.
SIMON.
Hat der Republik einen Sohn geboren. [...]
Ich sage Dir, die Brust deiner Cornelia, wird wie das Euter der römischen Wölfin, nein, das geht nicht. Romulus war ein Tyrann, das geht nicht.

Danton's Tod II,2, 1835

Hintergrund dieser Szene bildet die Darstellung der Sprachregelungen im revolutionären Paris Ende 1793 / Anfang 1794: »man wurde verdächtig, wenn man die Wörter Monsieur und Madame statt Citoyen gebrauchte, sich durch das Wort Du beleidigt fand, oder nicht selbst mit Du anredete; es konnte den Kopf kosten, wenn man das Wort Tyrann nicht jedesmal statt des Wortes König gebrauchte«.

Unsere Zeit XI, 1828, S. 375

Michel Henning
Die Guillotinen von Paris
1791–1795

Dass ein Lyriker jedes Wort oder sogar jede Silbe auf die Goldwaage legt, erstaunt uns nicht. Bei Prosatexten von Dramatikern und Erzählern erwarten wir, dass sie sich stärker dem Duktus der Alltagssprache nähern. Sie dienen der Kommunikation, sind deshalb eher eindeutig als rätselhaft und müssen so locker gewebt sein, dass der Zuhörer, der mit den Gedanken kurz abschweift, noch immer versteht, was gemeint ist. Büchners Dramen folgen dieser Erwartung auf der ersten Ebene; denn sonst könnte man sie nicht aufführen. Auf einer zweiten Ebene zeigt sich, dass ihre Elemente – um einen Fachausdruck zu gebrauchen – »überdeterminiert« sind. Neben einem zunächst naheliegenden Sinn enthalten die Satzteile und Wörter noch eine Anzahl weiterer, gelegentlich auch in sich widersprüchlicher Bedeutungen. Sie sind »vieldeutig«, dabei aber nicht diffus und unklar, sondern vielmehr »überreich an Sinn«.

»Vieldeutig«, also mehrfach determiniert, ist im Alltag zum Beispiel alles ironische, witzige oder auch alles erotisch anzügliche Sprechen. *Danton's Tod* und auch *Leonce und Lena* sind voll davon. Karl Gutzkow hat sie in seinem Büchner-Nachruf als »wuchernde Demokratie der Dichtung« bezeichnet, die er »mit der Scheere der Vorcensur« habe beschneiden müssen. Mehrfach determiniert ist auch jede Anspielung und jedes Zitat. Sie nötigen den Zuhörer oder Leser, neben dem gesagten den angespielten Text mitzubedenken. Anspielungen in diesem Sinne sind zum Beispiel in *Danton's Tod* mindestens die Hälfte der Textelemente, und dies häufig in mehrfacher Form. Wie jeder gute Redner spielte bereits der historische Danton in seinen überlieferten Reden auf das an, was andere vor ihm geschrieben oder auch in Alltagssituationen gesagt hatten. Büchner griff Teile aus Dantons Reden auf, kombinierte sie mit anderen aus Shakespeares Historiendramen, aus Tiecks romantischen Erzählungen oder aus Darmstädter Alltagsgerede und setzte ihnen im Dialog weitere wiederum überdeterminierte Redeelemente entgegen. So stehen in den Dialogen Mosaiksteinchen nebeneinander, jedes in sich eine semantische Welt. Und doch sind sie so verbunden, dass sie als glatte kommunikative Oberfläche wirken.

Im *Hessischen Landboten* bündelte Büchner diese semantischen Monaden so, dass die Botschaft unüberhörbar wurde. Er griff auf einen Fundus von Ausbeutungsmetaphern zurück, den er in den Flugschriften der Sozialrevolutionäre vorfand, und bereicherte ihn durch die Bildlichkeit der lutherischen Bibelübersetzung. Luthers Sprache hatte noch die körperliche Konkretion, die mit der Aufklärung verschwand, und in ihr ließen sich zugleich Zukunftserwartungen aufrufen, für die das aufgeklärte Bewusstsein keine Worte mehr hatte. Eine ähnliche sinnverstärkende Wirkung entsteht, wenn Büchner am Ende von *Danton's Tod* (IV/8) die um ihren gerade guillotinierten Mann trauernde Lucile Sätze sagen lässt, die an die Schlussszene von Shakespeares *King Lear*, an einen der Glanzpunkte abendländischer Tragödienkunst erinnern. So wenig Lear – seine erdrosselte Tochter im Arm – begreifen kann, dass die Welt über die Ungeheuerlichkeit dieses Todes mechanisch hinweggeht, so wenig kann Lucile es fassen, dass »die Leute laufen, das Wasser rinnt«, während ihr Camille verblutet. Andererseits konnte Büchner die Mosaiksteine auch so zusammenfügen, dass jenes Lachen entsteht, dass Nietzsche später in der *Geburt der Tragödie* (Kap. 16) »als die künstlerische Entladung vom Ekel des Absurden« beschrieben hat. Die Akteure von 1794 haben sich derart in der Apparatur der Revolution verfangen, dass ihnen keine Freiheit mehr bleibt außer der des anspielungsreichen Witzemachens. Und doch ist dies nur die eine Seite des Lachens. Denn unter den

↓

BURGHARD DEDNER

—

WITZ UND WAFFE

—

ZU BÜCHNERS UMGANG MIT WÖRTERN

Ihm sei trotz vieler guter Gedanken noch nie ein Gedicht gelungen, soll einmal ein Freund dem avantgardistischen Lyriker Mallarmé geklagt haben. Dieser habe trocken mit dem Satz reagiert: »Verse macht man nicht mit Gedanken, sondern mit Wörtern.« Dieser Satz trifft selbst für Mallarmés Lyrik nur begrenzt zu, und doch ließe er sich – wiederum in Grenzen – auch auf einen Dichter wie Büchner anwenden, der ein politischer Agitator war und als Exponent realistischer Literatur gilt. Büchner nutzte Wörter als Träger von Gedanken, er spielte mit ihnen, er stellte sie zur Diskussion, und er benutzte sie als Waffe. Und häufig verwendete er markierte Wörter, das heißt Wörter, die bekanntermaßen in anderen Zusammenhängen – in der Bibel, im politischen Diskurs, in der Dramentradition oder im alltagssprachlichen Gerede – kursierten.

Gleich in der ersten Replik des Revolutionsdramas sagt Danton über eine Dame beim Kartenspiel, »sie halte ihrem Manne immer das coeur und andren Leuten das carreau hin« (S. 86).[1] Dieses anzügliche Spiel mit den Wörtern Herz und Karo stand im Zeitalter der Prüderie an der Grenze des Zulässigen. Für Büchner aber war es eine ausgezeichnete Einführung in die dramatische Darstellung einer Epoche und einer Gesellschaftsschicht, in der Esprit in jedem Gespräch unerlässlich war und in der die Devise galt: Ich lache, also bin ich. »Ach Danton, ich bringe nicht einmal einen Spaß mehr heraus. Da ist's Zeit«, sagt einer der Dantonisten in seinem letzten Auftritt und klettert die Leiter hinauf zur Guillotine (S. 152).

Ein besonders raffiniertes Spiel mit Wörtern wies Büchner in seinem Drama einem gewissen Simon zu. Der will zum Beispiel die

↓

Johann Konrad Friederich
Die Geschichte Unserer Zeit
(Detail)
1826–1830

Zensurbedingungen der 1830er-Jahre entlud sich in der Vieldeutigkeit – vor allem im erotischen Witz – auch jene widerständig-befreiende Energie, die Karl Gutzkow von »wuchernder Demokratie« und »Sanscülottenlust« sprechen ließ. Indem schließlich Büchner Wörter nicht nur kommunikativ aneinander reiht, sondern explizit als Anspielungen oder Zitate ausstellt und damit zur Prüfung freigibt, ermöglicht er es dem Leser, dem bekannten Aufruf seiner Dramenfigur Mercier (*Danton's Tod* III/3) zu folgen: »Geht einmal Euren Phrasen nach«, fordert Mercier. »Dieße Elenden, ihre Henker und die Guillotine sind Eure lebendig gewordnen Reden.«

Auf die Goldwaage, jetzt die Goldwaage der erfahrbaren Realität, legt Büchner auch das, was zunächst als bloßes Fantasieprodukt erscheint. Das Märchen der Großmutter in *Woyzeck* ist hierfür ein Beispiel. Viele Märchen der grimmschen Sammlung sind gesättigt mit Elendserfahrungen. Die Stieftochter Marie muss spinnen, auch wenn ihr die Finger bluten, Rapunzel ist gefangen im Turm, die Familie von Hänsel und Gretel ist am Verhungern. Scheinbar teilnahmslos wie jede Märchenerzählung greift die Großmutter in *Woyzeck* solche Erfahrungen auf. Sie erzählt von ihnen ohne das für Märchen obligate Happy End und auch ohne Dramatisierung. In jenem grimmschen Märchen, das eine ihrer Vorlagen bildet, ist der Mond ein Menschenfresser, bei ihr ist er nur ein »Stück faul Holz«. Das ist nicht eindrucksvoll, sondern nur noch trostlos, und es ist nicht nur so dahin gesagt, sondern naturwissenschaftlich begründbar. Der Mond und das faule Holz gleichen sich darin, dass sie leuchten, ohne zu wärmen. Und auch den Vogel, der tote Mücken so auf die Dornen spießt, dass sie »wie die goldnen Sternlein funkeln«, schöpfte der Erzähler Büchner nicht aus der Fantasie, sondern aus dem Biologiebuch.

Die Kunst des Mosaiks blühte, bevor das perspektivische Malen erfunden war. Auch Büchners Werken fehlt in der Regel die einheitliche Perspektive, und zwar zum Teil deshalb, weil die Mosaiksteine ihren eigenen Sinn in sich tragen, den sie auch nach der Einbettung in den Text bewahren. Das *Woyzeck*-Drama – ein letztes Beispiel – ist sicher parteilich gegen den Hauptmann und den Doktor und also wohl für Woyzeck. Aber nicht auch für Marie, die schließlich als erstes Opfer verblutet? Und wie reagieren wir auf Woyzeck in den auf die Bluttat folgenden Szenen, zum Beispiel bei seinem Gang in die Kneipe? Als Vorlage hierfür nahm Büchner die Geschichte eines Mörders aus Darmstadt, für dessen Brutalität sich kein Verständnis mehr aufbringen lässt. So wird auch dieser Schluss – wie Büchners Werk überhaupt – zum Vexierbild. Die Elemente, aus denen diese Vexierbilder bestehen, sind längst noch nicht alle entdeckt, geschweige denn entschlüsselt. BD

Uhrzeit wissen und fragt: »Wie weit ist's in der Nacht?« Die Umstehenden antworten: »Was in der Nacht?« Er versucht es mit: »Wie weit ist die Nacht?« Sie antworten: »So weit als zwischen Sonnenuntergang und Sonnenaufgang« (S. 119). Ein Unterschichtler vergreift sich in den sprachlichen Mitteln: So funktioniert im Drama die Rüpelkomik, in der Shakespeare ein Meister war. Und ein sprachlicher Missgriff waren auch schon die Sätze, mit denen Simon in einer früheren Szene seine Gattin, eine einfache Frau aus dem Volk, zu besänftigen sucht: »Schlug ich dich? Das war nicht meine Hand, war nicht mein Arm, mein Wahnsinn that es. / Sein Wahnsinn ist des armen Hamlet Feind / Hamlet that's nicht, Hamlet verläugnet's« (S. 93).

Ist das nur Rüpelkomik? Warum dann Hamlet, und warum so genau? Simon zitiert hier kaum verändert Verse aus dem fünften Akt von Shakespeares Tragödie. Wer ist dieser Simon überhaupt? Laut Personenverzeichnis verdient er sein Geld als Souffleur. Vielleicht spielt seine Truppe also gerade *Hamlet*, und er spricht, was er souffliert. Eine Textsuche, die uns Simons Fragen nach der Uhrzeit erklären soll, bestätigt diese Vermutung. In Schillers *Räubern* und *Wilhelm Tell* fragen Franz beziehungsweise Melchthal ebenfalls: »Wie weit ist's in der Nacht«. Und Macbeth (II/5) will wissen: »Wie weit ist die Nacht?« Demnach scheint es und wird durch weitere Recherchen bestätigt, dass Simon unter einer ungewöhnlichen »déformation professionelle« leidet. Die hat alle eigenen Wörter in seinem Gehirn ausradiert und durch jene Phrasen von Shakespeare oder Schiller ersetzt, die er allabendlich souffliert. So unterbricht er mit seinen gestelzten, für den Eingeweihten als Dramensprache markierten Wörtern die alltagssprachlichen Dialoge von *Danton's Tod*.

Der Dichter, der dieses möglicherweise einzigartige Kabinettstück in der Geschichte der Dramendialoge erfand, muss über ein stupendes Wortgedächtnis verfügt haben. Und er muss solche Wortspiele ungemein geliebt haben, denn er erfand sie im Angesicht von »Policeydienern«, die jederzeit bereit standen, ihn zu verhaften. Sie waren, wie er schrieb, seine »Musen«. Eine tragende Funktion im Drama hat dieses Spiel nicht, denn für die dramatische Wirkung reicht, wenn wir es unter dem Etikett »Rüpelkomik« wahrnehmen. Auch hatte bis vor kurzem noch niemand Büchners Raffinesse und den Mehrwert von Simons Kommunikationsschwäche bemerkt.

↓

Jacques Louis David
Naturgetreue Stadie des Kopfes von Jean Paul Marat, ermordet am 13. Juli 1793 (Detail)
14. Juli 1793

Unübersehbar ist dieser Mehrwert an Bedeutung dagegen in folgenden Dialogen einer Straßenszene (S. 11 f.). Die Sequenz beginnt mit:

EIN BÜRGER.
Meine gute Jaqueline, ich wollte sagen Corn, wollt' ich Cor
SIMON.
Cornelia, Bürger, Cornelia.
BÜRGER.
Meine gute Cornelia hat mich mit einem Knäblein erfreut.
SIMON.
Hat der Republik einen Sohn geboren.

Das Buch, aus dem Simon jetzt souffliert, enthält die als politisch korrekt ausgewiesenen Wörter der jakobinischen Republik. Deren Bürger – so wusste Büchner unter anderem aus der Hauptquelle zu seinem Drama aus dem historischen Kompendium *Unsere Zeit* – tauschten ihre alten Namen gegen Römernamen aus. So wurde aus Jaqueline eine Cornelia, aber dem Gatten will der neue Römername noch nicht über die Zunge. Auch bei der rechten Art, die Geburt eines Sohnes zu annoncieren, hapert es noch. Simon muss ihm beides soufflieren.

Die Republikaner – so wusste Büchner aus derselben Quelle – benannten ihre Kinder nach den großen Männern der Revolution. Auch bemühten sie sich um eine neue republikanische Ikonografie und dekretierten etwa: »Die Pike und die Freiheitsmütze, die Pflugschaar und die Garbe [...] müssen fortan die Verzierungen der Republik ausmachen«.[2] Aufgrund dieser Information gab er der Szene folgenden Fortgang:

BÜRGER.
Ach mit den Namen, da komm ich gar nicht in's Reine.
SIMON.
Tauf' ihn: Pike, Marat.
[...]
BÜRGER.
Ich hätte gern drei, es ist doch was mit der Zahl drei, und dann was Nützliches und was Rechtliches,
jezt hab' ich's: Pflug, Robespierre. Und dann das dritte?
SIMON.
Pike.
BÜRGER.
Ich dank Euch, Nachbar. Pike, Pflug, Robespierre, das sind hübsche Namen, das macht sich schön.

In dieser Sequenz ist kein Wort verschenkt, denn indem der Bürger es »mit der Zahl drei« hat und »was Nützliches und was Rechtliches« will, benutzt er markierte Einträge, diesmal aus dem Wörterbuch des deutschen Philisters. In ihm ist der Zauber der triadischen Reihung und der Wortfolge »rechtlich-nützlich« mehrfach belegt. Das demonstrierte ein Darmstädter Alterskamerad Büchners, indem er über die »Religion« seines Vaters schrieb, sie habe »in streng moralischem Handeln« bestanden; »sein Erziehungsgrundsatz aber war der, seine Kinder ebenso rechtlich zu machen und sie [...] alles ihnen Nützliche lernen zu lassen«.[3] Und auch Prinz Leonce greift in Büchners Lustspiel hierauf zurück, indem er seine Sehnsucht nach bürgerlicher Normalität in den Seufzer kleidet, er würde so gern »sehr rechtlich und sehr nützlich und sehr moralisch« werden.[4] So konstruierte Büchner aus ausgewählten Sprachelementen eine Burleske über das Sprechverhalten im jakobinisch geprägten Paris von 1794 und darüber hinaus.

Was für die Biene der Blütenstaub das waren für Büchner die Wörter. Die meisten flogen ihm im Alltagsleben zu. Er las Shakespeare mit Leidenschaft, er schnappte Alltagsfloskeln auf, die Wörter der Bibel kannte er aus dem Unterricht,

↓

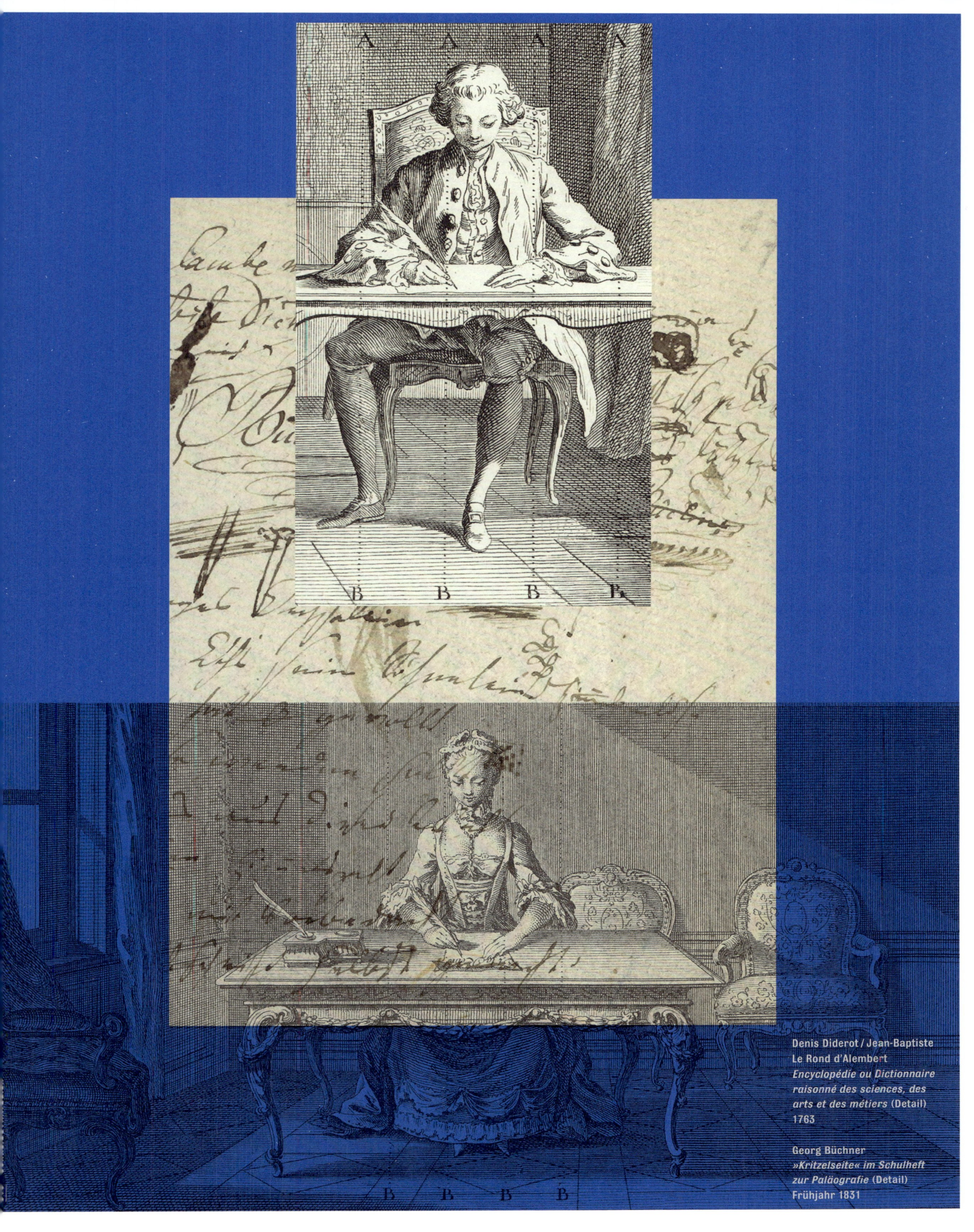

Denis Diderot / Jean-Baptiste Le Rond d'Alembert
Encyclopédie ou Dictionnaire raisonné des sciences, des arts et des métiers (Detail)
1763

Georg Büchner
»Kritzelseite« im Schulheft zur Paläografie (Detail)
Frühjahr 1831

Unsere Zeit las man gemeinsam in der Familie. Weitere Wörter sammelte er zielgerichtet beim Lesen historischer Quellen zur Französischen Revolution. Da viele davon aus öffentlichen Reden der Revolutionspolitiker stammten, trugen sie wiederum eine erkennbare Markierung. Das zeigte sich bereits, als Büchner sein Manuskript an Karl Gutzkow nach Frankfurt schickte und dieser noch am selben Abend einer Gruppe von Bekannten daraus vorlas. Die Zuhörer reagierten gelegentlich »mit der Bemerkung, dies oder das stände im Thiers«,[5] also in der damaligen Standarddarstellung zur Revolutionsgeschichte, aus der Büchner tatsächlich viel Wortmaterial übernommen hatte.

Die so als historisch-authentisch markierten Wörter ließen das Spiel ernsthafter werden. Die zitierten Personen hatten einst kraft ihrer politischen Macht über Leben und Tod von Einzelnen, aber auch über Gelingen oder Scheitern des Revolutionsprojekts entschieden. Und ihre Macht beruhte nicht wie bei den Königen und wie bei Napoleon auf dem Staatsapparat und der Armee, sondern auf den öffentlichen Reden in den Klubs oder im Konvent, auf der Straße oder vor Gericht. Sie beruhte auf dem Wort. Danton – so die Vorgeschichte des Dramas – schuf mit seinen Reden auf der Straße die Revolutionsarmee und rettete Paris vor dem Angriff der ausländischen Könige. Er hat keine Lust – so der Anfang des Dramas –, sich mit einer Rede im Konvent vor der drohenden Verhaftung zu schützen. Als er diese Rede vor Gericht hält, ist es zu spät, denn sein Gegner Robespierre hat mit seinen Reden den Kampf schon entschieden. Büchner übernahm lange Exzerpte aus den entscheidenden Reden Robespierres und Dantons weitgehend wörtlich in das Drama. Teils folgte er dabei den schon vorliegenden deutschen Übersetzungen, teils auch griff er auf das französische Original zurück.

Am Ende des zweiten Aktes tagt der Konvent mit der Aufgabe, Dantons Immunität als Abgeordneter aufzuheben und den Prozess zu eröffnen, der auf der Guillotine endet. Viele Abgeordnete fürchten, ihnen stehe dasselbe Schicksal bevor. Gegen diese Zitternden gewendet, sagt Robespierre in der bei Thiers überlieferten Fassung:[6] »mais je le dis, quiconque tremble en ce moment est coupable, car jamais l'innocence ne redoute la surveillance publique«. *Unsere Zeit* übersetzt: »Ich behaupte, wer in diesem Augenblicke zittert, ist für schuldig zu halten; denn nie fürchtet die Unschuld die öffentliche Aufsicht.«[7] Büchners Robespierre sagt (S. 122):

> Aber ich sage Euch, wer in dießem Augenblicke zittert ist schuldig, denn nie zittert die Unschuld vor der öffentlichen Wachsamkeit. (*allgemeiner Beyfall.*)

Büchner nahm das Übersetzen ernst. Seine Fassung ist besser als die in *Unsere Zeit* und mit der Wiederholung des Wortes »zittert« vielleicht sogar rhetorisch wirkungsvoller als das Original. Deutlich wird in dem Satz, wie gnadenlos die Logik dieser – Stalins Zeiten vorwegnehmenden – Terrorrhetorik verfährt. Das Sondergericht kann nur auf Freispruch oder Tod erkennen, was den Schrecken, den es ohnehin schon erregt, noch einmal erhöht. Aber aus welchem Grund – so Robespierre – könnte ein Unschuldiger dieses Gericht fürchten? Zweifelt er etwa an der Gerechtigkeit seiner Urteile? Misstraut er damit nicht auch den gewählten Volksvertretern, die dieses Gericht geschaffen haben? Dann aber misstraut er der Republik. Dann erweist er sich als deren Feind und gehört vor Gericht. Quod erat demonstrandum.

So geben die Exzerpte aus den öffentlichen Reden Anlass zur Reflexion und zur Kommentierung, und einen Teil davon hat Büchner schon in das Drama verlagert. Robespierres Reden vor dem Jakobinerklub werden anschließend von den Dantonisten, Dantons Gerichtsrede wird von verschiedenen Gruppen kommentiert, von den skeptisch zuhörenden Mitangeklagten, von den besorgten Mitgliedern der Revolutionsregierung und vom Volk auf der Straße. An andern Stellen reagieren Umstehende sofort auf die historisch überlieferten Worte, die »heroice dicta«.

Überlebende berichteten später, dass der auf die Hinrichtung wartende Danton am offenen Fenster einer Zelle saß, von wo er die Mithäftlinge mit Kraftsprüchen traktierte. Das tut er auch bei Büchner (S. 148 f.). Er beginnt dort mit einer als authentisch überlieferten Anspielung auf die sexuelle Askese Robespierres und die gelähmten Beine seines Gegners Couthon.

> DANTON.
> Ich lasse Alles in einer schrecklichen Verwirrung. Keiner versteht das Regieren. Es könnte vielleicht noch gehn, wenn ich Robespierre meine Huren und Couthon meine Waden hinterließe.

↓

Georg Büchner
Woyzeck, Folio III,3
(Detail)
1836

Nicolas-Antoine Taunay
Triumph der Guillotine in der Hölle
(Detail)
Um 1795

Er endet diese kraftprotzerischen Tiraden mit der Voraussage:

> DANTON.
> Wenn einmal die Geschichte ihre Grüfte öffnet kann der Despotismus noch immer an dem Duft unsrer Leichen ersticken.

Ein bekanntes Motto der epikuräischen Philosophie lautet: »Nichts geht der Tod uns an«, und mit der Anspielung hierauf bereitet ein Freund Dantons dessen Redeauftritt schließlich ein Ende:

> HÉRAULT.
> Wir stanken bey Lebzeiten schon hinlänglich. Das sind Phrasen für die Nachwelt nicht wahr Danton, uns gehn sie eigentlich nichts an.

Héraults zynische Demaskierung bricht die Kraft dieser Worte, lässt uns aber zugleich erkennen, dass Dantons Rechnung aufgegangen ist. Die »Phrasen für die Nachwelt« haben den Adressaten erreicht, unter anderem auf dem Weg über Büchners Drama.

Dass Danton und seine jakobinischen Freunde zuvor schon Phrasen verbreitet hatten, die nicht auf die Nachwelt, sondern auf die Lebenden zielten, daran erinnert auf der Bühne Mercier, der im realen Leben ein bedeutender Schriftsteller und Autor einer von Büchner genutzen Quelle war. Er zitiert einleitend drei authentische und bekannte Reklamesätze für revolutionäre Gewalt und kommentiert sie (S. 129).

> MERCIER.
> Nicht wahr, Lacroix? Die Gleichheit schwingt ihre Sichel über allen Häuptern, die Lava der Revolution fließt, die Guillotine republicanisirt! Da klatschen die Gallerien und die Römer reiben sich die Hände, aber sie hören nicht, daß jedes dießer Worte das Röcheln eines Opfers ist. Geht einmal Euren Phrasen nach, bis zu dem Punkt wo sie verkörpert werden.

Wörter waren die Waffe der Revolution, und wo sie sich verkörperten, röchelten die Opfer der »terreur« im Todeskampf.

Damit allerdings benennt Mercier ein Dilemma, das die revolutionäre Phrase mit jeder Form von politischer Gewalt teilt. Ihm konnte auch der politische Kämpfer Büchner, für den feststand: »Wenn etwas helfen soll, so ist es Gewalt«, nicht entkommen. Die französische Gesellschaft der Menschenrechte, der Büchner wahrscheinlich angehörte, wollte einen Massenaufstand vorbereiten durch »association et propagande«. Der Aufstand war der Punkt, an dem die Wörter der Propaganda, also auch die Wörter des *Hessischen Landboten*, sich verkörpern sollten.

Als Büchner die Flugschrift verfasste, griff er wieder vielfach zurück auf ein Arsenal markierter, nach ihrer Herkunft ausgewiesener Wörter. Jetzt allerdings nicht mehr als Auslöser von Witzen oder als Anstöße zur Reflexion, sondern als Waffen. Mit dem Schlachtruf »Paix aux chaumières. Guerre aux châteaux« hatten die französischen Truppen 1792 den Krieg geführt. Mit »Friede den Hütten! Krieg den Palästen« eröffnete Büchner 1834 seinen Text.

Waffen besonderer Art waren für Büchner die Wörter der Lutherbibel, denn sie galten als Gottes Wort und wurden von allen Schichten im protestantischen Deutschland als solche erkannt. Den Untersuchungsrichtern, die sich als erste schriftlich zu Büchners Flugschrift äußerten, raubte der so erzeugte biblische Ton den Atem. »Unter Mißbrauch biblischer

↓

Nicolas-Antoine Taunay
Triumph der Guillotine in der Hölle
Um 1795

Sprache«, so urteilte der Berichterstatter der Bundeszentralbehörde, also des damaligen Verfassungsschutzes, habe der *Landbote*, den »Aufruhr in einer Weise gepredigt, als ob er ein heiliges Werk sey«.[8] Genau dies hatte Büchner beabsichtigt. »[I]n den einfachen Bildern und Wendungen des neuen Testaments«, so soll er erläutert haben, »müsse man die heiligen Rechte der Menschen erklären« (S. 330). Auch war Büchners Virtuosität so schlagend, dass die Behörden zu wissen glaubten, der *Landbote* sei »nicht das Werk eines Studenten, sondern unverkennbar eines erfahrnen, gewandten und geübten demagogischen Schriftstellers« (S. 160). Und niemandem in Büchners Umkreis gelang es danach, eine ähnlich gute Flugschrift zu schreiben. Die zwei von anderen vorgelegten Versuche wurden verworfen.

Auch die herrschende Propaganda verlieh dem bestehenden System religiöse Weihe. Über den Darmstädter Großherzog sagte sie: »Seine Person ist heilig« (Art. 4 der Staatsverfassung), und Pfarrer waren beauftragt, im Gottesdienst über den Satz des Apostel Paulus, dass alle Obrigkeit »von Gott« sei, zu predigen. Der Agitator Büchner drehte den Spieß dieser biblisch fundierten Staatstheorie um. Die Regierenden sind vom Teufel – in biblischer Sprache: »vom Vater der Lügen«. Sie herrschen über ein »Reich der Finsterniß«, das sich jedoch »zum Ende neiget«. Sie sind »Verräter« wie Judas, und wenn Jesus sagt, »Gebet dem Kaiser, was des Kaisers ist« (Markus 12,14–17 und Matthäus 22,21), erkennt er ihnen »das Theil von Judas« zu, also die Hölle oder den Strick. Umgekehrt sakralisierte Büchner – unter anderem mit der Zeitangabe »Über ein Kleines« (Johannes 16,16) das nachrevolutionäre, »auferstandene« Deutschland. Aus diesen und weiteren biblischen Elementen machte Büchner aus Teilen der Flugschrift eine »Predigt über den Aufruhr als heiliges Werk«, wie die Behörden sich ausdrückten:

> Diese Regierung ist nicht von Gott, sondern vom Vater der Lügen. [...] und darum ist ihr Wesen und Thun von Gott verflucht; ihre Weisheit ist Trug, ihre Gerechtigkeit ist Schinderei. Sie zertreten das Land und zerschlagen die Person des Elenden. Ihr lästert Gott, wenn ihr einen dieser Fürsten einen Gesalbten des Herrn nennt, das heißt: Gott habe die Teufel gesalbt und zu Fürsten über die deutsche Erde gesetzt. Doch das Reich der Finsterniß neiget sich zum Ende. Ueber ein Kleines und Deutschland [...] wird [...] wieder auferstehn. Die heilige Schrift sagt: Gebet dem Kaiser, was des Kaisers ist. Was ist aber dieser Fürsten, der Verräther? – Das Theil von Judas!

Um Büchners Virtuosität auch in diesem Bereich zu illustrieren, werden auf S. 517 alle Elemente biblischen oder sonst religiösen Ursprungs und die jeweilige Bibelstelle im Vergleich gezeigt.

1 Georg Büchner, *Danton's Tod* I/1. Alle Zitatnachweise im Text nach MBA III.2 oder einem anderen, dann eigens genannten Band dieser Ausgabe.
2 *Unsere Zeit, oder geschichtliche Uebersicht der merkwürdigsten Ereignisse von 1789–1830. Nach den vorzüglichsten französischen, englischen und deutschen Werken bearbeitet von einem ehemaligen Officier der kaiserlich französischen Armee* [= Johann Konrad Friederich], Bd. X, Stuttgart 1827, S. 209; MBA III.3, S. 167.
3 Georg Ludwig Kriegk, *Aus meiner Jugendzeit*, bearb. von Karl Esselborn, Darmstadt 1938, S. 11 f.
4 MBA VI, S. 100.
5 G.[utzkow], K.[arl], »Ein Kind der neuen Zeit«, in: *Frankfurter Telegraph*, N. F., Nr. 42–44, Juni 1837, hier S. 332.
6 [Louis] A.[dolphe] Thiers, *Histoire de la Révolution française*, 8 Bde., Paris 1824–1827; hier Bd. VI, S. 207.
7 *Unsere Zeit* (wie Anm. 2), Bd. XII, 1828, S. 97; MBA III.3, S. 222.
8 Vgl. MBA II.2, S. 322 f.
9 MBA II.1, S. 9.

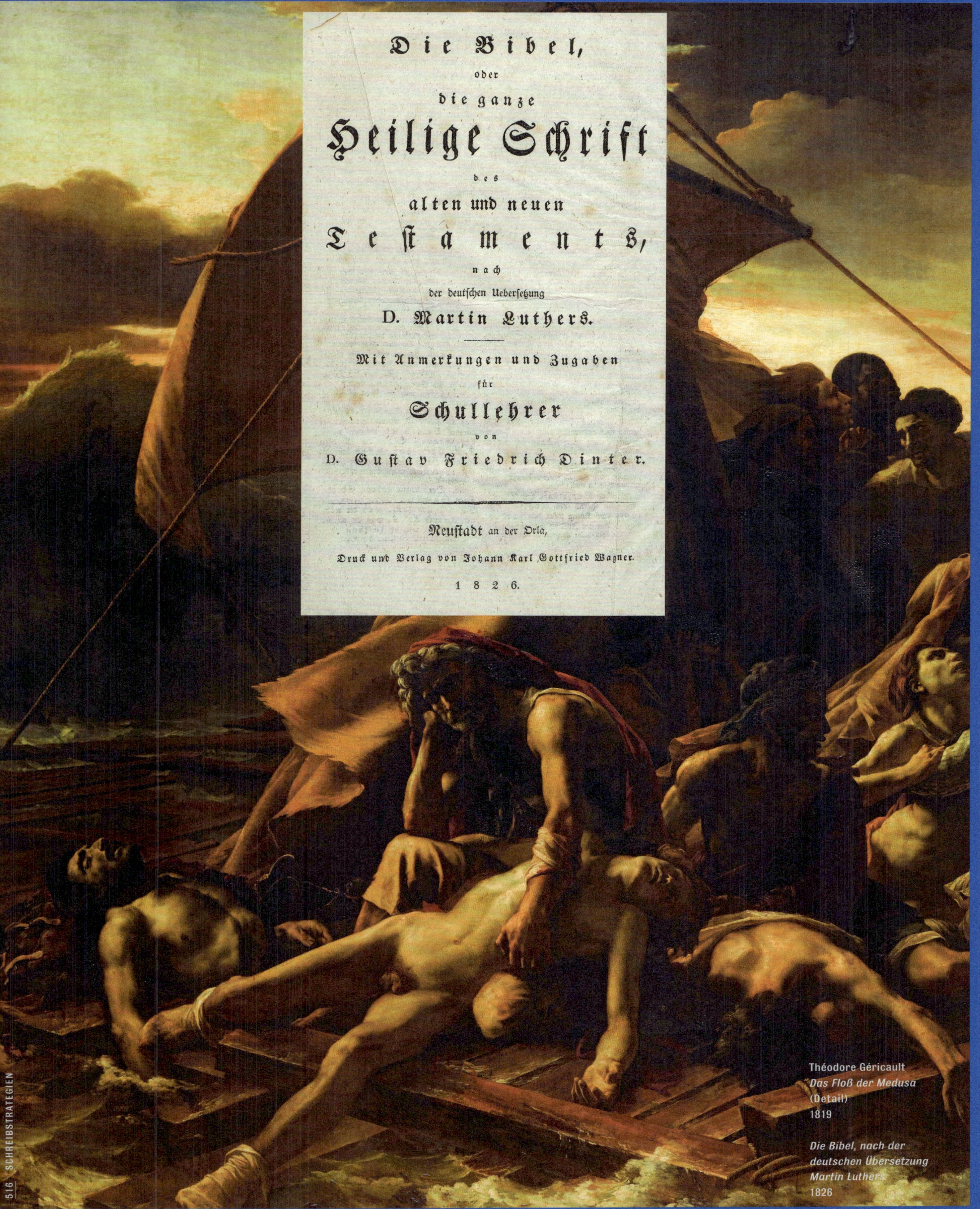

Die Bibel,

oder

die ganze

Heilige Schrift

des

alten und neuen

Testaments,

nach

der deutschen Uebersetzung

D. Martin Luthers.

Mit Anmerkungen und Zugaben

für

Schullehrer

von

D. Gustav Friedrich Dinter.

Neustadt an der Orla,

Druck und Verlag von Johann Karl Gottfried Wagner.

1826.

Théodore Géricault
Das Floß der Medusa
(Detail)
1819

Die Bibel, nach der deutschen Übersetzung Martin Luthers
1826

BÜCHNER, DER HESSISCHE LANDBOTE	BIBELSTELLE ODER RELIGIÖSE QUELLE
Diese **Regierung ist** nicht **von Gott**,	→ Nach Paulus, Römer-Brief 13,1 f.: »Jedermann sey unterthan der Obrigkeit, die Gewalt über ihn hat. Denn es ist keine **Obrigkeit** ohne **von Gott**, wo aber Obrigkeit ist, die ist von Gott verordnet. Wer sich nun wider die Obrigkeit setzet, der widerstrebet Gottes Ordnung«.
sondern vom **Vater der Lügen**. [...]	→ Nach Johannes 8,44: »Wenn er die Lügen redet, so redet er von seinem eigenen; denn er ist ein **Lügner**, und ein **Vater** derselbigen.«
und darum ist ihr **Wesen und Thun**	→ Anklagen Gottes gegen »das Haus Israel«, also das jüdische Volk, in Hesekiel 36,17–19: »da das Haus Israel in ihrem Lande wohneten, und dasselbige verunreinigten mit ihrem **Wesen und Thun** [...] und richtete sie nach ihrem **Wesen und Thun**«; ebenso Jeremias 18,11: »und bessert euer **Wesen und Thun**«.
von Gott verflucht;	→ Jesus Sirach 3,18: »Wer seinen Vatern verläßt, der wird geschändet; und wer seine Mutter betrübet, der ist **verflucht vom Herrn**«.
ihre **Weisheit ist Trug**,	→ Nach Sprüche Salomos 14,8: »Das ist des Klugen **Weisheit**, daß er auf seinen Weg merket; aber das ist der Narren Thorheit, daß es eitel **Trug** mit ihnen ist.«
ihre **Gerechtigkeit ist Schinderei**.	→ Nach Jesaja 5,7: »Er wartet auf Recht, siehe, so ist es **Schinderey**; auf **Gerechtigkeit**, siehe, so ist es Klage.«
Sie zertreten das Land und zerschlagen die Person des Elenden.	→ Nach Jesaja 3,14–15: »Und der Herr kommt zum Gericht mit den Aeltesten seines Volks, und mit seinen Fürsten. Denn ihr habt den Weinberg verderbet; und der Raub von den Armen ist in eurem Hause. Warum **zertretet** ihr mein Volk, und **zerschlaget die Person der Elenden**?«
Ihr **lästert Gott**,	→ Zum Beispiel Matthäus 9,3: »und sprachen bey sich selbst: Dieser **lästert Gott**«.
wenn ihr einen dieser Fürsten **einen Gesalbten des Herrn** nennt, das heißt: Gott habe die Teufel gesalbt und	→ Formelhaft für den vom obersten Priester bestimmten König Israels, so David über den von ihm bekämpften König Saul in 1. Samuel 24,7: »Das lasse der Herr ferne von mir seyn, daß ich das thun sollte, und meine Hand legen an meinen Herrn, den **Gesalbten des Herrn**; denn er ist der Gesalbte des Herrn.« Der Begriff wird auch übertragen auf Jesus.
zu Fürsten über die deutsche **Erde gesetzt**.	→ Formelhaft; zum Beispiel Thomas a Kempis, *De imitatione Christi*, übers. von Johann Baptist Weigl, Sulzbach 1837, S. 299: »deine Apostel, welche Du **zu Fürsten gesetzt** hast über die ganze **Erde**«.
Doch **das Reich der Finsterniß**	→ Zum Beispiel *Lexikon zur Bibel*, hrsg. von Fritz Rienecker, Gerhard Maier, 6. Aufl., Wuppertal 2006, S. 1004: »Wie es ein Reich des Lichtes und der Wahrheit gibt unter Gott und Christus, so enthüllt uns die Bibel auch die Tatsächlichkeit eines **Reiches der Finsternis** und Lüge unter der Herrschaft des Teufels und der Dämonen.«
neiget sich zum Ende.	→ Übersetzungsvariante von Lukas 24,29: »Herr bleib bey uns, denn [...] der Tag **neiget sich zum Ende**«.
Ueber ein Kleines und Deutschland [...] wird [...] **wieder auferstehn**. Die heilige Schrift sagt:	→ Anspielung auf die Auferstehung von Jesus, die dieser mit den Worten voraussagt sagt (Johannes 16,16): »**Ueber ein Kleines**, so werdet ihr mich nicht sehen; und aber über ein Kleines, so **werdet ihr mich sehen**«, das heißt: ich werde wieder auferstehn.
Gebet dem Kaiser, was des Kaisers ist.	→ Nach Markus 12,14–17: Denunzianten, die Jesus als politischen Aufrührer überführen wollen, fragen ihn: »Ists recht, daß man dem Kayser Zins gebe oder nicht?«, Jesus läßt sich »einen Groschen« bringen, zeigt auf das darauf abgebildete »Bild« des Kaisers und antwortet: »So **gebet dem Kayser, was des Kaysers ist**, und Gotte, was Gottes ist.« Ebenso Matthäus 22,21.
Was ist aber dieser Fürsten, der **Verräther**? – Das **Theil von Judas**!	→ Zum Beispiel bei Ignaz Wurz, *Sämmtliche Predigten*, Bd. 4, Wien 1785, S. 13[illegible]: es sei »die allgemeine Meynung der Kirche und aller heiligen Väter, der **Theil des Judas** sey bey den Verdammten in der Hölle«. Matthäus 27,3–5: »Da das sahe Judas, der ihn verrathen hatte, daß er verdammet war zum Tode; gereuete es ihn, und brachte herwieder die dreyßig Silberlinge den Hohenpriestern und den Aeltesten. Und sprach: Ich habe übel gethan, daß ich unschuldig Blut verrathen habe. Sie sprachen: Was gehet uns das an? Da siehe du zu. Und er warf die Silberlinge in den Tempel, hub sich davon, ging hin, und erhenkte sich selbst.« Zum »Verräther« Judas vergleiche auch Markus 14,44 und Lukas 6,16.

Théodore Géricault
Das Floß der Medusa
(Detail)
1819

ELFRIEDE JELINEK

—

WELCHER SATZ IST WAHR?
1998

Und doch: daß einmal Dinge getan werden würden, die nicht gedacht und nicht beschrieben werden können – hat er das im voraus gedacht, damit es nicht gemacht würde? Und daß gerade das bleibt, was nicht zu fassen ist? Wie: Deine Lippen haben Augen. Was sagt das? Es sagt etwas, das nicht ist, und daher erst recht: ist. Weil dahinter nichts steckt, nicht in dem Sinn, daß nichts dahinter ist, weil es jeder sagen könnte, sondern weil dieser Satz, der etwas sagt, das nicht ist und nicht sein kann, einfach nur etwas sagt und es daher ist. Aber nicht: erst recht im Sinn von jetzt erst recht, sondern im Sinn von Erst Jetzt! Erst seit der Student diese Worte gesagt hat sind sie wahr. Warum sagen denn Sie nicht, es ist ja ganz einfach: Erstens – die Uhren gehen, die Glocken schlagen, die Leute laufen, das Wasser rinnt ... das könnten Sie doch ganz leicht sagen, weil es noch wahrer wäre als daß die Lippen Augen haben können. Aber das, was, recht gleichgültig, halt einfach ist, die Lippen, die Augen, die Uhren, das Wasser, ebenso wie, zweitens, der Universitätsrichter, der ohne dazu berechtigt zu sein, in fremden Sachen herumwühlen läßt (beides von ein und demselben Studenten behauptet. Frage: Welcher Satz ist wahr? Daß das Wasser rinnt oder daß einer die Integrität des anderen verletzt?), beweist, daß in der Sprache alles ist und möglich ist, das, was gedacht und dann gesagt wird, was gesagt und dann gedacht wird und das, was sowieso wahr ist. So können wir uns sehr täuschen über uns, denn mit nichts wird ja leichtfertiger umgegangen als mit dem, was ist. Und das alles IST, auch das, was gar nicht sein kann, täuschen wir uns immer in uns. Denn, was ist, ist eben da, oder es ist uneinholbar weit weg, ist die Wahrheit oder die Lüge. Etwas heißt etwas, der Student heißt so und so und sieht so und so aus. In Österreich sagt man von etwas, das einem nicht gefällt: das heißt nichts! Aber es heißt natürlich immer schon, es war immer schon einer da, der ihm einen Namen gegeben hat, und wenn man weiß, wie jemand heißt, kann man ihn auch rufen, und wäre er ein Satz, der einen heißt, etwas zu tun. Und dieses Geheiß, das einer über einen andren verhängt, gibt vor, selbst zu sprechen, auch wenn es vorher einer, der Staat und seine Macht, ausgesprochen hat. Und so ist die Revolution auch dahingegangen, sie ist verschieden; jede Revolution ist von jeder andren verschieden, und ihre Vollstrecker sinds auch. Werden die Menschen gleicher, wenn ihnen andre gleich sind im Namen der Gleichheit? Das wird aber eine schöne Gleichenfeier geben, mit Bäumchen am First! Der Student hat sich – als er sah, wie dann auch die Feiernden einer nach dem andern, betrunken von sich selbst, vom Dach kippten – damit er es noch schneller sagen konnte, denn viel Zeit hatte er nicht,

↓

BURGHARD DEDNER

—

SCHIFFBRUCH AUS NÄCHSTER NÄHE

—

BÜCHNERS ERFINDUNG DER CLOSE-UP-TECHNIK

»Süß ist's, anderer Noth beim tobenden Kampfe der Winde / Auf hochwogigem Meer vom fernen Ufer zu schauen«, schrieb der römische Dichter Lucrez vor mehr als zweitausend Jahren.[1] Er beschrieb damit eine als »Schiffbruch mit Zuschauer« bekannte Urszene ästhetischen Verhaltens,[2] aus der sich eine wichtige Kunstregel ableiten lässt. Wenn es nämlich zutrifft, dass »anderer Noth« aus der Distanz erträglich oder gar »süß« ist, dann muss die Kunst das Schreckliche aus der Distanz präsentieren. Büchner, so wird im folgenden gezeigt, brach mit dieser Vorschrift. Er entwickelte Techniken zur Minimierung der Distanz und konfrontierte den Zuschauer oder Leser unmittelbar mit dem Schrecklichen. Damit verstörte er das zeitgenössische Publikum. Seit dem frühen 20. Jahrhundert gelten diese Techniken als Ingredienzien jener Modernität die bis heute an Büchner fasziniert.

↓

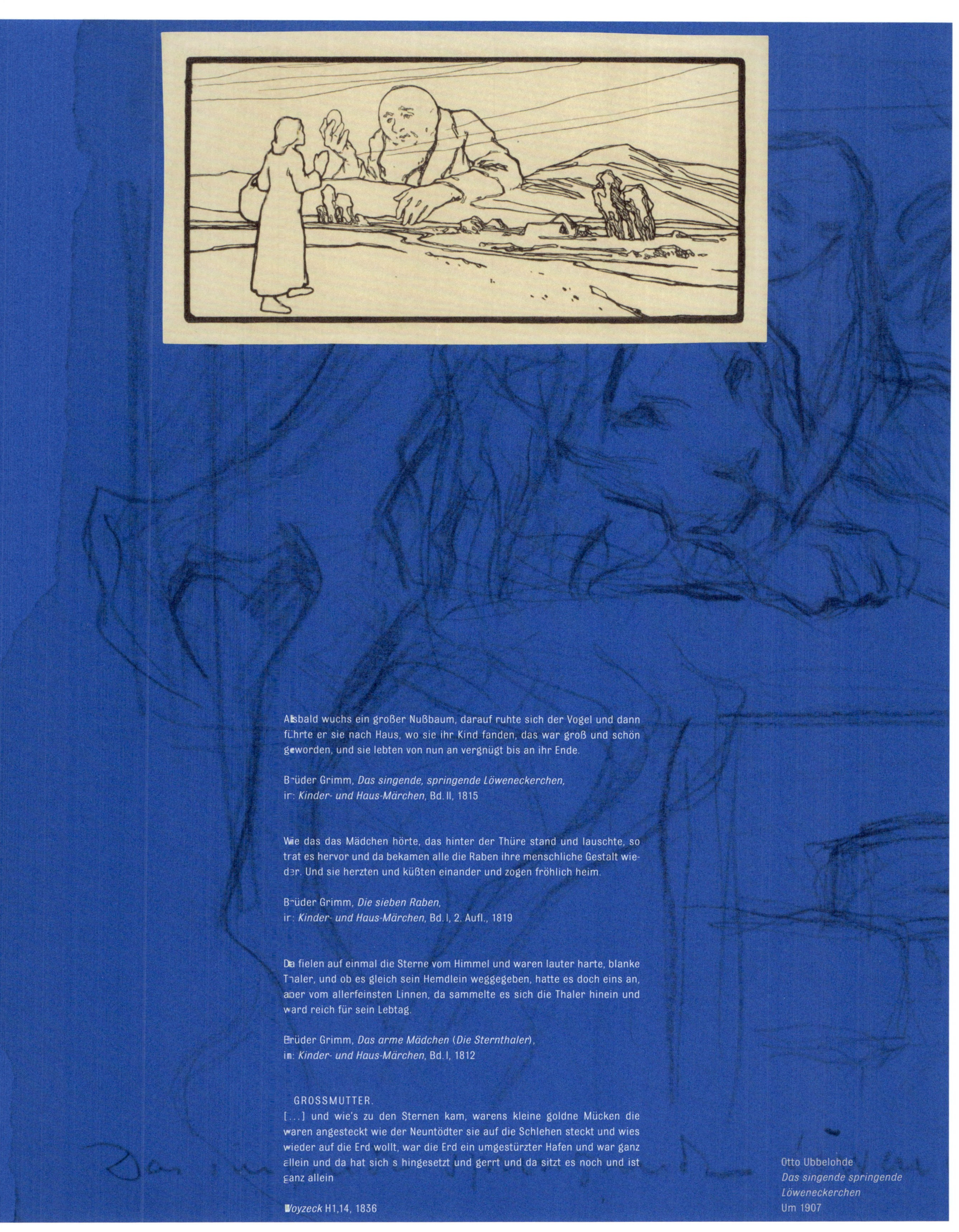

Alsbald wuchs ein großer Nußbaum, darauf ruhte sich der Vogel und dann führte er sie nach Haus, wo sie ihr Kind fanden, das war groß und schön geworden, und sie lebten von nun an vergnügt bis an ihr Ende.

Brüder Grimm, *Das singende, springende Löweneckerchen,*
in: *Kinder- und Haus-Märchen,* Bd. II, 1815

Wie das das Mädchen hörte, das hinter der Thüre stand und lauschte, so trat es hervor und da bekamen alle die Raben ihre menschliche Gestalt wieder. Und sie herzten und küßten einander und zogen fröhlich heim.

Brüder Grimm, *Die sieben Raben,*
in: *Kinder- und Haus-Märchen,* Bd. I, 2. Aufl., 1819

Da fielen auf einmal die Sterne vom Himmel und waren lauter harte, blanke Thaler, und ob es gleich sein Hemdlein weggegeben, hatte es doch eins an, aber vom allerfeinsten Linnen, da sammelte es sich die Thaler hinein und ward reich für sein Lebtag.

Brüder Grimm, *Das arme Mädchen (Die Sternthaler),*
in: *Kinder- und Haus-Märchen,* Bd. I, 1812

GROSSMUTTER.
[...] und wie's zu den Sternen kam, warens kleine goldne Mücken die waren angesteckt wie der Neuntödter sie auf die Schlehen steckt und wies wieder auf die Erd wollt, war die Erd ein umgestürzter Hafen und war ganz allein und da hat sich s hingesetzt und gerrt und da sitzt es noch und ist ganz allein

Woyzeck H1,14, 1836

Otto Ubbelohde
Das singende springende Löweneckerchen
Um 1907

von andren ein wenig Sprechen genommen, das bereits vorhanden war, weil es ihm dort hineingepaßt hat, wo er es für sein Sagen gerade gebraucht hat. Dann hat er dieses fremde Sprechen in seins hineinmontiert, hat die Löcher damit gestopft und neue gemacht, damit noch mehr als alles, was er wußte, darin enthalten sein sollte.

Zuerst hat er sich mit dem Sprechen von anderen bekanntgemacht, das für ihn so war, als hätte es die Ereignisse erst geschaffen, dann hat er diese Geschehnisse auf die Sprache bezogen und die Sprache mitsamt ihrem neuen Überzug weitergegeben. Seither waschen wir an den Bezügen herum. Ich zum Beispiel mache das auch oft so. Bemerke, daß der Bezug auch auf mein Gewissen paßt, das mein sanftestes Ruhekissen ist. Um es ins Weichgespülte zu hüllen, schreibe ich, schreibe ich andren vor, was sie zu denken haben, damit nichts so ist wie es vorher gewesen ist: Ich kritisiere mich hier vor vielen Leuten, denn ich will immer, daß gültig ist, was ich sage. Der Student hat das auch gewollt, aber er hat es wirklich gewußt, nicht nur gemeint und dann darüber geurteilt. Er hat es von sich erfahren. Er hat es von anderen erfahren und wieder andre gewarnt. Er hat gewußt, daß es immer so ist, wie es gesagt wird oder gesagt worden ist. Und wo steckt jetzt dieser Brief, der den Studenten beschreibt, damit er wiedererkannt wird, wenn sein Sagen ihn suchen geht, weil er so lang ausbleibt, oder wenn ein Universitätsrichter ihn zur Kenntnis nimmt, ihn deshalb aber noch lange nicht kennt? Ist er jetzt endlich geliefert worden? Na, ich jedenfalls baue jetzt einen großen schönen Gemeinplatz, nämlich daß ein Genie oft jung stirbt, aber zu diesem Zeitpunkt bereits, früh, vollendet ist, merke, daß der Platz schon vergeben ist, nun, so stelle ich dort wenigstens,

↓

»VOM FERNEN UFER« AUS PROTOKOLLIERT

Büchners Erzählung vom psychischen Zusammenbruch des Dichters Jakob Lenz verstört durch die Unmittelbarkeit der Präsentation. Jedoch gilt dies nicht für die Passagen im Schlussteil, von denen einige in Hinsicht auf die Erzählperspektive recht konventionell gestaltet sind. So zum Beispiel diese Sätze:

> Mägde, die in der Kinderstube unter ihm schliefen, sagten, sie hätten oft, insonderheit aber in selbiger Nacht, ein Brummen gehört, das sie mit nichts als mit dem Tone einer Haberpfeife zu vergleichen wußten. Vielleicht war es sein Winseln, mit hohler, fürchterlicher, verzweifelnder Stimme.[3]

Die Rede ist von nächtlich wiederkehrenden gespensterhaften Geräuschen. Die inhaltlichen Elemente der Beschreibung – »Brummen«, »Haberpfeife«, »Winseln, mit hohler, fürchterlicher, verzweifelnder Stimme« – hätte E.T.A. Hoffmann, fast noch Zeitgenosse Büchners und ein bis heute unübertroffener Meister in der Erregung des ästhetischen Schauers, in einen seiner Romane einbauen können. Tatsächlich übernahm Büchner diese Sätze wörtlich aus dem ihm als Quelle dienenden Bericht des Pfarrers Johann Friedrich Oberlin über Lenz' Aufenthalt in Waldersbach.[4] Dem entspricht die Wirkung, die die Sätze hervorrufen. Das Berichtete erschüttert, aber der Bericht verstört nicht, denn nie ist der Leser in Gefahr, die Orientierung zu verlieren. Da ist ein Erzähler. Er referiert vergangene Vorfälle, die die Mägde ihm erzählt haben, und stellt weitere Vermutungen an. Sicher, die Frauen wurden durch die Gespenstertöne gestört, beunruhigen mussten sie sich nicht, denn sie kannten ja den Verursacher der Töne. So verfährt jedes Polizeiprotokoll. Es erhebt die Daten über den Schiffbruch am »fernen Ufer«.

An anderer Stelle lesen wir:

> Die halben Versuche zum Entleiben, die er indeß fortwährend machte, waren nicht ganz Ernst, es war weniger der Wunsch des Todes, für ihn war ja keine Ruhe und Hoffnung im Tod; es war mehr in Augenblicken der fürchterlichsten Angst oder der dumpfen an's Nichtseyn gränzenden Ruhe ein Versuch, sich zu sich selbst zu bringen durch physischen Schmerz.[5]

↓

Da kam es zur Sonne, aber die war gar zu heiß und fürchterlich und fraß die kleinen Kinder; eilig lief es weg, und hin zu dem Mond, aber der war gar zu kalt und auch zu grausig und bös [...].

Brüder Grimm, *Die sieben Raben*,
in: *Kinder- und Haus-Märchen*, Bd. I, 2. Aufl., 1819

GROSSMUTTER.
[...] Und wie auf die Erd Niemand mehr war, wollt's in Himmel gehn, und der Mond guckt es so freundlich an und wie's endlich zum Mond kam, war's ein Stück faul Holz und da ist es zur Sonn gangen und wie's zur Sonn kam war's eine verwelkte Sonnenblume [...]

Woyzeck H1,14, 1836

Otto Ubbelohde
Die Sieben Raben
Um 1903

natürlich vergeblich, eine Sandkiste für die Kinder auf, die mir das nach-sprechen sollen, mehr kann ich wirklich nicht tun. Sie schlagen dabei mit ihren Schaufeln aufeinander ein, die Kinder, weil dieser Gemeinplatz ihnen jeweils allein gehören soll, ein andres Kind kennt ihn aber auch und will mit seiner Schaufel dort ebenfalls hineinfahren, damit dann was drauf ist. Eine ordentliche Portion, keine halbe. Es ist aber immer nur: Sand. Weich wie Sprache. Hart wie Sprache. Das, was nachgibt. Ähnlich Wasser, das aber oft nicht nachgeben will und seine Gäste verschlingt wie die Geschichte ihre Protagonisten oder die Krankheit den Mediziner. Bin etwa ich das Kind? Leider habe ich zuwenig drauf!

Aus: Elfriede Jelinek, »›Was uns vorliegt. Was uns vorgelegt wurde.‹ – Dankrede zur Verleihung des Georg-Büchner-Preises 1998«, in: *Deutsche Akademie für Sprache und Dichtung, Jahrbuch 1998*, Göttingen 1999, S. 170–174, hier S. 173 f.

Nicht nur verfügt der hier sprechende Erzähler über eine vertrauenerweckende psychiatrische Kompetenz, er hat auch Beruhigendes mitzuteilen. Zuvor musste der Leser befürchten, Lenz wolle sich das Leben nehmen. Jetzt hört er: Lenz scheint zwar suizidal, ist es aber nicht. Er verletzt sich, um seinen katatonischen Anfällen zu entgehen. Das ist noch immer mitleiderregend, aber doch besser als erwartet.

»MIT DIESEM SATZ BEGINNT DIE MODERNE EUROPÄISCHE PROSA«

»Der Wahnsinn als solcher gehört in das Gebiet der Pathologie, und hat ebenso wenig das Recht, poetisch behandelt zu werden, als das Lazareth und die Folter«, dekretierte der nachmärzliche Literaturkritiker Julian Schmidt 1851 anlässlich des Erscheinens von Büchners *Lenz*.[6] In der Dichtung habe der Wahnsinn allenfalls seinen Platz »als das deutlich erkannte Resultat eines tragischen Schicksals«, »als eine vorübergehende Staffage« oder »wenn der komische Effect die Hauptsache ist«. »Deutlich erkanntes Resultat«, »Staffage«, »Komik«: das sind Techniken der ästhetischen Distanzsetzung und der Entlastung vom Schrecklichen. Büchner bediente sich der Entlastung durch Komik in *Leonce und Lena*, wo die Personen zum Teil ebenfalls gestört scheinen, aber dann eben in lustspielhafter Wahrnehmung. In den eben zitierten Passagen entlastet uns – wie gezeigt – ein Erzähler durch seine Berichts- und Deutungskompetenz. Julian Schmidt meinte dennoch, Büchner habe in *Lenz* gegen die Gesetze der Kunst verstoßen. Er habe sich nämlich »so in die zerrissene Seele seines Gegenstandes versetzt, daß sich ihm selber die Welt im Fiebertraum dreht«. Von allen Varianten des erzählerischen Umgangs mit Wahnsinn sei diese »am schlimmsten«.[7] Schmidt bezog sich mit diesen Sätzen auf die ersten zwei Drittel der Erzählung, und hier wird man seiner Beobachtung, wenn auch nicht seinem Urteil zustimmen müssen.

Da diese zwei ersten Drittel der Erzählung in einem einheitlichen Stil geschrieben sind, ist fast gleichgültig, welche Teile daraus man anschaut. Hier sind Sätze aus der Einleitung:

> Am Himmel zogen graue Wolken, aber Alles so dicht, und dann dampfte der Nebel herauf und strich schwer und feucht durch das Gesträuch, so träg, so plump. Er ging gleichgültig weiter, es lag ihm nichts am Weg, bald auf- bald abwärts. Müdigkeit spürte er keine, nur war es ihm manchmal unangenehm, daß er nicht auf dem Kopf gehn konnte.[8]

In den 1920er-Jahren fühlte sich der Romancier Arnold Zweig angesichts solcher Sätze an die Modernität Flauberts oder Turgenjews erinnert. Er schrieb:

> Nach den ersten Sätzen ist alles da: hier ist ein Dichter; er wird wahnsinnig. »Müdigkeit spürte er keine, nur war es ihm manchmal unangenehm, daß er nicht auf dem Kopf gehn konnte.« Mit diesem Satz beginnt die moderne europäische Prosa; kein Franzose und kein Russe legt moderner einen seelischen Sachverhalt offen hin.[9]

↓

Es war einmal ein armes, kleines Mädchen, dem war Vater und Mutter gestorben, es hatte kein Haus mehr in dem es wohnen, und kein Bett mehr, in dem es schlafen konnte, und nichts mehr auf der Welt.

Brüder Grimm, *Das arme Mädchen (Die Sternthaler)*
in: *Kinder- und Haus-Märchen*, Bd. I, 1812

GROSSMUTTER.
Es war einmal ein arm Kind und hat kein Vater und keine Mutter war Alles todt und war Niemand mehr auf der Welt. Alles todt, und es ist hingangen und hat gerrt Tag und Nacht. Und wie auf die Erd Niemand mehr war, wollt's in Himmel gehn [...]

Woyzeck H1,14, 1836

Otto Ubbelohde
Die Sterntaler
Um 1908

Als Vertreter der in den 1920er-Jahren dominierenden Neuen Sachlichkeit spricht Zweig klinisch-nüchtern von einem »seelischen Sachverhalt«, der sofort »da« sei. Dazu passend verweist er auf ein Erzählverfahren, das seit dem späten 19. Jahrhundert mit dem großen französischen Romancier Gustave Flaubert verbunden wird. Es verlangt, der Autor müsse »in seinem Werk [...] überall anwesend und nirgends sichtbar« sein,[10] und fordert vom Erzähler die Haltung der »impersonnalité« und »impassibilité« (»Unpersönlichkeit« und »Teilnahmslosigkeit«). Büchner folgte in *Lenz* diesen zu seiner Zeit noch unbekannten Prinzipien. Ohne dass der Leser dies zunächst merkt, lässt er den Erzähler verschwinden und erzeugt damit Leerstellen, wo der zeitgenössische Leser Erzählerreden erwartete. Es fehlen die Einleitung, die Vorgeschichte, erläuternde Kommentare, die emotionale Steuerung des Lesers und jede Äußerung von Mitgefühl. Rätselhaftes wird präsentiert, als sei es das Banalste von der Welt. Das beginnt schon mit dem einleitenden Satz: »Den 20. ging Lenz durch's Gebirg«. Spätere Editoren haben »Januar« oder »Jänner« hinzugefügt, um zu korrigieren, was sie für einen bedauerlichen Überlieferungsfehler hielten. Dass es Lenz »manchmal unangenehm [war], daß er nicht auf dem Kopf gehn konnte«, wird so erzählt, als teile jedermann diese Erfahrung und wisse sofort, warum ihm das »manchmal unangenehm« war. Kafka hat später diese Verrätselung bei scheinbarer Transparenz auf die Spitze getrieben.

Zur Reduzierung der Distanz entwickelte Büchner außerdem ein bei Flaubert nicht genanntes Verfahren: Er flexibilisiert die Syntax. In der eben zitierten Passage werden Teilsätze einfach gereiht, so als hätte Lenz' offenkundige Apathie den Satzfluss infiziert. Später, bei der Wiedergabe jäh wechselnder Stimmungen, geht auch der Syntax jede Ruhe verloren.

> Er kam heim. Doch hatte die verflossene Nacht einen gewaltigen Eindruck auf ihn gemacht. Die Welt war ihm helle gewesen, und an sich ein Regen und Wimmeln nach einem Abgrund, zu dem ihn eine unerbittliche Gewalt hinriß. Er wühlte jetzt in sich. Er aß wenig; halbe Nächte im Gebet und fieberhaften Träumen. Ein gewaltsames Drängen, und dann erschöpft zurückgeschlagen; er lag in den heißesten Thränen, und dann bekam er plötzlich eine Stärke, und erhob sich kalt und gleichgültig, seine Thränen waren ihm dann wie Eis, er mußte lachen.[11]

»Unpersönlichkeit«, »Teilnahmslosigkeit«, Rätselhaftigkeit: diese Charakteristika bestimmen auch diese Sätze. Zugleich aber verwirren sie sich und werden brüchig wie das Bewusstsein von Lenz. Wie dies auf den damaligen Leser wirkte, hat der zeitgenössische Kritiker Hermann Marggraff beschrieben:

> [...] dabei hat die Erzählung selbst so etwas wüst Träumerisches, so etwas Halbwahnsinniges, sie wälzt und wühlt und kugelt sich so unheimlich durch seltsame bald knapp abgebrochene, bald traumhaft verlängerte Wortwindungen und Satzverschlingungen, [...] durch Licht und Dunkel, kopfüber, kopfunter, im Gange, im Hüpfen, im Sprunge, im wilden athemlosen Laufe, daß es dem Leser fast erscheint, als lese er hier nicht die Novelle eines Zweiten über einen Wahnsinnigen, sondern habe es mit diesem selbst zu thun, sei wol gar von ihm angesteckt, als sei Büchner Lenz und Lenz Büchner und er, der Leser selbst, Beide zugleich.[12]

Und der Rezensent alle drei auf einmal! Marggraff macht dieselben Wahrnehmungen wie nach ihm Julian Schmidt, trägt sie aber nicht als Kritik, sondern im Ton der beunruhigten Faszination vor. Die Erzählung gleicht einer ansteckenden Krankheit, die sich von Lenz auf den Erzähler, von beiden auf den Leser und dann auf den Kritiker überträgt. Auch dessen Sätze wälzen und wühlen und kugeln sich. Der Rezensent wirkt nicht mehr wie ein Zuschauer »vom fernen Ufer«, sondern selbst wie ein Schiffbrüchiger.

↓

Otto Ubbelohde
Die Sterntaler
Um 1908

ÜBER DIE ALLMÄHLICHE OPTIMIERUNG DER SZENENTECHNIK BEIM SCHREIBEN

Aufgrund äußerer Umstände hat Büchner die Erzählung *Lenz* nicht fertiggestellt. Den uns überlieferten Text hat der Herausgeber Gutzkow wahrscheinlich aus Bruchstücken unterschiedlicher Entstehungsstufen zusammengesetzt.[13] Deshalb lässt sich vermuten, dass wichtige Unstimmigkeiten im Text – etwa die unterschiedlichen Erzählformer – entstehungsgeschichtlich verursacht sind. Wahrscheinlich begann Büchner seine Arbeit in enger Anlehnung an Oberlins Bericht (unser erstes Beispiel), orientierte sich dann versuchsweise an der Form der psychiatrischen Fallstudie (unser zweites Beispiel) und fand schließlich die Erzählform, die die ersten zwei Drittel des Textes prägt. In ihnen schmiegt sich ein scheinbar teilnahmsloses Erzählen so an den Gegenstand an, dass die Syntax die Sätze entweder monoton reiht oder aber sich »wälzt und wühlt und kugelt«.

Bei *Woyzeck* sind die handschriftlichen Entstehungsstufen erhalten, und was wir bei *Lenz* vermuten müssen, können wir dort nachverfolgen. Das in dem Drama schließlich erreichte Darstellungsverfahren, so ergibt sich dabei, flog dem Autor nicht zu, sondern war Resultat eines Arbeitsprozesses. Ich zeige dies an einem Detail der zweiten Szene.

Die Titelfigur und sein Kamerad Andres – so beginnt *Woyzeck* übereinstimmend in der frühen Handschrift H2 und in der späten Handschrift H4 – »schneiden Stöcke im Gebüsch«. Das steht freilich nur in der Regieanweisung, denn darüber zu sprechen, fehlt den Personen die Zeit. Woyzeck wird von angsterregenden Fantasien befallen, redet von Freimaurern, die geheime Dinge treiben, und gerät in Panik, als er »Gluth« und »fürchterliches Getös am Himmel« wahrnimmt. In der Stadt trommelt es. Andres hört das und ruft: »Wir müssen fort«.

Für den Zuschauer ist dies alles mehr als rätselhaft. So erwartet er sich Aufklärung von der dramatischen Exposition. Sie kommt in der Mitte der zweiten Szene und lautet in H2 so (Übereinstimmungen mit H4 sind hervorgehoben):

(*es klopft am Fenster*) Bist du's Franz? Komm herein.

WOYZECK.

Ich **kann nit. Muß zum Verles.**

LOUISE.

Hast du Stecken geschnitten für den Major?

WOYZECK.

Ja Louisel.

LOUISE.

Was hast du Franz, du siehst so verstört?

WOYZECK.

pst! still! Ich hab's aus! Die Freimaurer! **Es war** ein fürchterliches Getös am Himmel und Alles in Gluth! Ich bin **viel** auf der Spur! sehr viel!

LOUISE.

Narr![14]

Die Protagonistin heißt demnach Louise und der Protagonist mit Vornamen Franz. Er hat gerade für einen Major »Stecken geschnitten«, sieht »verstört« aus und erklärt dies, indem er die Wahrnehmungen der ersten Szene noch einmal erzählt. Anscheinend neigt er zum Gespenstersehen und zum Grübeln. Beunruhigend scheint dies nicht, denn Louise sagt »Narr!« zu ihm. So reagiert man auf harmlose Spinnereien.

Unter dieser nachgeholten Exposition haben Handlung und Drama freilich gelitten. Die erste Szene war angefüllt mit ominösen Fantasien und erschreckenden Halluzinationen. Jetzt herrscht Konversationston. »Hast du Stecken geschnitten

↓

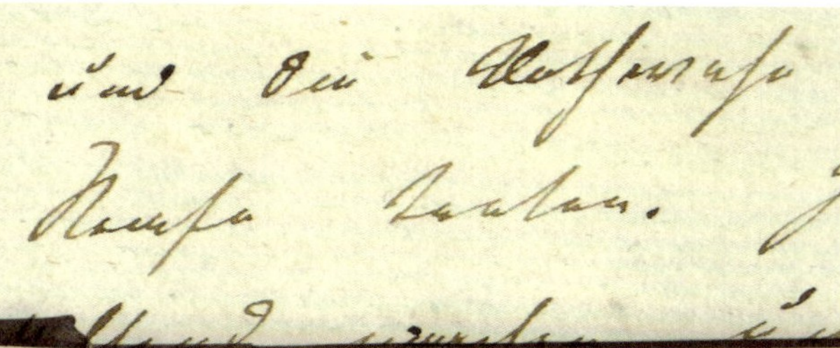

Georg Büchner's
Sämmtliche Werke
und
handschriftlicher Nachlaß.

Erste kritische Gesammt-Ausgabe.
Eingeleitet und herausgegeben
von
Karl Emil Franzos.

Mit Portrait des Dichters und Ansicht des Züricher Grabsteins.

Frankfurt am Main.
J. D. Sauerländer's Verlag.
1879.

Georg Büchner
(Karl Emil Franzos, Hrsg.)
Sämmtliche Werke und handschriftlicher Nachlass, Erste kritische Gesamtausgabe mit einem Georg Büchner Porträt von Anton Limbach (nach August Hoffmann)
1879

Georg Büchner
Danton's Tod, p. 8
(Detail)
1835

für den Major?« fragt Louise, als wüsste sie das nicht schon. Und Woyzeck reagiert nicht – realistisch und halbwegs dramatisch – mit einer patzigen Antwort, sondern lieb und lahm zugleich mit: »Ja Louisel«. Und warum reden sie überhaupt von dergleichen? Ist er denn nicht gerade in panischer Angst vom freien Feld in die Stadt gerannt?

So oder so ähnlich mag Büchner gedacht haben, als er den eben zitierten, noch in Straßburg geschriebenen Entwurf etliche Wochen später in Zürich überarbeitete (Übereinstimmungen sind hervorgehoben):

> **(*es klopft am Fenster*)**
> MARIE.
> Wer da? **Bist du's Franz? Komm herein!**
> **WOYZECK.**
> **Kann nit. Muß zum Verles.**
> MARIE.
> **Was hast du Franz?**
> **WOYZECK.** (*geheimnißvoll*)
> Marie, **es war** wieder was, **viel**, steht nicht geschrieben, und sieh da ging ein Rauch vom Land, wie der Rauch vom Ofen?
> MARIE.
> Mann![15]

Büchners Sprache, so Hermann Marggraff in seiner Rezension von *Danton's Tod*, sei »zuweilen spröde und dunkel sonst lakonisch schlagfertig, stolz, republikanisch kurz, männlich fest«.[16] Spröde, dunkel, lakonisch kurz: Das trifft auch auf den eben zitierten Szenenteil zu. Kein Wort ist zu viel, und doch schreitet die Handlung erheblich voran. Seine schon bekannten Halluzinationen auf dem Feld deutet Woyzeck nur noch an mit der unübertrefflich einfachen, dunklen und vielsagenden Wortfolge: »es war wieder was, viel«. Er ist jetzt nicht mehr panisch gejagt und hilfsbedürftig, sondern die vereinzelten Wahnvorstellungen haben sich zu einem System verfestigt, das irgendwie an die biblische Erzählung von Sodom und Gomorrha anknüpft. Woyzeck spricht »geheimnisvoll« und gibt sich damit als Eingeweihter. Marie aber nimmt wahr wie der geliebte Mann vor ihren Augen in die Welt seiner kranken Fantasien entschwindet. Ihr abschließender Aufschrei »Mann!« ist der hierfür angemessene Ausdruck des Entsetzens, eines Entsetzens, das Büchner offenbar ungefiltert so auf den Zuschauer übertragen wollte.

Was dabei wegfällt, ist nicht weniger bemerkenswert. Die nachgeholte Exposition fehlt jetzt. Man kommt ohne sie aus Vor allem aber streicht Büchner alle Anflüge von Sentiment – die teilnahmsvolle Frage nach der Beschäftigung, das liebe »Ja Louise «, das letztlich beruhigende »Narr!« Den Repliken geht damit das »Gemüt« verloren; Marie wirkt entsetzt, aber nicht teilnahmsvoll. Wie sehr Büchner gerade damit gegen die zeitgenössischen Normen verstieß, zeigt eine privat niedergeschriebene Kritik an *Danton's Tod* aus der Feder des mit Büchner flüchtig bekannten Georg Fein, eines Mitinitiators des Hambacher Festes. Büchner, so schrieb er, sei »ein Dichter, dem es an Gemüth fehlt«, deshalb könne »nie ein großer Dichter aus ihm werden«.[17]

»WIE DURCH EINEN FLOR«
—
DÄMPFENDE ÜBERARBEITUNGEN

Am 5. Mai 1798 schrieb Goethe an Schiller über seine Arbeit an *Faust*:

> Einige tragische Szenen waren in Prosa geschrieben, sie sind durch ihre Natürlichkeit und Stärke, in Verhältnis gegen das andere, ganz unerträglich. Ich suche sie deswegen in Reime zu bringen, da denn die Idee wie durch einen Flor durchscheint, die unmittelbare Wirkung des ungeheuern Stoffes aber gedämpft wird.

↓

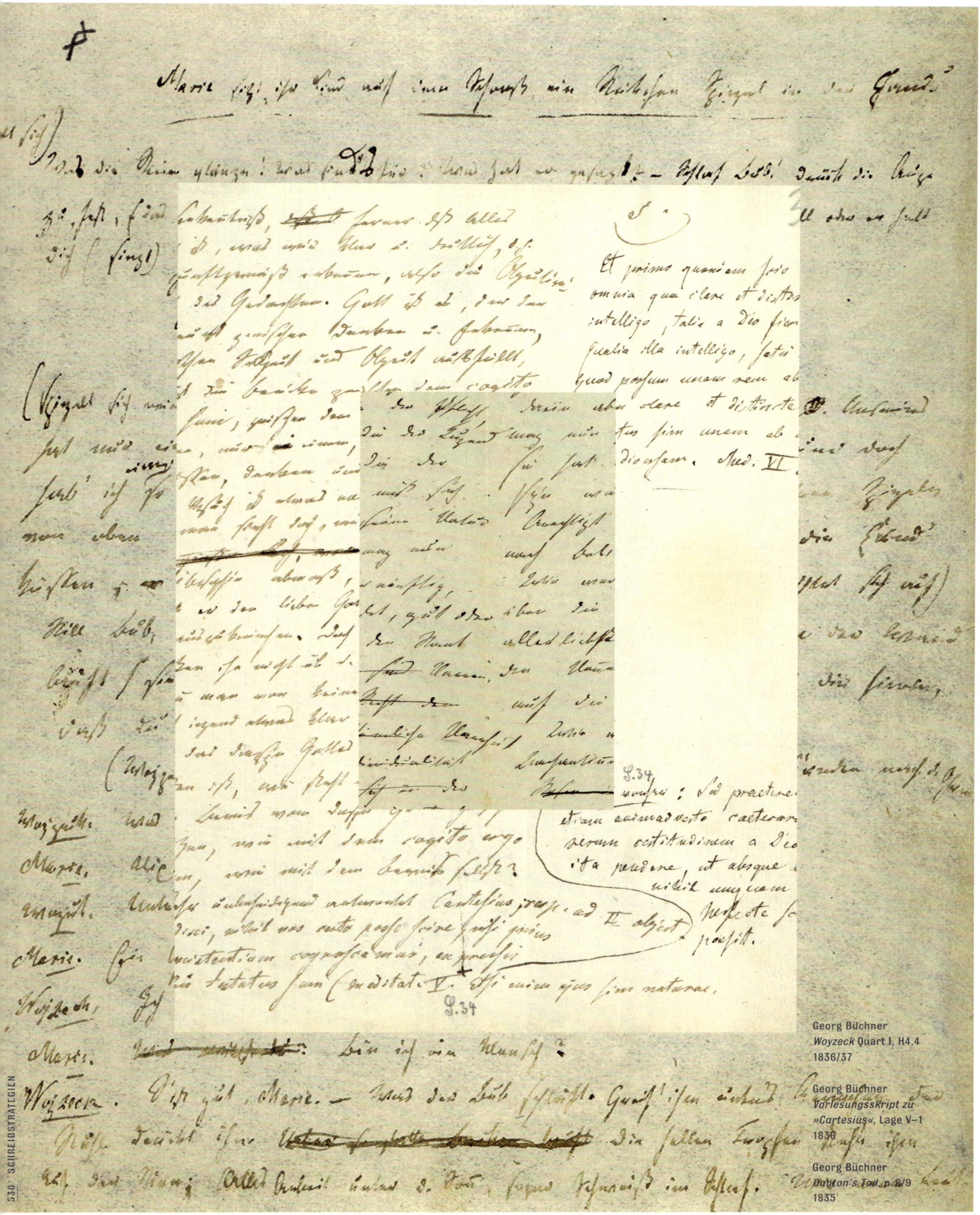

Georg Büchner
Woyzeck Quart I, H4,4
1836/37

Georg Büchner
Vorlesungsskript zu »Cartesius«, Lage V–1
1836

Georg Büchner
Danton's Tod, p. 2/9
1835

Wenn Ereignisse, in ihrer »Natürlichkeit und Stärke« belassen, »ganz unerträglich« wirken, dann sind Dämpfung und Weichzeichnung »wie durch einen Flor« angesagt. Goethe erreichte beides durch nachträgliche Versifizierung und passte so seine im Sturm und Drang geschriebenen Entwürfe den Konventionen der Weimarer Klassik an. Büchner ging offenbar den entgegengesetzten Weg. Alles Dämpfende – die retardierend wirkende dramatische Exposition, den Konversationston, Andeutungen von zärtlichem Einverständnis, die Zurschaustellung von Gemüt, Kontexte und Erklärungen, Auflösung der Dunkelheiten – all dies hat er aus dem letzten *Woyzeck*-Entwurf verbannt. Er schuf eine Sequenz von Albtraumszenen, jede von ihnen nach der Art des Close-up überscharf dargeboten. Am stärksten wirkt diese Technik, wenn der Dramatiker den Eindruck erwecken kann, seine Close-ups seien eine bloße Wiedergabe der Realität. Eben diesen Anschein konnte Büchner in *Woyzeck* erzeugen.

Bis das Publikum diese harte Fassung kennenlernte, verging freilich viel Zeit. Fritz Bergemann präsentierte sie erstmals 1922. Karl Emil Franzos, der erste Herausgeber, hatte dagegen 1879 eine von ihm angereicherte Fassung präsentiert, die mit Dämpfungen, Retardierungen, Auflösung der Dunkelheiten und Wiedereinführung von »Gemüt« dem Zeitgeschmack entsprach. Im hier diskutierten Fall erreichte Franzos diesen Effekt, indem er beide Entwürfe der Szene kombinierte:

MARIE.
Hast Stecken geschnitten für den Major?
WOZZECK.
Ja, Marie. Ach …
MARIE.
Was hast du, Franz, du siehst so verstört?
WOZZECK.
Pst, still! Ich hab's aus! Es war ein Gebild am Himmel, und Alles in Gluth! Ich bin Vielem auf der Spur!
MARIE.
Mann!
WOZZECK.
Und jetzt Alles finster, finster! … Marie, es war wieder was, viel …. (*Geheimnißvoll.*) Steht nicht geschrieben: »Und sieh, es ging der Rauch auf vom Land, wie ein Rauch vom Ofen.«
MARIE.
Franz![18]

»Ja, Marie. Ach …«: Mit dem frei erfundenen »Ach …« unterstreicht Franzos Woyzecks Hilfsbedürftigkeit und gibt Marie Gelegenheit zur nächsten fürsorglichen Frage. So entsteht der Eindruck menschlicher Wärme, den Franzos für unerlässlich hielt und den Büchner an dieser Stelle gerade nicht wollte. Franzos traf damit offenbar den Geschmack des wilhelminischen Zeitalters. Erst nach dem Ersten Weltkrieg konnte man auf diese Weichzeichnungen verzichten und an Büchner – wie schon zitiert – rühmen: Niemand »legt moderner einen seelischen Sachverhalt offen hin«.

1 Titus Lucretius Carus, *Von der Natur der Dinge*, Buch 2, Vers 1 f. Übers. von Karl Ludwig von Knebel, Leipzig 1821.
2 Hans Blumenberg, *Schiffbruch mit Zuschauer*, Frankfurt am Main 1979.
3 *Lenz*, zit. nach: MBA V, S. 168.
4 Abgedruckt in MBA V, S. 230–241.
5 *Lenz*, zit. nach: MBA V, S. 72.
6 Julian Schmidt, Rezension von *Nachgelassene Schriften von G. Büchner*, in: *Die Grenzboten*, Leipzig 1851, S. 121.
7 Ebd.

↓

LEGENDRE.
Wo ist Danton?
LACROIX.
Was weiß ich? Er sucht eben die mediceische Venus stückweise bey allen Grisetten des palais royal zusammen, er macht Mosaik, wie er sagt; der Himmel weiß bey welchem Glied er gerade ist. Es ist ein Jammer, daß die Natur die Schönheit, wie Medea ihren Bruder, zerstückelt und sie so in Fragmenten in die Körper gesenkt hat.

Danton's Tod I,4, 1835

Kopf des Eubouleus
2. Jahrhundert nach Chr.

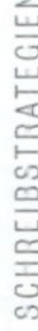

8 *Lenz*, zit. nach: MBA V, S. 53.
9 Arnold Zweig, »Versuch über Georg Büchner«, in: Georg Büchner: *Sämtliche poetische Werke nebst einer Auswahl seiner Briefe*, hrsg. und eingeleitet von Arnold Zweig, München / Leipzig 1923, S. XLII.
10 Gustave Flaubert in einem Brief vom 9. Dezember 1852.
11 *Lenz*, zit. nach: MBA V, S. 64 f.
12 Hermann Marggraff, Rezension von: Karl Gutzkow, *Vermischte Schriften*, in: *Blätter für literarische Unterhaltung*, Oktober 1843, S. 1173.
13 Zur Hypothese über die Entstehung des *Lenz* vgl. ausführlich MBA V, S. 137–165.
14 *Woyzeck*, zit. nach: MBA VII.2, S. 13.
15 Ebd., S. 23.
16 Hermann Marggraff, Rezension von *Danton's Tod*, in: *Jahrbücher für Drama, Dramaturgie und Theater*, Bd. 1, 1837, S. 160–162.
17 Georg Fein, »Aufzeichnungen, Eintrag vom 29. Juli«, Staatsarchiv Wolfenbüttel, Nachlass Fein.
18 Zit. nach: *Georg Büchner's Sämmtliche Werke und handschriftlicher Nachlaß. Erste kritische Gesammt-Ausgabe*, eingel. und hrsg. von Karl Emil Franzos, Frankfurt am Main 1879, S. 74 f.

Jupp Menzen
Friede den Hütten,
Krieg den Palästen!
Wackersdorf
(Detail)
1985

REZEPTION

—

MEDIALE REALITÄTEN

CAMILLE.

Ich sage Euch, wenn sie nicht Alles in hölzernen Copien bekommen, verzettelt in Theatern, Concerten und Kunstausstellungen, so haben sie weder Augen noch Ohren dafür. Schnitzt Einer eine Marionette, wo man den Strick hereinhänger sieht, an dem sie gezerrt wird und deren Gelenke bey jedem Schritt in fünffüßigen Jamben krachen, welch ein Character, welche Consequenz! Nimmt Einer ein Gefühlchen, eine Sentenz, einen Begriff und zieht ihm Rock und Hosen an, macht ihm Hände und Füße, färbt ihm das Gesicht und läßt das Ding sich 3 Acte hindurch herumquälen, bis es sich zuletzt verheirathet oder sich todtschießt – ein Ideal! Fiedelt Einer eine Oper, welche das Schweben und Senken im menschlichen Gemüth wiedergiebt wie eine Thonpfeife mit Wasser die Nachtigall – ach die Kunst!

Sezt die Leute aus dem Theater auf die Gasse: ach, die erbärmliche Wirklichkeit!

Sie vergessen ihren Herrgott über seinen schlechten Copisten. Von der Schöpfung, die glühend, brausend und leuchtend, um und in ihnen, sich jeden Augenblick neu gebiert, hören und sehen sie nichts. Sie gehen in's Theater, lesen Gedichte und Romane, schneiden den Fratzen darin die Gesichter nach und sagen zu Gottes Geschöpfen: wie gewöhnlich!

Danton's Tod II/3, 1835

POLITISCHE UMSCHAU Nr. 142 – Montag, 22. Juni 1987

In Freiburg

21 Hausbesetzer in Gewahrsam

Deutsche Presse-Agentur

Freiburg — Ohne auf direkten Widerstand zu stoßen, hat die Polizei am Wochenende das letzte besetzte Haus in Freiburg geräumt. 21 Personen, die sich in dem nach polizeilichen Feststellungen festungsartig verbarrikadierten Gebäude aufhielten, wurden vorläufig in Polizeigewahrsam genommen und müssen damit rechnen, wegen Hausfriedensbruches bestraft zu werden. Etwa 350 Anhänger der Hausbesetzerszene begleiteten vor dem Haus die Polizeiaktion mit Johlen und Schimpfkanonaden. Nach ersten polizeilichen Erkenntnissen gehören elf in dem Haus angetroffene Männer dem „harten Kern" der Hausbesetzerszene an, dem die Freiburger Krawalle an Pfingsten mit 16 verletzten Polizisten und einem verletzten Feuerwehrmann sowie 400 000 Mark Sachschaden und ein Brandanschlag auf einen städtichen Bauhof mit 150 000 Mark Schaden an Fronleichnam angelastet werden.

Die Polizei war mit 400 Mann präsent, als unter anderem Angehörige eines Sondereinsatzkommandos (SEK) über Leitern und aus der Luft von einem Hubschrauber aus (siehe Bild) in die „Fluchtburg" eindrangen. Ein Teil der Besetzer hatte sich im Innern in einem Raum verbarrikadiert.

Zeitungsartikel
Politische Umschau
22. Juni 1987
Deutsche Presse Agentur

Jupp Menzen
Friede den Hütten, Krieg den Palästen!
Wackersdorf
1985

»Die Wiederentdeckung Büchners am Vorabend des Weltkrieges gehört zu den wenigen literaturpolitischen Vorgängen der Epoche, die mit dem Jahre 1918 nicht entwertet waren, und deren Aktualität einer Mitwelt [...] blendend einleuchten muß.« Walter Benjamins Bemerkung aus dem Jahr 1936, am Vorabend des nächsten Weltkrieges, verlor auch durch diesen und die 12 Jahre Faschismus in Deutschland nichts von ihrer Gültigkeit. Seit Büchners Stücke auf die Bühne kamen – als erstes *Leonce und Lena* (1895 und 1911), dann *Danton's Tod* (1902) und schließlich *Woyzeck* (als *Wozzeck*, 1913) –, behauptet sich sein Werk im kulturellen Gedächtnis und entfaltet seine Ausstrahlungskraft und Sogwirkung.

Büchner verschwand seither nie, und er bedarf bis heute keiner Aktualisierung oder Erinnerung. Dazu trägt die Kanonisierung seiner Werke als Schullektüre noch das Wenigste bei. Längst ist Büchner ein internationales Phänomen und findet sich in allen Spielarten der Kunst: vom Buch bis zum Ballett, vom Kunstwerk bis zum Comic, vom Theater bis zum Transparent. Es gibt eine verblüffende Vielfalt an Filmen, Hörspielen und Opern zu seinen Werken und es gibt eine ebenso überraschende Fülle von Werken anderer Autoren, die ohne Büchner so nicht entstanden wären. Der Georg-Büchner-Preis, Deutschlands wichtigster Literaturpreis, produziert mit den Reden der Preisträger ein jährlich wachsendes Archiv intellektueller Auseinandersetzung von Gegenwartsautorinnen und -autoren mit dem inzwischen 200 Jahre alten Kollegen aus dem 19. Jahrhundert.

Gewiss: die Rezeption Büchners hatte ihre unterschiedlichen Konjunkturen. Lag der Schwerpunkt des Interesses in der ersten Hälfte des 20. Jahrhunderts vor allem bei *Danton's Tod*, so stand nach 1945 lange *Woyzeck* im Zentrum der Aufmerksamkeit. In Zeiten wachsenden politischen Bewusstseins wie in den 1960er-Jahren und in der aktuellen Occupy-Bewegung rückt der politische Büchner und sein *Hessischer Landbote* stärker in den Mittelpunkt des Interesses, und in politisch unbeweglicheren Zeiten wie den 1950er- und 1980er-Jahren ist eine deutliche Hinwendung zum Lustspiel *Leonce und Lena* zu beobachten. Aus dem kulturellen Leben verschwunden, und sei es nur vorübergehend, ist freilich keines seiner Werke. Unterschiede gibt es – jenseits der Bühne, die auch *Lenz* inzwischen erklommen hat – lediglich in den Kunstformen, die die einzelnen Werke anziehen. So ist *Woyzeck* heute nicht nur das international am häufigsten gespielte deutsche Drama, sondern auch das am häufigsten verfilmte Stück Büchners. Die *Lenz*-Erzählung reizt vor allem die bildenden Künstler zur Auseinandersetzung. *Leonce und Lena* inspiriert zu musikalischer Bearbeitung oder für die Präsentation als Hörspiel. *Danton's Tod* schließlich beeinflusste mehr als andere Werke Büchners etliche Dramatiker bei der Arbeit an ihren Stücken. Das gilt von Alexei Tolstoi und Stanisława Przybyszewska über Bertolt Brecht und Romain Rolland bis hin zu Volker Braun oder Heiner Müller, ganz zu schweigen von den zahlreichen Robespierre-Dramen des 19. Jahrhunderts.

Wenig ist über die Rezeption im 19. Jahrhundert zu berichten. Immerhin gibt es rund 100 Rezeptionszeugnisse zu *Danton's Tod*, Büchners einzigem zu Lebzeiten als Buch erschienenen Werk. *Leonce und Lena* (1838) sowie *Lenz* (1839) wurden entweder kaum wahrgenommen oder aber verrissen. *Woyzeck* war bis 1875 unbekannt. Erst mit dem Interesse der Naturalisten und der Avantgarden zur Jahrhundertwende vollzog sich die Spätzündung von Büchners Werk, das – so der Eindruck – nur der Macht des gesprochenen Wortes, also der Bühne, bedurfte, um seine Wirkung zu entfalten. Alban Berg

↓

KARL GUTZKOW
—
EIN KIND DER NEUEN ZEIT
1837

Die d e u t s c h e R e v u e , welche von Wienbarg und mir herausgegeben werden sollte, ließ' eine interessante Geschichte ihres Auf- und Unterganges zu. [...] G. B ü c h n e r sprach dem Unternehmen Muth zu. Er wollte hülfreiche Hand leisten. Seine Motive zu dem Glauben an einen guten Fortgang sind aber zu persönlich, als daß ich sie wiedergeben könnte. Die auf mich hereinbrechenden Wallystürme machten dem sorglosen Streben für eine Sache, die in ihrem Grunde besser war, als ihr öffentlicher Widerschein, ein frühes Ende. Allein auch in Mannheim blieb Georg Büchner dem Freunde treu. Seine Besorgniß irrte um die Haft, welche ihn traf, wie eine Braut umher. Er wandte List über List an, um ihm zu rathen und gleichsam aus der Ferne mit einem Tuche zu winken. Er kannte die Lokalität und schilderte sie mit einer Einbildungskraft, als wär' er selbst zugegen. Wär' ich seinem ängstlichen Mißtrauen gefolgt, so würd' ich ihm, dem frühvollendeten, vielleicht mit eigner Hand Züricher Erde als frommen leidtragenden Tribut der Freundschaft auf seinen Sarg nachgeworfen haben.

Büchners spätre Briefe beschäftigen sich meist mit seinen Zukunftsplänen. Sein Herz war gefesselt, er suchte eine Existenz, als S c h m i e d seines Glückes. Er hatte die Medizin verlassen und sich auf die abstrakte Philosophie geworfen.

[...]

Alles, was er berührte, wußte er in eine bedeutsame Form zu gießen. Er hatte die Rede und den Gedanken stets in gleicher Gewalt und wußte mit einer an jungen Gelehrten so s e l t e n e n Besonnenheit, seine Ideen abzurunden und zu krystallisiren. Seine Inaugurationsabhandlung wird als ein seltner Beleg von Gelehrsamkeit

↓

auch Republik einzuführen, so bekommen wir hier einen Geldaristokratismus wie in Frankreich, und lieber soll es bleiben, wie es jetzt ist. Um nun auf die Frage selbst zurückzukommen, muß ich noch bemerken, daß *Büchner* und seine Freunde in Gießen die Absicht hatten, wenn der *Versuch* mit dieser ersten Flugschrift *gelinge*, dahin zu wirken, daß *auch in andern Ländern* ähnliche Schriften verfaßt würden. Dieß ist aber nicht geschehen, da der Versuch so ungünstig ausgefallen war.

Fr. Theilte *Weidig* diese Ansichten *Büchner's*? – *Antw.* Zum Theil; doch stimmte er in Manchem mit *Büchner* überein. So erinnere ich mich, daß *Büchner* einst Streit über Wahlcensus mit ihm hatte. *Büchner* meinte, in einer gerechten Republik, wie in den meisten nordamerikanischen Staaten, müsse jeder ohne Rücksicht auf Vermögensverhältnisse eine Stimme haben, und behauptete, daß *Weidig*, welcher glaubte, daß dann eine Pöbelherrschaft, wie in Frankreich, entstehen werde, die Verhältnisse des deutschen Volks und unserer Zeit verkenne. *Büchner* äußerte sich einst in Gegenwart des *Zeuner* sehr heftig über diesen Aristokratismus des *Weidig*, wie er es nannte, und *Zeuner* beging dann später die Indiscretion, es dem *Weidig* wieder zu sagen. Hierdurch entstand ein Streit zwischen *Weidig* und *Büchner*, welchen ich beizulegen mich bemühte und welcher die Ursache ist, daß ich diese Einzelheiten behalten habe etc.«

Verhör vom 25. Oktober 1837.

»August Becker wird zum Verhöre vorgeführt und weiter befragt:

Fr. Was gab die Veranlassung zu der am 3. Juli 1834 auf der *Badenburg* stattgehabten Versammlung? – *Antw.* Die Mitglieder unserer Gesellschaft stimmten darin mit *Weidig* überein, daß man *gemeinschaftlich* handeln müsse, wenn unser politisches Wirken einigen Erfolg haben solle. *Büchner* meinte, daß man *Gesellschaften* errichten müsse, *Weidig*

Insofern ist Weidig u. nicht Büchner der progressivste Denker, wie idealistisch auch immer… Büchner ist Vulgärmaterialist, fortschrittlich u. regressiv!

Georg Büchner
(Hans Magnus Enzensberger, Herausgeber)
Hessischer Landbote mit Anmerkungen von Rudi Dutschke
1974

beschloss nicht bei der Lektüre, sondern nach dem Besuch der ersten Wiener Aufführung des *Wozzeck* 1914 seine gleichnamige Oper zu komponieren. Ihre beispiellose Erfolgsgeschichte ist bekannt. Dass ausgerechnet zwei Fragment gebliebene Texte, *Lenz* und *Woyzeck*, »die moderne europäische Prosa« einläuteten (Arnold Zweig, 1923) und »ein Schauspiel ohnegleichen« boten (Rainer Maria Rilke, 1915), das durch »Mark und Bein schneidet« (Julius Hart, 1913), ist dabei umso erstaunlicher.

Die ersten 100 Jahre Büchner-Rezeption standen ganz im Zeichen der Erarbeitung verlässlicher Werktexte. Sukzessive wuchs das Œuvre an, die Briefauszüge, der *Landbote* und *Woyzeck* kamen nach und nach hinzu, und es wurde ebenso sukzessive von seinen Verstümmelungen, Fehllesungen und Zusätzen befreit. Erst seit 1922 liegt eine halbwegs verlässliche Ausgabe von Büchners Werken und Briefen vor, gut 90 Jahre später die große historisch-kritische Ausgabe mit 10 Bänden in 18 Teilbänden mit Quellendokumentation und Kommentar (Marburger Ausgabe). Der Weg dorthin führte durch ein Terrain, das die wissenschaftliche Büchner-Rezeption zu einem bisweilen hart umkämpften, aber stets lebendigen Schauplatz germanistischer Forschung gemacht hat. Dass hier noch kein Endpunkt erreicht ist und es ein festes Büchner-Bild nicht gibt, belegen die jüngsten Auseinandersetzungen um eine neu gefundene Bleistiftzeichnung des Büchner-Porträtisten August Hoffmann, die einen jungen Mann mit einem Notenblatt zeigt.

»Wen die Nachwelt feiert, der hat Grund zu zittern im Grabe«, schrieb Volker Braun 1978 zu den Vereinnahmungsversuchen Büchners durch die DDR-Regierung. Über den kulturpolitischen Status Büchners heute besteht hingegen kein Zweifel mehr. Es werden nicht nur Schulen nach ihm benannt und Ausstellungen zu ihm organisiert. Auch das Finanzministerium ehrt Büchner zum 200. Geburtstag: mit einer Sonderbriefmarke und einer Gedenkmünze. Sie trägt das Motto des *Hessischen Landboten*: »Friede den Hütten, Krieg den Palästen!«

TF

und Scharfsinn gerühmt; wie es denn nichts geben kann, was dem Denker mehr einen Erfolg sichert, als eine solche Freiheit des Geistes, eine solche dilettantische Unbefangenheit von Vorurtheilen, wenn sie sich einmal auf einen gegebenen Stoff wirft und eine Tradition todter Fakultätsbegriffe in ihrer lebendigen Weise prüft und sichtet. Büchner würde, wie Schiller, seine Dichterkraft durch die Philosophie geregelt und in der Philosophie mit der Freiheitsfackel des Dichters die dunkelsten Gedankenregionen gelichtet haben. Alle diese Hoffnungen knickte der Sturm. Ein frühes Grab war der Punkt, in welchen sich all die frischen, kühnen Perioden, die wir von einem Jünglinge in diesen Mittheilungen gelesen haben, enden sollten. In dem Trotze, der aus diesem Charakter sprach, lachte der Tod. Der Friedensbogen, der sich über diese gährende Kampfes- und Lebenslust zog, war die Sense des Schnitters, von welcher so frühe gemäht zu werden, uns schmerzlich und fast mit einem gerechten Scheine die Unbill des Schicksals anklagen läßt. Könnt' ich diese Erinnerungsworte ansehen, als in Stein und nicht in Sand gegraben, daß sie vom Winde nicht verweht werden! Könnt' ich in künftigen Darstellungen unsrer Zeit, wie sie war, rang, litt und hoffte, wenigstens den Namen: G e o r g B ü c h n e r in der Zahl derjenigen, welche durch ihr Leben und ihr Arbeiten die Entwickelung unsrer Uebergangsperiode bezeichnen, dauernd und mit goldnem Scheine erhalten! Wenn die Fluth der Vergessenheit über uns Alle kömmt, möcht' er einer der ersten sein, von welchen, wenn der Zorn Gottes verronnen ist, ein grünes Blatt die Friedenstaube in die Arche der dann entscheidenden Gerechtigkeit trägt!

Aus: Karl Gutzkow, » Ein Kind der neuen Zeit «, in: *Frankfurter Telegraph*, N. F., Nr. 44, Juni 1837; S. 345 f. und 347 f.
Karl Gutzkow (1811–1878) wurde am 13. Januar 1836 wegen »verächtlicher Darstellung des Glaubens der christlichen Religionsgesellschaften« in seinem Roman *Wally, die Zweiflerin* zu vier Wochen Haft verurteilt, die er im »Kaufhaus« am Paradeplatz in Mannheim absaß. Bereits im November 1835 war sein Zeitschriftenprojekt *Deutsche Revue*, zu dem Büchner die *Lenz*-Erzählung beisteuern wollte, verboten worden. Büchner korrespondierte mit dem Häftling und ließ durchblicken, dass eine Ausbruchshilfe möglich sei. Außerdem riet er ihm zur Emigration.

Ich habe mich [...] an Gutzkow gewendet, mit dem ich fortwährend in Correspondenz stehe. [...] Er scheint viel auf mich zu halten, ich bin froh darüber, sein Literaturblatt steht in großem Ansehn.

Georg Büchner an die Familie, Straßburg, 5. Mai 1835

Valentin Schertle
(Lithografie)
Karl Gutzkow
Um 1840

ARIANE MARTIN

—

»IHRE AUTOPSIE, DIE AUS ALLEM SPRICHT, WAS SIE SCHREIBEN«

—

KARL GUTZKOW UND EIN TOPOS DER BÜCHNER-REZEPTION

Der viel zitierte und unmittelbar einsichtige Begriff der Autopsie für Büchners Ästhetik ist von Karl Gutzkow geprägt worden. Mit ihm stand Büchner »fortwährend in Correspondenz«,[1] das Verhältnis beruhte zweifellos auf »Affinitäten«.[2] Gutzkow hob jedenfalls »in der literarischen Opposition gegen die Restauration grundsätzlich die Gemeinsamkeit zwischen ihm und Büchner«[3] hervor. Der Dialog war durch »gleiche Gesinnungen« und von einem »still fortglimmenden Freundschaftsfunken«[4] getragen. So formulierte es Gutzkow 1837 in seinem Nachruf »Ein Kind der neuen Zeit«, erschüttert über den Tod Büchners. Den glaubte er seit dem letzten Brief, den er an ihn geschrieben hatte, wohlauf. Dieser Brief des nur 2 ½ Jahre älteren Schriftstellers und Kritikers führt den Begriff »Autopsie« ein, der dann in Büchners Rezeptionsgeschichte Karriere machte. Dem Briefschreiber, in Gedanken noch bei seinem kürzlich erschienenen Buch *Zur Philosophie der Geschichte*, war gerade in Sachen Philosophie »die eigne Anschauung«[5] wichtig. Gutzkow hatte von Büchners Umorientierung von der Medizin zur Philosophie gehört und ihm dazu am 10. Juni 1836 geschrieben:

> Sie scheinen die Arzeneykunst verlassen zu wollen [...]. Seyen Sie nicht ungerecht gegen dies Studium; denn diesem scheinen Sie mir Ihre hauptsächliche Force zu verdanken, ich meine, Ihre seltene Unbefangenheit, fast möcht' ich sagen, Ihre Autopsie, die aus allem spricht, was Sie schreiben. Wenn Sie mit Ihrer Ungenirtheit unter die deutschen Philosophen treten, muß es einen neuen Effekt geben.[6]

Unbefangenheit und Ungeniertheit: Was Gutzkow an Büchner schätzt, ist der unverstellte Blick, unvoreingenommen und unabhängig, vorurteilslos und autonom. Es ist ein unangepasster und mutiger, zugleich ein dezidiert wissenschaftlicher Blick, der Gutzkow Büchner fast beiläufig zuschreibt. Er findet mit dieser Zuschreibung kongenial einen Schlüsselbegriff, der im Kern eine ganze Poetik enthält und treffsicher das Autorenprofil Büchners illustriert. Die von Gutzkow gefundene poetologische Metapher »Autopsie« betrifft eine den Texten Büchners inhärente Wahrnehmungs- und Wirkungsweise, so Gutzkow über Büchner, dessen Literatur er produktionsästhetisch diagnostiziert (»aus allem spricht, was Sie schreiben«) und den er dazu ermuntert, sich nun der Philosophie zu widmen, was rezeptionsästhetisch innovativ sein würde (»einen neuen Effekt geben«). Was Gutzkow gemeint hat, ist klar. Noch in seinem Nachruf kommentiert er Büchners Hinwendung zur Philosophie ähnlich wie in seinem Brief. Er spricht auch hier von der vorurteilslosen »Unbefangenheit« im Umgang mit diesem »Stoff«, den Büchner jenseits »todter Fakultätsbegriffe« in einer »lebendigen Weise« geprüft und gesichtet haben würde; er sagt: »Prüft und sichtet.«[7] Mit dem Sichten, dem Sehen, der eigenen Anschauung ist man bei der »Autopsie«, die im Brief als Begriff fällt.

Es wäre abwegig, hier die Geschichte des Begriffs seit der Antike aufzuarbeiten, die kulturgeschichtlich weitgespannten Traditionen, eine davon im 18. Jahrhundert etwa die ästhetische Autopsie im Zusammenhang der Italienreisen, wie ihn auch Gutzkow noch benutzt, wenn er den Roman *Die neue Medea* (1836) von Philipp Joseph Rehfues als »Frucht der Autopsie« bezeichnet, was so viel bedeutet wie »die Wahrheit des Gegenstandes, die ihr zugrunde liegt«.[8] Was interessiert ist Gutzkows Perspektive und das konzise Konzept, das zunächst einmal klar und deutlich »die Selbstansicht, eigene Ansicht od. Beobachtung«[9] bezeichnet, wie es 1835 in Heyses *Fremdwörterbuch* definiert wird. Erst in der Auflage von 1848

↓

ist mit dem Hinweis auf die terminologische Verwendung in der Heilkunde als »Leichenöffnung u. Zergliederung«[10] zusätzlich eine spezielle Bedeutung aufgelistet, die aber auch schon in den 1830er-Jahren ein Begriff war: Autopsie als Sektion. »In Frankreich haben es junge Ärzte neuerer Zeit als ein Synonym mit Leichenöfnung, Leichenschau eingeführt«,[11] erläutert die *Allgemeine Encyclopädie der Wissenschaften und Künste* 1821 im Artikel »Autopsia« diese Spezialbedeutung des Wortes. Eugène Boeckel, Medizinstudent in Straßburg, hatte seinem Freund Georg Büchner am 7. September 1832 ganz selbstverständlich von seiner »Autopsie v. mehrern Kindern«[12] erzählt, die an Krankheiten verstorben waren. Dagegen dachte Gutzkow wohl kaum an Leichensektion, als er Büchner von Autopsie schrieb, sehr wohl aber an »Arzeneykunst«. Seine Bemerkung zeigt, dass die Autopsie terminologisch auch im Bereich der Medizin und Naturwissenschaft angesiedelt war. Das dokumentiert beispielsweise der *Brockhaus* von 1827, der das Stichwort zunächst etymologisch von seiner griechischen Herkunft her als Zusammensetzung von »selbst« und »Sehen« definiert und dann erläutert: »die eigne Beobachtung irgend eines Naturgegenstandes, im Gegensatze der Kenntniß, welche man durch Beschreibung, Erzählung etc. davon erhalten kann. In der Naturwissenschaft überhaupt und in der Arzneikunst insbesondere ist die Autopsie das Bildungsmittel, welches alle andre übertrifft«.[13] Der »ärztliche« Blick, der beobachtende, diagnostizierende und dann auch sezierende Blick, wie er mit der Arzneikunst verbunden ist, macht die allgemeine Bedeutung von Autopsie konkret, das Selbstsehen. Der Begriff umfasst beide Bedeutungen, die allgemeine und die speziellere, was das *Bilder-Conversations-Lexikon für das deutsche Volk*, ebenfalls bei Brockhaus verlegt, 1837 dann präzise fasst (und damit auf den Punkt bringt, was Gutzkow im Brief an Büchner gemeint hat):

> *Autopsie*, seiner griech. Ableitung zufolge soviel als Selbstschauen, bezeichnet die eigne Wahrnehmung oder Untersuchung eines in die Sinne fallenden Gegenstandes. Sie ist nicht nur in den Naturwissenschaften und besonders in der Medicin, in welcher ohne sie der Arzt zu keiner richtigen Krankheitserkenntniß gelangen würde, nothwendig, sondern überhaupt da, wo es darauf ankommt, durch eigne Beobachtung und Untersuchung den Schein von der Wirklichkeit zu trennen und die Thatsachen festzustellen.[14]

Das hat Wulf Wülfing zum Anlass genommen, der Symbolik des Sehens bei Büchner nachzugehen, unter Berufung auf die Büchner von Gutzkow attestierte Neigung zum Selbstschauen, unter Berufung also auf »Gutzkows gern zitierte Rede«[15] aus dem Brief vom 10. Juni 1836. Die »Autopsie« ist als Büchners Eigenart prägnant bündender Begriff inzwischen in Studien zum Autor fast obligatorisch. Mit diesem Begriff habe Gutzkow eine »charakteristische

↓

JULIAN SCHMIDT

—

EINE REVOLUTION HERAUFBESCHWÖREN AUS LANGEWEILE UND BLASIRTHEIT

1851

Wir können aus den mitgetheilten Fragmenten, namentlich dem »Landboten« (von Büchner verfaßt, von Weidig dem größern Publicum appretirt) schließen, daß die Partei kein Mittel scheute, auch nicht das der Lüge (die Darstellung des Steuersystems als eines Diebstahls an den Armen ist von Seiten eines gebildeten Mannes eine Lüge), um aufs Volk zu wirken, und daß sie vor den blutigsten Consequenzen nicht zurückbebte. – Und noch dazu eine Revolution heraufbeschwören aus Langeweile und Blasirtheit!! Hamlet-Leonce an der Spitze eines Jacobinerclubbs kommt mir vor wie Nero, als er Rom anzündete, um einen schauerlich schönen Anblick zu haben. – Es fällt mir nicht ein, die Schuld dem Einzelnen aufzubürden, aber es ist ein böses Zeichen für die Zeit, es ist das Unheimliche an jener skeptischen Selbstbeschauung, die uns die Romantik gelehrt; das böse Wesen jenes Pessimismus, der eigentlich aus aristokratisch frühreifer Ueberbildung hervorgeht, und der nachher in unserer sogenannten Demokratie seinen Bodensatz gelassen hat. Ob ich meine Blasirtheit mit demokratischen oder pietistischen Phrasen beschönige, darauf kommt am Ende wenig an. –

↓

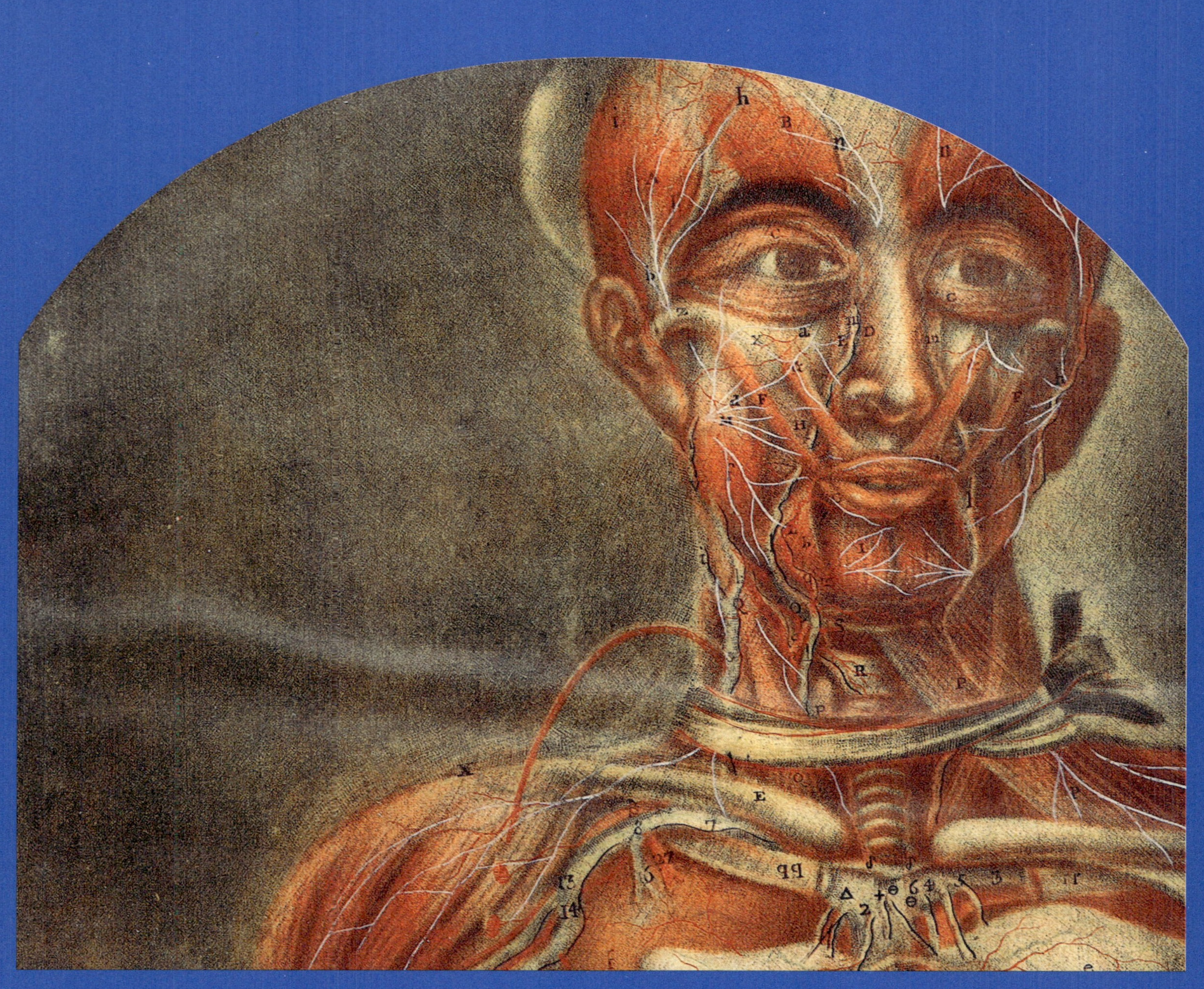

Jacques Gautier d'Agoty
Anatomie Generale Des Visceres En Situation, De Grandeur et Couleur Naturelle, Tafel III (Detail)
1752

Seite 544
Unbekannter Künstler
(Sign. Jean)
La Caricature, Nr. 117,
31. Januar 1833
Die Republik ist erbleicht …

Qualität des Büchnerschen Œuvres mit frappanter Klarsicht schon früh erfaßt«,[16] urteilte Michael Will in seiner Studie zum *Lenz*. Das Wort ist seit Anfang des 20. Jahrhunderts als Leitbegriff üblich, um Büchner zu beschreiben. 1897 hat der französische Germanist Charles Andler Gutzkows Briefe an Büchner veröffentlicht und damit auch die Wendung von der »Autopsie«,[17] auf die sich etwa Paul Landau in seinem großen Essay *Georg Büchners Leben und Werke* bezieht: »Gutzkow hat einmal recht fein bemerkt, daß Büchner der Medizin seine seltene Unbefangenheit und Objektivität, die Exaktheit der Autopsie, die Sicherheit die Diagnose verdanke.«[18] Weitere Beispiele für eine Berufung auf die von Gutzkow gefundene Metapher als überzeugende Beschreibung für Büchners Poetik ließen sich mühelos anführen, ob nun Karl Viëtor[19] sie zitiert oder Friedrich Sengle[20] sich auf sie beruft, um exemplarisch aus der langen Forschungsgeschichte nur zwei Büchner-Experten zu nennen. Die zahlreichen Interpreten haben die Autopsie im Laufe der Jahre und Jahrzehnte jedenfalls als forcierte ästhetische Qualität auf alle literarischen Texte Büchners bezogen.

Dagegen hatte Gutzkow am 10. Juni 1836, als er Büchner schrieb, dessen »Autopsie« spreche aus allem, was er schreibe, nur *Danton's Tod* und die Briefe von Büchner an ihn vor Augen. Andere Texte von ihm kannte er zu diesem Zeitpunkt noch nicht, weder das Lustspiel *Leonce und Lena*, das er dann 1838 erstmals gekürzt publizierte, noch das Prosafragment *Lenz*, das er 1839 veröffentlichte und es damit der Nachwelt erhalten hat, denn von »den Bruchstücken des *Lenz*«[21] sind Hand- und Abschrift verschollen. Auch hatte er nie die Entwürfe des Dramenfragments *Woyzeck* zu sehen bekommen.

Büchners Briefe an ihn veröffentlichte Gutzkow unvollständig zunächst 1837 in seinem Nachruf und machte sie dann, da die »Censur« ihm dort »die originellsten Stellen« aus ihnen »weggestrichen«[22] hatte, 1838 um wichtige Passagen erweitert im Zweitdruck des Nachrufs nochmals zugänglich, womit sie überhaupt als Konvolut erhalten sind, wenn man von einem dort nicht abgedruckten zufällig handschriftlich überlieferten Brief einmal absieht.

Was er andererseits kannte, war das Revolutionsdrama *Danton's Tod*, dessen Druck er entschieden befürwortete, als Büchner sich über den Verleger Johann David Sauerländer am 21. Februar 1835 wohlüberlegt an ihn wandte und ihm rhetorisch geschickt quasi die Pistole auf die Brust setzte, um ihn um Fürsprache für sein Drama zu bitten. Gutzkow werde sich »nicht wundern«, wenn er, Büchner, ihm hiermit »ein Manuscript auf die Brust setze und ein Almosen abfordere. Ich bitte Sie nämlich, das Manuscript so schnell als möglich zu durchlesen, es« dem Verleger Sauerländer »zu empfehlen, und sogleich zu antworten. [...] Sollte Sie [...] der Ton dieses Briefes befremden, so bedenken Sie, daß es mir leichter fällt, in Lumpen zu betteln, als im Frack eine Supplik zu überreichen und fast leichter, die Pistole in der Hand: la bourse ou la vie! zu sagen, als mit bebenden Lippen ein: Gott lohn' es! zu flüstern.«[23] Walter Benjamin hat diesen ersten Brief Büchners an

Hätte sich Büchner bei längerem Leben zu einer gesunderen, männlicheren Weltanschauung, zu einer reineren Poesie durchgearbeitet? Ich glaube es; er überragt, trotz seiner Jugend, fast alle Poeten seiner Schule an Talent wie an Tiefe des Gefühls. Mit Gewißheit läßt sich noch darüber nichts ausmachen. Es ist in seinem Denken schon etwas so frühreif Fertiges, sein Skepticismus und selbst seine Exaltation haben so wenig Jugendliches, daß man sich die weitere Entwickelung nicht recht vorstellen kann. Er würde immer in der Reihe der Reflexionsdichter geblieben sein, der Hippel, Arnim, Kleist, Grabbe, Hebbel, jener Dichter, bei denen das schärfste, kälteste Denken hart an die unheimlichen Nebel des Wahnsinns streift.

Aus: Julian Schmidt, »Georg Büchner«, in: *Die Grenzboten*, 24. Januar 1851, S. 121–128, hier S. 127 f.
Der einflussreiche konservative Literaturhistoriker Julian Schmidt (1818–1886) war als Theoretiker des sogenannten bürgerlichen Realismus vehementer Gegner der Vormärz-Literatur und lieferte zentrale Stichworte der Büchner-Kritiker bis ins 20. Jahrhundert.

Wolfgang Znamenacek
Bühnenentwurf für »Woyzeck«, Münchner Kammerspiele (Detail)
Spielzeit 1951/1952

Gutzkow 1936 in seine Briefsammlung *Deutsche Menschen* aufgenommen, da dessen »Aktualität« aufgrund der politischen Brisanz »blendend einleuchten muß«.[24]

Die Veröffentlichung von *Danton's Tod* ist Gutzkows Verdienst. Er hat Büchners erstes Drama überdies am 11. Juli 1835 im *Phönix* begeistert rezensiert und dessen Verfasser als »Genie«[25] gefeiert. Seine Rezension schließt mit den Worten »Ich bin stolz darauf, der Erste gewesen zu sein, der im literarischen Verkehr und Gespräch den Namen Georg Büchner's genannt hat.«[26] Wilhelm Schulz hat darauf dann in seinem unmittelbar nach Büchners Beerdigung verfassten Nekrolog angespielt, als er *Danton's Tod* erwähnt: »Einer der strengsten und geistvollsten Kritiker Deutschlands bezeichnete dieses Drama als das Werk des Genie's, und pries sich glücklich, der Erste zu sein, welcher das deutsche Publikum auf den so hervorragenden Geist aufmerksam machte.«[27] Gutzkow hat in seinem Nachruf *Danton's Tod* außerdem nochmals pointiert charakterisiert, als er schrieb, die »Worte« darin »folgen sich rapid und stürmend«, dem »Genius« sei es gelungen, »seine ausserordentliche Begabung in kurzen scharfen Umrissen schnell, im Fluge, an die Wand zu schreiben. [...] Es tobte eine wilde Sanscülottenlust in der Dichtung; die Erklärung der Menschenrechte wandelte darin auf und ab, nackt und nur mit Rosen bekränzt. Die Idee, die das ganze zusammenhielt, war die rothe Mütze.«[28]

Gutzkow schließlich hat Büchner nicht nur immer wieder zum Schreiben ermuntert, ihn zur Abfassung etwa des *Lenz* motiviert, er ist schlicht der eigentliche Entdecker und maßgebliche Förderer Büchners, ohne dessen Engagement der junge Autor vielleicht keinen Eingang in die Literaturgeschichte der Moderne gefunden hätte. Denn Gutzkow hat dem Werk

↓

KARL EMIL FRANZOS

—

BÜCHNERS NACHLASS 1901

Unmittelbar nach Georg Büchners Tode (19. Februar 1837) erbot sich Gutzkow der Familie gegenüber, eine Gesamt-Ausgabe zu redigieren. Das Anerbieten wurde angenommen; über das Honorar wurde nichts verabredet. Das war nicht gut, weil beide Teile darüber von vornherein sehr verschieden dachten. [...]

Dieser Gegensatz der Anschauungen trat erst zu Tage, als Gutzkow bereits an die Arbeit gegangen war. Er hatte von der Familie den gesamten Nachlaß erhalten und sah nun erst, daß es weit mehr war, als er erwartet hatte, und daß zudem die Entzifferung der Manuskripte sehr viel Zeit kosten würde: was Georg Büchner hastig geschrieben hat, und er hat fast alle seine Dichtungen hastig geschrieben, ist überaus schwer lesbar. Der Dichter hatte seiner Braut Minna Jaeglé, wie seinem Freunde Dr. Wilhelm Schulz und dessen Gattin gegenüber auf sein Trauerspiel-Fragment *Wozzeck* ganz besonderen Wert gelegt; wie wir nun wissen, mit Recht. Dieses Fragment mußte ja nun gewissenhafterweise jedenfalls mitgeteilt werden, und Gutzkow schätzte allein dafür die Arbeitsdauer auf einen vollen Monat. (Nebenbei bemerkt, hat er sie noch weit unterschätzt; mich hat die Entzifferung nahezu die doppelte Zeit gekostet und zudem hat sie – ich mußte die ganz verblaßte Schrift durch scharfe chemische Reagentien wieder hervortreten lassen und, da die Schriftzüge mikroskopisch klein waren, immer mit der Loupe arbeiten – meine Sehkraft für Lebenszeit geschwächt.) [...] [Gutzkow] unterhandelte [...] zunächst mit J. D. Sauerländer; derselbe bot ein Honorar, so gut es das Buch irgend vertrug; mehr war ja auch unmöglich von ihm zu verlangen. Aber die Summe war geringer, als sie Gutzkow nach seinen Verhältnissen für die Arbeit verlangen mußte. Und so wünschte Gutzkow von der Familie einen kleinen Zuschuß; wie viel, hat mir Ludwig Büchner nicht erzählt. Gutzkow war vermutlich überzeugt, daß die Sache daran nicht scheitern werde; die Familie war ja in sehr geordneter Vermögenslage und auf ihren genialen Sprossen sehr stolz; dazu die Pietät für den so früh Dahingeschiedenen.

Nun, sie scheiterte doch daran.

[...]

↓

Mütze einer Soldaten-uniform für Woyzeck von Werner Herzog
1978

Büchners den Weg bereitet durch seine adäquate Einschätzung von *Danton's Tod* oder eben auch durch die so wirkungsmächtige wie überzeugende Charakterisierung des Autors durch den Begriff der Autopsie.

Die Karriere dieses Begriffs zur Beschreibung von Büchners Ästhetik beschränkt sich keineswegs nur wissenschaftsgeschichtlich auf die akademische Büchner-Forschung. Sie erstreckt sich auch auf die literarische Essayistik zum Autor, wie sie in den Dankreden von Schriftstellern anlässlich der Verleihung des Georg-Büchner-Preises durch die Deutsche Akademie für Sprache und Dichtung greifbar ist. So steht der Begriff 1995 im Zentrum der Büchner-Preis-Rede »Den Körper zerbrechen« von Durs Grünbein, über den Heiner Müller in der Laudatio gesagt hat, sein Blick sei »lidlos«,[29] ihn damit neben Büchner stellte, den er in seiner eigenen Büchner-Preis-Rede so imaginiert hat. Grünbein operierte mit dem Begriff im heute aktuellen Verständnis (welche das Selbstschauer nicht unbedingt mitdenkt), indem er ihn im Sinne der »anatomisch-physiologischen Operationsverfahren der ›Autopsie‹, der ›Sektion‹ und der ›Obduktion‹«[30] auf das Schaffen Büchners bezog, sich gleichwohl auf die Einschätzung Gutzkows berufen hat. Grünbein sagt über Büchner: »Gutzkow bescheinigt ihm ein *Autopsie-Bedürfnis*, das er aus allem herausliest.«[31] Das Verständnis von Autopsie als Leichenöffnung war für Gutzkow allenfalls ein Nebenaspekt gewesen, bei Grünbein ist es zum Hauptaspekt avanciert, ja, es ist ihm sogar in diesem Verständnis des Begriffs »Autopsie als poetisches Verfahren«[32] attestiert worden. Gleichwohl dürfte Grünbein auch Autopsie im Wortsinn als Selbstschauen im Blick gehabt haben.

↓

Daß Gutzkows Plan scheiterte, kann gewiß im Interesse von Georg Büchners Nachruhm nicht lebhaft genug beklagt werden. Vor allem: damals wäre auch die Frucht seiner letzten Lebenszeit, das Drama *Pietro Aretino* erreichbar gewesen; seine Braut, die das Manuskript besaß, war damals bereit, es veröffentlichen zu lassen. Als ich mich, fast vierzig Jahre später, an sie wandte, lehnte sie die Auslieferung des Manuskriptes ab. Aus zwei Gründen. Die geistvolle und thatkräftige Dame, die ihrem Verlobten zeitlebens die Treue hielt und ihr schweres Schicksal tapfer trug, hatte Trost in einem innigen Gottvertrauen gefunden; es ging ihr nun gegen das Gewissen, ein Werk veröffentlichen zu lassen, das atheistische Stellen enthielt. Dieses Hindernis hätte ich vielleicht – sie lebte in einer höchst gebildeten Familie voll lebendigen Anteils an der Litteratur – mit Hilfe ihrer Umgebung hinwegräumen können; ein anderes war unbesiegbar. Das war ihre tötliche Verfeindung mit der Familie Büchner; die Gründe sind mir bekannt, sie betreffen zum Teil auch litterarische Dinge und ich könnte sie getrost mitteilen, doch will ich dies nicht thun, wie ich denn überhaupt, obwohl so arg herausgefordert, doch nur berichte, was ich sagen muß, nicht was ich sagen könnte.

[...]

Als die Verhandlung mit Gutzkow endgültig gescheitert war, kam Georg Zimmermann an die Reihe und erhielt probeweise die härteste Nuß, das Manuskript des *Wozzeck*, zu knacken. Sie war ihm zu hart, schrieb mir Luise Büchner; er sei, meint sie, bei seinem »zerfahrenen Wesen« überhaupt einer ausdauernden Arbeit nicht fähig gewesen. Nun hat aber Georg Zimmermann in der Folge recht viel gearbeitet, und darum dürften die materiellen Differenzen, von denen mir Ludwig Büchner sprach, wohl auch hier die Ausführung verhindert haben. Nach den Notizen, die ich gleich nach dem Gespräch mit Ludwig Büchner niederschrieb, wollte Sauerlaender 400 Gulden bezahlen, davon verlangte Zimmermann die Hälfte. Nun hatte er aber, als er noch die Konkurrenz Gutzkows zu fürchten hatte, erklärt, er wolle es eventuell noch billiger thun; darum bot ihm die Familie nun 100 Gulden. Zimmermann aber war, wie mir Ludwig Büchner klagte, »geldgierig«; er bestand auf der Hälfte; er sehe ja nun erst am *Wozzeck*, wie schwierig und zeitraubend die Arbeit sei. Entrüstet forderte die Familie die Manuskripte von ihm zurück und verkaufte zwei derselben, *Leonce und Lena* und *Lenz*, durch Gutzkows Vermittlung an den Verleger des *Telegraph* in Hamburg, in welcher Zeitschrift sie Gutzkow 1839 veröffentlichte. Der Plan einer Gesamt-Ausgabe schlief ein.

[...]

↓

Jacke einer Soldatenuniform für Woyzeck von Werner Herzog
1978

Henning von Gierke
Stadtplan für Drehplätze und Kamerarichtungen Entwurf zu Werner Herzogs Film Woyzeck (Detail)
1978

Heiner Müller hat 1985 in seiner Büchner-Preis-Rede »Die Wunde Woyzeck« das vielzitierte Wort von der Autopsie radikalisiert, ohne es zu verwenden, indem er über Büchner sagte, diesem Autor hätten »die Parzen«, die Schicksalsgöttinnen aus der römischen Mythologie, »bei der Geburt die Augenlider weggeschnitten«.[33] Hier ist das Bild vom Selbstschauen in einer radikalen Körpermetapher zugespitzt. Diese hat Müller übrigens Heinrich von Kleist entliehen, mit dem Büchner in der Rezeptionsgeschichte immer wieder in eine Reihe gestellt worden ist. Kleist hatte über das Gemälde *Der Mönch am Meer* von Caspar David Friedrich geschrieben, es sei, »wenn man es betrachtet, als ob Einem die Augenlieder weggeschnitten wären.«[34] Ohne Augenlider ist Wegschauen nicht möglich, Selbstschauen zwangsläufig. Büchner hat selbst geschaut, ästhetisch und politisch.

1 Brief an die Familie, 5. Mai 1835, zit. nach: Georg Büchner, *Die Briefe*, hrsg. von Ariane Martin, Stuttgart 2011, S. 28.

2 So Martina Lauster in ihrem Vortrag »Büchner und Gutzkow. Affinitäten auf den zweiten Blick«, gehalten auf dem 3. Internationalen Büchner-Kongress in Mainz (10.–12.10. 2012), veranstaltet von der Akademie der Wissenschaften und der Literatur (Mainz), der Georg Büchner Gesellschaft e. V. und der Forschungsstelle Georg Büchner an der Philipps-Universität Marburg.

3 Ariane Martin, »Im Dialog mit dem Jungen Deutschland: Büchners Briefe an Gutzkow«, in: *Georg Büchner Jahrbuch*, 12 (2009–2012), Berlin / Boston 2012, S. 165–177, hier S. 169.

4 K.[arl] G.[utzkow], »Ein Kind der neuen Zeit«, in: *Frankfurter Telegraph. (Neue Folge)*, Juni 1837, Nr. 42, S. 329–332, Nr. 43, S. 337–340, Nr. 44, S. 345–348, hier S. 329.

↓

Ende Juli 1875 erhielt ich einen ganzen Haufen Packete voll Manuskripten. Der Begleitbrief Ludwig Büchners (Darmstadt, 29. Juli 1875) gab die Erklärung ab, dies sei der ganze, in seinen Händen befindliche und noch erhaltene Nachlaß. Anderes habe möglicherweise noch die Braut des Dichters, Fräulein Jaeglé.

Die Sendungen waren sämtlich unfrankiert und kosteten, weil auch die damals in Österreich hoch bemessenen Strafporti darauf hafteten, ein hübsches Sümmchen. […] Etwas Anderes aber, was meine nächste Sorge sein mußte, war der abscheuliche Zustand des Nachlasses. Er war offenbar auf einem Dachboden in einer schlecht verwahrten Kiste, dem Staub, dem Regen, den Mäusen preisgegeben, aufbewahrt, und nun so, wie er war, in Packete gestopft worden; sogar den Staub und den Unrat der Mäuse hatte man vorher nicht ganz entfernt. Vollends war keine Sichtung erfolgt und so lagen auch mehrere Pfunde alter Zeitungen aus den fünfziger Jahren bei. Ein Teil der Manuskripte, so namentlich die Schulhefte und Einiges aus den philosophischen Schriften, war von den Mäusen angenagt oder es war vermodert; selbst die Manuskripte, die noch ganz erhalten waren, hatten durch Nässe gelitten und verbreiteten einen schrecklichen Geruch. […] Ich habe seither mehrere Nachlässe von Dichtern anvertraut erhalten. Keiner war in solchem Zustand, keiner der Spender verlangte Notizen über die »lebende Familie« und keine Sendung war – unfrankiert.

Aus: Karl Emil Franzos, »Über Georg Büchner«, in: *Deutsche Dichtung* 29 (1901), H. 8, S. 199–201 und 291.

Karl Emil Franzos (1848–1904) war der erste Büchner-Herausgeber, der unter dem Titel »Wozzeck« eine Fassung des *Woyzeck* publizierte, zunächst in Teilpublikationen in Zeitschriften 1875 und 1878, dann 1880 in seiner Büchner-Ausgabe *Sämmtliche Werke und handschriftlicher Nachlaß*. Franzos brachte die Szenen in eine ihm sinnvoll erscheinende Reihenfolge, ließ dabei aber Textpassagen weg und entzifferte die Manuskripte häufig falsch, so auch den Namen der Titelfigur. Daneben machte er eigene Zusätze zum Text. Diese Fassung bestimmte lange Zeit die Rezeption des Stücks. Auch Teile der hier abgedruckten Erzählung sind vermutlich frei erfunden.

Werner Herzog
Filmstill aus Woyzeck
Klaus Kinski als Woyzeck
1979

5 Karl Gutzkow, *Zur Philosophie der Geschichte*, Hamburg 1836, S. 27.
6 MBA X.1, S. 95.
7 Gutzkow 1837 (wie Anm. 4), S. 348.
8 Karl Gutzkow, *Götter, Helden, Don-Quixote. Abstimmungen zur Beurtheilung der literarischen Epoche*, Hamburg 1838, S. 130.
9 Joh. Christ. Aug. Heyse, *Allgemeines Fremdwörterbuch oder Handbuch zum Verstehen und Vermeiden der in unserer Sprache mehr oder minder gebräuchlichen fremden Ausdrücke, mit Bezeichnung der Aussprache, der Betonung und der nöthigsten Erklärung*, Bd. 1, 7. Aufl., Hannover 1835, S. 99.
10 Joh. Christ. Aug. Heyse, *Allgemeines verdeutschendes und erklärendes Fremdwörterbuch mit Bezeichnung der Aussprache und Betonung der Wörter und genauer Angabe ihrer Abstammung und Bildung*, 10. Aufl., Hannover 1848, S. 79.
11 *Allgemeine Encyclopädie der Wissenschaften und Künste in alphabetischer Folge von genannten Schriftstellern bearbeitet*, hrsg. von J. S. Ersch und J. G. Gruber, 6. Teil, Leipzig 1821, S. 487.
12 MBA X.1, S. 14.
13 *Allgemeine deutsche Real-Encyklopädie für die gebildeten Stände (Conversations-Lexicon). In zwölf Bänden*, Bd. 1, 7. Aufl., Leipzig 1827, S. 580 f.
14 *Bilder-Conversations-Lexikon für das deutsche Volk. Ein Handbuch zur Verbreitung gemeinnütziger Kenntnisse und zur Unterhaltung. In vier Bänden*, Bd. 1, Leipzig 1837, S. 160.
15 Wulf Wülfing, »›Autopsie‹. Bemerkungen zum ›Selbst-Schauen‹ in Texten Georg Büchners«, in: *Weimarer Beiträge*, 35, 1989, S. 1780–1795, hier S. 1780.
16 Michael Will, *»Autopsie« und »›reproduktive Phantasie‹«. Quellenstudien zu Georg Büchners Erzählung »Lenz«*, Würzburg 2000, S. 13.
17 Charles Andler, »Briefe Gutzkows an Georg Büchner und dessen Braut«, in: *Euphorion*, 4, 1897, 3. Ergänzungsheft, S. 181–193, hier S. 189.
18 Paul Landau, »Georg Büchners Leben und Werke«, in: Georg Büchner, *Gesammelte Schriften. In zwei Bänden*, hrsg. von Paul Landau, Bd. 1, Berlin 1909, S. 84.
19 Karl Viëtor, *Georg Büchner. Politik, Dichtung, Wissenschaft*, Bern 1949, S. 271.
20 Friedrich Sengle, *Biedermeierzeit. Deutsche Literatur im Spannungsfeld zwischen Restauration und Revolution*, Bd. 3, Stuttgart 1980, S. 279.
21 Andler 1897 (wie Anm. 17), S. 193, Gutzkow an Wilhelmine Jaeglé, 26. Juni 1838.
22 Ebd., S. 190 f., Gutzkow an Wilhelmine Jaeglé, 30. August 1837.
23 Büchner 2011 (wie Anm. 1), S. 71 f.
24 Walter Benjamin, *Gesammelte Schriften*, hrsg. von Rolf Tiedemann und Hermann Schweppenhäuser, unter Mitwirkung von Theodor W. Adorno und Gershom Scholem, Bd. IV.1, Frankfurt am Main 1980, S. 213.
25 Karl Gutzkow, »Danton's Tod, von Georg Büchner«, in: *Phönix. Frühlings-Zeitung für Deutschland*, 1835, Nr. 162, *Literatur-Blatt*, Nr. 27, 11. Juni 1835, S. 645 f., hier S. 645.
26 Ebd., S. 646.
27 Wilhelm Schulz, »Nekrolog«, zit. nach: Georg Büchner, *Gesammelte Werke. Erstdrucke und Erstausgaben in Faksimiles*, hrsg. von Thomas Michael Mayer, Bd. 9, Frankfurt am Main 1987, o. S.
28 Gutzkow 1837 (wie Anm. 4), S. 332, 337 f.
29 Heiner Müller, »Portrait des Künstlers als junger Grenzhund«, zit. nach: Alexa Hennemann, *Die Zerbrechlichkeit der Körper. Zu den Georg-Büchner-Preisreden von Heiner Müller und Durs Grünbein*, Frankfurt am Main u. a. 2000, S. 77.
30 Dietmar Goltschnigg (Hrsg.), *Georg Büchner und die Moderne. Texte, Analysen, Kommentar*, Bd. 3, Berlin 2004, S. 133.
31 Durs Grünbein, »Den Körper zerbrechen«, zit. nach: Goltschnigg 2004 (wie Anm. 30), S. 542.
32 Hennemann 2000 (wie Anm. 29), S. 63.
33 Heiner Müller, »Die Wunde Woyzeck«, zit. nach: Goltschnigg 2004 (wie Anm. 30), S. 315.
34 »Empfindungen vor Friedrichs Seelandschaft«, in: *Berliner Abendblätter*, 12. Blatt, 13. Oktober 1810, S. 47–48, hier S. 47. Der Artikel ist zwar mit »cb.« (= Clemens Brentano) gezeichnet, die Formulierung stammt der Kleist-Forschung zufolge aber von Kleist.

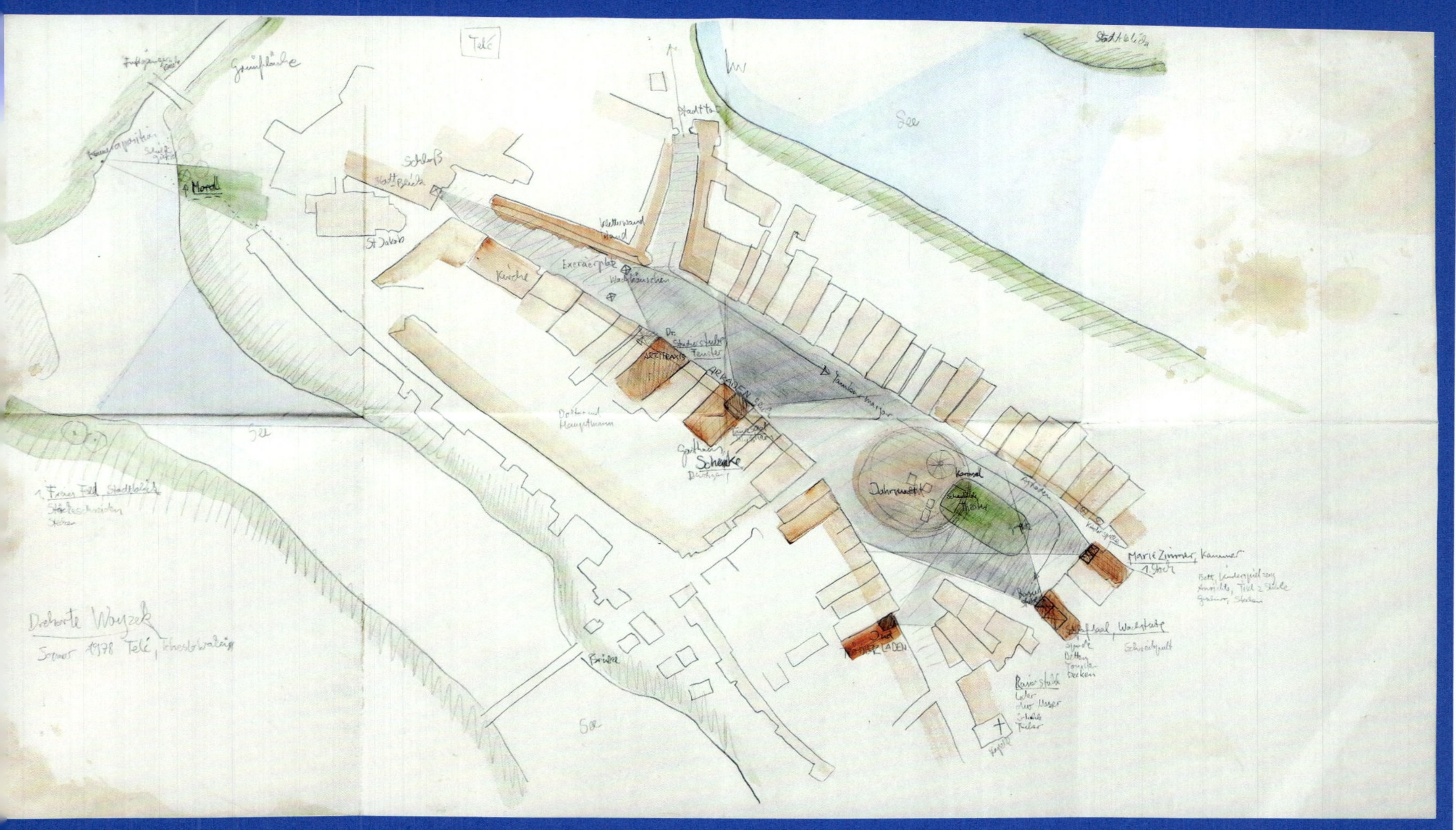

Henning von Gierke
Stadtplan für Drehplätze und Kamerarichtungen Entwurf zu Werner Herzogs Film Woyzeck
1978

KURT TUCHOLSKY

—

DANTONS TOD
1920

Bei Reinhardt wogte der dritte Akt.
Es rasten sechshundert Statisten.
Sieh an – wie das die Berliner packt!
Es jubeln die Journalisten.
Mir aber erschien das Ganze wie
eine kleine Allegorie.

Es tost ein Volk: »Die Revolution!
Wir wollen die Freiheit gewinnen!
Wir wollten es seit Jahrhunderten schon –
laßt Herzblut strömen und rinnen![«]
Es dröhnt die Szene. Es dröhnt das Haus.
Um Neune ist alles aus.

Und ernüchtert seh ich den grauen Tag.
Wo ist der November geblieben?
Wo ist das Volk, das einst unten lag,
von Sehnsucht nach oben getrieben?
Stille. Vorbei. Es war nicht viel.
Ein Spiel. Ein Spiel.

Kaspar Hauser [Kurt Tucholsky], »Dantons Tod«, in *Die Weltbühne*, 16, 1920, S. 211.
Max Reinhardt inszenierte Anfang 1920 am Großen Schauspielhaus in Berlin Romain Rollands Drama *Danton* (1899), das von Büchners *Danton's Tod* mit angeregt worden war. Kurt Tucholsky (1890–1935) veröffentlichte unter Pseudonym das Gedicht aus Anlass dieser Inszenierung. Er kannte aber auch Reinhardts Inszenierung von *Danton's Tod* am Deutschen Theater vom Dezember 1916. Wie Büchner in seinem Revolutionsdrama die Ereignisse und Debatten der Julirevolution von 1830 in der Französischen Revolution spiegelte, so erkannte Tucholsky diejenigen der Novemberrevolution 1918 in den Dramen von Büchner und Rolland wieder. Die Überzeugung, dass das bürgerliche Theater zur Revolution wenig beizutragen hat, teilte er mit Büchner.

KURT DRAWERT

—

BÜCHNER

—

DIE LETZTEN WORTE

Jede Erzählung endet im letzten Wort; wohlgemerkt nicht »mit« dem letzten Wort, denn das ist selbstredend und bedarf keiner Erwähnung. »Im« aber sagt, dass es eine Verschiebung der Bedeutungen gibt, die sich auf den gesamten Textkörper auswirken kann. Eine abschließende Verneinung zum Beispiel, und die Rede ist hinfällig. Was nun für eine Erzählung gilt, das gilt ebenso für das Leben, das ja nichts anderes ist als eine aus vielen Teilen bestehende Erzählung. Denn nur, was wir erzählen, kann wahr sein und Geschichte werden. Alles andere ist Dunkelheit, von der wir nichts wissen. In dieser Klammer eines ersten und eines letzten Satzes vollzieht sich, was wir später Biografie nennen. Von daher auch besitzen die letzten Worte eine so magische Kraft, etwas beängstigend Abgeschlossenes, das noch immer in Bewegung ist, solange der Atem sie trägt. Wir können uns die Angehörigen gut vorstellen, tief zum Sterbenden geneigt und behutsam darauf bedacht, nichts, keinen Laut zu verpassen, der vielleicht doch noch ein Geheimnis offenbaren, ein Rätsel lösen, einen Widerruf leisten könnte. Dann ist es still. Alles wurde gesagt, und alles steht fest. Ernst Jünger hat solche »letzten Sätze« gesammelt, die gerade und erstmalig veröffentlicht wurden. Darunter finden wir auch die Georg Büchners zu Wilhelm Schulz: »Wir haben der Schmerzen nicht zuviel, wir haben ihrer zuwenig, denn durch den Schmerz gehen wir zu Gott ein. Wir sind Tod, Staub, Asche, wie dürften wir klagen?«[1] Eine kürzere, tiefere, genauere Zusammenfassung des ebenso überschaubaren wie gewaltigen Lebenswerkes ist unvorstellbar. Bei Nietzsche heißt es: »Nur was nicht aufhört, weh zu thun, bleibt im Gedächtnis« und meint dem Sinn nach dasselbe. Es ist der Schmerz, der Riss, die Störung, die uns veranlasst, Natur zu betrachten und verstehen zu wollen, was unser Zweck in ihr ist, der in Unwissen nicht aufgehen kann. Der erste Verlust einer uns liebgewordenen Sache, und wir fragen nach den Zusammenhängen und ob wir sie beeinflussen können. Reflexion und Antizipation sind die zwei elementaren kognitiven Grundeigenschaften, durch die es zur menschlichen Evolution kam; denken können Tiere auch, aber sie können ihre Zeit nicht verlassen,

↓

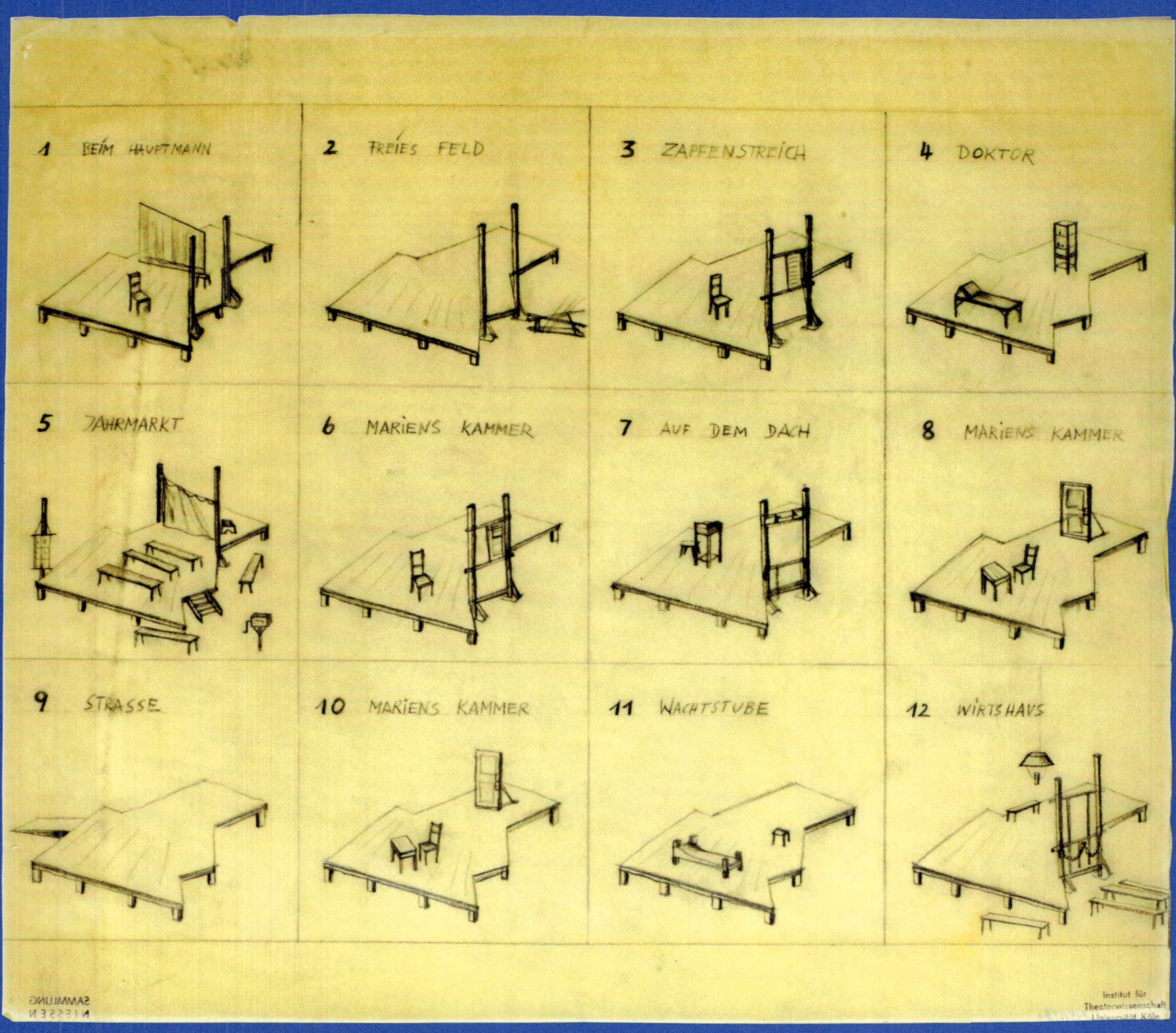

Franz Mertz
Bühnenbildplan für
Woyzeck-*Inszenierung*
1954

ihre dauernde, unverstandene Gegenwart. Selbstvergessenheit hat also mit Harmonie, die wir suchen und wünschen, nichts zu tun, sondern nur mit mangelnder Einsicht in das Wesen der Dinge und ihrer Wirkungsgeschichte. Die Parabel vom Tausendfüßler, der zu stolpern beginnt, als er seiner vielen Beine gewahr wird, ist hier falsch erzählt, denn nicht die Bewusstwerdung einer sich selbst regelnden Mechanik ist das Problem, sondern der fehlende Abschluss einer Erkenntnis. Glück, was immer wir darunter verstehen, ist an Sprache gebunden, an Verständnis und Evidenz, denn nur so kann es hervorgebracht werden und kenntlich sein; es ist ein Produkt der Differenz und die andere Seite des Unglücks. Also *wofür*, und nicht *was* sollen wir wissen, ist die entscheidende Frage – und sie trifft ins Zentrum auch der Gedankenwelt Büchners. In dieser Dialektik der Gegensätze denkt er, und darin wird er zum großen Schöpfer des Voraussagbaren. Es mag sein, dass hier der Naturwissenschaftler dem Metaphysiker ebenso nicht verfällt, wie andererseits der szientistische Geist, der typisch ist für die aufstrebende Klasse des Bürgertums seiner Epoche, sich selber skeptisch betrachtet. Selten, vielleicht einmalig ist diese Überlagerung zweier disparater Gefühls- und Verständnisweisen in einer Zeit, in der ein romantisches gegen ein technisches Pathos rivalisiert. Büchner, blutjung noch an Jahren, ist hellwach für alle geistigen Strömungen, die aktuell sind, und er scheut sich auch nicht, ihre Unvereinbarkeit anzuerkennen; er ist unerschrocken dem Aporetischen gegenüber – und das wird seine nicht abreißende Modernität bis heute begründen. Sehen wir einmal nur, wie frei bei ihm der Begriff der Vernunft bleibt, von den Imperativen einer Überschätzung des Subjektes bei Kant ebenso wie von jener radikalen Infragestellung durch die Romantik. Im *Woyzeck* ist es die Figur des Hauptmanns, die zeigt, wohin die Vernunft führt, wenn sie nur noch nach einem stumpfen Regelwerk handelt. Dieser Hauptmann ist die Summe seiner Ressentiments und leeren Rhetoriken, er trägt die Vorstellung von Tugend und Recht wie ein Schutzschild gegen seine Bedürfnisse vor sich her: »Wenn ich am Fenster lieg, wenn es geregnet hat und den weißen Strümpfen so nachsehe, wie sie über die Gassen springen, – verdammt Woyzeck, – da kommt mir die Liebe. Ich hab auch Fleisch und Blut. Aber Woyzeck, die Tugend, die Tugend!«[2] Psychoanalytisch können wir hier von einer Urverdrängung sprechen, die symbolisch wiederkehren wird in Form affektiv besetzter Ersatzobjekte. Zeichen können auch nicht gelöscht werden, sondern immer nur verschoben; um die Lücke einer Auslassung nämlich reichert sich ein Hof neuer Bedeutungen an, der vom Zweck der Auslassung handelt. Genau das macht die Zensur paradox und begründet ihre Selbstzerstörung. Der sadistische Doktor nur ein paar Szenen weiter, der Woyzeck mit Erbsen traktiert und sich seines Leibes als Forscher bemächtigt, ist so gesehen das reine Substitut der Verbote: »Die Natur kommt, die Natur kommt! Die Natur! Hab' ich nicht nachgewiesen, daß der musculus constrictor vesicae dem Willen unterworfen ist? Die Natur! Woyzeck, der Mensch ist frei, in dem Menschen verklärt sich die Individualität zur Freiheit.«[3] Diese beiden Figuren, Hauptmann und Doktor, sind korrelativ und zeigen, wie Verdrängung und Vernunft, die aus dem Stoff des Verdrängten besteht, tragisch zueinander finden; eine Allianz, die ihre Kreise bis nach Auschwitz zieht. Die Experimente eines Josef Mengele sind nämlich denen, wie sie an Woyzeck stattfinden, durchaus verwandt. Dennoch wäre es falsch, die Vernunft zu diskreditieren, weil in ihrem Namen gemordet und geschändet wurde. Vernunft braucht ein System der Kontrolle, wie Bertrand Russell in seiner Kritik an Hegel meint, denn in ihr ist noch keine Idee von Recht und Gerechtigkeit präsent. Der Staat kann diese Idee aus sich selbst heraus auch nicht generieren, wie es die verheerenden Weltkriege der jüngsten Vergangenheit beweisen; er kann also ebenso Unvernunft fordern und Irrsinn, wenn es eine Legislative dafür gibt. *Wofür* also sind wir vernünftig?, fragt Büchner, und er fragt es auch uns. *Wofür* handeln wir so und nicht anders; und *wofür* erfinden wir, was wir erfinden? »Wir haben der Schmerzen nicht zuviel, wir haben ihrer zuwenig« waren, so heißt es, seine letzten Worte. Im heutigen Vergnügungskapitalismus mit steigender Erregungskurve hat sich dieser Satz verändert und lautet, mit Lacan gesprochen: Wir haben keine Angst vor einem Mangel, sondern davor, dass er uns fehlt. »So lebte er hin ...«

1 Vgl. Ernst Jünger, *Letzte Worte*, hrsg. von Jörg Magenau, Stuttgart 2013.

2 *Woyzeck* H4,5.

3 *Woyzeck* H4,8.

Gustav Rudolf Sellner
(Regisseur) /
Pit Ludwig (Fotograf)
Woyzeck-*Aufführung im Landestheater Darmstadt*
1954

CHRISTIAN NEUHUBER

—

»WAS DER KERL EIN GESICHT MACHT!«

—

WOYZECK-REZEPTION IN DER BILDENDEN KUNST

Woyzeck ist nicht das Werk Büchners, das bildende Künstler zuerst inspirierte. 1910 legte Karl Walser Farblithografien zu *Leonce und Lena* vor, die in ihrer biedermeierlichen Heiterkeit die Rezeption des Lustspiels lange Zeit prägten. Zu *Danton's Tod* entstanden 1914 die buchkünstlerisch bemerkenswerten Lithografien Walo von Mays. Beim *Woyzeck* gingen die ersten richtungsweisenden Textausgaben und Inszenierungen vorüber, ohne dass sie bildnerische Resonanz gefunden hätten. Nach dem Ersten Weltkrieg aber setzte die Rezeption mit einer Nachdrücklichkeit ein, wie sie kein anderes Werk Büchners erreichte – um schon nach wenigen Jahren wieder abzuebben. *Woyzeck*-Illustrationen sind verlässliche Indikatoren für die Häufigkeit, mit der das Stück aufgeführt wurde. Nimmt die Zahl ab, sind auch weniger Bilder zu verzeichnen. So diente das Drama in den folgenden vier Jahrzehnten nur vereinzelt als Inspiration, wie es ja auch auf der Bühne im Schatten von Büchners Revolutionsdrama *Danton's Tod* stand. Erst gegen Ende der 1960er-Jahre finden wir, zunächst vor allem im deutschen Sprachraum, wieder vermehrt Bilder zu *Woyzeck*; ab den 1980er-Jahren nehmen auch die internationalen Beiträge zu. Und wie sich die Inszenierungen seit den letzten Gedenkjahren 1988/89 vervielfacht und globalisiert haben, sind inzwischen auch die Verbildlichungen in aller Welt zu finden. Ein auszugsweiser Überblick soll diese Entwicklung nachzeichnen.

Da eine für 1916 geplante *Woyzeck*-Ausgabe des Münchner Forum-Verlags mit Zeichnungen von Emil Preetorius offenbar nicht zustande kam, beginnt die bildnerische Rezeption des Dramas 1918 mit sechs Farbpastellen des Kirchner-Schülers Werner Gothein, die im Zusammenspiel von reduktionistischer Wirklichkeitsdarstellung, symbolhafter Farbakzentuierung und expressiver Figurenmodellierung eine hohe Ausdrucksintensität erreichen. Die Pastelle zeigen signifikante Momente aus der zweiten Hälfte des Stücks, ohne jedoch die Peiniger Woyzecks ins Bild zu setzen. Blickfang ist die Mordszene, die bislang unsinnigerweise

↓

THEODOR W. ADORNO

—

DIE OPER WOZZECK 1929

Die Vertonung des Trauerspiels Wozzeck, das durch die Macht des Wortes wie der Szene sich selber bewährt, läßt sich nicht begründen durch die Einsicht ins Werk allein und den Glauben an die Möglichkeit von Musik, die in der Leidenschaft der Aktion und im Dunkel von deren Hintergrund angelegt sei. Nicht Pathos, nicht Stimmung eröffnen das Fragment der Musik, vielmehr: die Zeit ließ es zur Komposition reifen; sein Alter. Die hundert Jahre, die zwischen dem Wozzeck und heute liegen, haben Hohlräume in das Stück geschlagen, seinen fragmentarischen Charakter geschärft, indem sie die Unmittelbarkeit des Angriffs tilgten, den es vormals unternahm und der von einem Bruchstück darin zum anderen trug. So wenig in der gegenwärtigen Gesellschaft der Ohnmacht des kleinbürgerlichen Einzelnen gegenüber dem Herrschaftsapparat des Bürgertums mehr zentrales Interesse zukommt, da längst das Leiden jenes Einzelnen in den Klassenkampf einschlug und gegen den Bestand des Bürgertums sich kehrte – so wenig behauptet sich wahrhaft die Oberflächengestalt eines Dramas, dessen Form allein um jenen Einzelnen gebildet ist. So wenig jedoch wieder das Leiden des unterdrückten Menschen bis heute durch den Klassenkampf weggenommen ward, so wenig auch ist Kunst verloren, die dies Leiden zum Gegenstand macht. Aus solchem Widerspruch entspringt die Musik des Wozzeck. Daß das Trauerspiel als Totalität zerfiel, gibt es der Musik preis, die durch die Sprünge der Form eindringt,

↓

Gustav Rudolf Sellner (Regisseur) /
Pit Ludwig (Fotograf)
Woyzeck-*Aufführung im Landestheater Darmstadt* (Detail)
1954

(als einziges Bild der Serie) im Querformat präsentiert wurde, sodass Täter und Opfer zu liegen schienen. Tatsächlich erschließt sich die furchtbare Dynamik des Augenblicks nur hochkant: Ein totenbleicher Woyzeck stützt wie im Tanz mit seiner Linken den zusammensackenden Körper Maries, deren Kehle er keuchend mit einem Messer durchbohrt. Ihre Rechte krallt sich in den blauen Uniformrock, die Augen starren schreckensgeweitet den Betrachter an, der ihren erstickten Schrei zu hören vermeint. Ein am Horizont prangender roter Mond hebt sich vom Tiefblau der Nacht und vom fahlen Schimmer des Teichs ab, den Farben Woyzecks, und korrespondiert mit dem warmen Orange von Maries Kleid und ihrem frischen Blut.

In den folgenden Jahren dominierten druckgrafische Arbeiten für verschiedene Editionsprojekte oder Mappen. 1919 erscheint die erste illustrierte Textausgabe mit schlichten Holzschnitten von Wilhelm Plünnecke, die – vielleicht noch unter dem Eindruck der Interpretation des Schauspielers Albert Steinrück – vor allem den Täter, nicht das Opfer Woyzeck zeigen. Nachdrücklicher gelingt es dann Erich Wünsche 1920, den psychischen Zusammenbruch des Titelhelden in seinen kleinformatigen Radierungen mit suchendem Strich ins Bild zu setzen. Im folgenden Jahr griff auch Paul Weißkopf, wie Wünsche Mitglied einer expressionistischen Gruppe um Heinar Schilling, das Motiv für dessen Dresdner Verlag auf. Seine eindrucksvollen Lithografien, 1937 auf die Liste entarteter Kunst gesetzt, fokussieren mit beunruhigender Eindringlichkeit auf Woyzecks Verhältnis zu Marie und versuchen seinen fortschreitenden Verfall zu visualisieren. Besonders suggestiv gelingt dies im fünften Blatt, wo die schizophrene Wahnbildung des »stich, stich die Zickwolfin todt« sich in den Umrissen der

↓

am alten Stoff der Satzgefüge sich besser entzündet, als sie an selbstherrlich lebendigen es vermöchte; daß seine Zellen Wahrheit enthalten, rechtfertigt das Bemühen der Musik um den Wozzeck und ihren Willen, an Stelle seiner zerfallenen Form neue aus sich zu erzeugen. In der Kraft des Leidens begegnen sich Musik und Wort, und die Musik errettet Leiden, das wohl mit den Worten des Wozzeck gemeint war, das Wortdrama aber nicht mehr trägt. [...]

Wenn die musikalische Konstruktion in der Macht des expressiven Augenblicks untergeht, dann umfängt dafür den Augenblick sinnfällig die dramatische. Sie verdichtet sich aufs äußerste in der ersten Wirtshausszene, wohl dem Kernstück der Konzeption, wo der leidende Einzelne und die dämonische Folklore unmittelbar aufeinanderprallen, um sich im Kontrapunkt des Scherzos zu durchdringen, darum Mahler sein Leben lang mochte gerungen haben. Nach dem zweiten Akt ist die Zäsur der Oper, fühlbar in den großartigen Momenten des Schweigens beim Fallen, dann zu Beginn des dritten Aktes beim Sich-Erheben des Vorhanges. Hat Musik je und je die Pause in die Gestalt eingesetzt – Berg hat als erster das Schweigen zum musikalischen Agnes gemacht, das leere Klopfen der Zeit; in Sekunden das Ausdruckslose; so wie er dann wieder in der Mordszene das gefüllte Schweigen mit dem Aufstieg der gedämpften Posaunen furchtbar auskomponierte. Der ganze dritte Akt hält sich am Rande des Abgrundes; die Musik zieht sich zusammen und zählt die Minuten bis zum Tode. Dann stürzt sie in den orchestralen Epilog und wird in der Kinderszene des Endes so ferne reflektiert, wie in der Tiefe eines Brunnenschachtes die Bläue des Himmels erscheint. Dieser Reflex allein zeigt im Wozzeck Hoffnung an, schwach, unbestimmt, getrübt im Lichte der tragischen Ironie, die das Kind auf dem Steckenpferd zur Leiche der Mutter reiten heißt, aber doch deutlich. Sie hellt sacht und spät den Charakter der Oper auf. Ihr Charakter ist Passion. Die Musik leidet nicht im Menschen, hat nicht teil an seinem Handeln und seiner Regung selber: sie leidet über ihm; darum nur vermag sie, wie die alten Passionsmusiken, jeden Affekt darzustellen, ohne jemals die Maske einer der Personen des Trauerspieles wählen zu müssen. Die Musik legt den Menschen, dem Einzelnen Wozzeck, das Leid leibhaft auf die Schulter, das die Sterne über ihm erheischen. Indem sie ihn ins Leid hüllt, daß es ihn gänzlich berührt, darf sie hoffen, es werde von ihm genommen, was in der starren Ewigkeit der Sterne unentrinnbar drohte.

Aus: Theodor W. Adorno, »Die Oper Wozzeck«, in: *Der Scheinwerfer. Blätter der Städtischen Bühnen Essen*, 3, 1929/30; zit. nach: Theodor W. Adorno, *Gesammelte Schriften*, hrsg. von Rolf Tiedemann, Bd. 18: Musikalische Schriften V. Frankfurt am Main 1997, S. 472–479, hier S. 472 und 478 f.

Gustav Rudolf Sellner (Regisseur) /
Pit Ludwig (Fotograf)
Woyzeck-*Aufführung im Landestheater Darmstadt*
1954

Landschaft konkretisiert und in der gequälten Körperhaltung ihre Wirkung zeigt.

Das determinierende soziale Umfeld in Gestalt der zentralen Gegenspieler kommt in all diesen frühen Arbeiten kaum ins Blickfeld. Dafür gilt das besondere Interesse der Mimik und Gestik der Titelfigur, so auch in der ersten literarischen Holzschnittillustration des Wiener Akademie-Studenten Hans Fronius, der 1922 »Wozzek« in auswegloser Erschöpfung zeigt. Bis heute zählt die grob-stilisierende Bildsprache des Holzschnitts zu der beliebtesten künstlerischen Ausdrucksform der *Woyzeck*-Rezeption. Berliner Arbeiten bestimmen die folgenden Jahre: Eine bibliophile Ausgabe des Georg Müller Verlags von 1923 umfasst kolorierte Lithografien und Federzeichnungen Rafaello Eusonis, deren impressionistischer Duktus der bedrängenden Atmosphäre ebenso wenig gerecht wird wie die biederen Romantizismen der Zeichnungen Erik Richters für einen Liebhaberdruck von 1925. Aus demselben Jahr, doch ungleich eindrucksvoller sind die 13 Radierungen Walter Gramattés, die er nach seinen *Lenz*-Arbeiten vollendete. Mit einer noch größeren Konzentration der bildsprachlichen Mittel greift die Bilderfolge zumeist konkrete Handlungsmomente auf: schroffe Konturen, Bewegungsfurchen und Plattenflecken verdeutlichen extreme Spannungen. Die Porträts versuchen die verzweifelte Selbstauslöschung einfühlsam nachzubilden. Unübersehbar noch der Mystifikation durch Karl Emil Franzos geschuldet ist das elfte Blatt, das einen ertrinkenden Woyzeck zeigt. Es ist kein Kampf ums Überleben zu sehen, eher ein resignativer Abschied. Ruhig legen sich die Wellenlinien über den starrenden Schädel, seine Konturen auflösend, Luftbläschen steigen auf.

↓

CHARLOTTE KERR

—

ZÜRICH, WEIHNACHTEN 1942

—

24. DEZEMBER 1985

Zürich, Weihnachten 1942. Dürrenmatt ist einundzwanzig Jahre alt. Er studiert. Er malt wilde, expressionistische Bilder. Der Maler Jonas ist sein Freund. Mit ihm spricht er über Literatur: Kafka, Musil, Büchner. Dürrenmatt will Maler werden. Jonas sagt, er soll schreiben. Sie haben die Nacht durchgezecht. Der Morgen ist neblig trüb, grau, kalt. Ihn friert. Innen und außen. Er sieht den Weg nicht vor sich. Am Nachmittag wird er nach Hause fahren. Ins Pfarrhaus nach Bern. Weihnachtsandacht, Weihnachtsfriede. In ihm ist Aufruhr. Er stapft durch den Schnee. Er steht vor einem Stein. Auf dem Stein steht: GEORG BÜCHNER, GEBOREN AM 17. OKTOBER 1813, GESTORBEN AM 19. FEBRUAR 1837. Die Erzählung der Großmutter aus dem *Woyzeck* kommt ihm in den Sinn, eine poetische Weltbeschreibung. Er geht zurück zur Stadt. In die Kneipe hinter dem »Café Odéon«. Er bestellt einen Vermouth mit Gin, das ist das Billigste. Er schreibt in einem Zug eine Geschichte. Sie heißt *Weihnacht*. »Es war Weihnacht. Ich ging über die weite Ebene. Der Schnee war wie Glas. Es war kalt. Die Luft war tot. Keine Bewegung, kein Ton. Der Horizont war rund. Der Himmel schwarz. Die Sterne gestorben. Der Mond gestern zu Grabe getragen. Die Sonne nicht aufgegangen. Ich schrie. Ich hörte mich nicht. Ich schrie wieder. Ich sah einen Körper auf dem Schnee liegen. Es war das Christkind. Die Glieder weiß und starr. Der Heiligenschein eine gelbe gefrorene Scheibe. Ich nahm das Kind in die Hände. Ich bewegte seine Arme auf und ab. Ich öffnete seine Lider. Es hatte keine Augen. Ich hatte Hunger. Ich aß den Heiligenschein. Er schmeckte wie altes Brot. Ich biß ihm den Kopf ab. Alter Marzipan. Ich ging weiter.« Er sieht den Weg vor sich. Er wird Schriftsteller.

Aus: Charlotte Kerr, »Protokoll einer fiktiven Inszenierung«, in: Friedrich Dürrenmatt und Charlotte Kerr, *Rollenspiele. Protokoll einer fiktiven Inszenierung und Achterloo III*, Zürich 1986, S. 50 f.

Gustav Rudolf Sellner (Regisseur) / Pit Ludwig (Fotograf)
Woyzeck-*Aufführung im Landestheater Darmstadt*
1954

Parallel zur Rezeption im Theater bricht auch die bildnerische Rezeption nach diesem intensiven Beginn für Jahrzehnte beinahe völlig ab. In den 1930er-Jahren finden wir lediglich zwei Xylografien des jungverstorbenen Duisburger Antifaschisten Heinz Kiwitz, der 1936 in einer an Frans Masereel geschulten, perspektivenverzerrenden Schwarz-Weiß-Ästhetik die Prügelszene und die erzählende Großmutter ins Bild setzt. Erst nach dem Krieg begegnen uns wieder *Woyzeck*-Bilder, erstmals auch außerhalb des deutschsprachigen Raums, wie eine schwedische Ausgabe mit Monotypien von Endre Nemes belegt. In den 1960er-Jahren sind es zunächst aufwändig gestaltete Editionen, für die grafische Arbeiten entstehen: 1964/65 Zeichnungen von Alfons Klein und Werner Gölz, 1968 Zinkografien der Prager Künstlerin Jarmila Mařanová, die in ihren düsteren, naiv-surrealen Kompositionen Woyzecks Wahnvorstellungen nachzubilden versucht. Ihr fünftes Blatt etwa setzt seine fixe Idee von der »doppelten Natur« ins Bild, indem dem betrachtenden Blick mit Überlagerungen der Eindruck diplopischer Sehstörungen suggeriert wird. Doch da das Doppeltsehen nur partiell und auch axial verschoben ist, können die Abweichungen zugleich als temporärer Ablauf gedeutet werden, als in Zweidimensionalität gezwungene Bewegung, die die Intensität des Leids noch hervorhebt. Woyzeck, den Mund voll Erbsen, schreit aus dem Bild vor Schmerz oder Angst, während der Arzt zufrieden seinen Pulsschlag kontrolliert. Aus seltsamen Schwaden lugt am oberen Rand ein melancholischer Hauptmann hervor.

Ein Dutzend Zinkdrucke erarbeitet 1970 auch Joachim John, im selben Jahr entstehen Walter Maisaks Kreide- und Tuschzeichnungen, 1972 und 1974 legen Robert Wyss und Sven Okkels Holzschnitte vor, und 1978 widmet der DDR-Illustrator Konrad Schönfeld Büchners Drama einen lithografischen Zyklus. Im selben Jahr kam auch der wichtigste Impuls für die internationale Rezeption des Stücks seit Alban Bergs epochaler Oper: die populäre Filmversion Werner Herzogs. Wie sehr Klaus Kinskis Interpretation der Titelrolle auch die bildende Kunst beeinflusste, zeigen unter anderem Bernhard Heisigs Illustrationen für die Neuausgabe der Insel-Bücherei 2004. Eigenständiger sind andere Arbeiten der 1980er-Jahre: *Soldato Woyzeck* etwa, eine Gemäldeserie des Corrente-Mitglieds Piero Gauli oder auch Klaus Böttgers technisch brillante Aquatintaradierung, in der er Büchner mit Figuren des *Woyzeck*, 1984, arrangiert. Die heute wohl bekanntesten Woyzeck-Verbildlichungen schuf Alfred Hrdlicka als Auftragsarbeit für das hessische Landessozialgericht. Genetisch wie bildsprachlich eng mit seinen *Lenz*-Arbeiten verbunden, verstörten die 1988–1990 entstandenen Farbpastelle und Radierungen durch ihr radikales Kunstkonzept: In der durch »geiles Fleisch« signalisierten Kreatürlichkeit des Menschen und seiner ideologischen

↓

ANTONIO SAURA

—

WOYZECK
1985

Ich habe wenig für das Theater gearbeitet, sicherlich wegen des Misstrauens, das man als Maler hervorruft, wenn man seine Werke als Kulissenbilder konzipiert. Für mich besteht die einzige Annäherungsweise darin, zuerst das Werk gut zu lesen und dessen Entsprechungen zu den eigenen, hartnäckigen Zwangsvorstellungen innerhalb und außerhalb der Malerei herauszufinden. Nach der Lektüre kommt notwendigerweise der Bilderentwurf, und nach der Überwindung der Entwürfe muss man auch die »Malerei« endgültig vergessen. Das Leben eines Dramas schafft eine Aura von Suggestionen, die sich durchaus in den nackten geistigen Raum eines Schauplatzes einfügen lassen, wo sich vor allem theatralische Ereignisse abspielen werden. Diese Askese und die dadurch bewirkte Verankerung im Zeitlosen begünstigen das Auftauchen der erforderlichen Zeichen, die mit ihren unterschwelligen Analogien und bildnerischer Funktionalität die ursprüngliche Dichte des Textes greifbar werden lassen.

Als Eusebio Lázaro und ich uns gemeinsam die Bühnenbilder des *Woyzeck* ausdachten, entschieden wir uns dafür, einen anscheinend unendlichen Raum von allem Nebensächlichen, von jeglicher Quelle von Nostalgie oder von stimmungsmäßiger historischer Rekonstruktion zu befreien. Es galt, Illusionismus zugunsten einer Spiegelung von Abwesenheit zu vermeiden. Der Riss des Anormalen,

↓

Gustav Rudolf Sellner (Regisseur) /
Pit Ludwig (Fotograf)
Woyzeck-*Aufführung im Landestheater Darmstadt* (Detail)
1954

Überformung, die im »geschundenen Fleisch« zum Ausdruck kommt, sollen gesellschaftliche Machtverhältnisse vergegenwärtigt werden. Woyzecks Traumbild – eines der Pastelle, denen man 1988 »Obszönität, Gewaltverherrlichung, Geschmacklosigkeit« vorgeworfen hatte – kombiniert in einer morbiden Symbiose die leitmotivische lüsterne Fleischlichkeit mit exzessiven Gewaltfantasien.

Vom Dunkel der Schlafkammer hebt sich die Vision eines üppigen, entblößten Frauentorsos ab, der plastischer, realer wirkt als der in Umrisslinien gezeichnete Woyzeck. Im Bett kauernd gafft er gebannt die schweren Brüste und blutenden Stichwunden an, die an Schenkeln und Bauch klaffen und wie Vulven aussehen. In schattenschwarzen Flächen verschwinden Kopf, Scham und Füße der Frau, die linke Hand ist einem riesigen Messer entgegengestreckt. Woyzeck scheint danach greifen zu wollen, doch packt ihn Andres am Arm.

Hrdlicka ist bis heute der Einzige, der auch außerliterarische Woyzeck-Dokumente bildnerisch umsetzte, wie in der Ausgabe der Büchergilde Gutenberg zu sehen. Neuere illustrierte Ausgaben sind zumeist weit von deren künstlerischem Anspruch entfernt, von einigen Ausnahmen abgesehen. Ein Klassiker der Graphic-Novel-Kunst ist die 1990 posthum erschienene Fassung Dino Battaglias, der die Handlung in das deutsche Kaiserreich der Vorkriegszeit verlegt. Das Zusammenspiel von Bild und Text als narrative Grundstruktur sequenzieller Kunst findet sich freilich schon früher, so etwa in Joachim Palms düsterer *Woyzeck*-Radierung aus den 1970er-Jahren. Generell scheint sich Büchners Werk in seiner verknappten Szenenhaftigkeit für Comic-Adaptionen gut zu eignen; davon zeugen nicht zuletzt drei Beispiele im Underground-Comix-Band *Le cheval sans tête* (1996). Yvan Alagbé, Vorstadtpariser afrikanischer Abstammung, situiert seine Geschichte in einer Militärdiktatur auf dem Schwarzen Kontinent, um Büchners zentrale Themen wie Gewalt, Armut, Unterdrückung oder Elend ihre ursprüngliche Kraft zurückzugeben. Problemlos fügt sich der Text in dieses Setting, das über starke, ständig wechselnde Helldunkelkontraste realisiert wird, als fiele gleißendes Licht von unterschiedlichen Seiten. Dynamisierungen und Fokussierungen ergeben sich aus dem Nebeneinander von harten Schlagschatten und Spitzlichtern. Die Figuren sind in eine assoziative Leere gestellt, die den Blick des Betrachters für gestische Nuancen schärft und zugleich eine historisierende Interpretation erschwert.

Immer seltener freilich entstehen *Woyzeck*-Bilder als bloße Buchillustration. Sie können nun auch direkt in die theatrale Präsentation eingebunden sein, wie William Kentridges animierte Kohlegrafikserien für die wegweisende

↓

die tiefe Grausamkeit der Situationen und sogar die fragmentierte und diskontinuierliche Vision eines spezifischen Universums haften in der mentalen Sphäre, wo sich die Handlung abspielt: Der hermetische Raum hat sich geöffnet, um uns auf seine Art und Weise in ein reines, zeitloses Aufeinanderprallen von Situationen – das Glatte und Perfekte gegenüber dem Monströsen – einzutauchen, gerade damit diese in ihrer Nacktheit und Rohheit greifbar werden. Das Extreme des in dieser Weise ausgedachten Raums entspricht der Radikalität eines Werks, worin die pathetische, auf den Expressionismus vorausweisende Botschaft in ihrer permanenten, düsteren und lodernden Leidenschaft die Lebenswelt des gegenwärtigen Menschen reflektiert.

Eine zeitlose Unendlichkeit, ein als Feuersbrunst oder als düsteres Unken konzipierter Himmel, ein Seismograf, der aufleuchtet und aufreizt, ein eingefrorener Wald, ein Loch in der Zeit, ein intimer, kaum umfriedeter Raum, etliche bleierne, vor den Augen getriebene Wolken: All dies ist zugegen und abwesend zugleich, um den Pulsschlag des Wahns und die Besonnenheit der Leere festzuhalten.

Aus: Antonio Saura, *Über sich selbst. Note Book*, überarbeitete, erweiterte und illustrierte Ausgabe, aus dem Spanischen übersetzt von Bernard Dieterle, hrsg. von Olivier Weber-Caflisch und Bernard Dieterle, Ostfildern 2012, S. 383–385.

Antonio Saura
Woyzecks Sessel
1984

Puppenspieladaption *Woyzeck on the Highveld* (1992). Vor allem aber überwiegen in den letzten Jahren die freien Werkausdeutungen. Als Beispiele seien etwa Luigi Nannis Fotoübermalungen genannt oder auch Pierre Antoniuccis »work in progress« *dispositif Woyzeck* mit seinen verschiedenen Arrangements markanter Schwarzweiß-Figuren und pastöser Porträts. Harjo Schmidt setzte seinen Woyzeck in zwei (an Lucian Freud erinnernden) Halbakten dem sezierenden Blick des Betrachters aus. Noch kreatürlicher, beinah animalisch wird er in der rembrandtesken Bildkomposition Rafael Ramirez Máros inszeniert, durchs Wasser watend in unterwürfiger Erwartung seines Schicksals.

Die überwältigende Häufigkeit von Aufführungen des *Woyzeck*, seine Verankerung im Schullektürekanon und die Internationalisierung seiner Rezeption machen Büchners Drama zum heute wohl meistbebilderten der deutschen Literatur. Mag die Qualität der kaum noch überschaubaren Arbeiten aus Ateliers, Leistungskursen oder Klassenzimmern auch höchst unterschiedlich sein, eines ist ihnen allen gemeinsam: Sie setzen Lese- und Theatererfahrungen ins Bild, die eindrucksvoll die anhaltende Faszination und Aktualität des Werks belegen.

THOMAS MICHAEL MAYER

—

BÜCHNER-BILDER
1987

»*Alfieri*: e la fama?« (und der Ruhm?) / »*Gozzi*: e la fame?« (und der Hunger?). Als Büchner diese »Vorrede« zu seinem Lustspiel *Leonce und Lena* [...] an den Verleger der deutschen Klassiker, Cotta in Stuttgart, schickte, da teilte er poesie-, komödien- und zensurgerecht verschlüsselt eine Haltung, eine Blickrichtung der eigenen literarischen Autorschaft mit. Es war eine ähnliche, ihn auch von den meisten Zeitgenossen auf der oppositionellen Seite grundsätzlich trennende Erkenntnis, wenn er nach dem Bericht seines Freundes Becker sagte, »der materielle Druck, unter welchem ein großer Teil Deutschlands liege, sei eben so traurig und schimpflich, als der geistige; und es sei in seinen Augen bei weitem nicht so betrübt, daß dieser oder jener Liberale seine Gedanken nicht drucken lassen dürfe, als daß viele tausend Familien nicht im Stand wären, ihre Kartoffeln zu schmelzen«.

In dem Maße, in dem sich die Illusionen der liberalen Bürger, aber auch der aufklärend reformbedachten Anwälte des mit den Händen arbeitenden Volks verflüchtigten, wurde Büchner, der lange nur den Lexika und wenigen Enthusiasten bekannt war, zur Identifikationsfigur der Naturalisten, der Expressionisten wie fast aller späteren »Moderne«. Sätze, die immer wiederkehren: Büchners Werke »ragen an tausend Stellen so frisch und unmittelbar in unsere Gegenwart hinein, daß man sich wundert, wie diese Prophezeiungen, Warnungen, Mahnungen, Schilderungen nicht aus der nächsten Vergangenheit stammen« (Wilhelm Schulz, 1851). »Man wird erstaunen, wie viele Sätze durch Inhalt und Ausdruck sich anhören, als seien sie in unseren Tagen geschrieben« (Kurt Pinthus, 1919). »Büchners Briefe lesend, muß man sich mitunter mit Gewalt erinnern, daß es nicht die eines Zeitgenossen sind« (Volker Braun, 1978): Bestätigungen, daß die Geschichte den früh gefaßten »Grundsätzen« und den aus einem schmalen Ausschnitt hessischer und elsässischer Wirklichkeit kondensierten Erfahrungen Büchners recht gegeben habe. Damit sind weniger etwa aus dem Werk herausgeschnittene Sentenzen gemeint. Unverändert sachgerecht ist vor allem Büchners beständiger Blick auf den nicht überbrückbaren »Riß« zwischen dem Oben und dem Unten innerhalb der beiden ihm bekannten Staats- und Gesellschaftsformen, der geburtsaristokratischen in Deutschland und der geldaristokratischen in Frankreich.

↓

Antonio Saura
Plakat für Woyzeck *im Teatro Martín, Madrid*
1985

Antonio Saura
Bühnenentwurf für Woyzeck (Detail)
1984

Doch selbst diese »positiven«, insofern düsteren Bestätigungen des Autors scheinen problematisch angesichts der sich nicht wiederholenden Geschichte, angesichts der immer gerade das Individuellste abfilternden Überlieferung und nicht zuletzt der Differenz zwischen Schreiben und Handeln, mit deren Aufhebung Büchner sehr weit gegangen war. »Wer immer auf Büchner sich berufen kann, wir sind es nicht« (Hans Magnus Enzensberger, 1964).

Wie verstehen wir also den vor 150 Jahren im Schweizer Exil gestorbenen Flüchtling aus Hessen, der sich nach dem Urteil seines Freundes Wilhelm Schulz »lächelnd zu Tode gearbeitet« hat und dabei ganz banal mit 23 dem Typhus erlegen ist? Was und aus welchen Quellen könnten wir über ihn wissen, und was erreicht tatsächlich die Leser der gehabten wie der kommenden Feuilletons, die Käufer der ausgewählten und der kommentierten Taschenbuchausgaben, die Theatergänger, Schulfunkhörer, was läuft übers TV?

Es sind ganz überwiegend Bilder im übertragenen Sinn, mit denen sich je Gegenwärtige die Tradition anverwandeln, als Vorläufer oder Vor»bild«, aber auch zur Warnung und als Feind»bild«: Ein Mitherausgeber der *Frankfurter Allgemeinen Zeitung*, der Büchner als »pechösen Charakter« bezeichnet (»als Scheiternde« hätten er und »seinesgleichen« »erst das öffentliche Interesse auf sich lenken können oder doch den vorherrschenden Sozialhelferinstinkten ergiebige Auftrittsmöglichkeiten verschafft«; Joachim C. Fest, 1982); ein Programmbeirat beim Bundespostministerium, der »Büchners literarische Qualitäten« nicht bestreiten, doch dem, der »nicht nur Dichter, sondern auch Sozialrevolutionär« war, keine Briefmarke widmen will; wohlmeinende Bundestagsabgeordnete, Landräte und Bürgermeister, die partout eine solche Sondermarke sehen möchten (1986), während gleichzeitig auf Flugblättern »verantwortlich im Sinne des Presserechts« »Georg Büchner« zur Blockade der Frankfurter Startbahn West aufgerufen hat (1981) und Atomstrom führende Masten in seinem Namen niedergelegt werden (1985).

Auch Bilder im eigentlichen Sinn haben anteilige Züge von Projektionen ihrer Auftraggeber und Verfertiger. Durch die nicht erst in den 60er Jahren entstandene oder entdeckte – nur mit einem feinen Beiklang des Elitären so benannte – »Kulturindustrie« aber wird die Bezogenheit der Bilder sowohl des übertragenen wie des realen Sinns auf einen fremden Gegenstand noch weiter zurückgedrängt. Das Objekt

↓

RUTH KLÜGER

—

»DAMIT EIN JUD STIRBT«

1985

»Meine geliebten Zuhörer, lasst uns«, heißt es an einer Weichenstelle der deutschen Literatur, wo die Konturen der Moderne sich vielleicht zum ersten Mal abzeichnen, »noch über's Kreuz pissen, damit ein Jud stirbt.« Sie kennen die Stelle im *Woyzeck*: Sie spricht von und zu einer Männerphantasie von angestammter Macht. Wie der Urinstrahl des ragenden Gulliver, der das große Feuer in Lilliput löscht, möchte sie über Leben und Tod von andersartigen Menschen verfügen: Zwergen bei Swift, bei Büchner Juden.

Es liegen nur wenige Seiten, und auf dem Theater nur wenige Minuten, zwischen dem Wirtshaustisch, von dem her Büchners Handwerksbursche seine Predigt mit der eben zitierten Aufforderung beschließt, und dem jüdischen Trödelladen, wo Woyzeck das Mordinstrument einkauft. So führt ein roter Faden von der blasphemisch physisch-metaphysischen Bedrohung des Juden im Allgemeinen zu seinem persönlichen Auftreten als Woyzecks Wegweiser in den Tod. Woyzeck geht zum Trödeljuden, wie der sündige Bischof im alten Theophilus Spiel, jener Vorläufer des Faust, zum Rabbiner ging, um den Weg zum Teufel zu erkunden. Der Rabbiner wußte die Antwort, und Theophilus brauchte nicht weiter zu forschen. Auch Woyzeck erhält ohne viel Umstände, was er braucht.

Keinen Augenblick gibt Büchners Trödeljude vor, den Zweck des fatalen Ankaufs nicht zu kennen. Es geht um Tötung, der Jude weiß es, er tippt auf Selbstmord; ob ihm einfällt, Woyzeck könne auch morden, bleibt dahingestellt. Jedenfalls ist er sich im Klaren darüber, daß ein Menschenleben auf dem Spiel steht und ist skrupellos betreffs der Endbestimmung der Waffe. Er verkauft Woyzeck, was dieser sich leisten kann: nicht den Tod mit der Kugel (die Pistole,

↓

Yvan Alagbé / Olivier Marboeuf
Le cheval sans tête, Vol. I
1996

Seite 576
Dino Battaglia
Woyzeck (Detail)
1990

wird auf den verschiedensten Wegen, jedoch manchmal über gemeinsame Zwischenstufen adaptiert, vergröbert und in jedem Fall trivialisiert; Zerrbilder entstehen.

[...]

Die wichtigste Legende aus Erfahrungswerten der Literaturwissenschaft: Junge deutsche Dichter schreiben »Räuber«-Dramen, um dann älter werdend Arrangements oder Friedensschlüsse mit dem Gegebenen zu treffen; ein biographisches Muster, das selbst gegen anderslautende Detailbefunde und gegen die einfachsten Überlegungen auch auf das kurze Leben Büchners übertragen wurde – weil seine Flugschrift »gescheitert« sei (welche Flugschrift können die Biographen aus der Geschichte nennen, die eine Revolution ausgelöst hätte?); weil er sich als Flüchtling den Naturwissenschaften »zugewandt« habe (das mußte er nicht erst tun, denn er hatte dieses Studium bereits mit Schulabschluß gewählt und brachte es nach fünf Jahren nur mit insoweit gesteigertem Aufwand zu Ende, als ihn jeder Abschluß in der Regel erfordert); weil er zuletzt einen »bürgerlichen« Beruf ergriff (von was hätte der mit einer provisorischen, sechsmonatigen Aufenthaltsberechtigung in Zürich ausgestattete Asylant sonst leben sollen?). Oder auf der anderen Seite: Da die Forderungen der Französischen Revolution im deutschen Vormärz unerfüllt waren, müsse das Drama des *Landboten*-Verfassers auch den Jakobinismus verherrlicht haben (man lese das Stück).

Und als gemeinsamer Schnittpunkt aller Verdrängungen im Biographischen noch das Problem jener Melancholie, die man entweder bei Büchner alles dominieren läßt, sich doch letztlich durchsetzen sieht – oder aber als vorübergehendes Randphänomenen erklärt, sofern man sie überhaupt thematisiert. Büchners »Anlagen zur Schwermut« (so er selbst nach einem selten zitierten Bericht seines Bruders Ludwig) sind jedoch mehr als hinreichend aus

↓

die Woyzeck zuerst wählt, erweist sich als zu teuer), sondern den Tod mit dem Messer, den »ökonomischen Tod«, wie er es nennt. Woyzecks Einstellung zum Leben ist ihm gleichgültig, doch seine Haltung zum Geld ist von Belang. Wenn der Kunde ihm den Kaufpreis von zwei Groschen widerspruchslos und vielleicht verächtlich hinwirft, nimmt er Abstand von ihm mit dem Satz: ›Als ob's nichts wär. Und s'is doch Geld. Der Hund.‹ Bei Büchner empört sich das Lebensgefühl des Juden nicht vor der Verzweiflung des Mörders oder Selbstmörders, sondern vor dem Verächter des Geldes.

Und nun die dritte oder eigentlich erste Erwähnung von Juden im *Woyzeck*, in einem feindseligen Gespräch über Sinnlichkeit zwischen zwei Frauen. Marie, Woyzecks treulose Geliebte und am Ende sein Opfer, reagiert unwirsch auf die Unterstellung der Nachbarin, sie könne, dank ihrer Mannstollheit, sieben Paar Lederhosen durchschauen, und sagt zu der Freund-Feindin in Abwehr und Ärger: »Trag Sie Ihre Auge zum Jud und laß Sie sie putze, vielleicht glänze sie noch, daß man sie für zwei Knöpf verkaufe könnt.« Ein unheimlich groteskes Bild, wie man es bei E.T.A. Hoffmann erwartet, von Augen als käuflichen Knöpfen, die aus dem Zusammenhang von erotischer Begehrlichkeit metaphorisch zu eben dem Juden wandern, der mit allem handelt und alles zu Geld macht und der kurz danach das gar nicht metaphorische, für Marie tödliche, Messer mit Woyzeck verrechnen wird.

Damit sind aber auch in Büchners eigentümlich genialer Art die Themen umrissen, die das Bild des Juden in der nach- und gegen-aufklärerischen Zeit prägen: Der todbringende Jude, der Geldjude und die erotischen und phallozentrischen Phantasien, die sich mit der Bewältigung dieser vermeintlichen Gefahr beschäftigen. Büchner war, soviel wir wissen, die sogenannte Judenfrage gleichgültig. Doch mit schlaglichtartigen Stichworten erhellt er Bewußtseinslagen in Bezug auf Juden, und zwar bei Menschen, die dem Druck ihrer Armut im Leben, im Sterben und noch im Töten ausgesetzt sind.

Aus: Ruth Klüger Angress, »Wunsch- und Angstbilder. Jüdische Gestalten aus der deutschen Literatur des neunzehnten Jahrhunderts«, in: *Akten des VII. Internationalen Germanisten-Kongresses in Göttingen 1985. Kontroversen, alte und neue*, hrsg. von Albrecht Schöne, Bd. 1: *Ansprachen, Plenarvorträge, Berichte*, Tübingen 1986, S. 84 f.

...MUSS NOCH ZUM DOKTOR...
ICH KOMME SOFORT.

der riesigen Spannung zwischen absoluter Befreiungsutopie auf der einen und unabsehbarer Beharrungskraft von erniedrigenden Verhältnissen auf der anderen Seite zu erklären, deshalb notwendige, die Person und das Werk durchgängig konstituierende Hauptsache. Diese Schwermut manifestierte sich zeitlich vor dem *Hessischen Landboten* ebenso wie nach dessen angeblichem »Scheitern« und nach der Flucht ins Ausland. Sie ist für Büchner wie für andere »seinesgleichen« seit dem 18. Jahrhundert nicht mit den Modellen eines Auf und Ab oder Mehr oder Weniger zu fassen, sondern nur als ein gleichzeitiges, sich wechselseitig begründendes Sowohl-als-auch. Rudi Dutschkes großer nachgelassener Büchner-Essay hat – trotz zahlreicher kurzschlüssiger Aktualisierungen auf anderen Gebieten – gerade dies bislang vielleicht am treffendsten erfaßt.

[...]

Einen »düsteren, nach der Erde gesenkten Blick« also attestierte die Behörde dem Autor des *Hessischen Landboten*, während dieser den Drucker und die Verbreiter warnte, als erstes und auffälligstes »Besonderes Kennzeichen«. Es war sicher nicht nur der Blick des Kurzsichtigen, sondern derjenige der Schwermut sozialrevolutionärer Kompromißlosigkeit. Heiner Müller hat ein scheinbar gegenläufiges, doch nicht weniger eindrückliches Bild erfunden: Die Parzen hätten dem Verfasser des *Woyzeck* schon »bei der Geburt die Augenlider weggeschnitten«. Er konnte nicht mitansehen und mußte doch dauernd. Eben deshalb hat er die Augen nach unten gerichtet, den »leidenden, gedrückten Gestalten mitleidige Blicke zugeworfen« (Brief an die Eltern, Februar 1834); doch damit hatte es, Büchners Praxis und dichterisches Werk bestätigen das, alles andere als ein karitatives Bewenden.

Aus: Thomas Michael Mayer, »Einleitung. Büchner-Bilder«, in: *Insel-Almanach auf das Jahr 1987. Georg Büchner*, hrsg. von Thomas Michael Mayer, Frankfurt am Main 1987, S. 7–19, hier S. 7–9 und 17–19.

DIETMAR DATH

—

»ICH KANN NIT«

—

WAS AUS GEORG BÜCHNER ZUM GLÜCK NIE GEWORDEN WÄRE

In dem Historienfilm *Linhas de Wellington* von Valeria Sarmiento aus dem Jahr 2012, der die Geschichte von Napoleons militärisch-politischem Ruin aus der Perspektive antinapoleonischer Katholiken, Kriegsopfer und Königstreuer schildert, findet sich unter gut zwei Dutzend Hauptfiguren ein einziger Mensch, dem ich gern wirklich begegnen würde. Es ist ein enttäuschter Republikaner, der über Napoleon ungefähr das denkt und sagt, was enttäuschte Kommunisten in den 1930er-Jahren über Stalin dachten und sagten: »Der Mann mag ja die Revolution gerettet haben, aber der Preis war zu hoch. Unsere Sache hat, um zu überleben, alles preisgegeben, was an unserer Sache unsere Sache war. Jetzt wird sie, wenn er verschwindet, mit ihm verschwinden, und das ist womöglich ihrem Überleben als ständige schmerzliche Erinnerung vorzuziehen.«

Gestalten wie diesen Mann, der im entscheidenden Moment bei aller Melancholie nicht zögert, von der Waffe Gebrauch zu machen, gab und gibt es im Leben und in der Literatur viele, seit die Menschen am Ende des europäischen Mittelalters begannen, Politik nicht mehr als Angelegenheit der Tradition (also des Glaubens oder der Erbfolge), sondern als Angelegenheit der Erschaffung neuer Institutionen aufzufassen, die veränderlichen gesellschaftlichen Kräfteverhältnissen gerecht werden sollten. Wer damit einmal anfängt, bringt notwendigerweise Enttäuschungen hervor. Keine Menschensorte ist enttäuschter als die revolutionäre, deren Revolution misslang. Georg Büchner gehört dazu, sein Werk aber liest sich in der Rückschau wunderlicherweise wie die Hinterlassenschaft eines Menschen, der nicht nur von einer zurückliegenden Revolution, der französischen, enttäuscht schien, sondern gleichsam vorwegnehmend schon von derjenigen, die er erst mit anzuzetteln im Begriff war, und vielleicht von allen, die danach kamen.

Linke Deutsche lesen ihn, abgesehen von schöneren Gründen, auch deshalb, weil sie bei ihm (etwa in der allegorischen Form der gemeinsamen Niederlage Dantons und Robespierres, im Zusammensturz des gesellschaftlichen zu privatem Elend bei *Woyzeck*, in der atemlos gedrängten Predigt des *Hessischen Landboten*) ihre eigene Enttäuschung über Stalin, über die Ergebnisse von 1968 oder die Verwandlung der GRÜNEN von der basisdemokratischen Rotationskartoffeldruckmaschine zur Bundeswehrauslandseinsatzpartei wiederfinden.

↓

Ein guter linker Freund und Lebenslehrer, der ungern »Achtundsechziger« genannt wird, und den ich auch dann schätze, wenn er etwas sagt, was ich nicht verstehe, hat das Ganze im Gespräch einmal auf eine einfache Parabel zusammengedrängt: »Büchner, hör zu – er ist als Kranker gestorben, und sein militanter Freund Weidig in einer Gefängniszelle. Immer, wenn mir das einfällt, erinnert es mich daran, wie sich alles wiederholt – einige meiner Genossinnen und Genossen sind als Kranke gestorben, andere, militante, in Gefängnissen. Was übrig bleibt, ist immer Literatur.« Dass er das Wörtchen »nur« vor dem Wort »Literatur« weglässt, ist eine verschwiegene, aber tiefe Respektsbekundung vor Büchner.

Man liest diesen Dichter gern, wenn man das miteinander teilt, was dieser Freund, bei all unseren Unterschieden, mit mir teilt, weil Büchner nicht einsehen wollte, dass das, was ihn zwang, in die Ecke und Enge gezwängt zu sprechen, nun mal der Lauf der Welt ist. Sieh' es halt ein, sagt die Geschichte, füge dich und mach' das Beste draus geh' mit, gib auf, sei still, sei brav. »Ich kann nit«, antwortet Woyzeck, den man mit einem heute üblichen Amerikanismus, in dem sich die gesellschaftliche und die private Bedrückung gegenseitig im Schwitzkasten quälen, einen Soziopathen nennen könnte. »Ich kann nit«, sagt er, wenn ihn der Arzt anweist, er solle »pissen gehen«. Und als Marie ihn zu sich ins Haus einlädt, erklärt er: »Kann nit. Muss zum Verles.«

Es gibt freilich einen Unterschied zwischen nicht Können und nicht Wollen. Wer sich nicht anpassen kann, gilt als krank, wer es nicht will, gilt mit etwas Glück als Genie.

Hätte Büchner aber anders gekonnt, als gegen ein Schicksal zu wüten, das ihn in eine tote Zeit stellte? Mit Napoleons autoritärer Rettung der Revolution hatte sich eine schwere Durststrecke für den Fortschritt angekündigt, mit der Niederlage bei Leipzig wurde aus der Ankündigung Realität, buchstäblich im Moment von Büchners Geburt – hätte er das ignorieren können?

Hätte Büchner einen guten liberalen Zeitungsmann abgegeben, wäre eine bürgerliche Revolution in Deutschland mit etwas Glück doch noch gelungen? Hätte Büchners Vaterland ihm, wäre es nur endlich republikanisch verfasst gewesen, erlaubt, die politischen Bittermandeln auszuspucken und schönere Sachen zu singen? Oder war die eigenartige Mischung aus humanistischem Höhenflug und galligem Herostratentum, die seine Arbeit durchherrscht, primär Emanation eines persönlichen, zufälligen Naturells, also nicht der zugespitzte Epochenstil, der sie heute zu sein scheint? (Beiseite: Ein seltsamer Epochenstil wäre das, den nur ein einziger gefunden, nur einer geschrieben, nur dieser eine aus den aktuellsten Stoffen herausgelesen und anderen, scheinbar zeitlosen Stoffen anverwandelt hat.)

Was genau aus einem Menschenleben oder einer Epoche hätte werden können, wenn etwas anderes daraus geworden wäre als das, was nun einmal daraus wurde, lässt sich von außen stets schwer sagen. Man wird beim Raten desto ungenauer, je weniger Zeit beide hatten, sie selbst zu sein. Sehr leicht verwechselt man sie mit etwas, das ihnen voranging oder auf sie folgte. Von innen wiederum haben sie meistens auch nicht gewusst, welche Alternativen sie hatten, Selbsttäuschungen liegen da stets nahe. Nötig wäre also, will man so etwas wissen, eine dialektische Synthese von innen und außen – etwas wie »teilnahmsvolle Distanz« oder »skeptische Solidarität«. Büchner, zu seiner Ehre, macht einem das nicht leicht. Sein Verhältnis zur Revolution als Idee war leidenschaftlich und von Verwirrung, wie alle Leidenschaften, nicht frei. Sein Verhältnis zur Revolution als *kaputter Tatsache* wiederum lässt sich mit der Geschichte des Verhältnisses von Ronald Reagan zu den amerikanischen Demokraten vergleichen, bei denen er politisch zuhause war, bis er sich bei den Republikanern wohler fühlte: »I did not leave the Democratic Party, the Democratic Party left me.«

Bei Reagan allerdings ist die Feststellung, dass eine gesellschaftliche Tatsache, die sich als Resonanzboden für seine Absichten geeignet hätte, ihn im Stich gelassen hat, ein Scherz für die Abendgesellschaft, eine Trouvaille für Journalisten. Bei Büchner dagegen ist dieselbe Feststellung – »der schlecht vorbereitete Aufstand zahlreicher unterschiedlichster Gegner der alten Ständegesellschaft hat mich verraten« – ein Aufschrei, erstickter Schmerzenslaut.

↓

William Kentridge (Regie) /
Adrian Kohler (Design),
Handspring Puppet Company
Puppen »Doktor« und
»Woyzeck« in:
Woyzeck on the Highveld
1992/2008

Dieser Gestus war und ist in Deutschland vor allem ein studentischer – während Studentenunruhen anderswo oft genug entweder Vorzeichen oder Nachwehen großer sozialer Umbrüche sind, kommen sie hierzulande eher als deren unglücklicher Ersatz vor: Man will etwas, das man nicht durchsetzen kann, man ist ja Funktionselite im Wartestand, in der Ausbildung. Da das, was man will, aber auch sonst niemand durchsetzen kann, spaltet man sich bald in Fraktionen und streitet herum, bis die Gesamtniederlage offensichtlich genug ist, dass man sich ohne Ehrverlust ins Privatleben zurückziehen kann.

Zurück bleiben die Toten, die Kranken und die Eingesperrten.

Muss einer, der schon weiß, dass er so einen Verlauf vorwegnimmt, zwingend so schreiben wie Büchner? Sind die Anklänge an Biblisches, die sich in seiner Agitation wie in seiner Dichtung finden, nicht nur, wie man ihm abgenommen hat, Versuche, volkstümlich zu sein, sondern auch Anrufungen des Ewigen, das man eben anruft, wenn man im Diesseits, im Gegenwärtigen, nichts mehr für die eigene Sache zu erwarten hat?

Literaturgeschichte kann, wenn nur genug Zeit vergeht, noch aus der größten Aussichtlosigkeit Ironie holen. Die des Bibeltons bei Büchner besteht darin, dass man zwar annimmt, er habe ihn wegen der vermuteten politischen Wirkung auf die weniger Gebildeten gewählt, er habe damit aber niemanden von diesen mobilisiert, eben weil sie an die metaphysischen Tröstungen, die dieser Ton meint, doch noch eher glaubten als an die Aussichten der Revolution. Derselbe Trick, die kalkulierte erhebende Wirkung des Bibeltons, funktioniert später, bei Brecht, dann aber wirklich – paradoxerweise deshalb, weil sein bevorzugtes Publikum an die Bibelbotschaften selbst überhaupt nicht mehr glaubte.

Ein andermal: Zart und schutzlos findet man die Beschwörung des »nicht hier, nicht jetzt, aber irgendwann, irgendwo« bei Büchner, im traumnah Poetischen der Sprache des Verbrechers, in der mehrdeutigen Schein-Indifferenz der letzten *Lenz*-Sätze, ja selbst im *Hessischen Landboten*. Da gibt es auch die Wendung »Ich sage euch«: christliches Echo und zugleich modernste Selbstausrufung des öffentlichen Intellektuellen.

Vorstellbar sind verschiedenste Schicksale, hätte dieser Mann etwas länger gelebt: verfemter Radikaler so gut wie Staatsdichter, beides kann man sich für ihn denken, unvorstellbar aber ist, dass er der mit Ernst und Eifer gestalteten Sprache entsagt und sich ganz der Meinung hingegeben hätte – schlicht unmöglich, den überlieferten Büchner fortzusetzen als einen, der reflexionslos von sich gibt, was er von irgendwoher, aus der Welt oder aus Texten, mitgenommen hat. »Weiche Themen«, wie das Feuilleton das heute nennt (Anders Mannsein, Schöner Wohnen, Dümmer Reden), waren ihm unerreichbar. Ein Reaktionär wäre er vielleicht geworden; ein Blogger niemals.

Zwingt man sich also, so schwer das ist, zur oben geforderten teilnahmsvollen Distanz oder skeptischen Solidarität und blättert dann in Büchners Schriften, so mag eine Art Mitleid aufkommen mit ihm, der zerrissen war, nicht aus jugendlichem Furor, sondern von Widersprüchen, die im damaligen, bedrückend engen Zeitrahmen keine Lösung finden konnten. Ein seltsamer Befund liegt auf der Hand: Dieses sprechende, kurze Menschenleben hat aus seiner Epoche weit mehr gemacht, als eigentlich drin war.

ACH,
DIE ERBÄRMLICHE
WIRKLICHKEIT!

ANHANG

GEORG BÜCHNER

—

LEBENSDATEN

1813
16. bis 19. Oktober: Völkerschlacht bei Leipzig
17. Oktober: Georg Büchner wird in Goddelau (Großherzogtum Hessen-Darmstadt) als erstes Kind des Amtschirurgen Ernst Büchner (1786–1861) und seiner Frau Caroline (1791–1858) geboren

1815
Gründung der Heiligen Allianz zwischen den absolutistischen Monarchien Russland, Österreich und Preußen

1816
Umzug der Familie Büchner in die Residenzstadt Darmstadt. Dienstwohnung in der Hospitalstraße, dann später am Markt 4 (heute Ludwigsplatz), dann Obere Eaustraße (heute Elisabethenstraße), schließlich ab 1825 in der Grafenstraße 39

1817
Wartburgfest der Deutschen Burschenschaft gegen das »System Metternich«

1819
Karlsbader Beschlüsse durch den Bundestag in Frankfurt: »Demagogenverfolgung«, Zensurverschärfung, Verbot der Burschenschaft

1821
Einschulung Büchners in die neu eröffnete Privat-Erziehungs- und Unterrichts-Anstalt für Knaben in Darmstadt

1825
Wechsel an das sogenannte Pädagog, das humanistische Großherzogliche Gymnasium in Darmstadt

1828
Konfirmation Büchners in der Darmstädter Stadtkirche. – Gründung eines literarischen Schülerzirkels. Erste Gelegenheitsgedichte, darunter *Die Nacht*

1829
Schulaufsatz *Helden-Tod der vierhundert Pforzheimer* sowie *Ueber den Traum eines Arcadiers*.

1830
29. bis 31. Juli: Revolution in Paris. – Büchner hält eine Rede zur Verteidigung des Cato von Utika auf einer Schulfeier und rezensiert einen Mitschüleraufsatz über den Selbstmord

1831
Schulabgangszeugnis
Anfang November: Immatrikulation als Student an der Medizinischen Fakultät in Straßburg. Büchner wohnt bei Pfarrer Johann Jacob Jaeglé (1763–1837) in der Rue St. Guillaume Nr. 66 und verliebt sich dort in dessen Tochter Wilhelmine (1810–1880). – Mitglied in der Studentenverbindung Eugenia
Ende November: Büchner erfährt vom Aufstand der Seidenweber in Lyon
Anfang Dezember: Büchner berichtet vom Empfang der Generäle des gescheiterten polnischen Befreiungskampfes in Straßburg

1832
27. bis 29. Mai: Hambacher Fest (ohne Teilnahme Büchners)
August bis Oktober: Ferien in Darmstadt. Danach Wiederaufnahme des Studiums in Straßburg mit Präparationsarbeiten in der Anatomie
Oktober/November: Gründung der Société des droits de l'homme in Paris, in deren Straßburger Sektion wahrscheinlich auch Büchner Mitglied wird

1833
Mitte/Ende März: Heimliche Verlobung mit Wilhelmine Jaeglé
5. April: Büchner äußert sich zu dem Putschversuch zur Errichtung einer deutschen Republik in Frankfurt am 3. April (»Frankfurter Wachensturm«): »Wenn in unserer Zeit etwas helfen soll, so ist es Gewalt.«
Ende Juni: Mehrtägige Vogesenwanderung mit Freunden
Ende Juli: Rückkehr nach Darmstadt
September: Besuch des Straßburger Theologiestudenten Alexis Muston (1810–1888) in Darmstadt
Ab Ende Oktober: Fortsetzung des Studiums in Gießen
11. November: Teilnahme an einem Bankett zu Ehren der oppositionellen Abgeordneten des aufgelösten hessischen Landtages
Anfang Dezember: Aufenthalt bei den Eltern in Darmstadt wegen einer Hirnhautentzündung

1834
Anfang Januar: Rückkehr nach Gießen. Lektüre zur Geschichte der Französischen Revolution. – Enge Freundschaft mit dem ehemaligen Theologiestudenten August Becker (1812–1871). – Bekanntschaft mit dem Schulrektor und Herausgeber illegaler politischer Flugschriften Friedrich Ludwig Weidig (1791–1837) aus Butzbach
Mitte März: Büchner schreibt den Entwurf der Flugschrift *Der Hessische Landbote* zur Agitation der Bauern und Handwerker
März und April: Büchner gründet Sektionen der geheimen Gesellschaft der Menschenrechte in Gießen und Darmstadt
Ende März: Reise zur Verlobten nach Straßburg
Ende April: Fortsetzung des Studiums in Gießen
3. Juli: Büchner nimmt an einer konspirativen Versammlung von Oppositionellen auf der Badenburg bei Gießen teil: Beschluss der Verbreitung des von Weidig überarbeiteten *Hessischen Landboten*
5. Juli: Büchner bringt das Manuskript gemeinsam mit dem Studenten Schütz nach Offenbach
Juli: Druck von circa 1 200 Exemplaren des *Landboten* in Offenbach
1./2. August: Nach Verhaftung des mitverschworenen Studenten Minnigerode Fußmarsch Büchners von Gießen nach Butzbach und Offenbach, um alle Beteiligten zu warnen
2. August: Nach der Denunziation durch einen V-Mann behördeninterner Haftbefehl gegen Büchner
4. August: Durchsuchung von Büchners Zimmer in Gießen. Vorladung zu Verhören
Mitte September: Bei den Eltern in Darmstadt, Besuch Wilhelmine Jaeglés. – Büchner nimmt weitere Mitglieder in die Darmstädter Sektion der Gesellschaft der Menschenrechte auf und beteiligt sich an Plänen zur Gefangenenbefreiung und zum Ankauf einer Druckerpresse. – Quellenstudien in Vorbereitung auf *Danton's Tod*. – Büchner gibt Vorlesungen für angehende Wundärzte in Darmstadt
November: Druck der zweiten Auflage des *Hessischen Landboten* in Marburg. – Büchner wird in Offenbach und Friedberg verhört

1835
Ab Mitte Januar: Reinschrift von *Danton's Tod*
21. Februar: Versand des Manuskripts an den Frankfurter Verleger Johann David Sauerländer und dessen Redakteur Karl Gutzkow (1811–1878).
Ende Februar: Büchner wird zur Zeugenvernehmung ins Darmstädter Arresthaus vorgeladen
6. März: Flucht nach Straßburg
Ab 26. März: Zeitschriftendruck von *Danton's Tod*
Mai/Juni: Übersetzung der Dramen *Lucrèce Borgia* und *Marie Tudor* von Victor Hugo für Sauerländer
Mai: Erste Pläne zu einer »Novelle Lenz«. – Bekanntschaft mit dem radikaldemokratischen Publizisten Wilhelm Schulz (1797–1860) aus Darmstadt
18. Juni: Büchners Steckbrief erscheint erstmals in der *Großherzoglich-Hessischen Zeitung* und in der Beilage zum *Frankfurter Journal*
11. Juli: Buchausgabe von *Danton's Tod* in der von Gutzkow vorzensierten Fassung
Sommer und Herbst: Beginn mit Exzerpten zur griechischen Philosophie und zu Spinoza als Vorbereitung zu einer möglichen philosophischen Dissertation und zu Lehrveranstaltungen an der Universität Zürich. Gleichzeitig intensive Vorarbeiten und Präparationen an Fischen für eine Dissertation in vergleichender Anatomie

Oktober: Eine »Sicherheitskarte« legalisiert den vorher gesetzeswidrigen Aufenthalt in Straßburg. Anfang Dezember reguläre Anmeldung bei den Straßburger Polizeibehörden

26. Oktober: Ankündigung der Zeitschrift *Deutsche Revue* durch Gutzkow und Wienbarg, in der auch Büchner als zukünftiger Mitarbeiter genannt wird. Die Zeitschrift wird im November verboten

30. November: Verhaftung Karl Gutzkows in Mannheim

10. Dezember: Verbotsbeschluss des Deutschen Bundestages »gegen die Verfasser, Verleger, Drucker und Verbreiter der Schriften aus der unter der Bezeichnung ›das junge Deutschland‹ oder ›die junge Literatur‹ bekannten literarischen Schule« ohne Nennung Büchners. – Einstellung der Arbeit am *Lenz*-Projekt

1836

Fortsetzung der Arbeit an der Dissertation zum Nervensystem der Flussbarbe

Ab Ende April: Vorstellung der Ergebnisse in drei Sitzungen der Société d'histoire naturelle de Strasbourg

Bis 31. Mai: Vorbereitung der Dissertation *Mémoire sur le système nerveux du barbeau* für den Druck

Von Juni bis Mitte Oktober: Arbeit am Lustspiel *Leonce und Lena* und an Entwürfen zu *Woyzeck*, möglicherweise auch an einem Drama über den Renaissance-Schriftsteller Pietro Aretino sowie am Cartesius-Skript und dem zweiten Teil des Spinoza-Skripts für eine geplante philosophiegeschichtliche Lehrveranstaltung in Zürich

Ende Juni: Verspätete Einreichung von *Leonce und Lena* am Lustspiel-Wettbewerb der Cotta'schen Buchhandlung

3. September: Promotion in Zürich

18. Oktober: Reise nach Zürich

5. November: Probevorlesung über Schädelnerven und Zulassung als Privatdozent an der Universität Zürich

15. November: Beginn von Lehrveranstaltungen über Vergleichende Anatomie

26. November: Vorläufige Aufenthaltsgenehmigung für sechs Monate in Zürich. – Niederschrift von *Woyzeck* (H3 und H4) und vermutlich Weiterarbeit an *Leonce und Lena*

1837

Januar: Publikationspläne für drei Dramen »in längstens acht Tagen«. – Umzugspläne innerhalb Zürichs

2. Februar: Ausbruch der Typhuserkrankung

12. Februar: Tod Börnes im Pariser Exil

17. Februar: Ankunft Wilhelmine Jaeglés bei dem Sterbenden

19. Februar: Tod Büchners. Im Nachlass unter anderem die Entwurfshandschriften zu *Woyzeck*, das weitgehend abgeschlossene Lustspiel *Leonce und Lena* und Manuskripte zu *Lenz*

21. Februar: Beisetzung Büchners

23. Februar: Tod Weidigs in der Untersuchungshaft nach schweren Misshandlungen vermutlich durch Selbstmord

TF

BÜCHNER-REZEPTION IN LITERATUR, THEATER, MUSIK, KUNST, POLITIK UND WISSENSCHAFT

1834

Juli und November: Die beiden Auflagen des *Hessischen Landboten* werden in hessischen Städten und Dörfern verteilt

4. August: Behördeninterner Steckbrief Georg Büchners

1835

26. März bis 7. April: *Danton's Tod* erscheint in Auszügen in der Zeitung *Phönix*

Anfang Juli: Buchfassung von *Danton's Tod* (Frankfurt: Sauerländer)

18. Juni: Büchners Steckbrief erscheint in der Beilage des *Frankfurter Journals* und in der *Großherzoglich Hessischen Zeitung*

11. Juli: Überschwängliche Rezension zu *Danton's Tod* von Karl Gutzkow im *Literatur-Blatt* des *Phönix*

18. Oktober: Victor Hugos Dramen *Lucrèce Borgia* und *Marie Tudor* erscheinen in der Übersetzung Büchners (Frankfurt: Sauerländer)

28. Oktober: Verriss von *Danton's Tod* durch Felix Frei in der Beilage der Dresdner *Abend-Zeitung*

1836

7. September: Protokoll über Büchners Lesung seiner Dissertation in Straßburg in der Zeitschrift *L'Institut*

Oktober: Deutsche Übersetzung dieses Protokolls in der Zeitschrift *Notizen aus dem Gebiete der Natur- und Heilkunde*

4. November: Ankündigung von Büchners Probevorlesung an der Universität Zürich im *Amtsblatt des Cantons Zürich* und im *Schweizerischen Republikaner*

November: Beginn von Büchners Lehrveranstaltung *Zootomische Demonstrationen* mit fünf eingeschriebenen Hörern an der Universität Zürich

1837

19. Februar: Büchner stirbt in Zürich

28. Februar: »Nekrolog« zu Büchner von Wilhelm Schulz im *Schweizerischen Republikaner*

8. April: Büchners Dissertation *Mémoire sur le système nerveux du barbeau* erscheint in Straßburg in der Schriftenreihe der Société d'histoire naturelle (Straßburg: Levrault)

Juni: Büchner-Nachruf »Ein Kind der neuen Zeit« von Karl Gutzkow im *Frankfurter Telegraph*; darin zahlreiche Zitate aus den Briefen Büchners an Gutzkow

Juli: Hermann Marggraffs zwiespältige, aber faszinierte Rezension zu *Danton's Tod* in den *Jahrbüchern für Drama, Dramaturgie und Theater*

1838

10. bis 19. Mai: Gutzkow veröffentlicht Teile von *Leonce und Lena* im *Telegraph für Deutschland*

1839

Januar: Gutzkow veröffentlicht *Lenz* im *Telegraph für Deutschland*

1841

12. April: Gedicht *Zum Andenken an Georg Büchner, den Verfasser von Danton's Tod* von Georg Herwegh in der Zeitschrift *Europa. Chronik der gebildeten Welt*

1843

20. Oktober: Hermann Marggraffs anerkennende Rezension von *Lenz* und *Leonce und Lena* in den *Blättern für literarische Unterhaltung*

1850

Büchners *Nachgelassene Schriften* herausgegeben und mit einer grundlegenden biografischen Einleitung versehen durch seinen Bruder Ludwig (Frankfurt: Sauerländer); darin Erstveröffentlichung des kompletten Textes von *Leonce und Lena*, zahlreicher Briefe und eines Teilabdrucks des *Hessischen Landboten* sowie von Passagen aus der *Probevorlesung*, aber ohne *Woyzeck*

1851

Februar: Rezension zu den *Nachgelassenen Schriften von G. Büchner* von Wilhelm Schulz in der *Deutschen Monatsschrift für Politik, Wissenschaft, Kunst und Leben*

Julian Schmidts pathologisierende und moralisierend kritische Darstellung »Georg Büchner« erscheint in der Zeitschrift *Die Grenzboten*; ab 1853 in seine *Geschichte der deutschen Nationalliteratur im neunzehnten Jahrhundert* übernommen

1867

Georg Büchners Briefe an die Eltern und die Braut erscheinen in der Zeitschrift *Die Fackel. Literaturblatt zur Förderung geistiger Freiheit* in Cincinnati, Ohio (USA)

1875

26. Juni: Umbettung von Büchners Überresten vom Zürcher Kirchhof Krautgarten auf den Germania-Hügel am Zürichberg

4. Juli: Gedenkfeier an Büchners Grab mit den Geschwistern Wilhelm, Luise und Ludwig

29. Juli: Karl Emil Franzos erhält Büchners Darmstädter Nachlass von Ludwig Büchner

November: Erstveröffentlichung des *Woyzeck* (unter dem Titel *Wozzeck*) durch Franzos in der *Neuen Freien Presse*

1877
17./18. November: Neuabdruck des *Hessischen Landboten* durch Franzos in der *Frankfurter Zeitung*

1878
Oktober: Erweiterte Veröffentlichung des *Wozzeck* durch Franzos in der Wochenschrift *Mehr Licht!*

1880
März: *Sämmtliche Werke und handschriftlicher Nachlaß* herausgegeben von Franzos (Frankfurt: Sauerländer, mit der Jahresangabe 1879)

1887
17. Juni: Vortrag von Gerhart Hauptmann über Georg Büchner im Berliner Verein *Durch!*

1889
Erste Übersetzung von Büchners Werken ins Französische durch Auguste Dietrich (*La mort de Danton* etc., Paris: Westhausser)

1895
31. Mai: Uraufführung von *Leonce und Lena* als Freilichtdarbietung des Vereins Intimes Theater in München unter der Regie von Ernst von Wolzogen (es spielen u. a. Max Halbe, Oskar Panizza, Eduard Fuchs, Otto Erich Hartleben)

1896
Erste Einzelausgabe des *Hessischen Landboten* durch Eduard David (mit einer einleitenden Studie)

1899
Uraufführung des Dramas *Danton* von Romain Rolland

1902
5. Januar: Uraufführung von *Danton's Tod* durch die *Freie Volksbühne* und die *Neue Freie Volksbühne* in Berlin unter der Regie von Friedrich Moest und Alfred Halen

1909
Büchners *Gesammelte Werke* herausgegeben von Paul Landau (Berlin: Cassirer)

1910
Danton's Tod unter der Regie von Leopold Jeßner am Thalia-Theater in Hamburg

Mit den Lithografien von Karl Walser zu *Leonce und Lena* erscheint das erste illustrierte Werk Büchners (Berlin: Cassirer)

1911
31. Dezember: Erste öffentliche Aufführung von *Leonce und Lena* unter der Regie von Ludwig Wolff am Residenztheater Wien

1912
Leonce und Lena unter der Regie von Gustav Lindemann am Düsseldorfer Schauspielhaus

1913
8. November: Uraufführung des *Woyzeck* (als *Wozzeck*) unter der Regie von Eugen Kilian (unter Mitwirkung von Hugo von Hofmannsthal und mit einem Bühnenbild von Alfred Roller) im Residenztheater München (gemeinsam mit *Danton's Tod* zum 100. Geburtstag Büchners)
16. Dezember: *Wozzeck* und *Leonce und Lena* am Lessingtheater Berlin unter der Regie von Victor Barnowski

1914
5. Mai: Erste österreichische Aufführung des *Wozzeck* an der Wiener Residenzbühne unter Arthur Rundt mit Albert Steinrück aus München in der Titelrolle; Alban Berg beschließt daraufhin, eine Oper zu dem Stück zu komponieren
Wiederentdeckung des Clarus-Gutachtens durch Hugo Bieber, die die Verbindung zum historischen Woyzeck stiftet

1916
Büchners *Gesammelte Werke* herausgegeben von Wilhelm Hausenstein (Leipzig: Insel)
15. Dezember: *Danton's Tod* am Deutschen Theater Berlin unter der Regie von Max Reinhardt
Erste illustrierte Ausgabe von *Danton's Tod* mit Steindrucken von Walo von May (München: Weber)

1917
Bibliophile Ausgabe von *Danton's Tod* mit Federzeichnungen von Ernst Stern nach der Berliner Inszenierung von Max Reinhardt

1918
Drama *Smert' Dantona* (Dantons Tod) von Alexei Tolstoi erscheint
Leonce und Lena unter der Regie von Richard Weinert in Mannheim mit Musik von Carl Orff; Skandal wegen der politischen Ausrichtung

Sechs Pastellzeichnungen zu *Woyzeck* von Werner Gothein

1919
Kurt Pinthus eröffnet die Rowohlt-Reihe *Umsturz und Aufbau* mit dem *Hessischen Landboten*
Lied *Tanzlied der Rosetta* von Hanns Eisler komponiert
Illustrierte *Woyzeck*-Ausgabe mit Holzschnitten von Wilhelm Plünnecke (Berlin: Juncker)
Woyzeck unter der Regie von Willy Loehr am Hessischen Landestheater Darmstadt

1920
Nach den Handschriften neu herausgegebene Fassung des *Woyzeck* durch Georg Witkowski (Leipzig: Insel)
12 Radierungen zu *Woyzeck* von Erich Wünsche

1921
5. April: *Woyzeck* unter der Regie von Max Reinhardt am Deutschen Theater Berlin
14. Mai: *Danton's Tod* unter der Regie von Alfred Bernau am Deutschen Volkstheater Wien
Stummfilm *Danton* von Dimitri Buchowetzki mit Emil Jannings und Werner Krauss (Hilde-Wörner-Film-Fabrikation)
20 Radierungen zu *Danton's Tod* von Erich Wünsche (Dresden: Dresdner Verlag)
10 Lithografien zu *Woyzeck* von Paul Weißkopf (Dresden: Dresdner Verlag)

1922
Büchners *Sämtliche Werke und Briefe* herausgegeben von Fritz Bergemann (Leipzig: Insel; weitere Auflagen 1926, 1940 u. ö.)
11. August: Stiftung des Georg-Büchner-Preises als hessischer Kunstpreis
Erste Übersetzung von *Danton's Tod* und *Woyzeck* ins Japanische

1923
Inszenierung von *Woyzeck* durch Ernst Hardt am Deutschen Nationaltheater Weimar
Illustrierte Ausgabe von *Woyzeck* mit 9 kolorierten Lithografien und 17 Federzeichnungen von Raffaello Busoni (München: Müller)

1924
12 Radierungen zu *Lenz* von Walter Gramatté

1925
14. Dezember: Uraufführung der Oper *Wozzeck* von Alban Berg an der Staatsoper Berlin
21. Juni: Uraufführung der Oper *Leonce und Lena* von Julius Weissmann in Freiburg
12 Radierungen zu *Woyzeck* von Walter Gramatté

1926
22. April: Uraufführung der Oper *Wozzeck* von Manfred Gurlitt in Bremen

1927
Woyzeck unter der Regie von Jürgen Fehling am Berliner Schillertheater
Erste Übersetzung von Büchners Dramen ins Englische durch Geoffrey Dunlop (*The Plays of Georg Büchner*, London: Howe)

1928
Woyzeck unter der Regie von Franz Theodor Csokor am Wiener Raimundtheater mit einem von Csokor verfassten Schluss
Erste Übersetzung von *Leonce und Lena* ins Italienische durch Alberto Spaini und Rosina Pisaneschi; es folgen 1929 *Danton's Tod* und 1931 *Woyzeck* und *Lenz*

1929
Danton's Tod unter der Regie von Max Reinhardt im Arkadenhof des Wiener Rathauses und im Prinzregententheater
Drama *Gesellschaft der Menschenrechte. Stück um Georg Büchner* von Franz Theodor Csokor erscheint (Wien: Zsolnay)
Drama *Sprawa Dantona* (Die Sache Danton) von Stanisława Przybyszewska erscheint (Uraufführung 1931)

1930
Hörspiel *Woyzeck* von Ernst Hardt für den Reichsrundfunk

1931
Heitere Oper *Valerio* nach Georg Büchners Lustspiel *Leonce und Lena* von Hans Simon mit einem Libretto von Theodor Ginster (= Hermann Kaiser)
Spielfilm *Danton* unter der Regie von Hans Behrendt mit Fritz Kortner und Gustaf Gründgens (Allianz Tonfilm)

1932
Oper *Danton* von Nikolai Lopatnikoff, daraus auch: *Danton-Suite*

1933

Ersetzung des Büchner-Preises durch einen Kulturpreis der Stadt Darmstadt

1937

1. Februar: *Woyzeck* unter der Regie von Peter Stanchina am Frankfurter Schauspielhaus mit einem Bühnenbild von Caspar Neher

19. Februar: *Woyzeck* unter der Regie von Fritz Jessner am Stadttheater Bern

Aufsatz »Der faschisierte und der wirkliche Georg Büchner« von Georg Lukács erscheint in der Moskauer Exilzeitschrift *Das Wort*

1938

Broadwayaufführung von *Danton's Tod* am Mercury Theatre in New York unter der Regie von Orson Welles mit Musik von Marc Blitzstein

Uraufführung der Oper *Leonce und Lena* von Erich Zeisl nach einem Libretto von Hugo F. Königsgarten in Schloss Schönbrunn von den Nationalsozialisten verhindert

1939

Danton's Tod unter der Regie von Gustaf Gründgens am Preußischen Staatstheater in Berlin mit Musik von Mark Lothar

Woyzeck unter der Regie von Adolf Meyer-Bruhns an den Städtischen Bühnen Hannover

1942

Tschechische Ausgabe des *Lenz* mit Illustrationen von Toyen (*Básnik Lenz*; Prag: Podroužek)

1945

27. September: *Woyzeck* unter der Regie von Hans Schüler im Weißen Saal des Zoos in Leipzig

6. Oktober: *Woyzeck* unter der Regie von Fred Schroer an den Kammerspielen des Neuen Theaters in Stuttgart

Handpuppen-Theaterstück *Büchners Leonce und Lena zu viert* von Franz Pühringer in Linz

1946

Komposition *Drei politische Reden für Baritonstimme, Männerchor und Orchester* von Manfred Gurlitt nach Reden von St. Just, Robespierre und Danton aus *Danton's Tod*

Studie *Georg Büchner und seine Zeit* von Hans Mayer (Zürich: Limes)

12. Oktober: *Leonce und Lena* an den Kammerspielen des Deutschen Theaters Berlin

9. November: *Danton's Tod* unter der Regie von Arthur Hellmer am Deutschen Schauspielhaus Hamburg

Neustiftung und Umwandlung des Büchnerpreises in einen allgemeinen Literaturpreis

1947

Mai: *Woyzeck* unter der Regie von Herbert Maisch in Dresden

6. August: Uraufführung der Oper *Dantons Tod* von Gottfried von Einem mit einem Libretto von Boris Blacher in Salzburg

14. November: *Woyzeck* unter der Regie von Wolfgang Langhoff an den Kammerspielen des Deutschen Theaters Berlin

Film *Wozzeck* von Georg C. Klaren (DEFA)

Hörspiel *Woyzeck* von Karl Peter Biltz für den SWF

Illustrierte Ausgabe von *Leonce und Lena* mit Zeichnungen von Claus Hansmann (München: Kluger)

1948

Büchners *Gesammelte Werke* herausgegeben von Kasimir Edschmid (München: Desch)

Hörspiel *Danton's Tod* von Walter Ohm für den Bayerischen Rundfunk

Adaption *La mort de Danton* von Arthur Adamov in *Le monde illustré théâtral et littéraire*

La mort de Danton unter der Regie von Jean Vilar beim *Festival d'Avignon*

1949

Hörspiel *Leonce und Lena* von Inge Möller für Radio Bremen

Schwedische Ausgabe von *Leonce und Lena* mit Monotypien von Endre Nemes (Stockholm: Bibliofila Klubben)

Studie *Georg Büchner. Politik, Dichtung, Wissenschaft* von Karl Viëtor (Bern: Francke)

Opernballade *Wozzeck* von Kurt Pfister (München: Pflaum)

1950

Büchner-Roman *Wenn es Rosen sind, werden sie blühen* von Kasimir Edschmid (München: Desch)

1951

15. März: Wiederaufnahme der Büchnerpreisverleihung durch die Deutsche Akademie für Sprache und Dichtung

Alban Bergs Oper *Wozzeck* bei den Salzburger Festspielen in einer Inszenierung von Oscar Fritz Schuh mit einem Bühnenbild von Caspar Neher

1952

Hörspiel *Leonce und Lena* von Karlheinz Schilling und Hans Kettler für den Hessischen Rundfunk

1953

Hörspiel *Leonce und Lena* von Paul Land für den SDR

Neuübersetzung der Dramen Büchners ins Französische durch Arthur Adamov und Marthe Robert (*Théâtre complet*, Paris: L'Arche)

1954

Hörspiel *Leonce und Lena* von Wilm Ten Haaf für Radio Saarbrücken

Hörspiel *Lenz* von Friedrich Carl Kobbe für Radio Bremen und den Bayerischen Rundfunk

Hörspiel *Woyzeck* von Erich Neuberg für den ORF

Woyzeck unter der Regie von Gustav Rudolf Sellner am Hessischen Landestheater Darmstadt mit einem Bühnenbild von Franz Mertz

1956

Büchner-Roman *Hoffnung hinterm Horizont* von Hans Jürgen Geerdts (Weimar: Volksverlag)

1957

Hörspiel *Leonce und Lena* von Gert Westphal für den SWR

1959

Britische TV-Produktion *Danton's Death* von James Maxwell

Hörspiel *Woyzeck* von Martin Flörchinger für den Rundfunk der DDR

1959/60

Debatte über *Danton's Tod* in der DDR-Zeitschrift *Theater der Zeit*

1961

15. Oktober: Kammeroper *Leonce und Lena* von Kurt Schwaen an der Berliner Staatsoper

1962

Danton's Tod unter der Regie des Schriftstellers Kuba (= Kurt Barthels) am Volkstheater Rostock

Deutsche TV-Produktion *Woyzeck* von Bohumil Herlischka (SWF)

1963

Märchenstück *blutwurst sagt: komm leberwurst* für Singstimme, Instrumente und Tonband von Rolf Riehm nach Texten von Georg Büchner und Reinhard Döhl

Deutsche TV-Produktion *Danton's Tod* von Fritz Umgelter (SDR)

Leonce und Lena unter der Regie von Fritz Kortner an den Münchner Kammerspielen

Leonce und Lena unter der Regie von Hans Bauer am Landestheater Darmstadt

Fernsehoper *Leonce und Lena* von Werner Haentjes (WDR)

1964

Französische TV-Produktion *Woyzeck* von Marcel Bluwal

Hörspiel *Leonce und Lena* von Willi Schmidt für RIAS Berlin

Illustrierte *Woyzeck*-Ausgabe mit 25 Zeichnungen von Alfons Klein (Karlsruhe: Braun)

1965

Deutsche TV-Produktion *Woyzeck* von Lothar Bellag (Fernsehen der DDR)

Finnische TV-Produktion *Woyzeck* von Ralf Långbacka

Kommentierte Edition des *Hessischen Landboten* von Hans Magnus Enzensberger (Frankfurt: Insel)

1966

Konzertszene *Leonce und und* von Rolf Riehm (Uraufführung auf der EXPO 2000)

Deutsche TV-Produktion *Woyzeck* von Rudolf Noelte (ZDF)

Schwedische TV-Produktion *Woyzeck* von Håkan Ersgård

Hörspiel *Woyzeck* von Heinz von Cramer für den Bayerischen Rundfunk

1967

Gründung der experimentellen Bühne Büchner-Theater durch Helmut Berninger und Carmen Nagel-Berninger in München

1968

Oktober: Einrichtung des Leonce-und-Lena-Preises für neue Lyrik durch Wolfgang Weyrauch

Dänische TV-Produktion *Woyzeck* von Kaspar Rostrup

Der Hessische Landbote erscheint als 4. Heft der *zwergschul-ergänzungshefte* von Peter-Paul Zahl

Illustrierte *Woyzeck*-Ausgabe mit 12 Zinkografien von Jarmila Maršanová (Stuttgart: Müller und Schindler)

1969

Büchner-Roman *Protokoll der Unsterblichkeit* von Werner Steinberg (Halle / Saale: Mitteldeutscher Verlag)

Französische TV-Produktion *Léonce et Léna* von Guy Lessertisseur

Oper *Danton czyli Kilka obrazów z dziejów Wielkiej Rewolucji Francuskiej* von Zbigniew Bargielski nach Georg Büchner

Woyzeck unter der Regie von Ingmar Bergman am Kungliga Dramatiska Teatern in Stockholm

1970

Oper *Lenz* von Larry Sitzky und Gwen Harwood

Deutsche TV-Produktion *Friede den Hütten! Krieg den Palästen! Eine szenische Demonstration* von Gerhard Klingenberg mit Klaus Maria Brandauer (Hessischer Rundfunk)

Französische TV-Produktion *La mort de Danton* von Claude Barma (nach der Adaption von Arthur Adamov)

Schwedische Ausgabe des *Woyzeck* mit Illustrationen von Torsten Billman (Stockholm: Sällskapet Bokvännerna)

1971

Spielfilm *Lenz* von George Moorse; ausgezeichnet mit dem Deutschen Filmpreis

1972

Drama *Büchners Tod* von Gaston Salvatore in Darmstadt uraufgeführt

Oper- und Tanzstück *Blind Man's Buff* von Peter Maxwell Davies zur Schluss-Szene von *Leonce und Lena* uraufgeführt

Holländische TV-Produktion *Woyzeck* von Annemarie Prins

Iranischer Film *Postchi* (Der Briefträger) von Dariush Mehrjuj in Anlehnung an *Woyzeck*

Italienische TV-Produktion *La morte di Danton* von Mario Missiroli

Woyzeck unter der Regie von Friedrich Dürrenmatt am Schauspielhaus Zürich

1973

Danton's Tod an den Bühnen der Stadt Magdeburg »Maxim Gorki«

Italienische TV-Produktion *Woyzeck* von Giancarlo Cobelli

Erzählung *Lenz* von Peter Schneider

1974

Bühnenadaption von *Lenz* durch Mike Stott im Londoner Almost Free Theatre

Plastik *Grande Disco* von Arnoldo Pomodoro als Denkmal für Georg Büchner am Theaterplatz in Darmstadt errichtet

1975

17. Oktober: Uraufführung des lyrischen Monologs *Die Rede des Georg Büchner vor der Darmstädter Akademie für Sprache und Dichtung anläßlich seiner Ablehnung als Büchner-Preisträger* von Gerhard Zwerenz mit Volker Spengler in Offenbach

Leonce und Lena unter der Regie von Johannes Schaaf bei den Salzburger Festspielen mit Klaus Maria Brandauer und Rosemarie Fendel

Hörspiel *Woyzeck* von Fritz Zecha für den ORF

1976

Spanische TV-Produktion *Woyzeck* von Roger Justafré

Türkische TV-Produktion *Woyzeck* mit Bozkurt Kuruç

Hörspiel *Lenz* von Amido Hoffmann für das Schweizer Radio

Tanztheater *Kalfaktoren* von Mats Eks zu *Woyzeck*

Roman *März* von Heinar Kipphardt mit Parallelen zu *Lenz*; vorangegangen war das Drehbuch zu einem Film mit dem gleichen Stoff (*Leben des schizophrenen Dichters Alexander M.*; Regie: Voitek Jasny, 1975), es folgten eine Hörspielfassung (BR, 1977) und ein Theaterstück (1980).

1977

Deutsche TV-Produktion *Dantons Tod* von Jürgen Flimm mit dem Ensemble des Hamburger Schauspielhauses (ZDF)

Deutsche TV-Produktion *Dantons Tod* von Fritz Bornemann (Fernsehen der DDR)

1978

Britische TV-Produktion *Danton's Death* von Alan Clarke

Leonce und Lena unter der Regie von Jürgen Gosch an der Berliner Volksbühne

1979

8. März: Uraufführung der Oper *Jakob Lenz* von Wolfgang Rihm mit einem Libretto von Michael Fröhling an der Staatsoper Hamburg

November: Uraufführung der Oper *Leonce und Lena* von Paul Dessau mit einem Libretto von Thomas Körner in Berlin

Spielfilm *Addio, piccola mia* über Georg Büchner von Lothar Warneke (DEFA)

Spielfilm *Woyzeck* von Werner Herzog mit Klaus Kinski und Eva Mattes (Arthaus)

Katalanische TV-Produktion *Leonci i Lena* von Mercè Vilaret

Gründung der Büchner-Gesellschaft in Marburg

Sonderband *Georg Büchner I/II* in der Reihe *text+kritik*, hrsg. von Heinz Ludwig Arnold, mit Beiträgen von Thomas Michael Mayer, Reinhold Grimm und Gerhard P. Knapp

1980

15. November: *Marie. Woyzeck* unter der Regie von Manfred Karge und Michael Langhoff am Schauspielhaus Bochum

Hörspiel *Dantons Tod* von Joachim Staritz mit Musik von Rainer Bredemeyer für den Rundfunk der DDR

Hörspiel *Woyzeck* von Claude Karfiol (Regie) und Daniel Weißberg (Musik) für den WDR

Gründung der Forschungsstelle Georg Büchner an der Universität Marburg

1981

24. April: *Danton's Tod* unter der Regie von Alexander Lang am Deutschen Theater Berlin

31. Juli: *Danton's Tod* unter der Regie von Rudolf Noelte am Salzburger Landestheater mit Götz George, Senta Berger, Christian und Will Quadflieg

1. September: Uraufführung der Oper *Leonce und Lena* von Thomas Hertel mit einem Libretto von Karla Kochta in Greifswald

US-amerikanischer Independent-Film *Lenz* von Alexandre Rockwell

Leonce und Lena unter der Regie von Jürgen Flimm am Schauspiel Köln

Erster Band des *Georg Büchner Jahrbuchs* erscheint; zuletzt Band 12 (2012)

Flugblätter, die zur Blockade der Frankfurter Startbahn West aufrufen, sind mit »V. i. S. d. P.: Georg Büchner« unterschrieben

1982

Spielfilm *Eine deutsche Revolution* nach dem Büchner-Roman von Kasimir Edschmid von Helmut Herbst

1983

29. Oktober: Lesung des Dramas *Büchners Aretino* von Jan-Christoph Hauschild am Marburger Schauspiel

23. Dezember: Hörspiel *Die Büchner-Papiere* von Horst Liepach nach dem Stück *Nachlass oder Ein Besuch in der Vergangenheit* von Gerd Hornawsky im Radio der DDR

Hörspiel *Büchners Lenz* von Jürg Amann für den Hessischen Rundfunk

Loop-Buchprojekt *Lenz* von Rodney Graham

Französischer Spielfilm *Danton* von Andrzej Wajda mit Gérard Depardieu nach dem Drama *Sprawa Dantona* (Die Sache Danton) von Stanisława Przybyszewska

1984

29. Januar: Uraufführung des Stücks *Ein Mann namens Lenz. Nach der Novelle von Georg Büchner* von Heinz Joachim Klein unter der Regie von Lothar Trautmann am Saarländischen Staatstheater Saarbrücken

24. Februar: Uraufführung des Tanztheaterstücks *Different Drummer* von Kenneth MacMillan in London (angeregt durch *Woyzeck*)

24. Mai: Uraufführung des Stücks *Büchners Lenz* von Jürg Amann unter Regie von Jasmine Hoch am Hessischen Staatstheater Darmstadt

Spielfilm *Wodzeck* von Oliver Herbrich (Bayerischer Rundfunk und Oliver Herbrich Filmproduktion)

Hörspiel *Leonce und Lena* von Achim Scholz für den Berliner Rundfunk

23. November: Eröffnung der Wanderausstellung zum 150. Jahrestag des *Hessischen Landboten* in Marburg (gezeigt bis Ende 1987)

1985

9. Januar: Zu einem Anschlag auf Stromleitungen nahe der Startbahn West bekennt sich die Gruppe »Sägende Zellen« und unterzeichnet ihren Bekennerbrief mit »G. Büchner, An der Trasse 18«

14. Juni: Lesung des Stücks *Revoluzzer oder Georg Büchner, ein zornig Herz* von Joachim Kutschke während der Hessischen Theatertage in Gießen

Woyzeck unter der Regie von Eusebio Lázaro am Teatro Martín in Madrid mit Bühnenbild und Theaterplakat von Antonio Saura

1986

14. September: Drama *Nachlaß oder Ein Besuch für die Vergangenheit* von Gerd Hornawsky unter der Regie von Helmut Maßel an den Städtischen Bühnen Osnabrück (zuvor bereits gekürzt unter dem Titel *Das Duell* am Theater Rudolstadt)

Italienische TV-Produktion *Woyzeck* von Giorgio Pressburger

Niederländische TV-Produktion *Dantons dood* von Mark Timmer

Hörspiel *Leonce und Lena* von Thomas Köhler für den SWF

Hörspiel *Woyzeck* von Joachim Staritz für den Berliner Rundfunk der DDR

22 lavierte Federzeichnungen zu *Danton's Tod* von Hans Fronius

Essay *Georg Büchner und Peter-Paul Zahl oder: Widerstand im Übergang und mittendrin* von Rudi Dutschke erscheint posthum; der Text war nahezu abgeschlossen, als Dutschke 1979 an den Spätfolgen des Attentats von 1968 starb

1987

19. Februar: Gedenkfeier der Universität Zürich zum 150. Todestag Büchners

21. Februar: Oper *Büchner* von Friedrich Schenker nach einem Libretto von Klaus Harnisch unter der Regie von Christian Pöppelreiter an der Staatsoper Berlin

Tanztheater *Mörder Woyzeck* von Johann Kresnik in Heidelberg

2. August: Eröffnung der Ausstellung *Georg Büchner 1813–1837. Revolutionär, Dichter, Wissenschaftler* auf der Mathildenhöhe in Darmstadt (ab 10. März 1988 in Weimar)

18. November: Uraufführung von Karl Krolows Gedicht *Stele für Büchner* in der Vertonung von Hans Ulrich Engelmann als *Canto sinfonico* für gemischten Chor, Alt, Bariton und Orchester im Auftrag des Darmstädter Musikvereins

Puppenspiel-Filmmontage *Ein Asylant auf dem Weihnachtsmarkt. Georg Büchner in Straßburg* von Norbert Beilharz

Erste illustrierte Ausgabe des *Hessischen Landboten* mit Strichätzungen von Leo Leonhard

Ungarischer Spielfilm *Lenz* von András Szirtes

Hörspiel *Leonce und Lena* von Rainer zur Linde für das Schweizer Radio

Szenische Collage *»Ich habe darüber meine eigenen Gedanken ….« Georg Büchner* von Hans Bräunlich und Fritz Göhler für den Rundfunk der DDR

1988

16. Oktober: Streichung des Dokudramas *»Lieb' Georg!«* von Konrad Herrmann mit Ulrich Mühe (Buch: Thomas Steinke) aus dem Programm des DDR-Fernsehens; unangekündigte Ausstrahlung am 15. November nachts

Zyklus von Zeichnungen und Radierungen zu *Danton's Tod* von Leo Leonhardt

12 Farbpastelle und Radierungen zu *Lenz* und *Woyzeck* und eine Büchner-Büste von Alfred Hrdlicka für das Hessische Landessozialgericht in Darmstadt verursachen Skandal

Danton's Tod mit Illustrationen von Hans Fronius (St. Pölten, Wien: Verl. Niederösterr. Pressehaus)

Anthologie *Oder Büchner* herausgegeben von Jan-Christoph Hauschild mit Gedichten über und zu Büchner (Darmstadt: Verlag der Georg Büchner Buchhandlung)

1989

19. Februar: Verleihung des ersten alternativen Büchnerpreises an Walter Jens in Darmstadt

6. April: *Leonce und Lena* unter der Regie von Christof Nel an der Freien Volksbühne Berlin mit Texten von Thomas Brasch

10. Juni: Uraufführung der Komposition *Der Revolutionsplatz. Imaginäre Theaterszene nach dem Schluss aus »Dantons Tod« für Kammerorchester* von Jan Müller-Wieland

30. September: *Danton's Tod* unter der Regie von Ruth Berghaus am Thalia-Theater Hamburg

Hörspiel *Dantons Tod* von Norbert Schaeffer für den SWR, hr und NDR

1990

Klangimprovisation von Wolfgang Mitterer zu einer szenischen Lesung von *Lenz* am theater 89 in Berlin

Radio-Oper *Die Gebeine Dantons* von Friedrich Schenker mit einem Libretto von Karl Mickel im Radio der DDR

Spielfilm *Leonce und Lena* von Michael Klemm (One World Production)

Portugiesische TV-Produktion *A Morte de Danton* von Carlos Avilez mit dem Teatro Experimental de Cascais, Lissabon

Französische TV-Produktion *La mort de Danton* von Guy Séligmann mit dem Théâtre des Amandiers de Nanterre unter der Regie von Klaus Michael Grüber

Comic *Woyzeck* von Dino Battaglia erscheint posthum (Berlin: Altamira)

1991

Komposition *furioso* (Ensemblestück zu Büchner) von Matthias Spahlinger

Leonce und Lena unter der Regie von Axel Manthey am Thalia-Theater Hamburg

1992

Musiktheaterprojekt *L+L&L – Der dunkle und der helle Wahn* von Erhard Grosskopf nach Georg Büchners *Lenz* und *Leonce und Lena* (1992–1995)

Puppentheater *Woyzeck on the Highveld* mit der Handspring Puppet Company und animierten Kohlegrafiken von William Kentridge (Südafrika / Großbritannien; 2008 überarbeitet von Luc de Wit)

1993

Französische TV-Produktion *Woyzeck* von Guy Marignane

Kunstwerk *Reading Machine for Lenz* von Rodney Graham

Biografie *Georg Büchner* von Jan-Christoph Hauschild (Stuttgart, Weimar: Metzler)

1994

Woyzeck unter der Regie von Dimiter Gotscheff am Düsseldorfer Schauspielhaus

Ungarischer Spielfilm *Woyzeck* von János Szász

Tanztheater *Woyzeck ou L'ébauche du vertige* (Woyzeck oder Der Entwurf des Taumels) von Josef Nadj

Jazz-Suite *Woyzeck's Death* von Allen Lowe

1995

Inszenierung von *Woyzeck* durch das Obdachlosentheater Ratten 07 an der Berliner Volksbühne

1996

27. Oktober: *Woyzeck* in der Bearbeitung von Franz Xaver Kroetz am Hamburger Schauspielhaus

November: Beginn des *Berg / Büchner-Zyklus* des Berliner Philharmonischen Orchesters unter Claudio Abbado; dazu entstehen die Auftragsarbeiten *Büchner-Portrait* für Bariton und Klavier von Moritz Eggert; *Apokryph* für Bariton und Klavier von Wolfgang Rihm; *Stimme – allein* von Beat Furrer; *Briefe Büchners*, Sechs Lieder für Bariton, Bassklarinette und Klavier von Fabio Vacchi

Lied für Rosetta von Alexander Wagendristel erscheint (aus einem unabgeschlossenen Opernprojekt zu *Leonce und Lena* von 1982)

Französischer Comic-Band der Reihe *Le cheval sans tête* mit Adaptionen von *Woyzeck* durch Sylvain Victor, Olivier Marbœuf und Yvan Alagbé (Paris: Amok)

1997

Radiofone Komposition *Das graue Buch* von Michael Hirsch mit Robert Podlesny und Michael Hirsch nach Büchners *Lenz* für den Saarländischen Rundfunk

1998

30. August: Uraufführung der Komposition *Amstantritt von Leonce und Lena. Zweite imaginäre Theaterszene nach dem Schluss von Georg Büchners »Leonce und Lena«* von Jan Müller-Wieland

Gründung der japanischen Büchner-Gesellschaft

Fotoübermalungen zu *Woyzeck* von Luigi Nanni

1999

Konzertszene *die erde ist eine schale von dunklem gold* von Rolf Riehm für den Saarländischen Rundfunk

Woyzeck. Ein Fragment unter der Regie von Stéphane Braunschweig an den Münchner Kammerspielen

Oper *Leonce és Lena* des Ungarn János Vajda mit einem Libretto von Váradi Szabolcs

2000

18. November: *Woyzeck* unter der Regie von Robert Wilson am Betty Nansen Teatret in Kopenhagen mit der Musik von Tom Waits und Kathleen Brennan (CD *Blood Money*, 2002)

2001

Textcollage mit Cellobegleitung *Das Fieber. Solo für zwei Stimmen* von Martin Reinke und Siegfried Palm

Oper *En passant Lenz* von David Wohnlich nach einem Libretto von Hubert Thüring und Michael Kohlenbach

Leonce und Lena unter der Regie von Sven-Eric Bechtolf am Wiener Burgtheater

2002

Lenz, Leonce et Lena unter der Regie von Matthias Langhoff an der Comédie Française

Tanzperformance *Déroutes* von Mathilde Monnier nach *Lenz*

Drama Chez Pipo – ein Leonce und Lena-Spiel von Anna Maria Krassnigg am Théâtre National du Luxembourg und am WUK Wien

2003

Leonce und Lena unter der Regie von Robert Wilson am Berliner Ensemble mit der Musik von Herbert Grönemeyer (CD 2005)

Woyzeck unter der Regie von Michael Thalheimer löst bei den Salzburg Festspielen einen Eklat aus
Radierungen zu *Lenz* von Susanne Theumer, ausgezeichnet beim Otto-Ditscher-Illustrationswettbewerb
Bilderserie *Visioni di Woyzeck* von Guglielmo Manenti

2004
26. Juni: Uraufführung von *Wozzeck kehrt zurück* für 3 Soprane, 3 taubstumme Solisten, Chor, elektrische Gitarre solo, kleines Orchester und Live-Elektronik von Helmut Oehring am Theater Aachen
Woyzeck unter der Regie von Thomas Ostermeier an der Schaubühne am Lehniner Platz Berlin
Nachdichtung von *Leonce und Lena* für Kinder durch Beate Kirchhof mit Illustrationen von Katja Bandlow
Textsammlung *Georg Büchner und die Moderne* mit Rezeptionszeugnissen zu Büchner von 1875 bis 2002 herausgegeben von Dietmar Goltschnigg in drei Bänden (Berlin: Schmidt)

2006
Spielfilm *Lenz* von Thomas Imbach (D/CH, Bachim Films) in freier Adaption von Büchners Erzählung
Hörspiel *Woyzeck* von Leonhard Koppelmann für den SWR

2007
Tanztheater *Upon Reaching the Sun* von der Kibbutz Contemporary Dance Company mit der Choreografie von Rami Be'er nach dem Märchen im *Woyzeck*
Independent-Film *Woyzeck* von Enrico De Angelis
Illustrierte Ausgabe des *Woyzeck* von Robert Schwarz (Mainz: Unikatreihe)

2008
Ballett-Adaption von *Leonce und Lena* choreografiert von Christian Spuck am Aalto-Theater Essen mit der Musik von Johann Strauß u. a.
Leonce und Lena unter der Regie von Dimiter Gotscheff am Thalia-Theater Hamburg

2009
Feature *Georg Büchner und seine Geschwister. Ein Familienpanorama* von Hans Sarkowicz, Peter Brunner und Heiner Boehncke (Hörverlag)
Büchner-Handbuch herausgegeben von Roland Borgards und Harald Neumeyer. (Stuttgart, Weimar: Metzler)
Spielfilm *Lenz* von Andreas Morell frei nach der Novelle von Georg Büchner (novapool artists)

2010
Britischer Spielfilm *Woyzeck* von Francis Annan
Hörspiel *Woyzeck* von Boris Nikitin für Deutschlandradio Kultur
Kinderbuch *Das Märchen von der Welt* von Jürg Amann mit Illustrationen von Käthi Bhend (nach dem Großmuttermärchen in *Woyzeck*).
Aktionsgruppe Georg Büchner ruft in einer *Georg-Büchner-Initiative* dazu auf, am 18. Oktober Banken in Frankfurt blockieren

2011
24. September: Uraufführung der Musiktheaterproduktion *Woyzeck* der Vereinigten Bühnen Wien mit der Musikgruppe The Tiger Lillies (auch als CD)
Film *Büchner. Lenz. Leben* von Isabelle Krötsch mit Hans Kremer (Landesinstitut für Pädagogik und Medien Saarbrücken)

2012
Danton's Tod unter der Regie von Claus Peymann am Berliner Ensemble

2013
Abschluss der historisch-kritischen Ausgabe mit Quellendokumentation und Kommentar (Marburger Ausgabe) der *Sämtlichen Werke und Schriften* Büchners in 18 Bänden herausgegeben von Burghard Dedner
Drama *Der Hessische Landbote* von Hans Erich Nossack, entstanden 1935/36, erstmals publiziert
Die *Aktionsgruppe Georg Büchner* und ihre Nachfolgegruppierungen beteiligen sich an der EZB-Blockade und den Occupy-Aktivitäten in Frankfurt
Sonderbriefmarke und 10-Euro-Gedenkmünze zum 200. Geburtstag, herausgegeben vom Bundesfinanzministerium
12. Oktober: Eröffnung der Landesausstellung *Georg Büchner – Revolutionär mit Feder und Skalpell*, Mathildenhöhe Darmstadt im Darmstadtium

TF

VERZEICHNIS DER AUSGESTELLTEN WERKE

* nur Katalog
** Faksimile
*** Projektion

Abdrucktafeln für das Grabmal von Friedrich Ludwig Weidig, um 1880
Holz, 42 × 54 cm
Museum der Stadt Butzbach, Inv.-Nr. H198, H199

JACQUES GAUTIER D'AGOTY
Anatomie Generale Des Visceres En Situation, De Grandeur et Couleur Naturelle, 1752
Publikation, 56,5 × 39 cm
Staatsbibliothek zu Berlin – Preußischer Kulturbesitz, Abt. Historische Drucke, Sign. 2 Kz 480 R
→ Abb. S. 154

JACQUES GAUTIER D'AGOTY
Anatomie Generale Des Visceres En Situation, De Grandeur et Couleur Naturelle, 1752
Publikation, 56,5 × 39 cm
Universitäts- und Landesbibliothek Darmstadt, Sign. gr.fol.9/140
→ Abb. S. 546

YVAN ALAGBÉ / OLIVIER MARBOEUF
Le Cheval sans Tête, Volume I, 1996
Literaturcomic, 32,4 × 22,4 cm
Sammlung Christian Neuhuber, Fladnitz
→ Abb. S. 574

CARL ALBERTI
Leibgarde-Regiment mit der 1829 errichteten Kaserne in der Alexanderstraße, nach 1829
Öl auf Leinwand, 67,5 × 80,2 cm
Schlossmuseum Darmstadt, Inv.-Nr. DA B 21821

CARL GUSTAV VON AMLING
Kurfürst Maximilian II. von Bayern, 1682
Kupferstich, 23,2 × 18,2 cm
Staatliche Graphische Sammlung München, Inv.-Nr. 27042 D
→ Abb. S. 204

Der weinende Android Jean (Androide Jean qui pleure), um 1900
Fa. Vichy, Paris (Hersteller)
Musikautomat, Federaufzug mit einer Metallwalze und Lamellenkamm, 2 Melodien, 54 × 28 × 19 cm
Badisches Landesmuseum Karlsruhe
Deutsches Musikautomaten Museum, Bruchsal, Inv.-Nr. 2002/1335
→ Abb. S. 338, 342

Anzeige für die Androiden Jeanne et Jean, um 1900 ***
Werbedruck
Badisches Landesmuseum Karlsruhe
Deutsches Musikautomaten Museum, Bruchsal
→ Abb. S. 340

Aphrodite Kallipygos
Römische Kopie einer griechischen Skulptur aus dem späten 2. Jahrhundert vor Chr.
Gipsabguss, 168 × 62 × 45 cm
Archäologisches Seminar (Abguss-Sammlung) der Philipps-Universität Marburg, Inv.-Nr. G256
→ Abb. S. 38, 230

LUDWIG ACHIM VON ARNIM / CLEMENS BRENTANO
Des Knaben Wunderhorn, Alte deutsche Lieder, Bd. 1, 1806
Publikation, 20,7 × 13,3 cm
Universitätsbibliothek Marburg, Sign. XVI C474b, 1
→ Abb. S. 102

Aufruf zur Musterung des Jahres 1833, 6. Februar 1833
Zimmermann, Rekrutierungs-Commissar
Dokument, 33,6 × 20,2 cm
Stadtarchiv Darmstadt
→ Abb. S. 220

Austritte und Todesfälle in der Gesellschaft des Naturhistorischen Museums (Démissions et décès de la Société du musée d'histoire naturelle)
Handschriftliche Liste, 34 × 21 cm
Archives de la Ville et de la Communauté urbaine de Strasbourg, Inv.-Nr. VI 88 Z 6

Barbe, Barbus barbus, 1884
Tierpräparat in Alkohol, 29 × 8,2 cm
Musée Zoologique, Strasbourg,
Inv.-Nr. MZS Pis1710 2 sp.

Barbe, Barbus barbus, 1895
Tierpräparat in Alkohol, 25,5 × 7,4 cm
Musée Zoologique, Strasbourg,
Inv.-Nr. MZS Pis1031
→ Abb. S. 350

Barbe, Barbus barbus, 1928
Tierpräparat in Alkohol,
30,1 × 10,2 cm
Musée Zoologique, Strasbourg,
Inv.-Nr. MZS Pis2212
→ Abb. S. 350

Barbe, Barbus barbus
Tierpräparat in Alkohol, 38,6 × 10 cm
Musée Zoologique, Strasbourg,
Inv.-Nr. MZS Pis1579

DINO BATTAGLIA
Woyzeck, 1990
Literaturcomic, 32,5 × 24,4 cm
Georg Büchner Gesellschaft e. V.,
Marburg
→ Abb. S. 576

Baroskop / Dasymeter, um 1790
Johann Heinrich Hurter (Hersteller)
Messing, Stahl und Glashaube,
25 × 21 × 9,5 cm
Hessisches Landesmuseum
Darmstadt, Inv.-Nr. Ph. C. 59/92
→ Abb. S. 400

JOHANNES BECKER
Viola odorata, 1817–1828
Herbarbogen mit gepressten
Veilchen, 42 × 27,7 cm
Senckenberg Gesellschaft für
Naturforschung Frankfurt am Main,
Inv.-Nr. FR-0113304
→ Abb. S. 162

PHILIPP BENDER
Die Gemäldegalerie im Neuen Schloss, 1824–1830
Öl auf Leinwand, 95,5 × 82,5 cm
Hessisches Landesmuseum
Darmstadt, Inv.-Nr. GK 664
→ Abb. S. 100

LOUISE BERKA
Thérèse Peche, Mitte 19. Jahrhundert
Kreidelithografie, 33 × 24 cm
Theaterwissenschaftliche Sammlung
der Universität Köln, Schloss Wahn,
Inv.-Nr. 4470
→ Abb. S. 120

Die Bibel, nach der deutschen Übersetzung Martin Luthers, 1813
Publikation, 22,6 × 14,8 cm
Universitäts- und Landesbibliothek
Darmstadt

Die Bibel, nach der deutschen Übersetzung Martin Luthers, 1826
Publikation, 23 × 14,2 cm
Georg Büchner Gesellschaft e. V.,
Marburg
→ Abb. S. 202, 516

JOHANN-ERNST BIELER
Gießen, Mitte 19. Jahrhundert
Kolorierte Radierung, 35,1 × 47,5 cm
Hessisches Landesmuseum
Darmstadt, Inv.-Nr. HO 695
→ Abb. S. 190, 192

GIOVANNI BILEVELT *
Ecce homo, 1. Hälfte 17. Jahrhundert
Öl auf beidseitig bemalter Leinwand,
106 × 83 cm
Museo del Tesoro di Sant'Eulalia,
Cagliari
→ Abb. S. 24

LOUIS AUGUSTE BLANQUI
Défense du citoyen Louis-Auguste Blanqui devant la cour d'assises, 1832
Publikation, 19,6 × 12,7 cm
Bibliothèque nationale de France,
Paris, Sign. LB51 1177 support

LOUIS AUGUSTE BLANQUI
Prozess der Volksfreunde zu Paris, Procès des Amis du peuple de Paris; modèle de dignité et d'énergie, 1832
Publikation, 20,9 × 12,4 cm
Bibliothèque nationale de France,
Paris, Sign. 8 LB51 1183

GREGOR BODENSCHATZ
Die Brüder Karl (li.) und Wilhelm (re.) Braubach, 1956
Nachdruck nach einer verlorenen
Daguerreotypie von 1845, 9 × 7,5 cm
Stadtarchiv Butzbach, Weidig-Forschungsarchiv, Inv.-Nr. o. Nr.
→ Abb. S. 464

Bodenstanduhr, um 1770
William Jourdain (Hersteller)
Gehäuse: Mahagoni, Uhrwerk:
Messing und Stahl, 260 × 55 × 24 cm
Deutsches Uhrenmuseum
Furtwangen, Inv.-Nr. 14-3159
→ Abb. S. 364

LUDWIG BÖRNE
Briefe aus Paris, 1831–1830
Publikation in 6 Bänden, 19 × 11,6 cm
Georg Büchner Gesellschaft e. V.,
Marburg

Botanisiertrommel, 1830
Blech, grün gestrichen,
Länge: 49,5 cm
Stiftung Schloß Friedenstein Gotha:
Museum für Regionalgeschichte und
Volkskunde, Inv.-Nr. 989
→ Abb. S. 198

AUGUST BOUQUET
La Caricature, Nr. 81, 17. Mai 1832
Wahrlich, wahrlich ich sage Euch, es ist einer unter Euch, der mich verraten wird … Letztes Abendmahl der Liberté und ihrer Apostel (am 29. Juli 1830)
(En vérité, en vérité, je vous dis, il en est un parmi vous qui me trahira … // Dernier soupé [sic] de la liberté et ses apôtres // "Le 29 Juillet 1830")
Kreidelithografie, 11,7 × 23,5 cm
Kunstsammlung der Georg-August-Universität Göttingen
→ Abb. S. 150

ALEXANDRE BRACHARD
Napoleon Bonaparte, nach 1804
Manufacture royale de porcelaine
de Sèvres (Hersteller)
Biskuitporzellan, Höhe: 31 cm
Schlossmuseum Darmstadt
Inv.-Nr. DA R 21040
→ Abb. S. 94

Brille mit Etui, um 1830
Glas, Metall
Oberhessisches Museum –
Altes Schloss, Gießen
→ Abb. S. 474

WILLIAM BROCKEDON (Entwurf) /
S. T. DAVIES (Stich)
Berge vom Ban de la Roche vom Straßburger Münster aus gesehen, 1837
Kolorierter Stahlstich, 11,7 × 17,4 cm
Sammlung Reinhard Pabst,
Bad Camberg

ALEXANDER BÜCHNER
Eine Criminalgeschichte von früher, in: *Wilde Rosen. Ein belletristisches Beiblatt zum jüngsten Tag*,
1. Juli 1848
Publikation, 28,7 × 22,7 cm
Stadtarchiv Butzbach,
Weidig-Forschungsarchiv,
Inv.-Nr. Qd-Z 89/638

CAROLINE BÜCHNER
Brief an Georg Büchner,
30. Oktober 1836
Manuskript, Tinte auf Papier,
24,5 × 20,5 cm
Klassik Stiftung Weimar,
Goethe- und Schiller-Archiv Weimar,
Inv.-Nr. GSA 10/11

GEORG BÜCHNER
Vorlesungsskript zu »Spinoza«,
Doppelblattlage IV-6, 1835
Manuskript, Tinte auf Papier,
22 × 18 cm
Klassik Stiftung Weimar,
Goethe- und Schiller-Archiv Weimar,
Inv.-Nr. GSA 10/7
→ Abb. S. 326

GEORG BÜCHNER
Vorlesungsskript zu »Cartesius«,
Lage V 1/2-7/8, 1836
Manuskript, Tinte auf Papier,
22 × 18 cm
Klassik Stiftung Weimar,
Goethe- und Schiller-Archiv Weimar,
Inv.-Nr. GSA 10/5
→ Abb. S. 390

GEORG BÜCHNER
Brief an Edouard Reuss,
31. August 1833
Manuskript, Tinte auf Papier,
24,7 × 21 cm
Archives de la Ville et de la Communauté urbaine de Strasbourg,
Inv.-Nr. 97 1 AST 1660a
→ Abb. S. 78

GEORG BÜCHNER
Brief an August Stoeber,
9. Dezember 1833
Manuskript, Tinte auf Papier,
25,9 × 21,2 cm
Sparkassen-Kulturstiftung Hessen-Thüringen, Frankfurt am Main

GEORG BÜCHNER
Brief an Ludwig Büchner (Hammelmaus), 1. Januar 1836
Manuskript, Tinte auf Papier,
20,8 × 12,9 cm
Universitäts- und Landesbibliothek
Darmstadt
→ Abb. S. 472

GEORG BÜCHNER
Brief an Wilhelm Braubach (Kater),
26. Januar 1836
Manuskript, Tinte auf Papier,
25,3 × 21 cm
Sparkassen-Kulturstiftung Hessen-Thüringen, Frankfurt am Main
→ Abb. S. 464

GEORG BÜCHNER
Brief an Georg Geilfus (Hund),
25. Juli 1836
Manuskript, Tinte auf Papier,
16,7 × 10,8 cm
Sparkassen-Kulturstiftung Hessen-Thüringen, Frankfurt am Main

GEORG BÜCHNER
Brief an Bürgermeister Johann Jakob Hess in Zürich,
22. September 1836
Manuskript, Tinte auf Papier,
25,1 × 20,5 cm
Staatsarchiv des Kantons Zürich,
Sign. U 180 b
→ Abb. S. 462

GEORG BÜCHNER
Danton's Tod, p. 7–10
und p. 59–66, 1835
Manuskript, Tinte auf Papier,
20,8 × 16,8 cm
Klassik Stiftung Weimar,
Goethe- und Schiller-Archiv Weimar,
Inv.-Nr. GSA 10/1,1
→ Abb. S. 234, 528, 530

GEORG BÜCHNER
Danton's Tod, Widmungsexemplar für Wilhelm Baum mit handschriftlichen Kommentaren Georg Büchners, 1835
Publikation mit handschriftlichen Notizen, 16 × 11,2 cm
Georg Büchner Gesellschaft e. V.,
Marburg
→ Abb. S. 244

GEORG BÜCHNER
Der Hessische Landbote, Juli 1834
Flugschrift, 22,5 × 14,7 cm
Bayerisches Hauptstaatsarchiv,
München

GEORG BÜCHNER
Der Hessische Landbote, Juli 1834
Flugschrift, 22,5 × 14,5 cm
Hessisches Staatsarchiv Marburg

GEORG BÜCHNER
Der Hessische Landbote, Juli 1834
Flugschrift, 22,5 × 14,5 cm
Klassik Stiftung Weimar,
Goethe- und Schiller-Archiv Weimar,
Inv.-Nr. GSA 10/4.1
→ Abb. S. 210, 214

GEORG BÜCHNER
Der Hessische Landbote mit Anmerkungen von Rudi Dutschke, 1974
Publikation mit handschriftlichen Notizen, 17,6 × 10,7 cm
Georg Büchner Gesellschaft e. V.,
Marburg
→ Abb. S. 540

GEORG BÜCHNER
Die Nacht, 1828
Manuskript, Tinte auf Papier,
20,9 × 16,9 cm
Klassik Stiftung Weimar,
Goethe- und Schiller-Archiv Weimar,
Inv.-Nr. GSA 10/9.1
→ Abb. S. 108

GEORG BÜCHNER
Haarlocke, 1837
Kopfhaar, 2,5 × 1,7 cm
Georg Büchner Gesellschaft e. V.,
Marburg
→ Abb. S. 124

GEORG BÜCHNER
»Kritzelseite« im Schulheft zur Paläografie, Frühjahr 1831
Manuskript, Tinte auf Papier,
20,2 × 16,4 cm
Klassik Stiftung Weimar,
Goethe- und Schiller-Archiv Weimar,
Inv.-Nr. GSA 10/27
→ Abb. S. 104, 110, 510

GEORG BÜCHNER
Leonce und Lena, H1, p. 5 und 6, 1836
Manuskript, Tinte auf Papier,
21,5 × 16,7 cm
Fondation Martin Bodmer, Cologny
→ Abb. S. 382

GEORG BÜCHNER
Abhandlung über das Nervensystem der Barbe (Mémoire sur le système nerveux du Barbeau), 1836
Publikation, 26,6 × 20,6 cm
Université de Strasbourg, Service Commun de la Documentation,
Inv.-Nr. H 16.534
→ Abb. S. 470

GEORG BÜCHNER
Abhandlung über das Nervensystem der Barbe (Mémoire sur le système nerveux du Barbeau), 1836
Publikation, 29 × 21,4 cm
Universitätsbibliothek Johann Christian Senckenberg Frankfurt am Main, Sign. 4°Q 343.4667

GEORG BÜCHNER
Rezension eines Mitschüler-Aufsatzes über den Selbstmord,
Wintersemester 1830/31
Manuskript, Tinte auf Papier,
20,3 × 16,7 cm
Klassik Stiftung Weimar,
Goethe- und Schiller-Archiv Weimar,
Inv.-Nr. GSA 10/16
→ Abb. S. 126

GEORG BÜCHNER **
Schulheft über einheimische Gartenpflanzen (Faksimile), 1824
Manuskript, Tinte auf Papier,
19,5 × 16,7 cm
Klassik Stiftung Weimar,
Goethe- und Schiller-Archiv Weimar,
Inv.-Nr. GSA 10/33
→ Abb. S. 164

GEORG BÜCHNER
Woyzeck, Quart I, H 4,4,
Doppelseite, 1836/37
Manuskript, Tinte auf Papier,
20,6 × 17 cm
Klassik Stiftung Weimar,
Goethe- und Schiller-Archiv Weimar,
Inv.-Nr. GSA 10/3.1
→ Abb. S. 416, 530

GEORG BÜCHNER
Woyzeck, Folio II und III, 1836
Manuskript, Tinte auf Papier,
33,4 × 21,3 cm
Klassik Stiftung Weimar,
Goethe- und Schiller-Archiv Weimar,
Inv.-Nr. GSA 10/3.1
→ Abb. S. 512

GEORG BÜCHNER / LUDWIG BÜCHNER (Herausgeber)
Nachgelassene Schriften, 1850
Publikation, 15,5 × 11,9 cm
Georg Büchner Gesellschaft e. V.,
Marburg

GEORG BÜCHNER
(Karl Emil Franzos, Herausgeber)
Sämmtliche Werke und handschriftlicher Nachlaß, Erste kritische Gesamtausgabe mit einem Georg Büchner Porträt von Anton Limbach (nach August Hoffmann), 1879
Publikation, 18,2 × 13,9 cm
Georg Büchner Gesellschaft e. V.,
Marburg
→ Abb. S. 11, 23, 478, 528

KARL ERNST BÜCHNER
Beobachtung und Operations-Geschichte eines sogenannten Blutschwamms, in: *Rheinisch-Westphälische Jahrbücher für Medicin und Chirurgie*, Bd. VIII, II. Stück, 1824
Bildtafel, 19,8 × 12,8 cm
Universitätsbibliothek Marburg,
Sign. XI aC72 am
→ Abb. S. 94, 96

KARL ERNST BÜCHNER
Brief an Georg Büchner,
8. Dezember 1836
Manuskript, Tinte auf Papier,
24,5 × 20,5 cm
Klassik Stiftung Weimar,
Goethe- und Schiller-Archiv Weimar,
Inv.-Nr. GSA 10/10

KARL ERNST BÜCHNER
Versuchter Selbstmord durch Verschlucken von Stecknadeln, in: *Zeitschrift für die Staatsarzneikunde*, Jahrg. 3, Bd. 6, 4. Vierteljahrsheft, S. 305–348, 1823
Zeitschrift, 21,5 × 13,5 cm
Universitäts- und Landesbibliothek Darmstadt, Sign. Zs 1392

CHRISTIAN HEINRICH BÜNGER
Augen mit Nervensträngen,
1810–1830
Menschliches Injektionspräparat mit Quecksilber (Nerven) und Wachs (Gefäße), 12 × 15 × 7 cm
Museum Anatomicum der Philipps-Universität Marburg
→ Abb. S. 262

CHRISTIAN HEINRICH BÜNGER
Kopf-Abschnitt mit Nervenverzweigungen im Bereich des Schläfenbeins (Os temporale), 1830
Menschliches Injektionspräparat mit Quecksilber (Nerven) und Wachs (Gefäße), 18 × 29 × 9 cm
Museum Anatomicum der Philipps-Universität Marburg
→ Abb. S. 266

CARL GUSTAV CARUS
Von den Ur-Theilen des Knochen- und Schalengerüstes, 1828
Publikation mit XII Kupfertafeln und einer schematischen Schrifttafel,
42,5 × 30,1 cm
Universitäts- und Landesbibliothek Darmstadt, Sign. gr. Fol. 3/1144
→ Abb. S. 328, 332

ADELBERT VON CHAMISSO / FRIEDRICH HEINRICH KARL BARON DE LA MOTTE FOUQUÉ
Peter Schlemihl's wundersame Geschichte, 1814
Publikation, 16,5 × 10,2 cm
Württembergische Landesbibliothek, Stuttgart, Sign. 30/90069
→ Abb. S. 198

NICOLAS-MARIE-JOSEPH CHAPUY (Entwurf) / JEAN-JACQUES CHAMPIN (Lithografie)
Ansicht von Straßburg, Blick von der Kirche St. Wilhelm, um 1840
Kolorierte Lithografie, 43 × 60,2 cm
Musée Historique, Strasbourg,
Inv.-Nr. 88.2006.0.193
→ Abb. S. 322

CONSTANCE-MARIE CHARPENTIER*
Georges Danton, 1792
Öl auf Leinwand, 61,5 × 49 cm
Musée Carnavalet, Paris,
Inv.-Nr. P 712
→ Abb. S. 240

ANTONIO CHICHI
Konstantinsbogen, 1782
Korkmodell, 50 × 68 × 31 cm
Hessisches Landesmuseum
Darmstadt, Inv.-Nr. Ko 26
→ Abb. S. 268

Chirurgisches Sezierbesteck, 1850
Metall, Holz, 46 × 21 cm
Museum Anatomicum der Philipps-Universität Marburg
→ Abb. S. 348

JOHANN CHRISTIAN AUGUST CLARUS
Die Zurechnungsfähigkeit des Mörders Johann Christian Woyzeck, nach Grundsätzen der Staatsarzneikunde aktenmäßig erwiesen, in: Adolph Henke (Hrsg.), *Zeitschrift für die Staatsarzneikunde. Viertes Ergänzungsheft*, S. 1–97, 1825
Publikation, 21,3 × 13,6 cm
Universitäts- und Landesbibliothek Darmstadt, Sign. Zs 1392

ALEXANDRE CORRÉARD (Entwurf) *
Grundriß des Floßes der Medusa zur Zeit, als es verlassen wurde, in: Alexandre Corréard / Jean Baptiste Henri Savigny, *Naufrage de la frégate la Medusa*, 1821
Buchillustration, 16,7 × 9,5 cm
Hamburger Kunsthalle
→ Abb. S. 20

Courrier du Bas-Rhin Nº 217, 5. Dezember 1831
Zeitung in Jahrbuch gebunden, 43 × 30 cm
Médiathèque André Malraux, Strasbourg

Courrier du Bas-Rhin Nº 180, 28. Juli 1836
Zeitung in Jahrbuch gebunden, 42,3 × 30 cm
Médiathèque André Malraux, Strasbourg

Damenschuhe, um 1830
Schwarze Seide
historisches museum frankfurt, Inv.-Nr. hmf.X31642

HONORÉ DAUMIER
Gargantua. Louis-Philippe und die Steuern (Gargantua. Louis-Philippe et les impôts), 16. Dezember 1831
Lithografie, 21,4 × 30,5 cm
Bibliothèque nationale de France, Paris, Sign. Rés. Dc-180b (1)-Fol.
→ Abb. S. 138

HONORÉ DAUMIER
La Caricature, Nr. 67, 9. Februar 1832
Sehr ergebene, sehr unterwürfige, sehr gehorsame … und vor allem sehr gefräßige Untertanen (très humbles, très soumis, très obéissans // … et surtout très voraces Sujets)
Kreidelithografie, 20,7 × 33,5 cm
Kunstsammlung der Georg-August-Universität Göttingen
→ Abb. S. 142

HONORÉ DAUMIER
La Caricature, Nr. 152, 3. Dezember 1833
So! Du willst dich also mit der Presse anlegen!! (Ah ! tu veux te frotter à la presse !!)
Kreidelithografie, 22,7 × 20,6 cm
Kunstsammlung der Georg-August-Universität Göttingen
→ Abb. S. 148

HONORÉ DAUMIER
La Caricature, Nr. 166, 9. Januar 1834
Die Vergangenheit. Die Gegenwart. Die Zukunft (Le passé. Le présent. L'avenir.)
Kreidelithografie, 21,2 × 19,7 cm
Kunstsammlung der Georg-August-Universität Göttingen
→ Abb. S. 140

HONORÉ DAUMIER
La Caricature, Nr. 201, 11. September 1834
Den da, den kann man freilassen! Er ist nicht mehr gefährlich (Celui-là, on peut le mettre en liberté ! il n'est plus dangereux)
Kreidelithografie, 22,3 × 25,4 cm
Kunstsammlung der Georg-August-Universität Göttingen
→ Abb. S. 134

HONORÉ DAUMIER
La Caricature, Nr. 236, 14. Mai 1835
… Sie haben das Wort, erklären Sie sich, Sie sind frei! (… Vous avez la parole expliquez-vous, vous êtes libre !)
Lithografie, 26,2 × 35,5 cm
Kunstsammlung der Georg-August-Universität Göttingen

HONORÉ DAUMIER
La Caricature, Nr. 251, 27. August 1835
Es hat sich wahrlich gelohnt, dafür zu sterben! (C'était vraiment bien la peine de nous faire tuer !)
Kreidelithografie, 20,9 × 29,2 cm
Kunstsammlung der Georg-August-Universität Göttingen
→ Abb. S. 142

JACQUES LOUIS DAVID
Naturgetreue Studie des Kopfes von Jean Paul Marat, ermordet am 13. Juli 1793, 14. Juli 1793
Bleistiftzeichnung, 27 × 21 cm
Musée national des châteaux de Versailles et de Trianon, Inv.-Nr. MV5288; INVDessins855
→ Abb. S. 230, 508

EUGÈNE DELACROIX ***
Die Freiheit führt das Volk, 1830
Öl auf Leinwand, 260 × 325 cm
Musée du Louvre-Lens
→ Abb. S. 246, 268

RENÉ DESCARTES
De homine, 1662
Publikation mit grafischen Darstellungen, 21,5 × 17,5 cm
Universitätsbibliothek Johann Christian Senckenberg Frankfurt am Main, Sign. Biblioth. Hirzel 59
→ Abb. S. 332

AUGUSTE DESPERRET / CHARLES PHILIPON
La Caricature, Nr. 56, 24. November 1831
Die Verfassung ist eine Wahrheit.. also ist die Presse vollkommen frei! (La Charte est une vérité … donc la presse est parfaitement libre !)
Kreidelithografie, 20,7 × 26 cm
Kunstsammlung der Georg-August-Universität Göttingen

DENIS DIDEROT / JEAN BAPTISTE LE ROND D'ALEMBERT
Encyclopédie ou Dictionnaire raisonné des sciences, des arts et des métiers, 1763
Publikation, 39,3 × 28,5 cm
Staatsbibliothek zu Berlin – Preußischer Kulturbesitz, Sign. RLS Ae 5200-PL.3R
→ Abb. S. 26, 466, 502, 510

ANTOINE DIEUDONNÉ
Spielkarten, um 1850
52 Karten, je 8,6 × 5,6 cm
Luxemburger Druck- und Spielkartenmuseum, Grevenmacher
→ Abb. S. 250

JULIUS FRIEDRICH KARL DILTHEY **
Georg Büchners Maturitätsattest, 30. März 1831
Manuskript, Tinte auf Papier, 33,1 × 20,4 cm
Justus-Liebig-Universität Gießen

CARL DU BOS FREIHERR DU THIL
Behördeninternes Fahndungsschreiben zu Jakob Friedrich Schütz, 2. August 1834
Druck, 26,5 × 22 cm
Stadtarchiv Butzbach, Weidig-Forschungsarchiv, Inv.-Nr. Altes Archiv XVIII,1
→ Abb. S. 224

G. A. EGER (Entwurf) / MARTIN ELIAS RIDINGER (Stich)
Ludovicus VIII., Landgraf von Hessen, auf einem Schimmel reitend, um 1740
Kupferstich, 36,4 × 26 cm
Hessisches Landesmuseum Darmstadt, Inv.-Nr. HO 1071
→ Abb. S. 206

Bildnisherme des Epikur
Römische Marmorkopie einer griechischen Skulptur um 270 vor Chr.
Gipsabguss, 55 × 28 × 27,5 cm
Antikenmuseum der Universität Leipzig, Inv.-Nr. G 330
→ Abb. S. 230

Erdkröten, Bufo bufo, 19. Jahrhundert
Trockenpräparat, 12 × 17,7 cm
Musée Zoologique, Strasbourg, Inv.-Nr. MZS Amp589 et 590
→ Abb. S. 346

Essgeschirr eines Soldaten, um 1840
Metall, 21 × 19 × 12,5 cm
Wehrgeschichtliches Museum Rastatt, Inv.-Nr. 003856-8
→ Abb. S. 446

Kopf des Eubouleus
Römische Kopie einer griechischen Skulptur des 4. Jahrhundert vor Chr., 2. Jahrhundert nach Chr.
Marmor, 52 × 24 × 25,5 cm
Stadtmuseum Wiesbaden, Sammlung nassauischer Altertümer, Inv.-Nr. 400179
→ Abb. S. 532

FABER COURTIAL
Woyzecks Märchen, Schreibstrategien
Multimedia-Installation
Institut Mathildenhöhe, Städtische Kunstsammlung Darmstadt

FABER COURTIAL
Karte von Hessen mit der Verteilung des Hessischen Landboten
Multimedia-Installation
Institut Mathildenhöhe, Städtische Kunstsammlung Darmstadt

P. J. FARGÈS-MÉRICOURT
Stadtführer der Stadt Straßburg, 1831
Publikation, 17,6 × 10 cm
Fondation de l'Œuvre Notre-Dame, Strasbourg, Inv.-Nr. 148/144

Federmesser, 1800
Metall, Bein, Länge: 13,5 cm
Deutsches Klingenmuseum, Solingen
→ Abb. S. 30, 490

JOHANN KONRAD FRIEDERICH
Die Geschichte Unserer Zeit, 1826–1830
120 Hefte, gebunden in 28 Bänden, 13,3 × 10 cm
Georg Büchner Gesellschaft e. V., Marburg
→ Abb. S. 98, 506

CASPAR DAVID FRIEDRICH ***
Morgennebel in den Bergen, 1807/08
Öl auf Leinwand, 71 × 104 cm
Thüringer Landesmuseum Heidecksburg, Rudolstadt
→ Abb. S. 294

CASPAR DAVID FRIEDRICH
Weidengebüsch bei tiefstehender Sonne, 1832–1835
Öl auf Leinwand, 34 × 43,2 cm
Freies Deutsches Hochstift Frankfurter Goethe-Museum, Frankfurt am Main, Inv.-Nr. IV-1953-035
→ Abb. S. 410

LUDWIG FRIEDRICH VON FRORIEP
(Herausgeber)
Notizen aus dem Gebiete der Natur- und Heilkunde, 1821–1836
50-bändige Zeitschrift in 20 Bänden gebunden, je 26,3 × 22,5 cm
Universitätsbibliothek Marburg, Sign. IX B 57 m
→ Abb. S. 484

Fußschellen, 19. Jahrhundert
Metall, 6 × 61 × 12 cm
Strafvollzugsmuseum Ludwigsburg, Inv.-Nr. 89/506
→ Abb. S. 496

Führungszeugnis der Straßburger Polizei für Georg Büchner ausgestellt von Polizeikommissar Jonathan Pfister, 21. September 1836
Manuskript, Tinte auf Papier mit Stempel, 25 × 17,7 cm
Staatsarchiv des Kantons Zürich, Sign. U108 b
→ Abb. S. 462

Gemeine Geburtshelferkröte, Alytes obstetricans, 1893
Tierpräparat in Alkohol, 10 × 8 cm
Musée Zoologique, Strasbourg, Inv.-Nr. MZS Amp079 2 sp.

Gemeine Geburtshelferkröte, Alytes obstetricans, Ende 19. Jahrhundert
Tierpräparat in Alkohol, 15,2 × 5,8 cm
Musée Zoologique, Strasbourg, Inv.-Nr. MZS Amp077 2 sp.

Gemeine Geburtshelferkröte, Alytes obstetricans, 1921
Tierpräparat in Alkohol, 15 × 9,5 × 4,2 cm
Musée Zoologique, Strasbourg, Inv.-Nr. MZS Amp374
→ Abb. S. 348

J. GOTTFRIED GERHARDT **
Johann Friedrich Oberlin, um 1830
Kolorierter Kupferstich, 21,3 × 14,7 cm
Collection Musée J. F. Oberlin – Dépôt Musée Alsacien Ville de Strasbourg
→ Abb. S. 280

THÉODORE GÉRICAULT ***
Das Floß der Medusa, 1819
Öl auf Leinwand, 491 × 716 cm
Musée du Louvre, Paris, Inv.-Nr. SA 2643
→ Abb. S. 516, 518

HENNING VON GIERKE
Stadtplan für Drehplätze und Kamerarichtungen, Entwurf zu Werner Herzogs Woyzeck, 1978
Bleistift und Aquarell auf Papier, 100 × 120 cm
Henning von Gierke / Maler, Bühnenschaffender, Filmausstatter
→ Abb. S. 552

Glaspokal mit dem Hoftheater Darmstadt, 19. Jahrhundert
Glas mit Goldrand, 12 × 9,5 cm
Stadtarchiv Darmstadt, Inv.-Nr. ST 59 Nr. 112
→ Abb. S. 118

JOHANN WOLFGANG VON GOETHE
Goethe's Werke, Vollständige Ausgabe letzter Hand, 1828–1830
Publikation in 40 Bänden, je 14 × 9,5 cm
Sammlung Susanne Lehmann, Altheim

FRANCISCO DE GOYA **
Ein Messer schwingender Mann, 1824–1828
Kreidezeichnung, 19,1 × 15 cm
Museum Boijmans Van Beuninger, Rotterdam, Inv.-Nr. S 15
→ Abb. S. 430

FRANCISCO DE GOYA ***
Saturn, einen seiner Söhne verschlingend, 1821–1823
Öl auf Leinwand, 146 × 83 cm
Museo del Prado, Madrid
→ Abb. S. 236

J. J. GRANDVILLE / E. FOREST
La Caricature, Nr. 63, 12. Januar 1832
… »Sehen Sie, meine Herren, das ist ihre einzige Hoffnung auf Verringerung der Lasten.« – »Bravo, bravo!« (im Zentrum). Rede von M. Thiers, Auszug aus den Parlamentsdebatten
(… » Voilà Messieurs vos seules espérences de diminution de charges « // bravo ! bravo ! (au centre) // [Discours de M Thiers // extrait des Débats])
Kreidelithografie, 19,9 × 25,3 cm
Kunstsammlung der Georg-August-Universität Göttingen

J. J. GRANDVILLE / E. FOREST
La Caricature, Nr. 82, 24. Mai 1832
Verdauung des Budgets – administrative, politische, moralische und vor allem ökonomische Arbeit
(Digestion du Budjet // travail administratif, politique, moral et surtout économique)
Kreidelithografie, 16,6 × 30,8 cm
Kunstsammlung der Georg-August-Universität Göttingen

J. J. GRANDVILLE / E. FOREST
La Caricature, Nr. 104, 1. November 1832
Jagd auf die Freiheit (Teil 1 und Teil 2)
([La chasse] A LA LIBERTÉ)
Federlithografie, 24,8 × 37,5 cm
Kunstsammlung der Georg-August-Universität Göttingen
→ Abb. S. 136

JACOB GRIMM / WILHELM GRIMM
Kinder- und Haus-Märchen, Bd. 1, 1812
Publikation, gesammelt durch die Brüder Grimm, 17,4 × 11 cm
Universitätsbibliothek Marburg, Sign. VIIe C586vay 1#

JACOB GRIMM / WILHELM GRIMM
Kinder- und Haus-Märchen, Bd. 2, 1815
Publikation, gesammelt durch die Brüder Grimm, 17 × 10,5 cm
Staatsbibliothek zu Berlin – Preußischer Kulturbesitz, Kinder- und Jugendbuchabt., Sign. B IV 1b, 790-2 R

JACOB GRIMM / WILHELM GRIMM
Kinder- und Haus-Märchen, Bd. 1 und 2, 1812/15
Publikation, gesammelt durch die Brüder Grimm, 17 × 10,5 cm
Staatsbibliothek zu Berlin – Preußischer Kulturbesitz, Abt. Historische Drucke, Sign. Yt 1067-1/2 R

Großherzoglich-hessischer Reisepass für Louis Struve, 1839
Dokument mit handschriftlichen Eintragungen und Stempeln, 33 × 20 cm
Stadtarchiv Darmstadt, Inv.-Nr. ST62/34d
→ Abb. S. 388

Grundriss der Stadt Zürich, 1838
Lithografie, 30 × 35,5 cm
Staatsarchiv des Kantons Zürich, Inv.-Nr. PLAN C 35
→ Abb. S. 452, 454

ERNST FRIEDRICH GRÜNEWALD
Das Gymnasium zu Darmstadt, genannt Pädagog, um 1829
Kupferstich, 27 × 34,5 cm
Stadtarchiv Darmstadt, Inv.-Nr. ST55/grünew./007a
→ Abb. S. 104

ERNST FRIEDRICH GRÜNEWALD
Der Platz am weißen Thurm zu Darmstadt, 1830–1840
Kolorierter Stich, 9,8 × 14 cm
Stadtarchiv Darmstadt, Inv.-Nr. ST55/Grünewald/015/1

Guillotine aus Dillenburg / Nassau, vom französischen Justiztribunal des Herzogtums Berg bei seinem Abzug 1813 zurückgelassen, vor 1813
verzapfte Esche / Nadelholz und geschmiedetes Eisen, Seitenteile: 353 × 193 × 77 cm
Germanisches Nationalmuseum, Nürnberg, Inv.-Nr. StR94
→ Abb. S. 246

J. K. HAINZELD
Taschenbuch für die Freunde des hiesigen Hof-Opern-Theaters, Darmstadt, 1829
Publikation, 15,2 × 10,1 cm
Universitäts- und Landesbibliothek Darmstadt, Sign. Zs 7501a 1829

Halbhandschuhe, um 1830
Spitze
historisches museum frankfurt, Inv.-Nr. hmf.T.2009.0177

FRANS HALS (Entwurf) / ÉTIENNE FICQUET (Stich)
René Descartes, 2. Hälfte 18. Jahrhundert
Kupferstich, 13 × 8,1 cm
Städel Museum, Frankfurt am Main, N 10.023
→ Abb. S. 334

WILHELM VON HARNIER
Geheimer Kabinetts-Sekretär und Museumsdirektor Ernst Schleiermacher, 1829
Feder- und Bleistiftzeichnung, Aquarell, auf Papier, 53 × 38 cm
Hessisches Landesmuseum Darmstadt, Inv.-Nr. HZ-7696 – HZ-7703
→ Abb. S. 116

WILHELM VON HARNIER
Großherzog Ludewig I. im Profil, um 1826
Federzeichnung auf Papier, 8,7 × 6,8 cm
Hessisches Landesmuseum Darmstadt, Inv.-Nr. HZ-10829
→ Abb. S. 116

WILHELM VON HARNIER
Großherzog Ludewig I. in Uniform und Unterkleidern, 1826
Bleistift und Federzeichung auf Papier, 53 × 38 cm
Hessisches Landesmuseum Darmstadt, Inv.-Nr. HZ-7629; HZ-7636; HZ-7643; HZ-7646; HZ-7647; HZ-7648; HZ-7651; HZ-7652; HZ-7653
→ Abb. S. 374, 378, 380

FRIEDRICH HAUG
Zweihundert Hyperbeln auf Herrn Wahl's ungeheure Nase. In erbauliche hochdeutsche Reime gebracht von Friedrich Hophthalmos, Zweite Originalausgabe, 1841
Publikation, 23,5 × 17 cm
Universitätsbibliothek Heidelberg, Sign. Tschi 32 A RES
→ Abb. S. 366

CHRISTIAN HÄUSSLER
Modellausschnitt der Altstadt von Darmstadt um 1839, 1987
Architekturmodell, Maßstab 1:50, 40 × 150 × 50 cm
Institut Mathildenhöhe, Städtische Kunstsammlung Darmstadt
→ Abb. S. 92

CHRISTIAN HÄUSSLER
Modellausschnitt der Grafenstraße 39, Darmstadt, Büchners Elternhaus um 1839, 1987
Architekturmodell, Maßstab 1:50, 40 × 150 × 50 cm
Georg Büchner Gesellschaft e. V., Marburg
→ Abb. S. 92

HEINRICH HEINE
Der Salon, Zweiter Band, 1835
Publikation, 11 × 8,2 cm
Heinrich-Heine-Institut, Düsseldorf, Sign. HS 1834 / 1

WILHELM JOSEPH HEINE
Gottesdienst in der Zuchthauskirche, 1838
Öl auf Leinwand, 78 × 108 cm
Staatliche Museen zu Berlin, Nationalgalerie, Inv.-Nr. W. S. 77
→ Abb. S. 480

MICHEL HENNING **
Die Guillotinen von Paris (Egte afbeelding de guillötine te Parys), 1791–1795
Kolorierte Ätzradierung, 29,5 × 39,5 cm
Bibliothèque nationale de France, Paris, Inv.-Nr. FRBNF 40253782
→ Abb. S. 504

FERDINAND HÉROLD
Zampa oder die Marmorbraut, 1839
Klavierauszug, 34,4 × 27,4 cm
SCHOTT MUSIC GmbH & Co. KG, Mainz

GEORG HERWEGH
Gedichte eines Lebendigen, 1841
Publikation, 22 × 16,5 cm
Universitätsbibliothek Heidelberg, Sign. 64 B 2498 RES

WERNER HERZOG *
Filmstill aus dem Film *Woyzeck* mit Klaus Kinski als Woyzeck
Werner Herzog Film/Cinetext,
→ Abb. S. 26, 554

WERNER HERZOG
Woyzeck, 1979
Filmausschnitt: Klaus Kinski als Woyzeck
Werner Herzog Film GmbH

Heupferd, Tettigonia viridissima, 19. Jahrhundert
Insektenpräparat, 11,5 × 9,3 × 3,2 cm
Museum Wiesbaden / Naturhistorische Sammlungen
→ Abb. S. 368

AUGUST HOFFMANN
Ansichten von Darmstadt und Umgebung, 1832–1834
Bleistiftzeichnung auf Papier, 34 × 30 cm
Universitätsarchiv Gießen, Depositum Sammlung Eva Michel, Gießen
→ Abb. S. 84

AUGUST HOFFMANN
Junger Mann mit Notenblatt. Georg Büchner, 1833
Bleistift auf Zeichenpergament, 38,5 × 29 cm
Universitätsarchiv Gießen, Depositum Sammlung Eva Michel, Gießen
→ Abb. S. 34, 158

Hohlspiegel mit Halterung, um 1830
Holz, Glas, Messing, Durchmesser: 52 cm
Hessisches Landesmuseum Darmstadt, Inv.-Nr. Ph.C.59/226

Holzgewehr mit einem hölzernen Ladestock zum Schülerexerzieren von Friedrich Ludwig Weidig, um 1814
Holz, Länge: 96 cm
Museum der Stadt Butzbach, Inv.-Nr. Q 3830
→ Abb. S. 216

Holzsäbel zum Schülerexerzieren von Friedrich Ludwig Weidig, um 1814
Holz, Länge: 56 cm
Museum der Stadt Butzbach, Inv.-Nr. Q 3829
→ Abb. S. 216

JAN JOZEF HOREMANS D. Ä.
Streit und Schlägerei in einer Schenke, um 1715
Öl auf Leinwand, 67 × 84 cm
Hessisches Landesmuseum Darmstadt, Inv.-Nr. GK 605
→ Abb. S. 424

THEODOR HOSEMANN (Illustration) / KARL IMMERMANN (Autor)
Die Dampfautomaten, in: *Tulifäntchen, Ein Heldengedicht in drei Gesängen*, 1861
Buchillustration, 19,5 × 14,5 cm
Städel Museum, Frankfurt am Main, Inv.-Nr. Bib. 8:1316
→ Abb. S. 394

RUDOLF JULIUS BENNO HÜBNER
Carl Gustav Carus, 1844
Öl auf Leinwand, 115,8 × 95 cm
Freies Deutsches Hochstift Frankfurter Goethe-Museum, Frankfurt am Main, Inv.-Nr. IV-01258
→ Abb. S. 330

RICHARD HÜGLE
Giessen nebst seinen Umgebungen, 1841
Lithografie, 35,2 × 45 cm
Hessisches Landesmuseum Darmstadt, Inv.-Nr. HO 692
→ Abb. S. 194

VICTOR HUGO
Lucretia Borgia, Maria Tudor, Deutsche Übersetzung von Georg Büchner, 1835
Publikation, 14 × 10,6 cm
Georg Büchner Gesellschaft e. V., Marburg
→ Abb. S. 320

Inschrift von Lenz und Goethe am Münsterturm von 1776
Gipsabdruck, 49 × 65,7 × 7 cm
Fondation de l'Œuvre Notre-Dame, Strasbourg, Inv.-Nr. 7631
→ Abb. S. 176

Jakobinermütze, 1892–1893
Wollstoff, Leinen, 25 × 33 cm
Städtisches historisches Museum im Gotischen Haus, Bad Homburg, Inv.-Nr. 1989/478
→ Abb. S. 242

GEORGE JONES
Blick auf den Gutenberg-Platz, 1827
Öl auf Leinwand, 91 × 70,5 cm
Musée des Beaux-Arts, Strasbourg, Inv.-Nr. 1789
→ Abb. S. 182

JOHANN FRIEDRICH KAUFMANN ***
Der mechanische Trompeter, 1810
Musikautomat, Höhe: 169,5 cm
Deutsches Museum München
→ Abb. S. 336

WILLIAM KENTRIDGE (Regie) / ADRIAN KOHLER (Design), HANDSPRING PUPPET COMPANY
Puppe »Doktor« in: *Woyzeck on the Highveld*, 1992/2008
Puppe mit Stethoskop und Halterungskonstruktion, Höhe: 115 cm
Münchener Stadtmuseum, Sammlung Puppentheater / Schaustellerei
→ Abb. S. 578

WILLIAM KENTRIDGE (Regie) / ADRIAN KOHLER (Design), HANDSPRING PUPPET COMPANY
Puppe »Woyzeck« in: *Woyzeck on the Highveld*, 1992/2008
Puppe, Höhe: 95 cm
Münchener Stadtmuseum, Sammlung Puppentheater / Schaustellerei
→ Abb. S. 580

PIERRE KINTZIG ***
Die Tympanum-Spielerin, 1784
Musikautomat, 122,5 × 123 × 65 cm
Musée des arts et métiers – Cnam, Paris
→ Abb. S. 336

GEORG C. KLAREN
Wozzeck, 1947
Filmausschnitt: Weidengebüschszene
Deutsche Film AG

HEINRICH CHRISTOPH KOLBE
Johann Wolfgang von Goethe, 1826
Öl auf Leinwand, 65,5 × 52,5 cm
Freies Deutsches Hochstift Frankfurter Goethe-Museum, Frankfurt am Main, Inv.-Nr. IV-01270
→ Abb. S. 412

Kreuzspinne, Araneus, um 1800
Johann Christian Gerning (Präparat)
Insektenpräparat, 5,5 × 4,6 × 3,4 cm
Museum Wiesbaden / Naturhistorische Sammlungen

FRANZ KRÜGER (Entwurf) / FRIEDRICH OLDERMANN (Lithografie)
Lorenz Oken, um 1825
Lithografie, 55,7 × 41,7 cm
Zentralbibliothek Zürich, Graphische Sammlung und Fotoarchiv
→ Abb. S. 324

Kruzifixus aus Friedberg / Mittelrhein, 1460–1470
Korpus und Lendentuch: Nußbaumholz, Arme: Pappelholz, 182 × 156,5 × 24,5 cm
Hessisches Landesmuseum Darmstadt, Inv.-Nr. PL 01:30
→ Abb. S. 238

MARCO KÜHNE / TILMAN FISCHER
News Ticker, 1830–1831
Multimedia-Installation
Georg Büchner Gesellschaft e. V., Marburg

HEINRICH KÜNTZEL / FRIEDERICH METZ (Herausgeber)
Chronik der Feierlichkeiten, welche auf Veranlassung der hohen Vermählung Seiner Hoheit des Erbgroßherzogs Ludwig von Hessen mit Ihrer Königl. Hoheit der Prinzessin Mathilde von Bayern in Bayern und Hessen statt fanden, 1834
Publikation, 18,3 × 11,9 cm
Universitäts- und Landesbibliothek Darmstadt, Inv.-Nr. ULB 43/1339
→ Abb. S. 374

Lagermütze, 1. Drittel 19. Jahrhundert
Textil, 21,5 × 29 cm
Schlossmuseum Darmstadt, Inv.-Nr. DA T 21121

JULIEN OFFRAY DE LA METTRIE
L'Homme Machine, 1748
Publikation, 13,2 × 7,5 cm
Universitätsbibliothek der Freien Universität Berlin, Sign. 48/74/9966(7)

Landkarte mit den Umrissen des Großherzogtums Hessen-Darmstadt, um 1830
Lithografie auf 4 Blättern, je 28 × 37 cm
Heinrich-Heine-Institut, Düsseldorf

GEORG LAUTESCHLÄGER
Taucherglocke, in: *Figurentafeln zur Physik*, 1837
Buchillustration, 23,2 × 14,2 cm
Universitäts- und Landesbibliothek Darmstadt, Sign. 33/2918
→ Abb. S. 404

CHARLES LE BRUN
Das Entzücken (Le ravissement), Fig. 7, in: *Méthode pour apprendre à dessiner les passions: proposée dans une conférence sur l'expression générale et particulière*, 1702
Buchillustration
Sächsische Landesbibliothek / Staats- und Universitätsbibliothek Dresden, Sign. Art.plast.2235
→ Abb. S. 392

HENRI LEBERT
Jagd in den Vogesen, 1828
Öl auf Leinwand, 46 × 63 cm
Musée des Beaux-Arts, Strasbourg, Inv.-Nr. 1950
→ Abb. S. 130

JAKOB MICHAEL REINHOLD LENZ
Gesammelte Schriften. Hrsg. v. Ludwig Tieck, 1828
Publikation, 3 Bde., je 19,8 × 12,4 cm
Wissenschaftliche Stadtbibliothek, Mainz, Sign. 55/749, 1-3

Libelle, Calopteryx dimidiata, um 1800
Johann Christian Gerning (Präparat)
Insektenpräparat, 11,5 × 9,3 × 3,2 cm
Museum Wiesbaden / Naturhistorische Sammlungen, Inv.-Nr. MWNH-FAE-03302
→ Abb. S. 368

CARL VON LINNÉ
Blumenuhr, 1745
Manufactum GmbH & Co. KG (Hersteller)
Farbreproduktion, Durchmesser: 33 cm
Institut Mathildenhöhe, Städtische Kunstsammlung Darmstadt
→ Abb. S. 372

Luftpumpe, um 1773
Johann Gottlieb Stegmann (Hersteller)
Glas, Holz, Messing, 50 × 40 × 13 cm
Hessisches Landesmuseum Darmstadt
Inv.-Nr. Ph.C.59-171
→ Abb. S. 402

Marche de Marseille, Pianonoten für das Piano Forte
Verlag Francfort S/M-. bei Fr. ph. Dunst
Notenblätter, 26,5 × 33 cm
Stadtarchiv Butzbach, Weidig-Forschungsarchiv
→ Abb. S. 166

Marseillaise, Partitur des Kriegsliedes der Rheinarmee (Partition originale du chant de guerre pour l'armée du Rhin), 1792
Druck mit handschriftlicher Notiz, 22,8 × 14,5 cm
Musée Historique, Strasbourg, Inv.-Nr. 88.2001.1.4

ETIENNE-JULES MAREY ***
Detail aus der Chronofotografie »Flug einer Katze und Verhalten eines Hundes« (Chute du chat et allures du chien), 1900
Chronofotografie auf einer rotierenden fotografischen Platte, 13,5 × 84 cm
Musée Marey, Beaune (Dépôt du Collège de France)
→ Abb. S. 444

THOMAS MICHAEL MAYER
Arresthaus, Darmstadt, 1970
Fotografie, 18 × 13 cm
Stadtarchiv Darmstadt, Inv.-Nr. DA / B / 2.23.1.1

THOMAS MICHAEL MAYER
Arresthaus, Außenansicht, Darmstadt, 1970
Fotografie, 18 × 13 cm
Stadtarchiv Butzbach, Weidig-Forschungsarchiv
→ Abb. S. 494

THOMAS MICHAEL MAYER
Arresthaus, Innenansicht von Weidigs Zelle, 1970
Fotografie, 18 × 13 cm
Stadtarchiv Darmstadt, Inv.-Nr. DA / B / 2.23.1.1
→ Abb. S. 494, 496

THOMAS MICHAEL MAYER
Arresthaus, Innenansicht, Darmstadt, 1970
Fotografie, 18 × 13 cm
Stadtarchiv Butzbach, Weidig-Forschungsarchiv
→ Abb. S. 34, 492, 494

THOMAS MICHAEL MAYER
Tür zu Weidigs Zelle, Nr. 207, 1970
Fotografie, 18 × 13 cm
Stadtarchiv Darmstadt, Inv.-Nr. DA / B / 2.23.1.1
→ Abb. S. 494

Meerwasserbryozoe, Cellaria sp., 1830
Präparat in Alkohl, 29 × 11,7 cm
Senckenberg Gesellschaft für Naturforschung Frankfurt am Main

MEISTER DES QUIRINUS-ALTARS
Hl. Alban (Hl. Denis) mit abgeschlagenem Haupt in der Hand, um 1500
Flügel eines Altars, rechter Flügel Hl. Alban, Öl und Gold auf Tannenholz, 151 × 40 cm
Hessisches Landesmuseum Darmstadt, Inv.-Nr. GK 16 AB
→ Abb. S. 34, 240

Meldebogen für das Haus Spiegelgasse 12, Zürich, 1835–1837
Manuskript, Tinte auf Papier, 60 × 52,5 cm
Stadtarchiv der Stadt Zürich, Inv.-Nr. V.E.c.20.:3
→ Abb. S. 456

JUPP MENZEN
Friede den Hütten, Krieg den Palästen! Wackersdorf, 1985
Fotografie
Heinrich-Heine-Institut, Düsseldorf, Fotosammlung
→ Abb. S. 536, 538

FRANZ MERTZ
Bühnenbildplan für Woyzeck-Inszenierung, 1954
Aufriss auf Pergamin auf zwei Blättern, je 40 × 45 cm
Theaterwissenschaftliche Sammlung der Universität Köln, Schloss Wahn, Inv.-Nr. 14618; 14618 b 1 c 1
→ Abb. S. 558

CONRAD MEYER
Pflicht aller Obrigkeiten, in: *Christen-Spiegel*, um 1657
Radierung, 25,2 × 12,3 cm
Staatliche Graphische Sammlung München, Inv.-Nr. 136569 D
→ Abb. S. 202

Molch, Triturus cristatus, 1900
Tierpräparat in Alkohol, 14,2 × 6,7 cm
Musée Zoologique, Strasbourg, Inv.-Nr. MZS Amp530
→ Abb. S. 350

Molch, Triturus cristatus, 1903
Tierpräparat in Alkohol, 13,9 × 5,6 cm
Musée Zoologique, Strasbourg, Inv.-Nr. MZS Amp531 2sp

Molch, Triturus cristatus, 1906
Tierpräparat in Alkohol, 20,2 × 9,9 cm
Musée Zoologique, Strasbourg, Inv.-Nr. MZS Amp529

HENRY MONNIER
La Caricature, Nr. 1, 4. November 1830
Ein Opfer des alten Systems (Une victime de l'ancien système)
Kreidelithografie, 19 × 28,4 cm
Kunstsammlung der Georg-August-Universität Göttingen
→ Abb. S. 138

WOLFGANG AMADEUS MOZART
Don Giovanni, um 1800
Partitur, 27 × 34 cm
SCHOTT MUSIC GmbH & Co. KG, Mainz
→ Abb. S. 396

Musterungsliste 1833 mit namentlicher Erwähnung Georg Büchners, 13.–15. Mai 1833
Handschriftlich ausgefülltes Formular, 32,8 × 40 cm
Stadtarchiv Darmstadt
→ Abb. S. 222

R. TH. MÜHLBERGER
Das Verbrechen des Mordes. Eine Gallerie solcher Verirrungen in neuer Zeit, 1834
Frontispiz, 24 × 11,9 cm
Universitätsbibliothek Mainz, Sign. RARAJ 2870
→ Abb. S. 432

A. MÜLLER
Dr. Julius Friedrich Karl Dilthey, nach 1825
Lithografie, 35 × 28 cm
Stadtarchiv Darmstadt, Inv.-Nr. ST55/051

FRANZ HUBERT MÜLLER (Entwurf) / JOSEF VÖLLINGER (Lithografie)
Grenzkontrolle, 1825–1828
Kolorierte Lithografie, 48 × 36,5 cm
Schlossmuseum Darmstadt, Inv.-Nr. DA H 22284
→ Abb. S. 384

FRANZ HUBERT MÜLLER (Entwurf) / JOSEF VÖLLINGER (Lithografie)
Tambourmajor, Garde Infanterie, Regimentstambour XXI, 1825–1828
Kolorierte Lithografie, 48,4 × 36,4 cm
Schlossmuseum Darmstadt, Inv.-Nr. DA H 22328
→ Abb. S. 418

ALEXIS MUSTON
Georg Büchner auf den Steinen des »Felsenmeers«, Oktober 1833
Bleistiftzeichnung
Jean Pierre Trouchaud, Fonds Muston Leihgabe an das Freie Deutsche Hochstift Frankfurter Goethe-Museum
→ Abb. S. 44

ALEXIS MUSTON
Georg Büchner aus der Erinnerung
Federzeichnung
Jean Pierre Trouchaud, Fonds Muston Leihgabe an das Freie Deutsche Hochstift Frankfurter Goethe-Museum
→ Abb. S. 18, 52, 124

FRIEDRICH NOELLNER
Actenmäßige Darlegung des wegen Hochverraths eingeleiteten gerichtlichen Verfahrens gegen Pfarrer D. Friedrich Ludwig Weidig, 1844
Publikation, 21,6 × 14,5 cm
Georg Büchner Gesellschaft e. V., Marburg

JOHANN FRIEDRICH OBERLIN
Bilanz meiner Einnahmen und Ausgaben (Aufstellung bezüglich Lenz) (Balance de mes revenus et dépenses (comptes concernant Lenz)), 1778
Gebundene handschriftliche Liste, 43,5 × 17 cm
Archives de la Ville et de la Communauté urbaine de Strasbourg, Inv.-Nr. 77 Z 206 M. Ob. 206
→ Abb. S. 274

JOHANN FRIEDRICH OBERLIN
Bild des Innenlebens eines Menschen (Image de l'intérieur d'un homme), 18. März 1818
Aquarell und Federzeichnung, 17 × 20,4 cm
Archives de la Ville et de la Communauté urbaine de Strasbourg, Inv.-Nr. 77Z61
→ Abb. S. 278

JOHANN FRIEDRICH OBERLIN **
Karte Ban de le Roche, 18. Jahrhundert
Aquarell und Federzeichnung, 16,36 × 19,92 cm
Collection Musée J. F. Oberlin – Waldersbach
→ Abb. S. 288

JOHANN FRIEDRICH OBERLIN
»Herr L……«, 1778
Manuskript, Tinte auf Papier, 5 Blätter, je 35 × 21,5 cm
Archives de la Ville et de la Communauté urbaine de Strasbourg, Inv.-Nr. 77 Z 61 f° 22-31
→ Abb. S. 276

JOHANN FRIEDRICH OBERLIN **
Silhouette von Jakob Michael Reinhold Lenz, 18. Jahrhundert
Scherenschnitt, 29,7 × 21,6 cm
Collection Musée J. F. Oberlin – Dépôt Musée Alsacien Ville de Strasbourg
→ Abb. S. 286

Objektträger mit mehreren Okularen, 1830–1840
Metall, Glas
Museum Anatomicum der Philipps-Universität Marburg

Ochsenziemer, 19. Jahrhundert
Getrockneter Bullenpenis, 110 × 5 cm
Deutsches Peitschenmuseum, Burladingen-Killer

Ohrgehänge, Ende 18. Jahrhundert
Silber, Strass, 2,3 × 0,7 cm
Schmuckmuseum Pforzheim

LORENZ OKEN
Beinphilosophie in Isis, Bd. 3, 1819
Zeitschrift, 26,5 × 23 cm
Universitäts- und Landesbibliothek Darmstadt, Sign. Zb 3115 -3-

MORITZ DANIEL OPPENHEIM
Heinrich Heine, 1831
Öl auf Leinwand, 21 × 17,5 cm
Heinrich-Heine-Institut, Düsseldorf
→ Abb. S. 258

MORITZ DANIEL OPPENHEIM
Ludwig Börne, 1833
Öl auf Leinwand, 48,9 × 40,3 cm
Freies Deutsches Hochstift / Frankfurter Goethe-Museum, Frankfurt am Main, Inv.-Nr. IV-1949-006
→ Abb. S. 488

Österreichischer Reisepass für Karl Ferdinand Dräxler-Manfred, 1837
Dokument mit handschriftlichen Notizen und Stempeln, 38 × 38,5 cm
Stadtarchiv Darmstadt, Inv.-Nr. ST62/34d
→ Abb. S. 386

PHILIPP AUGUST PAULI
Das Großherzogliche Museum in Darmstadt, Museumsführer, 1818
Publikation, 18,8 × 12 cm
Universitäts- und Landesbibliothek Darmstadt, Sign. 43/3626

JAMES PAXTON
Illustrations of Paley's Natural Theology, Tab. II, 1825
Publikation, 22,5 × 13,5 cm
Universitätsbibliothek Wien – Fachbereichsbibliothek Kathol. u. Evangel. Theologie, Wien, Sign. 2009/004-1332

CARL AUGUST FREIHERR PERGLER VON PERGLAS
Ansicht des alten Theils der Grossherzoglichen Residenz Darmstadt, 1818
Federzeichnung und Aquarell, 55,9 × 72,3 cm
Hessisches Landesmuseum Darmstadt, Inv.-Nr. Hz 3126
→ Abb. S. 82

Phrygische Mütze, Außenschmuck des Straßburger Jakobinerklubs (Bonnet phrygien ornant une permanence de section du Club des Jacobins à Strasbourg), 1793
Blech, farbig gestrichen, 27 × 18 × 17 cm
Musée Historique, Strasbourg, Inv.-Nr. 88.2007.0.263
→ Abb. S. 184

FRÉDÉRIC PITON
Blick auf die Münster-Plattform mit Wächterhäuschen, 1855
Lithografie, 25,5 × 33 cm
Collections BNU de Strasbourg, Inv.-Nr. STRG.CD.5
→ Abb. S. 132

FRÉDÉRIC PITON
Panorama von Straßburg, Blick nach Nordosten, von oben gesehen, 1842
Lithografie, 63 × 78 cm
Cabinet des Estampes et des Dessins, Strasbourg, Inv.-Nr. 77.998.0.5324
→ Abb. S. 178

FRÉDÉRIC PITON
Panorama von Straßburg, Blick von Nordwesten, von oben gesehen, 1842
Lithografie, 63 × 78 cm
Cabinet des Estampes et des Dessins, Strasbourg, Inv.-Nr. 77.998.0.5327
→ Abb. S. 178

FRÉDÉRIC PITON
Panorama von Straßburg, Blick nach Südosten, von oben gesehen, 1842
Lithografie, 63 × 78 cm
Cabinet des Estampes et des Dessins, Strasbourg, Inv.-Nr. 77.998.0.5325
→ Abb. S. 178

FRÉDÉRIC PITON
Panorama von Straßburg, Blick nach Südwesten, von oben gesehen, 1842
Lithografie, 63 × 78 cm
Cabinet des Estampes et des Dessins, Strasbourg, Inv.-Nr. 77.998.0.5326
→ Abb. S. 178

Plan der Residenzstadt Darmstadt, 1836
Kolorierter Stich, 43,8 × 53,6 cm
Universitäts- und Landesbibliothek Darmstadt, Sign. 1836. 2 EX

Plan der Residenzstadt Darmstadt, 1858
Kolorierter Stich auf zwei zusammengefügten Blättern, 44,6 × 51 cm
Universitäts- und Landesbibliothek Darmstadt, Sign. Sp Darmstadt6 1858
→ Abb. S. 426

Plan der Stadt Darmstadt nebst Bessungen, 19. Jahrhundert
Kartografische Aufzeichnung auf Papier, 51 × 44,6 cm
Universitäts- und Landesbibliothek Darmstadt, Sign. Sp Darmstadt4 1850

Plan der Stadt Straßburg, 1840
Lithografie, 40,5 × 50 cm
Georg Büchner Gesellschaft e. V., Marburg
→ Abb. S. 180

Plan von Straßburg, Bordeaux, Lyon und Rouen, 1833
Stich, 50,9 × 60,3 cm
Collections BNU de Strasbourg, Inv.-Nr. M Carte 10 610

Polenrock, 19. Jahrhundert
Textilien, 74 × 42,5 cm
Theaterkunst GmbH – Kostümausstattung, Berlin
→ Abb. S. 200

Politische Umschau, 22. Juni 1987
Deutsche Presse Agentur
Zeitungsartikel
Heinrich-Heine-Institut, Düsseldorf, Fotosammlung
→ Abb. S. 538

Polizeilicher Meldebogen der Familie Büchner in Darmstadt, 1817
Manuskript, Tinte auf Papier, 33 × 20 cm
Stadtarchiv Darmstadt
→ Abb. S. 86

Blaues Prisma, Ende 18. Jahrhundert
Eingefärbtes Glas, Länge: 19 cm
Hessisches Landesmuseum Darmstadt, Inv.-Nr. Ph.C.58/71a
→ Abb. S. 398

Gelbes Prisma, Ende 18. Jahrhundert
Eingefärbtes Glas, Länge: 18,5 cm
Hessisches Landesmuseum Darmstadt, Inv.-Nr. Ph.C.58/71a

Grünes Prisma, Ende 18. Jahrhundert
Eingefärbtes Glas, Länge: 20 cm
Hessisches Landesmuseum Darmstadt, Inv.-Nr. Ph.C.58/71a
→ Abb. S. 398

Pyramidales Prisma, Anfang 19. Jahrhundert
Glas, 14 × 3 cm
Hessisches Landesmuseum Darmstadt, Inv.-Nr. Ph.C.58/716
→ Abb. S. 398

Transparentes Prisma, Ende 18. Jahrhundert
Glas, Länge: 23 cm
Hessisches Landesmuseum Darmstadt, Inv.-Nr. Ph.C.58/71a
→ Abb. S. 398

Prismenhalter, Anfang 19. Jahrhundert
Holz, 25 × 29 × 16 cm
Hessisches Landesmuseum Darmstadt

Protokolle der Sitzungen der naturhistorischen Gesellschaft Straßburgs (Procès-verbaux des séances de la société d'histoire naturelle de Strasbourg), 1836
Manuskript, Tinte auf Papier, 6 Blätter, je 35,5 × 22 cm
Archives de la Ville et de la Communauté urbaine de Strasbourg, Inv.-Nr. 88 Z 9, f°69-77
→ Abb. S. 344

MARCANTONIO RAIMONDI
Apoll von Belvedere, Kupferstich nach der antiken Marmorstatue, um 1500
Kupferstich, 32,9 × 23,6 cm
Städel Museum, Frankfurt am Main, Graphische Sammlung, Inv.-Nr. 34523 (B330)
→ Abb. S. 290

FRIEDRICH CHRISTIAN REINERMANN
Gießen, vom Lutherberg aus gesehen, 1820–1830
Aquarell, 39 × 52 cm
Oberhessisches Museum – Altes Schloss, Gießen, Inv.-Nr. LG 56 a
→ Abb. S. 192

FRANZ RIEPENHAUSEN
Gretchen findet den Schmuck, 1811–1814
Öl auf Leinwand, auf Holz aufgezogen, 21 × 14,5 cm
Freies Deutsches Hochstift / Frankfurter Goethe-Museum, Frankfurt am Main, Inv.-Nr. 01616
→ Abb. S. 414

REMBRANDT HARMENSZOON VAN RIJN
Die Erweckung des Lazarus, um 1632
Radierung, 37,9 × 26,6 cm
Städel Museum, Frankfurt am Main, Graphische Sammlung, Inv.-Nr. 5822 B73 x
→ Abb. S. 152

CARL ROHDE
Die Göttinger Sieben, 1837/1838
Lithografie, 54,5 × 42,5 cm
Städtisches Museum Göttingen
→ Abb. S. 498

Romeo und Julia, Bühnenaufriss: Balkon-Szene, 1828
Druck mit handschriftlichen Notizen, 40,4 × 30 cm
Universitäts- und Landesbibliothek Darmstadt, Sign. K5 Nro:520

Romeo und Julia, Theaterzettel vom 17. Juni 1828
Gebundene Theaterzettel, 30,2 × 19,2 cm
Universitäts- und Landesbibliothek Darmstadt, Sign. Zb 1365 1827-1828

ANTONIO SAURA *
Bühnenentwurf für Woyzeck, 1984
Lázaros, Eusebio (Inszenierung)
Gouache, Tusche und Anmerkungen mit Kugelschreiber, 30 × 40 cm
Archives Antonio Saura, Meinier Genève
→ Abb. S. 572

ANTONIO SAURA *
Plakat für Woyzeck, 1985
Aufführung im Teatro Martín, Madrid (28. Februar–31. März 1985)
Plakat, 96 × 63 cm
Archives Antonio Saura, Meinier Genève
→ Abb. S. 572

ANTONIO SAURA *
Woyzecks Sessel, 1984
Gouache, Tusche und Anmerkungen mit Kugelschreiber, 40 × 30 cm
Archives Antonio Saura, Meinier Genève
→ Abb. S. 570

FREDERIK SAUTTER **
Wolfgang Goethe und Friederike Brion, 20. Jahrhundert
Zeichnung, 17 × 47,5 cm
Goethe-Museum, Sessenheim
→ Abb. S. 160

CAREL VAN SAVOY
Christus erscheint den Jüngern in Emmaus, 1650–1660
Öl auf Leinwand, 132 × 109 cm
Hessisches Landesmuseum Darmstadt, Inv.-Nr. GK 262
→ Abb. S. 290, 292

Schädel- und Schnauzenfragment eines Meereskrokodils der Jurazeit, Steneosaurus bollensis Lias-Fragmente, Fundort: Altdorf, Merck'scher Alligator
Fossilisierte Knochen, durchschnittlich ca. 39 × 24 × 8,5 cm
Hessisches Landesmuseum Darmstadt, Inv.-Nr. HLMD-V-946
→ Abb. S. 112

Schafschädel
Sammlung Michael Kane, Lettergesh West

VALENTIN SCHERTLE (Lithografie)
Karl Gutzkow, um 1840
Lithografie, 30 × 21 cm
Heinrich-Heine-Institut, Düsseldorf
→ Abb. S. 320, 542

JOHANN HEINRICH SCHILBACH
Gesamtansicht von Darmstadt, 1816
Aquarell mit Deckfarben, 33,8 × 47,6 cm
Hessisches Landesmuseum Darmstadt, Inv.-Nr. HZ-4380
→ Abb. S. 82

JOHANN HEINRICH SCHILBACH
Hoftheater in Darmstadt mit Paradeplatz, um 1830
Öl auf Porzellan, 25,5 × 37,5 cm
Stadtarchiv Darmstadt, Inv.-Nr. ST 59 Nr. 113

JOHANN HEINRICH SCHILBACH
Wolkenstudie, um 1830
Öl auf Papier, 28 × 38,5 cm
Hessisches Landesmuseum Darmstadt, Inv.-Nr. HZ-669
→ Abb. S. 300

JOHANN HEINRICH SCHILBACH
Wolkenstudie, um 1830
Öl auf Papier, 18,5 × 27,7 cm
Hessisches Landesmuseum Darmstadt, Inv.-Nr. HZ-668
→ Abb. S. 296

JOHANN HEINRICH SCHILBACH
Wolkenstudie, um 1838
Öl auf Papier, 23 × 28 cm
Hessisches Landesmuseum Darmstadt, Inv.-Nr. GK 430
→ Abb. S. 298

CARL SCHILD
D. Friedrich Ludwig Weidig, um 1840
Lithografie, vermutlich nach einer in den 1830er-Jahren entstandenen Zeichnung eines Weidigschülers, 26 × 21 cm
Museum der Stadt Butzbach, Inv.-Nr. H 2909
→ Abb. S. 216

FRIEDRICH SCHILLER
Musen-Almanach für das Jahr 1798, 1798
Publikation, 16,6 × 11 cm
Universitäts- und Landesbibliothek Darmstadt, Sign. ZS 1895

KARL FRIEDRICH SCHINKEL *
Die Sternenhalle der Königin der Nacht, Bühnenbildentwurf zur 2. Dekoration der Mozart-Oper »Die Zauberflöte«, um 1815
Gouache mit Zirkelspuren auf Papier, 46,4 × 61,5 cm
Kupferstichkabinett, Berlin, Inv.-Nr. SM 22c. 121
→ Abb. S. 22

Schlachtordnung der Verbündeten vom 17. Oktober 1813
Handschriftliche Liste, 34,8 × 21 cm
Stadtgeschichtliches Museum Leipzig, Inv.-Nr. A/3429/2009
→ Abb. S. 72

Schmetterlingskästen, 19. Jahrhundert
Präparierte europäische Schmetterlinge in 2 Präsentierkästen, 40 × 45 × 6,2 cm
Museum Wiesbaden / Naturhistorische Sammlungen
→ Abb. S. 102

FRANZ SCHMID (Entwurf) / JOHANN HÜRLIMANN (Stich)
Ansicht der Stadt Zürich vom l'Hôtel de l'Epée aus gesehen, vor 1835
Kolorierte Aquatinta, 16,5 × 23,8 cm
Zentralbibliothek Zürich, Graphische Sammlung und Fotoarchiv
→ Abb. S. 450

FRANZ SCHMID
Panorama der Stadt Zürich, um 1840
Nummerierter Farbdruck, 35,8 × 145,5 cm
Georg Büchner Gesellschaft e. V., Marburg
→ Abb. S. 452

L. SCHNELL
Panoramablick vom östlichen Turm der Thomaskirche mit Sicht auf den Münster, 1826
Stich, 45 × 59 cm
Fondation de l'Œuvre Notre-Dame, Strasbourg, Inv.-Nr. 500
→ Abb. S. 132, 180

CHRISTOPH SCHUCHARDT (Kamera und Schnitt, Produktion: kreativfilme) / LOTHAR BECK (Darsteller) / MARTINA EIBACH (Redaktion) / MARTINA EIBACH UND TILMAN FISCHER (Konzeption)
Georg Büchner: Abhandlung über das Nervensystem der Barbe, 1836, 2013
Film
Institut Mathildenhöhe, Städtische Kunstsammlung Darmstadt
→ Abb. S. 352, 354

ELISABETH SCHULTZ
Viola odorata, um 1900
Gouache-Malerei, 24,5 × 29 cm
Senckenberg Gesellschaft für Naturforschung Frankfurt am Main
→ Abb. S. 162

Schwarzwälder Lackschilduhr, um 1840
Mathäus Schmieder (Hersteller)
Gehäuse: Bemaltes Holz, Uhrwerk: Messing und Stahl, 30 × 15 × 15 cm
Deutsches Uhrenmuseum Furtwangen, Inv.-Nr. Billing-05
→ Abb. S. 458

Seefeder, Pennatula rubra, Fundort: Neapel, 1896
Präparat in Alkohol, 34 × 9 cm
Senckenberg Gesellschaft für Naturforschung Frankfurt am Main, Inv.-Nr. SMF 1313
→ Abb. S. 438

Sektionsbesteck, 1810
Metall, Holz, 22 × 16 × 5 cm
Museum Anatomicum der Philipps-Universität Marburg
→ Abb. S. 154

GUSTAV RUDOLF SELLNER (Regisseur) / PIT LUDWIG (Fotograf)
Woyzeck-Aufführung im Landestheater Darmstadt, 1954
3 Schwarz-Weiß-Fotografien, je 21 × 29,7 cm
Universitäts- und Landesbibliothek Darmstadt
→ Abb. S. 560

GUSTAV RUDOLF SELLNER (Regisseur) / PIT LUDWIG (Fotograf)
Woyzeck-Aufführung im Landestheater Darmstadt, 1954
3 Schwarz-Weiß-Fotografien, je 24 × 29,6 cm
Theaterwissenschaftliche Sammlung der Universität Köln, Schloss Wahn
→ Abb. S. 562, 564, 566, 568

A. SEMMLER
Turm in der Hinkelsgasse, 1906
Fotografie, 16,9 × 12,4 cm
Universitäts- und Landesbibliothek Darmstadt, Sign. Slg Heil 99
→ Abb. S. 88

WILLIAM SHAKESPEARE
Dramatische Werke, 1821–1823
Publikation, 10 Bde., je 19,5 × 14,5 cm
Georg Büchner Gesellschaft e. V., Marburg
→ Abb. S. 122

Skelett mit gekrümmtem Rücken, ausgeprägte Kyphose der Brustwirbelsäule, Morbus Bechterew
Knochenpräparat, 34 × 43 × 29 cm
Museum Anatomicum der Philipps-Universität Marburg, Inv.-Nr. Skelett Nr. 3440
→ Abb. S. 40, 436

NEDKO SOLAKOV *
Die Fahne / Der Fahnenträger, Detailansicht der Totalinstallation »Nedko Solakov. Emotions (without masks)«, 2009
Ausstellungsgebäude Mathildenhöhe Darmstadt
Institut Mathildenhöhe, Städtische Kunstsammlung Darmstadt
→ Abb. S. 24

Spanische Fliege, Cantharis vesicatoria, um 1800
Johann Christian Gerning (Präparat)
Insektenpräparat, 5,5 × 4,7 × 3,4 cm
Museum Wiesbaden / Naturhistorische Sammlungen, Inv.-Nr. MWNH-FAE-003343
→ Abb. S. 370

Stadtplan von Darmstadt, 1822
Kolorierter Stich, 69 × 53,8 cm
Universitäts- und Landesbibliothek Darmstadt, Sign. 4201/8
→ Abb. S. 90

Stanhope-Presse, um 1820
Eisen, 174 × 120 × 180 cm
Technoseum, Mannheim
→ Abb. S. 208

Steckbrief von Georg Büchner in der Großherzoglich-Hessischen Zeitung, Nr. 167, 18. Juni 1835
Gebundene Zeitung, 24 × 19,5 cm
Stadtarchiv Darmstadt, Inv.-Nr. STZ 5
→ Abb. S. 226

JOHANN ANTON STEINBERGER
Galantes Spiel mit französischen Farben, 1800–1815
Kupferstich in Punktiermanier, mit Schablone koloriert auf dünnem Karton aus mehreren Schichten, poliert, 52 Karten, je 9,2 × 6,1 cm
historisches museum frankfurt, Inv.-Nr. X 16 824
→ Abb. S. 48, 248, 256

EHRENFRIED STÖBER
Bei der Rückkehr der Feldherren Ramorino und Langermann, um 1831
Publikation, 19,3 × 12,2 cm
Collections BNU de Strasbourg, Inv.-Nr. M 7618
→ Abb. S. 168

JOHANN CONRAD SUSEMIHL
Bessunger Tor in Darmstadt, 1802
Federzeichung und Aquarell, 26,3 × 35,4 cm
Hessisches Landesmuseum Darmstadt, Inv. Nr. AE 2263
→ Abb. S. 428

Süßwasserbryozoe, Plumatella fungosa, 1830
Präparat in Alkohol, 28,5 × 7,8 cm
Senckenberg Gesellschaft für Naturforschung Frankfurt am Main
→ Abb. S. 440

Grüner Süßwasserpolyp, Hydra viridis, Fundort: Frankfurt, 1832
Präparat in Alkohol, 12 × 5 cm
Senckenberg Gesellschaft für Naturforschung Frankfurt am Main, Inv.-Nr. SMF 328, 329

Tambourstab, 1821
Holzstab mit Messingspitze in Form eines Löwen, Länge: 106 cm
Schlossmuseum Darmstadt, Inv.-Nr. DA K 21634
→ Abb. S. 420

Taschenuhr für Normalzeit und Dezimalzeit, um 1793
Gehäuse: Silber, Emailzifferblatt, Werk: vergoldetes Messing, 8 × 5,5 × 2,5 cm
Deutsches Uhrenmuseum Furtwangen, Inv.-Nr. K-0640
→ Abb. S. 238

Taschenuhr in Form eines Totenkopfes, London, um 1800
W. Lloyd (Hersteller)
Gehäuse: vermutl. Silber, Werk: Messing und Stahl, 5,2 × 5 × 8,5 cm
Deutsches Uhrenmuseum Furtwangen, Inv.-Nr. 44-2558
→ Abb. S. 356

Taschenuhr mit erotischer Szene, um 1800
Gehäuse: Silber, Emailzifferblatt mit Malerei, Werk: vergoldetes Messing, 9 × 6,2 × 2,5 cm
Deutsches Uhrenmuseum Furtwangen, Inv. Nr. K-0662
→ Abb. S. 254

Tasse mit dem Hoftheater Darmstadt, 1. Hälfte 19. Jahrhundert
Porzellan, 8 × 12,5 cm
Stadtarchiv Darmstadt, Inv.-Nr. ST 59 Nr. 115
→ Abb. S. 118

Tasse mit dem Theaterplatz in Darmstadt, 19. Jahrhundert
Porzellan, 9 × 14,5 cm
Stadtarchiv Darmstadt, Inv. Nr. ST 59 Nr. 114
→ Abb. S. 118

Taufbescheinigung von Georg Büchner, 1813
Handschriftliche Eintragung im Pfarrbuch der Evangelischen Kirchengemeinde Goddelau, 34 × 21 cm
Evangelische Kirche in Hessen und Nassau, Darmstadt

NICOLAS-ANTOINE TAUNAY ***
Der Triumph der Guillotine in der Hölle, um 1795
Öl auf Leinwand, 129 × 168 cm
The State Hermitage Museum, St. Petersburg, Inv.-Nr. ГЭ-10234.
→ Abb. S. 512, 514

Teichfrosch, Rana esculenta, 1902
Tierpräparat in Alkohol, 19,1 × 10 cm
Musée Zoologique, Strasbourg, Inv.-Nr. MZS Amp235
→ Abb. S. 442

LUDWIG TIECK
Aufruhr in den Cevennen, 1826
Publikation, 17,1 × 11 cm
Georg Büchner Gesellschaft e. V., Marburg
→ Abb. S. 304

LUDWIG TIECK
Schriften, Vierter Band: Phantasus, Erster Theil, 1828
Publikation, 18,5 × 11,6 cm
Universitätsbibliothek Marburg, Sign. 19 o / 76,4

Todesanzeige von Georg Büchner in der Großherzoglich-Hessischen Zeitung, 25. Februar 1837
Gebundene Zeitung, 26 × 21 cm
Stadtarchiv Darmstadt, Inv.-Nr. STZ 5
→ Abb. S. 482

Totenbuch der Großmünster-Gemeinde, Februar 1837
Manuskript, Tinte auf Papier, 35 × 22 cm
Stadtarchiv der Stadt Zürich, Inv.-Nr. VIII.C.13
→ Abb. S. 482

Totenmaske von William Shakespeare, 1616
Gipsmaske
Institut Mathildenhöhe, Städtische Kunstsammlung Darmstadt, Inv.-Nr. 26 H0
→ Abb. S. 122

C. J. TRAVIÈS
La Caricature, Nr. 95, 30. August 1832
Das Fest war wunderschön, es herrschte allgemeine Heiterkeit ({Moniteur}, La fête a été magnifique // et l'allegresse universelle // {Moniteur})
Kreidelithografie, 27,5 × 23,4 cm
Kunstsammlung der Georg-August-Universität Göttingen
→ Abb. S. 134

C. J. TRAVIÈS
La Caricature, Nr. 186, 29. Mai 1834
Königliches Umzugsunternehmen (Entreprise royale de déménagemens)
Kreidelithografie, 20,1 × 31,3 cm
Kunstsammlung der Georg-August-Universität Göttingen

Tschako eines Tambourmajors, um 1815
Kopfbedeckung, 48,5 × 27 cm
Schlossmuseum Darmstadt, Inv.-Nr. DA K 21609
→ Abb. S. 422

JOHANN JAKOB VON TSCHUDI
Brief an Karl Emil Franzos mit »Situationsplan« von Büchners Arbeits- und Sterbezimmer, 14. November 1877
Manuskript, Tinte auf Papier, 22,8 × 17,9 cm
Wienbibliothek im Rathaus, Sign. H. I. N. 64238
→ Abb. S. 474

Kleines Turmreliquiar, 1200
Knochen, Holz, vergoldeter Bronzeguss auf Braunfirnisplatte, 25 × 15 cm
Hessisches Landesmuseum Darmstact, Inv.-Nr. Kg 54:228
→ Abb. S. 114

OTTO UBBELOHDE
Das singende, springende Löweneckerchen, um 1907
Federzeichnung, 24,7 × 17,6 cm
Otto Ubbelohde-Stiftung, Lahntal-Goßfelden, Inv.-Nr. Z-LgM088-2
→ Abb. S. 520

OTTO UBBELOHDE
Das singende, springende Löweneckerchen, um 1907
Vorstudie: Bleistiftzeichnung, 15,7 × 25,6 cm
Otto Ubbelohde-Stiftung, Lahntal-Goßfelden, Inv.-Nr. Z-M088-3a
→ Abb. S. 520

OTTO UBBELOHDE
Das singende, springende Löweneckerchen, um 1907
Vorstudie: Bleistiftzeichnung, 8 × 14,6 cm
Otto Ubbelohde-Stiftung, Lahntal-Goßfelden, Inv.-Nr. Z-M088-2

OTTO UBBELOHDE
Die Sieben Raben, um 1903
Federzeichnung, 45 × 35 cm
Otto Ubbelohde-Stiftung, Lahntal-Goßfelden, Inv.-Nr. Z-LgM025-1
→ Abb. S. 522

OTTO UBBELOHDE
Die Sterntaler, um 1908
Vorstudie: Bleistiftzeichnung, 24,6 × 23 cm
Otto Ubbelohde-Stiftung, Lahntal-Goßfelden, Inv.-Nr. Z-M153

OTTO UBBELOHDE
Die Sterntaler, um 1908
Federzeichnung, 19 × 15,3 cm
Otto Ubbelohde-Stiftung, Lahntal-Goßfelden, Inv.-Nr. Z-LgM153
→ Abb. S. 524, 526

UNBEKANNTER KÜNSTLER
Allgemeiner Wunsch aller Völker 1848, 1850
Lithografie, 11 × 17,5 cm
Sammlung Hans-Jürgen Döpp, Frankfurt am Main
→ Abb. S. 256

UNBEKANNTER KÜNSTLER
Augen eines Mannes, Anfang 19. Jahrhundert
Öl auf Leinwand, 21 × 25 cm
Museum Anatomicum der Philipps-Universität Marburg
→ Abb. S. 272, 316

UNBEKANNTER KÜNSTLER
August Becker, um 1825
Bleistiftzeichnung, 10 × 6,8 cm
Hessisches Staatsarchiv Darmstadt, Inv.-Nr. R4 18245
→ Abb. S. 212

UNBEKANNTER KÜNSTLER
Gekreuzigter Jesus als anatomisches Wachsmodell, 1760–1780
Gefärbtes Bienenwachs, Porzellanaugen, Metalldraht, Textil, Fassung in Ölfarbe, 21,5 × 17,5 × 7 cm
Sammlung Prof. Dr. Ekkehard und Dorotea Vaubel, Berlin
→ Abb. S. 40, 156

UNBEKANNTER KÜNSTLER
Blick in die Hinkelsgasse mit Hinkelstein und Pferdewagen, um 1903
Fotografie, 11,5 × 16,5 cm
Universitäts- und Landesbibliothek Darmstadt, Sign. Slg Heil 133
→ Abb. S. 88

UNBEKANNTER KÜNSTLER
Casino Zürich, 1835
Kolorierte Aquatinta, 14,6 × 20,5 cm
Baugeschichtliches Archiv der Stadt Zürich
→ Abb. S. 460

UNBEKANNTER KÜNSTLER
Gustav Clemm, um 1845
Fotografie nach einem um 1845 entstandenen Ölgemälde, 18 × 13 cm
Hessisches Staatsarchiv Darmstadt, Inv.-Nr. R4 Nr. 15429
→ Abb. S. 212

UNBEKANNTER KÜNSTLER
Danton, Marat, Robespierre, 18. Jahrhundert
Öl auf Leinwand, 60 × 81,6 cm
Musée Lambinet, Versailles, Inv.-Nr. 765

UNBEKANNTER KÜNSTLER **
Der Priester von Waldbach n°2, 18. Jahrhundert
Holzschnitt, 19,3 × 29,6 cm
Collection Musée J. F. Oberlin – Dépôt Musée Alsacien Ville de Strasbourg
→ Abb. S. 288

UNBEKANNTER KÜNSTLER
Die berühmten Liebenden (Les Amants célèbres), 1845
Kolorierte Lithografie, 32,5 × 25,5 cm
Sammlung Döpp, Frankfurt am Main
→ Abb. S. 252

UNBEKANNTER KÜNSTLER
Die deutsche freie Presse, 1832/34
Federlithografie, 22 × 29 cm
historisches museum frankfurt, Inv.-Nr. C11.619
→ Abb. S. 148

UNBEKANNTER KÜNSTLER
Einmarsch der Generäle, Erinnerungsblatt, 1831
Lithografie, 38,7 × 31 cm
Collections BNU de Strasbourg, Inv.-Nr. STRG AF 404
→ Abb. S. 170

UNBEKANNTER KÜNSTLER
Einmarsch der Generäle Ramorino, Langermann und Schneider (Entrée des Généraux Ramorino, Langermann et Sznayde), 1831
Federzeichnung, 19,6 × 38,5 cm
Cabinet des Estampes et des Dessins, Strasbourg, Inv.-Nr. 77.998.0.1198
→ Abb. S. 172

UNBEKANNTER KÜNSTLER
Empfang der Generäle Ramorino, Langermann und Schneider an der Rheinbrücke (Réception des Généraux Ramorino, Langermann et Sznayde au Pont du Rhin), 1831
Lithografie, 30 × 40,5 cm
Cabinet des Estampes et des Dessins, Strasbourg, Inv.-Nr. 77.998.0.1197 NUM

UNBEKANNTER KÜNSTLER
Flussbarbe, 19. Jahrhundert
Lithografie, 21 × 13,5 cm
Heinrich-Heine-Institut, Düsseldorf
→ Abb. S. 470

UNBEKANNTER KÜNSTLER
Flussfischer bei den »Gedeckten Brücken« in Straßburg, um 1830
Aquarell, 42,8 × 56 cm
Musée Historique, Strasbourg, Inv.-Nr. SCMHA 891
→ Abb. S. 322

UNBEKANNTER KÜNSTLER
Frauenkopf nach links und rechts (recto), Phallus als Hahn (verso), um 1770
Kreidezeichnung, 14,6 × 11,4 cm
Hessisches Landesmuseum Darmstadt, Inv.-Nr. HZ-11003
→ Abb. S. 248

UNBEKANNTER KÜNSTLER *
Friederike Brion, 19. Jahrhundert
Scherenschnitt
Goethe-Museum, Sessenheim
→ Abb. S. 282

UNBEKANNTER KÜNSTLER
Bildnis einer Frau, Héloïse und Abélard, 1. Hälfte 19. Jahrhundert
Gouache auf Elfenbein, 12,2 × 9 cm
Cabinet des Estampes et des Dessins, Strasbourg
→ Abb. S. 152, 468

UNBEKANNTER KÜNSTLER
Hinkelsgasse, Haus Nr. 8, Anfang 20. Jahrhundert
Fotografie, 11,5 × 16,5 cm
Universitäts- und Landesbibliothek Darmstadt, Sign. Slg Heil 114
→ Abb. S. 88

UNBEKANNTER KÜNSTLER
Innenansicht des Straßburger Münsters, 19. Jahrhundert
Stich, 19,8 × 13,4 cm
Collections BNU de Strasbourg, Inv.-Nr. STRG CA 032,c.
→ Abb. S. 174

UNBEKANNTER KÜNSTLER **
Johann Christian Woyzeck, um 1822
Kreidelithografie, 22,3 × 16,3 cm
Stadtgeschichtliches Museum Leipzig, Inv.-Nr. Gei I/18a
→ Abb. S. 434

UNBEKANNTER KÜNSTLER
La Caricature, Nr. 70, 1. März 1832
Der Kerker wird von nun an eine Wahrheit sein! (Le cachot sera désormais une vérité !)
Kreidelithografie, 21,5 × 17,4 cm
Kunstsammlung der Georg-August-Universität Göttingen
→ Abb. S. 144, 146

UNBEKANNTER KÜNSTLER (SIGN. JEAN)
La Caricature, Nr. 117, 31. Januar 1833
Die Republik ist erbleicht … (La République a pâli …)
Kreidelithografie, 18,4 × 22 cm
Kunstsammlung der Georg-August-Universität Göttingen
→ Abb. S. 544

UNBEKANNTER KÜNSTLER
Ludewig I., 1. Hälfte 19. Jahrhundert
Federzeichnung auf Papier, 18 × 12,9 cm
Hessisches Landesmuseum Darmstadt, Inv.-Nr. HO 912
→ Abb. S. 376

UNBEKANNTER KÜNSTLER
Ludewig I. Großherzog von Hessen und bei Rhein auf Spazierfahrt zur Ludwigshöhe, um 1830
Kolorierter Druck, 52,5 × 63,5 cm
Schlossmuseum Darmstadt
→ Abb. S. 360

UNBEKANNTER KÜNSTLER
Ludwig III., Erbgroßherzog von Hessen und bei Rhein mit Gemahlin Mathilde, um 1833
Lithografie, 55,1 × 36,6 cm
Hessisches Landesmuseum Darmstadt, Inv.-Nr. HO 1062
→ Abb. S. 362

UNBEKANNTER KÜNSTLER *
Maximilien de Robespierre, 1793
Öl auf Leinwand, 60 × 49 cm
Musée Carnavalet, Paris, Inv.-Nr. P 729
→ Abb. S. 240

UNBEKANNTER KÜNSTLER
Öffentliche Hinrichtung in Straßburg, 1791
Stich, 25,9 × 32,8 cm
Collections BNU de Strasbourg, Inv.-Nr. STRG AD 402
→ Abb. S. 242

UNBEKANNTER KÜNSTLER
Panorama des Terrain's von der großen Völkerschlacht bei Leipzig, 1830
Radierung, 37 × 41,3 cm
Stadtgeschichtliches Museum Leipzig, Inv.-Nr. 124/1
→ Abb. S. 74

UNBEKANNTER KÜNSTLER
Paradeplatz mit Blick auf das Opernhaus, Darmstadt, 1825–1830
Federzeichnung und Aquarell, 33 × 47 cm
Stadtarchiv Darmstadt, Inv.-Nr. ST55/269
→ Abb. S. 80

UNBEKANNTER KÜNSTLER **
Patriotische Gesänge, Carmagnole (Refrains patriotiques), 1792–1794
Kolorierte Ätzradierung, 28,5 × 31 cm
Bibliothèque nationale de France, Paris, Inv.-Nr. RESERVE QB-370 (29)-FT
→ Abb. S. 186

UNBEKANNTER KÜNSTLER **
Soldatenbild, Anfang 19. Jahrhundert
Kolorierte Lithografie, 8 × 10,9 cm
Sammlung Hans-Jürgen Döpp, Frankfurt am Main
→ Abb. S. 254

UNBEKANNTER KÜNSTLER
Temple de la Raison, Monument im Münster während der Französischen Revolution, 18. Jahrhundert
Lithografie, 16,8 × 9,6 cm
Collections BNU de Strasbourg, Inv.-Nr. STRG AD 004
→ Abb. S. 260

UNBEKANNTER KÜNSTLER
Umarmung des Kreuzes, Rheinland, 15. Jahrhundert
Federzeichnung und Aquarell, 25 × 18 cm
Museum Schnütgen, Köln, Inv.-Nr. M 340
→ Abb. S. 238

UNBEKANNTER KÜNSTLER
Wachensturm (Insurrection de Francfort), um 1833
Kolorierte Lithografie, 39 × 62 cm
Georg Büchner Gesellschaft e. V., Marburg
→ Abb. S. 218

UNBEKANNTER KÜNSTLER
Waldersbach, 1798
Stich, 11,3 × 17,9 cm
Collections BNU de Strasbourg, Inv.-Nr. L Waldersbach 001
→ Abb. S. 284

UNBEKANNTER KÜNSTLER ***
Wilhelmine Jaeglé, um 1830
Lithografie
Ullstein Bild, Berlin
→ Abb. S. 162

Unterkiefer eines Deinotherium giganteum, Fundort: Eppelheim bei Alzey in Rheinhessen
Gipsabguss, 100 × 95 × 69 cm
Museum Wiesbaden / Naturhistorische Sammlungen
→ Abb. S. 106

Verhörprotokolle sowie andere Akten und Dokumente zu den »Landboten«-Prozessen, 1834–1838
35 Bände, zusammengestellt von Thomas Michael Mayer
Forschungsstelle Georg Büchner, Marburg

Verzeichniß der Studierenden auf der Großherzoglich Hessischen Landesuniversität zu Gießen mit Angabe ihrer Wohnungen, Wintersemester 1833/34 und Sommersemester 1834
2 gebundene Hefte, je 21,2 × 12 cm
Stadtarchiv Butzbach, Weidig-Forschungsarchiv, Inv.-Nr. Qd-P 90/194 Gießen
→ Abb. S. 196

CARL VOGEL VON VOGELSTEIN *
Der Bildhauer David d'Angers die Büste Tiecks modellierend, 1836
Öl auf Leinwand, 57,2 × 65,7 cm
Freies Deutsches Hochstift / Frankfurter Goethe-Museum, Frankfurt am Main, Inv.-Nr. 475
→ Abb. S. 302, 304

GEORG WILHELM JUSTIN WAGNER
Statistisch-topografisch-historische Beschreibung des Großherzogthums Hessen, Bd. 4: Statistik des Ganzen, 1831
Publikation, 22,3 × 13 cm
Universitäts- und Landesbibliothek Darmstadt, Sign. 43/1036 -4-

J. WAGNER (Entwurf) / JOHANN LORENZ RUGENDAS (Stich) ***
Völcker Schlacht bey Leipzig, 1813
Kupferstich, 48 × 58 cm
Stadtgeschichtliches Museum Leipzig, Inv.-Nr. 66.976
→ Abb. S. 18, 19, 20, 70

MORITZ IGNAZ WEBER
Anatomischer Atlas des menschlichen Körpers in natürlicher Grösse, Lage und Verbindungen der Theile, 1831
Publikation mit Bildtafeln, 55 × 74 cm
Universitätsbibliothek Heidelberg, Sign. P 1017-3 B Gross RES; SK

MORITZ IGNAZ WEBER
Anatomischer Atlas des menschlichen Körpers in natürlicher Grösse, Lage und Verbindungen der Theile, 1831
Publikation, 49,8 × 36 cm
Georg Büchner Gesellschaft e. V., Marburg
→ Abb. S. 264, 306, 406, 486

CHARLES WILD
Liebfrauenmünster zu Straßburg, 1830
Aquatinta, 38,2 × 28,8 cm
Cabinet des Estampes et des Dessins, Strasbourg, Inv.-Nr. CE XXXIX.19
→ Abb. S. 176

Soldatenuniform für Woyzeck von Werner Herzog, 1978
Kostüm: Jacke, Gürtel, Mütze
Theaterkunst GmbH – Kostümausstattung, Berlin
→ Abb. S. 550, 552

Zahnschemata der Infusionsthierchen (nach Ehrenberg), Tafel IV, in: *Abhandlungen der Königlichen Akademie der Wissenschaften zu Berlin, Physikalische Klasse 1831*, 1832
Buchillustration, 26 × 23 cm
Universitätsbibliothek Heidelberg, Sign. H 63 RES::1831
→ Abb. S. 38, 442

Zähne des Deinotherium giganteum, Obermiozän, Fundort: Deinotheriensande bei Eppelsheim
Zähne von mehreren Tieren, durchschnittlich ca. 9 × 7 × 9,5 cm
Hessisches Landesmuseum Darmstadt, Inv.-Nr. HLMD-Din-263
→ Abb. S. 112

WOLFGANG ZNAMENACEK
Bühnenentwurf für »Woyzeck«, Münchner Kammerspiele, Spielzeit 1951/1952
Aquarell, 29 × 39,5 cm
Theaterwissenschaftliche Sammlung der Universität Köln, Schloss Wahn, Inv.-Nr. 18180
→ Abb. S. 548

JOHANN ZOFFANY (Entwurf) / RICHARD EARLOM (Gravur)
The Tenth of August 1792, 1795
Schabmanier, 57,5 × 69,5 cm
Hessisches Landesmuseum Darmstadt, Inv.-Nr. GR 7313
→ Abb. S. 232

Zylinder, um 1835
Filz, Höhe: 18 cm
Städtisches historisches Museum im Gotischen Haus, Bad Homburg, Inv.-Nr. 2000/15

AUSGEWÄHLTE LITERATUR

VERFÜGBARE AUSGABEN

GEORG BÜCHNER, *Werke und Briefe*, Münchner Ausgabe, hrsg. von Karl Pörnbacher, Gerhard Schaub, Hans-Joachim Simm und Edda Ziegler, München: Hanser 1988 (auch: 13. Aufl., München: dtv 2009) [zit. als: MA]

GEORG BÜCHNER, *Sämtliche Werke. Briefe und Dokumente in zwei Bänden*, hrsg. von Henri Poschmann unter Mitarbeit von Rosemarie Poschmann, Frankfurt am Main: Deutscher Klassiker Verlag 1992 und 1999 [zit. als: Poschmann I/II]

GEORG BÜCHNER, *Sämtliche Werke und Schriften. Historisch-kritische Ausgabe mit Quellendokumentation und Kommentar (Marburger Ausgabe), im Auftrag der Akademie der Wissenschaften und Literatur Mainz*, hrsg. von Burghard Dedner. Mitbegründet von Thomas Michael Mayer, 10 Bde., Darmstadt: Wissenschaftliche Buchgesellschaft 2000–2013 [zit. als: MBA]

GEORG BÜCHNER, *Sämtliche Werke und Briefe*, hrsg. von Ariane Martin, Stuttgart: Reclam 2012

GEORG BÜCHNER, *Werke und Briefe*, hrsg. von Arnd Beise, Tilman Fischer und Gerald Funk, Darmstadt: Lambert Schneider 2013

EINFÜHRENDE DARSTELLUNGEN

ARND BEISE, *Einführung in das Werk Georg Büchners*, Darmstadt 2010 (mit Auswahlbibliografie)

Büchner-Handbuch. Leben – Werk – Wirkung, hrsg. von Roland Borgards und Harald Neumeyer, Stuttgart / Weimar 2009 (mit ausführlicher Auswahlbibliografie)

GERHARD JANCKE, *Georg Büchner. Genese und Aktualität seines Werkes. Einführung in das Gesamtwerk*, 3. Aufl., Königstein / Ts. 1979 (mit Auswahlbibliografie)

GERHARD P. KNAPP, *Georg Büchner* (= *Sammlung Metzler*, 159), 3. Aufl., Stuttgart 2000 (mit ausführlicher Auswahlbibliografie)

ARIANE MARTIN, *Georg Büchner*, Stuttgart 2007 (mit Auswahlbibliografie)

CHRISTIAN NEUHUBER, *Georg Büchner. Das literarische Werk*, Berlin 2009 (= *Klassiker-Lektüren*, 11) (mit Auswahlbibliografie)

BIOGRAFIEN

JAN-CHRISTOPH HAUSCHILD, *Georg Büchner. Biographie*, Stuttgart / Weimar 1993 (überarb. Berlin 1997) (mit ausführlicher Auswahlbibliografie)

JAN-CHRISTOPH HAUSCHILD, *Georg Büchner. Verschwörung für die Gleichheit*, Hamburg 2013

HERMANN KURZKE, *Georg Büchner. Geschichte eines Genies*, München 2013

HANS MAYER, *Georg Büchner und seine Zeit*, Wiesbaden 1946 (Neuaufl. Frankfurt am Main 1972)

KARL VIËTOR, *Georg Büchner. Politik, Dichtung, Wissenschaft*, Bern 1949

AUSSTELLUNGSKATALOGE

Georg Büchner – Leben, Werk, Zeit. Katalog [der] Ausstellung zum 150. Jahrestag des »Hessischen Landboten« [...], bearb. von Thomas Michael Mayer, Marburg 1985; 3. Aufl., 1987

Georg Büchner 1813–1837. Revolutionär, Dichter, Wissenschaftler, Mathildenhöhe, Darmstadt, Basel / Frankfurt am Main 1987

Georg Büchner und seine Zeit 1813–1837. Eine Ausstellung des Hessischen Staatsarchivs Darmstadt und des Stadtarchivs Darmstadt zum 175. Todestag und zum 200. Geburtstag Georg Büchners, Darmstadt 2012

MATERIALIEN ZUR REZEPTION

Georg Büchner. Insel-Almanach auf das Jahr 1987, hrsg. von Thomas Michael Mayer, Frankfurt am Main 1987

Der widerständige Klassiker. Einleitungen zu Büchner vom Nachmärz bis zur Weimarer Republik, hrsg. von Burghard Dedner (= *Büchner-Studien*, 5), Frankfurt am Main 1990

Büchner im »Dritten Reich«. Mystifikation – Gleichschaltung – Exil. Eine Dokumentation, hrsg. von Dietmar Goltschnigg, Bielefeld 1990.

Georg Büchner und die Moderne. Texte – Analysen – Kommentar, hrsg. von Dietmar Goltschnigg, 3 Bde., Berlin 2001–2004

AUFSATZSAMMLUNGEN, TAGUNGSBÄNDE, PERIODIKA

Georg Büchner, hrsg. von Wolfgang Martens (= *Wege der Forschung*, 53), 3. Aufl., Darmstadt 1973

Zeitgenosse Büchner, hrsg. von Ludwig Fischer (= *Literaturwissenschaft – Gesellschaftswissenschaft*, 39), Stuttgart 1979

Georg Büchner Jahrbuch. Für die Georg Büchner-Gesellschaft und die Forschungsstelle Georg Büchner [...] Marburg, hrsg. von Thomas Michael Mayer u. a.; seit 11 (2005–08): hrsg. v. Burghard Dedner, Matthias Gröbel und Eva-Maria Vering, Bd. 1 (1981) – Bd. 12 (2009–2012) (in Bd. 1–9 umfassende Bibliografie für den Zeitraum 1977–1997/98)

Georg Büchner I/II, hrsg. von Heinz Ludwig Arnold, München 1979; 2. Aufl., 1982 (= *Text + Kritik*, Sonderband) (mit kommentierter Bibliografie)

Georg Büchner III, hrsg. von Heinz Ludwig Arnold, München 1981 (= *Text + Kritik*, Sonderband)

Büchner – Zeit, Geist, Zeitgenossen. Ringvorlesung an der Technischen Hochschule Darmstadt im Wintersemester 1986/87 zum 150. Todestag von Georg Büchner (= *Schriftenreihe Wissenschaft und Technik*, 46), 1989

Georg Büchner, Leonce und Lena. Kritische Studienausgabe, hrsg. von Burghard Dedner (= *Büchner-Studien*, 3), Frankfurt am Main 1987

Studien zu Georg Büchner, hrsg. von Hans-Georg Werner, Berlin / Weimar 1988

Zweites Internationales Georg Büchner-Symposium 1987. Referate, hrsg. von Burghard Dedner und Günter Oesterle (= *Büchner-Studien*, 6), Frankfurt am Main 1990

Interpretationen. Georg Büchner. Dantons Tod, Lenz, Leonce und Lena, Woyzeck, Stuttgart 1990

Studia Büchneriana. Georg Büchner 1988, hrsg. von Fausto Cercignani Mailand 1990

Georg Büchner – Tradition and Innovation. Fourteen Essays, hrsg. von Ken Mills und Brian Keith-Smith, Bristol 1990

Wege zu Georg Büchner. Internationales Kolloquium der Akademie der Wissenschaften (Berlin-Ost), hrsg. von Henri Poschmann und Christine Malende. Berlin u. a. 1992

Georg Büchner [Themenheft], hrsg. von Ariane Martin (= *Der Deutschunterricht*, 54), 2002

Georg Büchner. Neue Perspektiven zur internationalen Rezeption, hrsg. von Dieter Sevin (= *Philologische Studien und Quellen*, 201), Berlin 2007

Commitment and Compassion. Essays on Georg Büchner. Festschrift für Gerhard P. Knapp, hrsg. von Patrick Fortmann und Martha B. Helfer (= *Amsterdamer Beiträge zur neueren Germanistik*, 81), Amsterdam / New York 2012

Georg Büchner und das 19. Jahrhundert, hrsg. von Ariane Martin und Isabelle Stauffer (= *Vormärz-Studien*, 22), Bielefeld 2012

AUSGEWÄHLTE EINZELDARSTELLUNGEN

THEO BUCK, *Charaktere, Gestalten. Büchner-Studien I*, Aachen 1990

THEO BUCK, *»Riß in der Schöpfung« Büchner-Studien II*, Aachen 2000

HEINZ FISCHER, *Georg Büchner und Alexis Muston. Untersuchungen zu einem Büchner-Fund*, München 1987

HUBERT GERSCH, *Der Text, der (produktive) Unverstand des Abschreibers und die Literaturgeschichte. Johann Friedrich Oberlins Bericht »Herr L……« und die Textüberlieferung bis zu Georg Büchners »Lenz«-Entwurf* (= *Büchner-Studien*, 7), Tübingen 1998

ERIKA GILLMANN, THOMAS MICHAEL MAYER u. a. (Hrsg.), *Georg Büchner an »Hund« und »Kater«. Unbekannte Briefe des Exils*, Marburg 1993

JAN-CHRISTOPH HAUSCHILD, *Georg Büchner. Studien und neue Quellen zu Leben, Werk und Wirkung. Mit zwei unbekannten Büchner-Briefen* (= *Büchner-Studien*, 2), Königstein / Ts. 1985

JAN-CHRISTOPH HAUSCHILD, *Georg Büchners Frauen*, München 2013

SUSANNE LEHMANN, *Georg Büchners Schulzeit. Ausgewählte Schülerschriften und ihre Quellen* (= *Büchner-Studien*, 10), Tübingen 2005

HENRI POSCHMANN, *Georg Büchner. Dichtung der Revolution und Revolution der Dichtung*, 3. Aufl., Berlin 1988

GEORG REUCHLEIN, *Das Problem der Zurechnungsfähigkeit bei E. T. A. Hoffmann und Georg Büchner. Zum Verhältnis von Literatur, Psychiatrie und Justiz im frühen 19. Jahrhundert*, Frankfurt am Main 1985

UDO ROTH, *Georg Büchners naturwissenschaftliche Schriften. Ein Beitrag zur Geschichte vom Lebendigen in der ersten Hälfte des 19. Jahrhunderts* (= *Büchner-Studien*, 9), Tübingen 2004

HARALD SCHMIDT, *Melancholie und Landschaft. Die psychotische und ästhetische Struktur der Naturschilderung in Georg Büchners »Lenz«*, Opladen 1994

JÜRGEN SCHWANN, *Georg Büchners implizite Ästhetik. Rekonstruktionen und Situierung im ästhetischen Diskurs* (= *Mannheimer Beiträge zur Sprach- und Literaturwissenschaft*, 35), Tübingen 1997

GIDEON STIENING, *Literatur und Wissen in Büchners Werk. Studien zu seinen wissenschaftlichen, politischen und literarischen Texten*, Berlin 2014

HERBERT WENDER, *Georg Büchners Bild der Großen Revolution. Zu den Quellen von Danton's Tod* (= *Büchner-Studien*, 4), Frankfurt am Main 1988

WOLFGANG WITTKOWSKI, *Georg Büchner. Persönlichkeit, Weltbild, Werk* (= *Reihe Siegen*, 10), Heidelberg 1978

NAMEN- UND SACHREGISTER

Kursive Seitenzahlen verweisen auf Abbildungen.

LEIHGEBER UND DANK

DANK AN INSTITUTIONELLE LEIHGEBER

Städtisches historisches Museum im Gotischen Haus, Bad Homburg
→ Dr. Ursula Grzechca-Mohr
→ Dr. Peter Lingens
Staatliche Museen zu Berlin, Nationalgalerie
→ Prof. Dr. Michael Eissenhauer
→ Dr. Angelika Wesenberg
Staatsbibliothek zu Berlin – Preußischer Kulturbesitz
→ Barbara Schneider-Kempf
→ Bernhard Andergassen
Theaterkunst GmbH – Kostümausstattung, Berlin
→ Susanne Franke
→ Kai Hutsch
→ Brigit Raabe
Universitätsbibliothek der Freien Universität Berlin
→ Dr. Susanne Rothe
Deutsches Peitschenmuseum, Burladingen-Killer
→ Oliver Simmendinger
Museum und Stadtarchiv der Stadt Butzbach
→ Dr. Dieter Wolf
Evangelische Kirchengemeinde in Goddelau
→ Holger Bogs
→ Pfarrerin Helga Donat
Hessische Hausstiftung – Schlossmuseum, Darmstadt
→ Dr. Markus Miller
→ Alexa-Beatrice Christ
Hessisches Landesmuseum Darmstadt
→ Dr. Theo Jülich
→ Dr. Mechthild Haas
→ Dr. Oliver Sandrock
→ Monika Stöckl-Reinhard
→ Kai Boysen
→ Dr. Klaus-D. Pohl
→ Wolfgang Koch
Hessisches Staatsarchiv Darmstadt
→ Dr. Klaus-Dieter Rack
Stadtarchiv Darmstadt
→ Dr. Peter Engels
→ Dr. Friedrich Wilhelm Knieß
Universitäts- und Landesbibliothek Darmstadt
→ Dr. Hans-Georg Nolte-Fischer
→ Dr. Silvia Uhlemann
→ Dr. Karin Berst
→ Monika Hein
Sächsische Landesbibliothek Staats- und Universitätsbibliothek Dresden
→ Prof. Dr. Thomas Bürger
→ Frank Aurich
→ Katrin Nitzschke
→ Anne Mierisch

Heinrich-Heine-Institut, Düsseldorf
→ Dr. Sabine Brenner-Wilczeck
→ Christian Liedtke
→ Elena Camaiani
→ Dr. Jan-Christoph Hauschild
Sparkassen-Kulturstiftung Hessen-Thüringen, Frankfurt am Main
→ Dr. Thomas Wurzel
→ Nicole Schlabach
Freies Deutsches Hochstift / Frankfurter Goethe-Museum
→ Prof. Dr. Anne Bohnenkamp-Renken
→ Dr. Petra Maisak
→ Kristina Kandler
historisches museum frankfurt
→ Dr. Jan Gerchow
→ Dr. Wolfgang Cilleßen
→ Beate Dannhorn
→ Birgit Harand
→ Dr. Maren Christine Härtel
Senckenberg Forschungsinstitut und Naturmuseum, Frankfurt am Main
→ Dr. Georg Zizka
→ Rainer Döring
→ Dr. Joachim Scholz
→ Dr. Dorte Janussen
→ Heike Szmutka
→ Brigitte Lotz
Städel Museum, Frankfurt am Main
→ Max Hollein
→ Dr. Martin Sonnabend
→ Ute Wenzel-Förster
Universitätsbibliothek Johann Christian Senckenberg, Frankfurt am Main
→ Berndt Dugall
→ Bernhard Wirth
Deutsches Uhrenmuseum Furtwangen
→ Prof. Dr. Eduard Saluz
→ Matthias Hüttlin
Archives Antonio Saura, Meinier, Genf
→ Olivier Weber-Caflisch
→ Natalia Granero
Fondation Martin Bodmer, Cologny
→ Professor Charles Méla
→ Stasha Bibic
Oberhessisches Museum – Altes Schloss, Gießen
→ Dr. Friedhelm Häring
→ Dr. Andreas Ay
Justus-Liebig-Universität Gießen Universitätsarchiv
→ Prof. Dr. Joybrato Mukherjee
→ Dr. Eva-Marie Felschow
→ Lutz Trautmann
Stiftung Schloß Friedenstein Gotha Museum für Regionalgeschichte und Volkskunde
→ Dr. Martin Eberle
→ Barbara Schermer

Kunstsammlung der Georg-August-Universität Göttingen
→ Prof. Dr. Manfred Luchterhandt
→ Dr. Anne-Katrin Sors
Städtisches Museum Göttingen
→ Dr. Ernst Böhme
→ Simone Hübner
Luxemburger Druck- und Spielkarten-museum, Grevenmacher, Luxemburg
→ Monika Jakobs
→ Fränk Grotz
Universitätsbibliothek Heidelberg
→ Dr. Veit Probst
→ Dr. Karin Zimmermann
→ Dr. Maria Effinger
Badisches Landesmuseum Karlsruhe
Deutsches Musikautomaten Museum im Schloss, Bruchsal
→ Prof. Dr. Harald Siebenmorgen
→ Ulrike Näther
→ Andreas Seim
Museum Schnütgen, Köln
→ Dr. Moritz Woelk
→ Andrea Hünteler
→ Saskia Werth
Theaterwissenschaftliche Sammlung der Universität Köln Schloss Wahn
→ Dr. Gerald Köhler
→ Hedwig Müller
Otto Ubbelohde-Stiftung, Lahntal-Goßfelden
→ Brigitte Ubbelohde-Döring
→ Ludwig Rinn
Antikenmuseum der Universität Leipzig
→ Frank Nolden
→ Dr. Hans-Peter Müller
Stadtgeschichtliches Museum Leipzig
→ Dr. Volker Rodekamp
→ Michael Volosinovszki
→ Christin Kaaden
→ Ulrike Dura
Strafvollzugsmuseum Ludwigsburg
→ Dr. Erich Viehöfer
SCHOTT MUSIC GmbH & Co. KG, Mainz
→ Monika Motzko-Dollmann
Universitätsbibliothek Mainz
→ Dr. Christian George
Wissenschaftliche Stadtbibliothek, Mainz
→ Dr. Stephan Fliedner
→ Christian Richter
Technoseum, Mannheim
→ Prof. Dr. Hartwig Lüdtke
→ Dr. Volker Benad-Wagenhoff
Abguss-Sammlung des Archäologischen Seminars, Marburg
→ Prof. Dr. Winfried Held
→ Dr. Zoi Kotitsa
Georg Büchner Gesellschaft e. V., Marburg
→ Matthias Gröbel
→ Eva-Maria Vering

Hessisches Staatsarchiv Marburg
→ Dr. Andreas Hedwig
→ Dr. Karl Murk
Museum Anatomicum der Philipps-Universität Marburg
→ Dr. Kornelia Grundmann
Universitätsbibliothek Marburg
→ Dr. Bernd Reifenberg
→ Dr. Lydia Kaiser
Münchener Stadtmuseum, Sammlung Puppentheater / Schaustellerei
→ Dr. Isabella Fehle
→ Manfred Wegner
→ Sabine Princ
Staatliche Archive Bayerns – Bayerisches Hauptstaatsarchiv
→ Dr. Gerhard Hetzer
→ Dr. Laura Scherr
Staatliche Graphische Sammlung München
→ Dr. Michael Semff
→ Dr. Achim Riether
→ Dr. Markus T. Huber
Germanisches Nationalmuseum, Nürnberg
→ Prof. Dr. Ulrich G. Großmann
→ Anja Löchner
Bibliothèque nationale de France, Paris
→ Bruno Racine
→ Marie-Sylvie Pontillo Bouchot
→ Valérie Sueur
→ Julien Spinner
Schmuckmuseum Pforzheim
→ Cornelie Holzach
→ Sabina Eckenfels
Wehrgeschichtliches Museum Rastatt
→ Dr. Alexander Jordan
Deutsches Klingenmuseum Solingen
→ Dr. Barbara Grotkamp-Schepers
→ Lutz Hoffmeister
Archives de la Ville et de la Communauté urbaine de Strasbourg
→ Laurence Perry
→ Benoît Jordan
→ Franck Burckel
Bibliothèque nationale et universitaire de Strasbourg
→ Albert Poirot
→ Frédéric Blin
→ Aude Therstappen
→ Gwénaël Citérin
Fondation de l'Œuvre Notre-Dame, Straßburg
→ Eric Fischer
→ Sabine Bengel
Médiathèque André Malraux, Straßburg
→ Agathe Bischoff-Morales
Musées de la Ville de Strasbourg
→ Joëlle Pijaudier-Cabot
Cabinet des Estampes et des Dessins, Straßburg
→ Anny Claire Haus
→ Florian Siffer

Musée des Beaux-Arts, Straßburg
→ Dominique Jacquot
Musée Historique, Straßburg
→ Monique Fuchs
Musée Zoologique, Straßburg
→ Marie-Dominique Wandhammer
Université de Strasbourg, Service Commun de la Documentation
→ Claude Lorentz
→ Nicole Heyd
Musée Lambinet, Versailles
→ Françoise Roussel-Leriche
→ Alice Gamblin
Württembergische Landesbibliothek, Stuttgart
→ Dr. Hannsjörg Kowark
→ Dr. Christian Herrmann
Musée national des châteaux de Versailles et de Trianon
→ Béatrix Saule
→ Frédéric Lacaille
Klassik Stiftung Weimar / Goethe- und Schiller-Archiv, Weimar
→ Hellmut Th. Seemann
→ Dr. Silke Henke
→ Sabine Breuer
→ Karin Ellermann
Universitätsbibliothek Wien Fachbereichsbibliothek Kathol. u. Evangel. Theologie
→ Martin Hrabe
Wienbibliothek im Rathaus
→ Dr. Alfred Pfoster
→ Kyra Waldner
Museum Wiesbaden Naturhistorische Sammlungen
→ Dr. Alexander Klar
→ Fritz Geller-Grimm
Stadtmuseum Wiesbaden Sammlung nassauischer Altertümer
→ Ingrid Roberts
→ Dr. Bernd Blisch
Baugeschichtliches Archiv der Stadt Zürich
→ Thomas Meyer
→ Esther Fuchs
Staatsarchiv des Kantons Zürich
→ Dr. Beat Gnädinger
→ Dr. Ulrich Pfister
Stadtarchiv der Stadt Zürich
→ Dr. Anna Pia Maissen
→ Dr. Max Schultheiss
Zentralbibliothek Zürich, Graphische Sammlung und Fotoarchiv
→ Dr. Jochen Hesse

DANK AN PRIVATSAMMLUNGEN

Dr. Susanne Lehmann, Altheim
Reinhard Pabst, Bad Camberg
Prof. Dr. Ekkehard und Dorothea Vaubel, Berlin
Dr. Christian Neuhuber, Fladnitz
Hans-Jürgen Döpp, Frankfurt am Main
Eva Michel, Giessen
Henning v. Gierke, München

HERZLICHEN DANK

Nasser Amini
Salvatore Angotzi
Martin Apelt
Heinz Bauer
Arnd Beise
Reinhard Bender
Prof. Dr. Dieter Bingen
Dörte Bischoff
Corinna Blattmann
Michael Bode-Böckenhauer
Roland Borgards
Dr. Pip Brewer
Manuela Bünning
Bernd Busch
Pauline Chapelain
Dietmar Dath
John Dew
Christiane Dole
Kurt Drawert
Nora Eckert
Martina Eibach
Peter Engels
Dr. Regine Falkenberg
Michael Feix
Horst Fenchel
Dr. Tilman Fischer
Helmy Frank
Reinhard Franz
Thomas Frenk
Antonius Ginten
Annette Göbel
Natalia Granero
Michael Hagner
Georg Heckel
Helge Heynold
Karl-Heinz Holub
Dr. Anne Maximiliane Jaeger-Gogoll
Dr. Klaus-Dieter Jung
Dr. Andrzej Kaluza
Kriemhild Kern
Jette Klein-Berning
Sabine Kühn
Marcel Kurth
Hermann Kurzke
Dr. Bernhard Lauer
Marion Leuba
Peter von Matt
Estelle Mery
Nathalie Naudi
Christian Neuhuber
Harald Neumeyer
James Nilsen
Max von Pufendorf
Ingrid Rehme
Monika Reinhardt
Ruth M. Richter
Dr. Ludger Tekampe
Alexandre Tourcher
Burghard Schmid
Adrienne Schneider
Christoph Schuchardt
Anne Schulte
Daniela Schwarz
Karoline Sinur
Ruthhard Stäblein
Gideon Stiening
Lucki Stipetic
Werner Sudendorf
Xaver von Treyer
Dr. Lutz Unbehaun
Dominique Vandecasteele
Elisabeth Vinnée
Michel Wacken
Gerhard Weiduschat
Christian Wirmer
Sven Wölk
Rebecca Wolf
Dr. Rainer Y

TRANSKRIPTIONSLEGENDE

⟨*Text kursiv*⟩:
Herausgebertext

Text Grotesk:
Büchner-Text in deutscher Kurrentschrift

Text **Antiqua**:
Büchner-Text in lateinischer Schrift

Text unterstrichen:
von Büchner unterstrichen

Text ~~durchgestrichen~~:
von Büchner getilgt

~~b~~→B:
Überschreibung durch Büchner (Beispiel: B überlagert b)

⌈Text⌉:
von Büchner nachträglich eingefügt

ḟ:
Buchstabenansatz

ạḅc̣:
unsichere Entzifferung von Buchstaben oder Satzzeichen bei nicht gesicherter Wortlesung, bei durch Sofortkorrektur aufgegebenen Ansätzen, unter rigorosen Tilgungen oder Tintenflecken sowie bei undeutlichen, auch alternativ lesbaren und möglichen Satzzeichen

+, ++:
nicht entzifferter Buchstabenansatz oder Buchstabe, Buchstabengruppe entsprechenden Umfangs

[+]:
überzähliger Strich oder Bogen innerhalb einer gesicherten Wortlesung

abc petit:
innerhalb einer gesicherten Wortlesung grafisch nicht vollständiger oder eindeutiger Buchstabe, verschliffene Buchstabengruppe (in der verschliffenen Buchstabengruppe sind die grafischen Bestandteile an der Stelle der anzusetzenden Buchstaben nicht jeweils einem von ihnen sicher zuzuordnen; zugleich ist aus der insgesamt gesicherten Wortlesung und Büchners Schreibgewohnheit zu erschließen, dass der grafische Befund für die Gesamtheit der Buchstabengruppe steht.)

Besonderheit: Da Büchners Schreibung eine große Variationsbreite besonders der Buchstaben »e«, »r«, »a«, »v« und »w« aufweist, sind in gesicherten Wortlesungen auch um einen Strich defiziente, d. h. einstrichige Formen von »e« und »r«, zweistrichige Formen von »a« und »v« sowie dreistrichige Formen von »w« – ebenso wie um nicht mehr als einen Strich defiziente Buchstabengruppen, z. B. dreistrichiges »er« sowie vierstrichiges »ein« – ohne diakritische Einschränkung wiedergegeben .

|er|re| und |ṛ|ṣ|:
Lesungsvarianten, d. h. alternative Deutungen des Befundes in der Reihenfolge ihrer Wahrscheinlichkeit

m̄, n̄ :
Buchstaben mit Geminationsstrich

BILDNACHWEIS

Antikenmuseum der Universität Leipzig (Marion Wenzel): S. 230
Archäologisches Seminar der Philipps-Universität Marburg, Abguss-Sammlung (Horst Fenchel): S. 38, 230
Archives de la Ville et de la Communauté urbaine de Strasbourg: S. 78 274, 276, 278, 344
ARTOTHEK, Weilheim: S. 302, 304, 410, 414 (David Hall); S. 328, 330, 412, 488 (Ursula Edelmann)
Badisches Landesmuseum Karlsruhe / Deutsches Musikautomaten Museum im Schloss, Bruchsal: S. 338, 340, 342
Baugeschichtliches Archiv der Stadt Zürich: S. 460
Bibliothèque nationale de France, Paris: S. 138, 186, 502, 504
Bildarchiv Foto Marburg (Horst Fenchel): S. 40, 96, 122, 124, 154, 218, 244, 262, 264, 266, 272, 316, 320, 348, 434, 436, 452, 540
bpk, Berlin / Kupferstichkabinett, SMB (Jörg P. Anders): S. 22
bpk, Berlin / RMN – Grand Palais: S. 230, 508, S. 516, 518 (Michel Urtado)
bpk, Berlin / Staatsbibliothek zu Berlin – Preußischer Kulturbesitz: S. 154 156, 466
Collection Musée J. F. Oberlin – Dépôt Musée Alsacien – Ville de Strasbourg: S. 280, 286, 288
Collection Musée J. F. Oberlin – Waldersbach: S. 288
Collections BNU de Strasbourg: S. 132, 168, 170, 172, 174, 242, 260, 284
Deutsches Klingenmuseum Solingen: S. 490
Deutsches Museum, München: S. 336
Deutsches Uhrenmuseum Furtwangen: S. 238, 254, 356, 364, 458, 460
Fondation Martin Bodmer, Cologny S. 382
Freies Deutsches Hochstift, Frankfurter Goethe-Museum: S. 44
Getty Images: S. 236, 238 (Imagno); S. 246, 268 (Peter Willi)
Georg Büchner Gesellschaft e. V.: S. 11, 32, 92, 98, 180, 244, 304, 306, 404, 406, 478, 486, 490, 506, 526, 528 (Gregor Schuster); S. 202, 516, 576
Germanisches Nationalmuseum, Nürnberg: S. 246

Goethe-Museum Sessenheim (Thomas Frenk): S. 160, 282
Handspring Puppet Company, www.handspringpuppet.co.za: S. 578, 580
Heinrich-Heine-Institut, Düsseldorf: S. 208, 258, 320, 470, 542; S. 536, 538 (Jupp Menzen); S. 538, 540 (mit freundlicher Genehmigung der dpa)
Henning von Gierke: S. 552, 556
Hessische Hausstiftung – Schlossmuseum, Darmstadt: S. 78, 94, 384, 414, 418, 420, 422 (Rühl & Bormann); 360, 362 (Gregor Schuster)
Hessisches Landesmuseum Darmstadt (Wolfgang Fuhrmannek): S. 34, 82, 100, 112, 114, 116, 190, 192, 194, 206, 232, 238, 240, 248, 268, 290, 292, 296, 298, 300, 362, 364, 374, 376, 378, 380, 398, 400, 402, 424, 428
Hessisches Staatsarchiv Darmstadt: S. 212
historisches museum frankfurt (Horst Ziegenfusz): S. 48, 148, 248, 256
Institut Mathildenhöhe, Städtische Kunstsammlung Darmstadt: S. 24 (günzel.rademacher); S. 92 (Gregor Schuster); 324, 352, 354 (Christoph Schuchardt); S. 122
Klassik Stiftung Weimar, Goethe- und Schiller-Archiv Weimar: S. 104, 108, 110, 126, 164, 210, 214, 234, 326, 390, 416, 510, 512, 528, 530
Kunstsammlung der Georg-August-Universität Göttingen: S. 134, 136, 138, 140, 142, 144, 146, 148, 150, 544
Luxemburger Druck- und Spielkartenmuseum, Grevenmacher: S. 250
Manufactum, www.manufactum.de: S. 372
Musée Carnavalet, Paris (Roger Viollet): S. 240
Musée des arts et métiers-Cnam, Paris (P. Faligot): S. 336
Musée Marey, Beaune (J.-D. Lajoux): S. 444
Musées de Strasbourg (M. Bertola): S. 130, 132, 150, 152, 172, 176, 178, 180, 182, 184, 322, 344, 346, 348, 350, 442, 468
Museum Boijmans Van Beuningen, Rotterdam: S. 430
Museum und Stadtarchiv der Stadt Butzbach (Horst Fenchel): S. 166, 196, 216, 224, 464, 492, 494

Museum Wiesbaden, Naturhistorische Sammlungen (Horst Fenchel): S. 102, 106, 368, 370
Oberhessisches Museum – Altes Schloss, Gießen (Joachim Knossalla): S. 192, 474
Otto Ubbelohde-Stiftung, Lahntal-Goßfelden (Horst Fenchel): S. 520, 522, 524, 526
Parrocchia di Sant'Eulalia, Cagliari (Pierpaolo Tuveri): S. 24
Privatbesitz, Frankreich (Heinz Fischer): S. 20, 44, 52, 124
Prof. Dr. Ekkehard Vaubel, Berlin: S. 40, 156
Rheinisches Bildarchiv Köln, rba_c012422: S. 238
Sächsische Landesbibliothek – Staats- und Universitätsbibliothek Dresden: S. 392
Sammlung Döpp, Frankfurt am Main: S. 250, 254 (Rühl & Bormann); S. 252, 256
Sammlung Christian Neuhuber, Fladnitz (Gregor Schuster): S. 574
SCHOTT MUSIC GmbH & Co. KG, Mainz: S. 396
Senckenberg Forschungsinstitut und Naturmuseum, Herbarium Senckenbergianum, Frankfurt am Main (Sven Tränkner): S. 162
Senckenberg Gesellschaft für Naturforschung Frankfurt am Main (Sven Tränkner): S. 438, 440
Sparkassen-Kulturstiftung Hessen-Thüringen, Frankfurt am Main (Horst Fenchel): S. 464
Staatliche Graphische Sammlung München: S. 202, 204
Staatliche Museen zu Berlin, Nationalgalerie (Andres Kilger): S. 480
Staatsarchiv des Kantons Zürich, StAZH: S. 452, 454, 456, 462
Städel Museum, Frankfurt am Main: S. 152, 290, 334, 394
Stadtarchiv Darmstadt (Nasser Amini): S. 80, 86, 104, 118, 220, 222, 226, 386, 388, 482, 494, 496
Stadtarchiv der Stadt Zürich: S. 456, 482
Stadtgeschichtliches Museum Leipzig: S. 18/19, 20, 70, 72, 74, 434
Städtisches historisches Museum / Museum im Gotischen Haus, Bad Homburg v. d. Höhe, Inv. Nr. 1989/478 (Stefan Seibold): S. 242

Städtisches Museum Göttingen: S. 468
Stadtmuseum Wiesbaden, Sammlung nassauische Altertümer: S. 532
Stiftung Schloss Friedenstein Gotha: S. 198
Straffvollzugsmuseum Ludwigsburg: S. 496
Archives Antonio Saura, Genève: S. 570, 572
Technoseum, Mannheim: S. 208
Theaterkunst GmbH – Kostümausstattung, Berlin (Gregor Schuster) S. 200, 550, 552
Theaterwissenschaftliche Sammlung der Universität Köln, Schloss Wahn S. 120, 548, 558, 562, 564, 566, 568
The State Hermitage Museum, St. Petersburg (Vladimir Terebenin Leonard Kheifets, Yuri Molodkovets): S. 512, 514
Thüringer Landesmuseum Heidecksburg, Rudolstadt: S. 294
ullstein bild, Berlin: S. 22 (Roger Viollet); S. 160, S. 162
Universitätsarchiv Gießen, Depositum Privatsammlung Eva Michel: S. 34, 52, 84, 158
Universitätsbibliothek Heidelberg: S. 38, 366, 442
Universitätsbibliothek Johann Christian Senckenberg Frankfurt am Main: S. 332
Universitätsbibliothek Mainz: S. 432
Universitätsbibliothek Marburg: S. 94, 102, 484
Universitäts- und Landesbibliothek Darmstadt: S. 26, 404, 472, 502, 504 510, 546 (Andreas Kahnert); S. 88, 90 328, 330, 332, 426, 560 (Nasser Amini)
Université de Strasbourg, Service Commun de la Documentation: S. 350, 352, 470
Wehrgeschichtliches Museum Rastatt (Gregor Schuster): S. 446
Werner Herzog Film / Cinetext: S. 26, 554
Wienbibliothek im Rathaus: S. 474
Württembergische Landesbibliothek, Stuttgart: S. 193
Zentralbibliothek Zürich, Graphische Sammlung und Fotoarchiv: S. 324, 450

TEXTNACHWEIS

THEODOR W. ADORNO, »Die Oper Wozzeck«, 1929
→ Theodor W. Adorno, »Die Oper Wozzeck«, in: ders., *Gesammelte Schriften*, Bd. 18: *Musikalische Schriften V*, hrsg. von Rolf Tiedemann. © Suhrkamp Verlag Frankfurt am Main 1984. Alle Rechte bei und vorbehalten durch Suhrkamp Verlag Berlin.

VOLKER BRAUN, »Mit dem Skalpell erworben«, 2000
→ Alle Rechte bei und vorbehalten durch Suhrkamp Verlag Berlin.

ELIAS CANETTI, »Feuer und Eis«, 1972
→ Der Abdruck erfolgt mit freundlicher Genehmigung der Liepman AG, Zürich.

ELIAS CANETTI, »Büchner in der Wüste«, 1985
→ Elias Canetti, *Das Augenspiel. Lebensgeschichte 1931–1937*, München / Wien: Hanser 1985, S. 13–19. Der Abdruck erfolgt mit freundlicher Genehmigung von Carl Hanser Verlag GmbH & Co. KG.

PAUL CELAN, »Der Schrei der Lucile«, 1960
→ Paul Celan, »Der Meridian. Rede anläßlich der Verleihung des Georg-Büchner-Preises (1960)«, in: ders., *Gesammelte Werke in sieben Bänden*, Bd. 3, hrsg. von Beda Allemann und Stefan Reichert unter Mitwirkung von Rolf Bücher. © Suhrkamp Verlag Frankfurt am Main 1983. Alle Rechte bei und vorbehalten durch Suhrkamp Verlag Berlin.

ALFRED DÖBLIN, »Der Vorfall Büchner«, 1921
→ Alfred Döblin, »Deutsches und jüdisches Theater«, in: *Prager Tagblatt*, 28. Dezember 1921. Alle Rechte vorbehalten S. Fischer Verlag GmbH, Frankfurt am Main.

RUDI DUTSCHKE, »Der politische Aktivismus des Verliebten und Verdammten«, 1979
→ © 1986 by Europäische Verlagsanstalt, Frankfurt am Main.

HANS MAGNUS ENZENSBERGER, »Der Hessische Landbote – Politischer Kontext 1834«, 1965
→ Alle Rechte bei und vorbehalten durch Suhrkamp Verlag Berlin.

DURS GRÜNBEIN, »Den Körper zerbrechen«,
→ Durs Grünbein, »Den Körper zerbrechen«, in: ders., *Gedicht und Geheimnis. Aufsätze 1990–2006*. © Suhrkamp Verlag Frankfurt am Main 2007. Alle Rechte bei und vorbehalten durch Suhrkamp Verlag Berlin.

WOLFGANG HILDESHEIMER, »Büchners Beruf« und »Ein melancholisches Meisterwerk«, 1966
→ Wolfgang Hildesheimer, »Büchners atemlose Melancholie. Zur Verleihung des Georg-Büchner-Preises (1966)«, in: ders., *Gesammelte Werke in sieben Bänden*, Bd. VII: *Vermischte Schriften*, hrsg. von Christiaan Lucas Hart Nibbrig und Volker Jehle. © Suhrkamp Verlag Frankfurt am Main 1991. Alle Rechte bei und vorbehalten durch Suhrkamp Verlag Berlin.

ELFRIEDE JELINEK, »Welcher Satz ist wahr? «, 1998
→ © Elfriede Jelinek. Der Abdruck erfolgt mit freundlicher Genehmigung der Autorin.

WALTER JENS, »Büchner-Lektion«, 1989
→ Walter Jens, *Einspruch. Reden gegen Vorurteile*. © 1992 Kindler Verlag GmbH, München.

ERICH KÄSTNER, »Über die Tragedia dell'arte Woyzeck«, 1957
→ Erich Kästner, »Rede zur Verleihung des Georg-Büchner-Preises 1957«, in: ders., *Gesammelte Schriften*, Bd. 5. © Atrium Verlag, Zürich und Thomas Kästner.

CHARLOTTE KERR, »Zürich, Weihnachten 1942«, 24. Dezember 1985
→ Friedrich Dürrenmatt / Charlotte Kerr, Rollenspiele. © 1986 Diogenes Verlag AG, Zürich.

HEINAR KIPPHARDT, »März«, 1976
→ Heinar Kipphardt, *März. Roman und Materialien*. © 1978 Rowohlt Taschenbuch Verlag GmbH, Reinbek bei Hamburg.

ALEXANDER KLUGE, »Der Riss«, 2003
→ Alle Rechte bei und vorbehalten durch Suhrkamp Verlag Berlin.

RUTH KLÜGER, »Damit ein Jud stirbt«, 1985
→ Abdruck mit freundlicher Genehmigung der Walter de Gruyter GmbH.

ALEXANDER LANG, »Arbeitsthesen zu Georg Büchners Dantons Tod«, 1981
→ © 1981 by Europäische Verlagsanstalt, Frankfurt am Main.

THOMAS MANN, »Mit dem Typhus ist es folgendermaßen bestellt«, 1901
→ Thomas Mann, »Buddenbrooks. Verfall einer Familie. Roman«, in: *Große kommentierte Frankfurter Ausgabe. Werke Briefe Tagebücher*. Bd. 1.1. © S. Fischer Verlag GmbH, Frankfurt am Main 2002.

THOMAS MICHAEL MAYER, »Büchner-Bilder«, 1987
→ Thomas Michael Mayer, »Einleitung. Büchner-Bilder«, in: *Insel-Almanach auf das Jahr 1987. Georg Büchner*, hrsg. v. Thomas Michael Mayer. © Insel Verlag Frankfurt am Main 1987.

HEINER MÜLLER, »Die Wunde Woyzeck«, 1985
→ Heiner Müller, »Die Wunde Woyzeck«, in: ders., *Werke*, Bd. 8: *Schriften*, hrsg. von Frank Hörnigk. © Suhrkamp Verlag Frankfurt am Main 2005. Alle Rechte bei und vorbehalten durch Suhrkamp Verlag Berlin.

HANS ERICH NOSSACK, »So lebte er hin«, 1961
→ Alle Rechte bei und vorbehalten durch Suhrkamp Verlag Berlin.

ANTONIO SAURA, »Woyzeck«, 1985
→ © Succession Antonio Saura. Der Abdruck erfolgt mit freundlicher Genehmigung der Stiftung Archives Antonio Saura, Meinier Genève.

PETER SCHNEIDER, »Lenz«, 1973
→ Peter Schneider, *Lenz. Eine Erzählung*. © 1973 Verlag Kiepenheuer & Witsch GmbH & Co KG, Köln.

ROBERT WALSER, »Büchners Flucht«, 1912
→ Robert Walser, »Büchners Flucht«, in: ders., *Sämtliche Werke in Einzelausgaben*, Bd. 3: *Aufsätze*, hrsg. von Jochen Greven. © Robert Walser-Stiftung, Bern. Alle Rechte bei und vorbehalten durch Suhrkamp Verlag Zürich 1978 und 1985.

CHRISTA WOLF, »Tanze, Rosetta, tanze«, 1980
→ Alle Rechte bei und vorbehalten durch Suhrkamp Verlag Berlin.

Alle Transkriptionen der im Katalog abgebildeten Handschriften Georg Büchners aus: Georg Büchner, *Sämtliche Werke und Schriften. Historisch-kritische Ausgabe mit Quellendokumentation und Kommentar* (Marburger Ausgabe), Darmstadt 2000–2013.

Diese Publikation erscheint anlässlich der Ausstellung

GEORG BÜCHNER
—
REVOLUTIONÄR MIT FEDER UND SKALPELL

Mathildenhöhe Darmstadt
im Darmstadtium
13. Oktober 2013 – 16. Februar 2014

Museum Strauhof, Zürich
19. März – 1. Juni 2014

Direktor
Ralf Beil

AUSSTELLUNG

Kurator
Ralf Beil

Kuratorische Mitarbeit und wissenschaftliche Beratung
Burghard Dedner, Tilman Fischer

Administrationsleitung
Ulli Emig

Koordination
Lisi Linster, Natalja Salnikova

Assistenz
Anne Brurtsch, Susanne Lehmann

Architektur
Ralf Beil, Ulli Emig, Christian Häussler

Koordination Architektur
Anna Schug, Ralf Wittmann, fs-Architekten

Sekretariat
Angelika Nitsch, Indra Metzger

Presse- und Öffentlichkeitsarbeit
Daniel Grinsted

Restauratorische Betreuung
Vera Gunder, Gitta Hamm, Martina Noehles

Aufbau und Technik
Jürgen Preusch, Uwe Brückner, Hartmut Kani, Karl-Heinz Köth, fs-architekten, Darmstadt, HEITEC-Heiser GmbH, Gau-Algesheim, Anschluss AG, Frankfurt am Main

Administration
Michael Heine

Computeranimationen
FaberCourtial – Atelier für digitale Produktionen

Werbemedien
DUBBEL SPÄTH Konzept und Design

Institut Mathildenhöhe
Olbrichweg 15
64287 Darmstadt
Tel. +49 6151 13-2778
Fax +49 6151 13-3739
www.mathildenhoehe.eu

KATALOG

Herausgeber
Ralf Beil, Burghard Dedner

Konzept
Ralf Beil

Konzeptionelle Mitarbeit
Burghard Dedner, Tilman Fischer

Redaktion
Ralf Beil, Burghard Dedner, Tilman Fischer

Redaktionelle Mitarbeit
Susanne Lehmann, Lisi Linster, Natalja Salnikova

Lektorat
Tilman Fischer, Susanne Lehmann, Maximiliane Jäger-Gogoll, Ingrid Rehme

Verlagslektorat
Karin Osbahr

Grafisches Konzept, Gestaltung, Bilddramaturgie und Typografie
KOMA AMOK, Kunstbüro für Gestaltung, Stuttgart

Schriften
Barbe Bleue (Joerg Ewald Meißner, Gerd Sebastian Jakob), Bulldog, Bulldog Hunter (Adrian Williams)

Verlagsherstellung
Monika Reinhardt, Anja Wolsfeld

Reproduktionen
Repro Mayer, Reutlingen

Druck
Offsetdruckerei Karl Grammlich, Pliezhausen

Papier
Tauro Offset 150 g/m2

Buchbinderei
Lachenmaier, Reutlingen

Hatje Cantz Verlag
Zeppelinstraße 32
73760 Ostfildern
Tel. +49 711 4405-200
Fax +49 711 4405-220
www.hatjecantz.de
Ein Unternehmen der Ganske Verlagsgruppe

Informationen zu dieser oder zu anderen Ausstellungen finden Sie unter www.kq-daily.de

Buchhandelsausgabe
Pappband
ISBN 978-3-7757-3340-4

Museumsausgabe
Pappband
ISBN 978-3-7757-3640-4

Printed in Germany

Umschlagabbildung
August Hoffmann, *Junger Mann mit Notenblatt (Georg Büchner)*, 1833

Die Wiederauffindung und der Abdruck der lange verschollenen Zeichnungen von Alexis Muston sind Reinhard Bender und Hermann Kurzke zu verdanken.

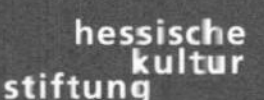

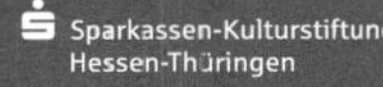

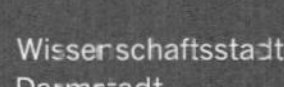

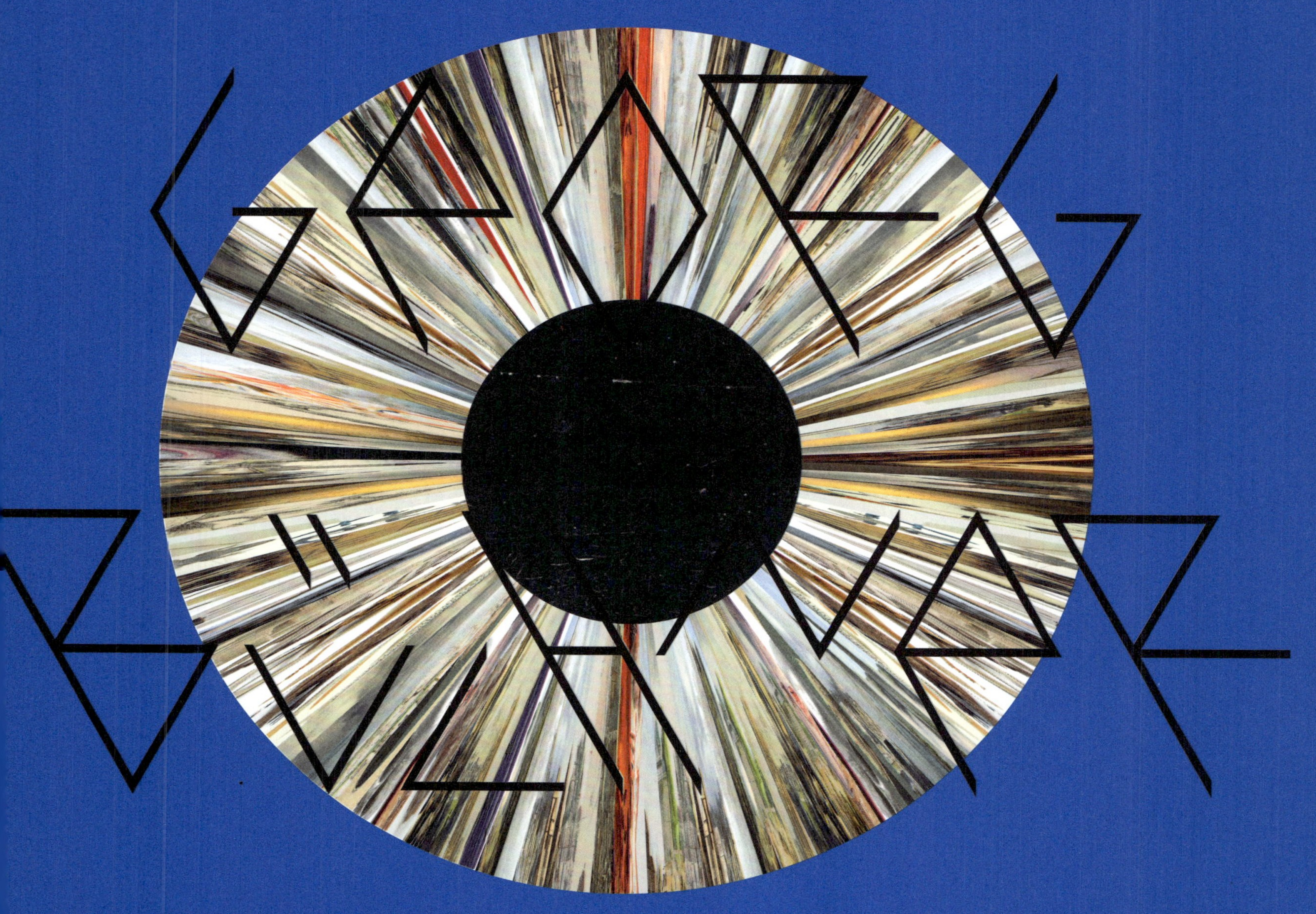

HERAUSGEBER
RALF BEIL, BURGHARD DEDNER

HATJE
CANTZ

MATHILDENHÖHE
DARMSTADT

GEORG BÜCHNER

—

REVOLUTIONÄR MIT FEDER UND SKALPELL

Soll ich euch den Kopf verdrehn? Bitteschön! Gern geschehn.

Christa Wolf, »Von Büchner sprechen«, 1982